D0608676

Collins

Dicionário

Inglês ▸ Português
Português ▸ Inglês

www.disal.com.br

Collins

An Imprint of HarperCollinsPublishers

third edition/terceira edição 2001

© HarperCollins Publishers 1992, 1995, 2001

latest reprint 2002

HarperCollins Publishers
Westerhill Road, Bishopbriggs, Glasgow G64 2QT
Great Britain

www.collinsdictionaries.com

Collins® and Bank of English® are registered trademarks
of HarperCollins Publishers Limited

ISBN 0-00-472405-4

HarperCollins Publishers, Inc.
10 East 53rd Street, New York, NY 10022

ISBN 0-06-095815-4

Library of Congress Cataloging-in-Publication Data
has been applied for

www.harpercollins.com

Disal S.A.
Rua Vitória, 486/496
São Paulo - Brasil
www.disal.com.br

ISBN 0-00-472404-6

A catalogue record for this book is available from the British Library

Typeset by Wordcraft, Glasgow

Printed and bound in Italy by Amadeus S.p.A.

ÍNDICE

CONTENTS

contributors/colaboradores
John Whitlam, Victoria Davies, Mike Harland,
Jane Horwood, Lígia Xavier, Gerard Breslin,
Helen Newstead, Laura Neves

series editor/coleção dirigida por
Lorna Sinclair Knight

Marcas Registradas

As palavras que acreditamos constituir marcas registradas foram assim denominadas. Todavia, não se deve supor que a presença ou a ausência dessa denominação possa afetar o status legal de qualquer marca.

Note on trademarks

Words which we have reason to believe constitute trademarks have been designated as such. However, neither the presence nor the absence of such designation should be regarded as affecting the legal status of any trademark.

INTRODUÇÃO

Ficamos felizes com a sua decisão de comprar o Dicionário Inglês-Português Collins e esperamos que a sua utilização se torne um prazer para o leitor, e que possa enriquecer significativamente os seus estudos da língua inglesa.

Esta introdução fornece algumas sugestões de como utilizar da melhor maneira possível o seu dicionário – não somente a partir da ampla lista de palavras mas também a partir das informações fornecidas em cada verbete. Este dicionário visa ajudá-lo a ler e a entender o inglês moderno assim como a exprimir-se corretamente.

No início do Dicionário Collins aparecem as abreviaturas utilizadas, e a ilustração dos sons através de símbolos fonéticos. Você encontrará também quadros de verbos irregulares ingleses, seguidos por uma seção contendo números e expressões de tempo.

COMO UTILIZAR O DICIONÁRIO COLLINS

Um grande número de informações pode ser encontrado neste dicionário. Vários tipos e tamanhos de letras, símbolos, abreviaturas e parênteses foram utilizados. As convenções e símbolos usados são explicados nas seções seguintes.

▶ Verbetes

As palavras que você procurar no dicionário – os verbetes – estão em ordem alfabética. Eles estão impressos em **negrito azul** para uma rápida identificação. Os dois verbetes que aparecem no topo de cada página indicam a primeira e a última palavras encontradas na página em questão.

Informações sobre a utilização ou forma de certos verbetes são dadas entre parênteses e, em geral, aparecem em forma abreviada e em itálico (*p. ex.*: (*fam*), (*com*)).

Quando for apropriado, palavras derivadas aparecem agrupadas no mesmo verbete (**abade, abadia; produce, producer**) num formato ligeiramente menor do que o verbete.

As expressões comuns nas quais o verbete aparece estão impressas em um tamanho diferente de negrito romano. O símbolo '**~**' usado nas expressões representa o verbete principal no começo de cada parágrafo. Por exemplo, na entrada '**cold**', a expressão '**to be ~**' equivale a '**to be cold**'.

▶ Significados
A tradução para o verbete aparece em letra normal e quando há mais de um significado ou utilização, estes estão separados por um ponto e vírgula. Freqüentemente, você encontrará outras palavras em itálico e entre parênteses antes da tradução, sugerindo contextos nos quais o verbete pode aparecer (*p. ex.*: **rough** *(voice)* ou *(weather)* ou fornecer sinônimos (*p. ex.*: **rough** *(violent)*)).

▶ Palavras 'chaves'
Atenção especial foi dada a certas palavras em inglês e em português consideradas palavras 'chaves' em cada língua. Elas podem, por exemplo, ser usadas com muita freqüência ou ter muitos tipos de utilização (*p. ex.*: **be, get**). Verbetes destacados com barras e números ajudam a distinguir as categorias gramaticais e diferentes significados. Informações complementares são fornecidas entre parênteses e em itálico na língua relevante para o usuário.

▶ Informação gramatical
As categorias gramaticais são dadas em itálico e abreviadas após a ortografia fonética do verbete (*p. ex.*: *vt, adj, vi*).

Os adjetivos aparecem em ambos os gêneros quando forem diferentes (**interno, -a**). Esta distinção também é feita quando os adjetivos têm uma forma irregular no feminino ou no plural (*p. ex.*: **ateu, atéia**). As formas irregulares de substantivos feminino ou plural também são indicadas (*p. ex.*: **child** (*pl* **~ren**)).

INTRODUCTION

We are delighted you have decided to buy the Collins Pocket Portuguese Dictionary and hope you that it will significantly enhance your language studies.

This introduction gives you a few tips on how to get the most out of your dictionary – not simply from its comprehensive wordlist but also from the information provided in each entry. This will help you to read and understand modern Portuguese, as well as communicate and express yourself in the language.

The Collins Pocket Portuguese Dictionary begins by listing the abbreviations used in the text and illustrating the sounds shown by the phonetic symbols. You will also find Portuguese verb tables and English irregular verbs, followed by a section on numbers, dates and time.

USING YOUR COLLINS DICTIONARY

A wealth of information is presented in the dictionary, using various typefaces, sizes of type, symbols, abbreviations and brackets. The conventions and symbols used are explained in the following sections.

▶ Headwords

The words you look up in the dictionary – 'headwords' – are listed alphabetically. They are printed in **blue bold type** for rapid identification. The two headwords appearing at the top of each page indicate the first and last word dealt with on the page in question.

Information about the usage or form of certain headwords is given in brackets after the phonetic spelling. This usually appears in abbreviated form and in italics (*e.g.*: (*fam*), (*COMM*)).

Where appropriate, words related to headwords are grouped in the same entry (**abade, abadia; produce, producer**) in a slightly smaller bold type than the headword. Common expressions in which the headword appears are shown in a different size of bold roman type. The swung dash, **~**, represents the main headword at the start of each entry. For example, in the entry for '**caminho**', the phrase '**pôr-se a ~**' should be read '**pôr-se a caminho**'.

▶ Phonetic spellings

The phonetic spelling of each headword (indicating its pronunciation) is given in square brackets immediately after the headword (*eg.*: **grande** [ˈgrãdʒi]. A list of these spellings is given on page x.

▶ Meanings

Headword translations are given in ordinary type and, where more than one meaning or usage exists, they are separated by a semicolon. You will often find other words in italics in brackets before the translations. These offer suggested contexts in which the headword might appear (e.g. **intenso** (*emoção*)) or provide synonyms (e.g. **cândido** (*inocente*)).

▶ 'Key' Words

Special status is given to certain Portuguese and English words which are considered to be 'key' words in each language. They may, for example, occur very frequently or have several types of usage (e.g. **bem**, **ficar**). A combination of lozenges and numbers helps you to distinguish different parts of speech and different meanings. Further helpful information is provided in brackets and in italics in the relevant language for the user.

▶ Grammatical information

Parts of speech are given in abbreviated form in italics after the phonetic spellings of headwords (e.g. *vt, adj, prep*).

Genders of Portuguese nouns are indicated as follows: *m* for a masculine and *f* for a feminine noun. Feminine and irregular plural forms of nouns are also shown next to the headword (**inglês, -esa**; **material** (*pl* **-ais**)). Adjectives are given in both masculine and feminine forms where these forms are different (**comilão, -lona**).

The gender of the Portuguese translation also appears in *italics* immediately following the key element of the translation, except where there is a regular masculine singular noun ending in 'o', or a regular feminine singular noun ending in 'a'.

ABREVIATURAS

ABBREVIATIONS

abreviatura	**ab(b)r**	abbreviation
adjetivo	**adj**	adjective
administração	**ADMIN**	administration
advérbio, locução adverbial	**adv**	adverb, adverbial phrase
aeronáutica	**AER**	flying, air travel
agricultura	**AGR**	agriculture
anatomia	**ANAT**	anatomy
arquitetura	**ARQ, ARCH**	architecture
artigo definido	**art def**	definite article
artigo indefinido	**art indef**	indefinite article
uso atributivo do substantivo	**atr**	compound element
automobilismo	**AUT(O)**	the motor car and motoring
auxiliar	**aux**	auxiliary
aeronáutica	**AVIAT**	flying, air travel
biologia	**BIO**	biology
botânica, flores	**BOT**	botany
português do Brasil	**BR**	Brazilian Portuguese
inglês britânico	**BRIT**	British English
química	**CHEM**	chemistry
linguagem coloquial (!chulo)	**col(!)**	colloquial (!offensive)
comércio, finanças, bancos	**COM(M)**	commerce, finance, banking
comparativo	**compar**	comparative
computação	**COMPUT**	computing
conjunção	**conj**	conjunction
construção	**CONSTR**	building
uso atributivo do substantivo	**cpd**	compound element
cozinha	**CULIN**	cookery
artigo definido	**def art**	definite article
economia	**ECON**	economics
educação, escola e universidade	**EDUC**	schooling, schools and universities
eletricidade, eletrônica	**ELET, ELEC**	electricity, electronics
especialmente	**esp**	especially
exclamação	**excl**	exclamation
feminino	**f**	feminine
ferrovia	**FERRO**	railways
uso figurado	**fig**	figurative use
física	**FÍS**	physics
fotografia	**FOTO**	photography
(verbo inglês) do qual a partícula é inseparável	**fus**	(phrasal verb) where the particle is inseparable
geralmente	**gen**	generally
geografia, geologia	**GEO**	geography, geology
geralmente	**ger**	generally
impessoal	**impess, impers**	impersonal
artigo indefinido	**indef art**	indefinite article
linguagem coloquial (!chulo)	**inf(!)**	colloquial (!offensive)
infinitivo	**infin**	infinitive
invariável	**inv**	invariable

irregular	**irreg**	irregular
jurídico	**JUR**	law
gramática, lingüística	**LING**	grammar, linguistics
masculino	**m**	masculine
matemática	**MAT(H)**	mathematics
medicina	**MED**	medicine
ou masculino ou feminino, dependendo do sexo da pessoa	**m/f**	masculine/feminine
militar, exército	**MIL**	military matters
música	**MÚS, MUS**	music
substantivo	**n**	noun
navegação, náutica	**NÁUT, NAUT**	sailing, navigation
adjetivo ou substantivo numérico	**num**	numeral adjective or noun
	o.s.	oneself
pejorativo	**pej**	pejorative
fotografia	**PHOT**	photography
física	**PHYS**	physics
fisiologia	**PHYSIO**	physiology
plural	**pl**	plural
política	**POL**	politics
particípio passado	**pp**	past participle
preposição	**prep**	preposition
pronome	**pron**	pronoun
português de Portugal	**PT**	European Portuguese
pretérito	**pt**	past tense
química	**QUÍM**	chemistry
religião e cultos	**REL**	religion, church services
	sb	somebody
educação, escola e universidade	**SCH**	schooling, schools and universities
singular	**sg**	singular
	sth	something
sujeito (gramatical)	**su(b)j**	(grammatical) subject
subjuntivo, conjuntivo	**sub(jun)**	subjunctive
superlativo	**superl**	superlative
também	**tb**	also
técnica, tecnologia	**TEC(H)**	technical term, technology
telecomunicações	**TEL**	telecommunications
tipografia, imprensa	**TIP**	typography, printing
televisão	**TV**	television
tipografia, imprensa	**TYP**	typography, printing
inglês americano	**US**	American English
ver	**V**	see
verbo	**vb**	verb
verbo intransitivo	**vi**	intransitive verb
verbo reflexivo	**vr**	reflexive verb
verbo transitivo	**vt**	transitive verb
zoologia	**ZOOL**	zoology
marca registrada	**®**	registered trademark
equivalente cultural	**≈**	cultural equivalent

PORTUGUESE PRONUNCIATION

The rules given below refer to Portuguese as spoken in the city and surrounding region of Rio de Janeiro, Brazil.

▶ Consonants

c	[k]	**c**afé	c before *a, o, u* is pronounced as in cat
ce, ci	[s]	**ce**go	c before *e* or *i*, as in receive
ç	[s]	ra**ç**a	ç is pronounced as in receive
ch	[ʃ]	**ch**ave	ch is pronounced as in sho**ck**
d	[d]	**d**ata	as in English EXCEPT
de, di	[dʒ]	**di**fícil	d before an *i* sound or final unstressed *e*
		ci**d**ade	is pronounced as in ju**dg**e
g	[g]	**g**ado	g before *a, o, u* as in **g**ap
ge, gi	[ʒ]	**g**íria	g before *e* or *i*, as *s* in leisure
h		**h**umano	h is always silent in Portuguese
j	[ʒ]	**j**ogo	j is pronounced as *s* in leisure
l	[l]	**l**impo, jane**l**a	as in English EXCEPT
	[w]	fa**l**ta, tota**l**	l after a vowel tends to become w
lh	[ʎ]	traba**lh**o	lh is pronounced like the *lli* in mi**lli**on
m	[m]	ani**m**al, **m**assa	as in English EXCEPT
	[ãw]	canta**m**	m at the end of a syllable preceded by a
	[ĩ]	si**m**	vowel nasalizes the preceding vowel
n	[n]	**n**adar, pe**n**al	as in English EXCEPT
	[ã]	ca**n**sar	n at the end of a syllable, preceded by a
	[ẽ]	ale**n**to	vowel and followed by a consonant, nasalizes the preceding vowel
nh	[ɲ]	tama**nh**o	nh is pronounced like the *ni* in o**ni**on
q	[k]	**qu**eijo	qu before *i* or *e* is pronounced as in ki**ck**
q	[kw]	**qu**anto	qu before *a* or *o*, or *qü* before *e* or *i*, is
		cin**qü**enta	pronounced as in **qu**een
-r-	[ɾ]	comp**r**a	r preceded by a consonant (except *n*) and followed by a vowel is pronounced with a single trill
r-, -r-	[x]	**r**ato, a**r**pão	inital r, r followed by a consonant and *rr*
rr	[x]	bo**rr**acha	pronounced similar to the Scottish *ch* in loch
-r	[*]	pinta**r**, dize**r**	word-final r before a word beginning with a consonant or at the end of a sentence is pronounced [x]; before a word beginning with a vowel it is pronounced [ɾ]. In colloquial speech this variable sound is often not pronounced at all.
s-	[s]	**s**ol	as in English EXCEPT
-s-	[z]	me**s**a	intervocalic s is pronounced as in ro**s**e
-s-	[ʒ]	ra**s**gar, de**s**maio	s before *b, d, g, l, m, n, r,* and *v,* as in leisure
-s-, -s	[ʃ]	e**s**cada, livro**s**	s before *c, f, p, qu, t* and finally, as in su**g**ar
-ss-	[s]	no**ss**o	double s is always pronounced as in bo**ss**

x

t	[t]	**t**odo	as in English *EXCEPT*
te, ti	[tʃ]	aman**te**	*t* followed by an *i* sound or final unstressed
		tipo	*e* is pronounced as *ch* in *ch*eer
x-	[ʃ]	**x**arope	initial *x* or *x* before a consonant (except *c*)
		e**x**plorar	is pronounced as in *s*ugar
-xce-,	[s]	e**xce**to	*x* before *ce* or *ci* is unpronounced
-xci-		e**xci**tar	
ex-	[z]	e**x**ame	*x* in the prefix *ex* before a vowel is
			pronounced as *z* in squee*z*e
-x-	[ʃ]	rela**x**ar	*x* in any other position may be pronounced
	[ks]	fi**x**o	as in *s*ugar, a*x*e or *s*ail
	[s]	au**x**iliar	
z-, -z-	[z]	**z**angar	as in English *EXCEPT*
-z	[ʒ]	carta**z**	final *z* is pronounced as in lei*s*ure

b, f, k, p, v, w are pronounced as in English.

▶ Vowels

a, á, à, â	[a]	m**a**ta	*a* is normally pronounced as in f*a*ther
ã	[ã]	irm**ã**	*ã* is pronounced approximately as in s*u*ng
e	[e]	v**e**jo	unstressed (except final) *e* is pronounced
			like *e* in th*ey*, stressed *e* is pronounced
			either as in th*ey* or as in b*e*t
-e	[i]	fom**e**	final *e* is pronounced as in mon*ey*
é	[ɛ]	mis**é**ria	*é* is pronounced as in b*e*t
ê	[e]	p**ê**lo	*ê* is pronounced as in th*ey*
i	[i]	v**i**da	*i* is pronounced as in m*ea*n
o	[o]	l**o**comotiva	unstressed (except final) *o* is pronounced as
			in l*o*cal;
	[ɔ]	l**o**ja	stressed *o* is pronounced either as in r*o*ck
	[o]	gl**o**bo	or as in l*o*cal
-o	[u]	livr**o**	final *o* is pronounced as in f*oo*t
ó	[ɔ]	**ó**leo	*ó* is pronounced as in r*o*ck
ô	[o]	col**ô**nia	*ô* is pronounced as in l*o*cal
u	[u]	l**u**va	*u* is pronounced as in r*u*le; it is silent in
			gue, gui, que and *qui*

▶ Diphthongs

ãe	[ãj]	m**ãe**	nasalized, approximately as in fl*yi*ng
ai	[aj]	v**ai**	as is r*i*de
ao, au	[aw]	**ao**s, **au**xílio	as is sh*ou*t
ão	[ãw]	v**ão**	nasalized, approximately as in r*ou*nd
ei	[ej]	f**ei**ra	as is th*ey*
eu	[ew]	d**eu**sa	both elements pronounced
oi	[oj]	b**oi**	as is t*oy*
ou	[o]	cen**ou**ra	as is l*o*cal
õe	[õj]	avi**õe**s	nasalized, approximately as in 'b*oi*ng!'

▶ Stress

The rules of stress in Portuguese are as follows:

(a) when a word ends in *a, e, o, m* (except *im, um* and their plural forms) or *s*, the second last syllable is stressed; cama*ra*da; cama*ra*das; *par*te; *par*tem

(b) when a word ends in *i, u, im* (and plural), *um* (and plural), *n* or a consonant other than *m* or *s*, the stress falls on the last syllable: ven*di*, al*gum*, al*guns*, fa*lar*

(c) when the rules set out in (a) and (b) are not applicable, an acute or circumflex accent appears over the stressed vowel: *ó*tica, *â*nimo, in*glês*

In the phonetic transcription, the symbol ['] precedes the syllable on which the stress falls.

EUROPEAN PRONUNCIATION

The major differences in pronunciation of European Portuguese are as follows:

▶ **Consonants:** as in Brazilian except:

-b-	[β]	cu**b**a	*b* between vowels is a softer sound, closer to ha**v**e
d	[d]	**d**ança, di**f**ícil	as in English EXCEPT
-d-	[ð]	fa**d**o, ci**d**ade	*d* between vowels is softer, approximately as in **the**
-g-	[ɣ]	sa**g**a	*g* between vowels is a softer sound, approximately as in la**g**er
gu	[ɣw]	a**gu**entar	in certain words *gu* is pronounced as in **Gw**ent
qu	[kw]	tran**qu**ilo	in certain words *qu* is pronounced as in **qu**it
r-, rr	[R]	**r**ato	initial *r* and double *r* are pronounced either
	[rr]	ca**rr**o	like the French *r* or strongly trilled as in Scottish Ro**r**y; pronunciation varies according to region
-r, -r-	[r]	a**r**ma	*r* in any other position is slightly trilled
t	[t]	**t**odo, aman**t**e	*t* is pronounced as in English
z	[z]	**z**angar	as in English EXCEPT
	[ʃ]	carta**z**	final *z* is pronounced as *sh* in fla**sh**

▶ **Vowels:** as in Brazilian except:

a	[a]	fal**a**r	stressed *a* is pronounced either as in f**a**ther
	[ɐ]	c**a**ma	or as *u* in f**u**rther
-a-, -a	[ə]	f**a**lar, fal**a**	unstressed or final *a* is pronounced as *e* in furth**e**r
e	[ə]	m**e**dir	unstressed *e* is a short *i* sound as in rabb**i**t
-e	[ə]	art**e**, regim**e**	final *e* is barely pronounced
o	[u]	p**o**ço, p**o**der	unstressed or final *o* is pronounced as in f**oo**t

PRONÚNCIA INGLESA

▶ **Vogais**

	Exemplo Inglês	*Explicação*
[aː]	father	Entre o *a* de p*a*dre e o *o* de n*ó*; como em f*a*da
[ʌ]	but, come	Aproximadamente como o primeiro *a* de c*a*ma
[æ]	man, cat	Som entre o *a* de l*á* e o *e* de p*é*
[ə]	father, ago	Som parecido com o *e* final pronunciado em Portugal
[əː]	bird, heard	Entre o *e* aberto e o *o* fechado
[ɛ]	get, bed	Como em p*é*
[ɪ]	it, big	Mais breve do que em s*i*
[iː]	tea, see	Como em f*i*no
[ɔ]	hot, wash	Como em p*ó*
[ɔː]	saw, all	Como o *o* de p*o*rte
[u]	put, book	Som breve e mais fechado do que em b*u*rro
[uː]	too, you	Som aberto como em j*u*ro

▶ **Ditongos**

	Exemplo Inglês	*Explicação*
[aɪ]	fly, high	Como em b*ai*le
[au]	how, house	Como em c*au*sa
[ɛə]	there, bear	Como o *e* de a*e*roporto
[eɪ]	day, obey	Como o *ei* de l*ei*
[ɪə]	here, hear	Como *ia* de companh*ia*
[əu]	go, note	[ə] seguido de um *u* breve
[ɔɪ]	boy, oil	Como em b*ói*a
[uə]	poor, sure	Como *ua* em s*ua*

Consoantes

	Exemplo Inglês	Explicação
[d]	men**d**ed	Como em *da*do, an*d*ar
[g]	**g**et, bi**g**	Como em *g*rande
[dʒ]	**g**in, **j**udge	Como em ida*d*e
[ŋ]	si**ng**	Como em ci*n*co
[h]	**h**ouse, **h**e	*h* aspirado
[j]	**y**oung, **y**es	Como em *i*ogurte
[k]	**c**ome, mo**ck**	Como em *c*ama
[r]	**r**ed, t**r**ead	*r* como em pa*r*a, mas pronunciado no céu da boca
[s]	**s**and, ye**s**	Como em *s*ala
[z]	ro**s**e, **z**ebra	Como em *z*ebra
[ʃ]	**sh**e, ma**ch**ine	Como em *ch*apéu
[tʃ]	**ch**in, ri**ch**	Como *t* em *t*imbre
[w]	**w**ater, **wh**ich	Como o *u* em ág*u*a
[ʒ]	vi**s**ion	Como em *j*á
[θ]	**th**ink, my**th**	Sem equivalente, aproximadamente como um *s* pronunciado entre os dentes
[ð]	**th**is, **th**e	Sem equivalente, aproximadamente como um *z* pronunciado entre os dentes

b, f, l, m, n, p, t, v pronunciam-se como em português.

O signo [*] indica que o r final escrito pronuncia-se apenas em inglês britânico, exceto quando a palavra seguinte começa por uma vogal. O signo ['] indica a sílaba acentuada.

EUROPEAN PORTUGUESE SPELLING

The spelling of European Portuguese differs significantly from that of Brazilian. The differences, which affect consonant groups and accents, follow general patterns but do not on the whole conform to fixed rules. Limited space makes it impossible to cover all European forms in the dictionary text, but major differences in spelling and vocabulary have been included. In addition, the following guide is intended as a broad outline of these differences.

The following changes in spelling are consistent:

Brazilian *gü* and *qü* become European *gu* and *qu*, e.g. a*gü*entar (*BR*), a*gu*entar (*PT*); cin*qü*enta (*BR*), cin*qu*enta (*PT*).
Brazilian *-éia* becomes European *-eia*, e.g. id*éia* (*BR*), id*eia* (*PT*).
European spelling links forms of the verb *haver de* with a hyphen, e.g. *hei de* (*BR*), *hei-de* (*PT*).
The numbers de*z*esseis (*BR*), de*z*essete(*BR*), de*z*enove (*BR*) become de*z*asseis (*PT*), de*z*assete (*PT*), de*z*anove (*PT*).
Adverbial forms of adjectives ending in *m* take double *m* in European spelling, single *m* in Brazilian, e.g. comu*m*ente (*BR*), comu*mm*ente (*PT*).
European spelling adds an acute accent to the final *a* in first person plural preterite forms of irregular *-ar* verbs to distinguish them from the present tense, e.g. am*a*mos (*BR*), am*á*mos (*PT*).
Brazilian co*n*osco becomes European co*nn*osco.

The following changes may take place, but are not consistent:

Consonant changes

Brazilian *c* and *ç* double to *cc* and *cç*, a*c*ionista (*BR*), a*cc*ionista (*PT*), se*ç*ão (*BR*), se*cç*ão (*PT*).
Brazilian *t* becomes *ct*, e.g. elé*t*rico (*BR*), elé*ct*rico (*PT*).
European spelling adds *b* to certain words, e.g. sú*d*ito (*BR*), sú*bd*ito (*PT*), su*t*ilizar (*BR*), su*bt*ilizar (*PT*).
European spelling changes *ç*, *t* to *pç*, *pt* , e.g. exce*ç*ão (*BR*), exce*pç*ão (*PT*), ó*t*imo (*BR*), ó*pt*imo (*PT*).
Brazilian *-n-* becomes *-mn-*, e.g. a*n*istia (*BR*), a*mn*istia (*PT*).
Brazilian *tr* becomes *t*, e.g. regis*tr*o (*BR*), regis*t*o (*PT*).

Accentuation changes

Brazilian *ôo* loses circumflex accent, e.g. v*ô*o (*BR*), v*o*o (*PT*).
European spelling changes circumflex accent on *e* and *o* to acute, e.g. tê*n*is (*BR*), té*n*is (*PT*), abd*ô*men (*BR*), abd*ó*men (*PT*).

PORTUGUESE VERB FORMS

1 Gerund. **2** Imperative. **3** Present. **4** Imperfect. **5** Preterite. **6** Future. **7** Present subjunctive. **8** Imperfect subjunctive. **9** Future subjunctive. **10** Past participle. **11** Pluperfect. **12** Personal infinitive.

etc indicates that the irregular root is used for all persons of the tense, e.g. **ouvir 7** ouça ouça, ouças, ouça, ouçamos, ouçais, ouçam.

abrir 10 aberto

acudir 2 acode **3** acudo, acodes, acode, acodem

aderir 3 adiro **7** adira

advertir 3 advirto **7** advirta *etc*

agir 3 ajo **7** aja *etc*

agradecer 3 agradeço
7 agradeça *etc*

agredir 2 agride **3** agrido, agrides, agride, agridem
7 agrida *etc*

AMAR 1 amando **2** ama, amai
3 amo, amas, ama, amamos, amais, amam **4** amava, amavas, amava, amávamos, amáveis, amavam
5 amei, amaste, amou, amamos
(*PT*: amámos), amastes, amaram
6 amarei, amarás, amará, amaremos, amareis, amarão **7** ame, ames, ame, amemos, ameis, amem
8 amasse, amasses, amasse, amássemos, amásseis, amassem
9 amar, amares, amar, ámarmos, amardes, amarem **10** amado
11 amara, amaras, amara, amáramos, amáreis, amaram
12 amar, amares, amar, amarmos, amardes, amarem

ansiar 2 anseia **3** anseio, anseias, anseia, anseiam **7** anseie *etc*

apreçar 7 aprece *etc*

arrancar 7 arranque *etc*

arruinar 2 arruína **3** arruíno, arruínas, arruína, arruínam **7** arruíne, arruínes, arruíne, arruínem

aspergir 3 aspirjo **7** aspirja *etc*

atribuir 3 atribuo, atribuis, atribui, atribuímos, atribuís, atribuem

averiguar 7 averigúe, averigúes, averigúe, averigúem

boiar 2 bóia, bóias, bóia, bóiam
7 bóie, bóies, bóie, bóiem

bulir 2 bole **3** bulo, boles, bole, bolem

caber 3 caibo **5** coube *etc* **7** caiba *etc*
8 coubesse *etc* **9** couber *etc*

cair 2 cai **3** caio, cais, cai, caímos, caís, caem **4** caía *etc*
5 caí, caíste **7** caia *etc* **8** caísse *etc*

cobrir 3 cubro **7** cubra *etc*
10 coberto

colorir 3 coluro **7** colura *etc*

compelir 3 compilo **7** compila *etc*

crer 2 crê **3** creio, crês, crê, cremos, credes, crêem **5** cri, creste, creu, cremos, crestes, creram **7** creia *etc*

cuspir 2 cospe **3** cuspo, cospes, cospe, cospem

dar 2 dá **3** dou, dás, dá, damos, dais, dão **5** dei, deste, deu, demos, destes, deram **7** dê, dês, dê, demos, deis, dêem **8** desse *etc* **9** der *etc*
11 dera *etc*

deduzir 2 deduz **3** deduzo,

xvi

deduzes, deduz

denegrir 2 denigre **3** denigro, denigres, denigre, denigrem **7** denigre etc

despir 3 dispo **7** dispa etc

dizer 2 diz (dize) **3** digo, dizes, diz, dizemos, dizeis, dizem **5** disse etc **6** direi etc **7** diga etc **8** dissesse etc **9** disser etc **10** dito

doer 2 dói **3** dôe (BR), doo (PT), dóis, dói

dormir 3 durmo **7** durma etc

escrever 10 escrito

ESTAR 2 está **3** estou, estás, está, estamos, estais, estão **4** estava etc **5** estive, estiveste, esteve, estivemos, estivestes, estiveram **7** esteja etc **8** estivesse etc **9** estiver etc **11** estivera etc

extorquir 3 exturco **7** exturca etc

FAZER 3 faço **5** fiz, fizeste, fez, fizemos, fizestes, fizeram **6** farei etc **7** faça etc **8** fizesse etc **9** fizer etc **10** feito **11** fizera etc

ferir 3 firo **7** fira etc

fluir 3 fluo, fluis, flui, fluímos, fluís, fluem

fugir 2 foge **3** fujo, foges, foge, fogem **7** fuja etc

ganhar 10 ganho

gastar 10 gasto

gerir 3 giro **7** gira etc

haver 2 há **3** hei, hás, há, havemos, haveis, hão **4** havia etc **5** houve, houveste, houve, houvemos, houvestes, houveram **7** haja etc **8** houvesse etc **9** houver etc **11** houvera etc

ir 1 indo **2** vai **3** vou, vais, vai, vamos, ides, vão **4** ia etc **5** fui, foste, foi, fomos, fostes, foram **7** vá, vás, vá, vamos, vades, vão **8** fosse, fosses, fosse, fôssemos, fôsseis, fossem **9** for etc **10** ido **11** fora etc

ler 2 lê **3** leio, lês, lê, lemos, ledes, lêem **5** li, leste, leu, lemos, lestes, leram **7** leia etc

medir 3 meço, **7** meça etc

mentir 3 minto **7** minta etc

ouvir 3 ouço **7** ouça etc

pagar 10 pago

parar 2 pára **3** paro, paras, pára

parir 3 pairo **7** paira etc

pecar 7 peque etc

pedir 3 peço **7** peça etc

perder 3 perco **7** perca etc

poder 3 posso **5** pude, pudeste, pôde, pudemos, pudestes, puderam **7** possa etc **8** pudesse etc **9** puder etc **11** pudera etc

polir 2 pule **3** pulo, pules, pule, pulem **7** pula etc

pôr 1 pondo **2** põe **3** ponho, pões, põe, pomos, pondes, põem **4** punha etc **5** pus, puseste, pôs, pusemos, pusestes, puseram **6** porei etc **7** ponha etc **8** pusesse etc **9** puser etc **10** posto **11** pusera etc

preferir 3 prefiro **7** prefire etc

prevenir 2 previne **3** previno, prevines, previne, previnem **7** previna etc

prover 2 provê **3** provejo, provês, provê, provemos, provedes, provêem **5** provi, proveste, proveu, provemos, provestes, proveram **7** proveja etc **8** provesse etc **9** prover etc

querer 3 quero, queres, quer **5** quis, quiseste, quis, quisemos, quisestes,

xvii

quiseram **7** queira *etc* **8** quisesse *etc*
9 quiser *etc* **11** quisera *etc*

refletir 3 reflito **7** reflita *etc*

repetir 3 repito **7** repita *etc*

requerer 3 requeiro, requeres, requer
7 requeira *etc*

reunir 2 reúne **3** reúno, reúnes,
reúne, reúnem **7** reúna *etc*

rir 2 ri **3** rio, ris, ri, rimos, rides, riem
5 ri, riste, riu, rimos, ristes, riram
7 ria *etc*

saber 3 sei, sabes, sabe, sabemos,
sabeis, sabem **5** soube, soubeste,
soube, soubemos, soubestes,
souberam **7** saiba *etc* **8** soubesse *etc*
9 souber *etc* **11** soubera *etc*

seguir 3 sigo **7** siga *etc*

sentir 3 sinto **7** sinta *etc*

ser 2 sê **3** sou, és, é, somos, sois, são
4 era *etc* **5** fui, foste, foi, fomos,
fostes, foram **7** seja *etc* **8** fosse *etc*
9 for *etc* **11** fora *etc*

servir 3 sirvo **7** sirva *etc*

subir 2 sobe **3** subo, sobes, sobe,
sobem

suster 2 sustém **3** sustenho, sustens,
sustém, sustendes, sustêm **5** sustive,
sustiveste, susteve, sustivemos,
sustivestes, sustiveram **7** sustenha
etc

ter 2 tem **3** tenho, tens, tem,
temos, tendes, têm **4** tinha *etc*
5 tive, tiveste, teve, tivemos,
tivestes, tiveram **6** terei *etc* **7** tenha
etc **8** tivesse *etc* **9** tiver *etc*
11 tivera *etc*

torcer 3 torço **7** torça *etc*

tossir 3 tusso **7** tussa *etc*

trair 2 trai **3** traio, trais, trai,
traímos, traís, traem **7** traia *etc*

trazer 2 (traze) traz **3** trago, trazes,
traz, **5** trouxe, trouxeste, trouxe,
trouxemos, trouxestes, trouxeram
6 trarei *etc* **7** traga *etc* **8** trouxesse
etc **9** trouxer *etc* **11** trouxera *etc*

UNIR 1 unindo **2** une, uni
3 uno, unes, une, unimos, unis,
unem **4** unia, unias, uníamos, uníeis,
uniam **5** uni, uniste, uniu, unimos,
unistes, uniram **6** unirei, unirás,
unirá, uniremos, unireis, unirão
7 una, unas, una, unamos, unais,
unam **8** unisse, unisses, unisse,
uníssemos, unísseis, unissem **9** unir,
unires, unir, unirmos, unirdes,
unirem **10** unido **11** unira, uniras,
unira, uníramos, uníreis, uniram **12**
unir, unires, unir, unirmos, unirdes,
unirem

valer 3 valho **7** valha *etc*

ver 2 vê **3** vejo, vês, vê, vemos,
vedes, vêem **4** via *etc* **5** vi, viste, viu,
vimos, vistes, viram **7** veja *etc* **8** visse
etc **9** vir *etc* **10** visto **11** vira

vir 1 vindo, **2** vem **3** venho, vens,
vem, vimos, vindes, vêm **4** vinha *etc*
5 vim, vieste, veio, viemos, viestes,
vieram **7** venha *etc* **8** viesse *etc*
9 vier *etc* **10** vindo **11** viera *etc*

VIVER 1 vivendo **2** vive, vivei
3 vivo, vives, vive, vivemos, viveis,
vivem **4** vivia, vivias, vivia, vivíamos,
vivíeis, viviam **5** vivi, viveste, viveu,
vivemos, vivestes, viveram **6** viverei,
viverás, viverá, viveremos, vivereis,
viverão **7** viva, vivas, viva, vivamos,
vivais, vivam **8** vivesse, vivesses,
vivesse, vivêssemos, vivêsseis,
vivessem **9** viver, viveres, viver,
vivermos, viverdes, viverem
10 vivido **11** vivera, viveras, vivera,
vivêramos, vivêreis, viveram
12 viver, viveres, viver, vivermos,
viverdes, viverem

VERBOS IRREGULARES EM INGLÊS

present	pt	pp	present	pt	pp
arise	arose	arisen	fall	fell	fallen
awake	awoke	awoken	feed	fed	fed
be	was, were	been	feel	felt	felt
(am, is,			fight	fought	fought
are;			find	found	found
being)			fling	flung	flung
bear	bore	born(e)	fly	flew	flown
beat	beat	beaten	forbid	forbad(e)	forbidden
begin	began	begun	forecast	forecast	forecast
bend	bent	bent	forget	forgot	forgotten
bet	bet,	bet,	forgive	forgave	forgiven
	betted	betted	freeze	froze	frozen
bid *(at*	bid	bid	get	got	got,
auction)					*(US)* gotten
bind	bound	bound			
bite	bit	bitten	give	gave	given
bleed	bled	bled	go (goes)	went	gone
blow	blew	blown	grind	ground	ground
break	broke	broken	grow	grew	grown
breed	bred	bred	hang	hung	hung
bring	brought	brought	hang	hanged	hanged
build	built	built	(execute)		
burn	burnt,	burnt,	have	had	had
	burned	burned	hear	heard	heard
burst	burst	burst	hide	hid	hidden
buy	bought	bought	hit	hit	hit
can	could	(been able)	hold	held	held
cast	cast	cast	hurt	hurt	hurt
catch	caught	caught	keep	kept	kept
choose	chose	chosen	kneel	knelt,	knelt,
cling	clung	clung		kneeled	kneeled
come	came	come	know	knew	known
cost	cost	cost	lay	laid	laid
creep	crept	crept	lead	led	led
cut	cut	cut	lean	leant,	leant,
deal	dealt	dealt		leaned	leaned
dig	dug	dug	leap	leapt,	leapt,
do (does)	did	done		leaped	leaped
draw	drew	drawn	learn	learnt,	learnt,
dream	dreamed,	dreamed,		learned	learned
	dreamt	dreamt	leave	left	left
drink	drank	drunk	lend	lent	lent
drive	drove	driven	let	let	let
eat	ate	eaten	lie (lying)	lay	lain

xix

present	pt	pp	present	pt	pp
light	lit, lighted	lit, lighted	sow	sowed	sown, sowed
lose	lost	lost	speak	spoke	spoken
make	made	made	speed	sped, speeded	sped, speeded
may	might	–			
mean	meant	meant	spell	spelt, spelled	spelt, spelled
meet	met	met			
mistake	mistook	mistaken	spend	spent	spent
mow	mowed	mown, mowed	spill	spilt, spilled	spilt, spilled
must	(had to)	(had to)	spin	spun	spun
pay	paid	paid	spit	spat	spat
put	put	put	spoil	spoiled, spoilt	spoiled, spoilt
quit	quit, quitted	quit, quitted			
			spread	spread	spread
read	read	read	spring	sprang	sprung
rid	rid	rid	stand	stood	stood
ride	rode	ridden	steal	stole	stolen
ring	rang	rung	stick	stuck	stuck
rise	rose	risen	sting	stung	stung
run	ran	run	stink	stank	stunk
saw	sawed	sawed, sawn	stride	strode	stridden
			strike	struck	struck
say	said	said	swear	swore	sworn
see	saw	seen	sweep	swept	swept
sell	sold	sold	swell	swelled	swollen, swelled
send	sent	sent			
set	set	set	swim	swam	swum
sew	sewed	sewn	swing	swung	swung
shake	shook	shaken	take	took	taken
shear	sheared	shorn, sheared	teach	taught	taught
			tear	tore	torn
shed	shed	shed	tell	told	told
shine	shone	shone	think	thought	thought
shoot	shot	shot	throw	threw	thrown
show	showed	shown	thrust	thrust	thrust
shrink	shrank	shrunk	tread	trod	trodden
shut	shut	shut	wake	woke, waked	woken, waked
sing	sang	sung			
sink	sank	sunk	wear	wore	worn
sit	sat	sat	weave	wove	woven
sleep	slept	slept	weep	wept	wept
slide	slid	slid	win	won	won
sling	slung	slung	wind	wound	wound
slit	slit	slit	wring	wrung	wrung
smell	smelt, smelled	smelt, smelled	write	wrote	written

NÚMEROS

NUMBERS

▶ **Números cardinais**

▶ **Cardinal numbers**

um (uma)	1	one
dois (duas)	2	two
três	3	three
quatro	4	four
cinco	5	five
seis	6	six
sete	7	seven
oito	8	eight
nove	9	nine
dez	10	ten
onze	11	eleven
doze	12	twelve
treze	13	thirteen
catorze	14	fourteen
quinze	15	fifteen
dezesseis (*BR*), dezasseis (*PT*)	16	sixteen
dezessete (*BR*), dezassete (*PT*)	17	seventeen
dezoito	18	eighteen
dezenove (*BR*), dezanove (*PT*)	19	nineteen
vinte	20	twenty
vinte e um (uma)	21	twenty-one
trinta	30	thirty
quarenta	40	forty
cinqüenta (*BR*), cinquenta (*PT*)	50	fifty
sessenta	60	sixty
setenta	70	seventy
oitenta	80	eighty
noventa	90	ninety

cem	**100**	a hundred
cento e um (uma)	**101**	a hundred and one
duzentos(-as)	**200**	two hundred
trezentos(-as)	**300**	three hundred
quinhentos(-as)	**500**	five hundred
mil	**1.000/1,000**	a thousand
um milhão	**1.000.000/1,000,000**	a million

▶ **Frações etc**

▶ **Fractions etc**

zero vírgula cinco	**0,5/0.5**	zero point five
três vírgula quatro	**3,4/3.4**	three point four
dez por cento	**10%**	ten per cent
cem por cento	**100%**	a hundred per cent

▶ **Números ordinais**

▶ **Ordinal numbers**

primeiro	**1º/1st**	first
segundo	**2º/2nd**	second
terceiro	**3º/3rd**	third
quarto	**4º/4th**	fourth
quinto	**5º/5th**	fifth
sexto	**6º/6th**	sixth
sétimo	**7º/7th**	seventh
oitavo	**8º/8th**	eighth
nono	**9º/9th**	ninth
décimo	**10º/10th**	tenth
décimo primeiro	**11º/11th**	eleventh
vigésimo	**20º/20th**	twentieth
trigésimo	**30º/30th**	thirtieth
quadragésimo	**40º/40th**	fortieth
qüinquagésimo (*BR*),	**50º/50th**	fiftieth
quinquagésimo (*PT*)		
centésimo	**100º/100th**	hundredth
centésimo primeiro	**101º/101st**	hundred-and-first
milésimo	**1000º/1000th**	thousandth

DATAS

▶ Dias da semana

segunda(-feira)
terça(-feira)
quarta(-feira)
quinta(-feira)
sexta(-feira)
sábado
domingo

▶ Meses

janeiro
fevereiro
março
abril
maio
junho
julho
agosto
setembro
outubro
novembro
dezembro

Note that the days of the week and the months start with a capital letter in Portugal and a small letter in Brazil.

▶ Vocabulário útil

Que dia é hoje?
Hoje é dia 28.
Quando?
hoje
amanhã
ontem
hoje de manhã/à tarde
em duas semanas
daqui a uma semana
o mês passado/que vem

DATES

▶ Days of the week

Monday
Tuesday
Wednesday
Thursday
Friday
Saturday
Sunday

▶ Months

January
February
March
April
May
June
July
August
September
October
November
December

▶ Useful vocabulary

What day is it today?
Today is the 28th.
When?
today
tomorrow
yesterday
this morning/afternoon
in two weeks *ou* a fortnight
in a week's time
last/next month

AS HORAS

▶ **Que horas são?**

TIME

▶ **What time is it?**

É meio-dia/meia-noite.

It's midday/midnight.

É uma e quinze.
É uma e um quarto (*PT*).

It's one fifteen.

Faltam dez para as duas.
São duas menos dez (*PT*).

It's ten to two.

São três e meia.

It's half past three.

Faltam vinte para as oito.
São oito menos vinte (*PT*).

It's twenty to eight.

São nove (horas) da
manhã/da noite.

It's nine o'clock in the
morning/at night.

ENGLISH-PORTUGUESE
INGLÊS-PORTUGUÊS

A a

A [eɪ] *n* (MUS) lá *m*

[eɪ, ə] *indef art* (before vowel or silent h: an)

1 um(a); **~ book/girl** um livro/uma menina; **an apple** uma maçã; **she's ~ doctor** ela é médica

2 (instead of the number "one") um(a); **~ year ago** há um ano, um ano atrás; **~ hundred/thousand** etc **pounds** cem/mil etc libras

3 (in expressing ratios, prices etc): **3 ~ day/week** 3 por dia/semana; **10 km an hour** 10 km por hora; **30p ~ kilo** 30p o quilo

AA *n abbr* (= Alcoholics Anonymous) AA *m*; (BRIT: = Automobile Association) ≈ TCB *m* (BR), ≈ ACP *m* (PT)

AAA *n abbr* (= American Automobile Association) ≈ TCB *m* (BR), ≈ ACP *m* (PT)

aback [ə'bæk] *adv*: **to be taken ~** ficar surpreendido, sobressaltar-se

abandon [ə'bændən] *vt* abandonar ♦ *n*: **with ~** com desenfreio

abbey ['æbɪ] *n* abadia, mosteiro

abbot ['æbət] *n* abade *m*

abbreviation [əbriːvɪ'eɪʃən] *n* abreviatura

abdicate ['æbdɪkeɪt] *vt* abdicar, renunciar a ♦ *vi* abdicar, renunciar ao trono

abdomen ['æbdəmən] *n* abdômen *m*

abduct [æb'dʌkt] *vt* seqüestrar

ability [ə'bɪlɪtɪ] *n* habilidade *f*, capacidade *f*; (talent) talento

ablaze [ə'bleɪz] *adj* em chamas

able ['eɪbl] *adj* capaz; (skilled) hábil, competente; **to be ~ to do sth** poder fazer algo

abnormal [æb'nɔːməl] *adj* anormal

aboard [ə'bɔːd] *adv* a bordo ♦ *prep* a bordo de

abode [ə'bəud] *n* (LAW): **of no fixed ~** sem domicílio fixo

abolish [ə'bɔlɪʃ] *vt* abolir

aborigine [æbə'rɪdʒɪnɪ] *n* aborígene *m/f*

abort [ə'bɔːt] *vt* (MED) abortar; (plan) cancelar; **abortion** *n* aborto; **to have an abortion** fazer um aborto, abortar; **abortive** [ə'bɔːtɪv] *adj* fracassado

about

[ə'baut] *adv*

1 (approximately) aproximadamente; **it takes ~ 10 hours** leva mais ou menos 10 horas; **it's just ~ finished** está quase terminado

2 (referring to place) por toda parte, por todo lado; **to run/walk** etc **~** correr/andar etc por todos os lados

3: **to be ~ to do sth** estar a ponto de fazer algo

♦ *prep*

1 (relating to) acerca de, sobre; **what is it ~?** do que se trata?, é sobre o quê?; **what** or **how ~ doing this?** que tal se fizermos isso?

2 (place) em redor de, por

a b c d e f g h i j k l m n o p q r s t u v w x y z

above [ə'bʌv] *adv* em *or* por cima, acima; (*greater*) acima ♦ *prep* acima de, por cima de; (*greater than: in rank*) acima de; (*: in number*) mais de; **~ all** sobretudo; **aboveboard** *adj* legítimo, limpo

abrasive [ə'breızıv] *adj* abrasivo; (*fig*) cáustico, mordaz

abreast [ə'brɛst] *adv* lado a lado; **to keep ~ of** (*fig*) estar a par de

abroad [ə'brɔːd] *adv* (*be*) no estrangeiro; (*go*) ao estrangeiro

abrupt [ə'brʌpt] *adj* (*sudden*) brusco; (*curt*) ríspido; **abruptly** *adv* bruscamente

abscess ['æbsıs] *n* abscesso (*BR*), abcesso (*PT*)

absence ['æbsəns] *n* ausência

absent ['æbsənt] *adj* ausente; **absentee** [æbsən'tiː] *n* ausente *m/f*; **absent-minded** *adj* distraído

absolute ['æbsəluːt] *adj* absoluto; **absolutely** [æbsə'luːtlı] *adv* absolutamente

absorb [əb'zɔːb] *vt* absorver; (*business*) incorporar; (*changes*) assimilar; (*information*) digerir; **absorbent cotton** (*US*) *n* algodão *m* hidrófilo

abstain [əb'steın] *vi*: **to ~ (from)** abster-se (de)

abstract ['æbstrækt] *adj* abstrato

absurd [əb'səːd] *adj* absurdo

abuse [*n* ə'bjuːs, *vb* ə'bjuːz] *n* (*insults*) insultos *mpl*; (*ill-treatment*) maus-tratos *mpl*; (*misuse*) abuso ♦ *vt* insultar; maltratar; abusar de; **abusive** [ə'bjuːsıv] *adj* ofensivo

abysmal [ə'bızməl] *adj* (*ignorance*) profundo, total; (*failure*) péssimo

abyss [ə'bıs] *n* abismo

AC *abbr* (= *alternating current*) CA

academic [ækə'dɛmık] *adj* acadêmico; (*pej: issue*) teórico ♦ *n* universitário(-a)

academy [ə'kædəmı] *n* (*learned body*) academia; **~ of music** conservatório

accelerate [æk'sɛləreıt] *vt, vi* acelerar; **accelerator** *n* acelerador *m*

accent ['æksɛnt] *n* (*written*) acento; (*pronunciation*) sotaque *m*; (*fig: emphasis*) ênfase *f*

accept [ək'sɛpt] *vt* aceitar; (*responsibility*) assumir; **acceptable** *adj* (*offer*) bem-vindo; (*risk*) aceitável; **acceptance** *n* aceitação *f*

access ['æksɛs] *n* acesso; **accessible** [æk'sɛsəbl] *adj* acessível; (*available*) disponível

accessory [æk'sɛsərı] *n* acessório; (*LAW*): **~ to** cúmplice *m/f* de

accident ['æksıdənt] *n* acidente *m*; (*chance*) casualidade *f*; **by ~** (*unintentionally*) sem querer; (*by coincidence*) por acaso; **accidental** [æksı'dɛntl] *adj* acidental; **accidentally** [æksı'dɛntəlı] *adv* sem querer; **accident-prone** *adj* com tendência para sofrer *or* causar acidente, desastrado

acclaim [ə'kleım] *n* aclamação *f*

accommodate [ə'kɔmədeıt] *vt* alojar; (*subj: car, hotel, etc*) acomodar; (*oblige, help*) comprazer a; **accommodation** [əkɔmə'deıʃən] *n* alojamento; **accommodations** (*US*) *npl* = **accommodation**

accompany [ə'kʌmpənı] *vt* acompanhar

accomplice [ə'kʌmplıs] *n* cúmplice *m/f*

accomplish [ə'kʌmplıʃ] *vt* (*task*) concluir; (*goal*) alcançar; **accomplishment** *n* realização *f*

accord [ə'kɔːd] *n* tratado ♦ *vt* conceder; **of his own ~** por sua iniciativa; **accordance** [ə'kɔːdəns] *n*: **in accordance with** de acordo com; **according**: **according to** *prep* segundo, conforme; **accordingly** *adv* por conseguinte; (*appropriately*) do modo devido

accordion [əˈkɔːdɪən] *n* acordeão *m*

account [əˈkaunt] *n* conta; (*report*) relato; **~s** *npl* (*books, department*) contabilidade *f*; **of no ~** sem importância; **on ~** por conta; **on no ~** de modo nenhum; **on ~ of** por causa de; **to take into ~, take ~ of** levar em conta; **account for** *vt fus* (*explain*) explicar; (*represent*) representar; **accountancy** *n* contabilidade *f*; **accountant** *n* contador(a) *m/f* (*BR*), contabilista *m/f* (*PT*); **account number** *n* número de conta

accumulate [əˈkjuːmjuleɪt] *vt* acumular ♦ *vi* acumular-se

accuracy [ˈækjurəsɪ] *n* exatidão *f*, precisão *f*

accurate [ˈækjurɪt] *adj* (*description*) correto; (*person, device*) preciso; **accurately** *adv* com precisão

accusation [ækjuˈzeɪʃən] *n* (*act*) incriminação *f*; (*instance*) acusação *f*

accuse [əˈkjuːz] *vt* acusar; **accused** *n*: **the accused** o acusado (a acusada)

accustom [əˈkʌstəm] *vt* acostumar; **accustomed** *adj*: **accustomed to** acostumado a

ace [eɪs] *n* ás *m*

ache [eɪk] *n* dor *f* ♦ *vi* (*yearn*): **to ~ to do sth** ansiar por fazer algo; **my head ~s** dói-me a cabeça

achieve [əˈtʃiːv] *vt* alcançar; (*victory, success*) obter; **achievement** *n* realização *f*; (*success*) proeza

acid [ˈæsɪd] *adj* ácido; (*taste*) azedo ♦ *n* ácido

acknowledge [əkˈnɔlɪdʒ] *vt* (*fact*) reconhecer; (*also*: **~ receipt of**) acusar o recebimento de (*BR*) or a recepção de (*PT*); **acknowledgement** *n* notificação *f* de recebimento

acne [ˈæknɪ] *n* acne *f*

acorn [ˈeɪkɔːn] *n* bolota

acoustic [əˈkuːstɪk] *adj* acústico; **acoustics** *n, npl* acústica

acquaint [əˈkweɪnt] *vt*: **to ~ sb with sth** pôr alguém ao corrente de algo; **to be ~ed with** conhecer; **acquaintance** *n* conhecimento; (*person*) conhecido(-a)

acquire [əˈkwaɪə*] *vt* adquirir

acquit [əˈkwɪt] *vt* absolver; **to ~ o.s. well** desempenhar-se bem

acre [ˈeɪkə*] *n* acre *m* (= 4047m²)

acrobat [ˈækrəbæt] *n* acrobata *m/f*

across [əˈkrɔs] *prep* (*on the other side of*) no outro lado de; (*crosswise*) através de ♦ *adv*: **to go** (*or* **walk**) **~** atravessar; **the lake is 12km ~** o lago tem 12km de largura; **~ from** em frente de

acrylic [əˈkrɪlɪk] *adj* acrílico ♦ *n* acrílico

act [ækt] *n* ação *f*; (*THEATRE*) ato; (*in show*) número; (*LAW*) lei *f* ♦ *vi* tomar ação; (*behave, have effect, THEATRE*) agir; (*pretend*) fingir ♦ *vt* (*part*) representar; **in the ~ of** no ato de; **to ~ as** servir de; **acting** *adj* interino ♦ *n*: **to do some acting** fazer teatro

action [ˈækʃən] *n* ação *f*; (*MIL*) batalha, combate *m*; (*LAW*) ação judicial; **out of ~** (*person*) fora de combate; (*thing*) com defeito; **to take ~** tomar atitude; **action replay** *n* (*TV*) replay *m*

activate [ˈæktɪveɪt] *vt* acionar

active [ˈæktɪv] *adj* ativo; (*volcano*) em atividade; **actively** *adv* ativamente; **activity** [ækˈtɪvɪtɪ] *n* atividade *f*

actor [ˈæktə*] *n* ator *m*

actress [ˈæktrɪs] *n* atriz *f*

actual [ˈæktjuəl] *adj* real; (*emphatic use*) em si; **actually** *adv* realmente; (*in fact*) na verdade; (*even*) mesmo

acute [ə'kjuːt] adj agudo; (person) perspicaz

ad [æd] n abbr = **advertisement**

A.D. adv abbr (= Anno Domini) d.C.

adamant ['ædəmənt] adj inflexível

adapt [ə'dæpt] vt adaptar ♦ vi: **to ~ (to)** adaptar-se (a); **adaptable** adj (device) ajustável; (person) adaptável; **adapter** n (ELEC) adaptador m; **adaptor** = **adapter**

add [æd] vt acrescentar; (figures: also: **~ up**) somar ♦ vi: **to ~ to** aumentar

addict ['ædɪkt] n viciado(-a); **drug ~** toxicômano(-a); **addicted** [ə'dɪktɪd] adj: **to be addicted to** ser viciado em; (fig) ser fanático por; **addiction** n dependência; **addictive** adj que causa dependência

addition [ə'dɪʃən] n adição f; (thing added) acréscimo; **in ~** além disso; **in ~ to** além de; **additional** adj adicional

additive ['ædɪtɪv] n aditivo

address [ə'drɛs] n endereço; (speech) discurso ♦ vt (letter) endereçar; (speak to) dirigir-se a, dirigir a palavra a; **to ~ (o.s. to)** enfocar

adept ['ædɛpt] adj: **~ at** hábil or competente em

adequate ['ædɪkwɪt] adj (enough) suficiente; (satisfactory) satisfatório

adhere [əd'hɪə*] vi: **to ~ to** aderir a; (abide by) ater-se a

adhesive [əd'hiːzɪv] n adesivo

adjective ['ædʒɛktɪv] n adjetivo

adjoining [ə'dʒɔɪnɪŋ] adj adjacente

adjourn [ə'dʒəːn] vt (session) suspender ♦ vi ser suspenso

adjust [ə'dʒʌst] vt (change) ajustar; (clothes) arrumar; (machine) regular ♦ vi: **to ~ (to)** adaptar-se (a); **adjustment** n ajuste m; (of engine) regulagem f; (of prices, wages) reajuste m; (of person) adaptação f

ad-lib [-lɪb] vi improvisar ♦ adv: **ad lib** à vontade

administer [əd'mɪnɪstə*] vt administrar; (justice) aplicar; (drug) ministrar; **administration** [ədmɪnɪs'treɪʃən] n administração f; (management) gerência; (government) governo; **administrative** [əd'mɪnɪstrətɪv] adj administrativo

admiral ['ædmərəl] n almirante m

admire [əd'maɪə*] vt (respect) respeitar; (appreciate) admirar

admission [əd'mɪʃən] n (admittance) entrada; (fee) ingresso; (confession) confissão f

admit [əd'mɪt] vt admitir; (accept) aceitar; (confess) confessar; **admit to** vt fus confessar; **admittance** n entrada; **admittedly** adv evidentemente

ado [ə'duː] n: **without (any) more ~** sem mais cerimônias

adolescent [ædəu'lɛsnt] adj, n adolescente m/f

adopt [ə'dɔpt] vt adotar; **adopted** adj adotivo; **adoption** n adoção f

adore [ə'dɔː*] vt adorar

Adriatic (Sea) [eɪdrɪ'ætɪk-] n (mar m) Adriático

adrift [ə'drɪft] adv à deriva

adult ['ædʌlt] n adulto(-a) ♦ adj adulto; (literature, education) para adultos

adultery [ə'dʌltərɪ] n adultério

advance [əd'vɑːns] n avanço; (money) adiantamento ♦ adj antecipado ♦ vt (money) adiantar ♦ vi (move) avançar; (progress) progredir; **in ~** com antecedência; **to make ~s to sb** fazer propostas a alguém; **advanced** adj adiantado

advantage [əd'vɑːntɪdʒ] n (gen, TENNIS) vantagem f; (supremacy) supremacia; **to take ~ of** aproveitar-se de, levar vantagem de

adventure [əd'ventʃə*] n façanha; (*excitement in life*) aventura

adverb ['ædvə:b] n advérbio

adverse ['ædvə:s] adj (*effect*) contrário; (*weather, publicity*) desfavorável

advert ['ædvə:t] n abbr = **advertisement**

advertise ['ædvətaɪz] vi anunciar ♦ vt (*event, job*) anunciar; (*product*) fazer a propaganda de; **to ~ for** (*staff*) procurar; **advertisement** [əd'və:tɪsmənt] n (*classified*) anúncio; (*display, TV*) propaganda, anúncio; **advertising** n publicidade f

advice [əd'vaɪs] n conselhos mpl; (*notification*) aviso; **piece of ~** conselho; **to take legal ~** consultar um advogado

advise [əd'vaɪz] vt aconselhar; (*inform*): **to ~ sb of sth** avisar alguém de algo; **to ~ sb against sth/doing sth** desaconselhar algo a alguém/ aconselhar alguém a não fazer algo; **adviser or advisor** n conselheiro(-a); (*consultant*) consultor(a) m/f; **advisory** adj consultivo; **in an advisory capacity** na qualidade de assessor or consultor

advocate [vb 'ædvəkeɪt, n 'ædvəkɪt] vt defender; (*recommend*) advogar ♦ n advogado(-a); (*supporter*) defensor(a) m/f

Aegean [iː'dʒiːən] n: **the ~ (Sea)** o (mar) Egeu

aerial ['ɛərɪəl] n antena ♦ adj aéreo

aerobics [ɛə'rəubɪks] n ginástica

aeroplane ['ɛərəpleɪn] (*BRIT*) n avião m

aerosol ['ɛərəsɒl] n aerossol m

aesthetic [iːs'θetɪk] adj estético

afar [ə'fɑː*] adv: **from ~** de longe

affair [ə'fɛə*] n (*matter*) assunto; (*business*) negócio; (*question*) questão f; (*also:* **love ~**) caso

affect [ə'fekt] vt afetar; (*move*) comover; **affected** adj afetado

affection [ə'fekʃən] n afeto, afeição f; **affectionate** adj afetuoso

afflict [ə'flɪkt] vt afligir

affluent ['æfluənt] adj rico; **the affluent society** a sociedade de abundância

afford [ə'fɔːd] vt (*provide*) fornecer; (*goods etc*) ter dinheiro suficiente para; (*permit o.s.*): **I can't ~ the time/to take that risk** não tenho tempo/não posso correr esse risco

afloat [ə'fləut] adv flutuando

afoot [ə'fut] adv: **there is something ~** está acontecendo algo

afraid [ə'freɪd] adj assustado; **to be ~ of/to** ter medo de; **I am ~ that** lamento que; **I'm ~ so/not** receio que sim/ não

Africa ['æfrɪkə] n África; **African** adj, n africano(-a)

after ['ɑːftə*] prep depois de ♦ adv depois ♦ conj depois que; **a quarter ~ two** (*US*) duas e quinze; **what/who are you ~?** o que você quer?/quem procura?; **~ having done** tendo feito; **he was named ~ his grandfather** ele recebeu o nome do avô; **to ask ~ sb** perguntar por alguém; **~ all** afinal (de contas); **~ you!** passe primeiro!; **aftermath** n consequências fpl; **afternoon** n tarde f; **afters** (*inf*) n sobremesa; **after-sales service** (*BRIT*) n serviço pós-vendas; **after-shave (lotion)** n loção f após-barba; **aftersun** n loção f pós-sol; **afterwards** adv depois

again [ə'gɛn] adv (once more) outra vez; (repeatedly) de novo; **to do sth ~** voltar a fazer algo; **not ... ~!** ... de novo!; **~ and ~** repetidas vezes

against [ə'gɛnst] prep contra; (compared to) em contraste com

age [eɪdʒ] n idade f; (period) época ♦ vt, vi envelhecer; **he's 20 years of ~** ele tem 20 anos de idade; **to come of ~** atingir a maioridade; **it's been ~s since I saw him** faz muito tempo que eu não o vejo; **aged**[1] [eɪdʒd] adj: **aged 10** de 10 anos de idade; **aged**[2] ['eɪdʒɪd] adj idoso ♦ npl: **the aged** os idosos; **age group** n faixa etária; **age limit** n idade f mínima/ máxima

agency ['eɪdʒənsɪ] n agência; (government body) órgão m

agenda [ə'dʒɛndə] n ordem f do dia

agent ['eɪdʒənt] n agente m/f

aggravate ['ægrəveɪt] vt agravar; (annoy) irritar

aggressive [ə'grɛsɪv] adj agressivo

agitate ['ædʒɪteɪt] vt agitar ♦ vi: **to ~ for** fazer agitação a favor de

AGM n abbr (= annual general meeting) AGO f

ago [ə'gəu] adv: **2 days ~** há 2 dias (atrás); **not long ~** há pouco tempo; **how long ~?** há quanto tempo?

agony ['ægənɪ] n (pain) dor f; **to be in ~** sofrer dores terríveis

agree [ə'griː] vt combinar ♦ vi (correspond) corresponder; **to ~ (with)** concordar (com); **to ~ to sth/to do sth** consentir algo/aceitar fazer algo; **to ~ that** concordar or admitir que; **agreeable** adj agradável; (willing) disposto; **agreed** adj combinado; **agreement** n acordo; (COMM) contrato; **in agreement** de acordo

agricultural [ægrɪ'kʌltʃərəl] adj (of crops) agrícola; (of crops and cattle) agropecuário

agriculture ['ægrɪkʌltʃə*] n (of crops) agricultura; (of crops and cattle) agropecuária

aground [ə'graund] adv: **to run ~** encalhar

ahead [ə'hɛd] adv adiante; **go right** or **straight ~** siga em frente; **go ~!** (fig) vá em frente!; **~ of** na frente de

aid [eɪd] n ajuda; (device) aparelho ♦ vt ajudar; **in ~ of** em benefício de; **to ~ and abet** (LAW) ser cúmplice de

AIDS [eɪdz] n abbr (= acquired immune deficiency syndrome) AIDS f (BR), SIDA f (PT)

aim [eɪm] vt: **to ~ sth (at)** apontar algo (para); (remark) dirigir algo (a) ♦ vi (also: **take ~**) apontar ♦ n (skill) pontaria; (objective) objetivo; **to ~ at** mirar; **to ~ to do** pretender fazer

ain't [eɪnt] (inf) = am not; aren't; isn't

air [ɛə*] n ar m; (appearance) aparência, aspeto; (tune) melodia ♦ vt arejar; (grievances, ideas) discutir ♦ cpd aéreo; **to throw sth into the ~** jogar algo para cima; **by ~** (travel) de avião; **on the ~** (RADIO, TV) no ar; **airbed** (BRIT) n colchão m de ar; **air conditioning** n ar condicionado; **aircraft** n inv aeronave f; **airfield** n campo de aviação; **Air Force** n Força Aérea, Aeronáutica; **air freshener** n perfumador m de ar; **airgun** n espingarda f de ar comprimido; **air hostess** (BRIT) n aeromoça (BR), hospedeira (PT); **air letter** (BRIT) n aerograma m; **airline** n linha aérea; **airliner** n avião m de passageiros; **airmail** n: **by airmail** por via aérea; **air mile** n milha aérea; **airplane** (US) n avião m; **airport** n aeroporto; **airsick** adj: **to be airsick** enjoar (no

avião); **airtight** adj hermético;
airy adj (room) arejado; (manner)
leviano
aisle [aɪl] n (of church) nave f; (of
theatre etc) corredor m
ajar [ə'dʒɑː*] adj entreaberto
alarm [ə'lɑːm] n alarme m; (anxiety)
inquietação f ◆ vt alarmar; **alarm
clock** n despertador m
album ['ælbəm] n (for stamps etc)
álbum m; (record) elepê m
alcohol ['ælkəhɔl] n álcool m;
alcohol-free adj sem álcool;
alcoholic [ælkə'hɔlɪk] adj alcoólico ◆ n
alcoólatra m/f
ale [eɪl] n cerveja
alert [ə'lɜːt] adj atento; (to danger,
opportunity) alerta ◆ n alerta ◆ vt
alertar; **to be on the ~** estar alerta;
(MIL) ficar de prontidão
Algarve [æl'gɑːv] m: **the ~** o
Algarve
algebra ['ældʒɪbrə] n álgebra
Algeria [æl'dʒɪərɪə] n Argélia
alias ['eɪlɪəs] adv também chamado
◆ n (of criminal) alcunha; (of writer)
pseudônimo
alibi ['ælɪbaɪ] n álibi m
alien ['eɪlɪən] n estrangeiro(-a); (from
space) alienígena m/f ◆ adj: **~ to** alheio
a
alight [ə'laɪt] adj em chamas; (eyes)
aceso; (expression) intento ◆ vi
(passenger) descer (de um veículo);
(bird) pousar
alike [ə'laɪk] adj semelhante ◆ adv
similarmente, igualmente; **to look ~**
parecer-se
alimony ['ælɪmənɪ] n (payment)
pensão f alimentícia
alive [ə'laɪv] adj vivo; (lively) alegre

| **all** |
| KEYWORD |

[ɔːl] adj (sg) todo(-a); (pl) todos
(-as); **~ day/night** o dia inteiro/a
noite inteira; **~ five came** todos os
cinco vieram; **~ the books/food**
todos os livros/toda a comida
◆ pron
1 tudo; **~ of us/the boys went**
todos nós fomos/todos os meninos
foram; **is that ~?** é só isso?; (in
shop) mais alguma coisa?
2 (in phrases): **above ~** sobretudo;
after ~ afinal (de contas); **at ~: not
at ~** (in answer to question) em
absoluto, absolutamente não; **I'm
not at ~ tired** não estou nada
cansado; **anything at ~ will do**
qualquer coisa serve; **~ in ~** ao todo
◆ adv todo, completamente; **~
alone** completamente só; **it's not as
hard as ~ that** não é tão difícil
assim; **~ the more** ainda mais; **~ the
better** tanto melhor, melhor ainda;
~ but quase; **the score is 2 ~** o
escore é 2 a 2

---

allege [ə'ledʒ] vt alegar; **allegedly**
[ə'ledʒɪdlɪ] adv segundo dizem
allegiance [ə'liːdʒəns] n lealdade f
allergic [ə'lɜːdʒɪk] adj: **~ (to)** alérgico (a)
allergy ['ælədʒɪ] n alergia f
alleviate [ə'liːvɪeɪt] vt (pain) aliviar;
(difficulty) minorar
alley ['ælɪ] n viela
alliance [ə'laɪəns] n aliança
all-in (BRIT) adj, adv (charge) tudo
incluído
all-night adj (café) aberto toda a
noite; (party) que dura toda a noite
allocate ['æləkeɪt] vt destinar
allot [ə'lɔt] vt: **to ~ to** designar para;

allotment *n* partilha; (*garden*) lote *m*

all-out *adj* (*effort etc*) máximo ♦ *adv*: **all out** com toda a força

allow [ə'lau] *vt* permitir; (*claim, goal*) admitir; (*sum, time*) calcular; (*concede*): **to ~ that** reconhecer que; **to ~ sb to do** permitir a alguém fazer; **allow for** *vt fus* levar em conta; **allowance** [ə'lauəns] *n* ajuda de custo; (*welfare payment*) pensão *f*, auxílio; (*TAX*) abatimento; (*pocket money*) mesada; **to make allowances for** levar em consideração

all right *adv* (*well*) bem; (*correctly*) corretamente; (*as answer*) está bem!

all-time *adj* de todos os tempos

ally [*n* 'ælaɪ, *vb* ə'laɪ] *n* aliado ♦ *vt*: **to ~ o.s. with** aliar-se com

almighty [ɔ:l'maɪtɪ] *adj* onipotente; (*row etc*) a maior

almond ['ɑ:mənd] *n* amêndoa

almost ['ɔ:lməust] *adv* quase

alone [ə'ləun] *adj* só, sozinho; (*unaided*) sozinho ♦ *adv* só, somente, sozinho; **to leave sb ~** deixar alguém em paz; **to leave sth ~** não tocar em algo; **let ~ ...** sem falar em ...

along [ə'lɒŋ] *prep* por, ao longo de ♦ *adv*: **is he coming ~?** ele vem conosco?; **he was hopping/limping ~** ele ia pulando/coxeando; **~ with** junto com; **all ~** o tempo tudo; **alongside** *prep* ao lado de ♦ *adv* encostado

aloof [ə'lu:f] *adj* afastado, altivo ♦ *adv*: **to stand ~** afastar-se

aloud [ə'laud] *adv* em voz alta

alphabet ['ælfəbɛt] *n* alfabeto

Alps [ælps] *npl*: **the ~** os Alpes

already [ɔ:l'rɛdɪ] *adv* já

alright ['ɔ:l'raɪt] (*BRIT*) *adv* = **all right**

Alsatian [æl'seɪʃən] (*BRIT*) *n* (*dog*) pastor *m* alemão

also ['ɔ:lsəu] *adv* também; (*moreover*) além disso

altar ['ɔltə*] *n* altar *m*

alter ['ɔltə*] *vt* alterar ♦ *vi* modificar-se

alternate [*adj* ɔl'tə:nɪt, *vb* 'ɔltə:neɪt] *adj* alternado; (*US: alternative*) alternativo ♦ *vi* alternar-se; **alternating** *adj*: **alternating current** corrente *f* alternada

alternative [ɔl'tə:nətɪv] *adj* alternativo ♦ *n* alternativa; **alternatively** *adv*: **alternatively one could ...** por outro lado se podia ...

although [ɔ:l'ðəu] *conj* embora; (*given that*) se bem que

altitude ['æltɪtju:d] *n* altitude *f*

alto ['æltəu] *n* (*female*) contralto *f*; (*male*) alto

altogether [ɔ:ltə'gɛðə*] *adv* totalmente; (*on the whole*) no total

aluminium [ælju'mɪnɪəm] (*US* **aluminum**) *n* alumínio

always ['ɔ:lweɪz] *adv* sempre

Alzheimer's disease ['æltshaɪməz-] *n* doença de Alzheimer

am [æm] *vb see* **be**

a.m. *adv abbr* (= *ante meridiem*) da manhã

amateur ['æmətə*] *adj*, *n* amador(a) *m/f*

amaze [ə'meɪz] *vt* pasmar; **to be ~d (at)** espantar-se (de *or* com); **amazement** *n* pasmo, espanto; **amazing** *adj* surpreendente; (*fantastic*) fantástico

Amazon ['æməzən] *n* Amazonas *m*

ambassador [æm'bæsədə*] *n* embaixador (embaixatriz) *m/f*

amber ['æmbə*] *n* âmbar *m*; **at ~** (*BRIT: AUT*) em amarelo

ambiguous [æm'bɪgjuəs] *adj* ambíguo

ambition [æmˈbɪʃən] n ambição f;
ambitious adj ambicioso
ambulance [ˈæmbjuləns] n
ambulância
ambush [ˈæmbuʃ] n emboscada ♦ vt
emboscar
amend [əˈmɛnd] vt emendar; **to make
~s (for)** compensar
amenities [əˈmiːnɪtɪz] npl atrações fpl,
comodidades fpl
America [əˈmɛrɪkə] n (continent)
América; (USA) Estados Unidos mpl;
American adj americano;
norte-americano, estadunidense ♦ n
americano(-a); norte-americano(-a)
amiable [ˈeɪmɪəbl] adj amável
amicable [ˈæmɪkəbl] adj amigável
amid(st) [əˈmɪd(st)] prep em meio a
amiss [əˈmɪs] adv: **to take sth ~** levar
algo a mal; **there's something ~** aí
tem coisa
ammunition [æmjuˈnɪʃən] n munição
f
among(st) [əˈmʌŋ(st)] prep entre, no
meio de
amount [əˈmaunt] n quantidade f; (of
money etc) quantia ♦ vi: **to ~ to** (total)
montar a; (be same as) equivaler a,
significar
amp(ère) [ˈæmp(ɛə*)] n ampère m
ample [ˈæmpl] adj amplo; (abundant)
abundante; (enough) suficiente
amplifier [ˈæmplɪfaɪə*] n amplificador
m
amuse [əˈmjuːz] vt divertir; (distract)
distrair; **amusement** n diversão f;
(pleasure) divertimento; (pastime)
passatempo
an [æn, ən, n] indef art see a
anaemic [əˈniːmɪk] (US anemic) adj
anêmico
anaesthetic [ænɪsˈθɛtɪk] (US
anesthetic) n anestésico

analyse [ˈænəlaɪz] (US **analyze**) vt
analisar; **analysis** [əˈnæləsɪs] (pl
analyses) n análise f; **analyst** [ˈænəlɪst]
n analista m/f; (psychoanalyst)
psicanalista m/f
analyze [ˈænəlaɪz] (US) vt = **analyse**
anarchist [ˈænəkɪst] n anarquista m/f
anarchy [ˈænəkɪ] n anarquia
anatomy [əˈnætəmɪ] n anatomia
ancestor [ˈænsɪstə*] n antepassado
anchor [ˈæŋkə*] n âncora ♦ vi (also: **to
drop ~**) ancorar, fundear ♦ vt (fig): **to
~ sth** firmar algo em; **to weigh ~**
levantar âncoras
anchovy [ˈæntʃəvɪ] n enchova
ancient [ˈeɪnʃənt] adj antigo; (person,
car) velho
ancillary [ænˈsɪlərɪ] adj auxiliar
and [ænd] conj e; **~ so on** e assim por
diante; **try ~ come** tente vir; **he talked
~ talked** ele falou sem parar; **better ~
better** cada vez melhor
Andes [ˈændiːz] npl: **the ~** os Andes
anemic [əˈniːmɪk] (US) n = **anaemic**
angel [ˈeɪndʒəl] n anjo
anger [ˈæŋgə*] n raiva
angina [ænˈdʒaɪnə] n angina (de
peito)
angle [ˈæŋgl] n ângulo; (viewpoint):
from their ~ do ponto de vista deles
Anglican [ˈæŋglɪkən] adj, n
anglicano(-a)
angling [ˈæŋglɪŋ] n pesca à vara (BR)
or à linha (PT)
Angola [æŋˈgəulə] n Angola (no
article)
angry [ˈæŋgrɪ] adj zangado; **to be ~
with sb/at sth** estar zangado com
alguém/algo; **to get ~** zangar-se
anguish [ˈæŋgwɪʃ] n (physical) dor f,
sofrimento; (mental) angústia
animal [ˈænɪməl] n animal m, bicho

♦ *adj* animal
animate ['ænɪmɪt] *adj* animado;
animated *adj* animado
aniseed ['ænɪsiːd] *n* erva-doce *f*, anis *f*
ankle ['æŋkl] *n* tornozelo
annex [*n* ə'næks, *vb* ə'neks] *n* (*also*: *BRIT*: *annexe*: *building*) anexo ♦ *vt* anexar
anniversary [ænɪ'vəːsərɪ] *n* aniversário
announce [ə'naʊns] *vt* anunciar;
announcement *n* anúncio; (*official*) comunicação *f*; (*in letter etc*) aviso;
announcer *n* (*RADIO*, *TV*) locutor(a) *m/f*
annoy [ə'nɔɪ] *vt* aborrecer; **don't get ~ed!** não se aborreça!; **annoyance** *n* aborrecimento; **annoying** *adj* irritante
annual ['ænjuəl] *adj* anual ♦ *n* (*BOT*) anual *m*; (*book*) anuário
annul [ə'nʌl] *vt* anular
anonymous [ə'nɔnɪməs] *adj* anônimo
anorak ['ænəræk] *n* anoraque *m* (*BR*), anorak *m* (*PT*)
another [ə'nʌðə*] *adj*: **~ book** (*one more*) outro livro, mais um livro; (*a different one*) um outro livro, um livro diferente ♦ *pron* outro; *see also* **one**
answer ['ɑːnsə*] *n* resposta; (*to problem*) solução *f* ♦ *vi* responder ♦ *vt* (*reply to*) responder a; (*problem*) resolver; **in ~ to your letter** em resposta *or* respondendo à sua carta; **to ~ the phone** atender o telefone; **to ~ the bell** *or* **the door** atender à porta; **answer back** *vi* replicar, retrucar; **answer for** *vt fus* responder por, responsabilizar-se por; **answer to** *vt fus* (*description*) corresponder a; **answering machine** *n* secretária eletrônica
ant [ænt] *n* formiga
antagonism [æn'tægənɪzəm] *n* antagonismo

antagonize [æn'tægənaɪz] *vt* contrariar, hostilizar
Antarctic [ænt'ɑːktɪk] *n*: **the ~** o Antártico
antenatal ['æntɪ'neɪtl] *adj* pré-natal
anthem ['ænθəm] *n*: **national ~** hino nacional
anti... [æntɪ] *prefix* anti...; **anti-aircraft** *adj* antiaéreo; **antibiotic** ['æntɪbaɪ'ɔtɪk] *adj* antibiótico ♦ *n* antibiótico; **antibody** *n* anticorpo
anticipate [æn'tɪsɪpeɪt] *vt* prever; (*expect*) esperar; (*look forward to*) aguardar, esperar; **anticipation** *n* expectativa; (*eagerness*) entusiasmo
anticlimax [æntɪ'klaɪmæks] *n* desapontamento
anticlockwise [æntɪ'klɔkwaɪz] (*BRIT*) *adv* em sentido anti-horário
antics ['æntɪks] *npl* bobices *fpl*; (*of child*) travessuras *fpl*
antidepressant ['æntɪdɪ'presənt] *n* antidepressivo
antifreeze ['æntɪfriːz] *n* anticongelante *m*
antihistamine [æntɪ'hɪstəmiːn] *n* anti-histamínico
antiquated ['æntɪkweɪtɪd] *adj* antiquado
antique [æn'tiːk] *n* antiguidade *f* ♦ *adj* antigo; **antique shop** *n* loja de antiguidades
antiseptic [æntɪ'septɪk] *n* anti-séptico
antisocial [æntɪ'səʊʃəl] *adj* anti-social
antlers ['æntləz] *npl* esgalhos *mpl*, chifres *mpl*
anxiety [æŋ'zaɪətɪ] *n* (*worry*) inquietude *f*; (*MED*) ansiedade *f*; (*eagerness*): **~ to do** ânsia de fazer
anxious ['æŋkʃəs] *adj* (*worried*) preocupado; (*worrying*) angustiante; (*keen*): **~ to do** ansioso para fazer; **to be ~ that** desejar que

any

KEYWORD

['ɛnɪ] *adj*

1 (*in questions etc*) algum(a); **have you ~ butter/children?** você tem manteiga/filhos?; **if there are ~ tickets left** se houver alguns bilhetes sobrando

2 (*with negative*) nenhum(a); **I haven't ~ money/books** não tenho dinheiro/livros

3 (*no matter which*) qualquer; **choose ~ book you like** escolha qualquer livro que quiser

4 (*in phrases*): **in ~ case** em todo o caso; **~ day now** qualquer dia desses; **at ~ moment** a qualquer momento; **at ~ rate** de qualquer modo; **~ time** a qualquer momento; (*whenever*) quando quer que seja

♦ *pron*

1 (*in questions etc*) algum(a); **have you got ~?** tem algum?

2 (*with negative*) nenhum(a); **I haven't ~ (of them)** não tenho nenhum (deles)

3 (*no matter which one(s)*): **take ~ of those books (you like)** leve qualquer um desses livros (que você quiser)

♦ *adv*

1 (*in questions etc*) algo; **do you want ~ more soup/sandwiches?** quer mais sopa/sanduíches?; **are you feeling ~ better?** você está se sentindo melhor?

2 (*with negative*) nada; **I can't hear him ~ more** não consigo mais ouvi-lo

anybody ['ɛnɪbɔdɪ] *pron* = anyone

anyhow ['ɛnɪhau] *adv* (*at any rate*) de qualquer modo, de qualquer maneira; (*haphazard*) de qualquer jeito; **I shall**

go ~ eu irei de qualquer jeito; **do it ~ you like** faça do jeito que você quiser; **she leaves things just ~** ela deixa as coisas de qualquer maneira

anyone ['ɛnɪwʌn] *pron* (*in questions etc*) alguém; (*with negative*) ninguém; (*no matter who*) quem quer que seja; **can you see ~?** você pode ver alguém?; **if ~ should phone ...** se alguém telefonar ...; **~ could do it** qualquer um(a) poderia fazer isso

anything ['ɛnɪθɪŋ] *pron* (*in questions etc*) alguma coisa; (*with negative*) nada; (*no matter what*) qualquer coisa; **can you see ~?** você pode ver alguma coisa?

anyway ['ɛnɪweɪ] *adv* (*at any rate*) de qualquer modo; (*besides*) além disso; **I shall go ~** eu irei de qualquer jeito

anywhere ['ɛnɪwɛə*] *adv* (*in questions etc*) em algum lugar; (*with negative*) em parte nenhuma; (*no matter where*) não importa onde, onde quer que seja; **can you see him ~?** você pode vê-lo em algum lugar?; **I can't see him ~** não o vejo em parte nenhuma; **~ in the world** em qualquer lugar do mundo

apart [ə'pɑːt] *adv* à parte, à distância; (*separately*) separado; (*movement*): **to move ~** distanciar-se; (*aside*): **... ~,** ... de lado, além de ...; **10 miles ~** separados por 10 milhas; **to take ~** desmontar; **~ from** com exceção de; (*in addition to*) além de

apartheid [ə'pɑːteɪt] *n* apartheid *m*

apartment [ə'pɑːtmənt] (*US*) *n* apartamento

ape [eɪp] *n* macaco ♦ *vt* macaquear, imitar

aperitif [ə'pɛrɪtɪv] *n* aperitivo

aperture ['æpətʃuə*] *n* orifício; (*PHOT*) abertura

APEX *n abbr* (= advance purchase

excursion) tarifa aérea com desconto, adquirida com antecedência

apologetic [əpɔlə'dʒɛtɪk] *adj* cheio de desculpas

apologize [ə'pɔlədʒaɪz] *vi*: **to ~ (for sth to sb)** desculpar-se *or* pedir desculpas (por *or* de algo a alguém); **apology** *n* desculpas *fpl*

apostle [ə'pɔsl] *n* apóstolo

apostrophe [ə'pɔstrəfi] *n* apóstrofo

appalling [ə'pɔ:lɪŋ] *adj* horrível; (*ignorance*) terrível

apparatus [æpə'reɪtəs] *n* aparelho; (*in gym*) aparelhos *mpl*; (*organization*) aparato

apparent [ə'pærənt] *adj* aparente; (*obvious*) claro, patente; **apparently** *adv* aparentemente, pelo(s) visto(s)

appeal [ə'pi:l] *vi* (LAW) apelar, recorrer ♦ *n* (LAW) recurso, apelação *f*; (*request*) pedido; (*plea*) súplica; (*charm*) atração *f*; **to ~ (to sb) for sth** (*request*) pedir algo (a alguém); (*plead*) suplicar algo (a alguém); **to ~ to** atrair; **appealing** *adj* atraente

appear [ə'pɪə*] *vi* aparecer; (LAW) apresentar-se, comparecer; (*publication*) ser publicado; (*seem*) parecer; **to ~ in "Hamlet"** trabalhar em "Hamlet"; **to ~ on TV** (*person, news item*) sair na televisão; (*programme*) passar na televisão; **appearance** *n* aparecimento; (*presence*) comparecimento; (*look*) aparência

appendicitis [əpɛndɪ'saɪtɪs] *n* apendicite *f*

appendix [ə'pɛndɪks] (*pl* **appendices**) *n* apêndice *m*

appetite ['æpɪtaɪt] *n* apetite *m*; (*fig*) desejo; **appetizer** *n* (*food*) tira-gosto; (*drink*) aperitivo

applaud [ə'plɔ:d] *vi* aplaudir ♦ *vt* aplaudir; (*praise*) admirar; **applause** *n*

aplausos *mpl*

apple ['æpl] *n* maçã *f*; **apple tree** *n* macieira

appliance [ə'plaɪəns] *n* aparelho; **electrical** *or* **domestic ~s** eletrodomésticos *mpl*

applicant ['æplɪkənt] *n* (*for post*) candidato(-a); (*for benefit etc*) requerente *m/f*

application [æplɪ'keɪʃən] *n* aplicação *f*; (*for a job, a grant etc*) candidatura, requerimento; (*hard work*) esforço; **application form** *n* (formulário de) requerimento

apply [ə'plaɪ] *vt* (*paint etc*) usar; (*law etc*) pôr em prática ♦ *vi*: **to ~ to** (*be suitable for*) ser aplicável a; (*be relevant to*) valer para; (*ask*) pedir; **to ~ for** (*permit, grant*) solicitar, pedir; (*job*) candidatar-se a; **to ~ o.s. to** aplicar-se a, dedicar-se a

appoint [ə'pɔɪnt] *vt* (*to post*) nomear; **appointment** *n* (*engagement*) encontro marcado, compromisso; (*at doctor's etc*) hora marcada; (*act*) nomeação *f*; (*post*) cargo; **to make an appointment (with sb)** marcar um encontro (com alguém)

appraisal [ə'preɪzl] *n* avaliação *f*

appreciate [ə'pri:ʃɪeɪt] *vt* (*like*) apreciar, estimar; (*be grateful for*) agradecer a; (*understand*) compreender ♦ *vi* (COMM) valorizar-se; **appreciation** *n* apreciação *f*, estima; (*understanding*) compreensão *f*; (*gratitude*) agradecimento; (COMM) valorização *f*; **appreciative** *adj* (*person*) agradecido; (*comment*) elogioso

apprehensive [æprɪ'hɛnsɪv] *adj* apreensivo, receoso

apprentice [ə'prɛntɪs] *n* aprendiz *m/f*

approach [ə'prəutʃ] *vi* aproximar-se

a
b
c
d
e
f
g
h
i
j
k
l
m
n
o
p
q
r
s
t
u
v
w
x
y
z

♦ vt aproximar-se de; (ask, apply to) dirigir-se a; (subject, passer-by) abordar ♦ n aproximação f; (access) acesso; (to problem, situation) enfoque m;
approachable adj (person) tratável; (place) acessível

appropriate [adj ə'prəuprɪɪt, vb ə'prəuprɪeɪt] adj (apt) apropriado; (relevant) adequado ♦ vt apropriar-se de

approval [ə'pruːvəl] n aprovação f; **on ~** (COMM) a contento

approve [ə'pruːv] vt (publication, product) autorizar; (motion, decision) aprovar; **approve of** vt fus aprovar

approximate [ə'prɔksɪmɪt] adj aproximado; **approximately** adv aproximadamente

apricot ['eɪprɪkɔt] n damasco

April ['eɪprəl] n abril m

apron ['eɪprən] n avental m

apt [æpt] adj (suitable) adequado; (appropriate) apropriado; (likely): **~ to do** sujeito a fazer

Aquarius [ə'kwεərɪəs] n Aquário

Arab ['ærəb] adj, n árabe m/f

Arabian [ə'reɪbɪən] adj árabe

Arabic ['ærəbɪk] adj árabe; (numerals) arábico ♦ n (LING) árabe m

arbitrary ['ɑːbɪtrərɪ] adj arbitrário

arbitration [ɑːbɪ'treɪʃən] n arbitragem f

arcade [ɑː'keɪd] n arcos mpl; (passage with shops) galeria

arch [ɑːtʃ] n arco; (of foot) curvatura ♦ vt arquear, curvar

archaeologist [ɑːkɪ'ɔlədʒɪst] (US **archeologist**) n arqueólogo(-a)

archaeology [ɑːkɪ'ɔlədʒɪ] (US **archeology**) n arqueologia

archbishop [ɑːtʃ'bɪʃəp] n arcebispo

archeology etc [ɑːkɪ'ɔlədʒɪ] (US) = **archaeology** etc

archery ['ɑːtʃərɪ] n tiro de arco

architect ['ɑːkɪtεkt] n arquiteto(-a);
architecture n arquitetura

archives ['ɑːkaɪvz] npl arquivo

Arctic ['ɑːktɪk] adj ártico ♦ n: **the ~** o Ártico

are [ɑː*] vb see **be**

area ['εərɪə] n (zone) zona, região f; (part of place) região; (in room, of knowledge, experience) área; (MATH) superfície f, extensão f; **area code** (US) n (TEL) código de discagem (BR), indicativo (PT)

aren't [ɑːnt] = **are not**

Argentina [ɑːdʒən'tiːnə] n Argentina

arguably ['ɑːgjuəblɪ] adv possivelmente

argue ['ɑːgjuː] vi (quarrel) discutir; (reason) argumentar; **to ~ that** sustentar que

argument ['ɑːgjumənt] n (reasons) argumento; (quarrel) briga, discussão f; **argumentative** [ɑːgju'mεntətɪv] adj briguento

Aries ['εərɪz] n Áries m

arise [ə'raɪz] (pt **arose**, pp **arisen**) vi (emerge) surgir

aristocrat ['ærɪstəkræt] n aristocrata m/f

arithmetic [ə'rɪθmətɪk] n aritmética

ark [ɑːk] n: **Noah's A~** arca de Noé

arm [ɑːm] n braço; (of clothing) manga; (of organization etc) divisão f ♦ vt armar; **~s** npl (weapons) armas fpl; (HERALDRY) brasão m; **~ in ~** de braços dados

armaments ['ɑːməmənts] npl armamento

armchair ['ɑːmtʃεə*] n poltrona

armed [ɑːmd] adj armado

armour ['ɑːmə*] (US **armor**) n armadura

armpit ['ɑːmpɪt] n sovaco

armrest ['ɑːmrεst] n braço (de poltrona)

army ['ɑːmɪ] n exército

aroma [ə'rəumə] n aroma;

aromatherapy n aromaterapia

arose [ə'rəuz] pt of **arise**

around [ə'raund] adv em volta; (in the area) perto ♦ prep em volta de; (near) perto de; (fig: about) cerca de

arouse [ə'rauz] vt despertar; (anger) provocar

arrange [ə'reɪndʒ] vt (organize) organizar; (put in order) arrumar; **to ~ to do sth** combinar em or ficar de fazer algo; **arrangement** n (agreement) acordo; (order, layout) disposição f; **arrangements** npl (plans) planos mpl; (preparations) preparativos mpl; **home deliveries by arrangement** entregas a domicílio por convênio; **I'll make all the necessary arrangements** eu vou tomar todas as providências necessárias

array [ə'reɪ] n: **~ of** variedade f de

arrears [ə'rɪəz] npl atrasos mpl; **to be in ~ with one's rent** atrasar o aluguel

arrest [ə'rɛst] vt prender, deter; (sb's attention) chamar, prender ♦ n detenção f, prisão f; **under ~** preso

arrival [ə'raɪvəl] n chegada; **new ~** recém-chegado; (baby) recém- nascido

arrive [ə'raɪv] vi chegar

arrogant ['ærəgənt] adj arrogante

arrow ['ærəu] n flecha; (sign) seta

arse [ɑːs] (BRIT: inf!) n cu m (!)

arson ['ɑːsn] n incêndio premeditado

art [ɑːt] n arte f; (skill) habilidade f, jeito; **A~s** npl (SCH) letras fpl

artery ['ɑːtərɪ] n (MED) artéria; (fig) estrada principal

art gallery n museu m de belas artes; (small, private) galeria de arte

arthritis [ɑː'θraɪtɪs] n artrite f

artichoke ['ɑːtɪtʃəuk] n (also: **globe ~**) alcachofra; (also: **Jerusalem ~**) topinambo

article ['ɑːtɪkl] n artigo; **~s** npl (BRIT:

LAW: training) contrato de aprendizagem; **~s of clothing** peças fpl de vestuário

articulate [adj ɑː'tɪkjulɪt, vb ɑː'tɪkjuleɪt] adj (speech) bem articulado; (writing) bem escrito; (person) eloqüente ♦ vt expressar; **articulated lorry** (BRIT) n caminhão m (BR) or camião m (PT) articulado, jamanta

artificial [ɑːtɪ'fɪʃəl] adj artificial; (manner) afetado

artist ['ɑːtɪst] n artista m/f; (MUS) intérprete m/f; **artistic** [ɑː'tɪstɪk] adj artístico

art school n ≈ escola de artes

---

as

KEYWORD

[æz, əz] conj

1 (time) quando; **~ the years went by** no decorrer dos anos; **he came in ~ I was leaving** ele chegou quando eu estava saindo; **~ from tomorrow** a partir de amanhã

2 (in comparisons) tão … (como), tanto(s) … (como); **~ big ~** tão grande como; **twice ~ big ~** duas vezes maior que; **~ much/many ~** tanto/tantos como; **~ much money/ many books ~** tanto dinheiro quanto/tantos livros quanto; **~ soon ~** logo que, assim que

3 (since, because) como

4 (referring to manner, way) como; **do ~ you wish** faça como quiser

5 (concerning): **~ for or to that** quanto a isso

6: **~ if or though** como se; **he looked ~ if he was ill** ele parecia doente ♦ prep (in the capacity of): **he works ~ a driver** ele trabalha como motorista; **he gave it to me ~ a present** ele me deu isso de presente; see also **long**; **such**; **well**

a.s.a.p. abbr = as soon as possible

asbestos [æz'bɛstəs] n asbesto, amianto

ascend [ə'sɛnd] vt subir; (throne) ascender

ascertain [æsə'teɪn] vt averiguar, verificar

ash [æʃ] n cinza; (tree, wood) freixo

ashamed [ə'ʃeɪmd] adj envergonhado; **to be ~ of** ter vergonha de

ashore [ə'ʃɔː*] adv em terra; **to go ~** descer à terra, desembarcar

ashtray ['æʃtreɪ] n cinzeiro

Asia ['eɪʃə] n Ásia; **Asian** adj, n asiático(-a)

aside [ə'saɪd] adv à parte, de lado ♦ n aparte m

ask [ɑːsk] vt perguntar; (invite) convidar; **to ~ sb sth/to do sth** perguntar algo a alguém/pedir para alguém fazer algo; **to ~ (sb) a question** fazer uma pergunta (a alguém); **to ~ sb out to dinner** convidar alguém para jantar; **ask after** vt fus perguntar por; **ask for** vt fus pedir; **it's just ~ing for trouble** é procurar encrenca

asleep [ə'sliːp] adj dormindo; **to fall ~** dormir, adormecer

asparagus [əs'pærəgəs] n asparago (BR), espargo (PT)

aspect ['æspɛkt] n aspecto; (direction in which a building etc faces) direção f

aspire [əs'paɪə*] vi: **to ~ to** aspirar a

aspirin ['æsprɪn] n aspirina

ass [æs] n jumento, burro; (inf) imbecil m/f; (US: inf!) cu m (!)

assailant [ə'seɪlənt] n assaltante m/f, atacante m/f

assassinate [ə'sæsɪneɪt] vt assassinar; **assassination** [əsæsɪ'neɪʃən] n assassinato, assassínio

assault [ə'sɔːlt] n assalto; (MIL, fig) ataque m ♦ vt assaltar, atacar; (sexually) agredir, violar

assemble [ə'sɛmbl] vt (people) reunir; (objects) juntar; (TECH) montar ♦ vi reunir-se

assembly [ə'sɛmblɪ] n reunião f; (institution) assembléia

assent [ə'sɛnt] n aprovação f

assert [ə'səːt] vt afirmar

assess [ə'sɛs] vt avaliar; (tax, damages) calcular; **assessment** n avaliação f, cálculo

asset ['æsɛt] n vantagem f, trunfo; **~s** npl (property, funds) bens mpl

assign [ə'saɪn] vt (date) fixar; **to ~ (to)** (task) designar (a); (resources) destinar (a); **assignment** n tarefa

assist [ə'sɪst] vt ajudar; **assistance** n ajuda, auxílio; **assistant** n assistente m/f, auxiliar m/f; (BRIT: also: **shop assistant**) vendedor(a) m/f

associate [adj, n ə'səuʃiɪt, vb ə'səuʃieɪt] adj associado; (professor etc) adjunto ♦ n sócio(-a) ♦ vi: **to ~ with** associar-se com ♦ vt associar; **association** [əsəusɪ'eɪʃən] n associação f; (link) ligação f

assorted [ə'sɔːtɪd] adj sortido

assortment [ə'sɔːtmənt] n (of shapes, colours) sortimento; (of books, people) variedade f

assume [ə'sjuːm] vt (suppose) supor, presumir; (responsibilities) assumir; (attitude, name) adotar, tomar; **assumption** [ə'sʌmpʃən] n suposição f, presunção f

assurance [ə'ʃuərəns] n garantia; (confidence) confiança; (insurance) seguro

assure [ə'ʃuə*] vt assegurar; (guarantee) garantir

asthma ['æsmə] n asma

astonish [ə'stɒnɪʃ] vt assombrar, espantar; **astonishment** n assombro, espanto

astound [ə'staund] vt pasmar, estarrecer

astray [ə'streɪ] adv: **to go ~** extraviar-se; **to lead ~** desencaminhar

astrology [əs'trɒlədʒɪ] n astrologia

astronaut ['æstrənɔːt] n astronauta m/f

astronomy [əs'trɒnəmɪ] n astronomia

asylum [ə'saɪləm] n (refuge) asilo; (hospital) manicômio; **asylum seeker** n requerente m/f de asilo

> **at**
> KEYWORD

[æt] prep

1 (referring to position) em; (referring to direction) a; **~ the top** em cima; **~ home** em casa; **to look ~ sth** olhar para algo

2 (referring to time): **~ 4 o'clock** às quatro horas; **~ night** à noite; **~ Christmas** no Natal; **~ times** às vezes

3 (referring to rates, speed etc): **~ £1 a kilo** a uma libra o quilo; **two ~ a time** de dois em dois

4 (referring to manner): **~ a stroke** de um golpe; **~ peace** em paz

5 (referring to activity): **to be ~ work** estar no trabalho; **to play ~ cowboys** brincar de mocinho

6 (referring to cause): **to be shocked/surprised/annoyed ~ sth** ficar chocado/surpreso/chateado com algo; **I went ~ his suggestion** eu fui por causa da sugestão dele

ate [eɪt] pt of **eat**

atheist ['eɪθɪɪst] n ateu (atéia) m/f

Athens ['æθɪnz] n Atenas

athlete ['æθliːt] n atleta m/f; **athletic** [æθ'letɪk] adj atlético; **athletics** n atletismo

Atlantic [ət'læntɪk] adj atlântico ♦ n: **the ~ (Ocean)** o (oceano) Atlântico

atlas ['ætləs] n atlas m inv

ATM n abbr (= automated telling machine) caixa m automático

atmosphere ['ætməsfɪə*] n atmosfera; (of place) ambiente m

atom ['ætəm] n átomo; **atomic** [ə'tɒmɪk] adj atômico; **atomizer** n atomizador m, pulverizador m

atone [ə'təun] vi: **to ~ for** (sin) expiar; (mistake) reparar

atrocious [ə'trəuʃəs] adj péssimo

attach [ə'tætʃ] vt prender; (document) juntar, anexar; (importance etc) dar; **to be ~ed to sb/sth** (like) ter afeição por alguém/algo

attachment [ə'tætʃmənt] n (tool) acessório; (love): **~ (to)** afeição f (por)

attack [ə'tæk] vt atacar; (subj: criminal) assaltar; (task etc) empreender ♦ n ataque m; (on sb's life) atentado; **heart ~** ataque cardíaco or de coração

attain [ə'teɪn] vt (also: **~ to**: happiness, results) alcançar, atingir; (: knowledge) obter

attempt [ə'tempt] n tentativa ♦ vt tentar; **to make an ~ on sb's life** atentar contra a vida de alguém; **attempted** adj: **attempted theft** tentativa de roubo

attend [ə'tend] vt (lectures) assistir a; (school) cursar; (church) ir a; (course) fazer; (patient) tratar; **attend to** vt fus (matter) encarregar-se de; (needs, customer) atender a; (patient) tratar de; **attendance** n comparecimento; (people present) assistência; **attendant** n servidor(a) m/f ♦ adj concomitante

attention [əˈtɛnʃən] *n* atenção *f*; (*care*) cuidados *mpl* ♦ *excl* (*MIL*) sentido!; **for the ~ of ...** (*ADMIN*) atenção ...

attentive [əˈtɛntɪv] *adj* atento; (*polite*) cortês

attic [ˈætɪk] *n* sótão *m*

attitude [ˈætɪtjuːd] *n* atitude *f*

attorney [əˈtəːnɪ] *n* (*US: lawyer*) advogado(-a)

attract [əˈtrækt] *vt* atrair, chamar; **attraction** *n* atração *f*; **attractive** *adj* atraente; (*idea, offer*) interessante

attribute [*n* ˈætrɪbjuːt, *vb* əˈtrɪbjuːt] *n* atributo ♦ *vt*: **to ~ sth to** atribuir algo a

aubergine [ˈəubəʒiːn] *n* berinjela

auction [ˈɔːkʃən] *n* (*also: sale by ~*) leilão *m* ♦ *vt* leiloar

audience [ˈɔːdɪəns] *n* audiência; (*at concert, theatre*) platéia; (*public*) público

audio-visual [ˈɔːdɪəu-] *adj* audiovisual

audit [ˈɔːdɪt] *vt* fazer a auditoria de

audition [ɔːˈdɪʃən] *n* audição *f*

August [ˈɔːgəst] *n* agosto

aunt [ɑːnt] *n* tia; **auntie** *n* titia; **aunty** *n* titia

au pair [ˈəuˈpɛə*] *n* (*also: ~ girl*) au pair *f*

Australia [ɔsˈtreɪlɪə] *n* Austrália; **Australian** *adj, n* australiano(-a)

Austria [ˈɔstrɪə] *n* Áustria; **Austrian** *adj, n* austríaco(-a)

authentic [ɔːˈθɛntɪk] *adj* autêntico

author [ˈɔːθə] *n* autor(a) *m/f*

authoritarian [ɔːθɔrɪˈtɛərɪən] *adj* autoritário

authoritative [ɔːˈθɔrɪtətɪv] *adj* (*account*) autorizado; (*manner*) autoritário

authority [ɔːˈθɔrɪtɪ] *n* autoridade *f*; (*government body*) jurisdição *f*;

(*permission*) autorização *f*; **the authorities** *npl* (*ruling body*) as autoridades

authorize [ˈɔːθəraɪz] *vt* autorizar

auto [ˈɔːtəu] (*US*) *n* carro, automóvel *m*

autobiography [ɔːtəbaɪˈɔgrəfɪ] *n* autobiografia

autograph [ˈɔːtəgrɑːf] *n* autógrafo ♦ *vt* (*photo etc*) autografar

automatic [ɔːtəˈmætɪk] *adj* automático ♦ *n* (*gun*) pistola automática; (*washing machine*) máquina de lavar roupa automática; (*car*) carro automático

automobile [ˈɔːtəməbiːl] (*US*) *n* carro, automóvel *m*

autonomy [ɔːˈtɔnəmɪ] *n* autonomia

autumn [ˈɔːtəm] *n* outono

auxiliary [ɔːgˈzɪlɪərɪ] *adj, n* auxiliar *m/f*

available [əˈveɪləbl] *adj* disponível; (*time*) livre

avalanche [ˈævəlɑːnʃ] *n* avalanche *f*

Ave. *abbr* (= *avenue*) Av., Avda.

avenge [əˈvɛndʒ] *vt* vingar

avenue [ˈævənjuː] *n* avenida; (*drive*) caminho; (*means*) solução *f*

average [ˈævərɪdʒ] *n* média ♦ *adj* (*mean*) médio; (*ordinary*) regular ♦ *vt* alcançar uma média de; **on ~** em média; **average out** *vi*: **to ~ out at** dar uma média de

avert [əˈvəːt] *vt* prevenir; (*blow, one's eyes*) desviar

avocado [ævəˈkɑːdəu] *n* (*also: BRIT: ~ pear*) abacate *m*

avoid [əˈvɔɪd] *vt* evitar

await [əˈweɪt] *vt* esperar, aguardar

awake [əˈweɪk] (*pt* **awoke** *or* **awoken**, *pp* **~d**) *adj* acordado ♦ *vt, vi* despertar, acordar; **~ to** atento a; **awakening** *n* despertar *m*

award [əˈwɔːd] *n* prêmio,

condecoração f; (LAW) indenização f
♦ vt outorgar, conceder; indenizar
aware [əˈwɛə*] adj: ~ **of** (conscious)
consciente de; (informed) informado
de or sobre; **to become ~ of** reparar em,
saber de; **awareness** n consciência
away [əˈweɪ] adv fora; (far~) muito
longe; **two kilometres ~** a dois
quilômetros de distância; **the holiday
was two weeks ~** faltavam duas
semanas para as férias; **he's ~ for a
week** está ausente uma semana; **to
take ~** levar; **to work** etc **~** trabalhar
etc sem parar; **to fade ~** (colour)
desbotar; (enthusiasm, sound) diminuir
awe [ɔː] n temor m respeitoso;
awe-inspiring [ˈɔːɪnspaɪərɪŋ] adj
imponente
awful [ˈɔːfəl] adj terrível, horrível;
(quantity): **an ~ lot of** um monte de;
awfully adv (very) muito
awkward [ˈɔːkwəd] adj (person,
movement) desajeitado; (shape)
incômodo; (problem) difícil; (situation)
embaraçoso, delicado
awning [ˈɔːnɪŋ] n toldo
awoke [əˈwəuk] pt of awake; **awoken**
[əˈwəukən] pp of awake
axe [æks] (US **ax**) n machado ♦ vt
(project etc) abandonar; (jobs) reduzir
axis [ˈæksɪs] (pl **axes**) n eixo
axle [ˈæksl] n (also: ~ **tree**: AUT) eixo
Azores [əˈzɔːz] npl: **the ~** os Açores

B b

B [biː] n (MUS) si m
BA n abbr = Bachelor of Arts
babble [ˈbæbl] vi balbuciar; (brook)
murmurinhar
baby [ˈbeɪbɪ] n neném m/f, nenê m/f,
bebê m/f; (US: inf) querido(-a); **baby
carriage** (US) n carrinho de bebê;
baby food n comida de bebê;
baby-sit (irreg) vi tomar conta da(s)
criança(s); **baby-sitter** n baby-sitter m/f
bachelor [ˈbætʃələ*] n solteiro; **B~ of
Arts/Science** ≈ bacharel m em Letras/
Ciências
back [bæk] n (of person) costas fpl; (of
animal) lombo; (of hand) dorso; (of
car, train) parte f traseira; (of house)
fundos mpl; (of chair) encosto; (of
page) verso; (of book) lombada; (of
crowd) fundo; (FOOTBALL) zagueiro (BR),
defesa m (PT) ♦ vt (candidate: also: ~
up) apoiar; (horse: at races) apostar
em; (car) recuar ♦ vi (car etc: also: ~
up) dar marcha-ré (BR), fazer marcha
atrás (PT) ♦ cpd (payment) atrasado;
(AUT: seats, wheels) de trás ♦ adv (not
forward) para trás; (returned): **he's ~**
ele voltou; (restitution): **throw the ball
~** devolva a bola; (again): **he called ~**
chamou de novo; **he ran ~** recuou
correndo; **back down** vi desistir; **back
out** vi (of promise) voltar atrás, recuar;
back up vt (support) apoiar; (COMPUT)
tirar um backup de; **backache** n dor f
nas costas; **backbone** n coluna
vertebral; (fig) esteio; **backfire** vi (AUT)
engasgar; (plan) sair pela culatra;
background n fundo; (of events)
antecedentes mpl; (basic knowledge)
bases fpl; (experience) conhecimentos
mpl, experiência; **family background**
antecedentes mpl familiares;
backhand n (TENNIS: also: **backhand
stroke**) revés m; **backing** n (fig)
apoio; **backlog** n: **backlog of work**
atrasos mpl; **backpack** n mochila;
back pay n salário atrasado;
backside (inf) n traseiro; **backstage**
adv nos bastidores; **backstroke** n
nado de costas; **backup** adj (train,

plane) reserva *inv*; (*COMPUT*) de backup ♦ *n* (*support*) apoio; (*COMPUT*: *also*: **backup file**) backup *m*; **backward** *adj* (*movement*) para trás; (*person, country*) atrasado; **backwards** *adv* (*move, go*) para trás; (*read a list*) às avessas; (*fall*) de costas; **backwater** *n* (*fig*) lugar *m* atrasado; **backyard** *n* quintal *m*

bacon [ˈbeɪkən] *n* toucinho, bacon *m*

bacteria [bækˈtɪərɪə] *npl* bactérias *fpl*

bad [bæd] *adj* mau (má), ruim; (*child*) levado; (*mistake*) grave; (*food*) estragado; **his ~ leg** sua perna machucada; **to go ~** estragar-se

badge [bædʒ] *n* (*of school etc*) emblema *m*; (*policeman's*) crachá *m*

badger [ˈbædʒə*] *n* texugo

badly [ˈbædlɪ] *adv* mal; **~ wounded** gravemente ferido; **he needs it ~** faz-lhe grande falta; **to be ~ off (for money)** estar com pouco dinheiro

badminton [ˈbædmɪntən] *n* badminton *m*

bad-tempered [-ˈtɛmp] *adj* mal humorado; (*temporary*) de mau humor

baffle [ˈbæfl] *vt* (*puzzle*) deixar perplexo, desconcertar

bag [bæg] *n* saco, bolsa; (*handbag*) bolsa; (*satchel*) sacola; (*case*) mala; **~s of ...** (*inf*: *lots of*) ... de sobra; **baggage** *n* bagagem *f*; **baggy** *adj* folgado, largo; **bagpipes** *npl* gaita de foles

bail [beɪl] *n* (*payment*) fiança; (*release*) liberdade *f* sob fiança ♦ *vt* (*prisoner*: *gen*: *grant ~ to*) libertar sob fiança; (*boat*: *also*: **~ out**) baldear a água de; **on ~** sob fiança; *see also* **bale**; **bail out** *vt* (*prisoner*) afiançar

bait [beɪt] *n* isca, engodo; (*for criminal etc*) atrativo, chamariz *m* ♦ *vt* iscar, cevar; (*person*) apoquentar

bake [beɪk] *vt* cozinhar ao forno;

(*TECH*: *clay etc*) cozer ♦ *vi* assar; **baked beans** *npl* feijão *m* cozido com molho de tomate; **baked potato** *n* batata assada com a casca; **baker** *n* padeiro (-a); **bakery** *n* (*for bread*) padaria; (*for cakes*) confeitaria; **baking** *n* (*act*) cozimento; (*batch*) fornada ♦ *adj* (*inf*: *hot*) escaldante; **baking powder** *n* fermento em pó

balance [ˈbæləns] *n* equilíbrio; (*scales*) balança; (*COMM*) balanço; (*remainder*) resto, saldo ♦ *vt* equilibrar; (*budget*) nivelar; (*account*) fazer o balanço de; **~ of trade/payments** balança comercial/balanço de pagamentos; **balanced** *adj* (*report*) objetivo; (*personality, diet*) equilibrado; **balance sheet** *n* balanço geral

balcony [ˈbælkənɪ] *n* varanda; (*closed*) galeria; (*in theatre*) balcão *m*

bald [bɔːld] *adj* calvo, careca; (*tyre*) careca

bale [beɪl] *n* (*AGR*) fardo; **bale out** *vi* (*of a plane*) atirar-se de pára-quedas

ball [bɔːl] *n* bola; (*of wool, string*) novelo; (*dance*) baile *m*; **to play ~ with sb** jogar bola com alguém; (*fig*) fazer o jogo de alguém

ballast [ˈbæləst] *n* lastro

ballerina [bæləˈriːnə] *n* bailarina

ballet [ˈbæleɪ] *n* balé *m*; **ballet dancer** *n* bailarino(-a)

balloon [bəˈluːn] *n* balão *m*

ballot [ˈbælət] *n* votação *f*

ballpoint (pen) [ˈbɔːlpɔɪnt-] *n* (caneta) esferográfica

balsamic vinegar [bɔlˈsæmɪk-] *n* vinagre m balsâmico

ban [bæn] *n* proibição *f*, interdição *f*; (*suspension*) exclusão *f* ♦ *vt* proibir, interditar; excluir

banana [bəˈnɑːnə] *n* banana

band [bænd] n (group) orquestra; (MIL) banda; (strip) faixa, cinta; **band together** vi juntar-se, associar-se

bandage ['bændɪdʒ] n atadura (BR), ligadura (PT) ♦ vt enfaixar

bandaid ['bændeɪd] ® (US) n esparadrapo

bang [bæŋ] n estalo; (of door) estrondo; (of gun, exhaust) explosão f; (blow) pancada ♦ excl bum!, bumba! ♦ vt (one's head etc) bater; (door) fechar com violência ♦ vi produzir estrondo; (door) bater; (fireworks) soltar

bangs [bæŋz] (US) npl (fringe) franja

banish ['bænɪʃ] vt banir

banister(s) ['bænɪstə(z)] n(pl) corrimão m

bank [bæŋk] n banco; (of river, lake) margem f; (of earth) rampa, ladeira ♦ vi (AVIAT) ladear-se; **bank on** vt fus contar com, apostar em; **bank account** n conta bancária; **bank card** n cartão m de garantia de cheques; **banker** n banqueiro(-a); **banker's card** (BRIT) n = bank card; **Bank holiday** (BRIT) n feriado nacional; **banking** n transações fpl bancárias; **banknote** n nota (bancária); **bank rate** n taxa bancária

bankrupt ['bæŋkrʌpt] adj falido, quebrado; **to go ~** falir

bank statement n extrato bancário

banner ['bænə*] n faixa

baptism ['bæptɪzəm] n batismo

bar [bɑ:*] n barra; (rod) vara; (of window etc) grade f; (fig: hindrance) obstáculo; (prohibition) impedimento; (pub) bar m; (counter: in pub) balcão m ♦ vt (road) obstruir; (person) excluir; (activity) proibir ♦ prep: ~ **none** sem exceção; **behind ~s** (prisoner) atrás das grades; **the B~**

(LAW) a advocacia

barbaric [bɑ:'bærɪk] adj bárbaro

barbecue ['bɑ:bɪkju:] n churrasco

barbed wire ['bɑ:bd-] n arame m farpado

barber ['bɑ:bə*] n barbeiro, cabeleireiro

bar code n código de barras

bare [beə*] adj despido; (head) descoberto; (trees) sem vegetação; (minimum) básico ♦ vt mostrar; **barefoot** adj, adv descalço; **barely** adv apenas, mal

bargain ['bɑ:gɪn] n negócio; (agreement) acordo; (good buy) pechincha ♦ vi (haggle) regatear; (negotiate): **to ~ (with sb)** pechinchar (com alguém); **into the ~** ainda por cima; **bargain for** vt fus: **he got more than he ~ed for** ele conseguiu mais do que pediu

barge [bɑ:dʒ] n barcaça; **barge in** vi irromper

bark [bɑ:k] n (of tree) casca; (of dog) latido ♦ vi latir

barley ['bɑ:lɪ] n cevada

barmaid ['bɑ:meɪd] n garçonete f (BR), empregada (de bar) (PT)

barman ['bɑ:mən] (irreg) n garçom m (BR), empregado (de bar) (PT)

barn [bɑ:n] n celeiro

barometer [bə'rɔmɪtə*] n barômetro

baron ['bærən] n barão m; (of press, industry) magnata m; **baroness** ['bærənɪs] n baronesa

barracks ['bærəks] npl quartel m, caserna

barrage ['bærɑ:ʒ] n (MIL) fogo de barragem; (dam) barragem f; (fig): **a ~ of questions** uma saraivada de perguntas

barrel ['bærəl] n barril m; (of gun) cano

barren ['bærən] adj (land) árido

barricade [bærɪ'keɪd] n barricada

barrier ['bærɪə*] n barreira; (fig: to progress etc) obstáculo

barrister ['bærɪstə*] (BRIT) n advogado(-a), causídico(-a)

barrow ['bærəu] n (wheel~) carrinho (de mão)

bartender ['bɑ:tɛndə*] (US) n garçom m (BR), empregado (de bar) (PT)

barter ['bɑ:tə*] vt: **to ~ sth for sth** trocar algo por algo

base [beɪs] n base f ♦ vt (opinion, belief): **to ~ sth on** basear or fundamentar algo em ♦ adj (thoughts) sujo; **baseball** n beisebol m

basement ['beɪsmənt] n porão m

bases¹ ['beɪsɪz] npl of **base**

bases² ['beɪsi:z] npl of **basis**

bash [bæʃ] (inf) vt (with fist) dar soco or murro em; (with object) bater em

bashful ['bæʃful] adj tímido, envergonhado

basic ['beɪsɪk] adj básico; (facilities) mínimo; **basically** adv basicamente; (really) no fundo; **basics** npl: **the basics** o essencial

basin ['beɪsn] n (vessel, GEO) bacia; (also: **wash~**) pia

basis ['beɪsɪs] (pl **bases**) n base f; **on a part-time ~** num esquema de meio-expediente; **on a trial ~** em experiência

bask [bɑ:sk] vi: **to ~ in the sun** tomar sol

basket ['bɑ:skɪt] n cesto; (with handle) cesta; **basketball** n basquete(bol) m

bass [beɪs] n (MUS) baixo

bastard ['bɑ:stəd] n bastardo(-a); (inf!) filho-da-puta m (!)

bat [bæt] n (ZOOL) morcego; (for ball games) bastão m; (BRIT: for table tennis) raquete f ♦ vt: **he didn't ~ an eyelid** ele nem pestanejou

batch [bætʃ] n (of bread) fornada; (of papers) monte m

bath [bɑ:θ] n banho; (bathtub) banheira ♦ vt banhar; **to have a ~** tomar banho (de banheira); see also **baths**

bathe [beɪð] vi banhar-se; (US: have a bath) tomar um banho ♦ vt (wound) lavar; **bathing** n banho; **bathing costume** (US **bathing suit**) n (woman's) maiô m (BR), fato de banho (PT)

bathrobe ['bɑ:θrəub] n roupão m de banho

bathroom ['bɑ:θrum] n banheiro (BR), casa de banho (PT)

baths [bɑ:ðz] npl banhos mpl públicos

baton ['bætən] n (MUS) batuta; (ATHLETICS) bastão m; (truncheon) cassetete m

batter ['bætə*] vt espancar; (subj: wind, rain) castigar ♦ n massa (mole); **battered** ['bætəd] adj (hat, pan) amassado, surrado

battery ['bætərɪ] n bateria; (of torch) pilha

battle ['bætl] n batalha; (fig) luta ♦ vi lutar; **battlefield** n campo de batalha; **battleship** n navio de guerra (BR), couraçado (PT)

bawl [bɔ:l] vi gritar; (child) berrar

bay [beɪ] n (GEO) baía; **to hold sb at ~** manter alguém à distância; **bay window** n janela saliente

bazaar [bə'zɑ:*] n bazar m

B & B n abbr = **bed and breakfast**

BBC n abbr (= British Broadcasting Corporation) companhia britânica de rádio e televisão

B.C. adv abbr (= before Christ) a.C.

be

KEYWORD

[bi:] (*pt* **was** *or* **were**, *pp* **been**) *aux vb*

1 (*with present participle: forming continuous tense*) estar; **what are you doing?** o que você está fazendo (*BR*) *or* a fazer (*PT*)?; **it is raining** está chovendo (*BR*) *or* a chover (*PT*); **I've been waiting for you for hours** há horas que eu espero por você

2 (*with pp: forming passives*): **to ~ killed** ser morto; **the box had been opened** a caixa tinha sido aberta; **the thief was nowhere to ~ seen** ninguém viu o ladrão

3 (*in tag questions*): **it was fun, wasn't it?** foi divertido, não foi?; **she's back again, is she?** ela voltou novamente, é?

4 (*+ to + infin*): **the house is to ~ sold** a casa está à venda; **you're to ~ congratulated for all your work** você devia ser cumprimentado pelo seu trabalho; **he's not to open it** ele não pode abrir isso

♦ *vb + complement*

1 (*gen*): **I'm English** sou inglês; **I'm tired** estou cansado; **2 and 2 are 4** dois e dois são quatro; **~ careful!** tome cuidado!; **~ quiet!** fique quieto!, fique calado!; **~ good!** seja bonzinho!

2 (*of health*) estar; **how are you?** como está?

3 (*of age*): **how old are you?** quantos anos você tem?; **I'm twenty (years old)** tenho vinte anos

4 (*cost*) ser; **how much was the meal?** quanto foi a refeição?; **that'll ~ £5.75, please** são £5.75, por favor

♦ *vi*

1 (*exist, occur etc*) existir, haver; **the best singer that ever was** o maior cantor de todos os tempos; **is there a God?** Deus existe?; **~ that as it may ...** de qualquer forma ...; **so ~ it** que seja assim

2 (*referring to place*) estar; **I won't ~ here tomorrow** eu não estarei aqui amanhã; **Edinburgh is in Scotland** Edimburgo é *or* fica na Escócia

3 (*referring to movement*) ir; **where have you been?** onde você foi?; **I've been in the garden** estava no quintal

♦ *impers vb*

1 (*referring to time*) ser; **it's 8 o'clock** são 8 horas; **it's the 28th of April** é 28 de abril

2 (*referring to distance*) ficar; **it's 10 km to the village** fica a 10 km do lugarejo

3 (*referring to the weather*) estar; **it's too hot/cold** está quente/frio demais

4 (*emphatic*): **it's only me** sou eu!; **it was Maria who paid the bill** foi Maria quem pagou a conta

beach [bi:tʃ] *n* praia ♦ *vt* puxar para a terra *or* praia, encalhar

beacon ['bi:kən] *n* (*lighthouse*) farol *m*; (*marker*) baliza

bead [bi:d] *n* (*of necklace*) conta; (*of sweat*) gota

beak [bi:k] *n* bico

beaker ['bi:kə*] *n* copo com bico

beam [bi:m] *n* (*ARCH*) viga; (*of light*) raio ♦ *vi* (*smile*) sorrir

bean [bi:n] *n* feijão *m*; (*of coffee*) grão *m*; **runner/broad ~** vagem *f*/fava

bear [bɛə*] (*pt* **bore**, *pp* **borne**) *n* urso
♦ *vt* (*carry*, *support*) arcar com;
(*tolerate*) suportar ♦ *vi*: **to ~ right/left**
virar à direita/à esquerda; **bear out** *vt*
(*theory*, *suspicion*) confirmar,
corroborar; **bear up** *vi* agüentar,
resistir

beard [bɪəd] *n* barba; **bearded** *adj*
barbado, barbudo

bearing ['bɛərɪŋ] *n* porte *m*,
comportamento; (*connection*) relação
f; **~s** *npl* (*also*: **ball ~s**) rolimã *m*; **to
take a ~** fazer marcação

beast [biːst] *n* bicho; (*inf*) fera;
beastly *adj* horrível

beat [biːt] (*pt* **beat**, *pp* **beaten**) *n* (*of
heart*) batida; (*MUS*) ritmo, compasso;
(*of policeman*) ronda ♦ *vt* (*hit*) bater
em; (*eggs*) bater; (*defeat*) vencer,
derrotar ♦ *vi* (*heart*) bater; **to ~ it** (*inf*)
cair fora; **off the ~en track** fora de
mão; **beat off** *vt* repelir; **beat up** *vt*
(*inf: person*) espancar; (*eggs*) bater;
beating *n* (*thrashing*) surra

beautiful ['bjuːtɪful] *adj* belo, lindo,
formoso; **beautifully** *adv*
admiravelmente

beauty ['bjuːtɪ] *n* beleza; (*person*)
beldade *f*, beleza

beaver ['biːvə*] *n* castor *m*

because [bɪ'kɔz] *conj* porque; **~ of** por
causa de

beckon ['bɛkən] *vt* (*also*: **~ to**) chamar
com sinais, acenar para

become [bɪ'kʌm] (*irreg: like* **come**) *vi*
(+ *n*) virar, fazer-se, tornar-se; (+ *adj*)
tornar-se, ficar

bed [bɛd] *n* cama; (*of flowers*)
canteiro; (*of coal*, *clay*) camada, base *f*;
(*of sea*, *lake*) fundo; (*of river*) leito; **to
go to ~** ir dormir, deitar(-se); **bed and
breakfast** *n* (*place*) pensão *f*; (*terms*)
cama e café da manhã (*BR*) or

pequeno almoço (*PT*); **bedclothes** *npl*
roupa de cama; **bedding** *n* roupa de
cama

bedraggled [bɪ'drægld] *adj* molhado,
ensopado

bed: **bedridden** *adj* acamado;
bedroom *n* quarto, dormitório;
bedside *n*: **at sb's bedside** à
cabeceira de alguém; **bedsit** (*BRIT*) *n*
conjugado; *ver quadro*

> ### BEDSIT
>
> Um **bedsit** é um quarto mobiliado
> cujo aluguel inclui uso de cozinha e
> banheiro comuns. Esse sistema de
> alojamento é muito comum na
> Grã-Bretanha entre estudantes,
> jovens profissionais liberais etc.

bedspread ['bɛdsprɛd] *n* colcha

bedtime ['bɛdtaɪm] *n* hora de ir para
cama

bee [biː] *n* abelha

beech [biːtʃ] *n* faia

beef [biːf] *n* carne *f* de vaca; **roast ~**
rosbife *m*; **beefburger** *n* hambúrguer
m

beehive ['biːhaɪv] *n* colméia

been [biːn] *pp of* **be**

beer [bɪə*] *n* cerveja

beetle ['biːtl] *n* besouro

beetroot ['biːtruːt] (*BRIT*) *n* beterraba

before [bɪ'fɔː*] *prep* (*of time*) antes de;
(*of space*) diante de ♦ *conj* antes que
♦ *adv* antes, anteriormente; à frente,
na dianteira; **~ going** antes de sair; **the
week ~** a semana anterior; **I've never
seen it ~** nunca vi isso antes;
beforehand *adv* antes

beg [bɛg] *vi* mendigar, pedir esmola
♦ *vt* (*also*: **~ for**) mendigar; **to ~ sb to
do sth** implorar a alguém para fazer

a
b
c
d
e
f
g
h
i
j
k
l
m
n
o
p
q
r
s
t
u
v
w
x
y
z

algo; *see also* **pardon**

began [bɪ'gæn] *pt of* **begin**

beggar ['bɛgə*] *n* mendigo(-a)

begin [bɪ'gɪn] (*pt* **began**, *pp* **begun**) *vt, vi* começar, iniciar; **to ~ doing** *or* **to do sth** começar a fazer algo;

beginner *n* principiante *m/f*;

beginning *n* início, começo

behalf [bɪ'hɑːf] *n*: **on** *or* **in** (*US*) **~ of** (*as representative of*) em nome de; (*for benefit of*) no interesse de

behave [bɪ'heɪv] *vi* comportar-se; (*well: also: ~ o.s.*) comportar-se (bem);

behaviour (*US* **behavior**) *n* comportamento

behead [bɪ'hɛd] *vt* decapitar, degolar

behind [bɪ'haɪnd] *prep* atrás de ♦ *adv* atrás; (*move*) para trás ♦ *n* traseiro; **to be ~ (schedule) with sth** estar atrasado *or* com atraso em algo; **~ the scenes** nos bastidores

beige [beɪʒ] *adj* bege

Beijing [beɪ'ʒɪn] *m* Pequim

being ['biːɪŋ] *n* (*state*) existência; (*entity*) ser *m*

belated [bɪ'leɪtɪd] *adj* atrasado

belch [bɛltʃ] *vi* arrotar ♦ *vt* (*also: ~ out: smoke etc*) vomitar

Belgian ['bɛldʒən] *adj, n* belga *m/f*

Belgium ['bɛldʒəm] *n* Bélgica

belief [bɪ'liːf] *n* (*opinion*) opinião *f*; (*trust, faith*) fé *f*

believe [bɪ'liːv] *vt*: **to ~ sth/sb** acreditar algo/em alguém ♦ *vi*: **to ~ in** (*God*) crer em; (*method, person*) acreditar em; **believer** *n* (*REL*) crente *m/f*, fiel *m/f*; (*in idea*) partidário(-a)

belittle [bɪ'lɪtl] *vt* diminuir, depreciar

bell [bɛl] *n* sino; (*small, door~*) campainha

belligerent [bɪ'lɪdʒərənt] *adj* agressivo

bellow ['bɛləu] *vi* mugir; (*person*) bramar

belly ['bɛlɪ] *n* barriga, ventre *m*

belong [bɪ'lɒŋ] *vi*: **to ~ to** pertencer a; (*club etc*) ser sócio de; **the book ~s here** o livro fica guardado aqui; **belongings** *npl* pertences *mpl*

beloved [bɪ'lʌvɪd] *adj* querido, amado

below [bɪ'ləu] *prep* (*beneath*) embaixo de; (*less than*) abaixo de ♦ *adv* em baixo; **see ~** ver abaixo

belt [bɛlt] *n* cinto; (*of land*) faixa; (*TECH*) correia ♦ *vt* (*thrash*) surrar;

beltway (*US*) *n* via circular

bemused [bɪ'mjuːzd] *adj* bestificado

bench [bɛntʃ] *n* banco; (*work ~*) bancada (de carpinteiro); (*BRIT: POL*) assento num Parlamento; **the B~** (*LAW: judge*) o magistrado; (: *judges*) os magistrados, o corpo de magistrados

bend [bɛnd] (*pt, pp* **bent**) *vt* (*leg, arm*) dobrar; (*pipe*) curvar ♦ *vi* dobrar-se, inclinar-se ♦ *n* curva; (*in pipe*) curvatura; **bend down** *vi* abaixar-se; **bend over** *vi* debruçar-se

beneath [bɪ'niːθ] *prep* abaixo de; (*unworthy of*) indigno de ♦ *adv* em baixo

benefactor ['bɛnɪfæktə*] *n* benfeitor(a) *m/f*

beneficial [bɛnɪ'fɪʃəl] *adj*: **~ (to)** benéfico (a)

benefit ['bɛnɪfɪt] *n* benefício, vantagem *f*; (*money*) subsídio, auxílio ♦ *vt* beneficiar ♦ *vi*: **to ~ from sth** beneficiar-se de algo

benevolent [bɪ'nɛvələnt] *adj* benévolo

benign [bɪ'naɪn] *adj* (*person, smile*) afável, bondoso; (*MED*) benigno

bent [bɛnt] *pt, pp of* **bend** ♦ *n* inclinação *f* ♦ *adj*: **to be ~ on** estar empenhado em

bereaved [bɪ'riːvd] *npl*: **the ~** os

enlutados

beret [ˈbereɪ] *n* boina

Berlin [bəːˈlɪn] *n* Berlim

berm [bəːm] (*US*) *n* acostamento (*BR*), berma (*PT*)

berry [ˈberɪ] *n* baga

berserk [bəˈsəːk] *adj*: **to go ~** perder as estribeiras

berth [bəːθ] *n* (*bed*) beliche *m*; (*cabin*) cabine *f*; (*on train*) leito; (*for ship*) ancoradouro ♦ *vi* (*in harbour*) atracar, encostar-se; (*at anchor*) ancorar

beside [bɪˈsaɪd] *prep* (*next to*) junto de, ao lado de, ao pé de; **to be ~ o.s. (with anger)** estar fora de si; **that's ~ the point** isso não tem nada a ver

besides [bɪˈsaɪdz] *adv* além disso; (*in any case*) de qualquer jeito ♦ *prep* (*as well as*) além de

besiege [bɪˈsiːdʒ] *vt* (*town*) sitiar, pôr cerco a; (*fig*) assediar

best [best] *adj* melhor ♦ *adv* (o) melhor; **the ~ part of** (*quantity*) a maior parte de; **at ~** na melhor das hipóteses; **to make the ~ of sth** tirar o maior partido possível de algo; **to do one's ~** fazer o possível; **to the ~ of my knowledge** que eu saiba; **to the ~ of my ability** o melhor que eu puder; **best before date** *n* data *f* de validade; **best man** *n* padrinho de casamento

bet [bet] (*pt, pp* **bet** *or* **~ted**) *n* aposta ♦ *vt, vi* apostar

betray [bɪˈtreɪ] *vt* trair; (*denounce*) delatar

better [ˈbetə*] *adj, adv* melhor ♦ *vt* melhorar; (*go above*) superar ♦ *n*: **to get the ~ of** vencer; **you had ~ do it** é melhor você fazer isso; **he thought ~ of it** pensou melhor, mudou de opinião; **to get ~** melhorar; **better off**

adj mais rico; (*fig*): **you'd be better off this way** seria melhor para você assim

betting [ˈbetɪŋ] *n* jogo; **betting shop** (*BRIT*) *n* agência de apostas

between [bɪˈtwiːn] *prep* no meio de, entre ♦ *adv* no meio

beverage [ˈbevərɪdʒ] *n* bebida

beware [bɪˈweə*] *vi*: **to ~ (of)** precaver-se (de), ter cuidado (com); **"~ of the dog"** "cuidado com o cachorro"

bewildered [bɪˈwɪldəd] *adj* atordeado; (*confused*) confuso

beyond [bɪˈjɔnd] *prep* (*in space*) além de; (*exceeding*) acima de, fora de; (*date*) mais tarde que; (*above*) acima de ♦ *adv* além; (*in time*) mais longe, mais adiante; **~ doubt** fora de qualquer dúvida; **to be ~ repair** não ter conserto

bias [ˈbaɪəs] *n* (*prejudice*) preconceito; **bias(s)ed** *adj* parcial

bib [bɪb] *n* babadouro, babador *m*

Bible [ˈbaɪbl] *n* Bíblia

bicker [ˈbɪkə*] *vi* brigar

bicycle [ˈbaɪsɪkl] *n* bicicleta

bid [bɪd] (*pt* **bade** *or* **bid**, *pp* **bidden** *or* **bid**) *n* oferta; (*at auction*) lance *m*; (*attempt*) tentativa ♦ *vi* fazer lance ♦ *vt* oferecer; **to ~ sb good day** dar bom dia a alguém

bide [baɪd] *vt*: **to ~ one's time** esperar o momento adequado

bifocals [baɪˈfəuklz] *npl* óculos *mpl* bifocais

big [bɪg] *adj* grande; (*bulky*) volumoso; **~ brother/sister** irmão/irmã mais velho/a

bigheaded [ˈbɪgˈhedɪd] *adj* convencido

bike [baɪk] *n* bicicleta

bikini [bɪˈkiːnɪ] *n* biquíni *m*

bilingual [baɪˈlɪŋgwəl] *adj* bilíngüe

a b c d e f g h i j k l m n o p q r s t u v w x y z

bill [bɪl] n conta; (*invoice*) fatura; (*POL*) projeto de lei; (*US: banknote*) bilhete m, nota; (*in restaurant*) conta, notinha; (*of bird*) bico; (*THEATRE*) cartaz m; **to fit** or **fill the ~** (*fig*) servir; **billboard** n quadro para cartazes

billfold ['bɪlfəuld] (*US*) n carteira

billiards ['bɪlɪədz] n bilhar m

billion ['bɪlɪən] n (*BRIT*) trilhão m; (*US*) bilhão m

bin [bɪn] n caixa; (*BRIT: for rubbish*) lata de lixo

bind [baɪnd] (*pt, pp* **bound**) vt atar, amarrar; (*oblige*) obrigar; (*book*) encadernar ♦ n (*inf*) saco; (*nuisance*) chatice f

binge [bɪndʒ] (*inf*) n: **to go on a ~** tomar uma bebedeira

bingo ['bɪŋɡəu] n bingo

binoculars [bɪ'nɔkjuləz] npl binóculo

bio... [baɪəu] prefix bio...; **biochemistry** n bioquímica; **biography** n biografia; **biology** n biologia

birch [bə:tʃ] n bétula

bird [bə:d] n ave f, pássaro; (*BRIT: inf: girl*) gatinha

Biro ['baɪərəu] ® n (caneta) esferográfica

birth [bə:θ] n nascimento; **to give ~ to** dar à luz, parir; **birth certificate** n certidão f de nascimento; **birth control** n controle m de natalidade; (*methods*) métodos mpl anticoncepcionais; **birthday** n aniversário (*BR*), dia m de anos (*PT*) ♦ cpd de aniversário; *see also* **happy**

biscuit ['bɪskɪt] n (*BRIT*) bolacha, biscoito; (*US*) pão m doce

bishop ['bɪʃəp] n bispo; (*CHESS*) peça de jogo de xadrez

bit [bɪt] pt of **bite** ♦ n pedaço, bocado; (*of horse*) freio; (*COMPUT*) bit m; **a ~ of** (a little) um pouco de; **~ by ~** pouco a pouco

bitch [bɪtʃ] n (*dog*) cadela, cachorra; (*inf!*) cadela (!), vagabunda (!)

bite [baɪt] (*pt* **bit**, *pp* **bitten**) vt, vi morder; (*insect etc*) picar ♦ n (*insect ~*) picada; (*mouthful*) bocado; **to ~ one's nails** roer as unhas; **let's have a ~ (to eat)** (*inf*) vamos fazer uma boquinha

bitter ['bɪtə*] adj amargo; (*wind, criticism*) cortante, penetrante; (*weather*) horrível ♦ n (*BRIT: beer*) cerveja amarga; **bitterness** n amargor m; (*anger*) rancor m

black [blæk] adj preto; (*humour*) negro ♦ n (*colour*) cor f preta; (*person*): **B~** negro(-a), preto(-a) ♦ vt (*BRIT: INDUSTRY*) boicotar; **to give sb a ~ eye** esmurrar alguém e deixá-lo com olho roxo; **~ and blue** contuso, contundido; **to be in the ~** (*in credit*) estar com saldo credor; **blackberry** n amora silvestre; **blackbird** n melro; **blackboard** n quadro(-negro); **black coffee** n café m preto, bica (*PT*); **blackcurrant** n groselha negra; **blackmail** n chantagem f ♦ vt fazer chantagem a; **black market** n mercado or câmbio negro; **blackout** n blecaute m; (*fainting*) desmaio; (*of radio signal*) desvanecimento; **Black Sea** n: **the Black Sea** o mar Negro; **blacksmith** n ferreiro

bladder ['blædə*] n bexiga

blade [bleɪd] n lâmina; (*of oar*) pá f; **a ~ of grass** uma folha de relva

blame [bleɪm] n culpa ♦ vt: **to ~ sb for sth** culpar alguém por algo; **to be to ~** ter a culpa

bland [blænd] adj (*taste*) brando

blank [blæŋk] adj em branco; (*look*) sem expressão ♦ n (*on form*) espaço em branco; (*cartridge*) bala de festim; (*of memory*): **to go ~** dar um branco

blanket ['blæŋkɪt] n cobertor m

blare [blɛə*] vi (horn, radio) clangorar

blast [blɑːst] n (of wind) rajada; (of explosive) explosão f ♦ vt fazer voar; **blast-off** n (SPACE) lançamento

blatant ['bleɪtənt] adj descarado

blaze [bleɪz] n (fire) fogo; (in building etc) incêndio; (fig: of colour) esplendor m; (: of glory, publicity) explosão f ♦ vi (fire) arder; (guns) descarregar; (eyes) brilhar ♦ vt: **to ~ a trail** (fig) abrir (um) caminho

blazer ['bleɪzə*] n casaco esportivo, blazer m

bleach [bliːtʃ] n (also: **household ~**) água sanitária ♦ vt (linen) branquear

bleak [bliːk] adj (countryside) desolado; (prospect) desanimador(a), sombrio; (weather) ruim

bleed [bliːd] (pt, pp **bled**) vi sangrar

bleeper ['bliːpə*] n (of doctor) bip m

blemish ['blɛmɪʃ] n mancha; (on reputation) mácula

blend [blɛnd] n mistura ♦ vt misturar ♦ vi (colours etc: also: **~ in**) combinar-se, misturar-se; **blender** n liquidificador m

bless [blɛs] (pt, pp **~ed** or **blest**) vt abençoar; **~ you!** (after sneeze) saúde!; **blessing** n bênção f; (godsend) graça, dádiva; (approval) aprovação f

blew [bluː] pt of blow

blind [blaɪnd] adj cego ♦ n (for window) persiana; (: also: **Venetian ~**) veneziana ♦ vt cegar; (dazzle) deslumbrar; **the ~** npl (~ people) os cegos; **blind alley** n beco-sem-saída m; **blindfold** n venda ♦ adj, adv com os olhos vendados, às cegas ♦ vt vendar os olhos a; **blindness** n cegueira; **blind spot** n (AUT) local m pouco visível; (fig) ponto fraco

blink [blɪŋk] vi piscar

bliss [blɪs] n felicidade f

blister ['blɪstə*] n (on skin) bolha; (in paint, rubber) empola ♦ vi empolar-se

blizzard ['blɪzəd] n nevasca

bloated ['bləʊtɪd] adj (swollen) inchado; (full) empanturrado

blob [blɔb] n (drop) gota; (indistinct shape) ponto

block [blɔk] n (of wood) bloco; (of stone) laje f; (in pipes) entupimento; (of buildings) quarteirão m ♦ vt obstruir, bloquear; (progress) impedir; **~ of flats** (BRIT) prédio (de apartamentos); **mental ~** bloqueio; **blockade** [blɔˈkeɪd] n bloqueio; **blockage** n obstrução f; **blockbuster** n grande sucesso

bloke [bləʊk] (BRIT: inf) n cara m (BR), gajo (PT)

blond(e) [blɔnd] adj, n louro(-a)

blood [blʌd] n sangue m; **blood donor** n doador(a) m/f de sangue; **blood group** n grupo sangüíneo; **bloodhound** n sabujo; **blood poisoning** n toxemia; **blood pressure** n pressão f arterial or sangüínea; **bloodshed** n matança, carnificina; **bloodshot** adj (eyes) injetado; **bloodstream** n corrente f sangüínea; **blood test** n exame m de sangue; **bloodthirsty** adj sangüinário; **blood vessel** n vaso sangüíneo; **bloody** adj sangrento; (nose) ensangüentado; (BRIT: inf!): **this bloody ...** essa droga de ..., esse maldito ...; **bloody strong/good** forte/ bom pra burro; **bloody-minded** (BRIT: inf) adj espírito de porco inv

bloom [bluːm] n flor f ♦ vi florescer

blossom ['blɔsəm] n flor f ♦ vi florescer; (fig): **to ~ into** (fig) tornar-se

blot [blɔt] n borrão m; (fig) mancha ♦ vt borrar; **blot out** vt (view) tapar;

(*memory*) apagar

blotchy ['blɒtʃɪ] *adj* (*complexion*) cheio de manchas

blotting paper ['blɒtɪŋ-] *n* mata-borrão *m*

blouse [blauz] *n* blusa

blow [bləu] (*pt* **blew**, *pp* **blown**) *n* golpe *m*; (*punch*) soco ♦ *vi* soprar ♦ *vt* (*subj: wind*) soprar; (*instrument*) tocar; (*fuse*) queimar; **to ~ one's nose** assoar o nariz; **blow away** *vt* levar, arrancar ♦ *vi* ser levado pelo vento; **blow down** *vt* derrubar; **blow off** *vt* levar; **blow out** *vi* (*candle*) apagar; **blow over** *vi* (*storm, crisis*) passar; **blow up** *vi* explodir ♦ *vt* explodir; (*tyre*) encher; (*PHOT*) ampliar; **blow-dry** *n* escova; **blow-out** *n* (*of tyre*) furo

blue [blu:] *adj* azul; (*depressed*) deprimido; **~s** *n* (*MUS*): **the ~s** o blues; **~ film/joke** filme/anedota picante; **out of the ~** (*fig*) de estalo, inesperadamente; **bluebell** *n* campainha; **bluebottle** *n* varejeira azul

bluff [blʌf] *vi* blefar ♦ *n* blefe *m*; **to call sb's ~** pagar para ver alguém

blunder ['blʌndə*] *n* gafe *f* ♦ *vi* cometer *or* fazer uma gafe

blunt [blʌnt] *adj* (*knife*) cego; (*pencil*) rombudo; (*person*) franco, direto

blur [blə:*] *n* borrão *m* ♦ *vt* (*vision*) embaçar; (*distinction*) reduzir, diminuir

blush [blʌʃ] *vi* corar, ruborizar-se ♦ *n* rubor *m*, vermelhidão *f*

boar [bɔ:*] *n* javali *m*

board [bɔ:d] *n* tábua; (*card~*) quadro; (*notice ~*) quadro de avisos; (*for chess etc*) tabuleiro; (*committee*) junta, conselho; (*in firm*) diretoria, conselho administrativo; (*NAUT, AVIAT*): **on ~** a bordo ♦ *vt* embarcar em; **full ~** (*BRIT*) pensão *f* completa; **half ~** (*BRIT*)

meia-pensão *f*; **~ and lodging** casa e comida; **to go by the ~** ficar abandonado, dançar (*inf*); **board up** *vt* entabuar; **boarder** *n* interno(-a); **boarding card** *n* = boarding pass; **boarding house** *n* pensão *m*; **boarding pass** (*BRIT*) *n* cartão *m* de embarque; **boarding school** *n* internato

boast [bəust] *vi*: **to ~ (about *or* of)** gabar-se (de), jactar-se (de)

boat [bəut] *n* (*small*) bote *m*; (*big*) navio

bob [bɒb] *vi* balouçar-se; **bob up** *vi* aparecer, surgir

bobby ['bɒbɪ] (*BRIT: inf*) *n* policial *m/f* (*BR*), polícia *m* (*PT*)

bobsleigh ['bɒbsleɪ] *n* bob *m*, trenó *m* duplo

bodily ['bɒdɪlɪ] *adj* corporal; (*needs*) material ♦ *adv* (*lift*) em peso

body ['bɒdɪ] *n* corpo; (*corpse*) cadáver *m*; (*of car*) carroceria; (*fig: group*) grupo; (: *organization*) organização *f*; (*quantity*) conjunto; (*of wine*) corpo; **body-building** *n* musculação *f*; **bodyguard** *n* guarda- costas *m inv*; **bodywork** *n* lataria

bog [bɒg] *n* pântano, atoleiro ♦ *vt*: **to get ~ged down** (*fig*) atolar-se

bogus ['bəugəs] *adj* falso

boil [bɔɪl] *vt* ferver; (*CULIN*) cozer, cozinhar ♦ *vi* ferver ♦ *n* (*MED*) furúnculo; **to come to the** (*BRIT*) *or* **a** (*US*) **~** começar a ferver; **boil down to** *vt fus* (*fig*) reduzir-se a; **boil over** *vi* transbordar; **boiled egg** *n* ovo cozido; **boiled potatoes** *npl* batatas *fpl* cozidas; **boiler** *n* caldeira; (*for central heating*) boiler *m*; **boiling point** *n* ponto de ebulição

boisterous ['bɔɪstərəs] *adj* (*noisy*) barulhento; (*excitable*) agitado;

(*crowd*) turbulento

bold [bəʊld] *adj* corajoso; (*pej*) atrevido, insolente; (*outline, colour*) forte

Bolivia [bə'lɪvɪə] *n* Bolívia

bollard ['bɒləd] (*BRIT*) *n* (*AUT*) poste *m* de sinalização

bolt [bəʊlt] *n* (*lock*) trinco, ferrolho; (*with nut*) parafuso, cavilha ♦ *adv*: ~ **upright** direito como um fuso ♦ *vt* (*door*) fechar a ferrolho, trancar; (*food*) engolir às pressas ♦ *vi* fugir; (*horse*) disparar

bomb [bɒm] *n* bomba ♦ *vt* bombardear

bombshell ['bɒmʃel] *n* (*fig*) bomba

bond [bɒnd] *n* (*binding promise*) compromisso; (*link*) vínculo, laço; (*FINANCE*) obrigação *f*; (*COMM*): **in ~** (*goods*) retido sob caução na alfândega

bone [bəʊn] *n* osso; (*of fish*) espinha ♦ *vt* desossar; tirar as espinhas de

bonfire ['bɒnfaɪə*] *n* fogueira

bonnet ['bɒnɪt] *n* toucado; (*BRIT: of car*) capô *m*

bonus ['bəʊnəs] *n* (*payment*) bônus *m*; (*fig*) gratificação *f*

bony ['bəʊnɪ] *adj* ossudo; (*meat*) cheio de ossos; (*fish*) cheio de espinhas

boo [buː] *vt* vaiar ♦ *excl* ruuh!, bu!

booby trap ['buːbɪ-] *n* armadilha explosiva

book [bʊk] *n* livro; (*of stamps, tickets*) talão *m* ♦ *vt* reservar; (*driver*) autuar; (*football player*) mostrar o cartão amarelo a; **~s** *npl* (*COMM*) contas *fpl*, contabilidade *f*; **bookcase** *n* estante *f* (*para livros*); **booking office** (*BRIT*) *n* (*RAIL, THEATRE*) bilheteria (*BR*), bilheteira (*PT*); **book-keeping** *n* escrituração *f*, contabilidade *f*; **booklet** *n* livrinho, brochura; **bookshop** *n*, **bookstore** *n*

livraria

boom [buːm] *n* (*noise*) barulho, estrondo; (*in sales*) aumento rápido ♦ *vi* retumbar; (*business*) tomar surto

boon [buːn] *n* dádiva, benefício

boost [buːst] *n* estímulo ♦ *vt* estimular

boot [buːt] *n* bota; (*for football*) chuteira; (*BRIT: of car*) porta-malas *m* (*BR*), porta-bagagem *m* (*PT*) ♦ *vt* (*COMPUT*) dar carga em; **to ~ ...** (*in addition*) ainda por cima ...

booth [buːð] *n* (*at fair*) barraca; (*telephone ~, voting ~*) cabine *f*

booze [buːz] (*inf*) *n* bebida alcoólica

border ['bɔːdə*] *n* margem *f*; (*for flowers*) borda; (*of a country*) fronteira; (*on cloth etc*) debrum *m*, remate *m* ♦ *vt* (*also*: ~ **on**) limitar-se com; **border on** *vt fus* (*fig*) chegar às raias de; **borderline** *n* fronteira; **Borders** *n*: **the Borders** *a região fronteiriça entre a Escócia e a Inglaterra*

bore [bɔː*] *pt of* **bear** ♦ *vt* (*hole*) abrir; (*well*) cavar; (*person*) aborrecer ♦ *n* (*person*) chato(-a), maçante *m/f*; (*of gun*) calibre *m*; **to be ~d** estar entediado; **boredom** *n* tédio, aborrecimento; **boring** *adj* chato, maçante

born [bɔːn] *adj*: **to be ~** nascer

borne [bɔːn] *pp of* **bear**

borough ['bʌrə] *n* município

borrow ['bɒrəʊ] *vt*: **to ~ sth (from sb)** pedir algo emprestado (a alguém)

Bosnia (and) Herzegovina ['bɒznɪə(ənd)hə:tsəgəʊ'viːnə] *n* Bósnia e Herzegovina

bosom ['bʊzəm] *n* peito

boss [bɒs] *n* (*employer*) patrão(-troa) *m/f* ♦ *vt* (*also*: ~ **about**; ~ **around**) mandar em; **bossy** *adj* mandão (-dona)

botch [bɒtʃ] *vt* (*also*: ~ **up**) estropiar,

atamancar

both [bəʊθ] *adj, pron* ambos(-as), os dois (as duas) ♦ *adv*: **~ A and B** tanto A como B; **~ of us went, we ~ went** nós dois fomos, ambos fomos

bother ['bɒðə*] *vt* (*worry*) preocupar; (*disturb*) atrapalhar ♦ *vi* (*also*: **~ o.s.**) preocupar-se ♦ *n* preocupação *f*; (*nuisance*) amolação *f*, inconveniente *m*

bottle ['bɒtl] *n* garrafa; (*of perfume, medicine*) frasco; (*baby's*) mamadeira (*BR*), biberão *m* (*PT*) ♦ *vt* engarrafar; **bottle up** *vt* conter, refrear; **bottle bank** *n* depósito de vidro para reciclagem, vidrão *m* (*PT*); **bottleneck** *n* (*traffic*) engarrafamento; (*fig*) obstáculo, problema *m*; **bottle-opener** *n* abridor *m* (de garrafas) (*BR*), abre-garrafas *m inv* (*PT*)

bottom ['bɒtəm] *n* fundo *m*; (*buttocks*) traseiro; (*of page, list*) pé *m*; (*of class*) nível *m* mais baixo ♦ *adj* (*low*) inferior, mais baixo; (*last*) último

bough [baʊ] *n* ramo

bought [bɔːt] *pt, pp of* buy

boulder ['bəʊldə*] *n* pedregulho, matacão *m*

bounce [baʊns] *vi* saltar, quicar; (*cheque*) ser devolvido ♦ *vt* fazer saltar ♦ *n* (*rebound*) salto; **bouncer** (*inf*) *n* leão-de-chácara *m*

bound [baʊnd] *pt, pp of* bind ♦ *n* (*leap*) pulo, salto; (*gen pl: limit*) limite *m* ♦ *vi* (*leap*) pular, saltar ♦ *vt* (*border*) demarcar ♦ *adj*: **~ by** limitado por; **to be ~ to do sth** (*obliged*) ter a obrigação de fazer algo; (*likely*) na certa ir fazer algo; **~ for** com destino a

boundary ['baʊndrɪ] *n* limite *m*, fronteira

bout [baʊt] *n* (*of malaria etc*) ataque *m*; (*of activity*) explosão *f*; (*BOXING etc*)

combate *m*

bow¹ [bəʊ] *n* (*knot*) laço; (*weapon, MUS*) arco

bow² [baʊ] *n* (*of the body*) reverência; (*of the head*) inclinação *f*; (*NAUT: also:* **~s**) proa ♦ *vi* curvar-se, fazer uma reverência; (*yield*): **to ~ to** or **before** ceder ante, submeter-se a

bowels ['baʊəlz] *npl* intestinos *mpl*, tripas *fpl*; (*fig*) entranhas *fpl*

bowl [bəʊl] *n* tigela; (*ball*) bola ♦ *vi* (*CRICKET*) arremessar a bola

bowler ['bəʊlə*] *n* (*CRICKET*) lançador *m* (da bola); (*BRIT: also:* **~ hat**) chapéu-coco *m*

bowling ['bəʊlɪŋ] *n* (*game*) boliche *m*; **bowling alley** *n* boliche *m*; **bowling green** *n* gramado (*BR*) or relvado (*PT*) para jogo de bolas

bowls [bəʊlz] *n* jogo de bolas

bow tie ['bəʊ-] *n* gravata-borboleta

box [bɒks] *n* caixa; (*THEATRE*) camarote *m* ♦ *vt* encaixotar; (*SPORT*) boxear contra ♦ *vi* (*SPORT*) boxear; **boxer** *n* (*person*) boxeador *m*, pugilista *m*; **boxer shorts** *npl* samba-canção *m* (*BR*), boxers *mpl* (*PT*); **boxing** *n* (*SPORT*) boxe *m*, pugilismo; **Boxing Day** (*BRIT*) *n* Dia de Santo Estêvão (*26 de dezembro*); **box office** *n* bilheteria (*BR*), bilheteira (*PT*)

boy [bɔɪ] *n* (*young*) menino, garoto; (*older*) moço, rapaz *m*; (*son*) filho

boycott ['bɔɪkɒt] *n* boicote *m*, boicotagem *f* ♦ *vt* boicotar

boyfriend ['bɔɪfrɛnd] *n* namorado

BR *abbr* = British Rail

bra [brɑː] *n* sutiã *m* (*BR*), soutien *m* (*PT*)

brace [breɪs] *n* (*on teeth*) aparelho; (*tool*) arco de pua ♦ *vt* retesar; **~s** *npl* (*BRIT*) suspensórios *mpl*; **to ~ o.s.** (*also fig*) preparar-se

bracelet ['breɪslɪt] *n* pulseira

a
b
c
d
e
f
g
h
i
j
k
l
m
n
o
p
q
r
s
t
u
v
w
x
y
z

bracing ['breɪsɪŋ] *adj* tonificante
bracket ['brækɪt] *n* (*TECH*) suporte *m*; (*group*) classe *f*, categoria; (*range*) faixa, parêntese *m* ♦ *vt* pôr entre parênteses; (*fig*) agrupar
brag [bræg] *vi* gabar-se, contar vantagem
braid [breɪd] *n* (*trimming*) galão *m*; (*of hair*) trança
brain [breɪn] *n* cérebro; ~**s** *npl* (*CULIN*) miolos *mpl*; (*intelligence*) inteligência, miolos; **brainwash** *vt* fazer uma lavagem cerebral em; **brainwave** *n* inspiração *f*, idéia luminosa *or* brilhante; **brainy** *adj* inteligente
braise [breɪz] *vt* assar na panela
brake [breɪk] *n* freio (*BR*), travão *m* (*PT*) ♦ *vt*, *vi* frear (*BR*), travar (*PT*)
bran [bræn] *n* farelo
branch [brɑːntʃ] *n* ramo, galho; (*COMM*) sucursal *f*, filial *f*; **branch out** *vi* (*fig*) diversificar suas atividades; **to ~ out into** estender suas atividades a
brand [brænd] *n* marca; (*fig: type*) tipo ♦ *vt* (*cattle*) marcar com ferro quente
brand-new *adj* novo em folha, novinho
brandy ['brændɪ] *n* conhaque *m*
brash [bræʃ] *adj* descarado
Brasilia [brə'zɪlɪə] *n* Brasília
brass [brɑːs] *n* latão *m*; **the ~** (*MUS*) os metais; **brass band** *n* banda de música
brat [bræt] (*pej*) *n* pirralho(-a), fedelho(-a), malcriado(-a)
brave [breɪv] *adj* valente, corajoso ♦ *vt* (*face up to*) desafiar; **bravery** *n* coragem *f*, bravura
brazen ['breɪzn] *adj* descarado ♦ *vt*: **to ~ it out** defender-se descaradamente
Brazil [brə'zɪl] *n* Brasil *m*; **Brazilian** *adj*, *n* brasileiro(-a)
breach [briːtʃ] *vt* abrir brecha em ♦ *n* (*gap*) brecha; (*breaking*): ~ **of contract** inadimplência (*BR*), inadimplemento (*PT*); ~ **of the peace** perturbação *f* da ordem pública
bread [bred] *n* pão *m*; **bread and butter** *n* pão *m* com manteiga; (*fig*) ganha-pão *m*; **breadbin** (*US* **bread box**) *n* caixa de pão; **breadcrumbs** *npl* migalhas *fpl*; (*CULIN*) farinha de rosca
breadth [bretθ] *n* largura; (*fig*) amplitude *f*
breadwinner ['bredwɪnə*] *n* arrimo de família
break [breɪk] (*pt* **broke**, *pp* **broken**) *vt* quebrar (*BR*), partir (*PT*); (*promise*) quebrar; (*law*) violar, transgredir; (*record*) bater ♦ *vi* quebrar-se, partir-se; (*storm*) começar subitamente; (*weather*) mudar; (*dawn*) amanhecer; (*story*, *news*) revelar ♦ *n* (*gap*) abertura; (*fracture*) fratura; (*rest*) descanso; (*interval*) intervalo; (*at school*) recreio; (*chance*) oportunidade *f*; **to ~ the news to sb** dar a notícia a alguém; **to ~ even** sair sem ganhar nem perder; **to ~ free** *or* **loose** soltar-se; **to ~ open** (*door etc*) arrombar; **break down** *vt* (*figures*, *data*) analisar ♦ *vi* (*machine*, *AUT*) enguiçar, pifar (*inf*); (*MED*) sofrer uma crise nervosa; (*person: cry*) desatar a chorar; (*talks*) fracassar; **break in** *vt* (*horse etc*) domar ♦ *vi* (*burglar*) forçar uma entrada; (*interrupt*) interromper; **break into** *vt fus* (*house*) arrombar; **break off** *vi* (*speaker*) parar-se; deter-se; (*branch*) partir; **break out** *vi* (*war*) estourar; (*prisoner*) libertar-se; **to ~ out in spots/a rash** aparecer coberto de manchas/brotoejas; **break up** *vi* (*ship*) partir-se; (*partnership*) acabar; (*marriage*) desmanchar-se ♦ *vt* (*rocks*) partir; (*biscuit etc*) quebrar; (*journey*) romper; (*fight*) intervir em; **breakage** *n* quebradura; **breakdown** *n* (*AUT*)

enguiço, avaria; (*in communications*) interrupção f; (*of marriage*) fracasso, término; (*MED: also:* **nervous breakdown**) esgotamento nervoso; (*of figures*) discriminação f, desdobramento

breakfast ['brekfəst] n café m da manhã (*BR*), pequeno almoço (*PT*)

break: break-in n roubo com arrombamento; **breakthrough** n (*fig*) avanço, novo progresso

breast [brest] n (*of woman*) peito, seio; (*chest, meat*) peito; **breast-feed** (*irreg: like* **feed**) vt, vi amamentar; **breast-stroke** n nado de peito

breath [breθ] n fôlego, respiração f; **out of ~** ofegante, sem fôlego; **Breathalyser** ['breθəlaizə*] ® n bafômetro

breathe [briːð] vt, vi respirar; **breathe in** vt, vi inspirar; **breathe out** vt, vi expirar; **breathing** n respiração f

breathless ['breθlɪs] adj sem fôlego

breed [briːd] (*pt, pp* **bred**) vt (*animals*) criar; (*plants*) multiplicar ♦ vi criar, reproduzir ♦ n raça

breeze [briːz] n brisa, aragem f; **breezy** adj (*person*) despreocupado, animado; (*weather*) ventoso

brew [bruː] vt (*tea*) fazer; (*beer*) fermentar ♦ vi (*storm, fig*) armar-se; **brewery** n cervejaria

bribe [braɪb] n suborno ♦ vt subornar; **bribery** n suborno

brick [brɪk] n tijolo; **bricklayer** n pedreiro

bride [braɪd] n noiva; **bridegroom** n noivo; **bridesmaid** n dama de honra

bridge [brɪdʒ] n ponte f; (*NAUT*) ponte de comando; (*CARDS*) bridge m; (*of nose*) cavalete m ♦ vt transpor

bridle ['braɪdl] n cabeçada, freio

brief [briːf] adj breve ♦ n (*LAW*) causa; (*task*) tarefa ♦ vt (*inform*) informar; **~s**

npl (*for men*) cueca (*BR*), cuecas fpl (*PT*); (*for women*) calcinha (*BR*), cuecas fpl (*PT*); **briefcase** n pasta; **briefly** adv (*glance*) rapidamente; (*say*) em poucas palavras

bright [braɪt] adj claro, brilhante; (*weather*) resplandecente; (*person: clever*) inteligente; (: *lively*) alegre, animado; (*colour*) vivo; (*future*) promissor(a), favorável; **brighten** (*also:* **brighten up**) vt (*room*) tornar mais alegre; (*event*) animar, alegrar ♦ vi (*weather*) clarear; (*person*) animar-se, alegrar-se; (*face*) iluminar-se; (*prospects*) tornar-se animado *or* favorável

brilliance ['brɪljəns] n brilho, claridade f

brilliant ['brɪljənt] adj brilhante; (*inf: great*) sensacional

brim [brɪm] n borda; (*of hat*) aba

brine [braɪn] n (*CULIN*) salmoura

bring [brɪŋ] (*pt, pp* **brought**) vt trazer; **bring about** vt ocasionar, produzir; **bring back** vt restabelecer; (*return*) devolver; **bring down** vt (*price*) abaixar; (*government, plane*) derrubar; **bring forward** vt adiantar; **bring off** vt (*plan*) levar a cabo; **bring out** vt (*object*) tirar; (*meaning*) salientar; (*book etc*) lançar; **bring round** vt fazer voltar a si; **bring up** vt (*person*) educar, criar; (*carry up*) subir; (*question*) introduzir; (*food*) vomitar

brisk [brɪsk] adj vigoroso; (*tone, person*) enérgico; (*trade*) ativo

bristle ['brɪsl] n (*of animal*) pêlo rijo; (*of beard*) pêlo de barba curta; (*of brush*) cerda ♦ vi (*in anger*) encolerizar-se

Britain ['brɪtən] n (*also:* **Great ~**) Grã-Bretanha

British ['brɪtɪʃ] adj britânico ♦ npl: **the ~** os britânicos; **British Isles** npl: **the**

British Isles as ilhas Britânicas; **British Rail** n companhia ferroviária britânica

Briton ['brɪtən] n britânico(-a)

brittle ['brɪtl] adj quebradiço, frágil

broach [brəʊtʃ] vt abordar, tocar em

broad [brɔːd] adj (street, range) amplo; (shoulders, smile) largo; (distinction) geral; (accent) carregado; **in ~ daylight** em plena luz do dia; **broadcast** (pt, pp **~cast**) n transmissão f ♦ vt, vi transmitir; **broaden** vt alargar ♦ vi alargar-se; **to broaden one's mind** abrir os horizontes; **broadly** adv em geral; **broad-minded** adj tolerante, liberal

broccoli ['brɔkəlɪ] n brócolis mpl

brochure ['brəʊʃjʊə*] n folheto, brochura

broke [brəʊk] pt of **break** ♦ adj (inf) sem um vintém, duro; (: company): **to go ~** quebrar

broken ['brəʊkən] pp of **break** ♦ adj quebrado; **in ~ English** num inglês mascavado; **broken-hearted** adj com o coração partido

broker ['brəʊkə*] n corretor(a) m/f

brolly ['brɔlɪ] (BRIT: inf) n guarda-chuva m

bronchitis [brɔŋ'kaɪtɪs] n bronquite f

bronze [brɔnz] n bronze m

brooch [brəʊtʃ] n broche m

brood [bruːd] n ninhada ♦ vi (person) cismar, remoer

broom [brum] n vassoura; (BOT) giesta-das-vassouras

Bros. abbr (COMM: = brothers) Irmãos

broth [brɔθ] n caldo

brothel ['brɔθl] n bordel m

brother ['brʌðə*] n irmão m; **brother-in-law** n cunhado

brought [brɔːt] pt, pp of **bring**

brow [braʊ] n (forehead) fronte f, testa; (rare: gen: eye~) sobrancelha; (of hill) cimo, cume m

brown [braʊn] adj marrom (BR), castanho (PT); (hair) castanho; (tanned) bronzeado, moreno ♦ n (colour) cor f marrom (BR) or castanha (PT) ♦ vt (CULIN) dourar; **brown bread** n pão m integral; **Brownie** n (also: **Brownie Guide**) fadinha de bandeirante; **brownie** (US) n (cake) docinho de chocolate com amêndoas; **brown paper** n papel m pardo; **brown sugar** n açúcar m mascavo

browse [braʊz] vi (in shop) dar uma olhada; **to ~ through a book** folhear um livro; **browser** ['braʊzə*] n (COMPUT) browser m, navegador m

bruise [bruːz] n hematoma m, contusão f ♦ vt machucar

brunette [bruː'nɛt] n morena

brunt [brʌnt] n: **the ~ of** (greater part) a maior parte de

brush [brʌʃ] n escova; (for painting, shaving) pincel m; (quarrel) bate-boca m ♦ vt varrer; (groom) escovar; (also: ~ **against**) tocar ao passar, roçar; **brush aside** vt afastar, não fazer caso de; **brush up** vt retocar, revisar

Brussels ['brʌslz] n Bruxelas; **Brussels sprout** n couve-de- bruxelas f

brutal ['bruːtl] adj brutal

brute [bruːt] n bruto; (person) animal m ♦ adj: **by ~ force** por força bruta

BSc n abbr = **Bachelor of Science**

BSE n abbr (= bovine spongiform encephalopathy) BSE f

bubble ['bʌbl] n bolha (BR), borbulha (PT) ♦ vi borbulhar; **bubble bath** n banho de espuma; **bubble gum** n chiclete m (de bola) (BR), pastilha elástica (PT)

buck [bʌk] n (rabbit) macho; (deer) cervo; (US: inf) dólar m ♦ vi corcovear; **to pass the ~** fazer o jogo de empurra

buck up vi (cheer up) animar-se, cobrar ânimo

bucket ['bʌkɪt] n balde m

buckle ['bʌkl] n fivela ♦ vt afivelar ♦ vi torcer-se, cambar-se

bud [bʌd] n broto; (of flower) botão m ♦ vi brotar, desabrochar

Buddhism ['budɪzəm] n budismo

buddy ['bʌdɪ] (US) n camarada m, companheiro

budge [bʌdʒ] vt mover ♦ vi mexer-se

budgerigar ['bʌdʒərɪɡɑː*] n periquito

budget ['bʌdʒɪt] n orçamento ♦ vi: **to ~ for sth** incluir algo no orçamento

budgie ['bʌdʒɪ] n = **budgerigar**

buff [bʌf] adj (colour) cor de camurça ♦ n (inf: enthusiast) aficionado(-a)

buffalo ['bʌfələu] (pl ~ or ~es) n (BRIT) búfalo; (US: bison) bisão m

buffer ['bʌfə*] n pára-choque m; (COMPUT) buffer m, memória intermediária

buffet¹ ['bufeɪ] (BRIT) n (in station) bar m; (food) bufê m; **buffet car** (BRIT) n vagão-restaurante m

buffet² ['bʌfɪt] vt fustigar

bug [bʌg] n (esp US: insect) bicho; (fig: germ) micróbio; (spy device) microfone m oculto, escuta clandestina; (COMPUT: of program) erro ♦ vt (inf: annoy) apoquentar, incomodar; (room) colocar microfones em; (phone) grampear

bugle ['bjuːgl] n trompa, corneta

build [bɪld] (pt, pp **built**) n (of person) talhe m, estatura ♦ vt construir, edificar; **build up** vt acumular; **builder** n construtor(a) m/f, empreiteiro(-a); **building** n (trade) construção f; (house, structure) edifício, prédio; **building society** (BRIT) n sociedade f de crédito imobiliário, financiadora

built [bɪlt] pt, pp of **build** ♦ adj: **~-in** embutido; **built-up area** ['bɪltʌp-] n zona urbanizada

bulb [bʌlb] n (BOT) bulbo; (ELEC) lâmpada

Bulgaria [bʌl'ɡeərɪə] n Bulgária

bulge [bʌldʒ] n bojo, saliência ♦ vi inchar-se; (pocket etc) fazer bojo

bulk [bʌlk] n (of building, object) volume m; (of person) corpanzil m; **in ~** (COMM) a granel; **the ~ of** a maior parte de; **bulky** adj volumoso

bull [bul] n touro; **bulldog** n buldogue m

bulldozer ['buldəuzə*] n buldôzer m, escavadora

bullet ['bulɪt] n bala

bulletin ['bulɪtɪn] n noticiário; (journal) boletim m

bulletproof ['bulɪtpruːf] adj à prova de balas

bullfight ['bulfaɪt] n tourada; **bullfighter** n toureiro; **bullfighting** n tauromaquia

bullion ['buljən] n ouro (or prata) em barras

bullock ['bulək] n boi m, novilho

bullring ['bulrɪŋ] n praça de touros

bull's-eye n centro do alvo, mosca (do alvo) (BR)

bully ['bulɪ] n fanfarrão m, valentão m ♦ vt intimidar, tiranizar

bum [bʌm] n (inf: backside) bum-bum m; (esp US: tramp) vagabundo(-a), vadio(-a)

bumblebee ['bʌmblbiː] n mamangaba

bump [bʌmp] n (in car) batida; (jolt) sacudida; (on head) galo; (on road) elevação f ♦ vt bater contra, dar encontrão em ♦ vi dar sacudidas; **bump into** vt fus chocar-se com or contra, colidir com; (inf: person) dar com, topar com; **bumper** n (BRIT) pára-choque m ♦ adj: **bumper crop** supersafra; **bumper cars** npl carros

mpl de trombada; **bumpy** ['bʌmpɪ] *adj*
(*road*) acidentado, cheio de altos e
baixos

bun [bʌn] *n* pão *m* doce (*BR*);
pãozinho (*PT*); (*in hair*) coque *m*

bunch [bʌntʃ] *n* (*of flowers*) ramo; (*of
keys*) molho; (*of bananas*) cacho; (*of
people*) grupo; **~es** *npl* (*in hair*) cachos
mpl

bundle ['bʌndl] *n* trouxa, embrulho;
(*of sticks*) feixe *m*; (*of papers*) maço
♦ *vt* (*also*: **~ up**) embrulhar, atar;
(*put*): **to ~ sth/sb into** meter *or* enfiar
algo/alguém correndo em

bungalow ['bʌŋgələu] *n* bangalô *m*,
chalé *m*

bungle ['bʌŋgl] *vt* estropear, estragar

bunion ['bʌnjən] *n* joanete *m*

bunk [bʌŋk] *n* beliche *m*; **bunk beds**
npl beliche *m*, cama-beliche *f*

bunker ['bʌŋkə*] *n* (*coal store*)
carvoeira; (*MIL*) abrigo, casamata;
(*GOLF*) bunker *m*

buoy [bɔɪ] *n* bóia; **buoy up** *vt* (*fig*)
animar; **buoyant** *adj* flutuante; (*person*)
alegre; (*COMM*: *market*) animado

burden ['bəːdn] *n* responsabilidade *f*,
fardo; (*load*) carga ♦ *vt* sobrecarregar;
(*trouble*): **to be a ~ to sb** ser um
estorvo para alguém

bureau [bjuə'rəu] (*pl* **~x**) *n* (*BRIT*: *desk*)
secretária, escrivaninha; (*US*: *chest of
drawers*) cômoda; (*office*) escritório,
agência

bureaucracy [bjuə'rɔkrəsɪ] *n*
burocracia

burglar ['bəːglə*] *n* ladrão *m/f*;
burglar alarm *n* alarma de roubo;
burglary *n* roubo

burial ['berɪəl] *n* enterro

Burma ['bəːmə] *n* Birmânia

burn [bəːn] (*pt, pp* **~ed** *or* **burnt**) *vt*
queimar; (*house*) incendiar ♦ *vi*

queimar-se, arder; (*sting*) arder, picar
♦ *n* queimadura; **burn down** *vt*
incendiar; **burner** *n* (*on cooker,
heater*) bico de gás, fogo; **burning** *adj*
ardente; (*hot*: *sand etc*) abrasador(a);
(*ambition*) grande

burrow ['bʌrəu] *n* toca, lura ♦ *vi* fazer
uma toca, cavar; (*rummage*)
esquadrinhar

bursary ['bəːsərɪ] (*BRIT*) *n* (*SCH*) bolsa

burst [bəːst] (*pt, pp* **burst**) *vt*
arrebentar; (*banks*) romper ♦ *vi*
estourar; (*tyre*) furar ♦ *n* rajada; **to ~
into flames** incendiar-se de repente;
to ~ into tears desatar a chorar; **to ~
out laughing** cair na gargalhada; **to
be ~ing with** (*subj*: *room, container*)
estar abarrotado de; (: *person*:
emotion) estar tomado de; **a ~ of
energy** uma explosão de energia;
burst into *vt fus* (*room etc*) irromper
em

bury ['berɪ] *vt* enterrar; (*at funeral*)
sepultar; **to ~ one's head in one's
hands** cobrir o rosto com as mãos; **to
~ one's head in the sand** (*fig*) bancar
avestruz; **to ~ the hatchet** (*fig*) fazer as
pazes

bus [bʌs] *n* ônibus *m inv* (*BR*),
autocarro (*PT*)

bush [buʃ] *n* arbusto, mata; (*scrubland*) sertão *m*; **to beat about the ~**
ser evasivo

bushy ['buʃɪ] *adj* (*thick*) espesso

business ['bɪznɪs] *n* negócio; (*trading*)
comércio, negócios *mpl*; (*firm*)
empresa; (*occupation*) profissão *f*; **to
be away on ~** estar fora a negócios;
it's my ~ to ... encarrego-me de ...; **it's
none of my ~** eu não tenho nada com
isto; **he means ~** fala a sério;
businesslike *adj* eficiente, metódico;
businessman (*irreg*) *n* homem *m* de

negócios; **business trip** n viagem f de negócios; **businesswoman** (irreg) n mulher f de negócios

busker ['bʌskə*] (BRIT) n artista m/f de rua

bus: **bus station** n estação f rodoviária; **bus stop** n ponto de ônibus (BR), paragem f de autocarro (PT)

bust [bʌst] n (ANAT) busto ♦ adj (inf: broken) quebrado; **to go ~** falir

bustle ['bʌsl] n animação f, movimento ♦ vi apressar-se, andar azafamado; **bustling** adj (town) animado, movimentado

busy ['bɪzɪ] adj (person) ocupado, atarefado; (place) movimentado; (US: TEL) ocupado (BR), impedido (PT) ♦ vt: **to ~ o.s. with** ocupar-se em or de

---

but
KEYWORD

[bʌt] conj

1 (yet) mas, porém; **he's tired ~ Paul isn't** ele está cansado mas Paul não; **the trip was enjoyable ~ tiring** a viagem foi agradável porém cansativa

2 (however) mas; **I'd love to come, ~ I'm busy** eu adoraria vir, mas estou ocupado

3 (showing disagreement, surprise etc) mas; **~ that's far too expensive!** mas isso é caro demais!

♦ prep (apart from, except) exceto, menos; **he was nothing ~ trouble** ele só deu problema; **no-one ~ him** só ele, ninguém a não ser ele; **~ for** sem, se não fosse; **(I'll do) anything ~ that** (eu faria) qualquer coisa menos isso

♦ adv (just, only) apenas; **had I ~**

known se eu soubesse; **I can ~ try** a única coisa que eu posso fazer é tentar; **all ~** quase

butcher ['butʃə*] n açougueiro (BR), homem m do talho (PT) ♦ vt (prisoners etc) chacinar, massacrar; (cattle etc for meat) abater e carnear; **butcher's (shop)** n açougue m (BR), talho (PT)

butler ['bʌtlə*] n mordomo

butt [bʌt] n (cask) tonel m; (of gun) coronha; (of cigarette) toco (BR), ponta (PT); (BRIT: fig: target) alvo ♦ vt (subj: goat) marrar; (: person) dar uma cabeçada em; **butt in** vi (interrupt) interromper

butter ['bʌtə*] n manteiga ♦ vt untar com manteiga

butterfly ['bʌtəflaɪ] n borboleta; (SWIMMING: also: **~ stroke**) nado borboleta

buttocks ['bʌtəks] npl nádegas fpl

button ['bʌtn] n botão m; (US: badge) emblema m ♦ vt (also: **~ up**) abotoar ♦ vi ter botões

buy [baɪ] (pt, pp bought) vt comprar ♦ n compra; **to ~ sb sth/sth from sb** comprar algo para alguém/algo a alguém; **to ~ sb a drink** pagar um drinque para alguém; **buyer** n comprador(a) m/f

buzz [bʌz] n zumbido; (inf: phone call): **to give sb a ~** dar uma ligada para alguém ♦ vi zumbir; **buzzer** n cigarra, vibrador m; **buzz word** n modismo

---

by
KEYWORD

[baɪ] prep

1 (referring to cause, agent) por, de; **killed ~ lightning** morto por um raio; **a painting ~ Picasso** um quadro de Picasso

2 (*referring to method, manner, means*) de, com; **~ bus/car/train** de ônibus/carro/trem; **to pay ~ cheque** pagar com cheque; **~ moonlight/candlelight** sob o luar/à luz de vela; **~ saving hard, he ...** economizando muito, ele ...

3 (*via, through*) por, via; **we came ~ Dover** viemos por *or* via Dover

4 (*close to*) perto de, ao pé de; **a holiday ~ the sea** férias à beira-mar; **she sat ~ his bed** ela sentou-se ao lado de seu leito

5 (*past*) por; **she rushed ~ me** ela passou por mim correndo

6 (*not later than*): **~ 4 o'clock** antes das quatro; **~ this time tomorrow** esta mesma hora amanhã; **~ the time I got here it was too late** quando eu cheguei aqui, já era tarde demais

7 (*during*): **~ daylight** durante o dia

8 (*amount*) por; **~ the kilometre** por quilômetro

9 (*MATH, measure*) por; **it's broader ~ a metre** tem um metro a mais de largura

10 (*according to*) segundo, de acordo com; **it's all right ~ me** por mim tudo bem

11: **(all) ~ oneself** *etc* (completamente) só, sozinho; **he did it (all) ~ himself** ele fêz tudo sozinho

12: **~ the way** a propósito

♦ *adv*

1 *see* **go**; **pass** *etc*

2: **~ and ~** logo, mais tarde; **~ and large** em geral

bye(-bye) ['baɪ('baɪ)] *excl* até logo (*BR*), tchau (*BR*), adeus (*PT*)

bypass ['baɪpɑːs] *n* via secundária, desvio; (*MED*) ponte *f* de safena ♦ *vt* evitar

bystander ['baɪstændə*] *n* circunstante *m/f*; (*observer*) espectador(a) *m/f*

byte [baɪt] *n* (*COMPUT*) byte *m*

C c

C [siː] *n* (*MUS*) dó *m*

CA *n abbr* = **chartered accountant**

cab [kæb] *n* táxi *m*; (*of truck etc*) boléia; (*of train*) cabina de maquinista

cabaret ['kæbəreɪ] *n* cabaré *m*

cabbage ['kæbɪdʒ] *n* repolho (*BR*), couve *f* (*PT*)

cabin ['kæbɪn] *n* cabana; (*on ship*) camarote *m*; (*on plane*) cabina de passageiros; **cabin cruiser** *n* lancha a motor com cabine

cabinet ['kæbɪnɪt] *n* (*POL*) gabinete *m*; (*furniture*) armário; (*also:* **display ~**) armário com vitrina

cable ['keɪbl] *n* cabo; (*telegram*) cabograma *m* ♦ *vt* enviar cabograma para; **cable-car** *n* bonde *m* (*BR*), teleférico (*PT*); **cable television** *n* televisão *f* a cabo

cache [kæʃ] *n* esconderijo; **a ~ of arms** *etc* um depósito secreto de armas *etc*

cactus ['kæktəs] (*pl* **cacti**) *n* cacto

cadge [kædʒ] (*inf*) *vt* filar

café ['kæfeɪ] *n* café *m*

cage [keɪdʒ] *n* (*bird ~*) gaiola; (*for large animals*) jaula; (*of lift*) cabina

cagey ['keɪdʒɪ] (*inf*) *adj* cuidadoso, reservado, desconfiado

cagoule [kə'ɡuːl] *n* casaco de náilon

Cairo ['kaɪərəu] *n* o Cairo

cake [keɪk] *n* (*large*) bolo; (*small*) doce *m*, bolinho; **~ of soap**

sabonete m
calculate ['kælkjuleɪt] vt calcular; (estimate) avaliar; **calculation** n cálculo; **calculator** n calculador m, calculadora
calendar ['kæləndə*] n calendário; **~ month/year** mês m/ano civil
calf [kɑːf] (pl **calves**) n (of cow) bezerro, vitela; (of other animals) cria; (also: **~skin**) pele f or couro de bezerro; (ANAT) barriga-da-perna
calibre ['kælɪbə*] (US **caliber**) n (of person) capacidade f, calibre m
call [kɔːl] vt chamar; (label) qualificar, descrever; (TEL) telefonar a, ligar para; (witness) citar; (meeting) convocar ♦ vi chamar; (shout) gritar; (TEL) telefonar; (visit: also: **~ in; ~ round**) dar um pulo ♦ n (shout) chamada; (also: **telephone ~**) chamada, telefonema m; (of bird) canto; **to be ~ed** chamar-se; **on ~** de plantão; **call back** vi (return) voltar, passar de novo; (TEL) ligar de volta; **call for** vt fus (demand) requerer, exigir; (fetch) ir buscar; **call off** vt (cancel) cancelar; **call on** vt fus (visit) visitar; (appeal to) pedir; **call out** vi gritar, bradar; **call up** vt (MIL) chamar às fileiras; (TEL) dar uma ligada;
callbox (BRIT) n cabine f telefônica; **call centre** n (BRIT: TEL) central f de chamadas; **caller** n vista m/f; (TEL) chamador(a) m/f; **call girl** n call girl f, prostituta; **calling card** (US) n cartão m de visita
callous ['kæləs] adj cruel, insensível
calm [kɑːm] adj calmo; (peaceful) tranquilo; (weather) estável ♦ n calma ♦ vt acalmar; (fears, grief) abrandar; **calm down** vt acalmar, tranquilizar ♦ vi acalmar-se
Calor gas ['kælə*-] ® n butano
calorie ['kælərɪ] n caloria

calves [kɑːvz] npl of calf
Cambodia [kæm'bəudjə] n Camboja
camcorder ['kæmkɔːdə*] n filmadora, máquina de filmar
came [keɪm] pt of come
camel ['kæməl] n camelo
camera ['kæmərə] n máquina fotográfica; (CINEMA, TV) câmera; **in ~** (LAW) em câmara
camouflage ['kæməflɑːʒ] n camuflagem f ♦ vt camuflar
camp [kæmp] n campo, acampamento; (MIL) acampamento; (for prisoners) campo; (faction) facção f ♦ vi acampar ♦ adj afeminado
campaign [kæm'peɪn] n (MIL, POL ETC) campanha ♦ vi fazer campanha
camp bed (BRIT) n cama de campanha
camper ['kæmpə*] n campista m/f; (vehicle) reboque m
camping ['kæmpɪŋ] n camping m (BR), campismo (PT); **to go ~** acampar
campsite ['kæmpsaɪt] n camping m (BR), parque m de campismo (PT)
campus ['kæmpəs] n campus m, cidade f universitária
can¹ [kæn] n lata ♦ vt enlatar

---

can²

KEYWORD

[kæn] (negative **cannot** or **can't**, pt, conditional **could**) aux vb

1 (be able to) poder; **you ~ do it if you try** se você tentar, você consegue fazê-lo; **I'll help you all I ~** ajudarei você em tudo que eu puder; **she couldn't sleep that night** ela não conseguiu dormir aquela noite; **~ you hear me?** você está me ouvindo?

2 (know how to) saber; **I ~ swim** sei

nadar; **~ you speak Portuguese?** você fala português?
3 (*may*) **could I have a word with you?** será que eu podia falar com você?
4 (*expressing disbelief, puzzlement*): **it CAN'T be true!** não pode ser verdade!; **what CAN he want?** o que é que ele quer?
5 (*expressing possibility, suggestion etc*): **he could be in the library** ele talvez esteja na biblioteca; **they could have forgotten** eles podiam ter esquecido

Canada ['kænədə] *n* Canadá *m*; **Canadian** [kə'neɪdɪən] *adj, n* canadense *m/f*
canal [kə'næl] *n* canal *m*
canary [kə'neərɪ] *n* canário *m*
cancel ['kænsəl] *vt* cancelar; (*contract*) anular; (*cross out*) riscar, invalidar; **cancellation** [kænsə'leɪʃən] *n* cancelamento
cancer ['kænsə*] *n* câncer *m* (*BR*), cancro (*PT*); **C~** (*ASTROLOGY*) Câncer
candid ['kændɪd] *adj* franco, sincero
candidate ['kændɪdeɪt] *n* candidato(-a)
candle ['kændl] *n* vela; (*in church*) círio; **candlelight** *n*: **by candlelight** à luz de vela; **candlestick** *n* (*plain*) castiçal *m*; (*bigger, ornate*) candelabro, lustre *m*
candour ['kændə*] (*US* candor) *n* franqueza
candy ['kændɪ] *n* (*also*: **sugar-~**) açúcar *m* cristalizado; (*US*) bala (*BR*), rebuçado (*PT*); **candy-floss** (*BRIT*) *n* algodão-doce *m*
cane [keɪn] *n* (*BOT*) cana; (*stick*) bengala ♦ *vt* (*BRIT*: *SCH*) castigar (com

bengala)
canister ['kænɪstə*] *n* lata
cannabis ['kænəbɪs] *n* maconha
canned [kænd] *adj* (*food*) em lata, enlatado
cannon ['kænən] (*pl inv or ~s*) *n* canhão *m*
cannot ['kænɔt] = **can not**
canoe [kə'nu:] *n* canoa
can opener *n* abridor *m* de latas (*BR*), abre-latas *m inv* (*PT*)
canopy ['kænəpɪ] *n* dossel *m*
can't [kɑːnt] = **can not**
canteen [kæn'tiːn] *n* cantina; (*BRIT*: *of cutlery*) jogo (de talheres)
canter ['kæntə*] *vi* ir a meio galope
canvas ['kænvəs] *n* (*material*) lona; (*for painting*) tela; (*NAUT*) velas *fpl*
canvass ['kænvəs] *vi* (*POL*): **to ~ for** fazer campanha por ♦ *vt* sondar
canyon ['kænjən] *n* canhão *m* garganta, desfiladeiro
cap [kæp] *n* gorro; (*of pen, bottle*) tampa; (*contraceptive*: *also*: **Dutch ~**) diafragma *m* ♦ *vt* (*outdo*) superar; (*put limit on*) limitar
capable ['keɪpəbl] *adj* (*of sth*) capaz; (*competent*) competente, hábil
capacity [kə'pæsɪtɪ] *n* capacidade *f*; (*of stadium etc*) lotação *f*; (*role*) condição *f*, posição *f*
cape [keɪp] *n* capa; (*GEO*) cabo
caper ['keɪpə*] *n* (*CULIN*: *gen*: ~s) alcaparra; (*prank*) travessura
capital ['kæpɪtl] *n* (*also*: **~ city**) capital *f*; (*money*) capital *m*; (*also*: **~ letter**) maiúscula; **capitalism** *n* capitalismo; **capitalist** *adj, n* capitalista *m/f*; **capital punishment** *n* pena de morte
Capitol ['kæpɪtl] *n*: **the ~** o Capitólio; *ver quadro*

a b c d e f g h i j k l m n o p q r s t u v w x y z

CAPITOL

O Capitólio (**Capitol**) é a sede do Congresso dos Estados Unidos, localizado no monte Capitólio (*Capitol Hill*), em Washington.

Capricorn ['kæprɪkɔːn] *n* Capricórnio

capsize [kæp'saɪz] *vt, vi* emborcar, virar

capsule ['kæpsjuːl] *n* cápsula

captain ['kæptɪn] *n* capitão *m*

caption ['kæpʃən] *n* legenda

captive ['kæptɪv] *adj, n* cativo(-a)

capture ['kæptʃə*] *vt* prender, aprisionar; (*person*) capturar; (*place*) tomar; (*attention*) atrair, chamar ♦ *n* captura; (*of place*) tomada

car [kɑː*] *n* carro, automóvel *m*; (RAIL) vagão *m*

caramel ['kærəməl] *n* (*sweet*) caramelo; (*burnt sugar*) caramelado

caravan ['kærəvæn] *n* reboque *m* (BR), trailer *m* (BR), rulote *f* (PT); (*in desert*) caravana

carbohydrate [kɑːbəu'haɪdreɪt] *n* hidrato de carbono; (*food*) carboidrato

carbon ['kɑːbən] *n* carbono; **carbon dioxide** [-daɪ'ɔksaɪd] *n* dióxido de carbono; **carbon monoxide** [-mɔn'ɔksaɪd] *n* monóxido de carbono

carburettor [kɑːbju'retə*] (US **carburetor**) *n* carburador *m*

card [kɑːd] *n* (*also:* **playing ~**) carta; (*visiting ~*) cartão *m*; (*thin cardboard*) cartolina; **cardboard** *n* cartão *m*, papelão *m*

cardiac ['kɑːdɪæk] *adj* cardíaco

cardigan ['kɑːdɪgən] *n* casaco de lã, cardigã *m*

cardinal ['kɑːdɪnl] *adj* cardeal; (MATH) cardinal ♦ *n* (REL) cardeal *m*

care [kɛə*] *n* cuidado; (*worry*) preocupação *f*; (*charge*) encargo, custódia ♦ *vi*: **to ~ about** (*person, animal*) preocupar-se com; (*thing, idea*) ter interesse em; **~ of** (*on letter*) aos cuidados de; **in sb's ~** a cargo de alguém; **to take ~ (to do)** ter o cuidado (de fazer); **to take ~ of** (*person*) cuidar de; (*situation*) encarregar-se de; **I don't ~** não me importa; **I couldn't ~ less** não dou a mínima; **care for** *vt fus* cuidar de; (*like*) gostar de

career [kə'rɪə*] *n* carreira ♦ *vi* (*also:* **~ along**) correr a toda velocidade

carefree ['kɛəfriː] *adj* despreocupado

careful ['kɛəful] *adj* (*thorough*) cuidadoso; (*cautious*) cauteloso; **(be) ~!** tenha cuidado!; **carefully** *adv* cuidadosamente; cautelosamente

careless ['kɛəlɪs] *adj* descuidado; (*heedless*) desatento

caress [kə'rɛs] *n* carícia ♦ *vt* acariciar

caretaker ['kɛəteɪkə*] *n* zelador(a) *m/f*

car-ferry *n* barca para carros (BR), barco de passagem (PT)

cargo ['kɑːgəu] (*pl* **~es**) *n* carga

car hire (BRIT) *n* aluguel *m* (BR) or aluguer *m* (PT) de carros

Caribbean [kærɪ'biːən] *n*: **the ~ (Sea)** o Caribe

caring ['kɛərɪŋ] *adj* (*person*) bondoso; (*society*) humanitário

carnation [kɑː'neɪʃən] *n* cravo

carnival ['kɑːnɪvəl] *n* carnaval *m*; (US: *funfair*) parque *m* de diversões

carol ['kærəl] *n*: **(Christmas) ~** cântico de Natal

carp [kɑːp] *n inv* (*fish*) carpa; **carp at** *vt fus* criticar

car park (BRIT) *n* estacionamento

carpenter ['kɑːpɪntə*] *n* carpinteiro

carpet ['kɑːpɪt] *n* tapete *m* ♦ *vt* atapetar

car phone n telefone m de carro

carriage ['kærɪdʒ] n carruagem f; (BRIT: RAIL) vagão m; (of goods) transporte m; (: cost) porte m; **carriageway** (BRIT) n (part of road) pista

carrier ['kærɪə*] n transportador(a) m/f; (company) empresa de transportes, transportadora; (MED) portador(a) m/f; **carrier bag** (BRIT) n saco, sacola

carrot ['kærət] n cenoura

carry ['kærɪ] vt levar; (transport) transportar; (involve: responsibilities etc) implicar ♦ vi (sound) projetar-se; **to get carried away** (fig) exagerar; **carry on** vi seguir, continuar ♦ vt prosseguir, continuar; **carry out** vt (orders) cumprir; (investigation) levar a cabo, realizar; **carrycot** (BRIT) n moisés m inv

cart [ka:t] n carroça, carreta ♦ vt transportar (em carroça)

carton ['ka:tən] n (box) caixa (de papelão); (of yogurt) pote m; (of milk) caixa; (packet) pacote m

cartoon [ka:'tu:n] n (drawing) desenho; (BRIT: comic strip) história em quadrinhos (BR), banda desenhada (PT); (film) desenho animado

cartridge ['ka:trɪdʒ] n cartucho; (of record player) cápsula

carve [ka:v] vt (meat) trinchar; (wood, stone) cinzelar, esculpir; (initials, design) gravar; **carve up** vt dividir, repartir; **carving** n (object) escultura; (design) talha, entalhe m; **carving knife** (irreg) n trinchante m, faca de trinchar

case [keɪs] n caso; (for spectacles etc) estojo; (LAW) causa; (BRIT: also: **suitcase**) mala; (of wine etc) caixa; **in ~ (of)** em caso (de); **in any ~** em todo o caso; **just in ~** (conj) se por acaso

♦ adv por via das dúvidas

cash [kæʃ] n dinheiro (em espécie) ♦ vt descontar; **to pay (in) ~** pagar em dinheiro; **~ on delivery** pagamento contra entrega; **cash card** (BRIT) n cartão m de saque; **cash desk** (BRIT) n caixa; **cash dispenser** n caixa automática or eletrônica

cashew [kæ'ʃu:] n (also: **~ nut**) castanha de caju

cashier [kæ'ʃɪə*] n caixa m/f

cash register n caixa registradora

casing ['keɪsɪŋ] n invólucro

casino [kə'si:nəu] n cassino

casket ['ka:skɪt] n cofre m, porta-jóias m inv; (US: coffin) caixão m

casserole ['kæsərəul] n panela de ir ao forno; (food) ensopado (BR) no forno, guisado (PT) no forno

cassette [kæ'set] n fita-cassete f; **cassette player** n toca-fitas m inv; **cassette recorder** n gravador m

cast [ka:st] (pt, pp **cast**) vt (throw) lançar, atirar; (THEATRE): **to ~ sb as Hamlet** dar a alguém o papel de Hamlet ♦ n (THEATRE) elenco; (also: **plaster ~**) gesso; **to ~ one's vote** votar; **cast off** vi (NAUT) soltar o cabo; (KNITTING) rematar os pontos; **cast on** vi montar os pontos

castaway ['ka:stəweɪ] n náufrago(-a)

caster sugar ['ka:stə*-] (BRIT) n açúcar m branco refinado

cast iron n ferro fundido

castle ['ka:sl] n castelo; (CHESS) torre f

castor ['ka:stə*] n (wheel) rodízio; **castor oil** n óleo de rícino

casual ['kæʒjul] adj (by chance) fortuito; (work) eventual; (unconcerned) despreocupado; (clothes) descontraído, informal; **casually** adv casualmente; (dress) informalmente

casualty [ˈkæʒjultɪ] n ferido(-a);
(dead) morto(-a); (of situation) vítima;
(department) pronto-socorro

cat [kæt] n gato

catalogue [ˈkætəlɔg] (US catalog) n
catálogo ♦ vt catalogar

catalyst [ˈkætəlɪst] n catalisador m

catapult [ˈkætəpʌlt] (BRIT) n (sling)
atiradeira

catarrh [kəˈtɑːʳ] n catarro

catastrophe [kəˈtæstrəfɪ] n catástrofe f

catch [kætʃ] (pt, pp **caught**) vt pegar
(BR), apanhar (PT); (fish) pescar; (arrest)
prender, deter; (person: by surprise)
flagrar, surpreender; (attention) atrair;
(hear) ouvir; (also: ~ up) alcançar ♦ vi
(fire) pegar; (in branches etc) ficar
preso, prender-se ♦ n (fish) pesca;
(game) manha, armadilha; (of lock)
trinco, lingüeta; **to ~ fire** pegar fogo;
(building) incendiar-se; **to ~ sight of**
avistar; **catch on** vi (understand)
entender (BR), perceber (PT); (grow
popular) pegar; **catch up** vi
equiparar-se ♦ vt (also: ~ **up with**)
alcançar; **catching** adj (MED)
contagioso; **catch phrase** n clichê m,
slogan m; **catchy** adj que pega fácil,
que gruda no ouvido

category [ˈkætɪgərɪ] n categoria

cater [ˈkeɪtəʳ] vi preparar comida;
cater for vt fus (needs) atender a;
(consumers) satisfazer; **catering** n
serviço de bufê; (trade) abastecimento

caterpillar [ˈkætəpɪləʳ] n lagarta

cathedral [kəˈθiːdrəl] n catedral f

catholic [ˈkæθəlɪk] adj eclético;
Catholic adj, n (REL) católico(-a)

cattle [ˈkætl] npl gado

catty [ˈkætɪ] adj malicioso

caught [kɔːt] pt, pp of **catch**

cauliflower [ˈkɔlɪflauəʳ] n couve-flor f

cause [kɔːz] n causa; (reason) motivo,
razão f ♦ vt causar, provocar

caution [ˈkɔːʃən] n cautela, prudência;
(warning) aviso ♦ vt acautelar, avisar

cautious [ˈkɔːʃəs] adj cauteloso,
prudente, precavido

cavalry [ˈkævəlrɪ] n cavalaria

cave [keɪv] n caverna, gruta; **cave in**
vi ceder; **caveman** [ˈkeɪvmæn] (irreg) n
troglodita m, homem m das cavernas

CB n abbr = Citizens' Band (Radio)

CBI n abbr (= Confederation of British
Industry) federação de indústria

cc abbr (= cubic centimetre) cc; (on
letter etc) = carbon copy

CD n abbr = compact disc; compact
disc player; **CD-ROM** n abbr (=
compact disc read-only memory)
CD-ROM m

cease [siːs] vt, vi cessar; **ceasefire** n
cessar-fogo m

cedar [ˈsiːdəʳ] n cedro

ceiling [ˈsiːlɪŋ] n (also fig) teto

celebrate [ˈsɛlɪbreɪt] vt celebrar ♦ vi
celebrar; (birthday, anniversary etc)
festejar; (REL: mass) rezar; **celebrated**
adj célebre; **celebration** [sɛlɪˈbreɪʃən] n
(party) festa

celery [ˈsɛlərɪ] n aipo

cell [sɛl] n cela; (BIO) célula; (ELEC)
pilha, elemento

cellar [ˈsɛləʳ] n porão m; (for wine)
adega

cello [ˈtʃɛləu] n violoncelo

cellphone [ˈsɛlfəun] n telefone m
celular

Celt [kɛlt, sɛlt] n celta m/f; **Celtic** adj
celta

cement [səˈmɛnt] n cimento; **cement
mixer** n betoneira

cemetery [ˈsɛmɪtrɪ] n cemitério

censor [ˈsɛnsəʳ] n censor(a) m/f ♦ vt
censurar; **censorship** n censura

census ['sɛnsəs] n censo

cent [sɛnt] n cêntimo; *see also* **per**

centenary [sɛn'tiːnərɪ] n centenário

center ['sɛntə*] (US) = **centre**

centigrade ['sɛntɪgreɪd] adj centígrado

centimetre ['sɛntɪmiːtə*] (US **centimeter**) n centímetro

central ['sɛntrəl] adj central; **Central America** n América Central; **central heating** n aquecimento central

centre ['sɛntə*] (US **center**) n centro; (*of room, circle etc*) meio ♦ vt centrar

century ['sɛntjurɪ] n século; **20th ~** século vinte

ceramic [sɪ'ræmɪk] adj cerâmico

cereal ['siːrɪəl] n cereal m

ceremony ['sɛrɪmənɪ] n cerimônia; (*ritual*) rito; **to stand on ~** fazer cerimônia

certain ['sɜːtən] adj (*sure*) seguro; (*person*): **a ~ Mr Smith** um certo Sr. Smith; (*particular*): **~ days/places** certos dias/lugares; (*some*): **a ~ coldness/pleasure** uma certa frieza/ um certo prazer; **for ~** com certeza; **certainly** adv certamente, com certeza; **certainty** n certeza

certificate [sə'tɪfɪkɪt] n certidão f

certified mail ['sɜːtɪfaɪd-] (US) n correio registrado

certified public accountant ['sɜːtɪfaɪd-] (US) n perito-contador m

certify ['sɜːtɪfaɪ] vt certificar

cervical ['sɜːvɪkl] adj: **~ cancer** câncer m (BR) or cancro (PT) do colo do útero

cf. abbr (= compare) cf.

CFC n abbr (= chlorofluorocarbon) CFC m

ch. abbr (= chapter) cap.

chafe [tʃeɪf] vt (rub) roçar

chain [tʃeɪn] n corrente f; (of islands) grupo; (of mountains) cordilheira; (of shops) cadeia; (of events) série f ♦ vt (also: ~ **up**) acorrentar; **chain-smoke** vi fumar um (cigarro) atrás do outro; **chain store** n magazine m (BR), grande armazém f (PT)

chair [tʃɛə*] n cadeira; (armchair) poltrona; (of university) cátedra; (of meeting) presidência, mesa ♦ vt (meeting) presidir; **chairlift** n teleférico; **chairman** (irreg) n presidente m

chalk [tʃɔːk] n (GEO) greda; (for writing) giz m

challenge ['tʃælɪndʒ] n desafio ♦ vt desafiar; (right) disputar, contestar; **challenging** adj desafiante; (tone) de desafio

chamber ['tʃeɪmbə*] n câmara; (BRIT: LAW: gen pl) sala de audiências; **~ of commerce** câmara de comércio; **chambermaid** n arrumadeira (BR), empregada (PT)

champagne [ʃæm'peɪn] n champanhe m or f

champion ['tʃæmpɪən] n campeão(-peã) m/f; (of cause) defensor(a) m/f; **championship** n campeonato

chance [tʃɑːns] n (opportunity) oportunidade, ocasião f; (likelihood) chance f; (risk) risco ♦ vt arriscar ♦ adj fortuito, casual; **to take a ~** arriscar-se; **by ~** por acaso; **to ~ it** arriscar-se

chancellor ['tʃɑːnsələ*] n chanceler m; **C~ of the Exchequer** (BRIT) Ministro da Economia (Fazenda e Planejamento)

chandelier [ʃændə'lɪə*] n lustre m

change [tʃeɪndʒ] vt (alter) mudar; (wheel, money) trocar; (replace) substituir; (clothes, house) mudar de, trocar de; (nappy) mudar, trocar; (transform): **to ~ sb into** transformar alguém em ♦ vi mudar(-se); (change clothes) trocar-se; (trains) fazer

a b c d e f g h i j k l m n o p q r s t u v w x y z

baldeação (*BR*), mudar (*PT*); (*be transformed*): **to ~ into** transformar-se em ♦ *n* mudança; (*exchange*) troca; (*difference*) diferença; (*of clothes*) muda; (*coins*) trocado; **to ~ gear** (*AUT*) trocar de marcha; **to ~ one's mind** mudar de idéia; **for a ~** para variar; **changeable** *adj* (*weather, mood*) instável; **change machine** *n* máquina que fornece trocado; **changeover** *n* mudança

changing ['tʃeɪndʒɪŋ] *adj* variável; **changing room** (*BRIT*) *n* (*in shop*) cabine *f* de provas

channel ['tʃænl] *n* canal *m*; (*of river*) leito; (*groove*) ranhura; (*fig: medium*) meio, via ♦ *vt* canalizar; **the (English) C~** o Canal da Mancha

chant [tʃɑːnt] *n* canto; (*REL*) cântico ♦ *vt* cantar; (*slogan*) entoar

chaos ['keɪɒs] *n* caos *m*

chap [tʃæp] *n* (*BRIT: inf: man*) sujeito (*BR*), tipo (*PT*)

chapel ['tʃæpəl] *n* capela

chaplain ['tʃæplɪn] *n* capelão *m*

chapped [tʃæpt] *adj* ressecado

chapter ['tʃæptə*] *n* capítulo

character ['kærɪktə*] *n* caráter *m*; (*in novel, film*) personagem *m/f*; (*letter*) letra; **characteristic** [kærɪktə'rɪstɪk] *adj* característico

charcoal ['tʃɑːkəul] *n* carvão *m* de lenha; (*ART*) carvão *m*

charge [tʃɑːdʒ] *n* (*LAW*) encargo, acusação *f*; (*fee*) preço, custo; (*responsibility*) encargo ♦ *vt* (*battery*) carregar; (*MIL*) atacar; (*customer*) cobrar dinheiro de; (*LAW*): **to ~ sb (with)** acusar alguém (de) ♦ *vi* precipitar-se; **~s** *npl*: **bank ~s** taxas *fpl* cobradas pelo banco; **to reverse the ~s** (*BRIT: TEL*) ligar a cobrar; **how much do you ~?** quanto você cobra?; **to ~**

an expense (up) to sb's account pôr a despesa na conta de alguém; **to take ~ of** encarregar-se de, tomar conta de; **to be in ~ of** estar a cargo de *or* encarregado de; **charge card** *n* cartão *m* de crédito (*emitido por uma loja*)

charity ['tʃærɪtɪ] *n* caridade *f*; (*organization*) obra de caridade; (*kindness*) compaixão *f*; (*gifts*) donativo

charm [tʃɑːm] *n* (*quality*) charme *m*; (*talisman*) amuleto; (*on bracelet*) berloque *m* ♦ *vt* encantar, deliciar; **charming** *adj* encantador(a)

chart [tʃɑːt] *n* (*graph*) gráfico; (*diagram*) diagrama *m*; (*map*) carta de navegação ♦ *vt* traçar; **~s** *npl* (*MUS*) paradas *fpl* (de sucesso)

charter ['tʃɑːtə*] *vt* fretar ♦ *n* (*document*) carta, alvará *m*; **chartered accountant** (*BRIT*) *n* perito- contador (perita-contadora) *m/f*; **charter flight** *n* vôo charter *or* fretado

chase [tʃeɪs] *vt* perseguir; (*also: ~ away*) enxotar ♦ *n* perseguição *f*, caça

chasm ['kæzəm] *n* abismo

chat [tʃæt] *vi* (*also:* **have a ~**) conversar, bater papo (*BR*), cavaquear (*PT*) ♦ *n* conversa, bate-papo *m* (*BR*), cavaqueira (*PT*); **chat show** (*BRIT*) *n* programa *m* de entrevistas

chatter ['tʃætə*] *vi* (*person*) tagarelar; (*animal*) emitir sons; (*teeth*) tiritar ♦ *n* tagarelice *f*; emissão *f* de sons; (*of birds*) chilro; **chatterbox** *n* tagarela *m/f*

chatty ['tʃætɪ] *adj* (*style*) informal; (*person*) conversador(a)

chauffeur ['ʃəufə*] *n* chofer *m*, motorista *m/f*

chauvinist ['ʃəuvɪnɪst] *n* chauvinista *m/f*; (*also:* **male ~**) machista *m*; (*nationalist*) chauvinista *m/f*

cheap [tʃiːp] *adj* barato; (*poor quality*) barato, de pouca qualidade; (*behaviour*) vulgar; (*joke*) de mau gosto ♦ *adv* barato; **cheaply** *adv* barato, por baixo preço

cheat [tʃiːt] *vi* trapacear; (*at cards*) roubar (*BR*), fazer batota (*PT*); (*in exam*) colar (*BR*), cabular (*PT*) ♦ *vt*: **to ~ sb (out of sth)** passar o conto do vigário em alguém ♦ *n* fraude *f*; (*person*) trapaceiro(-a)

check [tʃɛk] *vt* (*examine*) controlar; (*facts*) verificar; (*halt*) conter, impedir; (*restrain*) parar, refrear ♦ *n* controle *m*, inspeção *f*; (*curb*) freio; (*US: bill*) conta; (*pattern: gen pl*) xadrez *m*; (*US*) = **cheque** ♦ *adj* (*pattern, cloth*) xadrez *inv*; **check in** *vi* (*in hotel*) registrar-se; (*in airport*) apresentar-se ♦ *vt* (*luggage*) entregar; **check out** *vi* pagar a conta e sair; **check up** *vi*: **to ~ up on sth** verificar algo; **to ~ up on sb** investigar alguém; **checkers** (*US*) *n* (jogo de) damas *fpl*; **check-in (desk)** *n* check-in *m*; **checking account** (*US*) *n* conta corrente; **checkout** *n* caixa; **checkpoint** *n* (ponto de) controle *m*; **checkroom** (*US*) *n* depósito de bagagem; **checkup** *n* (*MED*) check-up *m*

cheek [tʃiːk] *n* bochecha; (*impudence*) folga, descaramento; **cheekbone** *n* maçã *f* do rosto; **cheeky** *adj* insolente, descarado

cheer [tʃɪə*] *vt* dar vivas a, aplaudir; (*gladden*) alegrar, animar ♦ *vi* gritar com entusiasmo ♦ *n* (*gen pl*) gritos *mpl* de entusiasmo; **~s** *npl* (*of crowd*) aplausos *mpl*; **~s!** saúde!; **cheer up** *vi* animar-se, alegrar-se ♦ *vt* alegrar, animar; **cheerful** *adj* alegre; **cheerio** (*BRIT*) *excl* tchau (*BR*), adeus (*PT*)

cheese [tʃiːz] *n* queijo; **cheeseboard** *n* (*in restaurant*) sortimento de queijos

cheetah [ˈtʃiːtə] *n* chitá *m*

chef [ʃɛf] *n* cozinheiro-chefe (cozinheira-chefe) *m/f*

chemical [ˈkɛmɪkəl] *adj* químico ♦ *n* produto químico

chemist [ˈkɛmɪst] *n* (*BRIT: pharmacist*) farmacêutico(-a); (*scientist*) químico (-a); **chemistry** *n* química; **chemist's (shop)** (*BRIT*) *n* farmácia

cheque [tʃɛk] (*BRIT*) *n* cheque *m*; **chequebook** *n* talão *m* (*BR*) or livro (*PT*) de cheques; **cheque card** (*BRIT*) *n* cartão *m* (de garantia) de cheques

cherish [ˈtʃɛrɪʃ] *vt* (*person*) tratar com carinho; (*memory*) lembrar (com prazer)

cherry [ˈtʃɛrɪ] *n* cereja; (*also: ~ tree*) cerejeira

chess [tʃɛs] *n* xadrez *m*; **chessboard** *n* tabuleiro de xadrez

chest [tʃɛst] *n* (*ANAT*) peito; (*box*) caixa, cofre *m*; **~ of drawers** cômoda

chestnut [ˈtʃɛsnʌt] *n* castanha

chew [tʃuː] *vt* mastigar; **chewing gum** *n* chiclete *m* (*BR*), pastilha elástica (*PT*)

chic [ʃiːk] *adj* elegante

chick [tʃɪk] *n* pinto; (*inf: girl*) broto

chicken [ˈtʃɪkɪn] *n* galinha; (*food*) galinha, frango; (*inf: coward*) covarde *m/f*, galinha; **chicken out** (*inf*) *vi* agalinhar-se; **chickenpox** *n* catapora (*BR*), varicela (*PT*)

chief [tʃiːf] *n* (*of tribe*) cacique *m*, morubixaba *m*; (*of organization*) chefe *m/f* ♦ *adj* principal; **chiefly** *adv* principalmente

chilblain [ˈtʃɪlbleɪn] *n* frieira

child [tʃaɪld] *n* (*pl* **~ren**) criança; (*offspring*) filho(-a); **childbirth** *n* parto; **childhood** *n* infância; **childish** *adj* infantil; **child minder** (*BRIT*) *n* cuidadora de crianças; **children** ['tʃɪldrən] *npl* of **child**

Chile ['tʃɪlɪ] *n* Chile *m*

chill [tʃɪl] *n* frio, friagem *f*; (*MED*) resfriamento ♦ *vt* (*CULIN*) semi-congelar; (*person*) congelar

chilli ['tʃɪlɪ] (*US* chili) *n* pimentão *m* picante

chilly ['tʃɪlɪ] *adj* frio; (*person*) friorento

chime [tʃaɪm] *n* (*of bell*) repique *m*; (*of clock*) soar *m* ♦ *vi* repicar; soar

chimney ['tʃɪmnɪ] *n* chaminé *f*

chimpanzee [tʃɪmpæn'ziː] *n* chimpanzé *m*

chin [tʃɪn] *n* queixo

China ['tʃaɪnə] *n* China

china ['tʃaɪnə] *n* porcelana; (*crockery*) louça fina

Chinese [tʃaɪ'niːz] *adj* chinês(-esa) ♦ *n inv* chinês(-esa) *m/f*; (*LING*) chinês *m*

chip [tʃɪp] *n* (*gen pl*: *CULIN*) batata frita; (: *US*: *also*: **potato ~**) batatinha frita; (*of wood*) lasca; (*of glass, stone*) lasca, pedaço; (*COMPUT*: *also*: **micro~**) chip *m* ♦ *vt* (*cup, plate*) lascar; **chip in** (*inf*) *vi* interromper; (*contribute*) compartilhar as despesas

chiropodist [kɪ'rɔpədɪst] (*BRIT*) *n* pedicuro(-a)

chirp [tʃəːp] *vi* chilrar, piar

chisel ['tʃɪzl] *n* (*for wood*) formão *m*; (*for stone*) cinzel *m*

chit [tʃɪt] *n* talão *m*

chitchat ['tʃɪttʃæt] *n* conversa fiada

chivalry ['ʃɪvəlrɪ] *n* cavalheirismo

chives [tʃaɪvz] *npl* cebolinha

chocolate ['tʃɔklɪt] *n* chocolate *m*

choice [tʃɔɪs] *n* (*selection*) seleção *f*; (*option*) escolha; (*preference*) preferência ♦ *adj* seleto, escolhido

choir ['kwaɪə*] *n* coro

choke [tʃəuk] *vi* sufocar-se; (*on food*)

engasgar ♦ *vt* estrangular; (*block*) obstruir ♦ *n* (*AUT*) afogador *m* (*BR*), ar *m* (*PT*)

cholesterol [kə'lestərɔl] *n* colesterol *m*

choose [tʃuːz] (*pt* **chose**, *pp* **chosen**) *vt* escolher; **to ~ to do** optar por fazer; **choosy** *adj* exigente

chop [tʃɔp] *vt* (*wood*) cortar, talhar; (*CULIN*: *also*: **~ up**) cortar em pedaços; (*meat*) picar ♦ *n* golpe *m*; (*CULIN*) costeleta; **~s** *npl* (*inf*: *jaws*) beiços *mpl*

chopper ['tʃɔpə*] *n* helicóptero

choppy ['tʃɔpɪ] *adj* (*sea*) agitado

chopsticks ['tʃɔpstɪks] *npl* pauzinhos *mpl*, palitos *mpl*

chord [kɔːd] *n* (*MUS*) acorde *m*

chore [tʃɔː*] *n* tarefa; (*routine task*) trabalho de rotina

chorus ['kɔːrəs] *n* (*group*) coro; (*song*) coral *m*; (*refrain*) estribilho

chose [tʃəuz] *pt* of **choose**; **chosen** *pp* of **choose**

Christ [kraɪst] *n* Cristo

christen ['krɪsn] *vt* batizar; (*nickname*) apelidar

Christian ['krɪstɪən] *adj, n* cristão(-tã) *m/f*; **Christianity** [krɪstɪ'ænɪtɪ] *n* cristianismo; **Christian name** *n* prenome *m*, nome *m* de batismo

Christmas ['krɪsməs] *n* Natal *m*; **Happy** or **Merry ~!** Feliz Natal!; **Christmas card** *n* cartão *m* de Natal; **Christmas cracker** *n* busca-pé-surpresa *m*; *ver quadro*

CHRISTMAS CRACKER

Um cilindro de papelão que ao ser aberto faz estourar uma bombinha. Contém um presente surpresa e um chapéu de papel que cada convidado coloca na cabeça durante a ceia de Natal.

Christmas: **Christmas Day** *n* dia *m*

de Natal; **Christmas Eve** n véspera de Natal; **Christmas tree** n árvore f de Natal

chrome [krəum] n = **chromium**

chromium ['krəumɪəm] n cromo

chronic ['krɒnɪk] adj crônico

chubby ['tʃʌbɪ] adj roliço, gorducho

chuck [tʃʌk] vt jogar (BR), deitar (PT); (BRIT: also: ~ **up,** ~ **in**: job) largar; (: person) acabar com; **chuck out** vt (thing) jogar (BR) or deitar (PT) fora; (person) expulsar

chuckle ['tʃʌkl] vi rir

chum [tʃʌm] n camarada m/f

chunk [tʃʌŋk] n pedaço, naco

church [tʃɜːtʃ] n igreja; **churchyard** n adro, cemitério

churn [tʃɜːn] n (for butter) batedeira; (also: **milk** ~) lata, vasilha; **churn out** vt produzir em série

chute [ʃuːt] n rampa; (also: **rubbish** ~) despejador m

CIA (US) n abbr (= Central Intelligence Agency) CIA f

CID (BRIT) n abbr = **Criminal Investigation Department**

cider ['saɪdə*] n sidra

cigar [sɪ'gɑː*] n charuto

cigarette [sɪgə'ret] n cigarro; **cigarette case** n cigarreira

Cinderella [sɪndə'relə] n Gata Borralheira

cine-camera ['sɪnɪ-] (BRIT) n câmera (cinematográfica)

cinema ['sɪnəmə] n cinema m

cinnamon ['sɪnəmən] n canela

circle ['sɜːkl] n círculo; (in cinema) balcão m ♦ vi dar voltas ♦ vt (surround) rodear, cercar; (move round) dar a volta de

circuit ['sɜːkɪt] n circuito; (lap) volta; (track) pista

circular ['sɜːkjulə*] adj circular ♦ n (carta) circular f

circulate ['sɜːkjuleɪt] vt, vi circular;

circulation [sɜːkju'leɪʃən] n circulação f; (of newspaper, book etc) tiragem f

circumstances ['sɜːkəmstənsɪz] npl circunstâncias fpl; (conditions) condições fpl; (financial condition) situação f econômica

circus ['sɜːkəs] n circo

CIS n abbr (= Commonwealth of Independent States) CEI f

cistern ['sɪstən] n tanque m; (in toilet) caixa d'água

citizen ['sɪtɪzn] n (of country) cidadão (-dã) m/f; (of town) habitante m/f; **citizenship** n cidadania

citrus fruit ['sɪtrəs-] n citrino

city ['sɪtɪ] n cidade f; **the C~** centro financeiro de Londres

civic ['sɪvɪk] adj cívico, municipal

civil ['sɪvɪl] adj civil; (polite) delicado, cortês; **civilian** [sɪ'vɪlɪən] adj, n civil m/f

civilized ['sɪvɪlaɪzd] adj civilizado

civil: **civil servant** n funcionário público (funcionária pública); **Civil Service** n administração f pública; **civil war** n guerra civil

claim [kleɪm] vt exigir, reclamar; (rights etc) reivindicar; (responsibility, credit) assumir; (assert): **to ~ that/to be** afirmar que/ser ♦ vi (for insurance) reclamar ♦ n reclamação f; (assertion) afirmação f; (wage ~ etc) reivindicação f

clam [klæm] n molusco

clammy ['klæmɪ] adj (hands, face) úmido e pegajoso

clamp [klæmp] n grampo ♦ vt (two things together) grampear; (put: one thing on another) prender; **clamp down on** vt fus suprimir, proibir

clan [klæn] n clã m

clap [klæp] *vi* bater palmas, aplaudir;

clapping *n* aplausos *mpl*, palmas *fpl*

clarinet [klærɪ'nɛt] *n* clarinete *m*

clarity ['klærɪtɪ] *n* clareza

clash [klæʃ] *n* (*fight*) confronto; (*disagreement*) desavença; (*of beliefs*) divergência; (*of colours, styles*) choque *m*; (*of dates*) coincidência; (*noise*) estrondo ♦ *vi* (*gangs, beliefs*) chocar-se; (*disagree*) entrar em conflito, ter uma desavença; (*colours*) não combinar; (*dates*) coincidir; (*weapons, cymbals etc*) estrefritar

clasp [klɑːsp] *n* fecho; (*embrace*) abraço ♦ *vt* prender; abraçar

class [klɑːs] *n* classe *f*; (*lesson*) aula; (*type*) tipo ♦ *vt* classificar

classic ['klæsɪk] *adj* clássico ♦ *n* clássico; **classical** *adj* clássico

classified ['klæsɪfaɪd] *adj* secreto

classmate ['klɑːsmeɪt] *n* colega *m/f* de aula

classroom ['klɑːsrum] *n* sala de aula

clatter ['klætə*] *n* ruído, barulho; (*of hooves*) tropel *m* ♦ *vi* fazer barulho *or* ruído

clause [klɔːz] *n* cláusula; (*LING*) oração *f*

claw [klɔː] *n* (*of animal*) pata; (*of bird of prey*) garra; (*of lobster*) pinça; **claw at** *vt fus* arranhar; (*tear*) rasgar

clay [kleɪ] *n* argila

clean [kliːn] *adj* limpo; (*story*) inocente ♦ *vt* limpar; (*hands etc*) lavar; **clean out** *vt* limpar; **clean up** *vt* limpar, assear; **clean-cut** *adj* alinhado; **cleaner** *n* faxineiro(-a); (*product*) limpador *m*; **cleaner's** *n* (*also*: **dry cleaner's**) tinturaria; **cleaning** *n* limpeza, faxina; **cleanliness** ['klɛnlɪnɪs] *n* limpeza

cleanse [klɛnz] *vt* limpar; (*purify*) purificar; **cleanser** *n* (*for face*) creme

m de limpeza

clean-shaven [-'ʃeɪvn] *adj* sem barba, de cara raspada

clear [klɪə*] *adj* claro; (*footprint, photograph*) nétido; (*obvious*) evidente; (*glass, water*) transparente; (*road, way*) limpo, livre; (*conscience*) tranqüilo; (*skin*) macio ♦ *vt* (*space*) abrir; (*room*) esvaziar; (*LAW: suspect*) absolver; (*fence*) saltar, transpor; (*cheque*) compensar ♦ *vi* (*weather*) abrir; (*sky*) clarear; (*fog etc*) dissipar-se ♦ *adv*: ~ **of** a salvo de; **to ~ the table** tirar a mesa; **clear up** *vt* limpar; (*mystery*) resolver, esclarecer; **clearance** *n* remoção *f*; (*permission*) permissão *f*; **clear-cut** *adj* bem definido, nítido; **clearing** *n* (*in wood*) clareira; **clearly** *adv* distintamente; (*obviously*) claramente; (*coherently*) coerentemente; **clearway** (*BRIT*) *n* estrada onde não se pode estacionar

clef [klɛf] *n* (*MUS*) clave *f*

clementine ['klɛməntaɪn] *n* clementina

clench [klɛntʃ] *vt* apertar, cerrar; (*teeth*) trincar

clergy ['klɜːdʒɪ] *n* clero; **clergyman** (*irreg*) *n* clérigo, pastor *m*

clerical ['klɛrɪkəl] *adj* de escritório; (*REL*) clerical

clerk [klɑːk, (*US*) klɜːrk] *n* auxiliar *m/f* de escritório; (*US: sales person*) balconista *m/f*

clever ['klɛvə*] *adj* inteligente; (*deft*) hábil; (*arrangement*) engenhoso

click [klɪk] *vt* (*tongue*) estalar; (*heels*) bater; (*COMPUT*) clicar em ♦ *vi* (*make sound*) estalar; (*COMPUT*) clicar

client ['klaɪənt] *n* cliente *m/f*

cliff [klɪf] *n* penhasco

climate ['klaɪmɪt] *n* clima *m*

climax ['klaɪmæks] *n* clímax *m*, ponto

culminante; (*sexual*) clímax

climb [klaɪm] *vi* subir; (*plant*) trepar; (*plane*) ganhar altitude; (*prices etc*) escalar ♦ *vt* (*stairs*) subir; (*tree*) trepar em; (*hill*) escalar ♦ *n* subida; (*of prices etc*) escalada; **climber** *n* alpinista *m/f*; (*plant*) trepadeira; **climbing** *n* alpinismo

clinch [klɪntʃ] *vt* (*deal*) fechar; (*argument*) decidir, resolver

cling [klɪŋ] (*pt, pp* **clung**) *vi*: **to ~ to** pegar-se a, aderir a; (*support, idea*) agarrar-se a; (*clothes*) ajustar-se a

clinic [ˈklɪnɪk] *n* clínica; **clinical** *adj* clínico; (*fig*) frio, impessoal

clip [klɪp] *n* (*for hair*) grampo (*BR*), gancho (*PT*); (*also:* **paper ~**) mola, clipe *m*; (*TV, CINEMA*) clipe ♦ *vt* (*cut*) aparar; (*fasten*) grampear; **clippers** *npl* (*for gardening*) podadeira; (*also:* **nail clippers**) alicate *m* de unhas; **clipping** *n* recorte *m*

cloak [kləuk] *n* capa, manto ♦ *vt* (*fig*) encobrir; **cloakroom** *n* vestiário; (*BRIT: WC*) sanitários *mpl* (*BR*), lavatórios *mpl* (*PT*)

clock [klɔk] *n* relógio; **clock in** *or* **on** (*BRIT*) *vi* assinar o ponto na entrada; **clock off** *or* **out** (*BRIT*) *vi* assinar o ponto na saída; **clockwise** *adv* em sentido horário; **clockwork** *n* mecanismo de relógio ♦ *adj* de corda

clog [klɔg] *n* tamanco ♦ *vt* entupir ♦ *vi* (*also:* **~ up**) entupir-se

cloister [ˈklɔɪstə*] *n* claustro

close¹ [kləus] *adj* (*near*): **~ (to)** próximo(a); (*friend*) íntimo; (*examination*) minucioso; (*watch*) atento; (*contest*) apertado; (*weather*) abafado ♦ *adv* perto; **~ to** perto de; **~ by, ~ at hand** = **~ by; to have a ~ shave** (*fig*) livrar-se por um triz

close² [kləuz] *vt* fechar; (*end*) encerrar

♦ *vi* fechar; (*end*) concluir-se, terminar-se ♦ *n* (*end*) fim *m*, conclusão *f*, terminação *f*; **close down** *vi* fechar definitivamente; **closed** *adj* fechado

close-knit *adj* muito unido

closely [ˈkləuslɪ] *adv* (*watch*) de perto; (*connected, related*) intimamente; (*resemble*) muito

closet [ˈklɔzɪt] *n* (*cupboard*) armário

close-up [ˈkləus-] *n* close *m*, close-up *m*

closure [ˈkləuʒə*] *n* fechamento

clot [klɔt] *n* (*gen: blood ~*) coágulo; (*inf: idiot*) imbecil *m/f* ♦ *vi* coagular-se

cloth [klɔθ] *n* (*material*) tecido, fazenda; (*rag*) pano

clothe [kləuð] *vt* vestir

clothes [kləuðz] *npl* roupa; **clothes brush** *n* escova (para a roupa); **clothes line** *n* corda (para estender a roupa); **clothes peg** (*US* **clothes pin**) *n* pregador *m*

clothing [ˈkləuðɪŋ] *n* = **clothes**

cloud [klaud] *n* nuvem *f*; **cloudy** *adj* nublado; (*liquid*) turvo

clout [klaut] *vt* dar uma bofetada em

clove [kləuv] *n* cravo; **~ of garlic** dente *m* de alho

clover [ˈkləuvə*] *n* trevo

clown [klaun] *n* palhaço ♦ *vi* (*also:* **~ about; ~ around**) fazer palhaçadas

club [klʌb] *n* (*society*) clube *m*; (*weapon*) cacete *m*; (*also:* **golf ~**) taco ♦ *vt* esbordoar ♦ *vi*: **to ~ together** cotizar-se; **~s** *npl* (*CARDS*) paus *mpl*

clue [kluː] *n* indício, pista; (*in crossword*) definição *f*; **I haven't a ~** não faço idéia

clump [klʌmp] *n* (*of trees etc*) grupo

clumsy [ˈklʌmzɪ] *adj* (*person*) desajeitado; (*movement*) deselegante, mal-feito; (*attempt*) inábil

a
b
c
d
e
f
g
h
i
j
k
l
m
n
o
p
q
r
s
t
u
v
w
x
y
z

clung [klʌŋ] *pt, pp of* **cling**

cluster ['klʌstə*] *n* grupo; (*of flowers*) ramo ♦ *vi* agrupar-se, apinhar-se

clutch [klʌtʃ] *n* (*grip, grasp*) garra; (*AUT*) embreagem *f* (*BR*), embraiagem *f* (*PT*) ♦ *vt* empunhar, pegar em

clutter ['klʌtə*] *vt* (*also*: ~ **up**) abarrotar, encher desordenadamente

CND *n abbr* = **Campaign for Nuclear Disarmament**

Co. *abbr* = **county**; (= **company**) Cia.

c/o *abbr* (= **care of**) a/c

coach [kəutʃ] *n* (*bus*) ônibus *m* (*BR*), autocarro (*PT*); (*horse-drawn*) carruagem *f*, coche *m*; (*of train*) vagão *m*; (*SPORT*) treinador(a) *m/f*, instrutor(a) *m/f*; (*tutor*) professor(a) *m/f* particular ♦ *vt* (*SPORT*) treinar; (*student*) preparar, ensinar; **coach trip** *n* passeio de ônibus (*BR*) or autocarro (*PT*)

coal [kəul] *n* carvão *m*

coalition [kəuə'lɪʃən] *n* (*POL*) coalizão *f*

coalman (*irreg*) *n* carvoeiro

coalmine *n* mina de carvão

coarse [kɔːs] *adj* grosso, áspero; (*vulgar*) grosseiro, ordinário

coast [kəust] *n* costa, litoral *m* ♦ *vi* (*AUT*) ir em ponto morto; **coastal** *adj* costeiro; **coastguard** *n* (*person*) guarda *m* que policia a costa; (*service*) guarda costeira; **coastline** *n* litoral *m*

coat [kəut] *n* (*overcoat*) sobretudo, (*of animal*) pelo; (*of paint*) demão *f*, camada ♦ *vt* cobrir, revestir; **coat hanger** *n* cabide *m*; **coating** *n* camada

coax [kəuks] *vt* persuadir com meiguice

cobbles ['kɔblz] (*also*: **cobblestones**) *npl* pedras *fpl* arredondadas

cobweb ['kɔbwɛb] *n* teia de aranha

cocaine [kə'keɪn] *n* cocaína

cock [kɔk] *n* (*rooster*) galo; (*male bird*) macho ♦ *vt* (*gun*) engatilhar; **cockerel** *n* frango, galo pequeno

cockle ['kɔkl] *n* berbigão *m*

cockney ['kɔknɪ] *n* londrino(-a) (*nativo dos bairros populares do leste de Londres*)

cockpit ['kɔkpɪt] *n* (*in aircraft*) cabina; (*in car*) compartimento do piloto

cockroach ['kɔkrəutʃ] *n* barata

cocktail ['kɔkteɪl] *n* coquetel *m* (*BR*), cocktail *m* (*PT*); **cocktail party** *n* coquetel (*BR*), cocktail (*BR*)

cocoa ['kəukəu] *n* cacau *m*; (*drink*) chocolate *m*

coconut ['kəukənʌt] *n* coco

cocoon [kə'kuːn] *n* casulo

COD *abbr* = **cash** (*BRIT*) *or* **collect** (*US*) **on delivery**

cod [kɔd] *n inv* bacalhau *m*

code [kəud] *n* cifra; (*dialling ~, post ~*) código; ~ **of practice** deontologia

coercion [kəu'əːʃən] *n* coerção *f*

coffee ['kɔfɪ] *n* café *m*; **coffee bar** (*BRIT*) *n* café *m*, lanchonete *f*; **coffee bean** *n* grão *m* de café; **coffeepot** *n* cafeteira; **coffee table** *n* mesinha de centro

coffin ['kɔfɪn] *n* caixão *m*

coil [kɔɪl] *n* rolo; (*ELEC*) bobina; (*contraceptive*) DIU *m* ♦ *vt* enrolar

coin [kɔɪn] *n* moeda ♦ *vt* (*word*) cunhar, criar; **coin box** (*BRIT*) *n* telefone *m* público

coincide [kəuɪn'saɪd] *vi* coincidir; **coincidence** [kəu'ɪnsɪdəns] *n* coincidência

Coke [kəuk] ® *n* (*drink*) coca

coke [kəuk] n (coal) coque m

colander ['kɔləndə*] n coador m, passador m

cold [kəuld] adj frio ♦ n frio; (MED) resfriado (BR), constipação f (PT); **it's ~** está frio; **to be** or **feel ~** (person) estar com frio; (object) estar frio; **to catch ~** resfriar-se (BR), apanhar constipação (PT); **to catch a ~** apanhar um resfriado (BR) or uma constipação (PT); **in ~ blood** a sangue frio; **cold sore** n herpes m labial

coleslaw ['kəulslɔ:] n salada de repolho cru

collapse [kə'læps] vi cair, tombar; (building) desabar; (resistance, government) sucumbir; (MED) desmaiar ♦ n desabamento, desmoronamento; (of government) queda; (MED) colapso; **collapsible** adj dobrável

collar ['kɔlə*] n (of shirt) colarinho; (of coat etc) gola; (for dog) coleira; (TECH) aro, colar m; **collarbone** n clavícula

colleague ['kɔli:g] n colega m/f

collect [kə'lɛkt] vt (as a hobby) colecionar; (gather) recolher; (wages, debts) cobrar; (donations, subscriptions) colher; (mail) coletar; (BRIT: call for) (ir) buscar, vir apanhar ♦ vi (people) reunir-se ♦ adv: **to call ~** (US: TEL) ligar a cobrar; **collection** n coleção f; (of people) grupo; (of donations) arrecadação f; (of post, for charity) coleta; (of writings) coletânea; **collector** n colecionador(a) m/f; (of taxes etc) cobrador(a) m/f

college ['kɔlɪdʒ] n (of university) faculdade f; (of technology, agriculture) escola de nível superior; ver quadro

ver quadro

COLLEGE

Além de "universidade", **college** também se refere a um centro de educação superior para jovens que terminaram a educação obrigatória, secondary school. Alguns oferecem cursos de especialização em matérias técnicas, artísticas ou comerciais, outros oferecem disciplinas universitárias.

collide [kə'laɪd] vi: **to ~ (with)** colidir (com)

collision [kə'lɪʒən] n colisão f

Colombia [kə'lɔmbɪə] n Colômbia

colon ['kəulən] n (sign) dois pontos; (MED) cólon m

colonel ['kɜ:nl] n coronel m

colony ['kɔlənɪ] n colônia

colour ['kʌlə*] (US color) n cor f ♦ vt colorir; (with crayons) colorir, pintar; (dye) tingir; (fig: account) falsear ♦ vi (blush) corar; **~s** npl (of party, club) cores fpl; **in ~** (photograph etc) a cores; **colour in** vt (drawing) colorir; **colour-blind** adj daltônico; **coloured** adj colorido; (person) de cor; **colour film** n filme m a cores; **colourful** adj colorido; (account) vívido; (personality) vivo, animado; **colouring** ['kʌlərɪŋ] n colorido; (complexion) tez f; (in food) colorante m; **colour television** n televisão f a cores

colt [kəult] n potro

column ['kɔləm] n coluna; (of smoke) faixa; (of people) fila

coma ['kəumə] n coma

comb [kəum] n pente m; (ornamental) crista ♦ vt pentear; (area) vasculhar

combat ['kɔmbæt] n combate m ♦ vt combater

a b **c** d e f g h i j k l m n o p q r s t u v w x y z

combination [kɔmbɪ'neɪʃən] n
combinação f; (of safe) segredo
combine [vb kəm'baɪn, n 'kɔmbaɪn] vt
combinar; (qualities) reunir ♦ vi
combinar-se ♦ n (ECON) associação f

---

come
KEYWORD

[kʌm] (pt **came**, pp **come**) vi
1 (movement towards) vir; ~ **with
me** vem comigo; **to ~ running** vir
correndo
2 (arrive) chegar; **she's ~ here to
work** ela veio aqui para trabalhar;
to ~ home chegar em casa
3 (reach): **to ~ to** chegar a; **the bill
came to £40** a conta deu £40; **her
hair came to her waist** o cabelo
dela batia na cintura
4 (occur): **an idea came to me** uma
idéia me ocorreu
5 (be, become) ficar; **to ~ loose/
undone** soltar-se/desfazer-se; **I've ~
to like him** passei a gostar dele

---

come about vi suceder, acontecer
come across vt fus (person) topar
com; (thing) encontrar
come away vi (leave) ir-se embora;
(become detached) desprender-se,
soltar-se
come back vi (return) voltar
come by vt fus (acquire) conseguir
come down vi (price) baixar; (tree)
cair; (building) desmoronar-se
come forward vi apresentar-se
come from vt fus (subj: person) ser de;
(: thing) originar-se de
come in vi entrar; (on deal) participar;
(be involved) estar envolvido
come in for vt fus (criticism) merecer
come into vt fus (money) herdar;
(fashion) ser; (be involved) estar

envolvido em
come off vi (button) desprender-se,
soltar-se; (attempt) dar certo
come on vi (pupil, work, project)
avançar; (lights, electricity) ser ligado; ~
on! vamos!, vai!
come out vi (fact) vir à tona; (book)
ser publicado; (stain, sun) sair
come round vi voltar a si
come to vi voltar a si
come up vi (sun) nascer; (in
conversation) surgir; (event) acontecer
come up against vt fus (resistance,
difficulties) tropeçar com, esbarrar em
come up with vt fus (idea) propor,
sugerir; (money) contribuir
come upon vt fus encontrar, achar
comedian [kə'miːdɪən] n cômico,
humorista m
comedy ['kɔmɪdɪ] n comédia
comfort ['kʌmfət] n (well-being)
bem-estar m; (relief) alívio ♦ vt
consolar, confortar; ~**s** npl (of home etc)
conforto; **comfortable** adj confortável;
(financially) tranqüilo; (walk, climb etc)
fácil; **comfortably** adv
confortavelmente; **comfort station**
(US) n banheiro (BR), lavatórios mpl (PT)
comic ['kɔmɪk] adj (also: ~**al**) cômico
♦ n (person) humorista m/f; (BRIT:
magazine) revista em quadrinhos (BR),
revista de banda desenhada (PT), gibi
m (BR: inf)
coming ['kʌmɪŋ] n vinda, chegada
♦ adj que vem, vindouro
comma ['kɔmə] n vírgula
command [kə'mɑːnd] n ordem f,
mandado; (control) controle m; (MIL:
authority) comando; (mastery)
domínio ♦ vt mandar; **commander** n
(MIL) comandante m/f
commemorate [kə'meməreɪt] vt (with
monument) comemorar; (with

celebration) celebrar

commence [kə'mɛns] *vt, vi* começar, iniciar

commend [kə'mɛnd] *vt* elogiar, louvar; (*recommend*) recomendar

comment ['kɔmɛnt] *n* comentário ♦ *vi*: **to ~ (on)** comentar (sobre); **"no ~"** "sem comentário"; **commentary** ['kɔməntəri] *n* comentário; **commentator** ['kɔməntəitə*] *n* comentarista *m/f*

commerce ['kɔmə:s] *n* comércio

commercial [kə'mə:ʃəl] *adj* comercial ♦ *n* anúncio, comercial *m*

commiserate [kə'mızəreit] *vi*: **to ~ with** comiserar-se de, condoer-se de

commission [kə'mıʃən] *n* comissão *f*; (*order*) empreitada, encomenda ♦ *vt* (*work of art*) encomendar; **out of ~** com defeito; **commissioner** *n* comissário(-a)

commit [kə'mıt] *vt* cometer; (*resources*) alocar; (*to sb's care*) entregar; **to ~ o.s. (to do)** comprometer-se (a fazer); **to ~ suicide** suicidar-se; **commitment** *n* compromisso; (*political etc*) engajamento; (*undertaking*) promessa

committee [kə'mıtı] *n* comitê *m*

commodity [kə'mɔdıtı] *n* mercadoria

common ['kɔmən] *adj* comum; (*vulgar*) vulgar ♦ *n* área verde aberta ao público; **C~s** *npl* (*BRIT: POL*): **the (House of) C~s** a Câmara dos Comuns; **in ~** em comum; **commonly** *adv* geralmente; **Common Market** *n* Mercado Comum; **commonplace** *adj* vulgar; **common sense** *n* bom senso; **Commonwealth** *n*: **the Commonwealth** a Comunidade Britânica

commotion [kə'məuʃən] *n* tumulto, confusão *f*

communal ['kɔmju:nl] *adj* comum

commune [*n* 'kɔmju:n, *vb* kə'mju:n] *n* (*group*) comuna ♦ *vi*: **to ~ with** comunicar-se com

communicate [kə'mju:nıkeıt] *vt* comunicar ♦ *vi*: **to ~ (with)** comunicar-se (com); **communication** [kəmju:nı'keıʃən] *n* comunicação *f*; (*letter, call*) mensagem *f*; **communication cord** (*BRIT*) *n* sinal *m* de alarme

communion [kə'mju:nıən] *n* (*also*: **Holy C~**) comunhão *f*

communism ['kɔmjunızəm] *n* comunismo; **communist** *adj, n* comunista *m/f*

community [kə'mju:nıtı] *n* comunidade *f*; **community centre** *n* centro social

commutation ticket [kɔmju'teıʃən-] (*US*) *n* passe *m*, bilhete *m* de assinatura

commute [kə'mju:t] *vi* viajar diariamente ♦ *vt* comutar; **commuter** *n* viajante *m/f* habitual

compact [*adj* kəm'pækt, *n* 'kɔmpækt] *adj* compacto ♦ *n* (*also*: **powder ~**) estojo; **compact disc** *n* disco laser, CD *m*; **compact disc player** *n* som cd *m*

companion [kəm'pænıən] *n* companheiro(-a); **companionship** *n* companhia, companheirismo

company ['kʌmpənı] *n* companhia; (*COMM*) sociedade *f*, companhia; **to keep sb ~** fazer companhia a alguém

comparative [kəm'pærətıv] *adj* (*study*) comparativo; (*peace, safety*) relativo; (*stranger*) meio; **comparatively** *adj* relativamente

compare [kəm'pεə*] *vt* comparar ♦ *vi*: **to ~ with** comparar-se com; **comparison** [kəm'pærısn] *n* comparação *f*

compartment [kəm'pɑ:tmənt] *n* compartimento; (*of wallet*) divisão *f*

compass ['kʌmpəs] n bússola; **~es** npl compasso

compassion [kəm'pæʃən] n compaixão f

compatible [kəm'pætɪbl] adj compatível

compel [kəm'pɛl] vt obrigar

compensate ['kɔmpənseɪt] vt indenizar ♦ vi: **to ~ for** compensar;

compensation [kɔmpən'seɪʃən] n compensação f; (damages) indenização f

compete [kəm'piːt] vi (take part) competir; (vie): **to ~ (with)** competir (com), fazer competição (com)

competent ['kɔmpɪtənt] adj competente

competition [kɔmpɪ'tɪʃən] n (contest) concurso; (ECON) concorrência; (rivalry) competição f

competitive [kəm'pɛtɪtɪv] adj competitivo; (person) competidor(a)

competitor [kəm'pɛtɪtə*] n (rival) competidor(a) m/f; (participant, ECON) concorrente m/f

complain [kəm'pleɪn] vi queixar-se; **to ~ of** (pain) queixar-se de; **complaint** n (objection) objeção f; (criticism) queixa; (MED) achaque m, doença

complement ['kɔmplɪmənt] n complemento; (esp ship's crew) tripulação f ♦ vt complementar

complete [kəm'pliːt] adj completo; (finished) acabado ♦ vt (finish: building, task) acabar; (: set, group) completar; (a form) preencher; **completely** adv completamente; **completion** n conclusão f, término; (of contract etc) realização f

complex ['kɔmplɛks] adj complexo ♦ n complexo; (of buildings) conjunto

complexion [kəm'plɛkʃən] n (of face) cor f, tez f

complicate ['kɔmplɪkeɪt] vt complicar; **complicated** adj complicado; **complication** [kɔmplɪ'keɪʃən] n

problema m; (MED) complicação f

compliment [n 'kɔmplɪmənt, vb 'kɔmplɪmɛnt] n (praise) elogio ♦ vt elogiar; **~s** npl (regards) cumprimentos mpl; **to pay sb a ~** elogiar alguém; **complimentary** [kɔmplɪ'mɛntərɪ] adj lisonjeiro; (free) gratuito

comply [kəm'plaɪ] vi: **to ~ with** cumprir com

component [kəm'pəunənt] adj componente ♦ n (part) peça

compose [kəm'pəuz] vt compor; **to be ~d of** compor-se de; **to ~ o.s.** tranqüilizar-se; **composed** adj calmo; **composer** n (MUS) compositor(a) m/f; **composition** [kɔmpə'zɪʃən] n composição f

compound ['kɔmpaund] n (CHEM, LING) composto; (enclosure) recinto ♦ adj composto

comprehend [kɔmprɪ'hɛnd] vt compreender

comprehensive [kɔmprɪ'hɛnsɪv] adj abrangente; (INSURANCE) total; **comprehensive (school)** (BRIT) n escola secundária de amplo programa; ver quadro

---

COMPREHENSIVE SCHOOL

Criadas na década de 1960 pelo governo trabalhista da época, as **comprehensive schools** são estabelecimentos de ensino secundário polivalentes concebidos para acolher todos os alunos sem distinção e lhes oferecer oportunidades iguais, em oposição ao sistema seletivo das grammar schools. A maioria dos estudantes britânicos freqüenta atualmente uma **comprehensive school**, mas as grammar schools não desapareceram de todo.

compress [vb kəm'prɛs, n 'kɔmprɛs] vt comprimir; (text, information etc) reduzir ♦ n (MED) compressa

comprise [kəm'praɪz] vt (also: **be ~d of**) compreender, constar de; (constitute) constituir

compromise ['kɔmprəmaɪz] n meio-termo ♦ vt comprometer ♦ vi chegar a um meio-termo

compulsion [kəm'pʌlʃən] n compulsão f; (force) coação f, força

compulsive [kəm'pʌlsɪv] adj compulsório

compulsory [kəm'pʌlsərɪ] adj obrigatório; (retirement) compulsório

computer [kəm'pjuːtə*] n computador m; **computer game** n vídeo game m; **computerize** vt informatizar, computadorizar; **computer progra(m)mer** n programador(a) m/f; **computer program(m)ing** n programação f; **computer science** n informática; **computing** n computação f; (science) informática

comrade ['kɔmrɪd] n camarada m/f

con [kɔn] vt enganar; (cheat) trapacear ♦ n vigarice f

conceal [kən'siːl] vt ocultar; (information) omitir

conceited [kən'siːtɪd] adj vaidoso

conceive [kən'siːv] vt conceber ♦ vi conceber, engravidar

concentrate ['kɔnsəntreɪt] vi concentrar-se ♦ vt concentrar; **concentration** n concentração f

concept ['kɔnsɛpt] n conceito

concern [kən'səːn] n (COMM) empresa; (anxiety) preocupação f ♦ vt preocupar; (involve) envolver; (relate to) dizer respeito a; **to be ~ed (about)** preocupar-se (com); **concerning** prep sobre, a respeito de, acerca de

concert ['kɔnsət] n concerto;

concerted [kən'səːtɪd] adj (joint) conjunto

concession [kən'sɛʃən] n concessão f; **tax ~** redução no imposto

conclude [kən'kluːd] vt (finish) acabar, concluir; (treaty etc) firmar; (agreement) chegar a; (decide) decidir; **conclusion** [kən'kluːʒən] n conclusão f; **conclusive** [kən'kluːsɪv] adj conclusivo, decisivo

concoct [kən'kɔkt] vt (excuse) fabricar; (plot) tramar; (meal) preparar; **concoction** n (mixture) mistura

concrete ['kɔnkriːt] n concreto (BR), betão m (PT) ♦ adj concreto

concussion [kən'kʌʃən] n (MED) concussão f cerebral

condemn [kən'dɛm] vt denunciar; (prisoner, building) condenar

condensation [kɔndɛn'seɪʃən] n condensação f

condense [kən'dɛns] vi condensar-se ♦ vt condensar; **condensed milk** n leite m condensado

condition [kən'dɪʃən] n condição f; (MED: illness) doença ♦ vt condicionar; **~s** npl (circumstances) circunstâncias fpl; **on ~ that** com a condição (de) que; **conditioner** n (for hair) condicionador m; (for fabrics) amaciante m

condolences [kən'dəʊlənsɪz] npl pêsames mpl

condom ['kɔndəm] n preservativo, camisinha, camisa-de-Venus f

condominium [kɔndə'mɪnɪəm] (US) n (building) edifício

condone [kən'dəʊn] vt admitir, aceitar

conducive [kən'djuːsɪv] adj: **~ to** conducente para or a

conduct [n 'kɔndʌkt, vb kən'dʌkt] n

conduta, comportamento ♦ vt
(research etc) fazer; (heat, electricity)
conduzir; (MUS) reger; **to ~ o.s.**
comportar-se; **conducted tour** n
viagem f organizada; **conductor** n (of
orchestra) regente m/f; (on bus)
cobrador(a) m/f; (US: RAIL) revisor(a)
m/f; (ELEC) condutor m; **conductress**
n cobradora

cone [kəun] n cone m; (BOT) pinha;
(for ice-cream) casquinha; (on road)
cone colorido para sinalizar obras

confectionery [kən'fekʃənrɪ] n
(sweetmeats) doces mpl; (sweets) balas
fpl

confer [kən'fɔː*] vt: **to ~ sth on**
conferir algo a; (advantage) conceder
algo a ♦ vi conferenciar

conference ['kɔnfərns] n congresso

confess [kən'fes] vt confessar ♦ vi
(admit) admitir; **confession** n
admissão f; (REL) confissão f

confetti [kən'fetɪ] n confete m

confide [kən'faɪd] vi: **to ~ in** confiar
em, fiar-se em

confidence ['kɔnfɪdns] n confiança;
(faith) fé f; (secret) confidência; **in ~**
em confidência; **confidence trick** n
conto do vigário; **confident** adj
confiante, convicto; (positive) seguro;
confidential [kɔnfɪ'denʃəl] adj
confidencial

confine [kən'faɪn] vt (shut up)
encarcerar; (limit): **to ~ (to)** confinar
(a); **confined** adj (space) reduzido;
confines ['kɔnfaɪnz] npl confins mpl

confirm [kən'fɔːm] vt confirmar;
confirmation [kɔnfə'meɪʃən] n
confirmação f; (REL) crisma;
confirmed adj inveterado

confiscate ['kɔnfɪskeɪt] vt confiscar

conflict [n 'kɔnflɪkt, vb kən'flɪkt] n
(disagreement) divergência; (of

interests, loyalties etc) conflito;
(fighting) combate m ♦ vi estar em
conflito; (opinions) divergir;
conflicting [kən'flɪktɪŋ] adj (reports)
divergente; (interests) oposto

conform [kən'fɔːm] vi conformar-se;
to ~ to ajustar-se a, acomodar-se a

confound [kən'faund] vt confundir

confront [kən'frʌnt] vt (problems)
enfrentar; (enemy, danger)
defrontar-se com; **confrontation**
[kɔnfrən'teɪʃən] n confrontação f

confuse [kən'fjuːz] vt (perplex)
desconcertar; (mix up) confundir,
misturar; (complicate) complicar;
confused adj confuso; **confusing** adj
confuso; **confusion** [kən'fjuːʒən] n
(mix-up) mal-entendido; (perplexity)
perplexidade f; (disorder) confusão f

congeal [kən'dʒiːl] vi coagular-se

congenial [kən'dʒiːnɪəl] adj
simpático, agradável

congestion [kən'dʒestʃən] n (MED)
congestão f; (traffic)
congestionamento

congratulate [kən'grætjuleɪt] vt
parabenizar; **congratulations**
[kəngrætju'leɪʃənz] npl parabéns mpl

congregate ['kɔŋgrɪgeɪt] vi reunir-se;
congregation [kɔŋgrɪ'geɪʃən] n (in
church) fiéis mpl

congress ['kɔŋgres] n congresso; (US):
C~ Congresso; ver quadro

CONGRESS

O Congresso é o Parlamento dos
Estados Unidos. Consiste na *House
of Representatives* e no Senado
Senate. Os representantes e
senadores são eleitos por sufrágio
universal direto. O Congresso se
reúne no *Capitol*, em Washington.

congressman (*US*) (*irreg*) *n* deputado

conjunctivitis [kəndʒʌŋktɪˈvaitɪs] *n* conjuntivite *f*

conjure [ˈkʌndʒə*] *vi* fazer truques; **conjure up** *vt* (*ghost, spirit*) fazer aparecer, invocar; (*memories*) evocar; **conjurer** *n* mágico(-a), prestidigitador(a) *m/f*

con man [ˈkɔn-] (*irreg*) *n* vigarista *m*

connect [kəˈnekt] *vt* (*ELEC, TEL*) ligar; (*fig: associate*) associar; (*join*): **to ~ sth (to)** juntar *or* unir algo (a) ♦ *vi*: **to ~ with** (*train*) conectar com; **to be ~ed with** estar relacionado com; **I'm trying to ~ you** (*TEL*) estou tentando completar a ligação; **connection** *n* ligação *f*; (*ELEC, RAIL, fig*) conexão *f*; (*TEL*) ligação *f*

conquer [ˈkɔŋkə*] *vt* conquistar; (*enemy*) vencer; (*feelings*) superar; **conquest** [ˈkɔŋkwest] *n* conquista

conscience [ˈkɔnʃəns] *n* consciência

conscientious [kɔnʃɪˈenʃəs] *adj* consciencioso

conscious [ˈkɔnʃəs] *adj* consciente; (*deliberate*) intencional; **consciousness** *n* consciência; (*MED*): **to lose/regain consciousness** perder/recuperar os sentidos

conscript [ˈkɔnskrɪpt] *n* recruta *m/f*

consent [kənˈsent] *n* consentimento ♦ *vi*: **to ~ to** consentir em

consequence [ˈkɔnsɪkwəns] *n* conseqüência; (*significance*): **of ~** de importância; **consequently** *adv* por conseguinte

conservation [kɔnsəˈveɪʃən] *n* conservação *f*; (*of the environment*) preservação *f*

conservative [kənˈsəːvətɪv] *adj* conservador(a); (*cautious*) moderado; (*BRIT: POL*): **C~** conservador(a) ♦ *n* (*BRIT: POL*) conservador(a) *m/f*

conservatory [kənˈsəːvətrɪ] *n* (*MUS*) conservatório; (*greenhouse*) estufa

conserve [kənˈsəːv] *vt* (*preserve*) preservar; (*supplies, energy*) poupar ♦ *n* conserva

consider [kənˈsɪdə*] *vt* considerar; (*take into account*) levar em consideração; (*study*) estudar, examinar; **to ~ doing sth** pensar em fazer algo

considerable [kənˈsɪdərəbl] *adj* considerável; (*sum*) importante

considerate [kənˈsɪdərɪt] *adj* atencioso; **consideration** [kənsɪdəˈreɪʃən] *n* consideração *f*; (*deliberation*) deliberação *f*; (*factor*) fator *m*

considering [kənˈsɪdərɪŋ] *prep* em vista de

consign [kənˈsaɪn] *vt*: **to ~ to** (*place*) relegar para; (*care*) confiar a; **consignment** *n* consignação *f*

consist [kənˈsɪst] *vi*: **to ~ of** (*comprise*) consistir em

consistency [kənˈsɪstənsɪ] *n* coerência; (*thickness*) consistência

consistent [kənˈsɪstənt] *adj* (*person*) coerente, estável; (*idea*) sólido

consolation [kɔnsəˈleɪʃən] *n* conforto

console [*vb* kənˈsəʊl, *n* ˈkɔnsəʊl] *vt* confortar ♦ *n* consolo

consonant [ˈkɔnsənənt] *n* consoante *f*

conspicuous [kənˈspɪkjuəs] *adj* conspícuo

conspiracy [kənˈspɪrəsɪ] *n* conspiração *f*, trama

constable [ˈkʌnstəbl] (*BRIT*) *n* policial *m/f* (*BR*), polícia *m/f* (*PT*); **chief ~** chefe *m/f* de polícia

constant [ˈkɔnstənt] *adj* constante

constipated [ˈkɔnstɪpeɪtəd] *adj* com prisão de ventre

constipation [kɔnstɪˈpeɪʃən] *n* prisão *f*

de ventre

constituency [kənˈstɪtjuənsɪ] n (POL) distrito eleitoral; (people) eleitorado

constitution [kɒnstɪˈtjuːʃən] n constituição f; (health) compleição f

constraint [kənˈstreɪnt] n coação f, pressão f; (restriction) limitação f

construct [kənˈstrʌkt] vt construir; **construction** n construção f; (structure) estrutura

consul [ˈkɒnsl] n cônsul m/f; **consulate** [ˈkɒnsjulɪt] n consulado

consult [kənˈsʌlt] vt consultar; **consultant** n (MED) (médico(-a)) especialista m/f; (other specialist) assessor(a) m/f, consultor(a) m/f; **consulting room** (BRIT) n consultório

consume [kənˈsjuːm] vt (eat) comer; (drink) beber; (fire etc, COMM) consumir; **consumer** n consumidor(a) m/f

consumption [kənˈsʌmpʃən] n consumação f; (buying, amount) consumo

cont. abbr = continued

contact [ˈkɒntækt] n contato ♦ vt entrar or pôr-se em contato com; **contact lenses** npl lentes fpl de contato

contagious [kənˈteɪdʒəs] adj contagioso; (fig: laughter etc) contagiante

contain [kənˈteɪn] vt conter; **to ~ o.s.** conter-se; **container** n recipiente m; (for shipping etc) container m, cofre m de carga

contaminate [kənˈtæmɪneɪt] vt contaminar

cont'd abbr = continued

contemplate [ˈkɒntəmpleɪt] vt (idea) considerar; (person etc) contemplar

contemporary [kənˈtɛmpərərɪ] adj (account) contemporâneo; (design) moderno ♦ n contemporâneo(-a)

contempt [kənˈtɛmpt] n desprezo; **~ of court** (LAW) desacato à autoridade do tribunal; **contemptuous** [kənˈtɛmptjuəs] adj desdenhoso

contend [kənˈtɛnd] vt (assert): **to ~ that** afirmar que ♦ vi: **to ~ with** (struggle) lutar com; (difficulty) enfrentar; (compete): **to ~ for** competir por; **contender** n contendor(a) m/f

content [adj, vb kənˈtɛnt, n ˈkɒntɛnt] adj (happy) contente; (satisfied) satisfeito ♦ vt contentar, satisfazer ♦ n conteúdo; (fat ~, moisture ~ etc) quantidade f; **~s** npl (of packet, book) conteúdo; **contented** adj contente, satisfeito

contest [n ˈkɒntɛst, vb kənˈtɛst] n contenda; (competition) concurso ♦ vt (legal case) defender; (POL) ser candidato a; (competition) disputar; (statement) contestar; **contestant** [kənˈtɛstənt] n competidor(a) m/f; (in fight) adversário(-a)

context [ˈkɒntɛkst] n contexto

continent [ˈkɒntɪnənt] n continente m; **the C~** (BRIT) o continente europeu; **continental** [kɒntɪˈnɛntl] adj continental; **continental quilt** (BRIT) n edredom m

contingency [kənˈtɪndʒənsɪ] n contingência

continual [kənˈtɪnjuəl] adj contínuo **continuation** [kəntɪnjuˈeɪʃən] n prolongamento

continue [kənˈtɪnjuː] vi prosseguir, continuar ♦ vt continuar; (start again) recomeçar, retomar; **continuous** [kənˈtɪnjuəs] adj contínuo; **continuous stationery** (COMPUT) formulários mpl contínuos

contour [ˈkɒntuə*] n contorno; (also: **~ line**) curva de nível

contraband [ˈkɔntrəbænd] n contrabando

contraceptive [kɔntrəˈsɛptɪv] adj anticoncepcional ♦ n anticoncepcional f

contract [n ˈkɔntrækt, vb kənˈtrækt] n contrato ♦ vi (become smaller) contrair-se, encolher-se; (COMM): **to ~ to do sth** comprometer-se por contrato a fazer algo ♦ vt contrair; **contraction** [kənˈtrækʃən] n contração f

contradict [kɔntrəˈdɪkt] vt contradizer, desmentir

contraption [kənˈtræpʃən] (pej) n engenhoca, geringonça

contrary¹ [ˈkɔntrərɪ] adj contrário ♦ n contrário; **on the ~** muito pelo contrário; **unless you hear to the ~** salvo aviso contrário

contrary² [kənˈtrɛərɪ] adj teimoso

contrast [n ˈkɔntrɑːst, vb kənˈtrɑːst] n contraste m ♦ vt comparar; **in ~ to** em contraste com, ao contrário de

contravene [kɔntrəˈviːn] vt infringir

contribute [kənˈtrɪbjuːt] vt contribuir ♦ vi dar; **to ~ to** (charity) contribuir para; (newspaper) escrever para; (discussion) participar de; **contribution** [kɔntrɪˈbjuːʃən] n (donation) doação f; (BRIT: for social security) contribuição f; (to debate) intervenção f; (to journal) colaboração f; **contributor** [kənˈtrɪbjutə*] n (to appeal) contribuinte m/f; (to newspaper) colaborador(a) m/f

contrive [kənˈtraɪv] vi: **to ~ to do** chegar a fazer

control [kənˈtrəul] vt controlar; (machinery) regular; (temper) dominar ♦ n controle m; (of car) direção f (BR), condução f (PT); (check) freio, controle; **~s** npl (of vehicle)

instrumentos mpl de controle; (on radio, television etc) controle; (governmental) medidas fpl de controle; **to be in ~ of** ter o controle de; (in charge of) ser responsável por

controversial [kɔntrəˈvəːʃl] adj controvertido, polêmico

controversy [ˈkɔntrəvəːsɪ] n controvérsia, polêmica

convalesce [kɔnvəˈlɛs] vi convalescer

convector [kənˈvɛktə*] n (heater) aquecedor m de convecção

convenience [kənˈviːnɪəns] n (easiness) facilidade f; (suitability) conveniência; (advantage) vantagem f, conveniência; **at your ~** quando lhe convier; **all modern ~s** (also: BRIT: all mod cons) com todos os confortos

convenient [kənˈviːnɪənt] adj conveniente

convent [ˈkɔnvənt] n convento

convention [kənˈvɛnʃən] n (custom) costume m; (agreement) convenção f; (meeting) assembléia; **conventional** adj convencional

conversation [kɔnvəˈseɪʃən] n conversação f, conversa

converse [n ˈkɔnvəːs, vb kənˈvəːs] n inverso ♦ vi conversar; **conversely** [kɔnˈvəːslɪ] adv pelo contrário, inversamente

convert [vb kənˈvəːt, n ˈkɔnvəːt] vt converter ♦ n convertido(-a); **convertible** [kənˈvəːtəbl] n conversível m

convey [kənˈveɪ] vt transportar, levar; (thanks) expressar; (information) exprimir; **conveyor belt** n correia transportadora

convict [vb kənˈvɪkt, n ˈkɔnvɪkt] vt condenar ♦ n presidiário(-a); **conviction** n condenação f; (belief) convicção f; (certainty) certeza

convince [kən'vɪns] vt (*assure*) assegurar; (*persuade*) convencer; **convincing** adj convincente

convulse [kən'vʌls] vt: **to be ~d with** (*laughter, pain*) morrer de

cook [kuk] vt cozinhar; (*meal*) preparar ♦ vi cozinhar ♦ n cozinheiro(-a); **cookbook** n livro de receitas; **cooker** n fogão m; **cookery** n culinária; **cookery book** (*BRIT*) n = cookbook; **cookie** (*US*) n bolacha, biscoito; **cooking** n cozinha

cool [ku:l] adj fresco; (*calm*) calmo; (*unfriendly*) frio ♦ vt resfriar ♦ vi esfriar

coop [ku:p] n (*for poultry*) galinheiro; (*for rabbits*) capoeira; **coop up** vt (*fig*) confinar

cooperate [kəu'ɔpəreɪt] vi colaborar; (*assist*) ajudar; **cooperative** [kəu'ɔpərətɪv] adj cooperativo ♦ n cooperativa

coordinate [vb kəu'ɔ:dɪneɪt, n kəu'ɔ:dɪnət] vt coordenar ♦ n (*MATH*) coordenada; **~s** npl (*clothes*) coordenados mpl

cop [kɔp] (*inf*) n polícia m/f (*BR*), policial m/f, tira m (*inf*)

cope [kəup] vi: **to ~ with** poder com, arcar com; (*problem*) estar à altura de

copper ['kɔpə*] n (*metal*) cobre m; (*BRIT: inf: policeman/woman*) polícia m/f, policial m/f (*BR*); **~s** npl (*coins*) moedas fpl de pouco valor

copy ['kɔpɪ] n duplicata; (*of book etc*) exemplar m ♦ vt copiar; (*imitate*) imitar; **copyright** n direitos mpl autorais, copirraite m

coral ['kɔrəl] n coral m

cord [kɔ:d] n corda; (*ELEC*) fio, cabo; (*fabric*) veludo cotelê

cordial ['kɔ:dɪəl] adj cordial ♦ n (*BRIT*) bebida à base de fruta

cordon ['kɔ:dn] n cordão m; **cordon off** vt isolar

corduroy ['kɔ:dərɔɪ] n veludo cotelê

core [kɔ:*] n centro; (*of fruit*) caroço; (*of problem*) âmago ♦ vt descaroçar

cork [kɔ:k] n rolha; (*tree*) cortiça; **corkscrew** n saca-rolhas m inv

corn [kɔ:n] n (*BRIT*) trigo; (*US: maize*) milho; (*on foot*) calo; **~ on the cob** (*CULIN*) espiga de milho

corned beef ['kɔ:nd-] n carne f de boi enlatada

corner ['kɔ:nə*] n (*outside*) esquina; (*inside*) canto; (*in road*) curva; (*FOOTBALL, BOXING*) córner m ♦ vt (*trap*) encurralar; (*COMM*) açambarcar, monopolizar ♦ vi fazer uma curva

cornet ['kɔ:nɪt] n (*MUS*) cornetim m; (*BRIT: of ice-cream*) casquinha

cornflakes ['kɔ:nfleɪks] npl flocos mpl de milho

cornflour ['kɔ:nflauə*] (*BRIT*) n farinha de milho, maisena ®

cornstarch ['kɔ:nstɑ:tʃ] (*US*) n = cornflour

Cornwall ['kɔ:nwəl] n Cornualha

corny ['kɔ:nɪ] (*inf*) adj (*joke*) gasto

coronary ['kɔrənərɪ] n: **~ (thrombosis)** trombose f (coronária)

coronation [kɔrə'neɪʃən] n coroação f

coroner ['kɔrənə*] n magistrado que investiga mortes suspeitas

corporal ['kɔ:pərl] n cabo ♦ adj: **~ punishment** castigo corporal

corporate ['kɔ:pərɪt] adj coletivo; (*finance*) corporativo; (*image*) de empresa

corporation [kɔ:pə'reɪʃən] n (*of town*) município, junta; (*COMM*) sociedade f

corps [kɔ:*, pl kɔ:z] (*pl* corps) n (*MIL*) unidade f; (*diplomatic*) corpo; **the press ~** a imprensa

corpse [kɔ:ps] n cadáver m

correct [kəˈrekt] adj exato; (proper) correto ♦ vt corrigir; **correction** n correção f

correspond [kɔrɪsˈpɔnd] vi (write): **to ~ (with)** corresponder-se (com); (be equal to): **to ~ to** corresponder a; (be in accordance): **to ~ (with)** corresponder a; **correspondence** n correspondência; **correspondent** n correspondente m/f

corridor [ˈkɔrɪdɔ:*] n corredor m

corrode [kəˈrəud] vt corroer ♦ vi corroer-se

corrugated [ˈkɔrəgeɪtɪd] adj corrugado; **corrugated iron** n chapa ondulada or corrugada

corrupt [kəˈrʌpt] adj corrupto; (COMPUT) corrupto, danificado ♦ vt corromper; corromper, danificar; **corruption** n corrupção f; corrupção, danificação f

Corsica [ˈkɔ:sɪkə] n Córsega

cosmetic [kɔzˈmetɪk] n cosmético ♦ adj (fig) simbólico, artificial

cost [kɔst] (pt, pp **cost**) n (price) preço ♦ vt custar; **~s** npl (COMM: overheads) custos mpl; (LAW) custas fpl; **at all ~s** custe o que custar

co-star [kəu-] n co-estrela m/f

Costa Rica [ˈkɔstəˈri:kə] n Costa Rica

costly [ˈkɔstlɪ] adj caro

costume [ˈkɔstjuːm] n traje m; (BRIT: also: **swimming ~**: woman's) maiô m (BR), fato de banho (PT); (: man's) calção m (de banho) (BR), calções mpl de banho (PT); **costume jewellery** n bijuteria

cosy [ˈkəuzɪ] (US **cozy**) adj aconchegante; (person) confortável

cot [kɔt] n (BRIT) cama (de criança), berço; (US) cama de lona

cottage [ˈkɔtɪdʒ] n casa de campo; **cottage cheese** n ricota (BR), queijo creme (PT)

cotton [ˈkɔtn] n algodão m; (thread) fio, linha; **cotton on** (inf) vi: **to ~ on (to sth)** sacar (algo); **cotton candy** (US) n algodão m doce; **cotton wool** (BRIT) n algodão m (hidrófilo)

couch [kautʃ] n sofá m; (doctor's) cama; (psychiatrist's) divã m

couchette [kuːˈʃet] n leito

cough [kɔf] vi tossir ♦ n tosse f

could [kud] pt, conditional of **can²**

couldn't [ˈkudnt] = **could not**

council [ˈkaunsl] n conselho; **city or town ~** câmara municipal; **council estate** (BRIT) n conjunto habitacional; **council house** (BRIT) n casa popular; **councillor** n vereador(a) m/f

counsellor [ˈkaunsələ*] (US **counselor**) n conselheiro(-a); (US: LAW) advogado(-a)

count [kaunt] vt contar; (include) incluir ♦ vi contar ♦ n (of votes etc) contagem f; (of pollen, alcohol) nível m; (nobleman) conde m; **count on** vt fus (expect) esperar; (depend on) contar com; **countdown** n contagem f regressiva

counter [ˈkauntə*] n (in shop) balcão m; (in post office etc) guichê m; (in games) ficha ♦ vt contrariar ♦ adv: **~ to** ao contrário de; **counteract** vt neutralizar

counterfeit [ˈkauntəfɪt] n falsificação f ♦ vt falsificar ♦ adj falso, falsificado

counterfoil [ˈkauntəfɔɪl] n canhoto (BRIT), talão m (PT)

counterpart [ˈkauntəpɑ:t] n (of person) homólogo(-a); (of company etc) equivalente m/f

countess [ˈkauntɪs] n condessa

countless [ˈkauntlɪs] adj inumerável

country [ˈkʌntrɪ] n país m; (nation) nação f; (native land) terra; (as *opposed to town*) campo; (*region*) região f, terra; **country dancing** (*BRIT*) n dança regional; **country house** n casa de campo; **countryman** n (*national*) compatriota m; (*rural*) camponês m; **countryside** n campo

county ['kaʊntɪ] n condado

coup [kuː] n golpe m de mestre; (*also:* ~ **d'état**) golpe (de estado)

couple ['kʌpl] n (*of things, people*) par m; (*married ~*) casal m; **a ~ of** um par de; (*a few*) alguns (algumas)

coupon ['kuːpɔn] n cupom m (*BR*), cupão m (*PT*); (*voucher*) vale m

courage ['kʌrɪdʒ] n coragem f

courier ['kʊrɪə*] n correio; (*for tourists*) guia m/f, agente m/f de turismo

course [kɔːs] n (*direction*) direção f; (*process*) desenvolvimento; (*of river, SCH*) curso; (*of ship*) rumo; (*GOLF*) campo; (*part of meal*) prato; ~ **of treatment** tratamento; **of ~** naturalmente; (*certainly*) certamente; **of ~!** claro!, lógico!

court [kɔːt] n (*royal*) corte f; (*LAW*) tribunal m; (*TENNIS etc*) quadra ♦ vt (*woman*) cortejar, namorar; **to take to ~** demandar, levar a julgamento

courteous ['kɜːtɪəs] adj cortês(-esa)

courtesy ['kɜːtəsɪ] n cortesia; (**by**) ~ **of** com permissão de

court-house (*US*) n palácio de justiça

court martial (*pl* **courts martial**) n conselho de guerra

courtroom ['kɔːtrʊm] n sala de tribunal

courtyard ['kɔːtjɑːd] n pátio

cousin ['kʌzn] n primo m/f; **first ~** primo irmão (prima irmã)

cove [kəʊv] n angra, enseada

cover ['kʌvə*] vt cobrir; (*with lid*) tapar; (*chairs etc*) revestir; (*distance*) percorrer; (*include*) abranger; (*protect*)

abrigar; (*issues*) tratar ♦ n (*lid*) tampa; (*for chair etc*) capa; (*for bed*) cobertor m; (*of book, magazine*) capa; (*shelter*) abrigo; (*INSURANCE: also: of spy*) cobertura; **to take ~** abrigar-se; **under ~** (*indoors*) abrigado; **under separate ~** (*COMM*) em separado; **cover up** vi: **to ~ up for sb** cobrir alguém; **coverage** n cobertura; **cover charge** n couvert m; **covering** n cobertura; (*of snow, dust etc*) camada; **covering letter** (*US* **cover letter**) n carta de cobertura; **cover note** n nota de cobertura

covert ['kʌvəːt] adj (*threat*) velado

cover-up n encobrimento (dos fatos)

covet ['kʌvɪt] vt cobiçar

cow [kaʊ] n vaca ♦ vt intimidar

coward ['kaʊəd] n covarde m/f;

cowardice n covardia; **cowardly** adj covarde

cowboy ['kaʊbɔɪ] n vaqueiro

coy [kɔɪ] adj tímido

cozy ['kəʊzɪ] (*US*) adj = **cosy**

CPA (*US*) n abbr = **certified public accountant**

crab [kræb] n caranguejo

crack [kræk] n rachadura; (*gap*) brecha; (*noise*) estalo; (*drug*) crack m ♦ vt quebrar; (*nut*) partir, descascar; (*wall*) rachar; (*whip etc*) estalar; (*joke*) soltar; (*mystery*) resolver; (*code*) decifrar ♦ adj (*expert*) de primeira classe; **crack down on** vt fus (*crime*) ser linha dura com; **crack up** vi (*PSYCH*) sofrer um colapso nervoso; **cracker** n (*biscuit*) biscoito; (*Christmas ~*) busca-pé-surpresa m

crackle ['krækl] vi crepitar

cradle ['kreɪdl] n berço

craft [krɑːft] n (*skill*) arte f; (*trade*) ofício; (*boat: pl inv*) barco; (*plane: pl inv*) avião; **craftsman** (*irreg*) n artífice

m, artesão m; **craftsmanship** n qualidade f; **crafty** adj astuto, esperto
cram [kræm] vt (fill): **to ~ sth with** encher or abarrotar algo de; (put): **to ~ sth into** enfiar algo em ♦ vi (for exams) estudar na última hora
cramp [kræmp] n (MED) cãibra;
cramped adj apertado, confinado
cranberry ['krænbəri] n oxicoco
crane [kreɪn] n (TECH) guindaste m; (bird) grou m
crank [kræŋk] n manivela; (person) excêntrico(-a)
crash [kræʃ] n (noise) estrondo; (of car) batida; (of plane) desastre m de avião; (COMM) falência, quebra; (STOCK EXCHANGE) craque m ♦ vt (car) colidir; (plane) espatifar ♦ vi bater; cair, espatifar-se; (cars) colidir, bater; (COMM) falir, quebrar; **crash course** n curso intensivo; **crash helmet** n capacete m; **crash landing** n aterrissagem f forçada (BR), aterragem f forçosa (PT)
crate [kreɪt] n caixote m; (for bottles) engradado
crave [kreɪv] vt, vi: **to ~ for** ansiar por
crawl [krɔ:l] vi arrastar-se; (child) engatinhar; (insect) andar; (vehicle) arrastar-se a passo de tartaruga ♦ n (SWIMMING) crawl m
crayfish ['kreɪfɪʃ] n inv (freshwater) camarão-d'água-doce m; (saltwater) lagostim m
crayon ['kreɪən] n lápis m de cera, crayon m
craze [kreɪz] n (fashion) moda
crazy ['kreɪzɪ] adj louco, maluco, doido
creak [kri:k] vi chiar, ranger
cream [kri:m] n (of milk) nata; (artificial ~, cosmetic) creme m; (élite): **the ~ of** a fina flor de ♦ adj (colour)

creme inv; **cream cake** n bolo de creme; **cream cheese** n ricota (BR), queijo creme (PT); **creamy** adj (colour) creme inv; (taste) cremoso
crease [kri:s] n (fold) dobra, vinco; (in trousers) vinco; (wrinkle) ruga ♦ vt (wrinkle) amassar, amarrotar ♦ vi amassar-se, amarrotar-se
create [kri:'eɪt] vt criar; (produce) produzir
creature ['kri:tʃə*] n (animal) animal m, bicho; (living thing) criatura
credit ['krɛdɪt] n crédito; (merit) mérito ♦ vt (also: **give ~ to**) acreditar; (COMM) creditar; **~s** npl (CINEMA, TV) crédito; **to ~ sb with sth** (fig) atribuir algo a alguém; **to be in ~** ter fundos; **credit card** n cartão m de crédito; **creditor** n credor(a) m/f
creed [kri:d] n credo
creek [kri:k] n enseada; (US) riacho
creep [kri:p] (pt, pp **crept**) vi (animal) rastejar; (person) deslizar(-se); **creeper** n trepadeira; **creepy** adj horripilante
cremate [krɪ'meɪt] vt cremar
crematorium (pl **crematoria**) n crematório
crept [krɛpt] pt, pp of **creep**
crescent ['krɛsnt] n meia-lua; (street) rua semicircular
cress [krɛs] n agrião m
crest [krɛst] n (of bird) crista; (of hill) cimo, topo; (of coat of arms) timbre m; **crestfallen** adj abatido, cabisbaixo
Crete [kri:t] n Creta
crevice ['krɛvɪs] n fenda; (gap) greta
crew [kru:] n (of ship) tripulação f; (CINEMA) equipe f; **crew-cut** n corte m à escovinha
crib [krɪb] n manjedoira, presépio; (US: cot) berço ♦ vt (inf) colar
cricket ['krɪkɪt] n (insect) grilo; (game) criquete m, cricket m

a
b
c
d
e
f
g
h
i
j
k
l
m
n
o
p
q
r
s
t
u
v
w
x
y
z

crime [kraɪm] n (no pl: illegal activities)
crime m; (offence) delito; (fig) pecado,
maldade f; **criminal** ['krɪmɪnl] n
criminoso ♦ adj criminal; (morally
wrong) imoral
crimson ['krɪmzn] adj carmesim inv
cringe [krɪndʒ] vi encolher-se
cripple ['krɪpl] n aleijado(-a) ♦ vt
aleijar
crisis ['kraɪsɪs] (pl **crises**) n crise f
crisp [krɪsp] adj fresco; (bacon etc)
torrado; (manner) seco; **crisps** (BRIT)
npl batatinhas fpl fritas
criss-cross [krɪs-] adj (design)
entrecruzado; (pattern) em xadrez; ~
pattern (padrão m em) xadrez m
criterion [kraɪ'tɪərɪən] (pl **criteria**) n
critério
critic ['krɪtɪk] n crítico(-a); **critical** adj
crítico; (illness) grave; **to be critical of**
sth/sb criticar algo/alguém; **critically**
adv (examine) criteriosamente; (speak)
criticamente; (ill) gravemente;
criticism ['krɪtɪsɪzəm] n crítica; **criticize**
['krɪtɪsaɪz] vt criticar
croak [krəuk] vi (frog) coaxar; (bird)
crocitar; (person) estar rouco
Croatia [krəu'eɪʃə] n Croácia
crochet ['krəuʃeɪ] n crochê m
crockery ['krɔkərɪ] n louça
crocodile ['krɔkədaɪl] n crocodilo
crocus ['krəukəs] n
açafrão-da-primavera m
croft [krɔft] n (BRIT) pequena chácara
crook [kruk] n (inf: criminal) vigarista
m/f; (of shepherd) cajado; **crooked**
['krukɪd] adj torto; (dishonest)
desonesto
crop [krɔp] n (produce) colheita;
(amount produced) safra; (riding ~)
chicotinho ♦ vt cortar; **crop up** vi
surgir
cross [krɔs] n cruz f; (hybrid)

cruzamento ♦ vt cruzar; (street etc)
atravessar; (thwart) contrariar ♦ adj
zangado, mal-humorado; **cross out** vt
riscar; **cross over** vi atravessar;
crossbar n (SPORT) barra transversal;
cross-examine vt (LAW) reperguntar;
cross-eyed adj vesgo; **crossing** n
(sea passage) travessia; (also:
pedestrian crossing) faixa (para
pedestres) (BR), passadeira (PT);
cross-reference n referência
remissiva; **crossroads** n cruzamento;
cross section n (of object) corte m
transversal; (of population) grupo
representativo; **crosswalk** (US) n faixa
(para pedestres) (BR), passadeira (PT);
crossword n palavras fpl cruzadas
crouch [krautʃ] vi agachar-se
crow [krəu] n (bird) corvo; (of cock)
canto, cocoricó m ♦ vi (cock) cantar,
cocoricar
crowbar ['krəubɑ:*] n pé-de-cabra m
crowd [kraud] n multidão f ♦ vt (fill)
apinhar ♦ vi (gather): **to ~ round**
reunir-se; (cram): **to ~ in** apinhar-se
em; **crowded** adj (full) lotado;
(densely populated) superlotado
crown [kraun] n (of head, hill)
topo ♦ vt coroar; (fig) rematar; **crown**
jewels npl jóias fpl reais
crucial ['kru:ʃl] adj (decision) vital;
(vote) decisivo
crucifix ['kru:sɪfɪks] n crucifixo
crude [kru:d] adj (materials) bruto;
(fig: basic) tosco; (: vulgar) grosseiro
cruel ['kruəl] adj cruel
cruise [kru:z] n cruzeiro ♦ vi (ship)
fazer um cruzeiro; (car): **to ~ at ...**
km/h ir a ... km por hora; **cruiser** n
(motorboat) barco a motor; (warship)
cruzador m
crumb [krʌm] n (of bread) migalha;
(of cake) farelo

crumble ['krʌmbl] vt esfarelar ♦ vi (building) desmoronar-se; (plaster, earth) esfacelar-se; (fig) desintegrar-se

crumpet ['krʌmpɪt] n bolo leve

crumple ['krʌmpl] vt (paper) amassar; (material) amarrotar

crunch [krʌntʃ] vt (food etc) mastigar; (underfoot) esmagar ♦ n (fig): **the** ~ o momento decisivo; **crunchy** adj crocante

crusade [kru:'seɪd] n (campaign) campanha

crush [krʌʃ] n (crowd) aglomeração f; (love): **to have a** ~ **on sb** ter um rabicho por alguém; (drink): **lemon** ~ limonada ♦ vt (press) esmagar; (squeeze) espremer; (paper) amassar; (cloth) enrugar; (army, opposition) aniquilar; (hopes) destruir; (person) arrasar

crust [krʌst] n (of bread) casca; (of snow) crosta; (of earth) camada

crutch [krʌtʃ] n muleta

crux [krʌks] n ponto crucial

cry [kraɪ] vi chorar; (shout: also: ~ **out**) gritar ♦ n grito; (of bird) pio; (of animal) voz f; **cry off** vi desistir

cryptic ['krɪptɪk] adj enigmático

crystal ['krɪstl] n cristal m; **crystal-clear** adj cristalino, claro

cub [kʌb] n filhote m; (also: ~ **scout**) lobinho

Cuba ['kju:bə] n Cuba

cube [kju:b] n cubo ♦ vt (MATH) elevar ao cubo; **cubic** adj cúbico

cubicle ['kju:bɪkl] n cubículo

cuckoo ['kuku:] n cuco; **cuckoo clock** n relógio de cuco

cucumber ['kju:kʌmbə*] n pepino

cuddle ['kʌdl] vt abraçar ♦ vi abraçar-se

cue [kju:] n (SNOOKER) taco; (THEATRE etc) deixa

cuff [kʌf] n (of shirt, coat etc) punho; (US: on trousers) bainha; (blow) bofetada; **off the** ~ de improviso; **cuff links** npl abotoaduras fpl

cul-de-sac ['kʌldəsæk] n beco sem saída

cull [kʌl] vt (story, idea) escolher, selecionar ♦ n matança seletiva

culminate ['kʌlmɪneɪt] vi: **to** ~ **in** terminar em

culprit ['kʌlprɪt] n culpado(-a)

cult [kʌlt] n culto

cultivate ['kʌltɪveɪt] vt cultivar; **cultivation** [kʌltɪ'veɪʃən] n cultivo

cultural ['kʌltʃərəl] adj cultural

culture ['kʌltʃə*] n cultura; **cultured** adj culto

cumbersome ['kʌmbəsəm] adj pesado, desajeitado; (person) lente, ineficiente

cunning ['kʌnɪŋ] n astúcia ♦ adj astuto, malandro; (device, idea) engenhoso

cup [kʌp] n xícara (BR), chávena (PT); (prize, of bra) taça

cupboard ['kʌbəd] n armário

curator [kjuə'reɪtə*] n diretor(a) m/f

curb [kə:b] vt refrear ♦ n freio; (US: kerb) meio-fio (BR), borda do passeio (PT)

curdle ['kə:dl] vi coalhar

cure [kjuə*] vt curar ♦ n (MED) tratamento, cura; (solution) remédio

curfew ['kə:fju:] n toque m de recolher

curious ['kjuərɪəs] adj curioso; (nosy) abelhudo; (unusual) estranho

curl [kə:l] n (of hair) cacho ♦ vt (loosely) frisar; (: tightly) encrespar ♦ vi (hair) encaracolar; **curl up** vi encaracolar-se; **curler** n rolo, bobe m; **curly** adj cacheado, crespo

currant ['kʌrnt] n passa de corinto; (*black~*, *red~*) groselha

currency ['kʌrnsɪ] n moeda; **to gain ~** (*fig*) consagrar-se

current ['kʌrnt] n corrente f ♦ adj corrente; (*present*) atual; **current account** (*BRIT*) n conta corrente; **current affairs** npl atualidades fpl; **currently** adv atualmente

curriculum [kə'rɪkjuləm] (*pl ~s* or **curricula**) n programa m de estudos; **curriculum vitae** n curriculum vitae m, currículo

curry ['kʌrɪ] n caril m ♦ vt: **to ~ favour with** captar simpatia de

curse [kə:s] vi xingar (*BR*), praguejar (*PT*) ♦ vt (*swear at*) xingar (*BR*); (*bemoan*) amaldiçoar ♦ n maldição f; (*swearword*) palavrão m (*BR*), baixo calão m (*PT*); (*problem*) castigo

cursor ['kə:sə*] n (*COMPUT*) cursor m

curt [kə:t] adj seco, brusco

curtail [kə:'teɪl] vt (*freedom, rights*) restringir; (*visit etc*) abreviar, encurtar; (*expenses etc*) reduzir

curtain ['kə:tn] n cortina; (*THEATRE*) pano

curts(e)y ['kə:tsɪ] vi fazer reverência

curve [kə:v] n curva ♦ vi encurvar-se, torcer-se; (*road*) fazer (uma) curva

cushion ['kuʃən] n almofada; (*of air*) colchão m ♦ vt amortecer

custard ['kʌstəd] n nata, creme m

custody ['kʌstədɪ] n custódia; **to take into ~** deter

custom ['kʌstəm] n (*tradition*) tradição f; (*convention*) costume m; (*habit*) hábito; (*COMM*) clientela; **customary** adj costumeiro; **customer** n cliente m/f; **customized** adj (*car etc*) feito sob encomenda

customs ['kʌstəmz] npl alfândega; **customs officer** n inspetor(a) m/f da

alfândega, aduaneiro(-a)

cut [kʌt] (*pt, pp* **cut**) vt cortar; (*reduce*) reduzir ♦ vi cortar ♦ n corte m; (*in spending*) redução f; (*of garment*) talho; **cut down** vt (*tree*) derrubar; (*consumption*) reduzir; **cut off** vt (*piece, TEL*) cortar; (*person, village*) isolar; (*supply*) suspender; **cut out** vt (*shape*) recortar; (*activity etc*) suprimir; (*remove*) remover; **cut up** vt cortar em pedaços

cute [kju:t] adj bonitinho, gracinha

cutlery ['kʌtlərɪ] n talheres mpl

cutlet ['kʌtlɪt] n costeleta; (*vegetable ~, nut ~*) medalhão m

cut: cut-price (*US* cut-rate) adj a preço reduzido; **cutting** adj cortante ♦ n (*BRIT: from newspaper*) recorte m; (*from plant*) muda

CV n abbr = curriculum vitae

cwt abbr = hundredweight

cyanide ['saɪənaɪd] n cianeto

cybercafé ['saɪbəkæfeɪ] n cibercafé m

cyberspace ['saɪbəspeɪs] n ciberespaço

cycle ['saɪkl] n ciclo; (*bicycle*) bicicleta ♦ vi andar de bicicleta; **cycle lane** or **path** n ciclovia f

cycling ['saɪklɪŋ] n ciclismo

cyclist ['saɪklɪst] n ciclista m/f

cylinder ['sɪlɪndə*] n cilindro; (*of gas*) bujão m

cymbals ['sɪmblz] npl pratos mpl

cynic ['sɪnɪk] n cínico(-a); **cynical** adj cínico

Cyprus ['saɪprəs] n Chipre f

cyst [sɪst] n cisto; **cystitis** n cistite f

czar [zɑ:*] n czar m

Czech [tʃek] adj tcheco ♦ n tcheco(-a); (*LING*) tcheco; **Czech Republic** n: **the Czech Republic** a República Tcheca

D d

D [di:] n (MUS) ré m

dab [dæb] vt (eyes, wound) tocar (de leve); (paint, cream) aplicar de leve

dabble ['dæbl] vi: **to ~ in** interessar-se por

dad [dæd] (inf) n papai m

daddy ['dædɪ] n = **dad**

daffodil ['dæfədɪl] n narciso-dos-prados m

daft [dɑːft] adj bobo, besta

dagger ['dægə*] n punhal m, adaga

daily ['deɪlɪ] adj diário ♦ n (paper) jornal m, diário ♦ adv diariamente

dainty ['deɪntɪ] adj delicado

dairy ['dɛərɪ] n leiteria; **dairy products** npl laticínios mpl; **dairy store** (US) n leiteria

daisy ['deɪzɪ] n margarida

dam [dæm] n represa, barragem f ♦ vt represar

damage ['dæmɪdʒ] n (harm) prejuízo; (dents etc) avaria ♦ vt danificar; (harm) prejudicar; **~s** npl (LAW) indenização f por perdas e danos

damn [dæm] vt condenar; (curse) maldizer ♦ n (inf): **I don't give a ~** não dou a mínima, estou me lixando ♦ adj (inf: also: **~ed**) danado, maldito; **~ (it)!** (que) droga!; **damning** adj (evidence) prejudicial

damp [dæmp] adj úmido ♦ n umidade f ♦ vt (also: **~en**: cloth, rag) umedecer; (: enthusiasm etc) jogar água fria em

damson ['dæmzən] n ameixa pequena

dance [dɑːns] n dança; (party etc) baile m ♦ vi dançar; **dance hall** n salão m de baile; **dancer** n dançarino(-a); (professional) bailarino(-a); **dancing** n dança

dandelion ['dændɪlaɪən] n dente-de-leão m

dandruff ['dændrəf] n caspa

Dane [deɪn] n dinamarquês(-esa) m/f

danger ['deɪndʒə*] n perigo; (risk) risco; **"~!"** (on sign) "perigo!"; **to be in ~ of** correr o risco de; **in ~** em perigo; **dangerous** adj perigoso

dangle ['dæŋgl] vt balançar ♦ vi pender balançado

Danish ['deɪnɪʃ] adj dinamarquês(-esa) ♦ n (LING) dinamarquês m

dare [dɛə*] vt: **to ~ sb to do sth** desafiar alguém a fazer algo ♦ vi: **to ~ (to) do sth** atrever-se a fazer algo, ousar fazer algo; **I ~ say** (I suppose) acho provável que; **daring** adj audacioso; (bold) ousado ♦ n coragem f, destemor m

dark [dɑːk] adj escuro; (complexion) moreno ♦ n escuro; **to be in the ~ about** (fig) estar no escuro sobre; **after ~** depois de escurecer; **darken** vt escurecer; (colour) fazer mais escuro ♦ vi escurecer-se; **dark glasses** npl óculos mpl escuros; **darkness** n escuridão f; **darkroom** n câmara escura

darling ['dɑːlɪŋ] adj, n querido(-a)

darn [dɑːn] vt cerzir

dart [dɑːt] n dardo; (in sewing) alinhavo ♦ vi precipitar-se, correr para; **to ~ away/along** ir-se/seguir precipitadamente; **darts** n (game) jogo de dardos

dash [dæʃ] n (sign) hífen m; (: long) travessão m; (quantity) pontinha ♦ vt arremessar; (hopes) frustrar ♦ vi correr para, ir depressa; **dash away** vi sair apressado; **dash off** vi = **dash away**

dashboard ['dæʃbɔːd] n painel m de instrumentos

data ['deɪtə] *npl* dados *mpl*; **database** *n* banco de dados; **data processing** *n* processamento de dados

date [deɪt] *n* data; (*with friend*) encontro; (*fruit*) tâmara ♦ *vt* datar; (*person*) namorar; **to ~** até agora; **out of ~** fora de moda; (*expired*) desatualizado; **up to ~** moderno; **dated** ['deɪtɪd] *adj* antiquado; **date rape** *n* estupro cometido pelo acompanhante da vítima, geralmente após encontro romântico

daub [dɔ:b] *vt* borrar

daughter ['dɔ:tə*] *n* filha; **daughter-in-law** (*pl* **~s-in-law**) *n* nora

daunting ['dɔ:ntɪŋ] *adj* desanimador(a)

dawdle ['dɔ:dl] *vi* (*go slow*) vadiar

dawn [dɔ:n] *n* alvorada, amanhecer *m*; (*of period, situation*) surgimento, início ♦ *vi* (*day*) amanhecer; (*fig*): **it ~ed on him that ...** começou a perceber que ...

day [deɪ] *n* dia *m*; (*working ~*) jornada, dia útil; (*heyday*) apogeu *m*; **the ~ before** a véspera; **the ~ before yesterday** anteontem; **the ~ after tomorrow** depois de amanhã; **by ~** de dia; **daybreak** *n* amanhecer *m*; **daydream** *vi* devanear; **daylight** *n* luz *f* (do dia); **day return** (*BRIT*) *n* bilhete *m* de ida e volta no mesmo dia; **daytime** *n* dia *m*; **day-to-day** *adj* cotidiano

daze [deɪz] *vt* (*stun*) aturdir ♦ *n*: **in a ~** aturdido

dazzle ['dæzl] *vt* (*bewitch*) deslumbrar; (*blind*) ofuscar

DC *abbr* (*ELEC*) = **direct current**

dead [dɛd] *adj* morto; (*numb*) dormente; (*telephone*) cortado; (*ELEC*) sem corrente ♦ *adv* completamente; (*exactly*) absolutamente ♦ *npl*: **the ~**

os mortos; **to shoot sb ~** matar alguém a tiro; **~ tired** morto de cansado; **to stop ~** estacar; **deaden** *vt* (*blow, sound*) amortecer; (*pain*) anestesiar; **dead end** *n* beco sem saída; **deadline** *n* prazo final; **deadlock** *n* impasse *m*; **dead loss** (*inf*) *n*: **to be a dead loss** não ser de nada; **deadly** *adj* mortal, fatal; (*accuracy, insult*) devastador(a); (*weapon*) mortífero; **deadpan** *adj* sem expressão

deaf [dɛf] *adj* surdo; **deafen** *vt* ensurdecer; **deafness** *n* surdez *f*

deal [di:l] (*pt, pp* **dealt**) *n* (*agreement*) acordo ♦ *vt* (*cards, blows*) dar; **a good** *or* **great ~ (of)** bastante, muito; **deal in** *vt fus* (*COMM*) negociar em *or* com; **deal with** *vt fus* (*people*) tratar com; (*problem*) ocupar-se de; (*subject*) tratar de; **dealer** *n* negociante *m/f*; **dealings** *npl* transações *fpl*

dean [di:n] *n* (*REL*) decano; (*SCH: BRIT*) reitor(a) *m/f*; (: *US*) orientador(a) *m/f* de estudos

dear [dɪə*] *adj* querido, caro; (*expensive*) caro ♦ *n*: **my ~** meu querido (minha querida) ♦ *excl*: **~ me!** ai, meu Deus!; **D~ Sir/Madam** (*in letter*) Ilmo. Senhor (Exma. Senhora) (*BR*), Exmo. Senhor (Exma. Senhora) (*PT*); **D~ Mr/Mrs X** Caro Sr. X/Cara Sra. X; **dearly** *adv* (*love*) ternamente; (*pay*) caro

death [dɛθ] *n* morte *f*; (*ADMIN*) óbito; **death certificate** *n* certidão *f* de óbito; **deathly** *adj* (*colour*) pálido; (*silence*) profundo; **death penalty** *n* pena de morte

debatable [dɪ'beɪtəbl] *adj* discutível

debate [dɪ'beɪt] *n* debate *m* ♦ *vt* debater

debit ['dɛbɪt] *n* débito ♦ *vt*: **to ~ a**

sum to sb *or* **to sb's account** lançar uma quantia ao débito de alguém *or* à conta de alguém

debt [dɛt] *n* dívida; (*state*) endividamento; **to be in ~** ter dívidas, estar endividado; **debtor** *n* devedor(a) *m/f*

decade ['dɛkeɪd] *n* década

decaff ['di:kæf] (*inf*) *n* descafeinado *m*

decaffeinated [dɪ'kæfɪneɪtɪd] *adj* descafeinado

decanter [dɪ'kæntə*] *n* garrafa ornamental

decay [dɪ'keɪ] *n* ruína; (*also:* **tooth ~**) cárie *f* ♦ *vi* (*rot*) apodrecer-se

deceased [dɪ'si:st] *n* falecido(-a)

deceit [dɪ'si:t] *n* engano; (*duplicity*) fraude *f*; **deceitful** *adj* enganador(a)

deceive [dɪ'si:v] *vt* enganar

December [dɪ'sɛmbə*] *n* dezembro

decent ['di:sənt] *adj* (*proper*) decente; (*kind, honest*) honesto, amável

deception [dɪ'sɛpʃən] *n* engano; (*deceitful act*) fraude *f*; **deceptive** *adj* enganador(a)

decide [dɪ'saɪd] *vt* (*person*) convencer; (*question*) resolver ♦ *vi* decidir; **to ~ on sth** decidir-se por algo; **decided** *adj* decidido; (*definite*) claro, definido; **decidedly** *adv* claramente; (*emphatically*) decididamente

decimal ['dɛsɪməl] *adj* decimal ♦ *n* decimal *m*

decision [dɪ'sɪʒən] *n* (*choice*) escolha; (*act of choosing*) decisão *f*; (*decisiveness*) resolução *f*

decisive [dɪ'saɪsɪv] *adj* (*action*) decisivo; (*person*) decidido

deck [dɛk] *n* (*NAUT*) convés *m*; (*of bus*): **top ~** andar *m* de cima; (*of cards*) baralho; **record ~** toca-discos *m inv*; **deckchair** *n* cadeira de lona, espreguiçadeira

declare [dɪ'klɛə*] *vt* (*intention*) revelar; (*result*) divulgar; (*income, at customs*) declarar

decline [dɪ'klaɪn] *n* declínio; (*lessening*) diminuição *f*, baixa ♦ *vt* recusar ♦ *vi* diminuir

decorate ['dɛkəreɪt] *vt* (*adorn*) adornar; (*paint*) pintar; (*paper*) decorar com papel; **decoration** [dɛkə'reɪʃən] *n* enfeite *m*; (*act*) decoração *f*; (*medal*) condecoração *f*; **decorator** *n* (*painter*) pintor(a) *m/f*

decoy ['di:kɔɪ] *n* (*person*) armadilha; (*object*) engodo, chamariz *m*

decrease [*n* 'di:kri:s, *vb* di:'kri:s] *n*: **~ (in)** diminuição *f* (de) ♦ *vt* reduzir ♦ *vi* diminuir

decree [dɪ'kri:] *n* decreto

dedicate ['dɛdɪkeɪt] *vt* dedicar; **dedication** [dɛdɪ'keɪʃən] *n* dedicação *f*; (*in book*) dedicatória; (*on radio*) mensagem *f*

deduce [dɪ'dju:s] *vt* deduzir

deduct [dɪ'dʌkt] *vt* deduzir; **deduction** *n* (*deducting*) redução *f*; (*amount*) subtração *f*; (*deducing*) dedução *f*

deed [di:d] *n* feito; (*LAW*) escritura, título

deep [di:p] *adj* profundo; (*voice*) baixo, grave; (*breath*) fundo; (*colour*) forte, carregado ♦ *adv*: **the spectators stood 20 ~** os espectadores formaram-se em 20 fileiras; **to be 4 metres ~** ter 4 metros de profundidade; **deepen** *vt* aprofundar ♦ *vi* aumentar; **deepfreeze** *n* congelador *m*, freezer *m* (*BR*); **deep-fry** *vt* fritar em recipiente fundo; **deeply** *adv* fundo; (*moved*) profundamente; **deep-seated** *adj* arraigado

deer [dɪə*] *n inv* veado, cervo

deface [dɪ'feɪs] vt desfigurar

default [dɪ'fɔːlt] n (COMPUT: also: ~ value) valor m de default; by ~ (win) por desistência

defeat [dɪ'fiːt] n derrota; (failure) malogro ♦ vt derrotar, vencer

defect [n 'diːfɛkt, vb dɪ'fɛkt] n defeito ♦ vi: **to ~ to the enemy** desertar para se juntar ao inimigo; **defective** [dɪ'fɛktɪv] adj defeituoso

defence [dɪ'fɛns] (US **defense**) n defesa, justificação f; **defenceless** adj indefeso

defend [dɪ'fɛnd] vt defender; (LAW) contestar; **defendant** n acusado(-a); (in civil case) réu (ré) m/f; **defender** n defensor(a) m/f; (SPORT) defesa

defer [dɪ'fəː*] vt (postpone) adiar

defiance [dɪ'faɪəns] n desafio, rebeldia; **in ~ of** a despeito de

defiant [dɪ'faɪənt] adj desafiador(a)

deficiency [dɪ'fɪʃənsɪ] n (lack) deficiência, falta; (defect) defeito

deficit ['dɛfɪsɪt] n déficit m

define [dɪ'faɪn] vt definir

definite ['dɛfɪnɪt] adj (fixed) definitivo; (clear, obvious) claro, categórico; (certain) certo; **he was ~ about it** ele foi categórico; **definitely** adv sem dúvida

deflate [diː'fleɪt] vt esvaziar

deflect [dɪ'flɛkt] vt desviar

defraud [dɪ'frɔːd] vt: **to ~ sb (of sth)** trapacear alguém (por causa de algo)

defrost [diː'frɔst] vt descongelar

defuse [diː'fjuːz] vt tirar o estopim or a espoleta de; (situation) neutralizar

defy [dɪ'faɪ] vt desafiar; (resist) opor-se a

degenerate [vb dɪ'dʒɛnəreɪt, adj dɪ'dʒɛnərɪt] vi degenerar ♦ adj degenerado

degree [dɪ'griː] n grau m; (SCH) diploma m, título; **~ in maths** formatura em matemática; **by ~s** (gradually) pouco a pouco; **to some ~, to a certain ~** até certo ponto

dehydrated [diːhaɪ'dreɪtɪd] adj desidratado; (eggs, milk) em pó

de-ice vt (windscreen) descongelar

deign [deɪn] vi: **to ~ to do** dignar-se a fazer

dejected [dɪ'dʒɛktɪd] adj deprimido

delay [dɪ'leɪ] vt (decision etc) retardar, atrasar; (train) atrasar ♦ vi hesitar ♦ n demora; (postponement) adiamento; **to be ~ed** estar atrasado; **without ~** sem demora or atraso

delegate [n 'dɛlɪgɪt, vb 'dɛlɪgeɪt] n delegado(-a) ♦ vt (person) autorizar; (task) delegar

delete [dɪ'liːt] vt eliminar, riscar; (COMPUT) deletar

deliberate [adj dɪ'lɪbərɪt, vb dɪ'lɪbəreɪt] adj (intentional) intencional; (slow) pausado, lento ♦ vi considerar; **deliberately** [dɪ'lɪbərɪtlɪ] adv (on purpose) de propósito

delicacy ['dɛlɪkəsɪ] n delicadeza; (of problem) dificuldade f; (food) iguaria

delicate ['dɛlɪkɪt] adj delicado; (health) frágil

delicatessen [dɛlɪkə'tɛsn] n delicatessen m

delicious [dɪ'lɪʃəs] adj delicioso; (food) saboroso

delight [dɪ'laɪt] n prazer m, deleite m; (person) encanto; (experience) delícia ♦ vt encantar, deleitar; **to take (a) ~ in** deleitar-se com; **delighted** adj: **delighted (at or with)** encantado (com); **delightful** adj encantador(a), delicioso

delinquent [dɪ'lɪŋkwənt] adj, n delinqüente m/f

delirious [dɪˈlɪrɪəs] *adj* delirante; **to be ~** delirar

deliver [dɪˈlɪvə*] *vt* (*distribute*) distribuir; (*hand over*) entregar; (*message*) comunicar; (*speech*) proferir; (*MED*) partejar; **delivery** *n* distribuição *f*; (*of speaker*) enunciação *f*; (*MED*) parto; **to take delivery of** receber

delude [dɪˈluːd] *vt* iludir, enganar

delusion [dɪˈluːʒən] *n* ilusão *f*

demand [dɪˈmɑːnd] *vt* exigir; (*rights*) reivindicar, reclamar ♦ *n* exigência; (*claim*) reivindicação *f*; (*ECON*) procura; **to be in ~** estar em demanda; **on ~** à vista; **demanding** *adj* (*boss*) exigente; (*work*) absorvente

demeanour [dɪˈmiːnə*] (*US* **demeanor**) *n* conduta, comportamento

demented [dɪˈmɛntɪd] *adj* demente, doido

demise [dɪˈmaɪz] *n* falecimento

demo [ˈdɛməu] (*inf*) *n abbr* (= *demonstration*) passeata

democracy [dɪˈmɔkrəsɪ] *n* democracia; **democrat** [ˈdɛməkræt] *n* democrata *m/f*; **democratic** [dɛməˈkrætɪk] *adj* democrático

demolish [dɪˈmɔlɪʃ] *vt* demolir, derrubar; (*argument*) refutar, contestar

demonstrate [ˈdɛmənstreɪt] *vt* demonstrar ♦ *vi*: **to ~ (for/against)** manifestar-se (a favor de/contra); **demonstration** [dɛmənˈstreɪʃən] *n* (*POL*) manifestação *f*; (: *march*) passeata; (*proof*) demonstração *f*; (*exhibition*) exibição *f*; **demonstrator** *n* manifestante *m/f*

demote [dɪˈməut] *vt* rebaixar de posto

den [dɛn] *n* (*of animal*) covil *m*; (*of thieves*) antro, esconderijo; (*room*) aposento privado, cantinho

denial [dɪˈnaɪəl] *n* refutação *f*; (*refusal*) negativa

denim [ˈdɛnɪm] *n* brim *m*, zuarte *m*; **~s** *npl* jeans *m* (*BR*), jeans *mpl* (*PT*)

Denmark [ˈdɛnmɑːk] *n* Dinamarca

denomination [dɪnɔmɪˈneɪʃən] *n* valor *m*, denominação *f*; (*REL*) confissão *f*, seita

denounce [dɪˈnauns] *vt* denunciar

dense [dɛns] *adj* denso, espesso; (*inf*: *stupid*) estúpido, bronco; **densely** *adv*: **densely populated** com grande densidade de população

density [ˈdɛnsɪtɪ] *n* densidade *f*; **single/double ~ disk** (*COMPUT*) disco de densidade simples/dupla

dent [dɛnt] *n* amolgadura, depressão *f* ♦ *vt* amolgar, dentar

dental [ˈdɛntl] *adj* (*treatment*) dentário; (*hygiene*) dental

dentist [ˈdɛntɪst] *n* dentista *m/f*

dentures [ˈdɛntʃəz] *npl* dentadura *f*

deny [dɪˈnaɪ] *vt* negar; (*refuse*) recusar

deodorant [diːˈəudərənt] *n* desodorante *m* (*BR*), desodorizante *m* (*PT*)

depart [dɪˈpɑːt] *vi* ir-se, partir; (*train etc*) sair; **to ~ from** (*fig*: *differ from*) afastar-se de

department [dɪˈpɑːtmənt] *n* (*SCH*) departamento; (*POL*) seção *f*, repartição *f*; **department store** *n* magazine *m* (*BR*), grande armazém *m* (*PT*)

departure [dɪˈpɑːtʃə*] *n* partida, ida; (*of train etc*) saída; (*of employee*) saída; **a new ~** uma nova orientação; **departure lounge** *n* sala de embarque

depend [dɪˈpɛnd] *vi*: **to ~ (up)on** depender de; (*rely on*) contar com; **it ~s** depende; **~ing on the result …** dependendo do resultado …;

dependable *adj* (*person*) de confiança, seguro; (*car*) confiável;

a
b
c
d
e
f
g
h
i
j
k
l
m
n
o
p
q
r
s
t
u
v
w
x
y
z

dependant n dependente m/f;

dependent adj: **to be dependent (on)** depender (de), ser dependente (de) ♦ n = **dependant**

depict [dɪ'pɪkt] vt (in picture) retratar, representar; (describe) descrever

deport [dɪ'pɔːt] vt deportar

deposit [dɪ'pɔzɪt] n (COMM, GEO) depósito; (CHEM) sedimento; (of ore, oil) jazida; (down payment) sinal m ♦ vt depositar; (luggage) guardar; **deposit account** n conta de depósito a prazo

depot ['dɛpəu] n (storehouse) depósito, armazém m; (for vehicles) garagem f, parque m; (US) estação f

depress [dɪ'prɛs] vt deprimir; (wages) reduzir; (press down) apertar; **depressed** adj deprimido; (area) em depressão; **depressing** adj deprimente; **depression** n depressão f; (hollow) achatamento

deprivation [dɛprɪ'veɪʃən] n privação f

deprive [dɪ'praɪv] vt: **to ~ sb of** privar alguém de; **deprived** adj carente

depth [dɛpθ] n profundidade f; (of feeling) intensidade f; **in the ~s of despair** no auge do desespero; **to be out of one's ~** (BRIT: swimmer) estar sem pé; (fig) estar voando

deputy ['dɛpjutɪ] adj: **~ chairman** vice-presidente(-a) m/f ♦ n (assistant) adjunto(-a); (POL: MP) deputado(-a); **~ head** (BRIT: SCH) diretor adjunto (diretora adjunta) m/f

derail [dɪ'reɪl] vt: **to be ~ed** descarrilhar

deranged [dɪ'reɪndʒd] adj (person) louco, transtornado

derby ['dɑːbɪ] (US) n chapéu-coco

derelict ['dɛrɪlɪkt] adj abandonado

derive [dɪ'raɪv] vt: **to ~ (from)** obter or tirar (de) ♦ vi: **to ~ from** derivar-se de

derogatory [dɪ'rɔgətərɪ] adj depreciativo

descend [dɪ'sɛnd] vt, vi descer; **to ~ from** descer de; **to ~ to** descambar em; **descent** n descida; (origin) descendência

describe [dɪs'kraɪb] vt descrever; **description** [dɪs'krɪpʃən] n descrição f; (sort) classe f, espécie f

desert [n 'dɛzət, vb dɪ'zəːt] n deserto ♦ vt (place) desertar; (partner, family) abandonar ♦ vi (MIL) desertar; **deserter** [dɪ'zəːtə*] n desertor m; **desert island** n ilha deserta; **deserts** npl: **to get one's just deserts** receber o que merece

deserve [dɪ'zəːv] vt merecer; **deserving** adj (person) merecedor(a), digno; (action, cause) meritório

design [dɪ'zaɪn] n (sketch) desenho, esboço m; (layout, shape) plano, projeto; (pattern) desenho, padrão m; (art) design m; (intention) propósito, intenção f ♦ vt (plan) projetar

designer [dɪ'zaɪnə*] n (ART) artista m/f gráfico(-a); (TECH) desenhista m/f, projetista m/f; (fashion ~) estilista m/f

desire [dɪ'zaɪə*] n anseio; (sexual) desejo ♦ vt querer, desejar, cobiçar

desk [dɛsk] n (in office) mesa, secretária; (for pupil) carteira f; (at airport) balcão m; (in hotel) recepção f; (BRIT: in shop, restaurant) caixa; **desktop publishing** n editoração f eletrônica

desolate ['dɛsəlɪt] adj (place) deserto; (person) desolado

despair [dɪs'pɛə*] n desesperança ♦ vi: **to ~ of** desesperar-se de

despatch [dɪs'pætʃ] n, vt = **dispatch**

desperate ['dɛspərɪt] adj desesperado; (situation) desesperador(a); (fugitive)

violento; **to be ~ for sth/to do** estar
louco por algo/para fazer;
desperately adv desesperadamente;
(very: unhappy) terrívelmente; (: ill)
gravemente; **desperation**
[dɛspə'reɪʃən] n desespero,
desesperança; **in (sheer) desperation**
desesperado

despise [dɪs'paɪz] vt desprezar

despite [dɪs'paɪt] prep apesar de, a
despeito de

despondent [dɪs'pɒndənt] adj
abatido, desanimado

dessert [dɪ'zɜːt] n sobremesa

destination [dɛstɪ'neɪʃən] n destino

destined ['dɛstɪnd] adj: **to be ~ to do
sth** estar destinado a fazer algo; **~ for**
com destino a

destiny ['dɛstɪnɪ] n destino

destitute ['dɛstɪtjuːt] adj indigente,
necessitado

destroy [dɪs'trɔɪ] vt destruir; (animal)
sacrificiar; **destruction** n destruição f

detach [dɪ'tætʃ] vt separar; (unstick)
desprender; **detached** adj (attitude)
imparcial, objetivo; (house)
independente, isolado

detail ['diːteɪl] n detalhe m; (trifle)
bobagem f ♦ vt detalhar; **in ~**
pormenorizado, em detalhe

detain [dɪ'teɪn] vt deter; (in captivity)
prender; (in hospital) hospitalizar

detect [dɪ'tɛkt] vt perceber; (MED,
POLICE) identificar; (MIL, RADAR, TECH)
detectar; **detection** n descoberta;
detective n detetive m/f; **detective
story** n romance m policial

detention [dɪ'tɛnʃən] n detenção f,
prisão f; (SCH) castigo

deter [dɪ'tɜː*] vt (discourage)
desanimar; (dissuade) dissuadir

detergent [dɪ'tɜːdʒənt] n detergente
m

deteriorate [dɪ'tɪərɪəreɪt] vi
deteriorar-se

determine [dɪ'tɜːmɪn] vt descobrir;
(limits) demarcar; **determined** adj
(person) resoluto; **determined to do**
decidido a fazer

detour ['diːtuə*] n desvio

detract [dɪ'trækt] vi: **to ~ from**
diminuir

detrimental [dɛtrɪ'mɛntl] adj: **~ (to)**
prejudicial (a)

devastate ['dɛvəsteɪt] vt devastar;
(fig): **to be ~d by** estar arrasado com

develop [dɪ'vɛləp] vt desenvolver;
(PHOT) revelar; (disease) contrair;
(resources) explotar ♦ vi (advance)
progredir; (evolve) evoluir; (appear)
aparecer; **developer** [dɪ'vɛləpə*] n
empresário(-a) de imóveis;
developing country país m em
desenvolvimento; **development**
[dɪ'vɛləpmənt] n desenvolvimento;
(advance) progresso; (of land)
urbanização f

device [dɪ'vaɪs] n aparelho, dispositivo

devil ['dɛvl] n diabo

devious ['diːvɪəs] adj (person)
malandro, esperto

devise [dɪ'vaɪz] vt (plan) criar;
(machine) inventar

devoid [dɪ'vɔɪd] adj: **~ of** destituído
de

devote [dɪ'vəut] vt: **to ~ sth to** dedicar
algo a; **devoted** [dɪ'vəutɪd] adj
(friendship) leal; (partner) fiel; **to be
devoted to** estar devotado a; **the
book is devoted to politics** o livro
trata de política; **devotee** [dɛvəu'tiː] n
adepto(-a), entusiasta m/f; (REL)
devoto(-a); **devotion** n devoção f; (to
duty) dedicação f

devour [dɪ'vauə*] vt devorar

devout [dɪ'vaut] adj devoto

a
b
c
d
e
f
g
h
i
j
k
l
m
n
o
p
q
r
s
t
u
v
w
x
y
z

dew [dju:] n orvalho

diabetes [daɪə'bi:ti:z] n diabete f

diabolical [daɪə'bɒlɪkl] (inf) adj (dreadful) horrível

diagnosis [daɪəg'nəʊsɪs] (pl **diagnoses**) n diagnóstico

diagonal [daɪ'ægənl] adj diagonal ♦ n diagonal f

diagram ['daɪəgræm] n diagrama m, esquema m

dial ['daɪəl] n disco ♦ vt (number) discar (BR), marcar (PT)

dialect ['daɪəlekt] n dialeto

dialling code ['daɪəlɪŋ-] (US dial code) n código de discagem

dialling tone ['daɪəlɪŋ-] (US dial tone) n sinal m de discagem (BR) or de marcar (PT)

dialogue ['daɪəlɒg] (US dialog) n diálogo; (conversation) conversa

diameter [daɪ'æmɪtə*] n diâmetro

diamond ['daɪəmənd] n diamante m; (shape) losango, rombo; **~s** npl (CARDS) ouros mpl

diaper ['daɪəpə*] (US) n fralda

diaphragm ['daɪəfræm] n diafragma m

diarrhoea [daɪə'riːə] (US diarrhea) n diarréia

diary ['daɪərɪ] n (daily account) diário; (engagements book) agenda

dice [daɪs] n inv dado ♦ vt (CULIN) cortar em cubos

dictate [dɪk'teɪt] vt ditar; **dictation** n (of letter) ditado; (of orders) ordem f

dictator [dɪk'teɪtə*] n ditador(a) m/f; **dictatorship** n ditadura

dictionary ['dɪkʃənrɪ] n dicionário

did [dɪd] pt of do

didn't ['dɪdnt] = did not

die [daɪ] vi morrer; (fig: fade) murchar; **to be dying for sth/to do sth** estar

louco por algo/para fazer algo; **die away** vi (sound, light) extinguir-se lentamente; **die down** vi (fire) apagar-se; (wind) abrandar; (excitement) diminuir; **die out** vi desaparecer

diesel ['diːzl] n diesel m; (also: **~ oil**) óleo diesel

diet ['daɪət] n dieta; (restricted food) regime m ♦ vi (also: **be on a ~**) estar de dieta, fazer regime

differ ['dɪfə*] vi (be different): **to ~ from sth** ser diferente de algo, diferenciar-se de algo; (disagree): **to ~ (about)** discordar (sobre); **difference** n diferença; (disagreement) divergência; **different** adj diferente; **differentiate** [dɪfə'renʃɪeɪt] vi: **to differentiate (between)** distinguir (entre)

difficult ['dɪfɪkəlt] adj difícil; **difficulty** n dificuldade f

dig [dɪg] (pt, pp **dug**) vt cavar ♦ n (prod) pontada; (archaeological) excavação f; (remark) alfinetada; **to ~ one's nails into sth** cravar as unhas em algo; **dig into** vt fus (savings) gastar; **dig up** vt (plant) arrancar; (information) trazer à tona

digest [vb daɪ'dʒest, n 'daɪdʒest] vt (food) digerir; (facts) assimilar ♦ n sumário; **digestion** [dɪ'dʒestʃən] n digestão f

digit ['dɪdʒɪt] n (MATH) dígito; (finger) dedo; **digital** adj digital; **digital camera** n câmara digital; **digital TV** n televisão f digital

dignified ['dɪgnɪfaɪd] adj digno

dignity ['dɪgnɪtɪ] n dignidade f

digress [daɪ'gres] vi: **to ~ from** afastar-se de

digs [dɪgz] (BRIT: inf) npl pensão f, alojamento

dilapidated [dɪ'læpɪdeɪtɪd] adj

arruinado

dilemma [daɪˈlemə] n dilema m

diligent [ˈdɪlɪdʒənt] adj (worker) diligente; (research) cuidadoso

dilute [daɪˈluːt] vt diluir

dim [dɪm] adj fraco; (outline) indistinto; (room) escuro; (inf: person) burro ♦ vt diminuir; (US: AUT) baixar

dime [daɪm] (US) n dez centavos

dimension [dɪˈmenʃən] n dimensão f; (measurement) medida; (also: ~s: scale, size) tamanho

diminish [dɪˈmɪnɪʃ] vi diminuir

diminutive [dɪˈmɪnjutɪv] adj diminuto ♦ n (LING) diminutivo

dimple [ˈdɪmpl] n covinha

din [dɪn] n zoeira

dine [daɪn] vi jantar; **diner** n comensal m/f; (US: eating place) lanchonete f

dinghy [ˈdɪŋgɪ] n dingue m; (also: **rubber ~**) bote m; (: also: **sailing ~**) bote de borracha

dingy [ˈdɪndʒɪ] adj (room) sombrio, lúgubre; (clothes, curtains etc) sujo

dining car [ˈdaɪnɪŋ-] (BRIT) n (RAIL) vagão-restaurante m

dining room [ˈdaɪnɪŋ-] n sala de jantar

dinner [ˈdɪnə*] n (evening meal) jantar m; (lunch) almoço; (banquet) banquete m; **dinner jacket** n smoking m; **dinner party** n jantar m; **dinner time** n (midday) hora de almoçar; (evening) hora de jantar

dip [dɪp] n (slope) inclinação f; (in sea) mergulho; (CULIN) pasta para servir com salgadinhos ♦ vt (in water) mergulhar; (ladle) meter; (BRIT: AUT: lights) baixar ♦ vi descer subitamente

diploma [dɪˈpləumə] n diploma m

diplomat [ˈdɪpləmæt] n diplomata m/f

dipstick [ˈdɪpstɪk] (US **diprod**) n (AUT)

vareta medidora

dire [daɪə*] adj terrível

direct [daɪˈrekt] adj direto; (route) reto; (manner) franco, sincero ♦ vt dirigir; (order): **to ~ sb to do sth** ordenar alguém para fazer algo ♦ adv direto; **can you ~ me to …?** pode me indicar o caminho a …?; **direction** n (way) indicação f; (TV, RADIO, CINEMA) direção f; **directions** npl (instructions) instruções fpl; **directions for use** modo de usar; **directly** adv diretamente; (at once) imediatamente; **director** n diretor(a) m/f

directory [dɪˈrektərɪ] n (TEL) lista (telefônica); (also: COMM) anuário comercial; (COMPUT) diretório;

directory enquiries (US **directory assistance**) n informações fpl

dirt [dəːt] n sujeira (BR), sujidade (PT); **dirty** adj sujo; (joke) indecente ♦ vt sujar; **dirty trick** n golpe m baixo, sujeira

disability [dɪsəˈbɪlɪtɪ] n incapacidade f

disabled [dɪsˈeɪbld] adj deficiente ♦ npl: **the ~** os deficientes

disadvantage [dɪsədˈvɑːntɪdʒ] n desvantagem f; (prejudice) inconveniente m

disagree [dɪsəˈgriː] vi (differ) diferir; (be against, think otherwise): **to ~ (with)** não concordar (com), discordar (de); **disagreeable** adj desagradável; **disagreement** n desacordo; (quarrel) desavença

disallow [ˈdɪsəˈlau] vt (LAW) vetar, proibir

disappear [dɪsəˈpɪə*] vi desaparecer, sumir; (custom etc) acabar; **disappearance** n desaparecimento, desaparição f

disappoint [dɪsəˈpɔɪnt] vt decepcionar; **disappointed** adj

desiludido; **disappointment** n
decepção f; (cause) desapontamento
disapproval [dɪsəˈpruːvəl] n
desaprovação f
disapprove [dɪsəˈpruːv] vi: **to ~ of**
desaprovar
disarmament [dɪsˈɑːməmənt] n
desarmamento
disaster [dɪˈzɑːstə*] n (accident)
desastre m; (natural) catástrofe f
disbelief [dɪsbəˈliːf] n incredulidade f
disc [dɪsk] n disco; (COMPUT) = **disk**
discard [dɪsˈkɑːd] vt (old things)
desfazer-se de; (fig) descartar
discern [dɪˈsɜːn] vt perceber; (identify)
identificar; **discerning** adj perspicaz
discharge [vb dɪsˈtʃɑːdʒ, n ˈdɪstʃɑːdʒ]
vt (duties) cumprir, desempenhar;
(patient) dar alta a; (employee)
despedir; (soldier) dar baixa em,
dispensar; (defendant) pôr em
liberdade; (waste etc) descarregar,
despejar ♦ n (ELEC, CHEM) descarga;
(dismissal) despedida; (of duty)
desempenho; (of debt) quitação f;
(from hospital) alta; (from army) baixa;
(LAW) absolvição f; (MED) secreção f
discipline [ˈdɪsɪplɪn] n disciplina ♦ vt
disciplinar; (punish) punir
disc jockey n (on radio) radialista
m/f; (in disco) discotecário(-a)
disclose [dɪsˈkləuz] vt revelar;
disclosure n revelação f
disco [ˈdɪskəu] n abbr discoteca
discomfort [dɪsˈkʌmfət] n (unease)
inquietação f; (physical) desconforto
disconcert [dɪskənˈsɜːt] vt
desconcertar
disconnect [dɪskəˈnɛkt] vt desligar;
(pipe, tap) desmembrar
discontent [dɪskənˈtɛnt] n
descontentamento; **discontented** adj
descontente

discontinue [dɪskənˈtɪnjuː] vt
interromper; (payments) suspender;
"~d" (COMM) "fora de linha"
discount [n ˈdɪskaunt, vb dɪsˈkaunt] n
desconto ♦ vt descontar; (idea)
ignorar
discourage [dɪsˈkʌrɪdʒ] vt (dishearten)
desanimar; (advise against): **to ~ sth/
sb from doing** desaconselhar algo/
alguém a fazer
discover [dɪsˈkʌvə*] vt descobrir;
(missing person) encontrar; (mistake)
achar; **discovery** n descoberta
discredit [dɪsˈkrɛdɪt] vt desacreditar;
(claim) desmerecer
discreet [dɪsˈkriːt] adj discreto;
(careful) cauteloso
discrepancy [dɪˈskrɛpənsɪ] n diferença
discretion [dɪsˈkrɛʃən] n discrição f; **at
the ~ of** ao arbítrio de
discriminate [dɪsˈkrɪmɪneɪt] vi: **to ~
between** fazer distinção entre; **to ~
against** discriminar contra;
discriminating adj criterioso;
discrimination [dɪskrɪmɪˈneɪʃən] n
(discernment) discernimento; (bias)
discriminação f
discuss [dɪsˈkʌs] vt discutir; (analyse)
analisar; **discussion** n discussão f;
(debate) debate m
disdain [dɪsˈdeɪn] n desdém m
disease [dɪˈziːz] n doença
disembark [dɪsɪmˈbɑːk] vt, vi
desembarcar
disentangle [dɪsɪnˈtæŋgl] vt
desvencilhar; (wool, wire)
desembaraçar
disfigure [dɪsˈfɪgə*] vt (person)
desfigurar; (object) estragar, enfear
disgrace [dɪsˈgreɪs] n ignomínia;
(shame) desonra ♦ vt (family)
envergonhar; (name, country)
desonrar; **disgraceful** adj

vergonhoso; (*behaviour*) escandaloso

disgruntled [dɪs'grʌntld] *adj* descontente

disguise [dɪs'gaɪz] *n* disfarce *m* ♦ *vt*: **to ~ (as)** disfarçar (de); **in ~** disfarçado

disgust [dɪs'gʌst] *n* repugnância ♦ *vt* repugnar a, dar nojo em; **disgusting** *adj* repugnante; (*unacceptable*) inaceitável

dish [dɪʃ] *n* prato; (*serving ~*) travessa; **to do** *or* **wash the ~es** lavar os pratos *or* a louça; **dish out** *vt* repartir; **dish up** *vt* servir; **dishcloth** *n* pano de prato *or* de louça

dishearten [dɪs'hɑːtn] *vt* desanimar

dishevelled [dɪ'ʃevəld] (*US* **disheveled**) *adj* (*hair*) despenteado; (*clothes*) desalinhado

dishonest [dɪs'ɔnɪst] *adj* (*person*) desonesto; (*means*) fraudulento

dishonour [dɪs'ɔnə*] (*US* **dishonor**) *n* desonra

dishtowel ['dɪʃtauəl] (*US*) *n* pano de prato

dishwasher ['dɪʃwɔʃə*] *n* máquina de lavar louça *or* pratos

disillusion [dɪsɪ'luːʒən] *vt* desiludir

disinfectant [dɪsɪn'fektənt] *n* desinfetante *m*

disintegrate [dɪs'ɪntɪgreɪt] *vi* desintegrar-se

disjointed [dɪs'dʒɔɪntɪd] *adj* desconexo

disk [dɪsk] *n* (*COMPUT*) disco; **single-/double-sided ~** disquete de face simples/dupla; **disk drive** *n* unidade *f* de disco; **diskette** [dɪs'ket] (*US*) *n* = **disk**

dislike [dɪs'laɪk] *n* (*feeling*) desagrado; (*gen pl*: *object of ~*) antipatia, aversão *f* ♦ *vt* antipatizar com, não gostar de

dislocate ['dɪsləkeɪt] *vt* deslocar

dislodge [dɪs'lɔdʒ] *vt* mover, deslocar

disloyal [dɪs'lɔɪəl] *adj* desleal

dismal ['dɪzml] *adj* (*depressing*) deprimente; (*very bad*) horrível

dismantle [dɪs'mæntl] *vt* desmontar, desmantelar

dismay [dɪs'meɪ] *n* consternação *f* ♦ *vt* consternar

dismiss [dɪs'mɪs] *vt* (*worker*) despedir; (*pupils*) dispensar, soldiers) dar baixa a; (*LAW, possibility*) rejeitar; **dismissal** *n* demissão *f*

dismount [dɪs'maunt] *vi* (*from horse*) desmontar; (*from bicycle*) descer

disobedient *adj* desobediente

disobey [dɪsə'beɪ] *vt* desobedecer a; (*rules*) transgredir

disorder [dɪs'ɔːdə*] *n* desordem *f*; (*rioting*) distúrbios *mpl*, tumulto; (*MED*) distúrbio; **disorderly** *adj* (*untidy*) desarrumado; (*meeting*) tumultuado; (*behaviour*) escandaloso

disown [dɪs'əun] *vt* repudiar; (*child*) rejeitar

disparaging [dɪs'pærɪdʒɪŋ] *adj* depreciativo

dispatch [dɪs'pætʃ] *vt* (*send*: *parcel etc*) expedir; (: *messenger*) enviar ♦ *n* (*sending*) remessa, urgência; (*PRESS*) comunicado; (*MIL*) parte *f*

dispel [dɪs'pel] *vt* dissipar

dispense [dɪs'pens] *vt* (*medicine*) preparar (e vender); **dispense with** *vt fus* prescindir de; **dispenser** *n* (*device*) distribuidor *m* automático

disperse [dɪs'pəːs] *vt* espalhar; (*crowd*) dispersar ♦ *vi* dispersar-se

displace [dɪs'pleɪs] *vt* (*shift*) deslocar

display [dɪs'pleɪ] *n* (*in shop*) mostra; (*exhibition*) exposição *f*; (*COMPUT, TECH*: *information*) apresentação *f* visual; (: *device*) display *m*; (*of feeling*) manifestação *f* ♦ *vt* mostrar; (*ostentatiously*) ostentar

displease [dɪsˈpliːz] vt (offend) ofender; (annoy) aborrecer;

displeased adj: **displeased with** descontente com; (disappointed) aborrecido com; **displeasure** [dɪsˈplɛʒə*] n desgosto

disposable [dɪsˈpəuzəbl] adj descartável; (income) disponível

disposal [dɪsˈpəuzl] n (of rubbish) destruição f; (of property etc) venda, traspasse m; **at sb's ~** à disposição de alguém

disposed [dɪsˈpəuzd] adj: **to be ~ to do sth** estar disposto a fazer algo; **to be well ~ towards sb** estar predisposto a favor de alguém

dispose of [dɪsˈpəuz-] vt fus (unwanted goods) desfazer-se de; (problem, task) lidar; **disposition** [dɪspəˈzɪʃən] n disposição f; (temperament) índole f

disprove [dɪsˈpruːv] vt refutar

dispute [dɪsˈpjuːt] n (domestic) briga; (also: **industrial ~**) conflito, disputa ♦ vt (fact, statement) questionar; (ownership) contestar

disqualify [dɪsˈkwɒlɪfaɪ] vt (SPORT) desclassificar; **to ~ sb for sth/from doing sth** desqualificar alguém para algo/de fazer algo

disregard [dɪsrɪˈɡɑːd] vt ignorar

disreputable [dɪsˈrɛpjutəbl] adj (person) de má fama; (behaviour) vergonhoso

disrupt [dɪsˈrʌpt] vt (plans) desfazer; (conversation) perturbar, interromper

dissect [dɪˈsɛkt] vt dissecar

dissent [dɪˈsɛnt] n dissensão f

dissertation [dɪsəˈteɪʃən] n (also: SCH) dissertação f, tese f

dissolve [dɪˈzɒlv] vt dissolver ♦ vi dissolver-se; **to ~ in(to) tears** debulhar-se em lágrimas

distance [ˈdɪstns] n distância; **in the ~** ao longe

distant [ˈdɪstnt] adj distante; (manner) afastado, reservado

distaste [dɪsˈteɪst] n repugnância; **distasteful** adj repugnante

distil [dɪsˈtɪl] (US distill) vt destilar; **distillery** n destilaria

distinct [dɪsˈtɪŋkt] adj distinto; (clear) claro; (unmistakable) nítido; **as ~ from** em oposição a; **distinction** n diferença; (honour) honra; (in exam) distinção f

distinguish [dɪsˈtɪŋɡwɪʃ] vt (differentiate) diferenciar; (identify) identificar; **to ~ o.s.** distinguir-se; **distinguished** adj (eminent) eminente; (in appearance) distinto; **distinguishing** adj (feature) distintivo

distort [dɪsˈtɔːt] vt distorcer

distract [dɪsˈtrækt] vt (person); (attention) desviar; **distracted** adj distraído; (anxious) aturdido; **distraction** n distração f; (confusion) aturdimento, perplexidade f; (amusement) divertimento

distraught [dɪsˈtrɔːt] adj desesperado

distress [dɪsˈtrɛs] n angústia ♦ vt afligir; **distressing** adj angustiante

distribute [dɪsˈtrɪbjuːt] vt distribuir; (share out) repartir, dividir; **distribution** [dɪstrɪˈbjuːʃən] n distribuição f; (of profits) repartição f; **distributor** n (AUT) distribuidor m; (COMM) distribuidor(a) m/f

district [ˈdɪstrɪkt] n (of country) região f; (of town) zona; (ADMIN) distrito; **district attorney** (US) n promotor público (promotora pública) m/f

distrust [dɪsˈtrʌst] n desconfiança ♦ vt desconfiar de

disturb [dɪsˈtəːb] vt (disorganize) perturbar; (upset) incomodar;

(interrupt) atrapalhar; **disturbance** *n* *(upheaval)* convulsão *f*; *(political, violent)* distúrbio; *(of mind)* transtorno; **disturbed** *adj* perturbado; *(childhood)* infeliz; **to be emotionally disturbed** ter problemas emocionais; **disturbing** *adj* perturbador(a)

ditch [dɪtʃ] *n* fosso; *(irrigation ~)* rego ♦ *vt (inf: partner)* abandonar; (: *car, plan etc)* desfazer-se de

dither ['dɪðə•] *vi* vacilar

ditto ['dɪtəu] *adv* idem

dive [daɪv] *n (from board)* salto; *(underwater)* mergulho ♦ *vi* mergulhar; **to ~ into** *(bag, drawer)* enfiar a mão em; *(shop, car)* enfiar-se em; **diver** *n* mergulhador(a) *m/f*

diversion [daɪ'vɜːʃən] *n (BRIT: AUT)* desvio; *(distraction)* diversão *f*; *(of funds)* desvio

divert [daɪ'vɜːt] *vt* desviar

divide [dɪ'vaɪd] *vt (MATH)* dividir; *(separate)* separar; *(share out)* repartir ♦ *vi* dividir-se; *(road)* bifurcar-se;

divided highway *(US)* *n* pista dupla

dividend ['dɪvɪdend] *n* dividendo; *(fig)*: **to pay ~s** valer a pena

divine [dɪ'vaɪn] *adj (also fig)* divino

diving ['daɪvɪŋ] *n* salto; *(underwater)* mergulho; **diving board** *n* trampolim *m*

divinity [dɪ'vɪnɪtɪ] *n* divindade *f*; *(SCH)* teologia

division [dɪ'vɪʒən] *n* divisão *f*; *(sharing out)* repartição *f*; *(disagreement)* discórdia; *(FOOTBALL)* grupo

divorce [dɪ'vɔːs] *n* divórcio ♦ *vt* divorciar-se de; *(dissociate)* dissociar; **divorced** *adj* divorciado; **divorcee** *n* divorciado(-a)

DIY *n abbr* = **do-it-yourself**

dizzy ['dɪzɪ] *adj* tonto

DJ *n abbr* = **disc jockey**

---

do

KEYWORD

[duː] *(pt* **did***, pp* **done***) vb aux*

1 *(in negative constructions)*: **I don't understand** eu não compreendo

2 *(to form questions)*: **didn't you know?** você não sabia?; **what ~ you think?** o que você acha?

3 *(for emphasis, in polite expressions)* **she does seem rather late** ela está muito atrasada; **~ sit down/help yourself** sente-se/sirva-se; **~ take care!** tome cuidado!

4 *(used to avoid repeating vb)*: **she swims better than I ~** ela nada melhor que eu; **~ you agree? – yes, I ~/no, I don't** você concorda? – sim, concordo/não, não concordo; **she lives in Glasgow – so ~ I** ela mora em Glasgow – eu também; **who broke it? – I did** quem quebrou isso? – (fui) eu

5 *(in question tags)*: **you like him, don't you?** você gosta dele, não é?; **he laughed, didn't he?** ele riu, não foi?

♦ *vt*

1 *(gen: carry out, perform etc)* fazer; **what are you ~ing tonight?** o que você vai fazer hoje à noite?; **to ~ the washing-up/cooking** lavar a louça/cozinhar; **to ~ one's teeth/ nails** escovar os dentes/fazer as unhas; **to ~ one's hair** *(comb)* pentear-se; *(style)* fazer um penteado; **we're ~ing Othello at school** *(studying)* nós estamos estudando Otelo na escola; *(performing)* nós vamos encenar Otelo na escola

2 *(AUT etc)*: **the car was ~ing 100** o carro estava a 100 por hora; **we've done 200 km already** nós já that

a
b
c
d
e
f
g
h
i
j
k
l
m
n
o
p
q
r
s
t
u
v
w
x
y
z

fizemos 200 km; **he can ~ 100 in that car** ele consegue dar 100 nesse carro ♦ *vi*
1 (*act, behave*) fazer; **~ as I ~** faça como eu faço
2 (*get on, fare*) ir; **how ~ you ~?** como você está indo?
3 (*suit*) servir; **will it ~?** serve?
4 (*be sufficient*) bastar; **will £10 ~?** £10 dá?; **that'll ~** é suficiente; **that'll ~!** (*in annoyance*) basta!, chega!; **to make ~ (with)** contentar-se (com)
♦ *n* (*inf: party etc*) festa; **it was rather a ~** foi uma festança
do away with *vt fus* (*kill*) matar; (*law etc*) abolir; (*withdraw*) retirar
do up *vt* (*laces*) atar; (*zip*) fechar; (*dress, skirt*) abotoar; (*renovate: room, house*) arrumar, renovar
do with *vt fus* (*need*): **I could ~ with a drink/some help** eu bem que gostaria de tomar alguma coisa/eu bem que precisaria de uma ajuda; (*be connected*) ter a ver com; **what has it got to ~ with you?** o que é que isso tem a ver com você?
do without *vi*: **if you're late for tea then you'll ~ without** se você chegar atrasado ficará sem almoço ♦ *vt fus* passar sem

dock [dɔk] *n* (*NAUT*) doca; (*LAW*) banco (dos réus) ♦ *vi* (*NAUT: enter ~*) entrar no estaleiro; (*SPACE*) unir-se no espaço; **~s** *npl* docas *fpl*; **docker** *n* portuário, estivador *m*; **dockyard** *n* estaleiro
doctor ['dɔktə*] *n* médico(-a); (*PhD etc*) doutor(a) *m/f* ♦ *vt* (*drink etc*) falsificar
document ['dɔkjumənt] *n* documento; **documentary** [dɔkju'mɛntərı] *adj* documental ♦ *n* documentário
dodge [dɔdʒ] *n* (*trick*) trapaça ♦ *vt* esquivar-se de, evitar; (*tax*) sonegar; (*blow*) furtar-se a
Dodgems ['dɔdʒəmz] ® (*BRIT*) *npl* carros *mpl* de choque
does [dʌz] *vb see* do; **doesn't = does not**
dog [dɔg] *n* cachorro, cão *m* ♦ *vt* (*subj: person*) seguir; (*: bad luck*) perseguir; **dog-eared** *adj* surrado
dogged ['dɔgɪd] *adj* tenaz, persistente
dogsbody ['dɔgzbɔdɪ] (*BRIT: inf*) *n* faz-tudo *m/f*
doings ['duɪŋz] *npl* atividades *fpl*
do-it-yourself *n* sistema *m* faça-você-mesmo
dole [dəul] (*BRIT*) *n* (*payment*) subsídio de desemprego; **on the ~** desempregado; **dole out** *vt* distribuir
doll [dɔl] *n* boneca; (*US: inf: woman*) mulher *f* jovem e bonita
dollar ['dɔlə*] *n* dólar *m*
dolphin ['dɔlfɪn] *n* golfinho
dome [dəum] *n* (*ARCH*) cúpula
domestic [də'mɛstɪk] *adj* doméstico; (*national*) nacional; **domesticated** *adj* domesticado; (*home-loving*) prendado
dominate ['dɔmɪneɪt] *vt* dominar
domineering [dɔmɪ'nɪərɪŋ] *adj* dominante, mandão(-dona)
domino ['dɔmɪnəu] (*pl* **~es**) *n* peça de dominó; **~es** *n* (*game*) dominó *m*
donate [də'neɪt] *vt*: **to ~ (to)** doar (para)
done [dʌn] *pp of* do
donkey ['dɔŋkɪ] *n* burro
donor ['dəunə*] *n* doador(a) *m/f*; **donor card** *n* cartão *m* de doador
don't [dəunt] = **do not**
doodle ['du:dl] *vi* rabiscar

doom [duːm] *n* (*fate*) destino ♦ *vt*: **to be ~ed to failure** estar destinado *or* fadado ao fracasso

door [dɔː*] *n* porta; **doorbell** *n* campainha; **doorman** (*irreg*) *n* porteiro; **doormat** *n* capacho; **doorstep** *n* degrau *m* da porta, soleira; **doorway** *n* vão *m* da porta, entrada

dope [dəup] *n* (*inf: person*) imbecil *m/f*; (*: drug*) maconha ♦ *vt* (*horse etc*) dopar

dormitory [ˈdɔːmɪtrɪ] *n* dormitório; (*US*) *residência universitária*

dormouse [ˈdɔːmaus] (*pl* **dormice**) *n* rato (de campo)

dose [dəus] *n* dose *f*

dot [dɔt] *n* ponto; (*speck*) marca pequena ♦ *vt*: **~ted with** salpicado de; **on the ~** em ponto

dote [dəut]: **to ~ on** *vt fus* adorar, idolatrar

dotted line [ˈdɔtɪd-] *n* linha pontilhada

double [ˈdʌbl] *adj* duplo ♦ *adv* (*twice*): **to cost ~ (sth)** custar o dobro (de algo) ♦ *n* (*person*) duplo(-a) ♦ *vt* dobrar ♦ *vi* dobrar; **at the ~** (*BRIT*), **on the ~** em passo acelerado; **double bass** *n* contrabaixo; **double bed** *n* cama de casal; **double-click** *vi* (*COMPUT*) dar um clique duplo; **doublecross** *vt* (*trick*) enganar; (*betray*) atraiçoar; **doubledecker** *n* ônibus *m* (*BR*) *or* autocarro (*PT*) de dois andares; **double room** *n* quarto de casal

doubt [daut] *n* dúvida ♦ *vt* duvidar; (*suspect*) desconfiar de; **to ~ if** *or* **whether** duvidar que; **doubtful** *adj* duvidoso; **doubtless** *adv* sem dúvida

dough [dəu] *n* massa; **doughnut** (*US* **donut**) *n* sonho (*BR*), bola de Berlim (*PT*)

dove [dʌv] *n* pomba

dowdy [ˈdaudɪ] *adj* (*clothes*) desalinhado; (*person*) deselegante, pouco elegante

down [daun] *n* (*feathers*) penugem *f* ♦ *adv* (*~wards*) para baixo; (*on the ground*) por terra ♦ *prep* (*towards lower level*) embaixo de; (*movement along*) ao longo de ♦ *vt* (*inf: drink*) tomar de um gole só; **~ with X!** abaixo X!; **down-and-out** *n* (*tramp*) vagabundo(-a); **down-at-heel** *adj* descuidado, desmazelado; (*appearance*) deselegante; **downcast** *adj* abatido; **downfall** *n* queda, ruína; **downhearted** *adj* desanimado; **downhill** *adv*: **to go downhill** descer, ir morro abaixo; (*fig: business*) degringolar

Downing Street [ˈdaunɪŋ-] (*BRIT*) *n* ver quadro

DOWNING STREET

Downing Street é a rua de Westminster (Londres) onde estão localizadas as residências oficiais do Primeiro-ministro (número 10) e do Ministro da Fazenda (número 11). O termo **Downing Street** é freqüentemente utilizado para designar o governo britânico.

down: **download** [daunˈləud] *vt* (*COMPUT*) fazer o download de, baixar; **downpour** *n* aguaceiro; **downright** *adj* (*lie*) patente; (*refusal*) categórico; **downstairs** *adv* (*below*) (lá) em baixo; (*downwards*) para baixo; **downstream** *adv* água *or* rio abaixo; **down-to-earth** *adj* prático, realista; **downtown** *adv* no centro da cidade; **down under** *adv* na Austrália (*or*

Nova Zelândia); **downward** *adj, adv* para baixo; **downwards** *adv* = **downward**

doz. *abbr* (= *dozen*) dz.

doze [dəuz] *vi* dormitar; **doze off** *vi* cochilar

dozen ['dʌzn] *n* dúzia; **a ~ books** uma dúzia de livros; **~s of** milhares de

Dr *abbr* (= *doctor*) Dr(a) *m/f*

drab [dræb] *adj* sombrio

draft [drɑːft] *n* (*first copy*) rascunho; (*POL: of bill*) projeto de lei; (*bank ~*) saque *m*, letra; (*US: call-up*) recrutamento ♦ *vt* (*plan*) esboçar; (*speech, letter*) rascunhar; *see also* **draught**

drag [dræg] *vt* arrastar; (*river*) dragar ♦ *vi* arrastar-se ♦ *n* (*inf*) chatice *f* (*BR*), maçada (*PT*); (*women's clothing*): **in ~** em travesti; **drag on** *vi* arrastar-se

dragon ['drægən] *n* dragão *m*

dragonfly ['drægənflaɪ] *n* libélula

drain [dreɪn] *n* bueiro; (*source of loss*) sorvedouro ♦ *vt* (*glass*) esvaziar; (*land, marshes*) drenar; (*vegetables*) coar ♦ *vi* (*water*) escorrer, escoar-se; **drainage** *n* (*act*) drenagem *f*; (*system*) esgoto; **drainpipe** *n* cano de esgoto

drama ['drɑːmə] *n* (*art*) teatro; (*play*) drama *m*; **dramatic** [drə'mætɪk] *adj* dramático; (*theatrical*) teatral

drank [dræŋk] *pt of* **drink**

drape [dreɪp] *vt* ornar, cobrir; **drapes** (*US*) *npl* cortinas *fpl*

drastic ['dræstɪk] *adj* drástico

draught [drɑːft] (*US* **draft**) *n* (*of air*) corrente *f*; (*NAUT*) calado; (*beer*) chope *m*; **on ~** (*beer*) de barril; **draughts** (*BRIT*) *n* (jogo de) damas *fpl*

draw [drɔː] (*pt* **drew,** *pp* **drawn**) *vt* desenhar; (*cart*) puxar; (*curtain*) fechar; (*gun*) sacar; (*attract*) atrair; (*money*) tirar; (: *from bank*) sacar ♦ *vi*

empatar ♦ *n* empate *m*; (*lottery*) sorteio; **to ~ near** aproximar-se; **draw out** *vt* (*money*) sacar; **draw up** *vi* (*stop*) parar(-se) ♦ *vt* (*chair etc*) puxar; (*document*) redigir; **drawback** *n* inconveniente *m*, desvantagem *f*; **drawbridge** *n* ponte *f* levadiça; **drawer** *n* gaveta; **drawing** *n* desenho; **drawing pin** (*BRIT*) *n* tachinha (*BR*), pionés *m* (*PT*); **drawing room** *n* sala de visitas

drawl [drɔːl] *n* fala arrastada

drawn [drɔːn] *pp of* **draw**

dread [drɛd] *n* medo, pavor *m* ♦ *vt* temer, recear, ter medo de; **dreadful** *adj* terrível

dream [driːm] (*pt, pp* **~ed** *or* **~t**) *n* sonho ♦ *vt, vi* sonhar; **dreamy** *adj* sonhador(a), distraído; (*music*) sentimental

dreary ['drɪərɪ] *adj* (*talk, time*) monótono; (*weather*) sombrio

dregs [drɛgz] *npl* lia; (*of humanity*) escória, ralé *f*

drench [drɛntʃ] *vt* encharcar

dress [drɛs] *n* vestido; (*no pl: clothing*) traje *m* ♦ *vt* vestir; (*wound*) fazer curativo em ♦ *vi* vestir-se; **to get ~ed** vestir-se; **dress up** *vi* vestir-se com elegância; (*in fancy dress*) fantasiar-se; **dress circle** (*BRIT*) *n* balcão *m* nobre; **dresser** *n* (*BRIT: cupboard*) aparador *m*; (*US: chest of drawers*) cômoda de espelho; **dressing** *n* (*MED*) curativo; (*CULIN*) molho; **dressing gown** (*BRIT*) *n* roupão *m*; (*woman's*) peignoir *m*; **dressing room** *n* (*THEATRE*) camarim *m*; (*SPORT*) vestiário; **dressing table** *n* penteadeira (*BR*), toucador *m* (*PT*); **dressmaker** *n* costureiro(-a); **dress rehearsal** *n* ensaio geral

drew [druː] *pt of* **draw**

dribble ['drɪbl] *vi* (*baby*) babar ♦ *vt*

(*ball*) driblar

dried [draɪd] *adj* (*fruit, beans*) seco; (*eggs, milk*) em pó

drier ['draɪə*] *n* = dryer

drift [drɪft] *n* (*of current etc*) força; (*of snow*) monte *m*; (*meaning*) sentido ♦ *vi* (*boat*) derivar; (*sand, snow*) amontoar-se

drill [drɪl] *n* furadeira; (*of dentist*) broca; (*for mining etc*) broca, furadeira; (*MIL*) exercícios *mpl* militares ♦ *vt* furar, brocar; (*MIL*) exercitar ♦ *vi* (*for oil*) perfurar

drink [drɪŋk] (*pt* **drank**, *pp* **drunk**) *n* bebida; (*sip*) gole *m* ♦ *vt, vi* beber; **a ~ of water** um copo d'água; **drinker** *n* bebedor(a) *m/f*; **drinking water** *n* água potável

drip [drɪp] *n* gotejar *m*; (*one ~*) gota, pingo; (*MED*) gota a gota *m* ♦ *vi* gotejar; (*tap*) pingar; **drip-dry** *adj* de lavar e vestir; **dripping** *n* gordura

drive [draɪv] (*pt* **drove**, *pp* **driven**) *n* passeio (de automóvel); (*journey*) trajeto, percurso; (*also:* **~way**) entrada; (*energy*) energia, vigor *m*; (*campaign*) campanha; (*COMPUT: also:* **disk ~**) unidade *f* de disco ♦ *vt* (*car*) dirigir (*BR*), guiar (*PT*); (*push*) empurrar; (*TECH: motor*) acionar; (*nail etc*) cravar ♦ *vi* (*AUT: at controls*) dirigir (*BR*), guiar (*PT*); (*: travel*) ir de carro; **left-/right-hand ~** direção à esquerda/direita; **to ~ sb mad** deixar alguém louco

drivel ['drɪvl] (*inf*) *n* bobagem *f*, besteira

driver ['draɪvə*] *n* motorista *m/f*; (*RAIL*) maquinista *m*; **driver's license** (*US*) *n* carteira de motorista (*BR*), carta de condução (*PT*)

driveway ['draɪvweɪ] *n* entrada

driving ['draɪvɪŋ] *n* direção *f* (*BR*), condução *f* (*PT*); **driving instructor** *n* instrutor(a) *m/f* de auto- escola (*BR*) or de condução (*PT*); **driving licence** (*BRIT*) *n* carteira de motorista (*BR*), carta de condução (*PT*); **driving school** *n* auto-escola *f*; **driving test** *n* exame *m* de motorista

drizzle ['drɪzl] *n* chuvisco

drool [druːl] *vi* babar-se

droop [druːp] *vi* pender

drop [drɔp] *n* (*of water*) gota; (*lessening*) diminuição *f*; (*fall: distance*) declive *m* ♦ *vt* (*allow to fall*) deixar cair; (*voice, eyes, price*) baixar; (*set down from car*) deixar (saltar/descer); (*omit*) omitir ♦ *vi* cair; (*wind*) parar; **~s** *npl* (*MED*) gotas *fpl*; **drop off** *vi* (*sleep*) cochilar ♦ *vt* (*passenger*) deixar (saltar/descer); **drop out** *vi* (*withdraw*) retirar-se; **drop-out** *n* pessoa que abandona o trabalho, os estudos etc

drought [draut] *n* seca

drove [drəuv] *pt of* drive

drown [draun] *vt* afogar; (*also: ~ out: sound*) encobrir ♦ *vi* afogar-se

drowsy ['drauzɪ] *adj* sonolento

drug [drʌg] *n* remédio, medicamento; (*narcotic*) droga ♦ *vt* drogar; **to be on ~s** estar viciado em drogas; (*MED*) estar sob medicação; **drug addict** *n* toxicômano(-a); **druggist** (*US*) *n* farmacêutico(-a) *m/f*; **drugstore** (*US*) *n* drogaria

drum [drʌm] *n* tambor *m*; (*for oil, petrol*) tambor, barril *m*; **~s** *npl* (*kit*) bateria; **drummer** *n* baterista *m/f*

drunk [drʌŋk] *pp of* drink ♦ *adj* bêbado ♦ *n* (*also:* **~ard**) bêbado(-a); **drunken** *adj* (*laughter*) de bêbado; (*party*) cheio de bêbado; (*person*) bêbado

dry [draɪ] *adj* seco; (*day*) sem chuva; (*humour*) irônico ♦ *vt* secar, enxugar; (*tears*) limpar ♦ *vi* secar; **dry up** *vi* secar completamente; **dry-cleaner's** n tinturaria; **dryer** n secador m; (US: spin-dryer) secadora

DSS (BRIT) n abbr (= Department of Social Security) ≈ INAMPS m

DTP n abbr (= desktop publishing) DTP m, editoração f eletrônica

dual ['djuəl] adj dual, duplo; **dual carriageway** (BRIT) n pista dupla; **dual-purpose** adj de duplo uso

dubbed [dʌbd] adj (CINEMA) dublado

dubious ['dju:biəs] adj duvidoso; (reputation, company) suspeitoso

duchess ['dʌtʃis] n duquesa

duck [dʌk] n pato ♦ vi abaixar-se repentinamente; **duckling** ['dʌklɪŋ] n patinho

due [dju:] adj (proper) devido; (expected) esperado ♦ n: **to give sb his** (or **her**) ~ ser justo com alguém ♦ adv: ~ **north** exatamente ao norte; ~**s** npl (for club, union) quota; (in harbour) direitos mpl; **in ~ course** no devido tempo; (eventually) no final; ~ **to** devido a

duet [dju:'et] n dueto

dug [dʌg] pt, pp of **dig**

duke [dju:k] n duque m

dull [dʌl] adj (light) sombrio; (wit) lento; (boring) enfadonho; (sound, pain) surdo; (weather) nublado, carregado ♦ vt (pain) aliviar; (mind, senses) entorpecer

duly ['dju:lɪ] adv devidamente; (on time) no devido tempo

dumb [dʌm] adj mudo; (pej: stupid) estúpido; **dumbfounded** adj pasmado

dummy ['dʌmɪ] n (tailor's model) manequim m; (mock-up) modelo; (BRIT: for baby) chupeta ♦ adj falso

dump [dʌmp] n (also: **rubbish** ~) depósito de lixo; (inf: place) chiqueiro ♦ vt (put down) depositar, descarregar; (get rid of) desfazer-se de; (COMPUT) tirar um dump de

dumpling ['dʌmplɪŋ] n bolinho cozido

dunce [dʌns] n burro, ignorante m/f

dung [dʌŋ] n estrume m

dungarees [dʌŋgə'ri:z] npl macacão m (BR), fato macaco (PT)

dungeon ['dʌndʒən] n calabouço

duplex ['dju:pleks] (US) n casa geminada; (also: ~ **apartment**) duplex m

duplicate [n 'dju:plɪkət, vb 'dju:plɪkeɪt] n (of document) duplicata; (of key) cópia ♦ vt duplicar; (photocopy) multigrafar; (repeat) reproduzir

durable ['djuərəbl] adj durável; (clothes, metal) resistente

during ['djuərɪŋ] prep durante

dusk [dʌsk] n crepúsculo, anoitecer m

dust [dʌst] n pó m, poeira ♦ vt (furniture) tirar o pó de; (cake etc): **to ~ with** polvilhar com; **dustbin** n (BRIT) lata de lixo; **duster** n pano de pó; **dustman** (BRIT) (irreg) n lixeiro, gari m (BR: inf); **dusty** adj empoeirado

Dutch [dʌtʃ] adj holandês(-esa) ♦ n (LING) holandês m ♦ adv: **let's go ~** (inf) cada um paga o seu, vamos rachar; **the ~** npl (people) os holandeses; **Dutchman** (irreg) n holandês m; **Dutchwoman** (irreg) n holandesa

duty ['dju:tɪ] n dever m; (tax) taxa; **on ~** de serviço; **off ~** de folga; **duty-free** adj livre de impostos

duvet ['du:veɪ] (BRIT) n edredom m (BR), edredão m (PT)

DVD n abbr (= digital versatile or video disc) DVD m

dwarf [dwɔ:f] (pl **dwarves**) n anão (anã) m/f ♦ vt ananicar

dwindle ['dwɪndl] *vi* diminuir
dye [daɪ] *n* tintura, tinta ♦ *vt* tingir
dynamite ['daɪnəmaɪt] *n* dinamite *f*
dyslexia [dɪs'lɛksɪə] *n* dislexia

E e

E [iː] *n* (MUS) mi *m*
each [iːtʃ] *adj* cada *inv* ♦ *pron* cada
um(a); **~ other** um ao outro; **they
hate ~ other** (eles) se odeiam
eager ['iːɡə*] *adj* ávido; **to be ~ for/to
do sth** ansiar por/por fazer algo
eagle ['iːɡl] *n* águia
ear [ɪə*] *n* (*external*) orelha; (*inner, fig*)
ouvido; (*of corn*) espiga; **earache** *n*
dor *f* de ouvidos; **eardrum** *n* tímpano
earl [əːl] (BRIT) *n* conde *m*
earlier ['əːlɪə*] *adj* mais adiantado;
(*edition*) anterior ♦ *adv* mais cedo
early ['əːlɪ] *adv* cedo; (*before time*)
com antecedência ♦ *adj* cedo; (*sooner
than expected*) prematuro; (*reply*)
pronto; (*Christians, settlers*) primeiro;
(*man*) primitivo; (*life, work*) juvenil; **in
the ~** *or* **~ in the spring/19th century**
no princípio da primavera/do século
dezenove
earmark ['ɪəmɑːk] *vt*: **to ~ sth for**
reservar *or* destinar algo para
earn [əːn] *vt* ganhar; (COMM: *interest*)
render; (*praise*) merecer
earnest ['əːnɪst] *adj* (*wish*) intenso;
(*manner*) sério; **in ~** a sério
earnings ['əːnɪŋz] *npl* (*personal*)
vencimentos *mpl* salário, ordenado; (*of
company*) lucro
ear: **earphones** *npl* fones *mpl* de
ouvido; **earring** *n* brinco; **earshot** *n*:
within earshot ao alcance do ouvido

or da voz
earth [əːθ] *n* terra; (BRIT: ELEC) fio terra
♦ *vt* (BRIT: ELEC) ligar à terra;
earthenware *n* louça de barro ♦ *adj*
de barro; **earthquake** *n* terremoto
(BR), terramoto (PT)
ease [iːz] *n* facilidade *f*; (*relaxed state*)
sossego; (*comfort*) conforto ♦ *vt*
facilitar; (*pain, tension*) aliviar; (*help
pass*): **to ~ sth in/out** meter/tirar algo
com cuidado; **at ~!** (MIL) descansar!;
ease off *vi* acalmar-se; (*wind*) baixar;
(*rain*) moderar-se; **ease up** *vi* = ease
off
easel ['iːzl] *n* cavalete *m*
easily ['iːzɪlɪ] *adv* facilmente, fácil (*inf*)
east [iːst] *n* leste *m* ♦ *adj* (*region*)
leste; (*wind*) do leste ♦ *adv* para o
leste; **the E~** o Oriente; (POL) o leste
Easter ['iːstə*] *n* Páscoa; **Easter egg** *n*
ovo de Páscoa
easterly ['iːstəlɪ] *adj* (*to the east*) para
o leste; (*from the east*) do leste
eastern ['iːstən] *adj* do leste, oriental
eastward(s) ['iːstwəd(z)] *adv* ao leste
easy ['iːzɪ] *adj* fácil; (*comfortable*)
folgado, cômodo; (*relaxed*) natural,
complacente; (*victim, prey*)
desprotegido ♦ *adv*: **to take it** *or*
things ~ (*not worry*) levar as coisas
com calma; (*go slowly*) ir devagar;
(*rest*) descansar; **easy chair** *n*
poltrona; **easy-going** *adj* pacato, fácil
eat [iːt] (*pt* **ate**, *pp* **eaten**) *vt, vi*
comer; **eat away** *vt* corroer; **eat
away at** *vt fus* corroer; **eat into** *vt fus*
= eat away at
eavesdrop ['iːvzdrɔp] *vi*: **to ~ (on)**
escutar às escondidas
ebb [ɛb] *n* refluxo ♦ *vi* baixar; (*fig*:
also: **~ away**) declinar
ebony ['ɛbənɪ] *n* ébano
EC *n abbr* (= *European Community*)

a
b
c
d
e
f
g
h
i
j
k
l
m
n
o
p
q
r
s
t
u
v
w
x
y
z

CE f

ECB n abbr (= European Central Bank) BCE m, Banco Central Europeu

eccentric [ɪk'sɛntrɪk] adj, n excêntrico (-a)

echo ['ɛkəu] (pl ~es) n eco ♦ vt ecoar, repetir ♦ vi ressoar, repetir

eclipse [ɪ'klɪps] n eclipse m

ecology [ɪ'kɔlədʒɪ] n ecologia

e-commerce n abbr (= electronic commerce) comércio eletrônico

economic [iːkə'nɔmɪk] adj econômico; (business etc) rentável; **economical** adj econômico; **economics** n economia ♦ npl aspectos mpl econômicos

economize [ɪ'kɔnəmaɪz] vi economizar, fazer economias

economy [ɪ'kɔnəmɪ] n economia; **economy class** n (AVIAT) classe f econômica

ecstasy ['ɛkstəsɪ] n êxtase m; **ecstatic** [ɛks'tætɪk] adj extasiado

ECU [eɪkjuː] n abbr (= European Currency Unit) ECU m

eczema ['ɛksɪmə] n eczema m

edge [ɛdʒ] n (of knife etc) fio; (of table, chair etc) borda; (of lake etc) margem f ♦ vt (trim) embainhar; **on ~** (fig) = edgy; **to ~ away from** afastar-se pouco a pouco de; **edgy** adj nervoso, inquieto

edible ['ɛdɪbl] adj comestível

Edinburgh ['ɛdɪnbərə] n Edimburgo

edit ['ɛdɪt] vt editar; (be editor of) dirigir; (cut) cortar, redigir; (COMPUT, TV) editar; (CINEMA) montar; **edition** [ɪ'dɪʃən] n edição f; **editor** n redator(a) m/f; (of newspaper) diretor(a) m/f; (of column) editor(a) m/f; (of book) organizador(a) m/f; **editorial** [ɛdɪ'tɔːrɪəl] adj editorial

educate ['ɛdjukeɪt] vt educar

education [ɛdju'keɪʃən] n educação f; (schooling) ensino; (teaching) pedagogia; **educational** adj (policy, experience) educacional; (toy etc) educativo

eel [iːl] n enguia

eerie ['ɪərɪ] adj (strange) estranho; (mysterious) misterioso

effect [ɪ'fɛkt] n efeito ♦ vt (repairs) fazer; (savings) efetuar; **to take ~** (law) entrar em vigor; (drug) fazer efeito; **in ~** na realidade; **effective** [ɪ'fɛktɪv] adj eficaz; (actual) efetivo; **effectiveness** n eficácia

efficiency [ɪ'fɪʃənsɪ] n eficiência

efficient [ɪ'fɪʃənt] adj eficiente; (machine) rentável

effort ['ɛfət] n esforço; **effortless** adj fácil

e.g. adv abbr (= exempli gratia) p. ex.

egg [ɛg] n ovo; **hard-boiled/soft-boiled ~** ovo duro/mole; **egg on** vt incitar; **eggcup** n oveiro; **eggplant** (esp US) n beringela; **eggshell** n casca de ovo

ego ['iːgəu] n ego; **egotism** n egotismo m

Egypt ['iːdʒɪpt] n Egito; **Egyptian** [ɪ'dʒɪpʃən] adj, n egípcio(-a)

eiderdown ['aɪdədaun] n edredom m (BR), edredão m (PT)

eight [eɪt] num oito; **eighteen** [eɪ'tiːn] num dezoito; **eighth** [eɪtθ] num oitavo; **eighty** ['eɪtɪ] num oitenta

Eire ['ɛərə] n (República da) Irlanda

either ['aɪðə*] adj (one or other) um ou outro; (each) cada; (both) ambos ♦ pron: ~ **(of them)** qualquer (dos dois) ♦ adv: **no, I don't ~** eu também não ♦ conj: ~ **yes or no** ou sim ou não

eject [ɪ'dʒɛkt] vt expulsar

elaborate [adj ɪ'læbərɪt, vb ɪ'læbəreɪt] adj complicado ♦ vt (expand) expandir; (*refine*) aperfeiçoar ♦ *vi*: **to ~ on** acrescentar detalhes a

elastic [ɪ'læstɪk] *adj* elástico; (*adaptable*) flexível, adaptável ♦ *n* elástico; **elastic band** (*BRIT*) *n* elástico

elated [ɪ'leɪtɪd] *adj*: **to be ~** rejubilar-se

elbow ['ɛlbəu] *n* cotovelo

elder ['ɛldə*] *adj* mais velho ♦ *n* (*tree*) sabugueiro; (*person*) o mais velho (a mais velha); **elderly** *adj* idoso, de idade ♦ *npl*: **the elderly** as pessoas de idade, os idosos

eldest ['ɛldɪst] *adj* mais velho ♦ *n* o mais velho (a mais velha)

elect [ɪ'lɛkt] *vt* eleger ♦ *adj*: **the president ~** o presidente eleito; **to ~ to do** (*choose*) optar por fazer; **election** *n* (*voting*) votação *f*; (*installation*) eleição *f*; **electioneering** [ɪlɛkʃə'nɪərɪŋ] *n* campanha or propaganda eleitoral; **electorate** *n* eleitorado

electric [ɪ'lɛktrɪk] *adj* elétrico; **electrical** *adj* elétrico; **electric fire** lareira elétrica

electrician [ɪlɛk'trɪʃən] *n* eletricista *m/f*

electricity [ɪlɛk'trɪsɪtɪ] *n* eletricidade *f*

electrify [ɪ'lɛktrɪfaɪ] *vt* (*fence*, *RAIL*) eletrificar; (*audience*) eletrizar

electronic [ɪlɛk'trɔnɪk] *adj* eletrônico; **electronic mail** *n* correio eletrônico; **electronics** *n* eletrônica

elegant ['ɛlɪgənt] *adj* (*person*, *building*) elegante; (*idea*) refinado

element ['ɛlɪmənt] *n* elemento; **elementary** [ɛlɪ'mɛntərɪ] *adj* (*gen*) elementar; (*primitive*) rudimentar; **elementary school** (*US*) *n* escola primária; *ver quadro*

elephant ['ɛlɪfənt] *n* elefante(-a) *m/f*

elevator ['ɛlɪveɪtə*] (*US*) *n* elevador *m*

eleven [ɪ'lɛvn] *num* onze; **eleventh** *num* décimo-primeiro

elicit [ɪ'lɪsɪt] *vt*: **to ~ (from)** (*information*) extrair (de); (*response*, *reaction*) provocar (de)

eligible ['ɛlɪdʒəbl] *adj* elegível, apto; **to be ~ for sth** (*job etc*) ter qualificações para algo

elm [ɛlm] *n* olmo

elongated ['iːlɔŋgeɪtɪd] *adj* alongado

elope [ɪ'ləup] *vi* fugir

eloquent ['ɛləkwənt] *adj* eloqüente

El Salvador [ɛl'sælvədɔː*] *n* El Salvador

else [ɛls] *adv* outro, mais; **something ~** outra coisa; **nobody ~ spoke** ninguém mais falou; **elsewhere** *adv* (*be*) em outro lugar (*BR*), noutro sítio (*PT*); (*go*) para outro lugar (*BR*), a outro sítio (*PT*)

elusive [ɪ'luːsɪv] *adj* esquivo; (*quality*) indescritível

e-mail ['iːmeɪl] *n* e-mail *m*, correio eletrônico ♦ *vt* (*person*) enviar um e-mail a

emancipate [ɪ'mænsɪpeɪt] *vt* libertar; (*women*) emancipar

embankment [ɪm'bæŋkmənt] *n* aterro, (*of river*) dique *m*

embark [ɪm'bɑːk] *vi* embarcar ♦ *vt*

embarcar; **to ~ on** (fig) empreender, começar

embarrass [ɪmˈbærəs] vt constranger; (politician) embaraçar; **embarrassed** adj descomfortável; **embarrassing** adj embaraçoso, constrangedor(a); **embarrassment** n embaraço, constrangimento

embassy [ˈembəsɪ] n embaixada

embellish [ɪmˈbelɪʃ] vt embelezar; (story) florear

embers [ˈembəz] npl brasa, borralho, cinzas fpl

embezzle [ɪmˈbezl] vt desviar

embitter [ɪmˈbɪtə*] vt (person) amargurar; (relations) azedar

embody [ɪmˈbɔdɪ] vt (features) incorporar; (ideas) expressar

embrace [ɪmˈbreɪs] vt abraçar, dar um abraço em; (include) abarcar, abranger ♦ vi abraçar-se ♦ n abraço

embroider [ɪmˈbrɔɪdə*] vt bordar; **embroidery** n bordado

emerald [ˈemərəld] n esmeralda

emerge [ɪˈməːdʒ] vi sair; (from sleep) acordar; (fact, idea) emergir

emergency [ɪˈməːdʒənsɪ] n emergência; **in an ~** em caso de urgência; **emergency cord** (US) n sinal m de alarme; **emergency exit** n saída de emergência; **emergency landing** n aterrissagem f forçada (BR), aterragem f forçosa (PT)

emigrate [ˈemɪɡreɪt] vi emigrar

eminent [ˈemɪnənt] adj eminente

emit [ɪˈmɪt] vt (smoke) soltar; (smell) exalar; (sound) produzir

emotion [ɪˈməuʃən] n emoção f; **emotional** adj (needs) emocional; (person) sentimental, emotivo; (scene) comovente; (tone) emocionante

emperor [ˈempərə*] n imperador m

emphasis [ˈemfəsɪs] (pl **emphases**) n

ênfase f

emphasize [ˈemfəsaɪz] vt (word, point) enfatizar, acentuar; (feature) salientar

emphatic [emˈfætɪk] adj (statement) vigoroso, expressivo; (person) convincente; (manner) enfático

empire [ˈempaɪə*] n império

employ [ɪmˈplɔɪ] vt empregar; (tool) utilizar; **employee** n empregado(-a); **employer** n empregador(a) m/f, patrão(-troa) m/f; **employment** n (gen) emprego; (work) trabalho

empress [ˈemprɪs] n imperatriz f

emptiness [ˈemptɪnɪs] n vazio, vácuo

empty [ˈemptɪ] adj vazio; (place) deserto; (house) desocupado; (threat) vão (vã) ♦ vt esvaziar; (place) evacuar ♦ vi esvaziar-se; (place) ficar deserto; **empty-handed** adj de mãos vazias

EMU n abbr (= economic and monetary union) UEM f, União Econômica e Monetária

emulate [ˈemjuleɪt] vt emular com

emulsion [ɪˈmʌlʃən] n emulsão f; (also: **~ paint**) tinta plástica

enable [ɪˈneɪbl] vt: **to ~ sb to do sth** (allow) permitir que alguém faça algo; (make possible) tornar possível que alguém faça algo

enamel [ɪˈnæməl] n esmalte m

enchant [ɪnˈtʃɑːnt] vt encantar; **enchanting** adj encantador(a)

enc(l). abbr (in letters etc) = **enclosed; enclosure**

enclose [ɪnˈkləuz] vt (land) cercar; (with letter) anexar (BR), enviar junto (PT); **please find ~d** segue junto

enclosure [ɪnˈkləuʒə*] n cercado

encompass [ɪnˈkʌmpəs] vt abranger, encerrar

encore [ɔŋˈkɔː*] excl bis!, outra! ♦ n bis m

encounter [ɪnˈkauntə*] n encontro

♦ *vt* encontrar, topar com; (*difficulty*) enfrentar

encourage [ɪnˈkʌrɪdʒ] *vt* (*activity*) encorajar; (*growth*) estimular; (*person*): **to ~ sb to do sth** animar alguém a fazer algo; **encouragement** *n* estímulo

encroach [ɪnˈkrəutʃ] *vi*: **to ~ (up)on** invadir; (*time*) ocupar

encyclop(a)edia [ɛnsaɪkləuˈpiːdɪə] *n* enciclopédia

end [ɛnd] *n* fim *m*; (*of table, rope etc*) ponta; (*of street, town*) final *m* ♦ *vt* acabar, terminar; (*also:* **bring to an ~, put an ~ to**) acabar com, pôr fim a ♦ *vi* terminar, acabar; **in the ~** ao fim, por fim, finalmente; **on ~** na ponta; **to stand on ~** (*hair*) arrepiar-se; **for hours on ~** por horas a fio; **end up** *vi*: **to ~ up in** terminar em; (*place*) ir parar em

endanger [ɪnˈdeɪndʒə*] *vt* pôr em risco

endearing [ɪnˈdɪərɪŋ] *adj* simpático, atrativo

endeavour [ɪnˈdɛvə*] (*US* **endeavor**) *n* esforço; (*attempt*) tentativa ♦ *vi*: **to ~ to do** esforçar-se para fazer; (*try*) tentar fazer

ending [ˈɛndɪŋ] *n* fim *m*, conclusão *f*; (*of book*) desenlace *m*; (*LING*) terminação *f*

endless [ˈɛndlɪs] *adj* interminável; (*possibilities*) infinito

endorse [ɪnˈdɔːs] *vt* (*cheque*) endossar; (*approve*) aprovar; **endorsement** *n* (*BRIT: on driving licence*) descrição *f* das multas; (*approval*) aval *m*

endure [ɪnˈdjuə*] *vt* (*bear*) agüentar, suportar ♦ *vi* (*last*) durar

enemy [ˈɛnəmɪ] *adj, n* inimigo(-a)

energy [ˈɛnədʒɪ] *n* energia

enforce [ɪnˈfɔːs] *vt* (*LAW*) fazer cumprir

engage [ɪnˈgeɪdʒ] *vt* (*attention*) chamar; (*interest*) atrair; (*lawyer*) contratar; (*clutch*) engrenar ♦ *vi* engrenar; **to ~ in** dedicar-se a, ocupar-se com; **to ~ sb in conversation** travar conversa com alguém; **engaged** *adj* (*BRIT: phone*) ocupado (*BR*), impedido (*PT*); (*: toilet*) ocupado; (*betrothed*) noivo; **to get engaged** ficar noivo; **engaged tone** (*BRIT*) *n* (*TEL*) sinal *m* de ocupado (*BR*) or de impedido (*PT*); **engagement** *n* encontro; (*booking*) contrato; (*to marry*) noivado; **engagement ring** *n* aliança de noivado

engaging [ɪnˈgeɪdʒɪŋ] *adj* atraente, simpático

engine [ˈɛndʒɪn] *n* (*AUT*) motor *m*; (*RAIL*) locomotiva

engineer [ɛndʒɪˈnɪə*] *n* engenheiro(-a); (*US: RAIL*) maquinista *m/f*; (*BRIT: for repairs*) técnico(-a); (*on ship*) engenheiro(-a) naval; **engineering** *n* engenharia

England [ˈɪŋglənd] *n* Inglaterra

English [ˈɪŋglɪʃ] *adj* inglês (inglesa) ♦ *n* (*LING*) inglês *m*; **the ~** *npl* (*people*) os ingleses; **English Channel** *n*: **the English Channel** o Canal da Mancha; **Englishman/woman** (*irreg*) *n* inglês (inglesa) *m/f*

engraving [ɪnˈgreɪvɪŋ] *n* gravura

engrossed [ɪnˈgrəust] *adj*: **~ in** absorto em

engulf [ɪnˈgʌlf] *vt* (*subj: fire, water*) engolfar, tragar; (*: panic, fear*) tomar conta de

enhance [ɪnˈhɑːns] *vt* (*gen*) ressaltar, salientar; (*enjoyment*) aumentar; (*beauty*) realçar; (*reputation*) melhorar; (*add to*) aumentar

enjoy [ɪnˈdʒɔɪ] *vt* gostar de; (*health, privilege*) desfrutar de; **to ~ o.s.**

a b c d e f g h i j k l m n o p q r s t u v w x y z

divertir-se; **enjoyable** adj agradável; **enjoyment** n prazer m

enlarge [ɪnˈlɑːdʒ] vt aumentar; (PHOT) ampliar ♦ vi: **to ~ on** (subject) desenvolver, estender-se sobre

enlighten [ɪnˈlaɪtn] vt (inform) informar, instruir; **enlightened** adj sábio; (cultured) culto; (knowledgeable) bem informado; (tolerant) compreensivo; **enlightenment** n esclarecimento; (HISTORY): **the Enlightenment** o Século das Luzes

enlist [ɪnˈlɪst] vt alistar; (support) conseguir, aliciar ♦ vi alistar-se

enmity [ˈɛnmɪtɪ] n inimizade f

enormous [ɪˈnɔːməs] adj enorme

enough [ɪˈnʌf] adj: **~ time/books** tempo suficiente/livros suficientes ♦ pron: **have you got ~?** você tem o suficiente? ♦ adv: **big ~** suficientemente grande; **~!** basta!, chega!; **that's ~, thanks** chega, obrigado; **I've had ~ of him** estou farto dele; **which, funnily** or **oddly ~ ...** o que, por estranho que pareça ...

enquire [ɪnˈkwaɪə*] vt, vi = **inquire**

enrage [ɪnˈreɪdʒ] vt enfurecer, enraivecer

enrol [ɪnˈrəul] (US **enroll**) vt inscrever; (SCH) matricular ♦ vi inscrever-se; matricular-se; **enrolment** n inscrição f; (SCH) matrícula

ensure [ɪnˈʃuə*] vt assegurar

entail [ɪnˈteɪl] vt implicar

enter [ˈɛntə*] vt entrar em; (club) ficar or fazer-se sócio de; (army) alistar-se em; (competition) inscrever-se em; (sb for a competition) inscrever; (write down) completar; (COMPUT) entrar com ♦ vi entrar; **enter for** vt fus inscrever-se em; **enter into** vt fus estabelecer; (plans) fazer parte de; (debate) entrar em; (agreement)

chegar a, firmar

enterprise [ˈɛntəpraɪz] n empresa; (undertaking) empreendimento; (initiative) iniciativa; **enterprising** adj empreendedor(a)

entertain [ɛntəˈteɪn] vt divertir, entreter; (guest) receber (em casa); (idea) estudar; **entertainer** n artista m/f; **entertaining** adj divertido; **entertainment** n (amusement) entretenimento, diversão f; (show) espetáculo

enthusiasm [ɪnˈθuːzɪæzəm] n entusiasmo

enthusiast [ɪnˈθuːzɪæst] n entusiasta m/f; **enthusiastic** [ɪnθuːzɪˈæstɪk] adj entusiasmado; **to be enthusiastic about** entusiasmar-se por

entire [ɪnˈtaɪə*] adj inteiro; **entirely** adv totalmente, completamente; **entirety** [ɪnˈtaɪərətɪ] n: **in its entirety** na sua totalidade

entitle [ɪnˈtaɪtl] vt: **to ~ sb to sth** dar a alguém direito a algo; **entitled** [ɪnˈtaɪtld] adj (book etc) intitulado; **to be entitled to do** ter direito de fazer

entrance [n ˈɛntrns, vb ɪnˈtrɑːns] n entrada; (arrival) chegada ♦ vt encantar, fascinar; **to gain ~ to** (university etc) ser admitido em; **entrance examination** n exame m de admissão; **entrance fee** n jóia

entrant [ˈɛntrənt] n participante m/f; (BRIT: in exam) candidato(-a)

entrepreneur [ɔntrəprəˈnə:*] n empresário(-a)

entrust [ɪnˈtrʌst] vt: **to ~ sth to sb** confiar algo a alguém

entry [ˈɛntrɪ] n entrada; (in competition) participante m/f; (in register) registro, assentamento; (in account) lançamento; (in dictionary) verbete m; (arrival) chegada; **"no ~"**

"entrada proibida"; (*AUT*) "contramão" (*BR*), "entrada proibida" (*PT*); **entry**
phone (*BRIT*) n interfone m (*em apartamento*)

envelope ['enveleup] n envelope m

envious ['envies] adj invejoso; (*look*) de inveja

environment [in'vaiernment] n meio ambiente m; **environmental** [invaiern'mentl] adj ambiental; **environmentally friendly** adj (*products, industry*) não agressivo ao meio ambiente

envisage [in'vizidʒ] vt prever

envoy ['envɔi] n enviado(-a)

envy ['envi] n inveja ♦ vt ter inveja de; **to ~ sb sth** invejar alguém por algo, cobiçar algo de alguém

epic ['epik] n epopéia ♦ adj épico

epidemic [epi'demik] n epidemia

epilepsy ['epilepsi] n epilepsia

episode ['episeud] n episódio

epitomize [i'pitemaiz] vt epitomar, resumir

equal ['i:kwl] adj igual; (*treatment*) equitativo, equivalente ♦ n igual m/f ♦ vt ser igual a; **to be ~ to** (*task*) estar à altura de; **equality** [i:'kwɔliti] n igualdade f; **equalize** vi igualar; (*SPORT*) empatar; **equally** adv igualmente; (*share etc*) por igual

equate [i'kweit] vt: **to ~ sth with** equiparar algo com

equator [i'kweitə*] n equador m

equilibrium [i:kwi'libriəm] n equilíbrio

equip [i'kwip] vt equipar; (*person*) prover, munir; **to be well ~ped** estar bem preparado or equipado; **equipment** n equipamento; (*machines*) equipamentos mpl, aparelhagem f

equivalent [i'kwivəlnt] adj: **~ (to)**

equivalente (a) ♦ n equivalente m

era ['iərə] n era, época

erase [i'reiz] vt apagar; **eraser** n borracha (de apagar)

erect [i'rekt] adj (*posture*) ereto; (*tail, ears*) levantado ♦ vt erigir, levantar; (*assemble*) montar; **erection** n construção f; (*of tent, PHYSIO*) ereção f; (*assembly*) montagem f

ERM n abbr (= *Exchange Rate Mechanism*) SME m

erode [i'rəud] vt (*GEO*) causar erosão em; (*confidence*) minar

erotic [i'rɔtik] adj erótico

errand ['ernd] n recado, mensagem f

erratic [i'rætik] adj imprevisível

error ['erə*] n erro

erupt [i'rʌpt] vi entrar em erupção; (*fig*) explodir, estourar; **eruption** n erupção f; explosão f

escalate ['eskəleit] vi intensificar-se

escalator ['eskəleitə*] n escada rolante

escapade [eskə'peid] n peripécia

escape [i'skeip] n fuga; (*of gas*) escapatória ♦ vi escapar; (*flee*) fugir, evadir-se; (*leak*) vazar, escapar ♦ vt fugir de; (*elude*): **his name ~s me** o nome dele me foge a memória; **to ~ from** (*place*) escapar de; (*person*) escapulir de

escort [n 'eskɔ:t, vb is'kɔ:t] n acompanhante m/f; (*MIL*) escolta ♦ vt acompanhar

Eskimo ['eskiməu] n esquimó m/f

especially [i'speʃli] adv (*above all*) sobretudo; (*particularly*) em particular

espionage ['espiəna:ʒ] n espionagem f

Esquire [i'skwaiə*] n (*abbr Esq.*): **J. Brown, ~** Sr. J. Brown

essay ['esei] n ensaio

essence ['esns] n essência

essential [ɪˈsɛnʃl] adj (necessary) indispensável; (basic) essencial ♦ n elemento essencial

establish [ɪˈstæblɪʃ] vt estabelecer; (facts) verificar; (proof) demonstrar; (reputation) firmar; **established** adj consagrado; (business) estabelecido; **establishment** n estabelecimento; **the Establishment** a classe dirigente

estate [ɪˈsteɪt] n (land) fazenda (BR), propriedade f (PT); (LAW) herança; (POL) estado; (BRIT: also: **housing ~**) conjunto habitacional; **estate agent** (BRIT) n corretor(a) m/f de imóveis (BR), agente m/f imobiliário(-a) (PT); **estate car** (BRIT) n perua (BR), canadiana (PT)

esteem [ɪˈstiːm] n: **to hold sb in high ~** estimar muito alguém

esthetic [ɪsˈθɛtɪk] (US) adj = aesthetic

estimate [n ˈɛstɪmət, vb ˈɛstɪmeɪt] n (assessment) avaliação f; (calculation) cálculo; (COMM) orçamento ♦ vt estimar, avaliar, calcular; **estimation** [ɛstɪˈmeɪʃən] n opinião f; cálculo

etc. abbr (= et cetera) etc.

eternal [ɪˈtəːnl] adj eterno

eternity [ɪˈtəːnɪtɪ] n eternidade f

ethical [ˈɛθɪkl] adj ético

ethics [ˈɛθɪks] n ética ♦ npl moral f

Ethiopia [iːθɪˈəʊpɪə] n Etiópia

ethnic [ˈɛθnɪk] adj étnico; (culture) folclórico

etiquette [ˈɛtɪkɛt] n etiqueta

EU n abbr (= European Union) UE f

euro [ˈjʊərəʊ] n (currency) euro m

Eurocheque [ˈjʊərəʊtʃɛk] n eurocheque m

Europe [ˈjʊərəp] n Europa; **European** [jʊərəˈpiːən] adj, n europeu(-péia); **European Union** n: **the European**

Union a União Européia

evacuate [ɪˈvækjueɪt] vt evacuar

evade [ɪˈveɪd] vt (person) evitar; (question, duties) evadir; (tax) sonegar

evaporate [ɪˈvæpəreɪt] vi evaporar-se

evasion [ɪˈveɪʒən] n fuga; (of tax) sonegação f

eve [iːv] n: **on the ~ of** na véspera de

even [ˈiːvn] adj (level) plano; (smooth) liso; (equal) igual; (number) par ♦ adv até, mesmo; (showing surprise) até (mesmo); (introducing a comparison) ainda; **~ if** mesmo que; **~ though** mesmo que, embora; **~ more** ainda mais; **~ so** mesmo assim; **not ~** nem; **to get ~ with sb** ficar quite com alguém; **even out** vi nivelar-se

evening [ˈiːvnɪŋ] n (early) tarde f; (late) noite f; (event) noitada; **in the ~** à noite; **evening class** n aula noturna; **evening dress** n (man's) traje m de rigor (BR) or de cerimónia (PT); (woman's) vestido de noite

event [ɪˈvɛnt] n acontecimento; (SPORT) prova; **in the ~ of** no caso de; **eventful** adj movimentado, cheio de acontecimentos; (game etc) cheio de emoção, agitado

eventual [ɪˈvɛntʃuəl] adj final; **eventually** adv finalmente; (in time) por fim

ever [ˈɛvə•] adv (always) sempre; (at any time) em qualquer momento; (in question): **why ~ not?** por que não?; **the best ~** o melhor que já se viu; **have you ~ seen it?** você alguma vez já viu isto?; **better than ~** melhor que nunca; **~ since** ♦ adv desde então ♦ conj depois que; **evergreen** n sempre-verde f; **everlasting** adj eterno, perpétuo

every

KEYWORD

['ɛvrɪ] *adj*
1 (*each*) cada; **~ one of them** cada um deles; **~ shop in the town was closed** todas as lojas da cidade estavam fechadas
2 (*all possible*) todo(-a); **I have ~ confidence in her** tenho absoluta confiança nela; **we wish you ~ success** desejamo-lhe o maior sucesso; **he's ~ bit as clever as his brother** ele é tão inteligente quanto o irmão
3 (*showing recurrence*) todo(-a); **~ other car had been broken into** cada dois carros foram arrombados; **she visits me ~ other/third day** ele me visita cada dois/três dias; **~ now and then** de vez em quando

everybody ['ɛvrɪbɔdɪ] *pron* todos, todo mundo (*BR*), toda a gente (*PT*)
everyday ['ɛvrɪdeɪ] *adj* (*daily*) diário; (*usual*) corrente; (*common*) comum
everyone ['ɛvrɪwʌn] *pron* = everybody
everything ['ɛvrɪθɪŋ] *pron* tudo
everywhere ['ɛvrɪwɛə•] *adv* (*be*) em todo lugar (*BR*), em toda a parte (*PT*); (*go*) a todo lugar (*BR*), a toda a parte (*PT*); (*wherever*): **~ you go you meet ...** aonde quer que se vá, encontra-se ...
evict [ɪ'vɪkt] *vt* despejar
evidence ['ɛvɪdəns] *n* (*proof*) prova(s) *f(pl)*; (*of witness*) testemunho, depoimento; (*indication*) sinal *m*; **to give ~** testemunhar, prestar depoimento
evident ['ɛvɪdənt] *adj* evidente; **evidently** *adv* evidentemente; (*apparently*) aparentemente

evil ['iːvl] *adj* mau (má) ♦ *n* mal *m*, maldade *f*
evoke [ɪ'vəuk] *vt* evocar
evolution [iːvə'luːʃən] *n* evolução *f*; (*development*) desenvolvimento
evolve [ɪ'vɔlv] *vt* desenvolver ♦ *vi* desenvolver-se
ex- [ɛks] *prefix* ex-
exact [ɪg'zækt] *adj* exato; (*person*) meticuloso ♦ *vt*: **to ~ sth (from)** exigir algo (de); **exacting** *adj* exigente; (*conditions*) difícil; **exactly** *adv* exatamente; (*indicating agreement*) isso mesmo
exaggerate [ɪg'zædʒəreɪt] *vt, vi* exagerar; **exaggeration** [ɪgzædʒə'reɪʃən] *n* exagero
exam [ɪg'zæm] *n abbr* = examination
examination [ɪgzæmɪ'neɪʃən] *n* exame *m*; (*inquiry*) investigação *f*
examine [ɪg'zæmɪn] *vt* examinar; (*inspect*) inspecionar; **examiner** *n* examinador(a) *m/f*
example [ɪg'zaːmpl] *n* exemplo; **for ~** por exemplo
exasperate [ɪg'zaːspəreɪt] *vt* exasperar, irritar
excavate ['ɛkskəveɪt] *vt* escavar
exceed [ɪk'siːd] *vt* exceder; (*number*) ser superior a; (*speed limit*) ultrapassar; (*limits*) ir além de; (*powers*) exceder-se em; (*hopes*) superar; **exceedingly** *adv* extremamente
excellent ['ɛksələnt] *adj* excelente
except [ɪk'sɛpt] *prep* (*also:* **~ for, ~ing**) exceto, a não ser ♦ *vt* excluir; **~ if/ when** a menos que, a não ser que; **exception** *n* exceção *f*; **to take exception to** ressentir-se de
excerpt ['ɛksəːpt] *n* trecho
excess [ɪk'sɛs] *n* excesso; **excess baggage** *n* excesso de bagagem; **excess fare** (*BRIT*) *n* (*RAIL*) sobretaxa de

excesso; **excessive** *adj* excessivo

exchange [ɪksˈtʃeɪndʒ] *n* troca; (*of teachers, students*) intercâmbio; (*also:* **telephone ~**) estação *f* telefónica (*BR*), central *f* telefónica (*PT*) ♦ *vt:* **to ~ (for)** trocar (por); **exchange rate** *n* (taxa de) câmbio

Exchequer [ɪksˈtʃekə*] (*BRIT*) *n:* **the ~** ≈ o Tesouro Nacional

excite [ɪkˈsaɪt] *vt* excitar; **to get ~d** entusiasmar-se; **excitement** *n* emoções *fpl*; (*agitation*) agitação *f*; **exciting** *adj* emocionante, empolgante

exclaim [ɪkˈskleɪm] *vi* exclamar; **exclamation** [eksklǝˈmeɪʃǝn] *n* exclamação *f*; **exclamation mark** *n* ponto de exclamação (*BR*) *or* de admiração (*PT*)

exclude [ɪkˈskluːd] *vt* excluir

exclusive [ɪkˈskluːsɪv] *adj* exclusivo; **~ of tax** sem incluir os impostos

excruciating [ɪkˈskruːʃɪeɪtɪŋ] *adj* doloroso, martirizante

excursion [ɪkˈskǝːʃǝn] *n* excursão *f*

excuse [*n* ɪksˈkjuːs, *vb* ɪksˈkjuːz] *n* desculpa ♦ *vt* desculpar, perdoar; **to ~ sb from doing sth** dispensar alguém de fazer algo; **~ me!** desculpe!; **if you will ~ me ...** com a sua licença ...

ex-directory (*BRIT*) *adj:* **~ (phone) number** número que não figura na lista telefônica

execute [ˈeksɪkjuːt] *vt* (*plan*) realizar; (*order*) cumprir; (*person, movement*) executar; **execution** *n* realização *f*; (*killing*) execução *f*

executive [ɪgˈzekjutɪv] *adj, n* executivo(-a)

exempt [ɪgˈzempt] *adj* isento ♦ *vt:* **to ~ sb from** dispensar *or* isentar alguém de

exercise [ˈeksǝsaɪz] *n* exercício ♦ *vt*

exercer; (*right*) valer-se de; (*dog*) levar para passear; (*mind*) ocupar ♦ *vi* (*also:* **to take ~**) fazer exercício; **exercise book** *n* caderno

exert [ɪgˈzǝːt] *vt* exercer; **to ~ o.s.** esforçar-se, empenhar-se; **exertion** *n* esforço

exhale [eksˈheɪl] *vt* expirar; (*air*) exalar; (*smoke*) emitir ♦ *vi* expirar

exhaust [ɪgˈzɔːst] *n* (*AUTO: also:* **~ pipe**) escape *m*, exaustor *m*; (*fumes*) escapamento (de gás) ♦ *vt* esgotar; **exhaustion** *n* exaustão *f*

exhibit [ɪgˈzɪbɪt] *n* (*ART*) obra exposta; (*LAW*) objeto exposto ♦ *vt* (*courage*) manifestar, mostrar; (*quality, emotion*) demonstrar; (*paintings*) expor; **exhibition** [eksɪˈbɪʃǝn] *n* exposição *f*; (*of talent etc*) mostra

exhilarating [ɪgˈzɪlǝreɪtɪŋ] *adj* estimulante, tônico

exile [ˈeksaɪl] *n* exílio; (*person*) exilado (-a) ♦ *vt* desterrar, exilar

exist [ɪgˈzɪst] *vi* existir; (*live*) viver; **existence** *n* existência; vida; **existing** *adj* atual

exit [ˈeksɪt] *n* saída ♦ *vi* (*COMPUT, THEATRE*) sair

exonerate [ɪgˈzɔnǝreɪt] *vt:* **to ~ from** desobrigar de; (*guilt*) isentar de

exotic [ɪgˈzɔtɪk] *adj* exótico

expand [ɪkˈspænd] *vt* aumentar ♦ *vi* aumentar; (*gas etc*) expandir-se; (*metal*) dilatar-se

expanse [ɪkˈspæns] *n* extensão *f*

expansion [ɪkˈspænʃǝn] *n* (*of town*) desenvolvimento; (*of trade*) expansão *f*; (*of population*) aumento

expect [ɪkˈspekt] *vt* esperar; (*suppose*) supor; (*require*) exigir ♦ *vi:* **to be ~ing** estar grávida; **expectant mother** *n* gestante *f*; **expectation** [ekspekˈteɪʃǝn] *n* esperança; (*belief*) expectativa

expedient [ɛkˈspiːdɪənt] *adj*
conveniente, oportuno ♦ *n* expediente
m, recurso

expedition [ɛkspəˈdɪʃən] *n* expedição *f*

expel [ɪkˈspɛl] *vt* expelir; (*from place,
school*) expulsar

expend [ɪkˈspɛnd] *vt* gastar;
expenditure [ɪksˈpɛndɪtʃə*] *n* gastos
mpl; (*of energy*) consumo

expense [ɪkˈspɛns] *n* gasto, despesa;
(*expenditure*) despesas *fpl*; **~s** *npl*
(*costs*) despesas *fpl*; **at the ~ of** à custa
de; **expense account** *n* relatório de
despesas

expensive [ɪkˈspɛnsɪv] *adj* caro

experience [ɪkˈspɪərɪəns] *n*
experiência ♦ *vt* (*situation*) enfrentar;
(*feeling*) sentir; **experienced** *adj*
experiente

experiment [ɪkˈspɛrɪmənt] *n*
experimento, experiência ♦ *vi*: **to ~
(with/on)** fazer experiências (com/em)

expert [ˈɛkspəːt] *adj* hábil, perito ♦ *n*
especialista *m/f*; **expertise** [ɛkspəːˈtiːz]
n perícia

expire [ɪkˈspaɪə*] *vi* expirar; (*run out*)
vencer; **expiry** *n* expiração *f*,
vencimento

explain [ɪkˈspleɪn] *vt* explicar; (*clarify*)
esclarecer; **explanatory** [ɪksˈplænətrɪ]
adj explicativo

explicit [ɪkˈsplɪsɪt] *adj* explícito

explode [ɪkˈspləud] *vi* estourar, explodir

exploit [*n* ˈɛksplɔɪt, *vb* ɪksˈplɔɪt] *n*
façanha ♦ *vt* explorar; **exploitation**
[ɛksplɔɪˈteɪʃən] *n* exploração *f*

explore [ɪkˈsplɔː*] *vt* explorar; (*fig*)
examinar, pesquisar; **explorer** *n*
explorador(a) *m/f*

explosion [ɪkˈspləuʒən] *n* explosão *f*

explosive [ɪkˈspləusɪv] *adj* explosivo
♦ *n* explosivo

export [*vb* ɛksˈpɔːt, *n* ˈɛkspɔːt] *vt*

exportar ♦ *n* exportação *f* ♦ *cpd* de
exportação; **exporter** *n* exportador(a)
m/f

expose [ɪkˈspəuz] *vt* expor; (*unmask*)
desmascarar; **exposed** *adj* (*house etc*)
desabrigado

exposure [ɪkˈspəuʒə*] *n* exposição *f*;
(*publicity*) publicidade *f*; (*PHOT*)
revelação *f*; **to die from ~** (*MED*)
morrer de frio

express [ɪkˈsprɛs] *adj* expresso,
explícito; (*BRIT: letter etc*) urgente ♦ *n*
rápido ♦ *vt* exprimir, expressar;
(*quantity*) representar; **expression** *n*
expressão *f*; **expressly** *adv*
expressamente; **expressway** (*US*) *n*
rodovia (*BR*), auto-estrada (*PT*)

exquisite [ɛkˈskwɪzɪt] *adj* requintado

extend [ɪkˈstɛnd] *vt* (*visit, street*)
prolongar; (*building*) aumentar; (*offer*)
fazer; (*hand*) estender

extension [ɪkˈstɛnʃən] *n* (*ELEC*)
extensão *f*; (*building*) acréscimo,
expansão *f*; (*of time*) prorrogação *f*;
(*of rights*) ampliação *f*; (*TEL*) ramal *m*
(*BR*), extensão *f* (*PT*); (*of deadline*)
prolongamento, prorrogação *f*

extensive [ɪkˈstɛnsɪv] *adj* extenso;
(*damage*) considerável; (*coverage*)
amplo; (*broad*) vasto, amplo;
extensively *adv*: **he's travelled
extensively** ele já viajou bastante

extent [ɪkˈstɛnt] *n* (*breadth*) extensão
f; (*of damage etc*) dimensão *f*; (*scope*)
alcance *m*; **to some ~** até certo ponto

exterior [ɛkˈstɪərɪə*] *adj* externo ♦ *n*
exterior *m*; (*appearance*) aspecto

external [ɛkˈstəːnl] *adj* externo

extinct [ɪkˈstɪŋkt] *adj* extinto

extinguish [ɪkˈstɪŋgwɪʃ] *vt* extinguir

extort [ɪkˈstɔːt] *vt* extorquir;
extortionate *adj* extorsivo, excessivo

extra [ˈɛkstrə] *adj* adicional ♦ *adv*

adicionalmente ♦ n (*luxury*) luxo; (*surcharge*) extra m, suplemento; (CINEMA, THEATRE) figurante m/f

extract [*vb* ɪksˈtrækt, *n* ˈɛkstrækt] *vt* tirar, extrair; (*tooth*) arrancar; (*mineral*) extrair; (*money*) extorquir; (*promise*) conseguir, obter ♦ n extrato

extradite [ˈɛkstrədaɪt] *vt* (*from country*) extraditar; (*to country*) obter a extradição de

extraordinary [ɪkˈstrɔːdnrɪ] *adj* extraordinário; (*odd*) estranho

extravagance [ɪkˈstrævəɡəns] *n* extravagância; (*no pl: spending*) esbanjamento

extravagant [ɪkˈstrævəɡənt] *adj* (*lavish*) extravagante; (*wasteful*) gastador(a), esbanjador(a)

extreme [ɪkˈstriːm] *adj* extremo ♦ n extremo; **extremely** *adv* muito, extremamente

extrovert [ˈɛkstrəvɜːt] *n* extrovertido(-a)

eye [aɪ] *n* olho; (*of needle*) buraco ♦ *vt* olhar, observar; **to keep an ~ on** vigiar, ficar de olho em; **eyebrow** *n* sobrancelha; **eyedrops** *npl* gotas *fpl* para os olhos; **eyelash** *n* cílio; **eyelid** *n* pálpebra; **eyeliner** *n* delineador m; **eye-opener** *n* revelação f, grande surpresa; **eyeshadow** *n* sombra de olhos; **eyesight** *n* vista, visão f; **eyesore** *n* monstruosidade f; **eye witness** *n* testemunha m/f ocular

F f

F [ɛf] *n* (MUS) fá m ♦ *abbr* = **Fahrenheit**

fable [ˈfeɪbl] *n* fábula

fabric [ˈfæbrɪk] *n* tecido, pano

face [feɪs] *n* cara, rosto; (*grimace*) careta; (*of clock*) mostrador m; (*side*) superfície f; (*of building*) frente f, fachada ♦ *vt* (*facts*) enfrentar; (*direction*) dar para; **~ down** de bruços; (*card*) virado para baixo; **to lose ~** perder o prestígio; **to save ~** salvar as aparências; **to make** *or* **pull a ~** fazer careta; **in the ~ of** diante de, à vista de; **on the ~ of it** a julgar pelas aparências, à primeira vista; **face up to** *vt fus* enfrentar; **face cloth** (BRIT) *n* toalhinha de rosto; **face cream** *n* creme m facial; **face lift** *n* (operação f) plástica; (*of façade*) remodelamento; **face powder** *n* pó m de arroz; **face value** *n* (*of coin, stamp*) valor m nominal; **to take sth at face value** (*fig*) tomar algo em sentido literal

facilities [fəˈsɪlɪtɪz] *npl* facilidades *fpl*, instalações *fpl*; **credit ~** crediário

facing [ˈfeɪsɪŋ] *prep* de frente para

facsimile [fækˈsɪmɪlɪ]·*n* fac-símile m

fact [fækt] *n* fato; **in ~** realmente, na verdade

factor [ˈfæktə*] *n* fator m

factory [ˈfæktərɪ] *n* fábrica

factual [ˈfæktjuəl] *adj* real, fatual

faculty [ˈfækəltɪ] *n* faculdade f; (US) corpo docente

fad [fæd] (*inf*) *n* mania, modismo

fade [feɪd] *vi* desbotar; (*sound, hope*) desvanecer-se; (*light*) apagar-se; (*flower*) murchar

fag [fæɡ] (BRIT: *inf*) *n* cigarro

fail [feɪl] *vt* (*candidate*) reprovar; (*exam*) não passar em, ser reprovado em; (*subj: leader*) fracassar; (: *courage*): **his courage ~ed him** faltou-lhe coragem; (: *memory*) falhar ♦ *vi* fracassar; (*brakes*) falhar; (*health*) deteriorar; (*light*) desaparecer; **to ~ to do sth** deixar de fazer algo; (*be unable*) não conseguir fazer algo; **without ~** sem falta; **failing** *n* defeito

♦ *prep* na or à falta de; **failing that**
senão; **failure** *n* fracasso; (*mechanical*)
falha

faint [feɪnt] *adj* fraco; (*recollection*)
vago; (*mark*) indistinto; (*smell*) leve
♦ *n* desmaio ♦ *vi* desmaiar; **to feel ~**
sentir tonteira

fair [feə*] *adj* justo; (*hair*) louro;
(*complexion*) branco; (*weather*) bom;
(*good enough*) razoável; (*weather*) bom;
considerável ♦ *adv*: **to play ~** fazer
jogo limpo ♦ *n* (*also*: **trade ~**) feira;
(*BRIT*: *funfair*) parque *m* de diversões;
fairly *adv* (*justly*) com justiça; (*quite*)
bastante; **fairness** *n* justiça;
(*impartiality*) imparcialidade *f*

fairy ['feərɪ] *n* fada

faith [feɪθ] *n* fé *f*; (*trust*) confiança;
(*denomination*) seita; **faithful** *adj* fiel;
(*account*) exato; **faithfully** *adv*
fielmente; **yours faithfully** (*BRIT*: *in*
letters) atenciosamente

fake [feɪk] *n* (*painting etc*) falsificação
f; (*person*) impostor(a) *m/f* ♦ *adj* falso
♦ *vt* fingir; (*painting etc*) falsificar

falcon ['fɔːlkən] *n* falcão *m*

fall [fɔːl] (*pt* **fell**, *pp* **fallen**) *n* queda;
(*US*: *autumn*) outono ♦ *vi* cair; (*price*)
baixar; (*country*) render-se; **~s** *npl*
(*waterfall*) cascata, queda d'água; **to ~**
flat cair de cara no chão; (*plan*) falhar;
(*joke*) não agradar; **fall back** *vi*
retroceder; **fall back on** *vt fus* recorrer
a; **fall behind** *vi* ficar para trás; **fall**
down *vi* (*person*) cair; (*building*)
desabar; **fall for** *vt fus* (*trick*) cair em;
(*person*) enamorar-se de; **fall in** *vi* ruir;
(*MIL*) alinhar-se; **fall off** *vi* cair;
(*diminish*) declinar, diminuir; **fall out**
vi cair; (*friends etc*) brigar; **fall**
through *vi* furar

fallacy ['fæləsɪ] *n* erro; (*misconception*)
falácia

fallout ['fɔːlaut] *n* chuva radioativa
false [fɔːls] *adj* falso; **under ~**
pretences por meios fraudulentos;
false teeth (*BRIT*) *npl* dentadura
postiça

falter ['fɔːltə*] *vi* (*engine*) falhar;
(*person*) vacilar

fame [feɪm] *n* fama

familiar [fə'mɪlɪə*] *adj* (*well-known*)
conhecido; (*tone*) familiar, íntimo; **to**
be ~ with (*subject*) estar familiarizado
com

family ['fæmɪlɪ] *n* família

famine ['fæmɪn] *n* fome *f*

famished ['fæmɪʃt] *adj* faminto

famous ['feɪməs] *adj* famoso, célebre

fan [fæn] *n* (*hand-held*) leque *m*; (*ELEC*)
ventilador *m*; (*person*) fã *m/f* (*BR*), fan
m/f (*PT*) ♦ *vt* abanar; (*fire, quarrel*)
atiçar; **fan out** *vi* espalhar-se

fanatic [fə'nætɪk] *n* fanático(-a)

fan belt *n* correia do ventilador (*BR*)
or da ventoinha (*PT*)

fancy ['fænsɪ] *n* capricho;
(*imagination*) imaginação *f*; (*fantasy*)
fantasia ♦ *adj* ornamental; (*clothes*)
extravagante; (*food*) elaborado;
(*luxury*) luxoso ♦ *vt* desejar, querer;
(*imagine*) imaginar; (*think*) acreditar,
achar; **to take a ~ to** tomar gosto por;
he fancies her (*inf*) ele está a fim dela;
fancy dress *n* fantasia

fang [fæŋ] *n* presa

fantastic [fæn'tæstɪk] *adj* fantástico

fantasy ['fæntəsɪ] *n* (*dream*) sonho;
(*unreality*) fantasia; (*imagination*)
imaginação *f*

far [fɑː*] *adj* (*distant*) distante ♦ *adv*
muito; (*also*: **~ away, ~ off**) longe; **at**
the ~ side/end do lado/extremo mais
afastado; **~ better** muito melhor; **~**
from longe de; **by ~** de longe; **go as ~**
as the farm vá até à (*BR*) or à (*PT*)

fazenda; **as ~ as I know** que eu saiba; **how ~?** até onde?; (*fig*) até que ponto?; **faraway** ['fɑːrəweɪ] *adj* remoto, distante

farce [fɑːs] *n* farsa

fare [fɛəʳ] *n* (*on trains, buses*) preço (da passagem); (*in taxi: cost*) tarifa; (*food*) comida; **half/full ~** meia/inteira passagem

Far East *n*: **the ~** o Extremo Oriente

farewell [fɛəˈwɛl] *excl* adeus ♦ *n* despedida

farm [fɑːm] *n* fazenda (*BR*), quinta (*PT*) ♦ *vt* cultivar; **farmer** *n* fazendeiro(-a), agricultor *m*; **farmhand** *n* lavrador(a) *m/f*, trabalhador(a) *m/f*; **farmhouse** *n* casa da fazenda (*BR*) or da quinta (*PT*); **farming** *n* agricultura; (*tilling*) cultura; (*of animals*) criação *f*; **farmland** *n* terra de cultivo; **farmyard** *n* curral *m*

far-reaching [-ˈriːtʃɪŋ] *adj* de grande alcance, abrangente

fart [fɑːt] (*inf!*) *vi* soltar um peido (*!*), peidar (*!*)

farther ['fɑːðəʳ] *adv* mais longe ♦ *adj* mais distante, mais afastado

farthest ['fɑːðɪst] *superl of* **far**

fascinate ['fæsɪneɪt] *vt* fascinar

fascism ['fæʃɪzəm] *n* fascismo

fashion ['fæʃən] *n* moda; (*~ industry*) indústria da moda; (*manner*) maneira ♦ *vt* modelar, dar feitio a; **in ~** na moda; **fashionable** *adj* da moda, elegante; **fashion show** *n* desfile *m* de modas

fast [fɑːst] *adj* rápido; (*dye, colour*) firme, permanente; (*clock*): **to be ~** estar adiantado ♦ *adv* rápido, rapidamente, depressa; (*stuck, held*) firmemente ♦ *n* jejum *m* ♦ *vi* jejuar; **~ asleep** dormindo profundamente

fasten ['fɑːsn] *vt* fixar, prender; (*coat*) fechar; (*belt*) apertar ♦ *vi* prender-se,

fixar-se; **fastener** *n* presilha, fecho; **fastening** *n* = **fastener**

fast food *n* fast food *f*

fat [fæt] *adj* gordo; (*book*) grosso; (*wallet*) recheado; (*profit*) grande ♦ *n* gordura; (*lard*) banha, gordura

fatal ['feɪtl] *adj* fatal; (*injury*) mortal

fate [feɪt] *n* destino; (*of person*) sorte *f*; **fateful** *adj* fatídico

father ['fɑːðəʳ] *n* pai *m*; **father-in-law** *n* sogro; **fatherly** *adj* paternal

fathom ['fæðəm] *n* braça ♦ *vt* compreender

fatigue [fəˈtiːg] *n* fadiga, cansaço

fatten ['fætn] *vt, vi* engordar

fatty ['fætɪ] *adj* (*food*) gorduroso ♦ *n* (*inf*) gorducho(-a)

faucet ['fɔːsɪt] (*US*) *n* torneira

fault [fɔːlt] *n* (*blame*) culpa; (*defect*) defeito; (*GEO*) falha; (*TENNIS*) falta, bola fora ♦ *vt* criticar; **to find ~ with** criticar, queixar-se de; **at ~** culpado; **faulty** *adj* defeituoso

favour ['feɪvəʳ] (*US* **favor**) *n* favor *m* ♦ *vt* favorecer; (*assist*) auxiliar; **to do sb a ~** fazer favor a alguém; **to find ~ with** cair nas boas graças de; **in ~ of** em favor de; **favourite** ['feɪvrɪt] *adj* predileto ♦ *n* favorito(-a)

fawn [fɔːn] *n* cervo novo, cervato ♦ *adj* (*also:* **~-coloured**) castanho-claro *inv* ♦ *vi*: **to ~ (up)on** bajular

fax [fæks] *n* fax *m*, fac-símile *m* ♦ *vt* enviar por fax *or* fac-símile

FBI *n abbr* (= *Federal Bureau of Investigation*) FBI *m*

fear [fɪəʳ] *n* medo ♦ *vt* ter medo de, temer; **for ~ of** com medo de; **fearful** *adj* medonho, temível; (*cowardly*) medroso; (*awful*) terrível

feasible ['fiːzəbl] *adj* viável

feast [fiːst] *n* banquete *m*; (*REL: also:* **~**

day) festa ♦ vi banquetear-se

feat [fi:t] n façanha, feito

feather ['feðə*] n pena, pluma

feature ['fi:tʃə*] n característica; (article) reportagem f ♦ vt (subj: film) apresentar ♦ vi: **to ~ in** figurar em; **~s** npl (of face) feições fpl; **feature film** n longa-metragem m

February ['februəri] n fevereiro

fed [fed] pt, pp of **feed**

federal ['fedərəl] adj federal

fed up adj: **to be ~** estar (de saco) cheio (BR), estar farto (PT)

fee [fi:] n taxa (BR), propina (PT); (of school) matrícula; (of doctor, lawyer) honorários mpl

feeble ['fi:bl] adj fraco; (attempt) ineficaz

feed [fi:d] (pt, pp **fed**) n (of baby) alimento infantil; (of animal) ração f; (on printer) mecanismo alimentador ♦ vt alimentar; (baby) amamentar; (animal) dar de comer a; (data): **to ~ into** introduzir em; **feed on** vt fus alimentar-se de; **feedback** m reação f

feel [fi:l] (pt, pp **felt**) n sensação f; (sense) tato; (impression) impressão f ♦ vt tocar, apalpar; (anger, pain etc) sentir; (think) achar, acreditar; **to ~ hungry/cold** estar com fome/frio (BR), ter fome/frio (PT); **to ~ lonely/better** sentir-se só/ melhor; **I don't ~ well** não estou me sentindo bem; **it ~s soft** é macio; **to ~ like** querer; **to ~ about** or **around** tatear; **feeling** n sensação f; (emotion) sentimento; (impression) impressão f

feet [fi:t] npl of **foot**

feign [fein] vt fingir

fell [fel] pt of **fall** ♦ vt (tree) lançar por terra, derrubar

fellow ['feləu] n camarada m/f; (inf: man) cara m (BR), tipo (PT); (of learned society) membro ♦ cpd: **~ students** colegas m/fpl de curso; **fellowship** n amizade f; (grant) bolsa de estudo; (society) associação f

felony ['feləni] n crime m

felt [felt] pt, pp of **feel** ♦ n feltro; **felt-tip pen** n caneta pilot ® (BR) or de feltro (PT)

female ['fi:meil] n (ZOOL) fêmea; (pej: woman) mulher f ♦ adj fêmeo(-a); (sex, character) feminino; (vote) das mulheres; (child) do sexo feminino

feminine ['feminin] adj feminino

feminist ['feminist] n feminista m/f

fence [fens] n cerca ♦ vt (also: ~ **in**) cercar ♦ vi esgrimir; **fencing** n (sport) esgrima

fend [fend] vi: **to ~ for o.s.** defender-se, virar-se; **fend off** vt defender-se de

fender ['fendə*] n (of fireplace) guarda-fogo m; (on boat) defesa de embarcação; (US: AUT) pára-lama m

ferment [vb fə'ment, n 'fɑ:ment] vi fermentar ♦ n (fig) agitação f

fern [fə:n] n samambaia (BR), feto (PT)

ferocious [fə'rəuʃəs] adj feroz

ferret ['ferit] n furão m; **ferret out** vt (information) desenterrar, descobrir

ferry ['feri] n (small) barco (de travessia); (large: also: ~**boat**) balsa ♦ vt transportar

fertile ['fə:tail] adj fértil; (BIO) fecundo

fertilizer ['fə:tilaizə*] n adubo, fertilizante m

fester ['festə*] vi inflamar-se

festival ['festivəl] n (REL) festa; (ART, MUS) festival m

festive ['festiv] adj festivo; **the ~ season** (BRIT: Christmas) a época do Natal

festivities [fes'tiviti z] npl festas fpl, festividades fpl

fetch [fetʃ] vt ir buscar, trazer; (sell for)

alcançar

fête [feɪt] n festa

feud [fjuːd] n disputa, rixa

fever ['fiːvə*] n febre f; **feverish** adj febril

few [fjuː] adj, pron poucos(-as); **a ~ ...** alguns (algumas) ...; **fewer** ['fjuːə*] adj menos; **fewest** ['fjuːɪst] adj o menor número de

fiancé(e) [fɪ'ãːŋseɪ] n noivo(-a)

fib [fɪb] n lorota

fibre ['faɪbə*] (US fiber) n fibra;

fibreglass ['faɪbəglɑːs] n fibra de vidro

fickle ['fɪkl] adj inconstante; (weather) instável

fiction ['fɪkʃən] n ficção f; **fictional** adj de ficção; **fictitious** adj fictício

fiddle ['fɪdl] n (MUS) violino; (swindle) trapaça ♦ vt (BRIT: accounts) falsificar; **fiddle with** vt fus brincar com

fidget ['fɪdʒɪt] vi estar irrequieto, mexer-se

field [fiːld] n campo; (fig) área, esfera, especialidade f; **fieldwork** n trabalho de campo

fiend [fiːnd] n demônio

fierce [fɪəs] adj feroz; (wind) violento; (heat) intenso

fiery ['faɪərɪ] adj ardente; (temperament) fogoso

fifteen [fɪf'tiːn] num quinze

fifth [fɪfθ] num quinto

fifty ['fɪftɪ] num cinqüenta; **fifty-fifty** adv: **to share** or **go fifty-fifty with sb** dividir meio a meio com alguém, rachar com alguém ♦ adj: **to have a fifty-fifty chance** ter 50% de chance

fig [fɪg] n figo

fight [faɪt] (pt, pp **fought**) n briga; (MIL) combate m; (struggle: against illness etc) luta ♦ vt lutar contra; (cancer, alcoholism) combater; (election) competir ♦ vi lutar, brigar,

bater-se; **fighter** n combatente m/f; (plane) caça m; **fighting** n batalha; (brawl) briga

figment ['fɪgmənt] n: **a ~ of the imagination** um produto da imaginação

figurative ['fɪgjʊrətɪv] adj (expression) figurado; (style) figurativo

figure ['fɪgə*] n (DRAWING, MATH) figura, desenho; (number) número, cifra; (outline) forma; (person) personagem m ♦ vt (esp US) imaginar ♦ vi figurar; **figure out** vt compreender

file [faɪl] n (tool) lixa; (dossier) dossiê m, pasta; (folder) pasta; (COMPUT) arquivo; (row) fila, coluna ♦ vt (wood, nails) lixar; (papers) arquivar; (LAW: claim) apresentar, dar entrada em ♦ vi: **to ~ in/out** entrar/sair em fila

filing cabinet n fichário, arquivo

fill [fɪl] vt: **to ~ with** encher com; (vacancy) preencher; (need) satisfazer ♦ n: **to eat one's ~** encher-se or fartar-se de comer; **fill in** vt (form) preencher; (hole) tapar; (time) encher; **fill up** vt encher ♦ vi (AUT) abastecer o carro

fillet ['fɪlɪt] n filete m, filé m; **fillet steak** n filé m

filling ['fɪlɪŋ] n (CULIN) recheio; (for tooth) obturação f (BR), chumbo (PT); **filling station** n posto de gasolina

film [fɪlm] n filme m; (of liquid) camada, veu m ♦ vt rodar, filmar ♦ vi filmar; **film star** n astro/estrela do cinema

filter ['fɪltə*] n filtro ♦ vt filtrar; **filter-tipped** adj filtrado

filth [fɪlθ] n sujeira (BR), sujidade f (PT); **filthy** adj sujo; (language) indecente, obsceno

fin [fɪn] n barbatana

final ['faɪnl] adj final, último; (ultimate) maior; (definitive) definitivo

♦ n (*SPORT*) final f; **~s** npl (*SCH*) exames
mpl finais; **finale** [fɪ'nɑːlɪ] n final m;
finalize vt concluir, completar; **finally**
adv finalmente, por fim

finance [faɪ'næns] n fundos mpl;
(*money management*) finanças fpl ♦ vt
financiar; **~s** npl (*personal ~s*) finanças;
financial [faɪ'nænfəl] adj financeiro

find [faɪnd] (*pt, pp* found) vt
encontrar, achar; (*discover*) descobrir
♦ n achado, descoberta; **to ~ sb guilty**
(*LAW*) declarar alguém culpado; **find
out** vt descobrir; (*person*) desmascarar
♦ vi: **to ~ out about** (*by chance*) saber
de; **findings** npl (*LAW*) veredito,
decisão f; (*of report*) constatações fpl

fine [faɪn] adj fino, (*excellent*)
excelente; (*subtle*) sutil ♦ adv muito
bem ♦ n (*LAW*) multa ♦ vt (*LAW*) multar;
to be ~ (*person*) estar bem; (*weather*)
estar bom; **fine arts** npl belas artes fpl

finger ['fɪŋgə*] n dedo ♦ vt manusear;
fingernail n unha; **fingerprint** n
impressão f digital; **fingertip** n ponta
do dedo

finish ['fɪnɪʃ] n fim m; (*SPORT*)
chegada; (*on wood etc*) acabamento
♦ vt, vi terminar, acabar; **to ~ doing
sth** terminar de fazer algo; **to ~ third**
chegar no terceiro lugar; **finish off** vt
terminar; (*kill*) liquidar; **finish up** vt
acabar ♦ vi ir parar; **finishing line** n
linha de chegada, meta

Finland ['fɪnlənd] n Finlândia

Finn [fɪn] n finlandês(-esa) m/f;
Finnish adj finlandês(-esa) ♦ n (*LING*)
finlandês m

fir [fəː*] n abeto

fire ['faɪə*] n fogo; (*accidental*)
incêndio; (*gas ~, electric ~*) aquecedor
m ♦ vt (*gun*) disparar; (*arrow*) atirar;
(*interest*) estimular; (*dismiss*) despedir
♦ vi disparar; **on ~** em chamas; **fire**

alarm n alarme m de incêndio;
firearm n arma de fogo; **fire brigade**
(*US* **fire department**) n (corpo de)
bombeiros mpl; **fire engine** n carro
de bombeiro; **fire escape** n escada de
incêndio; **fire extinguisher** n extintor
m de incêndio; **fireman** (*irreg*) n
bombeiro; **fireplace** n lareira; **fire
station** n posto de bombeiros;
firewood n lenha; **fireworks** npl
fogos mpl de artifício

firing squad n pelotão m de
fuzilamento

firm [fəːm] adj firme ♦ n firma

first [fəːst] adj primeiro ♦ adv (*before
others*) primeiro; (*listing reasons*) em
primeiro lugar ♦ n (*in race*)
primeiro(-a); (*AUT*) primeira; (*BRIT: SCH*)
menção f honrosa; **at ~** no início; **~ of
all** antes de tudo, antes de mais nada;
first aid n primeiros socorros mpl;
first-aid kit n estojo de primeiros
socorros; **first-class** adj de primeira
classe; **first-hand** adj de primeira
mão; **first lady** (*US*) n primeira dama;
firstly adv primeiramente, em
primeiro lugar; **first name** n primeiro
nome m; **first-rate** adj de primeira
categoria

fish [fɪʃ] n inv peixe m ♦ vt, vi pescar;
to go ~ing ir pescar; **fisherman** (*irreg*)
n pescador m; **fish fingers** (*BRIT*) npl
filezinhos mpl de peixe; **fishing boat**
n barco de pesca; **fishing line** n linha
de pesca; **fishing rod** n vara (de
pesca); **fishmonger's (shop)** n
peixaria; **fish sticks** (*US*) npl = **fish
fingers**; **fishy** (*inf*) adj (*tale*) suspeito

fist [fɪst] n punho

fit [fɪt] adj em (boa) forma; (*suitable*)
adequado, apropriado ♦ vt (*subj:
clothes*) caber em; (*put in*) colocar;
(*equip*) equipar; (*suit*) assentar a ♦ vi

a b c d e f g h i j k l m n o p q r s t u v w x y z

(*clothes*) servir; (*parts*) ajustar-se; (*in space*) caber ♦ *n* (*MED*) ataque *m*; (*of anger*) acesso; **~ to** bom para; **~ for** adequado para; **by fits and starts** espasmodicamente; **fit in** *vi* encaixar-se; (*person*) dar-se bem (com todos); **fitment** *n* móvel *m*; **fitness** *n* (*MED*) saúde *f*, boa forma; **fitting** *adj* apropriado ♦ *n* (*of dress*) prova; **fittings** *npl* (*in building*) instalações *fpl*, acessórios *mpl*

five [faɪv] *num* cinco; **fiver** (*inf*) *n* (*BRIT*) nota de cinco libras; (*US*) nota de cinco dólares

fix [fɪks] *vt* (*secure*) fixar, colocar; (*arrange*) arranjar; (*mend*) consertar; (*meal, drink*) preparar ♦ *n*: **to be in a ~** estar em apuros; **fix up** *vt* (*meeting*) marcar; **to ~ sb up with sth** arranjar algo para alguém; **fixation** [fɪk'seɪʃən] *n* fixação *f*; **fixed** *adj* (*prices, smile*) fixo; **fixture** *n* (*furniture*) móvel *m* fixo; (*SPORT*) desafio, encontro

fizzy ['fɪzɪ] *adj* com gás, gasoso

flabbergasted ['flæbəɡɑːstɪd] *adj* pasmado

flabby ['flæbɪ] *adj* flácido

flag [flæɡ] *n* bandeira; (*for signalling*) bandeirola; (*~stone*) laje *f* ♦ *vi* acabar-se, descair; **flag down** *vt*: **to ~ sb down** fazer sinais a alguém para que pare

flagpole ['flæɡpəul] *n* mastro de bandeira

flagship ['flæɡʃɪp] *n* nau *f* capitânia; (*fig*) carro-chefe *m*

flair [flɛə*] *n* (*talent*) talento; (*style*) habilidade *f*

flake [fleɪk] *n* (*of rust, paint*) lasca; (*of snow, soap powder*) floco ♦ *vi* (*also: ~ off*) lascar, descamar-se

flamboyant [flæm'bɔɪənt] *adj* (*dress*) espalhafatoso; (*person*) extravagante

flame [fleɪm] *n* chama

flammable ['flæməbl] *adj* inflamável

flan [flæn] (*BRIT*) *n* torta

flannel ['flænl] *n* (*BRIT: also:* **face ~**) toalhinha de rosto; (*fabric*) flanela; **~s** *npl* calça (*BR*) or calças *fpl* (*PT*) de flanela

flap [flæp] *n* (*of pocket*) aba; (*of envelope*) dobra ♦ *vt* (*arms*) oscilar; (*wings*) bater ♦ *vi* (*sail, flag*) ondular; (*inf: also:* **be in a ~**) estar atarantado

flare [flɛə*] *n* fogacho, chama; (*MIL*) artifício de sinalização; (*in skirt etc*) folga; **flare up** *vi* chamejar; (*fig: person*) encolerizar-se; (: *violence*) irromper

flash [flæʃ] *n* (*of lightning*) clarão *m*; (*also:* **news ~**) notícias *fpl* de última hora; (*PHOT*) flash *m* ♦ *vt* piscar; (*news, message*) transmitir; (*look, smile*) brilhar ♦ *vi* brilhar; (*light on ambulance, eyes etc*) piscar; **in a ~** num instante; **to ~ by** *or* **past** passar como um raio; **flashlight** *n* lanterna de bolso

flashy ['flæʃɪ] (*pej*) *adj* espalhafatoso

flask [flɑːsk] *n* frasco; (*also:* **vacuum ~**) garrafa térmica (*BR*), termo (*PT*)

flat [flæt] *adj* plano, (*battery*) descarregado; (*tyre*) vazio; (*beer*) choco; (*denial*) categórico; (*MUS*) abemolado; (: *voice*) desafinado; (*rate*) único; (*fee*) fixo ♦ *n* (*BRIT: apartment*) apartamento; (*MUS*) bemol *m*; (*AUT*) pneu *m* furado; **~ out** (*work*) a toque de caixa; **flatly** *adv* terminantemente; **flatten** *vt* (*also:* **flatten out**) aplanar; (*demolish*) arrasar

flatter ['flætə*] *vt* lisonjear; **flattering** *adj* lisonjeiro; (*clothes etc*) favorecedor(a); **flattery** *n* bajulação *f*

flaunt [flɔ:nt] *vt* ostentar, pavonear

flavour ['fleɪvə*] (*US* flavor) *n* sabor *m* ♦ *vt* condimentar, aromatizar; **strawberry-~ed** com sabor de morango; **flavouring** *n* condimento; (*synthetic*) aromatizante *m*

flaw [flɔ:] *n* defeito; (*in character*) falha; **flawless** *adj* impecável

flax [flæks] *n* linho

flea [fli:] *n* pulga

fleck [flɛk] *n* mancha, sinal *m*

flee [fli:] (*pt, pp* fled) *vt* fugir de ♦ *vi* fugir

fleece [fli:s] *n* tosão *m*; (*wool*) lã *f*; (*coat*) velo ♦ *vt* (*inf*) espoliar

fleet [fli:t] *n* (*of lorries etc*) frota; (*of ships*) esquadra

fleeting ['fli:tɪŋ] *adj* (*glimpse, happiness*) fugaz; (*visit*) passageiro

Flemish ['flɛmɪʃ] *adj* flamengo

flesh [flɛʃ] *n* carne *f*; (*of fruit*) polpa

flew [flu:] *pt of* fly

flex [flɛks] *n* fio ♦ *vt* (*muscles*) flexionar; **flexible** *adj* flexível

flick [flɪk] *n* pancada leve; (*with finger*) peteleco, piparote *m*; (*with whip*) chicotada ♦ *vt* dar um peteleco; (*towel*) dar uma lambada; (*whip*) dar uma chicotada; (*switch*) apertar; **flick through** *vt fus* folhear

flicker ['flɪkə*] *vi* tremular; (*eyelids*) tremer

flight [flaɪt] *n* vôo *m*; (*escape*) fuga; (*of steps*) lance *m*; **flight attendant** (*US*) *n* comissário(-a) de bordo; **flight deck** *n* (*AVIAT*) cabine *f* do piloto; (*NAUT*) pista de aterrissagem (*BR*) or aterragem (*PT*)

flimsy ['flɪmzɪ] *adj* (*thin*) delgado, franzino; (*shoes*) ordinário; (*clothes*) de tecido fino; (*building*) barato; (*weak*) débil; (*excuse*) fraco

flinch [flɪntʃ] *vi* encolher-se; **to ~ from**

sth/from doing sth vacilar diante de algo/em fazer algo

fling [flɪŋ] (*pt, pp* flung) *vt* lançar

flint [flɪnt] *n* pederneira; (*in lighter*) pedra

flippant ['flɪpənt] *adj* petulante, irreverente

flipper ['flɪpə*] *n* (*of animal*) nadadeira; (*for swimmer*) pé-de-pato, nadadeira

flirt [flɜ:t] *vi* flertar ♦ *n* namorador(a) *m/f*, paquerador(a) *m/f*

float [fləʊt] *n* bóia; (*in procession*) carro alegórico; (*sum of money*) caixa ♦ *vi* flutuar; (*swimmer*) boiar

flock [flɔk] *n* rebanho; (*of birds*) bando ♦ *vi*: **to ~ to** afluir a

flog [flɔg] *vt* açoitar

flood [flʌd] *n* enchente *f*, inundação *f*; (*of letters, imports etc*) enxurrada ♦ *vt* inundar, alagar ♦ *vi* (*place*) alagar; (*people, goods*): **to ~ into** inundar; **flooding** *n* inundação *f*; **floodlight** *n* refletor *m*, holofote *m*

floor [flɔ:*] *n* o chão *m*; (*storey*) andar *m*; (*of sea*) fundo ♦ *vt* (*fig: confuse*) confundir, pasmar; (*subj: blow*) derrubar; (: *question, remark*) aturdir; **ground ~** (*BRIT*) or **first ~** (*US*) andar térreo (*BR*), rés-do-chão (*PT*); **first ~** (*BRIT*) or **second ~** (*US*) primeiro andar; **floorboard** *n* tábua de assoalho; **floor show** *n* show *m*

flop [flɔp] *n* fracasso ♦ *vi* fracassar; (*into chair*) cair pesadamente

floppy ['flɔpɪ] *adj* frouxo, mole; **floppy (disk)** *n* disquete *m*

florist ['flɔrɪst] *n* florista *m/f*; **florist's (shop)** *n* floricultura

flounder ['flaundə*] (*pl ~* or *~s*) *n* (*ZOOL*) linguado ♦ *vi* (*swimmer*) debater-se; (*fig: speaker*) atrapalhar-se; (: *economy*) flutuar

flour ['flauə*] *n* farinha

flourish ['flʌrɪʃ] *vi* florescer ♦ *vt* brandir, menear ♦ *n* gesto floreado

flow [fləu] *n* fluxo; (*of river, ELEC*) corrente *f*; (*of blood*) circulação *f* ♦ *vi* correr; (*traffic*) circular; (*blood, ELEC*) circular; (*clothes, hair*) ondular; **flow chart** *n* fluxograma *m*

flower ['flauə*] *n* flor *f* ♦ *vi* florescer, florir; **flower bed** *n* canteiro; **flowerpot** *n* vaso; **flowery** *adj* (*perfume*) a base de flor; (*pattern*) florido; (*speech*) floreado

flown [fləun] *pp of* **fly**

flu [flu:] *n* gripe *f*

fluctuate ['flʌktjueɪt] *vi* flutuar; (*temperature*) variar

fluent ['flu:ənt] *adj* fluente; **he speaks ~ French, he's ~ in French** ele fala francês fluentemente

fluff [flʌf] *n* felpa, penugem *f*; **fluffy** *adj* macio, fofo; (*toy*) de pelúcia

fluid ['flu:ɪd] *adj* fluido ♦ *n* fluido

fluke [flu:k] (*inf*) *n* sorte *f*

flung [flʌŋ] *pt, pp of* **fling**

fluoride ['fluəraɪd] *n* fluoreto

flurry ['flʌrɪ] *n* (*of snow*) lufada; **~ of activity** muita atividade

flush [flʌʃ] *n* (*on face*) rubor *m*; (*fig*) resplender *m* ♦ *vt* lavar com água ♦ *vi* ruborizar-se ♦ *adj*: **~ with** rente com; **to ~ the toilet** dar descarga; **flush out** *vt* levantar; **flushed** *adj* ruborizado, corado

flustered ['flʌstəd] *adj* atrapalhado

flute [flu:t] *n* flauta

flutter ['flʌtə*] *n* agitação *f*; (*of wings*) bater *m* ♦ *vi* esvoaçar

flux [flʌks] *n*: **in a state of ~** mudando continuamente

fly [flaɪ] (*pt* **flew**, *pp* **flown**) *n* mosca; (*on trousers: also:* **flies**) braguilha ♦ *vt* (*plane*) pilotar; (*passengers, cargo*) transportar (de avião); (*distances*) percorrer ♦ *vi* voar; (*passengers*) ir de avião; (*escape*) fugir; (*flag*) hastear-se; **fly away** *or* **off** *vi* voar; **flying** *n* aviação *f* ♦ *adj*: **flying visit** visita de médico; **with flying colours** brilhantemente; **flying saucer** *n* disco voador; **flyover** (*BRIT*) *n* viaduto; **flysheet** *n* duplo teto

foal [fəul] *n* potro

foam [fəum] *n* espuma; (*also:* **~ rubber**) espuma de borracha ♦ *vi* espumar

focal point ['fəukl-] *n* foco

focus ['fəukəs] (*pl* **~es**) *n* foco ♦ *vt* enfocar ♦ *vi*: **to ~ on** enfocar, focalizar; **in/out of ~** em foco/fora de foco

foe [fəu] *n* inimigo

fog [fɔg] *n* nevoeiro; **foggy** *adj*: **it's foggy** está nevoento

foil [fɔɪl] *vt* frustrar ♦ *n* folha metálica; (*also:* **kitchen ~**) folha *or* papel *m* de alumínio; (*complement*) contraste *m*, complemento; (*FENCING*) florete *m*

fold [fəuld] *n* dobra, vinco, prega; (*of skin*) ruga; (*AGR*) redil *m*, curral *m* ♦ *vt* dobrar; (*arms*) cruzar; **fold up** *vi* dobrar; (*business*) abrir falência ♦ *vt* dobrar; **folder** *n* pasta; **folding** *adj* dobrável

folk [fəuk] *npl* gente *f* ♦ *cpd* popular, folclórico; **~s** *npl* (*family*) família, parentes *mpl*; (*parents*) pais *mpl*; **folklore** ['fəuklɔ:*] *n* folclore *m*

follow ['fɔləu] *vt* seguir; (*event, story*) acompanhar ♦ *vi* seguir; (*person, period of time*) acompanhar; (*result*) resultar; **to ~ suit** fazer o mesmo; **follow up** *vt* (*letter*) responder a;

(*offer*) levar adiante; (*case*) acompanhar; **follower** n seguidor(a) m/f; **following** adj seguinte ♦ n adeptos mpl

folly ['fɔlɪ] n loucura

fond [fɔnd] adj carinhoso; (*hopes*) absurdo, descabido; **to be ~ of** gostar de

fondle ['fɔndl] vt acariciar

font [fɔnt] n (*REL*) pia batismal; (*TYP*) fonte f, família

food [fu:d] n comida; **food mixer** n batedeira; **food poisoning** n intoxicação f alimentar; **food processor** n multiprocessador m de cozinha; **foodstuffs** npl gêneros mpl alimentícios

fool [fu:l] n tolo(-a); (*CULIN*) purê m de frutas com creme ♦ vt enganar ♦ vi (*gen*: ~ *around*) brincar; **foolhardy** adj temerário; **foolish** adj burro; (*careless*) imprudente; **foolproof** adj infalível

foot [fut] (*pl* **feet**) n pé m; (*of animal*) pata; (*measure*) pé (*304 mm; 12 inches*) ♦ vt (*bill*) pagar; **on** ~ a pé; **footage** n (*CINEMA*: *length*) ≈ metragem f (: *material*) seqüências fpl; **football** n bola; (*game*: *BRIT*) futebol m; (: *US*) futebol norte- americano; **football player** n (*BRIT*: *also*: **footballer**) jogador m de futebol; **footbrake** n freio (*BR*) or travão m (*PT*) de pé; **footbridge** n passarela; **foothills** npl contraforte m; **foothold** n apoio para o pé; **footing** n (*fig*) posição f; **to lose one's footing** escorregar; **footnote** n nota ao pé da página, nota de rodapé; **footpath** n caminho, atalho; **footprint** n pegada; **footstep** n passo; **footwear** n calçados mpl

for
KEYWORD

[fɔ:'] prep

1 (*indicating destination, direction*) para; **he went ~ the paper** foi pegar o jornal; **is this ~ me?** é para mim?; **it's time ~ lunch** é hora de almoçar

2 (*indicating purpose*) para; **what's it ~?** para quê serve?; **to pray ~ peace** orar pela paz

3 (*on behalf of, representing*) por; **he works ~ the government/a local firm** ele trabalha para o governo/ uma firma local; **G ~ George** G de George

4 (*because of*) por; **~ this reason** por esta razão; **~ fear of being criticised** com medo de ser criticado

5 (*with regard to*) para; **it's cold ~ July** está frio para julho

6 (*in exchange for*) por; **it was sold ~ £5** foi vendido por £5

7 (*in favour of*) a favor de; **are you ~ or against us?** você está a favor de ou contra nós?; **I'm all ~ it** concordo plenamente, tem todo o meu apoio; **vote ~ X** vote em X

8 (*referring to distance*): **there are roadworks ~ 5 km** há obras na estrada por 5 quilômetros; **we walked ~ miles** andamos quilômetros

9 (*referring to time*) **she will be away ~ a month** ela ficará fora um mês; **I have known her ~ years** eu a conheço há anos; **can you do it ~ tomorrow?** você pode fazer isso para amanhã?

10 (*with infinite clause*): **it is not ~ me to decide** não cabe a mim decidir; **it would be best ~ you to leave** seria melhor que você fosse

a
b
c
d
e
f
g
h
i
j
k
l
m
n
o
p
q
r
s
t
u
v
w
x
y
z

embora; **there is still time ~ you to do it** ainda há tempo para você fazer isso; **~ this to be possible ...** para que isso seja possível ...
11 (*in spite of*) apesar de
♦ *conj* (*since, as: rather formal*) pois, porque

forbid [fə'bɪd] (*pt* **forbad(e)**, *pp* **forbidden**) *vt* proibir; **to ~ sb to do sth** proibir alguém de fazer algo; **forbidding** *adj* (*prospect*) sombrio; (*look*) severo

force [fɔ:s] *n* força ♦ *vt* forçar; **the F~s** *npl* (*BRIT*) as Forças Armadas; **in ~** em vigor; **forceful** *adj* enérgico, vigoroso

forcibly ['fɔ:səblɪ] *adv* à força

ford [fɔ:d] *n* vau *m*

fore [fɔ:*] *n*: **to come to the ~** salientar-se

forearm ['fɔ:rɑ:m] *n* antebraço

foreboding [fɔ:'bəudɪŋ] *n* mau presságio

forecast ['fɔ:kɑ:st] (*irreg*: *like* **cast**) *n* previsão *f*; (*also*: **weather ~**) previsão do tempo ♦ *vt* prognosticar, prever

forefinger ['fɔ:fɪŋgə*] *n* (dedo) indicador *m*

foregone ['fɔ:gɔn] *pp of* **forego** ♦ *adj*: **it's a ~ conclusion** é uma conclusão inevitável

foreground ['fɔ:graund] *n* primeiro plano

forehead ['fɔrɪd] *n* testa

foreign ['fɔrɪn] *adj* estrangeiro; (*trade*) exterior; (*object, matter*) estranho; **foreigner** *n* estrangeiro(-a); **foreign exchange** *n* câmbio; **Foreign Office** (*BRIT*) *n* Ministério das Relações Exteriores

foreman ['fɔ:mən] (*irreg*) *n* capataz *m*; (*in construction*) contramestre *m*

foremost ['fɔ:məust] *adj* principal
♦ *adv*: **first and ~** antes de mais nada

forensic [fə'rensɪk] *adj* forense; **~ medicine** medicina legal

forerunner ['fɔ:rʌnə*] *n* precursor(a) *m/f*

foresee [fɔ:'si:] (*irreg*: *like* **see**) *vt* prever; **foreseeable** *adj* previsível

foresight ['fɔ:saɪt] *n* previdência

forest ['fɔrɪst] *n* floresta

forestry ['fɔrɪstrɪ] *n* silvicultura

foretaste ['fɔ:teɪst] *n* amastra

foretell [fɔ:'tel] (*irreg*: *like* **tell**) *vt* predizer, profetizar

forever [fə'revə*] *adv* para sempre

foreword ['fɔ:wə:d] *n* prefácio

forfeit ['fɔ:fɪt] *vt* perder (direito a)

forgave [fə'geɪv] *pt of* **forgive**

forge [fɔ:dʒ] *n* ferraria ♦ *vt* falsificar; (*metal*) forjar; **forge ahead** *vi* avançar constantemente; **forger** *n* falsificador(a) *m/f*; **forgery** *n* falsificação *f*

forget [fə'get] (*pt* **forgot**, *pp* **forgotten**) *vt*, *vi* esquecer; **forgetful** *adj* esquecido; **forget-me-not** *n* miosótis *m*

forgive [fə'gɪv] (*pt* **forgave**, *pp* **~n**) *vt* perdoar; **to ~ sb for sth** perdoar algo a alguém, perdoar alguém de algo; **forgiveness** *n* perdão *m*

fork [fɔ:k] *n* (*for eating*) garfo; (*for gardening*) forquilha; (*of roads etc*) bifurcação *f* ♦ *vi* bifurcar-se; **fork out** (*inf*) *vt* (*pay*) desembolsar, morrer em

forlorn [fə'lɔ:n] *adj* desolado; (*attempt*) desesperado; (*hope*) último

form [fɔ:m] *n* forma; (*type*) tipo; (*SCH*) série *f*; (*questionnaire*) formulário ♦ *vt* formar; (*organization*) criar; **to ~ a queue** (*BRIT*) fazer fila; **in top ~** em plena forma

formal ['fɔ:məl] *adj* (*offer*) oficial; (*person*) cerimonioso; (*occasion,* *education*) formal; (*dress*) a rigor (*BR*); de cerimônia (*PT*); (*garden*) simétrico; **formally** *adv* formalmente

format ['fɔːmæt] *n* formato ♦ *vt* (*COMPUT*) formatar

former ['fɔːmə*] *adj* anterior; (*earlier*) antigo; **the ~ ... the latter ...** aquele ... este ...; **formerly** *adv* anteriormente

formidable ['fɔːmɪdəbl] *adj* terrível, temível

formula ['fɔːmjulə] (*pl* ~**s** *or* ~**e**) *n* fórmula

forsake [fə'seɪk] (*pt* **forsook**, *pp* **forsaken**) *vt* abandonar

fort [fɔːt] *n* forte *m*

forth [fɔːθ] *adv* para adiante; **back and ~** de cá para lá; **and so ~** e assim por diante; **forthcoming** *adj* próximo, que está para aparecer; (*help*) disponível; (*person*) comunicativo; **forthright** *adj* franco

fortify ['fɔːtɪfaɪ] *vt* (*city*) fortificar; (*person*) fortalecer

fortnight ['fɔːtnaɪt] (*BRIT*) *n* quinzena, quinze dias *mpl*; **fortnightly** *adj* quinzenal ♦ *adv* quinzenalmente

fortunate ['fɔːtʃənɪt] *adj* (*event*) feliz; (*person*): **to be ~** ter sorte; **it is ~ that ...** é uma sorte que ...; **fortunately** *adv* felizmente

fortune ['fɔːtʃən] *n* sorte *f*; (*wealth*) fortuna; **fortune-teller** *n* adivinho(-a)

forty ['fɔːtɪ] *num* quarenta

forward ['fɔːwəd] *adj* (*movement*) para a frente; (*position*) avançado; (*in time*) futuro; (*not shy*) imodesto, presunçoso ♦ *n* (*SPORT*) atacante *m* ♦ *vt* (*letter*) remeter; (*goods, parcel*) expedir; (*career*) promover; (*plans*) ativar; **to move ~** avançar; **forward(s)** *adv* para a frente

fossil ['fɔsl] *n* fóssil *m*

foster ['fɔstə*] *vt* adotar (por um

tempo limitado); (*activity*) promover; **foster child** (*irreg*) *n* filho adotivo (por um tempo limitado)

fought [fɔːt] *pt, pp of* **fight**

foul [faul] *adj* horrível; (*language*) obsceno ♦ *n* (*SPORT*) falta ♦ *vt* sujar; **foul play** *n* (*LAW*) crime *m*

found [faund] *pt, pp of* **find** ♦ *vt* (*establish*) fundar; **foundation** [faun'deɪʃən] *n* (*act, organization*) fundação *f*; (*base*) base *f*; (*also:* **foundation cream**) creme *m* base; **foundations** *npl* (*of building*) alicerces *mpl*

founder ['faundə*] *n* fundador(a) *m/f* ♦ *vi* naufragar

fountain ['fauntɪn] *n* chafariz *m*; **fountain pen** *n* caneta-tinteiro *f*

four [fɔː*] *num* quatro; **on all ~s** de quatro; **fourteen** *num* catorze; **fourth** *num* quarto

fowl [faul] *n* ave *f* (doméstica)

fox [fɔks] *n* raposa ♦ *vt* deixar perplexo

foyer ['fɔɪeɪ] *n* saguão *m*

fraction ['frækʃən] *n* fração *f*

fracture ['fræktʃə*] *n* fratura ♦ *vt* fraturar

fragile ['frædʒaɪl] *adj* frágil

fragment ['frægmənt] *n* fragmento

fragrant ['freɪgrənt] *adj* fragrante, perfumado

frail [freɪl] *adj* (*person*) fraco; (*structure*) frágil

frame [freɪm] *n* (*of building*) estrutura; (*body*) corpo; (*of picture, door*) moldura; (*of spectacles: also:* ~**s**) armação *f*, aro ♦ *vt* (*picture*) emoldurar; **frame of mind** *n* estado de espírito; **framework** *n* armação *f*

France [frɑːns] *n* França *f*

frank [fræŋk] *adj* franco ♦ *vt* (*letter*) franquear; **frankly** *adv* francamente;

a b c d e **f** g h i j k l m n o p q r s t u v w x y z

(*candidly*) abertamente

frantic ['fræntɪk] *adj* frenético; (*person*) fora de si

fraternity [frə'tə:nɪtɪ] *n* (*feeling*) fraternidade *f*; (*club*) confraria

fraud [frɔ:d] *n* fraude *f*; (*person*) impostor(a) *m/f*

fraught [frɔ:t] *adj* tenso; ~ **with** repleto de

fray [freɪ] *n* guerra ♦ *vi* esfiapar-se; **tempers were ~ed** estavam com os nervos em frangalhos

freak [fri:k] *n* (*person*) anormal *m/f*; (*event*) anomalia

freckle ['frɛkl] *n* sarda

free [fri:] *adj* livre; (*seat*) desocupado; (*costing nothing*) gratis, gratuito ♦ *vt* pôr em liberdade; (*jammed object*) soltar; ~ **(of charge)** grátis, de graça; **freedom** *n* liberdade *f*; **Freefone** ® *n* número de discagem gratuita; **free gift** *n* brinde *m*; **freelance** *adj* autônomo; **freely** *adv* livremente; **free-range** *adj* (*egg*) caseiro; **freeway** (*US*) *n* auto- estrada; **free will** *n* livre arbítrio; **of one's own free will** por sua própria vontade

freeze [fri:z] (*pt* **froze**, *pp* **frozen**) *vi* gelar-se, congelar-se ♦ *vt* congelar ♦ *n* geada; (*on arms, wages*) congelamento; **freezer** *n* congelador *m*, freezer *m* (*BR*); **freezing** *adj*: **freezing (cold)** (*weather*) glacial; (*water*) gelado; **3 degrees below freezing** 3 graus abaixo de zero; **freezing point** *n* ponto de congelamento

freight [freɪt] *n* (*goods*) carga; (*money charged*) frete *m*; **freight train** (*US*) *n* trem *m* de carga

French [frɛntʃ] *adj* francês(-esa) ♦ *n* (*LING*) francês *m*; **the ~** *npl* (*people*) os franceses; **French bean** (*BRIT*) *n* feijão

m comum; **French fried potatoes** (*US* **French fries**) *npl* batatas *fpl* fritas; **Frenchman** (*irreg*) *n* francês *m*; **Frenchwoman** (*irreg*) *n* francesa

frenzy ['frɛnzɪ] *n* frenesi *m*

frequent [*adj* 'fri:kwənt, *vt* frɪ'kwɛnt] *adj* freqüente ♦ *vt* freqüentar; **frequently** *adv* freqüentemente, a miúdo

fresh [frɛʃ] *adj* fresco; (*new*) novo; (*cheeky*) atrevido; **freshen** *vi* (*wind, air*) tornar-se mais forte; **freshen up** *vi* (*person*) lavar-se, refrescar-se; **freshly** *adv* recentemente, há pouco; **freshness** *n* frescor *m*; **freshwater** *adj* de água doce

fret [frɛt] *vi* afligir-se

friar ['fraɪə*] *n* frade *m*

friction ['frɪkʃən] *n* fricção *f*; (*between people*) atrito

Friday ['fraɪdɪ] *n* sexta-feira *f*

fridge [frɪdʒ] (*BRIT*) *n* geladeira (*BR*), frigorífico (*PT*)

fried [fraɪd] *adj* frito; ~ **egg** ovo estrelado *or* frito

friend [frɛnd] *n* amigo(-a); **friendly** *adj* simpático; (*match*) amistoso; **friendship** *n* amizade *f*

fright [fraɪt] *n* terror *m*; (*scare*) pavor *m*; **to take ~** assustar-se; **frighten** *vt* assustar; **frightened** *adj*: **to be frightened of** ter medo de; **frightening** *adj* assustador(a); **frightful** *adj* terrível, horrível

frigid ['frɪdʒɪd] *adj* frígido, frio

frill [frɪl] *n* babado

fringe [frɪndʒ] *n* franja; (*on shawl etc*) beira, orla; (*edge: of forest etc*) margem *f*

Frisbee ® ['frɪzbɪ] *n* Frisbee ® *m*

frisk [frɪsk] *vt* revistar

fritter ['frɪtə*] *n* bolinho frito; **fritter away** *vt* desperdiçar

frivolous ['frɪvələs] *adj* frívolo; (*activity*) fútil

frizzy ['frɪzɪ] *adj* frisado

fro [frəu] *adj* see **to**

frock [frɒk] *n* vestido

frog [frɒg] *n* rã *f*; **frogman** (*irreg*) *n* homem-rã *m*

from

KEYWORD

[frɒm] *prep*

1 (*indicating starting place*) de; **where do you come ~?** de onde você é?; **~ London to Glasgow** de Londres para Glasgow; **to escape ~ sth/sb** escapar de algo/alguém

2 (*indicating origin etc*) de; **a letter/ telephone call ~ my sister** uma carta/um telefonema da minha irmã; **tell him ~ me that ...** diga a ele que da minha parte ...; **to drink ~ the bottle** beber na garrafa

3 (*indicating time*): **~ one o'clock to** *or* **until** *or* **till two** da uma hora até às duas; **~ May (on)** a partir de maio

4 (*indicating distance*) de; **we're still a long way ~ home** ainda estamos muito longe de casa

5 (*indicating price, number etc*) de; **prices range ~ £10 to £50** os preços vão de £10 a £50

6 (*indicating difference*) de; **he can't tell red ~ green** ele não pode diferenciar vermelho do verde

7 (*because of/on the basis of*): **~ what he says** pelo que ele diz; **to act ~ conviction** agir por convicção; **weak ~ hunger** fraco de fome

front [frʌnt] *n* frente *f*; (*of vehicle*) parte *f* dianteira; (*of house, fig*) fachada; (*also:* **sea ~**) orla marítima ♦ *adj* da frente; **in ~ (of)** em frente

(de); **front door** *n* porta principal; **frontier** ['frʌntɪə*] *n* fronteira; **front page** *n* primeira página; **front room** (*BRIT*) *n* salão *m*, sala de estar; **front-wheel drive** *n* tração *f* dianteira

frost [frɒst] *n* geada; (*also:* **hoar~**) gelo; **frostbite** *n* ulceração *f* produzida pelo frio; **frosty** *adj* (*window*) coberto de geada; (*welcome*) glacial

froth [frɒθ] *n* espuma

frown [fraun] *vi* franzir as sobrancelhas, amarrar a cara

froze [frəuz] *pt of* **freeze**

frozen ['frəuzn] *pp of* **freeze**

fruit [fruːt] *n inv* fruta; (*fig: pl ~s*) fruto; **fruitful** *adj* proveitoso; **fruit juice** *n* suco (*BR*) *or* sumo (*PT*) de frutas; **fruit machine** (*BRIT*) *n* caça-níqueis *m inv* (*BR*), máquina de jogo (*PT*); **fruit salad** *n* salada de frutas

frustrate [frʌs'treɪt] *vt* frustrar

fry [fraɪ] (*pt, pp* **fried**) *vt* fritar; **frying pan** *n* frigideira

ft. *abbr* = **foot**; **feet**

fudge [fʌdʒ] *n* (*CULIN*) ≈ doce *m* de leite

fuel [fjuəl] *n* (*for heating*) combustível *m*; (*for propelling*) carburante *m*; **fuel oil** *n* óleo combustível; **fuel tank** *n* depósito de combustível

fugitive ['fjuːdʒɪtɪv] *n* fugitivo(-a)

fulfil [ful'fɪl] (*US* **fulfill**) *vt* (*function*) cumprir; (*condition*) satisfazer; (*wish, desire*) realizar

full [ful] *adj* cheio; (*use, volume*) máximo; (*complete*) completo; (*information*) detalhado; (*price*) integral; (*skirt*) folgado ♦ *adv*: **~ well** perfeitamente; **I'm ~ (up)** estou satisfeito; **~ employment** pleno emprego; **a ~ two hours** duas horas completas; **at ~ speed** a toda a

a
b
c
d
e
f
g
h
i
j
k
l
m
n
o
p
q
r
s
t
u
v
w
x
y
z

velocidade; **in ~** integralmente; **full stop** n ponto (final); **full-time** adj, adv (work) de tempo completo or integral; **fully** adv completamente; (at least) pelo menos; **fully- fledged** adj (teacher etc) diplomado

fumble ['fʌmbl] vi: **to ~ with ♦** vt fus atrapalhar-se com

fume [fju:m] vi fumegar; (be angry) estar com raiva; **fumes** npl gases mpl

fun [fʌn] n divertimento; **to have ~** divertir-se; **for ~** de brincadeira; **to make ~ of** fazer troça de, zombar de

function ['fʌŋkʃən] n função f; (reception, dinner) recepção f ♦ vi funcionar; **functional** adj funcional; (practical) prático

fund [fʌnd] n fundo; (source, store) fonte f; **~s** npl (money) fundos mpl

fundamental [fʌndə'mɛntl] adj fundamental

funeral ['fju:nərəl] n (burial) enterro

funfair ['fʌnfɛə•] (BRIT) n parque m de diversões

fungus ['fʌŋgəs] (pl **fungi**) n fungo; (mould) bolor m, mofo

funnel ['fʌnl] n funil m; (of ship) chaminé m

funny ['fʌnɪ] adj engraçado, divertido; (strange) esquisito, estranho

fur [fə•] n pele f; (BRIT: in kettle etc) depósito, crosta

furious ['fjuərɪəs] adj furioso; (effort) incrível

furnace ['fə:nɪs] n forno

furnish ['fə:nɪʃ] vt mobiliar (BR), mobilar (PT); (supply): **to ~ sb with sth** fornecer algo a alguém; **furnishings** npl mobília

furniture ['fə:nɪtʃə•] n mobília, móveis mpl; **piece of ~** móvel m

furry ['fə:rɪ] adj peludo

further ['fə:ðə•] adj novo, adicional

♦ adv mais longe; (more) mais; (moreover) além disso ♦ vt promover; **further education** (BRIT) n educação f superior; **furthermore** adv além disso

furthest ['fə:ðɪst] superl of **far**

fury ['fjuərɪ] n fúria

fuse [fju:z] n fusível m; (for bomb etc) espoleta, mecha ♦ vt fundir; (fig) unir ♦ vi (metal) fundir-se; unir-se; **to ~ the lights** (BRIT: ELEC) queimar as luzes; **fuse box** n caixa de fusíveis

fuss [fʌs] n estardalhaço; (complaining) escândalo; **to make a ~** criar caso; **to make a ~ of sb** paparicar alguém; **fussy** adj (person) exigente; (dress, style) espalhafatoso

future ['fju:tʃə•] adj futuro ♦ n futuro; **in ~** no futuro

fuze [fju:z] (US) = **fuse**

fuzzy ['fʌzɪ] adj (PHOT) indistinto; (hair) frisado, encrespado

G g

G [dʒi:] n (MUS) sol m

G7 n abbr (= Group of 7) G7

gable ['geɪbl] n cumeeira

gadget ['gædʒɪt] n aparelho, engenhoca

Gaelic ['geɪlɪk] adj gaélico(-a) ♦ n (LING) gaélico

gag [gæg] n (on mouth) mordaça; (joke) piada ♦ vt amordaçar

gain [geɪn] n ganho; (profit) lucro ♦ vt ganhar ♦ vi (watch) adiantar-se; (benefit): **to ~ from sth** tirar proveito de algo; **to ~ on sb** aproximar-se de alguém; **to ~ 3lbs (in weight)** engordar 3 libras

gal. abbr = **gallon**

Galapagos (Islands) [gəˈlæpəgəs-] *npl*: **the ~** as ilhas Galápagos

gale [geɪl] *n* ventania; **~ force 10** vento de força 10

gallant [ˈgælənt] *adj* valente; (*polite*) galante

gallery [ˈgælərɪ] *n* (*in theatre etc*) galeria; (*also*: **art ~**: *public*) museu *m*; (: *private*) galeria (de arte)

gallon [ˈgæln] *n* galão *m* (= 8 pints; BRIT = 4.5l; US = 3.8l)

gallop [ˈgæləp] *n* galope *m* ♦ *vi* galopar

gallows [ˈgæləuz] *n* forca

gallstone [ˈgɔːlstəun] *n* cálculo biliar

galore [gəˈlɔːʳ] *adv* à beça

gamble [ˈgæmbl] *n* risco ♦ *vt* apostar ♦ *vi* jogar, arriscar; **gambler** *n* jogador(a) *m/f*; **gambling** *n* jogo

game [geɪm] *n* jogo; (*match*) partida; (*esp TENNIS*) jogada; (*strategy*) plano, esquema *m*; (*HUNTING*) caça ♦ *adj* (*willing*): **to be ~ for anything** topar qualquer parada; **big ~** caça grossa; **gamekeeper** *n* guarda-caça *m*

gammon [ˈgæmən] *n* (*bacon*) toucinho (defumado); (*ham*) presunto

gang [gæŋ] *n* bando, grupo; (*of criminals*) gangue *f*; (*of workmen*) turma ♦ *vi*: **to ~ up on sb** conspirar contra alguém

gangster [ˈgæŋstəʳ] *n* gângster *m*, bandido

gaol [dʒeɪl] (*BRIT*) *n, vt* = **jail**

gap [gæp] *n* brecha, fenda; (*in trees, traffic*) abertura; (*in time*) intervalo; (*difference*) diferença

gape [geɪp] *vi* (*person*) estar *or* ficar boquiaberto; (*hole*) abrir-se; **gaping** *adj* (*hole*) muito aberto

garage [ˈgærɑːʒ] *n* garagem *f*; (*for car repairs*) oficina (mecânica)

garbage [ˈgɑːbɪdʒ] *n* (*US*) lixo; (*inf*: *nonsense*) disparates *mpl*; **garbage can** (*US*) *n* lata de lixo

garbled [ˈgɑːbld] *adj* deturpado, destorcido

garden [ˈgɑːdn] *n* jardim *m*; **~s** *npl* (*public park*) jardim público, parque *m*; **gardener** *n* jardineiro(-a); **gardening** *n* jardinagem *f*

gargle [ˈgɑːgl] *vi* gargarejar

garish [ˈgɛərɪʃ] *adj* (*colour*) berrante; (*light*) brilhante

garland [ˈgɑːlənd] *n* guirlanda

garlic [ˈgɑːlɪk] *n* alho

garment [ˈgɑːmənt] *n* peça de roupa

garrison [ˈgærɪsn] *n* guarnição *f*

garter [ˈgɑːtəʳ] *n* liga

gas [gæs] *n* gás *m*; (*US*: *gasoline*) gasolina ♦ *vt* asfixiar com gás; **gas cooker** (*BRIT*) *n* fogão *m* a gás; **gas cylinder** *n* bujão *m* de gás; **gas fire** (*BRIT*) *n* aquecedor *m* a gás

gash [gæʃ] *n* talho; (*tear*) corte *m* ♦ *vt* talhar; cortar

gasket [ˈgæskɪt] *n* (*AUT*) junta, gaxeta

gasoline [ˈgæsəliːn] (*US*) *n* gasolina

gasp [gɑːsp] *n* arfada ♦ *vi* arfar; **gasp out** *vt* dizer com voz entrecortada

gas station (*US*) *n* posto de gasolina

gate [geɪt] *n* portão *m*; **gatecrash** (*BRIT*) *vt* entrar de penetra em; **gateway** *n* portão *m*, passagem *f*

gather [ˈgæðəʳ] *vt* colher; (*assemble*) reunir; (*SEWING*) franzir; (*understand*) compreender ♦ *vi* reunir-se; **to ~ speed** acelerar-se; **gathering** *n* reunião *f*, assembléia

gauge [geɪdʒ] *n* (*instrument*) medidor *m* ♦ *vt* (*fig*: *character*) avaliar

gaunt [gɔːnt] *adj* descarnado; (*bare, stark*) desolado

gauze [gɔːz] *n* gaze *f*

gave [geɪv] *pt of* **give**

a b c d e f **g** h i j k l m n o p q r s t u v w x y z

gay [geɪ] *adj* (*homosexual*) gay; (*old-fashioned*: *cheerful*) alegre; (*colour*) vistoso; (*music*) vivo

gaze [geɪz] *n* olhar *m* fixo ♦ *vi*: **to ~ at sth** fitar algo

GB *abbr* = **Great Britain**

GCE (*BRIT*) *n abbr* = **General Certificate of Education**

GCSE (*BRIT*) *n abbr* = **General Certificate of Secondary Education**

gear [gɪə•] *n* equipamento *m*; (*TECH*) engrenagem *f*; (*AUT*) velocidade *f*, marcha (*BR*), mudança (*PT*) ♦ *vt* (*fig*: *adapt*): **to ~ sth to** preparar algo para; **top** (*BRIT*) *or* **high** (*US*)/**low ~** quarta/ primeira (marcha); **in ~** engrenado; **gearbox** *n* caixa de mudanças (*BR*) *or* de velocidades (*PT*)

geese [giːs] *npl of* **goose**

gel [dʒɛl] *n* gel *m*

gem [dʒɛm] *n* jóia, gema

Gemini ['dʒɛmɪnaɪ] *n* Gêminis *m*, Gêmeos *mpl*

gender ['dʒɛndə•] *n* gênero

general ['dʒɛnərl] *n* general *m* ♦ *adj* geral; **in ~** em geral; **general anaesthetic** *n* anestesia geral; **generally** *adv* geralmente; **general practitioner** *n* clínico(-a) geral

generate ['dʒɛnəreɪt] *vt* gerar; **generator** *n* gerador *m*

generous ['dʒɛnərəs] *adj* generoso; (*measure etc*) abundante

genetic engineering [dʒɪ'nɛtɪk-] *n* engenharia genética

Geneva [dʒɪ'niːvə] *n* Genebra

genial ['dʒiːnɪəl] *adj* cordial, simpático

genitals ['dʒɛnɪtlz] *npl* órgãos *mpl* genitais

genius ['dʒiːnɪəs] *n* gênio

gentle ['dʒɛntl] *adj* (*touch*) leve, suave; (*landscape*) suave; (*animal*) manso

gentleman ['dʒɛntlmən] (*irreg*) *n* senhor *m*; (*social position*) fidalgo; (*well-bred man*) cavalheiro

gently ['dʒɛntlɪ] *adv* suavemente

gentry ['dʒɛntrɪ] *n* pequena nobreza

gents [dʒɛnts] *n* banheiro de homens (*BR*), casa de banho dos homens (*PT*)

genuine ['dʒɛnjuɪn] *adj* autêntico; (*person*) sincero

geography [dʒɪ'ɔɡrəfɪ] *n* geografia

geology [dʒɪ'ɔlədʒɪ] *n* geologia

geometry [dʒɪ'ɔmətrɪ] *n* geometria

geranium [dʒɪ'reɪnjəm] *n* gerânio

geriatric [dʒɛrɪ'ætrɪk] *adj* geriátrico

germ [dʒəːm] *n* micróbio, bacilo

German ['dʒəːmən] *adj* alemão(-mã) ♦ *n* alemão(-mã) *m/f*; (*LING*) alemão *m*; **German measles** *n* rubéola

Germany ['dʒəːmənɪ] *n* Alemanha

gesture ['dʒɛstʃə•] *n* gesto

get

KEYWORD

[ɡɛt] (*pt, pp* **got**) (*US*: *pp* **gotten**) *vi*
1 (*become, be*) ficar, tornar-se; **to ~ old/tired/cold** envelhecer/cansar-se/ resfriar-se; **to ~ annoyed/bored** aborrecer-se/amuar-se; **to ~ drunk** embebedar-se; **to ~ dirty** sujar-se; **to ~ killed/married** ser morto/ casar-se; **when do I ~ paid?** quando eu recebo?, quando eu vou ser pago?; **it's ~ting late** está ficando tarde

2 (*go*): **to ~ to/from** ir para/de; **to ~ home** chegar em casa

3 (*begin*) começar a; **to ~ to know sb** começar a conhecer alguém; **let's ~ going** *or* **started** vamos lá!

♦ *modal aux vb*: **you've got to do it** você tem que fazê-lo

♦ *vt*

1: **to ~ sth done** (*do*) fazer algo; (*have done*) mandar fazer algo; **to ~ one's hair cut** cortar o cabelo; **to ~ the car going** *or* **to go** fazer o carro andar; **to ~ sb to do sth** convencer alguém a fazer algo; **to ~ sth/ sb ready** preparar algo/arrumar alguém

2 (*obtain*) ter; (*find*) achar; (*fetch*) buscar; **to ~ sth for sb** arranjar algo para alguém; (*fetch*) ir buscar algo para alguém; **~ me Mr Jones, please** (*TEL*) pode chamar o Sr Jones por favor; **can I ~ you a drink?** você está servido?

3 (*receive: present, letter*) receber; (*acquire: reputation, prize*) ganhar

4 (*catch*) agarrar; (*hit: target etc*) pegar; **to ~ sb by the arm/throat** agarrar alguém pelo braço/pela garganta; **~ him!** pega ele!

5 (*take, move*) levar; **to ~ sth to sb** levar algo para alguém; **I can't ~ it in/out/through** não consigo enfiá-lo/tirá-lo/passá-lo; **do you think we'll ~ it through the door?** você acha que conseguiremos passar isto pela porta?

6 (*plane, bus etc*) pegar, tomar

7 (*understand*) entender; (*hear*) ouvir; **I've got it** entendi; **I don't ~ your meaning** não entendo o que você quer dizer

8 (*have, possess*): **to have got** ter

get about *vi* (*news*) espalhar-se

get along *vi* (*agree*) entender-se; (*depart*) ir embora; (*manage*) = **get by**

get around = **get round**

get at *vt fus* (*attack, criticize*) atacar; (*reach*) alcançar; **what are you ~ting at?** o que você está querendo

dizer?

get away *vi* (*leave*) partir; (*escape*) escapar

get away with *vt fus* conseguir fazer impunemente

get back *vi* (*return*) regressar, voltar **♦** *vt* receber de volta, recobrar

get by *vi* (*pass*) passar; (*manage*) virar-se

get down *vi* descer **♦** *vt fus* abaixar **♦** *vt* (*object*) abaixar, descer; (*depress: person*) deprimir

get down to *vt fus* (*work*) pôr-se a (fazer)

get in *vi* entrar; (*train*) chegar; (*arrive home*) voltar para casa

get into *vt fus* entrar em; (*vehicle*) subir em; (*clothes*) pôr, vestir, enfiar; **to ~ into bed/a rage** meter-se na cama/ficar com raiva

get off *vi* (*from train etc*) saltar (*BR*), descer (*PT*); (*depart*) sair; (*escape*) escapar **♦** *vt* (*remove: clothes, stain*) tirar; (*send off*) mandar **♦** *vt fus* (*train, bus*) saltar de (*BR*), sair de (*PT*)

get on *vi* (*at exam etc*): **how are you ~ting on?** como vai?; (*agree*): **to ~ on (with)** entender-se (com) **♦** *vt fus* (*train etc*) subir em (*BR*), subir para (*PT*); (*horse*) montar em

get out *vi* (*of place, vehicle*) sair **♦** *vt* (*take out*) tirar

get out of *vt fus* (*duty etc*) escapar de

get over *vt fus* (*illness*) restabelecer-se de

get round *vt fus* rodear; (*fig: person*) convencer

get through *vi* (*TEL*) completar a ligação

get through to *vt fus* (*TEL*) comunicar-se com

get together vi (people) reunir-se
♦ vt reunir
get up vi levantar-se ♦ vt fus
levantar
get up to vt fus (reach) chegar a;
(BRIT: prank etc) fazer

getaway ['getəweɪ] n fuga, escape m
ghastly ['gɑːstlɪ] adj horrível;
(building) medonho; (appearance)
horripilante; (pale) pálido
gherkin ['gəːkɪn] n pepino em vinagre
ghost [gəust] n fantasma m
giant ['dʒaɪənt] n gigante m ♦ adj
gigantesco, gigante
gibberish ['dʒɪbərɪʃ] n algaravia
giblets ['dʒɪblɪts] npl miúdos mpl
Gibraltar [dʒɪ'brɔːltə*] n Gibraltar m
(no article)
giddy ['gɪdɪ] adj (dizzy): **to be** or **feel
~** estar com vertigem
gift [gɪft] n presente m, dádiva;
(ability) dom m, talento; **gifted** adj
bem-dotado
gigantic [dʒaɪ'gæntɪk] adj gigantesco
giggle ['gɪgl] vi dar risadinha boba
gill [dʒɪl] n (measure) = 0.25 pints
(BRIT = 0.148l, US = 0.118l)
gills [gɪlz] npl (of fish) guelras fpl,
brânquias fpl
gilt [gɪlt] adj dourado ♦ n dourado
gimmick ['gɪmɪk] n truque m or
macete m (publicitário)
gin [dʒɪn] n gim m, genebra
ginger ['dʒɪndʒə*] n gengibre m;
gingerbread n (cake) pão m de
gengibre; (biscuit) biscoito de
gengibre
gipsy ['dʒɪpsɪ] n cigano
giraffe [dʒɪ'rɑːf] n girafa
girl [gəːl] n (small) menina (BR),
rapariga (PT); (young woman) jovem f,

moça; (daughter) filha; **girlfriend** n
(of girl) amiga; (of boy) namorada
gist [dʒɪst] n essencial m

give
KEYWORD

[gɪv] (pt **gave**, pp **given**) vt
1 (hand over) dar; **to ~ sb sth, ~ sth
to sb** dar algo a alguém
2 (used with n to replace a vb): **to ~
a cry/sigh/push** etc dar um grito/
suspiro/empurrão etc; **to ~ a
speech/a lecture** fazer um discurso/
uma palestra
3 (tell, deliver: news, advice,
message etc) dar; **to ~ the right/wrong
answer** dar a resposta certa/errada
4 (supply, provide: opportunity, job
etc) dar; (bestow: title, right)
conceder; **the sun ~s warmth and
light** o sol fornece calor e luz
5 (dedicate: time, one's life) dedicar;
she gave it all her attention ela
dedicou toda sua atenção a isto
6 (organize): **to ~ a party/dinner**
etc dar uma festa/jantar etc
♦ vi
1 (also: ~ **way**: break, collapse) dar
folga; **his legs gave beneath him**
suas pernas bambearam; **the roof/
floor gave as I stepped on it** o
telhado/chão desabou quando eu
pisei nele
2 (stretch: fabric) dar de si
give away vt (money, opportunity)
dar; (secret, information) revelar
give back vt devolver
give in vi (yield) ceder ♦ vt (essay
etc) entregar
give off vt (heat, smoke) soltar
give out vt (distribute) distribuir;
(make known) divulgar

give up vi (*surrender*) desistir, dar-se por vencido ♦ vt (*job, boyfriend, habit*) renunciar a; (*idea, hope*) abandonar; **to ~ up smoking** deixar de fumar; **to ~ o.s. up** entregar-se

give way vi (*yield*) ceder; (*break, collapse: rope*) arrebentar; (: *ladder*) quebrar; (*BRIT: AUT*) dar a preferência (*BR*), dar prioridade (*PT*)

glacier ['glæsɪə*] *n* glaciar *m*, geleira

glad [glæd] *adj* contente

gladly ['glædlɪ] *adv* com muito prazer

glamorous ['glæmərəs] *adj* encantador(a), glamouroso

glamour ['glæmə*] *n* encanto, glamour *m*

glance [glɑːns] *n* relance *m*, vista de olhos ♦ vi: **to ~ at** olhar (de relance); **glance off** vt fus (*bullet*) ricochetear de; **glancing** adj (*blow*) oblíquo

gland [glænd] *n* glândula

glare [glɛə*] *n* (*of anger*) olhar *m* furioso; (*of light*) luminosidade *f*; (*of publicity*) foco ♦ vi brilhar; **to ~ at** olhar furiosamente para; **glaring** adj (*mistake*) notório

glass [glɑːs] *n* vidro, cristal *m*; (*for drinking*) copo; **~es** npl (*spectacles*) óculos mpl; **glassware** n objetos mpl de cristal

glaze [gleɪz] *vt* (*door*) envidraçar; (*pottery*) vitrificar ♦ *n* verniz *m*

gleam [gliːm] *vi* brilhar

glean [gliːn] *vt* (*information*) colher

glib [glɪb] *adj* (*answer*) pronto; (*person*) labioso

glide [glaɪd] *vi* deslizar; (*AVIAT, birds*) planar; **glider** n (*AVIAT*) planador *m*;

gliding n (*AVIAT*) vôo sem motor

glimmer ['glɪmə*] *n* luz *f* trêmula; (*of interest, hope*) lampejo

glimpse [glɪmps] *n* vista rápida, vislumbre *m* ♦ vt vislumbrar, ver de relance

glint [glɪnt] *vi* cintilar

glisten ['glɪsn] *vi* brilhar

glitter ['glɪtə*] *vi* reluzir, brilhar

gloat [gləʊt] *vi*: **to ~ (over)** exultar (com)

global ['gləʊbl] *adj* mundial

globe [gləʊb] *n* globo, esfera

gloom [gluːm] *n* escuridão *f*; (*sadness*) tristeza; **gloomy** adj escuro; triste

glorious ['glɔːrɪəs] *adj* (*weather*) magnífico; (*future*) glorioso

glory ['glɔːrɪ] *n* glória

gloss [glɔs] *n* (*shine*) brilho; (*also: ~ paint*) pintura brilhante, esmalte *m*; **gloss over** vt fus encobrir

glossary ['glɔsərɪ] *n* glossário

glossy ['glɔsɪ] *adj* lustroso

glove [glʌv] *n* luva

glow [gləʊ] *vi* (*shine*) brilhar; (*fire*) arder

glower ['glaʊə*] *vi*: **to ~ at (sb)** olhar (alguém) de modo ameaçador

glucose ['gluːkəʊs] *n* glicose *f*

glue [gluː] *n* cola ♦ vt colar

glum [glʌm] *adj* (*mood*) abatido; (*person, tone*) triste

glut [glʌt] *n* abundância, fartura

glutton ['glʌtn] *n* glutão(-ona) *m/f*; **a ~ for work** um(a) trabalhador(a) incansável

GM *adj abbr* (= *genetically modified*) geneticamente modificado

gnat [næt] *n* mosquito

gnaw [nɔː] *vt* roer

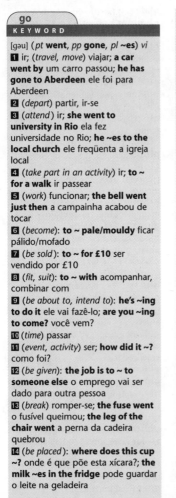

go
KEYWORD

[gəu] (*pt* **went**, *pp* **gone**, *pl* **~es**) *vi*
1 ir; (*travel, move*) viajar; **a car went by** um carro passou; **he has gone to Aberdeen** ele foi para Aberdeen
2 (*depart*) partir, ir-se
3 (*attend*) ir; **she went to university in Rio** ela fez universidade no Rio; **he ~es to the local church** ele freqüenta a igreja local
4 (*take part in an activity*) ir; **to ~ for a walk** ir passear
5 (*work*) funcionar; **the bell went just then** a campainha acabou de tocar
6 (*become*): **to ~ pale/mouldy** ficar pálido/mofado
7 (*be sold*): **to ~ for £10** ser vendido por £10
8 (*fit, suit*): **to ~ with** acompanhar, combinar com
9 (*be about to, intend to*): **he's ~ing to do it** ele vai fazê-lo; **are you ~ing to come?** você vem?
10 (*time*) passar
11 (*event, activity*) ser; **how did it ~?** como foi?
12 (*be given*): **the job is to ~ to someone else** o emprego vai ser dado para outra pessoa
13 (*break*) romper-se; **the fuse went** o fusível queimou; **the leg of the chair went** a perna da cadeira quebrou
14 (*be placed*): **where does this cup ~?** onde é que põe esta xícara?; **the milk ~es in the fridge** pode guardar o leite na geladeira

♦ *n*
1 (*try*): **to have a ~ (at)** tentar a sorte (com)
2 (*turn*) vez *f*
3 (*move*): **to be on the ~** ter muito para fazer; **go about** *vi* (*also: ~ around: rumour*) espalhar-se
♦ *vt fus*: **how do I ~ about this?** como é que eu faço isto?
go ahead *vi* (*make progress*) progredir; (*get going*) ir em frente
go along *vi* ir ♦ *vt fus* ladear; **to ~ along with** concordar com
go away *vi* (*leave*) ir-se, ir embora
go back *vi* (*return*) voltar; (*go again*) ir de novo
go back on *vt fus* (*promise*) faltar com
go by *vi* (*years, time*) passar ♦ *vt fus* (*book, rule*) guiar-se por
go down *vi* (*descend*) descer, baixar; (*ship*) afundar; (*sun*) pôr-se
♦ *vt fus* (*stairs, ladder*) descer
go for *vt fus* (*fetch*) ir buscar; (*like*) gostar de; (*attack*) atacar
go in *vi* (*enter*) entrar
go in for *vt fus* (*competition*) inscrever-se em; (*like*) gostar de
go into *vt fus* (*enter*) entrar em; (*investigate*) investigar; (*embark on*) embarcar em
go off *vi* (*leave*) ir-se; (*food*) estragar, apodrecer; (*bomb, gun*) explodir; (*event*) realizar-se ♦ *vt fus* (*person, food etc*) deixar de gostar de
go on *vi* (*continue*) seguir, continuar; (*happen*) acontecer, ocorrer
go out *vi* sair; (*for entertainment*): **are you ~ing out tonight?** você vai sair hoje à noite?; (*couple*): **they went out for 3 years** eles

namoraram 3 anos; (*fire, light*) apagar-se

go over *vi* (*ship*) soçobrar ♦ *vt fus* (*check*) revisar

go round *vi* (*news, rumour*) circular

go through *vt fus* (*town etc*) atravessar; (*search through*) vasculhar; (*examine*) percorrer de cabo a rabo

go up *vi* subir; (*price*) aumentar

go without *vt fus* passar sem

goad [gəud] *vt* aguilhoar

go-ahead *adj* empreendedor(a) ♦ *n* luz *f* verde

goal [gəul] *n* meta, alvo; (*SPORT*) gol *m* (*BR*), golo (*PT*); **goalkeeper** *n* goleiro(-a) (*BR*), guarda-redes *m/f inv* (*PT*)

goat [gəut] *n* cabra

gobble ['gɔbl] *vt* (*also:* **~ down, ~ up**) engolir rapidamente, devorar

god [gɔd] *n* deus *m*; **G~** Deus; **godchild** *n* afilhado(-a); **goddess** *n* deusa; **godfather** *n* padrinho; **godmother** *n* madrinha; **godsend** *n* dádiva do céu

goggles ['gɔglz] *npl* óculos *mpl* de proteção

going ['gəuɪŋ] *n* (*conditions*) estado do terreno ♦ *adj*: **the ~ rate** tarifa corrente *or* em vigor

gold [gəuld] *n* ouro ♦ *adj* de ouro; **golden** *adj* (*made of gold*) de ouro; (*gold in colour*) dourado; **goldfish** *n inv* peixe-dourado *m*; **gold-plated** *adj* plaquê *inv*; **goldsmith** *n* ourives *m/f inv*

golf [gɔlf] *n* golfe *m*; **golf ball** *n* bola de golfe; (*on typewriter*) esfera; **golf club** *n* clube *m* de golfe; (*stick*) taco; **golf course** *n* campo de golfe; **golfer** *n* jogador(a) *m/f*, golfista *m/f*

gone [gɔn] *pp of* go

gong [gɔŋ] *n* gongo

good [gud] *adj* bom (boa); (*kind*) bom, bondoso; (*well-behaved*) educado ♦ *n* bem *m*; **~s** *npl* (*COMM*) mercadorias *fpl*; **~!** bom!; **to be ~ at** ser bom em; **to be ~ for** servir para; **it's ~ for you** faz-lhe bem; **a ~ deal (of)** muito; **a ~ many** muitos; **to make ~** reparar; **it's no ~ complaining** não adianta se queixar; **for ~** para sempre, definitivamente; **~ morning/ afternoon/evening!** bom dia/boa tarde/boa noite!; **~ night!** boa noite!; **goodbye** *excl* até logo (*BR*), adeus (*PT*); **to say goodbye** despedir-se; **Good Friday** *n* Sexta-Feira Santa; **good-looking** *adj* bonito; **good-natured** *adj* (*person*) de bom gênio; (*pet*) de boa índole; **goodwill** *n* boa vontade *f*

goose [guːs] (*pl* **geese**) *n* ganso

gooseberry ['guzbərɪ] *n* groselha; **to play ~** (*BRIT*) ficar de vela

gooseflesh ['guːsfleʃ] *n*, **goose pimples** *npl* pele *f* arrepiada

gore [gɔːʳ] *vt* escornar ♦ *n* sangue *m*

gorge [gɔːdʒ] *n* desfiladeiro ♦ *vt*: **to ~ o.s. (on)** empanturrar-se (de)

gorgeous ['gɔːdʒəs] *adj* magnífico, maravilhoso; (*person*) lindo

gorilla [gə'rɪlə] *n* gorila *m*

gorse [gɔːs] *n* tojo

gory ['gɔːrɪ] *adj* sangrento

gospel ['gɔspl] *n* evangelho

gossip ['gɔsɪp] *n* (*scandal*) fofocas *fpl* (*BR*), mexericos *mpl* (*PT*); (*chat*) conversa; (*scandalmonger*) fofoqueiro(-a) (*BR*), mexeriqueiro(-a) (*PT*) ♦ *vi* (*chat*) bater (um) papo (*BR*), cavaquear (*PT*)

got [gɔt] *pt, pp of* get

gotten ['gɔtn] (*US*) *pp of* get

a b c d e f g h i j k l m n o p q r s t u v w x y z

gout [gaut] *n* gota

govern ['gʌvən] *vt* governar; (*event*) controlar

governess ['gʌvənɪs] *n* governanta

government ['gʌvnmənt] *n* governo

governor ['gʌvənə'] *n* governador(a) *m/f*; (*of school, hospital, jail*) diretor(a) *m/f*

gown [gaun] *n* vestido; (*of teacher, judge*) toga

GP *n abbr* (MED) = **general practitioner**

grab [græb] *vt* agarrar ♦ *vi*: **to ~ at** tentar agarrar

grace [greɪs] *n* (REL) graça; (*gracefulness*) elegância, fineza ♦ *vt* (*honour*) honrar; (*adorn*) adornar; **5 days'~** um prazo de 5 dias; **graceful** *adj* elegante, gracioso; **gracious** ['greɪʃəs] *adj* gracioso, afável

grade [greɪd] *n* (*quality*) classe *f*, qualidade *f*; (*degree*) grau *m*; (*US: SCH*) série *f*, classe ♦ *vt* classificar; **grade crossing** (*US*) *n* passagem *f* de nível; **grade school** (*US*) *n* escola primária

gradient ['greɪdɪənt] *n* declive *m*

gradual ['grædjuəl] *adj* gradual, gradativo; **gradually** *adv* gradualmente, pouco a pouco

graduate [*n* 'grædjuɪt, *vb* 'grædjueɪt] *n* graduado, licenciado; (*US*) diplomado do colégio ♦ *vi* formar-se, licenciar-se; **graduation** [grædju'eɪʃən] *n* formatura

graffiti [grə'fiːtiː] *n, npl* pichações *fpl*

graft [grɑːft] *n* (AGR, MED) enxerto; (*BRIT: inf*) trabalho pesado; (*bribery*) suborno ♦ *vt* enxertar

grain [greɪn] *n* grão *m*; (*no pl: cereals*) cereais *mpl*; (*in wood*) veio, fibra

gram [græm] *n* grama *m*

grammar ['græmə'] *n* gramática; **grammar school** *n* (*BRIT*) ≈ liceo; **grammatical** [grə'mætɪkl] *adj*

gramatical

gramme [græm] *n* = **gram**

grand [grænd] *adj* esplêndido; (*inf: wonderful*) ótimo, formidável; **granddad** *n* vovô *m*; **granddaughter** *n* neta; **grandfather** *n* avô *m*; **grandma** *n* avó *f*, vovó *f*; **grandmother** *n* avó *f*; **grandpa** *n* = **grandad**; **grandparents** *npl* avós *mpl*; **grand piano** *n* piano de cauda; **grandson** *n* neto

granite ['grænɪt] *n* granito

granny ['grænɪ] (*inf*) *n* avó *f*, vovó *f*

grant [grɑːnt] *vt* (*concede*) conceder; (*a request etc*) anuir a; (*admit*) admitir ♦ *n* (SCH) bolsa; (ADMIN) subvenção *f*, subsídio; **to take sth for ~ed** dar algo por certo

grape [greɪp] *n* uva

grapefruit ['greɪpfruːt] (*pl inv or ~s*) *n* toranja, grapefruit *m* (*BR*)

graph [grɑːf] *n* gráfico; **graphic** ['græfɪk] *adj* gráfico; **graphics** *n* (*art*) artes *fpl* gráficas ♦ *npl* (*drawings*) desenhos *mpl*

grasp [grɑːsp] *vt* agarrar, segurar; (*understand*) compreender, entender ♦ *n* aperto de mão; (*understanding*) compreensão *f*; **grasping** *adj* avaro

grass [grɑːs] *n* grama (*BR*), relva (*PT*); **grasshopper** *n* gafanhoto

grate [greɪt] *n* (*fireplace*) lareira ♦ *vi* ranger ♦ *vt* (CULIN) ralar

grateful ['greɪtful] *adj* agradecido, grato

grater ['greɪtə'] *n* ralador *m*

gratitude ['grætɪtjuːd] *n* agradecimento

gratuity [grə'tjuːɪtɪ] *n* gratificação *f*, gorjeta

grave [greɪv] *n* cova, sepultura ♦ *adj* sério; (*mistake*) grave

gravel ['grævl] *n* cascalho

gravestone ['greɪvstəun] n lápide f
graveyard ['greɪvjɑːd] n cemitério
gravity ['grævɪtɪ] n (PHYS) gravidade f;
(seriousness) seriedade f, gravidade
gravy ['greɪvɪ] n molho (de carne)
gray [greɪ] (US) adj = grey
graze [greɪz] vi pastar ♦ vt (touch
lightly) roçar; (scrape) raspar ♦ n (MED)
esfoladura, arranhadura
grease [griːs] n (fat) gordura;
(lubricant) graxa, lubrificante m ♦ vt
untar, lubrificar, engraxar; **greasy** adj
gordurento, gorduroso; (skin, hair)
oleoso
great [greɪt] adj grande; (inf) genial;
(pain, heat) forte; (important)
importante; **Great Britain** n
Grã-Bretanha; ver quadro

GREAT BRITAIN

A Grã-Bretanha, **Great Britain** ou
Britain em inglês, designa a maior
das ilhas britânicas e, portanto,
engloba a Escócia e o País de Gales.
Junto com a Irlanda, a ilha de Man e
as ilhas Anglo-normandas, a
Grã-Bretanha forma as ilhas
Britânicas, ou British Isles. Reino
Unido, em inglês United Kingdom ou
UK, é o nome oficial da entidade
política que compreende a
Grã-Bretanha e a Irlanda do Norte.

great: **great-grandfather** n bisavô
m; **great-grandmother** n bisavó f;
greatly adv imensamente, muito
Greece [griːs] n Grécia
greed [griːd] n (also: **~iness**) avidez f,
cobiça; **greedy** adj avarento; (for
food) guloso
Greek [griːk] adj grego ♦ n grego(-a);
(LING) grego

green [griːn] adj verde;
(inexperienced) inexperiente, ingênuo
♦ n verde m; (stretch of grass)
gramado (BR), relvado (PT); (on golf
course) green m; **~s** npl (vegetables)
verduras fpl; **greenery** n verdura;
greengrocer (BRIT) n verdureiro(-a);
greenhouse n estufa; **greenhouse
effect** n efeito estufa; **greenhouse
gas** n gás provocado pelo efeito estufa
Greenland ['griːnlənd] n Groenlândia
greet [griːt] vt acolher; (news)
receber; **greeting** n acolhimento;
greeting(s) card n cartão m
comemorativo
grenade [grə'neɪd] n granada
grew [gruː] pt of grow
grey [greɪ] (US gray) adj cinzento;
(dismal) sombrio; **grey-haired** adj
grisalho; **greyhound** n galgo
grid [grɪd] n grade f; (ELEC) rede f
grief [griːf] n dor f, pesar m
grievance ['griːvəns] n motivo de
queixa, agravo
grieve [griːv] vi sofrer ♦ vt dar pena a,
afligir; **to ~ for** chorar por
grill [grɪl] n (on cooker) grelha; (also:
mixed ~) prato de grelhados ♦ vt (BRIT)
grelhar; (inf: question) interrogar
cerradamente
grille [grɪl] n grade f; (AUT) grelha
grim [grɪm] adj desagradável;
(unattractive) feio; (stern) severo
grimace [grɪ'meɪs] n careta ♦ vi fazer
caretas
grime [graɪm] n sujeira (BR), sujidade f
(PT)
grin [grɪn] n sorriso largo ♦ vi: **to ~
(at)** dar um sorriso largo (para)
grind [graɪnd] (pt, pp **ground**) vt
triturar; (coffee etc) moer; (make sharp)
afiar; (US: meat) picar ♦ n (work)
trabalho (repetitivo e maçante)

a b c d e f g h i j k l m n o p q r s t u v w x y z

grip [grɪp] n (of person) aperto de mão; (of animal) força; (handle) punho; (of tyre, shoe) aderência; (holdall) valise f ♦ vt agarrar; (attention) prender; **to come to ~s with** arcar com

gripping ['grɪpɪŋ] adj absorvente, emocionante

grisly ['grɪzlɪ] adj horrendo, medonho

gristle ['grɪsl] n (on meat) nervo

grit [grɪt] n areia, grão m de areia; (courage) coragem f ♦ vt (road) pôr areia em; **to ~ one's teeth** cerrar os dentes

groan [grəʊn] n gemido ♦ vi gemer

grocer ['grəʊsə*] n dono(-a) de mercearia; **groceries** npl comestíveis mpl; **grocer's (shop)** n mercearia

groin [grɔɪn] n virilha

groom [gru:m] n cavalariço; (also: **bride~**) noivo ♦ vt (horse) tratar; (fig): **to ~ sb for sth** preparar alguém para algo; **well-~ed** bem-posto

groove [gru:v] n ranhura, entalhe m

grope [grəʊp] vi: **to ~ for** procurar às cegas

gross [grəʊs] adj (flagrant) grave; (vulgar) vulgar; (: building) de mau-gosto; (COMM) bruto

grotto ['grɒtəʊ] n gruta

grotty ['grɒtɪ] (BRIT: inf) adj vagabundo

ground [graʊnd] pt, pp of grind ♦ n terra, chão m; (SPORT) campo; (land) terreno; (reason: gen pl) motivo, razão f; (US: also: **~wire**) (ligação f à) terra, fio-terra m ♦ vt (plane) manter em terra; (US: ELEC) ligar à terra; **~s** npl (of coffee etc) borra; (gardens etc) jardins mpl, parque m; **on the ~** no chão; **to the ~** por terra; **ground cloth** (US) n = **groundsheet; groundless** adj infundado; **groundsheet** (BRIT) n capa impermeável; **groundwork** n base f, preparação f

group [gru:p] n grupo; (also: **pop ~**) conjunto ♦ vt (also: **~ together**) agrupar ♦ vi (also: **~ together**) agrupar-se

grouse [graʊs] n inv (bird) tetraz m, galo-silvestre m ♦ vi (complain) queixar-se, resmungar

grove [grəʊv] n arvoredo

grovel ['grɒvl] vi (fig): **to ~ (before)** abaixar-se (diante de)

grow [grəʊ] (pt grew, pp grown) vi crescer; (increase) aumentar; (develop): **to ~ (out of/from)** originar-se (de); (become): **to ~ rich/weak** enriquecer (-se)/enfraquecer-se ♦ vt plantar, cultivar; (beard) deixar crescer; **grow up** vi crescer, fazer-se homem/mulher; **grower** n cultivador(a) m/f, produtor (a) m/f; **growing** adj crescente

growl [graʊl] vi rosnar

grown [grəʊn] pp of grow

grown-up n adulto(-a), pessoa mais velha

growth [grəʊθ] n crescimento; (increase) aumento; (MED) abcesso, tumor m

grub [grʌb] n larva, lagarta; (inf: food) comida, rango (BR)

grubby ['grʌbɪ] adj encardido

grudge [grʌdʒ] n motivo de rancor ♦ vt: **to ~ sb sth** dar algo a alguém de má vontade, invejar algo a alguém; **to bear sb a ~ for sth** guardar rancor de alguém por algo

gruelling ['grʊəlɪŋ] (US grueling) adj duro, árduo

gruesome ['gru:səm] adj horrível

gruff [grʌf] adj (voice) rouco; (manner) brusco

grumble ['grʌmbl] vi resmungar, bufar

grumpy ['grʌmpɪ] adj rabugento

grunt [grʌnt] vi grunhir

G-string n tapa-sexo m

guarantee [gærən'ti:] n garantia ♦ vt

garantir
guard [gɑːd] n guarda; (*one person*)
guarda m; (*BRIT: RAIL*) guarda-freio; (*on machine*) dispositivo de segurança;
(*also:* **fire~**) guarda-fogo ♦ vt
(*protect*): **to ~ (against)** proteger
(contra); (*prisoner*) vigiar; **to be on one's ~** estar prevenido; **guard against** vt fus prevenir-se contra;
guarded adj (*statement*) cauteloso;
guardian n protetor(a) m/f; (*of minor*) tutor(a) m/f
Guatemala [gwɔtəˈmɑːlə] n Guatemala
guerrilla [gəˈrɪlə] n guerrilheiro(-a)
guess [ges] vt, vi (*estimate*) avaliar,
conjeturar; (*answer*) adivinhar; (*US*)
achar, supor ♦ n suposição f,
conjetura; **to take** or **have a ~**
adivinhar, chutar (*inf*)
guest [gest] n convidado(-a); (*in hotel*)
hóspede m/f; **guest-house** n pensão
f; **guest room** n quarto de hóspedes
guffaw [gʌˈfɔː] vi dar gargalhadas
guidance [ˈgaɪdəns] n conselhos mpl
guide [gaɪd] n (*person*) guia m/f;
(*book, fig*) guia m; (*BRIT: also:* **girl ~**)
escoteira ♦ vt guiar; **guidebook** n
guia m; **guide dog** n cão m de guia;
guidelines npl (*advice*) orientação f
guillotine [ˈgɪlətiːn] n guilhotina
guilt [gɪlt] n culpa; **guilty** adj culpado
guinea pig [ˈgɪnɪ-] n porquinho-da-Índia
m, cobaia; (*fig*) cobaia
guitar [gɪˈtɑː*] n violão m
gulf [gʌlf] n golfo; (*abyss: also fig*) abismo
gull [gʌl] n gaivota
gullible [ˈgʌlɪbl] adj crédulo
gully [ˈgʌlɪ] n barranco
gulp [gʌlp] vi engolir em seco ♦ vt
(*also:* **~ down**) engolir
gum [gʌm] n (*ANAT*) gengiva; (*glue*)
goma; (*also:* **~ drop**) bala de goma;
(*also:* **chewing~**) chiclete m (*BR*),

pastilha elástica (*PT*) ♦ vt colar;
gumboots (*BRIT*) npl botas fpl de
borracha, galochas fpl
gun [gʌn] n (*gen*) arma (de fogo);
(*revolver*) revólver m; (*small*) pistola;
(*rifle*) espingarda; (*cannon*) canhão m;
gunfire n tiroteio; **gunman** (*irreg*) n
pistoleiro; **gunpoint** n: **at gunpoint**
sob a ameaça de uma arma;
gunpowder n pólvora; **gunshot** n
tiro (de arma de fogo)
gurgle [ˈgɜːgl] vi (*baby*) balbuciar;
(*water*) gorgolejar
gust [gʌst] n (*of wind*) rajada
gusto [ˈgʌstəu] n: **with ~** com garra
gut [gʌt] n intestino, tripa; **~s** npl
(*ANAT*) entranhas fpl; (*inf: courage*)
coragem f, raça (*inf*)
gutter [ˈgʌtə*] n (*of roof*) calha; (*in street*) sarjeta
guy [gaɪ] n (*also:* **~rope**) corda; (*inf: man*) cara m (*BR*), tipo (*PT*); **Guy Fawkes' Night** n ver quadro

GUY FAWKES' NIGHT

A **Guy Fawkes' Night**, também
chamada de *bonfire night*, é a
ocasião em que se comemora o
fracasso da conspiração (a
Gunpowder Plot) contra James I e o
Parlamento, em 5 de novembro de
1605. Um dos conspiradores, Guy
Fawkes, foi surpreendido no porão
do Parlamento quando estava
prestes a atear fogo a explosivos.
Todo ano, no dia 5 de novembro, as
crianças preparam antecipadamente
um boneco de Guy Fawkes e pedem
às pessoas que passam na rua *a
penny for the Guy* (uma moedinha
para o Guy), com o qual compram
fogos de artifício.

a
b
c
d
e
f
g
h
i
j
k
l
m
n
o
p
q
r
s
t
u
v
w
x
y
z

gym [dʒɪm] n (also: **gymnasium**) ginásio; (also: **gymnastics**) ginástica
gymnast ['dʒɪmnæst] n ginasta m/f
gymnastics [dʒɪm'næstɪks] n ginástica
gynaecologist [gaɪnɪ'kɔlədʒɪst] (US **gynecologist**) n ginecologista m/f
gypsy ['dʒɪpsɪ] n = **gipsy**

H h

haberdashery ['hæbə'dæʃərɪ] (BRIT) n armarinho
habit ['hæbɪt] n hábito, costume m; (addiction) vício; (REL) hábito
habitual [hə'bɪtjuəl] adj habitual, costumeiro; (drinker, liar) inveterado
hack [hæk] vt (cut) cortar; (chop) talhar ♦ n (pej: writer) escrevinhador(a) m/f; **hacker** n (COMPUT) pirata m (de dados de computador)
had [hæd] pt, pp de **have**
haddock ['hædək] (pl inv or ~s) n hadoque m (BR), eglefim m (PT)
hadn't ['hædnt] = **had not**
haemorrhage ['hɛmərɪdʒ] (US **hemorrhage**) n hemorragia
haemorrhoids ['hɛmərɔɪdz] (US **hemorrhoids**) npl hemorróidas fpl
haggle ['hægl] vi pechinchar, regatear
Hague [heɪg] n: **The ~** Haia
hail [heɪl] n granizo; (of objects) chuva; (of criticism) torrente f ♦ vt (greet) cumprimentar; (taxi) chamar; (person, event) saudar ♦ vi chover granizo; **hailstone** n pedra de granizo
hair [hɛə*] n (of human) cabelo; (of animal) pêlo; **to do one's ~** pentear-se; **hairbrush** n escova de cabelo; **haircut** n corte m de cabelo; **hairdo** n penteado; **hairdresser** n cabeleireiro(-a); **hairdresser's** n cabeleireiro; **hair dryer** n secador m de cabelo; **hair gel** n gel m para o cabelo; **hairgrip** n grampo (BR), gancho (PT); **hairnet** n rede f de cabelo; **hairpin** n grampo (BR), gancho (PT), pinça; **hair-raising** adj horripilante, de arrepiar os cabelos; **hair remover** n (creme m) depilatório; **hair spray** n laquê m (BR), laca (PT); **hairstyle** n penteado; **hairy** adj cabeludo, peludo; (inf: situation) perigoso
hake [heɪk] (pl inv or ~s) n abrótea
half [hɑ:f] (pl **halves**) n metade f; (RAIL, bus, of beer etc) meia ♦ adj meio ♦ adv meio, pela metade; **~ a pound** meia libra; **two and a ~** dois e meio; **~ a dozen** meia-dúzia; **to cut sth in ~** cortar algo ao meio; **~ asleep/empty/closed** meio adormecido/vazio/fechado; **half-caste** ['hɑ:fkɑ:st] n mestiço(-a); **half-hearted** adj irresoluto, indiferente; **half-hour** n meia hora; **half-price** adj, adv pela metade do preço; **half term** (BRIT) n (SCH) dias de folga no meio do semestre; **half-time** n meio tempo; **halfway** adv a meio caminho; (in time) no meio
hall [hɔ:l] n (for concerts) sala; (entrance way) hall m, entrada
hallmark ['hɔ:lmɑ:k] n (also fig) marca
hallo [hə'ləu] excl = **hello**
hall of residence (BRIT) (pl **halls of residence**) n residência universitária
Hallowe'en ['hæləu'i:n] n Dia m das Bruxas (31 de outubro); ver quadro

HALLOWE'EN

Segundo a tradição, **Hallowe'en** é a noite dos fantasmas e dos bruxos. Na Escócia e nos Estados Unidos, sobretudo (bem menos na Inglaterra), as crianças, para festejar o **Hallowe'en**, se fantasiam e batem de porta em porta pedindo prendas (chocolates, maçãs etc).

hallway ['hɔːlweɪ] n hall m, entrada

halo ['heɪləu] n (of saint etc) auréola

halt [hɔːlt] n parada (BR), paragem f (PT) ♦ vi parar ♦ vt deter; (process) interromper

halve [hɑːv] vt (divide) dividir ao meio; (reduce by half) reduzir à metade

halves [hɑːvz] npl of **half**

ham [hæm] n presunto, fiambre m (PT)

hamburger ['hæmbəːɡəʳ] n hambúrguer m

hammer ['hæməʳ] n martelo ♦ vt martelar ♦ vi (on door) bater insistentemente

hammock ['hæmək] n rede f

hamper ['hæmpəʳ] vt dificultar, atrapalhar ♦ n cesto

hamster ['hæmstəʳ] n hamster m

hand [hænd] n mão f; (of clock) ponteiro; (writing) letra; (of cards) cartas fpl; (worker) trabalhador m ♦ vt dar, passar; **to give** or **lend sb a ~** dar uma mãozinha a alguém, dar uma ajuda a alguém; **at ~** à mão, disponível; **in ~** livre; (situation) sob controle; **to be on ~** (person) estar disponível; (emergency services) estar num estado de prontidão; **on the one ~ ..., on the other ~ ...** por um lado ...,

por outro (lado) ...; **hand in** vt entregar; **hand out** vt distribuir; **hand over** vt entregar; (responsibility) transferir; **handbag** n bolsa;

handbook n manual m; **handbrake** n freio (BR) or travão m (PT) de mão;

handcuffs npl algemas fpl; **handful** n punhado; (of people) grupo

handicap ['hændɪkæp] n (MED) incapacidade f; (disadvantage) desvantagem f; (SPORT) handicap m ♦ vt prejudicar; **mentally/physically ~ped** deficiente menta/físico

handicraft ['hændɪkrɑːft] n artesanato, trabalho manual

handiwork ['hændɪwəːk] n obra

handkerchief ['hæŋkətʃɪf] n lenço

handle ['hændl] n (of door etc) maçaneta; (of cup etc) asa; (of knife etc) cabo; (for winding) manivela ♦ vt manusear; (deal with) tratar de; (treat: people) lidar com; **"~ with care"** "cuidado – frágil"; **to fly off the ~** perder as estribeiras; **handlebar(s)** n (pl) guidom m (BR), guidão m (PT)

hand: **hand-luggage** n bagagem f de mão; **handmade** adj feito a mão; **handout** n (money, food) doação f; (leaflet) folheto; (at lecture) apostila; **handrail** n corrimão m; **handshake** n aperto de mão

handsome ['hænsəm] adj bonito, elegante; (profit) considerável

handwriting ['hændraɪtɪŋ] n letra, caligrafia

handy ['hændɪ] adj (close at hand) à mão; (useful) útil; (skilful) habilidoso, hábil

hang [hæŋ] (pt, pp **hung**) vt pendurar; (criminal: pt, pp ~ed) enforcar ♦ vi estar pendurado; (hair, drapery) cair ♦ n (inf): **to get the ~ of sth** pegar o jeito de algo; **hang**

about or **around** vi vadiar, vagabundear; **hang on** vi (wait) esperar; **hang up** vt (coat) pendurar ♦ vi (TEL) desligar; **to ~ up on sb** bater o telefone na cara de alguém

hanger ['hæŋə•] n cabide m

hang-gliding n vôo livre

hangover ['hæŋəuvə•] n ressaca

hanker ['hæŋkə•] vi: **to ~ after** (long for) ansiar por

hankie ['hæŋkı] n abbr = **handkerchief**

hanky ['hæŋkı] n abbr = **handkerchief**

haphazard [hæp'hæzəd] adj desorganizado

happen ['hæpən] vi acontecer; **to ~ to do sth** fazer algo por acaso; **as it ~s ...** acontece que ...; **happening** n acontecimento, ocorrência

happily ['hæpılı] adv (luckily) felizmente; (cheerfully) alegremente

happiness ['hæpınıs] n felicidade f

happy ['hæpı] adj feliz; (cheerful) contente; **to be ~ (with)** estar contente (com); **to be ~ to do** (willing) estar disposto a fazer; **~ birthday!** feliz aniversário; **happy-go-lucky** adj despreocupado

harass ['hærəs] vt importunar; **harassment** n perseguição f

harbour ['hɑːbə•] (US harbor) n porto ♦ vt (hope etc) abrigar; (hide) esconder

hard [hɑːd] adj duro; (difficult) difícil; (work) árduo; (person) severo, cruel; (facts) verdadeiro ♦ adv (work) muito, diligentemente; (think, try) seriamente; **to look ~ at** olhar firme or fixamente para; **no ~ feelings!** sem ressentimentos!; **to be ~ of hearing** ser surdo; **to be ~ done by** ser tratado injustamente; **hardback** n livro de capa dura; **hard disk** n (COMPUT) disco rígido; **harden** vt endurecer; (steel) temperar; (fig) tornar insensível ♦ vi endurecer-se

hardly ['hɑːdlı] adv (scarcely) apenas; (no sooner) mal; **~ ever/ anywhere** quase nunca/em lugar nenhum

hardship ['hɑːdʃıp] n privação f

hard shoulder n acostamento m

hard up (inf) adj duro (BR), liso (PT)

hardware ['hɑːdwɛə•] n ferragens fpl; (COMPUT) hardware m

hard-working adj trabalhador(a); (student) aplicado

hardy ['hɑːdı] adj forte; (plant) resistente

hare [hɛə•] n lebre f

harm [hɑːm] n mal m; (damage) dano ♦ vt (person) fazer mal a, prejudicar; (thing) danificar; **out of ~'s way** a salvo; **harmful** adj prejudicial, nocivo; **harmless** adj inofensivo

harmony ['hɑːmənı] n harmonia

harness ['hɑːnıs] n (for horse) arreios mpl; (for child) correia; (safety ~) correia de segurança ♦ vt (horse) arrear, pôr arreios em; (resources) aproveitar

harp [hɑːp] n harpa ♦ vi: **to ~ on about** bater sempre na mesma tecla sobre

harrowing ['hærəuɪŋ] adj doloroso, pungente

harsh [hɑːʃ] adj (life) duro; (sound) desarmonioso; (light) forte

harvest ['hɑːvɪst] n colheita ♦ vt colher

has [hæz] vb see have

hash [hæʃ] n (CULIN) picadinho; (fig: mess) confusão f

hasn't ['hæznt] = has not

hassle ['hæsl] (inf) n complicação f

haste [heɪst] n pressa; **hasten** ['heɪsn] vt acelerar ♦ vi: **to hasten to do sth**

apressar-se em fazer algo; **hastily** adv depressa; **hasty** adj apressado; (rash) precipitado

hat [hæt] n chapéu m

hatch [hætʃ] n (NAUT: also: **~way**) escotilha; (also: **service ~**) comunicação f entre a cozinha e a sala de jantar ♦ vi sair do ovo, chocar

hatchet ['hætʃɪt] n machadinha

hate [heɪt] vt odiar, detestar ♦ n ódio; **hateful** adj odioso; **hatred** ['heɪtrɪd] n ódio

haughty ['hɔːtɪ] adj soberbo, arrogante

haul [hɔːl] vt puxar ♦ n (of fish) redada; (of stolen goods etc) pilhagem f, presa; **haulage** n transporte m (rodoviário); (costs) gasto com transporte; **haulier** ['hɔːlɪə*] (BRIT) n (firm) transportadora; (person) transportador(a) m/f

haunt [hɔːnt] vt (subj: ghost) assombrar; (: problem, memory) perseguir ♦ n reduto; (~ed house) casa mal-assombrada

have
KEYWORD

[hæv] (pt, pp **had**) aux vb

1 (gen) ter; **to ~ gone/eaten** ter ido/comido; **he has been kind/pro-moted** ele foi bondoso/promovido; **having finished** or **when he had finished, he left** quando ele terminou, foi embora

2 (in tag questions): **you've done it, ~n't you?** você fez isto, não foi?; **he hasn't done it, has he?** ele não fez isto, fez?

3 (in short questions and answers): **you've made a mistake – no I ~n't/**
so I ~ você fez um erro – não, eu não fiz/sim, eu fiz; **I've been there before, ~ you?** eu já estive lá, e você?

♦ modal aux vb (be obliged): **to ~ (got) to do sth** ter que fazer algo; **I ~n't got** or **I don't ~ to wear glasses** eu não preciso usar óculos

♦ vt

1 (possess) ter; **he has (got) blue eyes/dark hair** ele tem olhos azuis/cabelo escuro

2 (referring to meals etc): **to ~ breakfast** tomar café (BR), tomar o pequeno almoço (PT); **to ~ lunch/dinner** almoçar/jantar; **to ~ a drink/a cigarette** tomar um drinque/fumar um cigarro

3 (receive, obtain etc): **may I ~ your address?** pode me dar seu endereço?; **you can ~ it for 5 pounds** você pode levá-lo por 5 libras; **to ~ a baby** dar à luz (BR), ter um nenê or bebê (PT)

4 (maintain, allow): **he will ~ it that he is right** ele vai insistir que ele está certo; **I won't ~ it/this nonsense!** não vou agüentar isso/este absurdo!; **we can't ~ that** não podemos permitir isto

5: **to ~ sth done** mandar fazer algo; **to ~ one's hair cut** ir cortar o cabelo; **to ~ sb do sth** mandar alguém fazer algo

6 (experience, suffer): **to ~ a cold** estar resfriado (BR) or constipado (PT); **to ~ flu** estar com gripe; **she had her bag stolen** ela teve sua bolsa roubada; **to ~ an operation** fazer uma operação

7 (+ n: take, hold etc): **to ~ a swim/walk/bath/rest** ir nadar/passear/tomar um banho/descansar; **let's ~ a look** vamos dar uma olhada; **to ~**

a party fazer uma festa
🔳 (*inf: dupe*): **he's been had** ele
comprou gato por lebre
have out *vt*: **to ~ it out with sb**
(*settle a problem*) explicar-se com
alguém

haven ['heɪvn] *n* porto; (*fig*) abrigo,
refúgio

haven't ['hævnt] = **have not**

havoc ['hævək] *n* destruição *f*; **to play
~ with** (*fig*) estragar

hawk [hɔːk] *n* falcão *m*

hay [heɪ] *n* feno; **hay fever** *n* febre *f*
do feno; **haystack** *n* palheiro

haywire ['heɪwaɪə*] (*inf*) *adj*: **to go ~**
desorganizar-se, degringolar

hazard ['hæzəd] *n* perigo, risco ♦ *vt*
aventurar, arriscar; **hazard warning
lights** *npl* (*AUT*) pisca-alerta *m*

haze [heɪz] *n* névoa

hazelnut ['heɪzlnʌt] *n* avelã *f*

hazy ['heɪzɪ] *adj* nublado; (*idea*)
confuso

he [hiː] *pron* ele; **~ who ...** quem ...,
aquele que ...

head [hɛd] *n* cabeça; (*of table*)
cabeceira; (*of queue*) frente *f*; (*of
organization*) chefe *m/f*; (*of school*)
diretor(a) *m/f* ♦ *vt* encabeçar;
(*group*) liderar; (*ball*) cabecear; **~s or
tails** cara ou coroa; **~ first** de cabeça;
~ over heels de pernas para o ar; **~
over heels in love** apaixonadíssimo;
head for *vt fus* dirigir-se a; (*disaster*)
estar procurando; **headache** *n* dor *f*
de cabeça; **heading** *n* título,
cabeçalho; **headlamp** (*BRIT*) *n* =
headlight; **headland** *n* promontório;
headlight *n* farol *m*; **headline** *n*
manchete *f*; **headlong** *adv* (*fall*) de
cabeça; (*rush*) precipitadamente;
headmaster *n* diretor *m* (de escola);

headmistress *n* diretora (de escola);
head office *n* matriz *f*; **head-on** *adj*
(*collision*) de frente; (*confrontation*)
direto; **headphones** *npl* fones *mpl* de
ouvido; **headquarters** *npl* sede *f*;
(*MIL*) quartel *m* general; **headrest** *n*
apoio para a cabeça; **headroom** *n* (*in
car*) espaço (para a cabeça); (*under
bridge*) vão *m* livre; **headscarf** (*irreg*)
n lenço de cabeça; **headstrong** *adj*
voluntarioso, teimoso; **headway** *n*: **to
make headway** avançar; **headwind** *n*
vento contrário; **heady** *adj*
emocionante; (*intoxicating*)
estonteante

heal [hiːl] *vt* curar ♦ *vi* cicatrizar

health [hɛlθ] *n* saúde *f*; **good ~!**
saúde!; **health food(s)** *n(pl)*
alimentos *mpl* naturais; **healthy** *adj*
(*person*) saudável; (*air, walk*) sadio;
(*economy*) próspero, forte

heap [hiːp] *n* pilha, montão *m* ♦ *vt*:
to ~ sth with encher algo de; **~s (of)**
(*inf*) um monte (de); **to ~ sth on**
empilhar algo em

hear [hɪə*] (*pt, pp ~d* [hɜːd]) *vt* ouvir;
(*listen to*) escutar; (*news*) saber; **to ~
about** ouvir falar de; **to ~ from sb** ter
notícias de alguém; **hearing** *n* (*sense*)
audição *f*; (*LAW*) audiência; **hearing
aid** *n* aparelho para a surdez

hearse [hɜːs] *n* carro fúnebre

heart [hɑːt] *n* coração *m*; (*of problem,
city*) centro; **~s** *npl* (*CARDS*) copas *fpl*; **to
lose/take ~** perder o ânimo/criar
coragem; **at ~** no fundo; **by ~** (*learn,
know*) de cor; **heart attack** *n* ataque
m de coração; **heartbeat** *n* batida do
coração; **heartbreaking** *adj*
desolador(a); **heartbroken** *adj*: **to be
heartbroken** estar inconsolável;
heartburn *n* azia; **heart failure** *n*
parada cardíaca; **heartfelt** *adj* sincero

hearth [hɑːθ] n lareira
hearty ['hɑːtɪ] adj (person)
energético; (laugh) animado;
(appetite) bom (boa); (welcome)
sincero; (dislike) absoluto
heat [hiːt] n calor m; (excitement)
ardor m; (SPORT: also: **qualifying ~**)
(prova) eliminatória ♦ vt esquentar;
(room, house) aquecer; **heat up** vi
aquecer-se, esquentar ♦ vt esquentar;
heated adj aquecido; (fig) acalorado;
heater n aquecedor m
heath [hiːθ] (BRIT) n charneca
heather ['hɛðə*] n urze f
heating ['hiːtɪŋ] n aquecimento,
calefação f
heatstroke ['hiːtstrəuk] n insolação f
heave [hiːv] vt (pull) puxar; (push)
empurrar (com esforço); (lift) levantar
(com esforço) ♦ vi (chest) palpitar;
(retch) ter ânsias de vômito ♦ n puxão
m; empurrão m; **to ~ a sigh** soltar um
suspiro
heaven ['hɛvn] n céu m, paraíso;
heavenly adj celestial; (REL) divino
heavily ['hɛvɪlɪ] adv pesadamente;
(drink, smoke) excessivamente; (sleep,
depend) profundamente
heavy ['hɛvɪ] adj pesado; (work) duro;
(responsibility) grande; (rain, meal)
forte; (drinker, smoker) inveterado;
(weather) carregado; **heavy goods
vehicle** (BRIT) n caminhão m de carga
pesada; **heavyweight** n (SPORT)
peso-pesado
Hebrew ['hiːbruː] adj hebreu (hebréia)
♦ n (LING) hebraico.
Hebrides ['hɛbrɪdiːz] npl: **the ~** as
(ilhas) Hébridas
hectic ['hɛktɪk] adj agitado
he'd [hiːd] = **he would**; **he had**
hedge [hɛdʒ] n cerca viva, sebe f ♦ vi
dar evasivas ♦ vt: **to ~ one's bets** (fig)

resguardar-se
hedgehog ['hɛdʒhɔg] n ouriço
heed [hiːd] vt (also: **take ~ of**) prestar
atenção a
heel [hiːl] n (of shoe) salto; (of foot)
calcanhar m ♦ vt (shoe) pôr salto em
hefty ['hɛftɪ] adj (person) robusto;
(parcel) pesado; (profit) alto
height [haɪt] n (of person) estatura; (of
building, tree) altura; (altitude) altitude
f; (high ground) monte m; (fig: of
power) auge m; (: of luxury) máximo;
(: of stupidity) cúmulo; **heighten** vt
elevar; (fig) aumentar
heir [ɛə*] n herdeiro; **heiress** n
herdeira; **heirloom** n relíquia de
família
held [hɛld] pt, pp of **hold**
helicopter ['hɛlɪkɔptə*] n helicóptero
hell [hɛl] n inferno; **~!** (inf) droga!
he'll [hiːl] = **he will**; **he shall**
hello [hə'ləu] excl oi! (BR), olá! (PT);
(surprise) ora essa!
helm [hɛlm] n (NAUT) timão m, leme m
helmet ['hɛlmɪt] n capacete m
help [hɛlp] n ajuda; (charwoman)
faxineira ♦ vt ajudar; **~!** socorro!; **~
yourself** sirva-se; **he can't ~ it** não tem
culpa; **helper** n ajudante m/f; **helpful**
adj prestativo; (advice) útil; **helping** n
porção f; **helpless** adj (incapable)
incapaz; (defenceless) indefeso
hem [hɛm] n bainha ♦ vt embainhar;
hem in vt cercar, encurralar
hemorrhage ['hɛmərɪdʒ] (US) n =
haemorrhage
hemorrhoids ['hɛmərɔɪdz] (US) npl =
haemorrhoids
hen [hɛn] n galinha; (female bird) fêmea
hence [hɛns] adv daí, portanto; **2
years ~** daqui a 2 anos; **henceforth**
adv de agora em diante, doravante
her [həː*] pron (direct) a; (indirect) lhe;

(*stressed, after prep*) ela ♦ *adj* seu (sua), dela; *see also* me; my

heraldry ['herəldrɪ] *n* heráldica

herb [hə:b] *n* erva

herd [hə:d] *n* rebanho

here [hɪə] *adv* aqui; (*at this point*) nesse ponto; **~!** (*present*) presente!; **~ is/are** aqui está/estão; **~ she is!** aqui está ela!; **hereafter** *adv* daqui por diante

heresy ['herəsɪ] *n* heresia

heritage ['herɪtɪdʒ] *n* patrimônio

hermit ['hə:mɪt] *n* eremita *m/f*

hernia ['hə:nɪə] *n* hérnia

hero ['hɪərəu] (*pl* **~es**) *n* herói *m*; (*of book, film*) protagonista *m*

heroin ['herəuɪn] *n* heroína

heroine ['herəuɪn] *n* heroína; (*of book, film*) protagonista

heron ['herən] *n* garça

herring ['herɪŋ] (*pl inv or* **~s**) *n* arenque *m*

hers [hə:z] *pron* o seu (a sua), o(a) dela; *see also* mine[1]

herself [hə:'self] *pron* (*reflexive*) se; (*emphatic*) ela mesma; (*after prep*) si (mesma); *see also* oneself

he's [hi:z] = he is; he has

hesitant ['hezɪtənt] *adj* hesitante, indeciso

hesitate ['hezɪteɪt] *vi* hesitar;

hesitation [hezɪ'teɪʃən] *n* hesitação *f*, indecisão *f*

heterosexual ['hetərəu'seksjuəl] *adj* heterossexual

heyday ['heɪdeɪ] *n*: **the ~ of** o auge *or* apogeu de

HGV (*BRIT*) *n abbr* = heavy goods vehicle

hi [haɪ] *excl* oi!

hibernate ['haɪbəneɪt] *vi* hibernar

hiccough ['hɪkʌp] *vi* soluçar ♦ *npl*: **~s: to have (the) ~s** estar com soluço

hiccup ['hɪkʌp] = hiccough

hide [haɪd] (*pt* **hid**, *pp* **hidden**) *n* (*skin*) pele *f* ♦ *vt* esconder, ocultar;

(*view*) obscurecer ♦ *vi*: **to ~ (from sb)** esconder-se *or* ocultar-se (de alguém)

hideous ['hɪdɪəs] *adj* horrível

hiding ['haɪdɪŋ] *n* (*beating*) surra; **to be in ~** (*concealed*) estar escondido

hierarchy ['haɪərɑːkɪ] *n* hierarquia

hi-fi ['haɪfaɪ] *n* alta-fidelidade *f*; (*system*) som *m* ♦ *adj* de alta-fidelidade

high [haɪ] *adj* alto; (*number*) grande; (*price*) alto, elevado; (*wind*) forte; (*voice*) agudo; (*opinion*) ótimo; (*principles*) nobre ♦ *adv* alto, a grande altura; **it is 20 m ~** tem 20 m de altura; **~ in the air** nas alturas; **highbrow** *adj* intelectual, erudito; **highchair** *n* cadeira alta (para criança); **higher education** *n* ensino superior; **high-handed** *adj* despótico; **high-heeled** *adj* de salto alto; **high jump** *n* (*SPORT*) salto em altura; **the Highlands** *npl* a Alta Escócia; **highlight** *n* (*fig*) ponto alto; (*in hair*) mecha ♦ *vt* realçar, ressaltar; **highly** *adv*: **highly paid** muito bem pago; (*a lot*): **to speak/think highly of** falar elogiosamente de/pensar muito bem de; **high-pitched** *adj* agudo; **high-rise** *adj* alto; **high school** *n* (*BRIT*) escola secundária; (*US*) científico; *ver quadro*

HIGH SCHOOL

Uma **high school** é um estabelecimento de ensino secundário. Nos Estados Unidos, existem a *Junior High School*, que equivale aproximadamente aos dois últimos anos do primeiro grau, e a *Senior High School*, que corresponde ao segundo grau. Na Grã-Bretanha, esse termo às vezes é utilizado para as escolas secundárias.

high street (*BRIT*) *n* rua principal

highway ['haɪweɪ] (*US*) *n* estrada; (*main road*) rodovia

hijack ['haɪdʒæk] *vt* seqüestrar; **hijacker** *n* seqüestrador(a) *m/f* (de avião)

hike [haɪk] *vi* caminhar ♦ *n* caminhada, excursão *f* a pé; **hiker** *n* caminhante *m/f*, andarilho(-a)

hilarious [hɪ'lɛərɪəs] *adj* hilariante

hill [hɪl] *n* colina; (*high*) montanha; (*slope*) ladeira, rampa; **hillside** *n* vertente *f*; **hill-walking** *n* caminhada em montanha; **to go hill- walking** fazer trilha; **hilly** *adj* montanhoso

him [hɪm] *pron* (*direct*) o; (*indirect*) lhe; (*stressed, after prep*) ele; *see also* me; **himself** *pron* (*reflexive*) se; (*emphatic*) ele mesmo; (*after prep*) si (mesmo); *see also* oneself

hinder ['hɪndə'] *vt* retardar

hindsight ['haɪndsaɪt] *n*: **with ~** em retrospecto

Hindu ['hɪnduː] *adj* hindu

hinge [hɪndʒ] *n* dobradiça ♦ *vi* (*fig*): **to ~ on** depender de

hint [hɪnt] *n* (*suggestion*) insinuação *f*; (*advice*) palpite *m*, dica; (*sign*) sinal *m* ♦ *vt*: **to ~ that** insinuar que ♦ *vi*: **to ~ at** fazer alusão a

hip [hɪp] *n* quadril *m*

hippopotamus [hɪpə'pɔtəməs] (*pl* **~es** *or* **hippopotami**) *n* hipopótamo

hire ['haɪə'] *vt* (*BRIT: car, equipment*) alugar; (*worker*) contratar ♦ *n* aluguel *m* (*BR*), aluguer *m* (*PT*); **for ~** aluga-se; (*taxi*) livre; **hire purchase** (*BRIT*) *n* compra a prazo

his [hɪz] *pron* o seu (a sua), o(a) dele ♦ *adj* seu (sua), dele; *see also* my; **mine**[1]

hiss [hɪs] *vi* (*snake, fat*) assoviar; (*gas*) silvar; (*boo*) vaiar

historic(al) [hɪ'stɔrɪk(l)] *adj* histórico

history ['hɪstərɪ] *n* história

hit [hɪt] (*pt, pp* **hit**) *vt* bater em; (*target*) acertar, alcançar; (*car*) bater em, colidir com; (*fig: affect*) atingir ♦ *n* golpe *m*; (*success*) sucesso; **to ~ it off with sb** dar-se bem com alguém; **hit-and-run driver** *n* motorista que atropela alguém e foge da cena do acidente

hitch [hɪtʃ] *vt* (*fasten*) atar, amarrar; (*also: ~ up*) levantar ♦ *n* (*difficulty*) dificuldade *f*; **to ~ a lift** pegar carona (*BR*), arranjar uma boleia (*PT*)

hitch-hike *vi* pegar carona (*BR*), andar à boleia (*PT*); **hitch-hiker** *n* pessoa que pega carona (*BR*) or anda à boleia (*PT*)

hi-tech *adj* tecnologicamente avançado ♦ *n* alta tecnologia

HIV *abbr*: **~-negative/-positive** ♦ *adj* HIV negativo/positivo

hive [haɪv] *n* colméia; **hive off** (*inf*) *vt* transferir

HMS (*BRIT*) *abbr* = His (*or* Her) Majesty's Ship

hoard [hɔːd] *n* provisão *f*; (*of money*) tesouro ♦ *vt* acumular; **hoarding** (*BRIT*) *n* tapume *m*, outdoor *m*

hoarse [hɔːs] *adj* rouco

hoax [həuks] *n* trote *m*

hob [hɔb] *n* parte de cima do fogão

hobble ['hɔbl] *vi* mancar

hobby ['hɔbɪ] *n* hobby *m*, passatempo predileto

hobo ['həubəu] (*US*) *n* vagabundo

hockey ['hɔkɪ] *n* hóquei *m*

hog [hɔg] *n* porco ♦ *vt* (*fig*) monopolizar; **to go the whole ~** ir até o fim

hoist [hɔɪst] *vt* içar

hold [həuld] (*pt, pp* **held**) *vt* segurar; (*contain*) conter; (*have*) ter; (*record etc:*

a b c d e f g h i j k l m n o p q r s t u v w x y z

meeting) realizar; (*detain*) deter; (*consider*): **to ~ sb responsible (for sth)** responsabilizar alguém (por algo); (*keep in certain position*): **to ~ one's head up** manter a cabeça erigida ♦ *vi* (*withstand pressure*) resistir; (*be valid*) ser válido ♦ *n* (*grasp*) pressão *f*; (: *fig*) influência, domínio; (*of ship*) porão *m*; (*of plane*) compartimento para cargo; (*control*) controle *m*; **~ the line!** (*TEL*) não desligue!; **to ~ one's own** (*fig*) virar-se, sair-se bem; **to catch** *or* **get (a) ~ of** agarrar, pegar; **hold back** *vt* reter; (*secret*) manter, guardar; **hold down** *vt* (*person*) segurar; (*job*) manter; **hold off** *vt* (*enemy*) afastar, repelir; **hold on** *vi* agarrar-se; (*wait*) esperar; **~ on!** espera aí!; (*TEL*) não desligue!; **hold on to** *vt fus* agarrar-se a; (*keep*) guardar, ficar com; **hold out** *vt* (*hand*) estender; (*hope*) ter ♦ *vi* (*resist*) resistir; **hold up** *vt* (*raise*) levantar; (*support*) apoiar; (*delay*) atrasar; (*rob*) assaltar; **holdall** (*BRIT*) *n* bolsa de viagem; **holder** *n* (*container*) recipiente *m*; (*of ticket*) portador(a) *m/f*; (*of record*) detentor(a) *m/f*; (*of office, title*) titular *m/f*; **hold-up** *n* (*robbery*) assalto; (*delay*) demora; (*BRIT: in traffic*) engarrafamento

hole [həul] *n* buraco; (*small: in sock etc*) furo ♦ *vt* esburacar

holiday ['hɔlədɪ] *n* (*BRIT: vacation*) férias *fpl*; (*day off*) dia *m* de folga; (*public ~*) feriado; **on ~** de férias; **holiday camp** (*BRIT*) *n* colônia de férias; **holiday-maker** (*BRIT*) *n* pessoa (que está) de férias; **holiday resort** *n* local *m* de férias

Holland ['hɔlənd] *n* Holanda

hollow ['hɔləu] *adj* oco, vazio; (*cheeks*) côncavo; (*eyes*) fundo; (*sound*) surdo; (*laugh, claim*) falso ♦ *n*

(*in ground*) cavidade *f*, depressão *f* ♦ *vt*: **to ~ out** escavar

holly ['hɔlɪ] *n* azevinho

holster ['həulstə*] *n* coldre *m*

holy ['həulɪ] *adj* sagrado; (*person*) santo, bento

homage ['hɔmɪdʒ] *n* homenagem *f*; **to pay ~ to** prestar homenagem a, homenagear

home [həum] *n* casa, lar *m*; (*country*) pátria; (*institution*) asilo ♦ *cpd* caseiro, doméstico; (*ECON, POL*) nacional, interno; (*SPORT: team*) de casa; (: *game*) no próprio campo ♦ *adv* (*direction*) para casa; (*right in: nail etc*) até o fundo; **at ~** em casa; **make yourself at ~** fique à vontade; **home address** *n* endereço residencial; **homeland** *n* terra (natal); **homeless** *adj* sem casa, desabrigado; **homely** *adj* (*simple*) simples *inv*; **home-made** *adj* caseiro; **Home Office** (*BRIT*) *n* Ministério do Interior; **home page** *n* (*COMPUT*) home page *f*, página inicial; **Home Secretary** (*BRIT*) *n* Ministro(-a) do Interior; **homesick** *adj*: **to be homesick** estar com saudades (do lar); **home town** *n* cidade *f* natal; **homework** *n* dever *m* de casa

homoeopathic [həumɪəu'pæθɪk] (*US* **homeopathic**) *adj* homeopático

homosexual [hɔməu'sɛksjuəl] *adj, n* homossexual *m/f*

Honduras [hɔn'djuərəs] *n* Honduras *f* (*no article*)

honest ['ɔnɪst] *adj* (*truthful*) franco; (*trustworthy*) honesto; (*sincere*) sincero; **honestly** *adv* honestamente; **honesty** *n* honestidade *f*, sinceridade *f*

honey ['hʌnɪ] *n* mel *m*; **honeycomb** *n* favo de mel; **honeymoon** *n* lua-de-mel *f*; (*trip*) viagem *f* de lua-de-mel

honk [hɔŋk] *vi* buzinar

honorary [ˈɔnərərɪ] *adj* (*unpaid*) não remunerado; (*duty, title*) honorário

honour [ˈɔnə·] (*US* honor) *vt* honrar
♦ *n* honra; **honourable** *adj* honrado

hood [hud] *n* capuz *m*; (*of cooker*) tampa; (*BRIT: AUT*) capota; (*US: AUT*) capô *m*

hoof [hu:f] (*pl* **hooves**) *n* casco, pata

hook [huk] *n* gancho; (*on dress*) gancho, colchete *m*; (*for fishing*) anzol *m* ♦ *vt* prender com gancho (*or* colchete); (*fish*) fisgar

hooligan [ˈhu:lɪgən] *n* desordeiro(-a), bagunceiro(-a)

hoop [hu:p] *n* arco

hooray [hu:ˈreɪ] *excl* = hurrah

hoot [hu:t] *vi* (*AUT*) buzinar; (*siren*) tocar; (*owl*) piar

hoover [ˈhu:və·] ® (*BRIT*) *n* aspirador *m* (de pó) ♦ *vt* passar o aspirador em

hooves [hu:vz] *npl* de hoof

hop [hɔp] *vi* saltar, pular; (*on one foot*) pular num pé só

hope [həup] *vt, vi* esperar ♦ *n* esperança; **I ~ so/not** espero que sim/ não; **hopeful** *adj* (*person*) otimista, esperançoso; (*situation*) promissor(a); **hopefully** *adv* esperançosamente; **hopefully, they'll come back** é de esperar *or* esperamos que voltem; **hopeless** *adj* desesperado, irremediável; (*useless*) inútil

hops [hɔps] *npl* lúpulo

horizon [həˈraɪzn] *n* horizonte *m*; **horizontal** [hɔrɪˈzɔntl] *adj* horizontal

horn [hɔ:n] *n* corno, chifre *m*; (*material*) chifre *m*; (*MUS*) trompa; (*AUT*) buzina

hornet [ˈhɔ:nɪt] *n* vespão *m*

horoscope [ˈhɔrəskəup] *n* horóscopo

horrendous [həˈrɛndəs] *adj* horrendo

horrible [ˈhɔrɪbl] *adj* horrível; (*terrifying*) terrível

horrid [ˈhɔrɪd] *adj* horrível

horrify [ˈhɔrɪfaɪ] *vt* horrorizar

horror [ˈhɔrə·] *n* horror *m*; **horror film** *n* filme *m* de terror

horse [hɔ:s] *n* cavalo; **horseback: on horseback** *adj, adv* a cavalo; **horse chestnut** *n* castanha-da-índia; **horsepower** *n* cavalo-vapor *m*; **horse-racing** *n* corridas *fpl* de cavalo, turfe *m*; **horseshoe** *n* ferradura

hose [həuz] *n* (*also:* **~pipe**) mangueira

hospitable [ˈhɔspɪtəbl] *adj* hospitaleiro

hospital [ˈhɔspɪtl] *n* hospital *m*

hospitality [hɔspɪˈtælɪtɪ] *n* hospitalidade *f*

host [həust] *n* anfitrião *m*; (*TV, RADIO*) apresentador(a) *m/f*; (*REL*) hóstia; (*large number*): **a ~ of** uma multidão de

hostage [ˈhɔstɪdʒ] *n* refém *m/f*

hostel [ˈhɔstl] *n* albergue *m*, abrigo; (*also:* **youth ~**) albergue da juventude

hostess [ˈhəustɪs] *n* anfitriã *f*; (*BRIT: air ~*) aeromoça (*BR*), hospedeira de bordo (*PT*); (*TV, RADIO*) apresentadora

hostile [ˈhɔstaɪl] *adj* hostil

hostility [hɔˈstɪlɪtɪ] *n* hostilidade *f*

hot [hɔt] *adj* quente; (*as opposed to only warm*) muito quente; (*spicy*) picante; (*fierce*) ardente; **to be ~** (*person*) estar com calor; (*thing, weather*) estar quente; **hot dog** *n* cachorro-quente *m*

hotel [həuˈtɛl] *n* hotel *m*

hot: hothouse *n* estufa; **hotplate** *n* (*on cooker*) chapa elétrica; **hot-water bottle** *n* bolsa de água quente

hound [haund] *vt* acossar, perseguir ♦ *n* cão *m* de caça, sabujo

hour [ˈauə·] *n* hora; **hourly** *adj* de

hora em hora; (*rate*) por hora
house [*n* haus, *vb* hauz] *n* (*gen, firm*)
casa; (*POL*) câmara; (*THEATRE*)
assistência, lotação *f* ♦ *vt* (*person*)
alojar; (*collection*) abrigar; **on the ~**
(*fig*) por conta da casa; **houseboat** *n*
casa flutuante; **household** *n* família;
(*house*) casa; **housekeeper** *n*
governanta; **housekeeping** *n* (*work*)
trabalhos *mpl* domésticos; (*money*)
economia doméstica;
house-warming (**party**) *n* festa de
inauguração de uma casa; **housewife**
(*irreg*) *n* dona de casa; **housework** *n*
trabalhos *mpl* domésticos; **housing** *n*
(*provision*) alojamento; (*houses*)
residências *fpl*; **housing
development** (*BRIT* **housing estate**) *n*
conjunto residencial
hovel ['hɔvl] *n* casebre *m*
hover ['hɔvə·] *vi* pairar; **hovercraft** *n*
aerobarco

how
KEYWORD

[hau] *adv*
1 (*in what way*) como; **~ was the
film?** que tal o filme?; **~ are you?**
como vai?
2 (*to what degree*) quanto; **~ much
milk/many people?** quanto de
leite/quantas pessoas?; **~ long have
you been here?** quanto tempo você
está aqui?; **~ old are you?** quantos
anos você tem?; **~ tall is he?** qual é
a altura dele?; **~ lovely/awful!** que
ótimo/terrível!

however [hau'evə·] *adv* de qualquer
modo; (+ *adj*) por mais ... que; (*in
questions*) como ♦ *conj* no entanto,
contudo
howl [haul] *vi* uivar

H.P. (*BRIT*) *n abbr* = **hire purchase**
h.p. *abbr* (*AUT*: = **horsepower**) CV
HQ *n abbr* (= **headquarters**) QG *m*
HTML *n abbr* (= *Hypertext Mark-up
Language*) HTML *f*
hub [hʌb] *n* cubo; (*fig*) centro
huddle ['hʌdl] *vi*: **to ~ together**
aconchegar-se
hue [hju:] *n* cor *f*, matiz *m*
huff [hʌf] *n*: **in a ~** com raiva
hug [hʌg] *vt* abraçar; (*thing*) agarrar,
prender
huge [hju:dʒ] *adj* enorme, imenso
hulk [hʌlk] *n* (*wreck*) navio velho,
carcaça; (*person*) brutamontes *m inv*;
(*building*) trambolho
hull [hʌl] *n* (*of ship*) casco
hullo [hə'ləu] *excl* = **hello**
hum [hʌm] *vt* cantarolar ♦ *vi*
cantarolar; (*insect, machine etc*)
zumbir
human ['hju:mən] *adj* humano ♦ *n*
(*also*: **~ being**) ser *m* humano
humane [hju:'meɪn] *adj* humano
humanitarian [hju:mænɪ'teərɪən] *adj*
humanitário
humanity [hju:'mænɪtɪ] *n*
humanidade *f*
humble ['hʌmbl] *adj* humilde ♦ *vt*
humilhar
humid ['hju:mɪd] *adj* úmido
humiliate [hju:'mɪlɪeɪt] *vt* humilhar
humorous ['hju:mərəs] *adj*
humorístico; (*person*) engraçado
humour ['hju:mə·] (*US* **humor**) *n*
humorismo, senso de humor; (*mood*)
humor *m* ♦ *vt* fazer a vontade de
hump [hʌmp] *n* (*in ground*) elevação
f; (*camel's*) corcova, giba; (*deformity*)
corcunda
hunch [hʌntʃ] *n* (*premonition*)
pressentimento, palpite *m*;

hunchback n corcunda m/f;
hunched adj corcunda
hundred ['hʌndrəd] num cem; (before lower numbers) cento; **~s of people** centenas de pessoas; **hundredweight** n (BRIT) = 50.8 kg; 112 lb; (US) = 45.3 kg; 100 lb
hung [hʌŋ] pt, pp of **hang**
Hungary ['hʌŋgəri] n Hungria
hunger ['hʌŋgə*] n fome f ♦ vi: **to ~ for** (desire) desejar ardentemente
hungry ['hʌŋgri] adj faminto, esfomeado; (keen): **~ for** (fig) ávido de, ansioso por; **to be ~** estar com fome
hunt [hʌnt] vt buscar; (criminal, fugitive) perseguir; (SPORT, for food) caçar ♦ vi caçar; (search) **to ~ (for)** procurar (por) ♦ n caça, caçada;
hunter n caçador(a) m/f; **hunting** n caça
hurdle ['hə:dl] n (SPORT) barreira; (fig) obstáculo
hurl [hə:l] vt arremessar, lançar; (abuse) gritar
hurrah [hu'rɑ:] excl oba!, viva!
hurray [hu'rei] excl = **hurrah**
hurricane ['hʌrikən] n furacão m
hurried ['hʌrid] adj apressado; (rushed) feito às pressas; **hurriedly** adv depressa, apressadamente
hurry ['hʌri] n pressa ♦ vi (also: **~ up**) apressar-se ♦ vt (also: **~ up**: person) apressar; (: work) acelerar; **to be in a ~** estar com pressa
hurt [hə:t] (pt, pp **hurt**) vt machucar; (injure) ferir; (fig) magoar ♦ vi doer; **hurtful** adj (remark) que magoa, ofensivo
husband ['hʌzbənd] n marido, esposo
hush [hʌʃ] n silêncio, quietude f ♦ vt silenciar, fazer calar; **~!** silêncio!, psiu!; **hush up** vt abafar, encobrir
husk [hʌsk] n (of wheat) casca; (of maize) palha
husky ['hʌski] adj rouco ♦ n cão m esquimó
hut [hʌt] n cabana, choupana; (shed) alpendre m
hutch [hʌtʃ] n coelheira
hyacinth ['haiəsinθ] n jacinto
hydrant ['haidrənt] n (also: **fire ~**) hidrante m
hydroelectric [haidrəu'lektrik] adj hidroelétrico
hydrofoil ['haidrəfɔil] n hidrofoil m, aliscafo
hydrogen ['haidrədʒən] n hidrogênio
hyena [hai'i:nə] n hiena
hygiene ['haidʒi:n] n higiene f
hymn [him] n hino
hype [haip] (inf) n tititi m, falatório
hypermarket ['haipəmɑ:kit] (BRIT) n hipermercado
hyphen ['haifn] n hífen m
hypnotize ['hipnətaiz] vt hipnotizar
hypocrite ['hipəkrit] n hipócrita m/f;
hypocritical adj hipócrita
hysterical [hi'stʃrikl] adj histérico; (funny) hilariante; **hysterics** npl: **to be in** or **have hysterics** (anger, panic) ter uma crise histérica; (laughter) ter um ataque de riso

I i

I [ai] pron eu
ice [ais] n gelo; (~ cream) sorvete m ♦ vt (cake) cobrir com glacê ♦ vi (also: **~ over, ~ up**) gelar; **iceberg** n iceberg m; **icebox** n (US) geladeira; (BRIT: in fridge) congelador m; (insulated box) geladeira portátil; **ice cream** n sorvete m (BR), gelado (PT); **ice cube** n pedra

a b c d e f g h i j k l m n o p q r s t u v w x y z

de gelo; **iced** adj (drink) gelado; (cake) glaçado; **ice hockey** n hóquei m sobre o gelo

Iceland ['aɪslənd] n Islândia

ice: ice lolly (BRIT) n picolé m; **ice rink** n pista de gelo, rinque m; **ice-skating** n patinação f no gelo

icicle ['aɪsɪkl] n pingente m de gelo

icing ['aɪsɪŋ] n (CULIN) glacê m; **icing sugar** (BRIT) n açúcar m glacê

icon ['aɪkɔn] n (gen, COMPUT) ícone m

icy ['aɪsɪ] adj gelado

I'd [aɪd] = I would; I had

idea [aɪ'dɪə] n idéia

ideal [aɪ'dɪəl] n ideal m ♦ adj ideal

identical [aɪ'dɛntɪkl] adj idêntico

identification [aɪdɛntɪfɪ'keɪʃən] n identificação f; **means of ~** documentos pessoais

identify [aɪ'dɛntɪfaɪ] vt identificar

identity [aɪ'dɛntɪtɪ] n identidade f; **identity card** n carteira de identidade

idiom ['ɪdɪəm] n expressão f idiomática; (style) idioma m, linguagem f

idiosyncrasy [ɪdɪəu'sɪŋkrəsɪ] n idiossincrasia

idiot ['ɪdɪət] n idiota m/f; **idiotic** [ɪdɪ'ɔtɪk] adj idiota

idle ['aɪdl] adj ocioso; (lazy) preguiçoso; (unemployed) desempregado; (question, conversation) fútil; (pleasure) descontraído ♦ vi (machine) funcionar com a transmissão desligada; **idle away** vt: **to ~ away the time** perder or desperdiçar tempo

idol ['aɪdl] n ídolo; **idolize** vt idolatrar

i.e. abbr (= id est: that is) i.e., isto é

[ɪf] conj

1 (conditional use) se; **~ necessary** se necessário; **~ I were you** se eu fôsse você

2 (whenever) quando

3 (although): **(even) ~** mesmo que

4 (whether) se

5: **~ so/not** sendo assim/do contrário; **~ only** se pelo menos; see also **as**

ignition [ɪg'nɪʃən] n (AUT) ignição f; **to switch on/off the ~** ligar/desligar o motor; **ignition key** n (AUT) chave f de ignição

ignorant ['ɪgnərənt] adj ignorante; **to be ~ of** ignorar

ignore [ɪg'nɔː*] vt (person) não fazer caso de; (fact) não levar em consideração, ignorar

I'll [aɪl] = I will; I shall

ill [ɪl] adj doente; (harmful: effects) nocivo ♦ n mal m ♦ adv: **to speak/think ~ of sb** falar/pensar mal de alguém; **to be taken ~** ficar doente; **ill-at-ease** adj constrangido, pouco à vontade

illegal [ɪ'liːgl] adj ilegal

illegible [ɪ'lɛdʒɪbl] adj ilegível

illegitimate [ɪlɪ'dʒɪtɪmət] adj ilegítimo

ill-fated adj malfadado

ill feeling n má vontade f, rancor m

illiterate [ɪ'lɪtərət] adj analfabeto

ill-mannered [-'mænəd] adj mal-educado, grosseiro

illness ['ɪlnɪs] n doença

ill-treat vt maltratar

illuminate [ɪ'luːmɪneɪt] vt iluminar, clarear; **illumination** [ɪluːmɪ'neɪʃən] n iluminação f; **illuminations** npl (*decorative lights*) luminárias *fpl*

illusion [ɪ'luːʒən] *n* ilusão *f*

illustrate ['ɪləstreɪt] *vt* ilustrar; (*point*) exemplificar; **illustration** [ɪlə'streɪʃən] *n* ilustração *f*; (*example*) exemplo; (*explanation*) esclarecimento

ill will *n* animosidade *f*

I'm [aɪm] = I am

image ['ɪmɪdʒ] *n* imagem *f*; **imagery** *n* imagens *fpl*

imaginary [ɪ'mædʒɪnərɪ] *adj* imaginário

imagination [ɪmædʒɪ'neɪʃən] *n* imaginação *f*; (*inventiveness*) inventividade *f*

imagine [ɪ'mædʒɪn] *vt* imaginar

imbalance [ɪm'bæləns] *n* desigualdade *f*

imitate ['ɪmɪteɪt] *vt* imitar; **imitation** [ɪmɪ'teɪʃən] *n* imitação *f*; (*copy*) cópia; (*mimicry*) mímica

immaculate [ɪ'mækjʊlət] *adj* impecável; (*REL*) imaculado

immaterial [ɪmə'tɪərɪəl] *adj* irrelevante

immature [ɪmə'tjuə*] *adj* imaturo; (*fruit*) verde; (*cheese*) fresco

immediate [ɪ'miːdɪət] *adj* imediato; (*pressing*) urgente, premente; (*neighbourhood, family*) próximo; **immediately** *adv* imediatamente; (*directly*) diretamente; **immediately next to** bem junto a

immense [ɪ'mɛns] *adj* imenso; (*importance*) enorme

immerse [ɪ'məːs] *vt* submergir; **to be ~d in** (*fig*) estar absorto em

immersion heater [ɪ'məːʃn-] (*BRIT*) *n* aquecedor *m* de imersão

immigrant ['ɪmɪgrənt] *n* imigrante *m/f*

immigration [ɪmɪ'greɪʃən] *n* imigração *f*

imminent ['ɪmɪnənt] *adj* iminente

immoral [ɪ'mɔrl] *adj* imoral

immortal [ɪ'mɔːtl] *adj* imortal

immune [ɪ'mjuːn] *adj*: **~ to** imune a, imunizado contra

impact ['ɪmpækt] *n* impacto (*BR*), impacte *m* (*PT*)

impair [ɪm'pɛə*] *vt* prejudicar

impartial [ɪm'pɑːʃl] *adj* imparcial

impassable [ɪm'pɑːsəbl] *adj* (*river*) intransponível; (*road*) intransitável

impatience [ɪm'peɪʃəns] *n* impaciência

impatient [ɪm'peɪʃənt] *adj* impaciente; **to get** *or* **grow ~** impacientar-se

impeccable [ɪm'pɛkəbl] *adj* impecável

impediment [ɪm'pɛdɪmənt] *n* obstáculo; (*also*: **speech ~**) defeito (de fala)

impending [ɪm'pɛndɪŋ] *adj* iminente, próximo

imperative [ɪm'pɛrətɪv] *adj* (*tone*) imperioso, obrigatório; (*need*) vital; (*necessary*) indispensável ◆ *n* (*LING*) imperativo

imperfect [ɪm'pəːfɪkt] *adj* imperfeito; (*goods etc*) defeituoso ◆ *n* (*LING*: *also*: **~ tense**) imperfeito

imperial [ɪm'pɪərɪəl] *adj* imperial

impersonal [ɪm'pəːsənl] *adj* impessoal

impersonate [ɪm'pəːsəneɪt] *vt* fazer-se passar por, personificar; (*THEATRE*) imitar

impertinent [ɪm'pəːtɪnənt] *adj* impertinente, insolente

impervious [ɪm'pəːvɪəs] *adj* (*fig*): **~ to** insensível a

impetuous [ɪm'pɛtjuəs] *adj* impetuoso, precipitado

implement [*n* 'ɪmplɪmənt, *vb* 'ɪmplɪment] *n* instrumento, ferramenta; (*for cooking*) utensílio ◆ *vt* efetivar

a b c d e f g h i j k l m n o p q r s t u v w x y z

implicit [ɪm'plɪsɪt] *adj* implícito; (*complete*) absoluto

imply [ɪm'plaɪ] *vt* (*mean*) significar; (*hint*) dar a entender que

impolite [ɪmpə'laɪt] *adj* indelicado, mal-educado

import [*vb* ɪm'pɔːt, *n* 'ɪmpɔːt] *vt* importar ♦ *n* importação *f*; (*article*) mercadoria importada

importance [ɪm'pɔːtəns] *n* importância

important [ɪm'pɔːtənt] *adj* importante; **it's not ~** não tem importância, não importa

impose [ɪm'pəuz] *vt* impor ♦ *vi*: **to ~ on sb** abusar de alguém; **imposing** *adj* imponente; **imposition** [ɪmpə'zɪʃən] *n* (*of tax etc*) imposição *f*; **to be an imposition on sb** (*person*) abusar de alguém

impossible [ɪm'pɔsɪbl] *adj* impossível; (*situation*) inviável; (*person*) insuportável

impotent ['ɪmpətənt] *adj* impotente

impound [ɪm'paund] *vt* confiscar

impoverished [ɪm'pɔvərɪʃt] *adj* empobrecido; (*land*) esgotado

impractical [ɪm'præktɪkl] *adj* pouco prático

impress [ɪm'prɛs] *vt* impressionar; (*mark*) imprimir; **to ~ sth on sb** inculcar algo em alguém

impression [ɪm'prɛʃən] *n* impressão *f*; (*imitation*) caricatura; **to be under the ~ that** estar com a impressão de que; **impressionist** *n* (*ART*) impressionista *m/f*; (*entertainer*) caricaturista *m/f*

impressive [ɪm'prɛsɪv] *adj* impressionante

imprint ['ɪmprɪnt] *n* impressão *f*, marca; (*PUBLISHING*) nome *m* (da coleção)

imprison [ɪm'prɪzn] *vt* encarcerar

improbable [ɪm'prɔbəbl] *adj* improvável; (*story*) inverossímil (*BR*), inverosímil (*PT*)

improper [ɪm'prɔpə*] *adj* (*unsuitable*) impróprio; (*dishonest*) desonesto

improve [ɪm'pruːv] *vt* melhorar ♦ *vi* melhorar; (*pupils*) progredir; **improvement** *n* melhora; progresso

improvise ['ɪmprəvaɪz] *vt, vi* improvisar

impudent ['ɪmpjudnt] *adj* insolente, impudente

impulse ['ɪmpʌls] *n* impulso; **on ~** sem pensar, num impulso

---

in

[ɪn] *prep*

1 (*indicating place, position*) em; **~ the house/garden** na casa/no jardim; **I have it ~ my hand** eu estou assegurando isto; **~ here/there** aqui dentro/lá dentro

2 (*with place names: of town, country, region*) em; **~ London/Rio** em Londres/no Rio; **~ England/ Japan/the United States** na Inglaterra/no Japão/nos Estados Unidos

3 (*indicating time: during*) em; **~ spring/autumn** na primavera/no outono; **~ 1988** em 1988; **~ May** em maio; **I'll see you ~ July** até julho; **~ the morning** de manhã; **at 4 o'clock ~ the afternoon** às 4 da tarde

4 (*indicating time: in the space of*) em; **I did it ~ 3 hours/days** fiz isto em 3 horas/dias; **~ 2 weeks** *or* **~ 2 weeks' time** daqui a 2 semanas

5 (*indicating manner etc*): **~ a loud/ soft voice** em voz alta/numa voz suave; **written ~ pencil/ink** escrito a lápis/à caneta; **~ English/Portuguese** em inglês/português; **the boy ~ the blue shirt** o menino de camisa azul

6 (*indicating circumstances*): **~ the sun** ao *or* sob o sol; **~ the rain** na chuva; **a rise ~ prices** um aumento nos preços

7 (*indicating mood, state*): **~ tears** aos prantos; **~ anger/despair** com raiva/desesperado; **~ good condition** em boas condições

8 (*with ratios, numbers*): **1 ~ 10** 1 em 10, 1 em cada 10; **20 pence ~ the pound** vinte pênis numa libra; **they lined up ~ twos** eles se alinharam dois a dois

9 (*referring to people, works*) em

10 (*indicating profession etc*): **to be ~ teaching/publishing** ser professor/trabalhar numa editora

11 (*after superl*): **the best pupil ~ the class** o melhor aluno da classe; **the biggest/smallest ~ Europe** o maior/menor na Europa

12 (*with present participle*): **~ saying this** ao dizer isto

♦ *adv*: **to be ~** (*person: at home*) estar em casa; (: *at work*) estar no trabalho; (*fashion*) estar na moda; (*ship, plane, train*): **it's ~** chegou; **is he ~?** ele está?; **to ask sb ~** convidar alguém para entrar; **to run/limp** *etc* **~** entrar correndo/mancando *etc*

♦ *n*: **the ~s and outs** (*of proposal, situation etc*) os cantos e recantos, os pormenores

in. *abbr* = **inch(es)**

inability [ɪnəˈbɪlɪtɪ] *n*: **~ (to do)** incapacidade *f* (de fazer)

inaccurate [ɪnˈækjʊrət] *adj* inexato, impreciso

inadequate [ɪnˈædɪkwət] *adj* insuficiente; (*person*) impróprio

inadvertently [ɪnədˈvɜːtntlɪ] *adv* inadvertidamente, sem querer

inadvisable [ɪnədˈvaɪzəbl] *adj* desaconselhável, inoportuno

inane [ɪˈneɪn] *adj* tolo

inanimate [ɪnˈænɪmət] *adj* inanimado

inappropriate [ɪnəˈprəʊprɪət] *adj* inadequado; (*word, expression*) impróprio

inarticulate [ɪnɑːˈtɪkjʊlət] *adj* (*person*) incapaz de expressar-se (bem); (*speech*) inarticulado

inasmuch as [ɪnəzˈmʌtʃ-] *adv* na medida em que

inauguration [ɪˈnɔːɡjʊreɪʃən] *n* inauguração *f*; (*of president, official*) posse *f*

inborn [ɪnˈbɔːn] *adj* inato

inbred [ɪnˈbred] *adj* inato; (*family*) de procriação consangüínea

Inc. (*us*) *abbr* = **incorporated**

incapable [ɪnˈkeɪpəbl] *adj* incapaz

incapacitate [ɪnkəˈpæsɪteɪt] *vt* incapacitar

incense [*n* ˈɪnsens, *vb* ɪnˈsens] *n* incenso ♦ *vt* (*anger*) exasperar, enraivecer

incentive [ɪnˈsentɪv] *n* incentivo

incessant [ɪnˈsesnt] *adj* incessante, contínuo; **incessantly** *adv* constantemente

inch [ɪntʃ] *n* polegada (= 25 mm; 12 in a foot); **to be within an ~ of** estar a um passo de; **he didn't give an ~** ele não cedeu nem um milímetro; **inch forward** *vi* avançar palmo a palmo

incident [ˈɪnsɪdnt] *n* incidente *m*, evento

incidental [ɪnsɪˈdentl] *adj* adicional; **~ to** relacionado com; **incidentally** *adv* (*by the way*) a propósito

a b c d e f g h i j k l m n o p q r s t u v w x y z

inclination [ɪnklɪ'neɪʃən] n (*tendency*) tendência; (*disposition*) inclinação f

incline [n 'ɪnklaɪn, vb ɪn'klaɪn] n inclinação f, ladeira ♦ vt curvar, inclinar ♦ vi inclinar-se; **to be ~d to** tender a, ser propenso a

include [ɪn'kluːd] vt incluir

including [ɪn'kluːdɪŋ] prep inclusive

inclusive [ɪn'kluːsɪv] adj incluído, incluso; **~ of** incluindo

income ['ɪŋkʌm] n (*earnings*) renda, rendimentos mpl; (*unearned*) renda; **income tax** n imposto de renda (*BR*), imposto complementar (*PT*)

incoming ['ɪnkʌmɪŋ] adj (*flight*) de chegada; (*mail*) de entrada; (*government*) novo; (*tide*) enchente

incompetent [ɪn'kɔmpɪtənt] adj incompetente

incomplete [ɪnkəm'pliːt] adj incompleto; (*unfinished*) por terminar

inconsiderate [ɪnkən'sɪdərət] adj sem consideração

inconsistent [ɪnkən'sɪstnt] adj inconsistente; **~ with** incompatível com

inconspicuous [ɪnkən'spɪkjuəs] adj modesto, discreto

inconvenience [ɪnkən'viːnjəns] n (*quality*) inconveniência; (*problem*) inconveniente m ♦ vt incomodar

inconvenient [ɪnkən'viːnjənt] adj inconveniente, incômodo; (*time, place*) inoportuno

incorporate [ɪn'kɔːpəreɪt] vt incorporar; (*contain*) compreender

incorrect [ɪnkə'rekt] adj incorreto

increase [n 'ɪnkriːs, vb ɪn'kriːs] n aumento ♦ vi, vt aumentar; **increasing** adj crescente, em aumento; **increasingly** adv (*more intensely*) progressivamente; (*more often*) cada vez mais

incredible [ɪn'krɛdɪbl] adj inacreditável; (*enormous*) incrível

incubator ['ɪnkjubeɪtə*] n incubadora

incur [ɪn'kə:*] vt incorrer em; (*expenses*) contrair

indebted [ɪn'detɪd] adj: **to be ~ to sb** estar em dívida com alguém, dever obrigação a alguém

indecent [ɪn'diːsnt] adj indecente

indecisive [ɪndɪ'saɪsɪv] adj indeciso

indeed [ɪn'diːd] adv de fato; (*certainly*) certamente; (*furthermore*) aliás; **yes ~!** claro que sim!

indefinitely [ɪn'dɛfɪnɪtlɪ] adv indefinidamente

independence [ɪndɪ'pɛndns] n independência; **Independence Day** n Dia m da Independência; *ver quadro*

INDEPENDENCE DAY

Independence Day é a festa nacional dos Estados Unidos. Todo dia 4 de julho os americanos comemoram a adoção, em 1776, da declaração de Independência escrita por Thomas Jefferson que proclamava a separação das 13 colônias americanas da Grã-Bretanha.

independent [ɪndɪ'pɛndnt] adj independente; (*inquiry*) imparcial

index ['ɪndɛks] (pl **~es**) n (*in book*) índice m; (*in library etc*) catálogo; (pl: *indices: ratio, sign*) índice m, expoente m; **index finger** n dedo indicador; **index-linked** (*US* **indexed**) adj vinculado ao índice (do custo de vida)

India ['ɪndɪə] n Índia; **Indian** adj, n (*from India*) indiano(-a); (*American, Brazilian*) índio(-a); **Red Indian** índio (-a) pele vermelha; **Indian Ocean** n:

the Indian Ocean o oceano Índico

indicate ['indikeit] *vt* (*show*) sugerir; (*point to, mention*) indicar; **indication** [indi'keiʃən] *n* indício, sinal *m*;

indicative [in'dikətiv] *adj*: **indicative of** sintomático de ♦ *n* (LING) indicativo;

indicator *n* indicador *m*; (AUT) pisca-pisca *m*

indices ['indisi:z] *npl* of **index**

indifferent [in'difrənt] *adj* indiferente; (*quality*) medíocre

indigenous [in'didʒinəs] *adj* indígena, nativo

indigestion [indi'dʒestʃən] *n* indigestão *f*

indignant [in'dignənt] *adj*: **to be ~ about sth/with sb** estar indignado com algo/alguém, indignar-se de algo/alguém

indignity [in'digniti] *n* indignidade *f*

indirect [indi'rekt] *adj* indireto

indiscreet [indi'skri:t] *adj* indiscreto

indiscriminate [indi'skriminət] *adj* indiscriminado

indisputable [indi'spju:təbl] *adj* incontestável

individual [indi'vidjuəl] *n* indivíduo ♦ *adj* individual; (*personal*) pessoal; (*characteristic*) particular

Indonesia [ində'ni:ziə] *n* Indonésia

indoor ['indɔ:*] *adj* (*inner*) interno, interior; (*inside*) dentro de casa; (*plant*) para dentro de casa; (*swimming pool*) coberto; (*games, sport*) de salão; **indoors** *adv* em lugar fechado

induce [in'dju:s] *vt* (MED) induzir; (*bring about*) causar, produzir

indulge [in'dʌldʒ] *vt* (*desire*) satisfazer; (*whim*) condescender com; (*person*) comprazer; (*child*) fazer a vontade de ♦ *vi*: **to ~ in** entregar-se a, satisfazer-se com; **indulgence** *n* (of

desire) satisfação *f*; (*leniency*) indulgência, tolerância; **indulgent** *adj* indulgente

industrial [in'dʌstriəl] *adj* industrial; **industrial action** *n* greve *f*

industrious [in'dʌstriəs] *adj* trabalhador(a); (*student*) aplicado

industry ['indəstri] *n* indústria; (*diligence*) aplicação *f*, diligência

inebriated [i'ni:brieitid] *adj* embriagado, bêbado

inedible [in'edibl] *adj* não-comestível

ineffective [ini'fektiv] *adj* ineficaz

ineffectual [ini'fektʃuəl] *adj* = **ineffective**

inefficient [ini'fiʃənt] *adj* ineficiente

inequality [ini'kwɔliti] *n* desigualdade *f*

inescapable [ini'skeipəbl] *adj* inevitável

inevitable [in'evitəbl] *adj* inevitável; **inevitably** *adv* inevitavelmente

inexpensive [inik'spensiv] *adj* barato, econômico

inexperienced [inik'spiəriənst] *adj* inexperiente

infallible [in'fælibl] *adj* infalível

infamous ['infəməs] *adj* infame, abominável

infancy ['infənsi] *n* infância

infant ['infənt] *n* (*baby*) bebê *m*; (*young child*) criança

infant school (BRIT) *n* pré-escola

infatuated [in'fætjueitid] *adj*: **~ with** apaixonado por

infatuation [infætju'eiʃən] *n* gamação *f*, paixão *f* louca

infect [in'fekt] *vt* (*person*) contagiar; (*food*) contaminar; **infection** *n* infecção *f*; **infectious** *adj* contagioso; (*fig*) infeccioso

infer [in'fə:*] *vt* deduzir, inferir

inferior [ɪnˈfɪərɪə*] *adj* inferior; (*goods*) de qualidade inferior ♦ *n* inferior *m/f*; (*in rank*) subalterno(-a); **inferiority** [ɪnfɪərɪˈɔrətɪ] *n* inferioridade *f*

infertile [ɪnˈfəːtaɪl] *adj* infértil; (*person, animal*) estéril

infinite [ˈɪnfɪnɪt] *adj* infinito

infinitive [ɪnˈfɪnɪtɪv] *n* infinitivo

infinity [ɪnˈfɪnɪtɪ] *n* (*also* MATH) infinito; (*an ~*) infinidade *f*

infirmary [ɪnˈfəːmərɪ] *n* enfermaria, hospital *m*

inflamed [ɪnˈfleɪmd] *adj* inflamado

inflammable [ɪnˈflæməbl] *adj* inflamável

inflammation [ɪnfləˈmeɪʃən] *n* inflamação *f*

inflatable [ɪnˈfleɪtəbl] *adj* inflável

inflate [ɪnˈfleɪt] *vt* (*tyre, balloon*) inflar, encher; (*price*) inflar; **inflation** *n* (ECON) inflação *f*

inflict [ɪnˈflɪkt] *vt*: **to ~ on** infligir em

influence [ˈɪnfluəns] *n* influência ♦ *vt* influir em, influenciar; **under the ~ of alcohol** sob o efeito do álcool;

influential [ɪnfluˈɛnʃl] *adj* influente

influenza [ɪnfluˈɛnzə] *n* gripe *f*

infomercial [ˈɪnfəʊməːʃl] (US) *n* (*for product*) infomercial *m*

inform [ɪnˈfɔːm] *vt* informar ♦ *vi*: **to ~ on sb** delatar alguém

informal [ɪnˈfɔːml] *adj* informal; (*visit, discussion*) extra-oficial; **informality** [ɪnfɔːˈmælɪtɪ] *n* informalidade *f*

information [ɪnfəˈmeɪʃən] *n* informação *f*, informações *fpl*; (*knowledge*) conhecimento; **a piece of ~** uma informação; **information desk** *n* balcão *m* de informações

informative [ɪnˈfɔːmətɪv] *adj* informativo

informer [ɪnˈfɔːmə*] *n* informante *m/f*

infringe [ɪnˈfrɪndʒ] *vt* infringir, transgredir ♦ *vi*: **to ~ on** violar

infuriating [ɪnˈfjʊərɪeɪtɪŋ] *adj* de dar raiva, enfurecedor(a)

ingenious [ɪnˈdʒiːnɪəs] *adj* engenhoso; **ingenuity** [ɪndʒɪˈnjuːɪtɪ] *n* engenho, habilidade *f*

ingot [ˈɪŋgət] *n* lingote *m*

ingratiate [ɪnˈgreɪʃɪeɪt] *vt*: **to ~ o.s. with** cair nas (boas) graças de

ingredient [ɪnˈgriːdɪənt] *n* ingrediente *m*; (*of situation*) fator *m*

inhabit [ɪnˈhæbɪt] *vt* habitar; **inhabitant** *n* habitante *m/f*

inhale [ɪnˈheɪl] *vt* inalar ♦ *vi* (*in smoking*) tragar

inherent [ɪnˈhɪərənt] *adj*: **~ in** *or* **to** inerente a

inherit [ɪnˈhɛrɪt] *vt* herdar; **inheritance** *n* herança

inhibit [ɪnˈhɪbɪt] *vt* inibir; **inhibition** [ɪnhɪˈbɪʃən] *n* inibição *f*

inhuman [ɪnˈhjuːmən] *adj* inumano, desumano

initial [ɪˈnɪʃl] *adj* inicial ♦ *n* inicial *f* ♦ *vt* marcar com iniciais; **~s** *npl* (*of name*) iniciais *fpl*; **initially** *adv* inicialmente, no início

initiate [ɪˈnɪʃɪeɪt] *vt* (*start*) iniciar, começar; (*person*) iniciar; **to ~ sb into a secret** revelar um segredo a alguém

initiative [ɪˈnɪʃətɪv] *n* iniciativa

inject [ɪnˈdʒɛkt] *vt* (*liquid, fig: money*) injetar; (*person*) dar uma injeção em; **injection** *n* injeção *f*

injure [ˈɪndʒə*] *vt* ferir; (*reputation etc*) prejudicar; (*feelings*) ofender; **injured** *adj* ferido; (*feelings*) ofendido, magoado; **injury** *n* ferida

injustice [ɪnˈdʒʌstɪs] *n* injustiça

ink [ɪŋk] *n* tinta

inkling [ˈɪŋklɪŋ] *n* vaga idéia

inlaid ['ınleıd] *adj* (*with gems*) incrustado; (*table etc*) marchetado
inland [*adj* 'ınlənd, *adv* ın'lænd] *adj* interior, interno ♦ *adv* para o interior; **Inland Revenue** (*BRIT*) *n* ≈ fisco, receita federal (*BR*)
inmate ['ınmeıt] *n* (*in prison*) presidiário(-a); (*in asylum*) internado(-a)
inn [ın] *n* hospedaria, taberna
innate [ı'neıt] *adj* inato
inner ['ınə*] *adj* (*place*) interno; (*feeling*) interior; **inner city** *n* aglomeração *f* urbana, metrópole *f*
innings ['ınıŋz] *n* (*SPORT*) turno
innocent ['ınəsnt] *adj* inocente
innocuous [ı'nɔkjuəs] *adj* inócuo
innuendo [ınju'endəu] (*pl* ~**es**) *n* insinuação *f*, indireta
innumerable [ı'nju:mrəbl] *adj* incontável
in-patient *n* paciente *m/f* interno(-a)
input ['ınput] *n* entrada; (*resources*) investimento
inquest ['ınkwest] *n* inquérito judicial
inquire [ın'kwaıə*] *vi* pedir informação ♦ *vt* perguntar; **inquire about** *vt fus* pedir informações sobre; **inquire into** *vt fus* investigar, indagar; **inquiry** *n* pergunta; (*LAW*) investigação *f*, inquérito
inquisitive [ın'kwızıtıv] *adj* curioso, perguntador(a)
ins. *abbr* = **inches**
insane [ın'seın] *adj* louco, doido; (*MED*) demente, insano; **insanity** [ın'sænıtı] *n* loucura; insanidade *f*, demência
inscription [ın'skrıpʃən] *n* inscrição *f*; (*in book*) dedicatória
inscrutable [ın'skru:təbl] *adj* inescrutável, impenetrável

insect ['ınsekt] *n* inseto; **insecticide** [ın'sektısaıd] *n* inseticida *m*
insecure [ınsı'kjuə*] *adj* inseguro
insensitive [ın'sensıtıv] *adj* insensível
insert [ın'sə:t] *vt* (*between things*) intercalar; (*into sth*) introduzir, inserir
inshore [ın'ʃɔ:*] *adj* perto da costa, costeiro ♦ *adv* (*be*) perto da costa; (*move*) em direção à costa
inside ['ın'saıd] *n* interior *m* ♦ *adj* interior, interno ♦ *adv* (*be*) dentro; (*go*) para dentro ♦ *prep* dentro de; (*of time*): ~ **10 minutes** em menos de 10 minutos; ~**s** *npl* (*inf*) entranhas *fpl*; **inside out** *adv* às avessas; (*know*) muito bem; **to turn sth inside out** virar algo pelo avesso
insight ['ınsaıt] *n* insight *m*
insignificant [ınsıg'nıfıknt] *adj* insignificante
insincere [ınsın'sıə*] *adj* insincero
insinuate [ın'sınjueıt] *vt* insinuar
insist [ın'sıst] *vi* insistir; **to ~ on doing** insistir em fazer; **to ~ that** insistir que; (*claim*) cismar que; **insistent** *adj* insistente, pertinaz; (*continual*) persistente
insomnia [ın'sɔmnıə] *n* insônia *f*
inspect [ın'spekt] *vt* inspecionar; (*building*) vistoriar; (*BRIT: tickets*) fiscalizar; (*troops*) passar revista em; **inspection** *n* inspeção *f*; vistoria; fiscalização *f*; **inspector** *n* inspetor(a) *m/f*; (*BRIT: on buses, trains*) fiscal *m*
inspire [ın'spaıə*] *vt* inspirar
install [ın'stɔ:l] *vt* instalar; (*official*) nomear; **installation** [ınstə'leıʃən] *n* instalação *f*
instalment [ın'stɔ:lmənt] (*US* **installment**) *n* (*of money*) prestação *f*; (*of story*) fascículo; (*of TV serial etc*) capítulo; **in ~s** (*pay*) a prestações; (*receive*) em várias vezes

instance ['ɪnstəns] n exemplo; **for ~** por exemplo; **in the first ~** em primeiro lugar

instant ['ɪnstənt] n instante m, momento ♦ adj imediato; (coffee) instantâneo; **instantly** adv imediatamente

instead [ɪn'stɛd] adv em vez disso; **~ of** em vez de, em lugar de

instigate ['ɪnstɪɡeɪt] vt fomentar

instil [ɪn'stɪl] vt: **to ~ sth (into)** infundir or incutir algo (em)

instinct ['ɪnstɪŋkt] n instinto

institute ['ɪnstɪtjuːt] n instituto; (professional body) associação f ♦ vt (inquiry) começar, iniciar; (proceedings) instituir, estabelecer

institution [ɪnstɪ'tjuːʃən] n instituição f; (organization) instituto; (MED: home) asilo; (asylum) manicômio; (custom) costume m

instruct [ɪn'strʌkt] vt: **to ~ sb in sth** instruir alguém em or sobre algo; **to ~ sb to do sth** dar instruções a alguém para fazer algo; **instruction** n (teaching) instrução f; **instructions** npl (orders) ordens fpl; **instructions (for use)** modo de usar; **instructor** n instrutor(a) m/f

instrument ['ɪnstrʊmənt] n instrumento

insufficient [ɪnsə'fɪʃənt] adj insuficiente

insular ['ɪnsjʊlə*] adj (outlook) estreito; (person) de mente limitada

insulate ['ɪnsjʊleɪt] vt isolar; (protect) segregar; **insulation** [ɪnsjʊ'leɪʃən] n isolamento

insulin ['ɪnsjʊlɪn] n insulina

insult [n 'ɪnsʌlt, vb ɪn'sʌlt] n ofensa ♦ vt insultar, ofender

insurance [ɪn'ʃʊərəns] n seguro; **fire/ life ~** seguro contra incêndio/de vida

insure [ɪn'ʃʊə*] vt segurar

intact [ɪn'tækt] adj intacto, íntegro; (unharmed) ileso, são e salvo

intake ['ɪnteɪk] n (of food) quantidade f ingerida; (BRIT: SCH): **an ~ of 200 a year** 200 matriculados por ano

integral ['ɪntɪɡrəl] adj (part) integrante, essencial

integrate ['ɪntɪɡreɪt] vt integrar ♦ vi integrar-se

intellect ['ɪntəlɛkt] n intelecto; **intellectual** [ɪntə'lɛktjuəl] adj, n intelectual m/f

intelligence [ɪn'tɛlɪdʒəns] n inteligência; (MIL etc) informações fpl

intelligent [ɪn'tɛlɪdʒənt] adj inteligente

intend [ɪn'tɛnd] vt (gift etc): **to ~ sth for** destinar algo a; **to ~ to do sth** tencionar or pretender fazer algo; (plan) planejar fazer algo

intense [ɪn'tɛns] adj intenso; (person) muito emotivo

intensive [ɪn'tɛnsɪv] adj intensivo; **intensive care unit** n unidade f de tratamento intensivo

intent [ɪn'tɛnt] n intenção f ♦ adj: **to be ~ on doing sth** estar resolvido a fazer algo; **to all ~s and purposes** para todos os efeitos

intention [ɪn'tɛnʃən] n intenção f, propósito; **intentional** adj intencional, propositado; **intentionally** adv de propósito

intently [ɪn'tɛntlɪ] adv atentamente

interact [ɪntər'ækt] vi interagir; **interactive** adj interactivo

interchange ['ɪntətʃeɪndʒ] n intercâmbio; (exchange) troca, permuta; (on motorway) trevo; **interchangeable** adj permutável

intercom ['ɪntəkɔm] n interfone m

intercourse ['ɪntəkɔːs] n: **sexual ~**

relações *fpl* sexuais
interest ['ɪntrɪst] *n* interesse *m*;
(*COMM: sum*) juros *mpl*; (: *in company*)
participação *f* ♦ *vt* interessar; **to be
~ed in** interessar-se por, estar
interessado em; **interesting** *adj*
interessante
interface ['ɪntəfeɪs] *n* (*COMPUT*)
interface *f*
interfere [ɪntə'fɪə•] *vi*: **to ~ in**
interferir *or* intrometer-se em; **to ~
with** (*objects*) mexer em; (*hinder*)
impedir; (*plans*) interferir em
interference [ɪntə'fɪərəns] *n*
intromissão *f*; (*RADIO, TV*) interferência
interior [ɪn'tɪərɪə•] *n* interior *m* ♦ *adj*
interno; (*ministry*) do interior
interjection [ɪntə'dʒekʃən] *n*
interrupção *f*; (*LING*) interjeição *f*,
exclamação *f*
interlude ['ɪntəluːd] *n* interlúdio;
(*rest*) descanso; (*THEATRE*) intervalo
intermediate [ɪntə'miːdɪət] *adj*
intermediário
intermission [ɪntə'mɪʃən] *n* intervalo
intern [*vb* ɪn'təːn, *n* 'ɪntəːn] *vt* internar
♦ *n* (*US*) médico-interno
(médica-interna)
internal [ɪn'təːnl] *adj* interno;
internally *adv*: **"not to be taken
internally"** "uso externo"; **Internal
Revenue Service** (*US*) *n* Receita
Federal (*BR*), Direcção *f* Geral das
Contribuições e Impostos (*PT*)
international [ɪntə'næʃənl] *adj*
internacional ♦ *n* (*BRIT: SPORT: game*)
jogo internacional
Internet ['ɪntənet] *n*: **the ~** a Internet;
Internet café *n* cibercafé *m*; **Internet
Service Provider** *n* provedor *m* de
acesso à Internet
interpret [ɪn'təːprɪt] *vt* interpretar;
(*translate*) traduzir ♦ *vi* interpretar;

interpreter *n* intérprete *m/f*
interrelated [ɪntərɪ'leɪtɪd] *adj*
inter-relacionado
interrogate [ɪn'terəugeɪt] *vt*
interrogar; **interrogation**
[ɪnterəu'geɪʃən] *n* interrogatório
interrupt [ɪntə'rʌpt] *vt*, *vi*
interromper; **interruption** *n*
interrupção *f*
intersect [ɪntə'sekt] *vi* (*roads*)
cruzar-se; **intersection** *n* cruzamento
interval ['ɪntəvl] *n* intervalo
intervene [ɪntə'viːn] *vi* intervir;
(*event*) ocorrer; (*time*) decorrer;
intervention *n* intervenção *f*
interview ['ɪntəvjuː] *n* entrevista ♦ *vt*
entrevistar; **interviewer** *n*
entrevistador(a) *m/f*
intestine [ɪn'testɪn] *n* intestino
intimacy ['ɪntɪməsɪ] *n* intimidade *f*
intimate [*adj* 'ɪntɪmət, *vb* 'ɪntɪmeɪt] *adj*
íntimo; (*knowledge*) profundo ♦ *vt*
insinuar, sugerir
into ['ɪntu] *prep* em; **she burst ~ tears**
ela desatou a chorar; **come ~ the
house** venha para dentro; **research ~
cancer** pesquisa sobre o câncer; **he
worked late ~ the night** ele trabalhou
até altas horas; **he was shocked ~
silence** ele ficou mudo de choque; **~ 3
pieces/French** em 3 pedaços/para o
francês
intolerant [ɪn'tɔlərənt] *adj*: **~ (of)**
intolerante (com *or* para com)
intoxicated [ɪn'tɔksɪkeɪtɪd] *adj*
embriagado
intranet ['ɪntrənet] *n* intranet *f*
intricate ['ɪntrɪkət] *adj* complexo,
complicado
intrigue [ɪn'triːg] *n* intriga ♦ *vt*
intrigar; (*fascinate*) fascinar;
intriguing *adj* curioso
introduce [ɪntrə'djuːs] *vt* introduzir;

a b c d e f g h i j k l m n o p q r s t u v w x y z

to ~ sb (to sb) apresentar alguém (a alguém); **to ~ sb to** (*pastime, technique*) iniciar alguém em; **introduction** n introdução f; (*of person*) apresentação f; **introductory** adj introdutório

intrude [ɪn'truːd] vi: **to ~ (on)** intrometer-se (em); **intruder** n intruso(-a)

inundate ['ɪnʌndeɪt] vt: **to ~ with** inundar de

invade [ɪn'veɪd] vt invadir

invalid [n 'ɪnvəlɪd, adj ɪn'vælɪd] n inválido(-a) ♦ adj inválido, nulo

invaluable [ɪn'væljuəbl] adj valioso, inestimável

invariably [ɪn'veərɪəblɪ] adv invariavelmente

invent [ɪn'vɛnt] vt inventar; **invention** n invenção f; (*inventiveness*) engenho; (*lie*) ficção f, mentira; **inventor** n inventor(a) m/f

inventory ['ɪnvəntrɪ] n inventário, relação f

invert [ɪn'vəːt] vt inverter; **inverted commas** (*BRIT*) npl aspas fpl

invest [ɪn'vɛst] vt investir ♦ vi: **to ~ in** investir em; (*acquire*) comprar

investigate [ɪn'vɛstɪgeɪt] vt investigar; **investigation** [ɪnvɛstɪ'geɪʃən] n investigação f

investment [ɪn'vɛstmənt] n investimento

invigorating [ɪn'vɪgəreɪtɪŋ] adj revigorante

invisible [ɪn'vɪzɪbl] adj invisível

invitation [ɪnvɪ'teɪʃən] n convite m

invite [ɪn'vaɪt] vt convidar; (*opinions etc*) incitar; **inviting** adj convidativo

invoice ['ɪnvɔɪs] n fatura ♦ vt faturar

involuntary [ɪn'vɔləntrɪ] adj involuntário

involve [ɪn'vɔlv] vt (*entail*) implicar;

(*require*) exigir; (*concern*) envolver; **to ~ sb (in)** envolver alguém (em); **involved** adj (*complex*) complexo; **to be involved in** estar envolvido em; **involvement** n envolvimento

inward ['ɪnwəd] adj (*movement*) interior, interno; (*thought, feeling*) íntimo; **inward(s)** adv para dentro

iodine ['aɪəudiːn] n iodo

iota [aɪ'əutə] n (*fig*) pouquinho, tiquinho

IOU n abbr (= *I owe you*) vale m

IQ n abbr (= *intelligence quotient*) QI m

IRA n abbr (= *Irish Republican Army*) IRA m

Iran [ɪ'rɑːn] n Irã m (*BR*), Irão m (*PT*)

Iraq [ɪ'rɑːk] n Iraque m

irate [aɪ'reɪt] adj irado, enfurecido

Ireland ['aɪələnd] n Irlanda

iris ['aɪrɪs] (*pl* **-es**) n íris f

Irish ['aɪrɪʃ] adj irlandês(-esa) ♦ npl: **the ~** os irlandeses; **Irishman** (*irreg*) n irlandês m; **Irish Sea** n: **the Irish Sea** o mar da Irlanda; **Irishwoman** (*irreg*) n irlandesa

iron ['aɪən] n ferro; (*for clothes*) ferro de passar roupa ♦ adj de ferro ♦ vt (*clothes*) passar; **iron out** vt (*problem*) resolver

ironic(al) [aɪ'rɔnɪk(l)] adj irônico

ironing ['aɪənɪŋ] n (*activity*) passar m roupa; (*clothes*) roupa passada; **ironing board** n tábua de passar roupa

irony ['aɪrənɪ] n ironia

irrational [ɪ'ræʃənl] adj irracional

irregular [ɪ'regjulə*] adj irregular; (*surface*) desigual

irrelevant [ɪ'reləvənt] adj irrelevante

irresistible [ɪrɪ'zɪstɪbl] adj irresistível

irrespective [ɪrɪ'spɛktɪv]: **~ of** prep independente de, sem considerar

irresponsible [ɪrɪ'spɒnsɪbl] *adj* irresponsável

irrigation [ɪrɪ'geɪʃən] *n* irrigação *f*

irritate ['ɪrɪteɪt] *vt* irritar; **irritating** *adj* irritante; **irritation** [ɪrɪ'teɪʃən] *n* irritação *f*

IRS (*US*) *n abbr* = Internal Revenue Service

is [ɪz] *vb see* be

ISDN *n abbr* (= Integrated Services Digital Network) RDSI *f*, ISDN *f*

Islam ['ɪzlɑːm] *n* islamismo

island ['aɪlənd] *n* ilha; **islander** *n* ilhéu (ilhoa) *m/f*

isle [aɪl] *n* ilhota, ilha

isn't ['ɪznt] = is not

isolate ['aɪsəleɪt] *vt* isolar; **isolated** *adj* isolado; **isolation** [aɪsə'leɪʃən] *n* isolamento

ISP *n abbr* = Internet Service Provider

Israel ['ɪzreɪl] *n* Israel *m* (*no article*); **Israeli** [ɪz'reɪlɪ] *adj*, *n* israelense *m/f*

issue ['ɪsjuː] *n* questão *f*, tema *m*; (*of book*) edição *f*; (*of stamps*) emissão *f* ♦ *vt* (*statement*) fazer; (*rations, equipment*) distribuir; (*orders*) dar; **at ~** em debate; **to take ~ with sb (over sth)** discordar de alguém (sobre algo); **to make an ~ of sth** criar caso com algo

---

it
KEYWORD

[ɪt] *pron*

1 (*specific: subject*) ele (ela); (*: direct object*) o (a); (*: indirect object*) lhe; **~'s on the table** está em cima da mesa; **I can't find ~** não consigo achá-lo; **give ~ to me** dê-mo; **about/from ~** sobre/de isto; **did you go to ~?** (*party, concert etc*) você foi?

2 (*impers*) isto, isso; (*after prep*) ele, ela; **~'s raining** está chovendo (*BR*) or a chover (*PT*); **~'s six o'clock/the 10th of August** são seis horas/hoje é (dia) 10 de agosto; **who is ~? – ~'s me** quem é? – sou eu

---

Italian [ɪ'tæljən] *adj* italiano ♦ *n* italiano(-a); (*LING*) italiano

italics [ɪ'tælɪks] *npl* itálico

Italy ['ɪtəlɪ] *n* Itália

itch [ɪtʃ] *n* comichão *f*, coceira ♦ *vi* (*person*) estar com *or* sentir comichão *or* coceira; (*part of body*) comichar, coçar; **I'm itching to do sth** estou louco para fazer algo; **itchy** *adj* que coça; **to be itchy = to itch**

it'd ['ɪtd] = it would; it had

item ['aɪtəm] *n* item *m*; (*on agenda*) assunto; (*in programme*) número; (*also: news ~*) notícia; **itemize** *vt* detalhar, especificar

itinerary [aɪ'tɪnərərɪ] *n* itinerário

it'll ['ɪtl] = it will; it shall

its [ɪts] *adj* seu (sua), dele (dela) ♦ *pron* o seu (a sua), o dele (a dela)

it's [ɪts] = it is; it has

itself [ɪt'sɛlf] *pron* (*reflexive*) si mesmo (-a); (*emphatic*) ele mesmo (ela mesma)

ITV (*BRIT*) *n abbr* (= Independent Television) canal de televisão comercial

IUD *n abbr* (= intra-uterine device) DIU *m*

I've [aɪv] = I have

ivory ['aɪvərɪ] *n* marfim *m*

ivy ['aɪvɪ] *n* hera

a b c d e f g h i j k l m n o p q r s t u v w x y z

J j

jab [dʒæb] *vt* cutucar ♦ *n* cotovelada, murro; (*MED: inf*) injeção *f*; **to ~ sth into sth** cravar algo em algo

jack [dʒæk] *n* (*AUT*) macaco; (*CARDS*) valete *m*; **jack up** *vt* (*AUT*) levantar com macaco

jackal ['dʒækl] *n* chacal *m*

jacket ['dʒækɪt] *n* jaqueta, casaco curto, forro; (*of book*) sobrecapa; **jacket potato** *n* batata assada com a casca

jack-knife *vi*: **the lorry ~d** o reboque do caminhão deu uma guinada

jackpot ['dʒækpɔt] *n* bolada, sorte *f* grande

jaded ['dʒeɪdɪd] *adj* (*tired*) cansado; (*fed-up*) aborrecido, amolado

jagged ['dʒægɪd] *adj* dentado, denteado

jail [dʒeɪl] *n* prisão *f*, cadeia ♦ *vt* encarcerar

jam [dʒæm] *n* geléia; (*also*: **traffic ~**) engarrafamento; (*inf*) apuro ♦ *vt* obstruir, atravancar; (*mechanism*) emperrar; (*RADIO*) bloquear, interferir ♦ *vi* (*mechanism, drawer etc*) emperrar; **to ~ sth into sth** forçar algo dentro de algo

Jamaica [dʒə'meɪkə] *n* Jamaica

janitor ['dʒænɪtə*] *n* zelador *m*

January ['dʒænjuərɪ] *n* janeiro

Japan [dʒə'pæn] *n* Japão *m*; **Japanese** [dʒæpə'niːz] *adj* japonês(-esa) ♦ *n inv* japonês(-esa) *m/f*; (*LING*) japonês *m*

jar [dʒɑː*] *n* jarro ♦ *vi* (*sound*) ranger, chiar; (*colours*) destoar

jargon ['dʒɑːgən] *n* jargão *m*

jaundice ['dʒɔːndɪs] *n* icterícia

javelin ['dʒævlɪn] *n* dardo de arremesso

jaw [dʒɔː] *n* mandíbula, maxilar *m*

jaywalker ['dʒeɪwɔːkə*] *n* pedestre *m/f* imprudente (*BR*), peão *m* imprudente (*PT*)

jazz [dʒæz] *n* jazz *m*; **jazz up** *vt* animar, avivar

jealous ['dʒeləs] *adj* ciumento; **jealousy** *n* ciúmes *mpl*

jeans [dʒiːnz] *npl* jeans *m*(*pl PT*)

jeer [dʒɪə*] *vi*: **to ~ (at)** zombar (de)

jelly ['dʒelɪ] *n* gelatina; (*jam*) geléia; **jellyfish** ['dʒelɪfɪʃ] *n inv* água-viva

jeopardy ['dʒepədɪ] *n*: **to be in ~** estar em perigo, estar correndo risco

jerk [dʒəːk] *n* solavanco, sacudida; (*wrench*) puxão *m*; (*inf: idiot*) babaca *m* ♦ *vt* sacudir ♦ *vi* dar um solavanco

jersey ['dʒəːzɪ] *n* suéter *m* or *f* (*BR*), camisola (*PT*); (*fabric*) jérsei *m*, malha

Jesus ['dʒiːzəs] *n* Jesus *m*

jet [dʒet] *n* (*of gas, liquid*) jato; (*AVIAT*) avião *m* a jato; (*stone*) azeviche *m*; **jet engine** *n* motor *m* a jato; **jet lag** *n* cansaço devido à diferença de fuso horário

jettison ['dʒetɪsn] *vt* alijar

jetty ['dʒetɪ] *n* quebra-mar *m*, cais *m*

Jew [dʒuː] *n* judeu(-dia) *m/f*

jewel ['dʒuːəl] *n* jóia; **jeweller** (*US* **jeweler**) *n* joalheiro(-a); **jeweller's (shop)** *n* joalheria; **jewellery** (*US* **jewelry**) *n* jóias *fpl*

Jewess ['dʒuːɪs] *n* (*offensive*) judia

Jewish ['dʒuːɪʃ] *adj* judeu (judia)

jiffy ['dʒɪfɪ] (*inf*) *n*: **in a ~** num instante

jigsaw ['dʒɪgsɔː] *n* (*also*: **~ puzzle**) quebra-cabeça *m*

jilt [dʒɪlt] *vt* dar o fora em

jingle ['dʒɪŋgl] *n* (*for advert*) música de propaganda ♦ *vi* tilintar, retinir

jinx [dʒɪŋks] (*inf*) *n* caipora, pé *m* frio

job [dʒɔb] n trabalho; (task) tarefa; (duty) dever m; (post) emprego; **it's not my ~** não faz parte das minhas funções; **it's a good ~ that ...** ainda bem que ...; **just the ~!** justo o que queria!; **jobless** adj desempregado
jockey [ˈdʒɔkɪ] n jóquei m ♦ vi: **to ~ for position** manobrar para conseguir uma posição
jog [dʒɔg] vt empurrar, sacudir ♦ vi fazer jogging or cooper; **jog along** vi ir levando; **jogging** n jogging m
join [dʒɔɪn] vt (things) juntar, unir; (queue) entrar em; (become member of) associar-se a; (meet) encontrar-se com; (accompany) juntar-se a ♦ vi (roads, rivers) confluir ♦ n junção f; **join in** vi participar ♦ vt fus participar em; **join up** vi unir-se; (MIL) alistar-se
joint [dʒɔɪnt] n (TECH) junta, união f; (wood) encaixe m; (ANAT) articulação f; (BRIT: CULIN) quarto; (inf: place) espelunca; (: of marijuana) baseado ♦ adj comum; (combined) conjunto; (committee) misto
joke [dʒəuk] n piada; (also: **practical ~**) brincadeira, peça ♦ vi brincar; **to play a ~ on** pregar uma peça em; **joker** n (CARDS) curingão m
jolly [ˈdʒɔlɪ] adj (merry) alegre; (enjoyable) divertido ♦ adv (BRIT: inf) muito, extremamente
jolt [dʒəult] n (shake) sacudida, solavanco; (shock) susto ♦ vt sacudir; (emotionally) abalar
Jordan [ˈdʒɔːdən] n Jordânia; (river) Jordão m
jostle [ˈdʒɔsl] vt acotovelar, empurrar
jot [dʒɔt] n: **not one ~** nem um pouquinho; **jot down** vt anotar; **jotter** (BRIT) n bloco (de anotações)
journal [ˈdʒəːnl] n jornal m; (magazine) revista; (diary) diário;

journalism n jornalismo; **journalist** n jornalista m/f
journey [ˈdʒəːnɪ] n viagem f; (distance covered) trajeto
joy [dʒɔɪ] n alegria; **joyful** adj alegre; **joystick** n (AVIAT) manche m, alavanca de controle; (COMPUT) joystick m
Jr abbr = **junior**
judge [dʒʌdʒ] n juiz (juíza m/f); (in competition) árbitro; (fig: expert) especialista m/f, conhecedor(a) m/f ♦ vt julgar; (competition) arbitrar; (estimate) avaliar; (consider) considerar; **judg(e)ment** n juízo; (opinion) opinião f; (discernment) discernimento
judo [ˈdʒuːdəu] n judô m
jug [dʒʌg] n jarro
juggernaut [ˈdʒʌgənɔːt] (BRIT) n (huge truck) jamanta
juggle [ˈdʒʌgl] vi fazer malabarismos; **juggler** n malabarista m/f
juice [dʒuːs] n suco (BR), sumo (PT); **juicy** adj suculento
jukebox [ˈdʒuːkbɔks] n juke-box m
July [dʒuːˈlaɪ] n julho
jumble [ˈdʒʌmbl] n confusão f, mixórdia ♦ vt (also: **~ up**: mix up) misturar; **jumble sale** n (BRIT) bazar m; ver quadro

JUMBLE SALE

As **jumble sales** têm lugar dentro de igrejas, salões de festa e escolas, onde são vendidos diversos tipos de mercadorias, em geral baratas e sobretudo de segunda mão, a fim de coletar dinheiro para uma obra de caridade, uma escola ou uma igreja.

jumbo (jet) [ˈdʒʌmbəu-] n avião m jumbo
jump [dʒʌmp] vi saltar, pular; (start)

sobressaltar-se; (*increase*) disparar ♦ *vt*
pular, saltar ♦ *n* pulo, salto; (*increase*)
alta; (*fence*) obstáculo; **to ~ the queue**
(*BRIT*) furar a fila (*BR*), pôr-se à frente
(*PT*)
jumper ['dʒʌmpə*] *n* (*BRIT: pullover*)
suéter *m* (*BR*), camisola (*PT*); (*US:
pinafore dress*) avental *m*; **jumper
cables** (*US*) *npl* = **jump leads**
jump leads (*BRIT*) *npl* cabos *mpl* para
ligar a bateria
jumpy ['dʒʌmpɪ] *adj* nervoso
Jun. *abbr* = **junior**
junction ['dʒʌŋkʃən] (*BRIT*) *n* (*of roads*)
cruzamento; (*RAIL*) entroncamento
June [dʒuːn] *n* junho
jungle ['dʒʌŋgl] *n* selva, mato
junior ['dʒuːnɪə*] *adj* (*in age*) mais
novo *or* moço; (*position*) subalterno
♦ *n* jovem *m/f*
junk [dʒʌŋk] *n* (*cheap goods*)
tranqueira, velharias *fpl*; (*rubbish*) lixo;
junk food *n* comida pronta de baixo
valor nutritivo; **junk mail** *n*
correspondência não-solicitada; **junk
shop** *n* loja de objetos usados
Junr *abbr* = **junior**
jury ['dʒuərɪ] *n* júri *m*
just [dʒʌst] *adj* justo ♦ *adv* (*exactly*)
justamente, exatamente; (*only*)
apenas, somente; **he's ~ done it/left**
ele acabou (*BR*) *or* acaba (*PT*) de
fazê-lo/ir; **~ right** perfeito; **~ two
o'clock** duas (horas) em ponto; **she's ~
as clever as you** ela é tão inteligente
como você; **it's ~ as well that ...** ainda
bem que ...; **~ as he was leaving** no
momento em que ele saía; **~ before/
enough** justo antes/o suficiente; **~
here** bem aqui; **he ~ missed** falhou
por pouco; **~ listen** escute aqui!
justice ['dʒʌstɪs] *n* justiça; (*US: judge*)
juiz (juíza) *m/f*; **to do ~ to** (*fig*) apreciar

devidamente
justify ['dʒʌstɪfaɪ] *vt* justificar
jut [dʒʌt] *vi* (*also: ~ out*) sobressair
juvenile ['dʒuːvənaɪl] *adj* juvenil;
(*court*) de menores; (*books*) para
adolescentes; (*humour, mentality*)
infantil ♦ *n* menor *m/f* de idade

K k

K *abbr* (= *kilobyte*) K ♦ *n abbr* (= *one
thousand*) mil
kangaroo [kæŋgə'ruː] *n* canguru *m*
karate [kə'rɑːtɪ] *n* karatê *m*
kebab [kə'bæb] *n* churrasquinho,
espetinho
keen [kiːn] *adj* (*interest, desire*)
grande, vivo; (*eye, intelligence*)
penetrante; (*competition*) acirrado,
intenso; (*edge*) afiado; (*eager*)
entusiasmado; **to be ~ to do** *or* **on
doing sth** sentir muita vontade de
fazer algo; **to be ~ on sth/sb** gostar de
algo/alguém
keep [kiːp] (*pt, pp* **kept**) *vt* guardar,
ficar com; (*house etc*) cuidar; (*detain*)
deter; (*shop etc*) tomar conta de;
(*preserve*) conservar; (*accounts, family*)
manter; (*promise*) cumprir; (*chickens,
bees etc*) criar; (*prevent*): **to ~ sb from
doing sth** impedir alguém de fazer
algo ♦ *vi* (*food*) conservar-se; (*remain*)
ficar ♦ *n* (*of castle*) torre *f* de
menagem; (*food etc*): **to earn one's ~**
ganhar a vida; (*inf*): **for ~s** para
sempre; **to ~ doing sth** continuar
fazendo algo; **to ~ sb happy** manter
alguém satisfeito; **to ~ a place tidy**
manter um lugar limpo; **keep on** *vi*:
to ~ on doing continuar fazendo; **to ~
on (about sth)** falar sem parar sobre

algo; **keep out** *vt* impedir de entrar; **"~ out"** "entrada proibida"; **keep up** *vt* manter ♦ *vi* não atrasar-se, acompanhar; **to ~ up with** (*pace*) acompanhar; (*level*) manter-se ao nível de; **keeper** *n* guarda *m*, guardião(-diã) *m/f*; **keep fit** *n* ginástica

kennel ['kɛnl] *n* casa de cachorro; **~s** *n* (*establishment*) canil *m*

kerb [kɜːb] (*BRIT*) *n* meio-fio (*BR*), borda do passeio (*PT*)

kernel ['kɜːnl] *n* amêndoa; (*fig*) cerne *m*

kettle ['kɛtl] *n* chaleira

key [kiː] *n* chave *f*; (*MUS*) clave *f*; (*of piano, typewriter*) tecla ♦ *cpd* (*issue etc*) chave ♦ *vt* (*also: ~ in*) colocar; **keyboard** *n* teclado; **keyhole** *n* buraco da fechadura; **keyring** *n* chaveiro

khaki ['kɑːkɪ] *adj* cáqui

kick [kɪk] *vt* dar um pontapé em; (*ball*) chutar; (*inf: habit*) conseguir superar ♦ *vi* (*horse*) dar coices ♦ *n* (*from person*) pontapé *m*; (*from animal*) coice *m*, patada; (*to ball*) chute *m*; (*inf: thrill*): **he does it for ~s** faz isso para curtir; **kick off** *vi* (*SPORT*) dar o chute inicial

kid [kɪd] *n* (*inf: child*) criança; (*animal*) cabrito; (*leather*) pelica ♦ *vi* (*inf*) brincar

kidnap ['kɪdnæp] *vt* seqüestrar; **kidnapper** *n* seqüestrador(a) *m/f*; **kidnapping** *n* seqüestro

kidney ['kɪdnɪ] *n* rim *m*

kill [kɪl] *vt* matar; (*murder*) assassinar ♦ *n* ato de matar; **killer** *n* assassino(-a); **killing** *n* assassinato; **to make a killing** (*inf*) faturar uma boa nota; **killjoy** *n* desmancha-prazeres *m inv*

kiln [kɪln] *n* forno

kilo ['kiːləu] *n* quilo; **kilobyte** *n* quilobyte *m*; **kilogram(me)** *n* quilograma *m*; **kilometre** (*US* **kilometer**) *n* quilômetro; **kilowatt** *n* quilowatt *m*

kilt [kɪlt] *n* saiote *m* escocês

kin [kɪn] *n see* next

kind [kaɪnd] *adj* (*friendly*) gentil; (*generous*) generoso; (*good*) bom (boa), bondoso, amável; (*voice*) suave ♦ *n* espécie *f*, classe *f*; (*species*) gênero; **in ~** (*COMM*) em espécie

kindergarten ['kɪndəgɑːtn] *n* jardim *m* de infância

kind-hearted *adj* de bom coração, bondoso

kindly ['kaɪndlɪ] *adj* bom (boa) bondoso; (*gentle*) gentil, carinhoso ♦ *adv* bondosamente, amavelmente; **will you ~ ...** você pode fazer o favor de ...

kindness ['kaɪndnɪs] *n* bondade *f*, gentileza

king [kɪŋ] *n* rei *m*; **kingdom** *n* reino; **kingfisher** *n* martim-pescador *m*; **king-size(d)** *adj* tamanho grande

kiosk ['kiːɔsk] *n* banca (*BR*), quiosque *m* (*PT*); (*BRIT: TEL*) cabine *f*

kipper ['kɪpə*] *n* arenque defumado

kiss [kɪs] *n* beijo ♦ *vt* beijar; **to ~ (each other)** beijar-se; **kiss of life** (*BRIT*) *n* respiração *f* artificial

kit [kɪt] *n* (*for sport etc*) kit *m*; (*equipment*) equipamento; (*tools*) caixa de ferramentas; (*for assembly*) kit *m* para montar

kitchen ['kɪtʃɪn] *n* cozinha; **kitchen sink** *n* pia (de cozinha)

kite [kaɪt] *n* (*toy*) papagaio, pipa

kitten ['kɪtn] *n* gatinho

kitty ['kɪtɪ] *n* fundo comum, vaquinha

km *abbr* (= *kilometre*) km

a b c d e f g h i j k l m n o p q r s t u v w x y z

knack [næk] n jeito

knapsack ['næpsæk] n mochila

knead [ni:d] vt amassar

knee [ni:] n joelho; **kneecap** n rótula

kneel [ni:l] (pt, pp **knelt**) vi (also: ~ **down**) ajoelhar-se

knew [nju:] pt of **know**

knickers ['nɪkəz] (BRIT) npl calcinha (BR), cuecas fpl (PT)

knife [naɪf] (pl **knives**) n faca ♦ vt esfaquear

knight [naɪt] n cavaleiro; (CHESS) cavalo; **knighthood** (BRIT) n (title): **to get a knighthood** receber o título de Sir

knit [nɪt] vt tricotar; (brows) franzir ♦ vi tricotar (BR), fazer malha (PT); (bones) consolidar-se; **knitting** n tricô m; **knitting needle** n agulha de tricô (BR) or de malha (PT); **knitwear** n roupa de malha

knives [naɪvz] npl of **knife**

knob [nɔb] n (of door) maçaneta; (of stick) castão m; (on TV etc) botão m

knock [nɔk] vt bater em; (bump into) colidir com; (inf) criticar, malhar ♦ n pancada, golpe m; (on door) batida ♦ vi: **to ~ at** or **on the door** bater à porta; **knock down** vt derrubar; (pedestrian) atropelar; **knock off** vi (inf: finish) terminar ♦ vt (inf: steal) abafar; (from price): **to ~ off £10** fazer um desconto de £10; **knock out** vt pôr nocaute, nocautear; (defeat) eliminar; **knock over** vt derrubar; (pedestrian) atropelar; **knocker** n aldrava

knot [nɔt] n nó m ♦ vt dar nó em

know [nəu] (pt **knew**, pp **known**) vt saber; (person, author, place) conhecer; **to ~ how to swim** saber nadar; **to ~ about** or **of sth** saber de algo; **know-how** n know-how m,

experiência; **knowingly** adv de propósito; (spitefully) maliciosamente

knowledge ['nɔlɪdʒ] n conhecimento; (learning) saber m, conhecimentos mpl; **knowledgeable** adj entendido, versado

knuckle ['nʌkl] n nó m

Koran [kɔ'rɑːn] n: **the ~** o Alcorão

Korea [kə'rɪə] n Coréia

kosher ['kəuʃə*] adj kosher inv

Kosovo ['kɔsəvəu] n Kosovo m

L l

L (BRIT) abbr (AUT) of **learner**

lab [læb] n abbr = **laboratory**

label ['leɪbl] n etiqueta, rótulo ♦ vt etiquetar, rotular

labor etc ['leɪbə*] (US) = **labour** etc

laboratory [lə'bɔrətərɪ] n laboratório

labour ['leɪbə*] (US **labor**) n trabalho; (workforce) mão-de-obra f; (MED): **to be in ~** estar em trabalho de parto ♦ vi trabalhar ♦ vt insistir em; **the Labour Party** (BRIT) o Partido Trabalhista; **labourer** n operário; **farm labourer** trabalhador m rural, peão m

lace [leɪs] n renda; (of shoe etc) cadarço ♦ vt (shoe) amarrar

lack [læk] n falta ♦ vt (money, confidence) faltar; (intelligence) carecer de; **through** or **for ~ of** por falta de; **to be ~ing** faltar; **to be ~ing in** carecer de

lacquer ['lækə*] n laca; (hair ~) fixador m

lad [læd] n menino, rapaz m, moço

ladder ['lædə*] n escada f de mão; (BRIT: in tights) defeito (em forma de escada)

laden ['leɪdn] adj: **~ (with)** carregado (de)

ladle ['leɪdl] n concha (de sopa)

lady ['leɪdɪ] n senhora; (distinguished, noble) dama; (in address): **ladies and gentlemen ...** senhoras e senhores ...; **young ~** senhorita; **"ladies' (toilets)"** "senhoras"; **ladybird** (US **ladybug**) n joaninha; **ladylike** adj elegante, refinado

lag [læg] n atraso, retardamento ♦ vi (also: **~ behind**) ficar para trás ♦ vt (pipes) revestir com isolante térmico

lager ['lɑːgəʳ] n cerveja leve e clara

lagoon [lə'guːn] n lagoa

laid [leɪd] pt, pp of **lay**; **laid-back** (inf) adj descontraído; **laid up** adj: **to be laid up with flu** ficar de cama com gripe

lain [leɪn] pp of **lie**

lake [leɪk] n lago

lamb [læm] n cordeiro

lame [leɪm] adj coxo, manco; (excuse, argument) pouco convincente, fraco

lament [lə'mɛnt] n lamento, queixa ♦ vt lamentar-se de

laminated ['læmineɪtɪd] adj laminado

lamp [læmp] n lâmpada; **lamppost** (BRIT) n poste m; **lampshade** n abajur m, quebra-luz m

lance [lɑːns] n lança ♦ vt (MED) lancetar

land [lænd] n terra; (country) país m; (piece of ~) terreno; (estate) terras fpl, propriedades fpl ♦ vi (from ship) desembarcar; (AVIAT) pousar, aterrissar (BR), aterrar (PT); (fig: arrive) cair, terminar ♦ vt desembarcar; **to ~ sb with sth** (inf) sobrecarregar alguém com algo; **land up** vi ir parar; **landing** n (AVIAT) pouso, aterrissagem f (BR), aterragem f (PT); (of staircase) patamar m; **landing strip** n pista de aterrissagem (BR) or de aterragem (PT)

landlady n senhoria; (of pub) dona, proprietária; **landlord** n senhorio, locador m; (of pub) dono, proprietário; **landmark** n lugar m conhecido; (fig) marco; **landowner** n latifundiário(-a)

landscape ['lændskeɪp] n paisagem f

landslide ['lændslaɪd] n (GEO) desmoronamento, desabamento; (fig: POL) vitória esmagadora

lane [leɪn] n caminho, estrada estreita; (AUT) pista; (in race) raia

language ['læŋgwɪdʒ] n língua; (way one speaks) linguagem f; **bad ~** palavrões mpl; **language laboratory** n laboratório de línguas

lank [læŋk] adj (hair) liso

lanky ['læŋkɪ] adj magricela

lantern ['læntn] n lanterna

lap [læp] n (of track) volta; (of person) colo ♦ vt (also: **~ up**) lamber ♦ vi (waves) marulhar; **lap up** vt (fig) receber com sofreguidão

lapel [lə'pɛl] n lapela

Lapland ['læplænd] n Lapônia

lapse [læps] n lapso; (bad behaviour) deslize m ♦ vi (law) prescrever; **to ~ into bad habits** adquirir maus hábitos

laptop (computer) ['læptɔp-] n laptop m

lard [lɑːd] n banha de porco

larder ['lɑːdəʳ] n despensa

large [lɑːdʒ] adj grande; **at ~** (free) em liberdade; (generally) em geral; **largely** adv em grande parte; (introducing reason) principalmente; **large-scale** adj (map) em grande escala; (fig) importante, de grande alcance

lark [lɑːk] n (bird) cotovia; (joke) brincadeira, peça; **lark about** vi divertir-se, brincar

laryngitis [lærɪn'dʒaɪtɪs] n laringite f

laser ['leɪzə*] n laser m; **laser printer** n impressora a laser

lash [læʃ] n (blow) chicotada; (also: **eye~**) pestana, cílio ♦ vt chicotear, açoitar; (subj: rain, wind) castigar; (tie) atar; **lash out** vi: **to ~ out at sb** atacar alguém violentamente; (criticize) atacar alguém verbalmente

lass [læs] (BRIT) n moça

lasso [læ'su:] n laço

last [lɑ:st] adj último; (final) derradeiro ♦ adv em último lugar ♦ vi durar; (continue) continuar; **~ night/week** ontem à noite/na semana passada; **at ~** finalmente; **~ but one** penúltimo; **lasting** adj duradouro; **lastly** adv por fim, por último; (finally) finalmente; **last-minute** adj de última hora

latch [lætʃ] n trinco, fecho, tranca

late [leɪt] adj (not on time) atrasado; (far on in day etc) tardio; (former) antigo, ex-, anterior; (dead) falecido ♦ adv tarde; (behind time, schedule) atrasado; **of ~** recentemente; **in ~ May** no final de maio; **latecomer** n retardatário(-a); **lately** adv ultimamente

later ['leɪtə*] adj (date etc) posterior; (version etc) mais recente ♦ adv mais tarde, depois; **~ on** mais tarde

latest ['leɪtɪst] adj último; **at the ~** no mais tardar

lathe [leɪð] n torno

lather ['lɑ:ðə*] n espuma (de sabão) ♦ vt ensaboar

Latin ['lætɪn] n (LING) latim m ♦ adj latino; **Latin America** n América Latina; **Latin American** adj, n latino-americano(-a)

latitude ['lætɪtjuːd] n latitude f

latter ['lætə*] adj último; (of two) segundo ♦ n: **the ~** o último, este

laugh [lɑːf] n riso, risada ♦ vi rir, dar risada (or gargalhada); **(to do sth) for a ~** (fazer algo) só de curtição; **laugh at** vt fus rir de; **laugh off** vt disfarçar sorrindo; **laughable** adj ridículo, absurdo; **laughter** n riso, risada

launch [lɔːntʃ] n (boat) lancha; (COMM, of rocket etc) lançamento ♦ vt lançar; **launch into** vt fus lançar-se a

launderette [lɔːndə'ret] (BRIT) n lavanderia automática

Laundromat ['lɔːndrəmæt] ® (US) n = **launderette**

laundry [lɔːndrɪ] n lavanderia; (clothes) roupa para lavar

laurel ['lɔrl] n loureiro

lava ['lɑːvə] n lava

lavatory ['lævətərɪ] n privada (BR), casa de banho (PT)

lavender ['lævəndə*] n lavanda

lavish ['lævɪʃ] adj (amount) generoso; (person): **~ with** pródigo em, generoso com ♦ vt: **to ~ sth on sb** encher or cobrir alguém de algo

law [lɔː] n lei f; (rule) regra; (SCH) direito; **law-abiding** adj obediente à lei; **law and order** n a ordem pública; **law court** n tribunal m de justiça; **lawful** adj legal, lícito

lawn [lɔːn] n gramado (BR), relvado (PT); **lawnmower** n cortador m de grama (BR) or de relva (PT); **lawn tennis** n tênis m de gramado (BR) or de relvado (PT)

law school (US) n faculdade f de direito

lawsuit ['lɔːsuːt] n ação f judicial, processo

lawyer ['lɔːjə*] n advogado(-a); (for sales, wills etc) notário(-a), tabelião(-liã) m/f

lax [læks] adj (discipline) relaxado; (person) negligente

laxative [ˈlæksətɪv] n laxante m
lay [leɪ] (pt, pp **laid**) pt of **lie** ♦ adj
leigo ♦ vt colocar; (eggs, table) pôr;
lay aside or **by** vt pôr de lado; **lay
down** vt depositar; (rules etc) impor,
estabelecer; **to ~ down the law** (pej)
impor regras; **to ~ down one's life**
sacrificar voluntariamente a vida; **lay
off** vt (workers) demitir; **lay on** vt
(meal etc) prover; **lay out** vt (spread
out) dispor em ordem; **layabout** (inf)
n vadio(-a), preguiçoso(-a); **lay-by**
(BRIT) n acostamento
layer [ˈleɪə*] n camada
layman [ˈleɪmən] (irreg) n leigo
layout [ˈleɪaut] n (of garden, building)
desenho; (of writing) leiaute m
laze [leɪz] vi (also: ~ **about**) vadiar
lazy [ˈleɪzɪ] adj preguiçoso;
(movement) lento
lb. abbr = **pound** (weight)
lead[1] [liːd] (pt, pp **led**) n (front
position) dianteira; (SPORT) liderança;
(fig) vantagem f; (clue) pista; (ELEC) fio;
(for dog) correia; (in play, film) papel m
principal ♦ vt levar; (be leader of)
chefiar; (start, guide: activity)
encabeçar ♦ vt encabeçar; **to be in the
~** (SPORT: in race) estar na frente; (: in
match) estar ganhando; **to ~ the way**
assumir a direção; **lead away** vt levar;
lead back vt levar de volta; **lead on** vt
(tease) provocar; **lead to** vt fus levar a,
conduzir a; **lead up to** vt fus conduzir
a
lead[2] [led] n chumbo; (in pencil)
grafite f
leader [ˈliːdə*] n líder m/f;
leadership n liderança; (quality)
poder m de liderança
lead-free [led-] adj sem chumbo
leading [ˈliːdɪŋ] adj principal; (role) de
destaque; (first, front) primeiro,

dianteiro
lead singer [liːd-] n cantor(a) m/f
leaf [liːf] (pl **leaves**) n folha ♦ vi: **to ~
through** (book) folhear; **to turn over a
new ~** mudar de vida, partir para
outra (inf)
leaflet [ˈliːflɪt] n folheto
league [liːg] n liga; **to be in ~ with**
estar de comum acordo com
leak [liːk] n (of liquid, gas) escape m,
vazamento; (hole) buraco, rombo; (in
roof) goteira; (fig: of information)
vazamento ♦ vi (ship) fazer água;
(shoe) deixar entrar água; (roof)
gotejar; (pipe, container, liquid) vazar;
(gas) escapar ♦ vt (news) vazar
lean [liːn] (pt, pp ~**ed** or ~**t**) adj
magro ♦ vt: **to ~ sth on** encostar or
apoiar algo em ♦ vi inclinar-se; **to ~
against** encostar-se or apoiar-se
contra; **to ~ on** encostar-se or
apoiar-se em; **lean forward/back** vi
inclinar-se para frente/para trás; **lean
out** vi inclinar-se; **lean over** vi
debruçar-se ♦ vt fus debruçar-se sobre
leap [liːp] (pt, pp ~**ed** or ~**t**) n salto,
pulo ♦ vi saltar; **leap year** n ano
bissexto
learn [ləːn] (pt, pp ~**ed** or ~**t**) vt
aprender; (by heart) decorar ♦ vi
aprender; **to ~ about sth** (SCH: hear,
read) saber de algo; **learned** [ˈləːnɪd]
adj erudito; **learner** n principiante
m/f; (BRIT: also: **learner driver**)
aprendiz m/f de motorista
lease [liːs] n arrendamento ♦ vt
arrendar
leash [liːʃ] n correia
least [liːst] adj: **the ~** + n o(a) menor;
(smallest amount of) a menor
quantidade de ♦ adv: **the ~** + adj o(a)
menos; **at ~** pelo menos; **not in the ~**
de maneira nenhuma

leather ['leðə*] n couro
leave [li:v] (pt, pp **left**) vt deixar; (go away from) abandonar ♦ vi ir-se, sair; (train) sair ♦ n licença; **to ~ sth to sb** deixar algo para alguém; **to be left** sobrar; **leave behind** vt deixar para trás; (forget) esquecer; **leave out** vt omitir
leaves [li:vz] npl of leaf
Lebanon ['lebənən] n Líbano
lecherous ['letʃərəs] (pej) adj lascivo
lecture ['lektʃə*] n conferência, palestra; (SCH) aula ♦ vi dar aulas, lecionar ♦ vt (scold) passar um sermão em; **lecturer** (BRIT) n (at university) professor(a) m/f
led [led] pt, pp of lead[1]
ledge [ledʒ] n (of window) peitoril m; (of mountain) saliência, proeminência
ledger ['ledʒə*] n livro-razão m, razão m
leech [li:tʃ] n sanguessuga
leek [li:k] n alho-poró m
leeway ['li:wei] n (fig): **to have some ~** ter certa liberdade de ação
left [left] pt, pp of leave ♦ adj esquerdo ♦ n esquerda ♦ adv à esquerda; **on the ~** à esquerda; **to the ~** para a esquerda; **the Left** (POL) a Esquerda; **left-handed** adj canhoto; **left-hand side** n lado esquerdo; **left-luggage (office)** (BRIT) n depósito de bagagem; **leftovers** npl sobras fpl; **left-wing** adj (POL) de esquerda, esquerdista
leg [leg] n perna; (of animal) pata; (CULIN: of meat) perna; (of journey) etapa; **lst/2nd ~** (SPORT) primeiro/ segundo turno
legacy ['legəsi] n legado; (fig) herança
legal ['li:gl] adj legal
legend ['ledʒənd] n lenda; (person) mito

leggings ['legiŋz] npl legging f
legislation [ledʒis'leiʃən] n legislação f
legislature ['ledʒislətʃə*] n legislatura
legitimate [li'dʒitimət] adj legítimo
leg-room n espaço para as pernas
leisure ['leʒə*] n lazer m; **at ~** desocupado, livre
lemon ['lemən] n limão(-galego) m; **lemonade** [lemə'neid] n limonada; **lemon tea** n chá m de limão
lend [lend] (pt, pp **lent**) vt emprestar
length [leŋθ] n comprimento, extensão f; (amount of time) duração f; **at ~** (at last) finalmente, afinal; (lengthily) por extenso; **lengthen** vt encompridar, alongar ♦ vi encompridar-se; **lengthways** adv longitudinalmente, ao comprido; **lengthy** adj comprido, longo; (meeting) prolongado
lenient ['li:niənt] adj indulgente
lens [lenz] n (of spectacles) lente f; (of camera) objetiva
Lent [lent] n Quaresma
lent [lent] pt, pp of lend
lentil ['lentl] n lentilha
Leo ['li:əu] n Leão m
leotard ['li:əta:d] n collant m
leprosy ['leprəsi] n lepra
lesbian ['lezbiən] n lésbica
less [les] adj, pron, adv menos ♦ prep: **~ tax/10% discount** menos imposto/ 10% de desconto; **~ than ever** menos do que nunca; **~ and ~** cada vez menos; **the ~ he works ...** quanto menos trabalha ...
lessen ['lesn] vi diminuir, minguar ♦ vt diminuir, reduzir
lesser ['lesə*] adj menor; **to a ~ extent** nem tanto
lesson ['lesn] n aula; (example, warning) lição f; **to teach sb a ~** (fig)

dar uma lição em alguém

let [lɛt] (pt, pp **let**) vt (allow) deixar; (BRIT: lease) alugar; **to ~ sb know sth** avisar alguém de algo; **~'s go!** vamos!; **"to ~"** "aluga-se"; **let down** vt (tyre) esvaziar; (disappoint) desapontar; **let go** vt, vi soltar; **let in** vt deixar entrar; (visitor etc) fazer entrar; **let off** vt (culprit) perdoar; (firework etc) soltar; **let on** vi revelar; **let out** vt deixar sair; (scream) soltar; **let up** vi cessar, afrouxar

lethal [ˈliːθl] adj letal

letter [ˈlɛtəʳ] n (of alphabet) letra; (correspondence) carta; **letter bomb** n carta-bomba; **letterbox** (BRIT) n caixa do correio; **lettering** n letras fpl

lettuce [ˈlɛtɪs] n alface f

leukaemia [luːˈkiːmɪə] (US **leukemia**) n leucemia

level [ˈlɛvl] adj (flat) plano ♦ adv: **to draw ~ with** alcançar ♦ n nível m; (height) altura ♦ vt aplanar; **to be ~ with** estar no mesmo nível que; **on the ~** em nível; (fig: honest) sincero; **"A" levels** (BRIT) npl ≈ vestibular m; **"O" levels** npl exames optativos feitos após o término do 10 Grau; **level off** or **out** vi (prices etc) estabilizar-se; **level crossing** (BRIT) n passagem f de nível; **level-headed** adj sensato

lever [ˈliːvəʳ] n alavanca f; (fig) estratagema m; **leverage** n força de uma alavanca; (fig: influence) influência

lewd [luːd] adj obsceno, lascivo

liability [laɪəˈbɪlətɪ] n responsabilidade f; (handicap) desvantagem f; **liabilities** npl (COMM) exigibilidades fpl, obrigações fpl

liable [ˈlaɪəbl] adj (subject): **~ to** sujeito a; (responsible): **~ for** responsável por; (likely): **~ to do** capaz de fazer

liaise [liːˈeɪz] vi: **to ~ (with)** cooperar (com)

liaison [liːˈeɪzɔn] n (coordination) ligação f; (affair) relação f amorosa

liar [ˈlaɪəʳ] n mentiroso(-a)

libel [ˈlaɪbl] n difamação f ♦ vt caluniar, difamar

liberal [ˈlɪbərl] adj liberal; (generous) generoso

liberation [lɪbəˈreɪʃən] n liberação f, libertação f

liberty [ˈlɪbətɪ] n liberdade f; (criminal): **to be at ~** estar livre; **to be at ~ to do** ser livre de fazer

Libra [ˈliːbrə] n Libra, Balança

librarian [laɪˈbrɛərɪən] n bibliotecário (-a)

library [ˈlaɪbrərɪ] n biblioteca

Libya [ˈlɪbɪə] n Líbia

lice [laɪs] npl of **louse**

licence [ˈlaɪsns] (US **license**) n (gen, COMM) licença; (AUT) carta de motorista (BR), carta de condução (PT)

license [ˈlaɪsns] n (US) = **licence** ♦ vt autorizar, dar licença a; **licensed** adj (car) autorizado oficialmente; (for alcohol) autorizado para vender bebidas alcoólicas; **license plate** (US) n (AUT) placa (de identificação) (do carro)

lick [lɪk] vt lamber; (inf: defeat) arrasar, surrar; **to ~ one's lips** (also fig) lamber os beiços

lid [lɪd] n tampa; (eye~) pálpebra

lie [laɪ] (pt **lay**, pp **lain**) vi (act) deitar-se; (state) estar deitado; (object: be situated) estar, encontrar-se; (fig: problem, cause) residir; (in race, league) ocupar; (tell ~s: pt, pp ~d) mentir ♦ n mentira; **to ~ low** (fig) esconder-se; **lie about** or **around** vi (things) estar espalhado; (people) vadiar; **lie-in** (BRIT) n: **to have a lie-in** dormir até tarde

lieutenant [lɛf'tɛnənt, (US) luː'tɛnənt] n (MIL) tenente m

life [laɪf] (pl **lives**) n vida; **to come to ~** animar-se; **lifebelt** (BRIT) n cinto salva-vidas; **lifeboat** n barco salva-vidas; **lifeguard** n (guarda m/f) salva-vidas m/f inv; **life jacket** n colete m salva-vidas; **lifeless** adj sem vida; **lifelike** adj natural; (realistic) realista; **lifelong** adj que dura toda a vida; **life preserver** (US) n = lifebelt; **life jacket**; **life sentence** n pena de prisão perpétua; **life-size(d)** adj de tamanho natural; **life-span** n vida, duração f; **life style** n estilo de vida; **lifetime** n vida

lift [lɪft] vt levantar ♦ vi (fog) dispersar-se, dissipar-se ♦ n (BRIT: elevator) elevador m; **to give sb a ~** (BRIT) dar uma carona para alguém (BR), dar uma boleia a alguém (PT); **lift-off** n decolagem f

light [laɪt] (pt, pp **lit**) n luz f; (AUT: headlight) farol m; (: rear ~) luz traseira; (for cigarette etc): **have you got a ~?** tem fogo? ♦ vt acender; (room) iluminar ♦ adj (colour, room) claro; (not heavy, fig) leve; (rain, traffic) fraco; (movement) delicado; **~s** npl (AUT) sinal m de trânsito; **to come to ~** vir à tona; **in the ~ of** à luz de; **light up** vi iluminar-se ♦ vt iluminar; **light bulb** n lâmpada; **lighten** vt tornar mais leve; **lighter** n (also: **cigarette lighter**) isqueiro, acendedor m; **light-hearted** adj alegre, despreocupado; **lighthouse** n farol m; **lighting** n iluminação f; **lightly** adv ligeiramente; **to get off lightly** conseguir se safar, livrar a cara (inf)

lightning ['laɪtnɪŋ] n relâmpago, raio

light pen n caneta leitora

lightweight ['laɪtweɪt] adj (suit) leve; (BOXING) peso-leve

like [laɪk] vt gostar de ♦ prep como; (such as) tal qual ♦ adj parecido, semelhante ♦ n: **the ~** coisas fpl parecidas; **his ~s and dislikes** seus gostos e aversões; **I would ~, I'd ~** (eu) gostaria de; **to be or look ~ sb/sth** parecer-se com alguém/algo, parecer alguém/algo; **do it ~ this** faça isso assim; **it is nothing ~ ...** não se parece nada com ...; **likeable** adj simpático, agradável

likelihood ['laɪklɪhud] n probabilidade f

likely ['laɪklɪ] adj provável; **he's ~ to leave** é provável que ele se vá; **not ~!** (inf) nem morto!

likeness ['laɪknɪs] n semelhança; **that's a good ~** tem uma grande semelhança

likewise ['laɪkwaɪz] adv igualmente; **to do ~** fazer o mesmo

liking ['laɪkɪŋ] n afeição f, simpatia; **to be to sb's ~** ser ao gosto de alguém

lilac ['laɪlək] n lilás m

lily ['lɪlɪ] n lírio, açucena

limb [lɪm] n membro

limbo ['lɪmbəu] n: **to be in ~** (fig) viver na expectativa

lime [laɪm] n (tree) limeira; (fruit) limão m; (also: **~ juice**) suco (BR) or sumo (PT) de limão; (GEO) cal f

limelight ['laɪmlaɪt] n: **to be in the ~** ser o centro das atenções

limerick ['lɪmərɪk] n quintilha humorística

limestone ['laɪmstəun] n pedra calcária

limit ['lɪmɪt] n limite m ♦ vt limitar; **limited** adj limitado; **to be limited to** limitar-se a

limp [lɪmp] n: **to have a ~** mancar, ser coxo ♦ vi mancar ♦ adj frouxo

limpet ['lɪmpɪt] n lapa
line [laɪn] n linha; (rope) corda; (wire) fio; (row) fila, fileira; (on face) ruga ♦ vt (road, room) encarreirar; (container, clothing) forrar; **to ~ the streets** ladear as ruas; **in ~ with** de acordo com; **line up** vi enfileirar-se ♦ vt enfileirar; (set up, have ready) preparar, arranjar
lined [laɪnd] adj (face) enrugado; (paper) pautado
linen ['lɪnɪn] n artigos de cama e mesa; (cloth) linho
liner ['laɪnə•] n navio de linha regular; (also: **bin ~**) saco para lata de lixo
linesman ['laɪnzmən] (irreg) n (SPORT) juiz m de linha
linger ['lɪŋgə•] vi demorar-se, retardar-se; (smell, tradition) persistir
linguistics [lɪŋ'gwɪstɪks] n lingüística
lining ['laɪnɪŋ] n forro; (ANAT) parede f
link [lɪŋk] n (of a chain) elo; (connection) conexão f ♦ vt vincular, unir; (associate): **to ~ with** or **to** unir a; **~s** npl (GOLF) campo de golfe; **link up** vt acoplar ♦ vi unir-se
lion ['laɪən] n leão m; **lioness** n leoa
lip [lɪp] n lábio; **lipread** (irreg) vi ler os lábios; **lip salve** n pomada para os lábios; **lipstick** n batom m
liqueur [lɪ'kjuə•] n licor m
liquid ['lɪkwɪd] adj líquido ♦ n líquido
liquidize ['lɪkwɪdaɪz] (BRIT) vt (CULIN) liqüidificar, passar no liqüidificador; **liquidizer** (BRIT) n liqüidificador m
liquor ['lɪkə•] n licor m, bebida alcoólica
liquor store (US) n loja que vende bebidas alcoólicas
Lisbon ['lɪzbən] n Lisboa
lisp [lɪsp] n ceceio ♦ vi cecear, falar com a língua presa
list [lɪst] n lista ♦ vt (write down) fazer uma lista or relação de; (enumerate) enumerar
listen ['lɪsn] vi escutar, ouvir; **to ~ to** escutar; **listener** n ouvinte m/f
lit [lɪt] pt, pp of **light**
liter ['liːtə•] (US) n = **litre**
literacy ['lɪtərəsɪ] n capacidade f de ler e escrever, alfabetização f
literal ['lɪtərl] adj literal
literary ['lɪtərərɪ] adj literário
literate ['lɪtərət] adj alfabetizado, instruído; (educated) culto, letrado
literature ['lɪtərɪtʃə•] n literatura; (brochures etc) folhetos mpl
litre ['liːtə•] (US **liter**) n litro
litter ['lɪtə•] n (rubbish) lixo; (young animals) ninhada; **litter bin** (BRIT) n lata de lixo
little ['lɪtl] adj (small) pequeno; (not much) pouco ♦ often translated by suffix: eg: **~ house** casinha ♦ adv pouco; **a ~** um pouco (de); **for a ~ while** por um instante; **as ~ as possible** o menos possível; **~ by ~** pouco a pouco
live [vb lɪv, adj laɪv] vi viver; (reside) morar ♦ adj vivo; (wire) eletrizado; (broadcast) ao vivo; (shell) carregado; **~ ammunition** munição de guerra; **live down** vt redimir; **live on** vt fus viver de, alimentar-se de; **to ~ on £50 a week** viver com £50 por semana; **live together** vi viver juntos; **live up to** vt fus (fulfil) cumprir
livelihood ['laɪvlɪhud] n meio de vida, subsistência
lively ['laɪvlɪ] adj vivo
liven up ['laɪvn-] vt animar ♦ vi animar-se
liver ['lɪvə•] n fígado
lives [laɪvz] npl of **life**
livestock ['laɪvstɔk] n gado
livid ['lɪvɪd] adj lívido; (inf: furious)

furioso

living ['lɪvɪŋ] adj vivo ♦ n: **to earn** or **make a ~** ganhar a vida; **living room** n sala de estar

lizard ['lɪzəd] n lagarto

load [ləud] n carga; (weight) peso ♦ vt (gen, COMPUT) carregar; **a ~ of, ~s of** (fig) um monte de, uma porção de; **loaded** adj (vehicle): **to be loaded with** estar carregado de; (question) intencionado; (inf: rich) cheio da nota

loaf [ləuf] (pl **loaves**) n pão-de-forma m

loan [ləun] n empréstimo ♦ vt emprestar; **on ~** emprestado

loath [ləuθ] adj: **to be ~ to do sth** estar pouco inclinado a fazer algo, relutar em fazer algo

loathe [ləuð] vt detestar, odiar

loaves [ləuvz] npl of **loaf**

lobby ['lɒbɪ] n vestíbulo, saguão m; (POL: pressure group) grupo de pressão, lobby m ♦ vt pressionar

lobster ['lɒbstə*] n lagostim m; (large) lagosta

local ['ləukl] adj local ♦ n (pub) bar m (local); **the ~s** npl (~ inhabitants) os moradores locais; **local anaesthetic** n anestesia local

locate [ləu'keɪt] vt (find) localizar, situar; (situate): **to be ~d in** estar localizado em

location [ləu'keɪʃən] n local m, posição f; **on ~** (CINEMA) em externas

loch [lɒx] n lago

lock [lɒk] n (of door, box) fechadura; (of canal) eclusa; (of hair) anel m, mecha ♦ vt (with key) trancar ♦ vi (door etc) fechar-se à chave; (wheels) travar-se; **lock in** vt trancar dentro; **lock out** vt trancar do lado de fora; **lock up** vt (criminal, mental patient) prender; (house) trancar ♦ vi fechar

tudo

locker ['lɒkə*] n compartimento com chave

locket ['lɒkɪt] n medalhão m

locksmith ['lɒksmɪθ] n serralheiro(-a)

lodge [lɒdʒ] n casa do guarda, guarita; (hunting ~) pavilhão m de caça ♦ vi (person): **to ~ (with)** alojar-se (na casa de) ♦ vt (complaint) apresentar; **lodger** n inquilino(-a), hóspede m/f

lodgings ['lɒdʒɪŋz] npl quarto (mobiliado)

loft [lɒft] n sótão m

lofty ['lɒftɪ] adj (haughty) altivo, arrogante; (sentiments, aims) nobre

log [lɒg] n (of wood) tora; (book) = **logbook** ♦ vt registrar

logbook ['lɒgbuk] n (NAUT) diário de bordo; (AVIAT) diário de vôo; (of car) documentação f (do carro)

logic ['lɒdʒɪk] n lógica; **logical** adj lógico

loin [lɔɪn] n (CULIN) (carne f de) lombo

loiter ['lɔɪtə*] vi perder tempo

lollipop ['lɒlɪpɒp] n pirulito (BR), chupa-chupa m (PT); **lollipop lady/man** n (BRIT) ver quadro

London ['lʌndən] n Londres;

Londoner n londrino(-a)
lone [ləun] adj (person) solitário; (thing) único
loneliness ['ləunlınıs] n solidão f, isolamento
lonely ['ləunlı] adj (person) só; (place) solitário, isolado
long [lɔŋ] adj longo; (road, hair, table) comprido ♦ adv muito tempo ♦ vi: **to ~ for sth** ansiar or suspirar por algo; **how ~ is the street?** qual é a extensão da rua?; **how ~ is the lesson?** quanto dura a lição?; **all night ~** a noite inteira; **he no ~er comes** ele não vem mais; **~ before/after** muito antes/depois; **before ~** (+ future) dentro de pouco; (+ past) pouco tempo depois; **at ~ last** por fim, no final; **so** or **as ~ as** contanto que; **long-distance** adj (travel) de longa distância; (call) interurbano; **longhand** n escrita usual; **longing** n desejo, anseio
longitude ['lɔŋɡıtjuːd] n longitude f
long: long jump n salto em distância; **long-range** adj de longo alcance; (forecast) a longo prazo; **long-sighted** adj presbita; **long-standing** adj de muito tempo; **long-suffering** adj paciente, resignado; **long-term** adj a longo prazo; **long wave** n (RADIO) onda longa; **long-winded** adj prolixo, cansativo
loo [luː] (BRIT: inf) n banheiro (BR), casa de banho (PT)
look [luk] vi olhar; (seem) parecer; (building etc): **to ~ south/(out) onto the sea** dar para o sul/o mar ♦ n olhar m; (glance) olhada, vista de olhos; (appearance) aparência, aspecto; **~s** npl (good ~s) físico, aparência; **~ (here)!** (annoyance) escuta aqui!; **~!** (surprise) olha!; **look after** vt fus

cuidar de; (deal with) lidar com; **look at** vt fus olhar (para); (read quickly) ler rapidamente; (consider) considerar; **look back** vi: **to ~ back on** (remember) recordar, rever; **look down on** vt fus (fig) desdenhar, desprezar; **look for** vt fus procurar; **look forward to** vt fus aguardar com prazer, ansiar por; (in letter): **we ~ forward to hearing from you** no aguardo de suas notícias; **look into** vt fus investigar; **look on** vi assistir; **look out** vi (beware): **to ~ out (for)** tomar cuidado (com); **look out for** vt fus (await) esperar; **look round** vi virar a cabeça, voltar-se; **look through** vt fus (papers, book) examinar; **look to** vt fus (rely on) contar com; **look up** vi levantar os olhos; (improve) melhorar ♦ vt (word) procurar
loop [luːp] n laço ♦ vt: **to ~ sth round sth** prender algo em torno de algo
loose [luːs] adj solto; (not tight) frouxo ♦ n: **to be on the ~** estar solto; **loose change** n trocado; **loosely** adv frouxamente, folgadamente; **loosen** vt (free) soltar; (slacken) afrouxar
loot [luːt] n saque m, despojo ♦ vt saquear, pilhar
lopsided [lɔp'saıdıd] adj torto
lord [lɔːd] n senhor m; **L~ Smith** Lord Smith; **the L~** (REL) o Senhor; **good L~!** Deus meu!; **the (House of) L~s** (BRIT) a Câmara dos Lordes
lorry ['lɔrı] (BRIT) n caminhão m (BR), camião m (PT); **lorry driver** (BRIT) n caminhoneiro (BR), camionista m/f (PT)
lose [luːz] (pt, pp **lost**) vt, vi perder; **to ~ (time)** (clock) atrasar-se; **loser** n perdedor(a) m/f; (inf: failure) derrotado(-a), fracassado(-a)
loss [lɔs] n perda; (COMM): **to make a ~** sair com prejuízo; **heavy ~es** (MIL)

grandes perdas; **to be at a ~** estar perplexo

lost [lɔst] *pt, pp of* **lose** ♦ *adj* perdido; **~ and found** (*US*) (seção *f* de) perdidos e achados *mpl*; **lost property** (*BRIT*) *n* (objetos *mpl*) perdidos e achados *mpl*

lot [lɔt] *n* (*set of things*) porção *f*; (*at auctions*) lote *m*; **the ~** tudo, todos(-as); **a ~** muito, bastante; **a ~ of**, **~s of** muito(s); **I read a ~** leio bastante; **to draw ~s** tirar à sorte

lotion ['ləuʃən] *n* loção *f*

lottery ['lɔtərɪ] *n* loteria

loud [laud] *adj* (*voice*) alto; (*shout*) forte; (*noise*) barulhento; (*support, condemnation*) veemente; (*gaudy*) berrante ♦ *adv* alto; **out ~** em voz alta; **loudly** *adv* ruidosamente; (*aloud*) em voz alta; **loudspeaker** *n* alto-falante *m*

lounge [laundʒ] *n* sala *f* de estar; (*of airport*) salão *m*; (*BRIT: also:* **~ bar**) bar *m* social ♦ *vi* recostar-se, espreguiçar-se; **lounge about** *vi* ficar à-toa; **lounge around** *vi* = **lounge about**; **lounge suit** (*BRIT*) *n* terno (*BR*), fato (*PT*)

louse [laus] (*pl* **lice**) *n* piolho

lousy ['lauzɪ] (*inf*) *adj* ruim, péssimo; (*ill*): **to feel ~** sentir-se mal

lout [laut] *n* rústico, grosseiro

lovable ['lʌvəbl] *adj* adorável, simpático

love [lʌv] *n* amor *m* ♦ *vt* amar; (*care for*) gostar; (*activity*): **to ~ to do** gostar (muito); **~ (from) Anne** (*on letter*) um abraço *or* um beijo, Anne; **I ~ coffee** adoro o café; **"15 ~"** (*TENNIS*) "15 a zero"; **to be in ~ with** estar apaixonado por; **to fall in ~ with** apaixonar-se por; **to make ~** fazer amor; **love affair** *n* aventura (amorosa), caso (de amor); **love life** *n* vida sentimental

lovely ['lʌvlɪ] *adj* encantador(a), delicioso; (*beautiful*) lindo, belo; (*holiday*) muito agradável, maravilhoso

lover ['lʌvə*] *n* amante *m/f*

loving ['lʌvɪŋ] *adj* carinhoso, afetuoso; (*actions*) dedicado

low [ləu] *adj* baixo; (*depressed*) deprimido; (*ill*) doente ♦ *adv* baixo ♦ *n* (*METEOROLOGY*) área de baixa pressão; **to be ~ on** (*supplies*) ter pouco; **to reach a new or an all-time ~** cair para o seu nível mais baixo; **low-alcohol** *adj* de baixo teor alcoólico; **low-calorie** *adj* de baixas calorias; **low-cut** *adj* (*dress*) decotado; **lower** *adj* mais baixo; (*less important*) inferior ♦ *vt* abaixar; (*reduce*) reduzir, diminuir; **low-fat** *adj* magro; **lowlands** *npl* planície *f*; **lowly** *adj* humilde

loyal ['lɔɪəl] *adj* leal; **loyalty** *n* lealdade *f*; **loyalty card** *n* (*BRIT*) cartão *m* de fidelidade

lozenge ['lɔzɪndʒ] *n* (*MED*) pastilha

LP *n abbr* (= *long-playing record*) elepê *m* (*BR*), LP *m* (*PT*)

L-plates ['elpleɪts] (*BRIT*) *npl* placas *fpl* de aprendiz de motorista; *ver quadro*

L-PLATES

As **L-plates** são placas quadradas com um "L" vermelho que são colocadas na parte de trás do carro para mostrar que a pessoa ao volante ainda não tem carteira de motorista. Até a obtenção da carteira, o motorista aprendiz possui uma permissão provisória e não tem direito de dirigir sem um motorista qualificado ao lado. Os motoristas aprendizes não podem dirigir em rodovias mesmo que estejam acompanhados.

Ltd (*BRIT*) *abbr* (= *limited (liability) company*) SA

lubricate ['luːbrɪkeɪt] *vt* lubrificar

luck [lʌk] *n* sorte *f*; **bad ~** azar *m*; **good ~!** boa sorte!; **bad** or **hard** or **tough ~!** que azar!; **luckily** *adv* por sorte, felizmente; **lucky** *adj* (*person*) sortudo; (*situation*) afortunado; (*object*) de sorte

ludicrous ['luːdɪkrəs] *adj* ridículo

lug [lʌg] (*inf*) *vt* arrastar

luggage ['lʌgɪdʒ] *n* bagagem *f*;

luggage rack *n* porta-bagagem *m*, bagageiro

lukewarm ['luːkwɔːm] *adj* morno, tépido; (*fig*) indiferente

lull [lʌl] *n* pausa, interrupção *f* ♦ *vt*: **to ~ sb to sleep** acalentar alguém; **to be ~ed into a false sense of security** ser acalmado com uma falsa sensação de segurança

lullaby ['lʌləbaɪ] *n* canção *f* de ninar

lumber ['lʌmbə*] *n* (*junk*) trastes *mpl* velhos; (*wood*) madeira serrada, tábua ♦ *vt*: **to ~ sb with sth/sb** empurrar algo/alguém para cima de alguém; **lumberjack** *n* madeireiro, lenhador *m*

luminous ['luːmɪnəs] *adj* luminoso

lump [lʌmp] *n* torrão *m*; (*fragment*) pedaço, (*on body*) galo, caroço; (*also*: **sugar ~**) cubo de açúcar ♦ *vt*: **to ~ together** amontoar; **a ~ sum** uma quantia global; **lumpy** *adj* encaroçado

lunatic ['luːnətɪk] *adj* louco(-a)

lunch [lʌntʃ] *n* almoço

luncheon ['lʌntʃən] *n* almoço formal; **luncheon meat** *n* bolo de carne

lung [lʌŋ] *n* pulmão *m*

lunge [lʌndʒ] *vi* (*also*: **~ forward**) dar estocada or bote; **to ~ at** arremeter-se contra

lurch [ləːtʃ] *vi* balançar ♦ *n* solavanco; **to leave sb in the ~** deixar alguém em apuros, deixar alguém na mão (*inf*)

lure [luə*] *n* isca ♦ *vt* atrair, seduzir

lurid ['luərɪd] *adj* horrível

lurk [ləːk] *vi* (*hide*) esconder-se; (*wait*) estar à espreita

luscious ['lʌʃəs] *adj* (*person, thing*) atraente; (*food*) delicioso

lush [lʌʃ] *adj* exuberante

lust [lʌst] *n* luxúria; (*greed*) cobiça; **lust after** or **for** *vt fus* cobiçar

Luxembourg ['lʌksəmbəːg] *n* Luxemburgo

luxurious [lʌg'zjuərɪəs] *adj* luxuoso

luxury ['lʌkʃərɪ] *n* luxo ♦ *cpd* de luxo

lying ['laɪɪŋ] *n* mentira(s) *f(pl)* ♦ *adj* mentiroso, falso

lyrical ['lɪrɪkəl] *adj* lírico

lyrics ['lɪrɪks] *npl* (*of song*) letra

M m

m *abbr* (= *metre*) m; (= *mile*) mil.; = **million**

M.A. *abbr* (*SCH*) = **Master of Arts**

mac [mæk] (*BRIT*) *n* capa impermeável

Macao [mə'kau] *n* Macau

macaroni [mækə'rəunɪ] *n* macarrão *m*

machine [mə'ʃiːn] *n* máquina ♦ *vt* (*dress etc*) costurar à máquina; (*TECH*) usinar; **machine gun** *n* metralhadora; **machinery** *n* maquinaria; (*fig*) máquina

mackerel ['mækrl] *n inv* cavala

mackintosh ['mækɪntɔʃ] (*BRIT*) *n* capa impermeável

mad [mæd] *adj* louco; (*foolish*) tolo; (*angry*) furioso, brabo; (*keen*): **to be ~ about** ser louco por

madam ['mædəm] *n* senhora, madame *f*

madden ['mædn] vt exasperar

made [meɪd] pt, pp of **make**

Madeira [mə'dɪərə] n (GEO) Madeira; (wine) (vinho) Madeira m

made-to-measure (BRIT) adj feito sob medida

madly ['mædlɪ] adv loucamente; **~ in love** louco de amor

madman ['mædmən] (irreg) n louco

madness ['mædnɪs] n loucura; (foolishness) tolice f

magazine [mægə'ziːn] n (PRESS) revista; (RADIO, TV) programa m de atualidades

maggot ['mægət] n larva de inseto

magic ['mædʒɪk] n magia, mágica ♦ adj mágico; **magical** adj mágico; **magician** [mə'dʒɪʃən] n mago(-a); (entertainer) mágico(-a)

magistrate ['mædʒɪstreɪt] n magistrado(-a), juiz (juíza) m/f

magnet ['mægnɪt] n ímã m; **magnetic** [mæg'nɛtɪk] adj magnético

magnificent [mæg'nɪfɪsnt] adj magnífico

magnify ['mægnɪfaɪ] vt aumentar; **magnifying glass** n lupa, lente f de aumento

magnitude ['mægnɪtjuːd] n magnitude f

magpie ['mægpaɪ] n pega

mahogany [mə'hɔgənɪ] n mogno, acaju m

maid [meɪd] n empregada; **old ~** (pej) solteirona

maiden name n nome m de solteira

mail [meɪl] n correio; (letters) cartas fpl ♦ vt pôr no correio; **mailbox** (US) n caixa do correio; **mailing list** n lista de clientes, mailing list m; **mail order** n pedido por reembolso postal

maim [meɪm] vt mutilar, aleijar

main [meɪn] adj principal ♦ n (pipe)

cano or esgoto principal; **the ~s** npl (ELEC, gas, water) a rede; **in the ~** na maior parte; **mainframe** n (COMPUT) mainframe m; **mainland** n: **the mainland** o continente; **mainly** adv principalmente; **main road** n estrada principal; **mainstay** n (fig) esteio; **mainstream** n corrente f principal

maintain [meɪn'teɪn] vt manter; (keep up) conservar (em bom estado); (affirm) sustentar, afirmar;

maintenance ['meɪntənəns] n manutenção f; (alimony) alimentos mpl, pensão f alimentícia

maize [meɪz] n milho

majestic [mə'dʒɛstɪk] adj majestoso

majesty ['mædʒɪstɪ] n majestade f

major ['meɪdʒə*] n (MIL) major m ♦ adj (main) principal; (considerable) importante; (MUS) maior

Majorca [mə'jɔːkə] n Maiorca

majority [mə'dʒɔrɪtɪ] n maioria

make [meɪk] (pt, pp **made**) vt fazer; (manufacture) fabricar, produzir; (cause to be): **to ~ sb sad** entristecer alguém, fazer alguém ficar triste; (force): **to ~ sb do sth** fazer com que alguém faça algo; (equal): **2 and 2 ~ 4** dois e dois são quatro ♦ n marca; **to ~ a profit/ loss** ter um lucro/uma perda; **to ~ it** (arrive) chegar; (succeed) ter sucesso; **what time do you ~ it?** que horas você tem?; **to ~ do with** contentar-se com; **make for** vt fus (place) dirigir-se a; **make out** vt (decipher) decifrar; (understand) compreender; (see) divisar, avistar; (cheque) preencher; **make up** vt (constitute) constituir; (invent) inventar; (parcel) embrulhar ♦ vi reconciliar-se; (with cosmetics) maquilar-se (BR), maquilhar-se (PT); **make up for** vt fus compensar; **make-believe** n: **a world of**

make-believe um mundo de faz-de-conta; **maker** n (of film etc) criador m; (manufacturer) fabricante m/f; **makeshift** adj provisório; **make-up** n maquilagem f (BR), maquilhagem f (PT)

malaria [mə'lɛərɪə] n malária

Malaysia [mə'leɪzɪə] n Malaísia (BR), Malásia (PT)

male [meɪl] n macho ♦ adj masculino; (child etc) do sexo masculino

malevolent [mə'levələnt] adj malévolo

malfunction [mæl'fʌŋkʃən] n funcionamento defeituoso

malice ['mælɪs] n (ill will) malícia; (rancour) rancor m; **malicious** [mə'lɪʃəs] adj malevolente

malignant [mə'lɪgnənt] adj (MED) maligno

mall [mɔːl] n (also: **shopping ~**) shopping m

mallet ['mælɪt] n maço, marreta

malt [mɔːlt] n malte m

Malta ['mɔːltə] n Malta

mammal ['mæml] n mamífero

mammoth ['mæməθ] n mamute m ♦ adj gigantesco, imenso

man [mæn] (pl **men**) n homem m ♦ vt (NAUT) tripular; (MIL) guarnecer; (machine) operar; **an old ~** um velho; **~ and wife** marido e mulher

manage ['mænɪdʒ] vi arranjar-se, virar-se ♦ vt (be in charge of) dirigir, administrar; (business) gerenciar; (ship, person) controlar; **manageable** adj manejável; (task etc) viável; **management** n administração f, direção f, gerência; **manager** n gerente m/f; (SPORT) técnico(-a); **manageress** [mænɪdʒə'rɛs] n gerente f; **managerial** [mænɪ'dʒɪərɪəl] adj administrativo, gerencial; **managing**

director n diretor(a) m/f geral, diretor-gerente (diretora-gerente) m/f

mandarin ['mændərɪn] n (fruit) tangerina; (person) mandarim m

mandatory ['mændətərɪ] adj obrigatório

mane [meɪn] n (of horse) crina; (of lion) juba

maneuver [mə'nuːvə•] (US) = **manoeuvre**

mangle ['mæŋgl] vt mutilar, estropiar

mango ['mæŋgəu] (pl **~es**) n manga

mangy ['meɪndʒɪ] adj sarnento, esfarrapado

manhandle ['mænhændl] vt maltratar

manhole ['mænhəul] n poço de inspeção

manhood ['mænhud] n (age) idade f adulta; (masculinity) virilidade f

man-hour n hora-homem f

manhunt ['mænhʌnt] n caça ao homem

mania ['meɪnɪə] n mania; **maniac** ['meɪnɪæk] n maníaco(-a); (fig) louco(-a)

manic ['mænɪk] adj maníaco

manicure ['mænɪkjuə•] n manicure f (BR), manicura (PT)

manifest ['mænɪfest] vt manifestar, mostrar ♦ adj manifesto, evidente

manipulate [mə'nɪpjuleɪt] vt manipular

mankind [mæn'kaɪnd] n humanidade f, raça humana

man-made adj sintético, artificial

manner ['mænə•] n modo, maneira; (behaviour) conduta, comportamento; (type): **all ~ of things** todos os tipos de coisa; **~s** npl (conduct) boas maneiras fpl, educação f; **bad ~s** falta de educação; **all ~ of** todo tipo de; **mannerism** n maneirismo, hábito

manoeuvre [mə'nuːvə•] (US

maneuver) vt manobrar; *(manipulate)* manipular ♦ vi manobrar ♦ n manobra

manor ['mænə*] n *(also: ~ house)* casa senhorial, solar m

manpower ['mænpauə*] n potencial m humano, mão-de-obra f

mansion ['mænʃən] n mansão f, palacete m

manslaughter ['mænslɔːtə*] n homicídio involuntário

mantelpiece ['mæntlpiːs] n consolo da lareira

manual ['mænjuəl] adj manual ♦ n manual m

manufacture [mænju'fæktʃə*] vt manufaturar, fabricar ♦ n fabricação f; **manufacturer** n fabricante m/f

manure [mə'njuə*] n estrume m, adubo

manuscript ['mænjuskrɪpt] n manuscrito

many ['mɛnɪ] adj, pron muitos(-as); **a great ~** muitíssimos; **~ a time** muitas vezes

map [mæp] n mapa m; **map out** vt traçar

maple ['meɪpl] n bordo

mar [mɑː*] vt estragar

marathon ['mærəθən] n maratona

marble ['mɑːbl] n mármore m; *(toy)* bola de gude

March [mɑːtʃ] n março

march [mɑːtʃ] vi marchar; *(demonstrators)* desfilar ♦ n marcha; passeata

mare [mɛə*] n égua

margarine [mɑːdʒə'riːn] n margarina

margin ['mɑːdʒɪn] n margem f; **marginal** adj marginal; **marginal seat** *(POL)* cadeira ganha por pequena maioria

marigold ['mærɪɡəuld] n malmequer m

marijuana [mærɪ'wɑːnə] n maconha

marine [mə'riːn] adj marinho; *(engineer)* naval ♦ n fuzileiro naval

marital ['mærɪtl] adj matrimonial, marital; **~ status** estado civil

marjoram ['mɑːdʒərəm] n manjerona

mark [mɑːk] n marca, sinal m; *(imprint)* impressão f; *(stain)* mancha; *(BRIT: SCH)* nota; *(currency)* marco ♦ vt marcar; *(stain)* manchar; *(indicate)* indicar; *(commemorate)* comemorar; *(BRIT: SCH)* dar nota em; *(: correct)* corrigir; **to ~ time** marcar passo; **marker** n *(sign)* marcador m, marca; *(bookmark)* marcador

market ['mɑːkɪt] n mercado ♦ vt *(COMM)* comercializar; **market garden** *(BRIT)* n horta; **marketing** n marketing m; **marketplace** n mercado; **market research** n pesquisa de mercado

marksman ['mɑːksmən] *(irreg)* n bom atirador m

marmalade ['mɑːməleɪd] n geléia de laranja

maroon [mə'ruːn] vt: **to be ~ed** ficar abandonado (numa ilha) ♦ adj de cor castanho-avermelhado, vinho inv

marquee [mɑː'kiː] n toldo, tenda

marriage ['mærɪdʒ] n casamento

married ['mærɪd] adj casado; *(life, love)* conjugal

marrow ['mærəu] n medula; *(vegetable)* abóbora

marry ['mærɪ] vt casar(-se) com; *(subj: father, priest etc)* casar, unir ♦ vi *(also: get married)* casar(-se)

Mars [mɑːz] n Marte m

marsh [mɑːʃ] n pântano; *(salt ~)* marisma

marshal ['mɑːʃl] n *(MIL: also: field ~)* marechal m; *(at sports meeting etc)* oficial m ♦ vt *(thoughts, support)* organizar; *(soldiers)* formar

martyr ['mɑːtə*] n mártir m/f

marvel ['mɑːvl] n maravilha ♦ vi: **to ~ (at)** maravilhar-se (de or com); **marvellous** (US **marvelous**) adj maravilhoso

Marxist ['mɑːksɪst] adj, n marxista m/f

marzipan ['mɑːzɪpæn] n maçapão m

mascara [mæs'kɑːrə] n rímel ® m

masculine ['mæskjulɪn] adj masculino

mash [mæʃ] vt (CULIN) fazer um purê de; (crush) amassar; **mashed potatoes** n purê m de batatas

mask [mɑːsk] n máscara ♦ vt (face) encobrir; (feelings) esconder, ocultar

mason ['meɪsn] n (also: **stone ~**) pedreiro(-a) (also: **free~**) maçom m; **masonry** n alvenaria

mass [mæs] n quantidade f; (people) multidão f; (PHYS) massa; (REL) missa; (great quantity) montão m ♦ cpd de massa ♦ vi reunir-se; (MIL) concentrar-se; **the ~es** npl (ordinary people) as massas; **~es of** (inf) montes de

massacre ['mæsəkə*] n massacre m, carnificina

massage ['mæsɑːʒ] n massagem f

massive ['mæsɪv] adj (large) enorme; (support) massivo

mass media npl meios mpl de comunicação de massa, mídia

mass production n produção f em massa, fabricação f em série

mast [mɑːst] n (NAUT) mastro; (RADIO etc) antena

master ['mɑːstə*] n mestre m; (fig: of situation) dono; (in secondary school) professor m; (title for boys): **M~ X** o menino X ♦ vt controlar; (learn) conhecer a fundo; **masterly** adj magistral; **mastermind** n (fig) cabeça ♦ vt dirigir, planejar; **Master of Arts/Science** n (degree) mestrado; **masterpiece** n obra-prima

mat [mæt] n esteira; (also: **door~**) capacho; (also: **table~**) descanso

match [mætʃ] n fósforo; (game) jogo, partida; (equal) igual m/f ♦ vt (also: **~ up**) casar, emparelhar; (go well with) combinar com; (equal) igualar; (correspond to) corresponder a ♦ vi combinar; (couple) formar um bom casal; **matchbox** n caixa de fósforos; **matching** adj que combina (com)

mate [meɪt] n (inf) colega m/f; (assistant) ajudante m/f; (animal) macho/fêmea; (in merchant navy) imediato ♦ vi acasalar-se

material [mə'tɪərɪəl] n (substance) matéria; (equipment) material m; (cloth) pano, tecido; (data) dados mpl ♦ adj material; **~s** npl (equipment) material

maternal [mə'təːnl] adj maternal

maternity [mə'təːnɪtɪ] n maternidade f

mathematical [mæθə'mætɪkl] adj matemático

mathematics [mæθə'mætɪks] n matemática

maths [mæθs] (US **math**) n matemática

matrimony ['mætrɪmənɪ] n matrimônio, casamento

matron ['meɪtrən] n (in hospital) enfermeira-chefe f; (in school) inspetora

matted ['mætɪd] adj embaraçado

matter ['mætə*] n questão f, assunto; (PHYS) matéria; (substance) substância; (reading ~ etc) material m; (MED: pus) pus m ♦ vi importar; **~s** npl (affairs) questões fpl; **it doesn't ~** não importa; (I don't mind) tanto faz; **what's the ~?** o que (é que) há?, qual é o problema?; **no ~ what** aconteça o que aconteça; **as a ~ of course** por rotina;

as a ~ of fact na realidade, de fato;
matter-of-fact adj prosaico, prático
mattress ['mætrɪs] n colchão m
mature [mə'tjuə*] adj maduro;
(cheese, wine) amadurecido ♦ vi
amadurecer
maul [mɔːl] vt machucar, maltratar
mauve [məuv] adj cor de malva inv
maximum ['mæksɪməm] (pl **maxima**
or **~s**) adj máximo ♦ n máximo
May [meɪ] n maio
may [meɪ] (pt, conditional **might**) aux
vb (indicating possibility): **he ~ come**
pode ser que ele venha, é capaz de
vir; (be allowed to): **~ I smoke?** posso
fumar?; (wishes): **~ God bless you!** que
Deus lhe abençoe
maybe ['meɪbiː] adv talvez; **~ not**
talvez não
mayhem ['meɪhɛm] n caos m
mayonnaise [meɪə'neɪz] n maionese f
mayor [mɛə*] n prefeito (BR),
presidente m do município (PT);
mayoress n prefeita (BR), presidenta
do município (PT)
maze [meɪz] n labirinto
me [miː] pron me; (stressed, after prep)
mim; **he heard ~** ele me ouviu; **it's ~**
sou eu; **he gave ~ the money** ele me deu
o dinheiro para mim; **give it to ~**
dê-mo; **with ~** comigo; **without ~** sem
mim
meadow ['mɛdəu] n prado, campina
meagre ['miːgə*] (US **meager**) adj
escasso
meal [miːl] n refeição f; (flour) farinha;
mealtime n hora da refeição
mean [miːn] (pt, pp **~t**) adj (with
money) sovina, avarento, pão-duro inv
(BR); (unkind) mesquinho; (shabby)
malcuidado, dilapidado; (average)
médio ♦ vt (signify) significar, querer
dizer; (refer to): **I thought you ~t her**

eu pensei que você estivesse se
referindo a ela; (intend): **to ~ to do sth**
pretender or tencionar fazer algo ♦ n
meio, meio termo; **~s** npl (way,
money) meio; **by ~s of** por meio de,
mediante; **by all ~s!** claro que sim!,
pois não; **do you ~ it?** você está
falando sério?
meaning ['miːnɪŋ] n sentido,
significado; **meaningful** adj
significativo; (relationship) sério;
meaningless adj sem sentido
meant [mɛnt] pt, pp of **mean**
meantime ['miːntaɪm] adv (also: **in
the ~**) entretanto, enquanto isso
meanwhile ['miːnwaɪl] adv =
meantime
measles ['miːzlz] n sarampo
measure ['mɛʒə*] vt, vi medir ♦ n
medida; (ruler: also: **tape ~**) fita
métrica; **measurements** npl (size)
medidas fpl
meat [miːt] n carne f; **cold ~s** (BRIT)
frios; **meatball** n almôndega
Mecca ['mɛkə] n Meca; (fig): **a ~ (for)**
a meca (de)
mechanic [mɪ'kænɪk] n mecânico;
mechanical adj mecânico
mechanism ['mɛkənɪzəm] n
mecanismo
medal ['mɛdl] n medalha; **medallion**
[mɪ'dælɪən] n medalhão m; **medallist**
(US **medalist**) n (SPORT) ganhador(a)
m/f
meddle ['mɛdl] vi: **to ~ in** meter-se
em, intrometer-se em; **to ~ with sth**
mexer em algo
media ['miːdɪə] npl meios mpl de
comunicação, mídia
mediaeval [mɛdɪ'iːvl] adj = medieval
mediate ['miːdɪeɪt] vi mediar
Medicaid ['mɛdɪkeɪd] (US) n programa
de ajuda médica

medical ['mɛdɪkl] *adj* médico ♦ *n*
(*examination*) exame *m* médico
Medicare ['mɛdɪkɛə*] (*US*) *n* sistema
federal de seguro saúde
medication [mɛdɪ'keɪʃən] *n*
medicação *f*
medicine ['mɛdsɪn] *n* medicina;
(*drug*) remédio, medicamento
medieval [mɛdɪ'iːvl] *adj* medieval
mediocre [miːdɪ'əukə*] *adj* medíocre
meditate ['mɛdɪteɪt] *vi* meditar
Mediterranean [mɛdɪtə'reɪnɪən] *adj*
mediterrâneo; **the ~ (Sea)** o (mar)
Mediterrâneo
medium ['miːdɪəm] (*pl* **media** *or* **~s**)
adj médio ♦ *n* (*means*) meio; (*pl ~s:
person*) médium *m/f*
medley ['mɛdlɪ] *n* mistura; (*MUS*)
pot-pourri *m*
meek [miːk] *adj* manso, dócil
meet [miːt] (*pt, pp* **met**) *vt* encontrar;
(*accidentally*) topar com, dar de cara
com; (*by arrangement*) encontrar-se
com, ir ao encontro de; (*for the first
time*) conhecer; (*go and fetch*) ir
buscar; (*opponent, problem*) enfrentar;
(*obligations*) cumprir; (*need*) satisfazer
♦ *vi* encontrar-se; (*for talks*) reunir-se;
(*join*) unir-se; (*get to know*)
conhecer-se; **meet with** *vt fus*
reunir-se com; (*difficulty*) encontrar;
meeting *n* encontro; (*session: of club
etc*) reunião *f*; (*assembly*) assembléia;
(*SPORT*) corrida
megabyte ['mɛgəbaɪt] *n* (*COMPUT*)
megabyte *m*
megaphone ['mɛgəfəun] *n* megafone
m
melancholy ['mɛlənkəlɪ] *n* melancolia
♦ *adj* melancólico
melody ['mɛlədɪ] *n* melodia
melon ['mɛlən] *n* melão *m*
melt [mɛlt] *vi* (*metal*) fundir-se; (*snow*)

derreter ♦ *vt* derreter; **melt down** *vt*
fundir; **meltdown** *n* fusão *f*
member ['mɛmbə*] *n* membro(-a); (*of
club*) sócio(-a); (*ANAT*) membro; **M~ of
Parliament** (*BRIT*) deputado(-a);
membership *n* (*state*) adesão *f*;
(*members*) número de sócios;
membership card *n* carteira de sócio
memento [mə'mɛntəu] *n* lembrança
memo ['mɛməu] *n* memorando, nota
memoirs ['mɛmwɑːz] *npl* memórias *fpl*
memorandum [mɛmə'rændəm] (*pl*
memoranda) *n* memorando
memorial [mɪ'mɔːrɪəl] *n* monumento
comemorativo ♦ *adj* comemorativo;
Memorial Day (*US*) *n* ver quadro

MEMORIAL DAY

Memorial Day é um feriado nos
Estados Unidos, a última
segunda-feira de maio na maior
parte dos estados, em memória aos
soldados americanos mortos em
combate.

---

memorize ['mɛməraɪz] *vt* decorar,
aprender de cor
memory ['mɛmərɪ] *n* memória;
(*recollection*) lembrança
men [mɛn] *npl of* man
menace ['mɛnəs] *n* ameaça;
(*nuisance*) droga ♦ *vt* ameaçar
mend [mɛnd] *vt* consertar, reparar;
(*darn*) remendar ♦ *n*: **to be on the ~**
estar melhorando
menial ['miːnɪəl] *adj* (*often pej*)
humilde, subalterno
meningitis [mɛnɪn'dʒaɪtɪs] *n*
meningite *f*
menopause ['mɛnəupɔːz] *n*
menopausa
menstruation [mɛnstru'eɪʃən] *n*
menstruação *f*

mental ['mɛntl] adj mental;

mentality [mɛn'tælɪtɪ] n mentalidade f

mention ['mɛnʃən] n menção f ♦ vt (speak of) falar de; **don't ~ it!** não tem de quê!, de nada!

menu ['mɛnjuː] n (set ~, COMPUT) menu m; (printed) cardápio (BR), ementa (PT)

MEP n abbr = **Member of the European Parliament**

mercenary ['məːsɪnərɪ] adj mercenário ♦ n mercenário

merchandise ['məːtʃəndaɪz] n mercadorias fpl

merchant ['məːtʃənt] n comerciante m/f

merciful ['məːsɪful] adj (person) misericordioso, humano; (release) afortunado

merciless ['məːsɪlɪs] adj desumano, inclemente

mercury ['məːkjurɪ] n mercúrio

mercy ['məːsɪ] n piedade f; (REL) misericórdia; **at the ~ of** à mercê de

mere [mɪə*] adj mero, simples inv; **merely** adv simplesmente, somente, apenas

merge [məːdʒ] vt unir ♦ vi unir-se; (COMM) fundir-se; **merger** n fusão f

meringue [mə'ræŋ] n suspiro, merengue m

merit ['mɛrɪt] n mérito; (advantage) vantagem f ♦ vt merecer

mermaid ['məːmeɪd] n sereia

merry ['mɛrɪ] adj alegre; **M~ Christmas!** Feliz Natal!; **merry-go-round** n carrossel m

mesh [mɛʃ] n malha

mesmerize ['mɛzməraɪz] vt hipnotizar

mess [mɛs] n confusão f; (in room) bagunça; (MIL) rancho; **to be in a ~** ser uma bagunça, estar numa bagunça; **mess about** (inf) vi perder tempo; (pass the time) vadiar; **mess about**

with (inf) vt fus mexer com; **mess around** (inf) vi = **mess about**; **mess around with** (inf) vt fus = **mess about with**; **mess up** vt (spoil) estragar; (dirty) sujar

message ['mɛsɪdʒ] n recado, mensagem f

messenger ['mɛsɪndʒə*] n mensageiro(-a)

Messrs ['mɛsəz] abbr (on letters: = messieurs) Srs

messy ['mɛsɪ] adj (dirty) sujo; (untidy) desarrumado

met [mɛt] pt, pp of **meet**

metal ['mɛtl] n metal m

meteorology [miːtɪə'rɔlədʒɪ] n meteorologia

meter ['miːtə*] n (instrument) medidor m; (also: **parking ~**) parcômetro; (US: unit) = **metre**

method ['mɛθəd] n método; **methodical** [mɪ'θɔdɪkl] adj metódico

metre ['miːtə*] (US **meter**) n metro

metric ['mɛtrɪk] adj métrico

metropolitan [mɛtrə'pɔlɪtən] adj metropolitano

Mexico ['mɛksɪkəu] n México

miaow [miː'au] vi miar

mice [maɪs] npl of **mouse**

micro... [maɪkrəu] prefix micro...; **microchip** n microchip m; **microphone** n microfone m; **microscope** n microscópio; **microwave** n (also: **microwave oven**) forno microondas

mid [mɪd] adj: **~ May/afternoon** meados de maio (meio da tarde); **in ~ air** em pleno ar; **midday** n meio-dia m

middle ['mɪdl] n meio; (waist) cintura ♦ adj meio; (quantity, size) médio, mediano; **middle-aged** adj de meia-idade; **Middle Ages** npl: **the Middle Ages** a Idade Média; **middle**

class n: **the middle class(es)** a classe média ♦ adj (also: **middle-class**) de classe média; **Middle East** n: **the Middle East** o Oriente Médio; **middleman** n intermediário; **middle name** n segundo nome m

midge [mɪdʒ] n mosquito

midget ['mɪdʒɪt] n anão (anã) m/f

Midlands ['mɪdləndz] npl região central da Inglaterra

midnight ['mɪdnaɪt] n meia-noite f

midriff ['mɪdrɪf] n barriga

midst [mɪdst] n: **in the ~ of** no meio de, entre

midsummer [mɪd'sʌmə*] n: **a ~ day** um dia em pleno verão

midway [mɪd'weɪ] adj, adv: **~ (between)** no meio do caminho (entre)

midweek [mɪd'wi:k] adv no meio da semana

midwife ['mɪdwaɪf] (pl **midwives**) n parteira

might [maɪt] see **may** ♦ n poder m, força; **mighty** adj poderoso, forte

migraine ['mi:greɪn] n enxaqueca

migrant ['maɪgrənt] adj migratório; (worker) emigrante

migrate [maɪ'greɪt] vi emigrar; (birds) arribar

mike [maɪk] n abbr = **microphone**

mild [maɪld] adj (character) pacífico; (climate) temperado; (taste) suave; (illness) leve, benigno; (interest) pequeno

mile [maɪl] n milha (1609 m);
mileage n número de milhas; (AUT) ≈ quilometragem f

milestone ['maɪlstəun] n marco miliário

militant ['mɪlɪtnt] adj, n militante m/f

military ['mɪlɪtəri] adj militar

milk [mɪlk] n leite m ♦ vt (cow) ordenhar; (fig) explorar, chupar; **milk chocolate** n chocolate m de leite; **milkman** (irreg) n leiteiro; **milk shake** n milk-shake m, leite m batido com sorvete; **milky** adj leitoso; **Milky Way** n Via Láctea

mill [mɪl] n (wind~ etc) moinho; (coffee ~) moedor m de café; (factory) moinho, engenho ♦ vt moer ♦ vi (also: **~ about**) aglomerar-se, remoinhar

millimetre (US **millimeter**) n milímetro

million ['mɪljən] n milhão m; **a ~ times** um milhão de vezes; **millionaire** n milionário(-a)

mime [maɪm] n mimo; (actor) mímico (-a), comediante m/f ♦ vt imitar ♦ vi fazer mímica

mimic ['mɪmɪk] n mímico(-a), imitador(a) m/f ♦ vt imitar, parodiar

min. abbr (= minute, minimum) min.

mince [mɪns] vt moer ♦ vi (in walking) andar com afetação ♦ n (BRIT: CULIN) carne f moída; **mincemeat** n recheio de sebo e frutas picadas; (US: meat) carne f moída; **mince pie** n pastel com recheio de sebo e frutas picadas

mind [maɪnd] n mente f; (intellect) intelecto; (opinion): **to my ~** a meu ver; (sanity): **to be out of one's ~** estar fora de si ♦ vt (attend to, look after) tomar conta de, cuidar de; (be careful of) ter cuidado com; (object to): **I don't ~ the noise** o barulho não me incomoda; **it is on my ~** não me sai da cabeça; **to keep** or **bear sth in ~** levar algo em consideração, não esquecer-se de algo; **to make up one's ~** decidir-se; **I don't ~** (it doesn't worry me) eu nem ligo; (it's all the same to me) para mim tanto faz; **~ you, ...** se bem que ...; **never ~!** não faz mal!,

a
b
c
d
e
f
g
h
i
j
k
l
m
n
o
p
q
r
s
t
u
v
w
x
y
z

não importa!; (*don't worry*) não se preocupe!; **"~ the step"** "cuidado com o degrau"; **mindless** *adj* (*violence*) insensato; (*job*) monótono

mine¹ [maɪn] *pron* (o) meu *m*, (a) minha *f*; **a friend of ~** um amigo meu

mine² [maɪn] *n* mina ♦ *vt* (*coal*) extrair, explorar; (*ship, beach*) minar

miner ['maɪnə*] *n* mineiro

mineral ['mɪnərəl] *adj* mineral ♦ *n* mineral *m*; **~s** *npl* (*BRIT*: *soft drinks*) refrigerantes *mpl*; **mineral water** *n* água mineral

mingle ['mɪŋɡl] *vi*: **to ~ with** misturar-se com

miniature ['mɪnətʃə*] *adj* em miniatura ♦ *n* miniatura

minibus ['mɪnɪbʌs] *n* microônibus *m*

MiniDisc ['mɪnɪdɪsk] ® *n* MiniDisc ® *m*

minimal ['mɪnɪml] *adj* mínimo

minimum ['mɪnɪməm] (*pl* **minima**) *adj* mínimo ♦ *n* mínimo

mining ['maɪnɪŋ] *n* exploração *f* de minas

miniskirt ['mɪnɪskə:t] *n* minissaia

minister ['mɪnɪstə*] *n* (*BRIT*: *POL*) ministro(-a); (*REL*) pastor *m* ♦ *vi*: **to ~ to sb** prestar assistência a alguém; **to ~ to sb's needs** atender às necessidades de alguém

ministry ['mɪnɪstrɪ] *n* (*BRIT*: *POL*) ministério; (*REL*): **to go into the ~** ingressar no sacerdócio

mink [mɪŋk] *n* marta

minor ['maɪnə*] *adj* menor; (*unimportant*) de pouca importância; (*MUS*) menor ♦ *n* (*LAW*) menor *m/f* de idade

minority [maɪ'nɔrɪtɪ] *n* minoria

mint [mɪnt] *n* (*plant*) hortelã *f*; (*sweet*) bala de hortelã ♦ *vt* (*coins*) cunhar; **the (Royal) M~** (*BRIT*) *or* **the (US) M~**

(*US*) ≈ a Casa da Moeda; **in ~ condition** em perfeito estado

minus ['maɪnəs] *n* (*also*: **~ sign**) sinal *m* de subtração ♦ *prep* menos

minute¹ [maɪ'nju:t] *adj* miúdo, diminuto; (*search*) minucioso

minute² ['mɪnɪt] *n* minuto; **~s** *npl* (*of meeting*) atas *fpl*; **at the last ~** no último momento

miracle ['mɪrəkl] *n* milagre *m*

mirage ['mɪrɑ:ʒ] *n* miragem *f*

mirror ['mɪrə*] *n* espelho; (*in car*) retrovisor *m*

mirth [mə:θ] *n* risada

misadventure [mɪsəd'ventʃə*] *n* desgraça, infortúnio

misappropriate [mɪsə'prəuprɪeɪt] *vt* desviar

misbehave [mɪsbɪ'heɪv] *vi* comportar-se mal

miscarriage ['mɪskærɪdʒ] *n* (*MED*) aborto (espontâneo); (*failure*): **~ of justice** erro judicial

miscellaneous [mɪsɪ'leɪnɪəs] *adj* (*items, expenses*) diverso; (*selection*) variado

mischief ['mɪstʃɪf] *n* (*naughtiness*) travessura; (*fun*) diabrura; (*maliciousness*) malícia; **mischievous** ['mɪstʃɪvəs] *adj* (*naughty*) travesso; (*playful*) traquino

misconception [mɪskən'sepʃən] *n* concepção *f* errada, conceito errado

misconduct [mɪs'kɔndʌkt] *n* comportamento impróprio; **professional ~** má conduta profissional

misdemeanour [mɪsdɪ'mi:nə*] (*US* **misdemeanor**) *n* má ação *f*, contravenção *f*

miser ['maɪzə*] *n* avaro(-a), sovina *m/f*

miserable ['mɪzərəbl] *adj* triste;

(*wretched*) miserável; (*weather, person*) deprimente; (*contemptible: offer*) desprezível; (: *failure*) humilhante

miserly ['maɪzəlɪ] *adj* avarento, mesquinho

misery ['mɪzərɪ] *n* (*unhappiness*) tristeza; (*wretchedness*) miséria

misfire [mɪs'faɪə*] *vi* falhar

misfit ['mɪsfɪt] *n* inadaptado(-a), deslocado(-a)

misfortune [mɪs'fɔːtʃən] *n* desgraça, infortúnio

misgiving(s) [mɪs'gɪvɪŋ(z)] *n(pl)* mau pressentimento; **to have ~s about sth** ter desconfianças em relação a algo

misguided [mɪs'gaɪdɪd] *adj* enganado

mishandle [mɪs'hændl] *vt* manejar mal

mishap ['mɪshæp] *n* desgraça, contratempo

misinform [mɪsɪn'fɔːm] *vt* informar mal

misinterpret [mɪsɪn'tə:prɪt] *vt* interpretar mal

misjudge [mɪs'dʒʌdʒ] *vt* fazer um juízo errado de, julgar mal

mislay [mɪs'leɪ] (*irreg*) *vt* extraviar, perder

mislead [mɪs'liːd] (*irreg*) *vt* induzir em erro, enganar; **misleading** *adj* enganoso, errôneo

mismanage [mɪs'mænɪdʒ] *vt* administrar mal; (*situation*) tratar de modo ineficiente

misplace [mɪs'pleɪs] *vt* extraviar, perder

misprint ['mɪsprɪnt] *n* erro tipográfico

Miss [mɪs] *n* Senhorita (*BR*), a menina (*PT*)

miss [mɪs] *vt* (*train, class, opportunity*) perder; (*fail to hit*) errar, não acertar em; (*fail to see*): **you can't ~ it** e impossível não ver; (*regret the absence of*): **I ~ him** sinto a falta dele ♦ *vi* falhar ♦ *n* (*shot*) tiro perdido *or* errado; **miss out** (*BRIT*) *vt* omitir

misshapen [mɪs'ʃeɪpən] *adj* disforme

missile ['mɪsaɪl] *n* míssil *m*; (*object thrown*) projétil *m*

missing ['mɪsɪŋ] *adj* (*pupil*) ausente; (*thing*) perdido; (*removed*) que está faltando; (*MIL*) desaparecido; **to be ~** estar desaparecido; **to go ~** desaparecer

mission ['mɪʃən] *n* missão *f*; (*official representatives*) delegação *f*

mist [mɪst] *n* (*light*) neblina; (*heavy*) névoa; (*at sea*) bruma ♦ *vi* (*eyes: also:* ~ **over**) enevoar-se; (*BRIT: also:* ~ **over**, ~ **up**: *windows*) embaçar

mistake [mɪs'teɪk] (*irreg*) *n* erro, engano ♦ *vt* entender *or* interpretar mal; **by ~** por engano; **to make a ~** fazer um erro; **to ~ A for B** confundir A com B; **mistaken** *pp of* **mistake** ♦ *adj* errado; **to be mistaken** enganar-se, equivocar-se

mister ['mɪstə*] (*inf*) *n* senhor *m*; *see* **Mr**

mistletoe ['mɪsltəu] *n* visco

mistook [mɪs'tuk] *pt of* **mistake**

mistress ['mɪstrɪs] *n* (*lover*) amante *f*; (*of house*) dona (da casa); (*BRIT: in school*) professora, mestra; (*of situation*) dona; *see* **Mrs**

mistrust [mɪs'trʌst] *vt* desconfiar de

misty ['mɪstɪ] *adj* (*day*) nublado; (*glasses etc*) embaçado

misunderstand [mɪsʌndə'stænd] (*irreg*) *vt, vi* entender *or* interpretar mal; **misunderstanding** *n* mal-entendido; (*disagreement*) desentendimento

misuse [*n* mɪs'juːs, *vb* mɪs'juːz] *n* uso impróprio; (*of power*) abuso; (*of funds*) desvio ♦ *vt* abusar de; desviar

a
b
c
d
e
f
g
h
i
j
k
l
m
n
o
p
q
r
s
t
u
v
w
x
y
z

mitigate ['mɪtɪgeɪt] vt mitigar, atenuar

mix [mɪks] vt misturar; (combine) combinar ♦ vi (people) entrosar-se ♦ n mistura; (combination) combinação f; **mix up** vt (confuse: things) misturar; (: people) confundir; **mixed** adj misto; **mixed-up** adj confuso; **mixer** n (for food) batedeira; (person) pessoa sociável; **mixture** n mistura; (MED) preparado; **mix-up** n trapalhada, confusão f

mm abbr (= millimetre) mm

moan [məun] n gemido ♦ vi gemer; (inf: complain): **to ~ (about)** queixar-se (de), bufar (sobre) (inf)

moat [məut] n fosso

mob [mɔb] n multidão f ♦ vt cercar

mobile ['məubaɪl] adj móvel ♦ n móvel m; **mobile phone** n telefone m celular

mock [mɔk] vt ridicularizar; (laugh at) zombar de, gozar de ♦ adj falso, fingido; (exam etc) simulado; **mockery** n zombaria; **to make a mockery of** ridicularizar

mode [məud] n modo; (of transport) meio

model ['mɔdl] n modelo; (ARCH) maqueta; (person: for fashion, ART) modelo m/f ♦ adj exemplar ♦ vt modelar ♦ vi servir de modelo; (in fashion) trabalhar como modelo; **to ~ o.s. on** mirar-se em

modem ['məudɛm] n modem m

moderate [adj 'mɔdərət, vb 'mɔdəreɪt] adj moderado ♦ vi moderar-se, acalmar-se ♦ vt moderar

modern ['mɔdən] adj moderno; **modernize** vt modernizar, atualizar

modest ['mɔdɪst] adj modesto; **modesty** n modéstia

modify ['mɔdɪfaɪ] vt modificar

moist [mɔɪst] adj úmido (BR), húmido (PT), molhado; **moisten** vt umedecer (BR), humedecer (PT); **moisture** n umidade f (BR), humidade f (PT); **moisturizer** n creme m hidratante

molar ['məulə*] n molar m

mold [məuld] (US) n, vt = mould

mole [məul] n (animal) toupeira; (spot) sinal m, lunar m; (spy) espião(-piã) m/f

molest [məu'lɛst] vt molestar; (attack sexually) atacar sexualmente

mollycoddle ['mɔlɪkɔdl] vt mimar

molt [məult] (US) vi = moult

molten ['məultən] adj fundido; (lava) liquefeito

mom [mɔm] (US) n = mum

moment ['məumənt] n momento; **at the ~** neste momento; **momentary** adj momentâneo; **momentous** [məu'mɛntəs] adj importantíssimo

momentum [məu'mɛntəm] n momento; (fig) ímpeto; **to gather ~** ganhar ímpeto

mommy ['mɔmɪ] (US) n = mummy

Monaco ['mɔnəkəu] n Mônaco (no article)

monarch ['mɔnək] n monarca m/f; **monarchy** n monarquia

monastery ['mɔnəstərɪ] n mosteiro, convento

Monday ['mʌndɪ] n segunda-feira

monetary ['mʌnɪtərɪ] adj monetário

money ['mʌnɪ] n dinheiro; (currency) moeda; **to make ~** ganhar dinheiro; **money order** n vale m (postal)

mongrel ['mʌŋgrəl] n (dog) vira-lata m

monitor ['mɔnɪtə*] n (TV, COMPUT) terminal m (de vídeo) ♦ vt (heartbeat, pulse) controlar; (broadcasts, progress) monitorar

monk [mʌŋk] n monge m

monkey ['mʌŋkı] n macaco

monopoly [məˈnɔpəlı] n monopólio

monotonous [məˈnɔtənəs] adj monótono

monsoon [mɔnˈsuːn] n monção f

monster ['mɔnstə*] n monstro

monstrous ['mɔnstrəs] adj (huge) descomunal; (atrocious) monstruoso

month [mʌnθ] n mês m; **monthly** adj mensal ♦ adv mensalmente

monument ['mɔnjumənt] n monumento

mood [muːd] n humor m; (of crowd) atmosfera; **to be in a good/bad ~** estar de bom/mau humor; **moody** adj (variable) caprichoso, de veneta; (sullen) rabugento

moon [muːn] n lua; **moonlight** n luar m ♦ vi ter dois empregos, ter um bico; **moonlit** adj: **a moonlit night** uma noite de lua

moor [muə*] n charneca ♦ vt (ship) amarrar ♦ vi fundear, atracar

moorland ['muələnd] n charneca

moose [muːs] n inv alce m

mop [mɔp] n esfregão m; (for dishes) esponja com cabeça; (of hair) grenha ♦ vt esfregar; **mop up** vt limpar

mope [məup] vi estar or andar deprimido or desanimado

moped ['məuped] n moto f pequena (BR), motorizada (PT)

moral ['mɔrl] adj moral ♦ n moral f; **~s** npl (principles) moralidade f, costumes mpl

morale [mɔˈrɑːl] n moral f, estado de espírito

morality [məˈrælıtı] n moralidade f; (correctness) retidão f, probidade f

more

KEYWORD

[mɔː*] adj

1 (greater in number etc) mais; **~ people/work/letters than we expected** mais pessoas/trabalho/cartas do que esperávamos

2 (additional) mais; **do you want (some) ~ tea?** você quer mais chá?; **I have no** or **I don't have any ~ money** não tenho mais dinheiro

♦ pron

1 (greater amount) mais; **~ than 10** mais de 10; **it cost ~ than we expected** custou mais do que esperávamos

2 (further or additional amount) mais; **is there any ~?** tem ainda mais?; **there's no ~** não tem mais

♦ adv mais; **~ dangerous/difficult** etc **than** mais perigoso/difícil etc do que; **~ easily (than)** mais fácil (do que); **~ and ~** cada vez mais; **~ or less** mais ou menos; **~ than ever** mais do que nunca

moreover [mɔːˈrəuvə*] adv além do mais, além disso

morning ['mɔːnıŋ] n manhã f; (early ~) madrugada ♦ cpd da manhã; **in the ~** de manhã; **7 o'clock in the ~** (as) 7 da manhã; **morning sickness** n náusea matinal

Morocco [məˈrɔkəu] n Marrocos m

moron ['mɔːrɔn] (inf) n débil mental m/f, idiota m/f

Morse [mɔːs] n (also: **~ code**) código Morse

morsel ['mɔːsl] n (of food) bocado

mortar ['mɔːtə*] n (cannon) morteiro; (CONSTR) argamassa; (dish) pilão m, almofariz m

mortgage ['mɔːgıdʒ] n hipoteca ♦ vt hipotecar

mortuary ['mɔːtjuərɪ] n necrotério
mosaic [məu'zeɪɪk] n mosaico
Moscow ['mɒskəu] n Moscou (BR), Moscovo (PT)
Moslem ['mɒzləm] adj, n = Muslim
mosque [mɒsk] n mesquita
mosquito [mɒs'kiːtəu] (pl ~es) n mosquito
moss [mɒs] n musgo

---
most
KEYWORD

[məust] adj
1 (almost all: people, things etc) a maior parte de, a maioria de; ~ **people** a maioria das pessoas
2 (largest, greatest: interest) máximo; (money): **who has (the) ~ money?** quem é que tem mais dinheiro?; **he derived the ~ pleasure from her visit** ele teve o maior prazer em recebê-la
♦ pron (greatest quantity, number) a maior parte, a maioria; ~ **of it/them** a maioria dele/deles; ~ **of the money** a maior parte do dinheiro; **do the ~ you can** faça o máximo que você puder; **I saw the ~** vi mais; **to make the ~ of sth** aproveitar algo ao máximo; **at the (very) ~** quando muito, no máximo
♦ adv (+ vb) o mais; (+ adj): **the ~ intelligent/expensive** etc o mais inteligente/caro etc; (+ adv: carefully, easily etc) o mais; (very: polite, interesting etc) muito; **a ~ interesting book** um livro interessantíssimo

mostly ['məustlɪ] adv principalmente, na maior parte
MOT (BRIT) n abbr (= Ministry of Transport): **the ~ (test)** vistoria anual dos veículos automotores
motel [məu'tel] n motel m
moth [mɒθ] n mariposa; (clothes ~) traça
mother ['mʌðə*] n mãe f ♦ adj materno ♦ vt (care for) cuidar de (como uma mãe); **motherhood** n maternidade f; **mother-in-law** n sogra; **motherly** adj maternal; **mother-of-pearl** n madrepérola; **mother-to-be** n futura mamãe f; **mother tongue** n língua materna
motion ['məuʃən] n movimento; (gesture) gesto, sinal m; (at meeting) moção f ♦ vt, vi: **to ~ (to) sb to do sth** fazer sinal a alguém para que faça algo; **motionless** adj imóvel; **motion picture** n filme m (cinematográfico)
motivated ['məutɪveɪtɪd] adj: ~ **(by)** motivado (por)
motive ['məutɪv] n motivo
motor ['məutə*] n motor m; (BRIT: inf: vehicle) carro, automóvel m ♦ cpd (industry) de automóvel; **motorbike** n moto(cicleta) f, motoca (inf); **motorboat** n barco a motor; **motorcar** (BRIT) n carro, automóvel m; **motorcycle** n motocicleta; **motorist** n motorista m/f; **motor racing** (BRIT) n corrida de carros, automobilismo; **motorway** (BRIT) n rodovia (BR), autoestrada (PT)
mottled ['mɒtld] adj mosqueado, em furta-cores
motto ['mɒtəu] (pl ~es) n lema m
mould [məuld] (US mold) n molde m; (mildew) mofo, bolor m ♦ vt moldar; (fig) moldar; **mouldy** adj mofado
moult [məult] (US molt) vi mudar (de penas etc)
mound [maund] n (of earth) monte m; (of blankets, leaves etc) pilha, montanha
mount [maunt] n monte m ♦ vt

(*horse etc*) montar em, subir a; (*stairs*) subir; (*exhibition*) montar; (*picture*) emoldurar ♦ *vi* (*increase*) aumentar; **mount up** *vi* aumentar

mountain ['mauntɪn] *n* montanha ♦ *cpd* de montanha; **mountain bike** *n* mountain bike *f*; **mountaineer** [mauntɪ'nɪə*] *n* alpinista *m/f*, montanhista *m/f*; **mountaineering** *n* alpinismo; **mountainous** *adj* montanhoso; **mountainside** *n* lado da montanha

mourn [mɔ:n] *vt* chorar, lamentar ♦ *vi*: **to ~ for** chorar *or* lamentar a morte de; **mourning** *n* luto; **in mourning** de luto

mouse [maus] (*pl* **mice**) *n* camundongo (*BR*), rato (*PT*); (*COMPUT*) mouse *m*; **mouse mat** *or* **pad** *n* (*COMPUT*) mouse pad *m*; **mousetrap** *n* ratoeira

mousse [mu:s] *n* musse *f*; (*for hair*) mousse *f*

moustache [məs'tɑ:ʃ] (*US* **mustache**) *n* bigode *m*

mousy ['mausɪ] *adj* pardacento

mouth [mauθ] *n* boca; (*of cave, hole*) entrada; (*of river*) desembocadura; **mouthful** *n* bocado; **mouth organ** *n* gaita; **mouthwash** *n* colutório; **mouth-watering** *adj* de dar água na boca

movable ['mu:vəbl] *adj* móvel

move [mu:v] *n* movimento; (*in game*) lance *m*, jogada; (: *turn to play*) turno, vez *f*; (*of house, job*) mudança ♦ *vt* (*change position of*) mudar; (: *in game*) jogar; (*emotionally*) comover; (*POL: resolution etc*) propor ♦ *vi* mexer-se, mover-se; (*traffic*) circular; (*also: ~ house*) mudar-se; (*develop: situation*) desenvolver; **to ~ sb to do sth** convencer alguém a fazer algo; **to get a ~ on** apressar-se; **move about** *or*

around *vi* (*fidget*) mexer-se; (*travel*) deslocar-se; **move along** *vi* avançar; **move away** *vi* afastar-se; **move back** *vi* voltar; **move forward** *vi* avançar; **move in** *vi* (*to a house*) instalar-se (numa casa); **move on** *vi* ir andando; **move out** *vi* sair (de uma casa); **move over** *vi* afastar-se; **move up** *vi* ser promovido

movement ['mu:vmənt] *n* movimento; (*gesture*) gesto; (*of goods*) transporte *m*; (*in attitude*) mudança

movie ['mu:vɪ] *n* filme *m*; **to go to the ~s** ir ao cinema

moving ['mu:vɪŋ] *adj* (*emotional*) comovente; (*that moves*) móvel

mow [məu] (*pt* **~ed**, *pp* **~ed** *or* **~n**) *vt* (*grass*) cortar; (*corn*) ceifar; **mow down** *vt* (*massacre*) chacinar; **mower** *n* ceifeira; (*also*: **lawnmower**) cortador *m* de grama (*BR*) *or* de relva (*PT*)

Mozambique [məuzəm'bi:k] *n* Moçambique *m* (*no article*)

MP *n abbr* = **Member of Parliament**

mph *abbr* = **miles per hour** (*60 mph* = 96 km/h)

Mr ['mɪstə*] *n*: **~ Smith** (o) Sr. Smith

Mrs ['mɪsɪz] *n*: **~ Smith** (a) Sra. Smith

Ms [mɪz] *n* (= **Miss** *or* **Mrs**) *ver quadro*

Ms

Ms é um título utilizado em lugar de *Mrs* (senhora) ou de *Miss* (senhorita) para evitar a distinção tradicional entre mulheres casadas e solteiras. É aceito, portanto, como o equivalente de *Mr* (senhor) para os homens. Muitas vezes reprovado por ter surgido como manifestação de um feminismo exacerbado, é uma forma de tratamento muito comum hoje em dia.

a b c d e f g h i j k l m n o p q r s t u v w x y z

MSc n abbr = Master of Science

much
KEYWORD

[mʌtʃ] adj muito; **how ~ money/ time do you need?** quanto dinheiro/tempo você precisa?; **he's done so ~ work for the charity** ele trabalhou muito para a obra de caridade; **as ~ as** tanto como
♦ pron muito; **~ has been gained from our discussions** nossas discussões foram muito proveitosas; **how ~ does it cost?** quanto custa isso? – caro demais
♦ adv
1 (greatly) muito; **thank you very ~** muito obrigado(-a); **we are very ~ looking forward to your visit** estamos aguardando a sua visita com muito ansiedade; **he is very ~ the gentleman/politician** ele é muito cavalheiro/político; **as ~ as** tanto como; **as ~ as you** tanto quanto você
2 (by far) de longe; **I'm ~ better now** estou bem melhor agora
3 (almost) quase; **how are you feeling? – ~ the same** como você está (se sentindo)? – do mesmo jeito

muck [mʌk] n (dirt) sujeira (BR), sujidade f (PT); **muck about** or **around** (inf) vi fazer besteiras; **muck up** (inf) vt estragar
mud [mʌd] n lama
muddle ['mʌdl] n confusão f, bagunça; (mix-up) trapalhada ♦ vt (also: ~ **up**: person, story) confundir; (: things) misturar; **muddle through** vi virar-se
muddy ['mʌdɪ] adj (road) lamacento
mudguard ['mʌdgɑːd] n pára-lama m

muesli ['mjuːzlɪ] n muesli m
muffin ['mʌfɪn] n bolinho redondo e chato
muffle ['mʌfl] vt (sound) abafar; (against cold) agasalhar; **muffled** adj abafado, surdo; **muffler** (US) n (AUT) silencioso (BR), panela de escape (PT)
mug [mʌg] n (cup) caneca; (: for beer) caneco, canecão; (inf: face) careta; (: fool) bobo(-a) ♦ vt (assault) assaltar; **mugging** n assalto
muggy ['mʌgɪ] adj abafado
mule [mjuːl] n mula
multimedia [mʌltɪ'miːdɪə] adj multimídia
multiple ['mʌltɪpl] adj múltiplo ♦ n múltiplo; **multiple sclerosis** [-sklɪ'rəʊsɪs] n esclerose f múltipla
multiply ['mʌltɪplaɪ] vt multiplicar ♦ vi multiplicar-se
multistorey ['mʌltɪ'stɔːrɪ] (BRIT) adj de vários andares
mum [mʌm] n (BRIT: inf) mamãe f
♦ adj: **to keep ~** ficar calado
mumble ['mʌmbl] vt, vi resmungar, murmurar
mummy ['mʌmɪ] n (BRIT: mother) mamãe f; (embalmed) múmia
mumps [mʌmps] n caxumba
mundane [mʌn'deɪn] adj banal, mundano
municipal [mjuː'nɪsɪpl] adj municipal
murder ['məːdə*] n assassinato ♦ vt assassinar; **murderer** n assassino
murky ['məːkɪ] adj escuro; (water) turvo
murmur ['məːmə*] n murmúrio ♦ vt, vi murmurar
muscle ['mʌsl] n músculo; (fig: strength) força (muscular); **muscle in** vi imiscuir-se, impor-se; **muscular** adj muscular; (person) musculoso

museum [mjuːˈzɪəm] n museu m
mushroom [ˈmʌʃrum] n cogumelo
♦ vi crescer da noite para o dia, pipocar
music [ˈmjuːzɪk] n música; **musical** adj musical; (harmonious) melodioso
♦ n musical m; **musician** [mjuːˈzɪʃən] n músico(-a)
Muslim [ˈmʌzlɪm] adj, n muçulmano(-a)
mussel [ˈmʌsl] n mexilhão m
must [mʌst] aux vb (obligation): **I ~ do it** tenho que or devo fazer isso; (probability): **he ~ be there by now** ele já deve estar lá; (suggestion, invitation): **you ~ come and see me soon** você tem que vir me ver em breve; (indicating sth unwelcome): **why ~ he behave so badly?** por que ele tem que se comportar tão mal? ♦ n necessidade f; **it's a ~** é imprescindível
mustache [ˈmʌstæʃ] (US) n = moustache
mustard [ˈmʌstəd] n mostarda
muster [ˈmʌstə*] vt (support) reunir; (energy) juntar; (MIL) formar
mustn't [ˈmʌsnt] = must not
mute [mjuːt] adj mudo
mutiny [ˈmjuːtɪnɪ] n motim m, rebelião f
mutter [ˈmʌtə*] vt, vi resmungar, murmurar
mutton [ˈmʌtn] n carne f de carneiro
mutual [ˈmjuːtʃuəl] adj mútuo; (shared) comum
muzzle [ˈmʌzl] n (of animal) focinho; (guard: for dog) focinheira; (of gun) boca ♦ vt pôr focinheira em
my [maɪ] adj meu (minha); **this is ~ house/car/brother** esta é a minha casa/meu carro/meu irmão; **I've washed ~ hair/cut ~ finger** lavei meu cabelo/cortei meu dedo
myself [maɪˈsɛlf] pron (reflexive) me;

(emphatic) eu mesmo; (after prep) mim mesmo; see also oneself
mysterious [mɪsˈtɪərɪəs] adj misterioso
mystery [ˈmɪstərɪ] n mistério
mystify [ˈmɪstɪfaɪ] vt mistificar
myth [mɪθ] n mito; **mythology** [mɪˈθɒlədʒɪ] n mitologia

N n

n/a abbr = not applicable
nag [næg] vt ralhar, apoquentar; **nagging** adj (doubt) persistente; (pain) contínuo
nail [neɪl] n (human) unha; (metal) prego ♦ vt pregar; **to ~ sb down to a date/price** conseguir que alguém se defina sobre a data/o preço; **nailbrush** n escova de unhas; **nailfile** n lixa de unhas; **nail polish** n esmalte m (BR) or verniz m (PT) de unhas; **nail polish remover** n removedor m de esmalte (BR) or verniz (PT); **nail scissors** npl tesourinha de unhas; **nail varnish** (BRIT) n = nail polish
naïve [naɪˈiːv] adj ingênuo
naked [ˈneɪkɪd] adj nu (nua)
name [neɪm] n nome m; (surname) sobrenome m; (reputation) reputação f, fama ♦ vt (child) pôr nome em; (criminal) apontar; (price) fixar; (date) marcar; **what's your ~?** qual é o seu nome?, como (você) se chama?; **by ~** de nome; **in the ~ of** em nome de; **namely** adv a saber, isto é; **namesake** n xará m/f (BR), homónimo(-a) (PT)
nanny [ˈnænɪ] n babá f
nap [næp] n (sleep) soneca ♦ vi: **to be caught ~ping** ser pego de surpresa
nape [neɪp] n: **~ of the neck** nuca

napkin ['næpkɪn] n (also: **table ~**) guardanapo

nappy ['næpɪ] (BRIT) n fralda; **nappy rash** n assadura

narcotic [nɑ:'kɔtɪk] adj narcótico ◆ n narcótico

narrative ['nærətɪv] n narrativa

narrow ['nærəʊ] adj estreito; (fig: majority) pequeno; (: ideas) tacanho ◆ vi (road) estreitar-se; (difference) diminuir; **to have a ~ escape** escapar por um triz; **to ~ sth down to** restringir or reduzir algo a; **narrowly** adv (miss) por pouco; **narrow- minded** adj de visão limitada

nasty ['nɑ:stɪ] adj (remark) desagradável; (: person) mau, ruim; (malicious) maldoso; (rude) grosseiro, obsceno; (taste, smell) repugnante, asqueroso; (wound etc) grave, sério

nation ['neɪʃən] n nação f

national ['næʃənl] adj, n nacional m/f; **national anthem** n hino nacional; **National Health Service** (BRIT) n ≈ Instituto Nacional de Assistência Médica e Previdência Social, ≈ INAMPS m; **nationality** [næʃə'nælɪtɪ] n nacionalidade f; **nationalize** vt nacionalizar; **nationally** adv (nationwide) de âmbito nacional; (as a nation) nacionalmente, como nação; **national park** n parque m nacional; **National Trust** (BRIT) n ver quadro

---

NATIONAL TRUST

O **National Trust** é uma instituição independente, sem fins lucrativos, cuja missão é proteger e valorizar os monumentos e a paisagem da Grã-Bretanha devido a seu interesse histórico ou beleza natural.

---

nationwide ['neɪʃənwaɪd] adj de

âmbito or a nível nacional ◆ adv em todo o país

native ['neɪtɪv] n natural m/f, nativo(-a); (in colonies) indígena m/f, nativo(-a) ◆ adj (indigenous) indígena; (of one's birth) natal; (language) materno; (innate) inato, natural; **a ~ speaker of Portuguese** uma pessoa de língua (materna) portuguesa

NATO ['neɪtəʊ] n abbr (= North Atlantic Treaty Organization) OTAN f

natural ['nætʃrəl] adj natural; **naturally** adv naturalmente; (of course) claro, evidentemente

nature ['neɪtʃə*] n natureza; (character) caráter m, índole f

naught [nɔ:t] n = **nought**

naughty ['nɔ:tɪ] adj travesso, levado

nausea ['nɔ:sɪə] n náusea

naval ['neɪvl] adj naval

nave [neɪv] n nave f

navel ['neɪvl] n umbigo

navigate ['nævɪgeɪt] vi navegar; (AUT) ler o mapa; **navigation** [nævɪ'geɪʃən] n (action) navegação f; (science) náutica

navvy ['nævɪ] (BRIT) n trabalhador m braçal, cavouqueiro

navy ['neɪvɪ] n marinha (de guerra); **navy(-blue)** adj azul-marinho inv

Nazi ['nɑ:tsɪ] n nazista m/f (BR), nazi m/f (PT)

NB abbr (= nota bene) NB

near [nɪə*] adj (place) vizinho; (time) próximo; (relation) íntimo ◆ adv perto ◆ prep (also: **~ to**: space) perto de; (: time) perto de, quase ◆ vt aproximar-se de; **nearby** [nɪə'baɪ] adj próximo, vizinho ◆ adv à mão, perto; **nearly** adv quase; **I nearly fell** quase que caí; **nearside** n (AUT: right-hand drive) lado esquerdo; (: left-hand drive) lado direito ◆ adj esquerdo, direito; **near-sighted** adj míope

neat [niːt] *adj* (*place*) arrumado, em ordem; (*person*) asseado, arrumado; (*work*) organizado; (*plan*) engenhoso, bem bolado; (*spirits*) puro; **neatly** *adv* caprichosamente, com capricho; (*skilfully*) habilmente

necessarily ['nɛsɪsrɪlɪ] *adv* necessariamente

necessary ['nɛsɪsrɪ] *adj* necessário

necessity [nɪ'sɛsɪtɪ] *n* (*thing needed*) necessidade *f*, requisito; (*compelling circumstances*) necessidade; **necessities** *npl* (*essentials*) artigos *mpl* de primeira necessidade

neck [nɛk] *n* (*ANAT*) pescoço; (*of garment*) gola; (*of bottle*) gargalo ♦ *vi* (*inf*) ficar de agarramento; ~ **and** ~ emparelhados

necklace ['nɛklɪs] *n* colar *m*

neckline ['nɛklaɪn] *n* decote *m*

necktie ['nɛktaɪ] (*esp US*) *n* gravata

need [niːd] *n* (*lack*) falta, carência; (*necessity*) necessidade *f*; (*thing*) requisito, necessidade ♦ *vt* precisar de; **I ~ to do it** preciso fazê-lo

needle ['niːdl] *n* agulha ♦ *vt* (*inf*) provocar, alfinetar

needless ['niːdlɪs] *adj* inútil, desnecessário; ~ **to say ...** desnecessário dizer que ...

needlework ['niːdlwəːk] *n* (*item(s)*) trabalho de agulha; (*activity*) costura

needn't ['niːdnt] = **need not**

needy ['niːdɪ] *adj* necessitado, carente

negative ['nɛgətɪv] *adj* negativo ♦ *n* (*PHOT*) negativo; (*LING*) negativa

neglect [nɪ'glɛkt] *vt* (*one's duty*) negligenciar, não cumprir com; (*child*) descuidar, esquecer-se de ♦ *n* (*of child*) descuido, desatenção *f*; (*of house etc*) abandono; (*of duty*) negligência

negotiate [nɪ'gəʊʃɪeɪt] *vi*: **to ~ (with)** negociar (com) ♦ *vt* (*treaty, transaction*) negociar; (*obstacle*) contornar; (*bend in road*) fazer;

negotiation [nɪgəʊʃɪ'eɪʃən] *n* negociação *f*

neigh [neɪ] *vi* relinchar

neighbour ['neɪbə*] (*US* **neighbor**) *n* vizinho(-a); **neighbourhood** *n* (*place*) vizinhança, bairro; (*people*) vizinhos *mpl*; **neighbouring** *adj* vizinho; **neighbourly** *adj* amistoso, prestativo

neither ['naɪðə*] *conj*: **I didn't move and ~ did he** não me movi nem ele ♦ *adj, pron* nenhum (dos dois), nem um nem outro ♦ *adv*: ~ **good nor bad** nem bom nem mau; ~ **story is true** nenhuma das estórias é verdade

neon ['niːɔn] *n* neônio, néon *m*; **neon light** *n* luz *f* de neônio

nephew ['nɛvjuː] *n* sobrinho

nerve [nəːv] *n* (*ANAT*) nervo; (*courage*) coragem *f*; (*impudence*) descaramento, atrevimento; **to have a fit of ~s** ter uma crise nervosa; **nerve-racking** *adj* angustiante

nervous ['nəːvəs] *adj* (*ANAT*) nervoso; (*anxious*) apreensivo; (*timid*) tímido, acanhado; **nervous breakdown** *n* crise *f* nervosa

nest [nɛst] *vi* aninhar-se ♦ *n* (*of bird*) ninho; (*of wasp*) vespeiro

net [nɛt] *n* rede *f*; (*fabric*) filó *m*; (*fig*) sistema *m* ♦ *adj* (*COMM*) líquido ♦ *vt* pegar na rede; (*money: subj: person*) faturar; (: *deal, sale*) render; **the N~** (*the Internet*) a Rede; **netball** *n* espécie de basquetebol

Netherlands ['nɛðələndz] *npl*: **the ~** os Países Baixos

nett [nɛt] *adj* = **net**

nettle ['nɛtl] *n* urtiga

network ['nɛtwəːk] *n* rede *f*

neurotic [njuə'rɔtɪk] *adj, n*

neurótico(-a)

neuter ['nju:tə*] *adj* neutro ♦ *vt* (*cat etc*) castrar, capar

neutral ['nju:trəl] *adj* neutro ♦ *n* (*AUT*) ponto morto

never ['nɛvə*] *adv* nunca; *see also* **mind**; **never-ending** *adj* sem fim, interminável; **nevertheless** *adv* todavia, contudo

new [nju:] *adj* novo; **newborn** *adj* recém-nascido; **newcomer** *n* recém-chegado(-a), novato(-a); **new-found** *adj* (*friend*) novo; (*enthusiasm*) recente; **newly** *adv* recém, novamente; **newly-weds** *npl* recém-casados *mpl*

news [nju:z] *n* notícias *fpl*; (*RADIO, TV*) noticiário; **a piece of ~** uma notícia; **newsagent** (*BRIT*) *n* jornaleiro(-a); **newscaster** *n* locutor(a) *m/f*; **news flash** *n* notícia de última hora; **newsletter** *n* boletim *m* informativo; **newspaper** *n* jornal *m*; **newsreader** *n* = **newscaster**; **newsreel** *n* jornal *m* cinematográfico, atualidades *fpl*

newt [nju:t] *n* tritão *m*

New Year *n* ano novo; **New Year's Day** *n* dia *m* de ano novo; **New Year's Eve** *n* véspera de ano novo

New Zealand [-'zi:lənd] *n* Nova Zelândia; **New Zealander** *n* neozelandês(-esa) *m/f*

next [nɛkst] *adj* (*in space*) próximo, vizinho; (*in time*) seguinte, próximo ♦ *adv* depois; depois, logo; **~ time** na próxima vez; **~ year** o ano que vem; **~ to** ao lado de; **~ to nothing** quase nada; **next door** *adv* na casa do lado ♦ *adj* vizinho; **next-of-kin** *n* parentes *mpl* mais próximos

NHS *n abbr* = **National Health Service**

nib [nɪb] *n* ponta *or* bico da pena

nibble ['nɪbl] *vt* mordiscar, beliscar

Nicaragua [nɪkə'rægjuə] *n* Nicarágua

nice [naɪs] *adj* (*likeable*) simpático; (*kind*) amável, atencioso; (*pleasant*) agradável; (*attractive*) bonito; **nicely** *adv* agradavelmente, bem

nick [nɪk] *n* (*wound*) corte *m*; (*cut, indentation*) entalhe *m*, incisão *f* ♦ *vt* (*inf: steal*) furtar, arrochar; **in the ~ of time** na hora H, no momento exato

nickel ['nɪkl] *n* níquel *m*; (*US*) moeda de 5 centavos

nickname ['nɪkneɪm] *n* apelido (*BR*), alcunha (*PT*) ♦ *vt* apelidar de (*BR*), alcunhar de (*PT*)

niece [ni:s] *n* sobrinha

Nigeria [naɪ'dʒɪərɪə] *n* Nigéria

niggling ['nɪglɪŋ] *adj* (*trifling*) insignificante, mesquinho; (*annoying*) irritante

night [naɪt] *n* noite *f*; **at** *or* **by ~** à *or* de noite; **the ~ before last** anteontem à noite; **nightcap** *n* bebida tomada *antes de dormir*; **nightclub** *n* boate *f*; **nightdress** *n* camisola (*BR*), camisa de noite (*PT*); **nightfall** *n* anoitecer *m*; **nightgown** *n* = **nightdress**; **nightie** ['naɪtɪ] *n* = **nightdress**

nightingale ['naɪtɪŋgeɪl] *n* rouxinol *m*

nightlife ['naɪtlaɪf] *n* vida noturna

nightly ['naɪtlɪ] *adj* noturno, de noite ♦ *adv* todas as noites, cada noite

nightmare ['naɪtmɛə*] *n* pesadelo

night-time *n* noite *f*

nil [nɪl] *n* nada; (*BRIT: SPORT*) zero

Nile [naɪl] *n*: **the ~** o Nilo

nimble ['nɪmbl] *adj* (*agile*) ágil, ligeiro; (*skilful*) hábil, esperto

nine [naɪn] *num* nove; **nineteen** ['naɪn'ti:n] *num* dezenove (*BR*), dezanove (*PT*); **ninety** ['naɪntɪ] *num* noventa; **ninth** [naɪnθ] *num* nono

nip [nɪp] *vt* (*pinch*) beliscar; (*bite*)

morder
nipple ['nɪpl] n (ANAT) bico do seio, mamilo
nitrogen ['naɪtrədʒən] n nitrogênio

no
KEYWORD

[nəu] (pl ~es) adv (opposite of "yes") não; **are you coming? – ~ (I'm not)** você vem? – não (eu não)
♦ adj (not any) nenhum(a), não … algum(a); **I have ~ more money/ time/books** não tenho mais dinheiro/tempo/livros; **"~ entry"** "entrada proibida"; **"~ smoking"** "é proibido fumar"
♦ n não m, negativa

nobility [nəu'bɪlɪtɪ] n nobreza
noble ['nəubl] adj (person) nobre; (title) de nobreza
nobody ['nəubədɪ] pron ninguém
nod [nɔd] vi (greeting) cumprimentar com a cabeça; (in agreement) acenar (que sim) com a cabeça; (doze) cochilar, dormitar ♦ vt: **to ~ one's head** inclinar a cabeça ♦ n inclinação f da cabeça; **nod off** vi cochilar
noise [nɔɪz] n barulho; **noisy** adj barulhento
nominate ['nɔmɪneɪt] vt (propose) propor; (appoint) nomear; **nominee** [nɔmɪ'niː] n pessoa nomeada, candidato(-a)
non-alcoholic [nɔn-] adj sem álcool
nondescript ['nɔndɪskrɪpt] adj qualquer; (pej) medíocre
none [nʌn] pron (person) ninguém; (thing) nenhum(a), nada; **~ of you** nenhum de vocês; **I've ~ left** não tenho mais
nonentity [nɔ'nentɪtɪ] n nulidade f, zero à esquerda m

nonetheless [nʌnðə'les] adv no entanto, apesar disso, contudo
non-existent [nɔnɪg'zɪstənt] adj inexistente
non-fiction [nɔn-] n literatura de não-ficção
nonplussed [nɔn'plʌst] adj perplexo, pasmado
nonsense ['nɔnsəns] n disparate m, besteira, absurdo; **~!** bobagem!, que nada!
non [nɔn-]: **non-smoker** n não-fumante m/f; **non-stick** adj tefal®, não-aderente; **non-stop** adj ininterrupto; (RAIL) direto; (AVIAT) sem escala ♦ adv sem parar
noodles ['nuːdlz] npl talharim m
noon [nuːn] n meio-dia m
no-one pron = nobody
noose [nuːs] n laço corrediço; (hangman's) corda da forca
nor [nɔː*] conj = neither ♦ adv see neither
norm [nɔːm] n (convention) norma; (requirement) regra
normal ['nɔːml] adj normal
north [nɔːθ] n norte m ♦ adj do norte, setentrional ♦ adv ao ou para o norte; **North America** n América do Norte; **north-east** n nordeste m; **northerly** ['nɔːðəlɪ] adj norte; **northern** ['nɔːðən] adj do norte, setentrional; **Northern Ireland** n Irlanda do Norte; **North Pole** n: **the North Pole** o Pólo Norte; **North Sea** n: **the North Sea** o Mar do Norte; **northward(s)** adv em direção norte; **north-west** n noroeste m
Norway ['nɔːweɪ] n Noruega; **Norwegian** [nɔː'wiːdʒən] adj norueguês(-esa) ♦ n norueguês(-esa) m/f; (LING) norueguês m
nose [nəuz] n (ANAT) nariz m; (ZOOL)

focinho; (*sense of smell: of person*)
olfato; (: *of animal*) faro; **nose about**
vi bisbilhotar; **nose around** *vi* = **nose**
about; **nosebleed** *n* hemorragia
nasal; **nose-dive** *n* (*deliberate*) vôo
picado; (*involuntary*) parafuso; **nosey**
(*inf*) *adj* = **nosy**

nostalgia [nɔs'tældʒɪə] *n* nostalgia

nostril ['nɔstrɪl] *n* narina

nosy ['nəuzɪ] (*inf*) *adj* intrometido,
abelhudo

not [nɔt] *adv* não; **he is ~** *or* **isn't here**
ele não está aqui; **it's too late, isn't it?**
é muito tarde, não?; **he asked me ~ to**
do it ele me pediu para não fazer isto;
~ yet/now ainda/agora não; *see also*
all; **only**

notably ['nəutəblɪ] *adv* (*particularly*)
particularmente; (*markedly*)
notavelmente

notch [nɔtʃ] *n* (*in wood*) entalhe *m*;
(*in blade*) corte *m*

note [nəut] *n* (*MUS, bank~*) nota;
(*letter*) nota, bilhete *m*; (*record*) nota,
anotação *f*; (*tone*) tom *m* ♦ *vt*
(*observe*) observar, reparar em; (*also: ~*
down) anotar, tomar nota de;
notebook *n* caderno; **notepad** *n*
bloco de anotações; **notepaper** *n*
papel *m* de carta

nothing ['nʌθɪŋ] *n* nada; (*zero*) zero;
he does ~ ele não faz nada; **~ new/**
much nada de novo/quase nada; **for ~**
de graça, grátis; (*in vain*) em vão, por
nada

notice ['nəutɪs] *n* (*sign*) aviso,
anúncio; (*warning*) aviso; (*dismissal*)
demissão *f*; (*of leaving*) aviso prévio;
(*period of time*) prazo ♦ *vt* reparar em,
notar; **at short ~** de repente, em
cima da hora; **until further ~** até nova
ordem; **to hand in one's ~** demitir,
pedir a demissão; **to take ~ of** prestar

atenção a, fazer caso de; **to bring sth**
to sb's ~ levar algo ao conhecimento
de alguém; **noticeable** *adj* evidente,
visível; **notice board** (*BRIT*) *n* quadro
de avisos

notify ['nəutɪfaɪ] *vt*: **to ~ sb of sth**
avisar alguém de algo

notion ['nəuʃən] *n* noção *f*, idéia

nought [nɔ:t] *n* zero

noun [naun] *n* substantivo

nourish ['nʌrɪʃ] *vt* nutrir, alimentar;
(*fig*) fomentar, alentar; **nourishing** *adj*
nutritivo, alimentício; **nourishment** *n*
alimento, nutrimento

novel ['nɔvl] *n* romance *m* ♦ *adj*
novo, recente; **novelist** *n* romancista
m/f; **novelty** *n* novidade *f*

November [nəu'vɛmbə*] *n* novembro

now [nau] *adv* agora; (*these days*)
atualmente, hoje em dia ♦ *conj*: **~**
(that) agora que; **right ~** agora
mesmo; **by ~** já; **just ~** atualmente; **~**
and then, ~ and again de vez em
quando; **from ~ on** de agora em
diante; **nowadays** *adv* hoje em dia

nowhere ['nəuwɛə*] *adv* (*go*) a lugar
nenhum; (*be*) em nenhum lugar

nozzle ['nɔzl] *n* bocal *m*

nuclear ['nju:klɪə*] *adj* nuclear

nucleus ['nju:klɪəs] (*pl* **nuclei**) *n*
núcleo

nude [nju:d] *adj* nu (nua) ♦ *n* (*ART*) nu
m; **in the ~** nu, pelado

nudge [nʌdʒ] *vt* acotovelar, cutucar
(*BR*)

nudist ['nju:dɪst] *n* nudista *m/f*

nuisance ['nju:sns] *n* amolação *f*,
aborrecimento; (*person*) chato; **what a**
~! que saco! (*BR*), que chatice! (*PT*)

numb [nʌm] *adj*: **~ with cold** duro de
frio; **~ with fear** paralisado de medo

number ['nʌmbə*] *n* número;
(*numeral*) algarismo ♦ *vt* (*pages etc*)

numerar; (*amount to*) montar a; **a ~ of** vários, muitos; **to be ~ed among** figurar entre; **they were ten in ~** eram em número de dez; **number plate** (*BRIT*) *n* placa (do carro)

numeral ['nju:mərəl] *n* algarismo

numerical [nju:'mɛrɪkl] *adj* numérico

numerous ['nju:mərəs] *adj* numeroso

nun [nʌn] *n* freira

nurse [nə:s] *n* enfermeiro(-a) (*also:* **~maid**) ama-seca, babá *f* ♦ *vt* (*patient*) cuidar de, tratar de

nursery ['nə:səri] *n* (*institution*) creche *f*; (*room*) quarto das crianças; (*for plants*) viveiro; **nursery rhyme** *n* poesia infantil; **nursery school** *n* escola maternal

nursing ['nə:sɪŋ] *n* (*profession*) enfermagem *f*; (*care*) cuidado, assistência; **nursing home** *n* sanatório, clínica de repouso

nut [nʌt] *n* (*TECH*) porca; (*BOT*) noz *f*; **nutcrackers** *npl* quebra-nozes *m inv*

nutmeg ['nʌtmɛg] *n* noz-moscada

nutritious [nju:'trɪʃəs] *adj* nutritivo

nuts [nʌts] (*inf*) *adj*: **he's ~** ele é doido

nutshell ['nʌtʃɛl] *n* casca de noz; **in a ~** (*fig*) em poucas palavras

nylon ['naɪlɔn] *n* náilon *m* (*BR*), nylon *m* (*PT*) ♦ *adj* de náilon

O o

oak [əuk] *n* carvalho ♦ *adj* de carvalho

OAP (*BRIT*) *n abbr* = **old-age pensioner**

oar [ɔ:*] *n* remo

oasis [əu'eɪsɪs] (*pl* **oases**) *n* oásis *m inv*

oath [əuθ] *n* juramento; (*swear word*)

palavrão *m*

oatmeal ['əutmi:l] *n* farinha *or* mingau *m* de aveia

oats [əuts] *n* aveia

obedient [ə'bi:dɪənt] *adj* obediente

obey [ə'beɪ] *vt* obedecer a; (*instructions, regulations*) cumprir

obituary [ə'bɪtjuərɪ] *n* necrológio

object [*n* 'ɔbdʒɪkt, *vb* əb'dʒɛkt] *n* objeto; (*purpose*) objetivo ♦ *vi*: **to ~ to** (*attitude*) desaprovar, objetar a; (*proposal*) opor-se a; **I ~!** protesto!; **he ~ed that ...** ele objetou que ...; **expense is no ~** o preço não é problema; **objection** [əb'dʒɛkʃən] *n* objeção *f*; **I have no objection to ...** não tenho nada contra ...; **objectionable** *adj* desagradável; (*conduct*) censurável; **objective** *n* objetivo

obligation [ɔblɪ'geɪʃən] *n* obrigação *f*; **without ~** sem compromisso

obligatory [ə'blɪgətərɪ] *adj* obrigatório

oblige [ə'blaɪdʒ] *vt* (*do a favour for*) obsequiar, fazer um favor a; (*force*) obrigar, forçar; **to be ~d to sb for doing sth** ficar agradecido por alguém fazer algo; **obliging** *adj* prestativo

oblique [ə'bli:k] *adj* oblíquo; (*allusion*) indireto

oblivion [ə'blɪvɪən] *n* esquecimento; **oblivious** *adj*: **oblivious of** inconsciente de, esquecido de

oblong ['ɔblɔŋ] *adj* oblongo, retangular ♦ *n* retângulo

obnoxious [əb'nɔkʃəs] *adj* odioso, detestável; (*smell*) enjoativo

oboe ['əubəu] *n* oboé *m*

obscene [əb'si:n] *adj* obsceno

obscure [əb'skjuə*] *adj* obscuro, desconhecido; (*difficult to understand*) pouco claro ♦ *vt* ocultar, escurecer; (*hide: sun etc*) esconder

observant [əb'zə:vnt] *adj* observador(a)

observation [ɔbzə'veɪʃən] *n* observação *f*; (*MED*) exame *m*

observatory [əb'zə:vətrɪ] *n* observatório

observe [əb'zə:v] *vt* observar; (*rule*) cumprir; **observer** *n* observador(a) *m/f*

obsess [əb'sɛs] *vt* obsedar, obcecar

obsolete ['ɔbsəli:t] *adj* obsoleto

obstacle ['ɔbstəkl] *n* obstáculo; (*hindrance*) estorvo, impedimento

obstinate ['ɔbstɪnɪt] *adj* obstinado

obstruct [əb'strʌkt] *vt* obstruir; (*block: hinder*) estorvar

obtain [əb'teɪn] *vt* obter; (*achieve*) conseguir

obvious ['ɔbvɪəs] *adj* óbvio; **obviously** *adv* evidentemente; **obviously not!** (é) claro que não!

occasion [ə'keɪʒən] *n* ocasião *f*; (*event*) acontecimento; **occasional** *adj* de vez em quando; **occasionally** *adv* de vez em quando

occupation [ɔkju'peɪʃən] *n* ocupação *f*; (*job*) profissão *f*

occupier ['ɔkjupaɪə*] *n* inquilino(-a)

occupy ['ɔkjupaɪ] *vt* ocupar; (*house*) morar em; **to ~ o.s. in doing** ocupar-se de fazer

occur [ə'kə:*] *vi* ocorrer; (*phenomenon*) acontecer; **to ~ to sb** ocorrer a alguém; **occurrence** *n* ocorrência, acontecimento; (*existence*) existência

ocean ['əuʃən] *n* oceano

o'clock [ə'klɔk] *adv*: **it is 5 ~** são cinco horas

OCR *n abbr* = **optical character reader; optical character recognition**

October [ɔk'təubə*] *n* outubro

octopus ['ɔktəpəs] *n* polvo

odd [ɔd] *adj* (*strange*) estranho, esquisito; (*number*) ímpar; (*sock etc*) desemparelhado; **60-~** 60 e tantos; **at ~ times** às vezes, de vez em quando; **to be the ~ one out** ficar sobrando, ser a exceção; **odd jobs** *npl* biscates *mpl*, bicos *mpl*; **oddly** *adv* curiosamente; *see also* **enough**; **odds** *npl* (*in betting*) pontos *mpl* de vantagem; **it makes no odds** dá no mesmo; **at odds** brigados (-as), de mal

odour ['əudə*] (*US* **odor**) *n* odor *m*, cheiro; (*unpleasant*) fedor *m*

---

of
KEYWORD

[ɔv, əv] *prep*

1 (*gen*) de; **a friend ~ ours** um amigo nosso; **a boy ~ 10** um menino de 10 anos; **that was very kind ~ you** foi muito gentil da sua parte

2 (*expressing quantity, amount, dates etc*) de; **how much ~ this do you need?** de quanto você precisa?; **3 ~ them** 3 deles; **3 ~ us went** 3 de nós foram; **the 5th ~ July** dia 5 de julho

3 (*from, out of*) de; **made ~ wood** feito de madeira

---

off
KEYWORD

[ɔf] *adv*

1 (*distance, time*): **it's a long way ~** fica bem longe; **the game is 3 days ~** o jogo é daqui a 3 dias

2 (*departure*): **I'm ~** estou de partida; **to go ~ to Paris/Italy** ir para Paris/a Itália; **I must be ~** devo ir-me

3 (*removal*): **to take ~ one's hat/coat/clothes** tirar o chapéu/o casaco/a roupa; **the button came ~** o botão caiu; **10% ~** (*COMM*) 10% de abatimento *or* desconto

4 (*not at work*): **to have a day ~** tirar um dia de folga; (: *sick*): **to be ~ sick** estar ausente por motivo de saúde

♦ *adj*

1 (*not turned on: machine, water, gas*) desligado; (: *light*) apagado; (: *tap*) fechado

2 (*cancelled*) cancelado

3 (*BRIT: not fresh: food*) passado; (: *milk*) talhado, anulado

4: **on the ~ chance** (*just in case*) ao acaso; **today I had an ~ day** (*not as good as usual*) hoje não foi o meu dia

♦ *prep*

1 (*indicating motion, removal etc*) de; **the button came ~ my coat** o botão do meu casaco caiu

2 (*distant from*) de; **5 km ~ (the road)** a 5 km (da estrada); **~ the coast** em frente à costa

3: **to be ~ meat** (*no longer eat it*) não comer mais carne; (*no longer like it*) enjoar de carne

offal ['ɔfl] *n* (*CULIN*) sobras *fpl*, restos *mpl*

off-colour (*BRIT*) *adj* (*ill*) indisposto

offence [əˈfɛns] (*US* **offense**) *n* (*crime*) delito; **to take ~ at** ofender-se com, melindrar-se com

offend [əˈfɛnd] *vt* ofender; **offender** *n* delinqüente *m/f*

offensive [əˈfɛnsɪv] *adj* (*weapon, remark*) ofensivo; (*smell etc*) repugnante ♦ *n* (*MIL*) ofensiva

offer ['ɔfə*] *n* oferta; (*proposal*) proposta ♦ *vt* oferecer; (*opportunity*) proporcionar; **"on ~"** (*COMM*) "em oferta"

off-hand [ɔfˈhænd] *adj* informal ♦ *adv* de improviso

office ['ɔfɪs] *n* (*place*) escritório; (*room*) gabinete *m*; (*position*) cargo, função *f*; **to take ~** tomar posse; **doctor's ~** (*US*) consultório; **office block** (*US* **office building**) *n* conjunto de escritórios

officer ['ɔfɪsə*] *n* (*MIL etc*) oficial *m/f*; (*of organization*) diretor(a) *m/f*; (*also:* **police ~**) agente *m/f* policial *or* de polícia

office worker *n* empregado(-a) *or* funcionário(-a) de escritório

official [əˈfɪʃl] *adj* oficial ♦ *n* oficial *m/f*; (*civil servant*) funcionário público (funcionária pública)

officious [əˈfɪʃəs] *adj* intrometido

off-licence (*BRIT*) *n* ver quadro

OFF-LICENCE

Uma loja **off-licence** vende bebidas alcoólicas (para viagem) nos horários em que os pubs estão fechados. Nesses estabelecimentos também se pode comprar bebidas não-alcoólicas, cigarros, batatas fritas, balas, chocolates etc.

off: **off line** *adj, adv* (*COMPUT*) fora de linha; **off-peak** *adj* (*heating etc*) de período de pouco consumo; (*ticket, train*) de período de pouco movimento; **off-putting** (*BRIT*) *adj* desconcertante; **off-season** *adj, adv* fora de estação *or* temporada

offset ['ɔfsɛt] (*irreg*) *vt* compensar, contrabalançar

offshore [ɔfˈʃɔ:*] *adj* (*breeze*) de terra; (*fishing*) costeiro; **~ oilfield** campo

a b c d e f g h i j k l m **n** **o** p q r s t u v w x y z

petrolífero ao largo

offside ['ɔf'saɪd] *adj* (*SPORT*) impedido; (*AUT*) do lado do motorista

offspring ['ɔfsprɪŋ] *n* descendência, prole *f*

offstage [ɔf'steɪdʒ] *adv* nos bastidores

often ['ɔfn] *adv* muitas vezes, freqüentemente; **how ~ do you go?** quantas vezes você vai?

oil [ɔɪl] *n* (*CULIN*) azeite *m*; (*petroleum*) petróleo; (*for heating*) óleo ♦ *vt* (*machine*) lubrificar; **oil painting** *n* pintura a óleo; **oil rig** *n* torre *f* de perfuração; **oil slick** *n* mancha negra; **oil tanker** *n* (*ship*) petroleiro; (*truck*) carro-tanque *m* de petróleo; **oil well** *n* poço petrolífero; **oily** *adj* oleoso; (*food*) gorduroso

ointment ['ɔɪntmənt] *n* pomada

O.K. ['əu'keɪ] *excl* está bem, está bom, tá (bem *or* bom) (*inf*) ♦ *adj* bom; (*correct*) certo ♦ *vt* aprovar

okay ['əu'keɪ] = **O.K.**

old [əuld] *adj* velho; (*former*) antigo, anterior; **how ~ are you?** quantos anos você tem?; **he's 10 years ~** ele tem 10 anos; **~er brother** irmão mais velho; **old age** *n* velhice *f*; **old-age pensioner** (*BRIT*) *n* aposentado(-a) (*BR*), reformado(-a) (*PT*); **old-fashioned** *adj* fora de moda; (*person*) antiquado; (*values*) absoleto, retrógrado

olive ['ɔlɪv] *n* (*fruit*) azeitona; (*tree*) oliveira ♦ *adj* (*also:* **~-green**) verde-oliva *inv*; **olive oil** *n* azeite *m* de oliva

Olympic [əu'lɪmpɪk] *adj* olímpico

omelet(te) ['ɔmlɪt] *n* omelete *f* (*BR*), omeleta (*PT*)

omen ['əumən] *n* presságio, agouro

ominous ['ɔmɪnəs] *adj* preocupante

omit [əu'mɪt] *vt* omitir

[ɔn] *prep*

1 (*indicating position*) sobre, em (cima de); **~ the wall** na parede; **~ the left** à esquerda

2 (*indicating means, method, condition etc*): **~ foot** a pé; **~ the train/plane** no trem/avião; **~ the telephone/radio** no telefone/rádio; **~ television** na televisão; **to be ~ drugs** (*addicted*) ser viciado em drogas; (*MED*) estar sob medicação; **to be ~ holiday** estar de férias

3 (*referring to time*): **~ Friday** na sexta-feira; **a week ~ Friday** sem ser esta sexta-feira, a outra; **~ arrival** ao chegar; **~ seeing this** ao ver isto

4 (*about, concerning*) sobre

♦ *adv*

1 (*referring to dress, covering*): **to have one's coat ~** estar de casaco; **what's she got ~?** o que ela está usando?; **she put her boots ~** ela calçou as botas; **he put his gloves/hat ~** ele colocou as luvas/o chapéu; **screw the lid ~ tightly** atarraxar bem a tampa

2 (*further, continuously*): **to walk/drive ~** continuar andando/dirigindo; **to go ~** continuar (em frente); **to read ~** continuar a ler

♦ *adj*

1 (*functioning, in operation: machine*) em funcionamento; (*light*) aceso; (*radio*) ligado; (*tap*) aberto; (*brakes: of car etc*): **to be ~** estar freado; (*meeting*): **is the meeting still ~?** (*in progress*) a reunião ainda está sendo realizada?; (*not cancelled*) ainda vai haver reunião?; **there's a good film ~ at the cinema** tem um bom filme passando no cinema

2: **that's not ~!** (*inf: of behaviour*) isso não se faz!

once [wʌns] *adv* uma vez; *(formerly)* outrora ♦ *conj* depois que; **~ he had left/it was done** depois que ele saiu/ foi feito; **at ~** imediatamente; *(simultaneously)* de uma vez, ao mesmo tempo; **~ more** mais uma vez; **~ and for all** uma vez por todas; **~ upon a time** era uma vez

oncoming [ˈɔnkʌmɪŋ] *adj* (*traffic*) que vem de frente

---

one

KEYWORD

[wʌn] *num* um(a); **~ hundred and fifty** cento e cinqüenta; **~ by ~** um por um
♦ *adj*
1 *(sole)* único; **the ~ book which ...** o único livro que ...
2 *(same)* mesmo; **they came in the ~ car** eles vieram no mesmo carro
♦ *pron*
1 um(a); **this ~** este (esta); **that ~** esse (essa), aquele (aquela); **I've already got ~/a red ~** eu já tenho um/um vermelho
2: **~ another** um ao outro; **do you two ever see ~ another?** vocês dois se vêem de vez em quando?
3 *(impers)*: **~ never knows** nunca se sabe; **to cut ~'s finger** cortar o dedo; **~ needs to eat** é preciso comer

---

oneself [wʌnˈsɛlf] *pron (reflexive)* se; *(after prep, emphatic)* si (mesmo(-a)); **by ~** sozinho(-a); **to hurt ~** ferir-se; **to keep sth for ~** guardar algo para si mesmo; **to talk to ~** falar consigo mesmo

one: **one-sided** *adj (argument)* parcial; **one-way** *adj (street, traffic)* de mão única *(BR)*, de sentido único *(PT)*

ongoing [ˈɔngəuɪŋ] *adj (project)* em andamento; *(situation)* existente

onion [ˈʌnjən] *n* cebola

on line *adj (COMPUT)* on-line, em linha ♦ *adv* em linha

onlooker [ˈɔnlukə*] *n* espectador(a) *m/f*

only [ˈəunlɪ] *adv* somente, apenas ♦ *adj* único, só ♦ *conj* só que, porém; **an ~ child** um filho único; **not ~ ... but also ...** não só ... mas também ...

onset [ˈɔnsɛt] *n* começo

onshore [ˈɔnʃɔː*] *adj (wind)* do mar

onslaught [ˈɔnslɔːt] *n* investida, arremetida

onto [ˈɔntu] *prep* = **on to**

onward(s) [ˈɔnwəd(z)] *adv (move)* para diante, para a frente; **from this time ~** de (ag)ora em diante

ooze [uːz] *vi* ressumar, filtrar-se

opaque [əuˈpeɪk] *adj* opaco, fosco

OPEC [ˈəupɛk] *n abbr (= Organization of Petroleum-Exporting Countries)* OPEP *f*

open [ˈəupn] *adj* aberto; *(car)* descoberto; *(road)* livre; *(fig: frank)* aberto, franco; *(meeting)* aberto, sem restrições ♦ *vt* abrir ♦ *vi* abrir (-se); *(book etc)* começar; **in the ~ (air)** ao ar livre; **open on to** *vt fus (subj: room, door)* dar para; **open up** *vt* abrir; *(blocked road)* desobstruir ♦ *vi (COMM)* abrir; **opening** *adj* de abertura ♦ *n* abertura; *(start)* início; *(opportunity)* oportunidade *f*; **openly** *adv* abertamente; **open-minded** *adj* aberto, imparcial; **open-necked** *adj* aberto no colo; **open-plan** *adj* sem paredes divisórias; **Open University** *(BRIT) n* ver quadro

opera ['ɔpərə] n ópera
operate ['ɔpəreɪt] vt fazer funcionar, pôr em funcionamento ♦ vi funcionar; (MED): **to ~ on sb** operar alguém
operation [ɔpə'reɪʃən] n operação f; (of machine) funcionamento; **to be in ~** (system) estar em vigor
operator ['ɔpəreɪtə*] n (of machine) operador(a) m/f, manipulador(a) m/f; (TEL) telefonista m/f
opinion [ə'pɪnɪən] n opinião f; **in my ~** na minha opinião, a meu ver; **opinionated** adj opinioso
opponent [ə'pəunənt] n oponente m/f; (MIL, SPORT) adversário(-a)
opportunity [ɔpə'tjuːnɪtɪ] n oportunidade f; **to take the ~ of doing** aproveitar a oportunidade para fazer
oppose [ə'pəuz] vt opor-se a; **to be ~d to sth** opor-se a algo, estar contra algo; **as ~d to** em oposição a
opposing [ə'pəuzɪŋ] adj oposto, contrário
opposite ['ɔpəzɪt] adj oposto; (house etc) em frente ♦ adv (lá) em frente

♦ prep em frente de, defronte de ♦ n oposto, contrário
opposition [ɔpə'zɪʃən] n oposição f
opt [ɔpt] vi: **to ~ for** optar por; **to ~ to do** optar por fazer; **opt out: to ~ out of doing sth** optar por não fazer algo
optician [ɔp'tɪʃən] n oculista m/f
optimist ['ɔptɪmɪst] n otimista m/f; **optimistic** [ɔptɪ'mɪstɪk] adj otimista
option ['ɔpʃən] n opção f; **optional** adj opcional, facultativo
or [ɔː*] conj ou; (with negative): **he hasn't seen ~ heard anything** ele não viu nem ouviu nada; **~ else** senão
oral ['ɔːrəl] adj oral ♦ n (exame m) oral f
orange ['ɔrɪndʒ] n (fruit) laranja ♦ adj cor de laranja inv, alaranjado
orbit ['ɔːbɪt] n órbita ♦ vt orbitar
orchard ['ɔːtʃəd] n pomar m
orchestra ['ɔːkɪstrə] n orquestra; (US: seating) platéia
orchid ['ɔːkɪd] n orquídea
ordeal [ɔː'diːl] n experiência penosa, provação f
order ['ɔːdə*] n ordem f; (COMM) encomenda; (good ~) bom estado ♦ vt (also: **put in ~**) pôr em ordem, arrumar; (in restaurant) pedir; (COMM) encomendar; (command) mandar, ordenar; **in (working) ~** em bom estado; **in ~ to do/that** para fazer/que (+ sub); **on ~** (COMM) encomendado; **out of ~** com defeito, enguiçado; **order form** n impresso para encomendas; **orderly** n (MIL) ordenança m; (MED) servente m/f ♦ adj (room) arrumado, ordenado; (person) metódico
ordinary ['ɔːdnrɪ] adj comum, usual; (pej) ordinário, medíocre; **out of the ~** fora do comum, extraordinário
ore [ɔː*] n minério

organ ['ɔːgən] n órgão m; **organic** [ɔː'gænɪk] adj orgânico

organization [ɔːgənaɪ'zeɪʃən] n organização f

organize ['ɔːgənaɪz] vt organizar

orgasm ['ɔːgæzəm] n orgasmo

Orient ['ɔːrɪənt] n: **the ~** o Oriente; **oriental** [ɔːrɪ'ɛntl] adj, n oriental m/f

origin ['ɔrɪdʒɪn] n origem f

original [ə'rɪdʒɪnl] adj original ♦ n original m

originate [ə'rɪdʒɪneɪt] vi: **to ~ from** originar-se de, surgir de; **to ~ in** ter origem em

Orkneys ['ɔːknɪz] npl: **the ~** (also: **the Orkney Islands**) as ilhas Órcadas

ornament ['ɔːnəmənt] n ornamento; (on dress) enfeite m; **ornamental** [ɔːnə'mɛntl] adj decorativo, ornamental

ornate [ɔː'neɪt] adj enfeitado, requintado

orphan ['ɔːfn] n órfão (órfã) m/f

orthopaedic [ɔːθə'piːdɪk] (US **orthopedic**) adj ortopédico

ostentatious [ɔstɛn'teɪʃəs] adj pomposo, espalhafatoso; (person) ostentoso

ostrich ['ɔstrɪtʃ] n avestruz m/f

other ['ʌðə*] adj outro ♦ pron: **the ~ (one)** o outro (a outra) ♦ adv (usually in negatives): **~ than** (apart from) a não ser; (anything but) exceto; **~s** (~ people) outros; **otherwise** adv (in a different way) de outra maneira; (apart from that) do contrário, caso contrário ♦ conj (if not) senão

otter ['ɔtə*] n lontra

ouch [autʃ] excl ai!

ought [ɔːt] (pt **ought**) aux vb: **I ~ to do it** eu deveria fazê-lo; **he ~ to win** (probability) ele deve ganhar

ounce [auns] n onça (= 28.35g; 16 in a pound)

our ['auə*] adj nosso; see also **my**; **ours** pron (o) nosso ((a) nossa) etc; see also **mine**[1]; **ourselves** [auə'sɛlvz] pron pl (reflexive, after prep) nós; (emphatic) nós mesmos(-as); see also **oneself**

oust [aust] vt expulsar

---

out
KEYWORD

[aut] adv

1 (not in) fora; **(to stand) ~ in the rain/snow** (estar em pé) na chuva/neve; **~ loud** em voz alta

2 (not at home, absent) fora (de casa); **Mr Green is ~ at the moment** Sr. Green não está no momento; **to have a day/night ~** passar o dia fora/sair à noite

3 (indicating distance): **the boat was 10 km ~** o barco estava a 10 km da costa

4 (SPORT): **the ball is/has gone ~** a bola caiu fora; **~!** (TENNIS etc) fora!

♦ adj

1: **to be ~** (unconscious) estar inconsciente; (~ of game) estar fora; (~ of fashion) estar fora de moda

2 (have appeared: news, secret) do conhecimento público; (: flowers): **the flowers are ~** as flores desabrocham

3 (extinguished: light, fire) apagado; **before the week was ~** (finished) antes da semana acabar

4: **to be ~ to do sth** (intend) pretender fazer algo; **to be ~ in one's calculations** (wrong) enganar-se nos cálculos

♦ prep: **~ of**

1 (outside, beyond): **~ of** fora de; **to go ~ of the house** sair da casa; **to look ~ of the window** olhar pela janela

2 (cause, motive) por

3 (origin): **to drink sth ~ of a cup**

a b c d e f g h i j k l m n o p q r s t u v w x y z

beber algo na xícara
❹ (*from among*): **1 ~ of every 3** 1 entre 3
❺ (*without*) sem; **to be ~ of milk/ sugar/petrol** etc não ter leite/ açúcar/gasolina etc

out-and-out adj (*liar etc*) completo, rematado
outback ['autbæk] n (*in Australia*): **the ~** o interior
outbreak ['autbreɪk] n (*of war*) deflagração f; (*of disease*) surto; (*of violence etc*) explosão f
outburst ['autbə:st] n explosão f
outcast ['autka:st] n pária m/f
outcome ['autkʌm] n resultado
outcry ['autkraɪ] n clamor m (de protesto)
outdated [aut'deɪtɪd] adj antiquado, fora de moda
outdo [aut'du:] (*irreg*) vt ultrapassar, exceder
outdoor [aut'dɔ:*] adj ao ar livre; (*clothes*) de sair; **outdoors** adv ao ar livre
outer ['autə*] adj exterior, externo; **outer space** n espaço (exterior)
outfit ['autfɪt] n roupa, traje m
outgoing ['autgəuɪŋ] adj de saída; (*character*) extrovertido, sociável;
outgoings (*BRIT*) npl despesas fpl
outgrow [aut'grəu] (*irreg*) vt: **he has ~n his clothes** a roupa ficou pequena para ele
outing ['autɪŋ] n excursão f
outlaw ['autlɔ:] n fora-da-lei m/f ♦ vt (*person*) declarar fora da lei; (*practice*) declarar ilegal
outlay ['autleɪ] n despesas fpl
outlet ['autlet] n saída, escape m; (*of pipe*) desagüe m, escoadouro; (*US: ELEC*)

tomada; (*also: retail ~*) posto de venda
outline ['autlaɪn] n (*shape*) contorno, perfil m; (*of plan*) traçado; (*sketch*) esboço, linhas fpl gerais ♦ vt (*theory, plan*) traçar, delinear
outlive [aut'lɪv] vt sobreviver a
outlook ['autluk] n (*attitude*) ponto de vista; (*fig: prospects*) perspectiva; (: *for weather*) previsão f
outnumber [aut'nʌmbə*] vt exceder em número
out-of-date adj (*passport, ticket*) sem validade; (*clothes*) fora de moda
out-of-the-way adj remoto, afastado
outpatient ['autpeɪʃənt] n paciente m/f externo(-a) or de ambulatório
outpost ['autpəust] n posto avançado
output ['autput] n (volume m de) produção f; (*COMPUT*) saída ♦ vt (*COMPUT*) liberar
outrage ['autreɪdʒ] n escândalo; (*atrocity*) atrocidade f ♦ vt ultrajar;
outrageous [aut'reɪdʒəs] adj ultrajante, escandaloso
outright [adv aut'raɪt, adj 'autraɪt] adv (*kill, win*) completamente; (*ask, refuse*) abertamente ♦ adj completo; franco
outset ['autset] n início, princípio
outside [aut'saɪd] n exterior m ♦ adj exterior, externo ♦ adv (lá) fora ♦ prep fora de; (*beyond*) além (dos limites) de; **at the ~** (*fig*) no máximo;
outsider n (*stranger*) estranho(-a), forasteiro(-a)
outsize ['autsaɪz] adj (*clothes*) de tamanho extra-grande or especial
outskirts ['autskə:ts] npl arredores mpl, subúrbios mpl
outspoken [aut'spəukən] adj franco, sem rodeios
outstanding [aut'stændɪŋ] adj

excepcional; (*work*, *debt*) pendente

outstay [aut'steɪ] *vt*: **to ~ one's welcome** abusar da hospitalidade (demorando mais tempo)

outstretched [aut'stretʃt] *adj* (*hand*) estendido

outstrip [aut'strɪp] *vt* ultrapassar

outward ['autwəd] *adj* externo; (*journey*) de ida

outweigh [aut'weɪ] *vt* ter mais valor do que

outwit [aut'wɪt] *vt* passar a perna em

oval ['əuvl] *adj* ovalado ♦ *n* oval *m*; **Oval Office** *n* ver quadro

---

OVAL OFFICE

O Salão Oval (**Oval Office**) é o escritório particular do presidente dos Estados Unidos na Casa Branca, assim chamado devido a sua forma oval. Por extensão, o termo se refere à presidência em si.

---

ovary ['əuvərɪ] *n* ovário

oven ['ʌvn] *n* forno

---

over
KEYWORD

['əuvə*] *adv*

1 (*across: walk, jump, fly etc*) por cima; **to cross ~ to the other side of the road** atravessar para o outro lado da rua; **~ here** por aqui, cá; **~ there** por ali, lá; **to ask sb ~** (*to one's home*) convidar alguém

2: **to fall ~** cair; **to knock ~** derrubar; **to turn ~** virar; **to bend ~** curvar-se, debruçar-se

3 (*finished*): **to be ~** estar acabado

4 (*excessively: clever, rich, fat etc*) muito, demais; **she's not ~ intelligent** ela não é superdotada

5 (*remaining: money, food etc*): **there are 3 ~** tem 3 sobrando/sobraram 3

6: **all ~** (*everywhere*) por todos os lados; **~ and ~** (*again*) repetidamente

♦ *prep*

1 (*on top of*) sobre; (*above*) acima de

2 (*on the other side of*) no outro lado de; **he jumped ~ the wall** ele pulou o muro

3 (*more than*) mais de; **~ and above** além de

4 (*during*) durante

overall [*adj, n* 'əuvərɔːl, *adv* əuvər'ɔːl] *adj* (*length*) total; (*study*) global ♦ *adv* (*view*) globalmente; (*measure, paint*) totalmente ♦ *n* (*also: ~s*) macacão *m* (*BR*), (*fato*) macaco (*PT*)

overawe [əuvər'ɔː] *vt* intimidar

overboard ['əuvəbɔːd] *adv* (*NAUT*) ao mar

overcast ['əuvəkɑːst] *adj* nublado, fechado

overcharge [əuvə'tʃɑːdʒ] *vt*: **to ~ sb** cobrar em excesso a alguém

overcoat ['əuvəkəut] *n* sobretudo

overcome [əuvə'kʌm] (*irreg*) *vt* vencer, dominar; (*difficulty*) superar

overcrowded [əuvə'kraudɪd] *adj* superlotado

overdo [əuvə'duː] (*irreg*) *vt* exagerar; (*overcook*) cozinhar demais; **to ~ it** (*work too hard*) exceder-se

overdose ['əuvədəus] *n* overdose *f*, dose *f* excessiva

overdraft ['əuvədrɑːft] *n* saldo negativo

overdrawn [əuvə'drɔːn] *adj* (*account*) sem fundos, a descoberto

overdue [əuvə'djuː] *adj* atrasado;

(*change*) tardio

overestimate [əuvərˈestɪmeɪt] *vt*
sobrestimar

overflow [*vb* əuvəˈfləu, *n* ˈəuvəfləu] *vi*
transbordar ♦ *n* (*also:* ~ **pipe**) tubo de
descarga, ladrão *m*

overgrown [əuvəˈgrəun] *adj* (*garden*)
coberto de vegetação

overhaul [*vb* əuvəˈhɔːl, *n* ˈəuvəhɔːl] *vt*
revisar ♦ *n* revisão *f*

overhead [*adv* əuvəˈhed, *adj*,
ˈəuvəhed] *adv* por cima, em cima; (*in
the sky*) no céu ♦ *adj* (*lighting*)
superior; (*railway*) suspenso ♦ *n* (*US*) =
~**s**; ~**s** *npl* (*expenses*) despesas *fpl*
gerais

overhear [əuvəˈhɪə*] (*irreg*) *vt* ouvir
por acaso

overheat [əuvəˈhiːt] *vi* (*engine*)
aquecer demais

overjoyed [əuvəˈdʒɔɪd] *adj*: **to be ~
(at)** estar muito alegre (com)

overland [ˈəuvəlænd] *adj*, *adv* por
terra

overlap [əuvəˈlæp] *vi* (*edges*)
sobrepor-se em parte; (*fig*) coincidir

overleaf [əuvəˈliːf] *adv* no verso

overload [əuvəˈləud] *vt* sobrecarregar

overlook [əuvəˈluk] *vt* (*have view on*)
dar para; (*miss*) omitir; (*forgive*) fazer
vista grossa a

overnight [*adv* əuvəˈnaɪt, *adj*
ˈəuvənaɪt] *adv* durante a noite; (*fig*) da
noite para o dia ♦ *adj* de uma (*or* de)
noite; **to stay ~** passar a noite,
pernoitar

overpass [ˈəuvəpɑːs] (*esp US*) *n*
viaduto

overpower [əuvəˈpauə*] *vt* dominar,
subjugar; (*fig*) assolar

overrate [əuvəˈreɪt] *vt* sobrestimar,
supervalorizar

override [əuvəˈraɪd] (*irreg*) *vt* (*order,*

objection) não fazer caso de, ignorar

overrule [əuvəˈruːl] *vt* (*decision*)
anular; (*claim*) indeferir

overrun [əuvəˈrʌn] (*irreg*) *vt* (*country
etc*) invadir; (*time limit*) ultrapassar,
exceder

overseas [əuvəˈsiːz] *adv* (*abroad*) no
estrangeiro, no exterior ♦ *adj* (*trade*)
exterior; (*visitor*) estrangeiro

overshadow [əuvəˈʃædəu] *vt* ofuscar

oversight [ˈəuvəsaɪt] *n* descuido

oversleep [əuvəˈsliːp] (*irreg*) *vi* dormir
além da hora

overt [əuˈvəːt] *adj* aberto,
indissimulado

overtake [əuvəˈteɪk] (*irreg*) *vt*
ultrapassar

overthrow [əuvəˈθrəu] (*irreg*) *vt*
(*government*) derrubar

overtime [ˈəuvətaɪm] *n* horas *fpl*
extras

overtone [ˈəuvətəun] *n* (*fig: also:* ~**s**)
implicação *f*, tom *m*

overture [ˈəuvətʃuə*] *n* (*MUS*) abertura;
(*fig*) proposta, oferta

overturn [əuvəˈtəːn] *vt* virar; (*system*)
derrubar; (*decision*) anular ♦ *vi* (*car
etc*) capotar

overweight [əuvəˈweɪt] *adj* gordo
demais, com excesso de peso

overwhelm [əuvəˈwelm] *vt* esmagar,
assolar; **overwhelming** *adj* (*victory,
defeat*) esmagador(a); (*heat*)
sufocante; (*desire*) irresistível

overwrought [əuvəˈrɔːt] *adj*
extenuado, superexcitado

owe [əu] *vt*: **to ~ sb sth, to ~ sth to sb**
dever algo a alguém; **owing to** *prep*
devido a, por causa de

owl [aul] *n* coruja

own [əun] *adj* próprio ♦ *vt* possuir,
ter; **a room of my ~** meu próprio
quarto; **to get one's ~ back** ir à forra;

on one's ~ sozinho; **own up** vi: **to ~ up to sth** confessar algo; **owner** n dono(-a), proprietário(-a); **ownership** n posse f

ox [ɒks] (pl **~en**) n boi m

oxtail ['ɒksteɪl] n: **~ soup** sopa de rabada

oxygen ['ɒksɪdʒən] n oxigênio

oyster ['ɔɪstə*] n ostra

oz. abbr = **ounce(s)**

ozone ['əuzəun] n ozônio; **ozone-friendly** adj (products) que não destrói a camada de ozônio; **ozone layer** n camada de ozônio

P p

p [piː] abbr (= page) p; (BRIT) = **penny; pence**

PA n abbr = **personal assistant; public address system**

p.a. abbr (= per annum) p.a.

pace [peɪs] n passo; (speed) velocidade f ♦ vi: **to ~ up and down** andar de um lado para o outro; **to keep ~ with** acompanhar o passo de; **pacemaker** n (MED) marcapasso m

Pacific [pə'sɪfɪk] n: **the ~ (Ocean)** o (Oceano) Pacífico

pack [pæk] n pacote m, embrulho; (US: of cigarettes) maço m; (of hounds) matilha; (of thieves) bando, quadrilha; (of cards) baralho; (back~) mochila ♦ vt encher; (in suitcase) arrumar (na mala); (cram): **to ~ into** entupir de, entulhar com; **to ~ (one's bags)** fazer as malas; **to ~ sb off** despedir alguém; **~ it in!** pára com isso!

package ['pækɪdʒ] n pacote m; (bulky) embrulho, fardo; (also: **~ deal**) acordo global, pacote; **package tour** (BRIT) n

excursão f organizada

packed lunch [pækt-] (BRIT) n merenda

packet ['pækɪt] n pacote m; (of cigarettes) maço m; (of washing powder etc) caixa

packing ['pækɪŋ] n embalagem f; (act) empacotamento

pad [pæd] n (of paper) bloco; (to prevent friction) acolchoado; (inf: home) casa ♦ vt acolchoar, enchumaçar

paddle ['pædl] n remo curto; (US: for table tennis) raquete f ♦ vt remar ♦ vi patinhar; **paddling pool** (BRIT) n lago de recreação

paddock ['pædək] n cercado; (at race course) paddock m

padlock ['pædlɒk] n cadeado

pagan ['peɪgən] adj, n pagão (pagã) m/f

page [peɪdʒ] n página; (also: **~ boy**) mensageiro ♦ vt mandar chamar

pager ['peɪdʒə*], **paging device** ['peɪdʒɪŋ-] n bip m

paid [peɪd] pt, pp of **pay** ♦ adj (work) remunerado; (holiday) pago; (official) assalariado; **to put ~ to** (BRIT) acabar com

pail [peɪl] n balde m

pain [peɪn] n dor f; **to be in ~** sofrer or sentir dor; **to take ~s to do sth** dar-se ao trabalho de fazer algo; **painful** adj doloroso; (laborious) penoso; (unpleasant) desagradável; **painfully** adv (fig) terrivelmente; **painkiller** n analgésico; **painless** adj sem dor, indolor; **painstaking** ['peɪnzteɪkɪŋ] adj (work) esmerado; (person) meticuloso

paint [peɪnt] n pintura ♦ vt pintar; **paintbrush** n (artist's) pincel m; (decorator's) broxa; **painter** n (artist) pintor(a) m/f; (decorator) pintor(a) de

paredes; **painting** n pintura; (*picture*) tela, quadro; **paintwork** n pintura
pair [peə*] n par m; **a ~ of scissors** uma tesoura; **a ~ of trousers** uma calça (*BR*), umas calças (*PT*)
pajamas [pɪˈdʒɑːməz] (*US*) npl pijama m
Pakistan [pɑːkɪˈstɑːn] n Paquistão m; **Pakistani** adj, n paquistanês(-esa) m/f
pal [pæl] (*inf*) n camarada m/f, colega m/f
palace [ˈpæləs] n palácio
pale [peɪl] adj pálido; (*colour*) claro; (*light*) fraco ♦ vi empalidecer ♦ n: **to be beyond the ~** passar dos limites
Palestine [ˈpælɪstaɪn] n Palestina; **Palestinian** [pælɪsˈtɪnɪən] adj, n palestino(-a)
palm [pɑːm] n (*of hand*) palma; (*also:* **~ tree**) palmeira ♦ vt: **to ~ sth off on sb** (*inf*) impingir algo a alguém
pamper [ˈpæmpə*] vt paparicar, mimar
pamphlet [ˈpæmflət] n panfleto
pan [pæn] n (*also:* **sauce~**) panela (*BR*), caçarola (*PT*); (*also:* **frying ~**) frigideira
Panama [ˈpænəmɑː] n Panamá m
pancake [ˈpænkeɪk] n panqueca
panda [ˈpændə] n panda m/f
pane [peɪn] n vidraça, vidro
panel [ˈpænl] n (*of wood*, *RADIO*, *TV*) painel m; **panelling** (*US* **paneling**) n painéis mpl
pang [pæŋ] n: **a ~ of regret** uma sensação de pesar; **~s of hunger** fome aguda
panic [ˈpænɪk] n pânico ♦ vi entrar em pânico; **panicky** adj (*person*) assustadiço, apavorado; **panic-stricken** adj tomado de pânico
pansy [ˈpænzɪ] n (*BOT*) amor-perfeito; (*inf: pej*) bicha (*BR*), maricas m (*PT*)
pant [pænt] vi arquejar, ofegar

panther [ˈpænθə*] n pantera
panties [ˈpæntɪz] npl calcinha (*BR*), cuecas fpl (*PT*)
pantihose [ˈpæntɪhəʊz] (*US*) n meia-calça (*BR*), collants mpl (*PT*)
pantomime [ˈpæntəmaɪm] (*BRIT*) n pantomima; *ver quadro*

PANTOMIME

Uma **pantomime**, também chamada simplesmente de *panto*, é um gênero de comédia em que o personagem principal em geral é um rapaz na qual há sempre uma *dame*, isto é, uma mulher idosa representada por um homem, e um vilão. Na maior parte das vezes, a história é baseada em um conto de fadas, como "A gata borralheira" ou "O gato de botas", e a platéia é encorajada a participar prevenindo os heróis dos perigos que estão por vir. Esse tipo de espetáculo, voltado sobretudo para as crianças, visa também ao público adulto por meio de diversas brincadeiras que fazem alusão aos fatos atuais.

pantry [ˈpæntrɪ] n despensa
pants [pænts] npl (*BRIT*: *underwear*: *woman's*) calcinha (*BR*), cuecas fpl (*PT*); (: *man's*) cueca (*BR*), cuecas (*PT*); (*US*: *trousers*) calça (*BR*), calças fpl (*PT*)
paper [ˈpeɪpə*] n papel m; (*also:* **news~**) jornal m; (*also:* **wall~**) papel de parede; (*study*, *article*) artigo, dissertação f; (*exam*) exame m, prova ♦ adj de papel ♦ vt (*room*) revestir (com papel de parede); **~s** npl (*also:* **identity ~s**) documentos mpl; **paperback** n livro de capa mole; **paper bag** n saco de papel; **paper**

clip n clipe m; **paper hankie** n lenço de papel; **paperweight** n pesa-papéis m inv; **paperwork** n trabalho burocrático; (pej) papelada

par [pɑ:*] n paridade f, igualdade f; (GOLF) média f; **on a ~ with** em pé de igualdade com

parachute ['pærəʃu:t] n pára-quedas m inv

parade [pə'reɪd] n desfile m ♦ vt (show off) exibir ♦ vi (MIL) passar revista

paradise ['pærədaɪs] n paraíso

paraffin ['pærəfɪn] (BRIT) n: ~ **(oil)** querosene m

paragraph ['pærəgrɑ:f] n parágrafo

Paraguay ['pærəgwaɪ] n Paraguai m

parallel ['pærəlɛl] adj (lines etc) paralelo; (fig) correspondente ♦ n paralela; correspondência

paralyse ['pærəlaɪz] (BRIT) vt paralisar

paralysis [pə'rælɪsɪs] (pl **paralyses**) n paralisia

paralyze ['pærəlaɪz] (US) vt = paralyse

paranoid ['pærənɔɪd] adj paranóico

parasol ['pærəsɔl] n guarda-sol m, sombrinha

paratrooper ['pærətru:pə*] n pára-quedista m/f

parcel ['pɑ:sl] n pacote m ♦ vt (also: ~ **up**) embrulhar, empacotar

pardon ['pɑ:dn] n (LAW) indulto ♦ vt perdoar; ~ **me!, I beg your ~** (apologizing) desculpe(-me); **(I beg your) ~?** (BRIT), ~ **me?** (US) (not hearing) como?, como disse?

parent ['pɛərənt] n (father) pai m; (mother) mãe f; ~**s** npl (mother and father) pais mpl

Paris ['pærɪs] n Paris

parish ['pærɪʃ] n paróquia, freguesia

park [pɑ:k] n parque m ♦ vt, vi estacionar

parking ['pɑ:kɪŋ] n estacionamento; **"no ~"** "estacionamento proibido"; **parking lot** (US) n (parque m de) estacionamento; **parking meter** n parquímetro; **parking ticket** n multa por estacionamento proibido

parliament ['pɑ:ləmənt] (BRIT) n parlamento

parlour ['pɑ:lə*] (US **parlor**) n sala de visitas, salão m, saleta

parochial [pə'rəukɪəl] (pej) adj provinciano

parole [pə'rəul] n: **on ~** em liberdade condicional, sob promessa

parrot ['pærət] n papagaio

parsley ['pɑ:slɪ] n salsa

parsnip ['pɑ:snɪp] n cherivia, pastinaga

parson ['pɑ:sn] n padre m, clérigo; (in Church of England) pastor m

part [pɑ:t] n parte f; (of machine) peça; (THEATRE etc) papel m; (of serial) capítulo; (US: in hair) risca, repartido ♦ adv = **partly** ♦ vt dividir; (hair) repartir ♦ vi (people) separar-se; (crowd) dispersar-se; **to take ~ in** participar de, tomar parte em; **to take sb's ~** defender alguém; **for my ~** pela minha parte; **for the most ~** na maior parte; **to take sth in good ~** não se ofender com algo; **part with** vt fus ceder, entregar; (money) pagar; **part exchange** (BRIT) n: **in part exchange** como parte do pagamento

partial ['pɑ:ʃl] adj parcial; **to be ~ to** gostar de, ser apreciador(a) de

participate [pɑ:'tɪsɪpeɪt] vi: **to ~ in** participar de; **participation** [pɑ:tɪsɪ'peɪʃən] n participação f

particle ['pɑ:tɪkl] n partícula; (of dust) grão m

particular [pə'tɪkjulə*] adj (special)

especial; (*specific*) específico; (*fussy*)
exigente, minucioso; **in ~** em
particular; **particularly** *adv* em
particular, especialmente; **particulars**
npl detalhes *mpl*; (*personal details*)
dados *mpl* pessoais

parting ['pɑ:tɪŋ] *n* (*act*) separação *f*;
(*farewell*) despedida; (*BRIT: in hair*)
risca, repartido ♦ *adj* de despedida

partition [pɑ:'tɪʃən] *n* (*POL*) divisão *f*;
(*wall*) tabique *m*, divisória

partly ['pɑ:tlɪ] *adv* em parte

partner ['pɑ:tnə*] *n* (*COMM*) sócio(-a);
(*SPORT*) parceiro(-a); (*at dance*) par *m*;
(*spouse*) cônjuge *m/f*; **partnership** *n*
associação *f*, parceria; (*COMM*) sociedade *f*

partridge ['pɑ:trɪdʒ] *n* perdiz *f*

part-time *adj*, *adv* de meio
expediente

party ['pɑ:tɪ] *n* (*POL*) partido;
(*celebration*) festa; (*group*) grupo; (*LAW*)
parte *f* interessada, litigante *m/f* ♦ *cpd*
(*POL*) do partido, partidário

pass [pɑ:s] *vt* passar; (*exam*) passar
em; (*place*) passar por; (*overtake*)
ultrapassar; (*approve*) aprovar ♦ *vi*
passar; (*SCH*) ser aprovado, passar ♦ *n*
(*permit*) passe *m*; (*membership card*)
carteira; (*in mountains*) desfiladeiro;
(*SPORT*) passe *m*; (*SCH*): **to get a ~ in** ser
aprovado em; **to make a ~ at sb** tomar
liberdade com alguém; **pass away** *vi*
falecer; **pass by** *vi* passar ♦ *vt* passar
por cima de; **pass for** *vt fus* passar
por; **pass on** *vt* (*news*, *illness*)
transmitir; (*object*) passar para; **pass
out** *vi* desmaiar; **pass up** *vt* deixar
passar; **passable** *adj* (*road*)
transitável; (*work*) aceitável

passage ['pæsɪdʒ] *n* (*also:* **~way**:
indoors) corredor *m*; (: *outdoors*)
passagem *f*; (*ANAT*) via; (*act of passing*)
trânsito; (*in book*) passagem, trecho;

(*by boat*) travessia

passenger ['pæsɪndʒə*] *n* passageiro(-a)

passer-by ['pɑ:sə*-] (*pl* **passers-by**) *n*
transeunte *m/f*

passing ['pɑ:sɪŋ] *adj* (*fleeting*)
passageiro, fugaz; **in ~** de passagem

passion ['pæʃən] *n* paixão *f*;
passionate *adj* apaixonado

passive ['pæsɪv] *adj* passivo

passport ['pɑ:spɔ:t] *n* passaporte *m*

password ['pɑ:swə:d] *n* senha,
contra-senha

past [pɑ:st] *prep* (*in front of*) por;
(*beyond*) mais além de; (*later than*)
depois de ♦ *adj* passado; (*president etc*)
ex-, anterior ♦ *n* passado; **he's ~ forty**
ele tem mais de quarenta anos; **ten/
quarter ~ four** quatro e dez/quinze; **for
the ~ few/3 days** nos últimos/3 dias

pasta ['pæstə] *n* massa

paste [peɪst] *n* pasta; (*glue*) grude *m*,
cola ♦ *vt* grudar; **tomato ~** massa de
tomate

pasteurized ['pæstəraɪzd] *adj*
pasteurizado

pastille ['pæstl] *n* pastilha

pastime ['pɑ:staɪm] *n* passatempo

pastry ['peɪstrɪ] *n* massa; (*cake*) bolo

pasture ['pɑ:stʃə*] *n* pasto

pasty [*n* 'pæstɪ, *adj* 'peɪstɪ] *n* empadão
m de carne ♦ *adj* (*complexion*) pálido

pat [pæt] *vt* dar palmadinhas em; (*dog
etc*) fazer festa em

patch [pætʃ] *n* retalho; (*eye ~*)
tapa-olho *m*, tampão *m*; (*area*) área
pequena; (*mend*) remendo ♦ *vt*
remendar; **(to go through) a bad ~**
(passar por) um mau pedaço; **patch
up** *vt* consertar provisoriamente;
(*quarrel*) resolver; **patchy** *adj* (*colour*)
desigual; (*information*) incompleto

pâté ['pæteɪ] *n* patê *m*

patent ['peɪtnt] *n* patente *f* ♦ *vt*

patentear ♦ *adj* patente, evidente; **patent leather** *n* verniz *m*

paternal [pə'tɜːnl] *adj* paternal; (*relation*) paterno

path [pɑːθ] *n* caminho; (*trail, track*) trilha, senda; (*trajectory*) trajetória

pathetic [pə'θɛtɪk] *adj* (*pitiful*) patético, digno de pena; (*very bad*) péssimo

pathway ['pɑːθweɪ] *n* caminho, trilha

patience ['peɪʃns] *n* paciência

patient ['peɪʃnt] *adj, n* paciente *m/f*

patio ['pætɪəʊ] *n* pátio

patrol [pə'trəʊl] *n* patrulha ♦ *vt* patrulhar; **patrol car** *n* carro de patrulha; **patrolman** (*US: irreg*) *n* guarda *m*, policial *m* (*BR*), polícia *m* (*PT*)

patron ['peɪtrən] *n* (*customer*) cliente *m/f*, freguês(-esa) *m/f*; (*of charity*) benfeitor(a) *m/f*; ~ **of the arts** mecenas *m*; **patronize** ['pætrənaɪz] *vt* (*pej*) tratar com ar de superioridade; (*shop*) ser cliente de; (*business, artist*) patrocinar

patter ['pætə*] *n* (*of rain*) tamborilada; (*of feet*) passos miúdos *mpl*; (*sales talk*) jargão *m* profissional ♦ *vi* correr dando passinhos; (*rain*) tamborilar

pattern ['pætən] *n* (*SEWING*) molde *m*; (*design*) desenho

pauper ['pɔːpə*] *n* pobre *m/f*

pause [pɔːz] *n* pausa ♦ *vi* fazer uma pausa

pave [peɪv] *vt* pavimentar; **to ~ the way for** preparar o terreno para

pavement ['peɪvmənt] (*BRIT*) *n* calçada (*BR*), passeio (*PT*)

pavilion [pə'vɪlɪən] *n* (*SPORT*) barraca

paving ['peɪvɪŋ] *n* pavimento, calçamento; **paving stone** *n* laje *f*, paralelepípedo

paw [pɔː] *n* pata; (*of cat*) garra

pawn [pɔːn] *n* (*CHESS*) peão *m*; (*fig*) títere *m* ♦ *vt* empenhar; **pawnbroker** *n* agiota *m/f*

pay [peɪ] (*pt, pp* **paid**) *n* salário; (*of manual worker*) paga ♦ *vt* pagar; (*debt*) liquidar, saldar; (*visit*) fazer ♦ *vi* valer a pena, render; **to ~ attention (to)** prestar atenção (a); **to ~ one's respects to sb** fazer uma visita de cortesia a alguém; **pay back** *vt* (*money*) devolver; (*person*) pagar; **pay for** *vt fus* pagar a; (*fig*) recompensar; **pay in** *vt* depositar; **pay off** *vt* (*debts*) saldar, liquidar; (*creditor*) pagar, reembolsar ♦ *vi* (*plan*) valer a pena; **pay up** *vt* pagar; **payable** *adj* pagável; (*cheque*): **payable to** nominal em favor de; **payee** [peɪ'iː] *n* beneficiário(-a); **payment** *n* pagamento; **monthly payment** pagamento mensal; **pay packet** (*BRIT*) *n* envelope *m* de pagamento; **pay phone** *n* telefone *m* público; **payroll** *n* folha de pagamento; **pay television** *n* televisão *f* por assinatura

PC *n abbr* (= *personal computer*) PC *m*

pc *abbr* = **per cent**

pea [piː] *n* ervilha

peace [piːs] *n* paz *f*; (*calm*) tranqüilidade *f*, quietude *f*; **peaceful** *adj* (*person*) tranqüilo, pacífico; (*place, time*) tranqüilo, sossegado

peach [piːtʃ] *n* pêssego

peacock ['piːkɔk] *n* pavão *m*

peak [piːk] *n* (*of mountain: top*) cume *m*; (*of cap*) pala, viseira; (*fig*) apogeu *m*

peanut ['piːnʌt] *n* amendoim *m*; **peanut butter** *n* manteiga de amendoim

pear [pɛə*] *n* pêra

pearl [pɜːl] *n* pérola

peasant ['pɛznt] *n* camponês(-esa) *m/f*

peat [piːt] *n* turfa

pebble ['pɛbl] *n* seixo, calhau *m*

a
b
c
d
e
f
g
h
i
j
k
l
m
n
o
p
q
r
s
t
u
v
w
x
y
z

peck [pɛk] vt (also: ~ **at**) bicar, dar bicadas em ♦ n bicada; (kiss) beijoca; **peckish** (BRIT: inf) adj: **I feel peckish** estou a fim de comer alguma coisa
peculiar [pɪˈkjuːlɪə*] adj (strange) estranho, esquisito; (belonging to): ~ **to** próprio de
pedal [ˈpɛdl] n pedal m ♦ vi pedalar
pedestrian [pɪˈdɛstrɪən] n pedestre m/f (BR), peão m (PT) ♦ adj (fig) prosaico; **pedestrian crossing** (BRIT) n passagem f para pedestres (BR), passadeira (PT)
pedigree [ˈpɛdɪgriː] n raça; (fig) genealogia ♦ cpd (animal) de raça
pee [piː] (inf) vi fazer xixi, mijar
peek [piːk] vi: **to ~ at** espiar, espreitar
peel [piːl] n casca ♦ vt descascar ♦ vi (paint, skin) descascar; (wallpaper) desprender-se
peep [piːp] n (BRIT: look) espiadela; (sound) pio ♦ vi espreitar; **peep out** (BRIT) vi mostrar-se, surgir; **peephole** n vigia, olho mágico
peer [pɪə*] vi: **to ~ at** perscrutar, fitar ♦ n (noble) par m/f; (equal) igual m/f; (contemporary) contemporâneo(-a)
peg [pɛg] n (for coat etc) cabide m; (BRIT: also: **clothes ~**) pregador m
pelican [ˈpɛlɪkən] n pelicano
pellet [ˈpɛlɪt] n bolinha; (for shotgun) pelota de chumbo
pelt [pɛlt] vt: **to ~ sb with sth** atirar algo em alguém ♦ vi (rain: also: ~ **down**) chover a cântaros; (inf: run) correr ♦ n pele f (não curtida)
pelvis [ˈpɛlvɪs] n pelvis f, bacia
pen [pɛn] n caneta; (for sheep etc) redil m, cercado
penal [ˈpiːnl] adj penal; **penalize** [ˈpiːnəlaɪz] vt impor penalidade a; (SPORT) penalizar
penalty [ˈpɛnltɪ] n pena, penalidade

f; (fine) multa; (SPORT) punição f
pence [pɛns] (BRIT) npl of penny
pencil [ˈpɛnsl] n lápis m; **pencil case** n lapiseira, porta-lápis m inv; **pencil sharpener** n apontador m (de lápis) (BR), apara-lápis m inv (PT)
pendant [ˈpɛndnt] n pingente m
pending [ˈpɛndɪŋ] prep, adj pendente
penetrate [ˈpɛnɪtreɪt] vt penetrar
penfriend [ˈpɛnfrɛnd] (BRIT) n amigo(-a) por correspondência, correspondente m/f
penguin [ˈpɛŋgwɪn] n pingüim m
peninsula [pəˈnɪnsjulə] n península
penis [ˈpiːnɪs] n pênis m
penitentiary [pɛnɪˈtɛnʃərɪ] (US) n penitenciária, presídio
penknife [ˈpɛnnaɪf] (irreg) n canivete m
penniless [ˈpɛnɪlɪs] adj sem dinheiro, sem um tostão
penny [ˈpɛnɪ] (pl **pennies** or (BRIT) **pence**) n pêni m; (US) cêntimo
penpal [ˈpɛnpæl] n amigo(-a) por correspondência, correspondente m/f
pension [ˈpɛnʃən] n pensão f; (old-age ~) aposentadoria, pensão do governo; **pensioner** (BRIT) n aposentado(-a) (BR), reformado(-a) (PT)
Pentagon [ˈpɛntəgən] n: **the ~** o Pentágono; ver quadro

PENTAGON

O Pentágono é o nome dado aos escritórios do Ministério da Defesa americano, localizados em Arlington, no estado da Virgínia, por causa da forma pentagonal do edifício onde se encontram. Por extensão, o termo é utilizado também para se referir ao ministério.

penthouse ['penthaus] n cobertura
pent-up [pent-] adj reprimido
people ['pi:pl] npl gente f, pessoas fpl;
(inhabitants) habitantes m/fpl;
(citizens) povo; (POL): **the ~** o povo
♦ n povo; **several ~ came** vieram várias
pessoas; **~ say that ...** dizem que ...
pepper ['pepə*] n pimenta;
(vegetable) pimentão m ♦ vt
apimentar; (fig): **to ~ with** salpicar de;
peppermint n (sweet) bala de hortelã
peptalk ['peptɔ:k] (inf) n conversa
para levantar o espírito
per [pə:*] prep por
perceive [pə'si:v] vt perceber; (notice)
notar; (realize) compreender
per cent n por cento
percentage [pə'sentidʒ] n
porcentagem f, percentagem f
perceptive [pə'septiv] adj perceptivo
perch [pə:tʃ] (pl **~es**) n (for bird)
poleiro; (pl: inv or **~es**: fish) perca ♦ vi:
to ~ (on) (bird) empoleirar-se (em);
(person) encarapitar-se (em)
percolator ['pə:kəleitə*] n (also:
coffee ~) cafeteira de filtro
perfect [adj, n 'pə:fikt, vb pə'fekt] adj
perfeito; (utter) completo ♦ n (also: **~
tense**) perfeito ♦ vt aperfeiçoar;
perfectly adv perfeitamente
perform [pə'fɔ:m] vt (carry out)
realizar, fazer; (piece of music)
interpretar ♦ vi (well, badly)
interpretar; **performance** n
desempenho; (of play, by artist)
atuação f; (of car) performance f;
performer n (actor) artista m/f, ator
(atriz) m/f; (MUS) intérprete m/f
perfume ['pə:fju:m] n perfume m
perhaps [pə'hæps] adv talvez
peril ['peril] n perigo, risco
perimeter [pə'rimitə*] n perímetro
period ['piəriəd] n período; (SCH) aula;

(full stop) ponto final; (MED)
menstruação f, regra ♦ adj (costume,
furniture) da época; **periodic(al)**
[piəri'ɔdik(l)] adj periódico; **periodical**
[piəri'ɔdikl] n periódico
peripheral [pə'rifərəl] adj periférico
♦ n (COMPUT) periférico
perish ['periʃ] vi perecer; (decay)
deteriorar-se
perjury ['pə:dʒəri] n (LAW) perjúrio,
falso testemunho
perk [pə:k] (inf) n mordomia, regalia;
perk up vi (cheer up) animar-se
perm [pə:m] n permanente f
permanent ['pə:mənənt] adj
permanente
permission [pə'miʃən] n permissão f;
(authorization) autorização f
permit [n 'pə:mit, vb pə'mit] n licença;
(to enter) passe m ♦ vt permitir;
(authorize) autorizar
perplex [pə'pleks] vt deixar perplexo
persecute ['pə:sikju:t] vt importunar
persevere [pə:si'viə*] vi perseverar
Persian ['pə:ʃən] adj persa ♦ n (LING)
persa m; **the (~) Gulf** o golfo Pérsico
persist [pə'sist] vi: **to ~ (in)** persistir
(em); **persistent** [pə'sistənt] adj
persistente; (determined) teimoso
person ['pə:sn] n pessoa; **in ~** em
pessoa; **personal** adj pessoal;
(private) particular; (visit) em pessoa,
pessoal; **personal assistant** n
secretário(-a) particular; **personal
computer** n computador m pessoal;
personality [pə:sə'næliti] n
personalidade f; **personal organizer**
n agenda; **personal stereo** n
Walkman ® m
personnel [pə:sə'nel] n pessoal m
perspective [pə'spektiv] n perspectiva
Perspex ['pə:speks] ® (BRIT) n Blindex
® m

perspiration [pə:spɪ'reɪʃən] *n* transpiração *f*

persuade [pə'sweɪd] *vt*: **to ~ sb to do sth** persuadir alguém a fazer algo

Peru [pə'ru:] *n* Peru *m*

pervert [*n* 'pə:və:t, *vb* pə'və:t] *n* pervertido(-a) ♦ *vt* perverter, corromper; (*truth*) distorcer

pessimist ['pesɪmɪst] *n* pessimista *m/f*; **pessimistic** [pesɪ'mɪstɪk] *adj* pessimista

pest [pest] *n* (*insect*) inseto nocivo; (*fig*) peste *f*

pester ['pestə*] *vt* incomodar

pet [pet] *n* animal *m* de estimação ♦ *cpd* predileto ♦ *vt* acariciar ♦ *vi* (*inf*) acariciar-se; **teacher's ~** (*favourite*) preferido(-a) do professor

petal ['petl] *n* pétala

peter out ['pi:tə*-] *vi* (*conversation*) esgotar-se; (*road etc*) acabar-se

petite [pə'ti:t] *adj* delicado, mignon

petition [pə'tɪʃən] *n* petição *f*; (*list of signatures*) abaixo-assinado

petrified ['petrɪfaɪd] *adj* (*fig*) petrificado, paralisado

petrol ['petrəl] (*BRIT*) *n* gasolina; **two-/four-star ~** gasolina de duas/quatro estrelas

petroleum [pə'trəʊlɪəm] *n* petróleo

petrol: **petrol pump** (*BRIT*) *n* bomba de gasolina; **petrol station** (*BRIT*) *n* posto (*BR*) *or* bomba (*PT*) de gasolina; **petrol tank** (*BRIT*) *n* tanque *m* de gasolina

petticoat ['petɪkəʊt] *n* anágua

petty ['petɪ] *adj* (*mean*) mesquinho; (*unimportant*) insignificante; **petty cash** *n* fundo para despesas miúdas, caixa pequena, fundo de caixa

pew [pju:] *n* banco (de igreja)

pewter ['pju:tə*] *n* peltre *m*

phantom ['fæntəm] *n* fantasma *m*

pharmacy ['fɑ:məsɪ] *n* farmácia

phase [feɪz] *n* fase *f* ♦ *vt*: **to ~ in/out** introduzir/retirar por etapas

PhD *n abbr* = **Doctor of Philosophy**

pheasant ['feznt] *n* faisão *m*

phenomenon [fə'nɒmɪnən] (*pl* **phenomena**) *n* fenômeno

philosophical [fɪlə'sɒfɪkl] *adj* filosófico; (*fig*) calmo, sereno

philosophy [fɪ'lɒsəfɪ] *n* filosofia

phobia ['fəʊbɪə] *n* fobia

phone [fəʊn] *n* telefone *m* ♦ *vt* telefonar para, ligar para; **to be on the ~** ter telefone; (*be calling*) estar no telefone; **phone back** *vt*, *vi* ligar de volta; **phone up** *vt* telefonar para ♦ *vi* telefonar; **phone book** *n* lista telefônica; **phone box** (*BRIT*) *n* cabine *f* telefônica; **phone call** *n* telefonema *m*, ligada; **phone card** *n* cartão para uso em telefone público; **phone-in** (*BRIT*) *n* (*RADIO*) programa com participação dos ouvintes; (*TV*) programa com participação dos espectadores; **phone number** *n* (número de) telefone *m*

phonetics [fə'netɪks] *n* fonética

phoney ['fəʊnɪ] *adj* falso; (*person*) fingido

photo ['fəʊtəʊ] *n* foto *f*

photo... ['fəʊtəʊ] *prefix* foto...;

photocopier *n* fotocopiadora *f*;

photocopy *n* fotocópia, xerox ® *m* ♦ *vt* fotocopiar, xerocar

photograph ['fəʊtəgrɑ:f] *n* fotografia ♦ *vt* fotografar; **photographer** [fə'tɒgrəfə*] *n* fotógrafo(-a);

photography [fə'tɒgrəfɪ] *n* fotografia

phrase [freɪz] *n* frase *f* ♦ *vt* expressar; **phrase book** *n* livro de expressões idiomáticas (para turistas)

physical ['fɪzɪkl] *adj* físico

physician [fɪ'zɪʃən] *n* médico(-a)

physics ['fɪzɪks] *n* física
physiotherapy [fɪzɪəʊ'θerəpɪ] *n* fisioterapia
physique [fɪ'zi:k] *n* físico
pianist ['pi:ənɪst] *n* pianista *m/f*
piano [pɪ'ænəʊ] *n* piano
pick [pɪk] *n* (*tool: also:* **~axe**) picareta ♦ *vt* (*select*) escolher, selecionar; (*gather*) colher; (*remove*) tirar; (*lock*) forçar; **take your ~** escolha o que quiser; **the ~ of** o melhor de; **to ~ one's nose** colocar o dedo no nariz; **to ~ one's teeth** palitar os dentes; **to ~ a quarrel with sb** comprar uma briga com alguém; **pick at** *vt fus* (*food*) beliscar; **pick on** *vt fus* (*person: criticize*) criticar; (*: treat badly*) azucrinar, aporrinhar; **pick out** *vt* escolher; (*distinguish*) distinguir; **pick up** *vi* (*improve*) melhorar ♦ *vt* (*from floor, AUT*) apanhar; (*POLICE*) prender; (*collect*) buscar; (*for sexual encounter*) paquerar; (*learn*) aprender; (*RADIO*) pegar; **to ~ up speed** acelerar; **to ~ o.s. up** levantar-se
picket ['pɪkɪt] *n* (*in strike*) piquete *m* ♦ *vt* formar piquete em frente de
pickle ['pɪkl] *n* (*also:* **~s**: *as condiment*) picles *mpl*; (*fig: mess*) apuro ♦ *vt* (*in vinegar*) conservar em vinagre; (*in salt*) conservar em sal e água
pickpocket ['pɪkpɔkɪt] *n* batedor(a) *m/f* de carteira (*BR*), carteirista *m/f* (*PT*)
picnic ['pɪknɪk] *n* piquenique *m*
picture ['pɪktʃə*] *n* quadro; (*painting*) pintura; (*drawing*) desenho; (*etching*) água-forte *f*; (*photograph*) foto(grafia) *f*; (*TV*) imagem *f*; (*film*) filme *m*; (*fig: description*) descrição *f*; (*: situation*) conjuntura ♦ *vt* imaginar-se; **the ~s** *npl* (*BRIT: inf*) o cinema; **picture book** *n* livro de figuras
pie [paɪ] *n* (*vegetable*) pastelão *m*;

(*fruit*) torta; (*meat*) empadão *m*
piece [pi:s] *n* pedaço, (*portion*) fatia; (*item*): **a ~ of clothing/furniture/advice** uma roupa/um móvel/um conselho ♦ *vt*: **to ~ together** juntar; **to take to ~s** desmontar; **piecemeal** *adv* pouco a pouco; **piecework** *n* trabalho por empreitada *or* peça
pie chart *n* gráfico de setores
pier [pɪə*] *n* cais *m*; (*jetty*) embarcadouro, molhe *m*
pierce [pɪəs] *vt* furar, perfurar
pig [pɪg] *n* porco; (*fig*) porcalhão(-lhona) *m/f*; (*pej: unkind person*) grosseiro(-a); (*: greedy person*) ganancioso(-a)
pigeon ['pɪdʒən] *n* pombo;
pigeonhole *n* escaninho
piggy bank ['pɪgɪ-] *n* cofre em forma de porquinho
pigskin ['pɪgskɪn] *n* couro de porco
pigsty ['pɪgstaɪ] *n* chiqueiro
pigtail ['pɪgteɪl] *n* rabo-de-cavalo, trança
pike [paɪk] *n* (*pl inv or* **~s**) (*fish*) lúcio
pilchard ['pɪltʃəd] *n* sardinha
pile [paɪl] *n* (*heap*) monte *m*; (*of carpet*) pêlo; (*of cloth*) lado felpudo ♦ *vt* (*also:* **~ up**) empilhar ♦ *vi* (*also:* **~ up**: *objects*) empilhar-se; (*: problems, work*) acumular-se; **pile into** *vt fus* (*car*) apinhar-se
piles [paɪlz] *npl* hemorróidas *fpl*
pile-up *n* (*AUT*) engavetamento
pilgrim ['pɪlgrɪm] *n* peregrino(-a)
pill [pɪl] *n* pílula; **the ~** a pílula
pillar ['pɪlə*] *n* pilar *m*; **pillar box** (*BRIT*) *n* caixa coletora (do correio) (*BR*), marco do correio (*PT*)
pillion ['pɪljən] *n*: **to ride ~** andar na garupa
pillow ['pɪləʊ] *n* travesseiro (*BR*), almofada (*PT*); **pillowcase** *n* fronha

pilot ['paɪlət] n piloto(-a) ♦ cpd (scheme etc) piloto inv ♦ vt pilotar; **pilot light** n piloto

pimp [pɪmp] n cafetão m (BR), cáften m (PT)

pimple ['pɪmpl] n espinha

PIN [pɪn] n abbr (= personal identification number) número de identificação pessoal, senha

pin [pɪn] n alfinete m ♦ vt alfinetar; **~s and needles** comichão f, sensação f de formigamento; **to ~ sth on sb** (fig) culpar alguém de algo; **pin down** vt (fig): **to ~ sb down** conseguir que alguém se defina or tome atitude

pinafore ['pɪnəfɔ:*] n (also: ~ **dress**) avental m

pincers ['pɪnsəz] npl pinça, tenaz f

pinch [pɪntʃ] n (of salt etc) pitada ♦ vt beliscar; (inf: steal) afanar; **at a ~** em último caso

pincushion ['pɪnkuʃən] n alfineteira

pine [paɪn] n pinho ♦ vi: **to ~ for** ansiar por; **pine away** vi consumir-se, definhar

pineapple ['paɪnæpl] n abacaxi m (BR), ananás m (PT)

ping-pong ['pɪŋpɔŋ] ® n pingue-pongue m

pink [pɪŋk] adj cor de rosa inv ♦ n (colour) cor f de rosa; (BOT) cravo, cravina

PIN number ['pɪn-] n = PIN

pinpoint ['pɪnpɔɪnt] vt (discover) descobrir; (explain) identificar; (locate) localizar com precisão

pint [paɪnt] n quartilho (BRIT: = 568cc; US: = 473cc)

pioneer [paɪə'nɪə*] n pioneiro(-a)

pious ['paɪəs] adj pio, devoto

pip [pɪp] n (seed) caroço, semente f; **the ~s** npl (BRIT: time signal on radio) = o toque de seis segundos

pipe [paɪp] n cano; (for smoking) cachimbo ♦ vt canalizar, encanar; **~s** npl (also: **bag~s**) gaita de foles; **pipe down** (inf) vi calar o bico, meter a viola no saco; **pipeline** n (for oil) oleoduto; (for gas) gaseoduto

piping ['paɪpɪŋ] adv: **~ hot** chiando de quente

pirate ['paɪərət] n pirata m ♦ vt piratear

Pisces ['paɪsi:z] n Pisces m, Peixes mpl

piss [pɪs] (inf!) vi mijar; **pissed** (inf!) adj (drunk) bêbado, de porre

pistol ['pɪstl] n pistola

piston ['pɪstən] n pistão m, êmbolo

pit [pɪt] n cova, fossa; (quarry, hole in surface of sth) buraco; (also: **coal ~**) mina de carvão ♦ vt: **to ~ one's wits against sb** competir em conhecimento or inteligência contra alguém; **~s** npl (AUT) box m

pitch [pɪtʃ] n (MUS) tom m; (fig: degree) intensidade f; (BRIT: SPORT) campo; (tar) piche m, breu m ♦ vt (throw) arremessar, lançar; (tent) armar ♦ vi (fall forwards) cair (para frente); **pitch-black** adj escuro como o breu

pitfall ['pɪtfɔ:l] n perigo (imprevisto), armadilha

pitiful ['pɪtɪful] adj comovente, tocante

pittance ['pɪtns] n ninharia, miséria

pity ['pɪtɪ] n compaixão f, piedade f ♦ vt ter pena de, compadecer-se de

pizza ['pi:tsə] n pizza

placard ['plækɑ:d] n placar m; (in march etc) cartaz m

placate [plə'keɪt] vt apaziguar, aplacar

place [pleɪs] n lugar m; (position) posição f; (post) posto; (role) papel m; (home): **at/to his ~** na/para a casa dele ♦ vt pôr, colocar; (identify) identificar, situar; **to take ~** realizar-se; (occur) ocorrer; **out of ~** (*not suitable*) fora de lugar, deslocado; **in the first ~** em primeiro lugar; **to change ~s with sb** trocar de lugar com alguém; **to be ~d** (*in race, exam*) classificar-se

plague [pleɪg] *n* (*MED*) peste *f*; (*fig*) praga ♦ *vt* atormentar, importunar

plaice [pleɪs] *n inv* solha

plain [pleɪn] *adj* (*unpattered*) liso; (*clear*) claro, evidente; (*simple*) simples *inv*, despretensioso; (*not handsome*) sem atrativos ♦ *adv* claramente, com franqueza ♦ *n* planície *f*, campina; **plain chocolate** *n* chocolate *m* amargo; **plain-clothes** *adj* (*police officer*) à paisana; **plainly** *adv* claramente, obviamente; (*hear, see*) facilmente; (*state*) francamente

plaintiff [ˈpleɪntɪf] *n* querelante *m/f*, queixoso(-a)

plait [plæt] *n* trança, dobra

plan [plæn] *n* plano; (*scheme*) projeto; (*schedule*) programa *m* ♦ *vt* planejar (*BR*), planear (*PT*) ♦ *vi* fazer planos; **to ~ to do** pretender fazer

plane [pleɪn] *n* (*AVIAT*) avião *m*; (*also: ~ tree*) plátano; (*fig: level*) nível *m*; (*tool*) plaina; (*MATH*) plano

planet [ˈplænɪt] *n* planeta *m*

plank [plæŋk] *n* tábua

planning [ˈplænɪŋ] *n* planejamento (*BR*), planeamento (*PT*); **family ~** planejamento *or* planeamento familiar

plant [plɑːnt] *n* planta; (*machinery*) maquinaria; (*factory*) usina, fábrica ♦ *vt* plantar; (*field*) semear; (*bomb*) colocar, pôr

plaster [ˈplɑːstə*] *n* (*for walls*) reboco; (*also: ~ of Paris*) gesso; (*BRIT: also: sticking ~*) esparadrapo, band-aid *m* ♦ *vt* rebocar; (*cover*): **to ~ with** encher *or* cobrir de; **plastered** (*inf*) *adj* bêbado, de porre

plastic [ˈplæstɪk] *n* plástico ♦ *adj* de plástico; **plastic bag** *n* sacola de plástico

plastic surgery *n* cirurgia plástica

plate [pleɪt] *n* prato, chapa; (*dental*) chapa; (*in book*) gravura; **gold/silver ~** placa de ouro/prata

plateau [ˈplætəʊ] (*pl* **~s** *or* **~x**) *n* planalto

platform [ˈplætfɔːm] *n* (*RAIL*) plataforma (*BR*), cais *m* (*PT*); (*at meeting*) tribuna; (*raised structure: for landing etc*) plataforma; (*BRIT: of bus*) plataforma; (*POL*) programa *m* partidário

platinum [ˈplætɪnəm] *n* platina

plausible [ˈplɔːzɪbl] *adj* plausível; (*person*) convincente

play [pleɪ] *n* (*THEATRE*) obra, peça ♦ *vt* jogar; (*team*) jogar contra; (*music*) tocar; (*role*) fazer o papel de ♦ *vi* (*music*) tocar; (*frolic*) brincar; **to ~ safe** não se arriscar, não correr riscos; **play down** *vt* minimizar; **play up** *vi* (*person*) dar trabalho; (*TV, car*) estar com defeito; **playboy** *n* playboy *m*; **player** *n* jogador(a) *m/f*; (*THEATRE*) ator (atriz) *m/f*; (*MUS*) músico(-a); **playful** *adj* brincalhão(-lhona); **playground** *n* (*in park*) playground *m*; (*in school*) pátio de recreio; **playgroup** *n* espécie de jardim de infância; **playing card** *n* carta de baralho; **playing field** *n* campo de esportes (*BR*) *or* jogos (*PT*); **playmate** *n* colega *m/f*, camarada *m/f*; **playpen** *n* cercado para crianças; **plaything** *n* brinquedo; (*fig*) joguete *m*; **playtime** *n* (*SCH*) recreio; **playwright** *n* dramaturgo(-a)

plc *abbr* = **public limited company**

plea [pliː] *n* (*request*) apelo, petição *f*; (*LAW*) defesa

plead [pliːd] *vt* (*LAW*) defender,

advogar; (*give as excuse*) alegar ♦ *vi*
(*LAW*) declarar-se; (*beg*): **to ~ with sb**
suplicar *or* rogar a alguém
pleasant ['plɛznt] *adj* agradável;
(*person*) simpático
please [pli:z] *excl* por favor ♦ *vt*
agradar a, dar prazer a ♦ *vi* agradar,
dar prazer; (*think fit*): **do as you ~** faça
o que *or* como quiser; **~ yourself!** (*inf*)
como você quiser!, você que sabe!;
pleased *adj* (*happy*): **pleased (with)**
satisfeito (com); **pleased to meet you**
prazer (em conhecê-lo); **pleasing** *adj*
agradável
pleasure ['plɛʒə*] *n* prazer *m*; **"it's a**
~" "não tem de quê"
pleat [pli:t] *n* prega
pledge [plɛdʒ] *n* (*promise*) promessa
♦ *vt* prometer; **to ~ support for sb**
empenhar-se a apoiar alguém
plentiful ['plɛntɪful] *adj* abundante
plenty ['plɛntɪ] *n*: **~ of** (*food, money*)
bastante; (*jobs, people*) muitos(-as)
pliable ['plaɪəbl] *adj* flexível; (*fig:*
person) adaptável, moldável
pliers ['plaɪəz] *npl* alicate *m*
plimsolls ['plɪmsəlz] (*BRIT*) *npl* tênis
mpl
plod [plɒd] *vi* caminhar pesadamente;
(*fig*) trabalhar laboriosamente
plonk [plɒŋk] (*inf*) *n* (*BRIT: wine*)
zurrapa ♦ *vt*: **to ~ sth down** deixar cair
algo (pesadamente)
plot [plɒt] *n* (*scheme*) conspiração *f*,
complô *m*; (*of story, play*) enredo,
trama; (*of land*) lote *m* ♦ *vt* (*conspire*)
tramar, planejar (*BR*), planear (*PT*);
(*AVIAT, NAUT, MATH*) plotar ♦ *vi* conspirar;
a vegetable ~ (*BRIT*) uma horta
plough [plaʊ] (*US* **plow**) *n* arado ♦ *vt*
arar; **to ~ money into** investir dinheiro
em; **plough through** *vt fus* abrir
caminho por; **ploughman's lunch**

(*BRIT*) *n* lanche de pão, queijo e picles
ploy [plɔɪ] *n* estratagema *m*
pluck [plʌk] *vt* (*fruit*) colher; (*musical*
instrument) dedilhar; (*bird*) depenar
♦ *n* coragem *f*, puxão *m*; **to ~ one's**
eyebrows fazer as sobrancelhas; **to ~**
up courage criar coragem
plug [plʌg] *n* (*ELEC*) tomada (*BR*), ficha
(*PT*); (*in sink*) tampa; (*AUT: also:* **spark**
(ing) ~) vela (de ignição) ♦ *vt* (*hole*)
tapar; (*inf: advertise*) fazer propaganda
de; **plug in** *vt* (*ELEC*) ligar
plum [plʌm] *n* (*fruit*) ameixa ♦ *cpd*
(*inf*): **a ~ job** um emprego jóia
plumber ['plʌmə*] *n* bombeiro(-a)
(*BR*), encanador(a) *m/f* (*BR*),
canalizador(a) *m/f* (*PT*)
plumbing ['plʌmɪŋ] *n* (*trade*) ofício
de encanador; (*piping*) encanamento
plummet ['plʌmɪt] *vi*: **to ~ (down)**
(*bird, aircraft*) cair rapidamente; (*price*)
baixar rapidamente
plump [plʌmp] *adj* roliço,
rechonchudo ♦ *vi*: **to ~ for** (*inf:*
choose) escolher, optar por; **plump up**
vt (*cushion*) afofar
plunder ['plʌndə*] *n* pilhagem *f*;
(*loot*) despojo ♦ *vt* pilhar, espoliar
plunge [plʌndʒ] *n* (*dive*) salto; (*fig*)
queda ♦ *vt* (*hand, knife*) enfiar, meter
♦ *vi* (*fall, fig*) cair; (*dive*) mergulhar; **to**
take the ~ topar a parada
plural ['plʊərl] *adj* plural ♦ *n* plural *m*
plus [plʌs] *n* (*also:* **~ sign**) sinal *m* de
adição ♦ *prep* mais; **ten/twenty ~** dez/
vinte e tantos
plush [plʌʃ] *adj* suntuoso
ply [plaɪ] *n* (*of wool*) fio ♦ *vt* (*a trade*)
exercer ♦ *vi* (*ship*) ir e vir; **to ~ sb with**
drink/questions bombardear alguém
com bebidas/perguntas; **plywood** *n*
madeira compensada
PM (*BRIT*) *n abbr* = **Prime Minister**

p.m. adv abbr (= post meridiem) da tarde, da noite

PMT n abbr (= premenstrual tension) TPM f, tensão f pré-menstrual

pneumatic drill [nju:'mætɪk-] n perfuratriz f

poach [pəutʃ] vt (COOK: fish) escaldar; (: eggs) fazer pochê (BR), escalfar (PT); (steal) furtar ♦ vi caçar (or pescar) em propriedade alheia

PO Box n abbr (= Post Office Box) caixa postal

pocket ['pɔkɪt] n bolso; (fig: small area) pedaço ♦ vt meter no bolso; (steal) embolsar; **to be out of ~** (BRIT) perder, ter prejuízo; **pocketbook** (US) n carteira; **pocket knife** (irreg) n canivete m; **pocket money** n dinheiro para despesas miúdas; (for child) mesada

pod [pɔd] n vagem f

podgy ['pɔdʒɪ] (inf) adj gorducho, rechonchudo

podiatrist [pɔ'di:ətrɪst] (US) n pedicuro(-a)

poem ['pəuɪm] n poema m

poet ['pəuɪt] n poeta (poetisa) m/f; **poetic** [pəu'etɪk] adj poético; **poetry** ['pəuɪtrɪ] n poesia

point [pɔɪnt] n ponto; (of needle etc) ponta; (purpose) finalidade f; (significant part) ponto principal; (position) lugar m, posição f; (moment) momento; (stage) estágio; (ELEC: also: **power ~**) tomada; (also: **decimal ~**): **2 ~ 3 (2.3)** dois vírgula três ♦ vt mostrar; (gun etc): **to ~ sth at sb** apontar algo para alguém ♦ vi: **to ~ at** apontar para; **~s** npl (AUT) platinado, contato; (RAIL) agulhas fpl; **to be on the ~ of doing sth** estar prestes a or a ponto de fazer algo; **to make a ~ of** fazer questão de, insistir em; **to get**

the ~ perceber; **to miss the ~** compreender mal; **to come to the ~** ir ao assunto; **there's no ~ (in doing)** não há razão (para fazer); **point out** vt (in debate etc) ressaltar; **point to** vt fus (fig) indicar; **point-blank** adv categoricamente; (also: **at point-blank range**) à queima-roupa; **pointed** adj (stick etc) pontudo; (remark) mordaz; **pointer** n (on chart) indicador m; (on machine) ponteiro; (fig) dica; **pointless** adj (useless) inútil; (senseless) sem sentido; **point of view** n ponto de vista

poise [pɔɪz] n (composure) elegância; (calmness) serenidade f

poison ['pɔɪzn] n veneno ♦ vt envenenar; **poisonous** adj venenoso; (fumes etc) tóxico

poke [pəuk] vt cutucar; (put): **to ~ sth in(to)** enfiar or meter algo em; **poke about** vi escarafunchar

poker ['pəukə*] n atiçador m (de brasas); (CARDS) pôquer m

Poland ['pəuland] n Polônia

polar ['pəulə*] adj polar; **polar bear** n urso polar

Pole [pəul] n polonês(-esa) m/f

pole [pəul] n vara; (GEO) pólo; (telegraph ~) poste m; (flag~) mastro; **pole bean** (US) n feijão-trepador m; **pole vault** n salto com vara

police [pə'li:s] n polícia ♦ vt policiar; **police car** n rádio-patrulha f; **policeman** (irreg) n policial m (BR), polícia m (PT); **police station** n delegacia (de polícia) (BR), esquadra (PT); **policewoman** (irreg) n policial f (feminina) (BR), mulher f polícia (PT)

policy ['pɔlɪsɪ] n política; (also: **insurance ~**) apólice f

polio ['pəulɪəu] n pólio(mielite) f

Polish ['pəulɪʃ] adj polonês(-esa) ♦ n

a b c d e f g h i j k l m n o p q r s t u v w x y z

(*LING*) polonês *m*

polish ['pɔlɪʃ] *n* (*for shoes*) graxa; (*for floor*) cera (para encerar); (*shine*) brilho; (*fig*) refinamento, requinte *m* ♦ *vt* (*shoes*) engraxar; (*make shiny*) lustrar, dar brilho a; **polish off** *vt* (*work*) dar os arremates a; (*food*) raspar

polite [pə'laɪt] *adj* educado; **politeness** *n* gentileza, cortesia

political [pə'lɪtɪkl] *adj* político

politician [pɔlɪ'tɪʃən] *n* político(-a)

politics ['pɔlɪtɪks] *n*, *npl* política

poll [pəul] *n* (*votes*) votação *f*; (*also:* **opinion ~**) pesquisa, sondagem *f* ♦ *vt* (*votes*) receber, obter

pollen ['pɔlən] *n* pólen *m*

polling day ['pəulɪŋ-] (*BRIT*) *n* dia *m* de eleição

pollute [pə'lu:t] *vt* poluir; **pollution** *n* poluição *f*

polo-necked ['pəuləunɛkt] *adj* de gola rulê

polyester [pɔlɪ'estə*] *n* poliéster *m*

polystyrene [pɔlɪ'staɪri:n] *n* isopor ® *m*

polythene ['pɔlɪθi:n] *n* politeno

pomegranate ['pɔmɪgrænɪt] *n* romã *f*

pond [pɔnd] *n* (*natural*) lago pequeno; (*artificial*) tanque *m*

ponder ['pɔndə*] *vt*, *vi* ponderar, meditar (sobre)

pony ['pəunɪ] *n* pônei *m*; **ponytail** *n* rabo-de-cavalo; **pony trekking** (*BRIT*) *n* excursão *f* em pônei

poodle ['pu:dl] *n* cão-d'água *m*

pool [pu:l] *n* (*puddle*) poça, charco; (*pond*) lago; (*also:* **swimming ~**) piscina; (*fig: of light*) feixe *m*; (: *of liquid*) poça; (*SPORT*) sinuca ♦ *vt* juntar; **~s** *npl* (*football ~s*) loteria esportiva (*BR*), totobola (*PT*); **typing** (*BRIT*) or **secretary** (*US*) **~** seção *f* de datilografia

poor [puə*] *adj* pobre; (*bad*) inferior, mau ♦ *npl*: **the ~** os pobres; **~ in** (*resources etc*) deficiente em; **poorly** *adj* adoentado, indisposto ♦ *adv* mal

pop [pɔp] *n* (*sound*) estalo, estouro; (*MUS*) pop *m*; (*US: inf: father*) papai *m*; (*inf: fizzy drink*) bebida gasosa ♦ *vt*: **to ~ sth into/onto** etc (*put*) pôr em/sobre *etc* ♦ *vi* estourar; (*cork*) saltar; **pop in** *vi* dar um pulo; **pop out** *vi* dar uma saída; **pop up** *vi* surgir, aparecer inesperadamente; **popcorn** *n* pipoca

pope [pəup] *n* papa *m*

poplar ['pɔplə*] *n* álamo, choupo

poppy ['pɔpɪ] *n* papoula

popsicle ['pɔpsɪkl] ® (*US*) *n* picolé *m*

popular ['pɔpjulə*] *adj* popular; (*person*) querido

population [pɔpju'leɪʃən] *n* população *f*

porcelain ['pɔ:slɪn] *n* porcelana

porch [pɔ:tʃ] *n* pórtico; (*US: verandah*) varanda

porcupine ['pɔ:kjupaɪn] *n* porco-espinho

pore [pɔ:*] *n* poro ♦ *vi*: **to ~ over** examinar minuciosamente

pork [pɔ:k] *n* carne *f* de porco

pornography [pɔ:'nɔgrəfɪ] *n* pornografia

porpoise ['pɔ:pəs] *n* golfinho, boto

porridge ['pɔrɪdʒ] *n* mingau *m* (de aveia)

port [pɔ:t] *n* (*harbour*) porto; (*NAUT: left side*) bombordo; (*wine*) vinho do Porto; **~ of call** porto de escala

portable ['pɔ:təbl] *adj* portátil

porter ['pɔ:tə*] *n* (*for luggage*) carregador *m*; (*doorkeeper*) porteiro

portfolio [pɔ:t'fəuliəu] *n* (*case*) pasta; (*POL*) pasta ministerial; (*FINANCE*) carteira de ações ou títulos; (*of artist*) pasta, portfolió

porthole ['pɔːthəul] *n* vigia

portion ['pɔːʃən] *n* porção *f*, quinhão *m*; (*of food*) ração *f*

portrait ['pɔːtreɪt] *n* retrato

portray [pɔːtreɪ] *vt* retratar; (*act*) interpretar

Portugal ['pɔːtjugl] *n* Portugal *m* (*no article*)

Portuguese [pɔːtjuˈgiːz] *adj* português(-esa) ♦ *n inv* português (-esa) *m/f*; (*LING*) português *m*

pose [pəuz] *n* postura, pose *f* ♦ *vi* (*pretend*): **to ~ as** fazer-se passar por ♦ *vt* (*question*) fazer; (*problem*) causar; **to ~ for** (*painting*) posar para

posh [pɔʃ] (*inf*) *adj* fino, chique; (*upper-class*) de classe alta

position [pəˈzɪʃən] *n* posição *f*; (*job*) cargo; (*situation*) situação *f* ♦ *vt* colocar, situar

positive ['pɔzɪtɪv] *adj* positivo; (*certain*) certo; (*definite*) definitivo

possess [pəˈzes] *vt* possuir;

possession *n* posse *f*, possessão *f*; **possessions** *npl* (*belongings*) pertences *mpl*; **to take possession of sth** tomar posse de algo

possibility [pɔsɪˈbɪlɪtɪ] *n* possibilidade *f*; (*of sth happening*) probabilidade *f*

possible ['pɔsɪbl] *adj* possível;

possibly *adv* pode ser, talvez; (*surprise*): **what could they possibly want with me?** o que eles podem querer comigo?; (*emphasizing effort*): **they did everything they possibly could** eles fizeram tudo o que podiam; **I cannot possibly come** estou impossibilitado de vir

post [pəust] *n* (*BRIT: mail*) correio; (*job*) cargo, posto; (*pole*) poste *m*; (*MIL*) nomeação *f* ♦ *vt* (*BRIT: send by ~*) pôr no correio; (: *appoint*): **to ~ to** destinar a; **postage** *n* porte *m*,

franquia; **postal order** *n* vale *m* postal; **postbox** (*BRIT*) *n* caixa de correio; **postcard** *n* cartão *m* postal; **postcode** (*BRIT*) *n* código postal, ≈ CEP *m* (*BR*)

poster ['pəustə*] *n* cartaz *m*; (*as decoration*) pôster *m*

postman ['pəustmən] (*irreg*) *n* carteiro

postmark ['pəustmɑːk] *n* carimbo do correio

postmortem [pəustˈmɔːtəm] *n* autópsia

post office *n* (*building*) agência do correio, correio; (*organization*) ≈ Empresa Nacional dos Correios e Telégrafos (*BR*), ≈ Correios, Telégrafos e Telefones (*PT*)

postpone [pəsˈpəun] *vt* adiar

posture ['pɔstʃə*] *n* postura; (*fig*) atitude *f*

postwar [pəustˈwɔː*] *adj* de após-guerra

pot [pɔt] *n* (*for cooking*) panela; (*for flowers*) vaso; (*container, tea~, coffee~*) pote *m*; (*inf: marijuana*) maconha ♦ *vt* (*plant*) plantar em vaso; **to go to ~** (*inf*) arruinar-se, degringolar

potato [pəˈteɪtəu] (*pl ~es*) *n* batata; **potato peeler** *n* descascador *m* de batatas

potent ['pəutnt] *adj* poderoso; (*drink*) forte; (*man*) potente

potential [pəˈtenʃl] *adj* potencial ♦ *n* potencial *m*

pothole ['pɔthəul] *n* (*in road*) buraco; (*BRIT: underground*) caldeirão *m*, cova; **potholing** (*BRIT*) *n*: **to go potholing** dedicar-se à espeleologia

potluck [pɔtˈlʌk] *n*: **to take ~** contentar-se com o que houver

potter ['pɔtə*] *n* (*artistic*) ceramista *m/f*; (*artisan*) oleiro(-a) ♦ *vi* (*BRIT*): **to ~ around, ~ about** ocupar-se com pequenos trabalhos; **pottery** n cerâmica; (factory) olaria

potty ['pɔtɪ] adj (inf: mad) maluco, doido ♦ n penico

pouch [pautʃ] n (ZOOL) bolsa; (for tobacco) tabaqueira

poultry ['pəʊltrɪ] n aves fpl domésticas; (meat) carne f de aves domésticas

pounce [pauns] vi: **to ~ on** lançar-se sobre; (person) agarrar em; (fig: mistake etc) apontar

pound [paund] n libra (weight = 453g, 16 ounces; money = 100 pence) ♦ vt (beat) socar, esmurrar; (crush) triturar ♦ vi (heart) bater

pour [pɔ:*] vt despejar; (drink) servir ♦ vi correr, jorrar; **pour away** vt esvaziar, decantar; **pour in** vi (people) entrar numa enxurrada; (information) chegar numa enxurrada; **pour off** vt esvaziar, decantar; **pour out** vi (people) sair aos borbotões ♦ vt (drink) servir; (fig) extravasar; **pouring** ['pɔ:rɪŋ] adj: **pouring rain** chuva torrencial

pout [paut] vi fazer beicinho or biquinho

poverty ['pɔvətɪ] n pobreza, miséria

powder ['paudə*] n pó m; (face ~) pó-de-arroz m ♦ vt (face) empoar, passar pó em; **powdered milk** n leite m em pó; **powder room** n toucador m, banheiro de senhoras

power ['pauə*] n poder m; (of explosion, engine) força, potência; (ability) poder, poderio; (electricity) força; **to be in ~** estar no poder; **power cut** (BRIT) n corte m de energia, blecaute m (BR); **powerful** adj poderoso; (engine) potente; (body) vigoroso; (blow) violento; (argument) convincente; (emotion) intenso;

powerless adj impotente; **power point** (BRIT) n tomada; **power station** n central f elétrica

pp abbr (= per procurationem) p.p.; = **pages**

PR n abbr = **public relations**

practical ['præktɪkl] adj prático; **practical joke** n brincadeira, peça

practice ['præktɪs] n (habit, REL) costume m, hábito; (exercise) prática; (of profession) exercício; (training) treinamento; (MED) consultório; (LAW) escritório ♦ vt, vi (US) = **practise**; **in ~** na prática; **out of ~** destreinado

practise ['præktɪs] (US **practice**) vt praticar; (profession) exercer; (sport) treinar ♦ vi (doctor) ter consultório; (lawyer) ter escritório; (train) treinar, praticar

practitioner [præk'tɪʃənə*] n (MED) médico(-a)

prairie ['prɛərɪ] n campina, pradaria

praise [preɪz] n louvor m; (admiration) elogio ♦ vt elogiar, louvar; **praiseworthy** adj louvável, digno de elogio

pram [præm] (BRIT) n carrinho de bebê

prance [prɑ:ns] vi: **to ~ about/up and down** etc (horse) curvetear, fazer cabriolas; (person) andar espalhafatosamente

prank [præŋk] n travessura, peça

prawn [prɔ:n] n pitu m; (small) camarão m

pray [preɪ] vi: **to ~ for/that** rezar por/para que; **prayer** [prɛə*] n (activity) reza; (words) oração f, prece f

preach [pri:tʃ] vt pregar ♦ vi pregar; (pej) catequizar

precede [prɪ'si:d] vt preceder

precedent ['presɪdənt] n precedente m

preceding [prɪ'si:dɪŋ] adj anterior

precinct ['pri:sɪŋkt] n (US: district)
distrito policial; **~s** npl (of large
building) arredores mpl; **pedestrian ~**
(BRIT) zona para pedestres (BR) or peões
(PT); **shopping ~** (BRIT) zona
comercial

precious ['prɛʃəs] adj precioso

precipitate [prɪ'sɪpɪteɪt] vt precipitar,
acelerar

precise [prɪ'saɪs] adj exato, preciso;
(plans) detalhado

precocious [prɪ'kəʊʃəs] adj precoce

predecessor ['pri:dɪsɛsə*] n
predecessor(a) m/f, antepassado(-a)

predicament [prɪ'dɪkəmənt] n
situação f difícil, apuro

predict [prɪ'dɪkt] vt prever, predizer,
prognosticar; **predictable** adj
previsível

predominantly [prɪ'dɒmɪnəntlɪ] adv
predominantemente, na maioria

preen [pri:n] vt: **to ~ itself** (bird)
limpar e alisar as penas (com o bico);
to ~ o.s. enfeitar-se, envaidecer-se

prefab ['pri:fæb] n casa pré-fabricada

preface ['prɛfəs] n prefácio

prefect ['pri:fɛkt] n (BRIT: SCH)
monitor(a) m/f, tutor(a) m/f; (in
Brazil) prefeito(-a)

prefer [prɪ'fə:*] vt preferir; **preferably**
['prɛfrəblɪ] adv de preferência;
preferential [prɛfə'rɛnʃəl] adj:
preferential treatment preferência

prefix ['pri:fɪks] n prefixo

pregnancy ['prɛgnənsɪ] n gravidez f;
(animal) prenhez f

pregnant ['prɛgnənt] adj grávida;
(animal) prenha

prehistoric [pri:hɪs'tɒrɪk] adj
pré-histórico

prejudice ['prɛdʒʊdɪs] n
preconceito; **prejudiced** adj cheio de
preconceitos; **to be prejudiced**

against sb/sth estar com prevenção
contra alguém/algo

premarital [pri:'mærɪtl] adj
pré-nupcial

premature ['prɛmətʃʊə*] adj
prematuro

première ['prɛmɪɛə*] n estréia

premise ['prɛmɪs] n premissa; **~s** npl
(of business, institution) local m

premium ['pri:mɪəm] n prêmio; **to be
at a ~** ser caro

premonition [prɛmə'nɪʃən] n
presságio, pressentimento

preoccupied [pri:'ɒkjʊpaɪd] adj
preocupado

prepaid [pri:'peɪd] adj com porte
pago

preparation [prɛpə'reɪʃən] n
preparação f; **~s** npl (arrangements)
preparativos mpl

preparatory [prɪ'pærətərɪ] adj
preparatório

prepare [prɪ'pɛə*] vt preparar ♦ vi: **to
~ for** preparar-se or aprontar-se para;
~d to disposto a; **~d for** pronto para

preposition [prɛpə'zɪʃən] n
preposição f

preposterous [prɪ'pɒstərəs] adj
absurdo, disparatado

prerequisite [pri:'rɛkwɪzɪt] n
pré-requisito, condição f prévia

prescribe [prɪ'skraɪb] vt prescrever;
(MED) receitar

prescription [prɪ'skrɪpʃən] n receita

presence ['prɛzns] n presença; (spirit)
espectro

present [adj, n 'prɛznt, vb prɪ'zɛnt] adj
presente; (current) atual ♦ n presente
m; (actuality): **the ~** o presente ♦ vt
(give): **to ~ sth to sb, to ~ sb with sth**
entregar algo a alguém; (information,
programme, threat) apresentar;
(describe) descrever; **at ~** no momento,

agora; **to give sb a ~** presentear alguém; **presentation** [prɛzn'teɪʃən] n apresentação f; (*ceremony*) entrega; (*of plan etc*) exposição f; **present-day** adj atual, de hoje; **presenter** n apresentador(a) m/f; **presently** adv (*after*) logo após; (*soon*) logo, em breve; (*now*) atualmente

preservative [prɪ'zɜːvətɪv] n conservante m

preserve [prɪ'zɜːv] vt (*situation*) conservar, manter; (*building, manuscript*) preservar; (*food*) pôr em conserva ♦ n (*often pl: jam*) geléia; (: *fruit*) compota, conserva

president ['prɛzɪdənt] n presidente(-a) m/f; **presidential** [prɛzɪ'dɛnʃl] adj presidencial

press [prɛs] n (*printer's*) imprensa, prelo; (*newspapers*) imprensa; (*of switch*) pressão f ♦ vt apertar; (*clothes: iron*) passar; (*put pressure on: person*) assediar; (*insist*): **to ~ sth on sb** insistir para que alguém aceite algo ♦ vi (*squeeze*) apertar; (*pressurize*): **to ~ for** pressionar por; **we are ~ed for time/money** estamos com pouco tempo/dinheiro; **press on** vi continuar; **pressing** adj urgente; **press stud** (*BRIT*) n botão m de pressão; **press-up** (*BRIT*) n flexão f

pressure ['prɛʃə*] n pressão f; **to put ~ on sb (to do sth)** pressionar alguém (a fazer algo); **pressure cooker** n panela de pressão

prestige [prɛs'tiːʒ] n prestígio

presume [prɪ'zjuːm] vt supor

pretence [prɪ'tɛns] (*US* **pretense**) n pretensão f; **under false ~s** por meios fraudulentos

pretend [prɪ'tɛnd] vt, vi fingir

pretense [prɪ'tɛns] (*US*) n = **pretence**

pretty ['prɪtɪ] adj bonito ♦ adv (*quite*) bastante

prevail [prɪ'veɪl] vi triunfar; (*be current*) imperar

prevalent ['prɛvələnt] adj (*common*) predominante

prevent [prɪ'vɛnt] vt impedir

preview ['priːvjuː] n pré-estréia

previous ['priːvɪəs] adj (*earlier*) anterior; **previously** adv (*before*) previamente; (*in the past*) anteriormente

prewar [priːˈwɔː*] adj anterior à guerra

prey [preɪ] n presa ♦ vi: **to ~ on** (*feed on*) alimentar-se de; **it was ~ing on his mind** preocupava-o, atormentava-o

price [praɪs] n preço ♦ vt fixar o preço de; **priceless** adj inestimável; (*inf: amusing*) impagável

prick [prɪk] n picada ♦ vt picar; (*make hole in*) furar; **to ~ up one's ears** aguçar os ouvidos

prickle ['prɪkl] n (*sensation*) comichão f, ardência; (*BOT*) espinho; **prickly** adj espinhoso; **prickly heat** n brotoeja

pride [praɪd] n orgulho; (*pej*) soberba ♦ vt: **to ~ o.s. on** orgulhar-se de

priest [priːst] n (*Christian*) padre m; (*non-Christian*) sacerdote m

prim [prɪm] (*pej*) adj (*formal*) empertigado; (*affected*) afetado; (*easily shocked*) pudico

primarily ['praɪmərɪlɪ] adv principalmente

primary ['praɪmərɪ] adj primário; (*first in importance*) principal ♦ n (*US: election*) eleição f primária; **primary school** (*BRIT*) n escola primária; *ver quadro*

PRIMARY SCHOOL

As **primary schools** da Grã-Bretanha acolhem crianças de 5 a 11 anos. Assinalam o início do ciclo escolar obrigatório e são compostas de duas partes: a pré-escola (*infant school*) e o primário (*junior school*).

prime [praɪm] *adj* primeiro, principal; (*excellent*) de primeira ♦ *vt* (*wood*) imprimir; (*fig*) aprontar, preparar ♦ *n*: **in the ~ of life** na primavera da vida; **~ example** exemplo típico; **prime minister** *n* primeiro-ministro (primeira-ministra)

primeval [praɪˈmiːvl] *adj* primitivo

primitive [ˈprɪmɪtɪv] *adj* primitivo; (*crude*) rudimentar

primrose [ˈprɪmrəuz] *n* prímula, primavera

prince [prɪns] *n* príncipe *m*

princess [prɪnˈses] *n* princesa

principal [ˈprɪnsɪpl] *adj* principal ♦ *n* (*of school, college*) diretor(a) *m/f*

principle [ˈprɪnsɪpl] *n* princípio; **in ~** em princípio; **on ~** por princípio

print [prɪnt] *n* (*letters*) letra de forma; (*fabric*) estampado; (*ART*) estampa, gravura; (*PHOT*) cópia; (*foot~*) pegada; (*finger~*) impressão *f* digital ♦ *vt* imprimir; (*write in capitals*) escrever em letra de imprensa; **out of ~** esgotado; **printed matter** *n* impressos *mpl*; **printer** *n* (*person*) impressor(a) *m/f*; (*firm*) gráfica; (*machine*) impressora; **printing** *n* (*art*) imprensa; (*act*) impressão *f*; **printout** *n* (*COMPUT*) cópia impressa

prior [ˈpraɪə*] *adj* anterior, prévio; (*more important*) prioritário; **~ to doing** antes de fazer

priority [praɪˈɔrɪtɪ] *n* prioridade *f*

prise [praɪz] *vt*: **to ~ open** arrombar

prison [ˈprɪzn] *n* prisão *f* ♦ *cpd* carcerário; **prisoner** *n* (*in prison*) preso(-a); (*under arrest*) detido(-a)

privacy [ˈprɪvəsɪ] *n* isolamento, solidão *f*, privacidade *f*

private [ˈpraɪvɪt] *adj* privado; (*personal*) particular; (*confidential*) confidencial, reservado; (*personal: belongings*) pessoal; (: *thoughts, plans*) secreto, íntimo; (*place*) isolado; (*quiet: person*) reservado; (*intimate*) íntimo ♦ *n* soldado raso; **"~"** (*on envelope*) "confidencial"; (*on door*) "privativo"; **in ~** em particular; **privatize** *vt* privatizar

privet [ˈprɪvɪt] *n* alfena

privilege [ˈprɪvɪlɪdʒ] *n* privilégio

privy [ˈprɪvɪ] *adj*: **to be ~ to** estar inteirado de

prize [praɪz] *n* prêmio ♦ *adj* de primeira classe ♦ *vt* valorizar; **prizewinner** *n* premiado(-a)

pro [prəu] *n* (*SPORT*) profissional *m/f* ♦ *prep* a favor de; **the ~s and cons** os prós e os contras

probability [prɔbəˈbɪlɪtɪ] *n* probabilidade *f*

probable [ˈprɔbəbl] *adj* provável; (*plausible*) verossímil

probation [prəˈbeɪʃən] *n*: **on ~** (*employee*) em estágio probatório; (*LAW*) em liberdade condicional

probe [prəub] *n* (*MED, SPACE*) sonda; (*enquiry*) pesquisa ♦ *vt* investigar, esquadrinhar

problem [ˈprɔbləm] *n* problema *m*

procedure [prəˈsiːdʒə*] *n* procedimento; (*method*) método, processo

proceed [prəˈsiːd] *vi* (*do afterwards*): **to ~ to do sth** passar a fazer algo; (*continue*): **to ~ (with)** continuar *or* prosseguir (com); (*activity*) continuar; (*go*) ir em direção a, dirigir-se a;

a
b
c
d
e
f
g
h
i
j
k
l
m
n
o
p
q
r
s
t
u
v
w
x
y
z

proceedings npl evento, acontecimento; (LAW) processo; **proceeds** ['prəusiːdz] npl produto, proventos mpl

process ['prəuses] n processo ♦ vt processar; **procession** [prə'sɛʃən] n desfile m, procissão f; **funeral procession** cortejo fúnebre

proclaim [prə'kleɪm] vt anunciar

procure [prə'kjuə*] vt obter

prod [prɔd] vt empurrar; (with finger, stick) cutucar ♦ n empurrão m; cotovelada; espetada

prodigal ['prɔdɪgl] adj pródigo

prodigy ['prɔdɪdʒɪ] n prodígio

produce [n 'prɔdjuːs, vb prə'djuːs] n (AGR) produtos mpl agrícolas ♦ vt produzir; (cause) provocar; (evidence, argument) apresentar, mostrar; (show) apresentar, exibir; (THEATRE) pôr em cena or em cartaz; **producer** n (THEATRE) diretor(a) m/f; (AGR, CINEMA, of record) produtor(a) m/f; (country) produtor m

product ['prɔdʌkt] n produto

production [prə'dʌkʃən] n produção f; (of electricity) geração f; (THEATRE) encenação f; **production line** n linha de produção or de montagem

profession [prə'fɛʃən] n profissão f; (people) classe f; **professional** n profissional m/f ♦ adj profissional; (work) de profissional

professor [prə'fɛsə*] n (BRIT) catedrático (-a); (US, CANADA) professor(a) m/f

profile ['prəufaɪl] n perfil m

profit ['prɔfɪt] n (COMM) lucro ♦ vi: **to ~ by** or **from** (benefit) aproveitar-se de, tirar proveito de; **profitable** adj (ECON) lucrativo, rendoso

profound [prə'faund] adj profundo

programme ['prəugræm] (US **program**) n programa m ♦ vt programar; **programming** (US **programing**) n (COMPUT) programação f

progress [n 'prəugrɛs, vb prə'grɛs] n progresso ♦ vi progredir, avançar; **in ~** em andamento; **progressive** [prə'grɛsɪv] adj progressivo; (person) progressista

prohibit [prə'hɪbɪt] vt proibir

project [n 'prɔdʒɛkt, vb prə'dʒɛkt] n projeto; (SCH: research) pesquisa ♦ vt projetar; (figure) estimar ♦ vi (stick out) ressaltar, sobressair

projection [prə'dʒɛkʃən] n projeção f; (overhang) saliência

projector [prə'dʒɛktə*] n projetor m

prolong [prə'lɒŋ] vt prolongar

prom [prɔm] n abbr = **promenade**; **promenade concert**

promenade [prɔmə'nɑːd] n (by sea) passeio (à orla marítima); (US: ball) baile m de estudantes; **promenade concert** (BRIT) n concerto (de música clássica); ver quadro

PROMENADE CONCERT

Na Grã-Bretanha, um **promenade concert** (ou **prom**) é um concerto de música clássica, assim chamado porque originalmente o público não ficava sentado, mas de pé ou caminhando. Hoje em dia, uma parte do público permanece de pé, mas há também lugares sentados (mais caros). Os **Proms** mais conhecidos são os londrinos. A última sessão (the Last Night of the Proms) é um acontecimento carregado de emoção, quando são executadas árias tradicionais e patrióticas. Nos Estados Unidos e no Canadá, o **prom**, ou **promenade**, é um baile organizado pelas escolas secundárias.

prominent ['prɒmɪnənt] adj (standing out) proeminente; (important) eminente, notório

promise ['prɒmɪs] n promessa; (hope) esperança ♦ vt, vi prometer; **promising** adj promissor(a), prometedor(a)

promote [prə'məut] vt promover; (product) promover, fazer propaganda de; **promoter** n (of sporting event) patrocinador(a) m/f; (of cause etc) partidário(-a); **promotion** n promoção f

prompt [prɒmpt] adj pronto, rápido ♦ adv (exactly) em ponto, pontualmente ♦ n (COMPUT) sinal m de orientação, prompt m ♦ vt (urge) incitar, impelir; (cause) provocar, ocasionar; **to ~ sb to do sth** induzir alguém a fazer algo; **promptly** adv imediatamente; (exactly) pontualmente

prone [prəun] adj (lying) de bruços; **~ to** propenso a, predisposto a

pronoun ['prəunaun] n pronome m

pronounce [prə'nauns] vt pronunciar; (verdict, opinion) declarar

pronunciation [prənʌnsɪ'eɪʃən] n pronúncia

proof [pru:f] n prova ♦ adj: **~ against** à prova de

prop [prɒp] n suporte m, escora; (fig) amparo, apoio ♦ vt (also: **~ up**) apoiar, escorar; (lean): **to ~ sth against** apoiar algo contra

propaganda [prɒpə'gændə] n propaganda

propel [prə'pɛl] vt propelir, propulsionar; (fig) impelir; **propeller** n hélice f

proper ['prɒpə*] adj (correct) correto; (socially acceptable) respeitável, digno; (authentic) genuíno, autêntico;

(referring to place): **the village ~** a cidadezinha propriamente dita;

properly adv (eat, study) bem; (behave) decentemente

property ['prɒpətɪ] n propriedade f; (goods) posses fpl, bens mpl; (buildings) imóveis mpl

prophesy ['prɒfɪsaɪ] vt profetizar

prophet ['prɒfɪt] n profeta m/f

proportion [prə'pɔ:ʃən] n proporção f; **proportional** adj proporcional; **proportionate** adj proporcionado

proposal [prə'pəuzl] n proposta; (of marriage) pedido

propose [prə'pəuz] vt propor; (toast) erguer ♦ vi propor casamento; **to ~ to do** propor-se fazer

proposition [prɒpə'zɪʃən] n proposta, proposição f; (offer) oferta

proprietor [prə'praɪətə*] n proprietário(-a), dono(-a)

prose [prəuz] n prosa

prosecute ['prɒsɪkju:t] vt processar; **prosecution** [prɒsɪ'kju:ʃən] n acusação f; (accusing side) autor m da demanda

prospect [n 'prɒspɛkt, vb prə'spɛkt] n (chance) probabilidade f; (outlook) perspectiva ♦ vi: **to ~ (for)** prospectar (por); **~s** npl (for work etc) perspectivas fpl

prospectus [prə'spɛktəs] n prospecto, programa m

prostitute ['prɒstɪtju:t] n prostituta; **male ~** prostituto

protect [prə'tɛkt] vt proteger; **protection** n proteção f; **protective** adj protetor(a)

protein ['prəuti:n] n proteína

protest [n 'prəutɛst, vb prə'tɛst] n protesto ♦ vi protestar ♦ vt insistir

Protestant ['prɒtɪstənt] adj, n protestante m/f

protester [prə'tɛstə*] n

manifestante *m/f*

protrude [prə'truːd] *vi* projetar-se

proud [praud] *adj* orgulhoso; (*pej*) vaidoso, soberbo

prove [pruːv] *vt* comprovar ♦ *vi*: **to ~ (to be) correct** *etc* vir a ser correto *etc*; **to ~ o.s.** pôr-se à prova

proverb ['prɔvəːb] *n* provérbio

provide [prə'vaɪd] *vt* fornecer, proporcionar; **to ~ sb with sth** fornecer alguém de algo, fornecer algo a alguém; **provide for** *vt fus* (*person*) prover à subsistência de; **provided (that)** *conj* contanto que (+ *sub*), sob condição de (que) (+ *sub*)

providing [prə'vaɪdɪŋ] *conj*: **~ (that)** contanto que (+ *sub*)

province ['prɔvɪns] *n* província; (*fig*) esfera; **provincial** [prə'vɪnʃəl] *adj* provincial; (*pej*) provinciano

provision [prə'vɪʒən] *n* (*supplying*) abastecimento; (*in contract*) cláusula, condição *f*; **~s** *npl* (*food*) mantimentos *mpl*; **provisional** *adj* provisório, interino; (*agreement, licence*) provisório

proviso [prə'vaɪzəu] *n* condição *f*

provocative [prə'vɔkətɪv] *adj* provocante; (*sexually*) excitante

provoke [prə'vəuk] *vt* provocar; (*cause*) causar

prowl [praul] *vi* (*also*: **~ about, ~ around**) rondar, andar à espreita ♦ *n*: **on the ~** de ronda, rondando; **prowler** *n* tarado(-a)

proxy ['prɔksɪ] *n*: **by ~** por procuração

prudent ['pruːdənt] *adj* prudente

prune [pruːn] *n* ameixa seca ♦ *vt* podar

pry [praɪ] *vi*: **to ~ (into)** intrometer-se (em)

PS *n abbr* (= *postscript*) PS *m*

pseudonym ['sjuːdənɪm] *n* pseudônimo

psychiatrist [saɪ'kaɪətrɪst] *n* psiquiatra *m/f*

psychic ['saɪkɪk] *adj* psíquico; (*also*: **~al**: *person*) sensível a forças psíquicas

psychoanalyst [saɪkəu'ænəlɪst] *n* psicanalista *m/f*

psychologist [saɪ'kɔlədʒɪst] *n* psicólogo(-a)

psychology [saɪ'kɔlədʒɪ] *n* psicologia

PTO *abbr* (= *please turn over*) v.v., vire

pub [pʌb] *n abbr* (= *public house*) pub *m*, bar *m*, botequim *m*; *ver quadro*

PUB

Um **pub** geralmente consiste em duas salas: uma (*the lounge*) é bastante confortável, com poltronas e bancos estofados, enquanto a outra (*the public bar*) é simplesmente um bar onde a consumação é em geral mais barata. O *public bar* é muitas vezes também um salão de jogos, dos quais os mais comuns são os dardos, dominó e bilhar. Atualmente muitos pubs servem refeições, sobretudo na hora do almoço, e essa é a única hora em que a entrada de crianças é permitida, desde que estejam acompanhadas por adultos. Em geral os pubs funcionam das 11 às 23 horas, mas isso pode variar de acordo com sua permissão de funcionamento; alguns pubs fecham à tarde.

---

public ['pʌblɪk] *adj* público ♦ *n* público; **in ~** em público; **to make ~** tornar público; **public address system** *n* sistema *m* (de reforço) de som

publican ['pʌblɪkən] n dono(-a) de pub

public: **public convenience** (BRIT) n banheiro público; **public holiday** n feriado; **public house** (BRIT) n pub m, bar m, taberna

publicity [pʌb'lɪsɪtɪ] n publicidade f

publicize ['pʌblɪsaɪz] vt divulgar

public: **public relations** relações fpl públicas; **public school** n (BRIT) escola particular; (US) escola pública; **public transport** (US **public transportation**) n transporte m coletivo

publish ['pʌblɪʃ] vt publicar; **publisher** n editor(a) m/f; (company) editora; **publishing** n a indústria editorial

pudding ['pudɪŋ] n (BRIT: dessert) sobremesa; (cake) pudim m, doce m; **black** (BRIT) or **blood** (US) ~ morcela

puddle ['pʌdl] n poça

puff [pʌf] n sopro; (of cigarette) baforada; (of air, smoke) lufada ♦ vt: **to ~ one's pipe** tirar baforadas do cachimbo ♦ vi (pant) arquejar; **puff out** vt (cheeks) encher; **puff pastry** (US **puff paste**) n massa folhada; **puffy** adj inchado

pull [pul] n (tug): **to give sth a ~** dar um puxão em algo ♦ vt puxar; (trigger) apertar; (curtain, blind) fechar ♦ vi puxar, dar um puxão; **to ~ to pieces** picar em pedacinhos; **to ~ one's punches** não usar toda a força; **to ~ one's weight** fazer a sua parte; **to ~ o.s. together** recompor-se; **to ~ sb's leg** (fig) brincar com alguém, sacanear alguém (inf); **pull apart** vt (break) romper; **pull down** vt (building) demolir, derrubar; **pull in** vi (AUT: at the kerb) encostar; (RAIL) chegar (na plataforma); **pull off** vt tirar; (fig: deal etc) acertar; **pull out** vi (AUT: from

kerb) sair; (RAIL) partir ♦ vt tirar, arrancar; **pull over** vi (AUT) encostar; **pull through** vi (MED) sobreviver; **pull up** vi (stop) deter-se, parar ♦ vt levantar; (uproot) desarraigar, arrancar

pulley ['pulɪ] n roldana

pullover ['puləuvə*] n pulôver m

pulp [pʌlp] n (of fruit) polpa

pulsate [pʌl'seɪt] vi pulsar, palpitar

pulse [pʌls] n (ANAT) pulso; (of music, engine) cadência; (BOT) legume m

pump [pʌmp] n bomba; (shoe) sapatilha (de dança) ♦ vt bombear; **pump up** vt encher

pumpkin ['pʌmpkɪn] n abóbora

pun [pʌn] n jogo de palavras, trocadilho

punch [pʌntʃ] n (blow) soco, murro; (tool) punção m; (drink) ponche m ♦ vt (hit): **to ~ sb/sth** esmurrar or socar alguém/algo; **punchline** n remate m

punctual ['pʌŋktjuəl] adj pontual

puncture ['pʌŋktʃə*] n furo ♦ vt furar

pungent ['pʌndʒənt] adj acre

punish ['pʌnɪʃ] vt punir, castigar; **punishment** n castigo, punição f

punk [pʌŋk] n (also: ~ **rocker**) punk m/f; (also: ~ **rock**) punk m; (US: inf: hoodlum) pinta-brava m

punt [pʌnt] n (boat) chalana

puny ['pju:nɪ] adj débil, fraco

pupil ['pju:pl] n aluno(-a); (of eye) pupila

puppet ['pʌpɪt] n marionete f, títere m; (fig) fantoche m

puppy ['pʌpɪ] n cachorro, cachorrinho (BR)

purchase ['pə:tʃɪs] n compra ♦ vt comprar

pure [pjuə*] adj puro

purge [pə:dʒ] n (POL) expurgo

purple [ˈpəːpl] *adj* roxo, purpúreo

purpose [ˈpəːpəs] *n* propósito, objetivo; **on ~** de propósito;

purposeful *adj* decidido, resoluto

purr [pəː*] *vi* ronronar

purse [pəːs] *n* (*BRIT*) carteira; (*US*) bolsa ♦ *vt* enrugar, franzir

purser [ˈpəːsə*] *n* (*NAUT*) comissário de bordo

pursue [pəˈsjuː] *vt* perseguir; (*fig: activity*) exercer; (: *interest, plan*) dedicar-se a; (: *result*) lutar por

pursuit [pəˈsjuːt] *n* caça; (*fig*) busca; (*pastime*) passatempo

push [puʃ] *n* empurrão *m*; (*of button*) aperto ♦ *vt* empurrar; (*button*) apertar; (*promote*) promover ♦ *vi* empurrar; (*press*) apertar; (*fig*): **to ~ for** reivindicar; **push aside** *vt* afastar com a mão; **push off** (*inf*) *vi* dar o fora; **push on** *vi* prosseguir; **push through** *vi* abrir caminho ♦ *vt* (*measure*) forçar a aceitação de; **push up** *vt* forçar a alta de; **pushchair** (*BRIT*) *n* carrinho; **pusher** *n* (*also:* **drug pusher**) traficante *m/f* or passador(a) *m/f* de drogas; **push-up** (*US*) *n* flexão *f*; **pushy** (*pej*) *adj* intrometido, agressivo

pussy(cat) [ˈpusɪ(kæt)] (*inf*) *n* gatinho

put [put] (*pt, pp* **put**) *vt* pôr, colocar; (~ *into*) meter; (*person: in institution etc*) internar; (*say*) dizer, expressar; (*case*) expor; (*question*) fazer; (*estimate*) avaliar, calcular; (*write, type etc*) colocar; **put about** *vt* (*rumour*) espalhar; **put across** *vt* (*ideas*) comunicar; **put away** *vt* guardar; **put back** *vt* (*replace*) repor; (*postpone*) adiar; (*delay*) atrasar; **put by** *vt* (*money etc*) poupar, pôr de lado; **put down** *vt* pôr em; (*animal*) sacrificar; (*in writing*) anotar, inscrever; (*revolt etc*) sufocar; (*attribute: case, view*): **to ~ sth down to** atribuir algo a; **put forward** *vt* apresentar, propor; **put in** *vt* (*application, complaint*) apresentar; (*time, effort*) investir, gastar; **put off** *vt* adiar, protelar; (*discourage*) desencorajar; **put on** *vt* (*clothes, make-up, dinner*) pôr; (*light*) acender; (*play*) encenar; (*weight*) ganhar; (*brake*) aplicar; (*record, video, kettle*) ligar; (*accent, manner*) assumir; **put out** *vt* (*take out*) colocar fora; (*fire, cigarette, light*) apagar; (*one's hand*) estender; (*inf: person*): **to be ~ out** estar aborrecido; **put through** *vt* (*call*) transferir; (*plan*) ser aprovado; **put up** *vt* (*raise*) levantar, erguer; (*hang*) prender; (*build*) construir, edificar; (*tent*) armar; (*increase*) aumentar; (*accommodate*) hospedar; **put up with** *vt fus* suportar, agüentar

putty [ˈpʌtɪ] *n* massa de vidraceiro, betume *m*

puzzle [ˈpʌzl] *n* charada; (*jigsaw*) quebra-cabeça *m*; (*also:* **crossword ~**) palavras cruzadas *fpl*; (*mystery*) mistério ♦ *vi*: **to ~ over sth** tentar entender algo; **puzzling** *adj* intrigante, confuso

pyjamas [pɪˈdʒɑːməz] (*US* **pajamas**) *npl* pijama *m* or *f*

pylon [ˈpaɪlən] *n* pilono, poste *m*

pyramid [ˈpɪrəmɪd] *n* pirâmide *f*

Pyrenees [pɪrəˈniːz] *npl*: **the ~** os Pirineus

Q q

quack [kwæk] *n* grasnido; (*pej: doctor*) curandeiro(-a), charlatão(-tã) *m/f*

quadrangle [ˈkwɔdræŋgl] *n* pátio quadrangular

quaint [kweɪnt] *adj* (*ideas*) curioso, esquisito; (*village etc*) pitoresco

quake [kweɪk] *vi* (*with fear*) tremer ♦ *n abbr* = **earthquake**

qualification [kwɔlɪfɪ'keɪʃən] *n* (*skill, quality*) qualificação f; (*reservation*) restrição f, ressalva; (*modification*) modificação f; (*often pl: degree, training*) título, qualificação

qualified ['kwɔlɪfaɪd] *adj* (*trained*) habilitado, qualificado; (*professionally*) diplomado; (*fit*): **~ to** apto para, capaz de; (*limited*) limitado

qualify ['kwɔlɪfaɪ] *vt* (*modify*) modificar ♦ *vi*: **to ~ (as)** (*pass examination(s)*) formar-se *or* diplomar-se (em); **to ~ (for)** reunir os requisitos (para)

quality ['kwɔlɪtɪ] *n* qualidade f; **quality (news)papers** *npl* ver quadro

---

QUALITY (NEWS)PAPERS

Os **quality (news)papers** (ou *quality press*) englobam os jornais "sérios", diários ou semanais, em oposição aos jornais populares (*tabloid press*). Esses jornais visam a um público que procura informações detalhadas sobre uma grande variedade de assuntos e que está disposto a dedicar um bom tempo à leitura. Geralmente os **quality newspapers** são publicados em formato grande.

---

quantity ['kwɔntɪtɪ] *n* quantidade f

quarantine ['kwɔrntiːn] *n* quarentena

quarrel ['kwɔrl] *n* (*argument*) discussão f ♦ *vi*: **to ~ (with)** brigar (com)

quarry ['kwɔrɪ] *n* (*for stone*) pedreira; (*animal*) presa, caça

quart [kwɔːt] *n* quarto de galão (*1.136 l*)

quarter ['kwɔːtə*] *n* quarto, quarta parte f; (*of year*) trimestre m; (*district*) bairro; (*US*: 25 cents) (moeda de) 25 centavos *mpl* de dólar ♦ *vt* dividir em quatro; (*MIL: lodge*) aquartelar; **~s** *npl* (*MIL*) quartel m; (*living ~s*) alojamento; **a ~ of an hour** um quarto de hora; **quarter final** *n* quarta de final;

quarterly *adj* trimestral ♦ *adv* trimestralmente

quaver ['kweɪvə*] *n* (*BRIT: MUS*) colcheia ♦ *vi* tremer

quay [kiː] *n* (*also:* **~side**) cais *m*

queasy ['kwiːzɪ] *adj* (*sickly*) enjoado

queen [kwiːn] *n* rainha; (*also:* **~ bee**) abelha-mestra, rainha; (*CARDS etc*) dama; **queen mother** *n* rainha-mãe f

queer [kwɪə*] *adj* (*odd*) esquisito, estranho ♦ *n* (*inf: homosexual*) bicha *m* (*BR*), maricas *m inv* (*PT*)

quench [kwentʃ] *vt*: **to ~ one's thirst** matar a sede

query ['kwɪərɪ] *n* pergunta ♦ *vt* questionar

quest [kwest] *n* busca

question ['kwestʃən] *n* pergunta; (*doubt*) dúvida; (*issue*) questão f; (*in text*) problema *m* ♦ *vt* (*doubt*) duvidar; (*interrogate*) interrogar, inquirir; **beyond ~** sem dúvida; **out of the ~** fora de cogitação, impossível; **questionable** *adj* discutível; (*doubtful*) duvidoso; **question mark** *n* ponto de interrogação;

questionnaire [kwestʃə'neə*] *n* questionário

queue [kjuː] (*BRIT*) *n* fila (*BR*), bicha (*PT*) ♦ *vi* (*also:* **~ up**) fazer fila (*BR*) *or* bicha (*PT*)

quibble ['kwɪbl] *vi*: **to ~ about** *or* **over/with** tergiversar sobre/com

quick [kwɪk] *adj* rápido; (*agile*) ágil; (*mind*) sagaz, despachado ♦ *n*: **to cut sb to the ~** ferir alguém; **be ~!** ande depressa!, vai rápido!; **quicken** *vt* apressar ♦ *vi* apressar-se; **quickly** *adv* rapidamente, depressa; **quicksand** *n* areia movediça; **quick-witted** *adj* perspicaz, vivo

quid [kwɪd] (*BRIT: inf*) *n inv* libra

quiet ['kwaɪət] *adj* (*voice, music*) baixo; (*peaceful: place*) tranqüilo; (*person: calm*) calmo; (*not noisy: place*) silencioso; (*: person*) calado; (*silent*) silencioso; (*ceremony*) discreto ♦ *n* (*peacefulness*) sossego; (*silence*) quietude ♦ *vt, vi* (US) = **~en**; **quieten** (*also:* **quieten down**) *vi* (*grow calm*) acalmar-se; (*grow silent*) calar-se ♦ *vt* tranqüilizar; fazer calar; **quietly** *adv* silenciosamente; (*talk*) baixo

quilt [kwɪlt] *n* acolchoado, colcha; (**continental**) **~** (*BRIT*) edredom *m* (*BR*), edredão *m* (*PT*)

quip [kwɪp] *n* escárnio, dito espirituoso

quirk [kwəːk] *n* peculiaridade *f*

quit [kwɪt] (*pt, pp* **quit** *or* **~ted**) *vt* (*smoking etc*) parar; (*job*) deixar; (*premises*) desocupar ♦ *vi* desistir; (*resign*) demitir-se, deixar o emprego

quite [kwaɪt] *adv* (*rather*) bastante; (*entirely*) completamente, totalmente; **that's not ~ big enough** não é suficientemente grande; **~ a few of them** um bom número deles; **~ (so)!** exatamente!, isso mesmo!

quiver ['kwɪvə*] *vi* estremecer

quiz [kwɪz] *n* concurso (de cultura geral) ♦ *vt* interrogar; **quizzical** *adj* zombeteiro

quota ['kwəutə] *n* cota, quota

quotation [kwəu'teɪʃən] *n* citação *f*; (*estimate*) orçamento; **quotation marks** *npl* aspas *fpl*

quote [kwəut] *n* citação *f*; (*estimate*) orçamento ♦ *vt* citar; (*price*) propor; (*figure, example*) citar, dar; **~s** *npl* aspas *fpl*

R r

rabbi ['ræbaɪ] *n* rabino

rabbit ['ræbɪt] *n* coelho

rabble ['ræbl] (*pej*) *n* povinho, ralé *f*

rabies ['reɪbiːz] *n* raiva

RAC (*BRIT*) *n abbr* (= *Royal Automobile Club*) ≈ TCB *m* (*BR*), ≈ ACP *m* (*PT*)

raccoon [rə'kuːn] *n* mão-pelada *m*, guaxinim *m*

race [reɪs] *n* corrida; (*species*) raça ♦ *vt* (*horse*) fazer correr ♦ *vi* (*compete*) competir; (*run*) correr; (*pulse*) bater rapidamente; **race car** (*US*) *n* = **racing car**; **racecourse** *n* hipódromo; **racehorse** *n* cavalo de corridas; **racetrack** *n* pista de corridas; (*for cars*) autódromo

racing ['reɪsɪŋ] *n* corrida; **racing car** (*BRIT*) *n* carro de corrida; **racing driver** (*BRIT*) *n* piloto(-a) de corrida

racism ['reɪsɪzəm] *n* racismo; **racist** (*pej*) *adj, n* racista *m/f*

rack [ræk] *n* (*also:* **luggage ~**) bagageiro; (*shelf*) estante *f*; (*also:* **roof ~**) xalmas *fpl*, porta-bagagem *m*; (*dish ~*) secador *m* de prato ♦ *vt*: **~ed by** (*pain, anxiety*) tomado por; **to ~ one's brains** quebrar a cabeça

racket ['rækɪt] *n* (*for tennis*) raquete *f* (*BR*), raqueta (*PT*); (*noise*) barulheira, zoeira; (*swindle*) negócio ilegal, fraude *f*

racquet ['rækɪt] *n* raquete *f* (*BR*), raqueta (*PT*)

racy ['reɪsɪ] *adj* ousado, picante

radiant ['reɪdɪənt] *adj* radiante,

brilhante
radiate ['reidieit] *vt* irradiar ♦ *vi*
difundir-se, estender-se
radiation [reidi'eifən] *n* radiação *f*
radiator ['reidieitə*] *n* radiador *m*
radical ['rædikl] *adj* radical
radii ['reidiai] *npl of* radius
radio ['reidiəu] *n* rádio ♦ *vt*: **to ~ sb**
comunicar-se por rádio com alguém
radio... [reidiəu] *prefix* radio...;
radioactive [reidiəu'æktiv] *adj*
radioativo; **radio station** *n* emissora,
estação *f* de rádio
radish ['rædiʃ] *n* rabanete *m*
radius ['reidiəs] (*pl* **radii**) *n* raio
RAF (*BRIT*) *n abbr* = **Royal Air Force**
raffle ['ræfl] *n* rifa
raft [rɑːft] *n* balsa
rafter ['rɑːftə*] *n* viga, caibro
rag [ræg] *n* trapo; (*torn cloth*) farrapo;
(*pej: newspaper*) jornaleco; (*UNIVERSITY*)
atividades estudantis beneficentes; **~s**
npl (*torn clothes*) trapos *mpl*, farrapos
mpl; **rag doll** *n* boneca de trapo
rage [reidʒ] *n* (*fury*) raiva, furor *m* ♦ *vi*
(*person*) estar furioso; (*storm*) assolar;
(*debate*) continuar calorosamente; **it's**
all the ~ é a última moda
ragged ['rægid] *adj* (*edge*) irregular,
desigual; (*clothes*) puído, gasto;
(*appearance*) esfarrapado, andrajoso
raid [reid] *n* (*MIL*) incursão *f*; (*criminal*)
assalto; (*attack*) ataque *m*; (*by police*)
batida ♦ *vt* invadir, atacar; assaltar;
atacar; fazer uma batida em
rail [reil] *n* (*on stair*) corrimão *m*; (*on*
bridge) parapeito, anteparo; (*of ship*)
amurada; **~s** *npl* (*for train*) trilhos *mpl*;
by ~ de trem (*BR*), por caminho de
ferro (*PT*); **railing(s)** *n(pl)* grade *f*;
railroad (*US*) *n* = **railway**; **railway** *n*
estrada (*BR*) *or* caminho (*PT*) de ferro;
railway line (*BRIT*) *n* linha de trem (*BR*)

or de comboio (*PT*); **railway station**
(*BRIT*) *n* estação *f* ferroviária (*BR*) *or* de
caminho de ferro (*PT*)
rain [rein] *n* chuva ♦ *vi* chover; **it's**
~ing está chovendo (*BR*), está a chover
(*PT*); **rainbow** *n* arco-íris *m inv*;
raincoat *n* impermeável *m*, capa de
chuva; **raindrop** *n* gota de chuva;
rainfall *n* chuva; (*measurement*)
pluviosidade *f*; **rainforest** *n* floresta
tropical; **rainy** *adj* chuvoso; **a rainy**
day um dia de chuva
raise [reiz] *n* aumento ♦ *vt* (*lift*)
levantar; (*salary, production*) aumentar;
(*morale, standards*) melhorar; (*doubts*)
suscitar, despertar; (*cattle, family*) criar;
(*crop*) cultivar, plantar; (*army*) recrutar,
alistar; (*funds*) angariar; (*loan*) levantar,
obter; **to ~ one's voice** levantar a voz
raisin ['reizn] *n* passa, uva seca
rake [reik] *n* ancinho ♦ *vt* (*garden*)
revolver *or* limpar com o ancinho;
(*with machine gun*) varrer
rally ['ræli] *n* (*POL etc*) comício; (*AUT*)
rally *m*, rali *m*; (*TENNIS*) rebatida ♦ *vt*
reunir ♦ *vi* reorganizar-se; (*sick person,*
Stock Exchange) recuperar-se; **rally**
round *vt fus* dar apoio a
RAM [ræm] *n abbr* (*COMPUT*) (= *random*
access memory) RAM *f*
ram [ræm] *n* carneiro ♦ *vt* (*push*)
cravar; (*crash into*) colidir com
ramble ['ræmbl] *n* caminhada,
excursão *f* a pé ♦ *vi* caminhar; (*talk:*
also: ~ on) divagar; **rambler** *n*
caminhante *m/f*; (*BOT*) roseira
trepadeira; **rambling** *adj* (*speech*)
desconexo, incoerente; (*house*) cheio
de recantos; (*plant*) rastejante
ramp [ræmp] *n* (*incline*) rampa; **on/off**
~ (*US: AUT*) entrada (para a rodovia)/
saída da rodovia
rampage [ræm'peidʒ] *n*: **to be on the**

a b c d e f g h i j k l m n o p q r s t u v w x y z

~ alvoroçar-se

ramshackle ['ræmʃækl] *adj* caindo aos pedaços

ran [ræn] *pt of* **run**

ranch [rɑːntʃ] *n* rancho, fazenda, estância; **rancher** *n* rancheiro(-a), fazendeiro(-a)

rancid ['rænsɪd] *adj* rançoso, râncio

rancour ['ræŋkə*] (*US* **rancor**) *n* rancor *m*

random ['rændəm] *adj* ao acaso, casual, fortuito; (*COMPUT, MATH*) aleatório ♦ *n*: **at ~ a** esmo, aleatoriamente

randy ['rændɪ] (*BRIT: inf*) *adj* de fogo

rang [ræŋ] *pt of* **ring**

range [reɪndʒ] *n* (*of mountains*) cadeia, cordilheira; (*of missile*) alcance *m*; (*of voice*) extensão *f*; (*series*) série *f*; (*of products*) gama, sortimento; (*MIL: also:* **shooting ~**) estande *m*; (*also:* **kitchen ~**) fogão *m* ♦ *vt* (*place*) colocar; (*arrange*) arrumar, ordenar ♦ *vi*: **to ~ over** (*extend*) estender-se por; **to ~ from ... to ...** variar de ... a ..., oscilar entre ... e ...

rank [ræŋk] *n* (*row*) fila, fileira; (*MIL*) posto; (*status*) categoria, posição *f*; (*BRIT: also:* **taxi ~**) ponto de táxi ♦ *vi*: **to ~ among** figurar entre ♦ *adj* fétido, malcheiroso; **the ~ and file** (*fig*) a gente comum

ransack ['rænsæk] *vt* (*search*) revistar; (*plunder*) saquear, pilhar

ransom ['rænsəm] *n* resgate *m*; **to hold sb to ~** (*fig*) encostar alguém contra a parede

rant [rænt] *vi* arengar

rap [ræp] *vt* bater de leve ♦ *n*: **~ (music)** rap *m*

rape [reɪp] *n* estupro; (*BOT*) colza ♦ *vt* violentar, estuprar

rapid ['ræpɪd] *adj* rápido; **rapids** *npl* (*GEO*) cachoeira

rapist ['reɪpɪst] *n* estuprador *m*

rapport [ræ'pɔː*] *n* harmonia, afinidade *f*

rare [reə*] *adj* raro; (*CULIN: steak*) mal passado

rascal ['rɑːskl] *n* maroto, malandro

rash [ræʃ] *adj* impetuoso, precipitado ♦ *n* (*MED*) exantema *m*, erupção *f* cutânea; (*of events*) série *f*, torrente *f*

rasher ['ræʃə*] *n* fatia fina

raspberry ['rɑːzbərɪ] *n* framboesa

rat [ræt] *n* rato (*BR*), ratazana (*PT*)

rate [reɪt] *n* (*ratio*) razão *f*; (*price*) preço, taxa; (: *of hotel*) diária; (*of interest, change*) taxa; (*speed*) velocidade *f* ♦ *vt* (*value*) taxar; (*estimate*) avaliar; **~s** *npl* (*BRIT*) imposto predial e territorial; (*fees*) pagamento; **to ~ sb/sth as** considerar alguém/algo como

rather ['rɑːðə*] *adv* (*somewhat*) um tanto, meio; (*to some extent*) até certo ponto; (*more accurately*): **or ~** ou melhor; **it's ~ expensive** (*quite*) é meio caro; (*too*) é caro demais; **there's ~ a lot** há bastante *or* muito; **I would ~ go** preferiria *or* preferia ir

ratio ['reɪʃɪəu] *n* razão *f*, proporção *f*

ration ['ræʃən] *n* ração *f* ♦ *vt* racionar; **~s** *npl* (*MIL*) mantimentos *mpl*, víveres *mpl*

rational ['ræʃənl] *adj* lógico; (*person*) sensato, razoável; **rationale** [ræʃə'nɑːl] *n* razão *f* fundamental

rat race *n*: **the ~** a competição acirrada na vida moderna

rattle ['rætl] *n* (*of door*) batida; (*of train etc*) chocalhada; (*of coins*) chocalhar *m*; (*object: for baby*) chocalho ♦ *vi* (*small objects*) tamborilar; (*vehicle*): **to ~ along** mover-se ruidosamente ♦ *vt* sacudir, fazer bater; (*unnerve*) perturbar;

rattlesnake n cascavel f

raucous ['rɔːkəs] adj espalhafatoso, banelhento

rave [reɪv] vi (in anger) encolerizar-se; (MED) delirar; (with enthusiasm): **to ~ about** vibrar com

raven ['reɪvən] n corvo

ravenous ['rævənəs] adj morto de fome, esfomeado

ravine [rə'viːn] n ravina, barranco

raving ['reɪvɪn] adj: **~ lunatic** doido(-a) varrido(-a)

ravishing ['rævɪʃɪn] adj encantador(a)

raw [rɔː] adj (uncooked) cru(a); (not processed) bruto; (sore) vivo; (inexperienced) inexperiente, novato; (weather) muito frio; **raw material** n matéria-prima

ray [reɪ] n raio; **~ of hope** fio de esperança

razor ['reɪzə*] n (open) navalha; (safety ~) aparelho de barbear; (electric) aparelho de barbear elétrico; **razor blade** n gilete m (BR), lâmina de barbear (PT)

Rd abbr = **road**

re [riː] prep referente a

reach [riːtʃ] n alcance m; (of river etc) extensão f ♦ vt alcançar; (arrive at: place) chegar em; (: agreement) chegar a; (by telephone) conseguir falar com ♦ vi (stretch out) esticar-se; **within ~** ao alcance (da mão); **out of ~** fora de alcance; **reach out** vt (hand) esticar ♦ vi: **to ~ out for sth** estender or esticar a mão para pegar (em) algo

react [riː'ækt] vi reagir; **reaction** n reação f; **~ions** npl (reflexes) reflexos mpl

reactor [riː'æktə*] n (also: **nuclear ~**) reator m nuclear

read [riːd, pt, pp rɛd] (pt, pp **read**) vi

ler ♦ vt ler; (understand) compreender; (study) estudar; **read out** vt ler em voz alta; **reader** n leitor(a) m/f; (book) livro de leituras; (BRIT: at university) professor(a) m/f adjunto(-a)

readily ['rɛdɪlɪ] adv (willingly) de boa vontade; (easily) facilmente; (quickly) sem demora, prontamente

reading ['riːdɪn] n leitura; (on instrument) indicação f, registro (BR), registo (PT)

ready ['rɛdɪ] adj pronto, preparado; (willing) disposto; (available) disponível ♦ n: **at the ~** (MIL) pronto para atirar; **to get ~** vi preparar-se ♦ vt preparar; **ready-made** adj (já) feito; (clothes) pronto; **ready-to-wear** adj pronto, prêt à porter inv

real [rɪəl] adj real; (genuine) verdadeiro, autêntico; **in ~ terms** em termos reais; **real estate** n bens mpl imobiliários or de raiz; **realistic** [rɪə'lɪstɪk] adj realista

reality [riː'ælɪtɪ] n realidade f

realization [rɪələ'zeɪʃən] n (fulfilment) realização f; (understanding) compreensão f; (COMM) conversão f em dinheiro, realização

realize ['rɪəlaɪz] vt (understand) perceber; (fulfil, COMM) realizar

really ['rɪəlɪ] adv (for emphasis) realmente; (actually): **what ~ happened?** o que aconteceu na verdade?; **~?** (interest) é mesmo?; (surprise) verdade!; **~!** (annoyance) realmente!

realm [rɛlm] n reino; (fig) esfera, domínio

realtor ['rɪəltə*] (US) n corretor(a) m/f de imóveis (BR), agente m/f imobiliário(-a) (PT)

reap [riːp] vt segar, ceifar; (fig) colher

reappear [riːəˈpɪə*] vi reaparecer

rear [rɪə*] adj traseiro, de trás ♦ n traseira ♦ vt criar ♦ vi (also: ~ up) empinar-se

reason [ˈriːzn] n (cause) razão f; (ability) raciocínio; (sense) bom-senso ♦ vi: **to ~ with sb** argumentar com alguém, persuadir alguém; **it stands to ~ that** é razoável or lógico que; **reasonable** adj (fair) razoável; (sensible) sensato; **reasonably** adv razoavelmente; sensatamente; **reasoning** n raciocínio

reassurance [riːəˈʃuərəns] n garantia

reassure [riːəˈʃuə*] vt tranqüilizar; **to ~ sb of** reafirmar a confiança de alguém acerca de

rebate [ˈriːbeɪt] n devolução f

rebel [n ˈrebl, vb rɪˈbel] n rebelde m/f ♦ vi rebelar-se; **rebellious** [rɪˈbeljəs] adj insurreto; (behaviour) rebelde

rebound [vb rɪˈbaund, n ˈriːbaund] vi (ball) ressaltar ♦ n: **on the ~** ressalto; (person): **she married him on the ~** ela casou com ele logo após o rompimento do casamento (or relacionamento) anterior

rebuff [rɪˈbʌf] n repulsa, recusa

rebuke [rɪˈbjuːk] vt repreender

recall [vb rɪˈkɔːl, n ˈriːkɔl] vt recordar, lembrar; (parliament) reunir de volta; (ambassador) chamar de volta ♦ n (memory) recordação f, lembrança; (of ambassador) chamada (de volta)

recap [ˈriːkæp] vt sintetizar ♦ vi recapitular

recd. abbr = **received**

receding [rɪˈsiːdɪŋ] adj (chin) metido or puxado para dentro; (hair) que está escasseando nas têmporas

receipt [rɪˈsiːt] n recibo; (act) recebimento (BR), recepção f (PT); **~s** npl (COMM) receitas fpl

receive [rɪˈsiːv] vt receber; (guest) acolher; (wound, criticism) sofrer;

receiver n (TEL) fone m (BR), auscultador m (PT); (RADIO, TV) receptor m; (of stolen goods) receptador(a) m/f; (COMM) curador(a) m/f síndico(-a) de massa falida

recent [ˈriːsnt] adj recente; **recently** adv recentemente; (in recent times) ultimamente

reception [rɪˈsepʃən] n recepção f; (welcome) acolhida; **reception desk** n (mesa de) recepção f; **receptionist** n recepcionista m/f

recess [rɪˈses] n (in room) recesso, vão m; (secret place) esconderijo; (POL etc: holiday) férias fpl

recession [rɪˈseʃən] n recessão f

recipe [ˈresɪpɪ] n receita

recipient [rɪˈsɪpɪənt] n recipiente m/f, recebedor(a) m/f; (of letter) destinatário(-a)

recite [rɪˈsaɪt] vt recitar

reckless [ˈrekləs] adj (driver) imprudente; (speed) imprudente, excessivo; (spending) irresponsável

reckon [ˈrekən] vt (calculate) calcular, contar; (think): **I ~ that ...** acho que ...; **reckon on** vt fus contar com

reclaim [rɪˈkleɪm] vt (demand back) reivindicar; (land: from sea) aterrar; (waste materials) reaproveitar

recline [rɪˈklaɪn] vi reclinar-se; **reclining** adj (seat) reclinável

recognition [rekəgˈnɪʃən] n reconhecimento

recognize [ˈrekəgnaɪz] vt reconhecer

recoil [vb rɪˈkɔɪl, n ˈriːkɔɪl] vi (person): **to ~ from doing sth** recusar-se a fazer algo ♦ n (of gun) coice m

recollect [rekəˈlekt] vt lembrar, recordar; **recollection** n (memory) recordação f; (remembering) lembrança

recommend [rɛkə'mɛnd] vt recomendar

reconcile ['rɛkənsaɪl] vt reconciliar; (facts) conciliar, harmonizar; **to ~ o.s. to sth** resignar-se a or conformar-se com algo

reconsider [ri:kən'sɪdə*] vt reconsiderar

reconstruct [ri:kən'strʌkt] vt reconstruir; (event) reconstituir

record [n, adj 'rɛkɔ:d, vb rɪ'kɔ:d] n (MUS) disco; (of meeting etc) ata, minuta; (COMPUT, of attendance) registro (BR), registo (PT); (written) história; (also: **criminal ~**) antecedentes mpl; (SPORT) recorde m ♦ vt (write down) anotar; (temperature, speed) registrar (BR), registar (PT); (MUS: song etc) gravar ♦ adj: **in ~ time** num tempo recorde; **off the ~** ♦ adj confidencial ♦ adv confidencialmente; **recorder** n (MUS) flauta; **recording** n (MUS) gravação f; **record player** n toca-discos m inv (BR), gira-discos m inv (PT)

re-count ['ri:kaunt] n (POL: of votes) nova contagem f, recontagem f

recoup [rɪ'ku:p] vt: **to ~ one's losses** recuperar-se dos prejuízos

recover [rɪ'kʌvə*] vt recuperar ♦ vi (from illness) recuperar-se; (from shock) refazer-se; **recovery** n recuperação f; (MED) recuperação, melhora

recreation [rɛkrɪ'eɪʃən] n recreio; **recreational** adj recreativo

recruit [rɪ'kru:t] n recruta m/f; (in company) novato(-a) ♦ vt recrutar

rectangle ['rɛktæŋgl] n retângulo

rector ['rɛktə*] n (REL) pároco

recuperate [rɪ'ku:pəreɪt] vi recuperar-se

recur [rɪ'kə:*] vi repetir-se, ocorrer

outra vez; (symptoms) reaparecer; **recurrent** adj repetido, periódico

recycle [ri:'saɪkl] vt reciclar; **recycling** n reciclagem f

red [rɛd] n vermelho; (POL: pej) vermelho(-a) ♦ adj vermelho; (hair) ruivo; (wine) tinto; **to be in the ~** não ter fundos; **Red Cross** n Cruz f Vermelha; **redden** vt avermelhar ♦ vi corar, ruborizar-se

redeem [rɪ'di:m] vt (REL) redimir; (sth in pawn) tirar do prego; (loan, fig: situation) salvar; **redeeming** adj: **redeeming feature** lado bom or que salva

red: red-haired adj ruivo; **red- handed** adj: **to be caught red- handed** ser apanhado em flagrante, ser flagrado; **redhead** n ruivo(-a); **red herring** n (fig) pista falsa; **red-hot** adj incandescente

redirect [ri:daɪ'rɛkt] vt (mail) endereçar de novo

red-light district n zona (de meretrício)

redo [ri:'du:] (irreg) vt refazer

redress [rɪ'drɛs] n compensação f ♦ vt retificar

Red Sea n: **the ~** o mar Vermelho

redskin ['rɛdskɪn] n pele-vermelha m/f

red tape n (fig) papelada, burocracia

reduce [rɪ'dju:s] vt reduzir; (lower) rebaixar; **"~ speed now"** (AUT) "diminua a velocidade"; **to ~ sb to** (silence, begging) levar alguém a; (tears) reduzir alguém a; **reduction** [rɪ'dʌkʃən] n redução f; (of price) abatimento

redundancy [rɪ'dʌndənsɪ] (BRIT) n (dismissal) demissão f; (unemployment) desemprego

redundant [rɪ'dʌndnt] adj (BRIT: worker) desempregado; (detail, object) redundante, supérfluo; **to be made ~** ficar desempregado *or* sem trabalho

reed [ri:d] *n* (*BOT*) junco; (*MUS: of clarinet etc*) palheta

reef [ri:f] *n* (*at sea*) recife *m*

reek [ri:k] *vi*: **to ~ (of)** cheirar (a), feder (a)

reel [ri:l] *n* carretel *m*, bobina; (*of film*) rolo, filme *m*; (*on fishing-rod*) carretilha; (*dance*) dança típica da Escócia ♦ *vi* (*sway*) cambalear, oscilar; **reel in** *vt* puxar enrolando a linha

ref [ref] (*inf*) *n abbr* = **referee**

refectory [rɪˈfektərɪ] *n* refeitório

refer [rɪˈfə:*] *vt* (*matter, problem*): **to ~ sth to** submeter algo à apreciação de; (*person, patient*): **to ~ sb to** encaminhar alguém a ♦ *vi*: **to ~ to** referir-se *or* aludir a; (*consult*) recorrer a

referee [refəˈri:] *n* árbitro(-a); (*BRIT: for job application*) referência ♦ *vt* apitar

reference [ˈrefrəns] *n* referência; (*mention*) menção *f*; **with ~ to** com relação a; (*COMM: in letter*) com referência a; **reference book** *n* livro de consulta

refill [*vb* ri:ˈfɪl, *n* ˈri:fɪl] *vt* reencher; (*lighter etc*) reabastecer ♦ *n* (*for pen*) carga nova

refine [rɪˈfaɪn] *vt* refinar; **refined** *adj* refinado, culto

reflect [rɪˈflekt] *vt* refletir ♦ *vi* (*think*) refletir, meditar; **it ~s badly/well on him** isso repercute mal/bem para ele; **reflection** *n* reflexo; (*thought, act*) reflexão *f*; (*criticism*): **reflection on** crítica de; **on reflection** pensando bem

reflex [ˈri:fleks] *adj* reflexo ♦ *n* reflexo; **reflexive** [rɪˈfleksɪv] *adj* (*LING*) reflexivo

reform [rɪˈfɔ:m] *n* reforma ♦ *vt* reformar; **reformatory** [rɪˈfɔ:mətərɪ] (*US*) *n* reformatório

refrain [rɪˈfreɪn] *vi*: **to ~ from doing**

abster-se de fazer ♦ *n* estribilho, refrão *m*

refresh [rɪˈfreʃ] *vt* refrescar; **refresher course** (*BRIT*) *n* curso de reciclagem; **refreshing** *adj* refrescante; (*sleep*) repousante; **refreshments** *npl* bebidas *fpl* (não-alcoólicas) e guloseimas

refrigerator [rɪˈfrɪdʒəreɪtə*] *n* refrigerador *m*, geladeira (*BR*), frigorífico (*PT*)

refuel [ri:ˈfjuəl] *vi* reabastecer

refuge [ˈrefju:dʒ] *n* refúgio; **to take ~ in** refugiar-se em

refugee [refjuˈdʒi:] *n* refugiado(-a)

refund [*n* ˈri:fʌnd, *vb* rɪˈfʌnd] *n* reembolso ♦ *vt* devolver, reembolsar

refurbish [ri:ˈfə:bɪʃ] *vt* renovar

refusal [rɪˈfju:zəl] *n* recusa, negativa; **first ~** primeira opção

refuse¹ [rɪˈfju:z] *vt* recusar; (*order*) recusar-se a ♦ *vi* recusar-se, negar-se; (*horse*) recusar-se a pular a cerca

refuse² [ˈrefju:s] *n* refugo, lixo

regain [rɪˈgeɪn] *vt* recuperar, recobrar

regal [ˈri:gl] *adj* real, régio

regard [rɪˈgɑ:d] *n* (*gaze*) olhar *m* firme; (*attention*) atenção *f*; (*esteem*) estima, consideração *f* ♦ *vt* (*consider*) considerar; **to give one's ~s to** lembranças a; **"with kindest ~s"** "cordialmente"; **as ~s, with ~ to** com relação a, com respeito a, quanto a; **regarding** *prep* com relação a; **regardless** *adv* apesar de tudo; **regardless of** apesar de

régime [reɪˈʒi:m] *n* regime *m*

regiment [ˈredʒɪmənt] *n* regimento

region [ˈri:dʒən] *n* região *f*; **in the ~ of** (*fig*) por volta de, ao redor de; **regional** *adj* regional

register [ˈredʒɪstə*] *n* registro (*BR*), registo (*PT*); (*SCH*) chamada ♦ *vt* registrar (*BR*), registar (*PT*); (*subj: instrument*) marcar, indicar ♦ *vi* (*at hotel*) registrar-se (*BR*), registar-se (*PT*); (*for work*) candidatar-se; (*as student*) inscrever-se; (*make impression*) causar impressão; **registered** *adj* (*letter, parcel*) registrado (*BR*), registado (*PT*)

registrar ['rɛdʒɪstrɑ:*] *n* oficial *m/f* de registro (*BR*) or registo (*PT*), escrivão (-vã) *m/f*; (*in college*) funcionário(-a) administrativo(-a) sênior; (*in hospital*) médico(-a) sênior

registration [rɛdʒɪs'treɪʃən] *n* (*act*) registro (*BR*), registo (*PT*); (*AUT: also: ~ number*) número da placa

registry ['rɛdʒɪstrɪ] *n* registro (*BR*), registo (*PT*), cartório; **registry office** (*BRIT*) *n* registro (*BR*) or registo (*PT*) civil, cartório; **to get married in a ~ office** casar-se no civil

regret [rɪ'grɛt] *n* desgosto, pesar *m* ♦ *vt* lamentar; (*repent of*) arrepender-se de; **regretfully** *adv* com pesar, pesarosamente

regular ['rɛgjulə*] *adj* regular; (*frequent*) freqüente; (*usual*) habitual; (*soldier*) de linha ♦ *n* habitual *m/f*; **regularly** *adv* regularmente; (*shaped*) simetricamente; (*often*) freqüentemente

regulate ['rɛgjuleɪt] *vt* (*speed*) regular; (*spending*) controlar; (*TECH*) regular, ajustar; **regulation** [rɛgju'leɪʃən] *n* (*rule*) regra, regulamento; (*adjustment*) ajuste *m*

rehearsal [rɪ'hə:səl] *n* ensaio
rehearse [rɪ'hə:s] *vt* ensaiar
reign [reɪn] *n* reinado; (*fig*) domínio ♦ *vi* reinar; imperar
reimburse [ri:ɪm'bə:s] *vt* reembolsar
rein [reɪn] *n* (*for horse*) rédea
reindeer ['reɪndɪə*] *n inv* rena
reinforce [ri:ɪn'fɔ:s] *vt* reforçar;

reinforcements *npl* (*MIL*) reforços *mpl*
reinstate [ri:ɪn'steɪt] *vt* (*worker*) readmitir; (*tax, law*) reintroduzir
reject [*n* 'ri:dʒɛkt, *vb* rɪ'dʒɛkt] *n* (*COMM*) artigo defeituoso ♦ *vt* rejeitar; (*offer of help*) recusar; (*goods*) refugar; **rejection** *n* rejeição *f*; recusa
rejoice [rɪ'dʒɔɪs] *vi*: **to ~ at** or **over** regozijar-se or alegrar-se de
relapse [rɪ'læps] *n* (*MED*) recaída
relate [rɪ'leɪt] *vt* (*tell*) contar, relatar; (*connect*): **to ~ sth to** relacionar algo com ♦ *vi*: **to ~ to** relacionar-se com; **~d to** ligado a, relacionado a; **relating**: **relating to** *prep* relativo a, acerca de
relation [rɪ'leɪʃən] *n* (*person*) parente *m/f*; (*link*) relação *f*; **~s** *npl* (*dealings*) relações *fpl*; (*relatives*) parentes *mpl*; **relationship** *n* relacionamento; (*between two things*) relação *f*; (*also: family relationship*) parentesco
relative ['rɛlətɪv] *n* parente *m/f* ♦ *adj* relativo; **relatively** *adv* relativamente
relax [rɪ'læks] *vi* (*unwind*) descontrair-se; (*muscle*) relaxar-se ♦ *vt* (*grip*) afrouxar; (*control*) relaxar; (*mind, person*) descansar; **relaxation** [ri:læk'seɪʃən] *n* (*rest*) descanso; (*of muscle, control*) relaxamento; (*of grip*) afrouxamento; (*recreation*) lazer *m*; **relaxed** *adj* relaxado; (*tranquil*) descontraído
relay [*n* 'ri:leɪ, *vb* rɪ'leɪ] *n* (*race*) (corrida de) revezamento ♦ *vt* (*message*) retransmitir
release [rɪ'li:s] *n* (*from prison*) libertação *f*; (*from obligation*) liberação *f*; (*of gas*) escape *m*; (*of water*) despejo; (*of film, book etc*) lançamento ♦ *vt* (*prisoner*) pôr em liberdade; (*book, film*) lançar; (*report, news*) publicar; (*gas etc*) soltar; (*free: from wreckage etc*) soltar; (*TECH: catch, spring*)

etc) desengatar, desapertar

relegate ['rɛləgeɪt] *vt* relegar; (*SPORT*): **to be ~d** ser rebaixado

relent [rɪ'lɛnt] *vi* (*yield*) ceder;

relentless *adj* (*unceasing*) contínuo; (*determined*) implacável

relevant ['rɛləvənt] *adj* pertinente; **~ to** relacionado com

reliable [rɪ'laɪəbl] *adj* (*person, firm: digno*) de confiança, confiável, sério; (*method, machine*) seguro; (*news*) fidedigno; **reliably** *adv*: **to be reliably informed that ...** saber através de fonte segura que ...

relic ['rɛlɪk] *n* (*REL*) relíquia; (*of the past*) vestígio

relief [rɪ'liːf] *n* alívio; (*help, supplies*) ajuda, socorro; (*ART, GEO*) relevo

relieve [rɪ'liːv] *vt* (*pain, fear*) aliviar; (*bring help to*) ajudar, socorrer; (*take over from: gen*) substituir, revezar; (*: guard*) render; **to ~ sb of sth** (*load*) tirar algo de alguém; (*duties*) destituir alguém de algo; **to ~ o.s.** fazer as necessidades

religion [rɪ'lɪdʒən] *n* religião *f*; **religious** *adj* religioso

relinquish [rɪ'lɪŋkwɪʃ] *vt* abandonar; (*plan, habit*) renunciar a

relish ['rɛlɪʃ] *n* (*CULIN*) condimento, tempero; (*enjoyment*) entusiasmo ♦ *vt* (*food etc*) saborear; (*thought*) ver com satisfação

reluctant [rɪ'lʌktənt] *adj* relutante; **reluctantly** *adv* relutantemente, de má vontade

rely on [rɪ'laɪ-] *vt fus* confiar em, contar com; (*be dependent on*) depender de

remain [rɪ'meɪn] *vi* (*survive*) sobreviver; (*stay*) ficar, permanecer; (*be left*) sobrar; (*continue*) continuar; **remainder** *n* resto, restante *m*; **remaining** *adj* restante; **remains** *npl* (*of body*) restos *mpl*; (*of meal*) sobras *fpl*; (*of building*) ruínas *fpl*

remand [rɪ'mɑːnd] *n*: **on ~** sob prisão preventiva ♦ *vt*: **to be ~ed in custody** continuar sob prisão preventiva, manter sob custódia

remark [rɪ'mɑːk] *n* observação *f*, comentário ♦ *vt* comentar; **remarkable** *adj* (*outstanding*) extraordinário

remarry [riː'mærɪ] *vi* casar-se de novo

remedial [rɪ'miːdɪəl] *adj* de reforço; (*exercise*) terapêutico

remedy ['rɛmədɪ] *n*: **~ (for)** remédio (contra *or* a) ♦ *vt* remediar

remember [rɪ'mɛmbə*] *vt* lembrar-se de, lembrar; (*bear in mind*) ter em mente; (*send greetings*): **~ me to her** dê lembranças a ela

remembrance [rɪ'mɛmbrəns] *n* (*memory*) memória; (*souvenir*) lembrança, recordação *f*; **Remembrance Day** *or* **Sunday** *n* Dia *m* do Armistício; *ver quadro*

REMEMBRANCE DAY

Remembrance Day ou **Remembrance Sunday** é o domingo mais próximo do dia 11 de novembro, dia em que a Primeira Guerra Mundial terminou oficialmente e no qual se homenageia as vítimas das duas guerras mundiais. Nessa ocasião são observados dois minutos de silêncio às 11 horas, horário da assinatura do armistício com a Alemanha em 1918. Nos dias anteriores, papoulas de papel são vendidas por associações de caridade e a renda é revertida aos ex-combatentes e suas famílias.

remind [rɪ'maɪnd] vt: **to ~ sb to do sth** lembrar a alguém que tem de fazer algo; **to ~ sb of sth** lembrar algo a alguém, lembrar alguém de algo; **reminder** n lembrança; (*letter*) carta de advertência

reminisce [rɛmɪ'nɪs] vi relembrar velhas histórias; **reminiscent** adj: **to be reminiscent of sth** lembrar algo

remit [rɪ'mɪt] vt remeter, enviar, mandar; **remittance** n remessa

remnant ['rɛmnənt] n resto; (*of cloth*) retalho; **~s** npl (COMM) retalhos mpl

remorse [rɪ'mɔːs] n remorso; **remorseful** adj arrependido

remote [rɪ'məut] adj remoto; (*person*) reservado, afastado; **remote control** n controle m remoto; **remotely** adv remotamente; (*slightly*) levemente

removal [rɪ'muːvəl] n (*taking away*) remoção f; (*BRIT: from house*) mudança; (*from office: sacking*) afastamento, demissão f; (*MED*) extração f; **removal van** (*BRIT*) n caminhão m (*BR*) or camião m (*PT*) de mudanças

remove [rɪ'muːv] vt tirar, retirar; (*clothing*) tirar; (*stain*) remover; (*employee*) afastar, demitir; (*name from list, obstacle*) eliminar, remover; (*doubt, abuse*) afastar; (*MED*) extrair

render ['rɛndə*] vt (*thanks*) trazer; (*service*) prestar; (*make*) fazer, tornar

rendezvous ['rɒndɪvuː] n encontro; (*place*) ponto de encontro

renew [rɪ'njuː] vt retomar, recomeçar; (*loan etc*) prorrogar; (*negotiations*) reatar; **renewal** n (*of contract*) renovação f; (*resumption*) retomada

renounce [rɪ'nauns] vt renunciar a

renovate ['rɛnəveɪt] vt renovar; (*house*) reformar

renown [rɪ'naun] n renome m;

renowned adj renomado, famoso

rent [rɛnt] n aluguel m (*BR*), aluguer m (*PT*) ♦ vt (*also: ~ out*) alugar; **rental** n (*for television, car*) aluguel m (*BR*), aluguer m (*PT*)

rep [rɛp] n abbr (COMM) = **representative**

repair [rɪ'pɛə*] n reparação f, conserto ♦ vt consertar; **in good/bad ~** em bom/mau estado; **repair kit** n caixa de ferramentas

repay [riː'peɪ] (*irreg*) vt (*money*) reembolsar, restituir; (*person*) pagar de volta; (*debt*) saldar, liquidar; (*sb's efforts*) corresponder, retribuir; (*favour*) retribuir; **repayment** n reembolso; (*of debt*) pagamento

repeal [rɪ'piːl] n (*of law*) revogação f ♦ vt revogar

repeat [rɪ'piːt] n (RADIO, TV) repetição f ♦ vt repetir; (COMM: *order*) renovar ♦ vi repetir-se

repel [rɪ'pɛl] vt repelir; (*disgust*) repugnar; **repellent** adj repugnante ♦ n: **insect repellent** repelente m de insetos

repent [rɪ'pɛnt] vi arrepender-se; **repentance** n arrependimento

repetitive [rɪ'pɛtɪtɪv] adj repetitivo

replace [rɪ'pleɪs] vt (*put back*) repor, devolver; (*take the place of*) substituir; **replacement** n (*substitution*) substituição f; (*substitute*) substituto (-a)

replay ['riːpleɪ] n (*of match*) partida decisiva; (TV: *also*: **action ~**) replay m

replenish [rɪ'plɛnɪʃ] vt (*glass*) reencher; (*stock etc*) completar, prover

replica ['rɛplɪkə] n réplica, cópia, reprodução f

reply [rɪ'plaɪ] n resposta ♦ vi responder

report [rɪ'pɔːt] n relatório; (*PRESS etc*) reportagem f; (*BRIT: also*: **school ~**)

boletim *m* escolar; (*of gun*) estampido, detonação *f* ♦ *vt* informar sobre; (*PRESS etc*) fazer uma reportagem sobre; (*bring to notice*) comunicar, anunciar ♦ *vi* (*make a report*): **to ~ (on)** apresentar um relatório (sobre); (*present o.s.*): **to ~ (to sb)** apresentar-se (a alguém); (*be responsible to*): **to ~ to sb** obedecer as ordens de alguém; **report card** (*US, SCOTTISH*) *n* boletim *m* escolar; **reportedly** *adv*: **she is reportedly living in Spain** dizem que ela mora na Espanha; **reporter** *n* repórter *m/f*

represent [reprɪ'zent] *vt* representar; (*constitute*) constituir; (*COMM*) ser representante de; **representation** [reprɪzen'teɪʃən] *n* representação *f*; (*picture, statue*) representação, retrato; (*petition*) petição *f*; **~ations** *npl* (*protest*) reclamação *f*, protesto; **representative** [reprɪ'zentətɪv] *n* representante *m/f*; (*US: POL*) deputado (-a) ♦ *adj*: **representative (of)** representativo (de)

repress [rɪ'pres] *vt* reprimir; **repression** *n* repressão *f*

reprisal [rɪ'praɪzl] *n* represália

reproach [rɪ'prəutʃ] *n* repreensão *f*, censura ♦ *vt*: **to ~ sb for sth** repreender alguém por algo; **reproachful** *adj* repreensivo, acusatório

reproduce [ri:prə'dju:s] *vt* reproduzir ♦ *vi* reproduzir-se

reproof [rɪ'pru:f] *n* reprovação *f*, repreensão *f*

reptile ['reptaɪl] *n* réptil *m*

republic [rɪ'pʌblɪk] *n* república; **republican** *adj, n* republicano(-a); (*US: POL*): **Republican** membro(-a) do Partido Republicano

reputable ['repjutəbl] *adj* (*make etc*) bem conceituado, de confiança; (*person*) honrado, respeitável

reputation [repju'teɪʃən] *n* reputação *f*

reputedly [rɪ'pju:tɪdlɪ] *adv* segundo se diz, supostamente

request [rɪ'kwest] *n* pedido; (*formal*) petição *f* ♦ *vt*: **to ~ sth of or from sb** pedir algo a alguém; (*formally*) solicitar algo a alguém; **request stop** (*BRIT*) *n* (*for bus*) parada não obrigatória

require [rɪ'kwaɪə*] *vt* (*need: subj: person*) precisar de, necessitar; (: *thing, situation*) requerer, exigir; (*want*) pedir; (*order*): **to ~ sb to do sth/sth of sb** exigir que alguém faça algo/algo de alguém; **requirement** *n* (*need*) necessidade *f*; (*want*) pedido

rescue ['reskju:] *n* salvamento, resgate *m* ♦ *vt*: **to ~ (from)** resgatar (de); (*save, fig*) salvar (de); **rescue party** *n* grupo *or* expedição *f* de resgate

research [rɪ'sə:tʃ] *n* pesquisa ♦ *vt* pesquisar

resemblance [rɪ'zembləns] *n* semelhança

resemble [rɪ'zembl] *vt* parecer-se com

resent [rɪ'zent] *vt* (*attitude*) ressentir-se de; (*person*) estar ressentido com; **resentful** *adj* ressentido

reservation [rezə'veɪʃən] *n* reserva

reserve [rɪ'zə:v] *n* reserva; (*SPORT*) suplente *m/f*, reserva *m/f* (*BR*) ♦ *vt* reservar; **~s** *npl* (*MIL*) (tropas *fpl* da) reserva; (*COMM*) reserva; **in ~** de reserva; **reserved** *adj* reservado

residence ['rezɪdəns] *n* residência; (*formal: home*) domicílio; **residence permit** (*BRIT*) *n* autorização *f* de residência

resident ['rezɪdənt] *n* (*of country, town*) habitante *m/f*; (*in hotel*)

hóspede *m/f* ♦ *adj* (*population*)
permanente; (*doctor*) interno,
residente; **residential** [rezɪ'dɛnʃəl] *adj*
residencial

residue ['rezɪdju:] *n* resto

resign [rɪ'zaɪn] *vt* renunciar a, demitir-se
de ♦ *vi*: **to ~ (from)** demitir-se (de); **to
~ o.s. to** resignar-se a; **resignation**
[rezɪg'neɪʃən] *n* demissão *f*; (*state of
mind*) resignação *f*; **resigned** *adj*
resignado

resilient [rɪ'zɪlɪənt] *adj* (*person*) forte;
(*material*) resistente

resist [rɪ'zɪst] *vt* resistir a

resolution [rezə'lu:ʃən] *n* resolução *f*;
(*of problem*) solução *f*

resolve [rɪ'zɒlv] *n* resolução *f* ♦ *vt*
resolver ♦ *vi*: **to ~ to do** resolver-se a
fazer

resort [rɪ'zɔ:t] *n* local *m* turístico,
estação *f* de veraneio; (*recourse*)
recurso ♦ *vi*: **to ~ to** recorrer a; **in the
last ~** em último caso, em última
instância

resounding [rɪ'zaundɪŋ] *adj*
retumbante

resource [rɪ'sɔ:s] *n* (*raw material*)
recurso natural; **~s** *npl* (*coal, money,
energy*) recursos *mpl*; **resourceful** *adj*
engenhoso, habilidoso

respect [rɪs'pɛkt] *n* respeito ♦ *vt*
respeitar; **~s** *npl* (*greetings*)
cumprimentos *mpl*; **respectable** *adj*
respeitável; (*large*) considerável;
(*result, player*) razoável; **respectful** *adj*
respeitoso

respond [rɪs'pɒnd] *vi* (*answer*)
responder; (*react*) reagir; **response** *n*
resposta; reação *f*

responsibility [rɪspɒnsɪ'bɪlɪtɪ] *n*
responsabilidade *f*; (*duty*) dever *m*

responsible [rɪs'pɒnsɪbl] *adj* sério,
responsável; (*job*) de responsabilidade;

(*liable*): **~ (for)** responsável (por)

responsive [rɪs'pɒnsɪv] *adj* receptivo

rest [rɛst] *n* descanso, repouso;
(*pause*) pausa, intervalo; (*support*)
apoio; (*remainder*) resto; (*MUS*) pausa
♦ *vi* descansar; (*stop*) parar; (*be
supported*): **to ~ on** apoiar-se em ♦ *vt*
descansar; (*lean*): **to ~ sth on/against**
apoiar algo em *or* sobre/contra; **the ~
of them** os outros; **it ~s with him to
do it** cabe a ele fazê-lo

restaurant ['rɛstərɔŋ] *n* restaurante
m; **restaurant car** (*BRIT*) *n*
vagão-restaurante *m*

restful ['rɛstful] *adj* tranqüilo,
repousante

restive ['rɛstɪv] *adj* inquieto,
impaciente; (*horse*) rebelão(-ona),
teimoso

restless ['rɛstlɪs] *adj* desassossegado,
irrequieto

restore [rɪ'stɔ:*] *vt* (*building, order*)
restaurar; (*sth stolen*) restituir; (*health*)
restabelecer

restrain [rɪs'treɪn] *vt* (*feeling*) reprimir;
(*growth, inflation*) refrear; (*person*): **to
~ (from doing)** impedir (de fazer);
restrained *adj* (*style*) moderado,
comedido; (*person*) comedido;
restraint *n* (*restriction*) restrição *f*;
(*moderation*) moderação *f*,
comedimento; (*of style*) sobriedade *f*

restrict [rɪs'trɪkt] *vt* restringir, limitar;
(*people, animals*) confinar; (*activities*)
limitar; **restriction** *n* restrição *f*,
limitação *f*

rest room (*US*) *n* banheiro (*BR*),
lavabo (*PT*)

result [rɪ'zʌlt] *n* resultado ♦ *vi*: **to ~ in**
resultar em; **as a ~ of** como resultado
or conseqüência de

resume [rɪ'zju:m] *vt* (*work, journey*)
retomar, recomeçar ♦ *vi* recomeçar

résumé ['reɪzjuːmeɪ] n (summary) resumo; (US: curriculum vitae) curriculum vitae m, currículo

resurrection [rezə'rekʃən] n ressurreição f

resuscitate [rɪ'sʌsɪteɪt] vt (MED) ressuscitar, reanimar

retail ['riːteɪl] adj a varejo (BR), a retalho (PT) ♦ adv a varejo (BR), a retalho (PT); **retailer** n varejista m/f (BR), retalhista m/f (PT)

retain [rɪ'teɪn] vt (keep) reter, conservar; **retainer** n (fee) adiantamento

retaliate [rɪ'tælɪeɪt] vi: **to ~ (against)** revidar (contra); **retaliation** [rɪtælɪ'eɪʃən] n represálias fpl, vingança

retch [retʃ] vi fazer esforço para vomitar

retire [rɪ'taɪə*] vi aposentar-se; (withdraw) retirar-se; (go to bed) deitar-se; **retired** adj aposentado (BR), reformado (PT); **retirement** n aposentadoria (BR), reforma (PT); **retiring** adj de saída; (shy) acanhado, retraído

retort [rɪ'tɔːt] vi replicar, retrucar

retrace [riː'treɪs] vt: **to ~ one's steps** voltar sobre (os) seus passos, refazer o mesmo caminho

retract [rɪ'trækt] vt (statement) retirar, retratar; (claws) encolher; (undercarriage, aerial) recolher

retrain [riː'treɪn] vt reciclar

retreat [rɪ'triːt] n (place) retiro; (act) retirada ♦ vi retirar-se

retrieval [rɪ'triːvəl] n recuperação f

retrieve [rɪ'triːv] vt (sth lost) reaver, recuperar; (situation, honour) salvar; (error, loss) reparar

retrospect ['retrəspekt] n: **in ~** retrospectivamente, em retrospecto; **retrospective** [retrə'spektɪv] adj

retrospectivo; (law) retroativo

return [rɪ'tɜːn] n regresso, volta; (of sth stolen etc) devolução f; (FINANCE: from land, shares) rendimento ♦ cpd (journey) de volta; (BRIT: ticket) de ida e volta; (match) de revanche ♦ vi voltar, regressar; (symptoms) voltar; (regain): **to ~ to** (consciousness) recobrar; (power) retornar a ♦ vt devolver; (favour etc) retribuir; (verdict) proferir, anunciar; (POL: candidate) eleger; **~s** npl (COMM) receita; **in ~ (for)** em troca (de); **many happy ~s (of the day)!** parabéns!; **by ~ (of post)** por volta do correio

reunion [riː'juːnɪən] n (family) reunião f; (two people, class) reencontro

reunite [riːjuː'naɪt] vt reunir; (reconcile) reconciliar

rev [rev] n abbr (AUT: = revolution) revolução f ♦ vt (also: ~ up) aumentar a velocidade de

revamp ['riː'væmp] vt dar um jeito em

reveal [rɪ'viːl] vt revelar; (make visible) mostrar; **revealing** adj revelador(a)

revel ['revl] vi: **to ~ in sth/in doing sth** deleitar-se com algo/em fazer algo

revenge [rɪ'vendʒ] n vingança, desforra; **to take ~ on** vingar-se de

revenue ['revənjuː] n receita, renda

reverberate [rɪ'vɜːbəreɪt] vi (sound) ressoar, repercutir, ecoar; (fig) repercutir

reversal [rɪ'vɜːsl] n (of order) reversão f; (of direction) mudança em sentido contrário; (of decision) revogação f; (of roles) inversão f

reverse [rɪ'vɜːs] n (opposite) contrário; (of cloth) avesso; (of coin) reverso; (of paper) dorso; (AUT: also: ~ gear) marcha à ré (BR), marcha atrás (PT); (setback) revés m, derrota ♦ adj (order) inverso, oposto; (direction) contrário;

(*process*) inverso ♦ *vt* inverter; (*position*) mudar; (*process, decision*) revogar; (*car*) dar marcha-ré em ♦ *vi* (*BRIT: AUT*) dar (marcha à) ré (*BR*), fazer marcha atrás (*PT*); **reverse-charge call** (*BRIT*) *n* (*TEL*) ligação *f* a cobrar

revert [rɪ'vəːt] *vi*: **to ~ to** voltar a; (*LAW*) reverter a

review [rɪ'vjuː] *n* (*magazine, MIL*) revista; (*of book, film*) crítica, resenha; (*examination*) recapitulação *f*, exame *m* ♦ *vt* rever, examinar; (*MIL*) passar em revista; (*book, film*) fazer a crítica *or* resenha de

revise [rɪ'vaɪz] *vt* (*manuscript*) corrigir; (*opinion, procedure*) alterar; (*price*) revisar; **revision** [rɪ'vɪʒən] *n* correção *f*; (*for exam*) revisão *f*

revival [rɪ'vaɪvəl] *n* (*recovery*) restabelecimento; (*of interest*) renascença, renascimento; (*THEATRE*) reestréia; (*of faith*) despertar *m*

revive [rɪ'vaɪv] *vt* (*person*) reanimar, ressuscitar; (*economy*) recuperar; (*custom*) restabelecer, restaurar; (*hope, courage*) despertar; (*play*) reapresentar ♦ *vi* (*person: from faint*) voltar a si, recuperar os sentidos; (: *from ill-health*) recuperar-se; (*activity, economy*) reativar; (*hope, interest*) renascer

revolt [rɪ'vəult] *n* revolta, rebelião *f*, insurreição *f* ♦ *vi* revoltar-se ♦ *vt* causar aversão a, repugnar; **revolting** *adj* revoltante, repulsivo

revolution [rɛvə'luːʃən] *n* revolução *f*; (*of wheel, earth*) rotação *f*

revolve [rɪ'vɔlv] *vi* girar

revolver [rɪ'vɔlvə*] *n* revólver *m*

revolving [rɪ'vɔlvɪŋ] *adj* giratório

revulsion [rɪ'vʌlʃən] *n* aversão *f*, repugnância

reward [rɪ'wɔːd] *n* recompensa ♦ *vt*:

to ~ (for) recompensar *or* premiar (por); **rewarding** *adj* (*fig*) gratificante, compensador(a)

rewind [riː'waɪnd] (*irreg*) *vt* (*tape*) voltar para trás

rewire [riː'waɪə*] *vt* (*house*) renovar a instalação elétrica de

rheumatism ['ruːmətɪzəm] *n* reumatismo

rhinoceros [raɪ'nɔsərəs] *n* rinoceronte *m*

rhubarb ['ruːbɑːb] *n* ruibarbo

rhyme [raɪm] *n* rima; (*verse*) verso(s) *m*(*pl*) rimado(s), poesia

rhythm ['rɪðm] *n* ritmo

rib [rɪb] *n* (*ANAT*) costela ♦ *vt* (*mock*) zombar de, encarnar em

ribbon ['rɪbən] *n* fita; **in ~s** (*torn*) em tirinhas, esfarrapado

rice [raɪs] *n* arroz *m*; **rice pudding** *n* arroz *m* doce

rich [rɪtʃ] *adj* rico; (*clothes*) valioso; (*soil*) fértil; (*food*) suculento, forte; (*colour*) intenso; (*voice*) suave, cheio ♦ *npl*: **the ~** os ricos; **~es** *npl* (*wealth*) riquezas *fpl*

rickets ['rɪkɪts] *n* raquitismo

rid [rɪd] (*pt, pp* **rid**) *vt*: **to ~ sb of sth** livrar alguém de algo; **to get ~ of** livrar-se de; (*sth no longer required*) desfazer-se de

riddle ['rɪdl] *n* (*conundrum*) adivinhação *f*; (*mystery*) enigma *m*, charada ♦ *vt*: **to be ~d with** estar cheio de

ride [raɪd] (*pt* **rode**, *pp* **ridden**) *n* (*gen*) passeio; (*on horse*) passeio a cavalo; (*distance covered*) percurso, trajeto ♦ *vi* (*as sport*) montar; (*go somewhere: on horse, bicycle*) ir (a cavalo, de bicicleta); (*journey: on bicycle, motorcycle, bus*) viajar ♦ *vt* (*a horse*) montar a; (*bicycle, motorcycle*) andar de; (*distance*) percorrer; **to ~ at anchor** (*NAUT*) estar ancorado; **to take sb for a ~** (*fig*) enganar alguém; **rider** *n* (*on horse: male*) cavaleiro; (: *female*) amazona; (*on bicycle*) ciclista *m/f*; (*on motorcycle*) motociclista *m/f*

ridge [rɪdʒ] *n* (*of hill*) cume *m*, topo; (*of roof*) cumeeira; (*wrinkle*) ruga

ridicule ['rɪdɪkjuːl] *n* escárnio, zombaria, mofa ♦ *vt* ridicularizar, zombar de; **ridiculous** *adj* ridículo

riding ['raɪdɪŋ] *n* equitação *f*

rife [raɪf] *adj*: **to be ~** ser comum; **to be ~ with** estar repleto de, abundar em

rifle ['raɪfl] *n* rifle *m*, fuzil *m* ♦ *vt* saquear; **rifle through** *vt fus* vasculhar

rift [rɪft] *n* fenda, fratura; (*in clouds*) brecha; (*fig: between friends*) desentendimento; (: *in party*) rompimento, divergência

rig [rɪg] *n* (*also:* **oil ~**) torre *f* de perfuração ♦ *vt* adulterar *or* falsificar os resultados de; **rig out** (*BRIT*) *vt*: **to ~ out as/in** ataviar *or* vestir como/com; **rig up** *vt* instalar, montar, improvisar

right [raɪt] *adj* certo, correto; (*suitable*) adequado, conveniente; (: *decision*) certo; (*just*) justo; (*morally good*) bom; (*not left*) direito ♦ *n* direito; (*not left*) direita ♦ *adv* bem, corretamente; (*fairly*) adequadamente, justamente; (*not on the left*) à direita; (*exactly*): **~ now** agora mesmo ♦ *vt* colocar em pé; (*correct*) corrigir, indireitar ♦ *excl* bom!; **to be ~** (*person*) ter razão; (*answer, clock*) estar certo; **by ~s** por direito; **on the ~** à direita; **to be in the ~** ter razão; **~ away** imediatamente, logo, já; **~ in the middle** bem no meio; **righteous** ['raɪtʃəs] *adj* justo, honrado; (*anger*)

justificado; **rightful** *adj* (*heir*) legítimo; (*place*) justo, legítimo; **right-handed** *adj* destro; **right-hand man** *n* braço direito; **right-hand side** *n* lado direito; **rightly** *adv* (*with reason*) com razão; **right of way** *n* prioridade *f* de passagem; (*AUT*) preferência; **right-wing** *adj* de direita

rigid ['rɪdʒɪd] *adj* rígido; (*principle*) inflexível

rim [rɪm] *n* borda, beira; (*of spectacles, wheel*) aro

rind [raɪnd] *n* (*of bacon*) pele *f*; (*of lemon etc*) casca; (*of cheese*) crosta, casca

ring [rɪŋ] (*pt* **rang,** *pp* **rung**) *n* (*of metal*) aro; (*on finger*) anel *m*; (*of people, objects*) círculo, grupo; (*for boxing*) ringue *m*; (*of circus*) pista, picadeiro; (*bull~*) picadeiro, arena; (*of light, smoke*) círculo; (*of small bell*) toque *m*; (*of large bell*) badalada, repique *m* ♦ *vi* (*on telephone*) telefonar; (*bell*) tocar; (*also: ~ out*) soar; (*ears*) zumbir ♦ *vt* (*BRIT: TEL*) telefonar a, ligar para; (*bell etc*) badalar; (*doorbell*) tocar; **to give sb a ~** (*BRIT: TEL*) dar uma ligada *or* telefonar para alguém; **ring back** (*BRIT*) *vi* (*TEL*) telefonar *or* ligar de volta ♦ *vt* telefonar *or* ligar de volta para; **ring off** (*BRIT*) *vi* (*TEL*) desligar; **ring up** (*BRIT*) *vt* (*TEL*) telefonar a, ligar para; **ringing** ['rɪŋɪŋ] *n* (*of telephone*) toque *m*; (*of bell*) repicar *m*; (*in ears*) zumbido; **ringing tone** (*BRIT*) *n* (*TEL*) sinal *m* de chamada; **ringleader** *n* cabeça *m/f*, cérebro

ringlets ['rɪŋlɪts] *npl* caracóis *mpl*, anéis *mpl*

ring road (*BRIT*) *n* estrada periférica *or* perimetral

rink [rɪŋk] *n* (*also: ice ~*) pista de

patinação, rinque *m*

rinse [rɪns] *n* enxaguada ♦ *vt* enxaguar; (*also:* **~ out**: *mouth*) bochechar

riot [ˈraɪət] *n* distúrbio, motim *m*, desordem *f*; (*of colour*) festival *m*, profusão *f* ♦ *vi* provocar distúrbios, amotinar-se; **to run ~** desenfrear-se; **riotous** *adj* (*crowd*) desordeiro; (*behaviour*) turbulento; (*party*) tumultuado, barulhento

rip [rɪp] *n* rasgão *m* ♦ *vt* rasgar ♦ *vi* rasgar-se

ripe [raɪp] *adj* maduro; **ripen** *vt*, *vi* amadurecer

ripple [ˈrɪpl] *n* ondulação *f*, encrespação *f*; (*of laughter etc*) onda ♦ *vi* encrespar-se

rise [raɪz] (*pt* **rose**, *pp* **risen**) *n* elevação *f*, ladeira; (*hill*) colina, rampa; (*in wages*: BRIT) aumento; (*in prices, temperature*) subida; (*to power etc*) ascensão *f* ♦ *vi* levantar-se, erguer-se; (*prices, waters*) subir; (*sun*) nascer; (*from bed etc*) levantar(-se); (*sound*) aumentar, erguer-se; (*also:* **~ up**: *building*) erguer-se; (: *rebel*) sublevar-se; (*in rank*) ascender, subir; **to give ~ to** ocasionar, dar origem a; **to ~ to the occasion** mostrar-se à altura da situação; **rising** *adj* (*prices*) em alta; (*number*) crescente, cada vez maior; (*tide*) montante; (*sun, moon*) nascente

risk [rɪsk] *n* risco, perigo; (*INSURANCE*) risco ♦ *vt* pôr em risco; (*chance*) arriscar, aventurar; **to take** *or* **run the ~ of doing** correr o risco de fazer; **at ~** em perigo; **at one's own ~** por sua própria conta e risco; **risky** *adj* perigoso

rite [raɪt] *n* rito; **last ~s** últimos sacramentos

ritual [ˈrɪtjuəl] *adj* ritual ♦ *n* ritual *m*; (*of initiation*) rito

rival [ˈraɪvl] *adj, n* rival *m/f*; (*in business*) concorrente *m/f* ♦ *vt* competir com; **rivalry** [ˈraɪvlrɪ] *n* rivalidade *f*

river [ˈrɪvə*] *n* rio ♦ *cpd* (*port, traffic*) fluvial; **up/down ~** rio acima/abaixo; **riverbank** *n* margem *f* (do rio); **riverbed** *n* leito (do rio)

rivet [ˈrɪvɪt] *n* rebite *m*, cravo ♦ *vt* (*fig*) fixar

road [rəud] *n* via; (*motorway etc*) estrada (de rodagem); (*in town*) rua ♦ *cpd* rodoviário; **roadblock** *n* barricada; **roadhog** *n* dono da estrada; **road map** *n* mapa *m* rodoviário; **road rage** *n* conduta *agressiva dos motoristas no trânsito*; **roadside** *n* beira da estrada; **roadsign** *n* placa de sinalização; **roadway** *n* pista, estrada; **road works** *npl* obras *fpl* (na estrada); **roadworthy** *adj* em bom estado de conservação e segurança

roam [rəum] *vi* vagar, perambular, errar

roar [rɔː*] *n* (*of animal*) rugido, urro; (*of crowd*) bramido; (*of vehicle, storm*) estrondo; (*of laughter*) barulho ♦ *vi* (*animal, engine*) rugir; (*person, crowd*) bradar; **to ~ with laughter** dar gargalhadas

roast [rəust] *n* carne *f* assada, assado ♦ *vt* assar; (*coffee*) torrar; **roast beef** *n* rosbife *m*

rob [rɔb] *vt* roubar; (*bank*) assaltar; **to ~ sb of sth** roubar algo de alguém; (*fig: deprive*) despojar alguém de algo; **robber** *n* ladrão (ladra) *m/f*; **robbery** *n* roubo

robe [rəub] *n* toga, beca; (*also:* **bath ~**) roupão *m* (de banho)

robin [ˈrɔbɪn] *n* pisco-de-peito-ruivo

(*BR*), pintarroxo (*PT*)

robot ['rəubɔt] *n* robô *m*

robust [rəu'bʌst] *adj* robusto, forte; (*appetite*) sadio; (*economy*) forte

rock [rɔk] *n* rocha; (*boulder*) penhasco, rochedo; (*US: small stone*) cascalho; (*BRIT: sweet*) pirulito ♦ *vt* (*swing gently: cradle*) balançar, oscilar; (*: child*) embalar, acalentar; (*shake*) sacudir ♦ *vi* (*object*) balançar-se; (*person*) embalar-se; **on the ~s** (*drink*) com gelo; (*marriage etc*) arruinado, em dificuldades; **rock and roll** *n* rock-and-roll *m*; **rock-bottom** *adj* (*fig*) mínimo, ínfimo; **rockery** *n* jardim de plantas rasteiras entre pedras

rocket ['rɔkɪt] *n* foguete *m*

rocky ['rɔkɪ] *adj* rochoso, bambo, instável; (*marriage*) instável

rod [rɔd] *n* vara, varinha; (*also*: **fishing ~**) vara de pescar

rode [rəud] *pt of* ride

rodent ['rəudnt] *n* roedor *m*

rodeo ['rəudɪəu] (*US*) *n* rodeio

roe [rəu] *n* (*also*: **~ deer**) corça, cerva; (*of fish*): **hard/soft ~** ova/esperma *m* de peixe

rogue [rəug] *n* velhaco, maroto

role [rəul] *n* papel *m*

roll [rəul] *n* rolo; (*of banknotes*) maço; (*also*: **bread ~**) pãozinho; (*register*) rol *m*, lista; (*of drums etc*) rufar *m* ♦ *vt* rolar; (*also*: **~ up**: *string*) enrolar; (*: sleeves*) arregaçar; (*cigarette*) enrolar; (*eyes*) virar; (*also*: **~ out**: *pastry*) esticar; (*lawn, road etc*) aplanar ♦ *vi* rolar; (*drum*) rufar; (*vehicle: also*: **~ along**) rodar; (*ship*) balançar, jogar; **roll about** *or* **around** *vi* ficar rolando; **roll by** *vi* (*time*) passar; **roll in** *vi* (*mail, cash*) chegar em grande quantidade; **roll over** *vi* dar uma volta; **roll up** *vi* (*inf*) pintar, chegar, aparecer ♦ *vt*

enrolar; **roll call** *n* chamada, toque *m* de chamada; **roller** *n* (*in machine*) rolo, cilindro; (*wheel*) roda, roldana; (*for lawn, road*) rolo compressor; (*for hair*) rolo; **Rollerblades** ® ['rəuləbleɪdz] *n* patins *mpl* em linha; **roller coaster** *n* montanha-russa; **roller skates** *npl* patins *mpl* de roda

rolling pin ['rəulɪŋ-] *n* rolo de pastel

ROM [rɔm] *n abbr* (*COMPUT*: = *read-only memory*) ROM *m*

Roman ['rəumən] *adj*, *n* romano(-a); **Roman Catholic** *adj*, *n* católico(-a) (romano(-a))

romance [rə'mæns] *n* aventura amorosa, romance *m*; (*book*) história de amor; (*charm*) romantismo

Romania [ru:'meɪnɪə] *n* Romênia; **Romanian** *adj* romeno ♦ *n* romeno(-a); (*LING*) romeno

romantic [rə'mæntɪk] *adj* romântico

Rome [rəum] *n* Roma

romp [rɔmp] *n* brincadeira, travessura ♦ *vi* (*also*: **~ about**) brincar ruidosamente

rompers ['rɔmpəz] *npl* macacão *m* de bebê

roof [ru:f] *n* (*of house*) telhado; (*of car*) capota, teto ♦ *vt* telhar, cobrir com telhas; **the ~ of the mouth** o céu da boca; **roof rack** *n* (*AUT*) bagageiro

rook [ruk] *n* (*bird*) gralha; (*CHESS*) torre *f*

room [ru:m] *n* (*in house*) quarto, aposento; (*also*: **bed~**) quarto, dormitório; (*in school etc*) sala; (*space*) espaço, lugar *m*; (*scope: for improvement etc*) espaço; **~s** *npl* (*lodging*) alojamento; **"~s to let"** (*BRIT*), **"~s for rent"** (*US*) "alugam-se quartos or apartamentos"; **roommate** *n* companheiro(-a) de quarto; **room service** *n* serviço de quarto; **roomy**

adj espaçoso; (*garment*) folgado

rooster ['ru:stə*] *n* galo

root [ru:t] *n* raiz *f*; (*fig*) origem *f* ♦ *vi* enraizar, arraigar; **~s** *npl* (*family origins*) raízes *fpl*; **root about** *vi* (*fig*): **to ~ about in** (*drawer*) vasculhar; (*house*) esquadrinhar; **root for** *vt fus* torcer por; **root out** *vt* extirpar

rope [rəup] *n* corda; (*NAUT*) cabo ♦ *vt* (*tie*) amarrar; (*climbers: also: ~ together*) amarrar *or* atar com uma corda; (*area: also: ~ off*) isolar; **to know the ~s** (*fig*) estar por dentro (do assunto); **rope in** *vt* (*fig*): **to ~ sb in** persuadir alguém a tomar parte

rosary ['rəuzərɪ] *n* rosário

rose [rəuz] *pt of* **rise** ♦ *n* rosa; (*also: ~bush*) roseira; (*on watering can*) crivo

rosé ['rəuzeɪ] *n* rosado, rosé *m*

rosemary ['rəuzmərɪ] *n* alecrim *m*

rosy ['rəuzɪ] *adj* rosado, rosáceo; (*cheeks*) rosado; (*situation*) cor-de-rosa *inv*; **a ~ future** um futuro promissor

rot [rɔt] *n* (*decay*) putrefação *f*, podridão *f*; (*fig: pej*) besteira ♦ *vt*, *vi* apodrecer

rota ['rəutə] *n* lista de tarefas, escala de serviço

rotate [rəu'teɪt] *vt* fazer girar, dar voltas em; (*jobs*) alternar, revezar ♦ *vi* girar, dar voltas; **rotating** *adj* rotativo

rotten ['rɔtn] *adj* podre; (*wood*) carcomido; (*fig*) corrupto; (*inf: bad*) péssimo; **to feel ~** (*ill*) sentir-se podre

rough [rʌf] *adj* (*skin, surface*) áspero; (*terrain*) acidentado; (*road*) desigual; (*voice*) áspero, rouco; (*person, manner: violent*) violento; (: *brusque*) ríspido; (*weather*) tempestuoso; (*treatment*) brutal, mau (má); (*sea*) agitado; (*district*) violento; (*plan*) preliminar; (*work*) grosseiro; (*guess*) aproximado ♦ *n* (*GOLF*): **in the ~** na grama crescida;

to sleep ~ (*BRIT*) dormir na rua; **roughage** *n* fibras *fpl*; **rough copy** *n* rascunho; **rough draft** *n* rascunho; **roughly** *adv* bruscamente; (*make*) toscamente; (*approximately*) aproximadamente

roulette [ru:'let] *n* roleta

Roumania *etc* [ru:'meɪnɪə] *n* = **Romania** *etc*

round [raund] *adj* redondo ♦ *n* (*BRIT: of toast*) rodela; (*of policeman*) ronda; (*of milkman*) trajeto; (*of doctor*) visitas *fpl*; (*game: of cards etc*) partida; (*of ammunition*) cartucho; (*BOXING*) rounde *m*, assalto; (*of talks*) ciclo ♦ *vt* virar, dobrar ♦ *prep* (*surrounding*): **~ his neck/the table** em volta de seu pescoço/ao redor da mesa; (*in a circular movement*): **to move ~ the room/~ the world** mover-se pelo quarto/dar a volta ao mundo; (*in various directions*) por; (*approximately*): **~ about** aproximadamente ♦ *adv*: **all ~** por todos os lados; **the long way ~** o caminho mais comprido; **all the year ~** durante todo o ano; **it's just ~ the corner** (*fig*) está pertinho; **~ the clock** ininterrupto; **to go ~ the back** passar por detrás; **to go ~ a house** visitar uma casa; **enough to go ~** suficiente para todos; **a ~ of applause** uma salva de palmas; **a ~ of drinks** uma rodada de bebidas; **~ of sandwiches** sanduíche *m* (*BR*), sandes *f inv* (*PT*); **round off** *vt* terminar, completar; **round up** *vt* (*cattle*) encurralar; (*people*) reunir; (*price, figure*) arredondar; **roundabout** *n* (*BRIT: AUT*) rotatória; (: *at fair*) carrossel *m* ♦ *adj* indireto; **round trip** *n* viagem *f* de ida e volta

rouse [rauz] *vt* (*wake up*) despertar, acordar; (*stir up*) suscitar; **rousing** *adj* emocionante, vibrante

route [ruːt] n caminho, rota; (of bus) trajeto; (of shipping) rumo, rota; (of procession) rota

routine [ruːˈtiːn] adj (work) rotineiro; (procedure) de rotina ♦ n rotina; (THEATRE) número

row¹ [rəu] n (line) fila, fileira; (in theatre, boat) fileira; (KNITTING) carreira, fileira ♦ vi, vt remar; **in a ~** (fig) a fio, seguido

row² [rau] n barulho, balbúrdia; (dispute) discussão f, briga; (scolding) repreensão f ♦ vi brigar

rowboat ['rəubəut] (US) n barco a remo

rowdy ['raudɪ] adj (person: noisy) barulhento; (occasion) tumultuado

rowing ['rəuɪŋ] n remo; **rowing boat** (BRIT) n barco a remo

royal ['rɔɪəl] adj real

Royal Academy (of Arts) (BRIT) n ver quadro

ROYAL ACADEMY

A **Royal Academy**, ou **Royal Academy of Arts**, fundada em 1768 por George III para desenvolver a pintura, a escultura e a arquitetura, situa-se em Burlington House, Piccadilly, em Londres. A cada verão há uma exposição de obras de artistas contemporâneos. A **Royal Academy** também oferece cursos de pintura, escultura e arquitetura.

Royal Air Force (BRIT) n força aérea britânica

royalty n família real, realeza; (payment: to author) direitos mpl autorais

rpm abbr (= revolutions per minute) rpm

RSVP abbr (= répondez s'il vous plaît) ER

Rt Hon. (BRIT) abbr (= Right Honourable) título honorífico de conselheiro do estado ou juiz

rub [rʌb] vt friccionar; (part of body) esfregar ♦ n: **to give sth a ~** dar uma esfregada em algo; **to ~ sb up** (BRIT) or **~ sb** (US) **the wrong way** irritar alguém; **rub off** vi sair esfregando; **rub off on** vt fus transmitir-se para, influir sobre; **rub out** vt apagar

rubber ['rʌbə*] n borracha; (BRIT: eraser) borracha; **rubber band** n elástico, tira elástica

rubbish ['rʌbɪʃ] n (waste) refugo; (from household, in street) lixo; (junk) coisas fpl sem valor; (fig: pej: nonsense) disparates mpl, asneiras fpl; **rubbish bin** (BRIT) n lata de lixo; **rubbish dump** n (in town) depósito (de lixo)

rubble ['rʌbl] n (debris) entulho; (CONSTR) escombros mpl

ruby ['ruːbɪ] n rubi m

rucksack ['rʌksæk] n mochila

rudder ['rʌdə*] n leme m; (of plane) leme de direção

rude [ruːd] adj (person) grosso, mal-educado; (word, manners) grosseiro; (shocking) obsceno, chocante

rug [rʌg] n tapete m; (BRIT: for knees) manta (de viagem)

rugby ['rʌgbɪ] n (also: ~ **football**) rúgbi m (BR), râguebi m (PT)

rugged ['rʌgɪd] adj (landscape) acidentado, irregular; (features) marcado; (character) severo, austero

ruin ['ruːɪn] n ruína; (of plans) destruição f; (downfall) queda; (bankruptcy) bancarrota ♦ vt destruir; (future, person) arruinar; (spoil) estragar; **~s** npl (of building) ruínas fpl

rule [ruːl] n (norm) regra; (regulation) regulamento; (government) governo, domínio; (ruler) régua ♦ vt governar ♦ vi governar; (monarch) reger; (LAW): **to ~ in favour of/against** decidir oficialmente a favor de/contra; **as a ~** por via de regra, geralmente; **rule out** vt excluir; **ruler** n (sovereign) soberano (-a); (for measuring) régua; **ruling** adj (party) dominante; (class) dirigente ♦ n (LAW) parecer m, decisão f

rum [rʌm] n rum m

Rumania etc [ruːˈmeɪnɪə] n = **Romania** etc

rumble [ˈrʌmbl] n ruído surdo, barulho; (of thunder) estrondo, ribombo ♦ vi ribombar, ressoar; (stomach) roncar; (pipe) fazer barulho; (thunder) ribombar

rummage [ˈrʌmɪdʒ] vi vasculhar

rumour [ˈruːmə*] (US rumor) n rumor m, boato ♦ vt: **it is ~ed that ...** corre o boato de que ...

rump steak [rʌmp-] n alcatra

rumpus [ˈrʌmpəs] n barulho, confusão f, zorra

run [rʌn] (pt ran, pp run) n corrida; (in car) passeio (de carro); (distance travelled) trajeto, percurso; (journey) viagem f; (series) série f; (THEATRE) temporada; (SKI) pista; (in stockings) fio puxado ♦ vt (race) correr; (operate: business) dirigir; (: competition, course) organizar; (: hotel, house) administrar; (water) deixar correr; (bath) encher; (PRESS: feature) publicar; (COMPUT) rodar; (hand, finger) passar ♦ vi correr; (work: machine) funcionar; (bus, train: operate) circular; (: travel) ir; (continue: play) continuar em cartaz; (: contract) ser válido; (river, bath) fluir, correr; (colours) desbotar; (in election) candidatar-se; (nose) escorrer; **there**

was a ~ on houve muita procura de; **in the long ~** no final das contas, mais cedo ou mais tarde; **on the ~** em fuga, foragido; **run about** or **around** vi correr por todos os lados; **run across** vt fus encontrar por acaso, topar com, dar com; **run away** vi fugir; **run down** vt (AUT) atropelar; (production) reduzir; (criticize) criticar; **to be ~ down** estar enfraquecido or exausto; **run in** (BRIT) vt (car) rodar; **run into** vt fus (meet: person) dar com, topar com; (: trouble) esbarrar em; (collide with) bater em; **run off** vi fugir; **run out** vi (person) sair correndo; (liquid) escorrer, esgotar-se; (lease, passport) caducar, vencer; (money) acabar; **run out of** vt fus ficar sem; **run over** vt (AUT) atropelar ♦ vt fus (revise) recapitular; **run through** vt fus (instructions, play) recapitular; **run up** vt (debt) acumular ♦ vi: **to ~ up against** esbarrar em; **runaway** adj (horse) desembestado; (truck) desgovernado; (person) fugitivo

rung [rʌŋ] pp of ring ♦ n (of ladder) degrau m

runner [ˈrʌnə*] n (in race) corredor(a) m/f; (horse) corredor m; (on sledge) patim m, lâmina; (for drawer) corrediça; **runner bean** (BRIT) n (BOT) vagem f (BR), feijão m verde (PT); **runner-up** n segundo(-a) colocado (-a)

running [ˈrʌnɪŋ] n (sport) corrida; (of business) direção f ♦ adj (water) corrente; (commentary) contínuo, seguido; **6 days ~** 6 dias seguidos or consecutivos; **to be in/out of the ~ for sth** disputar algo/estar fora da disputa por algo

runny [ˈrʌnɪ] adj aguado; (egg) mole; **to have a ~ nose** estar com coriza, estar com o nariz escorrendo

a b c d e f g h i j k l m n o p q r s t u v w x y z

runt [rʌnt] n (animal) nanico; (pej: person) anão (anã) m/f

run-up n: ~ **to sth** (election etc) período que antecede algo

runway ['rʌnweɪ] n (AVIAT) pista (de decolagem or de pouso)

rupture ['rʌptʃəʳ] n (MED) hérnia

rural ['ruərl] adj rural

rush [rʌʃ] n (hurry) pressa; (COMM) grande procura or demanda; (BOT) junco; (current) torrente f; (of emotion) ímpeto ♦ vt apressar ♦ vi apressar-se, precipitar-se; **rush hour** n rush m (BR), hora de ponta (PT)

rusk [rʌsk] n rosca

Russia ['rʌʃə] n Rússia; **Russian** adj russo ♦ n russo(-a); (LING) russo

rust [rʌst] n ferrugem f ♦ vi enferrujar

rustle ['rʌsl] vi sussurrar ♦ vt (paper) farfalhar; (US: cattle) roubar, afanar

rustproof ['rʌstpruːf] adj inoxidável, à prova de ferrugem

rusty ['rʌstɪ] adj enferrujado

rut [rʌt] n sulco; (ZOOL) cio; **to be in a ~** ser escravo da rotina

ruthless ['ruːθlɪs] adj implacável, sem piedade

rye [raɪ] n centeio

S s

Sabbath ['sæbəθ] n (Christian) domingo; (Jewish) sábado

sabotage ['sæbətɑːʒ] n sabotagem f ♦ vt sabotar

saccharin(e) ['sækərɪn] n sacarina

sachet ['sæʃeɪ] n sachê m

sack [sæk] n (bag) saco, saca ♦ vt (dismiss) despedir; (plunder) saquear; **to get the ~** ser demitido; **sacking** n (dismissal) demissão f; (material) aniagem f

sacred ['seɪkrɪd] adj sagrado

sacrifice ['sækrɪfaɪs] n sacrifício ♦ vt sacrificar

sad [sæd] adj triste; (deplorable) deplorável, triste

saddle ['sædl] n sela; (of cycle) selim m ♦ vt selar; **to ~ sb with sth** (inf: task, bill) pôr algo nas costas de alguém; (: responsibility) sobrecarregar alguém com algo; **saddlebag** n alforje m

sadistic [sə'dɪstɪk] adj sádico

sadly ['sædlɪ] adv tristemente; (regrettably) infelizmente; (mistaken, neglected) gravemente; ~ **lacking (in)** muito carente (de)

sadness ['sædnɪs] n tristeza

sae abbr = **stamped addressed envelope**

safe [seɪf] adj seguro; (out of danger) fora de perigo; (unharmed) ileso, incólume ♦ n cofre m, caixa-forte f; ~ **from** protegido de; ~ **and sound** são e salvo; (just) **to be on the ~ side** por via das dúvidas; **safeguard** n salvaguarda, proteção f ♦ vt proteger, defender; **safekeeping** n custódia, proteção f; **safely** adv com segurança, a salvo; (without mishap) sem perigo

safety ['seɪftɪ] n segurança; **safety belt** n cinto de segurança; **safety pin** n alfinete m de segurança

sag [sæg] vi (breasts) cair; (roof) afundar; (hem) desmanchar

sage [seɪdʒ] n salva; (man) sábio

Sagittarius [sædʒɪ'tɛərɪəs] n Sagitário

Sahara [sə'hɑːrə] n: **the ~ (Desert)** o Saara

said [sed] pt, pp of **say**

sail [seɪl] n (on boat) vela; (trip): **to go for a ~** dar um passeio de barco a vela

♦ vt (boat) governar ♦ vi (travel: ship) navegar, velejar; (: passenger) ir de barco; (SPORT) velejar; (set off) zarpar; **they ~ed into Rio de Janeiro** entraram no porto do Rio de Janeiro; **sail through** vt fus (fig) fazer com facilidade; **sailboat** (US) n barco a vela; **sailing** n (SPORT) navegação f a vela, vela; **to go sailing** ir velejar; **sailing boat** n barco a vela; **sailing ship** n veleiro

sailor ['seɪlə*] n marinheiro, marujo

saint [seɪnt] n santo(-a)

sake [seɪk] n: **for the ~ of** por (causa de), em consideração a; **for sb's/sth's ~** pelo bem de alguém/algo

salad ['sæləd] n salada; **salad cream** (BRIT) n maionese f; **salad dressing** n tempero or molho da salada

salami [sə'lɑːmɪ] n salame m

salary ['sælərɪ] n salário

sale [seɪl] n venda; (at reduced prices) liquidação f, saldo; (auction) leilão m; **~s** npl (total amount sold) vendas fpl; **"for ~"** "vende-se"; **on ~** à venda; **on ~ or return** em consignação; **sales assistant** (US **sales clerk**) n vendedor(a) m/f; **salesman/woman** (irreg) n vendedor(a) m/f; (representative) vendedor(a) m/f viajante

salmon ['sæmən] n inv salmão m

salon ['sælɔn] n (hairdressing ~) salão m (de cabeleireiro); (beauty ~) salão (de beleza)

saloon [sə'luːn] n (US) bar m, botequim m; (BRIT: AUT) sedã m; (ship's lounge) salão m

salt [sɔːlt] n sal m ♦ vt salgar; **salt cellar** n saleiro; **saltwater** adj de água salgada; **salty** adj salgado

salute [sə'luːt] n (greeting) saudação f; (of guns) salva; (MIL) continência ♦ vt saudar; (MIL) fazer continência a

salvage ['sælvɪdʒ] n (saving) salvamento, recuperação f; (things saved) salvados mpl ♦ vt salvar

salvation [sæl'veɪʃən] n salvação f

same [seɪm] adj mesmo ♦ pron: **the ~** o mesmo (a mesma); **the ~ book as** o mesmo livro que; **all** or **just the ~** apesar de tudo, mesmo assim; **the ~ to you!** igualmente!

sample ['sɑːmpl] n amostra ♦ vt (food, wine) provar, experimentar

sanction ['sæŋkʃən] n sanção f ♦ vt sancionar

sanctity ['sæŋktɪtɪ] n santidade f

sanctuary ['sæŋktjuərɪ] n (holy place) santuário; (refuge) refúgio, asilo; (for animals) reserva

sand [sænd] n areia; (beach: also: ~s) praia ♦ vt (also: ~ down) lixar

sandal ['sændl] n sandália

sand: **sandbox** (US) n caixa de areia; **sandcastle** n castelo de areia; **sandpaper** n lixa; **sandpit** n (for children) caixa de areia; **sandstone** n arenito, grés m

sandwich ['sændwɪtʃ] n sanduíche m (BR), sandes f inv (PT) ♦ vt: **~ed between** encaixado entre

sandy ['sændɪ] adj arenoso; (colour) vermelho amarelado

sane [seɪn] adj são (sã) do juízo; (sensible) ajuizado, sensato

sang [sæŋ] pt of sing

sanitary ['sænɪtərɪ] adj (system, arrangements) sanitário; (clean) higiênico; **sanitary towel** (US **sanitary napkin**) n toalha higiênica or absorvente

sanitation [sænɪ'teɪʃən] n (in house) instalações fpl sanitárias; (in town) saneamento; **sanitation department** (US) n comissão f de limpeza urbana

sanity ['sænɪtɪ] n sanidade f, equilíbrio mental; (common sense) juízo, sensatez f

sank [sæŋk] pt of **sink**

Santa Claus [sæntə'klɔːz] n Papai Noel m

sap [sæp] n (of plants) seiva ♦ vt (strength) esgotar, minar

sapling ['sæplɪŋ] n árvore f nova

sapphire ['sæfaɪə*] n safira

sarcasm ['sɑːkæzm] n sarcasmo

sardine [sɑː'diːn] n sardinha

Sardinia [sɑː'dɪnɪə] n Sardenha

sash [sæʃ] n faixa, banda

sat [sæt] pt, pp of **sit**

satchel ['sætʃl] n sacola

satellite ['sætəlaɪt] n satélite m; **satellite dish** n antena parabólica; **satellite television** n televisão f via satélite

satin ['sætɪn] n cetim m ♦ adj acetinado

satire ['sætaɪə*] n sátira

satisfaction [sætɪs'fækʃən] n satisfação f; (refund, apology etc) compensação f; **satisfactory** adj satisfatório

satisfy ['sætɪsfaɪ] vt satisfazer; (convince) convencer, persuadir; **satisfying** adj satisfatório

Saturday ['sætədɪ] n sábado

sauce [sɔːs] n molho; (sweet) calda; **saucepan** n panela (BR), caçarola (PT)

saucer ['sɔːsə*] n pires m inv

Saudi ['saudɪ]: **~ Arabia** n Arábia Saudita; **Saudi (Arabian)** adj saudita

sauna ['sɔːnə] n sauna

saunter ['sɔːntə*] vi: **to ~ over/along** andar devagar para/por; **to ~ into** entrar devagar em

sausage ['sɔsɪdʒ] n salsicha, lingüiça; (cold meat) frios mpl; **sausage roll** n folheado de salsicha

savage ['sævɪdʒ] adj (cruel, fierce) cruel, feroz; (primitive) selvagem ♦ n selvagem m/f

save [seɪv] vt (rescue, COMPUT) salvar; (money) poupar, economizar; (time) ganhar; (SPORT) impedir; (avoid: trouble) evitar; (keep: seat) guardar ♦ vi (also: ~ up) poupar ♦ n (SPORT) salvamento ♦ prep salvo, exceto

saving ['seɪvɪŋ] n (on price etc) economia ♦ adj: **the ~ grace of** o único mérito de; **~s** npl (money) economias fpl; **savings account** n (caderneta de) poupança

saviour ['seɪvjə*] (US savior) n salvador(a) m/f

savour ['seɪvə*] (US savor) vt saborear; (experience) apreciar; **savoury** adj (dish: not sweet) salgado

saw [sɔː] (pt ~ed, pp ~ed or ~n) pt of **see** ♦ n (tool) serra ♦ vt serrar; **sawdust** n serragem f, pó m de serra; **sawn-off shotgun** (BRIT) n espingarda de cano serrado

saxophone ['sæksəfəun] n saxofone m

say [seɪ] (pt, pp said) n: **to have one's ~** exprimir sua opinião, vender seu peixe (inf) ♦ vt dizer, falar; **to have a** or **some ~ in sth** opinar sobre algo, ter que ver com algo; **could you ~ that again?** poderia repetir?; **that is to ~** ou seja; **saying** n ditado, provérbio

scab [skæb] n casca, crosta (de ferida); (pej) fura-greve m/f inv

scaffold ['skæfəuld] n (for execution) cadafalso, patíbulo; **scaffolding** n andaime m

scald [skɔːld] n escaldadura ♦ vt escaldar, queimar

scale [skeɪl] n escala; (of fish) escama; (of salaries, fees etc) tabela ♦ vt (mountain) escalar; **~s** npl (for *weighing*) balança; **~ of charges** tarifa, lista de preços; **scale down** *vt* reduzir

scallop ['skɔləp] *n* (*ZOOL*) vieira, venera; (*SEWING*) barra, arremate *m*

scalp [skælp] *n* couro cabeludo ♦ *vt* escalpar

scampi ['skæmpɪ] *npl* camarões *mpl* fritos

scan [skæn] *vt* (*examine*) esquadrinhar, perscrutar; (*glance at quickly*) passar uma vista de olhos por; (*TV, RADAR*) explorar ♦ *n* (*MED*) exame *m*

scandal ['skændl] *n* escândalo; (*gossip*) fofocas *fpl*; (*fig: disgrace*) vergonha

Scandinavian [skændɪ'neɪvɪən] *adj* escandinavo

scanner ['skænə*] *n* (*MED, COMPUT*) scanner *m*

scant [skænt] *adj* escasso, insuficiente; **scanty** ['skæntɪ] *adj* (*meal*) insuficiente, pobre; (*underwear*) sumário

scapegoat ['skeɪpgəut] *n* bode *m* expiatório

scar [skɑ:*] *n* cicatriz *f* ♦ *vt* marcar (com uma cicatriz)

scarce [skɛəs] *adj* escasso, raro; **to make o.s. ~** (*inf*) dar o fora, cair fora; **scarcely** *adv* mal, quase não; (*barely*) apenas

scare [skɛə*] *n* susto; (*panic*) pânico ♦ *vt* assustar; **to ~ sb stiff** deixar alguém morrendo de medo; **bomb ~** alarme de bomba; **scare away** *vt* espantar; **scare off** *vt* = **scare away**; **scarecrow** *n* espantalho; **scared** *adj*: **to be scared** estar assustado *or* com medo

scarf [skɑ:f] (*pl* **~s** *or* **scarves**) *n* cachecol *m*; (*square*) lenço (de cabeça)

scarlet ['skɑ:lɪt] *adj* escarlate; **scarlet fever** *n* escarlatina

scary ['skɛərɪ] (*inf*) *adj* assustador(a)

scathing ['skeɪðɪŋ] *adj* mordaz

scatter ['skætə*] *vt* espalhar; (*put to flight*) dispersar ♦ *vi* espalhar-se; **scatterbrained** (*inf*) *adj* esquecido

scene [si:n] *n* (*THEATRE, fig*) cena; (*of crime, accident*) cenário; (*sight*) vista, panorama *m*; (*fuss*) escândalo; **scenery** ['si:nərɪ] *n* (*THEATRE*) cenário; (*landscape*) paisagem *f*; **scenic** *adj* pitoresco

scent [sɛnt] *n* perfume *m*; (*smell*) aroma; (*track, fig*) pista, rastro

schedule ['ʃedju:l, (*US*) 'skedju:l] *n* (*of trains*) horário; (*of events*) programa *m*; (*list*) lista ♦ *vt* (*timetable*) planejar; (*visit*) marcar (a hora de); **on ~** na hora, sem atraso; **to be ahead of/behind ~** estar adiantado/atrasado

scheme [ski:m] *n* (*plan*) maquinação *f*; (*pension ~*) projeto; (*arrangement*) arranjo ♦ *vi* conspirar

scholar ['skɔlə*] *n* aluno(-a), estudante *m/f*; (*learned person*) sábio(-a), erudito(-a); **scholarship** *n* erudição *f*; (*grant*) bolsa de estudos

school [sku:l] *n* escola; (*secondary ~*) colégio; (*US: university*) universidade *f* ♦ *cpd* escolar; **schoolboy** *n* aluno; **schoolchildren** *npl* alunos *mpl*; **schoolgirl** *n* aluna; **schooling** *n* educação *f*, ensino; **schoolmaster** *n* professor *m*; **schoolmistress** *n* professora; **schoolteacher** *n* professor(a) *m/f*

science ['saɪəns] *n* ciência; **science fiction** *n* ficção *f* científica; **scientific** [saɪən'tɪfɪk] *adj* científico; **scientist** *n* cientista *m/f*

scissors ['sɪzəz] *npl* tesoura; **a pair of ~** uma tesoura

scoff [skɔf] *vt* (*BRIT: inf: eat*) engolir ♦ *vi*: **to ~ (at)** (*mock*) zombar (de)

scold [skəuld] *vt* ralhar

scone [skɔn] n bolinho de trigo

scoop [sku:p] n colherona; (for flour etc) pá f; (PRESS) furo (jornalístico); **scoop out** vt escavar; **scoop up** vt recolher

scooter ['sku:tə*] n (also: **motor ~**) lambreta; (toy) patinete m

scope [skəup] n liberdade f de ação; (of undertaking) âmbito; (of person) competência; (opportunity) oportunidade f

scorch [skɔ:tʃ] vt (clothes) chamuscar; (earth, grass) secar, queimar

score [skɔ:*] n (points etc) escore m, contagem f; (MUS) partitura; (twenty) vintena ♦ vt (goal, point) fazer; (mark) marcar, entalhar; (success) alcançar ♦ vi (in game) marcar; (FOOTBALL) marcar or fazer um gol; (keep score) marcar o escore; **on that ~** a esse respeito, por esse motivo; **~s of** (fig) um monte de; **to ~ 6 out of 10** conseguir um escore de 6 num total de 10; **score out** vt riscar;

scoreboard n marcador m, placar m

scorn [skɔ:n] n desprezo ♦ vt desprezar, rejeitar

Scorpio ['skɔ:pɪəu] n Escorpião m

Scot [skɔt] n escocês(-esa) m/f

Scotch [skɔtʃ] n uísque m (BR) or whisky m (PT) escocês

Scotland ['skɔtlənd] n Escócia; **Scots** adj escocês(-esa); **Scotsman** (irreg) n escocês m; **Scotswoman** (irreg) n escocesa; **Scottish** adj escocês(-esa)

scoundrel ['skaundrəl] n canalha m/f, patife m

scour ['skauə*] vt (search) esquadrinhar, procurar em

scout [skaut] n (MIL) explorador m, batedor m; (also: **boy ~**) escoteiro; **girl ~** (US) escoteira; **scout around** vi explorar

scowl [skaul] vi franzir a testa; **to ~ at sb** olhar de cara feia para alguém

scrabble ['skræbl] vi (claw): **to ~ at** arranhar ♦ n: **S~ ®** mexe-mexe m; **to ~ (around) for sth** (search) tatear procurando algo

scram [skræm] (inf) vi dar o fora, safar-se

scramble ['skræmbl] n (climb) escalada (difícil); (struggle) luta ♦ vi: **to ~ out/through** conseguir sair com dificuldade; **to ~ for** lutar por; **scrambled eggs** npl ovos mpl mexidos

scrap [skræp] n (of paper) pedacinho, (of material) fragmento; (fig: of truth) mínimo; (fight) rixa, luta; (also: **~ iron**) ferro velho, sucata ♦ vt sucatar, jogar no ferro velho; (fig) descartar, abolir ♦ vi brigar; **~s** npl (leftovers) sobras fpl, restos mpl; **scrapbook** n álbum m de recortes

scrape [skreɪp] n (fig): **to get into a ~** meter-se numa enrascada ♦ vt raspar; (~ against: hand, car) arranhar, roçar ♦ vi: **to ~ through** (in exam) passar raspando; **scrape together** vt (money) juntar com dificuldade

scrap: scrapheap n (fig): **on the scrapheap** rejeitado, jogado fora; **scrap paper** n papel m de rascunho

scratch [skrætʃ] n arranhão m; (from claw) arranhadura ♦ cpd: **~ team** time m improvisado, escrete m ♦ vt (rub) coçar; (with claw, nail) arranhar, unhar; (damage) arranhar ♦ vi coçar(-se); **to start from ~** partir do zero; **to be up to ~** estar à altura (das circunstâncias)

scrawl [skrɔ:l] n garrancho, garatujas fpl ♦ vi garatujar, rabiscar

scream [skri:m] n grito ♦ vi gritar

screech [skri:tʃ] vi guinchar

screen [skri:n] n (CINEMA, TV, COMPUT) tela (BR), écran m (PT); (movable) biombo; (fig) cortina ♦ vt (conceal) esconder, tapar; (from the wind etc) proteger; (film) projetar; (candidates etc) examinar; **screenplay** n roteiro; **screensaver** n protetor m de tela

screw [skru:] n parafuso ♦ vt aparafusar; (also: ~ in) apertar, atarraxar; **to ~ up one's eyes** franzir os olhos; **screw up** vt (paper etc) amassar; **screwdriver** n chave f de fenda or de parafuso

scribble ['skrɪbl] n garrancho ♦ vt escrevinhar ♦ vi rabiscar

script [skrɪpt] n (CINEMA etc) roteiro, script m; (writing) escrita, caligrafia

Scripture(s) ['skrɪptʃə(z)] n(pl) Sagrada Escritura

scroll [skrəul] n rolo de pergaminho

scrounge [skraundʒ] (inf) vt filar ♦ n: **to be on the ~** viver às custas de alguém (or dos outros etc)

scrub [skrʌb] n mato, cerrado ♦ vt esfregar; (inf) cancelar, eliminar

scruff [skrʌf] n: **by the ~ of the neck** pelo cangote

scruffy ['skrʌfɪ] adj desmazelado

scruple ['skru:pl] n escrúpulo

scrutiny ['skru:tɪnɪ] n escrutínio, exame m cuidadoso

scuff [skʌf] vt desgastar

scuffle ['skʌfl] n tumulto

sculptor ['skʌlptə*] n escultor(a) m/f

sculpture ['skʌlptʃə*] n escultura

scum [skʌm] n (on liquid) espuma; (pej: people) ralé f, gentinha

scurry ['skʌrɪ] vi sair correndo; **scurry off** vi sair correndo, dar no pé

scythe [saɪð] n segadeira, foice f grande

SDP (BRIT) n abbr = **Social Democratic Party**

sea [si:] n mar m ♦ cpd do mar, marino; **on the ~** (boat) no mar; (town) junto ao mar; **to go by ~** viajar por mar; **out to** or **at ~** em alto mar; **to be all at ~** (fig) estar confuso or desorientado; **seafood** n mariscos mpl; **seafront** n orla marítima; **seagoing** adj (ship) de longo curso; **seagull** n gaivota

seal [si:l] n (animal) foca; (stamp) selo ♦ vt fechar; **seal off** vt fechar

sea level n nível m do mar

sea lion n leão-marinho m

seam [si:m] n costura; (where edges meet) junta; (of coal) veio, filão m

seaman ['si:mən] (irreg) n marinheiro

search [sə:tʃ] n busca, procura; (COMPUT) procura; (inspection) exame m, investigação f ♦ vt (look in) procurar em; (examine) examinar; (person) revistar ♦ vi: **to ~ for** procurar; **in ~ of** à procura de; **search through** vt fus dar busca em; **search engine** n (on Internet) ferramenta f de busca; **searching** adj penetrante, perscrutador(a); **searchlight** n holofote m; **search party** n equipe f de salvamento

sea: **seashore** n praia, beira-mar f, litoral m; **seasick** adj: **to be seasick** enjoar; **seaside** n praia; **seaside resort** n balneário

season ['si:zn] n (of year) estação f; (sporting etc) temporada; (of films etc) série f ♦ vt (food) temperar; **to be in/out of ~** (fruit) estar na época/fora de época; **seasoned** adj (fig: traveller) experiente; **season ticket** n bilhete m de temporada

seat [si:t] n (in bus, train: place) assento; (chair) cadeira; (POL) lugar m, cadeira; (buttocks) traseiro, nádegas fpl; (of trousers) fundilhos mpl ♦ vt sentar; (have room for) ter capacidade para; **to be ~ed** estar sentado; **seat belt** n cinto de segurança

sea: **sea water** n água do mar; **seaweed** n alga marinha; **seaworthy** adj em condições de navegar, resistente

sec. abbr (= second) seg

secluded [sɪˈklu:dɪd] adj (place) afastado; (life) solitário

second[1] [sɪˈkɒnd] (BRIT) vt (employee) transferir temporariamente

second[2] [ˈsekənd] adj segundo ♦ adv (in race etc) em segundo lugar ♦ n segundo; (AUT: also: ~ **gear**) segunda; (COMM) artigo defeituoso; (BRIT: SCH: degree) qualificação boa mas sem distinção ♦ vt (motion) apoiar, secundar; **secondary** adj secundário; **secondary school** n escola secundária, colégio; ver quadro

SECONDARY SCHOOL

Uma **secondary school** é um estabelecimento de ensino para alunos de 11 a 18 anos, alguns dos quais interrompem os estudos aos 16 anos. A maior parte dessas escolas é formada por comprehensive schools, mas algumas secondary schools ainda têm sistemas rigorosos de seleção.

second [ˈsekənd]: **second-class** adv em segunda classe; **secondhand** adj de (BR) or em (PT) segunda mão, usado; **second hand** n (on clock) ponteiro de segundos; **secondly** adv em segundo lugar; **second-rate** adj de segunda categoria; **second thoughts** (US **second thought**) npl: **to have second thoughts (about doing sth)** pensar duas vezes (antes de fazer algo); **on second thoughts** pensando bem

secrecy [ˈsi:krəsɪ] n sigilo

secret [ˈsi:krɪt] adj secreto ♦ n segredo

secretary [ˈsekrətərɪ] n secretário(-a); (BRIT: POL): **S~ of State** Ministro(-a) de Estado

secretive [ˈsi:krətɪv] adj sigiloso, reservado

section [ˈsekʃən] n seção f; (part) parte f, porção f; (of document) parágrafo, artigo; (of opinion) setor m; **cross-~** corte m transversal

sector [ˈsektə*] n setor m

secular [ˈsekjulə*] adj (priest) secular; (music, society) leigo

secure [sɪˈkjuə*] adj (safe) seguro; (firmly fixed) firme, rígido ♦ vt (fix) prender; (get) conseguir, obter; **security** n segurança; (for loan) fiança, garantia; **security guard** n guarda m

sedate [sɪˈdeɪt] adj calmo ♦ vt sedar, tratar com calmantes; **sedative** n calmante m, sedativo

seduce [sɪˈdju:s] vt seduzir; **seductive** adj sedutor(a)

see [si:] (pt **saw**, pp ~**n**) vt ver; (understand) entender; (accompany): **to ~ sb to the door** acompanhar or levar alguém até a porta ♦ vi ver; (find out) achar ♦ n sé f, sede f; **to ~ that** (ensure) assegurar que; ~ **you soon!** até logo!; **see about** vt fus tratar de; **see off** vt despedir-se de; **see through** vt fus enxergar através de ♦ vt levar a cabo; **see to** vt fus providenciar

seed [si:d] n semente f; (sperm) esperma m; (fig: gen pl) germe m; (TENNIS) pré-selecionado(-a); **to go to ~** produzir sementes; (fig) deteriorar-se; **seedling** n planta brotada da semente, muda; **seedy** adj (shabby: place) mal-cuidado; (: person) maltrapilho

seeing ['si:ɪŋ] conj: **~ (that)** visto (que), considerando (que)

seek [si:k] (pt, pp **sought**) vt procurar; (post) solicitar

seem [si:m] vi parecer; **there ~s to be ...** parece que há ...

seen [si:n] pp of **see**

seep [si:p] vi filtrar-se, penetrar

seesaw ['si:sɔ:] n gangorra, balanço

seethe [si:ð] vi ferver; **to ~ with anger** estar danado (da vida)

see-through adj transparente

segment ['segmənt] n segmento; (of orange) gomo

seize [si:z] vt agarrar, pegar; (power, hostage) apoderar-se de, confiscar; (territory) tomar posse de; (opportunity) aproveitar; **seize up** vi (TECH) gripar; **seize (up)on** vt fus valer-se de; **seizure** n (MED) ataque m, acesso; (LAW, of power) confisco, embargo

seldom ['seldəm] adv raramente

select [sɪ'lekt] adj seleto, fino ♦ vt escolher, selecionar; (SPORT) selecionar, escalar; **selection** n seleção f, escolha; (COMM) sortimento

self [self] (pl **selves**) pron see **herself; himself; itself; myself; oneself; ourselves; themselves; yourself** ♦ n: **the ~** o eu

self... [self] prefix: **self-assured** adj seguro de si; **self-catering** (BRIT) adj (flat) com cozinha; (holiday) em casa alugada; **self- centred** (US

self-centered adj egocêntrico; **self-confidence** n autoconfiança, confiança em si; **self-conscious** adj inibido, constrangido; **self-control** n autocontrole m, autodomínio; **self-defence** (US **self-defense**) n legítima defesa, autodefesa; **in self-defence** em legítima defesa; **self-discipline** n autodisciplina; **self-employed** adj autônomo; **self-evident** adj patente; **self-interest** n egoísmo; **selfish** adj egoísta; **selfless** adj desinteressado; **self-pity** n pena de si mesmo; **self-respect** n amor m próprio; **self-righteous** adj farisaico, santarrão (-rona); **self-sacrifice** n abnegação f, altruísmo; **self-satisfied** adj satisfeito consigo mesmo; **self-service** adj de auto-serviço; **self-sufficient** adj auto-suficiente; **self-tanning** adj autobronzeador; **self-taught** adj autodidata

sell [sel] (pt, pp **sold**) vt vender; (fig): **to ~ sb an idea** convencer alguém de uma idéia ♦ vi vender-se; **to ~ at or for £10** vender a or por £10; **sell off** vt liquidar; **sell out** vi vender todo o estoque ♦ vt: **the tickets are all sold out** todos os ingressos já foram vendidos; **sell-by date** n vencimento; **seller** n vendedor(a) m/f; **selling price** n preço de venda

sellotape ['seləuteɪp] ® (BRIT) n fita adesiva, durex ® m (BR)

selves [selvz] pl of **self**

semi... [semɪ] prefix semi..., meio...; **semicircle** n semicírculo; **semicolon** n ponto e vírgula; **semidetached (house)** (BRIT) n (casa) geminada; **semifinal** n semifinal f

seminar ['semɪnɑ:*] n seminário

semiskilled [semɪ'skɪld] adj (work,

worker) semi-especializado

semi-skimmed milk [semɪ'skɪmd-] *n* leite *m* semidesnatado

senate ['senɪt] *n* senado; **senator** *n* senador(a) *m/f*

send [send] (*pt, pp* **sent**) *vt* mandar, enviar; (*dispatch*) expedir, remeter; (*transmit*) transmitir; **send away** *vt* (*letter, goods*) expedir, mandar; (*unwelcome visitor*) mandar embora; **send away for** *vt fus* encomendar, pedir pelo correio; **send back** *vt* devolver, mandar de volta; **send for** *vt fus* mandar buscar; (*by post*) encomendar, pedir pelo correio; **send off** *vt* (*goods*) despachar, expedir; (*BRIT: SPORT: player*) expulsar; **send out** *vt* (*invitation*) distribuir; (*signal*) emitir; **send up** *vt* (*person, price*) fazer subir; (*BRIT: parody*) parodiar; **sender** *n* remetente *m/f*; **send-off** *n*: **a good send-off** uma boa despedida

senior ['siːnɪə*] *adj* (*older*) mais velho or idoso; (*on staff*) mais antigo; (*of higher rank*) superior; **senior citizen** *n* idoso(-a); **seniority** [siːnɪ'ɔrɪtɪ] *n* (*in service*) status *m*

sensation [sen'seɪʃən] *n* sensação *f*; **sensational** *adj* sensacional; (*headlines, result*) sensacionalista

sense [sens] *n* sentido; (*feeling*) sensação *f*; (*good ~*) bom senso ♦ *vt* sentir, perceber; **it makes ~** faz sentido; **senseless** *adj* insensato, estúpido; (*unconscious*) sem sentidos, inconsciente; **sensible** *adj* sensato, de bom senso; (*reasonable: price*) razoável; (: *advice, decision*) sensato

sensitive ['sensɪtɪv] *adj* sensível; (*fig: touchy*) suscetível

sensual ['sensjuəl] *adj* sensual

sensuous ['sensjuəs] *adj* sensual

sent [sent] *pt, pp of* **send**

sentence ['sentəns] *n* (*LING*) frase *f*, oração *f*; (*LAW*) sentença ♦ *vt*: **to ~ sb to death/to 5 years** condenar alguém à morte/a 5 anos de prisão

sentiment ['sentɪmənt] *n* sentimento; (*opinion: also pl*) opinião *f*;

sentimental [sentɪ'mentl] *adj* sentimental

separate [*adj* 'seprɪt, *vb* 'sepəreɪt] *adj* separado; (*distinct*) diferente ♦ *vt* separar; (*part*) dividir ♦ *vi* separar-se; **separately** *adv* separadamente

September [sep'tembə*] *n* setembro

septic ['septɪk] *adj* sético; (*wound*) infeccionado

sequel ['siːkwl] *n* conseqüência, resultado; (*of film, story*) continuação *f*

sequence ['siːkwəns] *n* série *f*, seqüência; (*CINEMA*) série

sequin ['siːkwɪn] *n* lantejoula, paetê *m*

serene [sɪ'riːn] *adj* sereno, tranqüilo

sergeant ['saːdʒənt] *n* sargento

serial ['sɪərɪəl] *n* seriado; **serial number** *n* número de série

series ['sɪəriːz] *n inv* série *f*

serious ['sɪərɪəs] *adj* sério; (*matter*) importante; (*illness*) grave; **seriously** *adv* a sério, com seriedade; (*hurt*) gravemente

sermon ['səːmən] *n* sermão *m*

serrated [sɪ'reɪtɪd] *adj* serrado, dentado

servant ['səːvənt] *n* empregado(-a); (*fig*) servidor(a) *m/f*

serve [səːv] *vt* servir; (*customer*) atender; (*subj: train*) passar por; (*apprenticeship*) fazer; (*prison term*) cumprir ♦ *vi* (*at table*) servir-se; (*TENNIS*) sacar; (*be useful*): **to ~ as/for/ to do** servir como/para/para fazer ♦ *n* (*TENNIS*) saque *m*; **it ~s him right** é bem feito para ele; **serve out** *vt* (*food*) servir; **serve up** *vt* = **serve out**

service ['sɜːvɪs] n serviço; (REL) culto; (AUT) revisão f; (TENNIS) saque m; (also: **dinner ~**) aparelho de jantar ♦ vt (car, washing machine) fazer a revisão de, revisar; **the S~s** npl (army, navy etc) as Forças Armadas; **to be of ~ to sb** ser útil a alguém; **service area** n (on motorway) posto de gasolina com bar, restaurante etc; **service charge** (BRIT) n serviço; **serviceman** (irreg) n militar m; **service station** n posto de gasolina (BR), estação f de serviço (PT)

serviette [sɜːvɪ'et] (BRIT) n guardanapo m

session ['seʃən] n sessão f; **to be in ~** estar reunido em sessão

set [set] (pt, pp **set**) n (of things) jogo; (radio ~, TV ~) aparelho; (of utensils) bateria de cozinha; (of cutlery) talher m; (of books) coleção f; (of people) grupo; (TENNIS) set m; (THEATRE, CINEMA) cenário; (HAIRDRESSING) penteado; (MATH) conjunto ♦ adj fixo; (ready) pronto ♦ vt pôr, colocar; (table) pôr; (price) fixar; (rules etc) estabelecer, decidir; (record) estabelecer; (time) marcar; (adjust) ajustar; (task, exam) passar ♦ vi (sun) pôr-se; (jam, jelly, concrete) endurecer, solidificar-se; **to be ~ on doing sth** estar decidido a fazer algo; **to ~ to music** musicar, pôr música em; **to ~ on fire** botar fogo em, incendiar; **to ~ free** libertar; **to ~ sth going** pôr algo em movimento; **set about** vt fus começar com; **set aside** vt deixar de lado; **set back** vt (cost): **it ~ me back £5** me deu um prejuízo de £5; (in time): **to ~ sb back (by)** atrasar alguém (em); **set off** vi partir, ir indo ♦ vt (bomb) fazer explodir; (alarm) disparar; (chain of events) iniciar; (show up well) ressaltar; **set out** vi partir ♦ vt (arrange) colocar, dispor; (state) expor, explicar; **to ~ out to do sth** pretender fazer algo; **set up** vt fundar,

estabelecer; **setback** n revés m, contratempo; **set menu** n refeição f a preço fixo

settee [se'tiː] n sofá m

setting ['setɪŋ] n (background) cenário; (position) posição f; (of sun) pôr(-do-sol) m; (of jewel) engaste m

settle ['setl] vt (argument, matter) resolver, esclarecer; (accounts) ajustar, liquidar; (MED: calm) acalmar, tranqüilizar ♦ vi (dust etc) assentar; (calm down: children) acalmar-se; (also: **~ down**) instalar-se, estabilizar-se; **to ~ for sth** concordar em aceitar algo; **to ~ on sth** optar por algo; **settle in** vi instalar-se; **settle up** vi: **to ~ up with sb** ajustar as contas com alguém; **settlement** n (payment) liquidação f; (agreement) acordo, convênio; (village etc) povoado, povoação f; **settler** n colono(-a), colonizador(a) m/f

setup ['setʌp] n (organization) organização f; (situation) situação f

seven ['sevn] num sete; **seventeen** num dezessete; **seventh** num sétimo; **seventy** num setenta

sever ['sevə*] vt cortar; (relations) romper

several ['sevərl] adj, pron vários(-as); **~ of us** vários de nós

severe [sɪ'vɪə*] adj severo; (serious) grave; (hard) duro; (pain) intenso; (dress) austero

sew [səu] (pt **~ed**, pp **sewn**) vt coser, costurar; **sew up** vt coser, costurar

sewage ['suːɪdʒ] n detritos mpl

sewer ['suːə*] n (cano do) esgoto, bueiro

sewing ['səuɪŋ] n costura; **sewing machine** n máquina de costura

sewn [səun] pp of sew

sex [seks] n sexo; **sexist** adj sexista

sexual ['seksjuəl] adj sexual

a b c d e f g h i j k l m n o p q r s t u v w x y z

sexy ['sɛksɪ] *adj* sexy

shabby ['ʃæbɪ] *adj* (*person*) esfarrapado, maltrapilho; (*clothes*) usado, surrado; (*behaviour*) indigno

shack [ʃæk] *n* choupana, barraca

shade [ʃeɪd] *n* sombra; (*for lamp*) quebra-luz *m*; (*of colour*) tom *m*, tonalidade *f*; (*small quantity*): **a ~ (more/too large)** um pouquinho (mais/grande) ♦ *vt* dar sombra a; (*eyes*) sombrear; **in the ~** à sombra

shadow ['ʃædəʊ] *n* sombra ♦ *vt* (*follow*) seguir de perto (sem ser visto)

shady ['ʃeɪdɪ] *adj* à sombra; (*fig: dishonest: person*) suspeito, duvidoso; (: *deal*) desonesto

shaft [ʃɑːft] *n* (*of arrow, spear*) haste *f*; (*AUT, TECH*) eixo, manivela; (*of mine, of lift*) poço; (*of light*) raio

shaggy ['ʃægɪ] *adj* desgrenhado

shake [ʃeɪk] (*pt* **shook**, *pp* **shaken**) *vt* sacudir; (*building, confidence*) abalar; (*surprise*) surpreender ♦ *vi* tremer; **to ~ hands with sb** apertar a mão de alguém; **to ~ one's head** (*in refusal etc*) dizer não com a cabeça; (*in dismay*) sacudir a cabeça; **shake off** *vt* sacudir; (*fig*) livrar-se de; **shake up** *vt* sacudir; (*fig*) reorganizar; **shaky** *adj* (*hand, voice*) trêmulo; (*table*) instável; (*building*) abalado

shall [ʃæl] *aux vb*: **I ~ go** irei; **~ I open the door?** posso abrir a porta?; **I'll get some, ~ I?** eu vou pegar algum, está bem?

shallow ['ʃæləʊ] *adj* raso; (*breathing*) fraco; (*fig*) superficial

sham [ʃæm] *n* fraude *f*, fingimento ♦ *vt* fingir, simular

shambles ['ʃæmblz] *n* confusão *f*

shame [ʃeɪm] *n* vergonha ♦ *vt* envergonhar; **it is a ~ (that/to do)** é (uma) pena (que/fazer); **what a ~!** que

pena!; **shameful** *adj* vergonhoso; **shameless** *adj* sem vergonha, descarado

shampoo [ʃæm'puː] *n* xampu *m* (*BR*), champô *m* (*PT*) ♦ *vt* lavar o cabelo (com xampu *or* champô)

shandy ['ʃændɪ] *n* mistura de cerveja com refresco gaseificado

shan't [ʃɑːnt] = **shall not**

shanty town ['ʃæntɪ-] *n* favela

shape [ʃeɪp] *n* forma ♦ *vt* (*form*) moldar; (*sb's ideas*) formar; (*sb's life*) definir, determinar; **to take ~** tomar forma; **shape up** *vi* (*events*) desenrolar-se; (*person*) tomar jeito; **shapeless** *adj* informe, sem forma definida; **shapely** *adj* escultural

share [ʃɛə*] *n* parte *f*; (*contribution*) cota; (*COMM*) ação *f* ♦ *vt* dividir; (*have in common*) compartilhar; **share out** *vi* distribuir; **shareholder** *n* acionista *m/f*

shark [ʃɑːk] *n* tubarão *m*

sharp [ʃɑːp] *adj* (*razor, knife*) afiado; (*point, features*) pontiagudo; (*outline*) definido, bem marcado; (*pain, voice*) agudo; (*taste*) acre; (*MUS*) desafinado; (*contrast*) marcado; (*quick-witted*) perspicaz; (*dishonest*) desonesto ♦ *n* (*MUS*) sustenido ♦ *adv*: **at 2 o'clock ~** às 2 (horas) em ponto; **sharpen** *vt* afiar; (*pencil*) apontar, fazer a ponta de; (*fig*) aguçar; **sharpener** *n* (*also:* **pencil sharpener**) apontador *m* (*BR*), apara-lápis *m inv* (*PT*); **sharply** *adv* (*abruptly*) bruscamente; (*clearly*) claramente; (*harshly*) severamente

shatter ['ʃætə*] *vt* despedaçar, estilhaçar; (*fig: ruin*) destruir, acabar com; (: *upset*) arrasar ♦ *vi* despedaçar-se, estilhaçar-se

shave [ʃeɪv] *vt* barbear, fazer a barba de ♦ *vi* fazer a barba, barbear-se ♦ *n*: **to have a ~** fazer a barba; **shaver** *n*

(*also:* **electric shaver**) barbeador m elétrico; **shaving** n (*action*) barbeação f; **shavings** npl (*of wood*) aparas fpl;
shaving brush n pincel m de barba; **shaving cream** n creme m de barbear; **shaving foam** n espuma de barbear

shawl [ʃɔːl] n xale m

she [ʃiː] pron ela ♦ prefix: **~-elephant** etc elefante etc fêmea

sheaf [ʃiːf] (pl **sheaves**) n (*of corn*) gavela; (*of papers*) maço

shear [ʃɪə*] (pt **~ed**, pp **shorn**) vt (*sheep*) tosquiar, tosar; **shear off** vi cisalhar; **shears** npl (*for hedge*) tesoura de jardim

sheath [ʃiːθ] n bainha; (*contraceptive*) camisa-de-vênus f, camisinha

shed [ʃed] (pt, pp **shed**) n alpendre m, galpão m ♦ vt (*skin*) mudar; (*load*) perder; (*tears, blood*) derramar; (*workers*) despedir

she'd [ʃiːd] = she had; she would

sheen [ʃiːn] n brilho

sheep [ʃiːp] n inv ovelha; **sheepdog** n cão m pastor; **sheepskin** n pele f de carneiro, pelego

sheer [ʃɪə*] adj (*utter*) puro, completo; (*steep*) íngreme, empinado; (*almost transparent*) fino, translúcido ♦ adv a pique

sheet [ʃiːt] n (*on bed*) lençol m; (*of paper*) folha; (*of glass, metal*) lâmina, chapa; (*of ice*) camada

sheik(h) [ʃeɪk] n xeque m

shelf [ʃelf] (pl **shelves**) n prateleira

shell [ʃel] n (*on beach*) concha; (*of egg, nut etc*) casca; (*explosive*) obus m; (*of building*) armação f, esqueleto ♦ vt (*peas*) descascar; (*MIL*) bombardear

she'll [ʃiːl] = she will; she shall

shellfish ['ʃelfɪʃ] n inv crustáceo; (*pl: as food*) frutos mpl do mar,

mariscos mpl

shell suit n conjunto de nailón para jogging

shelter ['ʃeltə*] n (*building*) abrigo; (*protection*) refúgio ♦ vt (*protect*) proteger; (*give lodging to*) abrigar ♦ vi abrigar-se, refugiar-se

shelve [ʃelv] vt (*fig*) pôr de lado, engavetar; **shelves** npl of shelf

shepherd ['ʃepəd] n pastor m ♦ vt guiar, conduzir; **shepherd's pie** (*BRIT*) n empadão m de carne e batata

sheriff ['ʃerɪf] (*US*) n xerife m

sherry ['ʃerɪ] n (*vinho de*) Xerez m

she's [ʃiːz] = she is; she has

Shetland ['ʃetlənd] n (*also:* **the ~s, the ~ Isles**) as ilhas Shetland

shield [ʃiːld] n escudo; (*SPORT*) escudo, brasão m; (*protection*) proteção f ♦ vt: **to ~ (from)** proteger (contra)

shift [ʃɪft] n mudança; (*of work*) turno; (*of workers*) turma ♦ vt transferir; (*remove*) tirar ♦ vi mudar; **shifty** adj esperto, trapaceiro; (*eyes*) velhaco, maroto

shimmer ['ʃɪmə*] vi cintilar, tremeluzir

shin [ʃɪn] n canela (da perna)

shine [ʃaɪn] (pt, pp **shone**) n brilho, lustre m ♦ vi brilhar ♦ vt (*glasses*) polir; (*shoes: pt, pp ~d*) lustrar; **to ~ a torch on sth** apontar uma lanterna para algo

shingles ['ʃɪŋglz] n (*MED*) herpes-zoster m

shiny ['ʃaɪnɪ] adj brilhante, lustroso

ship [ʃɪp] n barco ♦ vt (*goods*) embarcar; (*send*) transportar or mandar (por via marítima); **shipment** n carregamento; **shipping** n (*ships*) navios mpl; (*cargo*) transporte m de mercadorias (por via marítima); (*traffic*) navegação f; **shipwreck** n (*event*) malogro; (*ship*) naufrágio ♦ vt:

to be shipwrecked naufragar;
shipyard n estaleiro
shirt [ʃəːt] n (man's) camisa;
(woman's) blusa; **in ~ sleeves** em
manga de camisa
shit [ʃɪt] (infl!) excl merda (!)
shiver ['ʃɪvə*] n tremor m, arrepio ♦ vi
tremer, estremecer, tiritar
shoal [ʃəul] n (of fish) cardume m;
(fig: also: **~s**) bando, multidão f
shock [ʃɔk] n (impact) choque m;
(ELEC) descarga; (emotional) comoção
f, abalo; (start) susto, sobressalto;
(MED) trauma m ♦ vt dar um susto em,
chocar; (offend) escandalizar; **shock
absorber** n amortecedor m;
shocking adj chocante, lamentável;
(outrageous) revoltante, chocante
shoddy ['ʃɔdɪ] adj de má qualidade
shoe [ʃuː] (pt, pp **shod**) n sapato; (for
horse) ferradura ♦ vt (horse) ferrar;
shoelace n cadarço, cordão m (de
sapato); **shoe polish** n graxa de
sapato; **shoeshop** n sapataria
shone [ʃɔn] pt, pp of **shine**
shook [ʃuk] pt of **shake**
shoot [ʃuːt] (pt, pp **shot**) n (on
branch, seedling) broto ♦ vt disparar;
(kill) matar à bala, balear; (wound)
ferir à bala, balear; (execute) fuzilar;
(film) filmar, rodar ♦ vi: **to ~ (at)** atirar
(em); (FOOTBALL) chutar; **shoot down**
vt (plane) derrubar, abater; **shoot in/
out** vi entrar/sair correndo; **shoot up**
vi (fig) subir vertiginosamente;
shooting star n estrela cadente
shop [ʃɔp] n loja; (workshop) oficina
♦ vi (also: **go ~ping**) ir fazer compras;
shop assistant (BRIT) n vendedor(a)
m/f; **shopkeeper** n lojista m/f;
shoplifting n furto (em lojas);
shopper n comprador(a) m/f;
shopping n (goods) compras fpl;

shopping bag n bolsa (de compras);
shopping centre (US **shopping
center**) n shopping (center) m; **shop
window** n vitrine f (BR), montra f (PT)
shore [ʃɔː*] n (of sea) costa, praia; (of
lake) margem f ♦ vt: **to ~ (up)** reforçar,
escorar; **on ~** em terra
shorn [ʃɔːn] pp of **shear**
short [ʃɔːt] adj curto; (in time) breve,
de curta duração; (person) baixo;
(curt) seco, brusco; (insufficient)
insuficiente, em falta; **to be ~ of sth**
estar em falta de algo; **in ~** em
resumo; **~ of doing ...** a não ser fazer
...; **everything ~ of ...** tudo a não ser
...; **it is ~ for** é a abreviatura de; **to cut
~** (speech, visit) encurtar; **to fall ~ of**
não ser à altura de; **to run ~ of sth**
ficar sem algo; **to stop ~** parar de
repente; **to stop ~ of** chegar quase a;
shortage n escassez f, falta;
shortbread n biscoito amanteigado;
short circuit n curto-circuito ♦ vt
provocar um curto-circuito ♦ vi entrar
em curto-circuito; **shortcoming** n
defeito, imperfeição f, falha;
short(crust) pastry (BRIT) n massa
amanteigada; **shortcut** n atalho;
shorten vt encurtar; (visit) abreviar;
shorthand (BRIT) n estenografia;
short list (BRIT) n lista dos candidatos
escolhidos; **shortly** adv em breve,
dentro em pouco; **shorts** npl: **(a pair
of) shorts** um calção (BR), um short
(BR), uns calções (PT); **short-sighted**
(BRIT) adj míope; (fig) imprevidente;
short-staffed adj com falta de
pessoal; **short story** n conto;
short-tempered adj irritadiço;
short-term adj a curto prazo; **short
wave** n (RADIO) onda curta
shot [ʃɔt] pt, pp of **shoot** ♦ n (of gun)
tiro; (pellets) chumbo; (try, FOOTBALL)
tentativa; (injection) injeção f; (PHOT)

fotografia; **to be a good/bad ~** (*person*) ter boa/má pontaria; **like a ~** como um relâmpago, de repente; **shotgun** n espingarda

should [ʃud] *aux vb*: **I ~ go now** devo ir embora agora; **he ~ be there now** ele já deve ter chegado; **I ~ go if I were you** eu se fosse você eu iria; **I ~ like to** eu gostaria de

shoulder [ˈʃəuldə*] n ombro ♦ vt (*fig*) arcar com; **shoulder blade** n omoplata m

shouldn't [ˈʃudnt] = **should not**

shout [ʃaut] n grito ♦ vt gritar ♦ vi (*also:* **~ out**) gritar, berrar; **shout down** vt fazer calar com gritos; **shouting** n gritaria, berreiro

shove [ʃʌv] vt empurrar; (*inf: put*): **to ~ sth in** botar algo em; **shove off** (*inf*) vi dar o fora

shovel [ˈʃʌvl] n pá f; (*mechanical*) escavadeira ♦ vt cavar com pá

show [ʃəu] (*pt* **~ed**, *pp* **~n**) n (*of emotion*) demonstração f; (*semblance*) aparência; (*exhibition*) exibição f; (*THEATRE*) espetáculo, representação f; (*CINEMA*) sessão f ♦ vt mostrar; (*courage etc*) demonstrar, dar prova de; (*exhibit*) exibir, expor; (*depict*) ilustrar; (*film*) exibir ♦ vi mostrar-se; (*appear*) aparecer; **to be on ~** estar em exposição; **show in** vt mandar entrar; **show off** vi (*pej*) mostrar-se, exibir-se ♦ vt (*display*) exibir, mostrar; **show out** vt levar até a porta; **show up** vi (*stand out*) destacar-se; (*inf: turn up*) aparecer, pintar ♦ vt descobrir; **show business** n o mundo do espetáculo; **showdown** n confrontação f

shower [ˈʃauə*] n (*rain*) pancada de chuva; (*of stones etc*) chuva, enxurrada; (*also:* **~ bath**) chuveiro ♦ vi tomar banho (de chuveiro) ♦ vt: **to ~**

sb with (*gifts etc*) cumular alguém de; **to have** *or* **take a ~** tomar banho (de chuveiro)

showing [ˈʃəuiŋ] n (*of film*) projeção f, exibição f

show jumping [-ˈdʒʌmpiŋ] n hipismo

shown [ʃəun] pp of **show**

show: **show-off** (*inf*) n (*person*) exibicionista m/f, faroleiro(-a); **showpiece** n (*of exhibition etc*) obra mais importante; **showroom** n sala de exposição

shrank [ʃræŋk] pt of **shrink**

shred [ʃrɛd] n (*gen pl*) tira, pedaço ♦ vt rasgar em tiras, retalhar; (*CULIN*) desfiar, picar

shrewd [ʃruːd] adj perspicaz

shriek [ʃriːk] n grito ♦ vi gritar, berrar

shrill [ʃrɪl] adj agudo, estridente

shrimp [ʃrɪmp] n camarão m

shrine [ʃraɪn] n santuário

shrink [ʃrɪŋk] (*pt* **shrank,** *pp* **shrunk**) vi encolher; (*be reduced*) reduzir-se; (*also:* **~ away**) encolher-se ♦ vt (*cloth*) fazer encolher ♦ n (*inf: pej*) psicanalista m/f; **to ~ from doing sth** não se atrever a fazer algo

shrivel [ˈʃrɪvl] vt (*also:* **~ up**: *dry*) secar; (: *crease*) enrugar ♦ vi secar-se, enrugar-se, murchar

Shrove Tuesday [ʃrəuv-] n terça-feira gorda

shrub [ʃrʌb] n arbusto; **shrubbery** n arbustos mpl

shrug [ʃrʌg] n encolhimento dos ombros ♦ vt, vi: **to ~ (one's shoulders)** encolher os ombros, dar de ombros (*BR*); **shrug off** vt negar a importância de

shrunk [ʃrʌŋk] pp of **shrink**

shudder [ˈʃʌdə*] n estremecimento, tremor m ♦ vi estremecer, tremer de medo

shuffle [ˈʃʌfl] vt (cards) embaralhar ♦ vi: **to ~ (one's feet)** arrastar os pés

shun [ʃʌn] vt evitar, afastar-se de

shut [ʃʌt] (pt, pp **shut**) vt fechar ♦ vi fechar(-se); **shut down** vt, vi fechar; **shut off** vt cortar, interromper; **shut up** vi (inf: keep quiet) calar-se, calar a boca ♦ vt (close) fechar; (silence) calar; **shutter** n veneziana; (PHOT) obturador m

shuttle [ˈʃʌtl] n (plane: also: **~ service**) ponte f aérea; (space ~) ônibus m espacial

shuttlecock [ˈʃʌtlkɔk] n peteca

shy [ʃaɪ] adj tímido; (reserved) reservado

sick [sɪk] adj (ill) doente; (nauseated) enjoado; (humour) negro; (vomiting): **to be ~** vomitar; **to feel ~** estar enjoado; **to be ~ of** (fig) estar cheio or farto de; **sickbay** n enfermaria; **sicken** vt (disgust) enojar, repugnar; **sickening** adj (fig) repugnante

sickle [ˈsɪkl] n foice f

sick: **sick leave** n licença por doença; **sickly** adj doentio; (causing nausea) nauseante; **sickness** n doença, indisposição f; (vomiting) náusea, enjôo

side [saɪd] n lado; (of body) flanco; (of lake) margem f; (aspect) aspecto; (team) time m (BR), equipa (PT); (of hill) declive m ♦ cpd (door, entrance) lateral ♦ vi: **to ~ with sb** tomar o partido de alguém; **by the ~ of** ao lado de; **~ by ~** lado a lado, juntos; **from ~ to ~** para lá e para cá; **to take ~s with** pôr-se ao lado de; **sideboard** n aparador m; **sideboards** npl (BRIT) = **sideburns**; **sideburns** npl suíças fpl, costeletas fpl; **side effect** n efeito colateral; **sidelight** n (AUT) luz f lateral; **sideshow** n (stall) barraca;

sidestep vt evitar; **sidetrack** vt (fig) desviar (do seu propósito); **sidewalk** (US) n calçada; **sideways** adv de lado

siege [siːdʒ] n sítio, assédio

sieve [sɪv] n peneira ♦ vt peneirar

sift [sɪft] vt peneirar; (fig) esquadrinhar, analisar minuciosamente

sigh [saɪ] n suspiro ♦ vi suspirar

sight [saɪt] n (faculty) vista, visão f; (spectacle) espetáculo ♦ vt avistar; **in ~** à vista; **on ~** (shoot) no local; **out of ~** longe dos olhos; **sightseeing** n turismo; **to go sightseeing** fazer turismo, passear

sign [saɪn] n (with hand) sinal m, aceno; (indication) indício; (notice) letreiro, tabuleta; (written) signo ♦ vt assinar; **to ~ sth over to sb** assinar a transferência de algo para alguém; **sign on** vi (MIL) alistar-se; (BRIT: as unemployed) cadastrar-se para receber auxílio-desemprego; (for course) inscrever-se ♦ vt (MIL) alistar; (employee) efetivar; **sign up** vi (MIL) alistar-se; (for course) inscrever-se ♦ vt recrutar

signal [ˈsɪgnl] n sinal m, aviso ♦ vi (also: AUT) sinalizar, dar sinal ♦ vt (person) fazer sinais para; (message) transmitir

signature [ˈsɪgnətʃə*] n assinatura; **signature tune** n tema m (de abertura)

significance [sɪgˈnɪfɪkəns] n importância; **significant** adj significativo; (important) importante

sign language n mímica, linguagem f através de sinais

silence [ˈsaɪləns] n silêncio ♦ vt silenciar, impor silêncio a; **silencer** n (on gun) silenciador m; (BRIT: AUT) silencioso

silent [ˈsaɪlənt] adj silencioso; (not

speaking) calado; (*film*) mudo; **to remain ~** manter-se em silêncio

silhouette [sɪlu:ˈɛt] *n* silhueta

silicon chip [ˈsɪlɪkən-] *n* placa *or* chip *m* de silício

silk [sɪlk] *n* seda ♦ *adj* de seda; **silky** *adj* sedoso

silly [ˈsɪlɪ] *adj* (*person*) bobo, idiota, imbecil; (*idea*) absurdo, ridículo

silt [sɪlt] *n* sedimento, aluvião *m*

silver [ˈsɪlvə*] *n* prata; (*money*) moedas *fpl*; (*also*: **~ware**) prataria ♦ *adj* de prata; **silver-plated** *adj* prateado, banhado a prata; **silvery** *adj* prateado

similar [ˈsɪmɪlə*] *adj*: **~ to** parecido com, semelhante a

simmer [ˈsɪmə*] *vi* cozer em fogo lento, ferver lentamente

simple [ˈsɪmpl] *adj* simples *inv*; (*foolish*) ingênuo; **simply** *adv* de maneira simples; (*merely*) simplesmente

simultaneous [sɪməlˈteɪnɪəs] *adj* simultâneo

sin [sɪn] *n* pecado ♦ *vi* pecar

since [sɪns] *adv* desde então, depois ♦ *prep* desde ♦ *conj* (*time*) desde que; (*because*) porque, visto que, já que; **~ then** desde então; (**ever**) **~** desde que

sincere [sɪnˈsɪə*] *adj* sincero; **sincerely** *adv*: **yours sincerely** (*at end of letter*) atenciosamente; **sincerity** [sɪnˈsɛrɪtɪ] *n* sinceridade *f*

sing [sɪŋ] (*pt* **sang**, *pp* **sung**) *vt, vi* cantar

Singapore [sɪŋgəˈpɔ:*] *n* Cingapura (*no article*)

singe [sɪndʒ] *vt* chamuscar

singer [ˈsɪŋə*] *n* cantor(a) *m/f*

singing [ˈsɪŋɪŋ] *n* canto; (*songs*) canções *fpl*

single [ˈsɪŋgl] *adj* único, só;

(*unmarried*) solteiro; (*not double*) simples *inv* ♦ *n* (*BRIT*: *also*: **~ ticket**) passagem *f* de ida; (*record*) compacto; **single out** *vt* (*choose*) escolher; (*distinguish*) distinguir; **single file** *n*: **in single file** em fila indiana; **single-handed** *adv* sem ajuda, sozinho; **single-minded** *adj* determinado; **single room** *n* quarto individual; **singly** *adv* separadamente

singular [ˈsɪŋgjulə*] *adj* (*odd*) esquisito; (*outstanding*) extraordinário, excepcional; (*LING*) singular ♦ *n* (*LING*) singular *m*

sinister [ˈsɪnɪstə*] *adj* sinistro

sink [sɪŋk] (*pt* **sank**, *pp* **sunk**) *n* pia ♦ *vt* (*ship*) afundar; (*foundations*) escavar ♦ *vi* afundar-se; (*heart*) partir; (*spirits*) ficar deprimido; (*also*: **~ back, ~ down**) cair *or* mergulhar gradativamente; **to ~ sth into** enterrar algo em; **sink in** *vi* (*fig*) penetrar

sinner [ˈsɪnə*] *n* pecador(a) *m/f*

sinus [ˈsaɪnəs] *n* (*ANAT*) seio paranasal

sip [sɪp] *n* gole *m* ♦ *vt* sorver, beberica

siphon [ˈsaɪfən] *n* sifão *m*; **siphon off** *vt* extrair com sifão; (*funds*) desviar

sir [sə*] *n* senhor *m*; **S~ John Smith** Sir John Smith; **yes, ~** sim, senhor

siren [ˈsaɪərn] *n* sirena

sirloin [ˈsə:lɔɪn] *n* lombo de vaca

sissy [ˈsɪsɪ] (*inf*) *n* fresco

sister [ˈsɪstə*] *n* irmã *f*; (*BRIT*: *nurse*) enfermeira-chefe *f*; (*nun*) freira; **sister-in-law** *n* cunhada

sit [sɪt] (*pt, pp* **sat**) *vi* sentar-se; (*be sitting*) estar sentado; (*assembly*) reunir-se; (*for painter*) posar ♦ *vt* (*exam*) prestar; **sit down** *vi* sentar-se; **sit in on** *vt fus* assistir a; **sit up** *vi* (*after lying*) levantar-se; (*straight*) endireitar-se; (*not go to bed*) aguardar

a
b
c
d
e
f
g
h
i
j
k
l
m
n
o
p
q
r
s
t
u
v
w
x
y
z

acordado, velar

sitcom ['sɪtkɔm] *n abbr* (= *situation comedy*) comédia de costumes

site [saɪt] *n* local *m*, sítio; (*also:* **building ~**) lote *m* (de terreno) ♦ *vt* situar, localizar

sit-in *n* (*demonstration*) ocupação de um local como forma de protesto, manifestação *f* pacífica

sitting ['sɪtɪŋ] *n* (*in canteen*) turno; **sitting room** *n* sala de estar

situation [sɪtjuˈeɪʃən] *n* situação *f*; (*job*) posição *f*; (*location*) local *m*; **"~s vacant"** (*BRIT*) "empregos oferecem-se"

six [sɪks] *num* seis; **sixteen** *num* dezesseis; **sixth** *num* sexto; **sixty** *num* sessenta

size [saɪz] *n* tamanho; (*extent*) extensão *f*; (*of clothing*) tamanho, medida; (*of shoes*) número; **size up** *vt* avaliar, formar uma opinião sobre; **sizeable** *adj* considerável, importante

sizzle ['sɪzl] *vi* chiar

skate [skeɪt] *n* patim *m*; (*fish: pl inv*) arraia ♦ *vi* patinar; **skateboard** *n* skate *m*, patim-tábua *m*; **skating** *n* patinação *f*; **skating rink** *n* rinque *m* de patinação

skeleton ['skɛlɪtn] *n* esqueleto *m*; (*TECH*) armação *f*; (*outline*) esquema *m*, esboço

sketch [skɛtʃ] *n* (*drawing*) desenho; (*outline*) esboço, croqui *m*; (*THEATRE*) quadro, esquete *m* ♦ *vt* desenhar, esboçar; (*ideas: also: ~ out*) esboçar; **sketchbook** *n* caderno de rascunho; **sketchy** *adj* incompleto, superficial

skewer ['skjuːə*] *n* espetinho

ski [skiː] *n* esqui *m* ♦ *vi* esquiar; **ski boot** *n* bota de esquiar

skid [skɪd] *n* derrapagem *f* ♦ *vi* deslizar; (*AUT*) derrapar

ski: **skier** *n* esquiador(a) *m/f*; **skiing**

n esqui *m*

skilful ['skɪlful] (*US* **skillful**) *adj* habilidoso, jeitoso

ski lift *n* ski lift *m*

skill [skɪl] *n* habilidade *f*, perícia; (*for work*) técnica; **skilled** *adj* hábil, perito; (*worker*) especializado, qualificado; **skillful** (*US*) *adj* = **skilful**

skim [skɪm] *vt* (*milk*) desnatar; (*glide over*) roçar ♦ *vi*: **to ~ through** (*book*) folhear; **skimmed milk** *n* leite *m* desnatado

skimpy ['skɪmpɪ] *adj* (*meagre*) escasso, insuficiente; (*skirt*) sumário

skin [skɪn] *n* pele *f*; (*of fruit, vegetable*) casca ♦ *vt* (*fruit etc*) descascar; (*animal*) tirar a pele de; **skin-deep** *adj* superficial; **skin diving** *n* caça-submarina; **skinny** *adj* magro, descarnado; **skintight** *adj* justo, grudado (no corpo)

skip [skɪp] *n* salto, pulo; (*BRIT: container*) balde *m* ♦ *vi* saltar; (*with rope*) pular corda ♦ *vt* (*pass over*) omitir, saltar; (*miss*) deixar de

skipper ['skɪpə*] *n* capitão *m*

skipping rope ['skɪpɪŋ-] (*BRIT*) *n* corda (de pular)

skirt [skəːt] *n* saia ♦ *vt* orlar, circundar; **skirting board** (*BRIT*) *n* rodapé *m*

ski suit *n* traje *m* de esqui

skittle ['skɪtl] *n* pau *m*; **~s** *n* (*game*) (jogo de) boliche *m* (*BR*), jogo da bola (*PT*)

skive [skaɪv] (*BRIT: inf*) *vi* evitar trabalhar

skull [skʌl] *n* caveira; (*ANAT*) crânio

skunk [skʌŋk] *n* gambá *m*

sky [skaɪ] *n* céu *m*; **skylight** *n* clarabóia, escotilha; **skyscraper** *n* arranha-céu *m*

slab [slæb] *n* (*stone*) bloco; (*flat*) laje *f*; (*of cake*) fatia grossa

slack [slæk] *adj* (*loose*) frouxo; (*slow*) lerdo; (*careless*) descuidoso, desmazelado; **slacks** *npl* (*trousers*) calça (*BR*), calças *fpl* (*PT*)

slam [slæm] *vt* (*door*) bater *or* fechar (com violência); (*throw*) atirar violentamente; (*criticize*) malhar, criticar ♦ *vi* fechar-se (com violência)

slander ['slɑːndə*] *n* calúnia, difamação *f*

slang [slæŋ] *n* gíria; (*jargon*) jargão *m*

slant [slɑːnt] *n* declive *m*, inclinação *f*; (*fig*) ponto de vista; **slanted, slanting** *adj* inclinado; (*eyes*) puxado

slap [slæp] *n* tapa *m* or *f* ♦ *vt* dar um(a) tapa em; (*paint etc*): **to ~ sth on sth** passar algo em algo descuidadamente ♦ *adv* diretamente, exatamente; **slapstick** *n* (comédia-)pastelão *m*

slash [slæʃ] *vt* cortar, talhar; (*fig: prices*) cortar

slate [sleɪt] *n* ardósia ♦ *vt* (*fig: criticize*) criticar duramente, arrasar

slaughter ['slɔːtə*] *n* (*of animals*) matança; (*of people*) carnificina ♦ *vt* abater; matar, massacrar; **slaughterhouse** *n* matadouro

slave [sleɪv] *n* escravo(-a) ♦ *vi* (*also:* ~ **away**) trabalhar como escravo; **slavery** *n* escravidão *f*

slay [sleɪ] (*pt* **slew**, *pp* **slain**) *vt* (*literary*) matar

sleazy ['sliːzɪ] *adj* sórdido

sledge [sledʒ] *n* trenó *m*; **sledgehammer** *n* marreta, malho

sleek [sliːk] *adj* (*hair*, *fur*) macio, lustroso; (*car*, *boat*) aerodinâmico

sleep [sliːp] (*pt*, *pp* **slept**) *n* sono ♦ *vi* dormir; **to go to ~** dormir, adormecer; **sleep around** *vi* ser promíscuo sexualmente; **sleep in** *vi* (*oversleep*) dormir demais; **sleeper** *n* (*RAIL: train*)

vagão-leitos *m* (*BR*), carruagem-camas *f* (*PT*); **sleeping bag** *n* saco de dormir; **sleeping car** *n* vagão-leitos *m* (*BR*), carruagem-camas *f* (*PT*); **sleeping partner** (*BRIT*) *n* (*COMM*) sócio comanditário; **sleeping pill** *n* pílula para dormir; **sleepless** *adj*: **a sleepless night** uma noite em claro; **sleepy** *adj* sonolento; (*fig*) morto

sleet [sliːt] *n* chuva com neve *or* granizo

sleeve [sliːv] *n* manga; (*of record*) capa

sleigh [sleɪ] *n* trenó *m*

slender ['slendə*] *adj* esbelto, delgado; (*means*) escasso, insuficiente

slept [slept] *pt*, *pp of* **sleep**

slice [slaɪs] *n* (*of meat*, *bread*) fatia; (*of lemon*) rodela; (*utensil*) pá *f or* espátula de bolo ♦ *vt* cortar em fatias

slick [slɪk] *adj* (*skilful*) jeitoso, ágil, engenhoso; (*clever*) esperto, astuto ♦ *n* (*also:* **oil ~**) mancha de óleo

slide [slaɪd] (*pt*, *pp* **slid**) *n* deslizamento, escorregão *m*; (*in playground*) escorregador *m*; (*PHOT*) slide *m*; (*BRIT: also:* **hair ~**) passador *m* ♦ *vt* deslizar ♦ *vi* escorregar; **sliding** *adj* (*door*) corrediço

slight [slaɪt] *adj* (*slim*) fraco, franzino; (*frail*) delicado; (*small*) pequeno; (*trivial*) insignificante ♦ *n* desfeita, desconsideração *f*; **not in the ~est** em absoluto, de maneira alguma; **slightly** *adv* ligeiramente, um pouco

slim [slɪm] *adj* esbelto, delgado; (*chance*) pequeno ♦ *vi* emagrecer

slime [slaɪm] *n* lodo, limo, lama

slimming ['slɪmɪŋ] *n* emagrecimento

sling [slɪŋ] (*pt*, *pp* **slung**) *n* (*MED*) tipóia; (*for baby*) bebêbag *m*; (*weapon*) estilingue *m*, funda ♦ *vt* atirar, arremessar, lançar

slip [slɪp] n (fall) escorregão m; (mistake) erro, lapso; (underskirt) combinação f; (of paper) tira ♦ vt deslizar ♦ vi (slide) deslizar; (lose balance) escorregar; (decline) decair; (move smoothly): **to ~ into/out of** entrar furtivamente em/sair furtivamente de; **to ~ sth on/off** enfiar/tirar algo; **to give sb the ~** esgueirar-se de alguém; **a ~ of the tongue** um lapso da língua; **slip away** vi escapulir; **slip in** vt meter ♦ vi (errors) surgir; **slip out** vi (go out) sair (um momento); **slip up** vi cometer um erro

slipper ['slɪpə*] n chinelo

slippery ['slɪpərɪ] adj escorregadio

slip-up n equívoco, mancada

slit [slɪt] (pt, pp **slit**) n fenda; (cut) corte m ♦ vt (cut) rachar, cortar; (open) abrir

slither ['slɪðə*] vi escorregar, deslizar

sliver ['slɪvə*] n (of glass, wood) lasca; (of cheese etc) fatia fina

slob [slɒb] (inf) n (in manners) porco(-a); (in appearance) maltrapilho(-a)

slog [slɒg] (BRIT) vi mourejar ♦ n: **it was a ~** deu um trabalho louco

slogan ['sləugən] n lema m, slogan m

slope [sləup] n ladeira; (side of mountain) encosta, vertente f; (ski ~) pista; (slant) inclinação f, declive m ♦ vi: **to ~ down** estar em declive; **to ~ up** inclinar-se; **sloping** adj inclinado, em declive; (handwriting) torto

sloppy ['slɒpɪ] adj (work) descuidado; (appearance) relaxado

slot [slɒt] n (in machine) fenda ♦ vt: **to ~ into** encaixar em

slouch [slautʃ] vi ter má postura

slovenly ['slʌvənlɪ] adj (dirty) desalinhado, sujo; (careless) desmazelado

slow [sləu] adj lento; (not clever) bronco, de raciocínio lento; (watch): **to be ~** atrasar ♦ adv lentamente, devagar ♦ vt, vi ir (mais) devagar; **"~"** (road sign) "devagar"; **slowly** adv lentamente, devagar; **slow motion** n: **in slow motion** em câmara lenta

sludge [slʌdʒ] n lama, lodo

slug [slʌg] n lesma; **sluggish** adj vagaroso; (business) lento

sluice [sluːs] n (gate) comporta, eclusa; (channel) canal m

slum [slʌm] n (area) favela; (house) cortiço, barraco

slump [slʌmp] n (economic) depressão f; (COMM) baixa, queda ♦ vi (person) cair; (prices) baixar repentinamente

slung [slʌŋ] pt, pp of **sling**

slur [sləː*] n calúnia ♦ vt pronunciar indistintamente

slush [slʌʃ] n neve f meio derretida

slut [slʌt] (pej) n mulher f desmazelada

sly [slaɪ] adj (person) astuto; (smile, remark) malicioso, velhaco

smack [smæk] n palmada ♦ vt bater; (child) dar uma palmada em; (on face) dar um tabefe em ♦ vi: **to ~ of** cheirar a, saber a

small [smɔːl] adj pequeno; **small change** n trocado; **small hours** npl: **in the small hours** na madrugada, lá pelas tantas (inf); **smallpox** n varíola; **small talk** n conversa fiada

smart [smɑːt] adj elegante; (clever) inteligente, astuto; (quick) vivo, esperto ♦ vi sofrer; **smart card** n smart card m, cartão m inteligente; **smarten up** vi arrumar-se ♦ vt arrumar

smash [smæʃ] n (also: **~-up**) colisão f, choque m; (~ hit) sucesso de bilheteria

♦ vt (break) escangalhar, despedaçar; (car etc) bater com; (SPORT: record) quebrar ♦ vi despedaçar-se; (against wall etc) espatifar-se; **smashing** (inf) adj excelente

smattering ['smætərıŋ] n: **a ~ of** um conhecimento superficial de

smear [smıə*] n mancha, nódoa; (MED) esfregaço ♦ vt untar; (to make dirty) lambuzar

smell [smɛl] (pt, pp **smelt** or **~ed**) n cheiro; (sense) olfato ♦ vt cheirar ♦ vi (food etc) cheirar; (pej) cheirar mal; **to ~ of** cheirar a; **smelly** (pej) adj fedorento, malcheiroso

smile [smaıl] n sorriso ♦ vi sorrir

smirk [smə:k] (pej) n sorriso falso or afetado

smock [smɔk] n guarda-pó m; (children's) avental m

smog [smɔg] n nevoeiro com fumaça (BR) or fumo (PT)

smoke [sməuk] n fumaça (BR), fumo (PT) ♦ vi fumar; (chimney) fumegar ♦ vt (cigarettes) fumar; **smoked** adj (bacon) defumado; (glass) fumée; **smoker** n (person) fumante m/f; (RAIL) vagão m para fumantes; **smokescreen** n cortina de fumaça; **smoking** n: **"no smoking"** (sign) "proibido fumar"; **smoky** adj enfumaçado; (taste) defumado

smolder ['sməuldə*] (US) vi = **smoulder**

smooth [smu:ð] adj liso, macio; (sauce) cremoso; (sea) tranqüilo, calmo; (flavour, movement) suave; (person: pej) meloso ♦ vt (also: ~ out) alisar; (: difficulties) aplainar

smother ['smʌðə*] vt (fire) abafar; (person) sufocar; (emotions) reprimir

smoulder ['sməuldə*] (US **smolder**) vi arder sem chamas; (fig) estar latente

smudge [smʌdʒ] n mancha ♦ vt manchar, sujar

smug [smʌg] (pej) adj convencido

smuggle ['smʌgl] vt contrabandear; **smuggler** n contrabandista m/f; **smuggling** n contrabando

smutty ['smʌtı] adj (fig) obsceno, indecente

snack [snæk] n lanche m (BR), merenda (PT); **snack bar** n lanchonete f (BR), snackbar m (PT)

snag [snæg] n dificuldade f, obstáculo

snail [sneıl] n caracol m

snake [sneık] n cobra

snap [snæp] n (sound) estalo; (photograph) foto f ♦ adj repentino ♦ vt quebrar; (fingers) estalar ♦ vi quebrar; (fig: person) retrucar asperamente; **to ~ shut** fechar com um estalo; **snap at** vt fus (subj: dog) tentar morder; **snap off** vt (break) partir; **snap up** vt arrebatar, comprar rapidamente; **snappy** (inf) adj rápido; (slogan) vigoroso; **make it snappy!** faça rápido!; **snapshot** n foto f (instantânea)

snare [snɛə*] n armadilha, laço

snarl [snɑ:l] vi grunhir

snatch [snætʃ] n (small piece) trecho ♦ vt agarrar; (fig: look) roubar

sneak [sni:k] (pt **~ed** or (US) **snuck**) vi: **to ~ in/out** entrar/sair furtivamente ♦ n (inf) dedo-duro; **to ~ up on sb** chegar de mausinho perto de alguém; **sneakers** npl tênis m (BR), sapatos mpl de treino (PT)

sneer [snıə*] vi rir-se com desdém; (mock): **to ~ at** zombar de, desprezar

sneeze [sni:z] n espirro ♦ vi espirrar

sniff [snıf] n fungada; (of dog) farejada; (of person) fungadela ♦ vi fungar ♦ vt fungar, farejar; (glue, drug) cheirar

snigger ['snɪgə*] vi rir-se com dissimulação

snip [snɪp] n tesourada; (BRIT: inf) pechincha ♦ vt cortar com tesoura

sniper ['snaɪpə*] n franco- atirador(a) m/f

snob [snɔb] n esnobe m/f; **snobbish** adj esnobe

snooker ['snu:kə*] n sinuca

snoop [snu:p] vi: **to ~ about** bisbilhotar

snooze [snu:z] n soneca ♦ vi tirar uma soneca, dormitar

snore [snɔ:*] vi roncar ♦ n ronco

snorkel ['snɔ:kl] n tubo snorkel

snort [snɔ:t] n bufo, bufido ♦ vi bufar

snout [snaut] n focinho

snow [snəu] n neve f ♦ vi nevar; **snowball** n bola de neve ♦ vi (fig) aumentar (como bola de neve); **snowbound** adj bloqueado pela neve; **snowdrift** n monte m de neve (formado pelo vento); **snowdrop** n campainha branca; **snowfall** n nevada; **snowflake** n floco de neve; **snowman** (irreg) n boneco de neve; **snowplough** (US **snowplow**) n máquina limpa-neve, removedor m de neve; **snowstorm** n nevasca, tempestade f de neve

snub [snʌb] vt desdenhar, menosprezar ♦ n repulsa

snug [snʌg] adj (sheltered) abrigado, protegido; (fitted) justo, cômodo

snuggle ['snʌgl] vi: **to ~ up to sb** aconchegar-se or aninhar-se a alguém

SO
KEYWORD

[səu] adv

1 (thus, likewise) assim, deste modo; **~ saying he walked away** falou isto e foi embora; **if ~** se for assim, se assim é; **I didn't do it – you did ~** não fiz isso – você fez!; **~ do I, ~ am I** etc eu também; **~ it is!** é verdade!; **I hope/think ~** espero/ acho que sim; **~ far** até aqui

2 (in comparisons etc: to such a degree) tão; **~ big/quickly (that)** tão grande/rápido (que)

3: **~ much** ♦ adj, adv tanto; **I've got ~ much work** tenho tanto trabalho; **~ many** tantos(-as); **there are ~ many people to see** tem tanta gente para ver

4 (phrases): **10 or ~** 10 mais ou menos; **~ long!** (inf: goodbye) tchau! ♦ conj

1 (expressing purpose): **~ as to do** para fazer; **we hurried ~ as not to be late** nós apressamos para não chegarmos atrasados; **~ (that)** para que, a fim de que

2 (result) de modo que; **he didn't arrive, ~ I left** como ele não chegou, eu fui embora; **~ I was right after all** então eu estava certo no final das contas

soak [səuk] vt embeber, ensopar; (put in water) pôr de molho ♦ vi estar de molho, impregnar-se; **soak in** vi infiltrar; **soak up** vt absorver

soap [səup] n sabão m; **soap opera** n novela; **soap powder** n sabão m em pó; **soapy** adj ensaboado

soar [sɔ:*] vi (on wings) elevar-se em vôo; (rocket, temperature) subir; (building etc) levantar-se; (price, production) disparar

sob [sɔb] n soluço ♦ vi soluçar

sober ['səubə*] adj (serious) sério; (not drunk) sóbrio; (colour, style) discreto; **sober up** vi ficar sóbrio

so-called [-kɔ:ld] adj chamado

soccer ['sɔkə*] n futebol m
social ['səuʃl] adj social ♦ n reunião f social; **socialism** n socialismo; **socialist** adj, n socialista m/f; **socialize** vi: **to socialize (with)** socializar (com); **social security** (BRIT) n previdência social; **social work** n assistência social, serviço social; **social worker** n assistente m/f social
society [sə'saɪətɪ] n sociedade f; (club) associação f; (also: **high ~**) alta sociedade
sociology [səusɪ'ɔlədʒɪ] n sociologia
sock [sɔk] n meia (BR), peúga (PT)
socket ['sɔkɪt] n bocal m, encaixe m; (BRIT: ELEC) tomada
soda ['səudə] n (CHEM) soda; (also: **~ water**) água com gás; (US: also: **~ pop**) soda
sofa ['səufə] n sofá m
soft [sɔft] adj mole; (voice, music, light) suave; (kind) meigo, bondoso; **soft drink** n refrigerante m; **soften** vt amolecer, amaciar; (effect) abrandar; (expression) suavizar ♦ vi amolecer-se; (voice, expression) suavizar-se; **softly** adv suavemente; (gently) delicadamente; **softness** n maciez f; (gentleness) suavidade f; **software** n (COMPUT) software m
soggy ['sɔgɪ] adj ensopado, encharcado
soil [sɔɪl] n terra, solo; (territory) território ♦ vt sujar, manchar
solar ['səulə*] adj solar
sold [səuld] pt, pp of **sell** ♦ adj: **~ out** (COMM) esgotado
solder ['səuldə*] vt soldar ♦ n solda
soldier ['səuldʒə*] n soldado; (army man) militar m
sole [səul] n (of foot, shoe) sola; (fish: pl inv) solha, linguado ♦ adj único
solemn ['sɔləm] adj solene
solicitor [sə'lɪsɪtə*] (BRIT) n (for wills etc) tabelião(-lioa) m/f; (in court) ≈ advogado(-a)
solid ['sɔlɪd] adj sólido; (gold etc) maciço; (person) sério ♦ n sólido; **~s** npl (food) comida sólida
solitary ['sɔlɪtərɪ] adj solitário, só; (walk) só; (isolated) isolado, retirado; (single) único
solo ['səuləu] n, adv solo; **soloist** n solista m/f
solution [sə'lu:ʃən] n solução f
solve [sɔlv] vt resolver, solucionar
solvent ['sɔlvənt] adj (COMM) solvente ♦ n (CHEM) solvente m

---

some
KEYWORD

[sʌm] adj
1 (a certain number or amount): **~ tea/water/biscuits** um pouco de chá/água/uns biscoitos; **~ children came** algumas crianças vieram
2 (certain: in contrasts) algum(a); **~ people say that ...** algumas pessoas dizem que ...
3 (unspecified) um pouco de; **~ woman was asking for you** uma mulher estava perguntando por você; **~ day** um dia
♦ pron
1 (a certain number) alguns (algumas); **I've got ~** (books etc) tenho alguns; **~ went for a taxi and ~ walked** alguns foram pegar um táxi e outros foram andando
2 (a certain amount) um pouco; **I've got ~** (milk etc) tenho um pouco
♦ adv: **~ 10 people** umas 10 pessoas

---

some: **somebody** ['sʌmbədɪ] pron = **someone**; **somehow** ['sʌmhau] adv de alguma maneira; (for some reason) por uma razão ou outra; **someone** ['sʌmwʌn] pron alguém; **someplace**

a
b
c
d
e
f
g
h
i
j
k
l
m
n
o
p
q
r
s
t
u
v
w
x
y
z

['sʌmpleɪs] (US) adv = **somewhere**

somersault ['sʌməsɔːlt] n (deliberate) salto-mortal; (accidental) cambalhota ♦ vi dar um salto-mortal (or uma cambalhota)

something ['sʌmθɪŋ] pron alguma coisa, algo (BR)

sometime ['sʌmtaɪm] adv (in future) algum dia, em outra oportunidade; (in past): ~ **last month** durante o mês passado

sometimes ['sʌmtaɪmz] adv às vezes, de vez em quando

somewhat ['sʌmwɔt] adv um tanto

somewhere ['sʌmwɛə*] adv (be) em algum lugar; (go) para algum lugar; ~ **else** em outro lugar; para outro lugar

son [sʌn] n filho

song [sɒŋ] n canção f; (of bird) canto

son-in-law ['sʌnɪnlɔː] n genro

soon [suːn] adv logo, brevemente; (a short time after) logo após; (early) cedo; ~ **afterwards** pouco depois; see also as; **sooner** adv antes, mais cedo; (preference): **I would sooner do that** preferia fazer isso; **sooner or later** mais cedo ou mais tarde

soot [sut] n fuligem f

soothe [suːð] vt acalmar, sossegar; (pain) aliviar, suavizar

sophomore ['sɔfəmɔː*] (US) n segundanista m/f

sopping ['sɔpɪŋ] adj: ~ **(wet)** encharcado

soppy ['sɔpɪ] (pej) adj piegas inv

soprano [sə'prɑːnəu] n soprano m/f

sorcerer ['sɔːsərə*] n feiticeiro

sore [sɔː*] adj dolorido ♦ n chaga, ferida; **sorely** ['sɔːlɪ] adv: **I am sorely tempted (to)** estou muito tentado (a)

sorrow ['sɔrəu] n tristeza, mágoa, dor f; ~**s** npl (causes of grief) tristezas fpl

sorry ['sɔrɪ] adj (regretful)

arrependido; (condition, excuse) lamentável; ~**!** desculpe!, perdão!, sinto muito!; **to feel ~ for sb** sentir pena de alguém

sort [sɔːt] n tipo ♦ vt (also: ~ **out**: papers) classificar; (: problems) solucionar, resolver

SOS n abbr (= save our souls) S.O.S. m

so-so adv mais ou menos, regular

sought [sɔːt] pt, pp of **seek**

soul [səul] n alma; (person) criatura; **soulful** ['səulful] adj emocional, sentimental

sound [saund] adj (healthy) saudável, sadio; (safe, not damaged) sólido, completo; (secure) seguro; (reliable) confiável; (sensible) sensato ♦ adv: ~ **asleep** dormindo profundamente ♦ n (noise) som m, ruído, barulho; (volume: on TV etc) volume m; (GEO) estreito, braço (de mar) ♦ vt (alarm) soar ♦ vi soar, tocar; (fig: seem) parecer; **to ~ like** parecer; **sound out** vi sondar; **sound barrier** n barreira do som; **sound effects** npl efeitos mpl sonoros; **soundly** adv (sleep) profundamente; (beat) completamente; **soundproof** adj à prova de som; **soundtrack** n trilha sonora

soup [suːp] n sopa; **in the ~** (fig) numa encrenca; **soupspoon** n colher f de sopa

sour ['sauə*] adj azedo, ácido; (milk) talhado; (fig) mal-humorado, rabugento; **it's ~ grapes!** (fig) é despeito!

source [sɔːs] n fonte f

south [sauθ] n sul m ♦ adj do sul, meridional ♦ adv ao or para o sul; **South Africa** n África do Sul; **South African** adj, n sul- african(-a); **South America** n América do Sul; **South**

American adj, n sul-americano(-a);
south-east n sudeste m; **southerly**
['sʌðəlı] adj para o sul; (from the south)
do sul; **southern** ['sʌðən] adj (to the
south) para o sul, em direção do sul;
(from the south) do sul, sulista; **the
southern hemisphere** o Hemisfério
Sul; **South Pole** n Pólo Sul;
southward(s) adv para o sul;
south-west n sudoeste m
souvenir [suːvə'nɪə*] n lembrança
sovereign ['sɒvrɪn] n soberano(-a)
soviet ['səuvɪət] adj soviético; **the S~
Union** a União Soviética
sow¹ [sau] n porca
sow² [səu] (pt ~ed, pp ~n) vt semear;
(fig: spread) disseminar, espalhar
soya ['sɔɪə] (US **soy**) n: ~ **bean**
semente f de soja; ~ **sauce** molho de
soja
spa [spɑː] n (town) estância
hidromineral; (US: also: **health ~**)
estância balnear
space [speɪs] n (gen) espaço; (room)
lugar m; (cpd) espacial ♦ vt (also: ~
out) espaçar; **spacecraft** n nave f
espacial; **spaceman** (irreg) n
astronauta m, cosmonauta m;
spaceship n = spacecraft; **spacious**
['speɪʃəs] adj espaçoso
spade [speɪd] n pá f; ~**s** npl (CARDS)
espadas fpl
Spain [speɪn] n Espanha
span [spæn] n (also: **wing~**)
envergadura; (of arch) vão m; (in time)
lapso, espaço ♦ vt estender-se sobre,
atravessar; (fig) abarcar
Spaniard ['spænjəd] n espanhol(a) m/f
Spanish ['spænɪʃ] adj espanhol(a) ♦ n
(LING) espanhol m, castelhano; **the ~**
npl os espanhóis
spank [spæŋk] vt bater, dar palmadas
em

spanner ['spænə*] (BRIT) n chave f
inglesa
spare [speə*] adj vago, desocupado;
(surplus) de sobra, a mais ♦ n = ~ **part**
♦ vt dispensar, passar sem; (make
available) dispor de; (refrain from
hurting) perdoar, poupar; **to ~** de
sobra; **spare part** n peça
sobressalente; **spare time** n tempo
livre; **spare wheel** n estepe m;
sparingly adv frugalmente, com
moderação
spark [spɑːk] n chispa, faísca; (fig)
centelha
sparkle ['spɑːkl] n cintilação f, brilho
♦ vi (shine) brilhar, faiscar; **sparkling**
adj (mineral water) gasoso; (wine)
espumante; (conversation) animado;
(performance) brilhante
sparrow ['spærəu] n pardal m
sparse [spɑːs] adj escasso; (hair) ralo
spasm ['spæzəm] n (MED) espasmo
spastic ['spæstɪk] n espástico(-a)
spat [spæt] pt, pp of **spit**
speak [spiːk] (pt **spoke,** pp **spoken**)
vt (language) falar; (truth) dizer ♦ vi
falar; (make a speech) discursar; ~ **up!**
fale alto!; **speaker** n (in public)
orador(a) m/f; (also: **loudspeaker**)
alto-falante m; (POL): **the Speaker** o
Presidente da Câmara
spear [spɪə*] n lança ♦ vt lancear,
arpoar
spec [spek] (inf) n: **on ~** por acaso
special ['speʃl] adj especial; (edition
etc) extra; (delivery) rápido; **specialist**
n especialista m/f; **speciality**
[speʃɪ'ælɪtɪ] n especialidade f;
specialize vi: **to specialize (in)**
especializar-se (em); **specially** adv
especialmente; **specialty** ['speʃəltɪ] (esp
US) n = speciality
species ['spiːʃiːz] n inv espécie f

specific [spə'sɪfɪk] *adj* específico;
specification [spesɪfɪ'keɪʃən] *n*
especificação *f*; (*requirement*) requinto;
~ations *npl* (*TECH*) ficha técnica
specimen ['spesɪmən] *n* espécime *m*,
amostra; (*for testing, MED*) espécime
speck [spek] *n* mancha, pinta
speckled ['spekld] *adj* pintado
specs [speks] (*inf*) *npl* óculos *mpl*
spectacle ['spektəkl] *n* espetáculo; **~s**
npl (*glasses*) óculos *mpl*; **spectacular**
[spek'tækjulə*] *adj* espetacular ♦ *n*
(*CINEMA etc*) superprodução *f*
spectator [spek'teɪtə*] *n* espectador(a)
m/f
spectrum ['spektrəm] (*pl* **spectra**) *n*
espectro
speech [spi:tʃ] *n* (*faculty, THEATRE*) fala;
(*formal talk*) discurso; **speechless** *adj*
estupefato, emudecido
speed [spi:d] *n* velocidade *f*; (*rate*)
rapidez *f*; (*haste*) pressa; (*promptness*)
prontidão *f*; **at full** *or* **top ~** a toda a
velocidade; **speed up** (*pt, pp*
speeded up) *vt, vi* acelerar;
speedboat *n* lancha; **speedily** *adv*
depressa, rapidamente; **speeding** *n*
(*AUT*) excesso de velocidade; **speed
limit** *n* limite *m* de velocidade,
velocidade *f* máxima; **speedometer**
[spɪ'dɔmɪtə*] *n* velocímetro; **speedway**
n (*SPORT*: *also*: **speedway racing**)
corrida de motocicleta; **speedy** *adj*
veloz, rápido; (*prompt*) pronto,
imediato
spell [spel] (*pt, pp* **~ed**, (*BRIT*) **spelt**) *n*
(*also*: **magic ~**) encanto, feitiço;
(*period of time*) período, temporada
♦ *vt* (*also*: **~ out**) soletrar; (*fig*)
pressagiar, ser sinal de; **to cast a ~ on
sb** enfeitiçar alguém; **he can't ~** não
sabe escrever bem, comete erros de
ortografia; **spellbound** *adj*
enfeitiçado, fascinado; **spelling** *n*
ortografia
spend [spend] (*pt, pp* **spent**) *vt*
(*money*) gastar; (*time*) passar
sperm [spə:m] *n* esperma
sphere [sfɪə*] *n* esfera
spice [spaɪs] *n* especiaria ♦ *vt*
condimentar
spicy ['spaɪsɪ] *adj* condimentado
spider ['spaɪdə*] *n* aranha
spike [spaɪk] *n* (*point*) ponta, espigão
m; (*BOT*) espiga
spill [spɪl] (*pt, pp* **spilt** *or* **~ed**) *vt*
entornar, derramar ♦ *vi* derramar-se;
spill over *vi* transbordar
spin [spɪn] (*pt* **spun** *or* **span**, *pp* **spun**)
n (*AVIAT*) parafuso; (*trip in car*) volta *or*
passeio de carro; (*ball*): **to put ~ on**
fazer rolar ♦ *vt* (*wool etc*) fiar, tecer
♦ *vi* girar, rodar; (*make thread*) tecer;
spin out *vt* prolongar; (*money*) fazer
render
spinach ['spɪnɪtʃ] *n* espinafre *m*
spinal cord ['spaɪnl-] *n* espinha dorsal
spin-dryer (*BRIT*) *n* secadora
spine [spaɪn] *n* espinha dorsal; (*thorn*)
espinho; **spineless** *adj* (*fig*) fraco,
covarde
spinster ['spɪnstə*] *n* solteira
spiral ['spaɪərl] *n* espiral *f* ♦ *vi* (*prices*)
disparar; **spiral staircase** *n* escada em
caracol
spire ['spaɪə*] *n* flecha, agulha
spirit ['spɪrɪt] *n* (*soul*) alma; (*ghost*)
fantasma *m*; (*courage*) coragem *f*,
ânimo; (*frame of mind*) estado de
espírito; (*sense*) sentido; **~s** *npl* (*drink*)
álcool *m*; **in good ~s** alegre, de bom
humor; **spirited** *adj* animado,
espirituoso; **spiritual** *adj* espiritual ♦ *n*
(*also*: **Negro spiritual**) *canto religioso
dos negros*
spit [spɪt] (*pt, pp* **spat**) *n* (*for roasting*)

espeto; (*saliva*) saliva ◆ *vi* cuspir; (*sound*) escarrar; (*rain*) chuviscar

spite [spaɪt] *n* rancor *m*, ressentimento ◆ *vt* contrariar; **in ~ of** apesar de, a despeito de; **spiteful** *adj* maldoso, malévolo

splash [splæʃ] *n* (*sound*) borrifo, respingo; (*of colour*) mancha ◆ *vt*: **to ~ (with)** salpicar (de) ◆ *vi* (*also*: **~ about**) borrifar, respingar

spleen [spliːn] *n* (*ANAT*) baço

splendid ['splendɪd] *adj* esplêndido; (*impressive*) impressionante

splint [splɪnt] *n* tala

splinter ['splɪntə*] *n* (*of wood, glass*) lasca; (*in finger*) farpa ◆ *vi* lascar-se, estilhaçar-se, despedaçar-se

split [splɪt] (*pt, pp* **split**) *n* fenda, brecha; (*fig: division*) rompimento; (: *difference*) diferença; (*POL*) divisão *f* ◆ *vt* partir, fender; (*profits*) repartir ◆ *vi* (*divide*) dividir-se, repartir-se; **split up** *vi* (*couple*) separar-se, acabar; (*meeting*) terminar

spoil [spɔɪl] (*pt, pp* **~t** or **~ed**) *vt* (*damage*) danificar; (*mar*) estragar, arruinar; (*child*) mimar; **spoils** *npl* desojo, saque *m*; **spoilsport** (*pej*) *n* desmancha-prazeres *m/f inv*

spoke [spəʊk] *pt of* speak ◆ *n* raio

spoken ['spəʊkn] *pp of* speak

spokesman ['spəʊksmən] (*irreg*) *n* porta-voz *m*

spokeswoman ['spəʊkswʊmən] (*irreg*) *n* porta-voz *f*

sponge [spʌndʒ] *n* esponja; (*cake*) pão-de-ló *m* ◆ *vt* lavar com esponja ◆ *vi*: **to ~ on sb** viver às custas de alguém; **sponge bag** (*BRIT*) *n* bolsa de toalete

sponsor ['spɒnsə*] *n* patrocinador(a) *m/f* ◆ *vt* patrocinar; apadrinhar; fiar;

(*applicant, proposal*) apoiar, defender; **sponsorship** *n* patrocínio

spontaneous [spɒn'teɪnɪəs] *adj* espontâneo

spooky ['spuːkɪ] (*inf*) *adj* arrepiante

spoon [spuːn] *n* colher *f*; **spoon-feed** (*irreg*) *vt* dar de comer com colher; (*fig*) dar tudo mastigado a; **spoonful** *n* colherada

sport [spɔːt] *n* esporte *m* (*BR*), desporto (*PT*); (*person*) bom perdedor (boa perdedora) *m/f* ◆ *vt* (*wear*) exibir; **sporting** *adj* esportivo (*BR*), desportivo (*PT*); (*generous*) nobre; **to give sb a sporting chance** dar uma grande chance a alguém; **sport jacket** (*US*) *n* = **sports jacket**; **sports car** *n* carro esporte (*BR*), carro de sport (*PT*); **sports jacket** (*BRIT*) *n* casaco esportivo (*BR*) or desportivo (*PT*); **sportsman** (*irreg*) *n* esportista *m* (*BR*), desportista *m* (*PT*); **sportsmanship** *n* espírito esportivo (*BR*) or desportivo (*PT*); **sportswear** *n* roupa esportiva (*BR*) or desportiva (*PT*) or esporte; **sportswoman** (*irreg*) *n* esportista (*BR*), desportista (*PT*); **sporty** *adj* esportivo (*BR*), desportivo (*PT*)

spot [spɒt] *n* (*mark*) marca; (*place*) lugar *m*, local *m*; (*dot: on pattern*) mancha, ponto; (*on skin*) espinha; (*RADIO, TV*) hora; (*small amount*): **a ~ of** um pouquinho de ◆ *vt* notar; **on the ~** na hora; (*there*) ali mesmo; (*in difficulty*) em apuros; **spot check** *n* fiscalização *f* de surpresa; **spotless** *adj* sem mancha, imaculado; **spotlight** *n* holofote *m*, refletor *m*; **spotted** *adj* com bolinhas; **spotty** *adj* cheio de espinhas

spouse [spaʊz] *n* cônjuge *m/f*

spout [spaʊt] *n* (*of jug*) bico; (*of pipe*) cano ◆ *vi* jorrar

a b c d e f g h i j k l m n o p q r s t u v w x y z

sprain [spreɪn] *n* distensão *f*, torcedura ♦ *vt* torcer

sprang [spræŋ] *pt of* spring

sprawl [sprɔ:l] *vi* esparramar-se

spray [spreɪ] *n* borrifo; (*container*) spray *m*, atomizador *m*; (*garden ~*) vaporizador *m*; (*of flowers*) ramalhete *m* ♦ *vt* pulverizar; (*crops*) borrifar, regar

spread [spred] (*pt, pp* **spread**) *n* extensão *f*; (*distribution*) expansão *f*, difusão *f*; (*CULIN*) pasta; (*inf: food*) banquete *m* ♦ *vt* espalhar; (*butter*) untar, passar; (*wings, sails*) abrir, desdobrar; (*workload, wealth*) distribuir; (*scatter*) disseminar ♦ *vi* (*news, stain*) espalhar-se; (*disease*) alastrar-se; **spread out** *vi* dispersar-se; **spread-eagled** *adj* estirado; **spreadsheet** *n* (*COMPUT*) planilha

spree [spri:] *n*: **to go on a ~** cair na farra

sprightly [ˈspraɪtlɪ] *adj* ativo, ágil

spring [sprɪŋ] (*pt* **sprang**, *pp* **sprung**) *n* salto, pulo; (*coiled metal*) mola; (*season*) primavera; (*of water*) fonte *f*; **spring up** *vi* aparecer de repente; **springboard** *n* trampolim *m*; **spring-cleaning** *n* limpeza total, faxina (geral); **springtime** *n* primavera

sprinkle [ˈsprɪŋkl] *vt* (*liquid*) salpicar; (*salt, sugar*) borrifar; **to ~ water on, ~ with water** salpicar de água

sprint [sprɪnt] *n* corrida de pequena distância ♦ *vi* correr a toda velocidade; **sprinter** *n* corredor(a) *m/f*

sprout [spraut] *vi* brotar, germinar; **sprouts** *npl* (*also:* **Brussels ~s**) couves-de-Bruxelas *fpl*

sprung [sprʌŋ] *pp of* spring

spun [spʌn] *pt, pp of* spin

spur [spə:*] *n* espora; (*fig*) estímulo ♦ *vt* (*also: ~ on*) incitar, estimular; **on**

the ~ of the moment de improviso, de repente

spurn [spə:n] *vt* desdenhar, desprezar

spurt [spə:t] *n* (*of energy*) acesso; (*of blood etc*) jorro ♦ *vi* jorrar

spy [spaɪ] *n* espião (espiã) *m/f* ♦ *vi*: **to ~ on** espiar, espionar ♦ *vt* enxergar, avistar; **spying** *n* espionagem *f*

sq. *abbr* (*MATH etc*) = square

squabble [ˈskwɔbl] *vi* brigar, discutir

squad [skwɔd] *n* (*MIL, POLICE*) pelotão *m*, esquadra; (*FOOTBALL*) seleção *f*

squadron [ˈskwɔdrən] *n* (*MIL*) esquadrão *m*; (*AVIAT*) esquadrilha; (*NAUT*) esquadra

squalid [ˈskwɔlɪd] *adj* (*conditions*) esquálido; (*story etc*) sórdido

squall [skwɔ:l] *n* (*storm*) tempestade *f*; (*wind*) pé *m* (de vento), rajada

squalor [ˈskwɔlə*] *n* sordidez *f*

squander [ˈskwɔndə*] *vt* esbanjar, dissipar; (*chances*) desperdiçar

square [skwɛə*] *n* quadrado; (*in town*) praça; (*inf: person*) quadrado(-a), careta *m/f* ♦ *adj* quadrado; (*inf: ideas, tastes*) careta, antiquado ♦ *vt* (*arrange*) ajustar, acertar; (*MATH*) elevar ao quadrado; (*reconcile*) conciliar; **all ~** igual, quite; **a ~ meal** uma refeição substancial; **2 metres ~** um quadrado de 2 metros de lado; **2 ~ metres** 2 metros quadrados; **squarely** *adv* diretamente; (*fully*) em cheio

squash [skwɔʃ] *n* (*BRIT: drink*): **lemon/ orange ~** limonada/laranjada concentrada; (*SPORT*) squash *m*; (*US: vegetable*) abóbora ♦ *vt* esmagar

squat [skwɔt] *adj* atarracado ♦ *vi* (*also: ~ down*) agachar-se, acocorar-se; **squatter** *n* posseiro(-a)

squeak [skwi:k] *vi* (*door*) ranger; (*mouse*) guinchar

squeal [skwi:l] *vi* guinchar, gritar

agudamente

squeamish ['skwi:mɪʃ] *adj* melindroso, delicado

squeeze [skwi:z] *n* (*gen, of hand*) aperto; (*ECON*) arrocho ♦ *vt* comprimir, socar; (*hand, arm*) apertar; **squeeze out** *vt* espremer; (*fig*) extorquir

squelch [skwɛltʃ] *vi* fazer ruído de passos na lama

squid [skwɪd] (*pl inv or* ~**s**) *n* lula

squiggle ['skwɪgl] *n* garatuja

squint [skwɪnt] *vi* olhar *or* ser vesgo ♦ *n* (*MED*) estrabismo

squirm [skwə:m] *vi* retorcer-se

squirrel ['skwɪrəl] *n* esquilo

squirt [skwə:t] *vi, vt* jorrar, esguichar

Sr *abbr* = **senior**

St *abbr* (= **saint**) S.; = **street**

stab [stæb] *n* (*with knife etc*) punhalada; (*of pain*) pontada; (*inf: try*): **to have a ~ at (doing) sth** tentar (fazer) algo ♦ *vt* apunhalar

stable ['steɪbl] *adj* estável ♦ *n* estábulo, cavalariça

stack [stæk] *n* montão *m*, pilha ♦ *vt* amontoar, empilhar

stadium ['steɪdɪəm] (*pl* **stadia** *or* ~**s**) *n* estádio

staff [stɑ:f] *n* (*work force*) pessoal *m*, quadro; (*BRIT: SCH: also:* **teaching ~**) corpo docente ♦ *vt* prover de pessoal

stag [stæg] *n* veado, cervo

stage [steɪdʒ] *n* palco, cena; (*point*) etapa, fase *f*; (*platform*) plataforma, estrado; (*profession*): **the ~** o palco, o teatro ♦ *vt* pôr em cena, representar; (*demonstration*) montar, organizar; **in ~s** por etapas; **stagecoach** *n* diligência

stagger ['stægə*] *vi* cambalear ♦ *vt* (*amaze*) surpreender, chocar; (*hours, holidays*) escalonar; **staggering** *adj* (*amazing*) surpreendente, chocante

stag party *n* despedida de solteiro

staid [steɪd] *adj* sério, sóbrio

stain [steɪn] *n* mancha; (*colouring*) tinta, tintura ♦ *vt* manchar; (*wood*) tingir; **stained glass window** *n* janela com vitral; **stain remover** *n* tira-manchas *m*

stair [stɛə*] *n* (*step*) degrau *m*; ~**s** *npl* (*flight of steps*) escada; **staircase** *n* escadaria, escada; **stairway** *n* = **staircase**

stake [steɪk] *n* estaca, poste *m*; (*COMM: interest*) interesse *m*, participação *f*; (*BETTING: gen pl*) aposta ♦ *vt* apostar; (*claim*) reivindicar; **to be at ~** estar em jogo

stale [steɪl] *adj* (*bread*) dormido; (*food*) estragado; (*air*) viciado; (*smell*) mofado; (*beer*) velho

stalk [stɔ:k] *n* talo, haste *f* ♦ *vt* caçar de tocaia; **to ~ in/out** entrar/sair silenciosamente; **to ~ off** andar com arrogância

stall [stɔ:l] *n* (*BRIT: in market*) barraca; (*in stable*) baia ♦ *vt* (*AUT*) fazer morrer; (*fig: delay*) impedir, atrasar ♦ *vi* morrer; esquivar-se, ganhar tempo; ~**s** *npl* (*BRIT: in cinema, theatre*) platéia

stallion ['stælɪən] *n* garanhão *m*

stamina ['stæmɪnə] *n* resistência

stammer ['stæmə*] *n* gagueira ♦ *vi* gaguejar, balbuciar

stamp [stæmp] *n* selo; (*rubber ~*) carimbo, timbre *m*; (*mark, also fig*) marca, impressão *f* ♦ *vi* (*also:* ~ **one's foot**) bater com o pé ♦ *vt* (*letter*) selar; (*mark*) marcar; (*with rubber ~*) carimbar; **stamp collecting** *n* filatelia

stampede [stæm'pi:d] *n* debandada, estouro (da boiada)

stance [stæns] *n* postura, posição *f*

stand [stænd] (*pt, pp* **stood**) *n* posição *f*, postura; (*for taxis*) ponto;

(*also*: **hall** ~) pedestal *m*; (*also*: **music** ~) estante *f*; (*SPORT*) tribuna, palanque *m*; (*stall*) barraca ♦ *vi* (*be*) estar, encontrar-se; (*be on foot*) estar em pé; (*rise*) levantar-se; (*remain*: *decision, offer*) estar de pé; (*in election*) candidatar-se ♦ *vt* (*place*) pôr, colocar; (*tolerate*) agüentar, suportar; (*cost*) pagar; **to make a ~** resistir; (*fig*) ater-se a um princípio; **to ~ for parliament** (*BRIT*) apresentar-se como candidato ao parlamento; **stand by** *vi* estar a postos ♦ *vt fus* (*opinion*) aferrar-se a; (*person*) ficar ao lado de; **stand down** *vi* retirar-se; **stand for** *vt fus* (*signify*) significar; (*represent*) representar; (*tolerate*) tolerar, permitir; **stand in for** *vt fus* substituir; **stand out** *vi* (*be prominent*) destacar-se; **stand up** *vi* levantar-se; **stand up for** *vt fus* defender; **stand up to** *vt fus* enfrentar

standard ['stændəd] *n* padrão *m*, critério; (*flag*) estandarte *m*; (*level*) nível *m* ♦ *adj* padronizado, regular, normal; **~s** *npl* (*morals*) valores *mpl* morais; **standard lamp** (*BRIT*) *n* abajur *m* de pé; **standard of living** *n* padrão *m* de vida (*BR*), nível *m* de vida (*PT*)

stand-by *adj* de reserva ♦ *n*: **to be on ~** estar de sobreaviso *or* de prontidão; **stand-by ticket** *n* bilhete *m* de stand-by

stand-in *n* suplente *m/f*

standing ['stændɪŋ] *adj* (*on foot*) em pé; (*permanent*) permanente ♦ *n* posição *f*, reputação *f*; **of many years' ~** de muitos anos; **standing joke** *n* piada conhecida; **standing order** (*BRIT*) *n* instrução *f* permanente

standpoint ['stændpɔɪnt] *n* ponto de vista

standstill ['stændstɪl] *n*: **at a ~** paralisado, parado; **to come to a ~**

(*car*) parar; (*factory, traffic*) ficar paralisado

stank [stæŋk] *pt of* **stink**

staple ['steɪpl] *n* (*for papers*) grampo ♦ *adj* (*food etc*) básico ♦ *vt* grampear; **stapler** *n* grampeador *m*

star [stɑː*] *n* estrela; (*celebrity*) astro/estrela ♦ *vi*: **to ~ in** ser a estrela em, estrelar ♦ *vt* (*CINEMA*) ser estrelado por; **the ~s** *npl* (*horoscope*) o horóscopo

starboard ['stɑːbəd] *n* estibordo

starch [stɑːtʃ] *n* (*in food*) amido, fécula; (*for clothes*) goma

stardom ['stɑːdəm] *n* estrelato

stare [stɛə*] *n* olhar *m* fixo ♦ *vi*: **to ~ at** olhar fixamente, fitar

starfish ['stɑːfɪʃ] *n inv* estrela-do-mar *f*

stark [stɑːk] *adj* severo, áspero ♦ *adv*: **~ naked** completamente nu, em pêlo

starling ['stɑːlɪŋ] *n* estorninho

starry ['stɑːrɪ] *adj* estrelado; **starry-eyed** *adj* (*innocent*) deslumbrado

start [stɑːt] *n* princípio, começo; (*departure*) partida; (*sudden movement*) sobressalto, susto; (*advantage*) vantagem *f* ♦ *vt* começar, iniciar; (*cause*) causar; (*found*) fundar; (*engine*) ligar ♦ *vi* começar, iniciar; (*with fright*) sobressaltar-se, assustar-se; (*train etc*) sair; **start off** *vi* começar, principiar; (*leave*) sair, pôr-se a caminho; **start up** *vi* começar; (*car*) pegar, pôr-se em marcha ♦ *vt* começar; (*car*) ligar; **starter** *n* (*AUT*) arranque *m*; (*SPORT: official*) juiz (juíza) *m/f* da partida; (*BRIT: CULIN*) entrada; **starting point** *n* ponto de partida

startle ['stɑːtl] *vt* assustar, aterrar; **startling** *adj* surpreendente

starvation [stɑːˈveɪʃən] *n* fome *f*

starve ['stɑːv] *vi* passar fome; (*to death*) morrer de fome ♦ *vt* fazer passar fome; (*fig*) privar

state [steɪt] *n* estado ♦ *vt* afirmar, declarar; **the S~s** *npl* (*GEO*) os Estados Unidos; **to be in a ~** estar agitado; **stately** *adj* majestoso, imponente; **statement** *n* declaração *f*; **statesman** (*irreg*) *n* estadista *m*

static ['stætɪk] *n* (*RADIO, TV*) interferência ♦ *adj* estático

station ['steɪʃən] *n* estação *f*; (*POLICE*) delegacia; (*RADIO*) emissora ♦ *vt* colocar

stationary ['steɪʃnərɪ] *adj* estacionário

stationer ['steɪʃənə*] *n* dono de papelaria; **stationer's** (**shop**) *n* papelaria; **stationery** *n* artigos *mpl* de papelaria

station wagon (*US*) *n* perua (*BR*), canadiana (*PT*)

statistic [stə'tɪstɪk] *n* estatística; **statistics** [stə'tɪstɪks] *n* (*science*) estatística

statue ['stætju:] *n* estátua

status ['steɪtəs] *n* posição *f*; (*classification*) categoria; (*importance*) status *m*

statute ['stætju:t] *n* estatuto, lei *f*

staunch [stɔ:ntʃ] *adj* fiel

stay [steɪ] *n* estadia, estada ♦ *vi* ficar; (*as guest*) hospedar-se; (*spend some time*) demorar-se; **to ~ put** não se mexer; **to ~ the night** pernoitar; **stay behind** *vi* ficar atrás; **stay in** *vi* ficar em casa; **stay on** *vi* ficar; **stay out** *vi* ficar fora de casa; **stay up** *vi* (*at night*) velar, ficar acordado

steadfast ['stɛdfɑ:st] *adj* firme, estável, resoluto

steadily ['stɛdɪlɪ] *adv* (*firmly*) firmemente; (*unceasingly*) sem parar, constantemente; (*walk*) regularmente

steady ['stɛdɪ] *adj* (*job, boyfriend*) constante; (*speed*) fixo; (*regular*) regular; (*person, character*) sensato; (*calm*) calmo, sereno ♦ *vt* (*stabilize*) estabilizar; (*nerves*) acalmar

steak [steɪk] *n* filé *m*; (*beef*) bife *m*

steal [sti:l] (*pt* **stole**, *pp* **stolen**) *vt* roubar ♦ *vi* mover-se furtivamente

steam [sti:m] *n* vapor *m* ♦ *vt* (*CULIN*) cozinhar no vapor ♦ *vi* fumegar; **steam engine** *n* máquina a vapor; **steamer** *n* vapor *m*, navio (a vapor); **steamy** *adj* vaporoso; (*room*) cheio de vapor, úmido (*BR*), húmido (*PT*); (*heat, atmosphere*) vaporoso

steel [sti:l] *n* aço ♦ *adj* de aço

steep [sti:p] *adj* íngreme; (*increase*) acentuado; (*price*) exorbitante ♦ *vt* (*food*) colocar de molho; (*cloth*) ensopar, encharcar

steeple ['sti:pl] *n* campanário, torre *f*

steer [stɪə*] *vt* (*person*) guiar; (*vehicle*) dirigir ♦ *vi* conduzir; **steering** *n* (*AUT*) direção *f*; **steering wheel** *n* volante *m*

stem [stɛm] *n* (*of plant*) caule *m*, haste *f*; (*of glass*) pé *m* ♦ *vt* deter, reter; (*blood*) estancar; **stem from** *vt fus* originar-se de

stench [stɛntʃ] *n* (*pej*) fedor *m*

stencil ['stɛnsl] *n* (*pattern, design*) estêncil *m*; (*lettering*) gabarito de letra ♦ *vt* imprimir com estêncil

stenographer [stɛ'nɔgrəfə*] (*US*) *n* estenógrafo(-a)

step [stɛp] *n* passo; (*stair*) degrau *m* ♦ *vi*: **to ~ forward** dar um passo a frente/atrás; **~s** *npl* (*BRIT*) = **~ladder**; **to be in ~** (**with**) (*fig*) manter a paridade (com); **to be out of ~** (**with**) (*fig*) estar em disparidade (com); **step down** *vi* (*fig*) renunciar; **step on** *vt fus* pisar; **step up** *vt* aumentar; **stepbrother** *n* meio-irmão *m*; **stepdaughter** *n* enteada; **stepfather** *n* padrasto; **stepladder** (*BRIT*) *n* escada portátil or

a b c d e f g h i j k l m n o p q r s t u v w x y z

de abrir; **stepmother** n madrasta;
stepsister n meia-irmã f; **stepson** n
enteado

stereo ['stɛrɪəʊ] n estéreo; (record
player) (aparelho de) som m ♦ adj
(also: **~phonic**) estereofônico

sterile ['stɛraɪl] adj esterelizado;
(barren) estéril; **sterilize** ['stɛrɪlaɪz] vt
esterilizar

sterling ['stə:lɪŋ] adj esterlino; (silver)
de lei ♦ n (currency) libra esterlina; **one
pound ~** uma libra esterlina

stern [stə:n] adj severo, austero ♦ n
(NAUT) popa, ré f

stew [stju:] n guisado, ensopado ♦ vt
guisar, ensopar; (fruit) cozinhar

steward ['stju:əd] n (AVIAT) comissário
de bordo; **stewardess** n aeromoça
(BR), hospedeira de bordo (PT)

stick [stɪk] (pt, pp **stuck**) n pau m; (as
weapon) cacete m; (walking ~)
bengala, cajado ♦ vt (glue) colar;
(thrust): **to ~ sth into** cravar ou enfiar
algo em; (inf: put) meter; (: tolerate)
agüentar, suportar ♦ vi (become
attached) colar-se; (be unmoveable)
emperrar; (in mind etc) gravar-se;
stick out vi estar saliente, projetar-se;
stick up vi estar saliente, projetar-se;
stick up for vt fus defender; **sticker** n
adesivo; **sticking plaster** n
esparadrapo

sticky ['stɪkɪ] adj pegajoso; (label)
adesivo; (fig) delicado

stiff [stɪf] adj (strong) forte; (hard)
duro; (difficult) difícil; (moving with
difficulty: person) teso; (: door, zip)
empenado; (formal) formal ♦ adv
(bored, worried) extremamente;
stiffen vi enrijecer-se; (grow stronger)
fortalecer-se

stifle ['staɪfl] vt sufocar, abafar;
(opposition) sufocar

stigma ['stɪgmə] n estigma m

stiletto [stɪ'lɛtəʊ] (BRIT) n (also: **~ heel**)
salto alto e fino

still [stɪl] adj parado ♦ adv (up to this
time) ainda; (even, yet) ainda;
(nonetheless) entretanto, contudo;
stillborn adj nascido morto,
natimorto; **still life** n natureza morta

stilted ['stɪltɪd] adj afetado

stimulate ['stɪmjʊleɪt] vt estimular

stimulus ['stɪmjʊləs] (pl **stimuli**) n
estímulo, incentivo

sting [stɪŋ] (pt, pp **stung**) n (wound)
picada; (pain) ardência; (of insect)
ferrão m ♦ vt arguilhar ♦ vi (insect,
animal) picar; (eyes, ointment)
queimar

stingy ['stɪndʒɪ] (pej) adj pão-duro,
sovina

stink [stɪŋk] (pt **stank,** pp **stunk**) n
fedor m, catinga ♦ vi feder, cheirar
mal; **stinking** (inf) adj (fig) maldito

stint [stɪnt] n tarefa, parte f ♦ vi: **to ~
on** ser parco com

stir [stə:*] n (fig) comoção f, rebuliço
♦ vt mexer; (fig) comover ♦ vi mover-se,
remexer-se; **stir up** vt excitar; (trouble)
provocar

stirrup ['stɪrəp] n estribo

stitch [stɪtʃ] n (SEWING, KNITTING, MED)
ponto; (pain) pontada ♦ vt costurar;
(MED) dar pontos em, suturar

stoat [stəʊt] n arminho

stock [stɔk] n suprimento; (COMM:
reserves) estoque m, provisão f;
(: selection) sortimento; (AGR) gado;
(CULIN) caldo; (lineage) estirpe f,
linhagem f; (FINANCE) valores mpl,
títulos mpl ♦ adj (reply etc) de sempre,
costumeiro ♦ vt ter em estoque,
estocar; **in/out of ~** em estoque/
esgotado; **to take ~ of** (fig) fazer um
balanço de; **~s and shares** valores e

títulos mobiliários; **stock up** *vi*: **to ~ up (with)** abastecer-se (de); **stockbroker** *n* corretor(a) *m/f* de valores *or* da Bolsa; **stock cube** (*BRIT*) *n* cubo de caldo; **stock exchange** *n* Bolsa de Valores

stocking ['stɔkɪŋ] *n* meia

stock: **stock market** (*BRIT*) *n* Bolsa, mercado de valores; **stockpile** *n* reservas *fpl*, estocagem *f* ♦ *vt* acumular reservas de, estocar; **stocktaking** (*BRIT*) *n* (*COMM*) inventário

stocky ['stɔkɪ] *adj* (*strong*) robusto; (*short*) atarracado

stodgy ['stɔdʒɪ] *adj* pesado

stoke [stəuk] *vt* atiçar, alimentar

stole [stəul] *pt of* **steal** ♦ *n* estola

stolen ['stəuln] *pp of* **steal**

stomach ['stʌmək] *n* (*ANAT*) estômago; (*belly*) barriga, ventre *m* ♦ *vt* suportar, tolerar; **stomach ache** *n* dor *f* de estômago

stone [stəun] *n* pedra; (*pebble*) pedrinha; (*in fruit*) caroço; (*MED*) pedra, cálculo; (*BRIT: weight*) = 6.348kg; 14 pounds ♦ *adj* de pedra ♦ *vt* apedrejar; (*fruit*) tirar o(s) caroço(s) de; **stone-cold** *adj* gelado; **stone-deaf** *adj* surdo como uma porta; **stonework** *n* cantaria

stood [stud] *pt*, *pp of* **stand**

stool [stu:l] *n* tamborete *m*, banco

stoop [stu:p] *vi* (*also*: **have a ~**) ser corcunda; (*also*: **~ down**) debruçar-se, curvar-se

stop [stɔp] *n* parada, interrupção *f*; (*for bus etc*) parada (*BR*), ponto (*BR*), paragem *f* (*PT*) (*also*: **full ~**) ponto ♦ *vt* parar, deter; (*break off*) interromper; (*cheque*) sustar, suspender; (*also*: **put a ~ to**) impedir ♦ *vi* parar, deter-se; (*watch*, *noise*) parar; (*end*) acabar; **to ~ doing sth** deixar de fazer algo; **stop**

dead *vi* parar de repente; **stop off** *vi* dar uma parada; **stop up** *vt* tapar; **stopover** *n* parada rápida; (*AVIAT*) escala; **stopper** *n* tampa, rolha; **stopwatch** *n* cronômetro

storage ['stɔːrɪdʒ] *n* armazenagem *f*

store [stɔː*] *n* (*stock*) suprimento; (*depot*) armazém *m*; (*reserve*) estoque *m*; (*BRIT: large shop*) loja de departamentos; (*US: shop*) loja ♦ *vt* armazenar; **~s** *npl* (*provisions*) víveres *mpl*, provisões *fpl*; **who knows what is in ~ for us?** quem sabe o que nos espera?; **store up** *vt* acumular; **storeroom** *n* depósito, almoxarifado

storey ['stɔːrɪ] (*US* story) *n* andar *m*

stork [stɔːk] *n* cegonha

storm [stɔːm] *n* tempestade *f*; (*fig*) tumulto ♦ *vi* (*fig*) enfurecer-se ♦ *vt* tomar de assalto, assaltar; **stormy** *adj* tempestuoso

story ['stɔːrɪ] *n* história, estória; (*lie*) mentira; (*US*) = **storey**; **storybook** *n* livro de contos

stout [staut] *adj* sólido, forte; (*fat*) gordo, corpulento; (*resolute*) decidido, resoluto ♦ *n* cerveja preta

stove [stəuv] *n* (*for cooking*) fogão *m*; (*for heating*) estufa, fogareiro

stow [stəu] *vt* guardar; **stowaway** *n* passageiro(-a) clandestino(-a)

straddle ['strædl] *vt* cavalgar

straggle ['strægl] *vi* (*houses*) espalhar-se desordenadamente; (*people*) vagar, perambular

straight [streit] *adj* reto; (*back*) esticado; (*hair*) liso; (*honest*) honesto; (*simple*) simples *inv* ♦ *adv* reto; (*drink*) puro; **to put** *or* **get sth ~** esclarecer algo; **~ away, ~ off** imediatamente; **straighten** *vt* arrumar; **straighten out** *vt* endireitar; (*fig*) esclarecer; **to straighten things out** arrumar as coisas; **straightforward** *adj* (*simple*) simples *inv*, direto; (*honest*) honesto, franco

strain [streɪn] *n* tensão *f*; (*TECH*) esforço *m*; (*MED*: *back* ~) distensão *f*; (: *tension*) luxação *f*; (*breed*) raça, estirpe *f* ♦ *vt* forçar, torcer, distender; (*stretch*) puxar, estirar; (*CULIN*) côar; ~**s** *npl* (*MUS*) acordes *mpl*; **strained** *adj* distendido; (*laugh*) forçado; (*relations*) tenso;

strainer *n* coador *m*; (*sieve*) peneira

strait [streɪt] *n* estreito; ~**s** *npl* (*fig*): **to be in dire ~s** estar em apuros; **straitjacket** *n* camisa-de-força

strand [strænd] *n* (*of thread, hair*) fio; (*of rope*) tira; **stranded** *adj* preso

strange [streɪndʒ] *adj* (*not known*) desconhecido; (*odd*) estranho, esquisito; **strangely** *adv* estranhamente; **stranger** *n* desconhecido(-a); (*from another area*) forasteiro(-a)

strangle ['stræŋgl] *vt* estrangular; (*fig*) sufocar

strap [stræp] *n* correia; (*of slip, dress*) alça

strategic [strə'tiːdʒɪk] *adj* estratégico

strategy ['strætɪdʒɪ] *n* estratégia

straw [strɔː] *n* palha; (*drinking* ~) canudo; **that's the last ~!** essa foi a última gota!

strawberry ['strɔːbərɪ] *n* morango

stray [streɪ] *adj* (*animal*) extraviado; (*bullet*) perdido; (*scattered*) espalhado ♦ *vi* perder-se

streak [striːk] *n* listra, traço; (*in hair*) mecha ♦ *vt* listrar ♦ *vi*: **to ~ past** passar como um raio

stream [striːm] *n* riacho, córrego; (*of people, vehicles*) fluxo; (*of smoke*) rastro; (*of questions etc*) torrente *f* ♦ *vt* (*SCH*) classificar ♦ *vi* correr, fluir; **to ~ in/out** entrar/sair em massa

streamer ['striːmə*] *n* serpentina; (*pennant*) flâmula

streamlined ['striːmlaɪnd] *adj* aerodinâmico

street [striːt] *n* rua; **streetcar** (*US*) *n* bonde *m* (*BR*), eléctrico (*PT*); **street lamp** *n* poste *m* de iluminação; **street plan** *n* mapa *m*; **streetwise** (*inf*) *adj* malandro

strength [strɛŋθ] *n* força; (*of girder etc*) firmeza, resistência; (*fig*) poder *m*; **strengthen** *vt* fortificar; (*fig*) fortalecer

strenuous ['strɛnjuəs] *adj* enérgico; (*determined*) tenaz

stress [strɛs] *n* pressão *f*; (*mental strain*) tensão *f*, stress *m*; (*emphasis*) ênfase *f*; (*TECH*) tensão ♦ *vt* realçar, dar ênfase a; (*syllable*) acentuar

stretch [strɛtʃ] *n* (*of sand etc*) trecho, extensão *f* ♦ *vi* espreguiçar-se; (*extend*): **to ~ to** *or* **as far as** estender-se até ♦ *vt* estirar, esticar; (*fig: subj: job, task*) exigir o máximo de; **stretch out** *vi* esticar-se ♦ *vt* (*arm etc*) esticar; (*spread*) estirar ·

stretcher ['strɛtʃə*] *n* maca, padiola

strewn [struːn] *adj*: ~ **with** coberto *or* cheio de

stricken ['strɪkən] *adj* (*wounded*) ferido; (*devastated*) arrasado; (*ill*) acometido; ~ **with** tomado por

strict [strɪkt] *adj* (*person*) severo, rigoroso; (*meaning*) exato, estrito

stride [straɪd] (*pt* **strode**, *pp* **stridden** [strɪdən]) *n* passo largo ♦ *vi* andar a passos largos

strife [straɪf] *n* conflito

strike [straɪk] (*pt, pp* **struck**) *n* greve *f*; (*of oil etc*) descoberta; (*attack*) ataque *m* ♦ *vt* bater em; (*fig*): **the thought** *or* **it ~s me that ...** me ocorre que ...; (*oil etc*) descobrir; (*deal*)

fechar, acertar ♦ *vi* estar em greve;
(*attack: soldiers, illness*) atacar;
(: *disaster*) assolar; (*clock*) bater; **on ~**
em greve; **to ~ a match** acender um
fósforo; **strike down** *vt* derrubar;
strike up *vt* (MUS) começar a tocar;
(*conversation, friendship*) travar;
striker *n* grevista *m/f*; (SPORT) atacante
m/f; **striking** *adj* impressionante
string [strɪŋ] (*pt, pp* **strung**) *n* (*cord*)
barbante *m* (BR), cordel *m* (PT); (*of
beads*) cordão *m*; (*of onions*) réstia;
(MUS) corda ♦ *vt*: **to ~ out** esticar; **the
~s** *npl* (MUS) os instrumentos de corda;
to ~ together (*words*) unir; (*ideas*)
concatenar; **to get a job by pulling ~s**
(*fig*) usar pistolão; **string(ed)
instrument** *n* (MUS) instrumento de
corda
stringent ['strɪndʒənt] *adj* rigoroso
strip [strɪp] *n* tira; (*of land*) faixa; (*of
metal*) lâmina, tira ♦ *vt* despir; (*also: ~
down: *machine*) desmontar ♦ *vi*
despir-se; **strip cartoon** *n* história em
quadrinhos (BR), banda desenhada (PT)
stripe [straɪp] *n* listra; (MIL) galão *m*;
striped *adj* listrado, com listras
strive [straɪv] (*pt* **strove**, *pp* **~n**
[strɪvən]) *vi*: **to ~ for sth/to do sth**
esforçar-se por *or* batalhar para algo/
para fazer algo
strode [strəud] *pt of* **stride**
stroke [strəuk] *n* (*blow*) golpe *m*;
(MED) derrame *m* cerebral; (*of
paintbrush*) pincelada; (SWIMMING: *style*)
nado ♦ *vt* acariciar, afagar; **at a ~** de
repente, de golpe
stroll [strəul] *n* volta, passeio ♦ *vi*
passear, dar uma volta; **stroller** (US) *n*
carrinho (de criança)
strong [strɔŋ] *adj* forte; (*imagination*)
fértil; (*personality*) forte, dominante;
(*nerves*) de aço; **they are 50 ~** são 50;

stronghold *n* fortaleza; (*fig*) baluarte
m; **strongly** *adv* firmemente; (*defend*)
vigorosamente; (*believe*)
profundamente
strove [strəuv] *pt of* **strive**
struck [strʌk] *pt, pp of* **strike**
structure ['strʌktʃə*] *n* estrutura;
(*building*) construção *f*
struggle ['strʌɡl] *n* luta, contenda
♦ *vi* (*fight*) lutar; (*try hard*) batalhar
strum [strʌm] *vt* (*guitar*) dedilhar
strung [strʌŋ] *pt, pp of* **string**
strut [strʌt] *n* escora, suporte *m* ♦ *vi*
pavonear-se, empertigar-se
stub [stʌb] *n* (*of ticket etc*) canhoto;
(*of cigarette*) toco, ponta; **to ~ one's
toe** dar uma topada; **stub out** *vt*
apagar
stubble ['stʌbl] *n* restolho; (*on chin*)
barba por fazer
stubborn ['stʌbən] *adj* teimoso,
cabeçudo, obstinado
stuck [stʌk] *pt, pp of* **stick** ♦ *adj*
(*jammed*) emperrado; **stuck-up** *adj*
convencido, metido, esnobe
stud [stʌd] *n* (*shirt ~*) botão *m*;
(*earring*) tarraxa, rosca; (*of boot*) cravo;
(*also: ~ farm*) fazenda de cavalos;
(*also: ~ horse*) garanhão *m* ♦ *vt* (*fig*):
~ded with salpicado de
student ['stjuːdənt] *n* estudante *m/f*
♦ *adj* estudantil; **student driver** (US) *n*
aprendiz *m/f*
studio ['stjuːdɪəu] *n* estúdio;
(*sculptor's*) ateliê *m*
studious ['stjuːdɪəs] *adj* estudioso,
aplicado; (*careful*) cuidadoso;
studiously *adv* (*carefully*) com esmero
study ['stʌdɪ] *n* estudo; (*room*) sala de
leitura *or* estudo ♦ *vt* estudar;
(*examine*) examinar, investigar ♦ *vi*
estudar; **studies** *npl* (*subjects*) estudos
mpl, matérias *fpl*

stuff [stʌf] n (*substance*) troço; (*things*) troços mpl, coisas fpl ♦ vt (*CULIN*) rechear; (*animals*) empalhar; (*inf: push*) enfiar; **~ed toy** brinquedo de pelúcia; **stuffing** n recheio; **stuffy** adj (*room*) abafado, mal ventilado; (*person*) rabujento, melindroso

stumble ['stʌmbl] vi tropeçar; **to ~ across** or **on** (*fig*) topar com; **stumbling block** n pedra no caminho

stump [stʌmp] n (*of tree*) toco; (*of limb*) coto ♦ vt: **to be ~ed** ficar perplexo

stun [stʌn] vt (*subj: blow*) aturdir; (: *news*) pasmar

stung [stʌŋ] pt, pp of **sting**

stunk [stʌŋk] pp of **stink**

stunning ['stʌnɪŋ] adj (*news*) atordoante; (*appearance*) maravilhoso

stunt [stʌnt] n façanha sensacional; (*publicity* ~) truque m publicitário; **stuntman** ['stʌntmæn] (*irreg*) n dublê m

stupendous [stjuːˈpɛndəs] adj monumental

stupid ['stjuːpɪd] adj estúpido, idiota

sturdy ['stəːdɪ] adj (*person*) robusto, firme; (*thing*) sólido

stutter ['stʌtə*] n gagueira, gaguez f ♦ vi gaguejar

sty [staɪ] n (*for pigs*) chiqueiro

stye [staɪ] n (*MED*) terçol m

style [staɪl] n estilo; (*elegance*) elegância; **stylish** adj elegante, chique

suave [swɑːv] adj suave, melífluo

subconscious [sʌbˈkɔnʃəs] adj do subconsciente

subdue [səbˈdjuː] vt subjugar; (*passions*) dominar; **subdued** adj (*light*) tênue; (*person*) desanimado

subject [n 'sʌbdʒɪkt, vb səbˈdʒɛkt] n (*of king*) súdito(-a); (*theme*) assunto; (*SCH*)

matéria; (*LING*) sujeito ♦ vt: **to ~ sb to sth** submeter alguém a algo; **to be ~ to** estar sujeito a; **subjective** [səbˈdʒɛktɪv] adj subjetivo; **subject matter** n assunto; (*content*) conteúdo

sublet [sʌbˈlɛt] vt sublocar, subalugar

submarine ['sʌbməriːn] n submarino

submerge [səbˈmɜːdʒ] vt submergir ♦ vi submergir-se

submission [səbˈmɪʃən] n submissão f; (*to committee*) petição f; (*of plan*) apresentação f, exposição f

submit [səbˈmɪt] vt submeter ♦ vi submeter-se

subnormal [sʌbˈnɔːməl] adj (*temperature*) abaixo do normal

subordinate [səˈbɔːdɪnət] adj, n subordinado(-a)

subscribe [səbˈskraɪb] vi subscrever; **to ~ to** (*opinion*) concordar com; (*fund*) contribuir para; (*newspaper*) assinar; **subscription** [səbˈskrɪpʃən] n assinatura

subsequent ['sʌbsɪkwənt] adj subseqüente, posterior; **subsequently** adv posteriormente, depois

subside [səbˈsaɪd] vi (*feeling, wind*) acalmar-se; (*flood*) baixar; **subsidence** [səbˈsaɪdns] n (*in road etc*) afundamento da superfície

subsidiary [səbˈsɪdɪərɪ] adj secundário ♦ n (*also*: **~ company**) subsidiária

subsidize ['sʌbsɪdaɪz] vt subsidiar

subsidy ['sʌbsɪdɪ] n subsídio

substance ['sʌbstəns] n substância

substantial [səbˈstænʃl] adj (*solid*) sólido; (*reward, meal*) substancial; **substantially** adv consideravelmente; (*in essence*) substancialmente

substitute ['sʌbstɪtjuːt] n substituto (-a); (*person*) suplente m/f ♦ vt: **to ~ A for B** substituir B por A

subterranean [sʌbtəˈreɪnɪən] adj

subterrâneo

subtitle ['sʌbtaɪtl] n (CINEMA) legenda

subtle ['sʌtl] adj sutil

subtotal [sʌb'təʊtl] n total m parcial, subtotal m

subtract [səb'trækt] vt subtrair, deduzir

suburb ['sʌbəːb] n subúrbio; **suburban** [sə'bəːbən] adj suburbano; (train etc) de subúrbio; **suburbia** [sə'bəːbɪə] n os subúrbios

subway ['sʌbweɪ] n (BRIT) passagem f subterrânea; (US) metrô m (BR), metro(-politano) (PT)

succeed [sək'siːd] vi (person) ser bem sucedido, ter êxito; (plan) sair bem ♦ vt suceder a; **to ~ in doing** conseguir fazer; **succeeding** adj sucessivo, posterior

success [sək'sɛs] n êxito; (hit, person) sucesso; **successful** adj (venture) bem sucedido; (writer) de sucesso, bem sucedido; **to be successful (in doing)** conseguir (fazer); **successfully** adv com sucesso, com êxito

succession [sək'sɛʃən] n sucessão f, série f; (to throne) sucessão

such [sʌtʃ] adj tal, semelhante; (of that kind: sg): **~ a book** um livro parecido, tal livro; (: pl): **~ books** tais livros; (so much): **~ courage** tanta coragem ♦ adv tão; **~ a long trip** uma viagem tão longa; **~ a lot of** tanto; **~ as** tal como; **as ~** como tal; **such-and-such** adj tal e qual

suck [sʌk] vt chupar; (breast) mamar; **sucker** n (ZOOL) ventosa; (inf) trouxa m/f, otário(-a)

sudden ['sʌdn] adj (rapid) repentino, súbito; (unexpected) imprevisto; **all of a ~** inesperadamente; **suddenly** adv inesperadamente

sue [suː] vt processar

suede [sweɪd] n camurça

suet ['suɪt] n sebo

suffer ['sʌfə*] vt sofrer; (bear) agüentar, suportar ♦ vi sofrer, padecer; **to ~ from** sofrer de, estar com; **sufferer** n: **a ~er from** (MED) uma pessoa que sofre de; **suffering** n sofrimento

sufficient [sə'fɪʃənt] adj suficiente, bastante; **sufficiently** adv suficientemente

suffocate ['sʌfəkeɪt] vi sufocar(-se), asfixiar(-se)

sugar ['ʃʊgə*] n açúcar m ♦ vt pôr açúcar em, açucarar; **sugar cane** n cana-de-açúcar f

suggest [sə'dʒɛst] vt sugerir; (indicate) indicar; **suggestion** n sugestão f; indicação f

suicide ['suɪsaɪd] n suicídio; (person) suicida m/f; see also **commit**

suit [suːt] n (man's) terno (BR), fato (PT); (woman's) conjunto; (LAW) processo; (CARDS) naipe m ♦ vt convir a; (clothes) ficar bem a; (adapt): **to ~ sth to** adaptar or acomodar algo a; **they are well ~ed** fazem um bom par; **suitable** adj conveniente; (appropriate) apropriado; **suitably** adv (dressed) apropriadamente; (impressed) bem

suitcase ['suːtkeɪs] n mala

suite [swiːt] n (of rooms) conjunto de salas; (MUS) suite f; (furniture) conjunto

suitor ['suːtə*] n pretendente m

sulfur ['sʌlfə*] (US) n = **sulphur**

sulk [sʌlk] vi ficar emburrado, fazer beicinho or biquinho (inf); **sulky** adj emburrado

sullen ['sʌlən] adj rabugento; (silence) pesado

sulphur ['sʌlfə*] (US **sulfur**) n enxofre m

sultana [sʌl'tɑːnə] n passa branca

sultry ['sʌltrɪ] adj abafado

sum [sʌm] n soma; (*calculation*) cálculo; **sum up** vt, vi resumir

summarize ['sʌməraɪz] vt resumir

summary ['sʌmərɪ] n resumo

summer ['sʌmə*] n verão m ♦ adj de verão; **in ~** no verão; **summertime** n (*season*) verão m

summit ['sʌmɪt] n topo, cume m; (*also: ~ conference*) (conferência de) cúpula

summon ['sʌmən] vt (*person*) mandar chamar; (*meeting*) convocar; (*LAW: witness*) convocar; **summon up** vt concentrar

sun [sʌn] n sol m; **sunbathe** vi tomar sol; **sunblock** n bloqueador m solar; **sunburn** n queimadura do sol; **sunburned** adj = sunburnt; **sunburnt** adj bronzeado; (*painfully*) queimado

Sunday ['sʌndɪ] n domingo; **Sunday school** n escola dominical

sundial ['sʌndaɪəl] n relógio de sol

sundown ['sʌndaun] n pôr m do sol

sundries ['sʌndrɪz] npl gêneros mpl diversos

sundry ['sʌndrɪ] adj vários, diversos; **all and ~** todos

sunflower ['sʌnflauə*] n girassol m

sung [sʌŋ] pp of sing

sunglasses ['sʌnglɑːsɪz] npl óculos mpl de sol

sunk [sʌŋk] pp of sink

sun: **sunlight** n (luz f do) sol m; **sunlit** adj ensolarado, iluminado pelo sol; **sunny** adj cheio de sol; (*day*) ensolarado, de sol; **sunrise** n nascer m do sol; **sun roof** n (*AUT*) teto solar; **sunscreen** n protetor m solar; **sunset** n pôr m do sol; **sunshade** n pára-sol m; **sunshine** n (luz f do) sol m;

sunstroke n insolação f; **suntan** n bronzeado; **suntan lotion** n loção f de bronzear

super ['suːpə*] (*inf*) adj bacana (*BR*), muito giro (*PT*)

superannuation [suːpərænjuː'eɪʃən] n pensão f de aposentadoria

superb [suː'pɜːb] adj excelente

supercilious [suːpə'sɪlɪəs] adj arrogante, desdenhoso; (*haughty*) altivo

superintendent [suːpərɪn'tɛndənt] n superintendente m/f; (*POLICE*) chefe m/f de polícia

superior [su'pɪərɪə*] adj superior; (*smug*) desdenhoso ♦ n superior m

supermarket ['suːpəmɑːkɪt] n supermercado

supernatural [suːpə'nætʃərəl] adj sobrenatural ♦ n: **the ~** o sobrenatural

superpower ['suːpəpauə*] n (*POL*) superpotência

superstitious [suːpə'stɪʃəs] adj supersticioso

supervise ['suːpəvaɪz] vt supervisar, supervisionar; **supervision** [suːpə'vɪʒən] n supervisão f; **supervisor** n supervisor(a) m/f; (*academic*) orientador(a) m/f

supper ['sʌpə*] n jantar m; (*late evening*) ceia

supple ['sʌpl] adj flexível

supplement [n 'sʌplɪmənt, vb sʌplɪ'mɛnt] n suplemento ♦ vt suprir, completar; **supplementary** [sʌplɪ'mɛntərɪ] adj suplementar

supplier [sə'plaɪə*] n abastecedor(a) m/f, fornecedor(a) m/f

supply [sə'plaɪ] vt (*provide*): **to ~ sth (to sb)** fornecer algo (para alguém); (*equip*): **to ~ (with)** suprir (de) ♦ n fornecimento, provisão f; (*stock*) estoque m; (*supplying*) abastecimento;

supplies npl (food) víveres mpl; (MIL) apetrechos mpl

support [sə'pɔːt] n (moral, financial etc) apoio; (TECH) suporte m ♦ vt apoiar; (financially) manter; (TECH: hold up) sustentar; (theory etc) defender;

supporter n (POL etc) partidário(-a); (SPORT) torcedor(a) m/f

suppose [sə'pəuz] vt supor; (imagine) imaginar; (duty): **to be ~d to do sth** dever fazer algo; **supposedly** [sə'pəuzɪdlɪ] adv supostamente, pretensamente; **supposing** conj caso, supondo-se que

suppress [sə'prɛs] vt (information) suprimir; (feelings, revolt) reprimir; (yawn) conter

supreme [su'priːm] adj supremo

surcharge ['səːtʃɑːdʒ] n sobretaxa

sure [ʃuə*] adj seguro; (definite) certo; (aim) certeiro; **to make ~ of sth/that** assegurar-se de algo/que; **~!** claro que sim!; **~ enough** efetivamente; **surely** adv (certainly: US: also: **sure**) certamente

surf [səːf] n (waves) ondas fpl, arrebentação f

surface ['səːfɪs] n superfície f ♦ vt (road) revestir ♦ vi vir à superfície or à tona; (fig: news, feeling) vir à tona; **surface mail** n correio comum

surfboard ['səːfbɔːd] n prancha de surfe

surfing ['səːfɪŋ] n surfe m

surge [səːdʒ] n onda ♦ vi (sea) encapelar-se; (people, vehicles) precipitar-se; (feeling) aumentar repentinamente

surgeon ['səːdʒən] n cirurgião(-giã) m/f

surgery ['səːdʒərɪ] n cirurgia; (BRIT: room) consultório; (: also: **~ hours**) horas fpl de consulta

surgical ['səːdʒɪkl] adj cirúrgico;

surgical spirit (BRIT) n álcool m

surname ['səːneɪm] n sobrenome m (BR), apelido (PT)

surplus ['səːpləs] n excedente m; (COMM) superávit m ♦ adj excedente, de sobra

surprise [sə'praɪz] n surpresa ♦ vt surpreender; **surprising** adj surpreendente

surrender [sə'rɛndə*] n rendição f, entrega ♦ vi render-se, entregar-se

surround [sə'raund] vt circundar, rodear; (MIL etc) cercar; **surrounding** adj circundante, adjacente; **surroundings** npl arredores mpl, cercanias fpl

surveillance [səː'veɪləns] n vigilância

survey [n 'səːveɪ, vb səː'veɪ] n inspeção f; (of habits etc) pesquisa; (of land) levantamento; (of house) inspeção f ♦ vt observar, contemplar; (land) fazer um levantamento de; **surveyor** n (of land) agrimensor(a) m/f; (of building) inspetor(a) m/f

survival [sə'vaɪvl] n sobrevivência; (relic) remanescente m

survive [sə'vaɪv] vi sobreviver; (custom etc) perdurar ♦ vt sobreviver a; **survivor** n sobrevivente m/f

susceptible [sə'sɛptəbl] adj: **~ (to)** (injury) suscetível or sensível (a); (flattery, pressure) vulnerável (a)

suspect [adj, n 'sʌspɛkt, vb səs'pɛkt] adj, n suspeito(-a) ♦ vt suspeitar, desconfiar

suspend [səs'pɛnd] vt suspender; **suspenders** npl (BRIT) ligas fpl; (US) suspensórios mpl

suspense [səs'pɛns] n incerteza, ansiedade f; (in film etc) suspense m; **to keep sb in ~** manter alguém em suspense or na expectativa

suspension [səs'pɛnʃən] n suspensão f; (of driving licence) cassação f

suspicion [səs'pɪʃən] n suspeita; **suspicious** adj (suspecting) suspeitoso; (causing suspicion) suspeito

sustain [səs'teɪn] vt sustentar; (suffer) sofrer; **sustained** adj (effort) contínuo; **sustenance** ['sʌstɪnəns] n sustento

swab [swɔb] n (MED) mecha de algodão

swagger ['swægə*] vi andar com ar de superioridade

swallow ['swɔləu] n (bird) andorinha ♦ vt engolir, tragar; (fig: story) engolir; (pride) pôr de lado; (one's words) retirar; **swallow up** vt (savings etc) consumir

swam [swæm] pt of **swim**

swamp [swɔmp] n pântano, brejo ♦ vt atolar, inundar; (fig) assoberbar

swan [swɔn] n cisne m

swap [swɔp] n troca, permuta ♦ vt: **to ~ (for)** trocar (por); (replace (with)) substituir (por)

swarm [swɔːm] n (of bees) enxame m; (of people) multidão f ♦ vi enxamear; aglomerar-se; (place): **to be ~ing with** estar apinhado de

swastika ['swɔstɪkə] n suástica

swat [swɔt] vt esmagar

sway [sweɪ] vi balançar-se, oscilar ♦ vt (influence) influenciar

swear [swɛə*] (pt **swore**, pp **sworn**) vi (curse) xingar ♦ vt (promise) jurar; **swearword** n palavrão m

sweat [swɛt] n suor m ♦ vi suar; **sweater** n suéter m or f (BR), camisola (PT); **sweaty** adj suado

Swede [swiːd] n sueco(-a)

swede [swiːd] n tipo de nabo

Sweden ['swiːdən] n Suécia; **Swedish** adj sueco ♦ n (LING) sueco

sweep [swiːp] (pt, pp **swept**) n (act) varredura; (also: **chimney ~**) limpador m de chaminés ♦ vt varrer; (with arm) empurrar; (subj: current) arrastar; (: fashion, craze) espalhar-se por ♦ vi varrer; **sweep away** vt varrer; **sweep past** vi passar rapidamente; **sweep up** vi varrer; **sweeping** adj (gesture) dramático; (statement) generalizado

sweet [swiːt] n (candy) bala (BR), rebuçado (PT); (BRIT: pudding) sobremesa ♦ adj doce; (fig: air) fresco; (: water, smell) doce; (: sound) suave; (: kind) meigo; (baby, kitten) bonitinho; **sweetcorn** ['swiːtkɔːn] n milho; **sweeten** vt pôr açúcar em; (temper) abrandar; **sweetheart** n namorado(-a); **sweet pea** n ervilha-de-cheiro f

swell [swɛl] (pt **~ed**, pp **swollen** or **~ed**) n (of sea) vaga, onda ♦ adj (US: inf: excellent) bacana ♦ vi (increase) aumentar; (get stronger) intensificar-se; (also: ~ **up**) inchar-se; **swelling** n (MED) inchação f

sweltering ['swɛltərɪŋ] adj (heat) sufocante; (day) mormacento

swept [swɛpt] pt, pp of **sweep**

swerve [swəːv] vi desviar-se

swift [swɪft] n (bird) andorinhão m ♦ adj rápido

swim [swɪm] (pt **swam**, pp **swum**) n: **to go for a ~** ir nadar ♦ vi nadar; (head, room) rodar ♦ vt atravessar a nado; (distance) percorrer (a nado); **swimmer** n nadador(a) m/f; **swimming** n natação f; **swimming cap** n touca de natação; **swimming costume** (BRIT) n (woman's) maiô m (BR), fato de banho (PT); (man's) calção m de banho (BR), calções mpl de banho (PT); **swimming pool** n piscina; **swimming trunks** npl sunga (BR), calções mpl de banho (PT); **swimsuit** n maiô m (BR), fato de banho (*PT*)

swindle ['swɪndl] *n* fraude *f* ♦ *vt* defraudar

swine [swaɪn] (*inf!*) *n* canalha *m*, calhorda *m*

swing [swɪŋ] (*pt*, *pp* **swung**) *n* (*in playground*) balanço; (*movement*) balanceio, oscilação *f*; (*in opinion*) mudança, virada; (*rhythm*) ritmo ♦ *vt* balançar; (*also*: ~ **round**) girar, rodar ♦ *vi* oscilar; (*on swing*) balançar; (*also*: ~ **round**) voltar-se bruscamente; **to be in full ~** estar a todo vapor; **swing door** (*US* **swinging door**) *n* porta de vaivém

swipe [swaɪp] (*inf*) *vt* (*steal*) afanar, roubar

swirl [swəːl] *vi* redemoinhar

Swiss [swɪs] *adj*, *n inv* suíço(-a)

switch [swɪtʃ] *n* (*for light, radio etc*) interruptor *m*; (*change*) mudança ♦ *vt* (*change*) trocar; **switch off** *vt* apagar; (*engine*) desligar; **switch on** *vt* acender; ligar; **switchboard** *n* (*TEL*) mesa telefônica

Switzerland ['swɪtsələnd] *n* Suíça

swivel ['swɪvl] *vi* (*also*: ~ **round**) girar (sobre um eixo), fazer pião

swollen ['swəʊlən] *pp of* swell

swoop [swuːp] *n* (*by police etc*) batida ♦ *vi* (*also*: ~ **down**) precipitar-se, cair

swop [swɔp] *n*, *vt* = swap

sword [sɔːd] *n* espada

swore [swɔː*] *pt of* swear

sworn [swɔːn] *pp of* swear ♦ *adj* (*statement*) sob juramento; (*enemy*) declarado

swum [swʌm] *pp of* swim

swung [swʌŋ] *pt*, *pp of* swing

syllable ['sɪləbl] *n* sílaba

syllabus ['sɪləbəs] *n* programa *m* de estudos

symbol ['sɪmbl] *n* símbolo

symmetry ['sɪmɪtrɪ] *n* simetria

sympathetic [sɪmpə'θɛtɪk] *adj* (*understanding*) compreensivo; (*likeable*) agradável; (*supportive*): ~ **to(wards)** solidário com

sympathize ['sɪmpəθaɪz] *vi*: **to ~ with** (*person*) compadecer-se de; (*sb's feelings*) compreender; (*cause*) simpatizar com; **sympathizer** *n* (*POL*) simpatizante *m/f*

sympathy ['sɪmpəθɪ] *n* compaixão *f*; **sympathies** *npl* (*tendencies*) simpatia; **in ~** em acordo; (*strike*) em solidariedade; **with our deepest ~** com nossos mais profundos pêsames

symphony ['sɪmfənɪ] *n* sinfonia

symptom ['sɪmptəm] *n* sintoma *m*; (*sign*) indício

syndicate ['sɪndɪkɪt] *n* sindicato; (*of newspapers*) cadeia

synthetic [sɪn'θɛtɪk] *adj* sintético

syphon ['saɪfən] = siphon

Syria ['sɪrɪə] *n* Síria

syringe [sɪ'rɪndʒ] *n* seringa

syrup ['sɪrəp] *n* xarope *m*; (*also*: **golden ~**) melaço

system ['sɪstəm] *n* sistema *m*; (*method*) método; (*ANAT*) organismo; **systematic** [sɪstə'mætɪk] *adj* sistemático; **system disk** *n* (*COMPUT*) disco do sistema; **systems analyst** *n* analista *m/f* de sistemas

T t

tab [tæb] *n* lingüeta, aba; (*label*) etiqueta; **to keep ~s on** (*fig*) vigiar

tabby ['tæbɪ] *n* (*also*: ~ **cat**) gato malhado *or* listrado

table ['teɪbl] *n* mesa ♦ *vt* (*motion etc*)

apresentar; **to lay** or **set the ~** pôr a mesa; **~ of contents** índice m, sumário; **tablecloth** n toalha de mesa; **tablemat** n descanso; **tablespoon** n colher f de sopa; (also: **tablespoonful**: as measurement) colherada

tablet ['tæblɪt] n (MED) comprimido; (of stone) lápide f

table tennis n pingue-pongue m, tênis m de mesa

table wine n vinho de mesa

tabloid ['tæblɔɪd] n tablóide m; **tabloid press** n ver quadro

---

TABLOID PRESS

O termo **tabloid press** refere-se aos jornais populares de formato meio jornal que apresentam muitas fotografias e adotam um estilo bastante conciso. O público-alvo desses jornais é composto por leitores que se interessam pelos fatos do dia que contenham um certo toque de escândalo; veja **quality (news)papers**.

---

tack [tæk] n (nail) tachinha, percevejo ♦ vt prender com tachinha; (stitch) alinhavar ♦ vi virar de bordo

tackle ['tækl] n (gear) equipamento; (also: **fishing ~**) apetrechos mpl; (for lifting) guincho; (FOOTBALL) ato de tirar a bola de adversário ♦ vt (difficulty) atacar; (challenge: person) desafiar; (grapple with) atracar-se com; (FOOTBALL) tirar a bola de

tacky ['tækɪ] adj pegajoso, grudento; (inf: tasteless) cafona

tact [tækt] n tato, diplomacia; **tactful** adj diplomático

tactics ['tæktɪks] n, npl tática

tactless ['tæktlɪs] adj sem diplomacia

tadpole ['tædpəul] n girino

tag [tæg] n (label) etiqueta; **tag along** vi seguir

tail [teɪl] n rabo; (of comet, plane) cauda; (of shirt, coat) aba ♦ vt (follow) seguir bem de perto; **tail away** or **off** vi diminuir gradualmente

tailor ['teɪlə*] n alfaiate m; **tailor-made** adj feito sob medida; (fig) especial

tailwind ['teɪlwɪnd] n vento de popa or de cauda

tainted ['teɪntɪd] adj (food) estragado, passado; (water, air) poluído; (fig) manchado

take [teɪk] (pt **took**, pp **taken**) vt tomar; (photo, holiday) tirar; (grab) pegar (em); (prize) ganhar; (effort, courage) requerer, exigir; (tolerate) agüentar; (accompany, bring: person) acompanhar, trazer; (: thing) trazer, carregar; (exam) fazer; (passengers etc): **it ~s 50 people** cabem 50 pessoas; **to ~ sth from** (drawer etc) tirar algo de; (person) pegar algo de; **I ~ it that ...** suponho que ...; **take after** vt fus parecer-se com; **take apart** vt desmontar; **take away** vt (extract) tirar; (carry off) levar; (subtract) subtrair; **take back** vt (return) devolver; (one's words) retirar; **take down** vt (building) demolir; (dismantle) desmontar; (letter etc) tomar por escrito; **take in** vt (deceive) enganar; (understand) compreender; (include) abranger; (lodger) receber; **take off** vi (AVIAT) decolar; (go away) ir-se ♦ vt (remove) tirar; **take on** vt (work) empreender; (employee) empregar; (opponent) desafiar; **take out** vt tirar; (extract) extrair; (invite) acompanhar; **take over** vt (business)

assumir; (*country*) tomar posse de ♦ vi:
to ~ over from sb suceder a alguém;
take to vt fus (*person*) simpatizar
com; (*activity*) afeiçoar-se a; **to ~ to
doing sth** criar o hábito de fazer algo;
take up vt (*dress*) encurtar; (*time,
space*) ocupar; (*hobby etc*) dedicar-se
a; (*offer*) aceitar; **to ~ sb up on a
suggestion/offer** aceitar a oferta/
sugestão de alguém sobre algo;
takeaway (*BRIT*) adj (*food*) para levar;
takeoff n (*AVIAT*) decolagem f;
takeover n (*COMM*) aquisição f de
controle; **takings** npl (*COMM*) receita,
renda

talc [tælk] n (*also:* **~um powder**) talco

tale [teɪl] n (*story*) conto; (*account*)
narrativa; **to tell ~s** (*fig: lie*) dizer
mentiras

talent ['tælənt] n talento; **talented**
adj talentoso

talk [tɔːk] n conversa, fala; (*gossip*)
mexerico, fofocas fpl; (*conversation*)
conversa, conversação f ♦ vi falar; **~s**
npl (*POL etc*) negociações fpl; **to ~
about** falar sobre; **to ~ sb into/out of
doing sth** convencer alguém a fazer
algo/dissuadir alguém de fazer algo;
to ~ shop falar sobre negócios/
questões profissionais; **talk over** vt
discutir; **talkative** adj loquaz,
tagarela; **talk show** n programa m de
entrevistas

tall [tɔːl] adj alto; **to be 6 feet ~** ≈
medir 1,80 m

tally ['tælɪ] n conta ♦ vi: **to ~ (with)**
conferir (com)

talon ['tælən] n garra

tame [teɪm] adj domesticado; (*fig:
story, style*) sem graça, insípido

tamper ['tæmpə*] vi: **to ~ with** mexer
em

tampon ['tæmpən] n tampão m

tan [tæn] n (*also:* **sun~**) bronzeado
♦ vi bronzear-se ♦ adj (*colour*)
bronzeado, marrom claro

tangent ['tændʒənt] n (*MATH*) tangente
f; **to go off at a ~** (*fig*) sair pela
tangente

tangerine [tændʒə'riːn] n tangerina,
mexerica

tangle ['tæŋgl] n emaranhado; **to get
in(to) a ~** meter-se num rolo

tank [tæŋk] n depósito, tanque m; (*for
fish*) aquário; (*MIL*) tanque

tanker ['tæŋkə*] n (*ship*) navio-tanque
m; (*truck*) caminhão-tanque m

tantalizing ['tæntəlaɪzɪŋ] adj
tentador(a)

tantamount ['tæntəmaunt] adj: **~ to**
equivalente a

tantrum ['tæntrəm] n chilique m,
acesso (de raiva)

tap [tæp] n (*on sink etc*) torneira;
(*gentle blow*) palmadinha; (*gas ~*)
chave f ♦ vt dar palmadinha em, bater
de leve; (*resources*) utilizar, explorar;
(*telephone*) grampear; **on ~** disponível;
tap-dancing n sapateado

tape [teɪp] n fita; (*also:* **magnetic ~**)
fita magnética; (*sticky ~*) fita adesiva
♦ vt (*record*) gravar (em fita); (*stick
with tape*) colar; **tape deck** n
gravador m, toca-fitas m inv; **tape
measure** n fita métrica, trena

taper ['teɪpə*] n círio ♦ vi afilar-se,
estreitar-se

tape recorder n gravador m

tapestry ['tæpɪstrɪ] n (*object*) tapete m
de parede; (*art*) tapeçaria

tar [tɑː*] n alcatrão m

target ['tɑːgɪt] n alvo

tariff ['tærɪf] n tarifa

tarmac ['tɑːmæk] n (*BRIT: on road*)
macadame m; (*AVIAT*) pista

tarnish ['tɑːnɪʃ] vt empanar o

a b c d e f g h i j k l m n o p q r s t u v w x y z

brilho de

tarpaulin [tɑːˈpɔːlɪn] n lona alcatroada

tart [tɑːt] n (CULIN) torta; (BRIT: inf: pej: woman) piranha ♦ adj (flavour) ácido, azedo; **tart up** (inf) vt arrumar, dar um jeito em; **to ~ o.s. up** arrumar-se; (pej) empetecar-se

tartan [ˈtɑːtn] n tartan m (pano escocês axadrezado) ♦ adj axadrezado

tartar [ˈtɑːtə*] n (on teeth) tártaro; **tartar(e) sauce** n molho tártaro

task [tɑːsk] n tarefa; **to take to ~** repreender

tassel [ˈtæsl] n borla, pendão m

taste [teɪst] n gosto; (also: **after~**) gosto residual; (sample, fig) amostra, idéia ♦ vt provar; (test) experimentar ♦ vi: **to ~ of** or **like** ter gosto or sabor de; **you can ~ the garlic (in it)** sente-se o gosto de alho; **in good/bad ~** de bom/mau gosto; **tasteful** adj de bom gosto; **tasteless** adj insípido, insosso; (remark) de mau gosto; **tasty** adj saboroso, delicioso

tatters [ˈtætəz] npl: **in ~** (clothes) em farrapos; (papers etc) em pedaços

tattoo [təˈtuː] n tatuagem f; (spectacle) espetáculo militar ♦ vt tatuar

tatty [ˈtætɪ] (BRIT: inf) adj (clothes) surrado; (shop, area) mal-cuidado

taught [tɔːt] pt, pp of **teach**

taunt [tɔːnt] n zombaria, escárnio ♦ vt zombar, mofar de

Taurus [ˈtɔːrəs] n Touro

taut [tɔːt] adj esticado

tax [tæks] n imposto ♦ vt tributar; (fig: test) sobrecarregar; (: patience) esgotar; **taxation** [tækˈseɪʃən] n (system) tributação f; (money paid) imposto; **tax-free** adj isento de impostos

taxi [ˈtæksɪ] n táxi m ♦ vi (AVIAT) taxiar; **taxi driver** n motorista m/f de táxi; **taxi rank** (BRIT) n ponto de táxi; **taxi stand** n = **taxi rank**

tax payer n contribuinte m/f

tax return n declaração f de rendimentos

TB abbr of **tuberculosis**

tea [tiː] n chá m; (BRIT: meal) refeição f à noite; **high ~** (BRIT) ajantarado; **tea bag** n saquinho (BR) or carteira (PT) de chá; **tea break** (BRIT) n pausa (para o chá)

teach [tiːtʃ] (pt, pp **taught**) vt: **to ~ sb sth, ~ sth to sb** ensinar algo a alguém; (in school) lecionar ♦ vi ensinar; (be a teacher) lecionar; **teacher** n professor(a) m/f; **teaching** n ensino; (as profession) magistério

tea cosy n coberta do bule, abafador m

teacup [ˈtiːkʌp] n xícara (BR) or chávena (PT) de chá

teak [tiːk] n madeira de teca

tea leaves npl folhas fpl de chá

team [tiːm] n (SPORT) time m (BR), equipa (PT); (group) equipe f (BR), equipa (PT); (of animals) parelha; **teamwork** n trabalho de equipe

teapot [ˈtiːpɔt] n bule m de chá

tear[1] [tɛə*] (pt **tore**, pp **torn**) n rasgão m ♦ vt rasgar ♦ vi rasgar-se; **tear along** vi (rush) precipitar-se; **tear up** vt rasgar

tear[2] [tɪə*] n lágrima; **in ~s** chorando, em lágrimas; **tearful** adj choroso; **tear gas** n gás m lacrimogênio

tearoom [ˈtiːruːm] n salão m de chá

tease [tiːz] vt implicar com

tea set n aparelho de chá

teaspoon [ˈtiːspuːn] n colher f de chá; (also: **~ful**: as measurement) (conteúdo de) colher de chá

teat [tiːt] n bico (de mamadeira)
teatime ['tiːtaɪm] n hora do chá
tea towel (BRIT) n pano de prato
technical ['tɛknɪkl] adj técnico;
technicality [tɛknɪ'kælɪtɪ] n detalhe m técnico; (point of law) particularidade f
technician [tɛk'nɪʃn] n técnico(-a)
technique [tɛk'niːk] n técnica
technology [tɛk'nɔlədʒɪ] n tecnologia
teddy (bear) ['tɛdɪ-] n ursinho de pelúcia
tedious ['tiːdɪəs] adj maçante, chato
teem [tiːm] vi abundar, pulular; **to ~ with** abundar em; **it is ~ing (with rain)** está chovendo a cântaros
teenage ['tiːneɪdʒ] adj (fashions etc) de or para adolescentes; **teenager** n adolescente m/f, jovem m/f
teens [tiːnz] npl: **to be in one's ~** estar entre os 13 e 19 anos, estar na adolescência
tee-shirt n = T-shirt
teeth [tiːθ] npl of tooth; **teethe** vi começar a ter dentes; **teething troubles** npl (fig) dificuldades fpl iniciais
teetotal ['tiːˈtəutl] adj abstêmio
teleconferencing [tɛlɪ'kɔnfərənsɪŋ] n teleconferência f
telegram ['tɛlɪgræm] n telegrama m
telegraph ['tɛlɪgrɑːf] n telégrafo
telephone ['tɛlɪfəun] n telefone m ♦ vt (person) telefonar para; (message) telefonar; **to be on the ~** (BRIT), **to have a ~** (subscriber) ter telefone; **to be on the ~** (be speaking) estar falando no telefone; **telephone booth** (BRIT **telephone box**) n cabine f telefônica; **telephone call** n telefonema m; **telephone directory** n lista telefônica, catálogo (BR); **telephone**

number n (número de) telefone m;
telephonist [tə'lɛfənɪst] (BRIT) n telefonista m/f
telesales ['tɛlɪseɪlz] npl televendas fpl
telescope ['tɛlɪskəup] n telescópio
television ['tɛlɪvɪʒən] n televisão f; **on ~** na televisão; **television set** n (aparelho de) televisão f, televisor m
teleworking ['tɛlɪwəːkɪŋ] n teletrabalho m
telex ['tɛlɛks] n telex m ♦ vt (message) enviar por telex, telexar; (person) mandar um telex para
tell [tɛl] (pt, pp told) vt dizer; (relate: story) contar; (distinguish): **to ~ sth from** distinguir algo de ♦ vi (have effect) ter efeito; (talk): **to ~ (of)** falar (de or em); **to ~ sb to do sth** dizer para alguém fazer algo; **tell off** vt repreender; **telltale** adj (sign) revelador(a)
telly ['tɛlɪ] (BRIT: inf) n abbr = television
temp [tɛmp] (BRIT: inf) abbr (= temporary) ♦ n temporário(-a) ♦ vi trabalhar como temporário(-a)
temper ['tɛmpə*] n (nature) temperamento; (mood) humor m; (fit of anger) cólera ♦ vt (moderate) moderar; **to be in a ~** estar de mau humor; **to lose one's ~** perder a paciência or a calma, ficar zangado
temperament ['tɛmprəmənt] n temperamento; **temperamental** [tɛmprə'mɛntl] adj temperamental
temperate ['tɛmprət] adj moderado; (climate) temperado
temperature ['tɛmprətʃə*] n temperatura; **to have or run a ~** ter febre
temple ['tɛmpl] n (building) templo; (ANAT) têmpora
temporary ['tɛmpərərɪ] adj

a b c d e f g h i j k l m n o p q r s **t** u v w x y z

temporário; (*passing*) transitório

tempt [tempt] *vt* tentar; **tempting** *adj* tentador(a)

ten [tɛn] *num* dez

tenancy ['tɛnənsɪ] *n* aluguel *m*

tenant ['tɛnənt] *n* inquilino(-a), locatário(-a)

tend [tɛnd] *vt* (*sick etc*) cuidar de ♦ *vi*: **to ~ to do sth** tender a fazer algo

tendency ['tɛndənsɪ] *n* tendência

tender ['tɛndə*] *adj* terno; (*age*) tenro; (*sore*) sensível, dolorido; (*meat*) macio ♦ *n* (*COMM: offer*) oferta, proposta; (*money*): **legal ~** moeda corrente *or* legal ♦ *vt* oferecer; **to ~ one's resignation** pedir demissão

tenement ['tɛnəmənt] *n* conjunto habitacional

tennis ['tɛnɪs] *n* tênis *m*; **tennis ball** *n* bola de tênis; **tennis court** *n* quadra de tênis; **tennis player** *n* jogador(a) *m/f* de tênis; **tennis racket** *n* raquete *f* de tênis

tenor ['tɛnə*] *n* (*MUS*) tenor *m*

tenpin bowling ['tɛnpɪn-] (*BRIT*) *n* boliche *m* com 10 paus

tense [tɛns] *adj* tenso; (*muscle*) rígido, teso ♦ *n* (*LING*) tempo

tension ['tɛnʃən] *n* tensão *f*

tent [tɛnt] *n* tenda, barraca

tentative ['tɛntətɪv] *adj* provisório, tentativo; (*person*) hesitante, indeciso

tenth [tɛnθ] *num* décimo

tent peg *n* estaca

tent pole *n* pau *m*

tenure ['tɛnjuə*] *n* (*of property*) posse *f*; (*of job*) estabilidade *f*

tepid ['tɛpɪd] *adj* tépido, morno

term [tə:m] *n* (*expression*) termo, expressão *f*; (*period*) período; (*SCH*) trimestre *m* ♦ *vt* denominar; **~s** *npl* (*conditions*) condições *fpl*; (*COMM*)

cláusulas *fpl*, termos *mpl*; **in the short/ long ~** a curto/longo prazo; **to be on good ~s with sb** dar-se bem com alguém; **to come to ~s with** sb aceitar

terminal ['tə:mɪnl] *adj* incurável ♦ *n* (*ELEC*) borne *m*; (*BRIT: also:* **air ~**) terminal *m*; (*also COMPUT*) terminal *m*; (*BRIT: also:* **coach ~**) estação *f* rodoviária

terminate ['tə:mɪneɪt] *vt* terminar; **to ~ a pregnancy** fazer um aborto

terminus ['tə:mɪnəs] (*pl* **termini**) *n* terminal *m*

terrace ['tɛrəs] *n* terraço; (*BRIT: houses*) lance *m* de casas; **the ~s** *npl* (*BRIT: SPORT*) a arquibancada (*BR*), a geral (*PT*); **terraced** *adj* (*house*) ladeado por outras casas; (*garden*) em dois níveis

terrain [tɛ'reɪn] *n* terreno

terrible ['tɛrɪbl] *adj* terrível, horroroso; (*conditions*) precário; (*inf: awful*) terrível; **terribly** *adv* terrivelmente; (*very badly*) pessimamente

terrific [tə'rɪfɪk] *adj* terrível, magnífico; (*wonderful*) maravilhoso, sensacional

terrify ['tɛrɪfaɪ] *vt* apavorar

territory ['tɛrɪtərɪ] *n* território

terror ['tɛrə*] *n* terror *m*; **terrorist** *n* terrorista *m/f*

test [tɛst] *n* (*trial, check*) prova, ensaio; (*of courage etc, CHEM*) prova; (*MED*) exame *m*; (*exam*) teste *m*, prova; (*also:* **driving ~**) exame de motorista ♦ *vt* testar, pôr à prova

testament ['tɛstəmənt] *n* testamento; **the Old/New T~** o Velho/Novo Testamento

testicle ['tɛstɪkl] *n* testículo

testify ['tɛstɪfaɪ] *vi* (*LAW*) depor, testemunhar; **to ~ to sth** atestar algo, testemunhar algo

testimony ['tɛstɪmənɪ] *n* (*LAW*) testemunho, depoimento; **to be (a) ~**

to ser uma prova de

test: test match n (CRICKET, RUGBY) jogo internacional; **test tube** n proveta, tubo de ensaio

tetanus ['tɛtənəs] n tétano

text [tɛkst] n texto; **textbook** n livro didático; (SCH) livro escolar

texture ['tɛkstʃə*] n textura

Thailand ['taɪlænd] n Tailândia

Thames [tɛmz] n: **the ~** o Tâmisa (BR), o Tamisa (PT)

than [ðæn, ðən] conj (in comparisons) do que; **more ~ 10** mais de 10; **I have more/less ~ you** tenho mais/menos do que você; **she has more apples ~ pears** ela tem mais maçãs do que peras; **she is older ~ you think** ela é mais velha do que você pensa

thank [θæŋk] vt agradecer; **~ you (very much)** muito obrigado(-a); **thankful** adj: **thankful (for)** agradecido (por); **thankful that** aliviado que; **thankless** adj ingrato; **thanks** npl agradecimentos mpl ♦ excl obrigado(-a)!; **Thanksgiving (Day)** n Dia m de Ação de Graças; ver quadro

THANKSGIVING DAY

O feriado de Ação de graças **Thanksgiving Day** nos Estados Unidos, quarta quinta-feira do mês de novembro, é o dia em que se comemora a boa colheita feita pelos peregrinos originários da Grã-Bretanha em 1621; tradicionalmente, é um dia em que se agradece a Deus e se organiza um grande banquete. Uma festa semelhante é celebrada no Canadá na segunda segunda-feira de outubro.

that
KEYWORD

[ðæt, ðət] (pl **those**) adj (demonstrative) esse (essa); (more remote) aquele (aquela); **~ man/ woman/book** aquele homem/ aquela mulher/aquele livro; **~ one** esse (essa)

♦ pron

1 (demonstrative) esse (essa), aquele (aquela); (neuter) isso, aquilo; **who's/what's ~?** quem é?/o que é isso?; **is ~ you?** é você?; **I prefer this to ~** eu prefiro isto a aquilo; **~'s what he said** foi isso o que ele disse; **~ is (to say)** isto é, quer dizer

2 (relative: direct: thing, person) que; (: person) quem; (relative: indirect: thing, person) o qual (a qual) sg, os quais (as quais) pl; (: person) quem; **the book (~) I read** o livro que eu li; **the box (~) I put it in** a caixa na qual eu botei-o; **the man (~) I spoke to** o homem com quem or o qual falei

3 (relative: of time): **on the day ~ he came** no dia em que ele veio ♦ conj que; **she suggested ~ I phone you** ela sugeriu que eu telefonasse para você

♦ adv (demonstrative): **I can't work ~ much** não posso trabalhar tanto; **I didn't realize it was ~ bad** não pensei que fôsse tão ruim; **~ high** dessa altura, até essa altura

thatched [θætʃt] adj (roof) de sapê; **~ cottage** chalé m com telhado de sapê or de colmo

thaw [θɔː] n degelo ♦ vi (ice) derreter-se; (food) descongelar-se ♦ vt (food) descongelar

the

KEYWORD

[ðiː, ðə] *def art*

1 (*gen: sg*) o (a); (: *pl*) os (as); **~ books/children** os livros/as crianças; **she put it on ~ table** ela colocou-o na mesa; **he took it from ~ drawer** ele tirou isto da gaveta; **to play ~ piano/violin** tocar piano/violino; **I'm going to ~ cinema** vou ao cinema

2 (+ *adj to form n*): **~ rich and ~ poor** os ricos e os pobres; **to attempt ~ impossible** tentar o impossível

3 (*in titles*): **Richard ~ Second** Ricardo II; **Peter ~ Great** Pedro o Grande

4 (*in comparisons*: + *adv*): **~ more he works, ~ more he earns** quanto mais ele trabalha, mais ele ganha

theatre [ˈθɪətə*] (*US* theater) *n* teatro; (*MED: also*: **operating ~**) sala de operação; **theatrical** [θɪˈætrɪkl] *adj* teatral

theft [θeft] *n* roubo

their [ðɛə*] *adj* seu (sua), deles (delas); **theirs** *pron* (o) seu ((a) sua); *see also* mine²

them [ðɛm, ðəm] *pron* (*direct*) os (as); (*indirect*) lhes; (*stressed, after prep*) a eles (a elas)

theme [θiːm] *n* tema *m*; **theme park** *n* parque de diversões em torno de um único tema

themselves [ðəmˈselvz] *pron* eles mesmos (elas mesmas), se; (*after prep*) si (mesmos(-as))

then [ðɛn] *adv* (*at that time*) então; (*next*) em seguida; (*later*) logo, depois; (*and also*) além disso ♦ *conj* (*therefore*) então, nesse caso, portanto ♦ *adj*: **the ~ president** o então presidente; **by ~** (*past*) até então; (*future*) até lá; **from ~ on** a partir de então

theology [θɪˈɔlədʒɪ] *n* teologia

theoretical [θɪəˈretɪkl] *adj* teórico

theory [ˈθɪərɪ] *n* teoria; **in ~** em teoria, teoricamente

therapy [ˈθerəpɪ] *n* terapia

there

KEYWORD

[ðɛə*] *adv*

1 **~ is, ~ are** há, tem; **~ are 3 of them** há 3 deles; **~ is no-one here/no bread left** não tem ninguém aqui/não tem mais pão; **~ has been an accident** houve um acidente

2 (*referring to place*) aí, ali, lá; **put it in/on/up/down ~** põe isto lá dentro/cima/em cima/embaixo; **I want that book ~** quero aquele livro lá; **~ he is!** lá está ele!

3: **~, ~!** (*esp to child*) calma!

thereabouts [ˈðɛərəbauts] *adv* por aí; (*amount*) aproximadamente

thereafter [ðɛərˈɑːftə*] *adv* depois disso

thereby [ˈðɛəbaɪ] *adv* assim, deste modo

therefore [ˈðɛəfɔː] *adv* portanto

there's [ðɛəz] = there is; there has

thermal [ˈθəːml] *adj* térmico

thermometer [θəˈmɔmɪtə*] *n* termômetro

Thermos [ˈθəːməs] ® *n* (*also*: **~ flask**) garrafa térmica (*BR*), termo (*PT*)

thermostat [ˈθəːməustæt] *n* termostato

thesaurus [θɪˈsɔːrəs] *n* tesouro, dicionário de sinônimos

these [ðiːz] *pl adj, pron* estes (estas)

thesis ['θiːsɪs] (*pl* **theses**) *n* tese *f*

they [ðeɪ] *pl pron* eles (elas); **~ say that ...** (*it is said that*) diz-se que ..., dizem que ...; **they'd** = they had; they would; **they'll** = they shall; they will; **they've** = they have

thick [θɪk] *adj* espesso; (*mud, fog, forest*) denso; (*sauce*) grosso; (*stupid*) burro ♦ *n*: **in the ~ of the battle** em plena batalha; **it's 20 cm ~** tem 20 cm de espessura; **thicken** *vi* (*fog*) adensar-se; (*plot etc*) complicar-se ♦ *vt* engrossar; **thickness** *n* espessura, grossura; **thickset** *adj* troncudo

thief [θiːf] (*pl* **thieves**) *n* ladrão (ladra) *m/f*

thigh [θaɪ] *n* coxa

thimble ['θɪmbl] *n* dedal *m*

thin [θɪn] *adj* magro; (*slice*) fino; (*light*) leve; (*hair*) ralo; (*crowd*) pequeno; (*soup, sauce*) aguado ♦ *vt* (*also:* **~ down**) diluir

thing [θɪŋ] *n* coisa; (*object*) negócio; (*matter*) assunto, negócio; (*mania*) mania; **~s** *npl* (*belongings*) pertences *mpl*; **to have a ~ about sb/sth** ser vidrado em alguém/algo; **the best ~ would be to ...** o melhor seria ...; **how are ~s?** como vai?, tudo bem?; **she's got a ~ about ...** ela detesta ...; **poor ~!** coitadinho(-a)!

think [θɪŋk] (*pt, pp* **thought**) *vi* pensar; (*believe*) achar ♦ *vt* pensar, achar; (*imagine*) imaginar; **what did you ~ of them?** o que você achou deles?; **to ~ about sb/sth** pensar em alguém/algo; **I'll ~ about it** vou pensar sobre isso; **to ~ of doing sth** pensar em fazer algo; **I ~ so/not** acho que sim/não; **to ~ well of sb** fazer bom juízo de alguém; **think over** *vt* refletir sobre, meditar sobre; **think up** *vt* inventar, bolar

thinly ['θɪnlɪ] *adv* (*cut*) em fatias finas; (*spread*) numa camada fina

third [θəːd] *adj* terceiro ♦ *n* terceiro(-a); (*fraction*) terço; (*AUT*) terceira; (*SCH: degree*) terceira categoria; **thirdly** *adv* em terceiro lugar; **third party insurance** *n* seguro contra terceiros; **third-rate** *adj* medíocre; **Third World** *n*: **the Third World** o Terceiro Mundo

thirst [θəːst] *n* sede *f*; **thirsty** *adj* (*person*) sedento, com sede; (*work*) que dá sede; **to be thirsty** estar com sede

thirteen ['θəː'tiːn] *num* treze

thirty ['θəːtɪ] *num* trinta

---

this
KEYWORD

[ðɪs] (*pl* **these**) *adj* (*demonstrative*) este (esta); **~ man/woman/book** este homem/esta mulher/este livro; **these people/children/records** estas pessoas/crianças/estes discos; **~ one** este aqui

♦ *pron* (*demonstrative*) este (esta); (*neuter*) isto; **who/what is ~?** quem é esse?/o que é isso?; **~ is where I live** é aqui que eu moro; **~ is Mr Brown** este é o Sr Brown; (*on phone*) aqui é o Sr Brown

♦ *adv* (*demonstrative*): **~ high/long** desta altura/deste comprimento; **we can't stop now we've gone ~ far** não podemos parar agora que fomos tão longe

---

thistle ['θɪsl] *n* cardo

thorn [θɔːn] *n* espinho

thorough ['θʌrə] *adj* (*search*) minucioso; (*knowledge, research, person*) metódico, profundo; **thoroughbred** *adj* (*horse*) de puro sangue; **thoroughfare** n via, passagem f; **"no thoroughfare"** "passagem proibida"; **thoroughly** adv minuciosamente; (search) profundamente; (wash) completamente; (very) muito

those [ðəuz] pl pron, adj esses (essas)

though [ðəu] conj embora, se bem que ♦ adv no entanto

thought [θɔːt] pt, pp of **think** ♦ n pensamento; (idea) idéia; (opinion) opinião f; (reflection) reflexão f; **thoughtful** adj pensativo; (serious) sério; (considerate) atencioso; **thoughtless** adj desatencioso; (words) inconseqüente

thousand ['θauzənd] num mil; **two ~** dois mil; **~s (of)** milhares mpl (de); **thousandth** num milésimo

thrash [θræʃ] vt surrar, malhar; (defeat) derrotar; **thrash about** vi debater-se; **thrash out** vt discutir exaustivamente

thread [θrɛd] n fio, linha; (of screw) rosca ♦ vt (needle) enfiar

threat [θrɛt] n ameaça; **threaten** vi ameaçar ♦ vt: **to threaten sb with sth/ to do** ameaçar alguém com algo/de fazer

three [θriː] num três; **three- dimensional** adj tridimensional, em três dimensões; **three-piece suit** n terno (3 peças) (BR), fato de 3 peças (PT); **three-piece suite** n conjunto de sofá e duas poltronas

threshold ['θrɛʃhəuld] n limiar m

threw [θruː] pt of **throw**

thrifty ['θrɪftɪ] adj econômico, frugal

thrill [θrɪl] n emoção f; (shudder) estremecimento ♦ vt emocionar, vibrar; **to be ~ed** (with gift etc) estar emocionado; **thriller** n romance m (or

filme m) de suspense; **thrilling** adj emocionante

thrive [θraɪv] (pt ~d or **throve**, pp ~d or **thriven**) vi (grow) vicejar; (do well) **to ~ on sth** realizar-se ao fazer algo; **thriving** adj próspero

throat [θrəut] n garganta; **to have a sore ~** estar com dor de garganta

throb [θrɔb] n (of heart) batida; (of engine) vibração f; (of pain) latejo ♦ vi (heart) bater, palpitar; (pain) dar pontadas; (engine) vibrar

throne [θrəun] n trono

throng [θrɔŋ] n multidão f ♦ vt apinhar, apinhar-se em

throttle ['θrɔtl] n (AUT) acelerador m ♦ vt estrangular

through [θruː] prep por, através de; (time) durante; (by means of) por meio de, por intermédio de; (owing to) devido a ♦ adj (ticket, train) direto ♦ adv através; **to put sb ~ to sb** (TEL) ligar alguém com alguém; **to be ~** (TEL) estar na linha; (have finished) acabar; **"no ~ road"** "rua sem saída"; **I'm halfway ~ the book** estou na metade do livro; **throughout** prep (place) por todo(-a) o (a); (time) durante todo(-a) o (a) ♦ adv por or em todas as partes

throw [θrəu] (pt **threw**, pp **thrown**) n arremesso, tiro; (SPORT) lançamento ♦ vt jogar, atirar; lançar; (rider) derrubar; (fig) desconcertar; **to ~ a party** dar uma festa; **throw away** vt (dispose of) jogar fora; (waste) desperdiçar; **throw off** vt desfazer-se de; (habit, cold) livrar-se; **throw out** vt expulsar; (rubbish) jogar fora; (idea) rejeitar; **throw up** vi vomitar, botar para fora; **throwaway** adj descartável; (remark) gratuito; **throw-in** n (SPORT) lance m

thru [θruː] (US) prep, adj, adv = **through**

thrush [θrʌʃ] n (ZOOL) tordo

thrust [θrʌst] (pt, pp **thrust**) n impulso; (TECH) empuxo ♦ vt empurrar

thud [θʌd] n baque m, som m surdo

thug [θʌg] n facínora m/f

thumb [θʌm] n (ANAT) polegar m; **to ~ a lift** pegar carona (BR), arranjar uma boléia (PT); **thumb through** vt fus folhear; **thumbtack** (US) n percevejo, tachinha

thump [θʌmp] n murro, pancada; (sound) baque m ♦ vt dar um murro em ♦ vi bater

thunder ['θʌndə*] n trovão m ♦ vi trovejar; (train etc): **to ~ past** passar como um raio; **thunderbolt** n raio; **thunderclap** n estampido do trovão; **thunderstorm** n tempestade f com trovoada, temporal m

Thursday ['θəːzdɪ] n quinta-feira

thus [ðʌs] adv assim, desta maneira; (consequently) conseqüentemente

thwart [θwɔːt] vt frustrar

thyme [taɪm] n tomilho

tiara [tɪ'ɑːrə] n tiara, diadema m

tick [tɪk] n (of clock) tique-taque m; (mark) tique m, marca; (ZOOL) carrapato; (BRIT: inf): **in a ~** num instante ♦ vi fazer tique-taque ♦ vt marcar, ticar; **tick off** vt assinalar, ticar; (person) dar uma bronca em; **tick over** (BRIT) vi (engine) funcionar em marcha lenta; (fig) ir indo

ticket ['tɪkɪt] n (for bus, plane) passagem f; (for theatre, raffle) bilhete m; (for cinema) entrada; (in shop: on goods) etiqueta; (parking ~: fine) multa; (for library) cartão m; **to get a (parking) ~** (AUT) ganhar uma multa (por estacionamento ilegal); **ticket collector** n revisor(a) m/f; **ticket**

office n bilheteria (BR), bilheteira (PT)

tickle ['tɪkl] vt fazer cócegas em ♦ vi fazer cócegas; **ticklish** adj coceguento; (problem) delicado

tidal ['taɪdl] adj de maré; **tidal wave** n macaréu m, onda gigantesca

tidbit ['tɪdbɪt] (esp US) n = **titbit**

tide [taɪd] n maré f; (fig) curso; **high/low ~** maré alta/baixa; **the ~ of public opinion** a corrente da opinião pública; **tide over** vt ajudar num período difícil

tidy ['taɪdɪ] adj (room) arrumado; (dress, work) limpo; (person) bem arrumado ♦ vt (also: ~ **up**) pôr em ordem, arrumar

tie [taɪ] n (string etc) fita, corda; (BRIT: also: **neck~**) gravata; (fig: link) vínculo, laço; (SPORT: draw) empate m ♦ vt amarrar ♦ vi (SPORT) empatar; **to ~ in a bow** dar um laço em; **to ~ a knot in sth** dar um nó em algo; **tie down** vt amarrar; (fig: restrict) limitar, restringir; (to date, price etc) obrigar; **tie up** vt embrulhar; (dog) prender; (boat, prisoner) amarrar; (arrangements) concluir; **to be ~d up** estar ocupado

tier [tɪə*] n fileira; (of cake) camada

tiger ['taɪgə*] n tigre m

tight [taɪt] adj (rope) esticado, firme; (money) escasso; (clothes, shoes) justo; (bend) fechado; (budget, programme) rigoroso; (inf: drunk) bêbado ♦ adv (squeeze) bem forte; (shut) hermeticamente; **tighten** vt (rope) esticar; (screw, grip) apertar; (security) aumentar ♦ vi esticar-se; apertar-se; **tight-fisted** adj pão-duro; **tightly** adv firmemente; **tight-rope** n corda (bamba)

tights [taɪts] (BRIT) npl collant m

tile [taɪl] n (on roof) telha; (on floor) ladrilho; (on wall) azulejo, ladrilho; **tiled** adj ladrilhado; (roof) de telhas

a
b
c
d
e
f
g
h
i
j
k
l
m
n
o
p
q
r
s
t
u
v
w
x
y
z

till [tɪl] n caixa (registradora) ♦ vt (land) cultivar ♦ prep, conj = **until**

tiller ['tɪlə*] n (NAUT) cana do leme

tilt [tɪlt] vt inclinar ♦ vi inclinar-se

timber ['tɪmbə*] n (material) madeira; (trees) mata, floresta

time [taɪm] n tempo; (epoch: often pl) época; (by clock) hora; (moment) momento; (occasion) vez f; (MUS) compasso ♦ vt calcular or medir o tempo de; (visit etc) escolher o momento para; **a long ~** muito tempo; **4 at a ~** quatro de uma vez; **for the ~ being** por enquanto; **from ~ to ~** de vez em quando; **at ~s** às vezes; **in ~** (soon enough) a tempo; (after some time) com o tempo; (MUS) no compasso; **in a week's ~** dentro de uma semana; **in no ~** num abrir e fechar de olhos; **any ~** a qualquer hora; **on ~** na hora; **5 ~s 5 is 25** 5 vezes 5 são 25; **what ~ is it?** que horas são?; **to have a good ~** divertir-se; **time bomb** n bomba-relógio f; **timeless** adj eterno; **timely** adj oportuno; **time switch** (BRIT) n interruptor m horário; **timetable** n horário; **time zone** n fuso horário

timid ['tɪmɪd] adj tímido

timing ['taɪmɪŋ] n escolha do momento; (SPORT) cronometragem f; **the ~ of his resignation** o momento que escolheu para se demitir

tin [tɪn] n estanho; (also: ~ **plate**) folha-de-flandres f; (BRIT: can) lata; **tin foil** n papel m de estanho

tingle ['tɪŋgl] vi formigar

tinned [tɪnd] (BRIT) adj (food) em lata, em conserva

tin opener (BRIT) n abridor m de latas (BR), abre-latas m inv (PT)

tinsel ['tɪnsl] n ouropel m

tint [tɪnt] n matiz m; (for hair) tintura, tinta; **tinted** adj (hair) pintado; (spectacles, glass) fumê inv

tiny ['taɪnɪ] adj pequenininho, minúsculo

tip [tɪp] n ponta; (gratuity) gorjeta; (BRIT: for rubbish) depósito; (advice) dica ♦ vt dar uma gorjeta a; (tilt) inclinar; (overturn: also: ~ **over**) virar, emborcar; (empty: also: ~ **out**) esvaziar, entornar; **tipped** (BRIT) adj (cigarette) com filtro

tipsy ['tɪpsɪ] adj embriagado, tocado

tiptoe ['tɪptəu] n: **on ~** na ponta dos pés

tire ['taɪə*] n (US) = **tyre** ♦ vt cansar ♦ vi cansar-se; (become bored) chatear-se; **tired** adj cansado; **to be tired of sth** estar farto or cheio de algo; **tireless** adj incansável; **tiresome** adj enfadonho, chato; **tiring** adj cansativo

tissue ['tɪʃuː] n tecido; (paper handkerchief) lenço de papel; **tissue paper** n papel m de seda

tit [tɪt] n (bird) passarinho; **to give ~ for tat** pagar na mesma moeda

titbit ['tɪtbɪt] n (food) guloseima; (news) boato, rumor m

title ['taɪtl] n título

TM n abbr = **trademark**

---

to

KEYWORD

[tuː, tə] prep

1 (direction) a, para; (towards) para; **to go ~ France/London/school/the station** ir à França/a Londres/ao colégio/à estação; **to go ~ Lígia's/the doctor's** ir à casa de Lígia/ao médico; **the road ~ Edinburgh** a estrada para Edinburgo; **~ the left/right** à esquerda/direita

2 (*as far as*) até; **to count ~ 10** contar até 10; **from 40 ~ 50 people** de 40 a 50 pessoas

3 (*with expressions of time*): **a quarter ~ 5** quinze para as 5 (*BR*), 5 menos um quarto (*PT*)

4 (*for, or*) de, para; **the key ~ the front door** a chave da porta da frente; **a letter ~ his wife** uma carta para a sua mulher

5 (*expressing indirect object*): **to give sth ~ sb** dar algo a alguém; **to talk ~ sb** falar com alguém; **I sold it ~ a friend** vendi isto para um amigo; **to cause damage ~ sth** causar danos em algo

6 (*in relation to*) para; **3 goals ~ 2** 3 a 2; **8 apples ~ the kilo** 8 maçãs por quilo

7 (*purpose, result*) para; **to come ~ sb's aid** prestar ajuda a alguém; **to sentence sb ~ death** condenar alguém à morte; **~ my surprise** para minha surpresa

♦ *with vb*

1 (*simple infin*): **~ go/eat** ir/comer

2 (*following another vb*): **~ want/ try ~ do** querer/tentar fazer; **~ start ~ do** começar a fazer

3 (*with vb omitted*): **I don't want ~** eu não quero; **you ought ~** você deve

4 (*purpose, result*) para

5 (*equivalent to relative clause*) para, a; **I have things ~ do** eu tenho coisas para fazer; **the main thing is ~ try** o principal é tentar

6 (*after adj etc*) para; **ready ~ go** pronto para ir; **too old/young ~ ...** muito velho/jovem para ...

♦ *adv*: **pull/push the door ~** puxar/ empurrar a porta

toad [təud] *n* sapo
toadstool ['təudstu:l] *n* chapéu-de-cobra *m*, cogumelo venenoso
toast [təust] *n* (*CULIN*) torradas *fpl*; (*drink, speech*) brinde *m* ♦ *vt* torrar; brindar; **toaster** *n* torradeira
tobacco [tə'bækəu] *n* tabaco, fumo (*BR*); **tobacconist** *n* vendedor(a) *m/f* de tabaco
toboggan [tə'bɔgən] *n* tobogã *m*
today [tə'deɪ] *adv, n* hoje *m*
toddler ['tɔdlə*] *n* criança que começa a andar
toe [təu] *n* dedo do pé; (*of shoe*) bico ♦ *vt*: **to ~ the line** (*fig*) conformar-se, cumprir as obrigações
toffee ['tɔfɪ] *n* puxa-puxa *m* (*BR*), caramelo (*PT*); **toffee apple** (*BRIT*) *n* maçã *f* do amor
together [tə'gɛðə*] *adv* juntos; (*at same time*) ao mesmo tempo; **~ with** junto com
toil [tɔɪl] *n* faina, labuta ♦ *vi* labutar, trabalhar arduamente
toilet ['tɔɪlət] *n* privada, vaso sanitário; (*BRIT*: *lavatory*) banheiro (*BR*), casa de banho (*PT*) ♦ *cpd* de toalete; **toilet paper** *n* papel *m* higiênico; **toiletries** *npl* artigos *mpl* de toalete; **toilet roll** *n* rolo de papel higiênico
token ['təukən] *n* (*sign*) sinal *m*, símbolo, prova; (*souvenir*) lembrança; (*substitute coin*) ficha ♦ *adj* simbólico; **book/record ~** (*BRIT*) vale para comprar livros/discos
told [təuld] *pt, pp of* tell
tolerable ['tɔlərəbl] *adj* (*bearable*) suportável; (*fairly good*) passável
tolerant ['tɔlərənt] *adj*: **~ of** tolerante com
tolerate ['tɔləreɪt] *vt* suportar; (*MED, TECH*) tolerar

a b c d e f g h i j k l m n o p q r s **t** u v w x y z

toll [təul] n (of casualties) número de baixas; (charge) pedágio (BR), portagem f (PT) ♦ vi dobrar, tanger

tomato [tə'mɑːtəu] (pl ~es) n tomate m

tomb [tuːm] n tumba

tomboy ['tɔmbɔɪ] n menina moleque

tombstone ['tuːmstəun] n lápide f

tomcat ['tɔmkæt] n gato

tomorrow [tə'mɔrəu] adv, n amanhã m; **the day after ~** depois de amanhã; **~ morning** amanhã de manhã

ton [tʌn] n tonelada (BRIT = 1016kg; US = 907kg); **~s of** (inf) um monte de

tone [təun] n tom m ♦ vi harmonizar; **tone down** vt (colour, criticism) suavizar; (sound) baixar; (MUS) entoar; **tone up** vt (muscles) tonificar; **tone-deaf** adj que não tem ouvido

tongs [tɔŋz] npl (for coal) tenaz f; (for hair) ferros mpl de frisar cabelo

tongue [tʌŋ] n língua; **~ in cheek** ironicamente; **tongue-tied** adj (fig) calado; **tongue-twister** n trava-língua m

tonic ['tɔnɪk] n (MED) tônico; (also: ~ water) (água) tônica

tonight [tə'naɪt] adv, n esta noite, hoje à noite

tonsil ['tɔnsəl] n amígdala; **tonsillitis** [tɔnsɪ'laɪtɪs] n amigdalite f

too [tuː] adv (excessively) demais, muito; (also) também; **~ much** (adv) demais; (adj) demasiado; **~ many** demasiados(-as)

took [tuk] pt of take

tool [tuːl] n ferramenta

toot [tuːt] n (of horn) buzinada; (of whistle) apito ♦ vi buzinar

tooth [tuːθ] (pl teeth) n (ANAT, TECH) dente m; (molar) molar m; **toothache** n dor f de dente; **to have toothache** estar com dor de dente; **toothbrush** n escova de dentes; **toothpaste** n pasta de dentes, creme m dental; **toothpick** n palito

top [tɔp] n (of mountain) cume m, cimo; (of tree) topo; (of head) cocuruto; (of cupboard, table) superfície f, topo; (of box, jar, bottle) tampa; (of ladder, page) topo; (toy) pião m; (blouse etc) top m, blusa ♦ adj (shelf, step) mais alto; (marks) máximo; (in rank) principal, superior ♦ vt exceder; (be first in) estar à cabeça de; **on ~ of** sobre, em cima de; (in addition to) além de; **from ~ to toe** (BRIT) da cabeça aos pés; **from ~ to bottom** de cima abaixo; **top up** (US **top off**) vt completar; **top floor** n último andar m; **top hat** n cartola; **top-heavy** adj desequilibrado

topic ['tɔpɪk] n tópico, assunto; **topical** adj atual

topless adj (bather etc) topless inv, sem a parte superior do biquíni

topmost adj o mais alto

topple ['tɔpl] vt derrubar ♦ vi cair para frente

top-secret adj ultra-secreto, supersecreto

topsy-turvy ['tɔpsɪ'təːvɪ] adj, adv de pernas para o ar, confuso, às avessas

torch [tɔːtʃ] n (BRIT: electric) lanterna

tore [tɔː*] pt of tear

torment [n 'tɔːment, vb tɔː'ment] n tormento, suplício ♦ vt atormentar; (fig: annoy) chatear, aborrecer

torn [tɔːn] pp of tear

tornado [tɔː'neɪdəu] (pl ~es) n tornado

torrent ['tɔrənt] n torrente f

tortoise ['tɔːtəs] n tartaruga

torture ['tɔːtʃə*] n tortura ♦ vt torturar; (fig) atormentar

Tory ['tɔːrɪ] (BRIT) adj, n (POL) conservador(a) m/f

toss [tɔs] vt atirar, arremessar; (head) lançar para trás ♦ vi: **to ~ and turn in bed** virar de um lado para o outro na cama; **to ~ a coin** tirar cara ou coroa; **to ~ up for sth** (BRIT) jogar cara ou coroa por algo

tot [tɔt] n (BRIT: drink) copinho, golinho; (child) criancinha

total ['təutl] adj total ♦ n total m, soma ♦ vt (add up) somar; (amount to) montar a

totter ['tɔtə*] vi cambalear

touch [tʌtʃ] n (sense) toque m; (contact) contato ♦ vt tocar (em); (tamper with) mexer com; (make contact with) fazer contato com; (emotionally) comover; **a ~ of** (fig) um traço de; **to get in ~ with sb** entrar em contato com alguém; **to lose ~** perder o contato; **touch on** vt fus (topic) tocar em, fazer menção de; **touch up** vt (paint) retocar; **touchdown** n aterrissagem f (BR), aterragem f (PT); (on sea) amerissagem f (BR), amaragem f (PT); (US: FOOTBALL) touchdown m; **touching** adj comovedor(a); **touchy** adj suscetível, sensível

tough [tʌf] adj duro; (difficult) difícil; (resistant) resistente; (person: physically) forte; (: mentally) tenaz; (firm) firme, inflexível

tour ['tuə*] n viagem f, excursão f; (also: **package ~**) excursão organizada; (of town, museum) visita; (by artist) turnê f ♦ vt (country, city) excursionar por; (factory) visitar

tourism ['tuərɪzm] n turismo

tourist ['tuərɪst] n turista m/f ♦ cpd turístico; **tourist office** n (in country) escritório de turismo; (in embassy etc) departamento de turismo

tournament ['tuənəmənt] n torneio

tow [təu] vt rebocar; **"on ~"** (BRIT), **"in**

~" (US) (AUT) "rebocado"

toward(s) [tə'wɔ:d(z)] prep em direção a; (of attitude) para com; (of purpose) para; **~ noon/the end of the year** perto do meio-dia/do fim do ano

towel ['tauəl] n toalha; **towelling** n (fabric) tecido para toalhas

tower ['tauə*] n torre f; **tower block** (BRIT) n prédio alto, espigão m, cortiço (BR); **towering** adj elevado; (figure) eminente

town [taun] n cidade f; **to go to ~** ir à cidade; (fig) fazer com entusiasmo, mandar brasa (BR); **town centre** n centro (da cidade); **town hall** n prefeitura (BR), concelho (PT)

towrope ['təurəup] n cabo de reboque

tow truck (US) n reboque m (BR), pronto socorro (PT)

toy [tɔɪ] n brinquedo; **toy with** vt fus brincar com; (idea) contemplar

trace [treɪs] n (sign) sinal m; (small amount) traço ♦ vt (draw) traçar, esboçar; (follow) seguir a pista de; (locate) encontrar

track [træk] n (mark) pegada, vestígio; (path: gen) caminho, vereda; (: of bullet etc) trajetória; (: of suspect, animal) pista, rasto; (RAIL) trilhos (BR), carris mpl (PT); (on tape) trilha; (SPORT) pista; (on record) faixa ♦ vt seguir a pista de; **to keep ~ of** não perder de vista; (fig) manter-se informado sobre; **track down** vt (prey) seguir a pista de; (sth lost) procurar e encontrar; **track suit** n roupa de jogging

tractor ['træktə*] n trator m

trade [treɪd] n comércio; (skill, job) ofício ♦ vi negociar, comerciar ♦ vt: **to ~ sth (for sth)** trocar algo (por algo); **trade in** vt dar como parte de pagamento; **trademark** n marca

a b c d e f g h i j k l m n o p q r s **t** u v w x y z

registrada; **trade name** n marca or nome comercial de um produto; (of company) razão f social; **trader** n comerciante m/f; **tradesman** (irreg) n lojista m; **trade union** n sindicato

tradition [trə'dɪʃən] n tradição f; **traditional** adj tradicional

traffic ['træfɪk] n trânsito; (air ~ etc) tráfego; (illegal) tráfico ◆ vi: **to ~ in** (pej: liquor, drugs) traficar com, fazer tráfico com; **traffic circle** (US) n rotatória; **traffic jam** n engarrafamento, congestionamento; **traffic lights** npl sinal m luminoso; **traffic warden** n guarda m/f de trânsito

tragedy ['trædʒədɪ] n tragédia

tragic ['trædʒɪk] adj trágico

trail [treɪl] n (tracks) rasto, pista; (path) caminho, trilha; (of smoke, dust) rasto ◆ vt (drag) arrastar; (follow) seguir a pista de ◆ vi arrastar-se; (hang loosely) pender; (in game, contest) ficar para trás; **trail behind** vi atrasar-se; **trailer** n (AUT) reboque m; (US: caravan) trailer m (BR), rulote f (PT); (CINEMA) trailer; **trailer truck** (US) n caminhão-reboque m

train [treɪn] n trem m (BR), comboio (PT); (of dress) cauda ◆ vt formar; (teach skills to) instruir; (SPORT) treinar; (dog) adestrar, amestrar; (point: gun etc): **to ~ on** apontar para ◆ vi (learn a skill) instruir; (SPORT) treinar; (be educated) ser treinado; **to lose one's ~ of thought** perder o fio; **trained** adj especializado; (teacher) formado; (animal) adestrado; **trainee** [treɪ'niː] n estagiário(-a); **trainer** n (SPORT) treinador(a) m/f; (of animals) adestrador(a) m/f; **trainers** npl (shoes) tênis m; **training** n instrução f; (SPORT, for occupation) treinamento;

(professional) formação f; **training college** n (for teachers) ≈ escola normal

trait [treɪt] n traço

traitor ['treɪtə*] n traidor(a) m/f

tram [træm] (BRIT) n (also: ~car) bonde m (BR), eléctrico (PT)

tramp [træmp] n (person) vagabundo (-a); (inf: pej: woman) piranha ◆ vi caminhar pesadamente

trample ['træmpl] vt: **to ~ (underfoot)** calcar aos pés

trampoline ['træmpəliːn] n trampolim m

tranquil ['træŋkwɪl] adj tranqüilo; **tranquillizer** n (MED) tranqüilizante m

transact [træn'zækt] vt (business) negociar; **transaction** n transação f, negócio

transfer [n 'trænsfə:*, vb træns'fə:*] n transferência; (picture, design) decalcomania ◆ vt transferir; **to ~ the charges** (BRIT: TEL) ligar a cobrar

transform [træns'fɔ:m] vt transformar

transfusion [træns'fjuːʒən] n (also: **blood ~**) transfusão f (de sangue)

transistor [træn'zɪstə*] n (ELEC: also: ~ **radio**) transistor m

transit ['trænzɪt] n: **in ~** em trânsito, de passagem

translate [trænz'leɪt] vt traduzir; **translation** n tradução f; **translator** n tradutor(a) m/f

transmission [trænz'mɪʃən] n transmissão f

transmit [trænz'mɪt] vt transmitir

transparency [træns'pɛərnsɪ] n transparência; (BRIT: PHOT) diapositivo

transparent [træns'pærnt] adj transparente

transplant [vb træns'plɑːnt, n 'trænsplɑːnt] vt transplantar ◆ n (MED) transplante m

transport [n 'trænspɔːt, vb træns'pɔːt] n transporte m ♦ vt transportar; (carry) acarretar; **transportation** ['trænspɔː'teɪʃən] n transporte m

trap [træp] n (snare) armadilha, cilada; (trick) cilada; (carriage) aranha, charrete f ♦ vt pegar em armadilha; (person: trick) armar; (: in bad marriage) prender; (: in fire): **to be ~ped** ficar preso; (immobilize) bloquear; **trap door** n alçapão m

trapeze [trə'piːz] n trapézio

trappings ['træpɪŋz] npl adornos mpl, enfeites mpl

trash [træʃ] n (pej: nonsense) besteiras fpl; (us: rubbish) lixo; **trash can** (us) n lata de lixo

trauma ['trɔːmə] n trauma m

travel ['trævl] n viagem f ♦ vi viajar; (sound) propagar-se; (news) levar; (wine): **this wine ~s well** este vinho não sofre alteração ao ser transportado ♦ vt percorrer; **~s** npl (journeys) viagens fpl; **travel agent** n agente m/f de viagens; **traveller** (us **traveler**) n viajante m/f; (COMM) caixeiro(-a) viajante; **traveller's cheque** (us **traveler's check**) n cheque m de viagem; **travelling** (us **traveling**) n as viagens, viajar m ♦ adj (circus, exhibition) itinerante; (salesman) viajante ♦ cpd de viagem; **travel sickness** n enjôo

trawler ['trɔːlə*] n traineira

tray [treɪ] n bandeja; (on desk) cesta

treacherous ['trɛtʃərəs] adj traiçoeiro; (ground, tide) perigoso

treacle ['triːkl] n melado

tread [trɛd] (pt **trod**, pp **trodden**) n (step) passo, pisada; (sound) passada; (of stair) piso; (of tyre) banda de rodagem ♦ vi pisar; **tread on** vt fus pisar (em)

treason ['triːzn] n traição f

treasure ['trɛʒə*] n tesouro; (person) jóia ♦ vt (value) apreciar, estimar; **~s** npl (art ~s etc) preciosidades fpl

treasurer ['trɛʒərə*] n tesoureiro(-a)

treasury ['trɛʒərɪ] n tesouraria

treat [triːt] n regalo, deleite m ♦ vt tratar; **to ~ sb to sth** convidar alguém para algo

treatment ['triːtmənt] n tratamento

treaty ['triːtɪ] n tratado, acordo

treble ['trɛbl] adj tríplice ♦ vt triplicar ♦ vi triplicar(-se)

tree [triː] n árvore f

trek [trɛk] n (long journey) jornada; (walk) caminhada

tremble ['trɛmbl] vi tremer

tremendous [trɪ'mɛndəs] adj tremendo; (enormous) enorme; (excellent) sensacional, fantástico

tremor ['trɛmə*] n tremor m; (also: **earth ~**) tremor de terra

trench [trɛntʃ] n trincheira

trend [trɛnd] n (tendency) tendência; (of events) curso; (fashion) modismo, tendência; **trendy** adj (idea) de acordo com a tendência atual; (clothes) da última moda

trespass ['trɛspəs] vi: **to ~ on** invadir; **"no ~ing"** "entrada proibida"

trial ['traɪəl] n (LAW) processo; (test: of machine etc) prova, teste m; **~s** npl (unpleasant experiences) dissabores mpl; **by ~ and error** por tentativas; **to be on ~** ser julgado; **trial period** n período de experiência

triangle ['traɪæŋgl] n (MATH, MUS) triângulo

tribe [traɪb] n tribo f

tribunal [traɪ'bjuːnl] n tribunal m

tributary ['trɪbjuːtərɪ] n afluente m

tribute ['trɪbjuːt] n homenagem f; **to**

a b c d e f g h i j k l m n o p q r s t u v w x y z

pay ~ to prestar homenagem a, homenagear

trick [trɪk] n truque m; (joke) peça, brincadeira; (skill, knack) habilidade f; (CARDS) vaza ♦ vt enganar; **to play a ~ on sb** pregar uma peça em alguém; **that should do the ~** (inf) isso deveria dar resultado; **trickery** n trapaça, astúcia

trickle ['trɪkl] n (of water etc) fio (de água) ♦ vi gotejar, pingar

tricky ['trɪkɪ] adj difícil, complicado

tricycle ['traɪsɪkl] n triciclo

trifle ['traɪfl] n bobagem f, besteira; (CULIN) tipo de bolo com fruta e creme ♦ adv: **a ~ long** um pouquinho longo; **trifling** adj insignificante

trigger ['trɪgə*] n (of gun) gatilho; **trigger off** vt desencadear

trim [trɪm] adj (figure) elegante; (house) arrumado; (garden) bem cuidado ♦ n (haircut) aparada; (on car) estofamento ♦ vt aparar, cortar; (decorate): **to ~ (with)** enfeitar (com); (NAUT: sail) ajustar; **trimmings** npl decoração f; (CULIN) acompanhamentos mpl

trinket ['trɪŋkɪt] n bugiganga; (piece of jewellery) berloque m, bijuteria

trip [trɪp] n viagem f; (outing) excursão f; (stumble) tropeção m ♦ vi tropeçar; (go lightly) andar com passos ligeiros; **on a ~** de viagem; **trip up** vi tropeçar ♦ vt passar uma rasteira em

tripe [traɪp] n (CULIN) bucho, tripa; (pej: rubbish) bobagem f

triple ['trɪpl] adj triplo, tríplice; **triplets** npl trigêmeos(-as) m/fpl

tripod ['traɪpɔd] n tripé m

trite [traɪt] adj gasto, banal

triumph ['traɪʌmf] n (satisfaction) satisfação f; (great achievement) triunfo ♦ vi: **to ~ (over)** triunfar (sobre)

trivia ['trɪvɪə] npl trivialidades fpl

trivial ['trɪvɪəl] adj insignificante; (commonplace) trivial

trod [trɔd] pt of tread; **trodden** pp of tread

trolley ['trɔlɪ] n carrinho; (table on wheels) mesa volante

trombone [trɔm'bəun] n trombone m

troop [tru:p] n bando, grupo ♦ vi: **to ~ in/out** entrar/sair em bando; **~s** npl (MIL) tropas fpl; **~ing the colour** (BRIT) saudação da bandeira

trophy ['trəufɪ] n troféu m

tropic ['trɔpɪk] n trópico; **tropical** adj tropical

trot [trɔt] n trote m; (fast pace) passo rápido ♦ vi trotar; (person) andar rapidamente; **on the ~** (fig: inf) a fio

trouble ['trʌbl] n problema(s) m(pl), dificuldade(s) f(pl); (worry) preocupação f; (effort) incômodo, trabalho; (POL) distúrbios mpl; (MED): **stomach** etc ~ problemas mpl gástricos etc ♦ vt perturbar; (worry) preocupar, incomodar ♦ vi: **to ~ to do sth** incomodar-se or preocupar-se de fazer algo; **~s** npl (POL etc) distúrbios mpl; **to be in ~** estar num aperto; (ship, climber etc) estar em dificuldade; **what's the ~?** qual é o problema?; **troubled** adj preocupado; (epoch, life) agitado; **troublemaker** n criador(a)-de-casos m/f; (child) encrenqueiro(-a); **troublesome** adj importuno; (child, cough) incômodo

trough [trɔf] n (also: **drinking ~**) bebedouro, cocho; (also: **feeding ~**) gamela; (depression) depressão f

trousers ['trauzəz] npl calça (BR), calças fpl (PT)

trout [traut] n inv truta

truant ['truənt] (BRIT) n: **to play ~** matar aula (BR), fazer gazeta (PT)

truce [truːs] n trégua, armistício

truck [trʌk] n caminhão m (BR), camião m (PT); (RAIL) vagão m; **truck driver** n caminhoneiro(-a) (BR), camionista m/f (PT); **truck farm** (US) n horta

true [truː] adj verdadeiro; (accurate) exato; (genuine) autêntico; (faithful) fiel, leal; **to come ~** realizar-se, tornar-se realidade

truffle ['trʌfl] n trufa; (sweet) docinho de chocolate or rum

truly ['truːlɪ] adv realmente; (truthfully) verdadeiramente; (faithfully) fielmente; **yours ~** (in letter) atenciosamente

trump [trʌmp] n trunfo

trumpet ['trʌmpɪt] n trombeta

truncheon ['trʌntʃən] n cassetete m

trunk [trʌŋk] n tronco; (of elephant) tromba; (case) baú m; (US: AUT) mala (BR), porta-bagagens m (PT); **~s** npl (also: **swimming ~s**) sunga (BR), calções mpl de banho (PT)

trust [trʌst] n confiança; (responsibility) responsabilidade f; (LAW) fideicomisso ♦ vt (rely on) confiar em; (entrust): **to ~ sth to sb** confiar algo a alguém; (hope): **to ~ (that)** esperar que; **to take sth on ~** aceitar algo sem verificação prévia; **trusted** adj de confiança; **trustful** adj confiante; **trustworthy** adj digno de confiança

truth [truːθ] n verdade f; **truthful** adj (person) sincero, honesto

try [traɪ] n tentativa; (RUGBY) ensaio ♦ vt (LAW) julgar; (test: sth new) provar, pôr à prova; (strain) cansar ♦ vi tentar; **to have a ~** fazer uma tentativa; **to ~ to do sth** tentar fazer algo; **try on** vt (clothes) experimentar, provar; **trying** adj exasperante

T-shirt n camiseta (BR), T-shirt f (PT)

tub [tʌb] n tina; (bath) banheira

tubby ['tʌbɪ] adj gorducho

tube [tjuːb] n tubo; (pipe) cano; (BRIT: underground) metrô m (BR), metro(-politano) (PT); (for tyre) câmara-de-ar f

tuberculosis [tjubə:kju'ləusɪs] n tuberculose f

TUC n abbr (= Trades Union Congress) ≈ CUT f

tuck [tʌk] vt (put) enfiar, meter; **tuck away** vt esconder; **to be ~ed away** estar escondido; **tuck in** vt enfiar para dentro; (child) aconchegar ♦ vi (eat) comer com apetite; **tuck up** vt (child) aconchegar

Tuesday ['tjuːzdɪ] n terça-feira

tuft [tʌft] n penacho; (of grass etc) tufo

tug [tʌg] n (ship) rebocador m ♦ vt puxar; **tug-of-war** n cabo-de-guerra m; (fig) disputa

tuition [tjuː'ɪʃən] n ensino; (private ~) aulas fpl particulares; (US: fees) taxas fpl escolares

tulip ['tjuːlɪp] n tulipa

tumble ['tʌmbl] n (fall) queda ♦ vi cair, tombar; **to ~ to sth** (inf) sacar algo; **tumbledown** adj em ruínas; **tumble dryer** (BRIT) n máquina de secar roupa

tumbler ['tʌmblə*] n copo

tummy ['tʌmɪ] (inf) n (belly) barriga; (stomach) estômago

tumour ['tjuːmə*] (US **tumor**) n tumor m

tuna ['tjuːnə] n inv (also: **~ fish**) atum m

tune [tjuːn] n melodia ♦ vt (MUS) afinar; (RADIO, TV) sintonizar; (AUT) regular; **to be in/out of ~** (instrument) estar afinado/desafinado; (singer) cantar afinado/desafinar; **to be in/out of ~ with** (fig) harmonizar-se com/ destoar de; **tune in** vi (RADIO, TV): **to ~**

a b c d e f g h i j k l m n o p q r s t u v w x y z

in (to) sintonizar (com); **tune up** vi (musician) afinar (seu instrumento); **tuneful** adj melodioso; **tuner** n: **piano tuner** afinador(a) m/f de pianos

tunic ['tju:nɪk] n túnica

Tunisia [tjuː'nɪzɪə] n Tunísia

tunnel ['tʌnl] n túnel m; (in mine) galeria ♦ vi abrir um túnel (or uma galeria)

turbulence ['tə:bjuləns] n (AVIAT) turbulência

tureen [tə'ri:n] n terrina

turf [tə:f] n torrão m ♦ vt relvar, gramar; **turf out** (inf) vt (person) pôr no olho da rua

Turk [tə:k] n turco(-a)

Turkey ['tə:kɪ] n Turquia

turkey ['tə:kɪ] n peru(a) m/f

Turkish ['tə:kɪʃ] adj turco(-a) ♦ n (LING) turco

turmoil ['tə:mɔɪl] n tumulto, distúrbio, agitação f; **in ~** agitado, tumultuado

turn [tə:n] n volta, turno; (in road) curva; (of mind, events) propensão f, tendência; (THEATRE) número; (MED) choque m ♦ vt dar volta a, fazer girar; (collar) virar; (change): **to ~ sth into** converter algo em ♦ vi virar; (person: look back) voltar-se; (reverse direction) mudar de direção; (milk) azedar; (become) tornar-se, virar; **to ~ nasty** engrossar; **to ~ forty** fazer quarenta anos; **a good ~** um favor; **it gave me quite a ~** me deu um susto enorme; **"no left ~"** (AUT) "proibido virar à esquerda"; **it's your ~** é a sua vez; **in ~** por sua vez; **to take ~s (at)** revezar (em); **turn away** vi virar a cabeça ♦ vt recusar; **turn back** vi voltar atrás ♦ vt voltar para trás; (clock) atrasar; **turn down** vt (refuse) recusar; (reduce) baixar; (fold) dobrar, virar para baixo; **turn in** vi (inf: go to bed) ir dormir

♦ vt (fold) dobrar para dentro; **turn off** vi (from road) virar, sair do caminho ♦ vt (light, radio etc) apagar; (engine) desligar; **turn on** vt (light) acender; (engine, radio) ligar; (tap) abrir; **turn out** vt (light, gas) apagar; (produce) produzir ♦ vi (troops) ser mobilizado; **to ~ out to be ...** revelar-se (ser) ..., resultar (ser) ..., vir a ser ...; **turn over** vi (person) virar-se ♦ vt (object) virar; **turn round** vi voltar-se, virar-se; **turn up** vi (person) aparecer, pintar; (lost object) aparecer ♦ vt (collar) subir; (radio etc) aumentar; **turning** n (in road) via lateral

turnip ['tə:nɪp] n nabo

turnout ['tə:naut] n assistência; (in election) comparecimento às urnas

turnover ['tə:nəuvə*] n (COMM: amount of money) volume m de negócios; (: of goods) movimento; (of staff) rotatividade f

turnpike ['tə:npaɪk] (US) n estrada or rodovia com pedágio (BR) or portagem (PT)

turnstile ['tə:nstaɪl] n borboleta (BR), torniquete m (PT)

turntable ['tə:neɪtbl] n (on record player) prato

turn-up (BRIT) n (on trousers) volta, dobra

turpentine ['tə:pəntaɪn] n (also: turps) aguarrás f

turquoise ['tə:kwɔɪz] n (stone) turquesa ♦ adj azul-turquesa inv

turret ['tʌrɪt] n torrinha

turtle ['tə:tl] n tartaruga, cágado

tusk [tʌsk] n defesa (de elefante)

tutor ['tju:tə*] n professor(a) m/f; (private ~) professor(a) m/f particular; **tutorial** [tju:'tɔ:rɪəl] n (SCH) seminário

tuxedo [tʌk'si:dəu] (US) n smoking m

TV n abbr (= *television*) TV f

twang [twæŋ] n (*of instrument*) dedilhado; (*of voice*) timbre m nasal

tweed [twi:d] n tweed m, pano grosso de lã

tweezers ['twi:zəz] npl pinça (pequena)

twelfth [twelfθ] num décimo segundo

twelve [twelv] num doze; **at ~ (o'clock)** (*midday*) ao meio-dia; (*midnight*) à meia-noite

twentieth ['twentɪɪθ] num vigésimo

twenty ['twentɪ] num vinte

twice [twaɪs] adv duas vezes; **~ as much** duas vezes mais

twig [twɪg] n graveto, varinha ♦ vi (*inf*) sacar

twilight ['twaɪlaɪt] n crepúsculo, meia-luz f

twin [twɪn] adj gêmeo; (*beds*) separado ♦ n gêmeo ♦ vt irmanar; **twin(-bedded) room** n quarto com duas camas

twine [twaɪn] n barbante m (*BR*), cordel m (*PT*) ♦ vi enroscar-se, enrolar-se

twinge [twɪndʒ] n (*of pain*) pontada; (*of conscience*) remorso

twinkle ['twɪŋkl] vi cintilar; (*eyes*) pestanejar

twirl [twə:l] vt fazer girar ♦ vi girar rapidamente

twist [twɪst] n torção f; (*in road, coil*) curva; (*in flex*) virada; (*in story*) mudança imprevista ♦ vt torcer, retorcer; (*ankle*) torcer; (*weave*) entrelaçar; (*roll around*) enrolar; (*fig*) deturpar ♦ vi serpentear

twit [twɪt] (*inf*) n idiota m/f, bobo(-a)

twitch [twɪtʃ] n puxão m; (*nervous*) tique m nervoso ♦ vi contrair-se

two [tu:] num dois; **to put ~ and ~ together** (*fig*) tirar conclusões;

two-faced (*pej*) adj (*person*) falso;

two-way adj: **two-way traffic** trânsito em mão dupla

tycoon [taɪ'ku:n] n: (*business*) **~** magnata m

type [taɪp] n (*category*) tipo, espécie f; (*model*) modelo; (*TYP*) tipo, letra ♦ vt (*letter etc*) datilografar, bater (à máquina); **typescript** n texto datilografado; **typewriter** n máquina de escrever

typhoid ['taɪfɔɪd] n febre f tifóide

typical ['tɪpɪkl] adj típico

typing ['taɪpɪŋ] n datilografia

typist ['taɪpɪst] n datilógrafo(-a) m/f

tyrant ['taɪərənt] n tirano(-a)

tyre ['taɪə*] (*US* **tire**) n pneu m

U u

ubiquitous [ju:'bɪkwɪtəs] adj ubíquo, onipresente

udder ['ʌdə*] n ubre f

UFO ['ju:fəu] n abbr (= *unidentified flying object*) óvni m

Uganda [ju:'gændə] n Uganda (*no article*)

ugly ['ʌglɪ] adj feio; (*dangerous*) perigoso

UK n abbr = **United Kingdom**

ulcer ['ʌlsə*] n úlcera; **mouth ~** afta

Ulster ['ʌlstə*] n Ulster m

ulterior [ʌl'tɪərɪə*] adj: **~ motive** segundas intenções fpl

ultimate ['ʌltɪmət] adj último, final; (*authority*) máximo; **ultimately** adv (*in the end*) no final, por último; (*fundamentally*) no fundo

ultrasound ['ʌltrəsaund] n (*MED*) ultra-som m

umbilical cord [ʌmbɪˈlaɪkl-] n cordão m umbilical

umbrella [ʌmˈbrɛlə] n guarda-chuva m; (for sun) guarda-sol m, barraca (da praia)

umpire [ˈʌmpaɪəʳ] n árbitro ♦ vt arbitrar

umpteen [ʌmpˈtiːn] adj inúmeros(-as)

UN n abbr (= United Nations) ONU f

unable [ʌnˈeɪbl] adj: **to be ~ to do sth** não poder fazer algo

unaccompanied [ʌnəˈkʌmpənɪd] adj desacompanhado; (singing, song) sem acompanhamento

unanimous [juːˈnænɪməs] adj unânime

unarmed [ʌnˈɑːmd] adj (without a weapon) desarmado; (defenceless) indefeso

unattached [ʌnəˈtætʃt] adj (person) livre; (part etc) solto, separado

unattended [ʌnəˈtɛndɪd] adj (car, luggage) abandonado

unattractive [ʌnəˈtræktɪv] adj sem atrativos; (building, appearance, idea) pouco atraente

unauthorized [ʌnˈɔːθəraɪzd] adj não autorizado, sem autorização

unavoidable [ʌnəˈvɔɪdəbl] adj inevitável

unaware [ʌnəˈwɛəʳ] adj: **to be ~ of** ignorar, não perceber

unawares [ʌnəˈwɛəz] adv improvisadamente, de surpresa

unbalanced [ʌnˈbælənst] adj desequilibrado

unbearable [ʌnˈbɛərəbl] adj insuportável

unbeatable [ʌnˈbiːtəbl] adj (team) invencível; (price) sem igual

unbelievable [ʌnbɪˈliːvəbl] adj inacreditável; (amazing) incrível

unborn [ʌnˈbɔːn] adj por nascer

unbroken [ʌnˈbrəukən] adj (seal) intacto; (line) contínuo; (silence, series) ininterrupto; (record) mantido; (spirit) indômito

unbutton [ʌnˈbʌtn] vt desabotoar

uncalled-for [ʌnˈkɔːld-] adj desnecessário, gratuito

uncanny [ʌnˈkænɪ] adj estranho; (knack) excepcional

uncertain [ʌnˈsəːtn] adj incerto; (character) indeciso; (unsure): **~ about** inseguro sobre; **in no ~ terms** em termos precisos; **uncertainty** n incerteza; (also: **doubts**) dúvidas fpl

uncivilized [ʌnˈsɪvəlaɪzd] adj (country, people) primitivo; (fig: behaviour) incivilizado; (: hour) de manhã bem cedo

uncle [ˈʌŋkl] n tio

uncomfortable [ʌnˈkʌmfətəbl] adj incômodo; (uneasy) pouco à vontade; (situation) desagradável

uncommon [ʌnˈkɔmən] adj raro, incomum, excepcional

uncompromising [ʌnˈkɔmprəmaizɪŋ] adj intransigente, inflexível

unconcerned [ʌnkənˈsəːnd] adj indiferente, despreocupado

unconditional [ʌnkənˈdɪʃənl] adj incondicional

unconscious [ʌnˈkɔnʃəs] adj sem sentidos, desacordado; (unaware): **~ of** inconsciente de ♦ n: **the ~** o inconsciente

uncontrollable [ʌnkənˈtrəuləbl] adj (temper) ingovernável; (child, animal, laughter) incontrolável

unconventional [ʌnkənˈvɛnʃənl] adj inconvencional

uncouth [ʌnˈkuːθ] adj rude, grosseiro

uncover [ʌnˈkʌvəʳ] vt descobrir; (take lid off) destapar, destampar

undecided [ʌndɪˈsaɪdɪd] *adj* indeciso; (*question*) não respondido, pendente
under [ˈʌndə*] *prep* embaixo de (*BR*), debaixo de (*PT*); (*fig*) sob; (*less than*) menos de; (*according to*) segundo, de acordo com ♦ *adv* embaixo; (*movement*) por baixo; ~ **there** ali embaixo; ~ **repair** em conserto
under... [ˈʌndə*] *prefix*: **under-age** *adj* menor de idade; **undercarriage** (*BRIT*) *n* (*AVIAT*) trem *m* de aterrissagem; **undercharge** *vt* não cobrar o suficiente; **underclothes** *npl* roupa de baixo, roupa íntima; **undercover** *adj* secreto, clandestino; **undercurrent** *n* (*fig*) tendência; **undercut** (*irreg*) *vt* (*person*) prejudicar; (*prices*) vender por menos que; **underdog** *n* o mais fraco; **underdone** *adj* (*CULIN*) mal passado; **underestimate** *vt* subestimar; **underexposed** *adj* (*PHOT*) sem exposição suficiente; **underfed** *adj* subnutrido; **underfoot** *adv* sob os pés; **undergo** (*irreg*) *vt* sofrer; (*test*) passar por; (*operation, treatment*) ser submetido a; **undergraduate** *n* universitário(-a); **underground** *n* (*BRIT*) metrô *m* (*BR*), metro(-politano) (*PT*); (*POL*) organização *f* clandestina ♦ *adj* subterrâneo; (*fig*) clandestino ♦ *adv* (*work*) embaixo da terra; (*fig*) na clandestinidade; **undergrowth** *n* vegetação *f* rasteira; **underhand(ed)** *adj* (*fig*) secreto e desonesto; **underlie** (*irreg*) *vt* (*fig*) ser a base de; **underline** *vt* sublinhar; **undermine** *vt* minar, solapar; **underneath** *adv* embaixo, debaixo, por baixo ♦ *prep* embaixo de (*BR*), debaixo de (*PT*); **underpaid** *adj* mal pago; **underpants** (*BRIT*) *npl* cueca(s) *f*(*pl*) (*BR*), cuecas *fpl* (*PT*); **underpass** (*BRIT*) *n* passagem *f* inferior; **underprivileged** *adj* menos favorecido; **underrate** *vt* depreciar,

subestimar; **undershirt** (*US*) *n* camiseta; **undershorts** (*US*) *npl* cueca (*BR*), cuecas *fpl* (*PT*); **underside** *n* parte *f* inferior; **underskirt** (*BRIT*) *n* anágua
understand [ʌndəˈstænd] (*irreg*) *vt* entender, compreender ♦ *vi*: **to ~ that** acreditar que; **understandable** *adj* compreensível; **understanding** *adj* compreensivo ♦ *n* compreensão *f*; (*knowledge*) entendimento; (*agreement*) acordo
understatement [ʌndəˈsteɪtmənt] *n* (*quality*) subestimação *f*; (*euphemism*) eufemismo; **it's an ~ to say that ...** é uma subestimação dizer que ...
understood [ʌndəˈstud] *pt, pp of* **understand** ♦ *adj* entendido; (*implied*) subentendido, implícito
understudy [ˈʌndəstʌdɪ] *n* ator *m* substituto (atriz *f* substituta)
undertake [ʌndəˈteɪk] (*irreg: like* **take**) *vt* incumbir-se de, encarregar-se de; **to ~ to do sth** comprometer-se a fazer algo
undertaker [ˈʌndəteɪkə*] *n* agente *m/f* funerário(-a)
undertaking [ˈʌndəteɪkɪŋ] *n* empreendimento; (*promise*) promessa
underwater [ʌndəˈwɔːtə*] *adv* sob a água ♦ *adj* subaquático
underwear [ˈʌndəwɛə*] *n* roupa de baixo, roupa íntima
underworld [ˈʌndəwəːld] *n* (*of crime*) submundo
undies [ˈʌndɪz] (*inf*) *npl* roupa de baixo, roupa íntima
undo [ʌnˈduː] (*irreg: like* **do**) *vt* (*unfasten*) desatar; (*spoil*) desmanchar
undoing [ʌnˈduːɪŋ] *n* ruína, desgraça
undoubted [ʌnˈdautɪd] *adj* indubitável
undress [ʌnˈdrɛs] *vi* despir-se, tirar a

roupa

undue [ʌn'djuː] *adj* excessivo

unduly [ʌn'djuːlɪ] *adv* excessivamente

unearth [ʌn'əːθ] *vt* desenterrar; *(fig)* revelar

uneasy [ʌn'iːzɪ] *adj* (*person*) preocupado; (*feeling*) incômodo; (*peace, truce*) desconfortável

uneconomic(al) [ʌniːkə'nɔmɪk(l)] *adj* antieconômico

uneducated [ʌn'ɛdjukeɪtɪd] *adj* inculto, sem instrução, não escolarizado

unemployed [ʌnɪm'plɔɪd] *adj* desempregado ♦ *npl*: **the ~** os desempregados

unemployment [ʌnɪm'plɔɪmənt] *n* desemprego

unending [ʌn'ɛndɪŋ] *adj* interminável

unerring [ʌn'əːrɪŋ] *adj* infalível

uneven [ʌn'iːvn] *adj* desigual; (*road etc*) irregular, acidentado

unexpected [ʌnɪk'spɛktɪd] *adj* inesperado; **unexpectedly** [ʌnɪks'pɛktɪdlɪ] *adv* inesperadamente

unfair [ʌn'fɛə*] *adj*: **~ (to)** injusto (com)

unfaithful [ʌn'feɪθful] *adj* infiel

unfamiliar [ʌnfə'mɪlɪə*] *adj* pouco familiar, desconhecido; **to be ~ with sth** não estar familiarizado com algo

unfashionable [ʌn'fæʃnəbl] *adj* fora da moda

unfasten [ʌn'fɑːsn] *vt* desatar; (*open*) abrir

unfavourable [ʌn'feɪvərəbl] (*US* unfavorable) *adj* desfavorável

unfeeling [ʌn'fiːlɪŋ] *adj* insensível

unfinished [ʌn'fɪnɪʃt] *adj* incompleto, inacabado

unfit [ʌn'fɪt] *adj* sem preparo físico; (*incompetent*): **~ (for)** incompetente

(para), incapaz (de); **~ for work** inapto para trabalhar

unfold [ʌn'fəuld] *vt* desdobrar ♦ *vi* (*situation*) desdobrar-se

unforeseen [ʌnfɔː'siːn] *adj* imprevisto

unfortunate [ʌn'fɔːtʃənət] *adj* infeliz; (*event, remark*) inoportuno

unfounded [ʌn'faundɪd] *adj* infundado

unfriendly [ʌn'frɛndlɪ] *adj* antipático

ungainly [ʌn'geɪnlɪ] *adj* desalinhado

ungrateful [ʌn'greɪtful] *adj* mal agradecido, ingrato

unhappiness [ʌn'hæpɪnɪs] *n* infelicidade *f*

unhappy [ʌn'hæpɪ] *adj* triste; (*unfortunate*) desventurado; (*childhood*) infeliz; (*dissatisfied*): **~ with** descontente com, insatisfeito com

unharmed [ʌn'hɑːmd] *adj* ileso

unhealthy [ʌn'hɛlθɪ] *adj* insalubre; (*person*) doentio; (*fig*) anormal

unheard-of [ʌn'həːd-] *adj* insólito

unhurt [ʌn'həːt] *adj* ileso

uniform ['juːnɪfɔːm] *n* uniforme *m* ♦ *adj* uniforme

uninhabited [ʌnɪn'hæbɪtɪd] *adj* inabitado

unintentional [ʌnɪn'tɛnʃənəl] *adj* involuntário, não intencional

union ['juːnjən] *n* união *f*; (*also:* **trade ~**) sindicato (de trabalhadores) ♦ *cpd* sindical; **Union Jack** *n* bandeira britânica

unique [juː'niːk] *adj* único, sem igual

unison ['juːnɪsn] *n*: **in ~** em harmonia, em uníssono

unit ['juːnɪt] *n* unidade *f*; (*of furniture etc*) seção *f*; (*team, squad*) equipe *f*; **kitchen ~** armário de cozinha

unite [juː'naɪt] *vt* unir ♦ *vi* unir-se;

united *adj* unido; (*effort*) conjunto;
United Kingdom *n* Reino Unido;
United Nations (Organization) *n*
(Organização *f* das) Nações *fpl* Unidas;
United States (of America) *n*
Estados Unidos *mpl* (da América)
universal [ju:nɪˈvɜːsl] *adj* universal
universe [ˈjuːnɪvɜːs] *n* universo
university [juːnɪˈvɜːsɪtɪ] *n*
universidade *f*
unjust [ʌnˈdʒʌst] *adj* injusto
unkempt [ʌnˈkɛmpt] *adj* desleixado,
descuidado; (*hair*) despenteado;
(*beard*) mal tratado
unkind [ʌnˈkaɪnd] *adj* maldoso;
(*comment etc*) cruel
unknown [ʌnˈnəʊn] *adj*
desconhecido
unlawful [ʌnˈlɔːful] *adj* ilegal
unleaded [ʌnˈlɛdɪd] *adj* (*petrol, fuel*)
sem chumbo
unleash [ʌnˈliːʃ] *vt* (*fig*) desencadear
unless [ʌnˈlɛs] *conj* a menos que, a
não ser que; ~ **he comes** a menos que
ele venha
unlike [ʌnˈlaɪk] *adj* diferente ♦ *prep*
diferentemente de, ao contrário de
unlikely [ʌnˈlaɪklɪ] *adj* (*not likely*)
improvável; (*unexpected*) inesperado
unlisted [ʌnˈlɪstɪd] (*US*) *adj* (*TEL*) que
não consta na lista telefônica
unload [ʌnˈləʊd] *vt* descarregar
unlock [ʌnˈlɔk] *vt* destrancar
unlucky [ʌnˈlʌkɪ] *adj* infeliz; (*object,
number*) de mau agouro; **to be ~** ser
azarado, ter azar
unmarried [ʌnˈmærɪd] *adj* solteiro
unmistak(e)able [ʌnmɪsˈteɪkəbl] *adj*
inconfundível
unnatural [ʌnˈnætʃrəl] *adj* antinatural,
artificial; (*manner*) afetado; (*habit*)
depravado

unnecessary [ʌnˈnɛsəsərɪ] *adj*
desnecessário, inútil
unnoticed [ʌnˈnəʊtɪst] *adj*: (**to go** or
pass) ~ (passar) despercebido
UNO [ˈjuːnəʊ] *n abbr* (= *United Nations
Organization*) ONU *f*
unobtainable [ʌnəbˈteɪnəbl] *adj*
inacessível; (*TEL*) ocupado
unofficial [ʌnəˈfɪʃl] *adj* não-oficial,
informal; (*strike*) desautorizado
unpack [ʌnˈpæk] *vi* desembrulhar ♦ *vt*
desfazer
unpalatable [ʌnˈpælətəbl] *adj*
desagradável
unparalleled [ʌnˈpærəleld] *adj* sem
paralelo
unpleasant [ʌnˈplɛznt] *adj*
desagradável; (*person, manner*)
antipático
unplug [ʌnˈplʌg] *vt* desligar
unpopular [ʌnˈpɔpjulə*] *adj*
impopular
unprecedented [ʌnˈprɛsɪdəntɪd] *adj*
sem precedentes
unpredictable [ʌnprɪˈdɪktəbl] *adj*
imprevisível
unprofessional [ʌnprəˈfɛʃənl] *adj*
(*conduct*) pouco profissional
unravel [ʌnˈrævl] *vt* desemaranhar;
(*mystery*) desvendar
unreal [ʌnˈrɪəl] *adj* irreal, ilusório;
(*extraordinary*) extraordinário
unrealistic [ʌnrɪəˈlɪstɪk] *adj* pouco
realista
unreasonable [ʌnˈriːznəbl] *adj*
insensato; (*demand*) absurdo
unrelated [ʌnrɪˈleɪtɪd] *adj* sem
relação; (*family*) sem parentesco
unreliable [ʌnrɪˈlaɪəbl] *adj* (*person*)
indigno de confiança; (*machine*)
incerto, perigoso
unrest [ʌnˈrɛst] *n* inquietação *f*,

a
b
c
d
e
f
g
h
i
j
k
l
m
n
o
p
q
r
s
t
u
v
w
x
y
z

desassossego; (*POL*) distúrbios *mpl*

unroll [ʌn'rəul] *vt* desenrolar

unruly [ʌn'ruːlɪ] *adj* indisciplinado; (*hair*) desalinhado

unsafe [ʌn'seɪf] *adj* perigoso

unsatisfactory [ʌnsætɪsˈfæktərɪ] *adj* insatisfatório

unsavoury [ʌn'seɪvərɪ] (*US* **unsavory**) *adj* (*fig*) repugnante, vil

unscrew [ʌn'skruː] *vt* desparafusar

unscrupulous [ʌn'skruːpjuləs] *adj* inescrupuloso, imoral

unsettled [ʌn'setld] *adj* (*weather*) instável; (*person*) inquieto

unshaven [ʌn'ʃeɪvn] *adj* com a barba por fazer

unsightly [ʌn'saɪtlɪ] *adj* feio, disforme

unskilled [ʌn'skɪld] *adj* não-especializado

unspeakable [ʌn'spiːkəbl] *adj* indescritível; (*awful*) inqualificável

unstable [ʌn'steɪbl] *adj* em falso; (*mentally*) instável

unsteady [ʌn'stedɪ] *adj* trêmulo; (*ladder*) em falso

unstuck [ʌn'stʌk] *adj*: **to come ~** despregar-se; (*fig*) fracassar

unsuccessful [ʌnsək'sesful] *adj* (*attempt*) frustrado, vão (vã); (*writer, proposal*) sem êxito; **to be ~** (*in attempting sth*) ser mal sucedido, não conseguir; (*application*) ser recusado

unsuitable [ʌn'suːtəbl] *adj* inadequado; (*time*) inconveniente

unsure [ʌn'ʃuə*] *adj* inseguro, incerto; **to be ~ of o.s.** não ser seguro de si

unsympathetic [ʌnsɪmpə'θetɪk] *adj* insensível; (*unlikeable*) antipático

unthinkable [ʌn'θɪŋkəbl] *adj* impensável, inconcebível, incalculável

untidy [ʌn'taɪdɪ] *adj* (*room*) desarrumado, desleixado; (*appearance*)

desmazelado, desalinhado

untie [ʌn'taɪ] *vt* desatar, desfazer; . (*dog, prisoner*) soltar

until [ən'tɪl] *prep* até ♦ *conj* até que; **~ he comes** até que ele venha; **~ now** até agora; **~ then** até então

unused [ʌn'juːzd] *adj* novo, sem uso

unusual [ʌn'juːʒuəl] *adj* (*strange*) estranho; (*rare*) incomum; (*exceptional*) extraordinário

unveil [ʌn'veɪl] *vt* desvelar, descobrir

unwanted [ʌn'wɔntɪd] *adj* não desejado, indesejável

unwelcome [ʌn'welkəm] *adj* (*guest*) inoportuno; (*news*) desagradável

unwell [ʌn'wel] *adj*: **to be ~** estar doente; **to feel ~** estar indisposto

unwilling [ʌn'wɪlɪŋ] *adj*: **to be ~ to do sth** relutar em fazer algo, não querer fazer algo; **unwillingly** *adv* de má vontade

unwind [ʌn'waɪnd] (*irreg*) *vt* desenrolar ♦ *vi* (*relax*) relaxar-se

unwise [ʌn'waɪz] *adj* imprudente

unworthy [ʌn'wə:ðɪ] *adj* indigno

unwrap [ʌn'ræp] *vt* desembrulhar

unwritten [ʌn'rɪtən] *adj* (*agreement*) tácito

---

up

KEYWORD

[ʌp] *prep*: **to go/be ~ sth** subir algo/ estar em cima de algo; **we climbed/ walked ~ the hill** nós subimos/ andamos até em cima da colina; **they live further ~ the street** eles moram mais adiante nesta rua

♦ *adv*

1 (*upwards, higher*) em cima, para cima; **~ in the sky/the mountains** lá no céu/nas montanhas; **~ there** lá em cima; **~ above** em cima

2: **to be ~** (out of bed) estar de pé; (prices, level) estar elevado; (building, tent) estar erguido
3: **~ to** (as far as) até; **~ to now** até agora
4: **to be ~ to** (depending on): **it is ~ to you** você é quem sabe, você decide
5: **to be ~ to** (equal to) estar à altura de; **he's not ~ to it** (job, task etc) ele não é capaz de fazê-lo; **his work is not ~ to the required standard** seu trabalho não atende aos padrões exigidos
6: **to be ~ to** (inf: be doing) estar fazendo (BR) or a fazer (PT); **what is he ~ to?** o que ele está querendo?, o que ele está tramando?
♦ n: **~s and downs** altos mpl e baixos mpl

upbringing ['ʌpbrɪŋɪŋ] n educação f, criação f
update [ʌp'deɪt] vt atualizar, pôr em dia
upgrade [ʌp'greɪd] vt (person) promover; (job) melhorar; (house) reformar
upheaval [ʌp'hiːvl] n transtorno; (unrest) convulsão f
uphill [ʌp'hɪl] adj ladeira acima; (fig: task) trabalhoso, árduo ♦ adv: **to go ~** ir morro acima; (face, look) para cima
uphold [ʌp'həʊld] (irreg: like **hold**) vt defender, preservar
upholstery [ʌp'həʊlstəri] n estofamento
upkeep ['ʌpkiːp] n manutenção f
upon [ə'pɒn] prep sobre
upper ['ʌpə*] adj superior, de cima ♦ n (of shoe) gáspea, parte f superior; **upper-class** adj de classe alta; **upper hand** n: **to have the upper hand** ter

controle or domínio; **uppermost** adj mais elevado; **what was uppermost in my mind** o que me preocupava mais
upright ['ʌpraɪt] adj vertical; (straight) reto; (fig) honesto
uprising ['ʌpraɪzɪŋ] n revolta, rebelião f, sublevação f
uproar ['ʌprɔː*] n tumulto, algazarra
uproot [ʌp'ruːt] vt (tree) arrancar; (fig) desarraigar
upset [n 'ʌpset, vb, adj ʌp'set (irreg: like **set**)] n (to plan etc) revés m, reviravolta; (stomach ~) indisposição f ♦ vt (glass etc) virar; (plan) perturbar; (person: annoy) aborrecer ♦ adj aflito; (stomach) indisposto
upshot ['ʌpʃɒt] n resultado, conclusão f
upside down ['ʌpsaɪd-] adv de cabeça para baixo; **to turn a place ~** (fig) deixar um lugar de cabeça para baixo
upstairs [ʌp'steəz] adv (be) em cima; (go) lá em cima ♦ adj (room) de cima ♦ n andar m de cima
upstart ['ʌpstɑːt] (pej) n novo-rico, pessoa sem classe
upstream [ʌp'striːm] adv rio acima
uptight [ʌp'taɪt] (inf) adj nervoso
up-to-date adj (person) moderno, atualizado; (information) atualizado
upward ['ʌpwəd] adj ascendente, para cima; **upward(s)** adv para cima; (more than): **upward(s) of** para cima de
urban ['əːbən] adj urbano, da cidade
urge [əːdʒ] n desejo ♦ vt: **to ~ sb to do sth** incitar alguém a fazer algo
urgent ['əːdʒənt] adj urgente; (tone, plea) insistente
urinal ['juərɪnl] (BRIT) n (vessel) urinol m; (building) mictório
urine ['juərɪn] n urina
urn [əːn] n urna; (also: **tea ~**)

a b c d e f g h i j k l m n o p q r s t **u** v w x y z

samovar *m*

Uruguay ['juərəgwaɪ] *n* Uruguai
m

us [ʌs] *pron* nos; (*after prep*) nós; *see also* **me**

US(A) *n abbr* (= *United States (of America)*) EUA *mpl*

use [*n* ju:s, *vb* ju:z] *n* uso, emprego; (*usefulness*) utilidade *f* ♦ *vt* usar, utilizar; (*phrase*) empregar; **in ~** em uso; **out of ~** fora de uso; **to be of ~** ser útil; **it's no ~** (*pointless*) é inútil; (*not useful*) não serve; **to be ~d to** estar acostumado a; **she ~d to do it** ela costumava fazê-lo; **use up** *vt* esgotar, consumir; (*money*) gastar; **used** [ju:zd] *adj* usado; **useful** ['ju:sful] *adj* útil; **usefulness** *n* utilidade *f*; **useless** ['ju:slɪs] *adj* inútil; (*person*) incapaz; **user** ['ju:zə*] *n* usuário(-a) (*BR*), utente *m/f* (*PT*); **user-friendly** *adj* de fácil utilização

usher ['ʌʃə*] *n* (*at wedding*) oficial *m* de justiça; **usherette** [ʌʃə'rɛt] *n* (*in cinema*) lanterninha (*BR*), arrumadora (*PT*)

usual ['ju:ʒuəl] *adj* usual, habitual; **as ~** como de hábito, como sempre; **usually** ['ju:ʒuəlɪ] *adv* normalmente

utensil [ju:'tɛnsl] *n* utensílio

utmost ['ʌtməust] *adj* maior ♦ *n*: **to do one's ~** fazer todo o possível

utter ['ʌtə*] *adj* total ♦ *vt* (*sounds*) emitir; (*words*) proferir, pronunciar; **utterly** *adv* completamente, totalmente

U-turn *n* retorno

V v

v *abbr* = *verse*; (= *vide: see*) vide; (= *versus*) x; (= *volt*) v

vacancy ['veɪkənsɪ] *n* (*BRIT*: *job*) vaga; (*room*) quarto livre

vacant ['veɪkənt] *adj* desocupado, livre; (*expression*) distraído

vacate [və'keɪt] *vt* (*house*) desocupar; (*job*) deixar

vacation [və'keɪʃən] (*esp US*) *n* férias *fpl*

vaccinate ['væksɪneɪt] *vt* vacinar

vacuum ['vækjum] *n* vácuo *m*;

vacuum cleaner *n* aspirador *m* de pó

vagina [və'dʒaɪnə] *n* vagina

vagrant ['veɪgrənt] *n* vagabundo(-a), vadio(-a)

vague [veɪg] *adj* vago; (*blurred*: *memory*) fraco; **vaguely** *adv* vagamente

vain [veɪn] *adj* vaidoso; (*useless*) vão (vã) inútil; **in ~** em vão

valentine ['væləntaɪn] *n* (*also*: ~ **card**) cartão *m* do Dia dos Namorados; (*person*) namorado

valiant ['vælɪənt] *adj* corajoso

valid ['vælɪd] *adj* válido

valley ['vælɪ] *n* vale *m*

valuable ['væljuəbl] *adj* (*jewel*) de valor; (*time*) valioso; (*help*) precioso; **valuables** *npl* objetos *mpl* de valor

valuation [vælju'eɪʃən] *n* avaliação *f*; (*of quality*) apreciação *f*

value ['vælju:] *n* valor *m*; (*importance*) importância ♦ *vt* (*fix price of*) avaliar; (*appreciate*) valorizar, estimar; **~s** *npl* (*principles*) valores *mpl*; **valued** *adj* (*appreciated*) valorizado

valve [vælv] *n* válvula

van [væn] *n* (*AUT*) camionete *f* (*BR*),

camioneta (*PT*)

vandal ['vændl] *n* vândalo(-a);
vandalize *vt* destruir, depredar

vanilla [və'nɪlə] *n* baunilha

vanish ['vænɪʃ] *vi* desaparecer, sumir

vanity ['vænɪtɪ] *n* vaidade *f*

vapour ['veɪpə*] (*US* vapor) *n* vapor *m*

variety [və'raɪətɪ] *n* variedade *f*,
diversidade *f*; (*type, quantity*)
variedade

various ['vɛərɪəs] *adj* vários(-as),
diversos(-as); (*several*) vários(-as)

varnish ['vɑ:nɪʃ] *n* verniz *m*; (*nail ~*)
esmalte *m* ♦ *vt* envernizar, pintar (com
esmalte)

vary ['vɛərɪ] *vt* mudar ♦ *vi* variar;
(*become different*): **to ~ with** variar de
acordo com

vase [vɑ:z] *n* vaso

vaseline ['væsɪli:n] ® *n* vaselina ®

vast [vɑ:st] *adj* enorme

VAT [væt] (*BRIT*) *n abbr* (= *value added
tax*) ≈ ICM *m* (*BR*), IVA *m* (*PT*)

vat [væt] *n* tina, cuba

vault [vɔ:lt] *n* (*of roof*) abóbada;
(*tomb*) sepulcro; (*in bank*) caixa-forte *f*
♦ *vt* (*also:* ~ *over*) saltar (por cima de)

VCR *n abbr* = **video cassette recorder**

VDU *n abbr* = **visual display unit**

veal [vi:l] *n* carne *f* de vitela

veer [vɪə*] *vi* virar

vegan ['vi:gən] *n* vegetalista *m/f*

vegetable ['vɛdʒtəbl] *n* (*BOT*) vegetal
m; (*edible plant*) legume *m*, hortaliça
♦ *adj* vegetal

vegetarian [vɛdʒɪ'tɛərɪən] *adj, n*
vegetariano(-a)

vehement ['vi:mənt] *adj* veemente;
(*attack*) violento

vehicle ['vi:ɪkl] *n* veículo

veil [veɪl] *n* véu *m* ♦ *vt* velar

vein [veɪn] *n* veia; (*of ore etc*) filão *m*;
(*on leaf*) nervura

velvet ['vɛlvɪt] *n* veludo ♦ *adj*
aveludado

vending machine ['vɛndɪŋ-] *n*
vendedor *m* automático

veneer [və'nɪə*] *n* (*wood*)
compensado; (*fig*) aparência

venereal [vɪ'nɪərɪəl] *adj*: ~ **disease**
doença venérea

Venetian blind [vɪ'ni:ʃən-] *n* persiana

Venezuela [venɛ'zweɪlə] *n* Venezuela

vengeance ['vɛndʒəns] *n* vingança;
with a ~ (*fig*) para valer

venison ['vɛnɪsn] *n* carne *f* de veado

venom ['vɛnəm] *n* veneno; (*bitterness*)
malevolência

vent [vɛnt] *n* (*in jacket*) abertura;
(*also:* **air ~**) respiradouro ♦ *vt* (*fig:
feelings*) desabafar, descarregar

ventriloquist [vɛn'trɪləkwɪst] *n*
ventríloquo

venture ['vɛntʃə*] *n* empreendimento
♦ *vt* (*opinion*) arriscar ♦ *vi* arriscar-se;
business ~ empreendimento
comercial

venue ['vɛnju:] *n* local *m*

verb [və:b] *n* verbo

verbatim [və:'beɪtɪm] *adj, adv* palavra
por palavra

verdict ['və:dɪkt] *n* veredicto, decisão
f; (*fig*) opinião *f*, parecer *m*

verge [və:dʒ] *n* beira, margem *f*; (*on
road*) acostamento (*BR*), berma (*PT*);
"soft ~s" (*BRIT: AUT*) "acostamento
mole"; **to be on the ~ of doing sth**
estar a ponto *or* à beira de fazer algo;
verge on *vt fus* beirar em

vermin ['və:mɪn] *npl* (*animals*) bichos
mpl; (*insects*) insetos *mpl* nocivos

vermouth ['və:məθ] *n* vermute *m*

versatile ['və:sətaɪl] *adj* (*person*)
versátil; (*machine, tool etc*) polivalente

verse [vəːs] n verso, poesia; (stanza) estrofe f; (in bible) versículo

version ['vəːʃən] n versão f

versus ['vəːsəs] prep contra, versus

vertical ['vəːtɪkl] adj vertical

vertigo ['vəːtɪgəu] n vertigem f

verve [vəːv] n garra, pique m

very ['vɛrɪ] adv muito ♦ adj: **the ~ book which** o mesmo livro que; **the ~ last** o último (de todos), bem o último; **at the ~ least** no mínimo; **~ much** muitíssimo

vessel ['vɛsl] n (NAUT) navio, barco; (container) vaso, vasilha

vest [vɛst] n (BRIT) camiseta (BR), camisola interior (PT); (US: waistcoat) colete m

vet [vɛt] n abbr (= veterinary surgeon) veterinário(-a) ♦ vt examinar

veteran ['vɛtərn] n (also: **war ~**) veterano de guerra

veto ['viːtəu] (pl **~es**) n veto ♦ vt vetar

vex [vɛks] vt irritar, apoquentar; **vexed** adj (question) controvertido, discutido

via ['vaɪə] prep por, via

vibrate [vaɪ'breɪt] vi vibrar

vicar ['vɪkə*] n vigário; **vicarage** n vicariato

vice [vaɪs] n (evil) vício; (TECH) torno mecânico

vice- [vaɪs] prefix vice-

vice versa ['vaɪsɪ'vəːsə] adv vice-versa

vicinity [vɪ'sɪnɪtɪ] n: **in the ~ of** nas proximidades de

vicious ['vɪʃəs] adj violento; (cruel) cruel; **vicious circle** n círculo vicioso

victim ['vɪktɪm] n vítima f

victor ['vɪktə*] n vencedor(a) m/f

Victorian [vɪk'tɔːrɪən] adj vitoriano

victory ['vɪktərɪ] n vitória f

video ['vɪdɪəu] n (~ film) vídeo m; (also: ~ cassette) videocassete m; (also: ~ cassette recorder) videocassete m

Vienna [vɪ'ɛnə] n Viena

Vietnam ['vjɛt'næm] n Vietnã m; **Vietnamese** [vjɛtnə'miːz] adj vietnamita ♦ n inv vietnamita m/f; (LING) vietnamita m

view [vjuː] n vista; (outlook) perspectiva; (opinion) opinião f, parecer m ♦ vt olhar; **in full ~ (of)** à plena vista (de); **in my ~** na minha opinião; **in ~ of the weather/the fact that** em vista do tempo/do fato de que; **viewer** n telespectador(a) m/f; **viewfinder** n visor m; **viewpoint** n ponto de vista; (place) lugar m

vigorous ['vɪgərəs] adj vigoroso; (plant) vigoso

vile [vaɪl] adj vil, infame; (smell) repugnante, repulsivo; (temper) violento

villa ['vɪlə] n (country house) casa de campo; (suburban house) vila, quinta

village ['vɪlɪdʒ] n aldeia, povoado; **villager** n aldeão (aldeã) m/f

villain ['vɪlən] n (scoundrel) patife m; (in novel etc) vilão m; (BRIT: criminal) marginal m/f

vindicate ['vɪndɪkeɪt] vt vingar; (justify) justificar

vindictive [vɪn'dɪktɪv] adj vingativo

vine [vaɪn] n planta trepadeira

vinegar ['vɪnɪgə*] n vinagre m

vineyard ['vɪnjɑːd] n vinha, vinhedo

vintage ['vɪntɪdʒ] n vindima; (year) safra, colheita ♦ cpd (comedy) de época; (performance) clássico; **the 1970 ~** a safra de 1970; **vintage car** n carro antigo; **vintage wine** n vinho velho

viola [vɪ'əulə] n viola

violate ['vaɪəleɪt] vt violar

violence ['vaɪələns] n violência;

(*strength*) força

violent ['vaɪələnt] *adj* violento; (*intense*) intenso

violet ['vaɪələt] *adj* violeta ♦ *n* violeta

violin [vaɪə'lɪn] *n* violino; **violinist** [vaɪə'lɪnɪst] *n* violinista *m/f*

VIP *n abbr* (= *very important person*) VIP *m/f*

virgin ['vəːdʒɪn] *n* virgem *m/f* ♦ *adj* virgem

Virgo ['vəːgəu] *n* Virgem *f*

virtually ['vəːtjuəlɪ] *adv* praticamente

virtue ['vəːtjuː] *n* virtude *f*; (*advantage*) vantagem *f*; **by ~ of** em virtude de

virtuous ['vəːtjuəs] *adj* virtuoso

virus ['vaɪərəs] *n* vírus *m*

visa ['viːzə] *n* visto

visible ['vɪzəbl] *adj* visível

vision ['vɪʒən] *n* (*sight*) vista, visão *f*; (*foresight, in dream*) visão *f*

visit ['vɪzɪt] *n* visita ♦ *vt* (*person: US: also:* ~ **with**) visitar, fazer uma visita a; (*place*) ir a, ir conhecer; **visiting hours** *npl* horário de visita; **visitor** *n* visitante *m/f*; (*to one's house*) visita; (*tourist*) turista *m/f*

visor ['vaɪzə*] *n* viseira

visual ['vɪzjuəl] *adj* visual; **visual display unit** *n* terminal *m* de vídeo; **visualize** *vt* visualizar

vital ['vaɪtl] *adj* essencial, indispensável; (*important*) de importância vital; (*crucial*) crucial; (*person*) vivo; (*of life*) vital; **vitally** *adv*: **~ly important** de importância vital

vitamin ['vɪtəmɪn] *n* vitamina

vivacious [vɪ'veɪʃəs] *adj* vivaz, animado

vivid ['vɪvɪd] *adj* (*account*) vívido; (*light*) claro, brilhante; (*imagination, colour*) vivo; **vividly** *adv* vividamente;

(*remember*) distintamente

V-neck *n*: **~ jumper, ~ pullover** suéter *f* com decote em V

vocabulary [vəu'kæbjulərɪ] *n* vocabulário

vocal ['vəukl] *adj* vocal; (*noisy*) clamoroso; (*articulate*) claro, eloqüente; **vocal cords** *npl* cordas *fpl* vocais

vocation [vəu'keɪʃən] *n* vocação *f*

vociferous [və'sɪfərəs] *adj* vociferante

vodka ['vɔdkə] *n* vodca

vogue [vəug] *n* voga, moda; **to be in ~** estar na moda

voice [vɔɪs] *n* voz *f* ♦ *vt* expressar; **voice mail** *n* (*TEL*) correio *m* de voz

void [vɔɪd] *n* vazio; (*hole*) oco ♦ *adj* nulo; (*empty*): **~ of** destituído de

volatile ['vɔlətaɪl] *adj* volátil; (*situation, person*) imprevisível

volcano [vɔl'keɪnəu] (*pl* **~es**) *n* vulcão *m*

volley ['vɔlɪ] *n* (*of gunfire*) descarga, salva; (*of stones etc*) chuva; (*of questions etc*) enxurrada, chuva; (*TENNIS etc*) voleio; **volleyball** *n* voleibol *m*, vôlei *m* (*BR*)

volt [vəult] *n* volt *m*

volume ['vɔljuːm] *n* volume *m*; (*of tank*) capacidade *f*

voluntarily ['vɔləntrɪlɪ] *adv* livremente, voluntariamente

voluntary ['vɔləntərɪ] *adj* voluntário; (*unpaid*) (a título) gratuito

volunteer [vɔlən'tɪə*] *n* voluntário(-a) ♦ *vt* oferecer voluntariamente ♦ *vi* (*MIL*) alistar-se voluntariamente; **to ~ to do** oferecer-se voluntariamente para fazer

vomit ['vɔmɪt] *n* vômito ♦ *vt, vi* vomitar

vote [vəut] *n* voto; (*votes cast*) votação *f*; (*right to ~*) direito de votar

a b c d e f g h i j k l m n o p q r s t u v w x y z

♦ vt: **to be ~d chairman** etc ser eleito presidente etc; (propose): **to ~ that** propor que; (in election) votar ♦ vi votar; **voter** n votante m/f, eleitor(a) m/f

voucher ['vautʃə*] n (also: **luncheon ~**) vale-refeição m; (with petrol etc) vale m; (gift ~) vale m para presente

vouch for [vautʃ-] vt fus garantir, responder por

vow [vau] n voto ♦ vt: **to ~ to do/that** prometer solenemente fazer/que

vowel ['vauəl] n vogal f

voyage ['vɔɪdʒ] n viagem f

vulgar ['vʌlgə*] adj grosseiro, ordinário; (in bad taste) vulgar, baixo

vulture ['vʌltʃə*] n abutre m, urubu m

W w

wad [wɒd] n (of cotton wool) chumaço; (of paper) bola; (of banknotes etc) maço

wade [weɪd] vi: **to ~ through** andar em; (fig: a book) ler com dificuldade

wafer ['weɪfə*] n (biscuit) bolacha

waffle ['wɒfl] n (CULIN) waffle m; (empty talk) lengalenga ♦ vi encher linguiça

waft [wɒft] vt levar ♦ vi flutuar

wag [wæg] vt (tail) sacudir; (finger) menear ♦ vi abanar

wage [weɪdʒ] n (also: ~s) salário, ordenado ♦ vt: **to ~ war** empreender or fazer guerra; **wage earner** n assalariado(-a)

wager ['weɪdʒə*] n aposta, parada

wag(g)on ['wægən] n (horse-drawn) carroça; (BRIT: RAIL) vagão m

wail [weɪl] n lamento, gemido ♦ vi

lamentar-se, gemer; (siren) tocar

waist [weɪst] n cintura; **waistcoat** n colete m; **waistline** n cintura

wait [weɪt] n espera ♦ vi esperar; **I can't ~ to** (fig) estou morrendo de vontade de; **to ~ for sb/sth** esperar por alguém/algo; **wait behind** vi ficar para trás; **wait on** vt fus servir; **waiter** n garçom m (BR), empregado (PT); **waiting list** n lista de espera; **waiting room** n sala de espera; **waitress** n garçonete f (BR), empregada (PT)

waive [weɪv] vt abrir mão de

wake [weɪk] (pt **woke** or **~d**, pp **woken** or **~d**) vt (also: **~ up**) acordar ♦ vi acordar ♦ n (for dead person) velório; (NAUT) esteira

Wales [weɪlz] n País m de Gales

walk [wɔːk] n passeio; (hike) excursão f a pé, caminhada; (gait) passo, modo de andar; (in park etc) alameda, passeio ♦ vi andar; (for pleasure, exercise) passear ♦ vt (distance) percorrer a pé, andar; (dog) levar para passear; **it's 10 minutes' ~ from here** daqui são 10 minutos a pé; **people from all ~s of life** pessoas de todos os níveis; **walk out** vi sair; (audience) retirar-se (em protesto); (strike) entrar em greve; **walk out on** vt fus abandonar; **walkie-talkie** n transmissor-receptor m portátil, walkie-talkie m; **walking** n o andar; **walking shoes** npl sapatos mpl para caminhar; **walking stick** n bengala; **Walkman** ® n Walkman ® m; **walkover** (inf) n barbada; **walkway** n passeio, passadiço

wall [wɔːl] n parede f; (exterior) muro; (city ~ etc) muralha; **walled** adj (city) cercado por muralhas; (garden) murado, cercado

wallet ['wɒlɪt] n carteira

wallow ['wɒləu] *vi* (*in mud*) chafurdar; (*in water*) rolar; (*person: in guilt*) regalar-se

wallpaper ['wɔːlpeɪpə*] *n* papel *m* de parede ♦ *vt* colocar papel de parede em

walnut ['wɔːlnʌt] *n* noz *f*; (*tree, wood*) nogueira

walrus ['wɔːlrəs] (*pl inv or* **~es**) *n* morsa, vaca marinha

waltz [wɔːlts] *n* valsa ♦ *vi* valsar

wand [wɒnd] *n* (*also:* **magic ~**) varinha de condão

wander ['wɒndə*] *vi* (*person*) vagar, perambular; (*thoughts*) divagar ♦ *vt* perambular

wane [weɪn] *vi* diminuir; (*moon*) minguar

want [wɒnt] *vt* querer; (*demand*) exigir; (*need*) precisar de, necessitar; **to ~ sb to do sth** querer que alguém faça algo; **wanted** *adj* (*criminal etc*) procurado (pela polícia); **"cook wanted"** (*in advertisement*) "precisa-se cozinheiro"

war [wɔː*] *n* guerra; **to make ~ (on)** fazer guerra (contra)

ward [wɔːd] *n* (*in hospital*) ala; (*POL*) distrito eleitoral; (*LAW: child*) tutelado (-a), pupilo(-a); **ward off** *vt* desviar, aparar; (*attack*) repelir

warden ['wɔːdn] *n* (*BRIT: of institution*) diretor(a) *m/f*; (*of park, youth hostel*) administrador(a) *m/f*; (*BRIT: also:* **traffic ~**) guarda *m/f*

warder ['wɔːdə*] (*BRIT*) *n* carcereiro(-a)

wardrobe ['wɔːdrəub] *n* guarda-roupa *m*; (*CINEMA, THEATRE*) figurinos *mpl*

warehouse ['wɛəhaus] *n* armazém *m*, depósito

warfare ['wɔːfɛə*] *n* guerra, combate *m*

warhead ['wɔːhɛd] *n* ogiva

warm [wɔːm] *adj* quente; (*thanks, welcome*) caloroso; **it's ~** está quente; **I'm ~** estou com calor; **warm up** *vt, vi* esquentar; **warm-hearted** *adj* afetuoso; **warmly** *adv* (*applaud, welcome*) calorosamente; (*dress*): **to dress warmly** vestir-se com roupas de inverno; **warmth** *n* calor *m*; (*friendliness*) calor humano

warn [wɔːn] *vt* prevenir, avisar; **to ~ sb that/of/(not) to do** prevenir alguém de que/de/para (não) fazer

warning ['wɔːnɪŋ] *n* advertência; (*in writing*) aviso; (*signal*) sinal *m*

warp [wɔːp] *vt* deformar ♦ *vi* empenar, deformar-se

warrant ['wɔrnt] *n* (*voucher*) comprovante *m*; (*LAW: to arrest*) mandado de prisão; (: *to search*) mandado de busca; **warranty** *n* garantia

warrior ['wɔrɪə*] *n* guerreiro(-a)

Warsaw ['wɔːsɔː] *n* Varsóvia

warship ['wɔːʃɪp] *n* navio de guerra

wart [wɔːt] *n* verruga

wartime ['wɔːtaɪm] *n*: **in ~** em tempo de guerra

wary ['wɛərɪ] *adj* cauteloso, precavido

was [wɒz] *pt of* **be**

wash [wɒʃ] *vt* lavar ♦ *vi* lavar-se; (*subj: -ing machine*) lavar; (*sea etc*): **to ~ over/against sth** bater contra/chocar-se contra algo; (*clothes*): **this shirt ~s well** esta camisa resiste bem à lavagem ♦ *n* (*clothes etc*) lavagem *f*; (*-ing programme*) programa *m* de lavagem; (*of ship*) esteira; **to have a ~** lavar-se; **wash away** *vt* (*stain*) tirar ao lavar; (*subj: river etc*) levar, arrastar; **wash off** *vt* tirar lavando ♦ *vi* sair ao lavar; **wash up** *vi* (*BRIT*) lavar a louça; (*US*) lavar-se; **washbasin** *n* pia (*BR*), lavatório (*PT*); **washcloth** (*US*) *n* toalhinha para lavar o rosto; **washing** n (*dirty*) roupa suja; (*clean*) roupa lavada; **washing machine** n máquina de lavar roupa, lavadora; **washing powder** (*BRIT*) n sabão m em pó; **washing-up** n: **to do the washing-up** lavar a louça; **washing-up liquid** n detergente m; **wash-out** (*inf*) n fracasso, fiasco; **washroom** (*US*) n banheiro (*BR*), casa de banho (*PT*)

wasn't [ˈwɒznt] = **was not**

wasp [wɒsp] n vespa

wastage [ˈweɪstɪdʒ] n desgaste m, desperdício; (*loss*) perda

waste [weɪst] n desperdício, esbanjamento; (*of time*) perda; (*also*: **household ~**) detritos mpl domésticos; (*rubbish*) lixo ♦ adj (*material*) de refugo; (*left over*) de sobra; (*land*) baldio ♦ vt (*squander*) esbanjar, desperdiçar; (*time, opportunity*) perder; **~s** npl (*land*) ermos mpl; **to lay ~** devastar; **waste away** vi definhar; **wasteful** adj esbanjador(a); (*process*) anti-econômico; **wastepaper basket** n cesta de papéis

watch [wɒtʃ] n (*clock*) relógio; (*also*: **wrist~**) relógio de pulso; (*act of ~ing*) vigia; (*guard*: *MIL*) sentinela; (*NAUT*: *spell of duty*) quarto ♦ vt (*look at*) observar, olhar; (*programme, match*) assistir a; (*television*) ver; (*spy on, guard*) vigiar; (*be careful of*) tomar cuidado com ♦ vi ver, olhar; (*keep guard*) montar guarda; **watch out** vi ter cuidado; **watchdog** n cão m de guarda; (*fig*) vigia m/f; **watchful** adj vigilante, atento; **watchmaker** n relojoeiro(-a); **watchman** (*irreg*) n see **night**; **watchstrap** n pulseira de relógio

water [ˈwɔːtə*] n água ♦ vt (*plant*) regar ♦ vi (*eyes*) lacrimejar; (*mouth*) salivar; **in British ~s** nas águas territoriais britânicas; **water down** vt (*milk*) aguar; (*fig*) diluir; **watercolour** (*US* **watercolor**) n aquarela; **waterfall** n cascata, cachoeira; **watering can** n regador m; **water lily** n nenúfar m; **waterline** n (*NAUT*) linha d'água; **waterlogged** adj alagado; **watermelon** n melancia; **waterproof** adj impermeável; **watershed** n (*GEO*) linha divisória das águas; (*fig*) momento crítico; **water-skiing** n esqui m aquático; **watertight** adj hermético, à prova d'água; **waterworks** npl usina hidráulica; **watery** adj (*eyes*) húmido

watt [wɒt] n watt m

wave [weɪv] n onda; (*of hand*) aceno, sinal m; (*in hair*) onda, ondulação f ♦ vi acenar com a mão; (*flag, grass*) tremular ♦ vt (*hand*) acenar; (*handkerchief*) acenar com; (*weapon*) brandir; **wavelength** n comprimento de onda; **to be on the same wavelength as** ter os mesmos gostos e atitudes que

waver [ˈweɪvə*] vi vacilar; (*voice, eyes, love*) hesitar

wavy [ˈweɪvɪ] adj (*hair*) ondulado; (*line*) ondulante

wax [wæks] n cera ♦ vt encerar; (*car*) polir ♦ vi (*moon*) crescer; **waxworks** n museu m de cera ♦ npl (*models*) figuras fpl de cera

way [weɪ] n caminho; (*distance*) percurso; (*direction*) direção f, sentido; (*manner*) maneira, modo; (*habit*) costume m; **which ~? – this ~** por onde? – por aqui; **on the ~ (to)** a caminho (de); **to be on one's ~** estar a caminho; **to be in the ~** atrapalhar; **to go out of one's ~ to do sth** dar-se ao trabalho de fazer algo; **to lose one's ~** perder-se; **to be under ~** estar em andamento; **in a ~** de certo modo, até certo ponto; **in some ~s** a certos respeitos; **by the ~** a propósito; **"~ in"** (*BRIT*) "entrada"; **"~ out"** (*BRIT*) "saída"; **the ~ back** o caminho de volta; **"give ~"** (*BRIT: AUT*) "dê a preferência"; **no ~!** (*inf*) de jeito nenhum!; **waylay** *vt* armar uma cilada para; **wayward** *adj* caprichoso, voluntarioso

WC ['dʌblju:'si:] *n abbr* (= *water closet*) privada

we [wi:] *pl pron* nós

weak [wi:k] *adj* fraco, débil; (*morally, currency*) fraco; (*excuse*) pouco convincente; (*tea*) aguado, ralo; **weaken** *vi* enfraquecer(-se); (*give way*) ceder; (*influence, power*) diminuir ♦ *vt* enfraquecer; **weakling** *n* pessoa fraca *or* delicada; (*morally*) pessoa de personalidade fraca; **weakness** *n* fraqueza; (*fault*) ponto fraco; **to have a weakness for** ter uma queda por

wealth [wɛlθ] *n* riqueza; (*of details*) abundância; **wealthy** *adj* rico, abastado; (*country*) rico

wean [wi:n] *vt* desmamar

weapon ['wɛpən] *n* arma

wear [wɛə*] (*pt* **wore**, *pp* **worn**) *n* (*use*) uso; (*deterioration*) desgaste *m*; (*clothing*): **baby/sports ~** roupa infantil/de esporte ♦ *vt* (*clothes*) usar; (*shoes*) usar, calçar; (*put on*) vestir; (*damage: through use*) desgastar ♦ *vi* (*last*) durar; (*rub through etc*) gastar-se; **town/evening ~** traje *m* de passeio/de noite; **wear away** *vt* gastar ♦ *vi* desgastar-se; **wear down** *vt* gastar; (*strength*) esgotar; **wear off** *vi* (*pain etc*) passar; **wear out** *vt* desgastar; (*person, strength*) esgotar; **wear and tear** *n* desgaste *m*

weary ['wɪərɪ] *adj* cansado; (*dispirited*) deprimido ♦ *vi*: **to ~ of** cansar-se de

weasel ['wi:zl] *n* (*ZOOL*) doninha

weather ['wɛðə*] *n* tempo ♦ *vt* (*storm, crisis*) resistir a; **under the ~** (*fig: ill*) doente; **weather-beaten** *adj* curtido; (*building, stone*) castigado, erodido; **weather forecast** *n* previsão *f* do tempo; **weatherman** (*irreg: inf*) *n* meteorologista *m*

weave [wi:v] (*pt* **wove**, *pp* **woven**) *vt* tecer

web [wɛb] *n* (*of spider*) teia; (*on foot*) membrana; (*network*) rede *f*; **the (World Wide) W~** a (World Wide) Web; **website** ['wɛbsaɪt] *n* site *m*, website *m*

wed [wɛd] (*pt, pp* **~ded**) *vt* casar ♦ *vi* casar-se

we'd [wi:d] = **we had**; **we would**

wedding ['wɛdɪŋ] *n* casamento, núpcias *fpl*; **silver/golden ~** (*anniversary*) bodas *fpl* de prata/de ouro; **wedding dress** *n* vestido de noiva; **wedding ring** *n* anel *m or* aliança de casamento

wedge [wɛdʒ] *n* (*of wood etc*) cunha, calço; (*of cake*) fatia ♦ *vt* (*pack tightly*) apinhar; (*door*) pôr calço em

Wednesday ['wɛdnzdɪ] *n* quarta-feira

wee [wi:] (*SCOTTISH*) *adj* pequeno, pequenino

weed [wi:d] *n* erva daninha ♦ *vt* capinar; **weedkiller** *n* herbicida *m*; **weedy** *adj* (*man*) fraquinho

week [wi:k] *n* semana; **a ~ today** daqui a uma semana; **a ~ on Tuesday** sem ser essa terça-feira, a próxima; **weekday** *n* dia *m* de semana; (*COMM*) dia útil; **weekend** *n* fim *m* de semana; **weekly** *adv* semanalmente ♦ *adj* semanal ♦ *n* semanário

weep [wi:p] (*pt, pp* **wept**) *vi* (*person*) chorar; **weeping willow** *n* salgueiro chorão

a b c d e f g h i j k l m n o p q r s t u v w x y z

weigh [weɪ] vt, vi pesar; **to ~ anchor** levantar ferro; **weigh down** vt sobrecarregar; (fig: with worry) deprimir, acabrunhar; **weigh up** vt ponderar, avaliar

weight [weɪt] n peso; **to lose/put on ~** emagrecer/engordar; **weightlifter** n levantador m de pesos; **weighty** adj pesado; (matters) importante

weir [wɪə*] n represa, açude m

weird [wɪəd] adj esquisito, estranho

welcome ['wɛlkəm] adj bem-vindo ♦ n acolhimento, recepção f ♦ vt dar as boas-vindas a; (be glad of) saudar; **you're ~** (after thanks) de nada

weld [wɛld] n solda ♦ vt soldar, unir

welfare ['wɛlfɛə*] n bem-estar m; (social aid) assistência social; **welfare state** n país auto-financiador da sua assistência social

well [wɛl] n poço ♦ adv bem ♦ adj: **to be ~** estar bem (de saúde) ♦ excl bem!, então!; **as ~** também; **as ~ as** assim como; **~ done!** muito bem!; **get ~ soon!** melhoras!; **to do ~** ir or sair-se bem; (business) ir bem; **well up** vi brotar

we'll [wiːl] = we will; we shall

well: **well-behaved** adj bem comportado; **well-being** n bem-estar m; **well-built** adj robusto; **well-deserved** adj bem merecido; **well-dressed** adj bem vestido

wellingtons ['wɛlɪŋtənz] n (also: **wellington boots**) botas de borracha até os joelhos

well: **well-known** adj conhecido; **well-meaning** adj bem intencionado; **well-off** adj próspero, rico; **well-read** adj lido, versado; **well-to-do** adj abastado

Welsh [wɛlʃ] adj galês (galesa) ♦ n (LING) galês m; **the ~** npl (people) os galeses; **Welshman** (irreg) n galês m;

Welshwoman (irreg) n galesa

went [wɛnt] pt of go

wept [wɛpt] pt, pp of weep

were [wə:*] pt of be

we're [wɪə*] = we are

weren't [wə:nt] = were not

west [wɛst] n oeste m ♦ adj ocidental, do oeste ♦ adv para o oeste or ao oeste; **the W~** (POL) o Oeste, o Ocidente; **West Country** n: **the West Country** o sudoeste da Inglaterra; **westerly** adj (situation) ocidental; (wind) oeste; **western** adj ocidental ♦ n (CINEMA) western m, bangue-bangue (BR: INF); **West Indian** adj, n antilhano(-a); **West Indies** npl Antilhas fpl; **westward(s)** adv para o oeste

wet [wɛt] adj molhado; (damp) úmido; (~ through) encharcado; (rainy) chuvoso ♦ n (BRIT: POL) político de tendência moderada; **to get ~** molhar-se; **"~ paint"** "tinta fresca"; **wetsuit** n roupa de mergulho

we've [wiːv] = we have

whale [weɪl] n (ZOOL) baleia

wharf [wɔːf] (pl wharves) n cais m inv

---

what
KEYWORD

[wɔt] adj

1 (in direct/indirect questions) que, qual; **~ size is it?** que tamanho é este?; **~ colour/shape is it?** qual é a cor/o formato?; **he asked me ~ books I needed** ele me perguntou de quais os livros eu precisava

2 (in exclamations) quê!, como!; **~ a mess!** que bagunça!

♦ pron

1 (interrogative) que, o que; **~ are you doing?** o que é que você está fazendo?; **~ is it called?** como se

se chama?; ~ **about me?** e eu?; ~ **about doing ...?** que tal fazer ...? **2** (*relative*) o que; **I saw ~ you did/was on the table** eu vi o que você fez/estava na mesa; **he asked me ~ she had said** ele me perguntou o que ela tinha dito
♦ *excl* (*disbelieving*): **~, no coffee!** o que, não tem café!

whatever [wɔt'ɛvə*] *adj*: ~ **book** qualquer livro ♦ *pron*: **do ~ is necessary/you want** faça tudo o que for preciso/o que você quiser; ~ **happens** aconteça o que acontecer; ~ **no reason ~** *or* **whatsoever** nenhuma razão seja qual for *or* em absoluto; **nothing ~** nada em absoluto
whatsoever [wɔtsəu'ɛvə*] *adj* = **whatever**
wheat [wi:t] *n* trigo
wheel [wi:l] *n* roda; (*also:* **steering ~**) volante *m*; (*NAUT*) roda do leme ♦ *vt* (*pram etc*) empurrar ♦ *vi* (*birds*) dar voltas; (*also:* ~ **round**) girar, dar voltas, virar-se; **wheelbarrow** *n* carrinho de mão; **wheelchair** *n* cadeira de rodas; **wheel clamp** *n* (*AUT*) grampo com que se imobiliza carros estacionados ilegalmente
wheeze [wi:z] *vi* respirar ruidosamente

when
KEYWORD

[wɛn] *adv* quando
♦ *conj*
1 (*at, during, after the time that*) quando; ~ **you've read it, tell me what you think** depois que você tiver lido isto, diga-me o que acha; **that was ~ I needed you** foi quando

eu precisei de você
2 (*on, at which*) quando, em que; **on the day ~ I met him** no dia em que o conheci; **one day ~ it was raining** um dia quando estava chovendo
3 (*whereas*) ao passo que; **you said I was wrong ~ in fact I was right** você disse que eu estava errado quando, na verdade, eu estava certo

whenever [wɛn'ɛvə*] *conj* quando, quando quer que; (*every time that*) sempre que ♦ *adv* quando você quiser
where [wɛə*] *adv* onde ♦ *conj* onde, aonde; **this is ~ ...** aqui é onde ...; **whereabouts** ['wɛərəbauts] *adv* (por) onde ♦ *n*: **nobody knows his whereabouts** ninguém sabe o seu paradeiro; **whereas** [wɛər'æz] *conj* uma vez que, ao passo que; **whereby** *adv* (*formal*) pelo qual (*or* pela qual *etc*); **wherever** [wɛər'ɛvə*] *conj* onde quer que ♦ *adv* (*interrogative*) onde?
whether ['wɛðə*] *conj* se; **I don't know ~ to accept or not** não sei se aceito ou não; ~ **you go or not** quer você vá quer não; **it's doubtful ~ ...** não é certo que ...

which
KEYWORD

[wɪtʃ] *adj*
1 (*interrogative: direct, indirect*) que, qual; ~ **picture do you want?** que quadro você quer?; ~ **books are yours?** quais são os seus livros?; ~ **one?** qual?
2: **in ~ case** em cujo caso; **by ~ time** momento em que
♦ *pron*
1 (*interrogative*) qual; ~ **(of these)**

a
b
c
d
e
f
g
h
i
j
k
l
m
n
o
p
q
r
s
t
u
v
w
x
y
z

are yours? quais (destes) são seus? **2** (*relative*) que, o que, o qual *etc*; **the apple ~ you ate** a maçã que você comeu; **the chair on ~ you are sitting** a cadeira na qual você está sentado; **he said he knew, ~ is true** ele disse que sabia, o que é verdade; **after ~** depois do que

whichever [wɪtʃ'evə*] *adj*: **take ~ book you prefer** pegue o livro que preferir; **~ book you take** qualquer livro que você pegue

while [waɪl] *n* tempo, momento ♦ *conj* enquanto, ao mesmo tempo que; (*as long as*) contanto que; (*although*) embora; **for a ~** durante algum tempo; **while away** *vt* (*time*) encher

whim [wɪm] *n* capricho, veneta

whimper ['wɪmpə*] *n* (*moan*) lamúria ♦ *vi* choramingar, soluçar

whimsical ['wɪmzɪkl] *adj* (*person*) caprichoso, de veneta; (*look*) excêntrico

whine [waɪn] *n* (*of pain*) gemido; (*of engine, siren*) zunido ♦ *vi* gemer; zunir; (*fig*) lamuriar-se

whip [wɪp] *n* açoite *m*; (*for riding*) chicote *m*; (*POL*) líder *m/f* da bancada ♦ *vt* chicotear; (*snatch*) apanhar de repente; (*cream, eggs*) bater; (*move quickly*): **to ~ sth out/off/away** *etc* arrancar algo; **whipped cream** *n* (creme *m*) chantilly *m*; **whip-round** (*BRIT*) *n* coleta, vaquinha

whirl [wə:l] *vt* fazer girar ♦ *vi* (*dancers*) rodopiar; (*leaves, water etc*) redemoinhar; **whirlpool** *n* remoinho; **whirlwind** *n* furacão *m*, remoinho

whirr [wə:*] *vi* zumbir

whisk [wɪsk] *n* (*CULIN*) batedeira ♦ *vt*

bater; **to ~ sb away** *or* **off** levar alguém rapidamente

whiskers ['wɪskəz] *npl* (*of animal*) bigodes *mpl*; (*of man*) suíças *fpl*

whisky ['wɪskɪ] (*US, IRELAND* **whiskey**) *n* uísque *m* (*BR*), whisky *m* (*PT*)

whisper ['wɪspə*] *n* sussurro, murmúrio ♦ *vt, vi* sussurrar

whistle ['wɪsl] *n* (*sound*) assobio; (*object*) apito ♦ *vt, vi* assobiar

white [waɪt] *adj* branco; (*pale*) pálido ♦ *n* branco; (*of egg*) clara; **white coffee** *n* café *m* com leite; **White House** *n*: **the W~ House** a Casa Branca; *ver quadro*

WHITE HOUSE

A **White House** é um grande edifício branco situado em Washington D.C. onde reside o presidente dos Estados Unidos. Por extensão, o termo se refere também ao poder executivo americano.

---

white lie *n* mentira inofensiva *or* social

whitewash *n* (*paint*) cal *f* ♦ *vt* caiar; (*fig*) encobrir

whiting ['waɪtɪŋ] *n inv* pescada

Whitsun ['wɪtsn] *n* Pentecostes *m*

whizz [wɪz] *vi*: **to ~ past** *or* **by** passar a toda velocidade; **whizz kid** (*inf*) *n* prodígio

who
KEYWORD

[hu:] *pron*
1 (*interrogative*) quem?; **~ is it?** quem é?
2 (*relative*) que, o qual *etc*, quem; **my cousin, ~ lives in New York** meu primo que mora em Nova Iorque; **the man ~ spoke to me** o homem que falou comigo

whole [həʊl] adj (complete) todo, inteiro; (not broken) intacto ♦ n (all): **the ~ of the time** o tempo todo; (entire unit) conjunto; **on the ~, as a ~** como um todo, no conjunto; **wholefoods** n comida integral; **wholehearted** adj total; **wholemeal** (BRIT) adj integral; **wholesale** n venda por atacado ♦ adj por atacado; (destruction) em grande escala ♦ adv por atacado; **wholesaler** n atacadista m/f; **wholesome** adj saudável, sadio; **wholewheat** adj = **wholemeal**; **wholly** [ˈhəʊlɪ] adv totalmente, completamente

whom
KEYWORD

[huːm] pron

1 (interrogative) quem?; **to ~ did you give it?** para quem você deu isto?

2 (relative) que, quem; **the man ~ I saw/to ~ I spoke** o homem que eu vi/com quem eu falei

whooping cough [ˈhuːpɪŋ-] n coqueluche f

whore [hɔː*] (inf: pej) n puta

whose
KEYWORD

[huːz] adj

1 (possessive: interrogative): **~ book is this?, ~ is this book?** de quem é este livro?

2 (possessive: relative): **the man ~ son you rescued** o homem cujo filho você salvou; **the woman ~ car was stolen** a mulher de quem o carro foi roubado

♦ pron de quem; **I don't know ~ it is** eu não sei de quem é isto

why
KEYWORD

[waɪ] adv por que (BR), porque (PT); (at end of sentence) por quê (BR), porquê (PT)

♦ conj por que; **that's not ~ I'm here** não é por isso que estou aqui; **the reason ~** a razão por que

♦ excl (expressing surprise, shock, annoyance) ora essa!; (explaining) bem!; **~, it's you!** ora, é você!

wicked [ˈwɪkɪd] adj perverso; (smile) malicioso

wicket [ˈwɪkɪt] n (CRICKET) arco

wide [waɪd] adj largo; (area, publicity, knowledge) amplo ♦ adv: **to open ~** abrir totalmente; **to shoot ~** atirar longe do alvo; **wide-awake** adj bem acordado; **widely** adv extremamente; (travelled) muito; (believed, known) ampliamente; **widen** vt alargar; (one's experience) aumentar ♦ vi alargar-se; **wide open** adj (eyes) arregalado; (door) escancarado; **widespread** adj (belief etc) difundido, comum

widow [ˈwɪdəʊ] n viúva; **widowed** adj viúvo; **widower** n viúvo

width [wɪdθ] n largura

wield [wiːld] vt (sword) brandir, empunhar; (power) exercer

wife [waɪf] (pl **wives**) n mulher f, esposa

wig [wɪg] n peruca

wiggle [ˈwɪgl] vt menear, agitar

wild [waɪld] adj (animal) selvagem; (plant) silvestre; (rough) violento, furioso; (idea) disparatado, extravagante; (person) insensato; **wilderness** [ˈwɪldənɪs] n ermo; **wildlife** n animais mpl selvagens; **wildly** adv (behave) freneticamente;

a
b
c
d
e
f
g
h
i
j
k
l
m
n
o
p
q
r
s
t
u
v
w
x
y
z

(*hit, guess*) irrefletidamente; (*happy*) extremamente

wilful ['wɪlful] (*US* **willful**) *adj* (*person*) teimoso, voluntarioso; (*action*) deliberado, intencional

will
KEYWORD

[wɪl] (*vt*) (*pt, pp* ~**ed**) *aux vb*

1 (*forming future tense*): **I ~ finish it tomorrow** vou acabar isto amanhã; **I ~ have finished it by tomorrow** até amanhã eu terei terminado isto; **~ you do it? – yes I ~/no I won't** você vai fazer isto? – sim, vou/não eu não vou

2 (*in conjectures, predictions*): **he ~ come** ele virá; **he ~** *or* **he'll be there by now** nesta altura ele está lá; **that ~ be the postman** deve ser o carteiro; **this medicine ~/won't help you** este remédio vai/não vai fazer efeito em você

3 (*in commands, requests, offers*): **~ you be quiet!** fique quieto, por favor!; **~ you come?** você vem?; **~ you help me?** você pode me ajudar?; **~ you have a cup of tea?** você vai querer uma xícara de chá *or* um chá?; **I won't put up with it** eu não vou tolerar isto

♦ *vt*: **to ~ sb to do sth** desejar que alguém faça algo; **he ~ed himself to go on** reuniu grande força de vontade para continuar

♦ *n* (*volition*) vontade *f*; (*testament*) testamento

willful ['wɪlful] (*US*) *adj* = **wilful**
willing ['wɪlɪŋ] *adj* disposto, pronto; (*enthusiastic*) entusiasmado; **willingly** *adv* de bom grado, de boa vontade; **willingness** *n* boa vontade *f*, disposição *f*

willow ['wɪləu] *n* salgueiro
willpower ['wɪlpauə*] *n* força de vontade
wilt [wɪlt] *vi* (*flower*) murchar; (*plant*) morrer
win [wɪn] (*pt, pp* **won**) *n* vitória ♦ *vt* ganhar, vencer; (*obtain*) conseguir, obter; (*support*) alcançar ♦ *vi* ganhar; **win over** *vt* conquistar; **win round** (*BRIT*) *vt* = **win over**
wince [wɪns] *vi* encolher-se, estremecer
winch [wɪntʃ] *n* guincho
wind[1] [wɪnd] *n* vento; (*MED*) gases *mpl*, flatulência; (*breath*) fôlego ♦ *vt* (*take breath away from*) deixar sem fôlego
wind[2] [waɪnd] (*pt, pp* **wound**) *vt* enrolar, bobinar; (*wrap*) envolver; (*clock, toy*) dar corda a ♦ *vi* (*road, river*) serpentear; **wind up** *vt* (*clock*) dar corda em; (*debate*) rematar, concluir
windfall ['wɪndfɔːl] *n* golpe *m* de sorte
winding ['waɪndɪŋ] *adj* (*road*) sinuoso, tortuoso; (*staircase*) de caracol, em espiral
wind instrument *n* (*MUS*) instrumento de sopro
windmill ['wɪndmɪl] *n* moinho de vento
window ['wɪndəu] *n* janela; (*in shop etc*) vitrine *f* (*BR*), montra (*PT*); **window box** *n* jardineira (no peitoril da janela); **window cleaner** *n* limpador(a) *m/f* de janelas; **window ledge** *n* peitoril *m* da janela; **window pane** *n* vidraça, vidro; **window-shopping** *n*: **to go window-shopping** ir ver vitrines; **windowsill** ['wɪndəusɪl] *n* (*inside*) peitoril *m*; (*outside*) soleira
windpipe ['wɪndpaɪp] *n* traquéia

wind power n energia eólica
windscreen ['wɪndskriːn] (BRIT) n
pára-brisa m; **windscreen wiper** (BRIT)
n limpador m de pára-brisa
windshield etc ['wɪndʃiːld] (US) n =
windscreen etc
windswept ['wɪndswept] adj varrido
pelo vento
windy ['wɪndɪ] adj com muito vento,
batido pelo vento; **it's ~** está ventando
(BR), faz vento (PT)
wine [waɪn] n vinho; **wine bar** n bar
m (para degustação de vinhos); **wine
cellar** n adega; **wine glass** n cálice m
(de vinho); **wine list** n lista de vinhos;
wine waiter n garção m dos vinhos
wing [wɪŋ] n asa; (of building) ala;
(AUT) aleta, pára-lamas m inv; **~s** npl
(THEATRE) bastidores mpl
wink [wɪŋk] n piscadela ♦ vi piscar o
olho; (light etc) piscar
winner ['wɪnə*] n vencedor(a) m/f
winning ['wɪnɪŋ] adj (team)
vencedor(a); (goal) decisivo; (smile)
sedutor(a); **winnings** npl ganhos mpl
winter ['wɪntə*] n inverno; **winter
sports** npl esportes mpl (BR) or
desportos mpl (PT) de inverno
wipe [waɪp] n: **to give sth a ~** limpar
algo com um pano ♦ vt limpar; (rub)
esfregar; (erase: tape) apagar; **wipe
off** vt remover esfregando; **wipe out**
vt (debt) liquidar; (memory) apagar;
(destroy) exterminar; **wipe up** vt
limpar
wire ['waɪə*] n arame m; (ELEC) fio
(elétrico); (telegram) telegrama m ♦ vt
(house) instalar a rede elétrica em;
(also: ~ up) conectar; (telegram)
telegrafar para
wiring ['waɪərɪŋ] n instalação f elétrica
wiry ['waɪərɪ] adj nervoso; (hair)
grosso

wisdom ['wɪzdəm] n prudência; (of
action, remark) bom-senso, sabedoria;
wisdom tooth (irreg) n dente m do
siso
wise [waɪz] adj prudente; (action,
remark) sensato
wish [wɪʃ] n desejo ♦ vt (want)
querer; **best ~es** (on birthday etc)
parabéns mpl, felicidades fpl; **with best
~es** (in letter) cumprimentos; **to ~ sb
goodbye** despedir-se de alguém; **he
~ed me well** me desejou boa sorte; **to
~ to do/sb to do sth** querer fazer/que
alguém faça algo; **to ~ for** desejar;
wishful adj: **it's wishful thinking** é
doce ilusão
wistful ['wɪstful] adj melancólico
wit [wɪt] n (wittiness) presença de
espírito, engenho; (intelligence: also:
~s) entendimento; (person) espirituoso
(-a)
witch [wɪtʃ] n bruxa

> **with**
> KEYWORD

[wɪð, wɪθ] prep
1 (accompanying, in the company
of) com; **I was ~ him** eu estava com
ele; **to stay overnight ~ friends**
dormir na casa de amigos; **we'll
take the children ~ us** vamos levar
as crianças conosco; **I'll be ~ you in
a minute** vou vê-lo num minuto;
I'm ~ you (I understand)
compreendo; **to be ~ it** (inf) estar
por dentro; (aware) estar a par da
situação; (: up-to-date) estar
atualizado com
2 (descriptive) com, de; **a room ~ a
view** um quarto com vista; **the man
~ the grey hat/blue eyes** o homem
do chapéu cinza/de olhos azuis
3 (indicating manner, means, cause)

a
b
c
d
e
f
g
h
i
j
k
l
m
n
o
p
q
r
s
t
u
v
w
x
y
z

com, de; **~ tears in her eyes** com os olhos cheios de lágrimas; **to fill sth ~ water** encher algo de água

withdraw [wɪð'drɔː] (*irreg*) *vt* tirar, remover; (*offer*) retirar ♦ *vi* retirar-se; **to ~ money (from the bank)** retirar dinheiro (do banco); **withdrawal** *n* retirada; **withdrawal symptoms** *npl* síndrome *f* de abstinência; **withdrawn** *adj* (*person*) reservado, introvertido

wither ['wɪðə*] *vi* murchar

withhold [wɪð'həuld] (*irreg: like* **hold**) *vt* (*money*) reter; (*permission*) negar; (*information*) ocultar

within [wɪð'ɪn] *prep* dentro de ♦ *adv* dentro; **~ reach (of)** ao alcance (de); **~ sight (of)** à vista (de); **~ the week** antes do fim da semana; **~ a mile of** a uma milha de

without [wɪð'aut] *prep* sem; **~ anybody knowing** sem ninguém saber; **to go ~ sth** passar sem algo

withstand [wɪð'stænd] (*irreg: like* **stand**) *vt* resistir a

witness ['wɪtnɪs] *n* testemunha ♦ *vt* testemunhar, presenciar; (*document*) legalizar; **to bear ~ to sth** (*fig*) testemunhar algo; **witness box** (*US ~* **stand**) *n* banco das testemunhas

witty ['wɪtɪ] *adj* espirituoso

wives [waɪvz] *npl of* **wife**

wizard ['wɪzəd] *n* feiticeiro, mago

wk *abbr* = **week**

wobble ['wɔbl] *vi* oscilar; (*chair*) balançar

woe [wəu] *n* dor *f*, mágoa

woke [wəuk] *pt of* **wake**; **woken** *pp of* **wake**

wolf [wulf] (*pl* **wolves**) *n* lobo

woman ['wumən] (*pl* **women**) *n* mulher *f*; **~ doctor** médica

womb [wuːm] *n* (*ANAT*) matriz *f*, útero

women ['wɪmɪn] *npl of* **woman**

won [wʌn] *pt, pp of* **win**

wonder ['wʌndə*] *n* maravilha, prodígio; (*feeling*) espanto ♦ *vi* perguntar-se a si mesmo; **to ~ at** admirar-se de; **to ~ about** pensar sobre *or* em; **it's no ~ that** não é de admirar que; **wonderful** *adj* maravilhoso; (*miraculous*) impressionante

won't [wəunt] = **will not**

wood [wud] *n* (*timber*) madeira; (*forest*) floresta, bosque *m*; **wood carving** *n* (*act*) escultura em madeira; (*object*) entalhe *m*; **wooded** *adj* arborizado; **wooden** *adj* de madeira; (*fig*) inexpressivo; **woodpecker** *n* pica-pau *m*; **woodwind** *n* (*MUS*) instrumentos *mpl* de sopro de madeira; **woodwork** *n* carpintaria; **woodworm** *n* carcoma, caruncho

wool [wul] *n* lã *f*; **to pull the ~ over sb's eyes** (*fig*) enganar alguém, vender a alguém gato por lebre; **woollen** *adj* de lã; **woolly** (*US* **wooly**) *adj* de lã; (*fig*) confuso

word [wəːd] *n* palavra; (*news*) notícia ♦ *vt* redigir; **in other ~s** em outras palavras, ou seja; **to break/keep one's ~** faltar à palavra/cumprir a promessa; **to have ~s with sb** discutir com alguém; **wording** *n* fraseado; **word processing** *n* processamento de textos; **word processor** *n* processador *m* de textos

wore [wɔː*] *pt of* **wear**

work [wəːk] *n* trabalho; (*job*) emprego, trabalho; (*ART, LITERATURE*) obra ♦ *vi* trabalhar; (*mechanism*) funcionar; (*medicine etc*) surtir efeito, ser eficaz ♦ *vt* (*clay*) moldar; (*wood*) talhar; (*mine etc*) explorar; (*machine*) fazer trabalhar, manejar; (*effect, miracle*) causar; **to ~ loose** (*part*) soltar-se; (*knot*) afrouxar-se; **work on** *vt fus* trabalhar em, dedicar-se a; (*person: influence*) tentar convencer; (*principle*) basear-se em; **work out** *vi* dar certo, surtir efeito ♦ *vt* (*problem*) resolver; (*plan*) elaborar, formular; **it ~s out at £100** monta *or* soma a £100; **workaholic** [wəːkəˈhɔlɪk] *n* burro de carga; **worker** *n* trabalhador(a) *m/f*, operário(-a); **working class** *n* proletariado, classe *f* operária ♦ *adj*: **working-class** do proletariado, da classe operária; **working order** *n*: **in working order** em perfeito estado; ` **workman** (*irreg*) *n* operário, trabalhador *m*; **workmanship** *n* (*skill*) habilidade *f*; **workshop** *n* oficina; (*practical session*) aula prática; **work station** *n* estação *f* de trabalho **world** [wəːld] *n* mundo ♦ *cpd* mundial; **to think the ~ of sb** (*fig*) ter alguém em alto conceito; **worldly** *adj* mundano; (*knowledgeable*) experiente; **worldwide** *adj* mundial, universal **worm** [wəːm] *n* (*also*: **earth~**) minhoca, lombriga **worn** [wɔːn] *pp of* **wear** ♦ *adj* gasto; **worn-out** *adj* (*object*) gasto; (*person*) esgotado, exausto **worry** [ˈwʌrɪ] *n* preocupação *f* ♦ *vt* preocupar, inquietar ♦ *vi* preocupar-se, afligir-se **worse** [wəːs] *adj, adv* pior ♦ *n* o pior; **a change for the ~** uma mudança para pior, uma piora; **worsen** *vt, vi* piorar; **worse off** *adj* com menos dinheiro; (*fig*): **you'll be worse off this way** assim você ficará pior que nunca **worship** [ˈwəːʃɪp] *n* adoração *f* ♦ *vt* adorar, venerar; (*person, thing*) adorar; **Your W~** (*BRIT: to mayor*) vossa

Excelência; (: *to judge*) senhor Juiz **worst** [wəːst] *adj* (o (a)) pior ♦ *adv* pior ♦ *n* o pior; **at ~** na pior das hipóteses **worth** [wəːθ] *n* valor *m*, mérito *m* ♦ *adj*: **to be ~** valer; **it's ~ it** vale a pena; **to be ~ one's while (to do)** valer a pena (fazer); **worthless** *adj* (*person*) imprestável; (*thing*) inútil; **worthwhile** *adj* (*activity*) que vale a pena; (*cause*) de mérito, louvável **worthy** [ˈwəːðɪ] *adj* (*person*) merecedor(a), respeitável; (*motive*) justo; **~ of** digno de

---

would

KEYWORD

[wud] *aux vb*

1 (*conditional tense*): **if you asked him, he ~ do it** se você pedisse, ele faria isto; **if you had asked him, he ~ have done it** se você tivesse pedido, ele teria feito isto

2 (*in offers, invitations, requests*): **~ you like a biscuit?** você quer um biscoito?; **~ you ask him to come in?** pode pedir a ele para entrar?; **~ you close the door, please?** quer fechar a porta, por favor?

3 (*in indirect speech*): **I said I ~ do it** eu disse que eu faria isto

4 (*emphatic*) **you WOULD say that, ~n't you?** é lógico que você vai dizer isso

5 (*insistence*): **she ~n't behave** não houve feito dela se comportar

6 (*conjecture*): **it ~ have been midnight** devia ser meia-noite; **it ~ seem so** parece que sim

7 (*indicating habit*): **he ~ go on Mondays** costumava ir às segundas-feiras

wouldn't ['wudnt] = **would not**
wound¹ [waund] *pt, pp* of **wind²**
wound² [wu:nd] *n* ferida ♦ *vt* ferir
wove [wəuv] *pt* of **weave**; **woven** *pp* of **weave**
wrap [ræp] *n* (*stole*) xale *m*; (*cape*) capa ♦ *vt* (*cover*) envolver; (*also:* ~ **up**) embrulhar; (*wind: tape etc*) amarrar; **wrapper** *n* invólucro; (*BRIT: of book*) capa; **wrapping paper** *n* papel *m* de embrulho; (*fancy*) papel de presente
wreak [ri:k] *vt*: **to ~ havoc (on)** causar estragos (em); **to ~ vengeance on** vingar-se em, tirar vingança de
wreath [ri:θ] *n* coroa
wreck [rɛk] *n* (*vehicle*) destroços *mpl*; (*ship*) restos *mpl* do naufrágio; (*pej: person*) ruína, caco ♦ *vt* destruir, danificar; (*fig*) arruinar, arrasar; **wreckage** *n* (*of car, plane*) destroços *mpl*; (*of ship*) restos *mpl*; (*of building*) escombros *mpl*
wren [rɛn] *n* (*ZOOL*) carriça
wrench [rɛntʃ] *n* (*TECH*) chave *f* inglesa; (*tug*) puxão *m*; (*fig*) separação *f* penosa ♦ *vt* torcer com força; **to ~ sth from sb** arrancar algo de alguém
wrestle ['rɛsl] *vi*: **to ~ (with sb)** lutar (com *or* contra alguém); **wrestler** *n* lutador *m*; **wrestling** *n* luta (livre)
wretched ['rɛtʃɪd] *adj* desventurado, infeliz; (*inf*) maldito
wriggle ['rɪgl] *vi* (*also:* ~ **about**) retorcer-se, contorcer-se
wring [rɪŋ] (*pt, pp* **wrung**) *vt* (*clothes, neck*) torcer; (*hands*) apertar; (*fig*): **to ~ sth out of sb** arrancar algo de alguém
wrinkle ['rɪŋkl] *n* (*on skin*) ruga; (*on paper*) prega ♦ *vt* franzir ♦ *vi* enrugar-se
wrist [rɪst] *n* pulso; **wristwatch** *n* relógio *m* de pulso
write [raɪt] (*pt* **wrote**, *pp* **written**) *vt*

escrever; (*cheque, prescription*) passar ♦ *vi* escrever; **to ~ to sb** escrever para alguém; **write down** *vt* (*note*) anotar; (*put on paper*) pôr no papel; **write off** *vt* cancelar; **write out** *vt* escrever por extenso; (*cheque etc*) passar; **write up** *vt* redigir; **write-off** *n* perda total; **writer** *n* escritor(a) *m/f*
writing ['raɪtɪŋ] *n* escrita; (*hand~*) caligrafia, letra; (*of author*) obra; **in ~** por escrito
wrong [rɔŋ] *adj* (*bad*) errado, mau; (*unfair*) injusto; (*incorrect*) errado, equivocado; (*inappropriate*) impróprio ♦ *adv* mal, errado ♦ *vt* ser injusto com; **you are ~ to do it** você se engana ao fazê-lo; **you are ~ about that, you've got it ~** você está enganado sobre isso; **to be in the ~** não ter razão; **what's ~?** o que é que há?; **to go ~** (*person*) desencaminhar-se; (*plan*) dar errado; (*machine*) sofrer uma avaria; **wrongful** ['rɔŋful] *adj* injusto; **wrongly** ['rɔŋlɪ] *adv* errado
wrote [rəut] *pt* of **write**
wrung [rʌŋ] *pt, pp* of **wring**
wt. *abbr* = **weight**
WWW *n abbr* (= *World Wide Web*): **the ~** a WWW

X x

Xmas ['ɛksməs] *n abbr* = **Christmas**
X-ray [ɛks'reɪ] *n* radiografia ♦ *vt* radiografar, tirar uma chapa de

Y y

yacht [jɔt] *n* iate *m*; **yachting** *n* iatismo
Yank [jæŋk] (*pej*) *n* ianque *m/f*
yap [jæp] *vi* (*dog*) ganir

yard [jɑ:d] *n* pátio, quintal *m*; (*measure*) jarda (*914 mm; 3 feet*)

yarn [jɑ:n] *n* fio; (*tale*) história inverossímil

yawn [jɔ:n] *n* bocejo ♦ *vi* bocejar

yd *abbr* = **yard(s)**

yeah [jɛə] (*inf*) *adv* é

year [jɪə*] *n* ano; **to be 8 ~s old** ter 8 anos; **an eight-~-old child** uma criança de oito anos (de idade); **yearly** *adj* anual ♦ *adv* anualmente

yearn [jɑ:n] *vi*: **to ~ to do/for sth** ansiar fazer/por algo

yeast [ji:st] *n* levedura, fermento

yell [jɛl] *n* grito, berro ♦ *vi* gritar, berrar

yellow ['jɛləu] *adj* amarelo

yes [jɛs] *adv*, *n* sim *m*

yesterday ['jɛstədɪ] *adv*, *n* ontem *m*

yet [jɛt] *adv* ainda ♦ *conj* porém, no entanto; **the best ~** o melhor até agora; **as ~** até agora, ainda

yew [ju:] *n* teixo

yield [ji:ld] *n* (*AGR*) colheita; (*COMM*) rendimento ♦ *vt* produzir; (*profit*) render; (*surrender*) ceder ♦ *vi* render-se, ceder; (*US: AUT*) ceder

YMCA *n abbr* (= *Young Men's Christian Association*) ≈ ACM *f*

yog(h)ourt ['jɔugət] *n* iogurte *m*

yoke [jəuk] *n* (*of oxen*) junta; (*fig*) jugo

yolk [jəuk] *n* gema (do ovo)

you

KEYWORD

[ju:] *pron*

1 (*subj: sg*) tu, você; (*: pl*) vós, vocês; **~ French enjoy your food** vocês franceses gostam de comer; **~ and I will go** nós iremos

2 (*direct object: sg*) te, o (a); (*: pl*) vos, os (as); (*indirect object: sg*) te, lhe; (*: pl*) vos, lhes; **I know ~** eu lhe conheço; **I gave it to ~** dei isto para você

3 (*stressed*) você; **I told YOU to do it** eu disse para você fazer isto

4 (*after prep, in comparisons: sg*) ti, você; (*: pl*) vós, vocês; (*polite form: sg*) o senhor (a senhora); (*: pl*) os senhores (as senhoras); **it's for ~** é para você; **with ~** contigo, com você; convosco, com vocês; com o senhor *etc*

5 (*impers: one*): **~ never know** nunca se sabe; **apples do ~ good** as maçãs fazem bem à saúde

you'd [ju:d] = **you had**; **you would**

you'll [ju:l] = **you will**; **you shall**

young [jʌŋ] *adj* jovem ♦ *npl* (*of animal*) filhotes *mpl*, crias *fpl*; (*people*): **the ~** a juventude, os jovens; **younger** [jʌŋgə*] *adj* mais novo; **youngster** *n* jovem *m/f*, moço(-a)

your [jɔ:*] *adj* teu (tua), seu (sua); (*pl*) vosso, seu (sua); (*formal*) do senhor (da senhora); *see also* **my**

you're [juə*] = **you are**

yours [jɔ:z] *pron* teu (tua), seu (sua); (*pl*) vosso, seu (sua); (*formal*) do senhor (da senhora); **~ sincerely** *or* **faithfully** atenciosamente; *see also* **mine**[1]

yourself [jɔ:'sɛlf] *pron* (*emphatic*) tu mesmo, você mesmo; (*object, reflexive*) te, se; (*after prep*) ti mesmo, si mesmo; (*formal*) o senhor mesmo (a senhora mesma); **yourselves** *pl*, *pron* vós mesmos, vocês mesmos; vos, se; vós mesmos, vocês mesmos; os senhores mesmos (as senhoras mesmas); *see also* **oneself**

youth [ju:θ] *n* mocidade *f*, juventude

a b c d e f g h i j k l m n o p q r s t u v w x **y** z

f; (*young man*) jovem *m*; **youth club** *n* associação *f* de juventude; **youthful** *adj* juvenil; **youth hostel** *n* albergue *m* da juventude

you've [ju:v] = **you have**

YTS (*BRIT*) *n abbr* (= *Youth Training Scheme*) programa de ensino profissionalizante

Yugoslav ['ju:gəuslɑ:v] *adj, n* iugoslavo(-a)

Yugoslavia [ju:gəu'slɑ:vɪə] *n* lugoslávia

yuppie ['jʌpɪ] (*inf*) *adj, n* yuppie *m/f*

YWCA *n abbr* (= *Young Women's Christian Association*) ≈ ACM *f*

Z z

zany ['zeɪnɪ] *adj* tolo, bobo

zap [zæp] *vt* (*COMPUT*) apagar

zebra ['zi:brə] *n* zebra; **zebra crossing** (*BRIT*) *n* faixa (para pedestres) (*BR*), passadeira (*PT*)

zero ['zɪərəu] *n* zero

zest [zɛst] *n* vivacidade *f*, entusiasmo; (*of lemon etc*) zesto

zigzag ['zɪgzæg] *n* ziguezague *m* ♦ *vi* ziguezaguear

Zimbabwe [zɪm'bɑ:bwɪ] *n* Zimbábue *m*

zinc [zɪŋk] *n* zinco

zip [zɪp] *n* (*also:* ~ **fastener**) fecho ecler (*BR*) or éclair (*PT*) ♦ *vt* (*also:* ~ **up**) fechar o fecho ecler de, subir o fecho ecler de; **zip code** (*US*) *n* código postal; **zipper** (*US*) *n* = **zip**

zodiac ['zəudɪæk] *n* zodíaco

zone [zəun] *n* zona

zoo [zu:] *n* (jardim *m*) zoológico

zoom [zu:m] *vi*: **to ~ past** passar zunindo; **zoom lens** *n* zoom *m*, zum *m*

zucchini [zu:'ki:nɪ] (*US*) *n(pl)* abobrinha

A a

---

a
PALAVRA CHAVE

[a] (*a* + *o(s)* = *ao(s)*; *a* + *a(s)* = *à(s)*; *a* + *aquele/a(s)* = *àquele/a(s)*) *art def* the; *V tb* o

♦ *pron* (*ela*) her; (*você*) you; (*coisa*) it; *V tb* o

♦ *prep*

1 (*direção*) to; **à direita/esquerda** to *ou* on the right/left

2 (*distância*): **está ~ 15 km daqui** it's 15 km from here

3 (*posição*): **ao lado de** beside, at the side of

4 (*tempo*) at; **~ que horas?** at what time?; **às 5 horas** at 5 o'clock; **à noite** at night; **aos 15 anos** at 15 years of age

5 (*maneira*): **à francesa** in the French way; **~ cavalo/pé** on horseback/foot

6 (*meio, instrumento*): **à força** by force; **~ mão** by hand; **~ lápis** in pencil; **fogão ~ gás** gas stove

7 (*razão*): **~ R$1 o quilo** at R$1 a kilo; **~ mais de 100 km/h** at over 100 km/h

8 (*depois de certos verbos*): **começou ~ nevar** it started snowing *ou* to snow; **passar ~ fazer** to become

9 (+ *infin*): **ao vê-lo, o reconheci imediatamente** when I saw him, I recognized him immediately; **ele ficou muito nervoso ao falar com o professor** he became very nervous while he was talking to the teacher

10 (*PT*: + *infin*: *gerúndio*): **~ correr** running; **estou ~ trabalhar** I'm working

à [a] = **a** + **a**

(a) *abr* (= *assinado*) signed

aba ['aba] *f* (*de chapéu*) brim; (*de casaco*) tail; (*de montanha*) foot

abacate [aba'katʃi] *m* avocado (pear)

abacaxi [abaka'ʃi] (*BR*) *m* pineapple

abade, ssa [a'badʒi, aba'desa] *m/f* abbot/abbess; **abadia** [aba'dʒia] *f* abbey

abafado, -a [aba'fadu, a] *adj* (*ar*) stuffy; (*tempo*) humid, close; (*ocupado*) (extremely) busy; (*angustiado*) anxious

abafar [aba'fa*] *vt* to suffocate; (*ocultar*) to suppress; (*col*) to pinch

abagunçar [abagũ'sa*] *vt* to mess up

abaixar [abaj'ʃa*] *vt* to lower; (*luz, som*) to turn down; **abaixar-se** *vr* to stoop

abaixo [a'bajʃu] *adv* down ♦ *prep*: **~ de** below; **~ o governo!** down with the government!; **morro ~** downhill; **rio ~** downstream; **mais ~** further down; **~ e acima** up and down; **~ assinado** undersigned; **abaixo-assinado** [-asi'nadu] (*pl* **abaixo-assinados**) *m* petition

abalado, -a [aba'ladu, a] *adj* (*objeto*) unstable, unsteady; (*fig: pessoa*) shaken

abalar [aba'la*] *vt* to shake; (*fig: comover*) to affect ♦ *vi* to shake; **abalar-se** *vr* to be moved

abalo [a'balu] *m* (*comoção*) shock; (*ação*) shaking; **~ sísmico** earth tremor

abanar [aba'na*] *vt* to shake; (*rabo*) to wag; (*com leque*) to fan

abandonar [abãdo'na*] *vt* to leave;

a
b
c
d
e
f
g
h
i
j
k
l
m
n
o
p
q
r
s
t
u
v
w
x
z

(*idéia*) to reject; (*esperança*) to give up; (*descuidar*) to neglect;
abandonar-se *vr*: **~-se a** to abandon o.s. to; **abandono** [abã'donu] *m* (*ato*) desertion; (*estado*) neglect
abarcar [abax'ka*] *vt* (*abranger*: *assunto, país*) to cover; (: *suj: vista*) to take in
abarrotado, -a [abaxo'tadu, a] *adj* (*gaveta*) crammed full; (*lugar*) packed
abastado, -a [abaʃ'tadu, a] *adj* wealthy
abastecer [abaʃte'se*] *vt* to supply; (*motor*) to fuel; (*AUTO*) to fill up; (*AER*) to refuel; **abastecer-se** *vr*: **~-se de** to stock up with
abastecimento [abaʃtesi'mẽtu] *m* supply; (*comestíveis*) provisions *pl*; (*ato*) supplying; **~s** *mpl* (*suprimentos*) supplies
abater [aba'te*] *vt* (*gado*) to slaughter; (*preço*) to reduce; (*desalentar*) to upset; **abatido, -a** [aba'tʃidu, a] *adj* depressed, downcast; **abatimento** [abatʃi'mẽtu] *m* (*fraqueza*) weakness; (*de preço*) reduction; (*prostração*) depression; **fazer um abatimento em** to give a discount on
abdicar [abdʒi'ka*] *vt, vi* to abdicate
abdômen [ab'domẽ] *m* abdomen
á-bê-cê [abe'se] *m* alphabet
abecedário [abese'darju] *m* alphabet, ABC
abelha [a'beʎa] *f* bee
abelhudo, -a [abe'ʎudu, a] *adj* nosy
abençoar [abẽ'swa*] *vt* to bless
aberto, -a [a'bɛxtu, a] *pp de* **abrir**
♦ *adj* open; (*céu*) clear; (*sinal*) green; (*torneira*) running; **a torneira estava aberta** the tap was on
abertura [abex'tura] *f* opening; (*FOTO*) aperture; (*ranhura*) gap, crevice; (*POL*) liberalization

abestalhado, -a [abeʃta'ʎadu, a] *adj* stupid
abismado, -a [abiʒ'madu, a] *adj* astonished
abismo [a'biʒmu] *m* abyss, chasm; (*fig*) depths *pl*
abjeção [abʒe'sãw] (*PT* **-çç-**) *f* baseness
abjeto, -a [ab'ʒetu, a] (*PT* **-ct-**) *adj* abject, contemptible
ABL *abr f* = **Academia Brasileira de Letras**
abnegação [abnega'sãw] *f* self-denial
abnegado, -a [abne'gadu, a] *adj* self-sacrificing
abnegar [abne'ga*] *vt* to renounce
abóbada [a'bɔbada] *f* vault; (*telhado*) arched roof
abobalhado, -a [aboba'ʎadu, a] *adj* (*criança*) simple
abóbora [a'bɔbora] *f* pumpkin
abobrinha [abo'briɲa] *f* courgette (*BRIT*), zucchini (*US*)
abolir [abo'li*] *vt* to abolish
abonar [abo'na*] *vt* to guarantee
abono [a'bonu] *m* guarantee; (*JUR*) bail; (*louvor*) praise; **~ de família** child benefit
abordar [abox'da*] *vt* (*NÁUT*) to board; (*pessoa*) to approach; (*assunto*) to broach, tackle
aborrecer [aboxe'se*] *vt* (*chatear*) to annoy; (*maçar*) to bore; **aborrecer-se** *vr* to get upset; to get bored; **aborrecido, -a** [aboxe'sidu, a] *adj* annoyed; boring; **aborrecimento** [aboxesi'mẽtu] *m* annoyance; boredom
abortar [abox'ta*] *vi* (*MED*) to have a miscarriage; (: *de propósito*) to have an abortion; **aborto** [a'boxtu] *m* miscarriage; abortion; **fazer/ter um aborto** to have an abortion/a miscarriage
abotoadura [abotwa'dura] *f* cufflink
abotoar [abo'twa*] *vt* to button up
♦ *vi* (*BOT*) to bud

abraçar [abra'sa*] *vt* to hug; (*causa*) to embrace; **abraçar-se** *vr* to embrace; **ele abraçou-se a mim** he embraced me; **abraço** [a'brasu] *m* embrace, hug; **com um abraço** (*em carta*) with best wishes

abrandar [abrã'da*] *vt* to reduce; (*suavizar*) to soften ♦ *vi* to diminish; (*acalmar*) to calm down

abranger [abrã'ʒe*] *vt* (*assunto*) to cover; (*alcançar*) to reach

abre-garrafas ['abri-] (*PT*) *m inv* bottle opener

abre-latas ['abri-] (*PT*) *m inv* tin (*BRIT*) *ou* can opener

abreviar [abre'vja*] *vt* to abbreviate; (*texto*) to abridge; **abreviatura** [abrevja'tura] *f* abbreviation

abridor [abri'do*] (*BR*) *m*: **~ (de lata)** tin (*BRIT*) *ou* can opener; **~ de garrafa** bottle opener

abrigar [abri'ga*] *vt* to shelter; (*proteger*) to protect; **abrigar-se** *vr* to take shelter

abrigo [a'brigu] *m* shelter, cover; **~ anti-aéreo** air-raid shelter; **~ anti-nuclear** fall-out shelter

abril [a'briw] (*PT* **A~**) *m* April; **25 de Abril** (*PT*) *see boxed note*

---

25 DE ABRIL

On 25 April 1974 in Portugal, the MAF (Armed Forces Movement) instigated the bloodless revolution that was to topple the 48-year-old dictatorship presided over until 1968 by António de Oliveira Salazar. The red carnation has come to symbolize the coup, as it is said that the Armed Forces took to the streets with carnations in the barrels of their rifles. 25 April is now a public holiday in Portugal.

---

abrir [a'bri*] *vt* to open; (*fechadura*) to unlock; (*vestuário*) to unfasten; (*torneira*) to turn on; (*exceção*) to make ♦ *vi* to open; (*sinal*) to turn green; **abrir-se** *vr*: **~-se com alguém** to confide in sb

abrupto, -a [a'bruptu, a] *adj* abrupt; (*repentino*) sudden

absolutamente [absoluta'mẽtʃi] *adv* absolutely; (*em resposta*) absolutely not, not at all

absoluto, -a [abso'lutu, a] *adj* absolute; **em ~** absolutely not, not at all

absolver [absow've*] *vt* to absolve; (*JUR*) to acquit; **absolvição** [absowvi'sãw] (*pl* **-ões**) *f* absolution; acquittal

absorto, -a [ab'soxtu, a] *pp de* **absorver** ♦ *adj* absorbed, engrossed

absorvente [absox'vẽtʃi] *adj* (*papel etc*) absorbent; (*livro etc*) absorbing

absorver [absox've*] *vt* to absorb; **absorver-se** *vr*: **~-se em** to concentrate on

abstêmio, -a [abʃ'temju, a] *adj* abstemious; (*álcool*) teetotal ♦ *m/f* abstainer; teetotaller (*BRIT*), teetotaler (*US*)

abster-se [ab'ʃtexsi] (*irreg: como* **ter**) *vr*: **~ de** to abstain *ou* refrain from

abstinência [abʃtʃi'nẽsja] *f* abstinence; (*jejum*) fasting

abstracto, -a [abʃ'tratu, a] (*PT*) *adj* = **abstrato**

abstrair [abʃtra'i*] *vt* to abstract; (*omitir*) to omit; (*separar*) to separate

abstrato, -a [abʃ'tratu, a] *adj* abstract

absurdo, -a [abi'suxdu, a] *adj* absurd ♦ *m* nonsense

abundante [abũ'dãtʃi] *adj* abundant; **abundar** [abũ'da*] *vi* to abound

abusar [abu'za*] *vi* to go too far; **~ de**

to abuse

abuso [a'buzu] *m* abuse; (*JUR*) indecent assault

a.C. *abr* (= *antes de Cristo*) B.C.

a/c *abr* (= *aos cuidados de*) c/o

acabado, -a [aka'badu, a] *adj* finished; (*esgotado*) worn out

acabamento [akaba'mẽtu] *m* finish

acabar [aka'ba*] *vt* to finish, complete; (*consumir*) to use up; (*rematar*) to finish off ♦ *vi* to finish, end; **acabar-se** *vr* to be over; (*prazo*) to expire; (*esgotar-se*) to run out; ~ **com** to put an end to; ~ **de chegar** to have just arrived; ~ **por fazer** to end up (by) doing; **acabou-se!** it's all over!; (*basta!*) that's enough!

academia [akade'mia] *f* academy; **A~ Brasileira de Letras** *see boxed note*

ACADEMIA BRASILEIRA DE LETRAS

Founded in 1896 in Rio de Janeiro, on the initiative of the author Machado de Assis, the **Academia Brasileira de Letras**, or ABL, aims to preserve and develop the Portuguese language and Brazilian literature. Machado de Assis was its president until 1908. It is made up of forty life members known as the *imortais*. The Academia's activities include publication of reference books, promotion of literary prizes, and running a library, museum and archive.

acadêmico, -a [aka'demiku, a] *adj, m/f* academic

açafrão [asa'frãw] *m* saffron

acalmar [akaw'ma*] *vt* to calm ♦ *vi* (*vento etc*) to abate; **acalmar-se** *vr* to calm down

acamado, -a [aka'madu, a] *adj* bedridden

acampamento [akãpa'mẽtu] *m* camping; (*MIL*) camp, encampment

acampar [akã'pa*] *vi* to camp

acanhado, -a [aka'ɲadu, a] *adj* shy

acanhamento [akaɲa'mẽtu] *m* shyness

acanhar-se [aka'ɲaxsi] *vr* to be shy

ação [a'sãw] (*pl* **-ões**) *f* action; (*ato*) act, deed; (*MIL*) battle; (*enredo*) plot; (*JUR*) lawsuit; (*COM*) share; ~ **ordinária/preferencial** (*COM*) ordinary/preference share

acarajé [akara'ʒɛ] *m* (*CULIN*) beans fried in palm oil

acariciar [akari'sja*] *vt* to caress; (*fig*) to cherish

acarretar [akaxe'ta*] *vt* to result in, bring about

acaso [a'kazu] *m* chance; **ao** ~ at random; **por** ~ by chance

acatar [aka'ta*] *vt* to respect; (*lei*) to obey

acção [a'sãw] (*PT*) *f* = **ação**

accionar *etc* [asjo'na*] (*PT*) = **acionar** *etc*

aceitação [asejta'sãw] *f* acceptance; (*aprovação*) approval

aceitar [asej'ta*] *vt* to accept; (*aprovar*) to approve; **aceitável** [asej'tavew] (*pl* **-eis**) *adj* acceptable; **aceito, -a** [a'sejtu, a] *pp de* **aceitar**

acelerado, -a [asele'radu, a] *adj* (*rápido*) quick; (*apressado*) hasty

acelerador [aselera'do*] *m* accelerator

acelerar [asele'ra*] *vt* (*AUTO*): ~ **o carro** to accelerate; (*ritmo, negociações*) to speed up ♦ *vi* to accelerate; ~ **o passo** to go faster

acenar [ase'na*] *vi* (*com a mão*) to wave; (*com a cabeça: afirmativo*) to nod; (: *negativo*) to shake one's head

acender [asẽ'de*] *vt* (*cigarro, fogo*) to light; (*luz*) to switch on; (*fig*) to excite, inflame

aceno [a'senu] *m* sign, gesture; (*com a mão*) wave; (*com a cabeça: afirmativo*) nod; (: *negativo*) shake

acento [a'sẽtu] *m* accent; (*de intensidade*) stress; **acentuar** [asẽ'twa*] *vt* to accent; (*salientar*) to stress, emphasize

acepção [asep'sãw] (*pl* **-ões**) *f* (*de uma palavra*) sense

acerca [a'sexka]: **~ de** *prep* about, concerning

acertado, -a [asex'tadu, a] *adj* right, correct; (*sensato*) sensible

acertar [asex'ta*] *vt* (*ajustar*) to put right; (*relógio*) to set; (*alvo*) to hit; (*acordo*) to reach; (*pergunta*) to get right ♦ *vi* to get it right, be right; **~ o caminho** to find the right way; **~ com** to hit upon

aceso, -a [a'sezu, a] *pp de* **acender** ♦ *adj*: **a luz estava acesa/o fogo estava ~** the light was on/the fire was alight; (*excitado*) excited; (*furioso*) furious

acessar [ase'sa*] *vt* (*COMPUT*) to access

acessível [ase'sivew] (*pl* **-eis**) *adj* accessible; (*pessoa*) approachable

acesso [a'sesu] *m* access; (*MED*) fit, attack

acessório, -a [ase'sɔrju, a] *adj* (*máquina, equipamento*) backup; (*EDUC*): **matéria acessória** subsidiary subject ♦ *m* accessory

achado, -a [a'ʃadu, a] *m* find, discovery; (*pechincha*) bargain; (*sorte*) godsend

achar [a'ʃa*] *vt* (*descobrir*) to find; (*pensar*) to think; **achar-se** *vr* to think (that) one is; (*encontrar-se*) to be; **~ de**

fazer (*resolver*) to decide to do; **o que é que você acha disso?** what do you think of that?; **acho que sim** I think so

achatar [aʃa'ta*] *vt* to squash, flatten

acidentado, -a [asidẽ'tadu, a] *adj* (*terreno*) rough; (*estrada*) bumpy; (*viagem*) eventful; (*vida*) difficult ♦ *m/f* injured person

acidental [asidẽ'taw] (*pl* **-ais**) *adj* accidental

acidente [asi'dẽtʃi] *m* accident; **por ~** by accident

acidez [asi'deʒ] *f* acidity

ácido, -a ['asidu, a] *adj* acid; (*azedo*) sour ♦ *m* acid

acima [a'sima] *adv* above; (*para cima*) up ♦ *prep*: **~ de** above; (*além de*) beyond; **mais ~** higher up; **rio ~** up river; **passar rua ~** to go up the street; **~ de 1000** more than 1000

acionado, -a [asjo'nadu, a] *m/f* (*JUR*) defendant

acionar [asjo'na*] *vt* to set in motion; (*máquina*) to operate; (*JUR*) to sue

acionista [asjo'niʃta] *m/f* shareholder

acirrado, -a [asi'xadu, a] *adj* (*luta, competição*) tough

acirrar [asi'xa*] *vt* to incite, stir up

aclamação [aklama'sãw] *f* acclamation; (*ovação*) applause

aclamar [akla'ma*] *vt* to acclaim; (*aplaudir*) to applaud

aço ['asu] *m* steel

acocorar-se [akoko'raxsi] *vr* to squat, crouch

acode *etc* [a'kɔdʒi] *vb V* **acudir**

ações [a'sõjʃ] *fpl de* **ação**

açoitar [asoj'ta*] *vt* to whip, lash

açoite [a'sojtʃi] *m* whip, lash

acolá [ako'la] *adv* over there

acolchoado [akow'ʃwadu] *m* quilt

acolhedor, a [akoʎe'do*, a] *adj*

welcoming; (*hospitaleiro*) hospitable

acolher [ako'ʎe*] *vt* to welcome; (*abrigar*) to shelter; (*aceitar*) to accept; **acolher-se** *vr* to shelter; **acolhida** [ako'ʎida] *f* (*recepção*) reception, welcome; (*refúgio*) refuge;

acolhimento [akoʎi'mẽtu] *m* = acolhida

acomodação [akomoda'sãw] (*pl* **-ões**) *f* accommodation; (*arranjo*) arrangement; (*adaptação*) adaptation

acomodar [akomo'da*] *vt* to accommodate; (*arrumar*) to arrange; (*adaptar*) to adapt

acompanhamento [akõpaɲa'mẽtu] *m* attendance; (*cortejo*) procession; (*MÚS*) accompaniment; (*CULIN*) side dish

acompanhante [akõpa'ɲãtʃi] *m/f* companion; (*MÚS*) accompanist

acompanhar [akõpa'ɲa*] *vt* to accompany

aconchegante [akõʃe'gãtʃi] *adj* cosy (*BRIT*), cozy (*US*)

aconchego [akõ'ʃegu] *m* cuddle

aconselhar [akõse'ʎa*] *vt* to advise; **aconselhar-se** *vr*: **~-se com** to consult

acontecer [akõte'se*] *vi* to happen; **acontecimento** [akõtesi'mẽtu] *m* event

acordar [akox'da*] *vt* to wake (up); (*concordar*) to agree (on) ♦ *vi* to wake up

acorde [a'kɔrdʒi] *m* chord

acordeão [akox'dʒjãw] (*pl* **-ões**) *m* accordion

acordo [a'koxdu] *m* agreement; **"de ~!"** "agreed!"; **de ~ com** (*pessoa*) in agreement with; (*conforme*) in accordance with; **estar de ~** to agree

Açores [a'sorif] *mpl*: **os ~** the Azores; **açoriano, -a** [aso'rjanu, a] *adj, m/f* Azorean

acossar [ako'sa*] *vt* (*perseguir*) to

pursue; (*atormentar*) to harass

acostamento [akoʃta'mẽtu] *m* hard shoulder (*BRIT*), berm (*US*)

acostumado, -a [akoʃtu'madu, a] *adj* usual, customary; **estar ~ a algo** to be used to sth

acostumar [akoʃtu'ma*] *vt* to accustom; **acostumar-se** *vr*: **~-se a** to get used to

açougue [a'sogi] *m* butcher's (shop); **açougueiro** [aso'gejru] *m* butcher

acovardar-se [akovax'daxsi] *vr* (*desanimar*) to lose courage; (*amedrontar-se*) to flinch, cower

acre ['akri] *adj* (*gosto*) bitter; (*cheiro*) acrid; (*fig*) harsh

acreditado, -a [akredʒi'tadu, a] *adj* accredited

acreditar [akredʒi'ta*] *vt* to believe; (*COM*) to credit; (*afiançar*) to guarantee ♦ *vi*: **~ em** to believe in

acre-doce *adj* (*CULIN*) sweet and sour

acrescentar [akresẽ'ta*] *vt* to add

acrescer [akre'se*] *vt* to increase; (*juntar*) to add ♦ *vi* to increase; **acréscimo** [a'kresimu] *m* increase; addition; (*elevação*) rise

activo, -a *etc* [a'tivu, a] (*PT*) = **ativo** *etc*

acto ['atu] (*PT*) *m* = **ato**

actor [a'to*] (*PT*) *m* = **ator**

actriz [a'triʒ] (*PT*) *f* = **atriz**

actual *etc* [a'twaw] (*PT*) = **atual** *etc*

actuar *etc* [a'twa*] (*PT*) = **atuar** *etc*

açúcar [a'suka*] *m* sugar; **açucareiro** [asuka'rejru] *m* sugar bowl

açude [a'sudʒi] *m* dam

acudir [aku'dʒi*] *vt* (*ir em socorro*) to help, assist ♦ *vi* (*responder*) to reply, respond; **~ a** to come to the aid of

acumular [akumu'la*] *vt* to accumulate; (*reunir*) to collect; (*funções*) to combine

acusação [akuza'sãw] (*pl* **-ões**) *f* accusation, charge; (*JUR*) prosecution

acusar [aku'za*] *vt* to accuse; (*revelar*) to reveal; (*culpar*) to blame; **~ o recebimento de** to acknowledge receipt of

acústica [a'kuʃtʃika] *f* (*ciência*) acoustics *sg*; (*de uma sala*) acoustics *pl*

acústico, -a [a'kuʃtʃiku, a] *adj* acoustic

adaptar [adap'ta*] *vt* to adapt; (*acomodar*) to fit; **adaptar-se** *vr*: **~-se a** to adapt to

adega [a'dɛga] *f* cellar

ademais [adʒi'majʃ] *adv* besides, moreover

adentro [a'dẽtru] *adv* inside, in; **mata ~** into the woods

adepto, -a [a'dɛptu, a] *m/f* follower; (*de time*) supporter

adequado, -a [ade'kwadu, a] *adj* appropriate

adereço [ade'resu] *m* adornment; **adereços** *mpl* (*TEATRO*) stage props

aderente [ade'rẽtʃi] *adj* adhesive, sticky ♦ *m/f* supporter

aderir [ade'ri*] *vi* to adhere

adesão [ade'zãw] *f* adhesion; (*patrocínio*) support

adesivo, -a [ade'zivu, a] *adj* adhesive, sticky ♦ *m* adhesive tape; (*MED*) sticking plaster

adestrar [adeʃ'tra*] *vt* to train; (*cavalo*) to break in

adeus [a'dewʃ] *excl* goodbye!

adiamento [adʒja'mẽtu] *m* postponement; (*de uma sessão*) adjournment

adiantado, -a [adʒjã'tadu, a] *adj* advanced; (*relógio*) fast; **chegar ~** to arrive ahead of time; **pagar ~** to pay in advance

adiantamento [adʒjãta'mẽtu] *m* progress; (*dinheiro*) advance (payment)

adiantar [adʒjã'ta*] *vt* (*dinheiro, trabalho*) to advance; (*relógio*) to put forward; **não adianta reclamar** there's no point *ou* it's no use complaining

adiante [a'dʒjãtʃi] *adv* (*na frente*) in front; (*para a frente*) forward; **mais ~** further on; (*no futuro*) later on

adiar [a'dʒja*] *vt* to postpone, put off; (*sessão*) to adjourn

adição [adʒi'sãw] (*pl* **-ões**) *f* addition; (*MAT*) sum; **adicionar** [adʒisjo'na*] *vt* to add

adido, -a [a'dʒidu, a] *m/f* attaché

adiro *etc* [a'diru] *vb V* **aderir**

adivinhação [adʒiviɲa'sãw] *f* (*destino*) fortune-telling; (*conjectura*) guessing, guesswork

adivinhar [adʒivi'ɲa*] *vt* to guess; (*ler a sorte*) to foretell ♦ *vi* to guess; **~ o pensamento de alguém** to read sb's mind; **adivinho, -a** [adʒi'viɲu, a] *m/f* fortune-teller

adjetivo [adʒe'tʃivu] *m* adjective

adjudicar [adʒudʒi'ka*] *vt* to award, grant

administração [adʒiminiʃtra'sãw] (*pl* **-ões**) *f* administration; (*direção*) management; (*comissão*) board

administrador, a [adʒiminiʃtra'do*, a] *m/f* administrator; (*diretor*) director; (*gerente*) manager

administrar [adʒiminiʃ'tra*] *vt* to administer, manage; (*governar*) to govern

admiração [adʒimira'sãw] *f* wonder; (*estima*) admiration; **ponto de ~** (*PT*) exclamation mark

admirado, -a [adʒimi'radu, a] *adj* astonished, surprised

admirar [adʒimi'ra*] *vt* to admire; **admirar-se** *vr*: **~-se de** to be surprised at; **admirável** [adʒimi'ravew] (*pl* **-eis**) *adj* amazing

admissão [adʒimiˈsãw] (*pl* **-ões**) *f* admission; (*consentimento para entrar*) admittance; (*de escola*) intake

admitir [adʒimiˈtʃi*] *vt* to admit; (*permitir*) to allow; (*funcionário*) to take on

adoção [adoˈsãw] *f* adoption

adoçar [adoˈsa*] *vt* to sweeten

adoecer [adoeˈse*] *vi*: **~ (de** *ou* **com)** to fall ill (with) ♦ *vt* to make ill

adoidado, -a [adojˈdadu, a] *adj* crazy

adolescente [adoleˈsẽtʃi] *adj*, *m/f* adolescent

adoptar *etc* [adoˈta*] (*PT*) = **adotar** *etc*

adorar [adoˈra*] *vt* to adore; (*venerar*) to worship

adormecer [adoxmeˈse*] *vi* to fall asleep; (*entorpecer-se*) to go numb; **adormecido, -a** [adoxmeˈsidu, a] *adj* sleeping ♦ *m/f* sleeper

adorno [aˈdoxnu] *m* adornment

adotar [adoˈta*] *vt* to adopt; **adotivo, -a** [adoˈtʃivu, a] *adj* (*filho*) adopted

adquirir [adʒikiˈri*] *vt* to acquire

Adriático, -a [aˈdrjatʃiku, a] *adj*: **o (mar) ~** the Adriatic

adro [ˈadru] *m* (church) forecourt; (*em volta da igreja*) churchyard

adulação [adulaˈsãw] *f* flattery

adulterar [aduwteˈra*] *vt* to adulterate; (*contas*) to falsify ♦ *vi* to commit adultery

adultério [aduwˈterju] *m* adultery

adulto, -a [aˈduwtu, a] *adj*, *m/f* adult

advento [adˈvẽtu] *m* advent; **o A~** Advent

advérbio [adˈvexbju] *m* adverb

adverso, -a [adʒiˈvexsu, a] *adj* adverse; (*oposto*): **~ a** opposed to

advertência [adʒivexˈtẽsja] *f* warning

advertir [adʒivexˈtʃi*] *vt* to warn; (*repreender*) to reprimand; (*chamar a atenção a*) to draw attention to

advogado, -a [adʒivoˈgadu, a] *m/f* lawyer

advogar [adʒivoˈga*] *vt* to advocate; (*JUR*) to plead ♦ *vi* to practise (*BRIT*) *ou* practice (*US*) law

aéreo, -a [aˈerju, a] *adj* air *atr*

aerobarco [aeroˈbaxku] *m* hovercraft

aeromoço, -a [aeroˈmosu, a] (*BR*) *m/f* steward/air hostess

aeronáutica [aeroˈnawtʃika] *f* air force; (*ciência*) aeronautics *sg*

aeronave [aeroˈnavi] *f* aircraft

aeroporto [aeroˈpoxtu] *m* airport

aerossol [aeroˈsɔw] (*pl* **-óis**) *m* aerosol

afã [aˈfã] *m* (*entusiasmo*) enthusiasm; (*diligência*) diligence; (*ânsia*) eagerness; (*esforço*) effort

afagar [afaˈga*] *vt* to caress; (*cabelo*) to stroke

afanar [afaˈna*] (*col*) *vt* to nick, pinch

afastado, -a [afaʃˈtadu, a] *adj* (*distante*) remote; (*isolado*) secluded; **manter-se ~** to keep to o.s.

afastamento [afaʃtaˈmẽtu] *m* removal; (*distância*) distance; (*de pessoal*) lay-off

afastar [afaʃˈta*] *vt* to remove; (*separar*) to separate; (*idéia*) to put out of one's mind; (*pessoal*) to lay off; **afastar-se** *vr* to move away

afável [aˈfavew] (*pl* **-eis**) *adj* friendly

afazeres [afaˈzeriʃ] *mpl* business *sg*; (*dever*) duties, tasks; **~ domésticos** household chores

afectar *etc* [afekˈta*] (*PT*) = **afetar** *etc*

afeição [afejˈsãw] *f* affection, fondness; (*dedicação*) devotion; **afeiçoado, -a** [afejˈswadu, a] *adj*: **afeiçoado a** (*amoroso*) fond of; (*devotado*) devoted to; **afeiçoar-se** [afejˈswaxsi] *vr*: **afeiçoar-se a** to take a liking to

afeito, -a [a'fejtu, a] *adj*: **~ a** accustomed to, used to

aferrado, -a [afe'xadu, a] *adj* obstinate, stubborn

afetado, -a [afe'tadu, a] *adj* affected

afetar [afe'ta*] *vt* to affect; (*fingir*) to feign

afetivo, -a [afe'tʃivu, a] *adj* affectionate; (*problema*) emotional

afeto [a'fetu] *m* affection; **afetuoso, -a** [afe'twozu, ɔza] *adj* affectionate

afiado, -a [a'fjadu, a] *adj* sharp; (*pessoa*) well-trained

afiar [a'fja*] *vt* to sharpen

aficionado, -a [afisjo'nadu, a] *m/f* enthusiast

afilhado, -a [afi'ʎadu, a] *m/f* godson/goddaughter

afim [a'fĩ] (*pl* **-ns**) *adj* (*semelhante*) similar; (*consangüíneo*) related ♦ *m/f* relative, relation

afinado, -a [afi'nadu, a] *adj* in tune

afinal [afi'naw] *adv* at last, finally; **~ (de contas)** after all

afinar [afi'na*] *vt* (*MÚS*) to tune

afinco [a'fĩku] *m* tenacity, persistence

afins [a'fĩʃ] *pl de* afim

afirmação [afixma'sãw] (*pl* **-ões**) *f* affirmation; (*declaração*) statement

afirmar [afix'ma*] *vt, vi* to affirm, assert; (*declarar*) to declare

afirmativo, -a [afixma'tʃivu, a] *adj* affirmative

afixar [afik'sa*] *vt* (*cartazes*) to stick, post

aflição [afli'sãw] *f* affliction; (*ansiedade*) anxiety; (*angústia*) anguish

afligir [afli'ʒi*] *vt* to distress; (*atormentar*) to torment; (*inquietar*) to worry; **afligir-se** *vr*: **~-se com** to worry about; **aflito, -a** [a'flitu, a] *pp de*

afligir ♦ *adj* distressed, anxious

afluência [a'flwẽsja] *f* affluence; (*corrente copiosa*) flow; (*de pessoas*) stream; **afluente** [a'flwẽtʃi] *adj* copious; (*rico*) affluent ♦ *m* tributary

afobação [afoba'sãw] *f* fluster; (*ansiedade*) panic

afobado, -a [afo'badu, a] *adj* flustered; (*ansioso*) panicky, nervous

afobar [afo'ba*] *vt* to fluster; (*deixar ansioso*) to make nervous *ou* panicky ♦ *vi* to get flustered, to panic, get nervous; **afobar-se** *vr* to get flustered

afogar [afo'ga*] *vt* to drown ♦ *vi* (*AUTO*) to flood; **afogar-se** *vr* to drown

afoito, -a [a'fojtu, a] *adj* bold, daring

afortunado, -a [afoxtu'nadu, a] *adj* fortunate, lucky

África ['afrika] *f*: **a ~** Africa; **a ~ do Sul** South Africa; **africano, -a** [afri'kanu, a] *adj, m/f* African

afro-brasileiro, -a ['afru-] (*pl* **~s**) *adj* Afro-Brazilian

afronta [a'frõta] *f* insult, affront; **afrontar** [afrõ'ta*] *vt* to insult; (*ofender*) to offend

afrouxar [afro'ʃa*] *vt* (*desapertar*) to slacken; (*soltar*) to loosen ♦ *vi* to come loose

afta ['afta] *f* (mouth) ulcer

afugentar [afuʒẽ'ta*] *vt* to drive away, put to flight

afundar [afũ'da*] *vt* to sink; (*cavidade*) to deepen; **afundar-se** *vr* to sink

agachar-se [aga'ʃaxsi] *vr* (*acaçapar-se*) to crouch, squat; (*curvar-se*) to stoop

agarrar [aga'xa*] *vt* to seize, grasp; **agarrar-se** *vr*: **~-se a** to cling to, hold on to

agasalhar [agaza'ʎa*] *vt* to dress warmly, wrap up; **agasalhar-se** *vr* to wrap o.s. up

agasalho [aga'zaʎu] *m* (*casaco*) coat;

(*suéter*) sweater

ágeis ['aʒejʃ] *pl de* **ágil**

agência [a'ʒẽsja] *f* agency; (*escritório*) office; **~ de correio** (*BR*) post office; **~ de viagens** travel agency

agenda [a'ʒẽda] *f* diary

agente [a'ʒẽtʃi] *m/f* agent; (*de polícia*) policeman/woman

ágil ['aʒiw] (*pl* **-eis**) *adj* agile

agir [a'ʒi*] *vi* to act

agitação [aʒita'sãw] (*pl* **-ões**) *f* agitation; (*perturbação*) disturbance; (*inquietação*) restlessness

agitado, -a [aʒi'tadu, a] *adj* agitated, disturbed; (*inquieto*) restless

agitar [aʒi'ta*] *vt* to agitate, disturb; (*sacudir*) to shake; (*cauda*) to wag; (*mexer*) to stir; **agitar-se** *vr* to get upset; (*mar*) to get rough

aglomeração [aglomera'sãw] (*pl* **-ões**) *f* gathering; (*multidão*) crowd

aglomerado [aglome'radu] *m*: **~ urbano** city

aglomerar [aglome'ra*] *vt* to heap up, pile up; **aglomerar-se** *vr* (*multidão*) to crowd together

agonia [ago'nia] *f* agony, anguish; (*ânsia da morte*) death throes *pl*; **agonizante** [agoni'zãtʃi] *adj* dying ♦ *m/f* dying person; **agonizar** [agoni'za*] *vi* to be dying; (*afligir-se*) to agonize

agora [a'gɔra] *adv* now; **~ mesmo** right now; (*há pouco*) a moment ago; **até ~** so far, up to now; **por ~** for now

agosto [a'goʃtu] (*PT* **A~**) *m* August

agouro [a'goru] *m* omen

agraciar [agra'sja*] *vt* to decorate

agradar [agra'da*] *vt* to please; (*fazer agrados a*) to be nice to ♦ *vi* to be pleasing; (*satisfazer*) to go down well

agradável [agra'davew] (*pl* **-eis**) *adj* pleasant

agradecer [agrade'se*] *vt*: **~ algo a alguém, ~ a alguém por algo** to thank sb for sth; **agradecido, -a** [agrade'sidu, a] *adj* grateful; **mal agradecido** ungrateful; **agradecimento** [agradesi'mẽtu] *m* gratitude; **agradecimentos** *mpl* (*gratidão*) thanks

agrado [a'gradu] *m*: **fazer um ~ a alguém** (*afagar*) to be affectionate with sb; (*ser agradável*) to be nice to sb

agrário, -a [a'grarju, a] *adj* agrarian; **reforma agrária** land reform

agravante [agra'vãtʃi] *adj* aggravating ♦ *f* aggravating circumstance

agravar [agra'va*] *vt* to aggravate, make worse; **agravar-se** *vr* (*piorar*) to get worse

agravo [a'gravu] *m* (*JUR*) appeal

agredir [agre'dʒi*] *vt* to attack; (*insultar*) to insult

agregar [agre'ga*] *vt* (*juntar*) to collect; (*acrescentar*) to add

agressão [agre'sãw] (*pl* **-ões**) *f* aggression; (*ataque*) attack; (*assalto*) assault

agressivo, -a [agre'sivu, a] *adj* aggressive

agressões [agre'sõjʃ] *fpl de* **agressão**

agreste [a'greʃtʃi] *adj* rural, rustic; (*terreno*) wild

agrião [a'grjãw] *m* watercress

agrícola [a'grikola] *adj* agricultural

agricultor [agrikuw'to*] *m* farmer

agricultura [agrikuw'tura] *f* agriculture, farming

agrido *etc* [a'gridu] *vb V* **agredir**

agridoce [agri'dosi] *adj* bittersweet

agronomia [agrono'mia] *f* agronomy

agropecuária [agrope'kwarja] *f* farming, agriculture

agrupar [agru'pa*] *vt* to group;

agrupar-se *vr* to group together
agrura [a'grura] *f* bitterness
água ['agwa] *f* water; **~s** *fpl* (*mar*) waters; (*chuvas*) rain *sg*; (*maré*) tides; **~ abaixo/acima** downstream/ upstream; **dar ~ na boca** (*comida*) to be mouthwatering; **estar na ~** (*bêbado*) to be drunk; **fazer ~** (*NÁUT*) to leak; **~ benta/corrente/doce** holy/ running/fresh water; **~ dura/leve** hard/ soft water; **~ mineral** mineral water; **~ oxigenada** peroxide; **~ salgada** salt water; **~ sanitária** household bleach
aguaceiro [agwa'sejru] *m* (*chuva*) (heavy) shower, downpour
água-de-coco *f* coconut milk
água-de-colônia (*pl* **águas-de-colônia**) *f* eau-de-cologne
aguado, -a [a'gwadu, a] *adj* watery
aguardar [agwax'da*] *vt* to wait for; (*contar com*) to expect ♦ *vi* to wait
aguardente [agwax'dẽtʃi] *m* kind of brandy
aguarrás [agwa'xajʃ] *f* turpentine
aguçado, -a [agu'sadu, a] *adj* pointed; (*espírito, sentidos*) acute
agudo, -a [a'gudu, a] *adj* sharp, shrill; (*intenso*) acute
agüentar [agwẽ'ta*] *vt* (*muro etc*) to hold up; (*dor, injustiças*) to stand, put up with; (*peso*) to withstand ♦ *vi* to last; **agüentar-se** *vr* to remain, hold on; **~ fazer algo** to manage to do sth; **não ~ de** not to be able to stand
águia ['agja] *f* eagle; (*fig*) genius
agulha [a'guʎa] *f* (*de coser, tricô*) needle; (*NÁUT*) compass; (*FERRO*) points *pl* (*BRIT*), switch (*US*); **trabalho de ~** needlework
ai [aj] *excl* (*suspiro*) oh!; (*de dor*) ouch! ♦ *m* (*suspiro*) sigh; (*gemido*) groan; **~ de mim!** poor me!
aí [a'i] *adv* there; (*então*) then; **por ~**

(*em lugar indeterminado*) somewhere over there, thereabouts; **espera ~!** wait!, hang on a minute!; **está ~!** (*col*) right!; **e ~?** and then what?
AIDS ['ajdʒs] *abr f* AIDS
ainda [a'ĩda] *adv* still; (*mesmo*) even; **~ agora** just now; **~ assim** even so, nevertheless; **~ bem** just as well; **~ por cima** on top of all that, in addition; **~ não** not yet; **~ que** even if; **maior ~** even bigger
aipo ['ajpu] *m* celery
ajeitar [aʒej'ta*] *vt* (*roupa, cabelo*) to adjust; (*emprego*) to arrange; **ajeitar-se** *vr* to adapt
ajo *etc* [a'ʒu] *vb* V **agir**
ajoelhar [aʒwe'ʎa*] *vi* to kneel (down); **ajoelhar-se** *vr* to kneel down
ajuda [a'ʒuda] *f* help; (*subsídio*) grant, subsidy; **dar ~ a alguém** to lend *ou* give sb a hand; **~ de custo** allowance;
ajudante [aʒu'dãtʃi] *m/f* assistant, helper; (*MIL*) adjutant
ajudar [aʒu'da*] *vt* to help
ajuizado, -a [aʒwi'zadu, a] *adj* (*sensato*) sensible; (*sábio*) wise; (*prudente*) discreet
ajuntamento [aʒũta'mẽtu] *m* gathering
ajuntar [aʒũ'ta*] *vt* (*unir*) to join; (*documentos*) to attach; (*reunir*) to gather
ajustagem [aʒuʃ'taʒẽ] (*BR*) (*pl* **-ns**) *f* (*TEC*) adjustment
ajustamento [aʒuʃta'mẽtu] *m* adjustment; (*de contas*) settlement
ajustar [aʒuʃ'ta*] *vt* to adjust; (*conta, disputa*) to settle; (*acomodar*) to fit; (*roupa*) to take in; (*preço*) to agree on; **ajustar-se** *vr*: **~-se a** to conform to; (*adaptar-se*) to adapt to
ajuste [a'ʒuʃtʃi] *m* (*acordo*) agreement; (*de contas*) settlement;

(*adaptação*) adjustment

ala [ˈala] f wing; (*fileira*) row; (*passagem*) aisle

alagar [alaˈgaʔ] vt, vi to flood

alameda [alaˈmeda] f (*avenida*) avenue; (*arvoredo*) grove

alarde [aˈlaxdʒi] m ostentation; (*jactância*) boasting; **fazer ~ de** to boast about; **alardear** [alaxˈdʒjaʔ] vt to show off; (*gabar-se de*) to boast of ♦ vi to show off; to boast; **alardear-se** vr to boast

alargar [alaxˈgaʔ] vt to extend; (*fazer mais largo*) to widen, broaden; (*afrouxar*) to loosen, slacken

alarma [aˈlaxma] f alarm; (*susto*) panic; (*tumulto*) tumult; (*vozearia*) outcry; **dar o sinal de ~** to raise the alarm; **~ de roubo** burglar alarm; **alarmante** [alaxˈmãtʃi] adj alarming; **alarmar** [alaxˈmaʔ] vt to alarm; **alarmar-se** vr to be alarmed

alarme [aˈlaxmi] m = **alarma**

alastrar [alaʃˈtraʔ] vt to scatter; (*disseminar*) to spread; **alastrar-se** vr (*epidemia, rumor*) to spread

alavanca [alaˈvãka] f lever; (*pé-de-cabra*) crowbar; **~ de mudanças** gear lever

albergue [awˈbɛxgi] m (*estalagem*) inn; (*refúgio*) hospice, shelter; **~ noturno** hotel; **~ para jovens** youth hostel

albufeira [awbuˈfejra] f lagoon

álbum [ˈawbũ] (*pl* **-ns**) m album; **~ de recortes** scrapbook

alça [ˈawsa] f strap; (*asa*) handle; (*de fusil*) sight

alcachofra [awkaˈʃofra] f artichoke

alcançar [awkãˈsaʔ] vt to reach; (*estender*) to hand, pass; (*obter*) to obtain, get; (*atingir*) to attain; (*compreender*) to understand;

(*desfalcar*): **~ uma firma em $1 milhão** to embezzle $1 million from a firm

alcance [awˈkãsi] m reach; (*competência*) power; (*compreensão*) understanding; (*de tiro, visão*) range; **ao ~ de** within reach ou range of; **ao ~ da voz** within earshot; **de grande ~** far-reaching; **fora do ~ da mão** out of reach; **fora do ~ de alguém** beyond sb's grasp

alcaparra [awkaˈpaxa] f caper

alçar [awˈsaʔ] vt to lift (up); (*voz*) to raise

alcatrão [awkaˈtrãw] m tar

álcool [ˈawkɔw] m alcohol; **alcoólatra** [awˈkɔlatra] m/f alcoholic; **alcoólico, -a** [awˈkɔliku, a] adj, m/f alcoholic

Alcorão [awkoˈrãw] m Koran

alcova [awˈkova] f bedroom

alcunha [awˈkuɲa] f nickname

aldeão, -eã [awˈdʒjãw, jã] (*pl* **-ões**, **~s**) m/f villager

aldeia [awˈdeja] f village

aldeões [awˈdʒjõjʃ] mpl de **aldeão**

alecrim [aleˈkrĩ] m rosemary

alegar [aleˈgaʔ] vt to allege; (*JUR*) to plead

alegoria [alegoˈria] f allegory

alegórico, -a [aleˈgɔriku, a] adj allegorical; **carro alegórico** float

alegrar [aleˈgraʔ] vt to cheer (up), gladden; (*ambiente*) to brighten up; (*animar*) to liven (up); **alegrar-se** vr to cheer up

alegre [aˈlegri] adj cheerful; (*contente*) happy, glad; (*cores*) bright; (*embriagado*) merry, tight; **alegria** [aleˈgria] f joy, happiness

aleijado, -a [alejˈʒadu, a] adj crippled ♦ m/f cripple

aleijar [alejˈʒaʔ] vt to maim

além [aˈlẽj] adv (*lá ao longe*) over there; (*mais adiante*) further on ♦ m: **o**

~ the hereafter ♦ *prep*: **~ de** beyond; (*no outro lado de*) on the other side of; (*para mais de*) over; (*ademais de*) apart from, besides; **~ disso** moreover; **mais ~** further

alemã [ale'mã] *f de* **alemão**

alemães [ale'mãjʃ] *mpl de* **alemão**

Alemanha [ale'mãɲa] *f*: **a ~** Germany

alemão, -mã [ale'mãw, 'mã] (*pl* **-ães, ~s**) *adj, m/f* German ♦ *m* (*LING*) German

alentador, a [alẽta'do*, a] *adj* encouraging

alento [a'lẽtu] *m* (*fôlego*) breath; (*ânimo*) courage; **dar ~** to encourage; **tomar ~** to draw breath

alergia [alex'ʒia] *f*: **~ (a)** allergy (to); (*fig*) aversion (to); **alérgico, -a** [a'lɛxʒiku, a] *adj*: **alérgico (a)** allergic (to); **ele é alérgico a João/à política** he can't stand João/politics

alerta [a'lɛxta] *adj* alert ♦ *adv* on the alert ♦ *m* alert

alfabetizar [awfabetʃi'za*] *vt* to teach to read and write; **alfabetizar-se** *vr* to learn to read and write

alfabeto [awfa'betu] *m* alphabet

alface [aw'fasi] *f* lettuce

alfaiate [awfa'jatʃi] *m* tailor

alfândega [aw'fãdʒiga] *f* customs *pl*, customs house; **alfandegário, -a** [awfãde'garju, a] *m/f* customs officer

alfazema [awfa'zema] *f* lavender

alfinete [awfi'netʃi] *m* pin; **~ de segurança** safety pin

alga ['awga] *f* seaweed

algarismo [awga'riʒmu] *m* numeral, digit

Algarve [aw'gaxvi] *m*: **o ~** the Algarve

algazarra [awga'zaxa] *f* uproar, racket

álgebra ['awʒebra] *f* algebra

algemas [aw'ʒemaʃ] *fpl* handcuffs

algo ['awgu] *adv* somewhat, rather ♦ *pron* something; (*qualquer coisa*) anything

algodão [awgo'dãw] *m* cotton; **~ (hidrófilo)** cotton wool (*BRIT*), absorbent cotton (*US*)

alguém [aw'gẽj] *pron* someone, somebody; (*em frases interrogativas ou negativas*) anyone, anybody

algum, a [aw'gũ, 'guma] (*pl* **-ns, ~s**) *adj* some; (*em frases interrogativas ou negativas*) any ♦ *pron* one; (*no plural*) some; (*negativa*): **de modo ~** in no way; **coisa ~a** nothing; **~ dia** one day; **~ tempo** for a while; **~a coisa** something; **~a vez** sometime

algures [aw'guriʃ] *adv* somewhere

alheio, -a [a'ʎeju, a] *adj* (*de outrem*) someone else's; (*estranho*) alien; (*estrangeiro*) foreign; (*impróprio*) irrelevant

alho ['aʎu] *m* garlic

ali [a'li] *adv* there; **até ~** up to there; **por ~** around there; (*direção*) that way; **~ por** (*tempo*) round about; **de ~ por diante** from then on; **~ dentro** in there

aliado, -a [a'ljadu, a] *adj* allied ♦ *m/f* ally

aliança [a'ljãsa] *f* alliance; (*anel*) wedding ring

aliar [a'lja*] *vt* to ally; **aliar-se** *vr* to form an alliance

aliás [a'ljajʃ] *adv* (*a propósito*) as a matter of fact; (*ou seja*) rather, that is; (*contudo*) nevertheless; (*diga-se de passagem*) incidentally

álibi ['alibi] *m* alibi

alicate [ali'katʃi] *m* pliers *pl*; **~ de unhas** nail clippers *pl*

alienação [aljena'sãw] *f* alienation; (*de bens*) transfer (of property); **~ mental** insanity

alienado, -a [alje'nadu, a] *adj*
alienated; (*demente*) insane; (*bens*)
transferred ◆ *m/f* lunatic
alienar [alje'na*] *vt* (*afastar*) to
alienate; (*bens*) to transfer
alimentação [alimēta'sãw] *f*
(*alimentos*) food; (*ação*) feeding;
(*nutrição*) nourishment; (*ELET*) supply
alimentar [alimē'ta*] *vt* to feed; (*fig*)
to nurture ◆ *adj* (*produto*) food *atr*;
(*hábitos*) eating *atr* **alimentar-se** *vr*:
~-se de to feed on
alimento [ali'mētu] *m* food; (*nutrição*)
nourishment
alinhado, -a [ali'ɲadu, a] *adj*
(*elegante*) elegant; (*texto*): **~ à
esquerda/direita** ranged left/right
alinhar [ali'ɲa*] *vt* to align;
alinhar-se *vr* to form a line
alinho [a'liɲu] *m* (*alinhamento*)
alignment; (*elegância*) neatness
alisar [ali'za*] *vt* to smooth; (*cabelo*)
to straighten; (*acariciar*) to stroke
aliviar [ali'vja*] *vt* to relieve
alívio [a'livju] *m* relief
alma ['awma] *f* soul; (*entusiasmo*)
enthusiasm; (*caráter*) character
almejar [awme'ʒa*] *vt* to long for,
yearn for
almirante [awmi'rãtʃi] *m* admiral
almoçar [awmo'sa*] *vi* to have lunch
◆ *vt*: **~ peixe** to have fish for lunch
almoço [aw'mosu] *m* lunch; **pequeno
~** (*PT*) breakfast
almofada [awmo'fada] *f* cushion; (*PT:
travesseiro*) pillow
almoxarifado [awmoʃari'fadu] *m*
storeroom
alô [a'lo] (*BR*) *excl* (*TEL*) hullo
alocar [alo'ka*] *vt* to allocate
alojamento [aloʒa'mētu] *m*
accommodation (*BRIT*),

accommodations *pl* (*US*); (*habitação*)
housing
alojar [alo'ʒa*] *vt* (*hóspede*: *numa
pensão*) to accommodate; (: *numa
casa*) to put up; (*sem teto, refugiado*)
to house; (*MIL*) to billet; **alojar-se** *vr*
to stay
alongar [alõ'ga*] *vt* to lengthen;
(*braço*) to stretch out; (*prazo,
contrato*) to extend; (*reunião,
sofrimento*) to prolong; **alongar-se** *vr*
(*sobre um assunto*) to dwell
aloprado, -a [alo'pradu, a] (*col*) *adj*
nutty
alpendre [aw'pēdri] *m* (*telheiro*) shed;
(*pórtico*) porch
Alpes ['awpiʃ] *mpl*: **os ~** the Alps
alpinismo [awpi'niʒmu] *m*
mountaineering, climbing; **alpinista**
[awpi'niʃta] *m/f* mountaineer, climber
alta ['awta] *f* (*de preços*) rise; (*de
hospital*) discharge
altar [aw'ta*] *m* altar
alteração [awtera'sãw] (*pl* **-ões**) *f*
alteration; (*desordem*) disturbance;
(*falsificação*) falsification
alterado, -a [awte'radu, a] *adj*
bad-tempered, irritated
alterar [awte'ra*] *vt* to alter; (*falsificar*)
to falsify; **alterar-se** *vr* to change;
(*enfurecer-se*) to get angry, lose one's
temper
alternar [awtex'na*] *vt*, *vi* to alternate;
alternar-se *vr* to alternate; (*por
turnos*) to take turns
alternativa [awtexna'tʃiva] *f* alternative
alternativo, -a [awtexna'tʃivu, a] *adj*
alternative; (*ELET*) alternating
alteza [aw'teza] *f* highness
altitude [awtʃi'tudʒi] *f* altitude
altivez [awtʃi'veʒ] *f* (*arrogância*)
haughtiness; (*nobreza*) loftiness;
altivo, -a [aw'tʃivu, a] *adj* haughty;

lofty

alto, -a ['awtu, a] *adj* high; (*pessoa*) tall; (*som*) high, sharp; (*voz*) loud; (*GEO*) upper ♦ *adv* (*falar*) loudly, loud; (*voar*) high ♦ *excl* halt! ♦ *m* top, summit; **do ~** from above; **por ~** superficially; **alta fidelidade** high fidelity, hi-fi; **na alta noite** at dead of night

alto-falante (*pl* **~s**) *m* loudspeaker

altura [aw'tura] *f* height; (*momento*) point, juncture; (*altitude*) altitude; (*de um som*) pitch; **em que ~ do Rio Branco fica a livraria?** whereabouts in Rio Branco is the bookshop?; **nesta ~** at this juncture; **estar à ~ de** (*ser capaz de*) to be up to; **ter 1.80 metros de ~** to be 1.80 metres (*BRIT*) *ou* meters (*US*) tall

alucinado, -a [alusi'nadu, a] *adj* crazy

alucinante [alusi'nātʃi] *adj* crazy

alugar [alu'ga*] *vt* (*tomar de aluguel*) to rent, hire; (*dar de aluguel*) to let, rent out; **alugar-se** *vr* to let; **aluguel** [alu'gew] (*pl* **-éis**) (*BR*) *m* rent; (*ação*) renting; **aluguel de carro** car hire (*BRIT*) *ou* rental (*US*); **aluguer** [alu'ge*] (*PT*) *m* = **aluguel**

alumiar [alu'mja*] *vt* to light (up) ♦ *vi* to give light

alumínio [alu'minju] *m* aluminium (*BRIT*), aluminum (*US*)

aluno, -a [a'lunu, a] *m/f* pupil, student

alvejar [awve'ʒa*] *vt* (*tomar como alvo*) to aim at; (*branquear*) to bleach

alvenaria [awvena'ria] *f* masonry; **de ~ brick** *atr*, brick-built

alvéolo [aw'vɛolu] *m* cavity

alvo, -a ['awvu, a] *adj* white ♦ *m* target

alvorada [awvo'rada] *f* dawn

alvorecer [awvore'se*] *vi* to dawn

alvoroço [awvo'rosu] *m* commotion;

(*entusiasmo*) enthusiasm

amabilidade [amabili'dadʒi] *f* kindness; (*simpatia*) friendliness

amaciante [ama'sjatʃi] *m*: **~ (de roupa)** fabric conditioner

amaciar [ama'sja*] *vt* (*tornar macio*) to soften; (*carro*) to run in

amado, -a [a'madu, a] *m/f* beloved, sweetheart

amador, a [ama'do*, a] *adj, m/f* amateur

amadurecer [amadure'se*] *vt, vi* (*frutos*) to ripen; (*fig*) to mature

âmago ['amagu] *m* (*centro*) heart, core; (*medula*) pith; (*essência*) essence

amaldiçoar [amawdʒi'swa*] *vt* to curse, swear at

amalgamar [amawga'ma*] *vt* to amalgamate; (*combinar*) to fuse (*BRIT*), fuze (*US*), blend

amalucado, -a [amalu'kadu, a] *adj* crazy, whacky

amamentar [amamē'ta*] *vt, vi* to breast-feed

amanhã [ama'ɲã] *adv, m* tomorrow

amanhecer [amaɲe'se*] *vi* (*alvorecer*) to dawn; (*encontrar-se pela manhã*): **amanhecemos em Paris** we were in Paris at daybreak ♦ *m* dawn; **ao ~** at daybreak

amansar [amã'sa*] *vt* (*animais*) to tame; (*cavalos*) to break in; (*aplacar*) to placate

amante [a'mãtʃi] *m/f* lover

amar [a'ma*] *vt* to love

amarelo, -a [ama'rɛlu, a] *adj* yellow ♦ *m* yellow

amargar [amax'ga*] *vt* to make bitter; (*fig*) to embitter

amargo, -a [a'maxgu, a] *adj* bitter;

amargura [amax'gura] *f* bitterness

amarrar [ama'xa*] *vt* to tie (up); (*NÁUT*) to moor; **~ a cara** to frown, scowl

amarrotar [amaxo'ta*] *vt* to crease

amassar [ama'sa*] *vt* (*pão*) to knead; (*misturar*) to mix; (*papel*) to screw up; (*roupa*) to crease; (*carro*) to dent

amável [a'mavew] (*pl* **-eis**) *adj* kind

Amazonas [ama'zɔnaʃ] *m*: **o ~** the Amazon

Amazônia [ama'zonja] *f*: **a ~** the Amazon region; *see boxed note*

AMAZÔNIA

Amazônia is the region formed by the basin of the river Amazon (the river with the largest volume of water in the world) and its tributaries. With a total area of almost 7 million square kilometres, it stretches from the Atlantic to the Andes. Most of **Amazônia** is in Brazilian territory, although it also extends into Peru, Colombia, Venezuela and Bolivia. It contains the richest biodiversity and largest area of tropical rainforest in the world.

---

ambição [ambi'sãw] (*pl* **-ões**) *f* ambition; **ambicionar** [ābisjo'na*] *vt* to aspire to; **ambicioso, -a** [ābi'sjozu, ɔza] *adj* ambitious

ambidestro, -a [ābi'deʃtru, a] *adj* ambidextrous

ambientar [ābjē'ta*] *vt* (*filme etc*) to set; (*adaptar*): **~ alguém a algo** to get sb used to sth; **ambientar-se** *vr* to fit in

ambiente [ā'bjētʃi] *m* atmosphere; (*meio*, COMPUT) environment; **meio ~** environment; **temperatura ~** room temperature

ambíguo, -a [ā'bigwu, a] *adj* ambiguous

âmbito [ˈãbitu] *m* extent; (*campo de ação*) scope, range

ambos, -as [ˈãbuʃ, aʃ] *adj pl* both

ambulância [ābuˈlãsja] *f* ambulance

ambulante [ābuˈlãtʃi] *adj* walking; (*errante*) wandering; (*biblioteca*) mobile

ambulatório [ābulaˈtɔrju] *m* outpatient department

ameaça [ameˈasa] *f* threat; **ameaçar** [ameaˈsa*] *vt* to threaten

amedrontar [amedrõˈta*] *vt* to scare, intimidate; **amedrontar-se** *vr* to be frightened

ameixa [aˈmejʃa] *f* plum; (*passa*) prune

amém [aˈmēj] *excl* amen

amêndoa [aˈmēdwa] *f* almond; **amendoeira** [amēˈdwejra] *f* almond tree

amendoim [amēdoˈĩ] (*pl* **-ns**) *m* peanut

amenidade [ameniˈdadʒi] *f* wellbeing; **~s** *fpl* (*assuntos superficiais*) small talk *sg*

amenizar [ameniˈza*] *vt* (*abrandar*) to soften; (*tornar agradável*) to make pleasant; (*facilitar*) to ease

ameno, -a [aˈmɛnu, a] *adj* pleasant; (*clima*) mild

América [aˈmerika] *f*: **a ~** America; **a ~ do Norte/do Sul** North/South America; **a ~ Central/Latina** Central/ Latin America; **americano, -a** [ameriˈkanu, a] *adj*, *m/f* American

amestrar [ameʃˈtra*] *vt* to train

amianto [aˈmjãtu] *m* asbestos

amido [aˈmidu] *m* starch

amigável [amiˈgavew] (*pl* **-eis**) *adj* amicable, friendly

amígdala [aˈmigdala] *f* tonsil; **amigdalite** [amigdaˈlitʃi] *f* tonsillitis

amigo, -a [a'migu, a] *adj* friendly ♦ *m/f* friend; **ser ~ de** to be friends with

amistoso, -a [amiʃ'tozu, ɔza] *adj* friendly, cordial ♦ *m (jogo)* friendly

amiúde [a'mjudʒi] *adv* often, frequently

amizade [ami'zadʒi] *f (relação)* friendship; *(simpatia)* friendliness

amnistia [amniʃ'tia] *(PT) f* = anistia

amolação [amola'sãw] *(pl -ões) f* bother, annoyance

amolar [amo'la*] *vt* to sharpen; *(aborrecer)* to annoy, bother ♦ *vi* to be annoying

amolecer [amole'se*] *vt* to soften ♦ *vi* to soften; *(abrandar-se)* to relent

amônia [a'monja] *f* ammonia

amoníaco [amo'niaku] *m* ammonia

amontoar [amõ'twa*] *vt* to pile up, accumulate; **~ riquezas** to amass a fortune

amor [a'mo*] *m* love; **por ~ de** for the sake of; **fazer ~** to make love

amora [a'mɔra] *f:* **~ silvestre** blackberry

amordaçar [amorda'sa*] *vt* to gag

amoroso, -a [amo'rozu, ɔza] *adj* loving, affectionate

amor-perfeito *(pl* **amores- perfeitos)** *m* pansy

amortecedor [amoxtese'do*] *m* shock absorber

amortização [amoxtʃiza'sãw] *f* payment in instalments *(BRIT) ou* installments *(US)*

amortizar [amoxtʃi'za*] *vt* to pay in instalments *(BRIT) ou* installments *(US)*

amostra [a'mɔʃtra] *f* sample

amparar [ãpa'ra*] *vt* to support; *(ajudar)* to help, assist; **amparar-se** *vr:* **~-se em** to lean on

amparo [ã'paru] *m* support; help, assistance

ampliação [amplja'sãw] *(pl -ões) f* enlargement; *(extensão)* extension

ampliar [ã'plja*] *vt* to enlarge; *(conhecimento)* to broaden

amplificador [ãplifika'do*] *m* amplifier

amplificar [ãplifi'ka*] *vt* to amplify

amplitude [ãpli'tudʒi] *f (espaço)* spaciousness; *(fig: extensão)* extent

amplo, -a [ãplu, a] *adj (sala)* spacious; *(conhecimento, sentido)* broad; *(possibilidade)* ample

amputar [ãpu'ta*] *vt* to amputate

Amsterdã [amiʃtex'dã] *(BR) n* Amsterdam

Amsterdão [amiʃtex'dãw] *(PT) n* = Amsterdã

amuado, -a [a'mwadu, a] *adj* sulky

anã [a'nã] *f de* anão

anais [a'najʃ] *mpl* annals

analfabeto, -a [anawfa'bɛtu, a] *adj, m/f* illiterate

analgésico [anaw'ʒɛziku] *m* painkiller, analgesic

analisar [anali'za*] *vt* to analyse; **análise** [a'nalizi] *f* analysis; **analista** [ana'liʃta] *m/f* analyst

ananás [ana'naʃ] *(pl* **ananases)** *m (BR) variety of pineapple (PT)* pineapple

anão, anã [a'nãw, a'nã] *(pl -ões,~s) m/f* dwarf

anarquia [anax'kia] *f* anarchy; **anarquista** [anax'kiʃta] *m/f* anarchist

anatomia [anato'mia] *f* anatomy

anca ['ãka] *f (de pessoa)* hip; *(de animal)* rump

ancião, anciã [ã'sjãw, ã'sjã] *(pl -ões, ~s) adj* old ♦ *m/f* old man/woman; *(de uma tribo)* elder

anciões [a'sjõjʃ] *mpl de* ancião

âncora ['ãkora] *f* anchor; **ancorar**

a b c d e f g h i j k l m n o p q r s t u v w x y z

[ãko'ra*] vt, vi to anchor

andaime [ã'dajmi] m (ARQ) scaffolding

andamento [ãda'mẽtu] m (progresso) progress; (rumo) course; (MÚS) tempo; **em ~** in progress

andar [ã'da*] vi to walk; (máquina) to work; (progredir) to progress; (estar): **ela anda triste** she's been sad lately ♦ m gait; (pavimento) floor, storey (BRIT), story (US); **anda!** hurry up!; **~ a cavalo** to ride; **~ de trem/avião/bicicleta** to travel by train/fly/ride a bike

Andes ['ãdʒiʃ] mpl: **os ~** the Andes

andorinha [ãdo'riɲa] f (pássaro) swallow

anedota [ane'dɔta] f anecdote

anel [a'nɛw] (pl -éis) m ring; (elo) link; (de cabelo) curl; **~ de casamento** wedding ring

anemia [ane'mia] f anaemia (BRIT), anemia (US)

anestesia [aneʃte'zia] f anaesthesia (BRIT), anesthesia (US); (anestésico) anaesthetic (BRIT), anesthetic (US)

anexar [anek'sa*] vt to annex; (juntar) to attach; (documento) to enclose

anexo, -a [a'nɛksu, a] adj attached ♦ m annexe; (em carta) enclosure; **segue em anexo** please find enclosed

anfitrião, -triã [ãfi'trjãw, 'trjã] (pl -ões, ~s) m/f host/hostess

angina [ã'ʒina] f: **~ do peito** angina (pectoris)

Angola [ã'gɔla] f Angola

angu [ã'gu] m corn-meal purée

ângulo ['ãgulu] m angle; (canto) corner

angústia [ã'guʃtʃja] f anguish, distress;

angustiante [ãguʃ'tʃjãtʃi] adj distressing; (momentos) anxious, nerve-racking

animação [anima'sãw] f (vivacidade) liveliness; (movimento) bustle; (entusiasmo) enthusiasm

animado, -a [ani'madu, a] adj lively; (alegre) cheerful; **~ com** enthusiastic about

animador, a [anima'do*, a] adj encouraging ♦ m/f (BR: TV) presenter

animal [ani'maw] (pl -ais) adj, m animal; **~ de estimação** pet (animal)

animar [ani'ma*] vt to liven up; (encorajar) to encourage; **animar-se** vr to cheer up; (festa etc) to liven up; **~-se a** to bring o.s. to

ânimo ['ãnimu] m (coragem) courage; **~!** cheer up!; **perder o ~** to lose heart; **recobrar o ~** to pluck up courage; (alegrar-se) to cheer up

aninhar [ani'ɲa*] vt to nestle; **aninhar-se** vr to nestle

anis [a'niʃ] m aniseed

anistia [aniʃ'tʃia] f amnesty

aniversário [anivex'sarju] m anniversary; (de nascimento) birthday; (: festa) birthday party

anjo ['ãʒu] m angel; **~ da guarda** guardian angel

ano ['anu] m year; **Feliz A~ Novo!** Happy New Year!; **o ~ que vem** next year; **por** per annum; **fazer ~s** to have a birthday; **ter dez ~s** to be ten (years old); **dia de ~s** (PT) birthday; **~ letivo** academic year; (da escola) school year

anões [a'nõjʃ] mpl de **anão**

anoitecer [anojte'se*] vi to grow dark ♦ m nightfall

anomalia [anoma'lia] f anomaly

anônimo, -a [a'nonimu, a] adj anonymous

anoraque [ano'raki] m anorak

anormal [anox'maw] (pl -ais) adj abnormal; (excepcional) handicapped; **anormalidade** [anoxmali'dadʒi] f abnormality

anotação [anota'sãw] (*pl* **-ões**) *f* annotation; (*nota*) note

anotar [ano'ta*] *vt* to annotate; (*tomar nota*) to note down

anseio *etc* [ã'seju] *vb* V **ansiar**

ânsia ['ãsja] *f* anxiety; (*desejo*): **~ (de)** longing (for); **ter ~s (de vômito)** to feel sick

ansiar [ã'sja*] *vi*: **~ por** (*desejar*) to yearn for; **~ por fazer** to long to do

ansiedade [ãsje'dadʒi] *f* anxiety; (*desejo*) eagerness

ansioso, -a [ã'sjozu, ɔza] *adj* anxious; (*desejoso*) eager

Antártico [ã'taxtʃiku] *m*: **o ~** the Antarctic

ante ['ãtʃi] *prep* (*na presença de*) before; (*em vista de*) in view of, faced with

antecedência [ãtese'dēsja] *f*: **com ~** in advance; **3 dias de ~** three days' notice

antecedente [ãtese'dētʃi] *adj* preceding ♦ *m* antecedent; **~s** *mpl* (*registro*) record *sg*; (*passado*) background *sg*

anteceder [ãtese'de*] *vt* to precede

antecipação [ãtesipa'sãw] *f* anticipation; **com um mês de ~** a month in advance; **~ de pagamento** advance (payment)

antecipadamente [ãtesipada'mētʃi] *adv* in advance, beforehand

antecipado, -a [ãtesi'padu, a] *adj* (*pagamento*) (in) advance

antecipar [ãtesi'pa*] *vt* to anticipate, forestall; (*adiantar*) to bring forward

antemão [ante'mãw]: **de ~** *adv* beforehand

antena [ã'tena] *f* (*BIO*) antenna, feeler; (*RÁDIO, TV*) aerial

anteontem [ãtʃi'õtē] *adv* the day before yesterday

antepassado [ãtʃipa'sadu] *m* ancestor

anterior [ãte'rjo*] *adj* previous; (*antigo*) former; (*de posição*) front

antes ['ãtʃiʃ] *adv* before; (*antigamente*) formerly; (*ao contrário*) rather ♦ *prep*: **~ de** before; **o quanto ~** as soon as possible; **~ de partir** before leaving; **~ de tudo** above all; **~ que** before

anti- [ãtʃi] *prefixo* anti-

antiácido, -a [ã'tʃjasidu, a] *adj* antacid ♦ *m* antacid

antibiótico, -a [ãtʃi'bjɔtʃiku, a] *adj* antibiotic ♦ *m* antibiotic

anticaspa [ãtʃi'kaʃpa] *adj inv*: **xampu ~** dandruff shampoo

anticlímax [ãtʃi'klimaks] *m* anticlimax

anticoncepcional [ãtʃikõsepsjo'naw] (*pl* **-ais**) *adj, m* contraceptive

anticongelante [ãtʃikõʒe'lãtʃi] *m* antifreeze

antidepressivo [ãtʃidepre'sivu] *m* antidepressant

antigamente [ãtʃiga'mētʃi] *adv* formerly; (*no passado*) in the past

antigo, -a [ã'tʃigu, a] *adj* old; (*histórico*) ancient; (*de estilo*) antique; (*chefe etc*) former

antiguidade [ãtʃigi'dadʒi] *f* antiquity, ancient times *pl*; (*de emprego*) seniority; **~s** *fpl* (*monumentos*) ancient monuments; (*artigos*) antiques

anti-horário, -a *adj* anticlockwise

antilhano, -a [ãtʃi'ʎanu, a] *adj, m/f* West Indian

Antilhas [ã'tʃiʎaʃ] *fpl*: **as ~** the West Indies

antipatia [ãtʃipa'tʃia] *f* dislike;

antipático, -a [ãtʃi'patʃiku, a] *adj* unpleasant, unfriendly

antipatizar [ãtʃipatʃi'za*] *vi*: **~ com alguém** to dislike sb

antiquado, -a [ãtʃi'kwadu, a] *adj*

a b c d e f g h i j k l m n o p q r s t u v w x z

antiquated; (*fora de moda*) out of date, old-fashioned

antiquário, -a [ãtʃiˈkwarju, a] *m/f* antique dealer ♦ *m* (*loja*) antique shop

anti-semita *adj* anti-Semitic

anti-séptico, -a *adj* antiseptic ♦ *m* antiseptic

anti-social (*pl* -**ais**) *adj* antisocial

antologia [ãtoloˈʒia] *f* anthology

anual [aˈnwaw] (*pl* -**ais**) *adj* annual, yearly

anulação [anulaˈsãw] (*pl* -**ões**) *f* cancellation; (*de contrato, casamento*) annulment

anular [anuˈla*] *vt* to cancel; (*contrato, casamento*) to annul; (*efeito*) to cancel out ♦ *m* ring finger

anunciante [anũˈsjãtʃi] *m* (*COM*) advertiser

anunciar [anũˈsja*] *vt* to announce; (*COM*) to advertise

anúncio [aˈnũsju] *m* announcement; (*COM*) advertisement; (*cartaz*) notice; ~**s classificados** small *ou* classified ads

ânus [ˈanuʃ] *m inv* anus

anzol [ãˈzɔw] (*pl* -**óis**) *m* fish-hook

ao [aw] = **a** + **o**

aonde [aˈõdʒi] *adv* where; ~ **quer que** wherever

aos [awʃ] = **a** + **os**

Ap. *abr* = **apartamento**

apagado, -a [apaˈgadu, a] *adj*: **o fogo estava ~/a luz estava apagada** the fire was out/the light was off

apagar [apaˈga*] *vt* to put out; (*luz elétrica*) to switch off; (*vela*) to blow out; (*com borracha*) to rub out, erase; **apagar-se** *vr* to go out

apaixonado, -a [apajʃoˈnadu, a] *adj* (*discurso*) impassioned; (*pessoa*): **ele está ~ por ela** he is in love with her; **ele é ~ por tênis** he's mad about tennis

apaixonar-se [apajʃoˈnaxsi] *vr*: ~ **por** to fall in love with

apalpar [apawˈpa*] *vt* to touch, feel; (*MED*) to examine

apanhado [apaˈɲadu] *m* (*de flores*) bunch; (*resumo*) summary

apanhar [apaˈɲa*] *vt* to catch; (*algo à mão, do chão*) to pick up; (*surra, táxi*) to get; (*flores, frutas*) to pick; (*agarrar*) to grab ♦ *vi* to get a beating; ~ **sol/ chuva** to sunbathe/get soaked

aparador [aparaˈdo*] *m* sideboard

apara-lápis [aparaˈlapiʃ] (*PT*) *m inv* pencil sharpener

aparar [apaˈra*] *vt* (*cabelo*) to trim; (*lápis*) to sharpen; (*algo arremessado*) to catch

aparato [apaˈratu] *m* pomp; (*coleção*) array

aparecer [apareˈse*] *vi* to appear; (*apresentar-se*) to turn up; (*ser publicado*) to be published; ~ **em casa de alguém** to call on sb;

aparecimento [aparesiˈmẽtu] *m* appearance; (*publicação*) publication

aparelhado, -a [apareˈʎadu, a] *adj* ready, prepared

aparelho [apaˈreʎu] *m* apparatus; (*equipamento*) equipment; (*PESCA*) tackle; (*máquina*) machine; (*BR: fone*) telephone; ~ **de barbear** electric shaver; ~ **de chá** tea set; ~ **de rádio/TV** radio/TV set; ~ **doméstico** domestic appliance

aparência [apaˈrẽsja] *f* appearance; **na** ~ apparently; **sob a** ~ **de** under the guise of; **ter** ~ **de** to look like, seem

aparentar [aparẽˈta*] *vt* (*fingir*) to feign; (*parecer*) to look; **não aparenta a sua idade** he doesn't look his age

aparente [apaˈrẽtʃi] *adj* apparent

aparição [apariˈsãw] (*pl* -**ões**) *f* (*visão*) apparition; (*fantasma*) ghost

apartamento [apaxta'mẽtu] *m*
apartment, flat (*BRIT*)

apartar [apax'ta*] *vt* to separate;
apartar-se *vr* to separate

apartheid [apax'tajdʒi] *m* apartheid

apatia [apa'tʃia] *f* apathy

apático, -a [a'patʃiku, a] *adj* apathetic

apavorado, -a [apavo'radu, a] *adj*
terrified

apavorante [apavo'rãtʃi] *adj* terrifying

apavorar [apavo'ra*] *vt* to terrify ♦ *vi*
to be terrifying; **apavorar-se** *vr* to be
terrified

apear-se [a'pjaxsi] *vr*: **~ de** (*cavalo*)
to dismount from

apegado, -a [ape'gadu, a] *adj*: **ser ~ a**
(*gostar de*) to be attached to

apegar-se [ape'gaxsi] *vr*: **~ a**
(*afeiçoar-se*) to become attached to

apego [a'pegu] *m* (*afeição*)
attachment

apelação [apela'sãw] (*pl* **-ões**) *f*
appeal

apelar [ape'la*] *vi* to appeal; **~ da
sentença** (*JUR*) to appeal against the
sentence; **~ para** to appeal to; **~ para
a ignorância/violência** to resort to
abuse/violence

apelido [ape'lidu] *m* (*BR: alcunha*)
nickname; (*PT: nome de família*)
surname

apelo [a'pelu] *m* appeal

apenas [a'pɛnaʃ] *adv* only

apendicite [apẽdʒi'sitʃi] *f* appendicitis

aperfeiçoamento [apexfejswa'mẽtu]
m (*perfeição*) perfection;
(*melhoramento*) improvement

aperfeiçoar [apexfej'swa*] *vt* to
perfect; (*melhorar*) to improve;
aperfeiçoar-se *vr* to improve o.s.

apertado, -a [apex'tadu, a] *adj* tight;
(*estreito*) narrow; (*sem dinheiro*)
hard-up; (*vida*) hard

apertar [apex'ta*] *vt* (*agarrar*) to hold
tight; (*roupa*) to take in; (*esponja*) to
squeeze; (*botão*) to press; (*despesas*)
to limit; (*vigilância*) to step up;
(*coração*) to break; (*fig: pessoa*) to put
pressure on ♦ *vi* (*sapatos*) to pinch;
(*chuva, frio*) to get worse; (*estrada*) to
narrow; **~ em** (*insistir*) to insist on; **~ a
mão de alguém** to shake hands with
sb

aperto [a'pextu] *m* pressure; (*situação
difícil*) spot of bother, jam; **um ~ de
mãos** a handshake

apesar [ape'za*]: **~ de** *prep* in spite of,
despite; **~ disso** nevertheless; **~ de que**
even though

apetecer [apete'se*] *vi* (*comida*) to be
appetizing

apetite [ape'tʃitʃi] *m* appetite; **bom ~!**
enjoy your meal!

apetrechos [ape'treʃuʃ] *mpl* gear *sg*;
(*PESCA*) tackle *sg*

ápice ['apisi] *m* (*cume*) summit, top;
(*vértice*) apex

apiedar-se [apje'daxsi] *vr*: **~ de** to
pity; (*compadecer-se*) to take pity on

apinhado, -a [api'ɲadu, a] *adj*
crowded

apinhar [api'ɲa*] *vt* to crowd, pack;
apinhar-se *vr* to crowd together; **~-se
de** (*gente*) to be filled *ou* packed with

apitar [api'ta*] *vi* to whistle; **apito**
[a'pitu] *m* whistle

aplacar [apla'ka*] *vt* to placate ♦ *vi* to
calm down; **aplacar-se** *vr* to calm
down

aplaudir [aplaw'dʒi*] *vt* to applaud

aplauso [a'plawzu] *m* applause;
(*apoio*) support; (*elogio*) praise;
(*aprovação*) approval; **~s** applause *sg*

aplicação [aplika'sãw] (*pl* **-ões**) *f*
application; (*esforço*) effort; (*da lei*)

a
b
c
d
e
f
g
h
i
j
k
l
m
n
o
p
q
r
s
t
u
v
w
x
z

enforcement; (*de dinheiro*) investment

aplicado, -a [apli'kadu, a] *adj* hard-working

aplicar [apli'ka*] *vt* to apply; (*lei*) to enforce; (*dinheiro*) to invest; **aplicar-se** *vr*: **~-se a** to devote o.s. to

apoderar-se [apode'raxsi] *vr*: **~ de** to seize, take possession of

apodrecer [apodre'se*] *vt* to rot; (*dente*) to decay ♦ *vi* to rot; to decay

apogeu [apo'ʒew] *m* (*fig*) height, peak

apoiar [apo'ja*] *vt* to support; (*basear*) to base; (*moção*) to second; **apoiar-se** *vr*: **~-se em** to rest on

apoio [a'poju] *m* support; (*financeiro*) backing

apólice [a'pɔlisi] *f* (*certificado*) policy, certificate; (*ação*) share, bond; **~ de seguro** insurance policy

apontamento [apõta'mẽtu] *m* (*nota*) note

apontar [apõ'ta*] *vt* (*fusil*) to aim; (*erro*) to point out; (*com o dedo*) to point at *ou* to; (*razão*) to put forward ♦ *vi* to begin to appear; (*brotar*) to sprout; (*com o dedo*) to point; **~ para** to point to; (*com arma*) to aim at

após [a'pɔjʃ] *prep* after

aposentado, -a [apozẽ'tadu, a] *adj* retired ♦ *m/f* retired person, pensioner; **ser ~** to be retired;

aposentadoria [apozẽtado'ria] *f* retirement; (*dinheiro*) pension

aposentar [apozẽ'ta*] *vt* to retire; **aposentar-se** *vr* to retire

aposento [apo'zẽtu] *m* room

apossar-se [apo'saxsi] *vr*: **~ de** to take possession of, seize

aposta [a'pɔʃta] *f* bet

apostar [apoʃ'ta*] *vt* to bet ♦ *vi*: **~ em** to bet on

apóstolo [a'pɔʃtolu] *m* apostle

apóstrofo [a'pɔʃtrofu] *m* apostrophe

aprazível [apra'zivew] (*pl* **-eis**) *adj* pleasant

apreciação [apresja'sãw] *f* appreciation

apreciar [apre'sja*] *vt* to appreciate; (*gostar de*) to enjoy

apreço [a'presu] *m* esteem, regard; (*consideração*) consideration; **em ~** in question

apreender [aprjẽ'de*] *vt* to apprehend; (*tomar*) to seize; (*entender*) to grasp

apreensão [aprjẽ'sãw] (*pl* **-ões**) *f* (*percepção*) perception; (*tomada*) seizure; (*receio*) apprehension

apreensivo, -a [aprjẽ'sivu, a] *adj* apprehensive

apreensões [aprjẽ'sõjʃ] *fpl de* apreensão

apregoar [apre'gwa*] *vt* to proclaim, announce; (*mercadorias*) to cry

aprender [aprẽ'de*] *vt*, *vi* to learn; **~ a ler** to learn to read; **~ de cor** to learn by heart

aprendizagem [aprẽdʒi'zaʒẽ] *f* (*num ofício*) apprenticeship; (*numa profissão*) training; (*escolar*) learning

apresentação [aprezẽta'sãw] (*pl* **-ões**) *f* presentation; (*de peça, filme*) performance; (*de pessoas*) introduction; (*porte pessoal*) appearance

apresentador, a [aprezẽta'do*, a] *m/f* presenter

apresentar [aprezẽ'ta*] *vt* to present; (*pessoas*) to introduce; **apresentar-se** *vr* to introduce o.s.; (*problema*) to present itself; (*à polícia etc*) to report; **quero apresentar-lhe** may I introduce you to

apressado, -a [apre'sadu, a] *adj* hurried, hasty; **estar ~** to be in a hurry

apressar [apre'sa*] *vt* to hurry;

apressar-se *vr* to hurry (up)

aprisionar [aprizjo'na*] *vt* (*cativar*) to capture; (*encarcerar*) to imprison

aprontar [aprõ'ta*] *vt* to get ready, prepare; **aprontar-se** *vr* to get ready

apropriação [aproprja'sãw] (*pl* **-ões**) *f* appropriation; (*tomada*) seizure

apropriado, -a [apro'prjadu, a] *adj* appropriate, suitable

apropriar [apro'prja*] *vt* to appropriate; **apropriar-se** *vr*: **~-se de** to seize, take possession of

aprovação [aprova'sãw] *f* approval; (*louvor*) praise; (*num exame*) pass

aprovado, -a [apro'vadu, a] *adj* approved; **ser ~ num exame** to pass an exam

aprovar [apro'va*] *vt* to approve of; (*exame*) to pass ♦ *vi* to make the grade

aproveitador, a [aprovejta'do*, a] *m/f* opportunist

aproveitamento [aprovejta'mẽtu] *m* use, utilization; (*nos estudos*) progress

aproveitar [aprovej'ta*] *vt* to take advantage of; (*utilizar*) to use; (*oportunidade*) to take ♦ *vi* to make the most of it; (*PT*) to be of use; **aproveite!** enjoy yourself!

aproximação [aprosima'sãw] (*pl* **-ões**) *f* approximation; (*chegada*) approach; (*proximidade*) nearness

aproximar [aprosi'ma*] *vt* to bring near; (*aliar*) to bring together; **aproximar-se** *vr*: **~-se de** to approach

aptidão [aptʃi'dãw] *f* aptitude; (*jeito*) knack; **~ física** physical fitness

apto, -a ['aptu, a] *adj* apt; (*capaz*) capable

apto. *abr* = **apartamento**

apunhalar [apuɲa'la*] *vt* to stab

apurado, -a [apu'radu, a] *adj* refined

apurar [apu'ra*] *vt* to perfect; (*averiguar*) to investigate; (*dinheiro*) to raise, get; (*votos*) to count; **apurar-se** *vr* to dress up

aquarela [akwa'rɛla] *f* watercolour (*BRIT*), watercolor (*US*)

aquário [a'kwarju] *m* aquarium; **A~** (*ASTROLOGIA*) Aquarius

aquático, -a [a'kwatʃiku, a] *adj* aquatic, water *atr*

aquecer [ake'se*] *vt* to heat ♦ *vi* to heat up; **aquecer-se** *vr* to heat up;

aquecido, -a [ake'sidu, a] *adj* heated;

aquecimento [akesi'mẽtu] *m* heating; **aquecimento central** central heating

aquele, -ela [a'keli, ɛla] *adj* (*sg*) that; (*pl*) those ♦ *pron* (*sg*) that one; (*pl*) those

àquele, -ela [a'keli, ɛ'a] = a + **aquele/ela**

aquém [a'kẽj] *adv* on this side; **~ de** on this side of

aqui [a'ki] *adv* here; **eis ~** here is/are; **~ mesmo** right here; **até ~** up to here; **por ~** hereabouts; (*nesta direção*) this way

aquilo [a'kilu] *pron* that; **~ que** what

àquilo [a'kilu] = a + **aquilo**

aquisição [akizi'sãw] (*pl* **-ões**) *f* acquisition

ar [a*] *m* air; (*aspecto*) look; (*brisa*) breeze; (*PT: AUTO*) choke; **~es** *mpl* (*atitude*) airs; (*clima*) climate *sg*; **ao ~ livre** in the open air; **no ~** (*TV, RÁDIO*) on air; (*fig: planos*) up in the air; **dar-se ~es** to put on airs; **~ condicionado** (*aparelho*) air conditioner; (*sistema*) air conditioning

árabe ['arabi] *adj, m/f* Arab ♦ *m* (*LING*) Arabic

Arábia [a'rabja] *f*: **a ~ Saudita** Saudi Arabia

arame [a'rami] *m* wire

aranha [aˈraɲa] f spider

arara [aˈrara] f macaw

arbitragem [axbiˈtraʒẽ] f arbitration

arbitrar [axbiˈtra*] vt to arbitrate; (ESPORTE) to referee

arbitrário, -a [axbiˈtrarju, a] adj arbitrary

arbítrio [axˈbitrju] m decision; **ao ~ de** at the discretion of

árbitro [ˈaxbitru] m (juiz) arbiter; (JUR) arbitrator; (FUTEBOL) referee; (TÊNIS etc) umpire

arbusto [axˈbuʃtu] m shrub, bush

arca [ˈaxka] f chest, trunk; **~ de Noé** Noah's Ark

arcar [axˈka*] vt: **~ com** (responsabilidades) to shoulder; (despesas) to handle; (conseqüências) to take

arcebispo [axseˈbiʃpu] m archbishop

arco [ˈaxku] m (ARQ) arch; (MIL, MÚS) bow; (ELET, MAT) arc

arco-íris m inv rainbow

ardente [axˈdẽtʃi] adj burning; (intenso) fervent; (apaixonado) ardent

arder [axˈde*] vi to burn; (pele, olhos) to sting; **~ de raiva** to seethe (with rage)

ardiloso, -a [axdʒiˈlozu, ɔza] adj cunning

ardor [axˈdo*] m ardour (BRIT), ardor (US); **ardoroso, -a** [axdoˈrozu, ɔza] adj ardent

árduo, -a [ˈaxdwu, a] adj arduous; (difícil) hard, difficult

área [ˈarja] f area; (ESPORTE) penalty area; (fig) field; **~ (de serviço)** balcony (for hanging washing etc)

areia [aˈreja] f sand; **~ movediça** quicksand

arejar [areˈʒa*] vt to air ♦ vi to get some air; (descansar) to have a breather; **arejar-se** vr to get some air;

to have a break

arena [aˈrena] f arena; (de circo) ring

Argélia [axˈʒɛlja] f: **a ~** Algeria

Argentina [axʒẽˈtʃina] f: **a ~** Argentina

argila [axˈʒila] f clay

argola [axˈɡɔla] f ring; **~s** fpl (brincos) hooped earrings; **~ (de porta)** door-knocker

argumentação [axɡumẽtaˈsãw] f line of argument

argumentar [axɡumẽˈta*] vt, vi to argue

argumento [axɡuˈmẽtu] m argument; (de obra) theme

aridez [ariˈdeʒ] f dryness; (esterilidade) barrenness; (falta de interesse) dullness

árido, -a [ˈaridu, a] adj arid, dry; (estéril) barren; (maçante) dull

Áries [ˈariʃ] f Aries

aristocrata [ariʃtoˈkrata] m/f aristocrat

aritmética [aritʃˈmɛtʃika] f arithmetic

arma [ˈaxma] f weapon; **~s** fpl (nucleares etc) arms; (brasão) coat sg of arms; **passar pelas ~s** to shoot, execute; **~ convencional/nuclear** conventional/nuclear weapon; **~ de fogo** firearm

armação [axmaˈsãw] (pl **-ões**) f (armadura) frame; (PESCA) tackle; (NÁUT) rigging; (de óculos) frames pl

armadilha [axmaˈdʒiʎa] f trap

armado, -a [axˈmadu, a] adj armed

armamento [axmaˈmẽtu] m (armas) armaments pl, weapons pl; (NÁUT) equipment; (ato) arming

armar [axˈma*] vt to arm; (montar) to assemble; (barraca) to pitch; (um aparelho) to set up; (armadilha) to set; (NÁUT) to fit out; **armar-se** vr to arm o.s.; **~ uma briga com** to pick a quarrel with

armarinho [axmaˈriɲu] m

haberdashery (*BRIT*), notions *pl* (*US*)

armário [ax'marju] *m* cupboard; (*de roupa*) wardrobe

armazém [axma'zēj] (*pl* -**ns**) *m* (*depósito*) warehouse; (*loja*) grocery store; **armazenar** [axmaze'na*] *vt* to store; (*provisões*) to stock

aro ['aru] *m* (*argola*) ring; (*de óculos, roda*) rim; (*de porta*) frame

aroma [a'rɔma] *m* aroma; **aromático, -a** [aro'matʃiku, a] *adj* (*comida*) aromatic; (*perfume*) fragrant

arpão [ax'pãw] (*pl* -**ões**) *m* harpoon

arqueiro, -a [ax'kejru, a] *m/f* archer; (*goleiro*) goalkeeper

arqueologia [axkjolo'ʒia] *f* archaeology (*BRIT*), archeology (*US*); **arqueólogo, -a** [ax'kjɔlogu, a] *m/f* archaeologist (*BRIT*), archeologist (*US*)

arquiteto, -a [axki'tɛtu, a] (*PT* -**ect-**) *m/f* architect; **arquitetônico, -a** [axkite'toniku, a] (*PT* -**ectó-**) *adj* architectural; **arquitetura** [axkite'tura] (*PT* -**ect-**) *f* architecture

arquivar [axki'va*] *vt* to file; (*projeto*) to shelve

arquivo [ax'kivu] *m* (*ger, COMPUT*) file; (*lugar*) archive; (*de empresa*) files *pl*; (*móvel*) filing cabinet

arraial [axa'jaw] (*pl* -**ais**) (*PT*) *m* (*festa*) fair

arraigado, -a [axaj'gadu, a] *adj* deep-rooted; (*fig*) ingrained

arraigar [axaj'ga*] *vt* to root; **arraigar-se** *vr* to take root; (*estabelecer-se*) to settle

arrancada [axã'kada] *f* (*movimento, puxão*) jerk; **dar uma ~ em** (*puxar*) to jerk; **dar uma ~** (*em carro*) to pull away (suddenly)

arrancar [axã'ka*] *vt* to pull out; (*botão etc*) to pull off; (*arrebatar*) to snatch (away); (*fig: confissão*) to

extract ♦ *vi* to start (off); **arrancar-se** *vr* to leave; (*fugir*) to run off

arranha-céu [a'xaɲa-] (*pl* ~**s**) *m* skyscraper

arranhão [axa'ɲãw] (*pl* -**ões**) *m* scratch

arranhar [axa'ɲa*] *vt* to scratch

arranjar [axã'ʒa*] *vt* to arrange; (*emprego, namorado*) to get, find; (*doença*) to get, catch; (*questão*) to settle; **arranjar-se** *vr* to manage; (*conseguir emprego*) to get a job; ~-**se sem** to do without

arranjo [a'xãʒu] *m* arrangement

arranque [a'xãki] *m*: **motor de ~** starter (motor)

arrasar [axa'za*] *vt* to devastate; (*demolir*) to demolish; (*estragar*) to ruin; **arrasar-se** *vr* to be devastated; (*destruir-se*) to destroy o.s.; (*arruinar-se*) to lose everything

arrastão [axaʃ'tãw] (*pl* -**ões**) *m* tug; (*rede*) dragnet

arrastar [axaʃ'ta*] *vt* to drag; (*atrair*) to draw ♦ *vi* to trail; **arrastar-se** *vr* to crawl; (*tempo, processo*) to drag (on)

arrebatado, -a [axeba'tadu, a] *adj* rash, impetuous

arrebatar [axeba'ta*] *vt* to snatch (away); (*levar*) to carry off; (*enlevar*) to entrance; (*enfurecer*) to enrage; **arrebatar-se** *vr* to be entranced

arrebentado, -a [axebē'tadu, a] *adj* broken; (*estafado*) worn out

arrebentar [axebē'ta*] *vt* to break; (*porta*) to break down; (*corda*) to snap ♦ *vi* to break; (*corda*) to snap; (*guerra*) to break out

arrebitado, -a [axebi'tadu, a] *adj* turned-up; (*nariz*) snub

arrecadar [axeka'da*] *vt* (*impostos etc*) to collect

arredondado, -a [axedõ'dadu, a] *adj*

a
b
c
d
e
f
g
h
i
j
k
l
m
n
o
p
q
r
s
t
u
v
w
x
z

round, rounded

arredondar [axedõ'da*] vt to round (off); (conta) to round up

arredores [axe'dɔriʃ] mpl suburbs; (cercanias) outskirts

arrefecer [axefe'se*] vt to cool; (febre) to lower; (desanimar) to discourage ♦ vi to cool (off); to get discouraged

ar-refrigerado [-xefriʒe'radu] m air conditioning

arregaçar [axega'sa*] vt to roll up

arregalado, -a [axega'ladu, a] adj (olhos) wide

arregalar [axega'la*] vt: ~ os olhos to stare in amazement

arrematar [axema'ta*] vt (dizer concluindo) to conclude; (comprar) to buy by auction; (vender) to sell by auction; (COSTURA) to finish off

arremessar [axeme'sa*] vt to throw, hurl; **arremesso** [axe'mesu] m throw

arremeter [axeme'te*] vi to lunge; ~ **contra** (acometer) to attack, assail

arrendamento [axẽda'mẽtu] m (ação) leasing; (contrato) lease

arrendar [axẽ'da*] vt to lease

arrendatário, -a [axẽda'tarju, a] m/f tenant

arrepender-se [axepẽ'dexsi] vr to repent; (mudar de opinião) to change one's mind; ~ **de** to regret, be sorry for; **arrependido, -a** [axepẽ'dʒidu, a] adj (pessoa) sorry; **arrependimento** [axepẽdʒi'mẽtu] m regret; (REL, de crime) repentance

arrepiar [axe'pja*] vt (amedrontar) to horrify; (cabelo) to cause to stand on end; **arrepiar-se** vr to shiver; (cabelo) to stand on end; **(ser) de ~ os cabelos** (to be) hair-raising

arrepio [axe'piu] m shiver; (de frio) chill; **isso me dá ~s** it gives me the creeps

arriar [a'xja*] vt to lower; (depor) to lay down ♦ vi to drop; (vergar) to sag; (desistir) to give up; (fig) to collapse

arriscado, -a [axiʃ'kadu, a] adj risky; (audacioso) daring

arriscar [axiʃ'ka*] vt to risk; (pôr em perigo) to endanger, jeopardize; **arriscar-se** vr to take a risk; **~-se a fazer** to risk doing

arroba [a'xoba] f (símbolo) @, 'at' sign

arrogante [axo'gãtʃi] adj arrogant

arroio [a'xɔju] m stream

arrojado, -a [axo'ʒadu, a] adj (design) bold; (temerário) rash; (ousado) daring

arrolar [axo'la*] vt to list

arrombar [axõ'ba*] vt (porta) to break down; (cofre) to crack

arrotar [axo'ta*] vi to belch ♦ vt (alardear) to boast of

arroz [a'xoz] m rice; ~ **doce** rice pudding

arruinar [axwi'na*] vt to ruin; (destruir) to destroy; **arruinar-se** vr to be ruined; (perder a saúde) to ruin one's health

arrumação [axuma'sãw] f arrangement; (de um quarto etc) tidying up; (de malas) packing

arrumadeira [axuma'dejra] f cleaning lady; (num hotel) chambermaid

arrumar [axu'ma*] vt to put in order, arrange; (quarto etc) to tidy up; (malas) to pack; (emprego) to get; (vestir) to dress up; (desculpa) to make up, find; (vida) to sort out; **arrumar-se** vr (aprontar-se) to get dressed, get ready; (na vida) to sort o.s. out; (virar-se) to manage

arte ['axtʃi] f art; (habilidade) skill; (ofício) trade, craft

artefato [axtʃi'fatu] (PT **-act-**) m (manufactured) article

artéria [ax'tɛrja] f (ANAT) artery

artesão, -sã [axte'zãw, zã] (*pl* ~**s**, ~**s**) *m/f* artisan, craftsman/woman

ártico, -a ['axtʃiku, a] *adj* Arctic ♦ *m*: **o A~** the Arctic

artificial [axtʃifi'sjaw] (*pl* -**ais**) *adj* artificial

artifício [axtʃi'fisju] *m* stratagem, trick

artigo [ax'tʃigu] *m* article; (COM) item; ~**s** *mpl* (*produtos*) goods

artilharia [axtʃiʎa'ria] *f* artillery

artista [ax'tʃista] *m/f* artist; **artístico, -a** [ax'tʃistʃiku, a] *adj* artistic

artrite [ax'tritʃi] *f* (MED) arthritis

árvore ['axvori] *f* tree; (TEC) shaft; ~ **de Natal** Christmas tree

as [aʃ] *art def V* **a**

ás [ajʃ] *m* ace

às [ajʃ] = **a** + **as**

asa ['aza] *f* wing; (*de xícara etc*) handle

ascendência [asẽ'dẽsja] *f* (*antepassados*) ancestry; (*domínio*) ascendancy, sway; **ascendente** [asẽ'dẽtʃi] *adj* rising, upward

ascender [asẽ'de*] *vi* to rise, ascend

ascensão [asẽ'sãw] (*pl* -**ões**) *f* ascent; (REL): **dia da A~** Ascension Day

asco ['aʃku] *m* loathing, revulsion; **dar ~ a** to revolt, disgust

asfalto [aʃ'fawtu] *m* asphalt

asfixia [aʃfik'sia] *f* asphyxia, suffocation

Ásia ['azja] *f*: **a ~** Asia

asiático, -a [a'zjatʃiku, a] *adj, m/f* Asian

asilo [a'zilu] *m* (*refúgio*) refuge; (*estabelecimento*) home; ~ **político** political asylum

asma ['aʒma] *f* asthma

asneira [aʒ'nejra] *f* (*tolice*) stupidity; (*ato, dito*) stupid thing

asno ['aʒnu] *m* donkey; (*fig*) ass

aspas ['aʃpaʃ] *fpl* inverted commas

aspecto [aʃ'pɛktu] *m* aspect; (*aparência*) look, appearance; (*característica*) feature; (*ponto de vista*) point of view

aspereza [aʃpe'reza] *f* roughness; (*severidade*) harshness; (*rudeza*) rudeness

áspero, -a ['aʃperu, a] *adj* rough; (*severo*) harsh; (*rude*) rude

aspiração [aʃpira'sãw] (*pl* -**ões**) *f* aspiration; (*inalação*) inhalation

aspirador [aʃpira'do*] *m*: ~ **(de pó)** vacuum cleaner; **passar o ~ (em)** to vacuum

aspirante [aʃpi'rãtʃi] *adj* aspiring ♦ *m/f* candidate

aspirar [aʃpi'ra*] *vt* to breathe in; (*bombear*) to suck up ♦ *vi* to breathe; (*soprar*) to blow; (*desejar*): ~ **a algo** to aspire to sth

aspirina [aʃpi'rina] *f* aspirin

asqueroso, -a [aʃke'rozu, ɔza] *adj* disgusting, revolting

assado, -a [a'sadu, a] *adj* roasted; (CULIN) roast ♦ *m* roast; **carne assada** roast beef

assaltante [asaw'tãtʃi] *m/f* assailant; (*de banco*) robber; (*de casa*) burglar; (*na rua*) mugger

assaltar [asaw'ta*] *vt* to attack; (*casa*) to break into; (*banco*) to rob; (*pessoa na rua*) to mug; **assalto** [a'sawtu] *m* attack; raid, robbery; burglary, break-in; mugging; (BOXE) round

assar [a'sa*] *vt* to roast; (*na grelha*) to grill

assassinar [asasi'na*] *vt* to murder, kill; (POL) to assassinate; **assassinato** [asasi'natu] *m* murder, killing; assassination; **assassino, -a** [asa'sinu, a] *m/f* murderer; assassin

assaz [a'saʒ] *adv* (*suficientemente*) sufficiently; (*muito*) rather

assediar [ase'dʒja*] vt (sitiar) to besiege; (importunar) to pester;

assédio [a'sɛdʒu] m siege; (insistência) insistence

assegurar [asegu'ra*] vt to secure; (garantir) to ensure; (afirmar) to assure; **assegurar-se** vr: **~-se de** to make sure of

asseio [a'seju] m cleanliness

assembléia [asē'blɛja] f assembly; (reunião) meeting; **~ geral (ordinária)** annual general meeting

assentar [asē'ta*] vt (fazer sentar) to seat; (colocar) to place; (estabelecer) to establish; (decidir) to decide upon ♦ vi (pó etc) to settle; **assentar-se** vr to sit down; **~ em** ou **a** (roupa) to suit

assentir [asē'tʃi*] vi: **~ (em)** to agree (to)

assento [a'sētu] m seat; (base) base

assíduo, -a [a'sidwu, a] adj (aluno) who attends regularly; (diligente) assiduous; (constante) constant; **ser ~ num lugar** to be a regular visitor to a place

assim [a'sĩ] adv (deste modo) like this, in this way, thus; (portanto) therefore; (igualmente) likewise; **~ ~** so-so; **~ mesmo** in any case; **e ~ por diante** and so on; **~ como** as well as; **como ~?** how do you mean?; **~ que** (logo que) as soon as

assimilar [asimi'la*] vt to assimilate; (apreender) to take in; (assemelhar) to compare

assinante [asi'nātʃi] m/f (de jornal etc) subscriber

assinar [asi'na*] vt to sign

assinatura [asina'tura] f (nome) signature; (de jornal etc) subscription; (TEATRO) season ticket

assinto etc [a'sĩtu] vb V assentir

assistência [asiʃ'tẽsja] f (presença) presence; (público) audience; (auxílio) aid; **~ social** social work

assistente [asiʃ'tētʃi] adj assistant ♦ m/f spectator, onlooker; (ajudante) assistant; **~ social** social worker

assistir [asiʃ'tʃi*] vt, vi: **~ (a)** (MED) to attend (to); **~ a** to assist; (TV, filme, jogo) to watch; (reunião) to attend

assoar [aso'a*] vt: **~ o nariz** to blow one's nose; **assoar-se** vr (PT) to blow one's nose

assobiar [aso'bja*] vi to whistle

assobio [aso'biu] m whistle

associação [asosja'sãw] (pl **-ões**) f association; (organização) society; (parceria) partnership

associado, -a [aso'sjadu, a] adj associate ♦ m/f associate, member; (COM) associate; (sócio) partner

associar [aso'sja*] vt to associate; **associar-se** vr: **~-se a** to associate with

assombração [asõbra'sãw] (pl **-ões**) f ghost

assombro [a'sõbru] m amazement, astonishment; (maravilha) marvel;

assombroso, -a [asõ'brozu, ɔza] adj astonishing, amazing

assoviar [aso'vja*] vt = assobiar

assovio [aso'viu] m = assobio

assumir [asu'mi*] vt to assume, take on; (reconhecer) to accept

assunto [a'sũtu] m subject, matter; (enredo) plot

assustador, a [asuʃta'do*, a] adj (alarmante) startling; (amedrontador) frightening

assustar [asuʃ'ta*] vt to frighten; (alarmar) to startle; **assustar-se** vr to be frightened

asteca [aʃ'tɛka] adj, m/f Aztec

astrologia [aʃtrolo'ʒia] f astrology

astronauta [aʃtro'nawta] m/f

astronaut

astronave [aʃtroˈnavi] f spaceship

astronomia [aʃtronoˈmia] f astronomy

astúcia [aʃˈtusja] f cunning

ata [ˈata] f (de reunião) minutes pl

atacado [ataˈkadu] m: **por ~** wholesale

atacante [ataˈkãtʃi] adj attacking ♦ m/f attacker, assailant ♦ m (FUTEBOL) forward

atacar [ataˈkaʁ] vt to attack; (problema etc) to tackle

atado, -a [aˈtadu, a] adj (desajeitado) clumsy, awkward; (perplexo) puzzled

atalho [aˈtaʎu] m (caminho) short cut

ataque [aˈtaki] m attack; **~ aéreo** air raid

atar [aˈtaʁ] vt to tie (up), fasten; **não ~ nem desatar** (pessoa) to waver; (negócio) to be in the air

atarefado, -a [atareˈfadu, a] adj busy

atarracado, -a [ataʁaˈkadu, a] adj stocky

até [aˈtɛ] prep (PT: + a: lugar) up to, as far as; (tempo etc) until, till ♦ adv (tb: ~ mesmo) even; **~ certo ponto** to a certain extent; **~ em cima** to the top; **~ já** see you soon; **~ logo** bye!; **~ onde** as far as; **~ que** until; **~ que enfim!** at last!

atear [ateˈaʁ] vt (fogo) to kindle; (fig) to incite, inflame; **atear-se** vr to blaze; (paixões) to flare up

atéia [aˈteja] f de ateu

atemorizar [atemoriˈzaʁ] vt to frighten; (intimidar) to intimidate

Atenas [aˈtenaʃ] n Athens

atenção [atẽˈsãw] (pl -ões) f attention; (cortesia) courtesy; (bondade) kindness; **~!** be careful!; **chamar a ~** to attract attention; **atencioso, -a** [atẽˈsjozu, ɔza] adj considerate

atender [atẽˈdeʁ] vt: **~ (a)** to attend

to; (receber) to receive; (deferir) to grant; (telefone etc) to answer; (paciente) to see ♦ vi to answer; (dar atenção) to pay attention;

atendimento [atẽdʒiˈmẽtu] m service; (recepção) reception; **horário de atendimento** opening hours; (em consultório) surgery (BRIT) ou office (US) hours

atentado [atẽˈtadu] m attack; (crime) crime; (contra a vida de alguém) attempt on sb's life

atento, -a [aˈtẽtu, a] adj attentive; **estar ~ a** to be aware ou mindful of

atenuante [ateˈnwãtʃi] adj extenuating ♦ m extenuating circumstance

atenuar [ateˈnwaʁ] vt to reduce, lessen

aterragem [ateˈʁaʒẽj] (PT) (pl -ns) f (AER) landing

aterrar [ateˈʁaʁ] (PT) vi (AER) to land

aterrissagem [ateʁiˈsaʒẽ] (BR) (pl -ns) f (AER) landing

aterrissar [ateʁiˈsaʁ] (BR) vi (AER) to land

aterrorizante [ateʁoriˈzãtʃi] adj terrifying

aterrorizar [ateʁoriˈzaʁ] vt to terrorize

atestado [ateʃˈtadu] m certificate; (prova) proof; (JUR) testimony

ateu, atéia [aˈtew, aˈteja] adj, m/f atheist

atiçar [atʃiˈsaʁ] vt (fogo) to poke; (incitar) to incite; (provocar) to provoke; (sentimento) to induce

atinar [atʃiˈnaʁ] vt (acertar) to guess correctly ♦ vi: **~ com** (solução) to find; **~ em** to notice; **~ a fazer algo** to succeed in doing sth

atingir [atʃĩˈʒiʁ] vt to reach; (acertar) to hit; (afetar) to affect; (objetivo) to achieve; (compreender) to grasp

atirador, a [atʃiraˈdoˣ, a] m/f
marksman/woman; **~ de tocaia** sniper

atirar [atʃiˈraˣ] vt to throw, fling ♦ vi
(*arma*) to shoot; **atirar-se** vr: **~-se a**
to hurl o.s. at

atitude [atʃiˈtudʒi] f attitude;
(*postura*) posture

atividade [atʃiviˈdadʒi] f activity

ativo, -a [aˈtʃivu, a] adj active ♦ m
(COM) assets pl

atlântico, -a [atˈlãtʃiku, a] adj Atlantic
♦ m: **o (Oceano) A~** the Atlantic
(Ocean)

atlas [ˈatlaʃ] m inv atlas

atleta [atˈlɛta] m/f athlete; **atlético, -a**
[atˈlɛtʃiku, a] adj athletic; **atletismo**
[atleˈtʃizmu] m athletics sg

atmosfera [atmoʃˈfɛra] f atmosphere

ato [ˈatu] m act, action; (*cerimônia*)
ceremony; (TEATRO) act; **em ~ contínuo**
straight after; **no ~** on the spot; **no
mesmo ~** at the same time

à-toa adj (*insignificante*) insignificant;
(*simples*) simple, easy ♦ adv V **toa**

atômico, -a [aˈtomiku, a] adj atomic

atomizador [atomizaˈdoˣ] m atomizer

átomo [ˈatomu] m atom

atônito, -a [aˈtonitu, a] adj astonished,
amazed

ator [aˈtoˣ] m actor

atordoado, -a [atoxˈdwadu, a] adj
dazed

atordoar [atoxˈdwaˣ] vt to daze, stun

atormentar [atoxmẽˈtaˣ] vt to
torment

atração [atraˈsãw] (pl **-ões**) f
attraction

atracar [atraˈkaˣ] vt, vi (NÁUT) to moor;
atracar-se vr to grapple

atrações [atraˈsõjʃ] fpl de **atração**

atractivo, -a [atraˈtivu, a] (PT) adj =
atrativo

atraente [atraˈẽtʃi] adj attractive

atraiçoar [atrajˈswaˣ] vt to betray

atrair [atraˈiˣ] vt to attract; (*fascinar*)
to fascinate

atrapalhar [atrapaˈʎaˣ] vt to confuse;
(*perturbar*) to disturb; (*dificultar*) to
hinder ♦ vi to be a nuisance

atrás [aˈtrajʃ] adv behind; (*no fundo*)
at the back ♦ prep: **~ de** behind; (*no
tempo*) after; **dois meses ~** two
months ago

atrasado, -a [atraˈzadu, a] adj late;
(*país etc*) backward; (*relógio etc*) slow;
(*pagamento*) overdue; **atrasados**
[atraˈzaduʃ] mpl (COM) arrears

atrasar [atraˈzaˣ] vt to delay;
(*progresso, desenvolvimento: progresso*)
to hold back; (*relógio*) to put back;
(*pagamento*) to be late with ♦ vi
(*relógio etc*) to be slow; (*avião, pessoa*)
to be late; **atrasar-se** vr to be late;
(*num trabalho*) to fall behind; (*num
pagamento*) to get into arrears

atraso [aˈtrazu] m delay; (*de país etc*)
backwardness; **~s** mpl (COM) arrears;
com 20 minutos de ~ 20 minutes late

atrativo, -a [atraˈtʃivu, a] adj attractive
♦ m attraction; (*incentivo*) incentive;
~s mpl (*encantos*) charms

através [atraˈvɛʃ] adv across; **~ de**
across; (*pelo centro de*) through

atravessar [atraveˈsaˣ] vt to cross;
(*pôr ao través*) to put ou lay across;
(*traspassar*) to pass through

atrever-se [atreˈvexsi] vr: **~ a** to dare
to; **atrevido, -a** [atreˈvidu, a] adj
cheeky; (*corajoso*) bold; **atrevimento**
[atreviˈmẽtu] m cheek; boldness

atribuir [atriˈbwiˣ] vt: **~ algo a** to
attribute sth to; (*prêmios, regalias*) to
confer sth on

atributo [atriˈbutu] m attribute

átrio [ˈatrju] m hall; (*pátio*) courtyard

atrito [a'tritu] *m* (*fricção*) friction; (*desentendimento*) disagreement

atriz [a'triʒ] *f* actress

atropelamento [atropela'mētu] *m* (*de pedestre*) road accident

atropelar [atrope'la*] *vt* to knock down, run over; (*empurrar*) to jostle

atuação [atwa'sãw] (*pl* **-ões**) *f* acting; (*de ator etc*) performance

atual [a'twaw] (*pl* **-ais**) *adj* current; (*pessoa, carro*) modern; **atualidade** [atwali'dadʒi] *f* present (time); **atualidades** *fpl* (*notícias*) news *sg*; **atualizar** [atwali'za*] *vt* to update; **atualmente** [atwaw'mētʃi] *adv* at present, currently; (*hoje em dia*) nowadays

atuante [a'twãtʃi] *adj* active

atuar [a'twa*] *vi* to act; **~ para** to contribute to; **~ sobre** to influence

atum [a'tũ] (*pl* **-ns**) *m* tuna (fish)

aturdido, -a [atux'dʒidu, a] *adj* stunned; (*com barulho*) deafened; (*com confusão, movimento*) bewildered

aturdir [atux'dʒi*] *vt* to stun; (*suj: barulho*) to deafen; (: *confusão, movimento*) to bewilder

audácia [aw'dasja] *f* boldness; (*insolência*) insolence; **audacioso, -a** [awda'sjozu, ɔza] *adj* daring; insolent

audição [awdʒi'sãw] (*pl* **-ões**) *f* audition

audiência [aw'dʒjēsja] *f* audience; (*de tribunal*) session, hearing

audiovisual [awdʒjovi'zwaw] (*pl* **-ais**) *adj* audiovisual

auditar [awdʒi'ta*] *vt* to audit

auditor, a [awdʒi'to*, a] *m/f* auditor; (*juiz*) judge; (*ouvinte*) listener

auditoria [awdʒito'ria] *f*: **fazer a ~ de** to audit

auditório [awdʒi'tɔrju] *m* audience; (*recinto*) auditorium

auge ['awʒi] *m* height, peak

aula ['awla] *f* (*PT*: *sala*) classroom; (*lição*) lesson, class; **dar ~** to teach

aumentar [awmē'ta*] *vt* to increase; (*salários, preços*) to raise; (*sala, casa*) to expand, extend; (*suj: lente*) to magnify; (*acrescentar*) to add ♦ *vi* to increase; (*preço, salário*) to rise, go up

aumento [aw'mētu] *m* increase; rise; (*ampliação*) enlargement; (*crescimento*) growth

aurora [aw'rɔra] *f* dawn

ausência [aw'zēsja] *f* absence

ausentar-se [awzē'taxsi] *vr* (*ir-se*) to go away; (*afastar-se*) to stay away

ausente [aw'zētʃi] *adj* absent

austeridade [awʃteri'dadʒi] *f* austerity

austral [awʃ'traw] (*pl* **-ais**) *adj* southern

Austrália [awʃ'tralja] *f*: **a ~** Australia; **australiano, -a** [awʃtra'ljanu, a] *adj, m/f* Australian

Áustria ['awʃtrja] *f*: **a ~** Austria; **austríaco, -a** [awʃ'triaku, a] *adj, m/f* Austrian

autêntico, -a [aw'tētʃiku, a] *adj* authentic; (*pessoa*) genuine; (*verdadeiro*) true, real

auto ['awtu] *m* car; **~s** *mpl* (*JUR*: *processo*) legal proceedings; (*documentos*) legal papers

autobiografia [awtobjogra'fia] *f* autobiography

autobronzeador [awtobrõzja'do*] *adj* self-tanning

autocarro [awto'kaxu] (*PT*) *m* bus

autodefesa [awtode'feza] *f* self-defence (*BRIT*), self-defense (*US*)

autodidata [awtodʒi'data] *adj* self-taught

autodisciplina [awtodʒisi'plina] *f* self-discipline

autódromo [aw'tɔdromu] *m* race track

auto-escola *f* driving school

auto-estrada *f* motorway (*BRIT*), expressway (*US*)

autografar [awtogra'fa*] *vt* to autograph

autógrafo [aw'tɔgrafu] *m* autograph

automático, -a [awto'matʃiku, a] *adj* automatic

automobilismo [awtomobi'liʒmu] *m* motoring; (*ESPORTE*) motor car racing

automóvel [awto'mɔvew] (*pl* **-eis**) *m* motor car (*BRIT*), automobile (*US*)

autonomia [awtono'mia] *f* autonomy

autópsia [aw'tɔpsja] *f* post-mortem, autopsy

autor, a [aw'to*, a] *m/f* author; (*de um crime*) perpetrator; (*JUR*) plaintiff

autoral [awto'raw] (*pl* **-ais**) *adj*: **direitos autorais** copyright *sg*

autoridade [awtori'dadʒi] *f* authority

autorização [awtoriza'sãw] (*pl* **-ões**) *f* permission, authorization; **dar ~ a alguém para** to authorize sb

autorizar [awtori'za*] *vt* to authorize

auto-serviço *m* self-service

auto-suficiente *adj* self-sufficient

auxiliar [awsi'lja*] *adj* auxiliary ♦ *m/f* assistant ♦ *vt* to help; **auxílio** [aw'silju] *m* help, assistance

Av *abr* (= *avenida*) Ave

aval [a'vaw] (*pl* **-ais**) *m* guarantee

avalancha [ava'lãʃa] *f* avalanche

avaliação [avalja'sãw] (*pl* **-ões**) *f* valuation; (*apreciação*) assessment

avaliar [ava'lja*] *vt* to value; (*apreciar*) to assess

avançado, -a [avã'sadu, a] *adj* advanced; (*idéias, pessoa*) progressive

avançar [avã'sa*] *vt* to move forward ♦ *vi* to advance; **avanço** [a'vãsu] *m*

advancement; (*progresso*) progress

avarento, -a [ava'rẽtu, a] *adj* mean ♦ *m/f* miser

avaria [ava'ria] *f* (*TEC*) breakdown;

avariado, -a [ava'rjadu, a] *adj* (*máquina*) out of order; (*carro*) broken down; **avariar** [ava'rja*] *vt* to damage ♦ *vi* to suffer damage; (*TEC*) to break down

ave ['avi] *f* bird

aveia [a'veja] *f* oats *pl*

avelã [ave'lã] *f* hazelnut

avenida [ave'nida] *f* avenue

avental [avẽ'taw] (*pl* **-ais**) *m* apron; (*vestido*) pinafore dress (*BRIT*), jumper (*US*)

aventura [avẽ'tura] *f* adventure;

aventurar [avẽtu'ra*] *vt* to risk, venture

averiguação [averigwa'sãw] (*pl* **-ões**) *f* investigation, inquiry; (*verificação*) verification

averiguar [averi'gwa*] *vt* to investigate; (*verificar*) to verify

avermelhado, -a [avexme'ʎadu, a] *adj* reddish

avesso, -a [a'vesu, a] *adj* (*lado*) opposite, reverse ♦ *m* wrong side, reverse; **ao ~** inside out; **às avessas** (*inverso*) upside down; (*oposto*) the wrong way round

avestruz [aveʃ'truʒ] *m* ostrich

aviação [avja'sãw] *f* aviation, flying

aviador, a [avja'do*, a] *m/f* aviator, airman/woman

avião [a'vjãw] (*pl* **-ões**) *m* aeroplane; **~ a jato** jet

avidez [avi'deʒ] *f* greed; (*desejo*) eagerness; **ávido, -a** ['avidu, a] *adj* greedy; eager

aviões [a'vjõjʃ] *mpl de* **avião**

avisar [avi'za*] *vt* to warn; (*informar*) to tell, let know; **aviso** [a'vizu] *m* (*comunicação*) notice

avistar [aviʃˈtaⁱ] *vt* to catch sight of
avô, -avó [aˈvo, aˈvɔ] *m/f* grandfather/
mother; **avós** *mpl* grandparents
avulso, -a [aˈvuwsu, a] *adj* separate,
detached
axila [akˈsila] *f* armpit
azar [aˈzaⁱ] *m* bad luck; **~!** too bad,
bad luck!; **estar com ~, ter ~** to be
unlucky; **azarento, -a** [azaˈrẽtu, a] *adj*
unlucky
azedar [azeˈdaⁱ] *vt* to turn sour ♦ *vi* to
turn sour; (*leite*) to go off; **azedo, -a**
[aˈzedu, a] *adj* sour; off; (*fig*) grumpy
azeite [aˈzejtʃi] *m* oil; (*de oliva*) olive
oil
azeitona [azejˈtɔna] *f* olive
azia [aˈzia] *f* heartburn
azougue [aˈzogi] *m* (QUÍM) mercury
azul [aˈzuw] (*pl* **-uis**) *adj* blue
azulejo [azuˈleʒu] *m* (glazed) tile
azul-marinho *adj inv* navy blue
azul-turquesa *adj inv* turquoise

B b

baba [ˈbaba] *f* dribble
babá [baˈba] *f* nanny
babaca [baˈbaka] (*col*) *adj* stupid
♦ *m/f* idiot
babado [baˈbadu] *m* frill; (*col*) piece
of gossip
babador [babaˈdoⁱ] *m* bib
babar [baˈbaⁱ] *vi* to dribble; **babar-se**
vr to dribble
baby-sitter [ˈbejbisiteⁱ] (*pl* **~s**) *m/f*
baby-sitter
bacalhau [bakaˈʎaw] *m* (dried) cod
bacana [baˈkana] (*col*) *adj* great
bacharel [baʃaˈrɛw] (*pl* **-éis**) *m*
graduate

bacia [baˈsia] *f* basin; (ANAT) pelvis
backup [baˈkapi] (*pl* **~s**) *m* (COMPUT)
back-up; **tirar um ~ de** to back up
baço, -a [ˈbasu, a] *adj* dull; (*metal*)
tarnished ♦ *m* (ANAT) spleen
bactéria [bakˈtɛrja] *f* germ, bacterium;
~s bacteria *pl*
badalar [badaˈlaⁱ] *vt*, *vi* to ring
baderna [baˈdɛxna] *f* commotion
bafo [ˈbafu] *m* (bad) breath
bagaço [baˈgasu] *m* (*de frutos*) pulp;
(*PT: cachaça*) brandy; **estar/ficar um ~**
(*fig: pessoa*) to be/get run down
bagageiro [bagaˈʒejru] *m* (AUTO)
roofrack; (*PT*) porter
bagagem [baˈgaʒẽ] *f* luggage; (*fig*)
baggage; **recebimento de ~** (AER)
baggage reclaim
bagatela [bagaˈtɛla] *f* trinket; (*fig*)
trifle
bago [ˈbagu] *m* (*fruto*) berry; (*uva*)
grape; (*de chumbo*) pellet
bagulho [baˈguʎu] *m* (*objeto*) piece of
junk
bagunça [baˈgũsa] *f* mess, shambles
sg; **bagunçado, -a** [bagũˈsadu, a] *adj* in
a mess; **bagunçar** [bagũˈsaⁱ] *vt* to mess
up; **bagunceiro, -a** [bagũˈsejru, a] *adj*
messy
baía [baˈia] *f* bay
bailado [bajˈladu] *m* dance; (*balé*)
ballet
bailarino, -a [bajlaˈrinu, a] *m/f* ballet
dancer
baile [ˈbajli] *m* dance; (*formal*) ball; **~**
à fantasia fancy-dress ball
bainha [baˈiɲa] *f* (*de arma*) sheath;
(*de costura*) hem
bairro [ˈbajxu] *m* district
baixa [ˈbajʃa] *f* decrease; (*de preço*:
redução) reduction; (*: queda*) fall; (*em*
vendas) drop; (*em combate*) casualty;

(*do serviço*) discharge
baixar [baj'ʃa*] *vt* to lower; (*ordem*) to issue; (*lei*) to pass; (*COMPUT*) to download ♦ *vi* to go (*ou* come) down; (*temperatura, preço*) to drop, fall
baixinho [baj'ʃiɲu] *adv* (*falar*) softly, quietly; (*em segredo*) secretly
baixo, -a ['bajʃu, a] *adj* low; (*pessoa*) short, small; (*rio*) shallow; (*linguagem*) common; (*olhos, cabeça*) lowered; (*atitude*) mean; (*metal*) base ♦ *adv* low; (*em posição baixa*) low down; (*falar*) softly ♦ *m* (*MÚS*) bass; **em ~** below; (*em casa*) downstairs; **em voz baixa** in a quiet voice; **para ~** down, downwards; (*em casa*) downstairs; **por ~ de** under, underneath; **baixo-astral** (*col*) *m*: **estar num baixo-astral** to be on a downer
bala ['bala] *f* bullet; (*BR: doce*) sweet
balança [ba'lãsa] *f* scales *pl*; **B~** (*ASTROLOGIA*) Libra; **~ comercial** balance of trade; **~ de pagamentos** balance of payments
balançar [balã'sa*] *vt* to swing; (*pesar*) to weigh (up) ♦ *vi* to swing; (*carro, avião*) to shake; (*em cadeira*) to rock; **balançar-se** *vr* to swing;
balanço [ba'lãsu] *m* (*movimento*) swaying; (*brinquedo*) swing; (*de carro, avião*) shaking; (*COM: registro*) balance (sheet); (: *verificação*) audit; **fazer um balanço de** (*fig*) to take stock of
balão [ba'lãw] (*pl* **-ões**) *m* balloon
balbuciar [bawbu'sja*] *vt, vi* to babble
balbúrdia [baw'buxdʒja] *f* uproar, bedlam
balcão [baw'kãw] (*pl* **-ões**) *m* balcony; (*de loja*) counter; (*TEATRO*) circle; **~ de informações** information desk;
balconista [bawko'niʃta] *m/f* shop assistant
balde ['bawdʒi] *m* bucket, pail

balé [ba'lɛ] *m* ballet
baleia [ba'leja] *f* whale
baliza [ba'liza] *f* (*estaca*) post; (*bóia*) buoy; (*luminosa*) beacon; (*ESPORTE*) goal
balneário [baw'njarju] *m* bathing resort
balões [ba'lõjʃ] *mpl de* **balão**
baloiço [ba'lojsu] (*PT*) *m* (*de criança*) swing; (*ação*) swinging
balsa ['bawsa] *f* raft; (*barca*) ferry
bamba ['bãba] *adj, m/f* expert
bambo, -a ['bãbu, a] *adj* slack, loose
banana [ba'nana] *f* banana;
bananeira [bana'nejra] *f* banana tree
banca ['bãka] *f* bench; (*escritório*) office; (*em jogo*) bank; **~ (de jornais)** newsstand; **bancada** [bã'kada] *f* (*banco, POL*) bench; (*de cozinha*) worktop
bancar [bã'ka*] *vt* to finance ♦ *vi* (*fingir*): **~ que** to pretend that;
bancário, -a [bã'karju, a] *adj* bank *atr* ♦ *m/f* bank employee
bancarrota [bãka'xota] *f* bankruptcy; **ir à ~** to go bankrupt
banco ['bãku] *m* (*assento*) bench; (*COM*) bank; **~ de areia** sandbank; **~ de dados** (*COMPUT*) database
banda ['bãda] *f* band; (*lado*) side; (*cinto*) sash; **de ~** sideways; **pôr de ~** to put aside; **~ desenhada** (*PT*) cartoon
bandeira [bã'dejra] *f* flag; (*estandarte*) banner; **bandeirinha** [bãdej'riɲa] *m* (*ESPORTE*) linesman
bandeja [bã'deʒa] *f* tray
bandido [bã'dʒidu, a] *m* bandit
bando ['bãdu] *m* band; (*grupo*) group; (*de malfeitores*) gang; (*de ovelhas*) flock; (*de gado*) herd; (*de livros etc*) pile
banha ['baɲa] *f* fat; (*de porco*) lard
banhar [ba'ɲa*] *vt* to wet; (*mergulhar*)

to dip; (*lavar*) to wash; **banhar-se** *vr* to bathe

banheira [ba'ɲejra] *f* bath

banheiro [ba'ɲejru] *m* bathroom

banho ['baɲu] *m* bath; (*mergulho*) dip; **tomar ~** to have a bath; (*de chuveiro*) to have a shower; **~ de chuveiro** shower; **~ de sol** sunbathing

banir [ba'ni*] *vt* to banish

banqueiro, -a [bã'kejru, a] *m/f* banker

banquete [bã'ketʃi] *m* banquet

baptismo *etc* [ba'tiʒmu] (*PT*) = **batismo** *etc*

bar [ba*] *m* bar

baralho [ba'raʎu] *m* pack of cards

barata [ba'rata] *f* cockroach

barateiro, -a [bara'tejru, a] *adj* cheap

barato, -a [ba'ratu, a] *adj* cheap ♦ *adv* cheaply

barba ['baxba] *f* beard; **fazer a ~** to shave

bárbaro, -a ['baxbaru, a] *adj* barbaric; (*dor, calor*) terrible; (*maravilhoso*) great

barbeador [baxbja'do*] *m* razor; (*tb:* **~ elétrico**) shaver

barbear [bax'bja*] *vt* to shave; **barbear-se** *vr* to shave; **barbearia** [baxbja'ria] *f* barber's (shop)

barbeiro [bax'bejru] *m* barber; (*loja*) barber's

barca ['baxka] *f* barge; (*de travessia*) ferry

barco ['baxku] *m* boat; **~ a motor** motorboat; **~ a remo** rowing boat; **~ a vela** sailing boat

barganha [bax'gaɲa] *f* bargain; **barganhar** [baxga'ɲa*] *vt, vi* to negotiate

barman [bax'mã] (*pl* **-men**) *m* barman

barra ['baxa] *f* bar; (*faixa*) strip; (*traço*) stroke; (*alavanca*) lever

barraca [ba'xaka] *f* (*tenda*) tent; (*de feira*) stall; (*de madeira*) hut; (*de praia*)

sunshade; **barracão** [baxa'kãw] (*pl* **-ões**) *m* shed; **barraco** [ba'xaku] *m* shack, shanty

barragem [ba'xaʒẽ] (*pl* **-ns**) *f* dam; (*impedimento*) barrier

barranco [ba'xãku] *m* ravine, gully; (*de rio*) bank

barrar [ba'xa*] *vt* to bar

barreira [ba'xejra] *f* barrier; (*cerca*) fence; (*ESPORTE*) hurdle

barricada [baxi'kada] *f* barricade

barriga [ba'xiga] *f* belly; **estar de ~** to be pregnant; **~ da perna** calf;

barrigudo, -a [baxi'gudu, a] *adj* paunchy, pot-bellied

barril [ba'xiw] (*pl* **-is**) *m* barrel, cask

barro ['baxu] *m* clay; (*lama*) mud

barulhento, -a [baru'ʎẽtu, a] *adj* noisy

barulho [ba'ruʎu] *m* (*ruído*) noise; (*tumulto*) din

base ['bazi] *f* base; (*fig*) basis; **sem ~** groundless; **com ~ em** based on; **na ~ de** by means of

basear [ba'zja*] *vt* to base; **basear-se** *vr:* **~-se em** to be based on

básico, -a ['baziku, a] *adj* basic

basquete [baʃ'ketʃi] *m* = **basquetebol**

basquetebol [baʃkete'bɔw] *m* basketball

basta ['baʃta] *m:* **dar um ~ em** to call a halt to

bastante [baʃ'tãtʃi] *adj* (*suficiente*) enough; (*muito*) quite a lot (of) ♦ *adv* enough; a lot

bastão [baʃ'tãw] (*pl* **-ões**) *m* stick

bastar [baʃ'ta*] *vi* to be enough, be sufficient; **bastar-se** *vr* to be self-sufficient; **basta!** (that's) enough!; **~ para** to be enough to

bastardo, -a [baʃ'taxdu, a] *adj, m/f* bastard

bastões [baʃ'tõjʃ] *mpl de* **bastão**

bata ['bata] *f* (*de mulher*) smock; (*de*

médico) overall

batalha [ba'taʎa] *f* battle;
batalhador, a [bataʎa'do*, a] *adj*
struggling ♦ *m/f* fighter; **batalhão**
[bata'ʎãw] (*pl* -**ões**) *m* battalion;
batalhar [bata'ʎa*] *vi* to battle, fight;
(*esforçar-se*) to make an effort, try
hard ♦ *vt* (*emprego*) to go after

batata [ba'tata] *f* potato; ~ **doce** sweet
potato; ~**s fritas** chips *pl* (*BRIT*), French
fries *pl* (*US*); (*de pacote*) crisps *pl* (*BRIT*),
(potato) chips *pl* (*US*)

bate-boca ['batʃi-] (*pl* ~**s**) *m* row,
quarrel

batedeira [bate'dejra] *f* beater; (*de
manteiga*) churn; ~ **elétrica** mixer

batente [ba'tẽtʃi] *m* doorpost

bate-papo ['batʃi-] (*pl* ~**s**) (*BR*) *m* chat

bater [ba'te*] *vt* to beat, strike; (*pé*) to
stamp; (*foto*) to take; (*porta*) to slam;
(*asas*) to flap; (*recorde*) to break;
(*roupa*) to wear all the time ♦ *vi* to
slam; (*sino*) to ring; (*janela*) to bang;
(*coração*) to beat; (*sol*) to beat down;
bater-se *vr*: ~-**se para fazer/por** to
fight to do/for; ~ **(à porta)** to knock
(at the door); ~ **a maquina** to type; ~
em to hit; ~ **com o carro** to crash
one's car; ~ **com a cabeça** to bang
one's head; ~ **com o pé (em)** to kick

bateria [bate'ria] *f* battery; (*MÚS*)
drums *pl*; ~ **de cozinha** kitchen
utensils *pl*; **baterista** [bate'riʃta] *m/f*
drummer

batida [ba'tʃida] *f* beat; (*da porta*)
slam; (*à porta*) knock; (*da polícia*) raid;
(*AUTO*) crash; (*bebida*) cocktail of
cachaça, fruit and sugar

batido, -a [ba'tʃidu, a] *adj* beaten;
(*roupa*) worn ♦ *m*: ~ **de leite** (*PT*)
milkshake

batina [ba'tʃina] *f* (*REL*) cassock

batismo [ba'tʃiʒmu] *m* baptism,
christening

batizar [batʃi'za*] *vt* to baptize, christen

batom [ba'tõ] (*pl* -**ns**) *m* lipstick

batucada [batu'kada] *f* dance
percussion group

batucar [batu'ka*] *vt, vi* to drum

baú [ba'u] *m* trunk

baunilha [baw'niʎa] *f* vanilla

bazar [ba'za*] *m* bazaar; (*loja*) shop

BCE *m* (= *Banco Central Europeu*) ECB

bêbado, -a ['bebadu, a] *adj, m/f* drunk

bebê [be'be] *m* baby

bebedeira [bebe'dejra] *f* drunkenness;
tomar uma ~ to get drunk

bêbedo, -a ['bebedu, a] *adj, m/f* =
bêbado

bebedouro [bebe'douru] *m* drinking
fountain

beber [be'be*] *vt* to drink; (*absorver*)
to soak up ♦ *vi* to drink; **bebida**
[be'bida] *f* drink

beça ['besa] (*col*) *f*: **à** ~ (*com vb*): **ele
comeu à** ~ he ate a lot; (*com n*): **ela
tinha livros à** ~ she had a lot of books

beco ['beku] *m* alley, lane; ~ **sem saída**
cul-de-sac

bege ['beʒi] *adj inv* beige

beija-flor [bejʒa-'flɔ*] (*pl* ~**es**) *m*
hummingbird

beijar [bej'ʒa*] *vt* to kiss; **beijar-se** *vr*
to kiss (one another); **beijo** ['bejʒu] *m*
kiss; **dar beijos em alguém** to kiss sb

beira ['bejra] *f* edge; (*de rio*) bank;
(*orla*) border; **à** ~ **de** on the edge of;
(*ao lado de*) beside, by; (*fig*) on the
verge of; ~ **do telhado** eaves *pl*

beira-mar *f* seaside

belas-artes *fpl* fine arts

beldade [bew'dadʒi] *f* beauty

beleza [be'leza] *f* beauty; **que** ~! how
lovely!

belga ['bewga] *adj, m/f* Belgian

Bélgica ['bɛwʒika] f: **a ~** Belgium

beliche [be'liʃi] m bunk

beliscão [beliʃ'kãw] (pl **-ões**) m pinch;

beliscar [beliʃ'ka*] vt to pinch, nip; (comida) to nibble

Belize [be'lizi] m Belize

belo, -a ['bɛlu, a] adj beautiful

---

bem

PALAVRA CHAVE ◦

[bẽj] adv

1 (de maneira satisfatória, correta etc) well; **trabalha/come ~** she works/eats well; **respondeu ~** he answered correctly; **me sinto/não me sinto ~** I feel fine/I don't feel very well; **tudo ~? – tudo ~** how's it going? – fine

2 (valor intensivo) very; **um quarto ~ quente** a nice warm room; **~ se vê que ...** it's clear that ...

3 (bastante) quite, fairly; **a casa é ~ grande** the house is quite big

4 (exatamente): **~ ali** right there; **não é ~ assim** it's not quite like that

5 (estar ~): **estou muito ~ aqui** I feel very happy here; **está ~! vou fazê-lo** oh all right, I'll do it!

6 (de bom grado): **eu ~ que iria mas ...** I'd gladly go but ...

7 (cheirar) good, nice

♦

1 (bem-estar) good; **estou dizendo isso para o seu ~** I'm telling you for your own good; **o ~ e o mal** good and evil

2 (posses): **bens** goods, property sg; **bens de consumo** consumer goods; **bens de família** family possessions; **bens móveis/imóveis** moveable property sg/real estate sg

♦ excl

1 (aprovação): **~!** OK!; **muito ~!** well done!

2 (desaprovação): **~ feito!** it serves you right!

♦ adj inv (tom depreciativo): **gente ~** posh people

♦ conj

1: **nem ~** as soon as, no sooner than; **nem ~ ela chegou começou a dar ordens** as soon as she arrived she started to give orders, no sooner had she arrived than she started to give orders

2: **se ~ que** though; **gostaria de ir se ~ que não tenho dinheiro** I'd like to go even though I've got no money

3: **~ como** as well as; **o livro ~ como a peça foram escritos por ele** the book as well as the play was written by him

---

bem-conceituado, -a [bẽjkõsej'twadu, a] adj highly regarded

bem-disposto, -a [bẽjdʒiʃ'poʃtu, 'pɔʃta] adj well, in good form

bem-estar m well-being

bem-me-quer (pl **~es**) m daisy

bem-vindo, -a adj welcome

bênção ['bẽsãw] (pl **~s**) f blessing

beneficência [benefi'sẽsja] f kindness; (caridade) charity

beneficiar [benefi'sja*] vt to benefit; (melhorar) to improve; **beneficiar-se** vr to benefit

benefício [bene'fisju] m benefit; (vantagem) profit; (favor) favour (BRIT), favor (US); **em ~ de** in aid of;

benéfico, -a [be'nɛfiku, a] adj beneficial; (generoso) generous

benévolo, -a [be'nɛvolu, a] adj benevolent, kind

benfeitor, a [bẽfej'to*, a] m/f benefactor/benefactress

bengala [bẽ'gala] f walking stick

benigno, -a [be'nignu, a] adj kind;

(*agradável*) pleasant; (*MED*) benign
bens [bẽjʃ] *mpl de* **bem**
bento, -a ['bẽtu, a] *pp de* **benzer** ♦ *adj*
blessed; (*água*) holy
benzer [bẽ'ze*] *vt* to bless; **benzer-se**
vr to cross o.s.
berço ['bexsu] *m* cradle; (*cama*) cot;
(*origem*) birthplace
Berlim [bex'lĩ] *n* Berlin
berma ['bexma] (*PT*) *f* hard shoulder
(*BRIT*), berm (*US*)
berrar [be'xa*] *vi* to bellow; (*criança*)
to bawl; **berreiro** [be'xejru] *m*: **abrir o**
berreiro to burst out crying; **berro**
['bexu] *m* yell
besta ['beʃta] *adj* stupid; (*convencido*)
full of oneself; **~ de carga** beast of
burden; **besteira** [beʃ'tejra] *f*
foolishness; **dizer besteiras** to talk
nonsense; **fazer uma besteira** to do
something silly; **bestial** [beʃ'tʃjaw] (*pl*
-ais) *adj* bestial; (*repugnante*) repulsive
best-seller ['bestʃsele*] (*pl* **~s**) *m* best seller
betão [be'tãw] (*PT*) *m* concrete
beterraba [bete'xaba] *f* beetroot
bexiga [be'ʃiga] *f* bladder
bezerro, -a [be'zexu, a] *m/f* calf
BI *abr m* (*PT*: *bilhete de identidade*)
identity card; *see boxed note*

BI

All Portuguese citizens are required
to carry an identity card, known as
the **BI** or *bilhete de identidade*. The
photocard, which gives the holder's
name, date of birth, marital status,
height and a fingerprint, can be
used instead of a passport for travel
within the European Union. Failure
to produce a valid identity card
when stopped by the police can
result in a fine.

Bíblia ['biblja] *f* Bible
bibliografia [bibljogra'fia] *f*
bibliography
biblioteca [bibljo'tɛka] *f* library;
(*estante*) bookcase; **bibliotecário, -a**
[bibljote'karju, a] *m/f* librarian
bica ['bika] *f* tap; (*PT*) black coffee,
expresso
bicha ['biʃa] *f* (*lombriga*) worm; (*BR*:
col, pej: *homossexual*) queer; (*PT*: *fila*)
queue
bicho ['biʃu] *m* animal; (*inseto*) insect,
bug
bicicleta [bisi'kleta] *f* bicycle; (*col*)
bike; **andar de ~** to cycle; **~ do**
exército exercise bike
bico ['biku] *m* (*de ave*) beak; (*ponta*)
point; (*de chaleira*) spout; (*boca*)
mouth; (*de pena*) nib; (*do peito*)
nipple; (*de gás*) jet; (*col: emprego*)
casual job; (*chupeta*) dummy; **calar o ~**
to shut up
bidê [bi'de] *m* bidet
bife ['bifi] *m* (*beef*) steak; **~ a cavalo**
steak with fried eggs; **~ à milanesa**
beef escalope; **~ de panela** beef stew
bifurcação [bifuxka'sãw] (*pl* **-ões**) *f*
fork
bifurcar-se [bifux'kaxsi] *vr* to fork,
divide
bigode [bi'gɔdʒi] *m* moustache
bijuteria [biʒute'ria] *f* (*costume*)
jewellery (*BRIT*) *ou* jewelry (*US*)
bilhão [bi'ʎãw] (*pl* **-ões**) *m* billion
bilhar [bi'ʎa*] *m* (*jogo*) billiards *sg*
bilhete [bi'ʎetʃi] *m* ticket; (*cartinha*)
note; **~ de ida** single (*BRIT*) *ou* one-way
ticket; **~ de ida e volta** return (*BRIT*) *ou*
round-trip (*US*) ticket; **bilheteira**
[biʎe'tejra] (*PT*) *f* = **~ria**; **bilheteiro, -a**
[biʎe'tejru, a] *m/f* ticket seller;
bilheteria [biʎete'ria] *f* ticket office
bilhões [bi'ʎõjʃ] *mpl de* **bilhão**

bilíngüe [bi'līgwi] *adj* bilingual

binóculo [bi'nɔkulu] *m* binoculars *pl*; (*para teatro*) opera glasses *pl*

biografia [bjogra'fia] *f* biography

biologia [bjolo'ʒia] *f* biology

biombo ['bjõbu] *m* screen

bip [bip] *n* pager, paging device

biquíni [bi'kini] *m* bikini

birita [bi'rita] (*col*) *f* drink

Birmânia [bix'manja] *f*: **a ~** Burma

biruta [bi'ruta] *adj* crazy ♦ *f* windsock

bis [biʃ] *excl* encore!

bisavô, -ó [biza'vo, ɔ] *m/f* great-grandfather/great-grandmother; **bisavós** [biza'vɔʃ] *mpl* great-grandparents

biscate [biʃ'katʃi] *m* odd job

biscoito [biʃ'kojtu] *m* biscuit (*BRIT*), cookie (*US*)

bispo ['biʃpu] *m* bishop

bissexto, -a [bi'seʃtu, a] *adj*: **ano ~** leap year

bit ['bitʃi] *m* (*COMPUT*) bit

bizarro, -a [bi'zaxu, a] *adj* bizarre

blasfemar [blaʃfe'ma*] *vt* to curse ♦ *vi* to blaspheme; **blasfêmia** [blaʃ'femja] *f* blasphemy; (*ultraje*) curse

blazer ['blejze*] (*pl* ~**s**) *m* blazer

blecaute [ble'kawtʃi] *m* power cut

blindado, -a [blĩ'dadu, a] *adj* armoured (*BRIT*), armored (*US*)

blitz [blits] *f* police raid; (*na estrada*) police road block

bloco ['blɔku] *m* block; (*POL*) bloc; (*de escrever*) writing pad; **~ de carnaval** carnival troupe

bloqueador [blokja'do*] *m*: **~ solar** sunblock

bloquear [blo'kja*] *vt* to blockade; (*obstruir*) to block; **bloqueio** [blo'keju] *m* blockade; blockage

blusa ['bluza] *f* (*de mulher*) blouse; (*de homem*) shirt; **~ de lã** jumper; **blusão** [blu'zãw] (*pl* **-ões**) *m* jacket

boa ['boa] *adj f de* **bom** ♦ *f* boa constrictor

boate ['bwatʃi] *f* nightclub

boato ['bwatu] *m* rumour (*BRIT*), rumor (*US*)

bobagem [bo'baʒẽ] (*pl* **-ns**) *f* silliness, nonsense; (*dito, ato*) silly thing

bobo, -a ['bobu, a] *adj* silly, daft ♦ *m/f* fool ♦ *m* (*de corte*) jester; **fazer-se de ~** to act the fool

bobó [bo'bɔ] *m* beans, palm oil and manioc

boca ['boka] *f* mouth; (*entrada*) entrance; (*de fogão*) ring; **de ~ aberta** amazed; **bater ~** to argue

bocadinho [boka'dʒiɲu] *m*: **um ~** (*pouco tempo*) a little while; (*pouquinho*) a little bit

bocado [bo'kadu] *m* mouthful, bite; (*pedaço*) piece, bit; **um ~ de tempo** quite some time

boçal [bo'saw] (*pl* **-ais**) *adj* ignorant; (*grosseiro*) uncouth

bocejar [bose'ʒa*] *vi* to yawn; **bocejo** [bo'seʒu] *m* yawn

bochecha [bo'ʃeʃa] *f* cheek; **bochecho** [bo'ʃeʃu] *m* mouthwash

boda ['boda] *f* wedding; **~s** *fpl* (*aniversário de casamento*) wedding anniversary *sg*

bode ['bɔdʒi] *m* goat; **~ expiatório** scapegoat

bofetada [bofe'tada] *f* slap

bofetão [bofe'tãw] (*pl* **-ões**) *m* punch

boi [boj] *m* ox

bóia ['bɔja] *f* buoy; (*col*) grub; (*de braço*) armband, water wing

boiar [bo'ja*] *vt, vi* to float

boi-bumbá [-bũ'ba] *n* (*BR*) *see boxed note*

BOI-BUMBÁ

The **boi-bumbá**, or *bumba-meu-boi*, is a traditional folk dance from north-eastern Brazil, which brings together human, animal and mythological characters in a theatrical performance. The ox, which the dance is named after, is played by a dancer wearing an iron frame covered in pieces of colourful fabric. Eventually the beast is "killed" and its meat is symbolically shared out before it comes back to life in the finale.

boicotar [bojko'ta*] *vt* to boycott; **boicote** [boj'kɔtʃi] *m* boycott
bola ['bɔla] *f* ball; **dar ~ para** (*flertar*) to flirt with; **ela não dá a menor ~ (para isso)** she couldn't care less (about it); **não ser certo da ~** (*col*) not to be right in the head
bolacha [bo'laʃa] *f* biscuit (*BRIT*), cookie (*US*); (*col: bofetada*) wallop; (*para chope*) beermat
boleia [bo'leja] *f* driver's seat; **dar uma ~ a alguém** (*PT*) to give sb a lift
boletim [bole'tʃĩ] (*pl* **-ns**) *m* report; (*publicação*) newsletter; **~ meteorológico** weather forecast
bolha ['boʎa] *f* (*na pele*) blister; (*de ar, sabão*) bubble
boliche [bo'liʃi] *m* bowling, skittles *sg*
bolinho [bo'liɲu] *m*: **~ de carne** meat ball; **~ de arroz/bacalhau** rice/dry cod cake
Bolívia [bo'livja] *f*: **a ~** Bolivia
bolo ['bolu] *m* cake; (*monte: de gente*) bunch; (: *de papéis*) bundle; **dar o ~ em alguém** to stand sb up; **vai dar ~** (*col*) there's going to be trouble

bolor [bo'lo*] *m* mould (*BRIT*), mold (*US*); (*nas plantas*) mildew
bolota [bo'lɔta] *f* acorn
bolsa ['bowsa] *f* bag; (*COM: tb*: **~ de valores**) stock exchange; **~ (de estudos)** scholarship
bolso ['bowsu] *m* pocket; **de ~** pocket *atr*

bom, boa
PALAVRA CHAVE

[bõ, 'boa] (*pl* **bons, boas**) *adj*
1 (*ótimo*) good; **é um livro ~ ou um ~ livro** it's a good book; **a comida está boa** the food is delicious; **o tempo está ~** the weather's fine; **ele foi muito ~ comigo** he was very nice *ou* kind to me
2 (*apropriado*): **ser ~ para** to be good for; **acho ~ você não ir** I think it's better if you don't go
3 (*irônico*): **um ~ quarto de hora** a good quarter of an hour; **que ~ motorista você é!** a fine *ou* some driver you are!; **seria ~ que ...!** a fine thing it would be if ...!; **essa é boa!** what a cheek!
4 (*saudação*): **~ dia!** good morning!; **boa tarde!** good afternoon!; **boa noite!** good evening!; (*ao deitar-se*) good night!; **tudo ~?** how's it going?
5 (*outras frases*): **está ~?** OK?
♦ *excl*: **~!** all right!; **~, ...** right, ...

bomba ['bõba] *f* bomb; (*TEC*) pump; (*fig*) bombshell; **~ atômica/relógio/de fumaça** atomic/time/smoke bomb; **~ de gasolina** petrol (*BRIT*) *ou* gas (*US*) pump; **~ de incêndio** fire extinguisher
bombardear [bõbax'dʒja*] *vt* to bomb; (*fig*) to bombard;
bombardeio [bõbax'deju] *m* bombing,

bombardment

bombeiro [bõ'bejru] *m* fireman; (*BR*: *encanador*) plumber; **o corpo de ~s** fire brigade

bombom [bõ'bõ] (*pl* **-ns**) *m* chocolate

bondade [bõ'dadʒi] *f* goodness, kindness; **tenha a ~ de vir** would you please come

bonde ['bõdʒi] (*BR*) *m* tram

bondoso, -a [bõ'dozu, ɔza] *adj* kind, good

boné [bo'nɛ] *m* cap

boneca [bo'nɛka] *f* doll

boneco [bo'nɛku] *m* dummy

bonito, -a [bo'nitu, a] *adj* pretty; (*gesto, dia*) nice ♦ *m* (*peixe*) tuna (fish), tunny

bônus ['bonuʃ] *m inv* bonus

boquiaberto, -a [bokja'bɛxtu, a] *adj* dumbfounded, astonished

borboleta [boxbo'leta] *f* butterfly; (*BR*: *roleta*) turnstile

borbotão [boxbo'tãw] (*pl* **-ões**) *m* gush, spurt; **sair aos borbotões** to gush out

borbulhar [boxbu'ʎa*] *vi* to bubble

borda ['boxda] *f* edge; (*do rio*) bank; **à ~ de** on the edge of

bordado [box'dadu] *m* embroidery

bordar [box'da*] *vt* to embroider

bordo ['boxdu] *m* (*de navio*) side; **a ~** on board

borra ['boxa] *f* dregs *pl*

borracha [bo'xaʃa] *f* rubber;

borracheiro [boxa'ʃejru] *m* tyre (*BRIT*) *ou* tire (*US*) specialist

borrão [bo'xãw] (*pl* **-ões**) *m* (*rascunho*) rough draft; (*mancha*) blot

borrar [bo'xa*] *vt* to blot; (*riscar*) to cross out

borrifar [boxi'fa*] *vt* to sprinkle;

borrifo [bo'xifu] *m* spray

borrões [bo'xõjʃ] *mpl de* borrão

bosque ['bɔʃki] *m* wood, forest

bossa ['bɔsa] *f* charm; (*inchaço*) swelling; **~ nova** (*MÚS*) see boxed note

---

BOSSA NOVA

Bossa nova is a type of music invented by young, middle-class inhabitants of Rio de Janeiro at the end of the 1950s. It has an obvious jazz influence, an unusual, rhythmic beat and lyrics praising beauty and love. **Bossa nova** became known around the world through the work of the conductor and composer Antônio Carlos Jobim whose compositions, working with the poet Vinícius de Morais, include the famous song "The Girl from Ipanema".

---

bota ['bɔta] *f* boot; **~s de borracha** wellingtons

botânica [bo'tanika] *f* botany

botão [bo'tãw] (*pl* **-ões**) *m* button; (*flor*) bud

botar [bo'ta*] *vt* to put; (*roupa, sapatos*) to put on; (*mesa*) to set; (*defeito*) to find; (*ovos*) to lay

bote ['bɔtʃi] *m* boat; (*com arma*) thrust; (*salto*) spring

botequim [botʃi'kĩ] (*pl* **-ns**) *m* bar

botija [bo'tʃiʒa] *f* (earthenware) jug

botões [bo'tõjʃ] *mpl de* botão

boxe ['bɔksi] *m* boxing

brabo, -a ['brabu, a] *adj* fierce; (*zangado*) angry; (*ruim*) bad; (*calor*) unbearable

braçada [bra'sada] *f* armful; (*NATAÇÃO*) stroke

bracelete [brase'letʃi] *m* bracelet

braço ['brasu] *m* arm; **de ~s cruzados**

with arms folded; (*fig*) without lifting a finger; **de ~ dado** arm-in-arm

bradar [bra'da*] *vt, vi* to shout, yell; **brado** ['bradu] *m* shout, yell

braguilha [bra'giʎa] *f* flies *pl*

branco, -a ['brãku, a] *adj* white ♦ *m/f* white man/woman ♦ *m* (*espaço*) blank; **em ~** blank; **noite em ~** sleepless night; **brancura** [brã'kura] *f* whiteness

brando, -a ['brãdu, a] *adj* gentle; (*mole*) soft

brasa ['braza] *f* hot coal; **em ~** red-hot; **pisar em ~** to be on tenterhooks

brasão [bra'zãw] (*pl* **-ões**) *m* coat of arms

braseiro [bra'zejru] *m* brazier

Brasil [bra'ziw] *m*: **o ~** Brazil;

brasileiro, -a [brazi'lejru, a] *adj, m/f* Brazilian

Brasília [bra'zilja] *n* Brasília

brasões [bra'zõjʃ] *mpl de* **brasão**

bravata [bra'vata] *f* bravado, boasting

bravio, -a [bra'viu, a] *adj* (*selvagem*) wild; (*feroz*) ferocious

bravo, -a ['bravu, a] *adj* brave; (*furioso*) angry; (*mar*) rough ♦ *m* brave man; **~!** bravo!; **bravura** [bra'vura] *f* courage, bravery

brecar [bre'ka*] *vt* (*carro*) to stop; (*reprimir*) to curb ♦ *vi* to brake

brecha ['breʃa] *f* breach; (*abertura*) opening; (*dano*) damage; (*col*) chance

breu [brew] *m* tar, pitch

breve ['brevi] *adj* short; (*conciso, rápido*) brief ♦ *adv* soon; **em ~** soon, shortly; **até ~** see you soon

bridge ['bridʒi] *m* bridge

briga ['briga] *f* fight; (*verbal*) quarrel

brigada [bri'gada] *f* brigade

brigão, -ona [bri'gãw, ɔna] (*pl* **-ões**, **~s**) *adj* quarrelsome ♦ *m/f* troublemaker

brigar [bri'ga*] *vi* to fight; (*altercar*) to quarrel

brigões [bri'gõjʃ] *mpl de* **brigão**

brigona [bri'gɔna] *f de* **brigão**

brilhante [bri'ʎãtʃi] *adj* brilliant ♦ *m* diamond

brilhar [bri'ʎa*] *vi* to shine

brilho ['briʎu] *m* (*luz viva*) brilliance; (*esplendor*) splendour (*BRIT*), splendor (*US*); (*nos sapatos*) shine; (*de metais, olhos*) gleam

brincadeira [brĩka'dejra] *f* fun; (*gracejo*) joke; (*de criança*) game; **deixe de ~s!** stop fooling!; **de ~** for fun

brincalhão, -ona [brĩka'ʎãw, ɔna] (*pl* **-ões**, **~s**) *adj* playful ♦ *m/f* joker, teaser

brincar [brĩ'ka*] *vi* to play; (*gracejar*) to joke; **estou brincando** I'm only kidding; **~ de soldados** to play (at) soldiers; **~ com alguém** to tease sb

brinco ['brĩku] *m* (*jóia*) earring

brindar [brĩ'da*] *vt* to drink to; (*presentear*) to give a present to;

brinde ['brĩdʒi] *m* toast; free gift

brinquedo [brĩ'kedu] *m* toy

brio ['briu] *m* self-respect, dignity

brisa ['briza] *f* breeze

britânico, -a [bri'taniku, a] *adj* British ♦ *m/f* Briton

broche ['brɔʃi] *m* brooch

brochura [bro'ʃura] *f* (*livro*) paperback; (*folheto*) brochure, pamphlet

brócolis ['brɔkoliʃ] *mpl* broccoli *sg*

bronca ['brõka] (*col*) *f* telling off; **dar uma ~ em** to tell off; **levar uma ~** to get told off

bronco, -a ['brõku, a] *adj* (*rude*) coarse; (*burro*) thick

bronquite [brõ'kitʃi] *f* bronchitis

bronze ['brõzi] *m* bronze;
bronzeado, -a [brõ'zjadu, a] *adj* (*cor*)
bronze; (*pelo sol*) suntanned ♦ *m*
suntan; **bronzear** [brõ'zja*] *vt* to tan;
bronzear-se *vr* to get a tan

brotar [bro'ta*] *vt* to produce ♦ *vi*
(*manar*) to flow; (*BOT*) to sprout;
(*nascer*) to spring up

broto ['brotu] *m* bud; (*fig*) youngster

broxa ['brɔʃa] *f* (large) paint brush

bruços ['brusuʃ]: **de ~** *adv* face down

bruma ['bruma] *f* mist, haze

brusco, -a ['bruʃku, a] *adj* brusque;
(*súbito*) sudden

brutal [bru'taw] (*pl* **-ais**) *adj* brutal

bruto, -a ['brutu, a] *adj* brutish;
(*grosseiro*) coarse; (*móvel*) heavy;
(*petróleo*) crude; (*peso, COM*) gross
♦ *m* brute; **em ~** raw, unworked

bruxa ['bruʃa] *f* witch; **bruxaria**
[bruʃa'ria] *f* witchcraft

Bruxelas [bru'ʃelaʃ] *n* Brussels

bruxo ['bruʃu] *m* wizard

budismo [bu'dʒiʒmu] *m* Buddhism

bufar [bu'fa*] *vi* to puff, pant; (*com
raiva*) to snort; (*reclamar*) to moan,
grumble

bufê [bu'fe] *m* sideboard; (*comida*)
buffet

buffer ['bafe*] (*pl* **~s**) *m* (*COMPUT*)
buffer

bugiganga [buʒi'gãga] *f* trinket; **~s** *fpl*
(*coisas sem valor*) knicknacks

bula ['bula] *f* (*MED*) directions *pl* for
use

bule ['buli] *m* (*de chá*) teapot; (*de
café*) coffeepot

Bulgária [buw'garja] *f*: **a ~** Bulgaria;
búlgaro, -a ['buwgaru, a] *adj, m/f*
Bulgarian ♦ *m* (*LING*) Bulgarian

bunda ['būda] (*col*) *f* bottom,
backside

buquê [bu'ke] *m* bouquet

buraco [bu'raku] *m* hole; (*de agulha*)
eye; **ser um ~** to be tough; **~ da
fechadura** keyhole

burguês, -guesa [bux'geʃ, 'geza] *adj*
middle-class, bourgeois; **burguesia**
[buxge'zia] *f* middle class, bourgeoisie

burocracia [burokra'sia] *f*
bureaucracy

burro, -a ['buxu, a] *adj* stupid ♦ *m/f*
(*ZOOL*) donkey; (*pessoa*) fool, idiot; **pra
~** (*col*) a lot; (*com adj*) really; **~ de
carga** (*fig*) hard worker

busca ['buʃka] *f* search; **em ~ de** in
search of; **dar ~ a** to search for

buscar [buʃ'ka*] *vt* to fetch; (*procurar*)
to look *ou* search for; **ir ~** to fetch, go
for; **mandar ~** to send for

bússola ['busola] *f* compass

busto ['buʃtu] *m* bust

buzina [bu'zina] *f* horn; **buzinar**
[buzi'na*] *vi* to sound one's horn, toot
the horn ♦ *vt* to hoot

búzio ['buzju] *m* conch

C c

c/ *abr* = **com**

Ca *abr* (= **companhia**) Co

cá [ka] *adv* here; **de ~** on this side;
para ~ here, over here; **para lá e para
~** back and forth; **de lá para ~** since
then

caatinga [ka'tʃĩga] (*BR*) *f* scrub(-land)

cabana [ka'bana] *f* hut

cabeça [ka'besa] *f* head; (*inteligência*)
brains *pl*; (*de uma lista*) top ♦ *m/f*
leader; **de ~** off the top of one's head;
(*calcular*) in one's head; **de ~ para
baixo** upside down; **por ~** per person,

per head; **cabeçada** [kabeˈsada] f
(*pancada com cabeça*) butt; (*FUTEBOL*)
header; (*asneira*) blunder; **cabeçalho**
[kabeˈsaʎu] m (*de livro*) title page; (*de
página, capítulo*) heading

cabeceira [kabeˈsejra] f (*de cama*) head

cabeçudo, -a [kabeˈsudu, a] *adj*
big-headed; (*teimoso*) pigheaded

cabeleira [kabeˈlejra] f head of hair;
(*postiça*) wig; **cabeleireiro, -a**
[kabelejˈrejru, a] m/f hairdresser

cabelo [kaˈbelu] m hair; **cortar/fazer o
~** to have one's hair cut/done;
cabeludo, -a [kabeˈludu, a] *adj* hairy

caber [kaˈbe*] vi: **~ (em)** to fit; (*ser
compatível*) to be appropriate (in); **~ a**
(*em partilha*) to fall to; **cabe a alguém
fazer** it is up to sb to do; **não cabe
aqui fazer comentários** this is not the
time or place to comment

cabide [kaˈbidʒi] m (*coat*) hanger;
(*móvel*) hat stand; (*fixo à parede*) coat
rack

cabine [kaˈbini] f cabin; (*em loja*)
fitting room; **~ do piloto** (*AER*) cockpit;
~ telefônica telephone box (*BRIT*) *ou*
booth

cabo [ˈkabu] m (*extremidade*) end; (*de
faca, vassoura etc*) handle; (*corda*)
rope; (*elétrico etc*) cable; (*GEO*) cape;
(*MIL*) corporal; **ao ~ de** at the end of;
de ~ a rabo from beginning to end;
levar a ~ to carry out; **dar ~ de** to do
away with

caboclo, -a [kaˈboklu, a] (*BR*) m/f
mestizo

cabra [ˈkabra] f goat

cabreiro, -a [kaˈbrejru, a] (*col*) *adj*
suspicious

cabrito [kaˈbritu] m kid

caça [ˈkasa] f hunting; (*busca*) hunt;
(*animal*) quarry, game ♦ m (*AER*)
fighter (plane); **caçador, a** [kasaˈdo*, a]

m/f hunter

cação [kaˈsãw] (*pl* **-ões**) m shark

caçar [kaˈsa*] vt to hunt; (*com
espingarda*) to shoot; (*procurar*) to
seek ♦ vi to hunt, go hunting

caçarola [kasaˈrɔla] f (sauce)pan

cacau [kaˈkaw] m cocoa; (*BOT*) cacao

cacetada [kaseˈtada] f blow (with a
stick)

cachaça [kaˈʃasa] f (white) rum

cachaceiro, -a [kaʃaˈsejru, a] *adj* drunk
♦ m/f drunkard

cachê [kaˈʃe] m fee

cachecol [kaʃeˈkɔw] (*pl* **-óis**) m scarf

cachimbo [kaˈʃĩbu] m pipe

cacho [ˈkaʃu] m bunch; (*de cabelo*)
curl; (: *longo*) ringlet

cachoeira [kaʃˈwejra] f waterfall

cachorra [kaˈʃoxa] f bitch; (*cadela*)
(female) puppy

cachorrinho, -a [kaʃoˈxiɲu, a] m/f
puppy

cachorro [kaˈʃoxu] m dog; (*cãozinho*)
puppy; **cachorro-quente** (*pl*
cachorros-quentes) m hot dog

cacique [kaˈsiki] m (Indian) chief;
(*mandachuva*) local boss

caco [ˈkaku] m bit, fragment; (*pessoa
velha*) old relic

caçoar [kaˈswa*] vt, vi to mock

cacoete [kaˈkwetʃi] m twitch, tic

cacto [ˈkaktu] m cactus

cada [ˈkada] *adj inv* each; (*todo*) every;
~ um each one; **~ semana** each week;
a ~ 3 horas every 3 hours; **~ vez mais**
more and more

cadastro [kaˈdaʃtru] m register; (*ato*)
registration; (*de criminosos*) criminal
record

cadáver [kaˈdave*] m corpse, (dead)
body

cadê [kaˈde] (*col*) *adv*: **~ ...?** where's/

where are …?, what's happened to …?

cadeado [ka'dʒjadu] m padlock

cadeia [ka'deja] f chain; (prisão) prison; (rede) network

cadeira [ka'dejra] f chair; (disciplina) subject; (TEATRO) stall; (função) post; ~s fpl (ANAT) hips; ~ **de balanço/rodas** rocking chair/wheelchair

cadela [ka'dela] f (cão) bitch

caderneta [kadex'neta] f notebook; ~ **de poupança** savings account

caderno [ka'dexnu] m exercise book; (de notas) notebook; (de jornal) section

caducar [kadu'ka*] vi to lapse, expire; **caduco, -a** [ka'duku, a] adj invalid, expired; (senil) senile; (BOT) deciduous

cães [kãjʃ] mpl de cão

cafajeste [kafa'ʒeʃtʃi] (col) adj roguish; (vulgar) vulgar, coarse ♦ m/f rogue; rough customer

café [ka'fe] m coffee; (estabelecimento) café; ~ **com leite** white coffee (BRIT), coffee with cream (US); ~ **preto** black coffee; ~ **da manhã** (BR) breakfast

cafeteira [kafe'tejra] f coffee pot; (máquina) percolator; **cafezal** [kafe'zaw] (pl -ais) m coffee plantation; **cafezinho** [kafe'ziɲu] m small black coffee

cagada [ka'gada] (col!) f shit (!)

cágado ['kagadu] m turtle

cagar [ka'ga*] (col!) vi to (have a) shit (!)

cagüetar [kagwe'ta*] vt to inform on; **cagüete** [ka'gwetʃi] m informer

caiba etc ['kajba] vb V caber

câibra ['kãjbra] f (MED) cramp

caída [ka'ida] f = queda

caído, -a [ka'idu, a] adj dejected; (derrubado) fallen; (pendente) droopy; ~ **por** (apaixonado) in love with

câimbra ['kãjbra] f = cãibra

caipirinha [kajpi'riɲa] f cocktail of cachaça, lemon and sugar

cair [ka'i*] vi to fall; ~ **bem/mal** (roupa) to fit well/badly; (col: pessoa) to look good/bad; ~ **em si** to come to one's senses; **ao ~ da noite** at nightfall; **essa comida me caiu mal** that food did not agree with me

Cairo ['kajru] m: **o ~** Cairo

cais [kajʃ] m (NÁUT) quay; (PT: FERRO) platform

caixa ['kajʃa] f box; (cofre) safe; (de uma loja) cashdesk ♦ m/f (pessoa) cashier ♦ m: ~ **automático** cash machine; **pequena ~** petty cash; ~ **de correio** letter box; ~ **econômica** savings bank; ~ **de mudanças** (BR) ou **de velocidades** (PT) gearbox; ~ **postal** P.O. box; ~ **registradora** cash register; **caixa-forte** (pl **caixas-fortes**) f vault

caixão [kaj'ʃãw] (pl -ões) m (ataúde) coffin; (caixa grande) large box

caixeiro-viajante, caixeira-viajante (pl **caixeiros-viajantes, caixeiras-viajantes**) m/f commercial traveller (BRIT) ou traveler (US)

caixilho [kaj'ʃiʎu] m (moldura) frame

caixões [kaj'ʃõjʃ] mpl de caixão

caixote [kaj'ʃɔtʃi] m packing case; ~ **do lixo** (PT) dustbin (BRIT), garbage can (US)

caju [ka'ʒu] m cashew fruit

cal [kaw] f lime; (na água) chalk; (para caiar) whitewash

calabouço [kala'bosu] m dungeon

calado, -a [ka'ladu, a] adj quiet

calafrio [kala'friu] m shiver; **ter ~s** to shiver

calamidade [kalami'dadʒi] f calamity, disaster

calão [ka'lãw] (PT) m: **(baixo) ~** slang

calar [ka'la*] vt to keep quiet about;

(*impor silêncio a*) to silence ♦ *vi* to go quiet; (*manter-se calado*) to keep quiet; **calar-se** *vr* to go quiet; to keep quiet; **cala a boca!** shut up!

calça ['kawsa] *f* (*tb*: ~s) trousers *pl* (*BRIT*), pants *pl* (*US*)

calçada [kaw'sada] *f* (*BR*: *passeio*) pavement (*BRIT*), sidewalk (*US*); (*PT*: *rua*) roadway

calçadão [kawsa'dãw] (*pl* -**ões**) *m* pedestrian precinct (*BRIT*)

calçado, -a [kaw'sadu, a] *adj* (*rua*) paved ♦ *m* shoe; ~s *mpl* (*para os pés*) footwear *sg*

calçadões [kawsa'dõjʃ] *mpl de* **calçadão**

calçamento [kawsa'mētu] *m* paving

calcanhar [kawka'ɲa*] *m* (*ANAT*) heel

calção [kaw'sãw] (*pl* -**ões**) *m* shorts *pl*; ~ **de banho** swimming trunks *pl*

calcar [kaw'ka*] *vt* to tread on; (*espezinhar*) to trample (on)

calçar [kaw'sa*] *vt* (*sapatos, luvas*) to put on; (*pavimentar*) to pave; **calçar-se** *vr* to put on one's shoes; **ela calça (número) 28** she takes size 28 (in shoes)

calcário [kaw'karju] *m* limestone

calcinha [kaw'siɲa] *f* panties *pl*

calço ['kawsu] *m* wedge

calções [kaw'sõjʃ] *mpl de* **calção**

calculador [kawkula'do*] *m* = **calculadora**

calculadora [kawkula'dora] *f* calculator

calcular [kawku'la*] *vt* to calculate; (*imaginar*) to imagine; ~ **que** to reckon that

cálculo ['kawkulu] *m* calculation; (*MAT*) calculus; (*MED*) stone

calda ['kawda] *f* (*de doce*) syrup; ~s *fpl* (*águas termais*) hot springs

caldeirada [kawdej'rada] (*PT*) *f* (*guisado*) fish stew

caldo ['kawdu] *m* broth; (*de fruta*) juice; ~ **de carne/galinha** beef/chicken stock; ~ **verde** potato and cabbage broth

calendário [kalē'darju] *m* calendar

calhar [ka'ʎa*] *vi*: **calhou viajarmos no mesmo avião** we happened to travel on the same plane; **calhou que** it so happened that; ~ **a** (*cair bem*) to suit; **se** ~ (*PT*) perhaps, maybe

calibre [ka'libri] *m* calibre (*BRIT*), caliber (*US*)

cálice ['kalisi] *m* wine glass; (*REL*) chalice

calista [ka'liʃta] *m/f* chiropodist (*BRIT*), podiatrist (*US*)

calma ['kawma] *f* calm

calmante [kaw'mãtʃi] *adj* soothing ♦ *m* (*MED*) tranquillizer

calmo, -a ['kawmu, a] *adj* calm

calo ['kalu] *m* callus; (*no pé*) corn

calor [ka'lo*] *m* heat; (*agradável, fig*) warmth; **está** *ou* **faz** ~ it is hot; **estar com** ~ to be hot

calorento, -a [kalo'rētu, a] *adj* (*pessoa*) sensitive to heat; (*lugar*) hot

caloria [calo'ria] *f* calorie

caloroso, -a [kalo'rozu, ɔza] *adj* warm; (*entusiástico*) enthusiastic

calouro, -a [ka'loru, a] *m/f* (*EDUC*) fresher (*BRIT*), freshman (*US*)

calúnia [ka'lunja] *f* slander

calvo, -a ['kawvu, a] *adj* bald

cama ['kama] *f* bed; ~ **de casal** double bed; ~ **de solteiro** single bed; **de** ~ (*doente*) ill (in bed)

camada [ka'mada] *f* layer; (*de tinta*) coat

câmara ['kamara] *f* chamber; (*FOTO*) camera; ~ **municipal** (*BR*) town council; (*PT*) town hall; ~ **digital** digital camera; **em ~ lenta** in slow motion

camarada [kama'rada] *adj* friendly, nice; (*preço*) good ♦ *m/f* comrade; (*sujeito*) guy/woman

câmara-de-ar (*pl* **câmaras-de-ar**) *f* inner tube

camarão [kama'rãw] (*pl* **-ões**) *m* shrimp; (*graúdo*) prawn

camarões [kama'rõjʃ] *mpl de* **camarão**

camarote [kama'rɔtʃi] *m* (*NÁUT*) cabin; (*TEATRO*) box

cambaleante [kãba'ljãtʃi] *adj* unsteady (on one's feet)

cambalear [kãba'lja*] *vi* to stagger, reel

cambalhota [kãba'ʎɔta] *f* somersault

câmbio ['kãbju] *m* (*dinheiro etc*) exchange; (*preço de câmbio*) rate of exchange; **~ livre** free trade; **~ paralelo** black market

cambista [kã'biʃta] *m* money changer

Camboja [kã'bɔja] *m*: **o ~** Cambodia

camelo [ka'melu] *m* camel

camião [ka'mjãw] (*pl* **-ões**) (*PT*) *m* lorry (*BRIT*), truck (*US*)

caminhada [kami'ɲada] *f* walk

caminhão [kami'ɲãw] (*pl* **-ões**) (*BR*) *m* lorry (*BRIT*), truck (*US*)

caminhar [kami'ɲa*] *vi* to walk; (*processo*) to get under way; (*negócios*) to progress

caminho [ka'miɲu] *m* way; (*vereda*) road, path; **~ de ferro** (*PT*) railway (*BRIT*), railroad (*US*); **a ~** on the way, en route; **cortar ~** to take a short cut; **pôr-se a ~** to set off

caminhões [kami'ɲõjʃ] *mpl de* **caminhão**

caminhoneiro, -a [kamiɲo'nejru, a] *m/f* lorry driver (*BRIT*), truck driver (*US*)

camiões [ka'mjõjʃ] *mpl de* **camião**

camioneta [kamjo'neta] (*PT*) *f* (*para passageiros*) coach; (*comercial*) van

camionista [kamjo'niʃta] (*PT*) *m/f* lorry driver (*BRIT*), truck driver (*US*)

camisa [ka'miza] *f* shirt; **~ de dormir** nightshirt; **~ esporte/pólo/social** sports/polo/dress shirt; **mudar de ~** (*ESPORTE*) to change sides;

camisa-de-força (*pl* **camisas-de-força**) *f* straitjacket

camiseta [kami'zeta] (*BR*) *f* T-shirt; (*interior*) vest

camisinha [kami'ziɲa] (*col*) *f* condom

camisola [kami'zɔla] *f* (*BR*) nightdress; (*PT: pulôver*) sweater; **~ interior** (*PT*) vest

campainha [kãpa'iɲa] *f* bell

campanário [kãpa'narju] *m* church tower, steeple

campanha [kã'paɲa] *f* (*MIL etc*) campaign; (*planície*) plain

campeão, -peã [kã'pjãw, 'pjã] (*pl* **-ões**, **~s**) *m/f* champion; **campeonato** [kãpjo'natu] *m* championship

campestre [kã'peʃtri] *adj* rural, rustic

camping ['kãpĩ] (*BRIT*) (*pl* **~s**) *m* camping; (*lugar*) campsite

campismo [kã'piʒmu] *m* camping; **parque de ~** campsite

campista [kã'piʃta] *m/f* camper

campo ['kãpu] *m* field; (*fora da cidade*) countryside; (*ESPORTE*) ground; (*acampamento*) camp; (*TÊNIS*) court

camponês, -esa [kãpo'neʃ, eza] *m/f* countryman/woman; (*agricultor*) farmer

campus ['kãpuʃ] *m inv* campus

camuflagem [kamu'flaʒẽ] *f* camouflage

camundongo [kamũ'dõgu] (*BR*) *m* mouse

camurça [ka'muxsa] *f* suede

cana ['kana] *f* cane; (*col: cadeia*) nick; (*de açúcar*) sugar cane

Canadá [kana'da] *m*: **o ~** Canada;

a b c d e f g h i j k l m n o p q r s t u v w x z

canadense [kana'dẽsi] *adj, m/f* Canadian

canal [ka'naw] (*pl* **-ais**) *m* channel; (*de navegação*) canal; (*ANAT*) duct

canalha [ka'naʎa] *f* rabble, mob ♦ *m/f* wretch, scoundrel

canalização [kanaliza'sãw] *f* plumbing

canalizador, a [kanaliza'do*, a] (*PT*) *m/f* plumber

canário [ka'narju] *m* canary

canastra [ka'naʃtra] *f* (big) basket

canção [kã'sãw] (*pl* **-ões**) *f* song; ~ **de ninar** lullaby

cancela [kã'sɛla] *f* gate

cancelamento [kãsela'mẽtu] *m* cancellation

cancelar [kãse'la*] *vt* to cancel; (*riscar*) to cross out

câncer ['kãse*] *m* cancer; **C~** (*ASTROLOGIA*) Cancer

canções [kã'sõjʃ] *fpl de* canção

cancro ['kãkru] (*PT*) *m* cancer

candelabro [kãde'labru] *m* candlestick; (*lustre*) chandelier

candidato, -a [kãdʒi'datu, a] *m/f* candidate; (*a cargo*) applicant

cândido, -a ['kãdʒidu, a] *adj* naive; (*inocente*) innocent

candomblé [kãdõ'blɛ] *m see boxed note*

CANDOMBLÉ

Candomblé is Brazil's most influential Afro-Brazilian religion. Practised mainly in Bahia, it mixes catholicism and Yoruba tradition. According to **candomblé**, believers become possessed by spirits and thus become an instrument of communication between divine and mortal forces. **Candomblé** ceremonies are great spectacles of African rhythm and dance, and are held in *terreiros*.

caneca [ka'nɛka] *f* mug

canela [ka'nɛla] *f* cinnamon; (*ANAT*) shin

caneta [ka'neta] *f* pen; ~ **esferográfica/pilot** ballpoint/felt-tip pen; ~ **seletora** (*COMPUT*) light pen

cangaceiro [kãga'sejru] (*BR*) *m* bandit

canguru [kãgu'ru] *m* kangaroo

canhão [ka'ɲãw] (*pl* **-ões**) *m* cannon; (*GEO*) canyon

canhoto, -a [ka'ɲotu, a] *adj* left-handed ♦ *m/f* left-handed person ♦ *m* (*de cheque*) stub

canibal [kani'baw] (*pl* **-ais**) *m/f* cannibal

canil [ka'niw] (*pl* **-is**) *m* kennel

canivete [kani'vetʃi] *m* penknife

canja ['kãʒa] *f* chicken broth; (*col*) cinch, pushover

canjica [kã'ʒika] *f* maize porridge

cano ['kanu] *m* pipe; (*tubo*) tube; (*de arma de fogo*) barrel; (*de bota*) top; ~ **de esgoto** sewer

canoa [ka'noa] *f* canoe

cansaço [kã'sasu] *m* tiredness

cansado, -a [kã'sadu, a] *adj* tired

cansar [kã'sa*] *vt* to tire; (*entediar*) to bore ♦ *vi* to get tired; **cansar-se** *vr* to get tired; **cansativo, -a** [kãsa'tʃivu, a] *adj* tiring; (*tedioso*) tedious

cantar [kã'ta*] *vt, vi* to sing ♦ *m* song

cantarolar [kãtaro'la*] *vt* to hum

canteiro [kã'tejru] *m* stonemason; (*de flores*) flower bed

cantiga [kã'tʃiga] *f* ballad; ~ **de ninar** lullaby

cantil [kã'tʃiw] (*pl* **-is**) *m* canteen

cantina [kã'tʃina] *f* canteen

cantis [kã'tʃiʃ] *mpl de* cantil

canto ['kãtu] *m* corner; (*lugar*) place; (*canção*) song

cantor, a [kã'to*, a] *m/f* singer

cão [kãw] (*pl* **cães**) *m* dog

caolho, -a [ka'oʎu, a] *adj* cross-eyed

caos ['kaoʃ] m chaos

capa ['kapa] f cape; (cobertura) cover; **livro de ~ dura/mole** hardback/paperback (book)

capacete [kapa'setʃi] m helmet

capacidade [kapasi'dadʒi] f capacity; (aptidão) ability, competence

capaz [ka'paʒ] adj able, capable; **ser ~ de** to be able to (ou capable of); **sou ~ de ...** (talvez) I might ...; **é ~ de chover hoje** it might rain today

capela [ka'pela] f chapel

capim [ka'pĩ] m grass

capitães [kapi'tãjʃ] mpl de capitão

capital [kapi'taw] (pl -ais) adj, m capital ♦ f (cidade) capital; **~ (em) ações** (COM) share capital

capitalismo [kapita'liʒmu] m capitalism; capitalista [kapita'liʃta] m/f capitalist

capitalizar [kapitali'za*] vt to capitalize on; (COM) to capitalize

capitão [kapi'tãw] (pl -ães) m captain

capítulo [ka'pitulu] m chapter

capô [ka'po] m (AUTO) bonnet (BRIT), hood (US)

capoeira [ka'pwejra] f (PT) hencoop; (dança) see boxed note

CAPOEIRA

Capoeira is a fusion of martial arts and dance which originated among African slaves in colonial Brazil. It is danced in a circle to the sound of the berimbau, a percussion instrument of African origin. Opposed by the Brazilian authorities until the beginning of the twentieth century, today capoeira is regarded as a national sport.

capota [ka'pɔta] f (AUTO) hood, top

capotar [kapo'ta*] vi to overturn

capricho [ka'priʃu] m whim, caprice; (teimosia) obstinacy; (apuro) care;

caprichoso, -a [kapri'ʃozu, ɔza] adj capricious; (com apuro) meticulous

Capricórnio [kapri'kɔxnju] m Capricorn

cápsula ['kapsula] f capsule

captar [kap'ta*] vt (atrair) to win; (RÁDIO) to pick up

captura [kap'tura] f capture; capturar [kaptu'ra*] vt to capture

capuz [ka'puʒ] m hood

cáqui ['kaki] adj khaki

cara ['kara] f face; (aspecto) appearance ♦ m (col) guy; **~ ou coroa?** heads or tails?; **de ~** straightaway; **dar de ~ com** to bump into; **ser a ~ de** (col) to be the spitting image of; **ter ~ de** to look (like)

caracol [kara'kɔw] (pl -óis) m snail; (de cabelo) curl; **escada em ~** spiral staircase

caracteres [karak'teriʃ] mpl de caráter

característica [karakte'riʃtʃika] f characteristic, feature

característico, -a [karakte'riʃtʃiku, a] adj characteristic

cara-de-pau (pl caras-de-pau) adj brazen; **ele é ~** he's very forward

caramelo [kara'mɛlu] m caramel; (bala) toffee

caranguejo [karã'geʒu] m crab

caras-pintadas fpl see boxed note

CARAS-PINTADAS

In 1992, during popular demonstrations calling for the impeachment of the then president Fernando Collor de Mello, students known as caras-pintadas, because they had the Brazilian flag painted on their faces, went through the streets shouting "Collor, out!" and similar slogans.

a b c d e f g h i j k l m n o p q r s t u v w x y z

caratê [kara'te] *m* karate

caráter [ka'rate*] (*pl* **caracteres**) *m* character

caravana [kara'vana] *f* caravan

carbonizar [kaxboni'za*] *vt* to carbonize; (*queimar*) to char

carbono [kax'bɔnu] *m* carbon

carburador [kaxbura'do*] *m* carburettor (*BRIT*), carburetor (*US*)

cárcere [ˈkaxseri] *m* prison;

carcereiro, -a [kaxse'rejru, a] *m/f* jailer, warder

cardápio [kax'dapju] (*BR*) *m* menu

cardeal [kax'dʒjaw] (*pl* **-ais**) *adj, m* cardinal

cardíaco, -a [kax'dʒiaku, a] *adj* cardiac; **ataque/parada ~** heart attack/cardiac arrest

cardigã [kaxdʒi'gã] *m* cardigan

careca [ka'rɛka] *adj* bald

carecer [kare'se*] *vi*: **~ de** to lack; (*precisar*) to need

carência [ka'rẽsja] *f* lack; (*necessidade*) need; (*privação*) deprivation; **carente** [ka'rẽtʃi] *adj* wanting; (*pessoa*) needy, deprived

careta [ka'reta] *adj* (*col*) straight, square ♦ *f* grimace; **fazer uma ~** to pull a face

carga [ˈkaxga] *f* load; (*de navio, avião*) cargo; (*ato de carregar*) loading; (*ELET*) charge; (*fig: peso*) burden; (*MIL*) attack, charge; **dar ~ em** (*COMPUT*) to boot (up)

cargo [ˈkaxgu] *m* responsibility; (*função*) post; **a ~ de** in charge of; **ter a ~** to be in charge of; **tomar a ~** to take charge of

Caribe [ka'ribi] *m*: **o ~** the Caribbean (Sea)

carícia [ka'risja] *f* caress

caridade [kari'dadʒi] *f* charity; **obra de ~** charity

cárie [ˈkari] *f* tooth decay

carimbar [karĩ'ba*] *vt* to stamp; (*no correio*) to postmark

carimbo [ka'rĩbu] *m* stamp; (*postal*) postmark

carinho [ka'riɲu] *m* affection, fondness; (*carícia*) caress; **fazer ~** to caress; **com ~** affectionately; (*com cuidado*) with care; **carinhoso, -a** [kari'ɲozu, ɔza] *adj* affectionate

carioca [ka'rjɔka] *adj* of Rio de Janeiro ♦ *m/f* native of Rio de Janeiro ♦ *m* (*PT*: *café*) type of weak coffee

carnal [kax'naw] (*pl* **-ais**) *adj* carnal; **primo ~** first cousin

carnaval [kaxna'vaw] (*pl* **-ais**) *m* carnival; (*fig*) mess; *see boxed note*

CARNAVAL

In Brazil, **Carnaval** is the popular festival held each year in the four days before Lent. It is celebrated in very different ways in different parts of the country. In Rio de Janeiro, for example, the big attraction is the parades of the *escolas de samba*, in Salvador the *trios elétricos*, in Recife the *frevo* and, in Olinda, the giant figures, such as the *Homem da meia-noite* and *Mulher do meio-dia*. In Portugal, **Carnaval** is celebrated on Shrove Tuesday, with street parties and processions taking place throughout the country.

---

carne [ˈkaxni] *f* flesh; (*CULIN*) meat; **em ~ e osso** in the flesh

carnê [kax'ne] *m* (*para compras*) payment book

carneiro [kax'nejru] *m* sheep; (*macho*) ram; **perna/costeleta de ~** leg of lamb/lamb chop

carnificina [kaxnifi'sina] *f* slaughter

caro, -a ['karu, a] *adj* dear; **cobrar/pagar ~** to charge a lot/pay dearly

carochinha [karo'ʃiɲa] *f*: **conto** *ou* **história da ~** fairy tale *ou* story

caroço [ka'rosu] *m* (*de frutos*) stone; (*endurecimento*) lump

carona [ka'rɔna] *f* lift; **viajar de ~** to hitchhike; **pegar uma ~** to get a lift

carpete [kax'petʃi] *m* (fitted) carpet

carpinteiro [kaxpĩ'tejru] *m* carpenter

carrapato [kaxa'patu] *m* (*inseto*) tick

carrasco [ka'xaʃku] *m* executioner; (*fig*) tyrant

carregado, -a [kaxe'gadu, a] *adj* loaded; (*semblante*) sullen; (*céu*) dark; (*ambiente*) tense

carregador [kaxega'do*] *m* porter

carregamento [kaxega'mẽtu] *m* (*ação*) loading; (*carga*) load, cargo

carregar [kaxe'ga*] *vt* to load; (*levar*) to carry; (*bateria*) to charge; (*PT: apertar*) to press; (*levar para longe*) to take away ♦ *vi*: **~ em** to overdo; (*pôr enfase*) to bring out

carreira [ka'xejra] *f* run, running; (*profissão*) career; (*TURFE*) race; (*NÁUT*) slipway; (*fileira*) row; **às ~s** in a hurry

carretel [kaxe'tɛw] (*pl* **-éis**) *m* spool, reel

carrinho [ka'xiɲu] *m* trolley; (*brinquedo*) toy car; **~ (de criança)** pram; **~ de mão** wheelbarrow

carro ['kaxo] *m* car; (*de bois*) cart; (*de mão*) barrow; (*de máquina de escrever*) carriage; **~ de corrida/passeio/esporte** racing/saloon/sports car; **~ de praça** cab; **~ de bombeiro** fire engine

carroça [ka'xɔsa] *f* cart, waggon

carroçeria [kaxose'ria] *f* (*AUTO*) bodywork

carro-chefe (*pl* **carros-chefes**) *m* (*de desfile*) main float; (*fig*) flagship, centrepiece (*BRIT*), centerpiece (*US*)

carrossel [kaxo'sɛw] (*pl* **-éis**) *m* merry-go-round

carruagem [ka'xwaʒẽ] (*pl* **-ns**) *f* carriage, coach

carta ['kaxta] *f* letter; (*de jogar*) card; (*mapa*) chart; **~ aérea/registrada** airmail/registered letter; **~ de condução** (*PT*) driving licence (*BRIT*), driver's license (*US*); **dar as ~s** to deal; **carta-bomba** (*pl* **cartas-bomba**) *f* letter bomb

cartão [kax'tãw] (*pl* **-ões**) *m* card; (*PT: material*) cardboard; **~ de crédito** credit card; **cartão-postal** (*pl* **cartões-postais**) *m* postcard

cartaz [kax'taʒ] *m* poster, bill (*US*); **(estar) em ~** (*TEATRO, CINEMA*) (to be) showing

carteira [kax'tejra] *f* desk; (*para dinheiro*) wallet; (*de ações*) portfolio; **~ de identidade** identity card; **~ de motorista** driving licence (*BRIT*), driver's license (*US*)

carteiro [kax'tejru] *m* postman (*BRIT*), mailman (*US*)

cartões [kax'tõjʃ] *mpl de* **cartão**

cartola [kax'tɔla] *f* top hat

cartolina [kaxto'lina] *f* card

cartório [kax'tɔrju] *m* registry office

cartucho [kax'tuʃu] *m* cartridge; (*saco de papel*) packet

cartum [kax'tũ] (*pl* **-ns**) *m* cartoon

carvalho [kax'vaʎu] *m* oak

carvão [kax'vãw] (*pl* **-ões**) *m* coal; (*de madeira*) charcoal

casa ['kaza] *f* house; (*lar*) home; (*COM*) firm; (*MAT: decimal*) place; **em/para ~** (at) home/home; **~ de saúde** hospital; **~ da moeda** mint; **~ de banho** (*PT*) bathroom; **~ e comida** board and lodging; **~ de cômodos** tenement; **~ popular** ≈ council house

casacão [kaza'kãw] (*pl* **-ões**) *m*

overcoat

casaco [ka'zaku] *m* coat; (*paletó*) jacket

casacões [kaza'kõjʃ] *mpl de* casacão

casal [ka'zaw] (*pl* **-ais**) *m* couple

casamento [kaza'mẽtu] *m* marriage; (*boda*) wedding

casar [ka'za*] *vt* to marry; (*combinar*) to match (up); **casar-se** *vr* to get married; to combine well

casarão [kaza'rãw] (*pl* **-ões**) *m* mansion

casca ['kaʃka] *f* (*de árvore*) bark; (*de banana*) skin; (*de ferida*) scab; (*de laranja*) peel; (*de nozes, ovos*) shell; (*de milho etc*) husk; (*de pão*) crust

cascata [kaʃ'kata] *f* waterfall

casco ['kaʃku] *m* skull; (*de animal*) hoof; (*de navio*) hull; (*para bebidas*) empty bottle; (*de tartaruga*) shell

casebre [ka'zɛbri] *m* hovel, shack

caseiro, -a [ka'zejru, a] *adj* home-made; (*pessoa, vida*) domestic ♦ *m/f* housekeeper

caso ['kazu] *m* case; (*tb:* **~ amoroso**) affair; (*estória*) story ♦ *conj* in case, if; **no ~ de** in case (of); **em todo ~** in any case; **neste ~** in that case; **~ necessário** if necessary; **criar ~** to cause trouble; **não fazer ~ de** to ignore; **~ de emergência** emergency

caspa ['kaʃpa] *f* dandruff

casquinha [kaʃ'kiɲa] *f* (*de sorvete*) cone; (*pele*) skin

cassar [ka'sa*] *vt* (*direitos, licença*) to cancel, withhold; (*políticos*) to ban

cassete [ka'sɛtʃi] *m* cassette

cassetete [kase'tɛtʃi] *m* truncheon (*BRIT*), nightstick (*US*)

cassino [ka'sinu] *m* casino

castanha [kaʃ'taɲa] *f* chestnut; **~ de caju** cashew nut; **castanha-do-pará** [-pa'ra] (*pl* **castanhas-do-pará**) *f* Brazil

nut

castanheiro [kaʃta'ɲejru] *m* chestnut tree

castanho, -a [kaʃ'taɲu, a] *adj* brown

castelo [kaʃ'tɛlu] *m* castle

castiçal [kaʃtʃi'saw] (*pl* **-ais**) *m* candlestick

castiço, -a [kaʃ'tʃisu, a] *adj* pure

castidade [kaʃtʃi'dadʒi] *f* chastity

castigar [kaʃtʃi'ga*] *vt* to punish; **castigo** [kaʃ'tʃigu] *m* punishment; (*fig: mortificação*) pain

casto, -a ['kaʃtu, a] *adj* chaste

casual [ka'zwaw] (*pl* **-ais**) *adj* chance *atr*, accidental; (*fortuito*) fortuitous; **casualidade** [kazwali'dadʒi] *f* chance; (*acidente*) accident

cata ['kata] *f*: **à ~ de** in search of

catalizador [kataliza'do*] *m* catalyst

catalogar [katalo'ga*] *vt* to catalogue (*BRIT*), catalog (*US*)

catálogo [ka'talogu] *m* catalogue (*BRIT*), catalog (*US*); **~ (telefônico)** telephone directory

catapora [kata'pɔra] (*BR*) *f* chickenpox

catar [ka'ta*] *vt* to pick (up); (*procurar*) to look for, search for; (*recolher*) to collect, gather

catarata [kata'rata] *f* waterfall; (*MED*) cataract

catarro [ka'taxu] *m* catarrh

catástrofe [ka'taʃtrofi] *f* catastrophe

cata-vento *m* weathercock

catedral [kate'draw] (*pl* **-ais**) *f* cathedral

categoria [katego'ria] *f* category; (*social*) rank; (*qualidade*) quality; **de alta ~** first-rate

cativar [katʃi'va*] *vt* to enslave; (*fascinar*) to captivate; (*atrair*) to charm

cativeiro [katʃi'vejru] *m* captivity;

(*escravidão*) slavery; (*cadeia*) prison

cativo, -a [ka'tʃivu, a] *m/f* slave; (*prisioneiro*) prisoner

católico, -a [ka'tɔliku, a] *adj, m/f* catholic

catorze [ka'toxzi] *num* fourteen

caução [kaw'sãw] (*pl* -ões) *f* security, guarantee; (*JUR*) bail; **sob ~** on bail

caule ['kauli] *m* stalk, stem

causa ['kawza] *f* cause; (*motivo*) motive, reason; (*JUR*) lawsuit, case; **por ~ de** because of; **causador, a** [kawza'do*, a] *adj* which caused ♦ *m* cause; **causar** [kaw'za*] *vt* to cause, bring about

cautela [kaw'tɛla] *f* caution; (*senha*) ticket; **~ (de penhor)** pawn ticket; **cauteloso, -a** [kawte'lozu, ɔza] *adj* cautious, wary

cavado, -a [ka'vadu, a] *adj* (*olhos*) sunken; (*roupa*) low-cut

cavala [ka'vala] *f* mackerel

cavalaria [kavala'ria] *f* cavalry

cavaleiro [kava'lejru] *m* rider, horseman; (*medieval*) knight

cavalete [kava'letʃi] *m* stand; (*FOTO*) tripod; (*de pintor*) easel; (*de mesa*) trestle

cavalgar [kavaw'ga*] *vt* to ride ♦ *vi*: **~ em** to ride on; **~ (sobre)** to jump over

cavalheiro, -a [kava'ʎejru, a] *adj* courteous, gallant ♦ *m* gentleman

cavalo [ka'valu] *m* horse; (*XADREZ*) knight; **a ~** on horseback; **50 ~s(-vapor)** *ou* **(de força)** 50 horsepower; **~ de corrida** racehorse

cavaquinho [kava'kiɲu] *m* small guitar

cavar [ka'va*] *vt* to dig; (*esforçar-se para obter*) to try to get ♦ *vi* to dig; (*fig*) to delve; (*animal*) to burrow

cave ['kavi] (*PT*) *f* wine-cellar

caveira [ka'vejra] *f* skull

cavidade [kavi'dadʒi] *f* cavity

caxumba [ka'ʃũba] *f* mumps *sg*

CD *abr m* CD

cê [se] (*col*) *pron* = **você**

cear [sja*] *vt* to have for supper ♦ *vi* to dine

cebola [se'bola] *f* onion; **cebolinha** [sebo'liɲa] *f* spring onion

ceder [se'de*] *vt* to give up; (*dar*) to hand over; (*emprestar*) to lend ♦ *vi* to give in, yield

cedilha [se'dʒiʎa] *f* cedilla

cedo ['sedu] *adv* early; (*em breve*) soon

cedro ['sedru] *m* cedar

cédula ['sedula] *f* banknote; (*eleitoral*) ballot paper

CEE *abr f* (= *Comunidade Econômica Européia*) EEC

cegar [se'ga*] *vt* to blind; (*ofuscar*) to dazzle ♦ *vi* to be dazzling

cego, -a [ˈsɛgu, a] *adj* blind; (*total*) complete, total; (*tesoura*) blunt ♦ *m/f* blind man/woman; **às cegas** blindly

cegonha [se'goɲa] *f* stork

cegueira [se'gejra] *f* blindness

CEI *abr f* (= *Comunidade de Estados Independentes*) CIS

ceia ['seja] *f* supper

cela ['sela] *f* cell

celebração [selebra'sãw] (*pl* -ões) *f* celebration

celebrar [sele'bra*] *vt* to celebrate; (*exaltar*) to praise; (*acordo*) to seal

célebre ['sɛlebri] *adj* famous, well-known

celeiro [se'lejru] *m* granary; (*depósito*) barn

celeste [se'lɛʃtʃi] *adj* celestial, heavenly

celibatário, -a [seliba'tarju, a] *adj* unmarried, single ♦ *m/f* bachelor/spinster

a b c d e f g h i j k l m n o p q r s t u v w x z

celofane [selo'fani] *m* cellophane; **papel ~** cling film

célula ['sɛlula] *f* (BIO, ELET) cell; **celular** [selu'la*] *adj* cellular ♦ *n*: (**telefone**) **celular** mobile (phone)

cem [sẽ] *num* hundred

cemitério [semi'tɛrju] *m* cemetery, graveyard

cena ['sɛna] *f* scene; (*palco*) stage

cenário [se'narju] *m* scenery; (CINEMA) scenario; (*de um acontecimento*) setting

cenoura [se'nora] *f* carrot

censo ['sẽsu] *m* census

censor, a [sẽ'so*, a] *m/f* censor

censura [sẽ'sura] *f* censorship; (*reprovação*) censure, criticism; **censurar** [sẽsu'ra*] *vt* to censure; (*filme, livro etc*) to censor

centavo [sẽ'tavu] *m* cent; **estar sem um ~** to be penniless

centeio [sẽ'teju] *m* rye

centelha [sẽ'teʎa] *f* spark

centena [sẽ'tena] *f* hundred; **às ~s** in hundreds

centenário, -a [sẽte'narju, a] *m* centenary

centígrado [sẽ'tʃigradu] *m* centigrade

centímetro [sẽ'tʃimetru] *m* centimetre (BRIT), centimeter (US)

cento ['sẽtu] *m*: **~ e um** one hundred and one; **por ~** per cent

centopeia [sẽto'peja] *f* centipede

central [sẽ'traw] (*pl* **-ais**) *adj* central ♦ *f* (*de polícia etc*) head office; **~ elétrica** (electric) power station; **~ telefônica** telephone exchange; **centralizar** [sẽtrali'za*] *vt* to centralize

centrar [sẽ'tra*] *vt* to centre (BRIT), center (US)

centro ['sẽtru] *m* centre (BRIT), center (US); (*de uma cidade*) town centre;

centroavante [sẽtroa'vãtʃi] *m* (FUTEBOL) centre forward

CEP ['sɛpi] (BR) *abr m* (= *Código de Endereçamento Postal*) postcode (BRIT), zip code (US)

céptico, -a *etc* ['sɛptiku, a] (PT) = **cético** *etc*

cera ['sera] *f* wax

cerâmica [se'ramika] *f* pottery

cerca ['sɛxka] *f* fence ♦ *prep*: **~ de** (*aproximadamente*) around, about; **~ viva** hedge

cercado [sex'kadu] *m* enclosure; (*para animais*) pen; (*para crianças*) playpen

cercanias [sexka'niaʃ] *fpl* outskirts; (*vizinhança*) neighbourhood *sg* (BRIT), neighborhood *sg* (US)

cercar [sex'ka*] *vt* to enclose; (*rodear*) to surround; (*assediar*) to besiege

cerco ['sexku] *m* siege; **pôr ~ a** to besiege

cereal [se'rjaw] (*pl* **-ais**) *m* cereal

cérebro ['serebru] *m* brain; (*fig*) brains *pl*

cereja [se'reʒa] *f* cherry

cerimônia [seri'monja] *f* ceremony

cerração [sexa'sãw] *f* fog

cerrado, -a [se'xadu, a] *adj* shut, closed; (*denso*) thick ♦ *m* scrub(land)

certeza [sex'teza] *f* certainty; **com ~** certainly, surely; (*provavelmente*) probably; **ter ~ de/de que** to be certain *ou* sure of/to be sure that

certidão [sextʃi'dãw] (*pl* **-ões**) *f* certificate

certificado [sextʃifi'kadu] *m* certificate

certificar [sextʃifi'ka*] *vt* to certify; (*assegurar*) to assure; **certificar-se** *vr*: **~-se de** to make sure of

certo, -a ['sɛxtu, a] *adj* certain, sure; (*exato, direito*) right; (*um, algum*) a certain ♦ *adv* correctly; **na certa**

certainly; **ao ~** for certain; **está ~** okay, all right

cerveja [sex'veʒa] f beer; **cervejaria** [sexveʒa'ria] f (fábrica) brewery; (bar) bar, public house

cervical [sexvi'kaw] (pl -**ais**) adj cervical

cessação [sesa'sãw] f halting, ceasing

cessão [se'sãw] (pl -**ões**) f surrender

cessar [se'sa*] vi to cease, stop; **sem ~** continually; **cessar-fogo** m inv cease-fire

cessões [se'sõjʃ] fpl de **cessão**

cesta ['seʃta] f basket

cesto ['seʃtu] m basket; (com tampa) hamper

cético, -a ['setʃiku, a] m/f sceptic (BRIT), skeptic (US)

cetim [se'tʃĩ] m satin

céu [sew] m sky; (REL) heaven; (da boca) roof

cevada [se'vada] f barley

CFC abr m (= clorofluorocarbono) CFC

chá [ʃa] m tea

chácara ['ʃakara] f farm; (casa de campo) country house

chacina [ʃa'sina] f slaughter; **chacinar** [ʃasi'na*] vt (matar) to slaughter

chacota [ʃa'kɔta] f mockery

chafariz [ʃafa'riʒ] m fountain

chalé [ʃa'lɛ] m chalet

chaleira [ʃa'lejra] f kettle; (bajulador) crawler, toady

chama ['ʃama] f flame

chamada [ʃa'mada] f call; (MIL) roll call; (EDUC) register; (no jornal) headline; **dar uma ~ em alguém** to tell sb off

chamar [ʃa'ma*] vt to call; (convidar) to invite; (atenção) to attract ♦ vi to call; (telefone) to ring; **chamar-se** vr

to be called; **chamo-me João** my name is John; **~ alguém de idiota/Dudu** to call sb an idiot/Dudu; **mandar ~** to summon, send for

chamariz [ʃama'riʒ] m decoy

chamativo, -a [ʃama'tʃivu, a] adj showy, flashy

chaminé [ʃami'nɛ] f chimney; (de navio) funnel

champanha [ʃã'paɲa] m ou f champagne

champanhe [ʃã'paɲi] m ou f = **champanha**

champu [ʃã'pu] (PT) m shampoo

chance ['ʃãsi] f chance

chantagear [ʃãta'ʒja*] vt to blackmail

chantagem [ʃã'taʒẽ] f blackmail

chão [ʃãw] (pl **~s**) m ground; (terra) soil; (piso) floor

chapa ['ʃapa] f (placa) plate; (eleitoral) list; **~ de matrícula** (PT: AUTO) number (BRIT) ou license (US) plate; **oi, meu ~!** hi, mate!

chapéu [ʃa'pew] m hat

charco ['ʃaxku] m marsh, bog

charme ['ʃaxmi] m charm; **fazer ~** to be nice, use one's charm; **charmoso, -a** [ʃax'mozu, ɔza] adj charming

charrete [ʃa'xetʃi] f cart

charuto [ʃa'rutu] m cigar

chassi [ʃa'si] m (AUTO, ELET) chassis

chata ['ʃata] f barge; V tb **chato**

chateação [ʃatʃja'sãw] (pl -**ões**) f bother, upset; (maçada) bore

chatear [ʃa'tʃja*] vt to bother, upset; (importunar) to pester; (entediar) to bore; (irritar) to annoy ♦ vi to be upsetting; to be boring; to be annoying; **chatear-se** vr to get upset; to get bored; to get annoyed

chatice [ʃa'tʃisi] f nuisance

chato, -a ['ʃatu, a] adj flat; (tedioso)

boring; (*irritante*) annoying; (*que fica mal*) rude ◆ *m/f* bore; (*quem irrita*) pain

chauvinista [ʃawviˈniʃta] *adj* chauvinistic ◆ *m/f* chauvinist

chavão [ʃaˈvãw] (*pl* **-ões**) *m* cliché

chave [ˈʃavi] *f* key; (*ELET*) switch; **~ de porcas** spanner; **~ inglesa** (monkey) wrench; **~ de fenda** screwdriver

chávena [ˈʃavena] (*PT*) *f* cup

checar [ʃeˈka*] *vt* to check

check-up [tʃeˈkapi] (*pl* **~s**) *m* check-up

chefe [ˈʃefi] *m/f* head, chief; (*patrão*) boss; **~ de estação** stationmaster; **chefia** [ʃeˈfia] *f* leadership; (*direção*) management; (*repartição*) headquarters *sg*; **chefiar** [ʃeˈfja*] *vt* to lead

chegada [ʃeˈgada] *f* arrival

chegado, -a [ʃeˈgadu, a] *adj* near; (*íntimo*) close

chegar [ʃeˈga*] *vt* to bring near ◆ *vi* to arrive; (*ser suficiente*) to be enough; **chegar-se** *vr*: **~-se a** to approach; **chega!** that's enough!; **~ a** (*atingir*) to reach; (*conseguir*) to manage to

cheio, -a [ˈʃeju, a] *adj* full; (*repleto*) full up; (*col*: *farto*) fed up

cheirar [ʃejˈra*] *vt*, *vi* to smell; **~ a** to smell of; **cheiro** [ˈʃejru] *m* smell; **ter cheiro de** to smell of; **cheiroso, -a** [ʃejˈrozu, ɔza] *adj*: **ser** *ou* **estar cheiroso** to smell nice

cheque [ˈʃɛki] *m* cheque (*BRIT*), check (*US*); **~ de viagem** traveller's cheque (*BRIT*), traveler's check (*US*)

chiar [ʃja*] *vi* to squeak; (*porta*) to creak; (*vapor*) to hiss; (*col*: *reclamar*) to grumble

chiclete [ʃiˈklɛtʃi] *m* chewing gum

chicória [ʃiˈkɔrja] *f* chicory

chicote [ʃiˈkɔtʃi] *m* whip

chifre [ˈʃifri] *m* horn

Chile [ˈʃili] *m*: **o ~** Chile

chimarrão [ʃimaˈxãw] (*pl* **-ões**) *m* mate tea without sugar taken from a pipe-like cup

chimpanzé [ʃĩpãˈzɛ] *m* chimpanzee

China [ˈʃina] *f*: **a ~** China

chinelo [ʃiˈnelu] *m* slipper

chinês, -esa [ʃiˈneʃ, eza] *adj*, *m/f* Chinese ◆ *m* (*LING*) Chinese

chip [ˈʃipi] *m* (*COMPUT*) chip

Chipre [ˈʃipri] *f* Cyprus

chique [ˈʃiki] *adj* stylish, chic

chocalho [ʃoˈkaʎu] *m* (*MÚS*, *brinquedo*) rattle; (*para animais*) bell

chocante [ʃoˈkãtʃi] *adj* shocking; (*col*) amazing

chocar [ʃoˈka*] *vt* to hatch, incubate; (*ofender*) to shock, offend ◆ *vi* to shock; **chocar-se** *vr* to crash, collide; to be shocked

chocho, -a [ˈʃoʃu, a] *adj* hollow, empty; (*fraco*) weak; (*sem graça*) dull

chocolate [ʃokoˈlatʃi] *m* chocolate

chofer [ʃoˈfe*] *m* driver

chope [ˈʃopi] *m* draught beer

choque[1] [ˈʃɔki] *m* shock; (*colisão*) collision; (*impacto*) impact; (*conflito*) clash

choque[2] *etc vb V* **chocar**

choramingar [ʃoramĩˈga*] *vi* to whine, whimper

chorão, -rona [ʃoˈrãw, rɔna] (*pl* **-ões**, **~s**) *adj* tearful ◆ *m/f* crybaby ◆ *m* (*BOT*) weeping willow

chorar [ʃoˈra*] *vt*, *vi* to weep, cry

chorinho [ʃoˈriɲu] *m* type of Brazilian music

choro [ˈʃoru] *m* crying; (*MÚS*) type of Brazilian music

choupana [ʃoˈpana] *f* shack, hut

chouriço [ʃoˈrisu] *m* (*BR*) black

pudding; (*PT*) spicy sausage

chover [ʃo'veʰ] *vi* to rain; **~ a cântaros** to rain cats and dogs

chulé [ʃu'lɛ] *m* foot odour (*BRIT*) *ou* odor (*US*)

chulo, -a [ʃulu, a] *adj* vulgar

chumaço [ʃu'masu] *m* (*de papel, notas*) wad

chumbo [ˈʃũbu] *m* lead; (*de caça*) gunshot; (*PT: de dente*) filling; **sem ~** (*gasolina*) unleaded

chupar [ʃu'paʰ] *vt* to suck

chupeta [ʃu'peta] *f* dummy (*BRIT*), pacifier (*US*)

churrasco [ʃu'xaʃku] *m*, **churrasqueira** [ʃuxaʃ'kejra] ♦ *f* barbecue

churrasquinho [ʃuxaʃ'kiɲu] *m* kebab

chutar [ʃu'taʰ] *vt* to kick; (*col: adivinhar*) to guess at; (: *dar o fora em*) to dump ♦ *vi* to kick, to guess; (: *mentir*) to lie

chute [ˈʃutʃi] *m* kick; (*col: mentira*) fib; **dar o ~ em alguém** (*col*) to give sb the boot

chuteira [ʃu'tejra] *f* football boot

chuva [ˈʃuva] *f* rain; **chuveiro** [ʃu'vejru] *m* shower

chuviscar [ʃuviʃ'kaʰ] *vi* to drizzle; **chuvisco** [ʃu'viʃku] *m* drizzle

chuvoso, -a [ʃu'vozu, ɔza] *adj* rainy

Cia. *abr* (= *companhia*) Co.

cibercafé [sibexka'fɛ] *m* cybercafé

ciberespaço [sibexiʃ'pasu] *m* cyberspace

cicatriz [sika'triʒ] *f* scar; **cicatrizar** [sikatri'zaʰ] *vi* to heal; (*rosto*) to scar

cicerone [sise'rɔni] *m* tourist guide

ciclismo [si'kliʒmu] *m* cycling

ciclista [si'kliʃta] *m/f* cyclist

ciclo [ˈsiklu] *m* cycle

ciclovia [siklɔ'via] *f* cycle lane *ou* path

cidadã [sida'dã] *f de* **cidadão**

cidadania [sidada'nia] *f* citizenship

cidadão, cidadã [sida'dãw, sida'dã] (*pl* **~s, ~s**) *m/f* citizen

cidade [si'dadʒi] *f* town; (*grande*) city

ciência [ˈsjẽsja] *f* science

ciente [ˈsjẽtʃi] *adj* aware

científico, -a [sjẽ'tʃifiku, a] *adj* scientific

cientista [sjẽ'tʃiʃta] *m/f* scientist

cifra [ˈsifra] *f* cipher; (*algarismo*) number, figure; (*total*) sum

cigano, -a [si'ganu, a] *adj, m/f* gypsy

cigarra [si'gaxa] *f* cicada; (*ELET*) buzzer

cigarrilha [siga'xiʎa] *f* cheroot

cigarro [si'gaxu] *m* cigarette

cilada [si'lada] *f* ambush; (*armadilha*) trap; (*embuste*) trick

cilindro [si'lĩdru] *m* cylinder; (*rolo*) roller

cima [ˈsima] *f*: **de ~ para baixo** from top to bottom; **para ~** up; **em ~ de** on, on top of; **por ~ de** over; **de ~** from above; **lá em ~** up there; (*em casa*) upstairs; **ainda por ~** on top of that

cimento [si'mẽtu] *m* cement; (*fig*) foundation

cimo [ˈsimu] *m* top, summit

cinco [ˈsĩku] *num* five

cineasta [sine'aʃta] *m/f* film maker

cinema [si'nema] *f* cinema

Cingapura [sĩga'pura] *f* Singapore

cínico, -a [ˈsiniku, a] *adj* cynical ♦ *m/f* cynic; **cinismo** [si'niʒmu] *m* cynicism

cinqüenta [sĩˈkwẽta] *num* fifty

cinta [ˈsĩta] *f* sash; (*de mulher*) girdle

cintilar [sĩtʃi'laʰ] *vi* to sparkle, glitter

cinto [ˈsĩtu] *m* belt; **~ de segurança** safety belt; (*AUTO*) seatbelt

cintura [sĩ'tura] *f* waist; (*linha*) waistline

cinza [ˈsĩza] *adj inv* grey (*BRIT*), gray

(us) ♦ f ash, ashes pl

cinzeiro [sĩ'zejru] m ashtray

cinzento, -a [sĩ'zẽtu, a] adj grey (BRIT), gray (us)

cio [siu] m: **no ~** on heat, in season

cipreste [si'prɛʃtʃi] m cypress (tree)

cipriota [si'prjɔta] adj, m/f Cypriot

circo ['sixku] m circus

circuito [six'kwitu] m circuit

circulação [sixkula'sãw] f circulation

circular [sixku'la*] adj circular ♦ f (carta) circular ♦ vi to circulate; (girar, andar) to go round ♦ vt to circulate; (estar em volta de) to surround; (percorrer em roda) to go round

círculo ['sixkulu] m circle

circundar [sixkũ'da*] vt to surround

circunferência [sixkũfe'rẽsja] f circumference

circunflexo [sixkũ'flɛksu] m circumflex (accent)

circunstância [sixkũ'ʃtãsja] f circumstance; **~s atenuantes** mitigating circumstances

cirurgia [sirux'ʒia] f surgery; **~ plástica/estética** plastic/cosmetic surgery

cirurgião, -giã [sirux'ʒjãw, 'ʒjã] (pl -ões, ~s) m/f surgeon

cirúrgico, -a [si'ruxʒiku, a] adj surgical

cirurgiões [sirux'ʒjõjʃ] mpl de cirurgião

cisco ['siʃku] m speck

cismado, -a [siʒ'madu, a] adj with fixed ideas

cismar [siʒ'ma*] vi (pensar): **~ em** to brood over; (antipatizar): **~ com** to take a dislike to ♦ vt: **~ que** to be convinced that; **~ de** ou **em fazer** (meter na cabeça) to get into one's head to do; (insistir) to insist on doing

cisne ['siʒni] m swan

cisterna [siʃ'tɛxna] f cistern, tank

citação [sita'sãw] (pl -ões) f quotation; (JUR) summons sg

citar [si'ta*] vt to quote; (JUR) to summon

ciúme ['sjumi] m jealousy; **ter ~s de** to be jealous of; **ciumento, -a** [sju'mẽtu, a] adj jealous

cívico, -a ['siviku, a] adj civic

civil [si'viw] (pl -is) adj civil ♦ m/f civilian; **civilidade** [sivili'dadʒi] f politeness

civilização [siviliza'sãw] (pl -ões) f civilization

civis [si'viʃ] pl de civil

clamar [kla'ma*] vt to clamour (BRIT) ou clamor (us) for ♦ vi to cry out, clamo(u)r

clamor [kla'mo*] m outcry, uproar

clandestino, -a [klãdeʃ'tʃinu, a] adj clandestine; (ilegal) underground

clara ['klara] f egg white

clarabóia [klara'bɔja] f skylight

clarão [kla'rãw] (pl -ões) m (cintilação) flash; (claridade) gleam

clarear [kla'rja*] vi (dia) to dawn; (tempo) to clear up, brighten up ♦ vt to clarify

claridade [klari'dadʒi] f brightness

clarim [kla'rĩ] (pl -ns) m bugle

clarinete [klari'netʃi] m clarinet

clarins [kla'rĩʃ] mpl de clarim

claro, -a ['klaru, a] adj clear; (luminoso) bright; (cor) light; (evidente) clear, evident ♦ m (na escrita) space; (clareira) clearing ♦ adv clearly; **~!** of course!; **~ que sim!/não!** of course!/of course not!; **às claras** openly

classe ['klasi] f class

clássico, -a ['klasiku, a] adj classical; (fig) classic; (habitual) usual ♦ m classic

classificação [klasifika'sãw] (*pl* **-ões**) *f* classification; (*ESPORTE*) place, placing

classificado, -a [klasifi'kadu, a] *adj* (*em exame*) successful; (*anúncio*) classified; (*ESPORTE*) placed ♦ *m* classified ad

classificar [klasifi'ka*] *vt* to classify; **classificar-se** *vr*: **~-se de algo** to call o.s. sth, describe o.s. as sth

claustro ['klawʃtru] *m* cloister

cláusula ['klawzula] *f* clause

clausura [klaw'zura] *f* enclosure

clavícula [kla'vikula] *f* collarbone

clemência [kle'mẽsja] *f* mercy

clero ['klɛru] *m* clergy

clicar [kli'ka*] *vi* (*COMPUT*) to click

clichê [kli'ʃe] *m* (*FOTO*) plate; (*chavão*) cliché

cliente ['kljẽtʃi] *m* client, customer; (*de médico*) patient; **clientela** [kljẽ'tɛla] *f* clientele; (*de loja*) customers *pl*

clima ['klima] *m* climate

clímax ['klimaks] *m inv* climax

clínica ['klinika] *f* clinic; *V tb* **clínico**

clínico, -a ['kliniku, a] *adj* clinical ♦ *m/f* doctor; **~ geral** general practitioner, GP

clipe ['klipi] *m* clip; (*para papéis*) paper clip

clique ['kliki] *m* (*COMPUT*) click; **dar um ~ duplo em** to double-click on

cloro ['klɔru] *m* chlorine

close ['klɔzi] *m* close-up

clube ['klubi] *m* club

coadjuvante [koadʒu'vãtʃi] *adj* supporting ♦ *m/f* (*num crime*) accomplice; (*TEATRO, CINEMA*) co-star

coador [koa'do*] *m* strainer; (*de café*) filter bag; (*para legumes*) colander

coalhada [koa'ʎada] *f* curd

coalizão [koali'zãw] (*pl* **-ões**) *f* coalition

coar [ko'a*] *vt* (*líquido*) to strain

coberta [ko'bɛxta] *f* cover, covering; (*NÁUT*) deck

cobertor [kobex'to*] *m* blanket

cobertura [kobex'tura] *f* covering; (*telhado*) roof; (*apartamento*) penthouse; (*TV, RÁDIO, JORNALISMO*) coverage; (*SEGUROS*) cover

cobiça [ko'bisa] *f* greed

cobiçar [kobi'sa*] *vt* to covet

cobra ['kɔbra] *f* snake

cobrador, a [kobra'do*, a] *m/f* collector; (*em transporte*) conductor

cobrança [ko'brãsa] *f* collection; (*ato de cobrar*) charging

cobrar [ko'bra*] *vt* to collect; (*preço*) to charge

cobre ['kɔbri] *m* copper; **~s** *mpl* (*dinheiro*) money *sg*

cobrir [ko'bri*] *vt* to cover

cocada [ko'kada] *f* coconut sweet

cocaína [koka'ina] *f* cocaine

coçar [ko'sa*] *vt* to scratch ♦ *vi* to itch; **coçar-se** *vr* to scratch o.s.

cócegas ['kɔsegaʃ] *fpl*: **fazer ~ em** to tickle; **tenho ~ nos pés** my feet tickle; **sentir ~** to be ticklish

coceira [ko'sejra] *f* itch; (*qualidade*) itchiness

cochichar [koʃi'ʃa*] *vi* to whisper; **cochicho** [ko'ʃiʃu] *m* whispering

cochilar [koʃi'la*] *vi* to snooze, doze; **cochilo** [ko'ʃilu] *m* nap

coco ['koku] *m* coconut

cócoras ['kɔkoraʃ] *fpl*: **de ~** squatting; **ficar de ~** to squat (down)

código ['kɔdʒigu] *m* code; **~ de barras** bar code

coelho [ko'eʎu] *m* rabbit

coerente [koe'rẽtʃi] *adj* coherent; (*conseqüente*) consistent

cofre ['kɔfri] *m* safe; (*caixa*)

strongbox; **os ~s públicos** public funds

cogitar [koʒi'ta*] *vt*, *vi* to contemplate

cogumelo [kogu'mɛlu] *m* mushroom; **~ venenoso** toadstool

coice ['kojsi] *m* kick; (*de arma*) recoil; **dar ~s em** to kick

coincidência [koĩsi'dẽsja] *f* coincidence

coincidir [koĩsi'dʒi*] *vi* to coincide; (*concordar*) to agree

coisa ['kojza] *f* thing; (*assunto*) matter; **~ de** about

coitado, -a [koj'tadu, a] *adj* poor, wretched

cola ['kɔla] *f* glue

colaborador, a [kolabora'do*, a] *m/f* collaborator; (*em jornal*) contributor

colaborar [kolabo'ra*] *vi* to collaborate; (*ajudar*) to help; (*escrever artigos etc*) to contribute

colante [ko'lãtʃi] *adj* (*roupa*) skin-tight

colapso [ko'lapsu] *m* collapse; **~ cardíaco** heart failure

colar [ko'la*] *vt* to stick, glue; (*BR: copiar*) to crib ♦ *vi* to stick; to cheat ♦ *m* necklace

colarinho [kola'riɲu] *m* collar

colarinho-branco (*pl* **colarinhos-brancos**) *m* white-collar worker

colcha ['kowʃa] *f* bedspread

colchão [kow'ʃãw] (*pl* **-ões**) *m* mattress

colchete [kow'ʃetʃi] *m* clasp, fastening; (*parêntese*) square bracket; **~ de gancho** hook and eye; **~ de pressão** press stud, popper

colchões [kow'ʃõjʃ] *mpl de* **colchão**

coleção [kole'sãw] (*PT* **-cç-**) (*pl* **~ões**) *f* collection; **colecionador, a** [kolesjona'do*, a] (*PT* **-cc-**) *m/f* collector; **colecionar** [kolesjo'na*] (*PT* **-cc-**) *vt* to collect

colectar *etc* [kolek'ta*] (*PT*) = **coletar** *etc*

colega [ko'lega] *m/f* colleague; (*de escola*) classmate

colegial [kole'ʒjaw] (*pl* **-ais**) *m/f* schoolboy/girl

colégio [ko'lɛʒu] *m* school

coleira [ko'lejra] *f* collar

cólera ['kɔlera] *f* anger ♦ *m ou f* (*MED*) cholera

colesterol [koleʃte'rɔw] *m* cholesterol

coleta [ko'leta] *f* collection; **coletar** [kole'ta*] *vt* to tax; (*arrecadar*) to collect

colete [ko'letʃi] *m* waistcoat (*BRIT*), vest (*US*); **~ salva-vidas** life jacket (*BRIT*), life preserver (*US*)

coletivo, -a [kole'tʃivu, a] *adj* collective; (*transportes*) public ♦ *m* bus

colheita [ko'ʎejta] *f* harvest

colher [ko'ʎe*] *vt* to gather, pick; (*dados*) to gather ♦ *f* spoon; **~ de chá/ sopa** teaspoon/tablespoon

colidir [koli'dʒi*] *vi*: **~ com** to collide with, crash into

coligação [koliga'sãw] (*pl* **-ões**) *f* coalition

colina [ko'lina] *f* hill

colisão [koli'zãw] (*pl* **-ões**) *f* collision

collant [ko'lã] (*pl* **~s**) *m* tights *pl* (*BRIT*), pantihose (*US*); (*blusa*) leotard

colmeia [kow'meja] *f* beehive

colo ['kɔlu] *m* neck; (*regaço*) lap

colocar [kolo'ka*] *vt* to put, place; (*empregar*) to find a job for, place; (*COM*) to market; (*pneus, tapetes*) to fit; (*questão, idéia*) to put forward; (*COMPUT: dados*) to key (in)

Colômbia [ko'lõbja] *f*: **a ~** Colombia

colônia [ko'lonja] *f* colony; (*perfume*) cologne; **colonial** [kolo'njaw] (*pl* **-ais**) *adj* colonial

colonizador, a [koloniza'do*, a] *m/f*

colonist, settler

colono [ko'lɔnu, a] *m/f* settler; (*cultivador*) tenant farmer

coloquial [kolo'kjaw] (*pl* **-ais**) *adj* colloquial

colóquio [ko'lɔkju] *m* conversation; (*congresso*) conference

colorido, -a [kolo'ridu, a] *adj* colourful (*BRIT*), colorful (*US*) ♦ *m* colouring (*BRIT*), coloring (*US*)

colorir [kolo'ri*] *vt* to colour (*BRIT*), color (*US*)

coluna [ko'luna] *f* column; (*pilar*) pillar; ~ **dorsal** *ou* **vertebral** spine; **colunável** [kolu'navew] (*pl* **-eis**) *adj* famous ♦ *m/f* celebrity; **colunista** [kolu'niʃta] *m/f* columnist

com [kõ] *prep* with; ~ **cuidado** carefully; **estar** ~ **câncer** to have cancer; **estar** ~ **dinheiro** to have some money on one; **estar** ~ **fome** to be hungry

coma ['kɔma] *f* coma

comandante [komã'dãtʃi] *m* commander; (*MIL*) commandant; (*NÁUT*) captain

comandar [komã'da*] *vt* to command

comando [ko'mãdu] *m* command

combate [kõ'batʃi] *m* combat; **combater** [kõba'te*] *vt* to fight; (*opor-se a*) to oppose ♦ *vi* to fight; **combater-se** *vr* to fight

combinação [kõbina'sãw] (*pl* **-ões**) *f* combination; (*QUÍM*) compound; (*acordo*) arrangement; (*plano*) scheme; (*roupa*) slip

combinar [kõbi'na*] *vt* to combine; (*jantar etc*) to arrange; (*fuga etc*) to plan ♦ *vi* (*roupas etc*) to go together; **combinar-se** *vr* to combine; (*pessoas*) to get on well together; ~ **com** (*harmonizar-se*) to go with; ~ **de fazer** to arrange to do; **combinado!** agreed!

comboio [kõ'boju] *m* (*PT*) train; (*de navios, carros*) convoy

combustível [kõbuʃ'tʃivew] *m* fuel

começar [kome'sa*] *vt*, *vi* to begin, start; ~ **a fazer** to begin *ou* start to do

começo [ko'mesu] *m* beginning, start

comédia [ko'medʒja] *f* comedy

comemorar [komemo'ra*] *vt* to commemorate

comentar [komẽ'ta*] *vt* to comment on; (*maliciosamente*) to make comments about

comentário [komẽ'tarju] *m* comment, remark; (*análise*) commentary

comer [ko'me*] *vt* to eat; (*DAMAS, XADREZ*) to take, capture ♦ *vi* to eat; **dar de** ~ **a** to feed

comercial [komex'sjaw] (*pl* **-ais**) *adj* commercial; (*relativo ao negócio*) business *atr* ♦ *m* commercial

comercializar [komexsjali'za*] *vt* to market

comerciante [komex'sjãtʃi] *m/f* trader

comércio [ko'mexsju] *m* commerce; (*tráfico*) trade; (*negócio*) business; (*lojas*) shops *pl*; ~ **eletrônico** e-commerce

comes ['kɔmiʃ] *mpl*: ~ **e bebes** food and drink

comestíveis [komeʃ'tʃiveis] *mpl* foodstuffs, food *sg*

comestível [komeʃ'tʃivew] (*pl* **-eis**) *adj* edible

cometer [kome'te*] *vt* to commit

comichão [komi'ʃãw] *f* itch, itching

comício [ko'misju] *m* (*POL*) rally, meeting; (*assembléia*) assembly

cômico, -a ['komiku, a] *adj* comic(al) ♦ *m* comedian; (*de teatro*) actor

comida [ko'mida] *f* (*alimento*) food; (*refeição*) meal

a
b
c
d
e
f
g
h
i
j
k
l
m
n
o
p
q
r
s
t
u
v
w
x
z

comigo [ko'migu] *pron* with me

comilão, -lona [komi'lãw, lɔna] (*pl* -ões, ~s) *adj* greedy ♦ *m/f* glutton

comiserar-se [komize'raxsi] *vr*: ~-se (de) to sympathize (with)

comissão [komi'sãw] (*pl* -ões) *f* commission; (*comitê*) committee

comissário [komi'sarju] *m* commissioner; (*COM*) agent; ~ de bordo (*AER*) steward; (*NÁUT*) purser

comissões [komi'sõjʃ] *fpl de* comissão

comitê [komi'te] *m* committee

como

PALAVRA CHAVE

['kɔmu] *adv*

1 (*modo*) as; **ela fez ~ eu pedi** she did as I asked; **~ se** as if; **~ quiser** as you wish; **seja ~ for** be that as it may

2 (*assim ~*) like; **ela tem olhos azuis ~ o pai** she has blue eyes like her father's; **ela trabalha numa loja, ~ a mãe** she works in a shop, as does her mother

3 (*de que maneira*) how; **~?** pardon?; **~!** what!; **~ assim?** what do you mean?; **~ não!** of course!

♦ *conj* (*porque*) as, since; **como estava tarde ele dormiu aqui** since it was late he slept here

comoção [komo'sãw] (*pl* -ões) *f* distress; (*revolta*) commotion

cômoda ['komoda] *f* chest of drawers (*BRIT*), bureau (*US*)

comodidade [komodʒi'dadʒi] *f* comfort; (*conveniência*) convenience

comodismo [komo'dʒiʒmu] *m* complacency

cômodo, -a ['komodu, a] *adj* comfortable; (*conveniente*) convenient ♦ *m* room

comovente [komo'vẽtʃi] *adj* moving, touching

comover [komo've*] *vt* to move ♦ *vi* to be moving; **comover-se** *vr* to be moved

compacto, -a [kõ'paktu, a] *adj* compact; (*espesso*) thick; (*sólido*) solid ♦ *m* (*disco*) single

compadecer-se [kõpade'sexsi] *vr*: ~-se de to be sorry for, pity

compadre [kõ'padri] *m* (*col*: *companheiro*) buddy, pal

compaixão [kõpaj'ʃãw] *m* compassion; (*misericórdia*) mercy

companheirismo [kõpaɲej'riʒmu] *m* companionship

companheiro, -a [kõpa'ɲejru, a] *m/f* companion; (*colega*) friend; (*col*) buddy, mate

companhia [kõpa'ɲia] *f* company

comparação [kõpara'sãw] (*pl* -ões) *f* comparison

comparar [kõpa'ra*] *vt* to compare; ~ a to liken to; ~ com to compare with

comparecer [kõpare'se*] *vi* to appear, make an appearance; ~ a uma reunião to attend a meeting

comparsa [kõ'paxsa] *m/f* (*TEATRO*) extra; (*cúmplice*) accomplice

compartilhar [kõpaxtʃi'ʎa*] *vt* to share ♦ *vi*: ~ de to share in, participate in

compartimento [kõpaxtʃi'mẽtu] *m* compartment; (*aposento*) room

compasso [kõ'pasu] *m* (*instrumento*) pair of compasses; (*MÚS*) time; (*ritmo*) beat

compatível [kõpa'tʃivew] (*pl* -eis) *adj* compatible

compatriota [kõpa'trjɔta] *m/f* fellow countryman/woman

compensação [kõpēsa'sãw] (*pl* **-ões**) *f* compensation; **em ~** on the other hand

compensar [kõpē'sa*] *vt* to make up for, compensate for; (*equilibrar*) to offset; (*cheque*) to clear

competência [kõpe'tēsja] *f* competence, ability; (*responsabilidade*) responsibility; **competente** [kõpe'tētʃi] *adj* competent; (*apropriado*) appropriate; (*responsável*) responsible

competição [kõpetʃi'sãw] (*pl* **-ões**) *f* competition

competidor, a [kõpetʃi'do*, a] *m/f* competitor

competir [kõpe'tʃi*] *vi* to compete; **~ a alguém** to be sb's responsibility; (*caber*) to be up to sb

competitivo, -a [kõpetʃi'tʃivu, a] *adj* competitive

compito *etc* [kõ'pitu] *vb* V **competir**

complementar [kõplemē'ta*] *adj* complementary ♦ *vt* to supplement

complemento [kõple'mētu] *m* complement

completamente [kõpleta'mētʃi] *adv* completely, quite

completar [kõple'ta*] *vt* to complete; (*tanque, carro*) to fill up; **~ dez anos** to be ten

completo, -a [kõ'plɛtu, a] *adj* complete; (*cheio*) full (up); **por ~** completely

complexo, -a [kõ'plɛksu, a] *adj* complex ♦ *m* complex

complicação [kõplika'sãw] (*pl* **-ões**) *f* complication

complicado, -a [kõpli'kadu, a] *adj* complicated

complicar [kõpli'ka*] *vt* to complicate

complô [kõ'plo] *m* plot, conspiracy

componente [kõpo'nētʃi] *adj, m* component

compor [kõ'po*] (*irreg: como* **pôr**) *vt* to compose; (*discurso, livro*) to write; (*arranjar*) to arrange ♦ *vi* to compose; **compor-se** *vr* (*controlar-se*) to compose o.s.; **~-se de** to consist of

comporta [kõ'pɔxta] *f* (*de canal*) lock

comportamento [kõpoxta'mētu] *m* behaviour (*BRIT*), behavior (*US*)

comportar-se [kõpox'taxsi] *vt, vr* to behave; **~ mal** to misbehave, behave badly

composição [kõpozi'sãw] (*pl* **-ões**) *f* composition; (*TIP*) typesetting

compositor, a [kõpozi'to*, a] *m/f* composer; (*TIP*) typesetter

compota [kõ'pɔta] *f* fruit in syrup

compra ['kõpra] *f* purchase; **fazer ~s** to go shopping; **comprador, a** [kõpra'do*, a] *m/f* buyer, purchaser

comprar [kõ'pra*] *vt* to buy

compreender [kõprjen'de*] *vt* to understand; (*constar de*) to be comprised of, consist of; (*abranger*) to cover

compreensão [kõprjē'sãw] *f* understanding, comprehension; **compreensivo, -a** [kõprjē'sivu, a] *adj* understanding

compressa [kõ'presa] *f* compress

comprido, -a [kõ'pridu, a] *adj* long; (*alto*) tall; **ao ~** lengthways

comprimento [kõpri'mētu] *m* length

comprimido [kõpri'midu] *m* pill, tablet

comprimir [kõpri'mi*] *vt* to compress

comprometer [kõprome'te*] *vt* to compromise; (*envolver*) to involve; (*arriscar*) to jeopardize; (*empenhar*) to pledge; **comprometer-se** *vr*: **~-se a** to undertake to, promise to

compromisso [kõpro'misu] *m* promise; (*obrigação*) commitment; (*hora marcada*) appointment; (*acordo*) agreement

comprovante [kõpro'vãtʃi] *m* receipt

comprovar [kõpro'va*] *vt* to prove; (*confirmar*) to confirm

compulsão [kõpuw'sãw] (*pl* **-ões**) *f* compulsion; **compulsivo, -a** [kõpuw'sivu, a] *adj* compulsive; **compulsório, -a** [kõpuw'sɔrju, a] *adj* compulsory

computação [kõputa'sãw] *f* computer science, computing

computador [kõputa'do*] *m* computer

computar [kõpu'ta*] *vt* (*calcular*) to calculate; (*contar*) to count

comum [ko'mũ] (*pl* **-ns**) *adj* ordinary, common; (*habitual*) usual; **em ~** in common

comungar [komũ'ga*] *vi* to take communion

comunhão [komu'ɲãw] (*pl* **-ões**) *f* (*ger*, *REL*) communion

comunicação [komunika'sãw] (*pl* **-ões**) *f* communication; (*mensagem*) message; (*acesso*) access

comunicado [komuni'kadu] *m* notice

comunicar [komuni'ka*] *vt*, *vi* to communicate; **comunicar-se** *vr* to communicate; **~-se com** (*entrar em contato*) to get in touch with

comunidade [komuni'dadʒi] *f* community; **C~ dos Estados Independentes** Commonwealth of Independent States

comunismo [komu'niʒmu] *m* communism; **comunista** [komu'niʃta] *adj*, *m/f* communist

comuns [ko'mũʃ] *pl de* comum

conceber [kõse'be*] *vt*, *vi* to conceive

conceder [kõse'de*] *vt* to allow; (*outorgar*) to grant; (*dar*) to give ♦ *vi*: **~ em** to agree to

conceito [kõ'sejtu] *m* concept, idea;

(*fama*) reputation; (*opinião*) opinion;

conceituado, -a [kõsej'twadu, a] *adj* well thought of, highly regarded

concentração [kõsẽtra'sãw] (*pl* **-ões**) *f* concentration

concepção [kõsep'sãw] (*pl* **-ões**) *f* (*geração*) conception; (*noção*) idea, concept; (*opinião*) opinion

concerto [kõ'sextu] *m* concert

concessão [kõse'sãw] (*pl* **-ões**) *f* concession; (*permissão*) permission

concha ['kõʃa] *f* shell; (*para líquidos*) ladle

conchavo [kõ'ʃavu] *m* conspiracy

conciliar [kõsi'lja*] *vt* to reconcile

concluir [kõ'klwi*] *vt*, *vi* to conclude

conclusão [kõklu'zãw] (*pl* **-ões**) *f* end; (*dedução*) conclusion

conclusões [kõklu'zõjʃ] *fpl de* conclusão

concordância [kõkox'dãsja] *f* agreement

concordar [kõkox'da*] *vi*, *vt* to agree

concorrência [kõko'xẽsja] *f* competition; (*a um cargo*) application

concorrente [kõko'xẽtʃi] *m/f* contestant; (*candidato*) candidate

concorrer [kõko'xe*] *vi* to compete; **~ a** to apply for

concretizar [kõkretʃi'za*] *vt* to make real; **concretizar-se** *vr* (*sonho*) to come true; (*ambições*) to be realized

concreto, -a [kõ'kretu, a] *adj* concrete ♦ *m* concrete

concurso [kõ'kuxsu] *m* contest; (*exame*) competition

conde ['kõdʒi] *m* count

condenação [kõdena'sãw] (*pl* **-ões**) *f* (*JUR*) conviction

condenar [kõde'na*] *vt* to condemn; (*JUR*: *sentenciar*) to sentence; (: *declarar culpado*) to convict

condensar [kõdẽ'sa*] vt to condense; **condensar-se** vr to condense

condescendência [kõdesẽ'dẽsja] f acquiescence

condescender [kõdesẽ'de*] vi to acquiesce; **~ a** ou **em** to condescend to, deign to

condessa [kõ'desa] f countess

condição [kõdʒi'sãw] (pl **-ões**) f condition; (social) status; (qualidade) capacity; **com a ~ de que** on condition that, provided that; **em condições de fazer** (pessoa) able to do; (carro etc) in condition to do

condimento [kõdʒi'mẽtu] m seasoning

condomínio [kõdo'minju] m condominium

condução [kõdu'sãw] f driving; (transporte) transport; (ônibus) bus

conduta [kõ'duta] f conduct, behaviour (BRIT), behavior (US)

condutor, a [kõdu'to*, a] m/f (de veículo) driver ♦ m (ELET) conductor

conduzir [kõdu'zi*] vt (levar) to lead; (FÍS) to conduct; **conduzir-se** vr to behave; **conduzir a** to lead to

cone ['kɔni] m cone

conectar [konek'ta*] vt to connect

conexão [konek'sãw] (pl **-ões**) f connection

confecção [kõfek'sãw] (pl **-ões**) f making; (de um boletim) production; (roupa) ready-to-wear clothes pl; (negócio) business selling ready-to-wear clothes

confeccionar [kõfeksjo'na*] vt to make; (fabricar) to manufacture

confecções [kõfek'sõjʃ] fpl de **confecção**

confeitaria [kõfejta'ria] f patisserie

conferência [kõfe'rẽsja] f conference; (discurso) lecture

conferir [kõfe'ri*] vt to check; (comparar) to compare; (outorgar) to grant ♦ vi to tally

confessar [kõfe'sa*] vt, vi to confess; **confessar-se** vr to confess

confete [kõ'fetʃi] m confetti

confiança [kõ'fjãsa] f confidence; (fé) trust; **de ~** reliable; **ter ~ em alguém** to trust sb

confiante [kõ'fjãtʃi] adj: **~ (em)** confident (of)

confiar [kõ'fja*] vt to entrust; (segredo) to confide ♦ vi: **~ em** to trust; (ter fé) to have faith in

confiável [kõ'fjavew] (pl **-eis**) adj reliable

confidência [kõfi'dẽsja] f secret; **em ~** in confidence; **confidencial** [kõfidẽ'sjaw] (pl **-ais**) adj confidential

confins [kõ'fĩʃ] mpl limits, boundaries

confirmação [kõfixma'sãw] (pl **-ões**) f confirmation

confirmar [kõfix'ma*] vt to confirm

confiro etc [kõ'firu] vb V **conferir**

confiscar [kõfiʃ'ka*] vt to confiscate

confissão [kõfi'sãw] (pl **-ões**) f confession

conflito [kõ'flitu] m conflict

conformar [kõfox'ma*] vt to form ♦ vi: **~ com** to conform to; **conformar-se** vr: **~-se com** to resign o.s. to; (acomodar-se) to conform to

conforme [kõ'fɔxmi] prep according to; (dependendo de) depending on ♦ conj (logo que) as soon as; (como) as, according to what; (à medida que) as; **você vai? – ~** are you going? – it depends

conformidade [kõfoxmi'dadʒi] f agreement; **em ~ com** in accordance with

confortar [kõfox'ta*] vt to comfort, console

confortável [kõfox'tavew] (pl **-eis**) adj comfortable

conforto [kõ'foxtu] m comfort

confrontar [kõfrõ'ta*] vt to confront; (comparar) to compare

confronto [kõ'frõtu] m confrontation; (comparação) comparison

confundir [kõfũ'dʒi*] vt to confuse; **confundir-se** vr to get mixed up

confusão [kõfu'zãw] (pl **-ões**) f confusion; (tumulto) uproar; (problemas) trouble

confuso, -a [kõ'fuzu, a] adj confused; (problema) confusing

confusões [kõfu'zõjʃ] fpl de **confusão**

congelador [kõʒela'do*] m freezer, deep freeze

congelamento [kõʒela'mẽtu] m freezing; (ECON) freeze

congelar [kõʒe'la*] vt to freeze; **congelar-se** vr to freeze

congestão [kõʒeʃ'tãw] f congestion; **congestionado, -a** [kõʒeʃtʃjo'nadu, a] adj congested; (olhos) bloodshot; (rosto) flushed; **congestionamento** [kõʒeʃtʃjona'mẽtu] m congestion; **um congestionamento (de tráfego)** a traffic jam

congestionar [kõʒeʃtʃjo'na*] vt to congest; **congestionar-se** vr (rosto) to go red

congressista [kõgre'siʃta] m/f congressman/woman

congresso [kõ'gresu] m congress, conference

conhaque [ko'ɲaki] m cognac, brandy

conhecedor, a [koɲese'do*, a] adj knowing ♦ m/f connoisseur, expert

conhecer [koɲe'se*] vt to know; (travar conhecimento com) to meet; (descobrir) to discover; **conhecer-se** vr to meet; (ter conhecimento) to know

each other

conhecido, -a [koɲe'sidu, a] adj known; (célebre) well-known ♦ m/f acquaintance

conhecimento [koɲesi'mẽtu] m (tb: ~s) knowledge; (idéia) idea; (conhecido) acquaintance; (COM) bill of lading; **levar ao ~ de alguém** to bring to sb's notice

conjugado [kõʒu'gadu] m studio

cônjuge ['kõʒuʒi] m spouse

conjunção [kõʒũ'sãw] (pl **-ões**) f union; (LING) conjunction

conjuntivite [kõʒũtʃi'vitʃi] f conjunctivitis

conjuntivo [kõʒũ'tʃivu] (PT) m (LING) subjunctive

conjunto, -a [kõ'ʒũtu, a] adj joint ♦ m whole; (coleção) collection; (músicos) group; (roupa) outfit

conosco [ko'noʃku] pron with us

conquista [kõ'kiʃta] f conquest; **conquistador, a** [kõkiʃta'do*, a] adj conquering ♦ m conqueror

conquistar [kõkiʃ'ta*] vt to conquer; (alcançar) to achieve; (ganhar) to win

consagrado, -a [kõsa'gradu, a] adj established

consciência [kõ'sjẽsja] f conscience; (percepção) awareness; (senso de responsabilidade) conscientiousness

consciente [kõ'sjẽtʃi] adj conscious

conseguinte [kõse'gĩtʃi] adj: **por ~** consequently

conseguir [kõse'gi*] vt to get, obtain; **~ fazer** to manage to do, succeed in doing

conselho [kõ'seʎu] m piece of advice; (corporação) council; **~s** mpl (advertência) advice sg; **~ de guerra** court martial; **C~ de ministros** (POL) Cabinet

consentimento [kõsẽtʃi'mẽtu] m

consent

consentir [kõsẽ'tʃi*] *vt* to allow, permit; (*aprovar*) to agree to ♦ *vi*: ~ **em** to agree to

seqüência [kõse'kwẽsja] *f* consequence; **por ~** consequently

consertar [kõsex'ta*] *vt* to mend, repair; (*remediar*) to put right; **conserto** [kõ'sextu] *m* repair

conserva [kõ'sexva] *f* pickle; **em ~** pickled

conservação [kõsexva'sãw] *f* conservation; (*de vida, alimentos*) preservation

conservador, a [kõsexva'do*, a] *adj* conservative ♦ *m/f* (*POL*) conservative

conservante [kõsex'vãtʃi] *m* preservative

conservar [kõsex'va*] *vt* to preserve, maintain; (*reter, manter*) to keep, retain; **conservar-se** *vr* to keep

conservatório [kõsexva'tɔrju] *m* conservatory

consideração [kõsidera'sãw] (*pl* **-ões**) *f* consideration; (*estima*) respect, esteem; **levar em ~** to take into account

considerar [kõside'ra*] *vt* to consider; (*prezar*) to respect ♦ *vi* to consider

considerável [kõside'ravew] (*pl* **-eis**) *adj* considerable

consigo[1] [kõ'sigu] *pron* (*m*) with him; (*f*) with her; (*pl*) with them; (*com você*) with you

consigo[2] *etc vb V* **conseguir**

consinto *etc* [kõ'sĩtu] *vb V* **consentir**

consistente [kõsiʃ'tẽtʃi] *adj* solid; (*espesso*) thick

consistir [kõsiʃ'tʃi*] *vi*: ~ **em** to be made up of, consist of

consoante [kõso'ãtʃi] *f* consonant ♦ *prep* according to ♦ *conj*: ~ **prometera** as he had promised

consolação [kõsola'sãw] (*pl* **-ões**) *f* consolation

consolar [kõso'la*] *vt* to console

consolidar [kõsoli'da*] *vt* to consolidate; (*fratura*) to knit ♦ *vi* to become solid; to knit together

consolo [kõ'solu] *m* consolation

consome *etc* [kõ'somi] *vb V* **consumir**

consórcio [kõ'sɔxsju] *m* (*união*) partnership; (*COM*) consortium

conspiração [kõʃpira'sãw] (*pl* **-ões**) *f* plot, conspiracy

conspirar [kõʃpi'ra*] *vt, vi* to plot

constante [kõʃ'tãtʃi] *adj* constant

constar [kõʃ'ta*] *vi* to be in; **ao que me consta** as far as I know

constatar [kõʃta'ta*] *vt* to establish; (*notar*) to notice; (*evidenciar*) to show up

consternado, -a [kõʃtex'nadu, a] *adj* depressed; (*desolado*) distressed

constipação [kõʃtʃipa'sãw] (*pl* **-ões**) *f* constipation; (*PT*) cold; **apanhar uma ~** (*PT*) to catch a cold

constipado, -a [kõʃtʃi'padu, a] *adj*: **estar ~** to be constipated; (*PT*) to have a cold

constituição [kõʃtʃitwi'sãw] (*pl* **-ões**) *f* constitution

constituinte [kõʃtʃi'twĩtʃi] *m/f* (*deputado*) member ♦ *f* (*BR*): **a C~** the Constituent Assembly, ≈ Parliament

constituir [kõʃtʃi'twi*] *vt* to constitute; (*formar*) to form; (*estabelecer*) to establish; (*nomear*) to appoint

constrangimento [kõʃtrãʒi'mẽtu] *m* constraint; embarrassment

construção [kõʃtru'sãw] (*pl* **-ões**) *f* building, construction

construir [kõʃ'trwi*] *vt* to build, construct

construtivo, -a [kõʃtru'tʃivu, a] *adj* constructive

construtor, a [kõʃtru'to*, a] *m/f* builder

cônsul ['kõsuw] (*pl* **~es**) *m* consul;

consulado [kõsu'ladu] *m* consulate

consulta [kõ'suwta] *f* consultation; **livro de ~** reference book; **horário de ~** surgery hours *pl* (*BRIT*), office hours *pl* (*US*); **consultar** [kõsuw'ta*] *vt* to consult; **consultor, a** [kõsuw'to*, a] *m/f* consultant

consultório [kõsuw'tɔrju] *m* surgery

consumidor, a [kõsumi'do*, a] *adj* consumer *atr* ♦ *m/f* consumer

consumir [kõsu'mi*] *vt* to consume; (*gastar*) to use up; **consumir-se** *vr* to waste away

consumo [kõ'sumu] *m* consumption; **artigos de ~** consumer goods

conta ['kõta] *f* count; (*em restaurante*) bill; (*fatura*) invoice; (*bancária*) account; (*de colar*) bead; **~s** *fpl* (*COM*) accounts; **levar** *ou* **ter em ~** to take into account; **tomar ~ de** to take care of; (*dominar*) to take hold of; **afinal de ~s** after all; **dar-se ~ de** to realize; (*notar*) to notice; **~ corrente** current account

contabilidade [kõtabili'dadʒi] *f* book-keeping, accountancy

contabilista [kõtabi'liʃta] (*PT*) *m/f* accountant

contabilizar [kõtabili'za*] *vt* to write up, book

contacto *etc* [kõ'tatu] (*PT*) = **contato** *etc*

contador, a [kõta'do*, a] *m/f* (*COM*) accountant ♦ *m* (*TEC: medidor*) meter

contagiante [kõta'ʒjãtʃi] *adj* (*alegria*) contagious

contagiar [kõta'ʒja*] *vt* to infect

contágio [kõ'taʒju] *m* infection

contagioso, -a [kõta'ʒjozu, ɔza] *adj* (*doença*) contagious

contaminar [kõtami'na*] *vt* to contaminate

contanto que [kõ'tãtu ki] *conj* provided that

conta-quilómetros (*PT*) *m inv* speedometer

contar [kõ'ta*] *vt* to count; (*narrar*) to tell; (*pretender*) to intend ♦ *vi* to count; **~ com** to count on; (*esperar*) to expect; **~ em fazer** to count on doing, expect to do

contatar [kõta'ta*] *vt* to contact;

contato [kõ'tatu] *m* contact; **entrar em contato com** to get in touch with, contact

contemplar [kõtẽ'pla*] *vt* to contemplate; (*olhar*) to gaze at

contemplativo, -a [kõtẽpla'tʃivu, a] *adj* (*pessoa*) thoughtful

contemporâneo, -a [kõtẽpo'ranju, a] *adj, m/f* contemporary

contentamento [kõtẽta'mẽtu] *m* (*felicidade*) happiness; (*satisfação*) contentment

contente [kõ'tẽtʃi] *adj* happy; (*satisfeito*) pleased, satisfied

contento [kõ'tẽtu] *m*: **a ~** satisfactorily

conter [kõ'te*] (*irreg: como* **ter**) *vt* to contain, hold; (*refrear*) to restrain, hold back; (*gastos*) to curb

contestação [kõtẽʃta'sãw] (*pl* **-ões**) *f* challenge; (*negação*) denial

contestar [kõteʃ'ta*] *vt* to dispute, contest; (*impugnar*) to challenge

conteúdo [kõte'udu] *m* contents *pl*; (*de um texto*) content

contexto [kõ'teʃtu] *m* context

contigo [kõ'tʃigu] *pron* with you

contíguo, -a [kõ'tʃigwu, a] *adj*: **~ a** next to

continental [kõtʃinẽ'taw] (*pl* **-ais**) *adj*

continental

continente [kõtʃi'nẽtʃi] *m* continent

contingência [kõtʃĩ'ʒẽsja] *f* contingency

continuação [kõtʃinwa'sãw] *f* continuation

continuar [kõtʃi'nwa*] *vt, vi* to continue; **~ falando** *ou* **a falar** to go on talking; **ela continua doente** she is still sick

continuidade [kõtʃinwi'dadʒi] *f* continuity

contínuo, -a [kõ'tʃinwu, a] *adj* (*persistente*) continual; (*sem interrupção*) continuous ♦ *m* office boy

conto ['kõtu] *m* story, tale; (*PT: dinheiro*) 1000 escudos

contorcer [kõtox'se*] *vt* to twist; **contorcer-se** *vr* to writhe

contornar [kõtox'na*] *vt* (*rodear*) to go round; (*ladear*) to skirt; (*fig: problema*) to get round

contorno [kõ'toxnu] *m* outline; (*da terra*) contour; (*do rosto*) profile

contra ['kõtra] *prep* against ♦ *m*: **os prós e os ~s** the pros and cons; **dar o ~ (a)** to be opposed (to)

contra-ataque *m* counterattack

contrabandear [kõtrabã'dʒja*] *vt* to smuggle; **contrabandista** [kõtrabã'dʒiʃta] *m/f* smuggler; **contrabando** [kõtra'bãdu] *m* smuggling; (*artigos*) contraband

contraceptivo, -a [kõtrasep'tʃivu, a] *adj* contraceptive ♦ *m* contraceptive

contracheque [kõtra'ʃeki] *m* pay slip (*BRIT*), check stub (*US*)

contradição [kõtradʒi'sãw] (*pl* **-ões**) *f* contradiction

contraditório, -a [kõtradʒi'tɔrju, a] *adj* contradictory

contradizer [kõtradʒi'ze*] (*irreg: como dizer*) *vt* to contradict

contragosto [kõtra'goʃtu] *m*: **a ~** against one's will, unwillingly

contrair [kõtra'i*] *vt* to contract; (*hábito*) to form

contramão [kõtra'mãw] *adj* one-way ♦ *f*: **na ~** the wrong way down a one-way street

contraproducente [kõtraprodu'sẽtʃi] *adj* counterproductive

contrariar [kõtra'rja*] *vt* to contradict; (*aborrecer*) to annoy

contrário, -a [kõ'trarju, a] *adj* (*oposto*) opposite; (*pessoa*) opposed; (*desfavorável*) unfavourable (*BRIT*), unfavorable (*US*), adverse ♦ *m* opposite; **do ~** otherwise; **pelo** *ou* **ao ~** on the contrary; **ao ~** the other way round

contra-senso *m* nonsense

contrastar [kõtraʃ'ta*] *vt* to contrast; **contraste** [kõ'traʃtʃi] *m* contrast

contratação [kõtrata'sãw] *f* (*de pessoal*) employment

contratar [kõtra'ta*] *vt* (*serviços*) to contract; (*pessoa*) to employ, take on

contratempo [kõtra'tẽpu] *m* setback; (*aborrecimento*) upset; (*dificuldade*) difficulty

contrato [kõ'tratu] *m* contract; (*acordo*) agreement

contribuição [kõtribwi'sãw] (*pl* **-ões**) *f* contribution; (*imposto*) tax

contribuinte [kõtri'bwĩtʃi] *m/f* contributor; (*que paga impostos*) taxpayer

contribuir [kõtri'bwi*] *vt* to contribute ♦ *vi* to contribute; (*pagar impostos*) to pay taxes

controlar [kõtro'la*] *vt* to control

controle [kõ'troli] *m* control; **~ remoto** remote control; **~ de crédito** (*COM*) credit control; **~ de qualidade** (*COM*) quality control

controvérsia [kõtro'vexsja] f controversy; (*discussão*) debate;

controverso, -a [kõtro'vexsu, a] *adj* controversial

contudo [kõ'tudu] *conj* nevertheless, however

contumaz [kõtu'majʒ] *adj* obstinate, stubborn

contusão [kõtu'zãw] (*pl* **-ões**) f bruise

convalescer [kõvale'se*] *vi* to convalesce

convenção [kõvẽ'sãw] (*pl* **-ões**) f convention; (*acordo*) agreement

convencer [kõvẽ'se*] *vt* to convince; (*persuadir*) to persuade; **convencer-se** *vr*: ~**-se de** to be convinced about;

convencido, -a [kõvẽ'sidu, a] *adj* convinced; (*col: imodesto*) conceited, smug

convencional [kõvẽsjo'naw] (*pl* **-ais**) *adj* conventional

convenções [kõvẽ'sõjʃ] *fpl de* convenção

conveniência [kõve'njẽsja] f convenience

conveniente [kõve'njẽtʃi] *adj* convenient, suitable; (*vantajoso*) advantageous

convênio [kõ'venju] *m* (*reunião*) convention; (*acordo*) agreement

convento [kõ'vẽtu] *m* convent

conversa [kõ'vexsa] f conversation; ~**-fiada** idle chat; (*promessa falsa*) hot air

conversão [kõvex'sãw] (*pl* **-ões**) f conversion

conversar [kõvex'sa*] *vi* to talk

conversões [kõvex'sõjʃ] *fpl de* conversão

converter [kõvex'te*] *vt* to convert

convés [kõ'vɛʃ] (*pl* **-eses**) *m* (*NÁUT*) deck

convexo, -a [kõ'vɛksu, a] *adj* convex

convicção [kõvik'sãw] (*pl* **-ões**) f conviction

convidado, -a [kõvi'dadu, a] *m/f* guest

convidar [kõvi'da*] *vt* to invite

convincente [kõvĩ'sẽtʃi] *adj* convincing

convir [kõ'vi*] (*irreg: como* **vir**) *vi* to suit, be convenient; (*ficar bem*) to be appropriate; (*concordar*) to agree; **convém fazer isso o mais rápido possível** we must do this as soon as possible

convite [kõ'vitʃi] *m* invitation

convivência [kõvi'vẽsja] f living together; (*familiaridade*) familiarity, intimacy

conviver [kõvi've*] *vi*: ~ **com** (*viver em comum*) to live with; (*ter familiaridade*) to get on with; **convívio** [kõ'vivju] *m* living together; (*familiaridade*) familiarity

convocar [kõvo'ka*] *vt* to summon, call upon; (*reunião, eleições*) to call; (*para o serviço militar*) to call up

convosco [kõ'voʃku] *adv* with you

convulsão [kõvuw'sãw] (*pl* **-ões**) f convulsion

cooper ['kupe*] *m* jogging; **fazer** ~ to go jogging

cooperação [koopera'sãw] f cooperation

cooperar [koope'ra*] *vi* to cooperate

cooperativa [koopera'tʃiva] f (*COM*) cooperative

cooperativo, -a [koopera'tʃivu, a] *adj* cooperative

coordenada [kooxde'nada] f coordinate

coordenar [kooxde'na*] *vt* to co-ordinate

copa ['kɔpa] f (*de árvore*) top; (*torneio*) cup; ~**s** *fpl* (*CARTAS*) hearts

cópia ['kɔpja] f copy; **tirar ~ de** to copy; **copiadora** [kopja'dora] f duplicating machine

copiar [ko'pja*] vt to copy

copo ['kɔpu] m glass

coque ['kɔki] m (penteado) bun

coqueiro [ko'kejru] m (BOT) coconut palm

coquetel [koke'tɛw] (pl **-éis**) m cocktail; (festa) cocktail party

cor¹ [kɔ*] m: **de ~** by heart

cor² [ko*] f colour (BRIT), color (US); **de ~** colo(u)red

coração [kora'sãw] (pl **-ões**) m heart; **de bom ~** kind-hearted; **de todo o ~** wholeheartedly

corado, -a [ko'radu, a] adj ruddy

coragem [ko'raʒẽ] f courage; (atrevimento) nerve

corais [ko'rajʃ] mpl de **coral**

corajoso, -a [kora'ʒozu, ɔza] adj courageous

coral [ko'raw] (pl **-ais**) m (MÚS) choir; (ZOOL) coral

corante [ko'rãtʃi] adj, m colouring (BRIT), coloring (US)

corar [ko'ra*] vt (roupa) to bleach (in the sun) ♦ vi to blush; (tornar-se branco) to bleach

corcunda [kox'kũda] adj hunchbacked ♦ f hump ♦ m/f (pessoa) hunchback

corda ['kɔxda] f rope, line; (MÚS) string; (varal) clothes line; (de relógio) spring; **dar ~ em** to wind up; **~s vocais** vocal chords

cordão [kox'dãw] (pl **-ões**) m string, twine; (jóia) chain; (no carnaval) group; (ELET) lead; (fileira) row

cordeiro [kox'dejru] m lamb

cordel [kox'dɛw] (pl **-éis**) m (PT) string; **literatura de ~** pamphlet literature

cor-de-rosa adj inv pink

cordial [kox'dʒjaw] (pl **-ais**) adj cordial ♦ m (bebida) cordial

cordões [kox'dõjʃ] mpl de **cordão**

coreano, -a [ko'rjanu, a] adj Korean ♦ m/f Korean ♦ m (LING) Korean

Coréia [ko'reja] f: **a ~** Korea

coreto [ko'retu] m bandstand

córner ['kɔxne*] m (FUTEBOL) corner

coro ['koru] m chorus; (conjunto de cantores) choir

coroa [ko'roa] f crown; (de flores) garland ♦ m/f (BR: col) old timer

coroar [koro'a*] vt to crown; (premiar) to reward

coronel [koro'nɛw] (pl **-éis**) m colonel; (político) local political boss

corpo ['koxpu] m body; (aparência física) figure; (: de homem) build; (de vestido) bodice; (MIL) corps sg; **de ~ e alma** (fig) wholeheartedly; **~ diplomático** diplomatic corps sg

corporal [koxpo'raw] (pl **-ais**) adj physical

corpulento, -a [koxpu'lẽtu, a] adj stout

correção [koxe'sãw] (PT **-cç-**) (pl **-ões**) f correction; (exatidão) correctness; **casa de ~** reformatory

corre-corre [kɔxi'kɔxi] (pl **-s**) m rush

correcto, -a etc [ko'xektu, a] (PT) = **correto** etc

corredor, a [koxe'do*, a] m/f runner ♦ m corridor; (em avião etc) aisle; (cavalo) racehorse

correia [ko'xeja] f strap; (de máquina) belt; (para cachorro) leash

correio [ko'xeju] m mail, post; (local) post office; (carteiro) postman (BRIT), mailman (US); **~ aéreo** air mail; **~ eletrônico** e-mail, electronic mail; **~ de voz** voice mail; **pôr no ~** to post

corrente [ko'xẽtʃi] *adj* (*atual*) current; (*águas*) running; (*comum*) usual, common ♦ *f* current; (*cadeia, jóia*) chain; **~ de ar** draught (*BRIT*), draft (*US*)

correnteza [koxẽ'teza] *f* (*de ar*) draught (*BRIT*), draft (*US*); (*de rio*) current

correr [ko'xe*] *vt* to run; (*viajar por*) to travel across ♦ *vi* to run; (*em carro*) to drive fast, speed; (*o tempo*) to elapse; (*boato*) to go round; (*atuar com rapidez*) to rush; **correria** [koxe'ria] *f* rush

correspondência [koxeʃpõ'dẽsja] *f* correspondence; **correspondente** [koxeʃpõ'dẽtʃi] *adj* corresponding ♦ *m* correspondent

corresponder [koxeʃpõ'de*] *vi*: **~ a** to correspond to; (*ser igual*) to match (up to); **corresponder-se** *vr*: **~-se com** to correspond with

correto, -a [ko'xɛtu, a] *adj* correct; (*conduta*) right; (*pessoa*) straight, honest

corretor, a [koxe'to*, a] *m/f* broker; **~ de fundos** *ou* **de bolsa** stockbroker; **~ de imóveis** estate agent (*BRIT*), realtor (*US*)

corrida [ko'xida] *f* running; (*certame*) race; (*de taxi*) fare; **~ de cavalos** horse race

corrido, -a [ko'xidu, a] *adj* quick; (*expulso*) driven out ♦ *adv* quickly

corrigir [koxi'ʒi*] *vt* to correct

corrimão [koxi'mãw] (*pl* **~s**) *m* handrail

corriqueiro, -a [koxi'kejru, a] *adj* common; (*problema*) trivial

corromper [koxõ'pe*] *vt* to corrupt; (*subornar*) to bribe; **corromper-se** *vr* to be corrupted

corrosão [koxo'zãw] *f* corrosion; (*fig*) erosion

corrosivo, -a [koxo'zivu, a] *adj* corrosive

corrupção [koxup'sãw] *f* corruption

corrupto, -a [ko'xuptu, a] *adj* corrupt

Córsega ['kɔxsega] *f*: **a ~** Corsica

cortada [kox'tada] *f*: **dar uma ~ em alguém** (*fig*) to cut sb short

cortante [kox'tãtʃi] *adj* cutting

cortar [kox'ta*] *vt* to cut; (*eliminar*) to cut out; (*água, telefone etc*) to cut off; (*efeito*) to stop ♦ *vi* to cut; (*encurtar caminho*) to take a short cut; **~ o cabelo** (*no cabeleireiro*) to have one's hair cut; **~ a palavra de alguém** to interrupt sb

corte[1] ['kɔxtʃi] *m* cut; (*de luz*) power cut; **sem ~** (*tesoura etc*) blunt; **~ de cabelo** haircut

corte[2] ['kɔxtʃi] *f* court; **~s** *fpl* (*PT*) parliament *sg*

cortejo [kox'teʒu] *m* procession

cortês [kox'teʃ] (*pl* **-eses**) *adj* polite

cortesia [koxte'zia] *f* politeness; (*de empresa*) free offer

cortiça [kox'tʃisa] *f* cork

cortiço [kox'tʃisu] *m* slum tenement

cortina [kox'tʃina] *f* curtain

coruja [ko'ruʒa] *f* owl

corvo ['koxvu] *m* crow

coser [ko'ze*] *vt, vi* to sew

cosmético, -a [koʒ'mɛtʃiku, a] *adj* cosmetic ♦ *m* cosmetic

cospe *etc* ['kɔʃpi] *vb* V **cuspir**

costa ['kɔʃta] *f* coast; **~s** *fpl* (*dorso*) back *sg*; **dar as ~s a** to turn one's back on

Costa Rica *f*: **a ~** Costa Rica

costela [koʃ'tɛla] *f* rib

costeleta [koʃte'leta] *f* chop, cutlet; **~s** *fpl* (*suíças*) side-whiskers

costumar [koʃtu'ma*] *vt* (*habituar*) to accustom ♦ *vi*: **ele costuma chegar às 6.00** he usually arrives at 6.00;

costumava dizer ... he used to say ...

costume [koʃˈtumi] *m* custom, habit; (*traje*) costume; **~s** *mpl* (*comportamento*) behaviour *sg* (*BRIT*), behavior *sg* (*US*); (*conduta*) conduct *sg*; (*de um povo*) customs; **de ~** usual; **como de ~** as usual

costumeiro, -a [koʃtuˈmejru, a] *adj* usual, habitual

costura [koʃˈtura] *f* sewing; (*sutura*) seam; **costurar** [koʃtuˈra*] *vt, vi* to sew; **costureira** [koʃtuˈrejra] *f* dressmaker

cota [ˈkɔta] *f* quota, share

cotação [kotaˈsãw] (*pl* **-ões**) *f* (*de preços*) list, quotation; (*BOLSA*) price; (*consideração*) esteem; **~ bancária** bank rate

cotado, -a [koˈtadu, a] *adj* (*COM: ação*) quoted; (*bem-conceituado*) well thought of; (*num concurso*) fancied

cotar [koˈta*] *vt* (*ações*) to quote; **~ algo em** to value sth at

cotejar [koteˈʒa*] *vt* to compare

cotidiano, -a [kotʃiˈdʒjanu, a] *adj* daily, everyday ♦ *m*: **o ~** daily life

cotonete [kotoˈnetʃi] *m* cotton bud

cotovelada [kotoveˈlada] *f* shove; (*cutucada*) nudge

cotovelo [kotoˈvelu] *m* (*ANAT*) elbow; (*curva*) bend; **falar pelos ~s** to talk non-stop

coube *etc* [ˈkobi] *vb* V **caber**

couro [ˈkoru] *m* leather; (*de um animal*) hide

couve [ˈkovi] *f* spring greens *pl*; **couve-flor** (*pl* **couves-flores**) *f* cauliflower

couvert [kuˈvɛx] *m* cover charge

cova [ˈkɔva] *f* pit; (*caverna*) cavern; (*sepultura*) grave

covarde [koˈvaxdʒi] *adj* cowardly ♦ *m/f* coward; **covardia** [kovaxˈdʒia] *f* cowardice

covil [koˈviw] (*pl* **-is**) *m* den, lair

covinha [koˈviɲa] *f* dimple

covis [koˈviʃ] *mpl de* **covil**

coxa [ˈkoʃa] *f* thigh

coxear [koˈʃja*] *vi* to limp

coxia [koˈʃia] *f* aisle, gangway

coxo, -a [ˈkoʃu, a] *adj* lame

cozer [koˈze*] *vt, vi* to cook

cozido [koˈzidu] *m* stew

cozinha [koˈziɲa] *f* kitchen; (*arte*) cookery

cozinhar [koziˈɲa*] *vt, vi* to cook

cozinheiro, -a [koziˈɲejru, a] *m/f* cook

CP *abr* = **Caminhos de Ferro Portugueses**

CPF (*BR*) *abr m* (= *Cadastro de Pessoa Física*) identification number

CPLP *abr f* (= *Comunidade de Países de Língua Portuguesa*) see boxed note

---

CPLP

The **CPLP** or *Comunidade de Países de Língua Portuguesa* was set up in 1996 to establish economic and diplomatic links between all countries where the official language is Portuguese. The members are Brazil, Portugal, Angola, Mozambique, Guinea-Bissau, Cape Verde and São Tomé e Príncipe. Portuguese is spoken by around 170 million people around the world today.

---

crachá [kraˈʃa] *m* badge

crânio [ˈkranju] *m* skull

craque [ˈkraki] *m/f* ace, expert

crasso, -a [ˈkrasu, a] *adj* crass

cratera [kraˈtera] *f* crater

cravar [kraˈva*] *vt* (*prego etc*) to drive (in); (*com os olhos*) to stare at; **cravar-se** *vr* to penetrate

cravo ['kravu] *m* carnation; (*MÚS*) harpsichord; (*especiaria*) clove; (*na pele*) blackhead; (*pregо*) nail

creche ['krɛʃi] *f* crèche

credenciais [kredẽ'sjajʃ] *fpl* credentials

creditar [kredʒi'ta*] *vt* to guarantee; (*COM*) to credit; **~ algo a alguém** to credit sb with sth; (*garantir*) to assure sb of sth

crédito ['krɛdʒitu] *m* credit; **digno de ~** reliable

credo ['krɛdu] *m* creed; **~!** heavens!

credor, a [kre'do*, a] *adj* worthy, deserving; (*COM*: *saldo*) credit *atr* ♦ *m/f* creditor

creme ['krɛmi] *adj inv* cream ♦ *m* cream; (*CULIN*: *doce*) custard; **~ dental** toothpaste; **cremoso, -a** [kre'mozu, ɔza] *adj* creamy

crença ['krẽsa] *f* belief

crente ['krẽtʃi] *m/f* believer

crepúsculo [kre'puʃkulu] *m* dusk, twilight

crer [kre*] *vt*, *vi* to believe; **crer-se** *vr* to believe o.s. to be; **~ em** to believe in; **creio que sim** I think so

crescente [kre'sẽtʃi] *adj* growing ♦ *m* crescent

crescer [kre'se*] *vi* to grow;

crescimento [kresi'mẽtu] *m* growth

crespo, -a ['kreʃpu, a] *adj* (*cabelo*) curly

cretinice [kretʃi'nisi] *f* stupidity; (*ato, dito*) stupid thing

cretino [kre'tʃinu] *m* cretin, imbecile

cria ['kria] *f* (*animal*: *sg*) baby animal; (*: pl*) young *pl*

criação [krja'sãw] (*pl* **-ões**) *f* creation; (*de animais*) raising, breeding; (*educação*) upbringing; (*animais domésticos*) livestock *pl*; **filho de ~** adopted child

criado, -a ['krjadu, a] *m/f* servant

criador, a [krja'do*, a] *m/f* creator; **~ de gado** cattle breeder

criança ['krjãsa] *adj* childish ♦ *f* child; **criançada** [krjã'sada] *f*: **a criançada** the kids

criar [krja*] *vt* to create; (*crianças*) to bring up; (*animais*) to raise; (*amamentar*) to suckle, nurse; (*planta*) to grow; **criar-se** *vr*: **~-se (com)** to grow up (with); **criar caso** to make trouble

criatura [kria'tura] *f* creature; (*indivíduo*) individual

crime ['krimi] *m* crime; **criminal** [krimi'naw] (*pl* **-ais**) *adj* criminal; **criminalidade** [kriminali'dadʒi] *f* crime; **criminoso, -a** [krimi'nozu, ɔza] *adj*, *m/f* criminal

crina ['krina] *f* mane

crioulo, -a ['krjolu, a] *adj* creole ♦ *m/f* creole; (*BR*: *negro*) Black (person)

crise ['krizi] *f* crisis; (*escassez*) shortage; (*MED*) attack, fit

crista ['kriʃta] *f* (*de serra, onda*) crest; (*de galo*) cock's comb

cristal [kriʃ'taw] (*pl* **-ais**) *m* crystal; (*vidro*) glass; **cristais** *mpl* (*copos*) glassware *sg*; **cristalino, -a** [kriʃta'linu, a] *adj* crystal-clear

cristão, -tã [kriʃ'tãw, 'tã] (*pl* **~s, ~s**) *adj*, *m/f* Christian

cristianismo [kriʃtʃja'niʒmu] *m* Christianity

Cristo ['kriʃtu] *m* Christ

critério [kri'tɛrju] *m* criterion; (*juízo*) discretion, judgement; **criterioso, -a** [krite'rjozu, ɔza] *adj* thoughtful, careful

crítica ['kritʃika] *f* criticism; *V tb* **crítico**

criticar [kritʃi'ka*] *vt* to criticize; (*um livro*) to review

crítico, -a ['kritʃiku, a] *adj* critical

♦ *m/f* critic

crivar [kri'va*] *vt* (*com balas etc*) to riddle

crivo ['krivu] *m* sieve

crocante [kro'kãtʃi] *adj* crunchy

crônica ['kronika] *f* chronicle; (*coluna de jornal*) newspaper column; (*texto jornalístico*) feature; (*conto*) short story

crônico, -a ['kroniku, a] *adj* chronic

cronológico, -a [krono'lɔʒiku, a] *adj* chronological

cronômetro [kro'nometru] *m* stopwatch

croquete [kro'ketʃi] *m* croquette

cru, a [kru, 'krua] *adj* raw; (*não refinado*) crude

crucial [kru'sjaw] (*pl* -**ais**) *adj* crucial

crucificação [krusifika'sãw] (*pl* -**ões**) *f* crucifixion

crucificar [krusifi'ka*] *vt* to crucify

crucifixo [krusi'fiksu] *m* crucifix

cruel [kru'ɛw] (*pl* -**éis**) *adj* cruel; **crueldade** [kruew'dadʒi] *f* cruelty

cruz [kruʒ] *f* cross; **C~ Vermelha** Red Cross

cruzado, -a [kru'zadu, a] *adj* crossed ♦ *m* (*moeda*) cruzado

cruzamento [kruza'mẽtu] *m* crossroads

cruzar [kru'za*] *vt* to cross ♦ *vi* (NÁUT) to cruise; (*pessoas*) to pass each other by; ~ **com** to meet

cruzeiro [kru'zejru] *m* (*cruz*) (*monumental*) cross; (*moeda*) cruzeiro; (*viagem de navio*) cruise

cu [ku] (*col!*) *m* arse (!); **vai tomar no ~** fuck off (!)

Cuba ['kuba] *f* Cuba

cubo ['kubu] *m* cube; (*de roda*) hub

cubro *etc* ['kubru] *vb* V **cobrir**

cuca ['kuka] (*col*) *f* head; **fundir a ~** (*quebrar a cabeça*) to rack one's brain;

(*baratinar*) to boggle the mind; (*perturbar*) to drive crazy

cuco ['kuku] *m* cuckoo

cueca ['kweka] *f* (BR: *tb*: ~**s**: *para homens*) underpants *pl*; ~**s** *fpl* (PT) underpants *pl*; (: *para mulheres*) panties *pl*

cuíca ['kwika] *f* kind of musical instrument

cuidado [kwi'dadu] *m* care; **aos ~s de** in the care of; **ter ~** to be careful; **~!** watch out!, be careful!; **tomar ~ (de)** to be careful (of); **cuidadoso, -a** [kwida'dozu, ɔza] *adj* careful

cuidar [kwi'da*] *vi*: ~ **de** to take care of, look after; **cuidar-se** *vr* to look after o.s.

cujo, -a ['kuʒu, a] *pron* (*de quem*) whose; (*de que*) of which

culinária [kuli'narja] *f* cookery

culpa ['kuwpa] *f* fault; (JUR) guilt; **ter ~ de** to be to blame for; **por ~ de** because of; **culpado, -a** [kuw'padu, a] *adj* guilty ♦ *m/f* culprit; **culpar** [kuw'pa*] *vt* to blame; (*acusar*) to accuse; **culpar-se** *vr* to take the blame; **culpável** [kuw'pavew] (*pl* -**eis**) *adj* guilty

cultivar [kuwtʃi'va*] *vt* to cultivate; (*plantas*) to grow; **cultivo** [kuw'tʃivu] *m* cultivation

culto, -a ['kuwtu, a] *adj* cultured ♦ *m* (*homenagem*) worship; (*religião*) cult

cultura [kuw'tura] *f* culture; (*da terra*) cultivation; **cultural** [kuwtu'raw] (*pl* **culturais**) *adj* cultural

cume ['kumi] *m* top, summit; (*fig*) climax

cúmplice ['kũplisi] *m/f* accomplice

cumprimentar [kũprimẽ'ta*] *vt* to greet; (*dar parabéns*) to congratulate

cumprimento [kũpri'mẽtu] *m* fulfilment; (*saudação*) greeting;

(*elogio*) compliment; **~s** *mpl*
(*saudações*) best wishes; **~ de uma lei/
ordem** compliance with a law/an
order

cumprir [kũ'pri*] *vt* (*desempenhar*) to
carry out; (*promessa*) to keep; (*lei*) to
obey; (*pena*) to serve ♦ *vi* to be
necessary; **~ a palavra** to keep one's
word; **fazer ~** to enforce

cúmulo ['kumulu] *m* height; **é o ~!**
that's the limit!

cunha ['kuɲa] *f* wedge

cunhado, -a [ku'ɲadu, a] *m/f*
brother-in-law/sister-in-law

cunho ['kuɲu] *m* (*marca*) hallmark;
(*caráter*) nature

cupim [ku'pĩ] (*pl* **-ns**) *m* termite

cupins [ku'pĩʃ] *mpl de* **cupim**

cúpula ['kupula] *f* dome; (*de abajur*)
shade; (*de partido etc*) leadership;
(reunião de) ~ summit (meeting)

cura ['kura] *f* cure; (*tratamento*)
treatment; (*de carnes etc*) curing,
preservation ♦ *m* priest

curar [ku'ra*] *vt* (*doença, carne*) to
cure; (*ferida*) to treat; **curar-se** *vr* to
get well

curativo [kura'tʃivu] *m* dressing

curiosidade [kurjozi'dadʒi] *f* curiosity;
(*objeto raro*) curio

curioso, -a [ku'rjozu, ɔza] *adj* curious
♦ *m/f* snooper, inquisitive person; **~s**
mpl (*espectadores*) onlookers

curral [ku'xaw] (*pl* **-ais**) *m* pen,
enclosure

currículo [ku'xikulu] *m* (*curriculum*)
curriculum vitae

cursar [kux'sa*] *vt* (*aulas, escola*) to
attend; (*cursos*) to follow; **ele está
cursando História** he's studying *ou*
doing history

curso ['kuxsu] *m* course; (*direção*)
direction; **em ~** (*ano etc*) current;

(*processo*) in progress

cursor [kux'so*] *m* (*COMPUT*) cursor

curtição [kuxtʃi'sãw] (*col*) *f* fun

curtir [kux'tʃi*] *vt* (*couro*) to tan;
(*tornar rijo*) to toughen up; (*padecer*)
to suffer, endure; (*col*) to enjoy

curto, -a ['kuxtu, a] *adj* short ♦ *m*
(*ELET*) short (circuit); **curto- circuito**
(*pl* **curtos-circuitos**) *m* short circuit

curva ['kuxva] *f* curve; (*de estrada, rio*)
bend; **~ fechada** hairpin bend

curvo, -a ['kuxvu, a] *adj* curved;
(*estrada*) winding

cuscuz [kuʃ'kuʒ] *m* couscous

cuspe ['kuʃpi] *m* spit, spittle

cuspir [kuʃ'pi*] *vt, vi* to spit

custa ['kuʃta] *f*: **à ~ de** at the expense
of; **~s** *fpl* (*JUR*) costs

custar [kuʃ'ta*] *vi* to cost; (*ser difícil*):
~ a fazer to have trouble doing;
(*demorar*): **~ a fazer** to take a long
time to do; **~ caro** to be expensive

custo ['kuʃtu] *m* cost; **a ~** with
difficulty; **a todo ~** at all costs

cutelo [ku'tɛlu] *m* cleaver

cutícula [ku'tʃikula] *f* cuticle

cutucar [kutu'ka*] *vt* (*com o dedo*) to
prod, poke; (*com o cotovelo*) to nudge

D d

D *abr* = **Dom; Dona;** (= *direito*) **r;**
(= *deve*) **d**

d/ *abr* = **dia**

da [da] = **de + a**

dá [da] *vb V* **dar**

dactilografar *etc* [datilogra'fa*] (*PT*) =
datilografar *etc*

dádiva ['dadʒiva] *f* donation; (*oferta*)
gift

dado, -a ['dadu, a] *adj* given; (*sociável*) sociable ♦ *m* (*em jogo*) die; (*fato*) fact; **~s** *mpl* dice; (*fatos, COMPUT*) data *sg*; **~ que** supposing that; (*uma vez que*) given that

daí [da'ji] *adv* = **de** + **aí** (*desse lugar*) from there; (*desse momento*) from then; **~ a um mês** a month later

dali [da'li] *adv* = **de** + **ali** (*desse lugar*) from there

daltônico, -a [daw'toniku, a] *adj* colour-blind (*BRIT*), color-blind (*US*)

dama ['dama] *f* lady; (*XADREZ, CARTAS*) queen; **~s** *fpl* (*jogo*) draughts (*BRIT*), checkers (*US*); **~ de honra** bridesmaid

damasco [da'maʃku] *m* apricot

danado, -a [da'nadu, a] *adj* damned; (*zangado*) furious; (*menino*) mischievous

dança ['dãsa] *f* dance; **dançar** [dã'sa*] *vi* to dance

danificar [danifi'ka*] *vt* to damage

dano ['danu] *m* (*tb*: **~s**) damage, harm; (*a uma pessoa*) injury

dantes ['dãtʃiʃ] *adv* before, formerly

daquele, -a [da'keli, a] = **de** + **aquele/a**

daqui [da'ki] *adv* = **de** + **aqui** (*deste lugar*) from here; **~ a pouco** soon, in a little while; **~ a uma semana** a week from now; **~ em diante** from now on

daquilo [da'kilu] = **de** + **aquilo**

---

dar

PALAVRA CHAVE

[da*] *vt*

1 (*ger*) to give; (*festa*) to hold; (*problemas*) to cause; **~ algo a alguém** to give sb sth, give sth to sb; **~ de beber a alguém** to give sb a drink; **~ aula de francês** to teach French

2 (*produzir: fruta etc*) to produce

3 (*notícias no jornal*) to publish

4 (*cartas*) to deal

5 (+ *n: perífrase de vb*): **me dá medo/pena** it frightens/upsets me ♦ *vi*

1: **~ com** (*coisa*) to find; (*pessoa*) to meet

2: **~ em** (*bater*) to hit; (*resultar*) to lead to; (*lugar*) to come to

3: **dá no mesmo** it's all the same

4: **~ de si** (*sapatos etc*) to stretch, give

5: **~ para** (*impess: ser possível*): **dá para trocar dinheiro aqui?** can I change money here?; **vai ~ para eu ir amanhã** I'll be able to go tomorrow; **dá para você vir amanhã – não, amanhã não vai ~** can you come tomorrow? – no, I can't

6: **~ para** (*ser suficiente*): **~ para/ para fazer** to be enough for/to do; **dá para todo mundo?** is there enough for everyone?

♦ *dar-se vr*

1 (*sair-se*): **~-se bem/mal** to do well/badly

2: **~-se (com alguém)** to be acquainted (with sb); **~-se bem (com alguém)** to get on well (with sb)

3: **~-se por vencido** to give up

---

das [daʃ] = **de** + **as**

data ['data] *f* date; (*época*) time; **~ de validade** best before date; **datar** [da'ta*] *vt* to date ♦ *vi*: **datar de** to date from

datilografar [datʃilogra'fa*] *vt* to type; **datilografia** [datʃilogra'fia] *f* typing; **datilógrafo, -a** [datʃi'lɔgrafu, a] *m/f* typist (*BRIT*), stenographer (*US*)

d.C. *abr* (= *depois de Cristo*) A.D.

DDD *abr* (= *discagem direta à distância*) STD (*BRIT*), direct dialling

DDI *abr* (= *discagem direta internacional*) IDD, *international direct call*

<div class="keyword-box">

de

PALAVRA CHAVE

[dʒi] (*de + o(s)/a(s) = do(s)/da(s); + ele(s)/a(s) = dele(s)/a(s); + esse(s)/a(s) = desse(s)/a(s); + isso = disso; + este(s)/a(s) = deste(s)/a(s); + isto = disto; + aquele(s)/a(s) = daquele(s)/a(s); + aquilo = daquilo) prep*

1 (*posse*) of; **a casa ~ João/da irmã** João's/my sister's house; **é dele** it's his; **um romance ~** a novel by

2 (*origem, distância, com números*) from; **sou ~ São Paulo** I'm from São Paulo; **~ 8 a 20** from 8 to 20; **sair do cinema** to leave the cinema; **~ dois em dois** two by two, two at a time

3 (*valor descritivo*): **um copo ~ vinho** a glass of wine; **um homem ~ cabelo comprido** a man with long hair; **o infeliz do homem** (*col*) the poor man; **um bilhete ~ avião** an air ticket; **uma criança ~ três anos** a three-year-old (child); **uma máquina ~ costurar** a sewing machine; **aulas ~ inglês** English lessons; **feito ~ madeira** made of wood; **vestido ~ branco** dressed in white

4 (*modo*): **~ trem/avião** by train/plane; **~ lado** sideways

5 (*hora, tempo*): **às 8 da manhã** at 8 o'clock in the morning; **~ dia/noite** by day/night; **~ hoje a oito dias** a week from now; **~ dois em dois dias** every other day

6 (*comparações*): **mais/menos ~ cem pessoas** more/less than a hundred people; **é o mais caro da loja** it's the most expensive in the shop; **ela é mais bonita do que sua irmã** she's prettier than her sister; **gastei mais do que pretendia** I spent more than I intended

7 (*causa*): **estou morto ~ calor** I'm boiling hot; **ela morreu ~ câncer** she died of cancer

8 (*adj + ~ + infin*): **fácil ~ entender** easy to understand

</div>

dê *etc* [de] *vb* V **dar**

debaixo [deˈbajʃu] *adv* below, underneath ♦ *prep*: **~ de** under, beneath

debate [deˈbatʃi] *m* discussion, debate; (*disputa*) argument; **debater** [debaˈteʼ] *vt* to debate; (*discutir*) to discuss; **debater-se** *vr* to struggle

débeis [ˈdebejʃ] *pl de* **débil**

débil [ˈdebiw] (*pl* -**eis**) *adj* weak, feeble ♦ *m*: **~ mental** mentally handicapped person; **debilidade** [debiliˈdadʒi] *f* weakness; **debilidade mental** mental handicap; **debilitar** [debiliˈtaʼ] *vt* to weaken; **debilitar-se** *vr* to become weak, weaken;

debilóide [debiˈlɔjdʒi]; (*col*) *adj* idiotic ♦ *m/f* idiot

debitar [debiˈtaʼ] *vt*: **~ $40 à** *ou* **na conta de alguém** to debit $40 to sb's account; **débito** [ˈdebitu] *m* debit

debochado, -a [deboˈʃadu, a] *adj* (*pessoa*) sardonic; (*jeito, tom*) mocking

década [ˈdɛkada] *f* decade

decadência [dekaˈdẽsja] *f* decadence

decair [dekaˈiʼ] *vi* to decline

decapitar [dekapiˈtaʼ] *vt* to behead, decapitate

decente [deˈsẽtʃi] *adj* decent; (*apropriado*) proper; (*honrado*) honourable (*BRIT*), honorable (*US*); (*trabalho*) neat; **decentemente**

[deˈsẽtʃiˈmẽtʃi] adv decently; properly; hono(u)rably

decepção [desepˈsãw] (pl **-ões**) f disappointment; **decepcionar** [desepsjoˈnaˀ] vt to disappoint; (desiludir) to disillusion;

decepcionar-se vr to be disappointed; to be disillusioned

decidido, -a [desiˈdʒidu, a] adj (pessoa) determined; (questão) resolved

decidir [desiˈdʒiˀ] vt to decide; (solucionar) to resolve; **decidir-se** vr: ~**-se a** to make up one's mind to; ~**-se por** to decide on, go for

decifrar [desiˈfraˀ] vt to decipher; (futuro) to foretell; (compreender) to understand

decimal [desiˈmaw] (pl **-ais**) adj, m decimal

décimo, -a [ˈdɛsimu, a] adj tenth ♦ m tenth

decisão [desiˈzãw] (pl **-ões**) f decision; **decisivo, -a** [desiˈzivu, a] adj (fator) decisive; (jogo) deciding

declaração [deklaraˈsãw] (pl **-ões**) f declaration; (depoimento) statement

declarado, -a [deklaˈradu, a] adj (intenção) declared; (opinião) professed; (inimigo) sworn; (alcoólatra) self-confessed; (cristão etc) avowed

declarar [deklaˈraˀ] vt to declare; (confessar) to confess

declinar [dekliˈnaˀ] vt (ger) to decline ♦ vi (sol) to go down; (terreno) to slope down; **declínio** [deˈklinju] m decline

declive [deˈklivi] m slope, incline

decolagem [dekoˈlaʒẽ] (pl **-ns**) f (AER) take-off

decolar [dekoˈlaˀ] vi (AER) to take off

decompor [dekõˈpoˀ] (irreg: como **pôr**) vt to analyse; (apodrecer) to rot;

decompor-se vr to rot, decompose

decomposição [dekõpoziˈsãw] (pl **-ões**) f decomposition; (análise) dissection

decoração [dekoraˈsãw] f decoration; (TEATRO) scenery

decorar [dekoˈraˀ] vt to decorate; (aprender) to learn by heart;

decorativo, -a [dekoraˈtʃivu, a] adj decorative

decoro [deˈkoru] m decency; (dignidade) decorum

decorrente [dekoˈxẽtʃi] adj: ~ **de** resulting from

decorrer [dekoˈxeˀ] vi (tempo) to pass; (acontecer) to take place, happen ♦ m: **no ~ de** in the course of; ~ **de** to result from

decrescer [dekreˈseˀ] vi to decrease, diminish

decretar [dekreˈtaˀ] vt to decree, order; **decreto** [deˈkretu] m decree, order; **decreto-lei** (pl **decretos-leis**) m act, law

dedal [deˈdaw] (pl **-ais**) m thimble

dedetizar [dedetʃiˈzaˀ] vt to spray with insecticide

dedicação [dedʒikaˈsãw] f dedication; (devotamento) devotion

dedicar [dedʒiˈkaˀ] vt to dedicate; (tempo, atenção) to devote;

dedicar-se vr: ~**-se a** to devote o.s. to; **dedicatória** [dedʒikaˈtɔrja] f (de obra) dedication

dedo [ˈdedu] m finger; (do pé) toe; ~ **anular/indicador/mínimo** ou **mindinho** ring/index/little finger; ~ **polegar** thumb

dedução [deduˈsãw] (pl **-ões**) f deduction

deduzir [deduˈziˀ] vt to deduct; (concluir) to deduce, infer

defasagem [defaˈzaʒẽ] (pl **-ns**) f

discrepancy

defeito [de'fejtu] *m* defect, flaw; **pôr ~s em** to find fault with; **com ~** broken, out of order; **para ninguém botar ~** (*col*) perfect; **defeituoso, -a** [defej'twozu, ɔza] *adj* defective, faulty

defender [defẽ'de*] *vt* to defend; **defender-se** *vr* to stand up for o.s.; (*numa língua*) to get by

defensiva [defẽ'siva] *f*: **estar** *ou* **ficar na ~** to be on the defensive

defensor, a [defẽ'so*, a] *m/f* defender; (*JUR*) defending counsel

defesa [de'feza] *f* defence (*BRIT*), defense (*US*); (*JUR*) counsel for the defence ♦ *m* (*FUTEBOL*) back

deficiente [defi'sjẽtʃi] *adj* (*imperfeito*) defective; (*carente*): **~ (em)** deficient (in)

déficit ['defisitʃi] (*pl* **~s**) *m* deficit

definição [defini'sãw] (*pl* **-ões**) *f* definition

definir [defi'ni*] *vt* to define; **definir-se** *vr* to make a decision; (*explicar-se*) to make one's position clear; **~-se a favor de/contra algo** to come out in favo(u)r of/against sth

definitivamente [definitʃiva'mẽtʃi] *adv* definitively; (*permanentemente*) for good; (*sem dúvida*) definitely

definitivo, -a [defini'tʃivu, a] *adj* final, definitive; (*permanente*) permanent; (*resposta, data*) definite

deformação [defoxma'sãw] (*pl* **-ões**) *f* loss of shape; (*de corpo*) deformation; (*de imagem, pensamento*) distortion

deformar [defox'ma*] *vt* to put out of shape; (*corpo*) to deform; (*imagem, pensamento*) to distort; **deformar-se** *vr* to lose shape; to be deformed; to become distorted

defronte [de'frõtʃi] *adv* opposite ♦ *prep*: **~ de** opposite

defumar [defu'ma*] *vt* (*presunto*) to smoke; (*perfumar*) to perfume

defunto, -a [de'fũtu, a] *adj* dead ♦ *m/f* dead person

degelar [deʒe'la*] *vt* to thaw; (*geladeira*) to defrost ♦ *vi* to thaw out; to defrost

degenerar [deʒene'ra*] *vi*: **~ (em)** to degenerate (into)

degolar [dego'la*] *vt* to decapitate

degradar [degra'da*] *vt* to degrade, debase; **degradar-se** *vr* to demean o.s.

degrau [de'graw] *m* step; (*de escada de mão*) rung

degustação [deguʃta'sãw] (*pl* **-ões**) *f* tasting, sampling; (*saborear*) savouring (*BRIT*), savoring (*US*)

degustar [deguʃ'ta*] *vt* (*provar*) to taste; (*saborear*) to savour (*BRIT*), savor (*US*)

dei *etc* [dej] *vb* V **dar**

deitada [dej'tada] (*col*) *f*: **dar uma ~** to have a lie-down

deitado, -a [dej'tadu, a] *adj* (*estendido*) lying down; (*na cama*) in bed

deitar [dej'ta*] *vt* to lay down; (*na cama*) to put to bed; (*colocar*) to put, place; (*lançar*) to cast; (*PT: líquido*) to pour; **deitar-se** *vr* to lie down; to go to bed; **~ sangue** (*PT*) to bleed; **~ abaixo** to knock down, flatten; **~ a fazer algo** to start doing sth; **~ uma carta** (*PT*) to post a letter; **~ fora** (*PT*) to throw away *ou* out; **~ e rolar** (*col*) to do as one likes

deixa ['dejʃa] *f* clue, hint; (*TEATRO*) cue; (*chance*) chance

deixar [dej'ʃa*] *vt* to leave; (*abandonar*) to abandon; (*permitir*) to let, allow ♦ *vi*: **~ de** (*parar*) to stop; (*não fazer*) to fail to; **não posso ~ de ir**

I must go; **~ cair** to drop; **~ alguém louco** to drive sb crazy *ou* mad; **~ alguém cansado/nervoso** *etc* to make sb tired/nervous *etc*; **deixa disso!** (*col*) come off it!; **deixa para lá!** (*col*) forget it!

dela ['dɛla] = **de + ela**

delatar [dela'ta*] *vt* (*pessoa*) to inform on; (*abusos*) to reveal; (*à polícia*) to report; **delator, a** [dela'to*, a] *m/f* informer

dele ['deli] = **de + ele**

delegacia [delega'sia] *f* office; **~ de polícia** police station

delegado, -a [dele'gadu, a] *m/f* delegate, representative; **~ de polícia** police chief

delegar [dele'ga*] *vt* to delegate

deleitar [delej'ta*] *vt* to delight; **deleitar-se** *vr*: **~-se com** to delight in

delgado, -a [dew'gadu, a] *adj* thin; (*esbelto*) slim; (*fino*) fine

deliberação [delibera'sãw] (*pl* **-ões**) *f* deliberation; (*decisão*) decision

deliberar [delibe'ra*] *vt* to decide, resolve ♦ *vi* to deliberate

delicadeza [delika'deza] *f* delicacy; (*cortesia*) kindness

delicado, -a [deli'kadu, a] *adj* delicate; (*frágil*) fragile; (*cortês*) polite; (*sensível*) sensitive

delícia [de'lisja] *f* delight; (*prazer*) pleasure; **que ~!** how lovely!; **deliciar** [deli'sja*] *vt* to delight; **deliciar-se** *vr*: **deliciar-se com algo** to take delight in sth

delicioso, -a [deli'sjozu, ɔza] *adj* lovely; (*comida, bebida*) delicious

delinear [deli'nja*] *vt* to outline

delinqüente [delĩ'kwẽtʃi] *adj, m/f* delinquent, criminal

delirante [deli'rãtʃi] *adj* delirious; (*show, atuação*) thrilling

delirar [deli'ra*] *vi* (*com febre*) to be delirious; (*de ódio, prazer*) to go mad, go wild

delírio [de'lirju] *m* (*MED*) delirium; (*êxtase*) ecstasy; (*excitação*) excitement

delito [de'litu] *m* (*crime*) crime; (*falta*) offence (*BRIT*), offense (*US*)

demais [dʒi'majʃ] *adv* (*em demasia*) too much; (*muitíssimo*) a lot, very much ♦ *pron*: **os/as ~** the rest (of them); **já é ~!** this is too much!; **é bom ~** it's really good; **foi ~** (*col: bacana*) it was great

demanda [de'mãda] *f* lawsuit; (*disputa*) claim; (*requisição*) request; (*ECON*) demand; **em ~ de** in search of; **demandar** [demã'da*] *vt* (*JUR*) to sue; (*exigir, reclamar*) to demand

demasia [dema'zia] *f* excess, surplus; (*imoderação*) lack of moderation; **em ~** (*dinheiro, comida etc*) too much; (*cartas, problemas etc*) too many

demasiadamente [demazjada'mẽtʃi] *adv* too much; (*com adj*) too

demasiado, -a [dema'zjadu, a] *adj* too much; (*pl*) too many ♦ *adv* too much; (*com adj*) too

demente [de'mẽtʃi] *adj* insane, demented

demissão [demi'sãw] (*pl* **-ões**) *f* dismissal; **pedir ~** to resign

demitir [demi'tʃi*] *vt* to dismiss; (*col*) to sack, fire; **demitir-se** *vr* to resign

democracia [demokra'sia] *f* democracy

democrático, -a [demo'kratʃiku, a] *adj* democratic

demolir [demo'li*] *vt* to demolish, knock down; (*fig*) to destroy

demônio [de'monju] *m* devil, demon; (*col: criança*) brat

demonstração [demõʃtra'sãw] (*pl* **-ões**) *f* demonstration; (*de amizade*)

a
b
c
d
e
f
g
h
i
j
k
l
m
n
o
p
q
r
s
t
u
v
w
x
z

show, display; (*prova*) proof
demonstrar [demõʃ'tra*] *vt* to demonstrate; (*provar*) to prove; (*amizade etc*) to show
demora [de'mɔra] *f* delay; (*parada*) stop; **sem ~** at once, without delay; **qual é a ~ disso?** how long will this take?; **demorado, -a** [demo'radu, a] *adj* slow; **demorar** [demo'ra*] *vt* to delay, slow down ♦ *vi* (*permanecer*) to stay; (*tardar a vir*) to be late; (*conserto*) to take (a long) time; **demorar-se** *vr* to stay for a long time, linger; **demorar a chegar** to be a long time coming; **vai demorar muito?** will it take long?; **não vou demorar** I won't be long
dendê [dẽ'de] *m* (*CULIN*: *óleo*) palm oil; (*BOT*) oil palm
dengoso, -a [dẽ'gozu, ɔza] *adj* coy; (*criança*: *choramingueto*): **ser ~** to be a crybaby
dengue ['dẽgi] *m* (*MED*) dengue
denominar [denomi'na*] *vt*: **~ algo/ alguém ...** to call sth/sb ...; **denominar-se** *vr* to be called; (*a si mesmo*) to call o.s.
denotar [deno'ta*] *vt* (*indicar*) to show, indicate; (*significar*) to signify
densidade [dẽsi'dadʒi] *f* density; **disco de ~ simples/dupla** (*COMPUT*) single-/double-density disk
denso, -a [dẽsu, a] *adj* dense; (*espesso*) thick; (*compacto*) compact
dentada [dẽ'tada] *f* bite
dentadura [dẽta'dura] *f* teeth *pl*, set of teeth; (*artificial*) dentures *pl*
dente ['dẽtʃi] *m* tooth; (*de animal*) fang; (*de elefante*) tusk; (*de alho*) clove; **falar entre os ~s** to mutter, mumble; **~ de leite/do siso** milk/ wisdom tooth; **~s postiços** false teeth
dentista [dẽ'tʃiʃta] *m/f* dentist
dentre ['dẽtri] *prep* (from) among

dentro ['dẽtru] *adv* inside ♦ *prep*: **~ de** inside; (*tempo*) (with)in; **~ em pouco** *ou* **em breve** soon, before long; **de ~ para fora** inside out; **dar uma ~** (*col*) to get it right; **aí ~** in there; **por ~** on the inside; **estar por ~** (*col*: *fig*) to be in the know
denúncia [de'nũsja] *f* denunciation; (*acusação*) accusation; (*de roubo*) report; **denunciar** [denũ'sja*] *vt* (*acusar*) to denounce; (*delatar*) to inform on; (*revelar*) to reveal
deparar [depa'ra*] *vt* to reveal; (*fazer aparecer*) to present ♦ *vi*: **~ com** to come across, meet; **deparar-se** *vr*: **~-se com** to come across, meet
departamento [depaxta'mẽtu] *m* department
dependência [depẽ'dẽsja] *f* dependence; (*edificação*) annexe (*BRIT*), annex (*US*); (*colonial*) dependency; (*cômodo*) room
dependente [depẽ'dẽtʃi] *m/f* dependant
depender [depẽ'de*] *vi*: **~ de** to depend on
depilar [depi'la*] *vt* (*pernas*) to wax; **depilatório** [depila'tɔrju] *m* hair-remover
deplorável [deplo'ravew] (*pl* **-eis**) *adj* deplorable; (*lamentável*) regrettable
depoimento [depoj'mẽtu] *m* testimony, evidence; (*na polícia*) statement
depois [de'pojʃ] *adv* afterwards ♦ *prep*: **~ de** after; **~ de comer** after eating; **~ que** after
depor [de'po*] (*irreg*: *como* **pôr**) *vt* (*pôr*) to place; (*indicar*) to indicate; (*rei*) to depose; (*governo*) to overthrow ♦ *vi* (*JUR*) to testify, give evidence; (*na polícia*) to give a statement
depositar [depozi'ta*] *vt* to deposit;

(*voto*) to cast; (*colocar*) to place
depósito [de'pɔzitu] *m* deposit;
(*armazém*) warehouse, depot; (*de lixo*)
dump; (*reservatório*) tank; **~ de
bagagens** left-luggage office (*BRIT*),
checkroom (*US*)
depreciação [depresja'sãw] *f*
depreciation
depreciar [depre'sja*] *vt* (*desvalorizar*)
to devalue; (*COM*) to write down;
(*menosprezar*) to belittle;
depreciar-se *vr* to depreciate, lose
value
depredar [depre'da*] *vt* to wreck
depressa [dʒi'prɛsa] *adv* fast, quickly;
vamos ~ let's get a move on!
depressão [depre'sãw] *f* (*pl* **-ões**) *f*
depression
deprimente [depri'mẽtʃi] *adj*
depressing
deprimido, -a [depri'midu, a] *adj*
depressed
deprimir [depri'mi*] *vt* to depress;
deprimir-se *vr* to get depressed
deputado, -a [depu'tadu, a] *m/f*
deputy; (*agente*) agent (*POL*) ≈
Member of Parliament (*BRIT*), ≈
Representative (*US*)
der *etc* [de*] *vb* V **dar**
deriva [de'riva] *f* drift; **ir à ~** to drift;
ficar à ~ to be adrift
derivar [deri'va*] *vt* to divert; (*LING*) to
derive ♦ *vi* to drift; **derivar-se** *vr* to be
derived; (*ir à deriva*) to drift; (*provir*): **~
(-se) (de)** to derive *ou* be derived
(from)
derradeiro, -a [dexa'dejru, a] *adj* last,
final
derramamento [dexama'mẽtu] *m*
spilling; (*de sangue, lágrimas*)
shedding
derramar [dexa'ma*] *vt* to spill;
(*entornar*) to pour; (*sangue, lágrimas*)

to shed; **derramar-se** *vr* to pour out
derrame [de'xami] *m* haemorrhage
(*BRIT*), hemorrhage (*US*)
derrapar [dexa'pa*] *vi* to skid
derreter [dexe'te*] *vt* to melt;
derreter-se *vr* to melt; (*coisa
congelada*) to thaw; (*enternecer-se*) to
be touched
derrota [de'xɔta] *f* defeat, rout; (*NÁUT*)
route; **derrotar** [dexo'ta*] *vt* (*vencer*) to
defeat; (*em jogo*) to beat
derrubar [dexu'ba*] *vt* to knock
down; (*governo*) to bring down; (*suj:
doença*) to lay low; (*col: prejudicar*) to
put down
desabafar [dʒizaba'fa*] *vt*
(*sentimentos*) to give vent to ♦ *vi*: **~
(com)** to unburden o.s. (to);
desabafar-se *vr*: **~-se (com)** to
unburden o.s. (to); **desabafo**
[dʒiza'bafu] *m* confession
desabamento [dʒizaba'mẽtu] *m*
collapse
desabar [dʒiza'ba*] *vi* (*edifício, ponte*)
to collapse; (*chuva*) to pour down;
(*tempestade*) to break
desabitado, -a [dʒizabi'tadu, a] *adj*
uninhabited
desabotoar [dʒizabo'twa*] *vt* to
unbutton
desabrigado, -a [dʒizabri'gadu, a] *adj*
(*sem casa*) homeless; (*exposto*)
exposed
desabrochar [dʒizabro'ʃa*] *vi* (*flores,
fig*) to blossom
desacatar [dʒizaka'ta*] *vt*
(*desrespeitar*) to have *ou* show no
respect for; (*afrontar*) to defy;
(*desprezar*) to scorn; **desacato**
[dʒiza'katu] *m* disrespect; (*desprezo*)
disregard
desacompanhado, -a
[dʒizakõpa'ɲadu, a] *adj* on one's own, alone

desaconselhar [dʒizakõse'ʎa*] vt: ~ **algo (a alguém)** to advise (sb) against sth

desacordado, -a [dʒizakox'dadu, a] adj unconscious

desacordo [dʒiza'koxdu] m disagreement; (desarmonia) discord

desacostumado, -a [dʒizakoʃtu'madu, a] adj: ~ **(a)** unaccustomed (to)

desacreditar [dʒizakredʒi'ta*] vt to discredit; **desacreditar-se** vr to lose one's reputation

desafiador, a [dʒizafja'do*, a] adj challenging; (pessoa) defiant ♦ m/f challenger

desafiar [dʒiza'fja*] vt to challenge; (afrontar) to defy

desafinado, -a [dʒizafi'nadu, a] adj out of tune

desafio [dʒiza'fiu] m challenge; (PT: ESPORTE) match, game

desaforado, -a [dʒizafo'radu, a] adj rude, insolent

desaforo [dʒiza'foru] m insolence, abuse

desafortunado, -a [dʒizafoxtu'nadu, a] adj unfortunate, unlucky

desagradar [dʒizagra'da*] vt to displease ♦ vi: ~ **a alguém** to displease sb; **desagradável** [dʒizagra'davew] (pl -eis) adj unpleasant; **desagrado** [dʒiza'gradu] m displeasure

desaguar [dʒiza'gwa*] vt to drain ♦ vi: ~ **(em)** to flow ou empty (into)

desajeitado, -a [dʒizaʒej'tadu, a] adj clumsy, awkward

desalentado, -a [dʒizalē'tadu, a] adj disheartened

desalentar [dʒizalē'ta*] vt to discourage; (deprimir) to depress; **desalento** [dʒiza'lētu] m discouragement

desalinhado, -a [dʒizali'ɲadu, a] adj untidy

desalinho [dʒiza'liɲu] m untidiness

desalmado, -a [dʒizaw'madu, a] adj cruel, inhuman

desalojar [dʒizalo'ʒa*] vt (expulsar) to oust; **desalojar-se** vr to move out

desamarrar [dʒizama'xa*] vt to untie ♦ vi (NÁUT) to cast off

desamor [dʒiza'mo*] m dislike

desamparado, -a [dʒizãpa'radu, a] adj abandoned; (sem apoio) helpless

desanimação [dʒizanima'sãw] f dejection

desanimado, -a [dʒizani'madu, a] adj (pessoa) fed up, dispirited; (festa) dull; **ser ~** (pessoa) to be apathetic

desanimar [dʒizani'ma*] vt to dishearten; (desencorajar): ~ **(de fazer)** to discourage (from doing) ♦ vi to lose heart; to be discouraging; ~ **de fazer algo** to lose the will to do sth; (desistir) to give up doing sth

desanuviar [dʒizanu'vja*] vt (céu) to clear; **desanuviar-se** vr to clear; (fig) to stop; **desanuviar alguém** to put sb's mind at rest

desaparafusar [dʒizaparafu'za*] vt to unscrew

desaparecer [dʒizapare'se*] vi to disappear, vanish; **desaparecido, -a** [dʒizapare'sidu, a] adj lost, missing ♦ m/f missing person;

desaparecimento [dʒizaparesi'mētu] m disappearance; (falecimento) death

desapego [dʒiza'pegu] m indifference, detachment

desapercebido, -a [dʒizapexse'bidu, a] adj unnoticed

desapertar [dʒizapex'ta*] vt to loosen; (livrar) to free

desapontamento [dʒizapõta'mētu] m disappointment

desapontar [dʒizapõ'ta*] vt to

disappoint

desapropriar [dʒizapro'prja*] *vt* (*bens*) to expropriate; (*pessoa*) to dispossess

desaprovar [dʒizapro'va*] *vt* to disapprove of; (*censurar*) to object to

desarmamento [dʒizaxma'mẽtu] *m* disarmament

desarmar [dʒizax'ma*] *vt* to disarm; (*desmontar*) to dismantle; (*bomba*) to defuse

desarmonia [dʒizaxmo'nia] *f* discord

desarranjo [dʒiza'xãʒu] *m* disorder; (*enguiço*) breakdown; (*diarréia*) diarrhoea (*BRIT*), diarrhea (*US*)

desarrumado, -a [dʒizaxu'madu, a] *adj* untidy, messy

desarrumar [dʒizaxu'ma*] *vt* to mess up; (*mala*) to unpack

desassossego [dʒizaso'segu] *m* (*inquietação*) disquiet; (*perturbação*) restlessness

desastrado, -a [dʒizaʃ'tradu, a] *adj* clumsy

desastre [dʒi'zaʃtri] *m* disaster; (*acidente*) accident; (*de avião*) crash

desatar [dʒiza'ta*] *vt* (*nó*) to undo, untie ♦ *vi*: ~ **a fazer** to begin to do; ~ **a chorar** to burst into tears; ~ **a rir** to burst out laughing

desatento, -a [dʒiza'tẽtu, a] *adj* inattentive

desatinado, -a [dʒizatʃi'nadu, a] *adj* crazy, wild ♦ *m/f* lunatic

desatino [dʒiza'tʃinu] *m* madness; (*ato*) folly

desativar [dʒizatʃi'va*] *vt* (*firma, usina*) to shut down; (*veículos*) to withdraw from service; (*bomba*) to deactivate, defuse

desatualizado, -a [dʒizatwali'zadu, a] *adj* out of date; (*pessoa*) out of touch

desavença [dʒiza'vẽsa] *f* (*briga*)

quarrel; (*discórdia*) disagreement; **em ~** at loggerheads

desavergonhado, -a [dʒizavexgo'ɲadu, a] *adj* shameless

desavisado, -a [dʒizavi'zadu, a] *adj* careless

desbastar [dʒiʒbaʃ'ta*] *vt* (*cabelo, plantas*) to thin (out); (*vegetação*) to trim

desbocado, -a [dʒiʒbo'kadu, a] *adj* foul-mouthed

desbotar [dʒiʒbo'ta*] *vt* to discolour (*BRIT*), discolor (*US*) ♦ *vi* to fade

desbragadamente [dʒiʒbragada'mẽtʃi] *adv* (*beber*) to excess; (*mentir*) blatantly

desbravar [dʒiʒbra'va*] *vt* (*terras desconhecidas*) to explore

descabelar [dʒiʃkabe'la*] *vt*: ~ **alguém** to mess up sb's hair; **descabelar-se** *vr* to get one's hair messed up

descabido, -a [dʒiʃka'bidu, a] *adj* improper; (*inoportuno*) inappropriate

descafeinado [dʒiʃkafej'nadu] *adj* decaffeinated ♦ *n* decaff

descalçar [dʒiʃkaw'sa*] *vt* (*sapatos*) to take off; **descalçar-se** *vr* to take off one's shoes

descalço, -a [dʒiʃ'kawsu, a] *adj* barefoot

descansado, -a [dʒiʃkã'sadu, a] *adj* calm, quiet; (*vagaroso*) slow; **fique ~** don't worry; **pode ficar ~ que ...** you can rest assured that …

descansar [dʒiʃkã'sa*] *vt* to rest; (*apoiar*) to lean ♦ *vi* to rest; to lean; **descanso** [dʒiʃ'kãsu] *m* rest; (*folga*) break; (*para prato*) mat

descarado, -a [dʒiʃka'radu, a] *adj* cheeky, impudent

descaramento [dʒiʃkara'mẽtu] *m* cheek, impudence

descarga [dʒiʃˈkaxga] f unloading; (MIL) volley; (ELET) discharge; (de vaso sanitário): **dar a ~** to flush the toilet

descarregamento [dʒiʃkaxegaˈmẽtu] m (de carga) unloading; (ELET) discharge

descarregar [dʒiʃkaxeˈga*] vt (carga) to unload; (ELET) to discharge; (aliviar) to relieve; (raiva) to vent, give vent to; (arma) to fire ♦ vi to unload; (bateria) to run out; **~ a raiva em alguém** to take it out on sb

descartar [dʒiʃkaxˈta*] vt to discard; **descartar-se** vr: **~-se de** to get rid of; **descartável** [dʒiʃkaxˈtavew] (pl **-eis**) disposable

descascar [dʒiʃkaʃˈka*] vt (fruta) to peel; (ervilhas) to shell ♦ vi (depois do sol) to peel; (cobra) to shed its skin

descaso [dʒiʃˈkazu] m disregard

descendência [desẽˈdẽsja] f descendants pl, offspring pl

descendente [desẽˈdẽtʃi] adj descending, going down ♦ m/f descendant

descer [deˈse*] vt (escada) to go (ou come) down; (bagagem) to take down ♦ vi (saltar) to get off; (baixar) to go (ou come) down; **descida** [deˈsida] f descent; (declive) slope; (abaixamento) fall, drop

desclassificar [dʒiʃklasifiˈka*] vt to disqualify; (desacreditar) to discredit

descoberta [dʒiʃkoˈbexta] f discovery; (invenção) invention

descoberto, -a [dʒiʃkoˈbextu, a] pp de **descobrir** ♦ adj bare, naked; (exposto) exposed ♦ m overdraft; **a ~** openly; **conta a ~** overdrawn account; **pôr** ou **sacar a ~** (conta) to overdraw

descobridor, a [dʒiʃkobriˈdo*, a] m/f discoverer; (explorador) explorer

descobrimento [dʒiʃkobriˈmẽtu] m discovery; **D~s** mpl: **os D~s** the

Discoveries; see boxed note

> ## DESCOBRIMENTOS
>
> Portugal enjoyed a period of unrivalled overseas expansion during the 15th century, mainly due to the seafaring expertise of Henry the Navigator. He organized and financed several voyages to Africa, which eventually led to the rounding of the Cape of Good Hope in 1488 by Bartolomeu Dias. In 1497, Vasco da Gama became the first European to travel by sea to India, where he established a lucrative spice trade, and a few years later, in 1500, Pedro Álvares Cabral reached Brazil, which he claimed for Portugal. Brazil remained under Portuguese rule until 1822.

descobrir [dʒiʃkoˈbri*] vt to discover; (tirar a cobertura de) to uncover; (panela) to take the lid off; (averiguar) to find out; (enigma) to solve

descolar [dʒiʃkoˈla*] vt to unstick ♦ vi: **a criança não descola da mãe** the child won't leave his (ou her) mother's side

descolorante [dʒiʃkoloˈrãtʃi] m bleach

descolorir [dʒiʃkoloˈri*] vt to discolour (BRIT), discolor (US); (cabelo) to bleach ♦ vi to fade

descompostura [dʒiʃkõpoʃˈtura] f (repreensão) dressing-down; (insulto) abuse; **passar uma ~ em alguém** to give sb a dressing-down; to hurl abuse at sb

descomunal [dʒiʃkomuˈnaw] (pl **-ais**) adj extraordinary; (colossal) huge, enormous

desconcentrar [dʒiʃkõsẽˈtra*] vt to

distract; **desconcentrar-se** *vr* to lose one's concentration

desconexo, -a [dʒiʃkoˈnɛksu, a] *adj* (*desunido*) disconnected, unrelated; (*incoerente*) incoherent

desconfiado, -a [dʒiʃkõˈfjadu, a] *adj* suspicious, distrustful ♦ *m/f* suspicious person

desconfiança [dʒiʃkõˈfjãsa] *f* suspicion, distrust

desconfiar [dʒiʃkõˈfja*] *vi* to be suspicious; **~ de alguém** (*não ter confiança em*) to distrust sb; (*suspeitar*) to suspect sb; **~ que ...** to have the feeling that ...

desconfortável [dʒiʃkõfoxˈtavew] (*pl* **-eis**) *adj* uncomfortable

desconforto [dʒiʃkõˈfoxtu] *m* discomfort

descongelar [dʒiʃkõʒeˈla*] *vt* to thaw out; **descongelar-se** *vr* to melt

desconhecer [dʒiʃkoɲeˈse*] *vt* (*ignorar*) not to know; (*não reconhecer*) not to recognize; (*um benefício*) not to acknowledge; (*não admitir*) not to accept;

desconhecido, -a [dʒiʃkoɲeˈsidu, a] *adj* unknown ♦ *m/f* stranger

desconhecimento [dʒiʃkoɲesiˈmẽtu] *m* ignorance

desconsolado, -a [dʒiʃkõsoˈladu, a] *adj* miserable, disconsolate

descontar [dʒiʃkõˈta*] *vt* to deduct; (*não levar em conta*) to discount; (*não fazer caso de*) to make light of

descontentamento [dʒiʃkõtẽtaˈmẽtu] *m* discontent; (*desprazer*) displeasure

descontente [dʒiʃkõˈtẽtʃi] *adj* discontented, dissatisfied

desconto [dʒiʃˈkõtu] *m* discount; **com ~** at a discount; **dar um ~ (para)** (*fig*) to make allowances (for)

descontraído, -a [dʒiʃkõtraˈidu, a] *adj* casual, relaxed

descontrair [dʒiʃkõtraˈi*] *vt* to relax; **descontrair-se** *vr* to relax

descontrolar-se [dʒiʃkõtroˈlaxsi] *vr* (*situação*) to get out of control; (*pessoa*) to lose one's self-control

desconversar [dʒiʃkõvexˈsa*] *vi* to change the subject

descortesia [dʒiʃkoxteˈzia] *f* rudeness, impoliteness

descoser [dʒiʃkoˈze*] *vt* (*descosturar*) to unstitch; (*rasgar*) to rip apart; **descoser-se** *vr* to come apart at the seams

descrença [dʒiʃˈkrẽsa] *f* disbelief, incredulity

descrente [dʒiʃˈkrẽtʃi] *adj* sceptical (*BRIT*), skeptical (*US*) ♦ *m/f* sceptic (*BRIT*), skeptic (*US*)

descrever [dʒiʃkreˈve*] *vt* to describe

descrição [dʒiʃkriˈsãw] (*pl* **-ões**) *f* description; **descritivo, -a** [dʒiʃkriˈtʃivu, a] *adj* descriptive

descrito, -a [dʒiʃˈkritu, a] *pp de* **descrever**

descubro *etc* [dʒiʃˈkubru] *vb V* **descobrir**

descuidado, -a [dʒiʃkwiˈdadu, a] *adj* careless

descuidar [dʒiʃkwiˈda*] *vt* to neglect ♦ *vi*: **~ de** to neglect, disregard;

descuido [dʒiʃˈkwidu] *m* carelessness; (*negligência*) neglect; (*erro*) oversight, slip; **por descuido** inadvertently

desculpa [dʒiʃˈkuwpa] *f* excuse; (*perdão*) pardon; **pedir ~s a alguém por** *ou* **de algo** to apologise to sb for sth; **desculpar** [dʒiʃkuwˈpa*] *vt* to excuse; (*perdoar*) to pardon, forgive; **desculpar-se** *vr* to apologize; **desculpar algo a alguém** to forgive sb for sth; **desculpe!** (I'm) sorry, I beg your pardon; **desculpável** [dʒiʃkuwˈpavew] (*pl* **-eis**) *adj* forgivable

['deʒdʒi] *prep*

1 (*lugar*): ~ ... **até** ... from ... to ...;
**andamos ~ a praia até o
restaurante** we walked from the
beach to the restaurant

2 (*tempo*: + *adv, n*): ~ **então** from
then on, ever since; ~ **já** (*de agora*)
from now on; (*imediatamente*) at
once, right now; ~ **o casamento**
since the wedding

3 (*tempo*: + *vb*) since; for;
conhecemo-nos ~ 1978/há 20 anos
we've known each other since
1978/for 20 years; **não o vejo ~
1983** I haven't seen him since 1983

4 (*variedade*): ~ **os mais baratos
até os mais luxuosos** from the
cheapest to the most luxurious
♦ *conj*: ~ **que** since; ~ **que comecei
a trabalhar não o vi mais** I haven't
seen him since I started work; **não
saiu de casa ~ que chegou** he
hasn't been out since he arrived

desdém [deʒ'dẽ] *m* scorn, disdain

desdenhar [deʒde'ɲa*] *vt* to scorn,
disdain

desdizer [dʒiʒdʒi'ze*] (*irreg: como*
dizer) *vt* to contradict; **desdizer-se** *vr*
to go back on one's word

desdobrar [dʒiʒdo'bra*] *vt* (*abrir*) to
unfold; (*esforços*) to increase,
redouble; (*tropas*) to deploy;
(*bandeira*) to unfurl; (*dividir em grupos*)
to split up; **desdobrar-se** *vr* to
unfold; (*empenhar-se*) to work hard,
make a big effort

desejar [dese'ʒa*] *vt* to want, desire

desejo [de'zeʒu] *m* wish, desire;

desejoso, -a [deze'ʒozu, ɔza] *adj*:

desejoso de algo wishing for sth;
desejoso de fazer keen to do

desembaraçar [dʒizẽbara'sa*] *vt*
(*livrar*) to free; (*cabelo*) to untangle;
desembaraçar-se *vr* (*desinibir-se*) to
lose one's inhibitions; ~-**se de** to get
rid of

desembaraço [dʒizẽba'rasu] *m*
liveliness; (*facilidade*) ease; (*confiança*)
self-assurance

desembarcar [dʒizẽbax'ka*] *vt* (*carga*)
to unload; (*passageiros*) to let off ♦ *vi*
to disembark; **desembarque**
[dʒizẽ'baxki] *m* landing,
disembarkation; **"desembarque"** (*no
aeroporto*) "arrivals"

desembolsar [dʒizẽbow'sa*] *vt* to
spend

desembrulhar [dʒizẽbru'ʎa*] *vt* to
unwrap

desempacotar [dʒizẽpako'ta*] *vt* to
unpack

desempatar [dʒizẽpa'ta*] *vt* to decide
♦ *vi* to decide the match (*ou* race *etc*);
desempate [dʒizẽ'patʃi] *m*: **partida de
desempate** (*jogo*) play-off, decider

desempenhar [dʒizẽpe'ɲa*] *vt*
(*cumprir*) to carry out, fulfil (*BRIT*), fulfill
(*US*); (*papel*) to play; **desempenho**
[dʒizẽ'peɲu] *m* performance; (*de
obrigações etc*) fulfilment (*BRIT*),
fulfillment (*US*)

desempregado, -a [dʒizẽpre'gadu, a]
adj unemployed ♦ *m/f* unemployed
person

desempregar-se [dʒizẽpre'gaxsi] *vr*
to lose one's job

desemprego [dʒizẽ'pregu] *m*
unemployment

desencadear [dʒizẽka'dʒja*] *vt* to
unleash; (*despertar*) to provoke, trigger
off ♦ *vi* (*chuva*) to pour;
desencadear-se *vr* to break loose;

(*tempestade*) to break

desencaixar [dʒizẽkajˈʃaˣ] *vt* to put out of joint; (*deslocar*) to dislodge; **desencaixar-se** *vr* to become dislodged

desencaixotar [dʒizẽkajʃoˈtaˣ] *vt* to unpack

desencarregar-se [dʒizẽkaxeˈgaxsi] *vr* (*de obrigação*) to discharge o.s.

desencontrar-se [dʒizẽkõˈtraxsi] *vr* (*não se encontrar*) to miss each other; (*perder-se um do outro: perder-se*) to lose each other; **~ de** to miss; to get separated from

desencorajar [dʒizẽkoraˈʒaˣ] *vt* to discourage

desencostar [dʒizẽkoʃˈtaˣ] *vt* to move away; **desencostar-se** *vr*: **desencostar-se de** to move away from

desenfreado, -a [dʒizẽˈfrjadu, a] *adj* wild

desenganado, -a [dʒizẽgaˈnadu, a] *adj* incurable; (*desiludido*) disillusioned

desenganar [dʒizẽgaˈnaˣ] *vt*: **~ alguém** to disillusion sb; (*de falsas crenças*) to open sb's eyes; (*doente*) to give up hope of curing; **desenganar-se** *vr* to become disillusioned; (*sair de erro*) to realize the truth; **desengano** [dʒizẽˈganu] *m* disillusionment; (*desapontamento*) disappointment

desengonçado, -a [dʒizẽgõˈsadu, a] *adj* (*mal-seguro*) rickety; (*pessoa*) ungainly

desenhar [dezeˈɲaˣ] *vt* to draw; (*TEC*) to design; **desenhar-se** *vr* (*destacar-se*) to stand out; (*figurar-se*) to take shape; **desenhista** [dezeˈɲiʃta] *m/f* (*TEC*) designer

desenho [deˈzeɲu] *m* drawing; (*modelo*) design; (*esboço*) sketch; (*plano*) plan; **~ animado** cartoon

desenlace [dʒizẽˈlasi] *m* outcome

desenrolar [dʒizẽxoˈlaˣ] *vt* to unroll; (*narrativa*) to develop; **desenrolar-se** *vr* to unfold

desentender [dʒizẽtẽˈdeˣ] *vt* to misunderstanding; **desentender-se** *vr*: **~-se com** to have a disagreement with; **desentendido, -a** [dʒizẽtẽˈdʒidu, a] *adj*: **fazer-se de desentendido** to pretend not to understand; **desentendimento** [dʒizẽtẽdʒiˈmẽtu] *m* misunderstanding

desenterrar·[dʒizẽteˈxaˣ] *vt* (*cadáver*) to exhume; (*tesouro*) to dig up; (*descobrir*) to bring to light

desentupir [dʒizẽtuˈpiˣ] *vt* to unblock

desenvoltura [dʒizẽvowˈtura] *f* self-confidence

desenvolver [dʒizẽvowˈveˣ] *vt* to develop; **desenvolver-se** *vr* to develop; **desenvolvimento** [dʒizẽvowviˈmẽtu] *m* development; (*crescimento*) growth; **país em desenvolvimento** developing country

desequilibrado, -a [dʒizekiliˈbradu, a] *adj* unbalanced

deserção [dezexˈsãw] *f* desertion

desertar [desexˈtaˣ] *vt* to desert, abandon ♦ *vi* to desert; **deserto, -a** [deˈzextu, a] *adj* deserted ♦ *m* desert; **desertor, a** [dezexˈtoˣ, a] *m/f* deserter

desesperado, -a [dʒizeʃpeˈradu, a] *adj* desperate; (*furioso*) furious

desesperador, a [dʒizeʃperaˈdoˣ, a] *adj* desperate; (*enfurecedor*) maddening

desesperança [dʒizeʃpeˈrãsa] *f* despair

desesperar [dʒizeʃpeˈraˣ] *vt* to drive to despair; (*enfurecer*) to infuriate; **desesperar-se** *vr* to despair; (*enfurecer-se*) to become infuriated; **desespero** [dʒizeʃˈperu] *m* despair, desperation; (*raiva*) fury

desestimular [dʒizeʃtʃimuˈlaʳ] vt to discourage

desfalcar [dʒiʃfawˈkaʳ] vt (dinheiro) to embezzle; (reduzir): ~ **(de)** to reduce (by); **a jogo está desfalcado** the game is incomplete

desfalecer [dʒiʃfaleˈseʳ] vt (enfraquecer) to weaken ♦ vi (enfraquecer) to weaken; (desmaiar) to faint

desfalque [dʒiʃˈfawki] m (de dinheiro) embezzlement; (diminuição) reduction

desfavorável [dʒiʃfavoˈravew] (pl -eis) adj unfavourable (BRIT), unfavorable (US)

desfazer [dʒiʃfaˈzeʳ] (irreg: como **fazer**) vt (costura) to undo; (dúvidas) to dispel; (agravo) to redress; (grupo) to break up; (contrato) to dissolve; (noivado) to break off ♦ vi: ~ **de alguém** to belittle sb; **desfazer-se** vr to vanish; (tecido) to come to pieces; (grupo) to break up; (vaso) to break; **~-se de** (livrar-se) to get rid of; **~-se em lágrimas/gentilezas** to burst into tears/go out of one's way to please

desfecho [dʒiʃˈfeʃu] m ending, outcome

desfeito, -a [dʒiʃˈfejtu, a] adj undone; (cama) unmade; (contrato) broken

desfigurar [dʒiʃfiguˈraʳ] vt (pessoa, cidade) to disfigure; (texto) to mutilate; **desfigurar-se** vr to be disfigured

desfilar [dʒiʃfiˈlaʳ] vi to parade;

desfile [dʒiʃˈfili] m parade, procession

desforra [dʒiʃˈfɔxa] f revenge; (reparação) redress; **tirar ~** to get even

desfrutar [dʒiʃfruˈtaʳ] vt to enjoy ♦ vi: ~ **de** to enjoy

desgarrado, -a [dʒiʒgaˈxadu, a] adj stray; (navio) off course

desgastante [dʒiʒgaʃˈtãtʃi] adj (fig) stressful

desgastar [dʒiʒgaʃˈtaʳ] vt to wear away, erode; (pessoa) to wear out, get down; **desgastar-se** vr to be worn away; (pessoa) to get worn out;

desgaste [dʒiʒˈgaʃtʃi] m wear and tear; (mental) stress

desgosto [dʒiʒˈgoʃtu] m displeasure; (pesar) sorrow, unhappiness

desgraça [dʒiʒˈgrasa] f misfortune; (miséria) misery; (desfavor) disgrace;

desgraçado, -a [dʒiʒgraˈsadu, a] adj poor ♦ m/f wretch; **estou com uma gripe desgraçada** (col) I've got a hell of a cold

desgrudar [dʒiʒgruˈdaʳ] vt to unstick ♦ vi: ~ **de** to tear o.s. away from; ~ **algo de algo** to take sth off sth

desidratar [dʒizidraˈtaʳ] vt to dehydrate

design [dʒiˈzãjn] m design

designar [dezigˈnaʳ] vt to designate; (nomear) to name, appoint; (dia, data) to fix

desigual [deziˈgwaw] (pl -ais) adj unequal; (terreno) uneven;

desigualdade [dʒizigwawˈdadʒi] f inequality

desiludir [dʒiziluˈdʒiʳ] vt to disillusion; (causar decepção a) to disappoint; **desiludir-se** vr to lose one's illusions

desimpedido, -a [dʒizĩpeˈdʒidu, a] adj free

desinfetante [dʒizĩfeˈtãtʃi] (PT -ct-) adj, m disinfectant

desinfetar [dʒizĩfeˈtaʳ] (PT -ct-) vt to disinfect

desintegração [dʒizĩtegraˈsãw] f disintegration, break-up

desintegrar [dʒizĩteˈgraʳ] vt to separate; **desintegrar-se** vr to disintegrate, fall to pieces

desinteressado, -a [dʒizĩtereˈsadu, a] adj disinterested

desinteresse [dʒizĩteˈresi] m lack of interest

desistir [deziʃ'tʃi*] *vi* to give up; **~ de fumar** to stop smoking; **ele ia, mas no final desistiu** he was going, but in the end he gave up the idea *ou* he decided not to

desjejum [deʒiʒe'ʒũ] *m* breakfast

deslavado, -a [dʒiʒla'vadu, a] *adj* (*pessoa, atitude*) shameless; (*mentira*) blatant

desleal [dʒiʒle'aw] (*pl* **-ais**) *adj* disloyal

desleixado, -a [dʒiʒlej'ʃadu, a] *adj* sloppy

desleixo [dʒiʒ'lejʃu] *m* sloppiness

desligado, -a [dʒiʒli'gadu, a] *adj* (*eletricidade*) off; (*pessoa*) absent-minded; **estar ~** to be miles away

desligar [dʒiʒli'ga*] *vt* (*TEC*) to disconnect; (*luz, TV, motor*) to switch off; (*telefone*) to hang up; **desligar-se** *vr*: **~-se de algo** (*afastar-se*) to leave sth; (*problemas etc*) to turn one's back on sth; **não desligue** (*TEL*) hold the line

deslizar [dʒiʒli'za*] *vi* to slide; (*por acidente*) to slip; (*passar de leve*) to glide; **deslize** [dʒiʒ'lizi] *m* lapse; (*escorregadela*) slip

deslocado, -a [dʒiʒlo'kadu, a] *adj* (*membro*) dislocated; (*desambientado*) out of place

deslocar [dʒiʒlo'ka*] *vt* to move; (*articulação*) to dislocate; (*funcionário*) to transfer; **deslocar-se** *vr* to move; to be dislocated

deslumbramento [dʒiʒlũbra'mẽtu] *m* dazzle; (*fascinação*) fascination

deslumbrante [dʒiʒlũ'brãtʃi] *adj* dazzling; (*casa, festa*) amazing

deslumbrar [dʒiʒlũ'bra*] *vt* to dazzle; (*maravilhar*) to amaze; (*fascinar*) to fascinate ♦ *vi* to be dazzling; to be amazing; **deslumbrar-se** *vr*: **~-se**

com to be fascinated by

desmaiado, -a [dʒiʒma'jadu, a] *adj* unconscious; (*cor*) pale

desmaiar [dʒiʒma'ja*] *vi* to faint; **desmaio** [dʒiʒ'maju] *m* faint

desmancha-prazeres [dʒiʒ'manʃa-] *m/f inv* kill-joy, spoilsport

desmanchar [dʒiʒman'ʃa*] *vt* (*costura*) to undo; (*contrato*) to break; (*noivado*) to break off; (*penteado*) to mess up; **desmanchar-se** *vr* (*costura*) to come undone

desmarcar [dʒiʒmax'ka*] *vt* (*compromisso*) to cancel

desmascarar [dʒiʒmaʃka'ra*] *vt* to unmask

desmazelado, -a [dʒiʒmaze'ladu, a] *adj* slovenly, untidy

desmedido, -a [dʒiʒme'dʒidu, a] *adj* excessive

desmentido [dʒiʒmẽ'tʃidu] *m* (*negação*) denial; (*contradição*) contradiction

desmentir [dʒiʒmẽ'tʃi*] *vt* (*contradizer*) to contradict; (*negar*) to deny

desmiolado, -a [dʒiʒmjo'ladu, a] *adj* brainless; (*esquecido*) forgetful

desmontar [dʒiʒmõ'ta*] *vt* (*máquina*) to take to pieces ♦ *vi* (*do cavalo*) to dismount, get off

desmoronamento [dʒiʒmorona'mẽtu] *m* collapse

desmoronar [dʒiʒmoro'na*] *vt* to knock down ♦ *vi* to collapse

desnatado, -a [dʒiʒna'tadu, a] *adj* (*leite*) skimmed

desnaturado, -a [dʒiʒnatu'radu, a] *adj* inhumane ♦ *m/f* monster

desnecessário, -a [dʒiʒnese'sarju, a] *adj* unnecessary

desnutrição [dʒiʒnutri'sãw] *f* malnutrition

desobedecer [dʒizobede'se*] vt to disobey; **desobediência** [dʒizobe'dʒjēsja] f disobedience; **desobediente** [dʒizobe'dʒjētʃi] adj disobedient

desobstruir [dʒizobiʃ'trwi*] vt to unblock

desocupado, -a [dʒizoku'padu, a] adj (casa) empty, vacant; (disponível) free; (sem trabalho) unemployed

desocupar [dʒizoku'pa*] vt (casa) to vacate; (liberar) to free

desodorante [dʒizodo'rātʃi] (PT -dorizante) m deodorant

desolação [dezola'sãw] f (consternação) grief; (de um lugar) desolation; **desolado, -a** [dezo'ladu, a] adj distressed; desolate

desonesto, -a [dezo'nɛʃtu, a] adj dishonest

desonra [dʒi'zõxa] f dishonour (BRIT), dishonor (US); (descrédito) disgrace; **desonrar** [dʒizõ'xa*] vt (infamar) to disgrace; (mulher) to seduce; **desonrar-se** vr to disgrace o.s.

desordem [dʒi'zoxdẽ] f disorder, confusion; **em ~** (casa) untidy

desorganizar [dʒizoxgani'za*] vt to disorganize; (dissolver) to break up; **desorganizar-se** vr to become disorganized; to break up

desorientação [dʒizorjẽta'sãw] f bewilderment, confusion

desorientar [dʒizorjẽ'ta*] vt (desnortear) to throw off course; (perturbar) to confuse; (desvairar) to unhinge; **desorientar-se** vr to lose one's way; to get confused; to go mad

desovar [dʒizo'va*] vt to lay; (peixe) to spawn

despachado, -a [dʒiʃpa'ʃadu, a] adj (pessoa) efficient

despachar [dʒiʃpa'ʃa*] vt to dispatch, send off; (atender, resolver) to deal with; (despedir) to sack; **despachar-se** vr to hurry (up); **despacho** [dʒiʃ'paʃu] m dispatch; (de negócios) handling; (nota em requerimento) ruling; (reunião) consultation; (macumba) witchcraft

despeço etc [dʒiʃ'pɛsu] vb V **despedir**

despedaçar [dʒiʃpeda'sa*] vt (quebrar) to smash; (rasgar) to tear apart; **despedaçar-se** vr to smash; to tear

despedida [dʒiʃpe'dʒida] f farewell; (de trabalhador) dismissal

despedir [dʒiʃpe'dʒi*] vt (de emprego) to dismiss, sack; **despedir-se** vr: **~-se (de)** to say goodbye (to)

despeitado, -a [dʒiʃpej'tadu, a] adj spiteful; (ressentido) resentful

despeito [dʒiʃ'pejtu] m spite; **a ~ de** in spite of, despite

despejar [dʒiʃpe'ʒa*] vt (água) to pour; (esvaziar) to empty; (inquilino) to evict; **despejo** [dʒiʃ'peʒu] m eviction; **quarto de despejo** junk room

despencar [dʒiʃpē'ka*] vi to fall down, tumble down

despensa [dʒiʃ'pēsa] f larder

despentear [dʒiʃpē'tʃja*] vt (cabelo: sem querer) to mess up; (: de propósito) to let down; **despentear-se** vr to mess one's hair up, to let one's hair down

despercebido, -a [dʒiʃpexse'bidu, a] adj unnoticed

desperdiçar [dʒiʃpexdʒi'sa*] vt to waste; (dinheiro) to squander; **desperdício** [dʒiʃpex'dʒisju] m waste

despertador [dʒiʃpexta'do*] m (tb: **relógio ~**) alarm clock

despertar [dʒiʃpex'ta*] vt to wake; (suspeitas, interesse) to arouse; (reminiscências) to revive; (apetite) to whet ♦ vi to wake up ♦ m awakening;

desperto, -a [dʒiʃˈpɛxtu, a] *adj* awake

despesa [dʒiʃˈpeza] *f* expense; **~s** *fpl* (*de uma empresa*) expenses, costs; **~s gerais** (*COM*) overheads

despido, -a [dʒiʃˈpidu, a] *adj* naked, bare; (*livre*) free

despir [dʒiʃˈpi*] *vt* (*roupa*) to take off; (*pessoa*) to undress; (*despojar*) to strip; **despir-se** *vr* to undress

despojar [dʒiʃpoˈʒa*] *vt* (*casas*) to loot, sack; (*pessoas*) to rob

despontar [dʒiʃpõˈta*] *vi* to emerge; (*sol*) to come out; (: *ao amanhecer*) to come up; **ao ~ do dia** at daybreak

desporto [dʒiʃˈpoxtu] (*esp PT*) *m* sport

desprender [dʒiʃprẽˈde*] *vt* to loosen; (*desatar*) to unfasten; (*emitir*) to emit; **desprender-se** *vr* (*botão*) to come off; (*cheiro*) to be given off

despreocupado, -a [dʒiʃpreokuˈpado, a] *adj* carefree, unconcerned

desprezar [dʒiʃpreˈza*] *vt* to despise, disdain; (*não dar importância a*) to disregard, ignore; **desprezível** [dʒiʃpreˈzivew] (*pl* **-eis**) *adj* despicable; **desprezo** [dʒiʃˈprezu] *m* scorn, contempt; **dar ao desprezo** to ignore

desproporcional [dʒiʃpropoxsjoˈnaw] *adj* disproportionate

despropósito [dʒiʃproˈpɔzitu] *m* nonsense

desprovido, -a [dʒiʃproˈvidu, a] *adj* deprived; **~ de** without

desqualificar [dʒiʃkwalifiˈka*] *vt* (*ESPORTE etc*) to disqualify; (*tornar indiguo*) to disgrace, lower

desregrado, -a [dʒiʒxeˈgradu, a] *adj* disorderly, unruly; (*devasso*) immoderate

desrespeito [dʒiʒxeˈʃpejtu] *m* disrespect

desse *etc* [ˈdesi] *vb* V **dar**

desse, -a [ˈdesi, a] = **de** + **esse/a**

destacar [dʒiʃtaˈka*] *vt* (*MIL*) to detail; (*separar*) to detach; (*enfatizar*) to emphasize ♦ *vi* to stand out; **destacar-se** *vr* to stand out; (*pessoa*) to be outstanding

destampar [dʒiʃtãˈpa*] *vt* to take the lid off

destapar [dʒiʃtaˈpa*] *vt* to uncover

destaque [dʒiʃˈtaki] *m* distinction; (*pessoa, coisa*) highlight

deste, -a [ˈdeʃtʃi, a] = **de** + **este, -a**

destemido, -a [deʃteˈmidu, a] *adj* fearless, intrepid

destilar [deʃtʃiˈla*] *vt* to distil (*BRIT*), distill (*US*)

destinação [deʃtʃinaˈsãw] (*pl* **-ões**) *f* destination

destinar [deʃˈtʃina*] *vt* to destine; (*dinheiro*): **~ (para)** to set aside (for); **destinar-se** *vr*: **~-se a** to be intended for; (*carta*) to be addressed to

destinatário, -a [deʃtʃinaˈtarju, a] *m/f* addressee

destino [deʃˈtʃinu] *m* destiny, fate; (*lugar*) destination; **com ~ a** bound for

destituir [deʃtʃiˈtwi*] *vt* to dismiss; **~ de** (*privar de*) to deprive of

destrancar [dʒiʃtrãˈka*] *vt* to unlock

destratar [dʒiʃtraˈta*] *vt* to abuse, insult

destreza [deʃˈtreza] *f* skill; (*agilidade*) dexterity

destro, -a [ˈdeʃtru, a] *adj* skilful (*BRIT*), skillful (*US*); (*ágil*) agile; (*não canhoto*) right-handed

destrocar [dʒiʃtroˈka*] *vt* to give back, return

destroçar [dʒiʃtroˈsa*] *vt* to destroy; (*quebrar*) to smash, break; **destroços** [dʒiʃˈtrɔsuʃ] *mpl* wreckage *sg*

destruição [dʒiʃtrwiˈsãw] *f* destruction

destruir [dʒiʃˈtrwi*] *vt* to destroy

desvairado, -a [dʒizvaj'radu, a] *adj*
(*louco*) crazy, demented; (*desorientado*)
bewildered
desvalorizar [dʒizvalori'za*] *vt* to
devalue
desvantagem [dʒizvã'taʒẽ] (*pl* **-ns**) *f*
disadvantage
desvão [dʒiʒ'vãw] (*pl* **-s**) *m* loft
desventura [dʒizvẽ'tura] *f* misfortune;
(*infelicidade*) unhappiness
desviar [dʒiʒ'vja*] *vt* to divert; (*golpe*)
to deflect; (*dinheiro*) to embezzle;
desviar-se *vr* to turn away; **~-se de** to
avoid; **~ os olhos** to look away
desvio [dʒiʒ'viu] *m* diversion, detour;
(*curva*) bend; (*fig*) deviation; (*de
dinheiro*) embezzlement
detalhadamente [detaʎada'mẽtʃi]
adv in detail
detalhado, -a [deta'ʎadu, a] *adj*
detailed
detalhar [deta'ʎa*] *vt* to (give in)
detail
detalhe [de'taʎi] *m* detail
detectar [detek'ta*] *vt* to detect
detective [detek'tiva] (*PT*) *m/f* =
detetive
detector [detek'to*] *m* detector
detenção [detẽ'sãw] (*pl* **-ões**) *f*
detention
deter [de'te*] (*irreg: como* **ter**) *vt* to
stop; (*prender*) to arrest; (*manter
preso*) to detain; (*reter*) to keep;
(*conter: riso*) to contain; **deter-se** *vr* to
stop; (*ficar*) to stay; (*conter-se*) to
restrain o.s.
detergente [detex'ʒẽtʃi] *m* detergent
deteriorar [deterjo'ra*] *vt* to spoil,
damage; **deteriorar-se** *vr* to
deteriorate; (*relações*) to worsen
determinação [detexmina'sãw] *f*
determination; (*decisão*) decision;
(*ordem*) order

determinado, -a [detexmi'nadu, a]
adj determined; (*certo*) certain, given
determinar [detexmi'na*] *vt* to
determine; (*decretar*) to order;
(*resolver*) to decide (on); (*causar*) to
cause
detestar [detes'ta*] *vt* to hate;
detestável [detes'tavew] (*pl* **-eis**) *adj*
horrible, hateful
detetive [dete'tʃivi] *m/f* detective
detido, -a [de'tʃidu, a] *adj* (*preso*)
under arrest; (*minucioso*) thorough
♦ *m/f* person under arrest, prisoner
detonação [detona'sãw] (*pl* **-ões**) *f*
explosion
detonar [deto'na*] *vt*, *vi* to detonate
detrás [de'trajʃ] *adv* behind ♦ *prep*: **~
de** behind
detrimento [detri'mẽtu] *m*: **em ~ de**
to the detriment of
detrito [de'tritu] *m* debris *sg*; (*de
comida*) remains *pl*; (*resíduo*) dregs *pl*
deturpação [detuxpa'sãw] *f*
corruption; (*de palavras*) distortion
deturpar [detux'pa*] *vt* to corrupt;
(*desfigurar*) to disfigure; (*palavras*) to
twist
deu [dew] *vb* V **dar**
deus, a [dewʃ, dewsa] *m/f* god/
goddess; **D~ me livre!** God forbid!;
graças a D~ thank goodness; **meu D~!**
good Lord!
devagar [dʒiva'ga*] *adv* slowly
devaneio [deva'neju] *m* daydream
devassa [de'vasa] *f* investigation,
inquiry
devassidão [devasi'dãw] *f*
debauchery
devasso, -a [de'vasu, a] *adj* dissolute
devastar [devaʃ'ta*] *vt* to devastate;
(*arruinar*) to ruin
deve ['devi] *m* debit

devedor, a [deve'do*, a] *adj* (*pessoa*) in debt ♦ *m/f* debtor

dever [de've*] *m* duty ♦ *vt* to owe ♦ *vi* (*suposição*): **deve (de) estar doente** he must be ill; (*obrigação*): **devo partir às oito** I must go at eight; **você devia ir ao médico** you should go to the doctor; **que devo fazer?** what shall I do?

devidamente [devida'mētʃi] *adv* properly; (*preencher formulário etc*) duly

devido, -a [de'vidu, a] *adj* (*maneira*) proper; (*respeito*) due; **~ a** due to, owing to; **no ~ tempo** in due course

devoção [devo'sãw] *f* devotion

devolução [devolu'sãw] *f* devolution; (*restituição*) return; (*reembolso*) refund; **~ de impostos** tax rebate

devolver [devow've*] *vt* to give back, return; (*COM*) to refund

devorar [devo'ra*] *vt* to devour; (*destruir*) to destroy

devotar [devo'ta*] *vt* to devote

dez [deʒ] *num* ten

dezanove [deza'nɔvə] (*PT*) *num* = dezenove

dezasseis [deza'sejʃ] (*PT*) *num* = dezesseis

dezassete [deza'setə] (*PT*) *num* = dezessete

dezembro [de'zēbru] (*PT* **D~**) *m* December

dezena [de'zena] *f*: **uma ~ de ...** ten ...

dezenove [deze'nɔvi] *num* nineteen

dezesseis [deze'sejʃ] *num* sixteen

dezessete [dezi'setʃi] *num* seventeen

dezoito [dʒi'zojtu] *num* eighteen

dia ['dʒia] *m* day; (*claridade*) daylight; **~ a ~** day by day; **~ santo** holy day; **~ útil** weekday; **estar** *ou* **andar em ~ (com)** to be up to date (with); **de ~** in

the daytime, by day; **mais ~ menos ~** sooner or later; **~ sim, ~ não** every other day; **no ~ seguinte** the next day; **bom ~** good morning; **dia-a-dia** *m* daily life, everyday life

diabete(s) [dʒja'betʃi(ʃ)] *f* diabetes *sg*;

diabético, -a [dʒja'betʃiku, a] *adj, m/f* diabetic

diabo ['dʒjabu] *m* devil; **que ~!** (*col*) damn it!

diabrura [dʒja'brura] *f* prank; **~s** *fpl* (*travessura*) mischief *sg*

diafragma [dʒja'fragma] *m* diaphragm

diagnóstico [dʒjag'nɔʃtʃiku] *m* diagnosis

diagonal [dʒjago'naw] (*pl* **-ais**) *adj, f* diagonal

diagrama [dʒja'grama] *m* diagram

dialeto [dʒja'letu] (*PT* **-ect-**) *m* dialect

dialogar [dʒjalo'ga*] *vi*: **~ (com alguém)** to talk (to sb); (*POL*) to have *ou* hold talks (with sb)

diálogo ['dʒjalogu] *m* dialogue; (*conversa*) talk, conversation

diamante [dʒja'mãtʃi] *m* diamond

diâmetro ['dʒjametru] *m* diameter

diante ['dʒjãtʃi] *prep*: **~ de** before; (*na frente de*) in front of; (*problemas etc*) in the face of; **e assim por ~** and so on; **para ~** forward

dianteira [dʒjã'tejra] *f* front, vanguard; **tomar a ~** to get ahead

dianteiro, -a [dʒjã'tejru, a] *adj* front

diapositivo [dʒjapozi'tʃivu] *m* (*FOTO*) slide

diária ['dʒjarja] *f* (*de hotel*) daily rate

diário, -a ['dʒjarju, a] *adj* daily ♦ *m* diary; (*jornal*) (daily) newspaper; **~ de bordo** (*AER*) logbook

diarréia [dʒja'xeja] *f* diarrhoea (*BRIT*), diarrhea (*US*)

dica ['dʒika] (*col*) *f* hint

dicionário [dʒisjoˈnarju] *m* dictionary

dieta [ˈdʒjeta] *f* diet; **fazer ~** to be on a diet; (*começar*) to go on a diet

diferença [dʒifeˈrẽsa] *f* difference; **ela tem uma ~ comigo** she's got something against me

diferenciar [dʒiferẽˈsjaˀ] *vt* to differentiate

diferente [dʒifeˈrẽtʃi] *adj* different; **estar ~ com alguém** to be at odds with sb

difícil [dʒiˈfisiw] (*pl* **-eis**) *adj* difficult; (*improvável*) unlikely; **o ~ é ...** the difficult thing is ...; **acho ~ ela aceitar nossa proposta** I think it's unlikely she will accept our proposal; **dificilmente** [dʒifisiwˈmẽtʃi] *adv* with difficulty; (*mal*) hardly; (*raramente*) hardly ever

dificuldade [dʒifikuwˈdadʒi] *f* difficulty; (*aperto*): **em ~s** in trouble

dificultar [dʒifikuwˈtaˀ] *vt* to make difficult; (*complicar*) to complicate

difundir [dʒifũˈdʒiˀ] *vt* to diffuse; (*boato, rumor*) to spread

digerir [dʒiʒeˈriˀ] *vt, vi* to digest

digestão [dʒiʒeʃˈtãw] *f* digestion

digital [dʒiʒiˈtaw] (*pl* **-ais**) *adj*: **impressão ~** fingerprint

digitar [dʒiʒiˈtaˀ] *vt* (*COMPUT*: *dados*) to key (in)

dígito [ˈdʒiʒitu] *m* digit

dignidade [dʒigniˈdadʒi] *f* dignity

digno, -a [ˈdʒignu, a] *adj* (*merecedor*) worthy; (*nobre*) dignified

digo *etc* [ˈdʒigu] *vb V* **dizer**

dilatar [dʒilaˈtaˀ] *vt* to dilate, expand; (*prolongar*) to prolong; (*retardar*) to delay

dilema [dʒiˈlema] *m* dilemma

diluir [dʒiˈlwiˀ] *vt* to dilute

dilúvio [dʒiˈluvju] *m* flood

dimensão [dʒimẽˈsãw] (*pl* **-ões**) *f* dimension; **dimensões** *fpl* (*medidas*) measurements

diminuição [dʒiminwiˈsãw] *f* reduction

diminuir [dʒimiˈnwiˀ] *vt* to reduce; (*som*) to turn down; (*interesse*) to lessen ♦ *vi* to lessen, diminish; (*preço*) to go down; (*dor*) to wear off; (*barulho*) to die down

diminutivo, -a [dʒiminuˈtʃivu, a] *adj* diminutive ♦ *m* (*LING*) diminutive

Dinamarca [dʒinaˈmaxka] *f* Denmark;

dinamarquês, -quesa [dʒinamaxˈkeʃ, ˈkeza] *adj* Danish ♦ *m/f* Dane ♦ *m* (*LING*) Danish

dinâmico, -a [dʒiˈnamiku, a] *adj* dynamic

dínamo [ˈdʒinamu] *m* dynamo

dinheirão [dʒiɲejˈrãw] *m*: **um ~** loads *pl* of money

dinheiro [dʒiˈɲejru] *m* money; **~ à vista** cash for paying in cash; **~ em caixa** money in the till; **~ em espécie** cash

dinossauro [dʒinoˈsawru] *m* dinosaur

diploma [dʒipˈlɔma] *m* diploma

diplomacia [dʒiplomaˈsia] *f* diplomacy; (*fig*) tact

diplomata [dʒiploˈmata] *m/f* diplomat; **diplomático, -a** [dʒiploˈmatʃiku, a] *adj* diplomatic

dique [ˈdʒiki] *m* dam; (*GEO*) dyke

direção [dʒireˈsãw] (*PT* **-cç-**; *pl* **-ões**) *f* direction; (*endereço*) address; (*AUTO*) steering; (*administração*) management; (*comando*) leadership; (*diretoria*) board of directors; **em ~ a** towards

directo, -a *etc* [diˈrɛktu, a] (*PT*) = **direto** *etc*

direi *etc* [dʒiˈrej] *vb V* **dizer**

direita [dʒiˈrejta] *f* (*mão*) right hand; (*lado*) right-hand side; (*POL*) right wing; **à ~** on the right

a
b
c
d
e
f
g
h
i
j
k
l
m
n
o
p
q
r
s
t
u
v
w
x
z

direito, -a [dʒi'rejtu, a] *adj* (*lado*) right-hand; (*mão*) right; (*honesto*) honest; (*devido*) proper; (*justo*) right, just ♦ *m* right; (*JUR*) law ♦ *adv* straight; (*bem*) right; (*de maneira certa*) properly; **~s** *mpl* (*humanos*) rights; (*alfandegários*) duty *sg*

direto, -a [dʒi'rɛtu, a] *adj* direct ♦ *adv* straight; **transmissão direta** (*TV*) live broadcast

diretor, a [dʒire'to*, a] *adj* directing, guiding ♦ *m/f* director; (*de jornal*) editor; (*de escola*) head teacher; **diretoria** [dʒireto'ria] *f* (*COM*) management

dirigente [dʒiri'ʒẽtʃi] *m/f* (*de país, partido*) leader; (*diretor*) director; (*gerente*) manager

dirigir [dʒiri'ʒi*] *vt* to direct; (*COM*) to manage; (*veículo*) to drive ♦ *vi* to drive; **dirigir-se** *vr*: **~-se a** (*falar com*) to speak to; (*ir, recorrer*) to go to; (*esforços*) to be directed towards

discagem [dʒiʃ'kaʒẽ] *f* (*TEL*) dialling

discar [dʒiʃ'ka*] *vt* to dial

disciplina [dʒisi'plina] *f* discipline; **disciplinar** [dʒisipli'na*] *vt* to discipline

discípulo, -a [dʒi'sipulu, a] *m/f* disciple; (*aluno*) pupil

disc-jóquei [dʒiʃk-] *m/f* disc jockey, DJ

disco ['dʒiʃku] *m* disc; (*COMPUT*) disk; (*MÚS*) record; (*de telefone*) dial; **~ laser** (*máquina*) compact disc player, CD player; (*disco*) compact disc, CD; **~ flexível/rígido** (*COMPUT*) floppy/hard disk; **~ do sistema** system disk; **~ voador** flying saucer

discordar [dʒiʃkox'da*] *vi*: **~ de alguém em algo** to disagree with sb on sth

discórdia [dʒiʃ'kɔxdʒia] *f* discord,

strife

discoteca [dʒiʃko'tɛka] *f* discotheque, disco

discrepância [dʒiʃkre'pãsja] *f* discrepancy; (*desacordo*) disagreement; **discrepante** [dʒiʃkre'pãtʃi] *adj* conflicting

discreto, -a [dʒiʃ'krɛtu, a] *adj* discreet; (*modesto*) modest; (*prudente*) shrewd; (*roupa*) plain; **discrição** [dʒiʃkri'sãw] *f* discretion

discriminação [dʒiʃkrimina'sãw] *f* discrimination

discriminar [dʒiʃkrimi'na*] *vt* to distinguish ♦ *vi*: **~ entre** to discriminate between

discurso [dʒiʃ'kuxsu] *m* speech

discussão [dʒiʃku'sãw] (*pl* **-ões**) *f* discussion; (*contenda*) argument

discutir [dʒiʃku'tʃi*] *vt* to discuss ♦ *vi*: **~ (sobre algo)** to talk (about sth); (*contender*) to argue (about sth)

disenteria [dʒizẽte'ria] *f* dysentery

disfarçar [dʒiʃfax'sa*] *vt* to disguise ♦ *vi* to pretend; **disfarçar-se** *vr*: **~-se em** *ou* **de algo** to disguise o.s. as sth; **disfarce** [dʒiʃ'faxsi] *m* disguise; (*máscara*) mask

dislexia [dʒizlek'sja] *f* dyslexia

disparar [dʒiʃpa'ra*] *vt* to shoot, fire ♦ *vi* to fire; (*arma*) to go off; (*correr*) to shoot off, bolt

disparatado, -a [dʒiʃpara'tadu, a] *adj* silly, absurd

disparate [dʒiʃpa'ratʃi] *m* nonsense, rubbish

disparidade [dʒiʃpari'dadʒi] *f* disparity

dispensar [dʒiʃpẽ'sa*] *vt* to excuse; (*prescindir de*) to do without; (*conferir*) to grant; **dispensável** [dʒiʃpẽ'savew] (*pl* **-eis**) *adj* expendable

dispersar [dʒiʃpex'sa*] *vt, vi* to

disperse; **disperso, -a** [dʒiʃ'pɛxsu, a] *adj* scattered

displicência [dʒiʃpli'sensja] (*BR*) *f* negligence, carelessness; **displicente** [dʒiʃpli'sẽtʃi] *adj* careless

dispo *etc* ['dʒiʃpu] *vb V* despir

disponível [dʒiʃpo'nivew] (*pl* **-eis**) *adj* available

dispor [dʒiʃ'po*] (*irreg: como* **pôr**) *vt* to arrange ♦ *vi*: **~ de** to have the use of; (*ter*) to have, own; (*pessoas*) to have at one's disposal; **dispor-se** *vr*: **~-se a** (*estar pronto a*) to be prepared to, be willing to; (*decidir*) to decide to; **~ sobre** to talk about; **disponha!** feel free!

disposição [dʒiʃpozi'sãw] (*pl* **-ões**) *f* arrangement; (*humor*) disposition; (*inclinação*) inclination; **à sua ~** at your disposal

dispositivo [dʒiʃpozi'tʃivu] *m* gadget, device; (*determinação de lei*) provision

disposto, -a [dʒiʃ'poʃtu, 'poʃta] *adj*: **estar ~ a** to be willing to; **estar bem ~** to look well

disputa [dʒiʃ'puta] *f* dispute, argument; (*competição*) contest; **disputar** [dʒiʃpu'ta*] *vt* to dispute; (*concorrer a*) to compete for; (*lutar por*) to fight over ♦ *vi* to quarrel, argue; to compete; **disputar uma corrida** to run a race

disquete [dʒiʃ'ketʃi] *m* (*COMPUT*) floppy disk, diskette

disse *etc* ['dʒisi] *vb V* dizer

disseminar [dʒisemi'na*] *vt* to disseminate; (*espalhar*) to spread

dissertar [dʒisex'ta*] *vi* to speak

dissidência [dʒisi'dẽsja] *f* (*cisão*) difference of opinion

disso ['dʒisu] = **de** + **isso**

dissolução [dʒisolu'sãw] *f* (*libertinagem*) debauchery; (*de*

casamento) dissolution

dissolver [dʒisow've*] *vt* to dissolve; (*dispersar*) to disperse; (*motim*) to break up

dissuadir [dʒiswa'dʒi*] *vt* to dissuade; **~ alguém de fazer algo** to talk sb out of doing sth, dissuade sb from doing sth

distância [dʒiʃ'tãsja] *f* distance; **a 3 quilómetros de ~** 3 kilometres (*BRIT*) *ou* kilometers (*US*) away

distanciar [dʒiʃtã'sja*] *vt* to distance, set apart; (*colocar por intervalos*) to space out; **distanciar-se** *vr* to move away; (*fig*) to distance o.s.

distante [dʒiʃ'tãtʃi] *adj* distant

distender [dʒiʃtẽ'de*] *vt* to expand; (*estirar*) to stretch; (*dilatar*) to distend; (*músculo*) to pull; **distender-se** *vr* to expand; to distend

distinção [dʒiʃtʃĩ'sãw] (*pl* **-ões**) *f* distinction; **fazer ~** to make a distinction

distinguir [dʒiʃtʃĩ'gi*] *vt* to distinguish; (*avistar, ouvir*) to make out; **distinguir-se** *vr* to stand out

distintivo, -a [dʒiʃtʃĩ'tʃivu, a] *adj* distinctive ♦ *m* (*insígnia*) badge; (*emblema*) emblem

distinto, -a [dʒiʃ'tʃĩtu, a] *adj* different; (*eminente*) distinguished; (*claro*) distinct; (*refinado*) refined

disto ['dʒiʃtu] = **de** + **isto**

distorcer [dʒiʃtox'se*] *vt* to distort

distração [dʒiʃtra'sãw] (*PT* **-cç-**; *pl* **-ões**) *f* (*alheamento*) absent-mindedness; (*divertimento*) pastime; (*descuido*) oversight

distraído, -a [dʒiʃtra'idu, a] *adj* absent-minded; (*não atento*) inattentive

distrair [dʒiʃtra'i*] *vt* to distract; (*divertir*) to amuse

distribuição [dʒiʃtribwi'sãw] f
distribution; (*de cartas*) delivery

distribuidor, a [dʒiʃtribwi'do*, a] m/f
distributor ♦ m (AUTO) distributor ♦ f
(COM) distribution company, distributor

distribuir [dʒiʃtri'bwi*] vt to
distribute; (*repartir*) to share out;
(*cartas*) to deliver

distrito [dʒiʃ'tritu] m district;
(*delegacia*) police station; **~ eleitoral**
constituency; **~ federal** federal area

distúrbio [dʒiʃ'tuxbju] m disturbance

ditado [dʒi'tadu] m dictation;
(*provérbio*) saying

ditador [dʒita'do*] m dictator;

ditadura [dʒita'dura] f dictatorship

ditar [dʒi'ta*] vt to dictate; (*impor*) to
impose

dito, -a ['dʒitu, a] pp de **dizer**; **~ e
feito** no sooner said than done

DIU abr m (= dispositivo intra-uterino)
IUD

diurno, -a ['dʒjuxnu, a] adj daytime
atr

divã [dʒi'vã] m couch, divan

divergir [dʒivex'ʒi*] vi to diverge;
(*discordar*): **~ de alguém** to disagree
(with sb)

diversão [dʒivex'sãw] (pl **-ões**) f
amusement; (*passatempo*) pastime

diverso, -a [dʒi'vexsu, a] adj different;
~s various, several

diversões [divex'sõjʃ] fpl de **diversão**

diversos [dʒi'vexsuʃ] mpl (COM)
sundries

divertido, -a [dʒivex'tʃidu, a] adj
amusing, funny

divertimento [dʒivextʃi'mẽtu] m
amusement, entertainment

divertir [dʒivex'tʃi*] vt to amuse,
entertain; **divertir-se** vr to enjoy o.s.,
have a good time

dívida ['dʒivida] f debt; **contrair ~s** to
run into debt; **~ externa** foreign debt

dividir [dʒivi'dʒi*] vt to divide;
(*despesas, lucro, comida etc*) to share;
(*separar*) to separate ♦ vi (MAT) to
divide; **dividir-se** vr to divide, split up

divindade [dʒivĩ'dadʒi] f divinity

divino, -a [dʒi'vinu, a] adj divine ♦ m
Holy Ghost

divirjo etc [dʒi'vixʒu] vb V **divergir**

divisa [dʒi'viza] f emblem; (*frase*)
slogan; (*fronteira*) border; (MIL) stripe;
~s fpl (câmbio) foreign exchange sg

divisão [dʒivi'zãw] (pl **-ões**) f division;
(*discórdia*) split; (*partilha*) sharing

divisões [dʒivi'zõjʃ] fpl de **divisão**

divisória [dʒivi'zɔrja] f partition

divorciado, -a [dʒivox'sjadu, a] adj
divorced ♦ m/f divorcé(e)

divorciar [dʒivox'sja*] vt to divorce;
divorciar-se vr to get divorced;

divórcio [dʒi'vɔxsju] m divorce

divulgar [dʒivuw'ga*] vt (*notícias*) to
spread; (*segredo*) to divulge; (*produto*)
to market; (*livro*) to publish;
divulgar-se vr to leak out

dizer [dʒi'ze*] vt to say ♦ m saying;
dizer-se vr to claim to be; **diz-se** ou
dizem que ... it is said that ...; **~ algo
a alguém** to tell sb sth; (*falar*) to say
sth to sb; **~ a alguém que ...** to tell sb
that ...; **o que você diz da minha
sugestão?** what do you think of my
suggestion?; **querer ~** to mean; **quer
~** that is to say; **digo** (ou **seja**) I mean;
não diga! you don't say!; **por assim ~**
so to speak; **até ~ chega** as much as
possible

do [du] = **de** + **o**

doação [doa'sãw] (pl **-ões**) f donation

doador, a [doa'do*, a] m/f donor

doar [do'a*] vt to donate, give

dobra ['dɔbra] f fold; (*prega*) pleat;

a
b
c
d
e
f
g
h
i
j
k
l
m
n
o
p
q
r
s
t
u
v
w
x
z

(*de calças*) turn-up

dobradiça [dobra'dʒisa] *f* hinge

dobradinha [dobra'dʒiɲa] *f* (*CULIN*) tripe stew

dobrar [do'bra*] *vt* to double; (*papel*) to fold; (*joelho*) to bend; (*esquina*) to turn, go round; (*fazer ceder*): ~ **alguém** to talk sb round ♦ *vi* to double; (*sino*) to toll; (*vergar*) to bend; **dobrar-se** *vr* to double (up)

dobro ['dobru] *m* double

doce ['dosi] *adj* sweet; (*terno*) gentle ♦ *m* sweet

dóceis ['dɔsejʃ] *adj pl de* **dócil**

dócil ['dɔsiw] (*pl* **-eis**) *adj* docile

documentação [dokumẽta'sãw] *f* documentation; (*documentos*) papers *pl*

documentário, -a [dokumẽ'tarju, a] *adj* documentary ♦ *m* documentary

documento [doku'mẽtu] *m* document

doçura [do'sura] *f* sweetness; (*brandura*) gentleness

doença [do'ẽsa] *f* illness

doente [do'ẽtʃi] *adj* ill, sick ♦ *m/f* sick person; (*cliente*) patient

doentio, -a [doẽ'tʃiu, a] *adj* (*pessoa*) sickly; (*clima*) unhealthy; (*curiosidade*) morbid

doer [do'e*] *vi* to hurt, ache; ~ **a alguém** (*pesar*) to grieve sb

doido, -a ['dojdu, a] *adj* mad, crazy ♦ *m/f* madman/woman

doído, -a [do'idu, a] *adj* painful; (*moralmente*) hurt; (*que causa dor*) painful

dois, duas [dojʃ, 'duaʃ] *num* two; **conversa a** ~ tête-à-tête

dólar ['dɔla*] *m* dollar; ~ **oficial/ paralelo** dollar at the official/ black-market rate; ~**-turismo** dollar at the special tourist rate; **doleiro, -a**

[do'lejru, a] *m/f* (black market) dollar dealer

dolorido, -a [dolo'ridu, a] *adj* painful, sore

doloroso, -a [dolo'rozu, ɔza] *adj* painful

dom [dõ] *m* gift; (*aptidão*) knack

domar [do'ma*] *vt* to tame

doméstica [do'mɛʃtʃika] *f* maid

domesticado, -a [domeʃtʃi'kadu, a] *adj* domesticated; (*manso*) tame

domesticar [domeʃtʃi'ka*] *vt* to domesticate; (*povo*) to tame

doméstico, -a [do'mɛʃtʃiku, a] *adj* domestic; (*vida*) home *atr*

domicílio [domi'silju] *m* home, residence; **"entregamos a ~"** "we deliver"

dominador, a [domina'do*, a] *adj* (*pessoa*) domineering; (*olhar*) imposing ♦ *m/f* ruler

dominante [domi'nãtʃi] *adj* dominant; (*predominante*) predominant

dominar [domi'na*] *vt* to dominate; (*reprimir*) to overcome ♦ *vi* to dominate; **dominar-se** *vr* to control o.s.

domingo [do'mĩgu] *m* Sunday

domínio [do'minju] *m* power; (*dominação*) control; (*território*) domain; (*esfera*) sphere; ~ **próprio** self-control

dona ['dɔna] *f* owner; (*col: mulher*) lady; ~ **de casa** housewife; **D~ Lígia** Lígia; **D~ Luísa Souza** Mrs Luísa Souza

donde ['dõdə] (*PT*) *adv* from where; (*daí*) thus

dono ['donu] *m* owner

dopar [do'pa*] *vt* to drug

dor [do*] *f* ache; (*aguda*) pain; (*fig*) grief, sorrow; ~ **de cabeça/dentes/ estômago** headache/toothache/ stomachache

dormente [dox'mẽtʃi] *adj* numb ♦ *m*
(FERRO) sleeper

dormir [dox'mi*] *vi* to sleep; **~ fora** to
spend the night away

dormitório [doxmi'tɔrju] *m* bedroom;
(coletivo) dormitory

dorso ['doxsu] *m* back

dos [duʃ] = **de** + **os**

dosagem [do'zaʒẽ] *m* dosage

dose ['dɔzi] *f* dose

dossiê [do'sje] *m* dossier, file

dotado, -a [do'tadu, a] *adj* gifted; **~ de**
endowed with

dotar [do'ta*] *vt* to endow

dou [do] *vb* V **dar**

dourado, -a [do'radu, a] *adj* golden;
(com camada de ouro) gilt ♦ *m* gilt

doutor, a [do'to*, a] *m/f* doctor; **D~**
(forma de tratamento) Sir; **D~ Eduardo
Souza** Mr Eduardo Souza

doutrina [do'trina] *f* doctrine

doze ['dozi] *num* twelve

Dr(a). *abr* (= Doutor(a)) Dr.

dragão [dra'gãw] (*pl* **-ões**) *m* dragon

dragões [dra'gõjʃ] *mpl de* **dragão**

drama ['drama] *m* drama; **dramático,
-a** [dra'matʃiku, a] *adj* dramatic;
dramatizar [dramatʃi'za*] *vt, vi* to
dramatize

drástico, -a ['draʃtʃiku, a] *adj* drastic

dreno ['drɛnu] *m* drain

driblar [dri'bla*] *vt, vi* (FUTEBOL) to
dribble

drinque ['drĩki] *m* drink

droga ['drɔga] *f* drug; (fig) rubbish;
drogado, -a [dro'gadu, a] *m/f* drug
addict; **drogar** [dro'ga*] *vt* to drug;
drogar-se *vr* to take drugs

drogaria [droga'ria] *f* chemist's shop
(BRIT), drugstore (US)

DTP *abr m* (= desktop publishing) DTP

duas ['duaʃ] *f de* **dois**

dublê [du'ble] *m/f* double

ducha ['duʃa] *f* shower

dueto ['dwetu] *m* duet

duna ['duna] *f* dune

dupla ['dupla] *f* pair; (ESPORTE): **~
masculina/feminina/mista** men's/
women's/mixed doubles

duplicar [dupli'ka*] *vt* to duplicate
♦ *vi* to double; **duplicata** [dupli'kata] *f*
duplicate; (título) trade note, bill

duplo, -a ['duplu, a] *adj* double ♦ *m*
double

duque ['duki] *m* duke

duração [dura'sãw] *f* duration; **de
pouca ~** short-lived

duradouro, -a [dura'doru, a] *adj*
lasting

durante [du'rãtʃi] *prep* during; **~ uma
hora** for an hour

durar [du'ra*] *vi* to last

durável [du'ravew] (*pl* **-eis**) *adj* lasting

durex [du'rɛks] ® *adj*: **fita ~** adhesive
tape, sellotape ® (BRIT), scotchtape ® (US)

durmo *etc* ['duxmu] *vb* V **dormir**

duro, -a ['duru, a] *adj* hard; (severo)
harsh; (resistente, fig) tough; **estar ~**
(col) to be broke

dúvida ['duvida] *f* doubt; **sem ~**
undoubtedly, without a doubt;
duvidar [duvi'da*] *vt* to doubt ♦ *vi* to
have one's doubts; **duvidar de
alguém/algo** to doubt sb/sth; **duvidar
que ...** to doubt that ...; **duvido!** I
doubt it!; **duvidoso, -a** [duvi'dozu, ɔza]
adj doubtful; (suspeito) dubious

duzentos, -as [du'zẽtuʃ, aʃ] *num* two
hundred

dúzia ['duzja] *f* dozen; **meia ~** half a
dozen

DVD *abr m* (= disco digital versátil)
DVD

dz. *abr* = **dúzia**

a
b
c
d
e
f
g
h
i
j
k
l
m
n
o
p
q
r
s
t
u
v
w
x
z

E e

e [i] *conj* and; **~ a bagagem?** what about the luggage?

é [ɛ] *vb* V **ser**

ébano ['ɛbanu] *m* ebony

eclipse [e'klipsi] *m* eclipse

eco ['ɛku] *m* echo; **ter ~** to catch on; **ecoar** [e'kwa*] *vt* to echo ♦ *vi (ressoar)* to echo

ecologia [ekolo'ʒia] *f* ecology

economia [ekono'mia] *f* economy; *(ciência)* economics *sg;* **~s** *fpl (poupanças)* savings; **fazer ~ (de)** to economize (with)

econômico, -a [eko'nomiku, a] *adj* economical; *(pessoa)* thrifty; *(COM)* economic

economizar [ekonomi'za*] *vt (gastar com economia)* to economize on; *(poupar)* to save (up) ♦ *vi* to economize; to save up

écran ['ɛkrã] *(PT) m* screen

ECU *abr m* ECU

edição [edʒi'sãw] *(pl* **-ões)** *f* publication; *(conjunto de exemplares)* edition; *(TV, CINEMA)* editing

edifício [edʒi'fisju] *m* building; **~ garagem** multistorey car park *(BRIT)*, multistory parking lot *(US)*

Edimburgo [edʒĩ'buxgu] *n* Edinburgh

editar [edʒi'ta*] *vt* to publish; *(COMPUT etc)* to edit

editor, a [edʒi'to*, a] *adj* publishing *atr* ♦ *m/f* publisher; *(redator)* editor ♦ *f* publishing company; **casa ~a** publishing house; **editoração** [edʒitora'sãw] *f:* **editoração eletrônica** desktop publishing; **editorial** [edʒitor'jaw] *(pl* **-ais)** *adj* publishing *atr* ♦ *m* editorial

edredão [ədrə'dãw] *(pl* **-ões)** *(PT) m* =

edredom

edredom [edre'dõ] *(pl* **-ns)** *m* eiderdown

educação [eduka'sãw] *f* education; *(criação)* upbringing; *(de animais)* training; *(maneiras)* good manners *pl;*

educacional [edukasjo'naw] *(pl* **-ais)** *adj* education *atr*

educar [edu'ka*] *vt* to educate; *(criar)* to bring up; *(animal)* to train

efectivo, -a *etc* [efek'tivu, a] *(PT) adj* = **efetivo** *etc*

efectuar [efek'twa*] *(PT) vt* = **efetuar**

efeito [e'fejtu] *m* effect; **fazer ~** to work; **levar a ~** to put into effect; **com ~** indeed

efeminado [efemi'nadu] *adj* effeminate

efervescente [efexve'sẽtʃi] *adj* fizzy

efetivamente [efetʃiva'mẽtʃi] *adv* effectively; *(realmente)* really, in fact

efetivo, -a [efe'tʃivu, a] *adj* effective; *(real)* actual, real; *(cargo, funcionário)* permanent

efetuar [efe'twa*] *vt* to carry out; *(soma)* to do, perform

eficácia [efi'kasja] *f (de pessoa)* efficiency; *(de tratamento)* effectiveness

eficaz [efi'kaʒ] *adj (pessoa)* efficient; *(tratamento)* effective

eficiência [efi'sjẽsja] *f* efficiency;

eficiente [efi'sjẽtʃi] *adj* efficient

egípcio, -a [e'ʒipsju, a] *adj, m/f* Egyptian

Egito [e'ʒitu] *(PT* **-pt-)** *m:* **o ~** Egypt

egoísmo [ego'iʒmu] *m* selfishness, egoism; **egoísta; egoísta** [ego'iʃta] *adj* selfish, egoistic ♦ *m/f* egoist

égua ['ɛgwa] *f* mare

ei [ej] *excl* hey!

ei-lo *etc* = **eis** + **o**

eis [ejʃ] *adv* (*sg*) here is; (*pl*) here are;
~ aí there is; there are

eixo ['ejʃu] *m* (*de rodas*) axle; (*MAT*)
axis; (*de máquina*) shaft; **~ de
transmissão** drive shaft

ejacular [eʒaku'la*] *vt* (*sêmen*) to
ejaculate; (*líquido*) to spurt ♦ *vi* to
ejaculate

ela ['ɛla] *pron* (*pessoa*) she; (*coisa*) it;
(*com prep*) her; it; **~s** *fpl* they; (*com
prep*) them; **~s por ~s** (*col*) tit for tat

elaboração [elabora'sãw] (*pl* **-ões**) *f*
(*de uma teoria*) working out; (*preparo*)
preparation

elaborar [elabo'ra*] *vt* to prepare;
(*fazer*) to make; (*teoria*) to work out

elástico, -a [e'laʃtʃiku, a] *adj* elastic;
(*flexível*) flexible; (*colchão*) springy
♦ *m* elastic band

ele ['eli] *pron* he; (*coisa*) it; (*com prep*)
him; it; **~s** *mpl* they; (*com prep*) them

electri... *etc* [elektri] (*PT*) = **eletri...**
etc

eléctrico, -a [e'lɛktriku, a] (*PT*) *adj* =
elétrico ♦ *m* tram (*BRIT*), streetcar (*US*)

electro... *etc* [elektru] (*PT*) = **eletro...**
etc

eléctrodo [e'lɛktrodu] (*PT*) *m* =
eletrodo

elefante, -ta [ele'fãtʃi, ta] *m/f*
elephant

elegante [ele'gãtʃi] *adj* elegant; (*da
moda*) fashionable

eleger [ele'ʒe*] *vt* to elect; (*escolher*)
to choose

eleição [elej'sãw] (*pl* **-ões**) *f* election;
(*escolha*) choice

eleito, -a [e'lejtu, a] *pp de* **eleger** ♦ *adj*
elected; chosen

eleitor, a [elej'to*, a] *m/f* voter

elejo *etc* [ele'ʒu] *vb V* **eleger**

elementar [elemẽ'ta*] *adj* elementary;
(*fundamental*) basic, fundamental

elemento [ele'mẽtu] *m* element;
(*parte*) component; (*recurso*) means;
(*informação*) grounds *pl*; **~s** *mpl*
(*rudimentos*) rudiments

elenco [e'lẽku] *m* list; (*de atores*) cast

eletricidade [eletrisi'dadʒi] *f*
electricity

eletricista [eletri'siʃta] *m/f* electrician

elétrico, -a [e'letriku, a] *adj* electric;
(*fig: agitado*) worked up

eletrificar [eletrifi'ka*] *vt* to electrify

eletrizar [eletri'za*] *vt* to electrify; (*fig*)
to thrill

eletro... [eletru] *prefixo* electro...;

eletrocutar [eletroku'ta*] *vt* to
electrocute; **eletrodo** [ele'trodu] *m*
electrode; **eletrodomésticos**
[eletrodo'meʃtʃikuʃ] (*BR*) *mpl* (electrical)
household appliances

eletrônica [ele'tronika] *f* electronics
sg

eletrônico, -a [ele'troniku, a] *adj*
electronic

elevação [eleva'sãw] (*pl* **-ões**) *f* (*ARQ*)
elevation; (*aumento*) rise; (*ato*) raising;
(*altura*) height; (*promoção*)
promotion; (*ponto elevado*) bump

elevador [eleva'do*] *m* lift (*BRIT*),
elevator (*US*)

elevar [ele'va*] *vt* to lift up; (*voz,
preço*) to raise; (*exaltar*) to exalt;
(*promover*) to promote; **elevar-se** *vr*
to rise

eliminar [elimi'na*] *vt* to remove;
(*suprimir*) to delete; (*possibilidade*) to
rule out; (*MED, banir*) to expel; (*ESPORTE*)
to eliminate; **eliminatória**
[elimina'tɔrja] *f* (*ESPORTE*) heat,
preliminary round; (*exame*) test

elite [e'litʃi] *f* elite

elogiar [elo'ʒja*] *vt* to praise; **elogio**
[elo'ʒiu] *m* praise; (*cumprimento*)
compliment

a
b
c
d
e
f
g
h
i
j
k
l
m
n
o
p
q
r
s
t
u
v
w
x
z

El Salvador [ew-] n El Salvador

<div class="palavra-chave">

em

PALAVRA CHAVE

[ẽ] (em + o(s)/a(s) = no(s)/na(s); + ele(s)/a(s) = nele(s)/a(s); + esse(s)/a (s) = nesse(s)/a(s); + isso = nisso; + este(s)/a(s) = neste(s)/a(s); + isto = nisto; + aquele(s)/a(s) = naquele(s)/ a(s); + aquilo = naquilo) prep

1 (posição) in;
(: sobre) on; **está na gaveta/no bolso** it's in the drawer/pocket; **está na mesa/no chão** it's on the table/floor

2 (lugar) in; (: casa, escritório etc) at; (: andar, meio de transporte) on; **no Brasil/em São Paulo** in Brazil/ São Paulo; **~ casa/no dentista** at home/the dentist; **no avião** on the plane; **no quinto andar** on the fifth floor

3 (ação) into; **ela entrou na sala de aula** she went into the classroom; **colocar algo na bolso** to put sth into one's bag

4 (tempo) in, on; **~ 1962/3 semanas** in 1962/3 weeks; **no inverno** in the winter; **~ janeiro, no mês de janeiro** in January; **nessa ocasião/altura** on that occasion/at that time; **~ breve** soon

5 (diferença): **reduzir/aumentar ~ um 20%** to reduce/increase by 20%

6 (modo): **escrito ~ inglês** written in English

7 (após vb que indica gastar etc) on; **a metade do seu salário vai ~ comida** he spends half his salary on food

8 (tema, ocupação): **especialista no assunto** expert on the subject; **ele trabalha na construção civil** he works in the building industry

</div>

emagrecer [imagre'se*] vt to make thin ♦ vi to grow thin; (mediante regime) to slim; **emagrecimento** [imagresi'mẽtu] m (mediante regime) slimming

emaranhado, -a [imara'ɲadu, a] adj tangled ♦ m tangle

embaixada [ẽbaj'ʃada] f embassy

embaixador, a [ẽbajʃa'do*, a] m/f ambassador

embaixatriz [ẽbajʃa'triʒ] f ambassador; (mulher de embaixador) ambassador's wife

embaixo [ẽ'bajʃu] adv below, underneath ♦ prep: **~ de** under, underneath; **(lá) ~** (em andar inferior) downstairs

embalagem [ẽba'laʒẽ] f packing; (de produto: caixa etc) packaging

embalar [ẽba'la*] vt to pack; (balançar) to rock

embaraçar [ẽbara'sa*] vt to hinder; (complicar) to complicate; (encabular) to embarrass; (confundir) to confuse; (obstruir) to block; **embaraçar-se** vr to become embarrassed

embaraço [ẽba'rasu] m hindrance; (cábula) embarrassment; **embaraçoso, -a** [ẽbara'sozu, ɔza] adj embarrassing

embarcação [ẽbaxka'sãw] (pl -ões) f vessel

embarcar [ẽbax'ka*] vt to embark, put on board; (mercadorias) to ship, stow ♦ vi to go on board, embark

embarque [ẽ'baxki] m (de pessoas) boarding, embarkation; (de mercadorias) shipment

embebedar [ẽbebe'da*] vt to make drunk ♦ vi: **o vinho embebeda** wine makes you drunk; **embebedar-se** vr to get drunk

embelezar [ẽbele'za*] vt to make

beautiful; (*casa*) to brighten up;
embelezar-se *vr* to make o.s.
beautiful
emblema [ē'blɛma] *m* emblem; (*na roupa*) badge
êmbolo ['ēbolu] *m* piston
embolsar [ēbow'sa*] *vt* to pocket; (*herança*) to come into; (*indenizar*) to refund
embora [ē'bɔra] *conj* though, although ♦ *excl* even so; **ir(-se) ~** to go away
emboscada [ēboʃ'kada] *f* ambush
embriagar [ēbrja'ga*] *vt* to make drunk, intoxicate; **embriagar-se** *vr* to get drunk; **embriaguez** [ēbrja'geʒ] *f* drunkenness; (*fig*) rapture
embrião [e'brjãw] (*pl* **-ões**) *m* embryo
embromar [ēbro'ma*] *vt* (*adiar*) to put off; (*enganar*) to cheat ♦ *vi* (*prometer e não cumprir*) to make empty promises, be all talk (and no action); (*protelar*) to stall; (*falar em rodeios*) to beat about the bush
embrulhar [ēbru'ʎa*] *vt* (*pacote*) to wrap; (*enrolar*) to roll up; (*confundir*) to muddle up; (*enganar*) to cheat; (*estômago*) to upset; **embrulhar-se** *vr* to get into a muddle.
embrulho [ē'bruʎu] *m* package, parcel; (*confusão*) mix-up
emburrar [ēbu'xa*] *vi* to sulk
embutido, -a [ēbu'tʃidu, a] *adj* (*armário*) built-in, fitted
emenda [e'mēda] *f* correction; (*de lei*) amendment; (*de uma pessoa*) improvement; (*ligação*) join; (*sambladura*) joint; (*COSTURA*) seam
emendar [emē'da*] *vt* to correct; (*reparar*) to mend; (*injustiças*) to make amends for; (*lei*) to amend; (*ajuntar*) to put together; **emendar-se** *vr* to mend one's ways

ementa [e'mēta] (*PT*) *f* menu
emergência [imex'ʒēsja] *f* emergence; (*crise*) emergency
emigrado, -a [emi'gradu, a] *adj* emigrant
emigrante [emi'grãtʃi] *m/f* emigrant
emigrar [emi'gra*] *vi* to emigrate; (*aves*) to migrate
eminência [emi'nēsja] *f* eminence; (*altura*) height; **eminente** [emi'nētʃi] *adj* eminent, distinguished; (*GEO*) high
emissão [emi'sãw] (*pl* **-ões**) *f* emission; (*RÁDIO*) broadcast; (*de moeda, ações*) issue
emissário, -a [emi'sarju, a] *m/f* emissary ♦ *m* outlet
emissões [emi'sõjʃ] *fpl de* emissão
emissor, a [emi'so*, a] *adj* (*de moeda-papel*) issuing ♦ *m* (*RÁDIO*) transmitter ♦ *f* (*estação*) broadcasting station; (*empresa*) broadcasting company
emitir [emi'tʃi*] *vt* (*som*) to give out; (*cheiro*) to give off; (*moeda, ações*) to issue; (*RÁDIO*) to broadcast; (*opinião*) to express ♦ *vi* (*emitir moeda*) to print money
emoção [emo'sãw] (*pl* **-ões**) *f* emotion; (*excitação*) excitement;
emocional [imosjo'naw] (*pl* **-ais**) *adj* emotional; **emocionante** [imosjo'nãtʃi] *adj* moving; exciting; **emocionar** [imosjo'na*] *vt* to move; (*perturbar*) to upset; (*excitar*) to excite, thrill ♦ *vi* to be exciting; (*comover*) to be moving; **emocionar-se** *vr* to get emotional
emotivo, -a [emo'tʃivu, a] *adj* emotional
empacotar [ēpako'ta*] *vt* to pack, wrap up
empada [ē'pada] *f* pie
empadão [ēpa'dãw] (*pl* **-ões**) *m* pie
empalidecer [ēpalide'se*] *vi* to turn pale

empanturrar [ẽpãtu'xa*] *vt*: **~ alguém de algo** to stuff sb full of sth

empatar [ẽpa'ta*] *vt* to hinder; (*dinheiro*) to tie up; (*no jogo*) to draw; (*tempo*) to take up ♦ *vi* (*no jogo*): **~ (com)** to draw (with); **empate** [ẽ'patʃi] *m* draw; tie; (*XADREZ*) stalemate; (*em negociações*) deadlock

empecilho [ẽpe'siʎu] *m* obstacle; (*col*) snag

empenhar [ẽpe'ɲa*] *vt* (*objeto*) to pawn; (*palavra*) to pledge; (*empregar*) to exert; (*compelir*) to oblige; **empenhar-se** *vr*: **~-se em fazer** to strive to do, do one's utmost to do; **empenho** [ẽ'peɲu] *m* pawning; pledge; (*insistência*): **empenho (em)** commitment (to)

empilhar [ẽpi'ʎa*] *vt* to pile up

empinado, -a [ẽpi'nadu, a] *adj* upright; (*cavalo*) rearing; (*colina*) steep

empinar [ẽpi'na*] *vt* to raise, uplift

empobrecer [ẽpobre'se*] *vt* to impoverish ♦ *vi* to become poor; **empobrecimento** [ẽpobresi'mẽtu] *m* impoverishment

empolgação [ẽpowga'sãw] *f* excitement; (*entusiasmo*) enthusiasm

empolgante [ẽpow'gãtʃi] *adj* exciting

empolgar [ẽpow'ga*] *vt* to stimulate, fill with enthusiasm; (*prender a atenção de*): **~ alguém** to keep sb riveted

empossar [ẽpo'sa*] *vt* to appoint

empreendedor, a [ẽprjẽde'do*, a] *adj* enterprising ♦ *m/f* entrepreneur

empreender [ẽprjẽ'de*] *vt* to undertake; **empreendimento** [ẽprjẽdʒi'mẽtu] *m* undertaking

empregada [ẽpre'gada] *f* (*BR*: *doméstica*) maid; (*PT*: *de restaurante*) waitress; *V tb* **empregado**

empregado, -a [ẽpre'gadu, a] *m/f* employee; (*em escritório*) clerk ♦ *m* (*PT*: *de restaurante*) waiter

empregador, a [ẽprega'do*, a] *m/f* employer

empregar [ẽpre'ga*] *vt* (*pessoa*) to employ; (*coisa*) to use; **empregar-se** *vr* to get a job

emprego [ẽ'pregu] *m* job; (*uso*) use

empreiteiro [ẽprej'tejru] *m* contractor

empresa [ẽ'preza] *f* undertaking; (*COM*) enterprise, firm; **empresário, -a** [ẽpre'zarju, a] *m/f* businessman/woman; (*de cantor, boxeador etc*) manager

emprestado, -a [ẽpreʃ'tadu, a] *adj* on loan; **pedir ~** to borrow; **tomar algo ~** to borrow sth

emprestar [ẽpreʃ'ta*] *vt* to lend; **empréstimo** [ẽ'preʃtʃimu] *m* loan

empunhar [ẽpu'ɲa*] *vt* to grasp, seize

empurrão [ẽpu'xãw] (*pl* **-ões**) *m* push, shove; **aos empurrões** jostling

empurrar [ẽpu'xa*] *vt* to push

empurrões [ẽpu'xõjʃ] *mpl de* **empurrão**

emudecer [emude'se*] *vt* to silence ♦ *vi* to fall silent, go quiet

enamorado, -a [enamo'radu, a] *adj* enchanted; (*apaixonado*) in love

encabulado, -a [ẽkabu'ladu, a] *adj* shy

encadernação [ẽkadexna'sãw] (*pl* **-ões**) *f* (*de livro*) binding

encadernado, -a [ẽkadex'nadu, a] *adj* bound; (*de capa dura*) hardback

encadernar [ẽkadex'na*] *vt* to bind

encaixar [ẽkaj'ʃa*] *vt* (*colocar*) to fit in; (*inserir*) to insert ♦ *vi* to fit; **encaixe** [ẽ'kajʃi] *m* (*ato*) fitting; (*ranhura*) groove; (*buraco*) socket

encalço [ẽ'kawsu] *m* pursuit; **ir no ~ de** to pursue

encalhar [ẽka'ʎa*] *vi* (*embarcação*) to

run aground; (fig: processo) to grind to a halt; (: mercadoria) to be returned, not to sell; (col: ficar solteiro) to be left on the shelf

encaminhar [ēkami'ɲaʳ] vt to direct; (no bom caminho) to put on the right path; (processo) to set in motion; **encaminhar-se** vr: **~-se para/a** to set out for/to

encanar [ēka'naʳ] vt to channel

encantado, -a [ēkã'tadu, a] adj delighted; (castelo etc) enchanted; (fascinado): **~ (por)** smitten (with)

encantador, a [ēkãta'doʳ, a] adj delightful, charming

encantamento [ēkãta'mētu] m (magia) spell; (fascinação) charm

encantar [ēkã'taʳ] vt to bewitch; to charm; (deliciar) to delight

encanto [ē'kãtu] m delight; charm

encarar [ēka'raʳ] vt to face; (olhar) to look at; (considerar) to consider

encargo [ē'kaxgu] m responsibility; (ocupação) job, assignment; (fardo) burden

encarnação [ēkaxna'sãw] (pl -ões) f incarnation

encarnado, -a [ēkax'nadu, a] adj red, scarlet

encarnar [ēkax'naʳ] vt to embody, personify; (TEATRO) to play

encarregado, -a [ēkaxe'gadu, a] adj: **~ de** in charge of ♦ m/f person in charge ♦ m (de operários) foreman

encarregar [ēkaxe'gaʳ] vt: **~ alguém de algo** to put sb in charge of sth; **encarregar-se** vr: **~-se de fazer** to undertake to do

encenação [ēsena'sãw] (pl -ões) f (de peça) staging, putting on; (produção) production; (fingimento) playacting; (atitude fingida) put-on

encerar [ēse'raʳ] vt to wax

encerramento [ēsexa'mētu] m close, end

encerrar [ēse'xaʳ] vt to shut in, lock up; (conter) to contain; (concluir) to close

encharcar [ēʃax'kaʳ] vt to flood; (ensopar) to soak, drench; **encharcar-se** vr to get soaked ou drenched

enchente [ē'ʃētʃi] f flood

encher [ē'ʃeʳ] vt to fill (up); (balão) to blow up; (tempo) to fill, take up ♦ vi (col) to be annoying; **encher-se** vr to fill up; **~-se (de)** (col) to get fed up (with); **enchimento** [ēʃi'mētu] m filling

enciclopédia [ēsiklo'pɛdʒja] f encyclopedia, encyclopaedia (BRIT)

encoberto, -a [ēko'bɛxtu, a] pp de encobrir ♦ adj concealed; (tempo) overcast

encobrir [ēko'briʳ] vt to conceal, hide

encolher [ēko'ʎeʳ] vt (pernas) to draw up; (os ombros) to shrug; (roupa) to shrink ♦ vi to shrink; **encolher-se** vr (de frio) to huddle

encomenda [ēko'mēda] f order; **feito de ~** made to order, custom-made; **encomendar** [ēkomē'daʳ] vt: **encomendar algo a alguém** to order sth from sb

encontrar [ēkõ'traʳ] vt to find; (pessoa) to meet; (inesperadamente) to come across; (dar com) to bump into ♦ vi: **~ com** to bump into; **encontrar-se** vr (achar-se) to be; (ter encontro): **~-se (com alguém)** to meet (sb)

encontro [ē'kõtru] m (de pessoas) meeting; (MIL) encounter; **~ marcado** appointment; **ir/vir ao ~ de** to go/come and meet

encorajar [ēkora'ʒaʳ] vt to encourage

encosta [ē'kɔʃta] f slope

encostar [ēkoʃ'taʳ] vt (cabeça) to put down; (carro) to park; (pôr de lado) to put to one side; (*pôr junto*) to put side by side; (*porta*) to leave ajar ♦ *vi* to pull in; **encostar-se** *vr*: **~-se em** to lean against; (*deitar-se*) to lie down on; **~ em** to lean against; **~ a mão em** (*bater*) to hit

encosto [ĕ'koʃtu] *m* (*arrimo*) support; (*de cadeira*) back

encrencar [ĕkrĕ'ka*] (*col*) *vt* (*situação*) to complicate; (*pessoa*) to get into trouble ♦ *vi* to get complicated; (*carro*) to break down; **encrencar-se** *vr* to get complicated; to get into trouble

encruzilhada [ĕkruzi'ʎada] *f* crossroads *sg*

encurtar [ĕkux'ta*] *vt* to shorten

endereçar [ĕdere'sa*] *vt* (*carta*) to address; (*encaminhar*) to direct

endereço [ĕde'resu] *m* address

endiabrado, -a [ĕdʒja'bradu, a] *adj* devilish; (*travesso*) mischievous

endinheirado, -a [ĕdʒiɲej'radu, a] *adj* rich, wealthy

endireitar [ĕdʒirej'ta*] *vt* (*objeto*) to straighten; (*fig: retificar*) to put right; **endireitar-se** *vr* to straighten up

endividar-se [ĕdʒivi'daxsi] *vr* to run into debt

endossar [ĕdo'sa*] *vt* to endorse

endurecer [ĕdure'se*] *vt*, *vi* to harden

energia [enex'ʒia] *f* energy, drive; (*TEC*) power, energy; **enérgico, -a** [e'nexʒiku, a] *adj* energetic, vigorous

enervante [enex'vãtʃi] *adj* annoying

enevoado, -a [ene'vwadu, a] *adj* misty, hazy

enfado [ĕ'fadu] *m* annoyance; **enfadonho, -a** [ĕfa'doɲu, a] *adj* tiresome; (*aborrecido*) boring

enfarte [ĕ'faxtʃi] *m* (*MED*) coronary

ênfase ['ĕfazi] *f* emphasis, stress

enfastiado, -a [ĕfaʃ'tʃjadu, a] *adj* bored

enfático, -a [ĕ'fatʃiku, a] *adj* emphatic

enfatizar [ĕfatʃi'za*] *vt* to emphasize

enfeitar [ĕfej'ta*] *vt* to decorate; **enfeitar-se** *vr* to dress up; **enfeite** [ĕ'fejtʃi] *m* decoration

enfeitiçar [ĕfejtʃi'sa*] *vt* to bewitch, cast a spell on

enfermaria [ĕfexma'ria] *f* ward

enfermeiro, -a [ĕfex'mejru, a] *m/f* nurse

enfermidade [ĕfexmi'dadʒi] *f* illness

enfermo, -a [ĕ'fexmu, a] *adj* ill, sick ♦ *m/f* sick person, patient

enferrujar [ĕfexu'ʒa*] *vt* to rust, corrode ♦ *vi* to go rusty

enfiar [ĕ'fja*] *vt* (*meter*) to put; (*agulha*) to thread; (*vestir*) to slip on; **enfiar-se** *vr*: **~-se em** to slip into

enfim [ĕ'fĩ] *adv* finally, at last; (*em suma*) in short; **até que ~!** at last!

enfoque [ĕ'fɔki] *m* approach

enforcar [ĕfox'ka*] *vt* to hang; (*trabalho, aulas*) to skip; **enforcar-se** *vr* to hang o.s.

enfraquecer [ĕfrake'se*] *vt* to weaken ♦ *vi* to grow weak

enfrentar [ĕfrĕ'ta*] *vt* to face; (*confrontar*) to confront; (*problemas*) to face up to

enfurecer [ĕfure'se*] *vt* to infuriate; **enfurecer-se** *vr* to get furious

enganado, -a [ĕga'nadu, a] *adj* mistaken; (*traído*) deceived

enganar [ĕga'na*] *vt* to deceive; (*desonrar*) to seduce; (*cônjuge*) to be unfaithful to; (*fome*) to stave off; **enganar-se** *vr* to be wrong, be mistaken; (*iludir-se*) to deceive o.s.

engano [ĕ'gãnu] *m* mistake; (*ilusão*) deception; (*logro*) trick; **é ~** (*TEL*) I've (*ou* you've) got the wrong number

engarrafamento [ĕgaxafa'mẽtu] *m*

bottling; (*de trânsito*) traffic jam

engarrafar [ẽgaxaˈfaˈ] *vt* to bottle; (*trânsito*) to block

engasgar [ẽgaʒˈgaˈ] *vt* to choke ♦ *vi* to choke; (*máquina*) to splutter; **engasgar-se** *vr* to choke

engatinhar [ẽgatʃiˈɲaˈ] *vi* to crawl

engenharia [ẽʒeɲaˈria] *f* engineering;

engenheiro, -a [ẽʒeˈɲejru, a] *m/f* engineer

engenhoso, -a [ẽʒeˈɲozu, ɔza] *adj* clever, ingenious

engessar [ẽʒeˈsaˈ] *vt* (*perna*) to put in plaster; (*parede*) to plaster

englobar [ẽgloˈbaˈ] *vt* to include

engodo [ẽˈgodu] *m* bait

engolir [ẽgoˈliˈ] *vt* to swallow

engordar [ẽgoxˈdaˈ] *vt* to fatten ♦ *vi* to put on weight

engraçado, -a [ẽgraˈsadu, a] *adj* funny, amusing

engradado [ẽgraˈdadu] *m* crate

engraxador [ẽgraʃaˈdoˈ] (*PT*) *m* shoe shiner

engraxar [ẽgraˈʃaˈ] *vt* to polish

engrenagem [ẽgreˈnaʒẽ] (*pl* **-ns**) *f* (*AUTO*) gear

engrenar [ẽgreˈnaˈ] *vt* to put into gear; (*fig: conversa*) to strike up ♦ *vi*: ~ **com alguém** to get on with sb

engrossar [ẽgroˈsaˈ] *vt* (*sopa*) to thicken; (*aumentar*) to swell; (*voz*) to raise ♦ *vi* to thicken; to swell; to rise; (*col: pessoa, conversa*) to turn nasty

enguia [ẽˈgia] *f* eel

enguiçar [ẽgiˈsaˈ] *vi* (*máquina*) to break down ♦ *vt* to cause to break down; **enguiço** [ẽˈgisu] *m* snag; (*desarranjo*) breakdown

enigma [eˈnigima] *m* enigma; (*mistério*) mystery

enjeitado, -a [ẽʒejˈtadu, a] *m/f* foundling, waif

enjoado, -a [ẽˈʒwadu, a] *adj* sick; (*enfastiado*) bored; (*enfadonho*) boring; (*mal-humorado*) in a bad mood

enjoar [ẽˈʒwaˈ] *vt* to make sick; to bore ♦ *vi* (*pessoa*) to be sick; (*remédio, comida*) to cause nausea; **enjoar-se** *vr*: ~**se de** to get sick of

enjôo [ẽˈʒou] *m* sickness; (*em carro*) travel sickness; (*em navio*) seasickness; boredom

enlatado, -a [ẽlaˈtadu, a] *adj* tinned (*BRIT*), canned ♦ *m* (*pej: filme*) foreign import; ~**s** *mpl* (*comida*) tinned (*BRIT*) *ou* canned foods

enlouquecer [ẽlokeˈseˈ] *vt* to drive mad ♦ *vi* to go mad

enlutado, -a [ẽluˈtadu, a] *adj* in mourning

enojar [enoˈjaˈ] *vt* to disgust, sicken

enorme [eˈnɔxmi] *adj* enormous, huge; **enormidade** [enoxmiˈdadʒi] *f* enormity; **uma enormidade (de)** (*col*) a hell of a lot (of)

enquanto [ẽˈkwãtu] *conj* while; (*considerado como*) as; ~ **isso** meanwhile; **por** ~ for the time being; ~ **ele não vem** until he comes; ~ **que** whereas

enquête [ẽˈketʒi] *f* survey

enraivecer [ẽxajveˈseˈ] *vt* to enrage

enredo [ẽˈxedu] *m* (*de uma obra*) plot; (*intriga*) intrigue

enriquecer [ẽxikeˈseˈ] *vt* to make rich; (*fig*) to enrich ♦ *vi* to get rich; **enriquecer-se** *vr* to get rich

enrolar [ẽxoˈlaˈ] *vt* to roll up; (*agasalhar*) to wrap up; (*col: enganar*) to con ♦ *vi* (*col*) to waffle; **enrolar-se** *vr* to roll up; to wrap up; (*col: confundir-se*) to get mixed up

enroscar [ẽxoʃ'ka*] vt (torcer) to twist, wind (round); **enroscar-se** vr to coil up

enrugar [ẽxu'ga*] vt (pele) to wrinkle; (testa) to furrow; (tecido) to crease ♦ vi (pele, mãos) to go wrinkly; (pessoa) to get wrinkles

ensaiar [ẽsa'ja*] vt to test, try out; (treinar) to practise (BRIT), practice (US); (TEATRO) to rehearse

ensaio [ẽ'saju] m test; (tentativa) attempt; (treino) practice; (TEATRO) rehearsal; (literário) essay

ensangüentar [ẽsãgwẽ'ta*] vt to stain with blood

enseada [ẽ'sjada] f inlet, cove; (baía) bay

ensejo [ẽ'seʒu] m chance, opportunity

ensinamento [ẽsina'mẽtu] m teaching; (exemplo) lesson

ensinar [ẽsi'na*] vt, vi to teach

ensino [ẽ'sinu] m teaching, tuition; (educação) education

ensolarado, -a [ẽsola'radu, a] adj sunny

ensopado, -a [ẽso'padu, a] adj soaked ♦ m stew

ensurdecer [ẽsuxde'se*] vt to deafen ♦ vi to go deaf

entalar [ẽta'la*] vt to wedge, jam; (encher): **ela me entalou de comida** she stuffed me full of food

entalhar [ẽta'ʎa*] vt to carve; **entalhe** [ẽ'taʎi] m groove, notch

entanto [ẽ'tãtu]: **no ~** adv yet, however

então [ẽ'tãw] adv then; **até ~** up to that time; **desde ~** ever since; **e ~?** well then?; **para ~** so that; **pois ~** in that case; **~, você vai ou não?** so, are you going or not?

entardecer [ẽtaxde'se*] vi to get late ♦ m sunset

ente [ẽtʃi] m being

enteado, -a [ẽ'tʃjadu, a] m/f stepson/ stepdaughter

entediar [ẽte'dʒja*] vt to bore; **entediar-se** vr to get bored

entender [ẽtẽ'de*] vt to understand; (pensar) to think; (ouvir) to hear; **entender-se** vr to understand one another; **dar a ~** to imply; **no meu ~** in my opinion; **~ de música** to know about music; **~ de fazer** to decide to do; **~-se por** to be meant by; **~-se com alguém** to get along with sb; (dialogar) to sort things out with sb

entendido, -a [ẽtẽ'dʒidu, a] adj (col) gay; (conhecedor): **~ em** good at ♦ m/f expert; (col) homosexual, gay; **bem ~** that is

entendimento [ẽtẽdʒi'mẽtu] m understanding; (opinião) opinion; (combinação) agreement

enterrar [ẽte'xa*] vt to bury; (faca) to plunge; (lever à ruina) to ruin; (assunto) to close

enterro [ẽ'texu] m burial; (funeral) funeral

entidade [ẽtʃi'dadʒi] f (ser) being; (corporação) body; (coisa que existe) entity

entornar [ẽtox'na*] vt to spill; (fig: copo) to drink ♦ vi to drink a lot

entorpecente [ẽtoxpe'sẽtʃi] m narcotic

entorpecimento [ẽtoxpesi'mẽtu] m numbness; (torpor) lethargy

entorse [ẽ'tɔxsi] f sprain

entortar [ẽtox'ta*] vt (curvar) to bend; (empenar) to warp; **~ os olhos** to squint

entrada [ẽ'trada] f (ato) entry; (lugar) entrance; (TEC) inlet; (de casa) doorway; (começo) beginning; (bilhete) ticket; (CULIN) starter, entrée; (COMPUT) input; (*pagamento inicial*) down payment; (*corredor de casa*) hall; **~s** *fpl* (*no cabelo*) receding hairline *sg*; **~ gratuita** admission free; **"~ proibida"** "no entry", "no admittance"; **meia ~** half-price ticket

entra-e-sai [ˈɛntraiˈsaj] *m* comings and goings *pl*

entranhado, -a [ɛ̃traˈɲadu, a] *adj* deep-rooted

entranhas [ɛ̃ˈtraɲaʃ] *fpl* bowels, entrails; (*sentimentos*) feelings; (*centro*) heart *sg*

entrar [ɛ̃ˈtra*] *vi* to go (*ou* come) in, enter; **~ com** (*COMPUT: dados etc*) to enter; **eu entrei com £10** I contributed £10; **~ de férias/licença** to start one's holiday (*BRIT*) *ou* vacation (*US*)/leave; **~ em** to go (*ou* come) into, enter; (*assunto*) to get onto; (*comida, bebida*) to start in on

entrave [ɛ̃ˈtravi] *m* (*fig*) impediment

entre [ˈɛ̃tri] *prep* (*dois*) between; (*mais de dois*) among(st); **~ si** amongst themselves

entreaberto, -a [ɛ̃trjaˈbɛxtu, a] *adj* half-open; (*porta*) ajar

entrega [ɛ̃ˈtrega] *f* (*de mercadorias*) delivery; (*a alguém*) handing over; (*rendição*) surrender; **~ rápida** special delivery

entregar [ɛ̃treˈga*] *vt* to hand over; (*mercadorias*) to deliver; (*confiar*) to entrust; (*devolver*) to return; **entregar-se** *vr* (*render-se*) to give o.s. up; (*dedicar-se*) to devote o.s.

entregue [ɛ̃ˈtregi] *pp de* **entregar**

entrelinha [ɛ̃treˈliɲa] *f* line space; **ler nas ~s** to read between the lines

entreolhar-se [ɛ̃trioˈʎaxsɪ] *vr* to exchange glances

entretanto [ɛ̃triˈtãtu] *conj* however

entretenimento [ɛ̃triteniˈmẽtu] *m*

entertainment; (*distração*) pastime

entreter [ɛ̃triˈte*] (*irreg: como* **ter**) *vt* to entertain, amuse; (*ocupar*) to occupy; (*manter*) to keep up; (*esperanças*) to cherish; **entreter-se** *vr* to amuse o.s.; to occupy o.s.

entrevista [ɛ̃treˈviʃta] *f* interview; **~ coletiva (à imprensa)** press conference; **entrevistar** [ɛ̃treviʃˈta*] *vt* to interview; **entrevistar-se** *vr* to have an interview

entristecer [ɛ̃triʃteˈse*] *vt* to sadden, grieve ♦ *vi* to feel sad; **entristecer-se** *vr* to feel sad

entroncamento [ɛ̃trõkaˈmẽtu] *m* junction

entrudo [ɛ̃ˈtrudu] (*PT*) *m* carnival; (*REL*) Shrovetide

entulhar [ɛ̃tuˈʎa*] *vt* to cram full; (*suj: multidão*) to pack

entupido, -a [ɛ̃tuˈpidu, a] *adj* blocked; **estar ~** (*col: congestionado*) to have a blocked-up nose; (*de comida*) to be fit to burst, be full up

entupimento [ɛ̃tupiˈmẽtu] *m* blockage

entupir [ɛ̃tuˈpi*] *vt* to block, clog; **entupir-se** *vr* to become blocked; (*de comida*) to stuff o.s.

entusiasmar [ɛ̃tuzjaʒˈma*] *vt* to fill with enthusiasm; (*animar*) to excite; **entusiasmar-se** *vr* to get excited

entusiasmo [ɛ̃tuˈzjaʒmu] *m* enthusiasm; (*júbilo*) excitement

entusiasta [ɛ̃tuˈzjaʃta] *adj* enthusiastic ♦ *m/f* enthusiast

enumerar [enumeˈra*] *vt* to enumerate; (*com números*) to number

envelhecer [ẽveʎeˈse*] *vt* to age ♦ *vi* to grow old, age

envelope [ẽveˈlɔpi] *m* envelope

envenenamento [ẽvenenaˈmẽtu] *m* poisoning; **~ do sangue** blood

a
b
c
d
e
f
g
h
i
j
k
l
m
n
o
p
q
r
s
t
u
v
w
x
z

poisoning

envenenar [ẽvene'na*] *vt* to poison; (*fig*) to corrupt; (: *declaração, palavras*) to distort, twist; (*tornar amargo*) to sour ♦ *vi* to be poisonous; **envenenar-se** *vr* to poison o.s.

envergonhado, -a [ẽvexgo'ɲadu, a] *adj* ashamed; (*tímido*) shy

envergonhar [ẽvexgo'ɲa*] *vt* to shame; (*degradar*) to disgrace; **envergonhar-se** *vr* to be ashamed

enviado, -a [ẽ'vjadu, a] *m/f* envoy, messenger

enviar [ẽ'vja*] *vt* to send

envio [ẽ'viu] *m* sending; (*expedição*) dispatch; (*remessa*) remittance; (*de mercadorias*) consignment

enviuvar [ẽvju'va*] *vi* to be widowed

envolto, -a [ẽ'vowtu, a] *pp de* **envolver**

envolver [ẽvow've*] *vt* to wrap (up); (*cobrir*) to cover; (*comprometer, acarretar*) to involve; (*nos braços*) to embrace; **envolver-se** *vr* (*intrometer-se*) to become involved; (*cobrir-se*) to wrap o.s. up; **envolvimento** [ẽvowvi'mẽtu] *m* involvement

enxada [ẽ'ʃada] *f* hoe

enxaguar [ẽʃa'gwa*] *vt* to rinse

enxame [ẽ'ʃami] *m* swarm

enxaqueca [ẽʃa'keka] *f* migraine

enxergar [ẽʃex'ga*] *vt* (*avistar*) to catch sight of; (*divisar*) to make out; (*notar*) to observe, see

enxofre [ẽ'ʃofri] *m* sulphur (*BRIT*), sulfur (*US*)

enxotar [ẽʃo'ta*] *vt* to drive out

enxoval [ẽʃo'vaw] (*pl* **-ais**) *m* (*de noiva*) trousseau; (*de recém-nascido*) layette

enxugar [ẽʃu'ga*] *vt* to dry; (*fig: texto*) to tidy up

enxurrada [ẽʃu'xada] *f* (*de água*)

torrent; (*fig*) spate

enxuto, -a [ẽ'ʃutu, a] *adj* dry; (*corpo*) shapely; (*bonito*) good-looking

épico, -a ['ɛpiku, a] *adj* epic ♦ *m* epic poet

epidemia [epide'mia] *f* epidemic

epilepsia [epile'psia] *f* epilepsy

episódio [epi'zɔdʒu] *m* episode

época ['ɛpoka] *f* time, period; (*da história*) age, epoch; **naquela ~** at that time; **fazer ~** to be epoch-making

equação [ekwa'sãw] (*pl* **-ões**) *f* equation

equador [ekwa'do*] *m* equator; **o E~** Ecuador

equilibrar [ekili'bra*] *vt* to balance; **equilibrar-se** *vr* to balance; **equilíbrio** [eki'librju] *m* balance

equipa [e'kipa] (*PT*) *f* team

equipamento [ekipa'mẽtu] *m* equipment, kit

equipar [eki'pa*] *vt*: **~ (com)** (*navio*) to fit out (with); (*prover*) to equip (with)

equipe [e'kipi] (*BR*) *f* team

equitação [ekita'sãw] *f* (*ato*) riding; (*arte*) horsemanship

equivalente [ekiva'lẽtʃi] *adj*, *m* equivalent

equivaler [ekiva'le*] *vi*: **~ a** to be the same as, equal

equivocado, -a [ekivo'kadu, a] *adj* mistaken, wrong

equivocar-se [ekivo'kaxsi] *vr* to make a mistake, be wrong

equívoco, -a [e'kivoku, a] *adj* ambiguous ♦ *m* (*engano*) mistake

era[1] ['ɛra] *f* era, age

era[2] *etc vb V* **ser**

erário [e'rarju] *m* exchequer

erecto, -a [e'rɛktu, a] (*PT*) *adj* = **ereto**

ereto, -a [e'rɛtu, a] *adj* upright,

erect

erguer [ex'ge*] *vt* to raise, lift; (*edificar*) to build, erect; **erguer-se** *vr* to rise; (*pessoa*) to stand up

eriçar [eri'sa*] *vt*: **~ o cabelo de alguém** to make sb's hair stand on end; **eriçar-se** *vr* to bristle; (*cabelos*) to stand on end

erigir [eri'ʒi*] *vt* to erect

erosão [ero'zãw] *f* erosion

erótico, -a [e'rɔtʃiku, a] *adj* erotic

errado, -a [e'xadu, a] *adj* wrong; **dar ~** to go wrong

errar [e'xa*] *vt* (*alvo*) to miss; (*conta*) to get wrong ♦ *vi* to wander, roam; (*enganar-se*) to be wrong, make a mistake; **~ o caminho** to lose one's way

erro ['exu] *m* mistake; **salvo ~** unless I am mistaken; **~ de imprensa** misprint

errôneo, -a [e'xonju, a] *adj* wrong, mistaken; (*falso*) false, untrue

erudito, -a [eru'dʒitu, a] *adj* learned, scholarly ♦ *m* scholar

erva ['exva] *f* herb; (*col*: *dinheiro*) dosh; (: *maconha*) dope; **~ daninha** weed

erva-mate (*pl* **ervas-mates**) *f* mate

ervilha [ex'viʎa] *f* pea

esbanjar [iʒbã'ʒa*] *vt* to squander, waste

esbarrar [iʒba'xa*] *vi*: **~ em** to bump into; (*obstáculo, problema*) to come up against

esbelto, -a [iʒ'bɛwtu, a] *adj* slim, slender

esboçar [iʒbo'sa*] *vt* to sketch; (*delinear*) to outline; (*traçar*) to draw up; **esboço** [iʒ'bosu] *m* sketch; (*primeira versão*) draft; (*fig*: *resumo*) outline

esbofetear [iʒbofe'tʃja*] *vt* to slap, hit

esburacar [iʒbura'ka*] *vt* to make holes (*ou* a hole) in

esc (*PT*) *abr* = **escudo**

escabroso, -a [iʃka'brozu, ɔza] *adj* (*difícil*) tough; (*indecoroso*) indecent

escada [iʃ'kada] *f* (*dentro da casa*) staircase, stairs *pl*; (*fora da casa*) steps *pl*; (*de mão*) ladder; **~ de incêndio** fire escape; **~ rolante** escalator; **escadaria** [iʃkada'ria] *f* staircase

escala [iʃ'kala] *f* scale; (*NÁUT*) port of call; (*parada*) stop; **fazer ~ em** to call at; **sem ~** non-stop

escalada [iʃka'lada] *f* (*de guerra*) escalation

escalão [eʃka'lãw] (*pl* **-ões**) *m* step; (*MIL*) echelon

escalar [iʃka'la*] *vt* (*montanha*) to climb; (*muro*) to scale; (*designar*) to select

escaldar [iʃkaw'da*] *vt* to scald; **escaldar-se** *vr* to scald o.s.

escalões [eʃka'lõjʃ] *mpl de* **escalão**

escama [iʃ'kama] *f* (*de peixe*) scale; (*de pele*) flake

escancarado, -a [iʃkãka'radu, a] *adj* wide open

escandalizar [iʃkãdali'za*] *vt* to shock; **escandalizar-se** *vr* to be shocked; (*ofender-se*) to be offended

escândalo [iʃ'kãdalu] *m* scandal; (*indignação*) outrage; **fazer** *ou* **dar um ~** to make a scene; **escandaloso, -a** [iʃkãda'lozu, ɔza] *adj* shocking, scandalous

Escandinávia [iʃkãdʒi'navja] *f*: **a ~** Scandinavia; **escandinavo, -a** [iʃkãdʒi'navu, a] *adj*, *m/f* Scandinavian

escangalhar [iʃkãga'ʎa*] *vt* to break, smash (up); (*a própria saúde*) to ruin; **escangalhar-se** *vr*: **~-se de rir** to split one's sides laughing

escapar [iʃka'pa*] vi: **~ a** ou **de** to escape from; (*fugir*) to run away from; **escapar-se** vr to run away, flee; **deixar ~** (*uma oportunidade*) to miss; (*palavras*) to blurt out; **~ de boa** (*col*) to have a close shave

escapatória [iʃkapa'tɔrja] f way out; (*desculpa*) excuse

escape [iʃ'kapi] m (*de gás*) leak; (*AUTO*) exhaust

escapulir [iʃkapu'li*] vi: **~ (de)** to get away (from); (*suj: coisa*) to slip (from)

escárnio [iʃ'kaxnju] m mockery; (*desprezo*) derision

escarrar [iʃka'xa*] vt to spit, cough up ♦ vi to spit

escarro [iʃ'kaxu] m phlegm, spit

escassear [iʃka'sja*] vt to skimp on ♦ vi to become scarce

escassez [iʃka'seʒ] f (*falta*) shortage

escasso, -a [iʃ'kasu, a] adj scarce

escavar [iʃka'va*] vt to excavate

esclarecer [iʃklare'se*] vt (*situação*) to explain; (*mistério*) to clear up, explain; **esclarecer-se** vr: **~-se (sobre algo)** to find out (about sth); **esclarecimento** [iʃklaresi'mẽtu] m explanation; (*informação*) information

escoadouro [iʃkoa'doru] m drain; (*cano*) drainpipe

escocês, -esa [iʃko'seʃ, seza] adj Scottish, Scots ♦ m/f Scot, Scotsman/woman

Escócia [iʃ'kɔsja] f Scotland

escola [iʃ'kɔla] f school; **~ naval** naval college; **~ primária** primary (*BRIT*) ou elementary (*US*) school; **~ secundária** secondary (*BRIT*) ou high (*US*) school; **~ particular/pública** private/state (*BRIT*) ou public (*US*) school; **~ de samba** see boxed note; **~ superior** college

escolar [iʃko'la*] adj school atr ♦ m/f schoolboy/girl

escolha [iʃ'koʎa] f choice

escolher [iʃko'ʎe*] vt to choose, select

escolho [iʃ'koʎu] m (*recife*) reef; (*rocha*) rock

escolta [iʃ'kɔwta] f escort; **escoltar** [iʃkow'ta*] vt to escort

escombros [iʃ'kõbruʃ] mpl ruins, debris sg

esconde-esconde [iʃkõdʒiʃ'kõdʒi] m hide-and-seek

esconder [iʃkõ'de*] vt to hide, conceal; **esconder-se** vr to hide

esconderijo [iʃkõde'riʒu] m hiding place; (*de bandidos*) hideout

escondidas [iʃkõ'dʒidaʃ] fpl: **às ~** secretly

escopo [iʃ'kopu] m aim, purpose

escorar [iʃko'ra*] vt to prop (up); (*amparar*) to support; (*esperar de espreita*) to lie in wait for ♦ vi to lie in wait; **escorar-se** vr: **~-se em**

(*fundamentar-se*) to go by; (*amparar-se*) to live off

escore [iʃˈkɔri] *m* score

escoriação [iʃkorjaˈsãw] (*pl* **-ões**) *f* abrasion, scratch

escorpião [iʃkoxpiˈãw] (*pl* **-ões**) *m* scorpion; **E~** (*ASTROLOGIA*) Scorpio

escorrega [iʃkoˈxega] *f* slide;

escorregadela [iʃkoxegaˈdɛla] *f* slip;

escorregadiço, -a [iʃkoxegaˈdʒi(s)u, a] *adj* slippery; **escorregão** [iʃkoxeˈgãw] (*pl* **-ões**) *m* slip; (*fig*) slip(-up);

escorregar [iʃkoxeˈgaˈ] *vi* to slip; (*errar*) to slip up

escorrer [iʃkoˈxeˈ] *vt* to drain (off); (*verter*) to pour out ♦ *vi* (*pingar*) to drip; (*correr em fio*) to trickle

escoteiro [iʃkoˈtejru] *m* scout

escova [iʃˈkova] *f* brush; (*penteado*) blow-dry; **~ de dentes** toothbrush;

escovar [iʃkoˈvaˈ] *vt* to brush

escravatura [iʃkravaˈtura] *f* (*tráfico*) slave trade; (*escravidão*) slavery

escravidão [iʃkraviˈdãw] *f* slavery

escravizar [iʃkraviˈzaˈ] *vt* to enslave; (*cativar*) to captivate

escravo, -a [iʃˈkravu, a] *adj* captive ♦ *m/f* slave

escrever [iʃkreˈveˈ] *vt*, *vi* to write; **escrever-se** *vr* to write to each other; **~ à máquina** to type

escrita [eʃˈkrita] *f* writing; (*letra*) handwriting

escrito, -a [eʃˈkritu, a] *pp de* **escrever** ♦ *adj* written ♦ *m* piece of writing; **~ à mão** handwritten; **dar por ~** to put in writing

escritor, a [iʃkriˈtoˈ, a] *m/f* writer; (*autor*) author

escritório [iʃkriˈtɔrju] *m* office; (*em casa*) study

escritura [iʃkriˈtura] *f* (*JUR*) deed; (*na compra de imóveis*) ≈ exchange of

contracts; **as Sagradas E~s** the Scriptures

escrivã [iʃkriˈvã] *f de* **escrivão**

escrivaninha [iʃkrivaˈniɲa] *f* writing desk

escrivão, -vã [iʃkriˈvãw, vã] (*pl* **-ões**, **~s**) *m/f* registrar, recorder

escrúpulo [iʃˈkrupulu] *m* scruple; (*cuidado*) care; **sem ~** unscrupulous;

escrupuloso, -a [iʃkrupuˈlozu, ɔza] *adj* scrupulous; careful

escudo [iʃˈkudu] *m* shield; (*moeda*) escudo

esculhambado, -a [iʃkuʎãˈbadu, a] (*col!*) *adj* shabby, slovenly; (*estragado*) knackered

esculhambar [iʃkuʎãˈbaˈ] (*col!*) *vt* to mess up, fuck up (*!*) **~ alguém** (*criticar*) to give sb stick; (*descompor*) to give sb a bollocking (*!*)

esculpir [iʃkuwˈpiˈ] *vt* to carve, sculpt; (*gravar*) to engrave

escultor, a [iʃkuwˈtoˈ, a] *m/f* sculptor

escultura [iʃkuwˈtura] *f* sculpture

escuras [iʃˈkuraʃ] *fpl*: **às ~** in the dark

escurecer [iʃkureˈseˈ] *vt* to darken ♦ *vi* to get dark; **ao ~** at dusk

escuridão [iʃkuriˈdãw] *f* (*trevas*) dark

escuro, -a [iʃˈkuru, a] *adj* dark; (*dia*) overcast; (*pessoa*) swarthy; (*negócios*) shady ♦ *m* darkness

escusar [iʃkuˈzaˈ] *vt* to excuse, forgive; (*justificar*) to justify; (*dispensar*) to exempt; (*não precisar de*) not to need; **escusar-se** *vr* to apologize; **~-se de fazer** to refuse to do

escuta [iʃˈkuta] *f* listening; **à ~** listening out; **ficar na ~** to stand by

escutar [iʃkuˈtaˈ] *vt* to listen to; (*sem prestar atenção*) to hear ♦ *vi* to listen; to hear

esfacelar [iʃfaseˈlaˈ] *vt* to destroy

esfaquear [iʃfaki'a*] vt to stab

esfarrapado, -a [iʃfaxa'padu, a] adj ragged, tattered

esfera [iʃ'fɛɾa] f sphere; (globo) globe; (TIP, COMPUT) golfball

esfolar [iʃfo'la*] vt to skin; (arranhar) to graze; (cobrar demais a) to overcharge, fleece

esfomeado, -a [iʃfo'mjadu, a] adj famished, starving

esforçado, -a [iʃfox'sadu, a] adj committed, dedicated

esforçar-se [iʃfox'saxsi] vr: ~ **para** to try hard to, strive to

esforço [iʃ'foxsu] m effort

esfregar [iʃfre'ga*] vt to rub; (com água) to scrub

esfriar [iʃ'frja*] vt to cool, chill ♦ vi to get cold; (fig) to cool off

esganar [iʃga'na*] vt to strangle, choke

esgotado, -a [iʃgo'tadu, a] adj exhausted; (consumido) used up; (livros) out of print; (ingressos) sold out

esgotamento [iʒgota'mētu] m exhaustion

esgotar [iʒgo'ta*] vt to drain, empty; (recursos) to use up; (pessoa, assunto) to exhaust; **esgotar-se** vr to become exhausted; (mercadorias, edição) to be sold out; (recursos) to run out

esgoto [iʒ'gotu] m drain; (público) sewer

esgrima [iʒ'grima] f (esporte) fencing

esgueirar-se [iʒgej'raxsi] vr to slip away, sneak off

esguelha [iʒ'geʎa] f slant; **olhar alguém de ~** to look at sb out of the corner of one's eye

esguio, -a [eʒ'giu, a] adj slender

esmaecer [iʒmaje'se*] vi to fade

esmagador, a [iʒmagado*, a] adj crushing; (provas) irrefutable; (maioria) overwhelming

esmagar [iʒma'ga*] vt to crush

esmalte [iʒ'mawtʃi] m enamel; (de unhas) nail polish

esmeralda [iʒme'rawda] f emerald

esmerar-se [iʒme'raxsi] vr: ~ **em fazer algo** to take great care in doing sth

esmigalhar [iʒmiga'ʎa*] vt to crumble; (despedaçar) to shatter; (esmagar) to crush; **esmigalhar-se** vr to crumble; to smash, shatter

esmo ['eʒmu] m: **a ~** at random; **falar a ~** to prattle

esmola [iʒ'mɔla] f alms pl; **pedir ~s** to beg

esmurrar [iʒmu'xa*] vt to punch

esnobe [iʒ'nɔbi] adj snobbish ♦ m/f snob

espacial [iʃpa'sjaw] (pl **-ais**) adj space atr; **nave** ~ spaceship

espaço [iʃ'pasu] m space; (tempo) period; ~ **para 3 pessoas** room for 3 people; **a ~s** from time to time; **espaçoso, -a** [iʃpa'sozu, ɔza] adj spacious, roomy

espada [iʃ'pada] f sword; **~s** fpl (CARTAS) spades

espadarte [iʃpa'daxtʃi] m swordfish

espairecer [iʃpajre'se*] vt to amuse, entertain ♦ vi to relax; **espairecer-se** vr to relax

espaldar [iʃpaw'da*] m (chair) back

espalhafato [iʃpaʎa'fatu] m din, commotion

espalhar [iʃpa'ʎa*] vt to scatter; (boato, medo) to spread; (luz) to shed; **espalhar-se** vr to spread; (refestelar-se) to lounge

espanador [iʃpana'do*] m duster

espancar [iʃpã'ka*] vt to beat up

Espanha [iʃ'paɲa] f: **a ~** Spain;

espanhol, a [iʃpa'ɲow, ola] (*pl* **-óis, ~s**) *adj* Spanish ♦ *m/f* Spaniard ♦ *m* (LING) Spanish; **os espanhóis** *mpl* the Spanish

espantado, -a [iʃpã'tadu, a] *adj* astonished, amazed; (*assustado*) frightened

espantalho [iʃpã'taʎu] *m* scarecrow

espantar [iʃpã'ta*] *vt* to frighten; (*admirar*) to amaze, astonish; (*afugentar*) to frighten away ♦ *vi* to be amazing; **espantar-se** *vr* to be astonished *ou* amazed; to be frightened

espanto [iʃ'pãtu] *m* fright, fear; (*admiração*) astonishment, amazement; **espantoso, -a** [iʃpã'tozu, ɔza] *adj* amazing

esparadrapo [iʃpara'drapu] *m* (sticking) plaster (BRIT), bandaid ® (US)

esparramar [iʃpaxa'ma*] *vt* to splash; (*espalhar*) to scatter

esparso, -a [iʃ'paxsu, a] *adj* scattered; (*solto*) loose

espasmo [iʃ'paʒmu] *m* spasm, convulsion

espatifar [iʃpatʃi'fa*] *vt* to smash; **espatifar-se** *vr* to smash; (*avião*) to crash

especial [iʃpe'sjaw] (*pl* **-ais**) *adj* special; **em ~** especially; **especialidade** [iʃpesjali'dadʒi] *f* speciality (BRIT), specialty (US); (*ramo de atividades*) specialization; **especialista** [iʃpesja'liʃta] *m/f* specialist; (*perito*) expert; **especializar-se** [iʃpesjali'zaxsi] *vr*: **especializar-se (em)** to specialize (in)

espécie [iʃ'pɛsi] *f* (BIO) species; (*tipo*) sort, kind; **causar ~** to be surprising; **pagar em ~** to pay in cash

especificar [iʃpesifi'ka*] *vt* to specify; **específico, -a** [iʃpe'sifiku, a] *adj* specific

espécime [iʃ'pɛsimi] *m* specimen

espécimen [iʃ'pɛsimẽ] (*pl* **~s**) *m* = **espécime**

espectáculo *etc* [iʃpek'takulu] (PT) *m* = **espetáculo** *etc*

espectador, a [iʃpekta'do*, a] *m/f* onlooker; (TV) viewer; (ESPORTE) spectator; (TEATRO) member of the audience; **~es** *mpl* (TV, TEATRO) audience *sg*

especular [iʃpeku'la*] *vi*: **~ (sobre)** to speculate (on)

espelho [iʃ'peʎu] *m* mirror; (*fig*) model; **~ retrovisor** (AUTO) rearview mirror

espera [iʃ'pɛra] *f* (*demora*) wait; (*expectativa*) expectation; **à ~ de** waiting for; **à minha ~** waiting for me

esperança [iʃpe'rãsa] *f* hope; (*expectativa*) expectation; **dar ~s a alguém** to raise sb's hopes; **esperançoso, -a** [iʃperã'sozu, ɔza] *adj* hopeful

esperar [iʃpe'ra*] *vt* to wait for; (*contar com: bebê*) to expect; (*desejar*) to hope for ♦ *vi* to wait; to hope; to expect

esperma [iʃ'pɛxma] *f* sperm

espertalhão, -lhona [iʃpexta'ʎãw, ʎona] (*pl* **-ões, ~s**) *adj* crafty, shrewd

esperteza [iʃpex'teza] *f* cleverness; (*astúcia*) cunning

esperto, -a [iʃ'pextu, a] *adj* clever; (*espertalhão*) crafty

espesso, -a [iʃ'pesu, a] *adj* thick; **espessura** [iʃpe'sura] *f* thickness

espetacular [iʃpetaku'la*] *adj* spectacular

espetáculo [iʃpe'takulu] *m* (TEATRO) show; (*vista*) sight; (*cena ridícula*) spectacle; **dar ~** to make a spectacle of o.s.

espetar [iʃpe'ta*] *vt* (*carne*) to put on

a b c d e f g h i j k l m n o p q r s t u v w x z

a spit; (*cravar*) to stick; **espetar-se** *vr*
to prick o.s.; **~ algo em algo** to pin sth
to sth

espeto [iʃ'petu] *m* spit; (*pau*) pointed
stick; **ser um ~** (*ser difícil*) to be
awkward

espevitado, -a [iʃpevi'tadu, a] *adj* (*fig:
vivo*) lively

espiã [iʃ'pjã] *f de* espião

espiada [iʃ'pjada] *f*: **dar uma ~** to
have a look

espião, -piã [iʃ'pjãw, 'pjã] (*pl* **-ões,~s**)
m/f spy

espiar [iʃ'pja*] *vt* to spy on; (*uma
ocasião*) to watch out for; (*olhar*) to
watch ♦ *vi* to spy; (*olhar*) to peer

espiga [iʃ'piga] *f* (*de milho*) ear

espinafre [iʃpi'nafri] *m* spinach

espingarda [iʃpĩ'gaxda] *f* shotgun,
rifle

espinha [iʃ'piɲa] *f* (*de peixe*) bone;
(*na pele*) spot, pimple; (*coluna
vertebral*) spine

espinho [iʃ'piɲu] *m* thorn; (*de
animal*) spine; (*fig: dificuldade*) snag;
espinhoso, -a [iʃpi'ɲozu, ɔza] *adj*
(*planta*) prickly, thorny; (*fig: difícil*)
difficult; (: *problema*) thorny

espiões [iʃ'pjõjʃ] *mpl de* espião

espionagem [iʃpio'naʒẽ] *f* spying,
espionage

espionar [iʃpjo'na*] *vt* to spy on ♦ *vi*
to spy, snoop

espírito [iʃ'piritu] *m* spirit;
(*pensamento*) mind; **~ esportivo** sense
of humo(u)r; **E~ Santo** Holy Spirit

espiritual [iʃpiri'twaw] (*pl* **-ais**) *adj*
spiritual

espirituoso, -a [iʃpiri'twozu, ɔza] *adj*
witty

espirrar [iʃpi'xa*] *vi* to sneeze; (*jorrar*)
to spurt out ♦ *vt* (*água*) to spurt;
espirro [iʃ'pixu] *m* sneeze

esplêndido, -a [iʃ'plẽdʒidu, a] *adj*
splendid

esplendor [iʃplẽ'do*] *m* splendour
(*BRIT*), splendor (*US*)

esponja [iʃ'põʒa] *f* sponge

espontâneo, -a [iʃpõ'tanju, a] *adj*
spontaneous; (*pessoa*) straightforward

esporádico, -a [iʃpo'radʒiku, a] *adj*
sporadic

esporte [iʃ'pɔxtʃi] (*BR*) *m* sport;
esportista [iʃpox'tʃiʃta] *adj* sporting
♦ *m/f* sportsman/woman; **esportivo,
-a** [iʃpox'tʃivu, a] *adj* sporting

esposa [iʃ'poza] *f* wife

esposo [iʃ'pozu] *m* husband

espreguiçadeira [iʃpregiza'dejra] *f*
deck chair; (*com lugar para as pernas*)
lounger

espreguiçar-se [iʃpregi'saxsi] *vr* to
stretch

espreita [iʃ'prejta] *f*: **ficar à ~** to keep
watch

espreitar [iʃprej'ta*] *vt* to spy on;
(*observar*) to observe, watch

espremer [iʃpre'me*] *vt* (*fruta*) to
squeeze; (*roupa molhada*) to wring
out; (*pessoas*) to squash; **espremer-se**
vr (*multidão*) to be squashed together;
(*uma pessoa*) to squash up

espuma [iʃ'puma] *f* foam; (*de cerveja*)
froth, head; (*de sabão*) lather; (*de
ondas*) surf; **~ de borracha** foam
rubber; **espumante** [iʃpu'mãtʃi] *adj*
frothy, foamy; (*vinho*) sparkling

esq. *abr* (= **esquerdo/a**) l

esquadra [iʃ'kwadra] *f* (*NÁUT*) fleet;
(*PT: da polícia*) police station

esquadrão [iʃkwa'drãw] (*pl* **-ões**) *m*
squadron

esquadrilha [iʃkwa'driʎa] *f* squadron

esquadrões [iʃkwa'drõjʃ] *mpl de*
esquadrão

esquálido, -a [iʃ'kwalidu, a] *adj*

squalid, filthy

esquartejar [iʃkwaxte'ʒa*] vt to quarter

esquecer [iʃke'se*] vt, vi to forget; **esquecer-se** vr: **~-se de** to forget;

esquecido, -a [iʃke'sidu, a] adj forgotten; (pessoa) forgetful

esqueleto [iʃke'letu] m skeleton; (arcabouço) framework

esquema [iʃ'kema] m outline; (plano) scheme; (diagrama) diagram, plan

esquentar [iʃkẽ'ta*] vt to heat (up), warm (up); (fig: irritar) to annoy ♦ vi to warm up; (casaco) to be warm; **esquentar-se** vr to get annoyed

esquerda [iʃ'kexda] f (tb: POL) left; **à ~** on the left

esquerdista [iʃkex'dʒiʃta] adj left-wing ♦ m/f left-winger

esquerdo, -a [iʃ'kexdu, a] adj left

esqui [iʃ'ki] m (patim) ski; (esporte) skiing; **~ aquático** water skiing; **fazer ~** to go skiing; **esquiar** [iʃ'kja*] vi to ski

esquilo [iʃ'kilu] m squirrel

esquina [iʃ'kina] f corner

esquisito, -a [iʃki'zitu, a] adj strange, odd

esquivar-se [iʃki'vaxsi] vr: **~ de** to escape from, get away from; (deveres) to get out of

esquivo, -a [iʃ'kivu, a] adj aloof, standoffish

essa ['esa] pron: **~ é/foi boa** that is/was a good one; **~ não, sem ~** come off it!; **vamos nessa** let's go!; **ainda mais ~!** that's all I need!; **corta ~!** cut it out!; **por ~s e outras** for these and other reasons; **~ de fazer ...** this business of doing ...

esse ['esi] adj (sg) that; (pl) those; (BR: este: sg) this; (: pl) these ♦ pron (sg) that one; (pl) those; (BR: este: sg) this one; (: pl) these

essência [e'sẽsja] f essence; **essencial** [esẽ'sjaw] (pl **-ais**) adj essential; (principal) main ♦ m: **o essencial** the main thing

esta ['eʃta] f de este

estabelecer [iʃtabele'se*] vt to establish; (fundar) to set up

estabelecimento [iʃtabelesi'mẽtu] m establishment; (casa comercial) business

estábulo [iʃ'tabulu] m cow-shed

estaca [iʃ'taka] f post, stake; (de barraca) peg

estação [iʃta'sãw] (pl **-ões**) f station; (do ano) season; **~ de águas** spa; **~ balneária** seaside resort; **~ emissora** broadcasting station

estacionamento [iʃtasjona'mẽtu] m (ato) parking; (lugar) car park (BRIT), parking lot (US)

estacionar [iʃtasjo'na*] vt to park ♦ vi to park; (não mover) to remain stationary

estacionário, -a [iʃtasjo'narju, a] adj (veículo) stationary; (COM) slack

estações [iʃta'sõjʃ] fpl de **estação**

estada [iʃ'tada] f stay

estadia [iʃta'dʒia] f = **estada**

estádio [iʃ'tadʒu] m stadium

estadista [iʃta'dʒiʃta] m/f statesman/woman

estado [iʃ'tadu] m state; **E~s Unidos (da América)** United States (of America); **~ civil** marital status; **~ de espírito** state of mind; **~ maior** staff; **estadual** [iʃta'dwaw] (pl **-ais**) adj state atr

estafa [iʃ'tafa] f fatigue; (esgotamento) nervous exhaustion

estagiário, -a [iʃta'ʒjarju, a] m/f probationer, trainee; (professor) student teacher; (médico) junior doctor

estágio [iʃ'taʒu] m (aprendizado) traineeship; (fase) stage

estagnado, -a [iʃtag'nadu, a] adj stagnant

estalar [iʃta'la*] vt to break; (os dedos) to snap ♦ vi to split, crack; (crepitar) to crackle

estalido [iʃta'lidu] m pop

estalo [iʃ'talu] m (do chicote) crack; (dos dedos) snap; (dos lábios) smack; (de foguete) bang; **~ de trovão** thunderclap; **de ~** suddenly

estampa [iʃ'tãpa] f (figura impressa) print; (ilustração) picture

estampado, -a [iʃtã'padu, a] adj printed ♦ m (tecido) print; (num tecido) pattern

estampar [iʃtã'pa*] vt to print; (marcar) to stamp

estancar [iʃtã'ka*] vt to staunch; (fazer cessar) to stop; **estancar-se** vr to stop

estância [iʃ'tãsja] f ranch, farm

estandarte [iʃtã'daxtʃi] m standard, banner

estanho [iʃ'taɲu] m (metal) tin

estante [iʃ'tãtʃi] f bookcase; (suporte) stand

---

estar

PALAVRA CHAVE

[iʃ'ta*] vi

1 (lugar) to be; (em casa) to be in; (no telefone): **a Lúcia está? – não, ela não está** is Lúcia there? – no, she's not here

2 (estado) to be; **~ doente** to be ill; **~ bem** (de saúde) to be well; (financeiramente) to be well off; **~ calor/frio** to be hot/cold; **~ com fome/sede/medo** to be hungry/thirsty/afraid

3 (ação contínua): **~ fazendo** (BR)

ou **a fazer** (PT) to be doing

4 (+ pp: = adj): **~ sentado/cansado** to be sitting down/tired

5 (+ pp: uso passivo): **está condenado à morte** he's been condemned to death; **o livro está emprestado** the book's been borrowed

6 : **~ de** : **~ de férias/licença** to be on holiday (BRIT) ou vacation (US)/leave; **ela estava de chapéu** she had a hat on, she was wearing a hat

7 : **~ para** : **~ para fazer** to be about to do; **ele está para chegar a qualquer momento** he'll be here any minute; **não ~ para conversas** not to be in the mood for talking

8 : **~ por fazer** to be still to be done

9 : **~ sem** : **~ sem dinheiro** to have no money; **~ sem dormir** not to have slept; **estou sem dormir há três dias** I haven't slept for three days; **está sem terminar** it isn't finished yet

10 (frases): **está bem, tá (bem)** (col) OK; **~ bem com** to be on good terms with

---

estardalhaço [iʃtaxda'ʎasu] m fuss; (ostentação) ostentation

estas ['ɛʃtaʃ] fpl de **este**

estatal [iʃta'taw] (pl -ais) adj nationalized, state-owned ♦ f state-owned company

estático, -a [iʃ'tatʃiku, a] adj static

estatística [iʃta'tʃiʃtʃika] f statistic; (ciência) statistics sg

estatizar [iʃtatʃi'za*] vt to nationalize

estátua [iʃ'tatwa] f statue

estatura [iʃta'tura] f stature

estatuto [iʃta'tutu] m statute; (de

cidade) bye-law; *(de associação)* rule

estável [iʃ'tavew] *(pl* **-eis)** *adj* stable

este ['εʃtʃi] *m* east ♦ *adj inv (região)* eastern; *(vento, direção)* easterly

este, -ta ['eʃtʃi, 'εʃta] *adj (sg)* this; *(pl)* these ♦ *pron* this one; *(pl)* these; *(a quem/que se referiu por último)* the latter; **esta noite** *(noite passada)* last night; *(noite de hoje)* tonight

esteira [iʃ'tejra] *f* mat; *(de navio)* wake; *(rumo)* path

esteja *etc* [iʃ'teʒa] *vb V* **estar**

estelionato [isteljo'natu] *m* fraud

estender [iʃtë'de*] *vt* to extend; *(mapa)* to spread out; *(pernas)* to stretch; *(massa)* to roll out; *(conversa)* to draw out; *(corda)* to pull tight; *(roupa molhada)* to hang out; **estender-se** *vr* to lie down; *(fila, terreno)* to stretch, extend; **~ a mão** to hold out one's hand; **~-se sobre algo** to dwell on sth, expand on sth

estéreis [iʃ'tɛrejʃ] *adj pl de* **estéril**

estereo... [iʃterju] *prefixo* stereo...;
estereofônico, -a [iʃterjo'foniku, a] *adj* stereo(phonic); **estereótipo** [iʃte'rjɔtʃipu] *m* stereotype

estéril [iʃ'teriw] *(pl* **-eis)** *adj* sterile; *(terra)* infertile; *(fig)* futile; **esterilizar** [iʃterili'za*] *vt* to sterilize

estético, -a [iʃ'tɛtʃiku, a] *adj* aesthetic *(BRIT)*, esthetic *(US)*

esteve [iʃ'tevi] *vb V* **estar**

estibordo [iʃtʃi'bɔxdu] *m* starboard

esticar [iʃtʃi'ka*] *vt* to stretch; **esticar-se** *vr* to stretch out

estigma [iʃ'tʃigima] *m* mark, scar; *(fig)* stigma

estilhaçar [iʃtʃiʎa'sa*] *vt* to splinter; *(despedaçar)* to shatter; **estilhaçar-se** *vr* to shatter; **estilhaço** [iʃtʃi'ʎasu] *m* fragment; *(de pedra)* chip; *(de madeira, metal)* splinter

estilo [iʃ'tʃilu] *m* style; *(TEC)* stylus; **~ de vida** way of life

estima [iʃ'tʃima] *f* esteem; *(afeto)* affection; **ter ~ a** to have a high regard for

estimação [iʃtʃima'sãw] *f:* **... de ~** favourite *(BRIT)* ..., favorite *(US)* ...

estimado, -a [iʃtʃi'madu, a] *adj* respected; *(em cartas)*: **E~ Senhor** Dear Sir

estimar [iʃtʃi'ma*] *vt* to appreciate; *(avaliar)* to value; *(ter estima a)* to have a high regard for; *(calcular aproximadamente)* to estimate

estimativa [iʃtʃima'tʃiva] *f* estimate

estimulante [iʃtʃimu'lãtʃi] *adj* stimulating ♦ *m* stimulant

estimular [iʃtʃimu'la*] *vt* to stimulate; *(incentivar)* to encourage; **estímulo** [iʃ'tʃimulu] *m* stimulus; *(ânimo)* encouragement

estipular [iʃtʃipu'la*] *vt* to stipulate

estirar [iʃtʃi'ra*] *vt* to stretch (out); **estirar-se** *vr* to stretch

estive *etc* [iʃ'tʃivi] *vb V* **estar**

estocada [iʃto'kada] *f* stab, thrust

estocar [iʃto'ka*] *vt* to stock

estofo [iʃ'tofu] *m (tecido)* material; *(para acolchoar)* padding, stuffing

estojo [iʃ'toʒu] *m* case; **~ de ferramentas** tool kit; **~ de unhas** manicure set

estômago [iʃ'tomagu] *m* stomach; **ter ~ para (fazer) algo** to be up to (doing) sth

estontear [iʃtö'tʃa*] *vt* to stun, daze

estoque [iʃ'tɔki] *m (COM)* stock

estorvo [iʃ'toxvu] *m* hindrance, obstacle; *(amolação)* bother, nuisance

estourado, -a [iʃto'radu, a] *adj (temperamental)* explosive; *(col: cansado)* shattered, worn out

estourar [iʃtoˈraʔ] *vi* to explode; (*pneu*) to burst; (*escândalo*) to blow up; (*guerra*) to break out; (*BR: chegar*) to turn up, arrive; **~ (com alguém)** (*zangar-se*) to blow up (at sb)

estouro [iʃˈtoru] *m* explosion; **dar o ~** (*fig: zangar-se*) to blow up, blow one's top

estrábico, -a [iʃˈtrabiku, a] *adj* cross-eyed

estraçalhar [iʃtrasaˈʎaʔ] *vt* (*livro, objeto*) to pull to pieces; (*pessoa*) to tear to pieces

estrada [iʃˈtrada] *f* road; **~ de ferro** (*BR*) railway (*BRIT*), railroad (*US*); **~ principal** main road (*BRIT*), state highway (*US*)

estrado [iʃˈtradu] *m* (*tablado*) platform; (*de cama*) base

estragado, -a [iʃtraˈgadu, a] *adj* ruined; (*fruta*) rotten; (*muito mimado*) spoiled, spoilt (*BRIT*)

estraga-prazeres [iʃtraga-] *m/f inv* spoilsport

estragar [iʃtraˈgaʔ] *vt* to spoil; (*arruinar*) to ruin, wreck; (*desperdiçar*) to waste; (*saúde*) to damage; (*mimar*) to spoil; **estrago** [iʃˈtragu] *m* destruction; waste; damage; **os estragos da guerra** the ravages of war

estrangeiro, -a [iʃtrãˈʒejru, a] *adj* foreign ♦ *m/f* foreigner; **no ~** abroad

estrangular [iʃtrãguˈlaʔ] *vt* to strangle

estranhar [iʃtraˈɲaʔ] *vt* to be surprised at; (*achar estranho*): **~ algo** to find sth strange; **estranhei o clima** the climate did not agree with me; **não é de se ~** it's not surprising

estranho, -a [iʃˈtraɲu, a] *adj* strange, odd; (*influências*) outside ♦ *m/f* (*desconhecido*) stranger; (*de fora*) outsider

estratégia [iʃtraˈtɛʒa] *f* strategy

estrear [iʃˈtrjaʔ] *vt* (*vestido*) to wear for the first time; (*peça de teatro*) to perform for the first time; (*veículo*) to use for the first time; (*filme*) to show for the first time, première; (*iniciar*): **~ uma carreira** to embark on *ou* begin a career ♦ *vi* (*ator, jogador*) to make one's first appearance; (*filme, peça*) to open

estrebaria [iʃtrebaˈria] *f* stable

estréia [iʃˈtreja] *f* (*de artista*) debut; (*de uma peça*) first night; (*de um filme*) première, opening

estreitar [iʃtrejˈtaʔ] *vt* to narrow; (*roupa*) to take in; (*abraçar*) to hug; (*laços de amizade*) to strengthen ♦ *vi* (*estrada*) to narrow

estreito, -a [iʃˈtrejtu, a] *adj* narrow; (*saia*) straight; (*vínculo, relação*) close; (*medida*) strict ♦ *m* strait

estrela [iʃˈtrela] *f* star; **~ cadente** falling star; **estrelado, -a** [iʃtreˈladu, a] *adj* (*céu*) starry; (*ovo*) fried

estremecer [iʃtremeˈseʔ] *vt* to shake; (*amizade*) to strain; (*fazer tremer*): **~ alguém** to make sb shudder ♦ *vi* to shake; (*tremer*) to tremble; (*horrorizar-se*) to shudder; (*amizade*) to be strained

estremecimento [iʃtremesiˈmẽtu] *m* shaking, trembling; (*tremor*) tremor; (*numa amizade*) tension

estresse [iʃˈtresi] *m* stress

estribeira [iʃtriˈbejra] *f*: **perder as ~s** (*col*) to fly off the handle, lose one's temper

estribo [iʃˈtribu] *m* (*de cavalo*) stirrup; (*degrau*) step; (*fig: apoio*) support

estridente [iʃtriˈdẽtʃi] *adj* shrill, piercing

estrofe [iʃˈtrɔfi] *f* stanza

estrondo [iʃˈtrõdu] *m* (*de trovão*) rumble; (*de armas*) din

estrutura [iʃtru'tura] f structure; (armação) framework; (de edifício) fabric

estudante [iʃtu'dãtʃi] m/f student; **estudantil** [iʃtudã'tʃiw] (pl **-is**) adj student atr

estudar [iʃtu'da*] vt, vi to study

estúdio [iʃ'tudʒu] m studio

estudioso, -a [iʃtu'dʒozu, ɔza] adj studious ♦ m/f student

estudo [iʃ'tudu] m study

estufa [iʃ'tufa] f (fogão) stove; (de plantas) greenhouse; (de fogão) plate warmer; **efeito ~** greenhouse effect

estufado [iʃtu'fadu] (PT) m stew

estupefato, -a [iʃtupe'fatu, a] (PT **-ct-**) adj dumbfounded

estupendo, -a [iʃtu'pẽdu, a] adj wonderful, terrific

estupidez [iʃtupi'deʒ] f stupidity; (ato, dito) stupid thing; (grosseria) rudeness

estúpido, -a [iʃ'tupidu, a] adj stupid; (grosseiro) rude, churlish ♦ m/f idiot; oaf

estuprar [iʃtu'pra*] vt to rape; **estupro** [iʃ'tupru] m rape

esvaziar [iʒva'zja*] vt to empty; **esvaziar-se** vr to empty

etapa [e'tapa] f stage

etc. abr (= et cetera) etc.

eternidade [etexni'dadʒi] f eternity

eterno, -a [e'texnu, a] adj eternal

ética ['ɛtʃika] f ethics pl

ético, -a ['ɛtʃiku, a] adj ethical

Etiópia [e'tʃjɔpja] f: **a ~** Ethiopia

etiqueta [etʃi'keta] f etiquette; (rótulo, em roupa) label; (que se amarra) tag

étnico, -a ['ɛtʃniku, a] adj ethnic

etos ['ɛtuʃ] m inv ethos

eu [ew] pron I ♦ m self; **sou ~** it's me

EUA abr mpl (= Estados Unidos da América) USA

eucaristia [ewkariʃ'tʃia] f Holy Communion

euro ['ewru] m (moeda) euro

Europa [ew'rɔpa] f: **a ~** Europe; **europeu, -péia** [ewro'peu, 'peja] adj, m/f European

evacuar [eva'kwa*] vt to evacuate; (sair de) to leave; (MED) to discharge ♦ vi to defecate

evadir [eva'dʒi*] vt to evade; **evadir-se** vr to escape

evangelho [evã'ʒeʎu] m gospel

evaporar [evapo'ra*] vt, vi to evaporate; **evaporar-se** vr to evaporate; (desaparecer) to vanish

evasão [eva'zãw] (pl **-ões**) f escape, flight; (fig) evasion

evasiva [eva'ziva] f excuse

evasivo, -a [eva'zivu, a] adj evasive

evasões [eva'zõjʃ] fpl de **evasão**

evento [e'vẽtu] m event; (eventualidade) eventuality

eventual [evẽ'tuaw] (pl **-ais**) adj fortuitous, accidental; **eventualidade** [evẽtwali'dadʒi] f eventuality

evidência [evi'dẽsja] f evidence, proof; **evidenciar** [evidẽ'sja*] vt to prove; (mostrar) to show; **evidenciar-se** vr to be evident, be obvious

evidente [evi'dẽtʃi] adj obvious, evident

evitar [evi'ta*] vt to avoid; **~ de fazer algo** to avoid doing sth

evocar [evo'ka*] vt to evoke; (espíritos) to invoke

evolução [evolu'sãw] (pl **-ões**) f development; (MIL) manoeuvre (BRIT), maneuver (US); (movimento) movement; (BIO) evolution

evoluir [evo'lwi*] vi to evolve; **~ para** to evolve into

ex- [ef-, eʒ-] prefixo ex-, former

a
b
c
d
e
f
g
h
i
j
k
l
m
n
o
p
q
r
s
t
u
v
w
x
z

Ex.ª *abr* = **Excelência**

exacto, -a *etc* [e'zatu, a] (*PT*) = **exato** *etc*

exagerar [ezaʒe'ra*] *vt* to exaggerate ♦ *vi* to exaggerate; (*agir com exagero*) to overdo it; **exagero** [eza'ʒeru] *m* exaggeration

exalar [eza'la*] *vt* (*odor*) to give off

exaltado, -a [ezaw'tadu, a] *adj* fanatical; (*apaixonado*) overexcited

exaltar [ezaw'ta*] *vt* (*elevar: pessoa, virtude*) to exalt; (*louvar*) to praise; (*excitar*) to excite; (*irritar*) to annoy; **exaltar-se** *vr* (*irritar-se*) to get worked up; (*arrebatar-se*) to get carried away

exame [e'zami] *m* (*EDUC*) examination, exam; (*MED etc*) examination; **fazer um ~** (*EDUC*) to take an exam; (*MED*) to have an examination

examinar [ezami'na*] *vt* to examine

exasperar [ezaʃpe'ra*] *vt* to exasperate; **exasperar-se** *vr* to get exasperated

exatidão [ezatʃi'dãw] *f* accuracy; (*perfeição*) correctness

exato, -a [e'zatu, a] *adj* right, correct; (*preciso*) exact; **~!** exactly!

exaustão [ezaw'ʃtãw] *f* exhaustion; **exausto, -a** [e'zawʃtu, a] *adj* exhausted

exaustor [ezaw'ʃto*] *m* extractor fan

exceção [ese'sãw] (*pl* **-ões**) *f* exception; **com ~ de** with the exception of; **abrir ~** to make an exception

excedente [ese'dẽtʃi] *adj* excess; (*COM*) surplus ♦ *m* (*COM*) surplus

exceder [ese'de*] *vt* to exceed; (*superar*) to surpass; **exceder-se** *vr* (*cometer excessos*) to go too far; (*cansar-se*) to overdo things

excelência [ese'lẽsja] *f* excellence; **por ~** par excellence; **Vossa E~** Your Excellency; **excelente** [ese'lẽtʃi] *adj* excellent

excêntrico, -a [e'sẽtriku, a] *adj, m/f* eccentric

excepção [ese'sãw] (*PT*) *f* = **exceção**

excepcional [esepsjo'naw] (*pl* **-ais**) *adj* exceptional; (*especial*) special; (*MED*) handicapped

excepto *etc* [e'sɛtu] (*PT*) = **exceto** *etc*

excessivo, -a [ese'sivu, a] *adj* excessive

excesso [e'sesu] *m* excess; (*COM*) surplus

exceto [e'sɛtu] *prep* except (for), apart from

excitação [esita'sãw] *f* excitement

excitado, -a [esi'tadu, a] *adj* excited; (*estimulado*) aroused

excitante [esi'tãtʃi] *adj* exciting

excitar [esi'ta*] *vt* to excite; (*estimular*) to arouse; **excitar-se** *vr* to get excited

exclamação [iʃklama'sãw] (*pl* **-ões**) *f* exclamation

exclamar [iʃkla'ma*] *vi* to exclaim

excluir [iʃ'klwi*] *vt* to exclude, leave out; (*eliminar*) to rule out; (*ser incompatível com*) to preclude; **exclusão** [iʃklu'zãw] *f* exclusion; **exclusivo, -a** [iʃklu'zivu, a] *adj* exclusive

excursão [iʃkux'sãw] (*pl* **-ões**) *f* outing, excursion; **~ a pé** hike; **excursionista** [iʃkuxsjo'niʃta] *m/f* tourist; (*para o dia*) day-tripper; (*a pé*) hiker

execução [ezeku'sãw] (*pl* **-ões**) *f* execution; (*de música*) performance

executar [ezeku'ta*] *vt* to execute; (*MÚS*) to perform; (*plano*) to carry out; (*papel teatral*) to play

executivo, -a [ezeku'tʃivu, a] *adj, m/f* executive

exemplar [ezẽ'pla*] *adj* exemplary ♦ *m* model, example; (*BIO*) specimen;

(*livro*) copy; (*peça*) piece

exemplo [e'zẽplu] *m* example; **por ~** for example

exercer [ezex'se*] *vt* to exercise; (*influência, pressão*) to exert; (*função*) to perform; (*profissão*) to practise (*BRIT*), practice (*US*); (*obrigações*) to carry out

exercício [ezex'sisju] *m* exercise; (*de medicina*) practice; (*MIL*) drill; (*COM*) financial year

exercitar [ezexsi'ta*] *vt* (*profissão*) to practise (*BRIT*), practice (*US*); (*direitos, músculos*) to exercise; (*adestrar*) to train

exército [e'zexsito] *m* army

exibição [ezibi'sãw] (*pl* **-ões**) *f* show, display; (*de filme*) showing

exibir [ezi'bi*] *vt* to show, display; (*alardear*) to show off; (*filme*) to show, screen; **exibir-se** *vr* to show off; (*indecentemente*) to expose o.s.

exigência [ezi'ʒẽsja] *f* demand; (*o necessário*) requirement; **exigente** [ezi'ʒẽtʃi] *adj* demanding

exigir [ezi'ʒi*] *vt* to demand

exíguo, -a [e'zigwu, a] *adj* (*diminuto*) small; (*escasso*) scanty

exilado, -a [ezi'ladu, a] *m/f* exile

exilar [ezi'la*] *vt* to exile; **exilar-se** *vr* to go into exile; **exílio** [e'zilju] *m* exile; (*forçado*) deportation

existência [eziʃ'tẽsja] *f* existence; (*vida*) life

existir [eziʃ'tʃi*] *vi* to exist; **existe/ existem ...** (*há*) there is/are ...

êxito ['ezitu] *m* result; (*sucesso*) success; (*música, filme etc*) hit; **ter ~ (em)** to succeed (in), be successful (in)

Exmo(s)/a(s) *abr* (= *Excelentíssimo(s)/a(s)*) Dear

êxodo ['ezodu] *m* exodus

exorcista [ezox'siʃta] *m/f* exorcist

exótico, -a [e'zɔtʃiku, a] *adj* exotic

expandir [iʃpã'dʒi*] *vt* to expand; (*espalhar*) to spread; **expandir-se** *vr* to expand; **~-se com alguém** to be frank with sb

expansão [iʃpã'sãw] *f* expansion, spread; (*de alegria*) effusiveness

expansivo, -a [iʃpã'sivu, a] *adj* (*pessoa*) outgoing

expeça *etc* [iʃ'pesa] *vb V* expedir

expectativa [iʃpekta'tʃiva] *f* expectation

expedição [iʃpedʒi'sãw] (*pl* **-ões**) *f* (*viagem*) expedition; (*de mercadorias*) despatch; (*por navio*) shipment; (*de passaporte etc*) issue

expediente [iʃpe'dʒiẽtʃi] *m* means; (*serviço*) working day; (*correspondência*) correspondence ♦ *adj* expedient; **~ bancário** banking hours *pl*; **~ do escritório** office hours *pl*

expedir [iʃpe'dʒi*] *vt* to send, despatch; (*bilhete, passaporte, decreto*) to issue

expelir [iʃpe'li*] *vt* to expel; (*sangue*) to spit

experiência [iʃpe'rjẽsja] *f* experience; (*prova*) experiment, test; **em ~** on trial

experiente [iʃpe'rjẽtʃi] *adj* experienced

experimentar [iʃperimẽ'ta*] *vt* (*comida*) to taste; (*vestido*) to try on; (*pôr à prova*) to try out, test; (*conhecer pela experiência*) to experience; (*sofrer*) to suffer, undergo; **experimento** [iʃperi'mẽtu] *m* experiment

expilo *etc* [iʃ'pilu] *vb V* expelir

expirar [iʃpi'ra*] *vt* to exhale, breathe out ♦ *vi* to die; (*terminar*) to end

explicação [iʃplika'sãw] (*pl* **-ões**) *f* explanation

explicar [iʃpli'ka*] *vt, vi* to explain; **explicar-se** *vr* to explain o.s.

explícito, -a [iʃ'plisitu, a] *adj* explicit, clear

explodir [iʃplo'dʒi*] *vt, vi* to explode

exploração [iʃplora'sãw] *f* exploration; (*abuso*) exploitation; (*de uma mina*) working

explorador, a [iʃplora'do*, a] *m/f* explorer; (*de outros*) exploiter

explorar [iʃplo'ra*] *vt* (*região*) to explore; (*mina*) to work, run; (*ferida*) to probe; (*trabalhadores etc*) to exploit

explosão [iʃplo'zãw] (*pl* **-ões**) *f* explosion; (*fig*) outburst; **explosivo, -a** [iʃplo'zivu, a] *adj* explosive; (*pessoa*) hot-headed ♦ *m* explosive

expor [iʃ'po*] (*irreg: como* **pôr**) *vt* to expose; (*a vida*) to risk; (*teoria*) to explain; (*revelar*) to reveal; (*mercadorias*) to display; (*quadros*) to exhibit; **expor-se** *vr* to expose o.s.

exportação [iʃpoxta'sãw] *f* (*ato*) export(ing); (*mercadorias*) exports *pl*

exportador, a [iʃpoxta'do*, a] *adj* exporting ♦ *m/f* exporter

exportar [iʃpox'ta*] *vt* to export

exposição [iʃposi'sãw] (*pl* **-ões**) *f* exhibition; (*explicação*) explanation; (*declaração*) statement; (*narração*) account; (*FOTO*) exposure

exposto, -a [iʃ'poʃtu, 'pɔʃta] *adj* (*lugar*) exposed; (*quadro, mercadoria*) on show *ou* display ♦ *m*: **o acima ~** the above

expressão [iʃpre'sãw] (*pl* **-ões**) *f* expression

expressar [iʃpre'sa*] *vt* to express; **expressivo, -a** [iʃpre'sivu, a] *adj* expressive; (*pessoa*) demonstrative

expresso, -a [iʃ'prεsu, a] *pp de* **exprimir** ♦ *adj* definite, clear; (*trem, ordem, carta*) express ♦ *m* express

expressões [iʃpre'sõjʃ] *fpl de* **expressão**

exprimir [iʃpri'mi*] *vt* to express

expulsão [iʃpul'sãw] (*pl* **-ões**) *f* expulsion; (*ESPORTE*) sending off

expulsar [iʃpuw'sa*] *vt* to expel; (*de uma festa, clube etc*) to throw out; (*inimigo*) to drive out; (*estrangeiro*) to expel, deport; (*jogador*) to send off

expulso, -a [iʃ'puwsu, a] *pp de* **expulsar**

expulsões [iʃpul'sõjʃ] *fpl de* **expulsão**

êxtase ['eʃtazi] *m* ecstasy

extensão [iʃtẽ'sãw] (*pl* **-ões**) *f* (*ger, TEL*) extension; (*de uma empresa*) expansion; (*terreno*) expanse; (*tempo*) length, duration; (*de conhecimentos*) extent

extenso, -a [iʃ'tẽsu, a] *adj* extensive; (*comprido*) long; (*artigo*) full, comprehensive; **por ~** in full

extenuante [iʃte'nwãtʃi] *adj* exhausting; (*debilitante*) debilitating

exterior [iʃte'rjo*] *adj* (*de fora*) outside, exterior; (*aparência*) outward; (*comércio*) foreign ♦ *m* (*da casa*) outside; (*aspecto*) outward appearance; **do ~** (*do estrangeiro*) from abroad; **no ~** abroad

exterminar [iʃtexmi'na*] *vt* (*inimigo*) to wipe out, exterminate; (*acabar com*) to do away with

externo, -a [iʃ'tεxnu, a] *adj* external; (*aparente*) outward; **aluno ~** day pupil

extinguir [iʃtʃĩ'gi*] *vt* (*fogo*) to put out, extinguish; (*um povo*) to wipe out; **extinguir-se** *vr* (*fogo, luz*) to go out; (*BIO*) to become extinct

extinto, -a [iʃ'tʃĩtu, a] *adj* (*fogo*) extinguished; (*língua, pessoa*) dead; (*animal, vulcão*) extinct; (*associação etc*) defunct; **extintor** [iʃtʃĩ'to*] *m* (fire) extinguisher

extorquir [iʃtox'ki*] *vt* to extort

extorsão [iʃtox'sãw] *f* extortion

extra ['εʃtra] *adj* extra ♦ *m/f* extra

person; (*TEATRO*) extra

extração [iʃtra'sãw] (*PT* **-cç-**) (*pl* **-ões**) f extraction; (*de loteria*) draw

extracto [iʃ'tratu] (*PT*) m = **extrato**

extrair [iʃtra'ji*] vt to extract, take out

extraordinário, -a [iʃtraoxdʒi'narju, a] adj extraordinary; (*despesa*) extra; (*reunião*) special

extrato [iʃ'tratu] m extract; (*resumo*) summary; **~ (bancário)** (bank) statement

extravagância [iʃtrava'gãsja] f extravagance; **extravagante** [iʃtrava'gãtʃi] adj extravagant; (*roupa*) outlandish; (*conduta*) wild

extravasar [iʃtrava'za*] vi to overflow

extraviado, -a [iʃtra'vjadu, a] adj lost, missing

extraviar [iʃtra'vja*] vt to mislay; (*pessoa*) to lead astray; (*dinheiro*) to embezzle; **extraviar-se** vr to get lost; **extravio** [iʃtra'viu] m loss; embezzlement; (*fig*) deviation

extremado, -a [iʃtre'madu, a] adj extreme

extremidade [iʃtremi'dadʒi] f extremity; (*do dedo*) tip; (*ponta*) end; (*beira*) edge

extremo, -a [iʃ'tremu, a] adj extreme ♦ m extreme; **ao ~** extremely

extrovertido, -a [eʃtrovex'tʃidu, a] adj extrovert, outgoing ♦ m/f extrovert

exultante [ezuw'tãtʃi] adj jubilant, exultant

F f

fã [fã] (*col*) m/f fan

fábrica ['fabrika] f factory; **~ de cerveja** brewery; **a preço de ~** wholesale

fabricação [fabrika'sãw] f

manufacture; **~ em série** mass production

fabricar [fabri'ka*] vt to manufacture, make

fábula ['fabula] f fable; (*conto*) tale

fabuloso, -a [fabu'lozu, ɔza] adj fabulous

faca ['faka] f knife; **facada** [fa'kada] f stab, cut

façanha [fa'saɲa] f exploit, deed

facção [fak'sãw] (*pl* **-ões**) f faction

face ['fasi] f face; (*bochecha*) cheek; **em ~ de** in view of; **fazer ~ a** to face up to; **disquete de ~ simples/dupla** (*COMPUT*) single-/double-sided disk

fáceis ['fasejʃ] adj pl de **fácil**

faceta [fa'seta] f facet

fachada [fa'ʃada] f façade, front

fácil ['fasiw] (*pl* **-eis**) adj easy; (*temperamento, pessoa*) easy-going ♦ adv easily; **facilidade** [fasili'dadʒi] f ease; (*jeito*) facility; **facilidades** fpl (*recursos*) facilities; **ter facilidade para algo** to have a talent for sth

facilitar [fasili'ta*] vt to facilitate, make easy; (*fornecer*): **~ algo a alguém** to provide sb with sth

faço etc ['fasu] vb V **fazer**

fac-símile [fak'simili] (*pl* **~s**) m (*cópia*) facsimile; (*carta*) fax; (*máquina*) fax (machine); **enviar por ~** to fax

facto ['faktu] (*PT*) m = **fato**

factor [fak'to*] (*PT*) m = **fator**

factual [fak'twaw] (*pl* **-ais**) adj factual

factura etc [fak'tura] (*PT*) = **fatura** etc

faculdade [fakuw'dadʒi] f (*ger, EDUC*) faculty; (*poder*) power

facultativo, -a [fakuwta'tʃivu, a] adj optional ♦ m/f doctor

fadado, -a [fa'dadu, a] adj destined

fadiga [fa'dʒiga] f fatigue

fadista [fa'dʒiʃta] m/f fado singer ♦ m

a b c d e f g h i j k l m n o p q r s t u v w x z

(*PT*) ruffian

fado ['fadu] *m* fate; (*canção*) fado; *see boxed note*

FADO

The best-known musical form in Portugal is the melancholic **fado**, which is traditionally sung by a soloist (known as a *fadista*) accompanied by the Portuguese *guitarra*. There are two main types of **fado**: Coimbra **fado** is traditionally sung by men, and is considered to be more cerebral than the **fado** from Lisbon, which is sung by both men and women. The theme is nearly always one of deep nostalgia known as *saudade*, and the harsh reality of life.

---

faia ['faja] *f* beech (tree)

faisão [faj'zãw] (*-ies*, *pl* -**ães**) *m* pheasant

faísca [fa'iʃka] *f* spark; (*brilho*) flash

faisões [faj'zõjʃ] *mpl de* **faisão**

faixa ['fajʃa] *f* (*cinto*, *JUDÔ*) belt; (*tira*) strip; (*área*) zone; (*AUTO*: *pista*) lane; (*BR*: *para pedestres*) zebra crossing (*BRIT*), crosswalk (*US*); (*MED*) bandage; (*num disco*) track

fala ['fala] *f* speech; **chamar às ~s** to call to account; **sem ~** speechless

falante [fa'lãtʃi] *adj* talkative

falar [fa'la*] *vt* (*língua*) to speak; (*besteira etc*) to talk; (*dizer*) to say; (*verdade*, *mentira*) to tell ♦ *vi* to speak; **~ algo a alguém** to tell sb sth; **~ de** *ou* **em algo** to talk about sth; **~ com alguém** to talk to sb; **por ~ em** speaking of; **sem ~ em** not to mention; **falou!**, **'tá falado!** (*col*) OK!

falcão [faw'kãw] (*pl* -**ões**) *m* falcon

falecer [fale'se*] *vi* to die;

falecimento [falesi'mẽtu] *m* death

falência [fa'lẽsja] *f* bankruptcy; **abrir ~** to declare o.s. bankrupt; **ir à ~** to go bankrupt; **levar à ~** to bankrupt

falésia [fa'lɛzja] *f* cliff

falha ['faʎa] *f* fault; (*lacuna*) omission; (*de caráter*) flaw

falhar [fa'ʎa*] *vi* to fail; (*não acertar*) to miss; (*errar*) to be wrong

falho, -a ['faʎu, a] *adj* faulty; (*deficiente*) wanting

falido, -a [fa'lidu, a] *adj*, *m/f* bankrupt

falir [fa'li*] *vi* to fail; (*COM*) to go bankrupt

falsário, -a [faw'sarju, a] *m/f* forger

falsidade [fawsi'dadʒi] *f* falsehood; (*fingimento*) pretence (*BRIT*), pretense (*US*)

falsificar [fawsifi'ka*] *vt* (*forjar*) to forge; (*falsear*) to falsify; (*adulterar*) to adulterate; (*desvirtuar*) to misrepresent

falso, -a ['fawsu, a] *adj* false; (*fraudulento*) dishonest; (*errôneo*) wrong; (*jóia*, *moeda*, *quadro*) fake; **pisar em ~** to blunder

falta ['fawta] *f* (*carência*) lack; (*ausência*) absence; (*defeito*, *culpa*) fault; (*FUTEBOL*) foul; **por** *ou* **na ~ de** for lack of; **sem ~** without fail; **fazer ~** to be lacking, be needed; **sentir ~ de alguém/algo** to miss sb/sth; **ter ~ de** to lack, be in need of

faltar [faw'ta*] *vi* to be lacking, be wanting; (*pessoa*) to be absent; (*falhar*) to fail; **~ ao trabalho** to be absent from work; **~ à palavra** to break one's word; **falta pouco para …** it won't be long until …

fama ['fama] *f* (*renome*) fame; (*reputação*) reputation

família [fa'milja] *f* family

familiar [fami'lja*] *adj* (*da família*) family *atr*; (*conhecido*) familiar ♦ *m/f* relation, relative; **familiaridade** [familjari'dadʒi] f familiarity; (sem-cerimônia) informality

faminto, -a [fa'mĩtu, a] adj hungry; (fig): **~ de** eager for

famoso, -a [fa'mozu, ɔza] adj famous

fanático, -a [fa'natʃiku, a] adj fanatical ♦ m/f fanatic

fantasia [fãta'zia] f fantasy; (imaginação) imagination; (capricho) fancy; (traje) fancy dress

fantasiar [fãta'zja*] vt to imagine ♦ vi to daydream; **fantasiar-se** vr to dress up (in fancy dress)

fantasma [fã'taʒma] m ghost; (alucinação) illusion

fantástico, -a [fã'taʃtʃiku, a] adj fantastic; (ilusório) imaginary; (incrível) unbelievable

fantoche [fã'tɔʃi] m puppet

farda ['faxda] f uniform

fardo ['faxdu] m bundle; (carga) load; (fig) burden

farei etc [fa'rej] vb V **fazer**

farinha [fa'riɲa] f: **~ (de mesa)** (manioc) flour; **~ de rosca** breadcrumbs pl; **~ de trigo** plain flour

farmacêutico, -a [faxma'sewtʃiku, a] adj pharmaceutical ♦ m/f pharmacist, chemist (BRIT)

farmácia [fax'masja] f pharmacy, chemist's (shop) (BRIT)

faro ['faru] m sense of smell; (fig) flair

farofa [fa'rɔfa] f (CULIN) side dish based on manioc flour

farol [fa'rɔw] (pl **-óis**) m lighthouse; (AUTO) headlight; **com ~ alto** (AUTO) on full (BRIT) ou high (US) beam; **com ~ baixo** dipped headlights pl (BRIT), dimmed beam (US)

farra ['faxa] f binge, spree

farrapo [fa'xapu] m rag

farsa ['faxsa] f farce; **farsante** [fax'sãtʃi] m/f joker

fartar [fax'ta*] vt to satiate; (encher) to fill up; **fartar-se** vr to gorge o.s.

farto, -a ['faxtu, a] adj full, satiated; (abundante) plentiful; (aborrecido) fed up

fartura [fax'tura] f abundance

fascinante [fasi'nãtʃi] adj fascinating

fascinar [fasi'na*] vt to fascinate; (encantar) to charm; **fascínio** [fa'sinju] m fascination

fascismo [fa'siʒmu] m fascism

fase ['fazi] f phase

fatal [fa'taw] (pl **-ais**) adj (mortal) fatal; (inevitável) inevitable; **fatalidade** [fatali'dadʒi] f fate; (desgraça) disaster

fatia [fa'tʃia] f slice

fatigante [fatʃi'gãtʃi] adj tiring; (aborrecido) tiresome

fatigar [fatʃi'ga*] vt to tire; (aborrecer) to bore; **fatigar-se** vr to get tired

Fátima ['fatima] n Fatima; see boxed note

FÁTIMA

Fátima, situated in central Portugal, is known worldwide as a site of pilgrimage for Catholics. It is said that, in 1917, the Virgin Mary appeared six times to three shepherd children (os três pastorinhos). Millions of pilgrims visit Fátima every year.

fato ['fatu] m fact; (acontecimento) event; (PT: traje) suit; **~ de banho** (PT) swimming costume (BRIT), bathing suit (US); **de ~** in fact, really

fator [fa'to*] m factor

fatura [fa'tura] f bill, invoice; **faturar** [fatu'ra*] vt to invoice; (dinheiro) to

make ♦ *vi* (*col: ganhar dinheiro*):
faturar (alto) to rake it in

fava ['fava] *f* broad bean; **mandar
alguém às ~s** to send sb packing

favela [fa'vɛla] *f* slum

favor [fa'vo*] *m* favour (*BRIT*), favor
(*US*); **a ~ de** in favo(u)r of; **por ~**
please; **faça** *ou* **faz o ~ de …** would
you be so good as to …, kindly …;

favorável [favo'ravew] (*pl* -**eis**) *adj*:
favorável (a) favo(u)rable (to);

favorecer [favore'se*] *vt* to favo(u)r;
(*beneficiar*) to benefit; (*suj: vestido*) to
suit; (*: retrato*) to flatter; **favorito**
[favo'ritu, a] *adj, m/f* favo(u)rite

fax [faks] *m* (*carta*) fax; (*máquina*) fax
(machine); **enviar por ~** to fax

faxina [fa'ʃina] *f*: **fazer ~** to clean up;
faxineiro, -a [faʃi'nejru, a] *m/f* cleaner

fazenda [fa'zẽda] *f* farm; (*de café*)
plantation; (*de gado*) ranch; (*pano*)
cloth, fabric; (*ECON*) treasury;

fazendeiro [fazẽ'dejru] *m* farmer; (*de
café*) plantation-owner; (*de gado*)
rancher, ranch-owner

---

fazer

PALAVRA CHAVE

[fa'ze*] *vt*
1 (*fabricar, produzir*) to make;
(*construir*) to build; (*pergunta*) to
ask; (*poema, música*) to write; **~ um
filme/ruído** to make a film/noise
2 (*executar*) to do; **o que você está
fazendo?** what are you doing?; **~ a
comida** to do the cooking; **~ o
papel de** (*TEATRO*) to play
3 (*estudos, alguns esportes*) to do; **~
medicina/direito** to do *ou* study
medicine/law; **~ ioga/ginástica** to
do yoga/keep-fit
4 (*transformar, tornar*): **sair o fará
sentir melhor** going out will make

him feel better; **sua partida fará o
trabalho mais difícil** his departure
will make work more difficult
5 (*como sustituto de vb*): **ele bebeu e eu
fiz o mesmo** he drank and I did likewise
6: **~ anos: ele faz anos hoje** it's his
birthday today; **fiz 30 anos ontem** I
was 30 yesterday
♦ *vi*
1 (*portar-se*) to act, behave; **~
bem/mal** to do the right/wrong
thing; **não fiz por mal** I didn't mean
it; **faz como quem não sabe** act as
if you don't know anything
2: **~ com que alguém faça algo** to
make sb do sth
♦ *vb impess*
1: **faz calor/frio** it's hot/cold
2 (*tempo*): **faz um ano** a year ago;
faz dois anos que ele se formou it's
two years since he graduated; **faz
três meses que ele está aqui** he's
been here for three months
3: **não faz mal** never mind; **tanto
faz** it's all the same
♦ **fazer-se** *vr*
1: **~-se de desentendido** to
pretend not to understand
2: **faz-se com ovos e leite** it's
made with eggs and milk; **isso não
se faz** that's not done

---

fé [fe] *f* faith; (*crença*) belief;
(*confiança*) trust; **de boa/má ~** in
good/bad faith

febre ['fɛbri] *f* fever; (*fig*) excitement;
~ do feno hay fever; **febril** [fe'briw] (*pl*
-**is**) *adj* feverish

fechado, -a [fe'ʃadu, a] *adj* shut,
closed; (*pessoa*) reserved; (*sinal*) red;
(*luz, torneira*) off; (*tempo*) overcast;
(*cara*) stern

fechadura [feʃa'dura] *f* lock

fechar [fe'ʃa*] *vt* to close, shut;

(*concluir*) to finish, conclude; (*luz, torneira*) to turn off; (*rua*) to close off; (*ferida*) to close up; (*bar, loja*) to close down ♦ *vi* to close (up), shut; to close down; (*tempo*) to cloud over;
fechar-se *vr* to close, shut; (*pessoa*) to withdraw; **~ à chave** to lock
fecho ['feʃu] *m* fastening; (*trinco*) latch; (*término*) close; **~ ecler** zip fastener (*BRIT*), zipper (*US*)
fécula ['fɛkula] *f* starch
feder [fe'de*] *vi* to stink
federação [federa'sãw] (*pl* **-ões**) *f* federation
federal [fede'raw] (*pl* **-ais**) *adj* federal; (*col: grande*) huge
fedor [fe'do*] *m* stench
feijão [fej'ʒãw] (*pl* **-ões**) *m* bean(s) (*pl*); (*preto*) black bean(s) (*pl*);
feijoada [fej'ʒwada] *f* (*CULIN*) meat, rice and black beans
feio, -a ['feju, a] *adj* ugly; (*situação*) grim; (*atitude*) bad; (*tempo*) horrible ♦ *adv* (*perder*) badly
feira ['fejra] *f* fair; (*mercado*) market
feiticeira [fejtʃi'sejra] *f* witch
feiticeiro, -a [fejtʃi'sejru, a] *adj* bewitching, enchanting ♦ *m* wizard
feitiço [fej'tʃisu] *m* charm, spell
feitio [fej'tʃiu] *m* shape, pattern; (*caráter*) nature, manner; (*TEC*) workmanship
feito, -a ['fejtu, a] *pp de* **fazer** ♦ *adj* finished, ready ♦ *m* act, deed; (*façanha*) feat ♦ *conj* like; **~ a mão** hand-made; **homem ~** grown man
feiúra [fe'jura] *f* ugliness
felicidade [felisi'dadʒi] *f* happiness; (*sorte*) good luck; (*êxito*) success; **~s** *fpl* (*congratulações*) congratulations
felicitações [felisita'sõjʃ] *fpl* congratulations, best wishes
feliz [fe'liʒ] *adj* happy; (*afortunado*)

lucky; **felizmente** [feliʒ'mẽtʃi] *adv* fortunately
feltro ['fewtru] *m* felt
fêmea ['femja] *f* female
feminino, -a [femi'ninu, a] *adj* feminine; (*sexo*) female; (*equipe, roupa*) women's ♦ *m* (*LING*) feminine
feminista [femi'niʃta] *adj, m/f* feminist
fenda ['fẽda] *f* slit, crack; (*GEO*) fissure
feno ['fenu] *m* hay
fenomenal [fenome'naw] (*pl* **-ais**) *adj* phenomenal; (*espantoso*) amazing; (*pessoa*) brilliant
fenômeno [fe'nomenu] *m* phenomenon
fera ['fera] *f* wild animal
feriado [fe'rjadu] *m* holiday (*BRIT*), vacation (*US*)
férias ['fɛrjaʃ] *fpl* holidays, vacation *sg*; **de ~** on holiday; **tirar ~** to have *ou* take a holiday
ferida [fe'rida] *f* wound, injury; *V tb* **ferido**
ferido, -a [fe'ridu, a] *adj* injured; (*em batalha*) wounded; (*magoado*) hurt ♦ *m/f* casualty
ferimento [feri'mẽtu] *m* injury; (*em batalha*) wound
ferir [fe'ri*] *vt* to injure; (*tb fig*) to hurt; (*em batalha*) to wound; (*ofender*) to offend
fermentar [fexmẽ'ta*] *vi* to ferment
fermento [fex'mẽtu] *m* yeast; **~ em pó** baking powder
feroz [fe'roʒ] *adj* fierce, ferocious; (*cruel*) cruel
ferradura [fexa'dura] *f* horseshoe
ferragem [fe'xaʒẽ] (*pl* **-ns**) *f* (*peças*) hardware; (*guarnição*) metalwork; **loja de ferragens** ironmonger's (*BRIT*), hardware store
ferramenta [fexa'mẽta] *f* tool; (*caixa*

de ~s) tool kit; **~ de busca** (*COMPUT*) search engine

ferrão [fe'xãw] (*pl* **-ões**) *m* goad; (*de inseto*) sting

ferreiro [fe'xejru] *m* blacksmith

ferrenho, -a [fe'xeɲu, a] *adj* (*vontade*) iron

ferro ['fexu] *m* iron; **~s** *mpl* (*algemas*) shackles, chains; **~ batido** wrought iron; **~ de passar** iron; **~ fundido** cast iron; **~ ondulado** corrugated iron

ferrões [fe'xõjʃ] *mpl de* **ferrão**

ferrolho [fe'xoʎu] *m* (*trinco*) bolt

ferrovia [fexo'via] *f* railway (*BRIT*), railroad (*US*); **ferroviário, -a** [fexo'vjarju, a] *adj* railway *atr* (*BRIT*), railroad *atr* (*US*) ♦ *m/f* railway *ou* railroad worker

ferrugem [fe'xuʒẽ] *f* rust

fértil ['fɛxtʃiw] (*pl* **-eis**) *adj* fertile; **fertilizante** [fextʃili'zãtʃi] *m* fertilizer; **fertilizar** [fextʃili'za*] *vt* to fertilize

ferver [fex've*] *vt, vi* to boil; **~ de raiva/indignação** to seethe with rage/indignation; **~ em fogo baixo** (*CULIN*) to simmer

fervilhar [fexvi'ʎa*] *vi* to simmer; (*com atividade*) to hum; (*pulular*): **~ de** to swarm with

fervor [fex'vo*] *m* fervour (*BRIT*), fervor (*US*)

festa ['fɛʃta] *f* (*reunião*) party; (*conjunto de ceremônias*) festival; **~s** *fpl* (*carícia*) embrace *sg*; **boas ~s** Merry Christmas and a Happy New Year; **dia de ~** public holiday

festejar [feʃte'ʒa*] *vt* to celebrate; (*acolher*) to welcome, greet; **festejo** [feʃ'teʒu] *m* festivity; (*ato*) celebration

festival [feʃtʃi'vaw] (*pl* **-ais**) *m* festival

festividade [feʃtʃivi'dadʒi] *f* festivity

festivo, -a [feʃ'tʃivu, a] *adj* festive

fetiche [fe'tʃiʃi] *m* fetish

feto ['fɛtu] *m* (*MED*) foetus (*BRIT*), fetus (*US*)

fevereiro [feve'rejru] (*PT* **F-**) *m* February

fez [feʒ] *vb V* **fazer**

fezes ['fɛziʃ] *fpl* faeces (*BRIT*), feces (*US*)

fiado, -a ['fjadu, a] *adv*: **comprar/vender ~** to buy/sell on credit

fiador, a [fja'do*, a] *m/f* (*JUR*) guarantor; (*COM*) backer

fiambre ['fjãbri] *m* cold meat; (*presunto*) ham

fiança ['fjãsa] *f* guarantee; (*JUR*) bail; **prestar ~ por** to stand bail for; **sob ~** on bail

fiar ['fja*] *vt* (*algodão etc*) to spin; (*confiar*) to entrust; (*vender a crédito*) to sell on credit; **fiar-se** *vr*: **~-se em** to trust

fibra ['fibra] *f* fibre (*BRIT*), fiber (*US*)

---

ficar

PALAVRA CHAVE

[fi'ka*] *vi*

1 (*permanecer*) to stay; (*sobrar*) to be left; **~ perguntando/olhando** *etc* to keep asking/looking *etc*; **~ por fazer** to have still to be done; **~ para trás** to be left behind

2 (*tornar-se*) to become; **~ cego/surdo/louco** to go blind/deaf/mad; **fiquei contente ao saber da notícia** I was happy when I heard the news; **~ com raiva/medo** to get angry/frightened; **~ de bem/mal com alguém** (*col*) to make up/fall out with sb

3 (*posição*) to be; **a casa fica ao lado da igreja** the house is next to the church; **~ sentado/deitado** to be sitting down/lying down

4 (*tempo: durar*): **ele ficou duas horas para resolver** he took two hours to decide; (: *ser adiado*): **a reunião ficou para amanhã** the meeting was postponed until the following day

5: ~ **bem** (*comportamento*): **sua atitude não ficou bem** his (*ou her etc*) behaviour was inappropriate; (*cor*): **você fica bem em azul** blue suits you, you look good in blue; (*roupa*): ~ **bem para** to suit **6**: ~ **bom** (*de saúde*) to be cured; (*trabalho, foto etc*) to turn out well **7**: ~ **de fazer algo** (*combinar*) to arrange to do sth; (*prometer*) to promise to do sth **8**: ~ **de pé** to stand up

ficção [fik'sãw] f fiction

ficha ['fiʃa] f (*tb:* ~ **de telefone**) token; (*tb:* ~ **de jogo**) chip; (*de fichário*) (index) card; (*POLÍCIA*) record; (*PT: ELET*) plug; (*em loja, lanchonete*) ticket

fichário [fi'ʃarju] m filing cabinet; (*caixa*) card index; (*caderno*) file

ficheiro [fi'ʃejru] (*PT*) m = **fichário**

fictício, -a [fik'tʃisju, a] adj fictitious

fidelidade [fideli'dadʒi] f fidelity, loyalty; (*exatidão*) accuracy

fiel [fjew] (*pl* -**éis**) adj (*leal*) faithful, loyal; (*acurado*) accurate; (*que não falha*) reliable

figa ['figa] f talisman; **fazer uma** ~ to make a *figa* ≈ cross one's fingers; **de uma** ~ (*col*) damned

fígado ['figadu] m liver

figo ['figu] m fig; **figueira** [fi'gejra] f fig tree

figura [fi'gura] f figure; (*forma*) form, shape; (*LING*) figure of speech; (*aspecto*) appearance

figurino [figu'rinu] m model; (*revista*) fashion magazine

fila ['fila] f row, line; (*BR: fileira de pessoas*) queue (*BRIT*), line (*US*); (*num teatro, cinema*) row; **em** ~ in a row; **fazer** ~ to form a line, queue; ~ **indiana** single file

filé [fi'lɛ] m (*bife*) steak; (*peixe*) fillet

fileira [fi'lejra] f row, line; ~**s** fpl (*serviço militar*) military service sg

filho, -a ['fiʎu, a] m/f son/daughter; ~**s** mpl children; (*de animais*) young

filhote [fi'ʎɔtʃi] m (*de leão, urso etc*) cub; (*cachorro*) pup(py)

filial [fi'ljaw] (*pl* -**ais**) f (*sucursal*) branch

Filipinas [fili'pinaʃ] fpl: **as** ~ the Philippines

filmadora [fiwma'dora] f camcorder

filmar [fiw'ma*] vt, vi to film

filme ['fiwmi] m film (*BRIT*), movie (*US*)

filosofia [filozo'fia] f philosophy; **filósofo, -a** [fi'lɔzofu, a] m/f philosopher

filtrar [fiw'tra*] vt to filter; **filtrar-se** vr to filter; (*infiltrar-se*) to infiltrate

filtro ['fiwtru] m (*TEC*) filter

fim [fĩ] (*pl* -**ns**) m end; (*motivo*) aim, purpose; (*de história, filme*) ending; **a** ~ **de** in order to; **no** ~ **das contas** after all; **por** ~ finally; **sem** ~ endless; **levar ao** ~ to carry through; **pôr** *ou* **dar** ~ **a** to put an end to; **ter** ~ to come to an end; ~ **de semana** weekend

finado, -a [fi'nadu, a] m/f deceased; **dia dos F~s** day of the dead; *see boxed note*

DIA DOS FINADOS

The **dia dos Finados**, 2 November, a holiday throughout Brazil, is dedicated to remembering the dead. On this day, people usually gather in cemeteries to remember their family dead, and also to worship at the graves of popular figures from Brazilian culture and society, such as singers, actors and other personalities. It is popularly believed that these people can work miracles.

final [fi'naw] (*pl* **-ais**) *adj* final, last
♦ *m* end; (*MÚS*) finale ♦ *f* (*ESPORTE*) final;
finalista [fina'liʃta] *m/f* finalist;
finalizar [finali'za*] *vt* to finish,
conclude

finanças [fi'nãsaʃ] *fpl* finance *sg*;
financeiro, -a [finã'sejru, a] *adj*
financial ♦ *m/f* financier; **financiar**
[finã'sja*] *vt* to finance

fingimento [fiʒi'mẽtu] *m* pretence
(*BRIT*), pretense (*US*)

fingir [fi'ʒi*] *vt* to feign ♦ *vi* to
pretend; **fingir-se** *vr*: **~-se de** to
pretend to be

finito, -a [fi'nitu, a] *adj* finite

finlandês, -esa [filã'deʃ, eza] *adj*
Finnish ♦ *m/f* Finn ♦ *m* (*LING*) Finnish

Finlândia [fi'lãdʒja] *f*: **a ~** Finland

fino, -a ['finu, a] *adj* fine; (*delgado*)
slender; (*educado*) polite; (*som, voz*)
shrill; (*elegante*) refined ♦ *adv*: **falar ~**
to talk in a high voice

fins [fiʃ] *mpl de* **fim**

fio ['fiu] *m* thread; (*BOT*) fibre (*BRIT*),
fiber (*US*); (*ELET*) wire; (*TEL*) line; (*de
líquido*) trickle; (*gume*) edge;
(*encadeamento*) series; **horas/dias a ~**
hours/days on end

firma ['fixma] *f* signature; (*COM*) firm,
company

firmar [fix'ma*] *vt* to secure, make
firm; (*assinar*) to sign; (*estabelecer*) to
establish; (*basear*) to base ♦ *vi* (*tempo*)
to settle; **firmar-se** *vr*: **~-se em**
(*basear-se*) to rest on, be based on

firme ['fixmi] *adj* firm; (*estável*) stable;
(*sólido*) solid; (*tempo*) settled ♦ *adv*
firmly; **firmeza** [fix'meza] *f* firmness;
stability; solidity

fiscal [fiʃ'kaw] (*pl* **-ais**) *m/f* supervisor;
(*aduaneiro*) customs officer; (*de
impostos*) tax inspector; **fiscalizar**
[fiʃkali'za*] *vt* to supervise; (*examinar*)

to inspect, check

fisco ['fiʃku] *m*: **o ~** ≈ the Inland
Revenue (*BRIT*), ≈ the Internal Revenue
Service (*US*)

física ['fizika] *f* physics *sg*; *V tb* **físico**
físico, -a ['fiziku, a] *adj* physical ♦ *m/f*
(*cientista*) physicist ♦ *m* (*corpo*)
physique

fisionomia [fizjono'mia] *f* (*rosto*) face;
(*ar*) expression, look; (*aspecto de algo*)
appearance

fissura [fi'sura] *f* crack

fita ['fita] *f* tape; (*tira*) strip, band;
(*filme*) film; (*para máquina de escrever*)
ribbon; **~ durex** ® adhesive tape,
sellotape ® (*BRIT*), scotchtape ® (*US*); **~
métrica** tape measure

fitar [fi'ta*] *vt* to stare at, gaze at

fivela [fi'vɛla] *f* buckle

fixar [fik'sa*] *vt* to fix; (*colar, prender*)
to stick; (*data, prazo, regras*) to set;
(*atenção*) to concentrate; **fixar-se** *vr*:
~-se em (*assunto*) to concentrate on;
(*detalhe*) to fix on; (*apegar-se a*) to be
attached to; **~ os olhos em** to stare at;
~ residência to set up house

fixo, -a ['fiksu, a] *adj* fixed; (*firme*)
firm; (*permanente*) permanent; (*cor*)
fast

fiz *etc* [fiʒ] *vb V* **fazer**

flagelado, -a [flaʒe'ladu, a] *m/f*: **os ~s**
the afflicted, the victims

flagrante [fla'grãtʃi] *adj* flagrant;
apanhar em ~ (delito) to catch
red-handed *ou* in the act

flagrar [fla'gra*] *vt* to catch

flanela [fla'nɛla] *f* flannel

flash [flaʃ] *m* (*FOTO*) flash

flauta ['flawta] *f* flute

flecha ['flɛʃa] *f* arrow

fleu(g)ma ['flewma] *f* phlegm

flexível [flek'sivew] (*pl* **-eis**) *adj*
flexible

floco ['flɔku] *m* flake; **~ de milho** cornflake; **~ de neve** snowflake

flor [flo*] *f* flower; (*o melhor*): **a ~ de** the cream of, the pick of; **em ~** in bloom; **à ~ de** on the surface of

florescente [flore'sẽtʃi] *adj* (*BOT*) in flower; (*próspero*) flourishing

florescer [flore'se*] *vi* (*BOT*) to flower; (*prosperar*) to flourish

floresta [flo'rɛʃta] *f* forest; **~ tropical** rainforest; **florestal** [floreʃ'taw] (*pl* **florestais**) *adj* forest *atr*

florido, -a [flo'ridu, a] *adj* (*jardim*) in flower

fluente [flu'ẽtʃi] *adj* fluent

fluido, -a ['flwidu, a] *adj* fluid ♦ *m* fluid

fluir [flwi'*] *vi* to flow

fluminense [flumi'nẽsi] *adj* from the state of Rio de Janeiro ♦ *m/f* native *ou* inhabitant of the state of Rio de Janeiro

flutuar [flu'twa*] *vi* to float; (*bandeira*) to flutter; (*fig: vacilar*) to waver

fluvial [flu'vjaw] (*pl* **-ais**) *adj* river *atr*

fluxo ['fluksu] *m* (*corrente*) flow; (*ELET*) flux; **~ de caixa** (*COM*) cash flow

fobia [fo'bia] *f* phobia

foca ['fɔka] *f* seal

focinho [fo'siɲu] *m* snout; (*col: cara*) face, mug (*col*)

foco ['fɔku] *m* focus; (*MED, fig*) seat, centre (*BRIT*), center (*US*); **fora de ~ em/ fora de ~** out of focus, in/out of focus

fofo, -a ['fofu, a] *adj* soft; (*col: pessoa*) cute

fofoca [fo'fɔka] *f* piece of gossip; **~s** *fpl* (*mexericos*) gossip *sg*; **fofocar** [fofo'ka*] *vi* to gossip

fogão [fo'gãw] (*pl* **-ões**) *m* stove, cooker

fogareiro [foga'rejru] *m* stove

foge *etc* ['fɔʒi] *vb* V **fugir**

fogo ['fogu] *m* fire; (*fig*) ardour (*BRIT*), ardor (*US*); **você tem ~?** have you got a light?; **~s de artifício** fireworks; **pôr ~ a** to set fire to

fogões [fo'gõjʃ] *mpl de* **fogão**

fogueira [fo'gejra] *f* bonfire

foguete [fo'getʃi] *m* rocket

foi [foj] *vb* V **ir**; **ser**

folclore [fowk'lɔri] *m* folklore

folclórico, -a [fowk'lɔriku, a] *adj* (*música etc*) folk; (*comida, roupa*) ethnic

fôlego ['folegu] *m* breath; (*folga*) breathing space; **perder o ~** to get out of breath

folga ['fɔwga] *f* rest, break; (*espaço livre*) clearance; (*ócio*) inactivity; (*col: atrevimento*) cheek; **dia de ~** day off; **folgado, -a** [fow'gadu, a] *adj* (*roupa*) loose; (*vida*) leisurely; (*col: atrevido*) cheeky; **folgar** [fow'ga*] *vt* to loosen ♦ *vi* (*descansar*) to rest; (*divertir-se*) to have fun

folha ['foʎa] *f* leaf; (*de papel, de metal*) sheet; (*página*) page; (*de faca*) blade; (*jornal*) paper; **novo em ~** brand new; **~ de estanho** tinfoil (*BRIT*), aluminum foil (*US*)

folhagem [fo'ʎaʒẽ] *f* foliage

folheto [fo'ʎetu] *m* booklet, pamphlet

fome ['fɔmi] *f* hunger; (*escassez*) famine; (*fig: avidez*) longing; **passar ~** to go hungry; **estar com** *ou* **ter ~** to be hungry

fomentar [fomẽ'ta*] *vt* to instigate, incite; **fomento** [fo'mẽtu] *m* (*estímulo*) incitement

fone ['fɔni] *m* telephone, phone; (*peça do telefone*) receiver

fonte ['fõtʃi] *f* (*nascente*) spring; (*chafariz*) fountain; (*origem*) source; (*ANAT*) temple

for *etc* [fo*] *vb* V **ir**; **ser**

fora¹ ['fɔra] *adv* out, outside ♦ *prep* (*além de*) apart from ♦ *m*: **dar o ~** (*bateria, radio*) to give out; (*pessoa*) to leave, be off; **dar um ~** to slip up; **dar um ~ em/levar um ~** (*namorado*) to chuck *ou* dump/be given the boot; (*esnobar*) to snub sb/get the brush-off; **~ de** outside; **~ de si** beside o.s.; **estar ~** (*viajando*) to be away; **estar ~ (de casa)** to be out; **lá ~** outside; (*no exterior*) abroad; **jantar ~** to eat out; **com os braços de ~** with bare arms; **ser de ~** to be from out of town; **ficar de ~** not to join in; **lá para ~** outside; **ir para ~** (*viajar*) to go out of town; **com a cabeça para ~ da janela** with one's head sticking out of the window; **costurar/cozinhar para ~** to do sewing/cooking for other people; **por ~** on the outside; **cobrar por ~** (*cobrar*) to charge extra; **~ de dúvida** beyond doubt; **~ de propósito** irrelevant

fora² *etc vb* V **ir**; **ser**

foragido, -a [fora'ʒidu, a] *adj, m/f* (*fugitivo*) fugitive

forasteiro, -a [foraʃ'tejru, a] *m/f* outsider, stranger; (*de outro país*) foreigner

forca ['fɔxka] *f* gallows *sg*

força ['fɔxsa] *f* strength; (*TEC, ELET*) power; (*esforço*) effort; (*coerção*) force; **à ~** by force; **à ~ de** by dint of; **com ~** hard; **por ~** of necessity; **fazer ~** to try (hard); **~ de trabalho** workforce

forçado, -a [fox'sadu, a] *adj* forced; (*afetado*) false

forçar [fox'sa*] *vt* to force; (*olhos, voz*) to strain

forma ['fɔxma] *f* form; (*de um objeto*) shape; (*físico*) figure; (*maneira*) way; (*MED*) fitness; **desta ~** in this way; **de**

qualquer ~ anyway; **manter a ~** to keep fit

fôrma ['foxma] *f* (*CULIN*) cake tin; (*molde*) mould (*BRIT*), mold (*US*)

formação [foxma'sãw] (*pl* -**ões**) *f* formation; (*antecedentes*) background; (*caráter*) make-up; (*profissional*) training

formado, -a [fox'madu, a] *adj* (*modelado*): **ser ~ de** to consist of ♦ *m/f* graduate

formal [fox'maw] (*pl* -**ais**) *adj* formal

formalidade [foxmali'dadʒi] *f* formality

formar [fox'ma*] *vt* to form; (*constituir*) to constitute, make up; (*educar*) to train; **formar-se** *vr* to form; (*EDUC*) to graduate

formatar [foxma'ta*] *vt* (*COMPUT*) to format

formidável [foxmi'davew] (*pl* -**eis**) *adj* tremendous, great

formiga [fox'miga] *f* ant

formigar [foxmi'ga*] *vi* to abound; (*sentir comichão*) to itch

formoso, -a [fox'mozu, ɔza] *adj* beautiful; (*esplêndido*) superb

fórmula ['fɔxmula] *f* formula

formular [foxmu'la*] *vt* to formulate; (*queixas*) to voice

formulário [foxmu'larju] *m* form; **~s** *mpl*: **~s contínuos** (*COMPUT*) continuous stationery *sg*

fornecedor, a [foxnese'do*, a] *m/f* supplier ♦ *f* (*empresa*) supplier

fornecer [foxne'se*] *vt* to supply, provide; **fornecimento** [foxnesi'mẽtu] *m* supply

forno ['foxnu] *m* (*CULIN*) oven; (*TEC*) furnace; (*para cerâmica*) kiln; **alto ~** blast furnace

foro ['foru] *m* forum; (*JUR*) Court of Justice; **~s** *mpl* (*privilégios*) privileges

forro ['foxu] *m* covering; lining

fortalecer [foxtale'se*] *vt* to strengthen

fortaleza [foxta'leza] *f* fortress; (*força*) strength; (*moral*) fortitude

forte ['fɔxtʃi] *adj* strong; (*pancada*) hard; (*chuva*) heavy; (*tocar*) loud; (*dor*) sharp ♦ *adv* strongly; (*tocar*) loud(ly) ♦ *m* fort; (*talento*) strength; **ser ~ em algo** (*versado*) to be good at sth *ou* strong in sth

fortuito, -a [fox'twitu, a] *adj* accidental

fortuna [fox'tuna] *f* fortune, (good) luck; (*riqueza*) fortune, wealth

fosco, -a ['foʃku, a] *adj* dull; (*opaco*) opaque

fósforo ['fɔʃforu] *m* match

fossa ['fɔsa] *f* pit

fosse *etc* ['fosi] *vb* V **ir; ser**

fóssil ['fɔsiw] (*pl* **-eis**) *m* fossil

fosso ['fosu] *m* trench, ditch

foto ['fɔtu] *f* photo

fotocópia [foto'kɔpja] *f* photocopy;

fotocopiadora [fotokoja'dora] *f* photocopier; **fotocopiar** [fotoko'pja*] *vt* to photocopy

fotografar [fotogra'fa*] *vt* to photograph

fotografia [fotogra'fia] *f* photography; (*uma ~*) photograph

fotógrafo, -a [fo'tɔgrafu, a] *m/f* photographer

foz [fɔʒ] *f* mouth of river

fração [fra'sãw] (*pl* **-ões**) *f* fraction

fracassar [fraka'sa*] *vi* to fail;

fracasso [fra'kasu] *m* failure

fracção [fra'sãw] (*PT*) *f* = **fração**

fraco, -a ['fraku, a] *adj* weak; (*sol, som*) faint

fractura *etc* [fra'tura] (*PT*) *f* = **fratura** *etc*

frade ['fradʒi] *m* (*REL*) friar; (: *monge*) monk

frágil ['fraʒiw] (*pl* **-eis**) *adj* (*débil*) fragile; (*COM*) breakable; (*pessoa*) frail; (*saúde*) delicate, poor

fragmento [frag'mẽtu] *m* fragment

fragrância [fra'grãsja] *f* fragrance, perfume

fralda ['frawda] *f* (*da camisa*) shirt tail; (*para bebê*) nappy (*BRIT*), diaper (*US*); (*de montanha*) foot

framboesa [frã'beza] *f* raspberry

França ['frãsa] *f* France

francamente [frãka'mẽtʃi] *adv* (*abertamente*) frankly; (*realmente*) really

francês, -esa [frã'seʃ, eza] *adj* French ♦ *m/f* Frenchman/woman ♦ *m* (*LING*) French

franco, -a ['frãku, a] *adj* frank; (*isento de pagamento*) free; (*óbvio*) clear ♦ *m* franc; **entrada franca** free admission

frango ['frãgu] *m* chicken

franja ['frãʒa] *f* fringe (*BRIT*), bangs *pl* (*US*)

franqueza [frã'keza] *f* frankness

franquia [frã'kia] *f* (*COM*) franchise; (*isenção*) exemption

franzino, -a [frã'zinu, a] *adj* skinny

fraqueza [fra'keza] *f* weakness

frasco ['fraʃku] *m* bottle

frase ['frazi] *f* sentence; **~ feita** set phrase

fratura [fra'tura] *f* fracture, break;

fraturar [fratu'ra*] *vt* to fracture

fraude ['frawdʒi] *f* fraud

freada [fre'ada] (*BR*) *f*: **dar uma ~** to slam on the brakes

frear [fre'a*] (*BR*) *vt* to curb, restrain; (*veículo*) to stop ♦ *vi* (*veículo*) to brake

freezer ['frize*] *m* freezer

freguês, -guesa [fre'geʃ, 'geza] *m/f* customer; (*PT*) parishioner; **freguesia**

[frege'zia] f customers pl; parish

freio ['freju] m (BR: de veículo) brake; (de cavalo) bridle; (bocado do ~) bit; ~ **de mão** handbrake

freira ['frejra] f nun

frenesi [frene'zi] m frenzy; **frenético, -a** [fre'nɛtʃiku, a] adj frantic, frenzied

frente ['frētʃi] f front; (rosto) face; (fachada) façade; ~ **a** ~ face to face; **de ~ para** facing; **em ~ de** in front of; (de fronte a) opposite; **para a** ~ ahead, forward; **porta da** ~ front door; **seguir em** ~ to go straight on; **na minha** (ou **sua** etc) ~ in front of me (ou you etc); **sair da** ~ to get out of the way; **pra** ~ (col) fashionable, trendy

freqüência [fre'kwēsja] f frequency; **com** ~ often, frequently

freqüentar [frekwē'ta*] vt to frequent

freqüente [fre'kwētʃi] adj frequent

fresco, -a ['freʃku, a] adj fresh; (vento, tempo) cool; (col: efeminado) camp; (: afetado) pretentious; (: cheio de luxo) fussy ♦ m (ar) fresh air

frescobol [freʃko'bɔw] m (kind of) racketball (played mainly on the beach)

frescura [freʃ'kura] f freshness; (frialdade) coolness; (col: luxo) fussiness; (: afetação) pretentiousness

frete ['frɛtʃi] m (carregamento) freight, cargo; (tarifa) freightage

frevo ['frevu] m improvised Carnival dance

fria ['fria] f: **dar uma** ~ **em alguém** to give sb the cold shoulder; **estar/entrar numa** ~ (col) to be in/get into a mess

fricção [frik'sãw] f friction; (ato) rubbing; (MED) massage; **friccionar** [friksjo'na*] vt to rub

frieza ['frjeza] f coldness; (indiferença) coolness

frigideira [friʒi'dejra] f frying pan

frigorífico [frigo'rifiku] m refrigerator; (congelador) freezer

frio, -a ['friu, a] adj cold ♦ m cold; ~**s** mpl (CULIN) cold meats; **estou com** ~ I'm cold; **faz** ou **está** ~ it's cold

frisar [fri'za*] vt (encrespar) to curl; (salientar) to emphasize

fritar [fri'ta*] vt to fry

fritas ['fritas] fpl chips (BRIT), French fries (US)

frito, -a ['fritu, a] adj fried; (col): **estar** ~ to be done for

frívolo, -a ['frivolu, a] adj frivolous

fronha ['frona] f pillowcase

fronteira [frõ'tejra] f frontier, border

frota ['frɔta] f fleet

frouxo, -a ['frofu, a] adj loose; (corda, fig: pessoa) slack; (fraco) weak; (col: condescendente) soft

frustrar [fruʃ'tra*] vt to frustrate

fruta ['fruta] f fruit; **frutífero, -a** [fru'tʃiferu, a] adj (proveitoso) fruitful; (árvore) fruit-bearing

fruto ['frutu] m (BOT) fruit; (resultado) result, product; **dar** ~ (fig) to bear fruit

fubá [fu'ba] m corn meal

fuga ['fuga] f flight, escape; (de gás etc) leak

fugir [fu'ʒi*] vi to flee, escape; (prisioneiro) to escape

fugitivo, -a [fuʒi'tʃivu, a] adj, m/f fugitive

fui [fuj] vb V **ir**; **ser**

fulano, -a [fu'lanu, a] m/f so-and-so

fuligem [fu'liʒē] f soot

fulminante [fuwmi'nãtʃi] adj devastating; (palavras) scathing

fulo, -a ['fulu, a] adj: **estar** ou **ficar** ~ **de raiva** to be furious

fumaça [fu'masa] (BR) f (de fogo) smoke; (de gás) fumes pl

fumador, a [fuma'do*, a] (PT) m/f smoker

fumante [fu'mãtʃi] m/f smoker

fumar [fuˈmaˈ] vt, vi to smoke

fumo [ˈfumu] m (PT: de fogo) smoke; (: de gás) fumes pl; (BR: tabaco) tobacco; (fumar) smoking

função [fũˈsãw] (pl -ões) f function; (ofício) duty; (papel) role; (espetáculo) performance

funcionalismo [fũsjonaˈliʒmu] m: ~ **público** civil service

funcionamento [fũsjonaˈmẽtu] m functioning, working; **pôr em ~** to set going, start

funcionar [fũsjoˈnaˈ] vi to function; (máquina) to work, run; (dar bom resultado) to work

funcionário, -a [fũsjoˈnarju, a] m/f official; ~ **(público)** civil servant

funções [fũˈsõjʃ] fpl de **função**

fundação [fũdaˈsãw] (pl -ões) f foundation

fundamental [fũdamẽˈtaw] (pl -ais) adj fundamental, basic

fundamento [fũdaˈmẽtu] m (fig) foundation, basis; (motivo) motive

fundar [fũˈdaˈ] vt to establish, found; (basear) to base; **fundar-se** vr: ~-**se em** to be based on

fundir [fũˈdʒiˈ] vt to fuse; (metal) to smelt, melt down; (COM: empresas) to merge; (em molde) to cast; **fundir-se** vr to melt; (juntar-se) to merge

fundo, -a [ˈfũdu, a] adj deep; (fig) profound ♦ m (do mar, jardim) bottom; (profundidade) depth; (base) basis; (da loja, casa, do papel) back; (de quadro) background; (de dinheiro) fund ♦ adv deeply; ~**s** mpl (COM) funds; (da casa etc) back sg; **a ~** thoroughly; **no ~** at the bottom; (da casa etc) at the back; (fig) basically

fúnebre [ˈfunebri] adj funeral atr, funereal; (fig) gloomy

funeral [funeˈraw] (pl -ais) m funeral

funil [fuˈniw] (pl -is) m funnel

furacão [furaˈkãw] (pl -ões) m hurricane

furado, -a [fuˈradu, a] adj perforated; (pneu) flat; (orelha) pierced

furão, -rona [fuˈrãw, ˈrɔna] (pl -ões, ~s) m ferret ♦ m/f (col) go- getter ♦ adj (col) hard-working, dynamic

furar [fuˈraˈ] vt to perforate; (orelha) to pierce; (penetrar) to penetrate; (frustrar) to foil; (fila) to jump ♦ vi (col: programa) to fall through

fúria [ˈfurja] f fury, rage; **furioso, -a** [fuˈrjozu, ɔza] adj furious

furo [ˈfuru] m hole; (num pneu) puncture

furões [fuˈrõjʃ] mpl de **furão**

furona [fuˈrɔna] f de **furão**

furor [fuˈroˈ] m fury, rage; **fazer ~** to be all the rage

furtar [fuxˈtaˈ] vt, vi to steal; **furtar-se** vr: ~-**se a** to avoid

furtivo, -a [fuxˈtʃivu, a] adj furtive, stealthy

furto [ˈfuxtu] m theft

fusão [fuˈzãw] (pl -ões) f fusion; (COM) merger; (derretimento) melting; (união) union

fusível [fuˈzivew] (pl -eis) m fuse

fuso [ˈfuzu] m (TEC) spindle; ~ **horário** time zone

fusões [fuˈzõjʃ] fpl de **fusão**

futebol [futʃiˈbɔw] m football; ~ **de salão** five-a-side football

futevôlei [futʃiˈvolej] m see boxed note

FUTEVÔLEI

Futevôlei is a type of volleyball in which the ball is allowed to touch only the feet, legs, trunk and head of the players. It is very popular on the beaches of Rio de Janeiro, where tournaments take place during the summer, in which many famous footballers take part.

fútil ['futʃiw] (pl **-eis**) adj (pessoa) shallow; (insignificante) trivial

futilidade [futʃili'dadʒi] f (de pessoa) shallowness; (insignificância) triviality; (coisa) trivial thing

futuro, -a [fu'turu, a] adj future ♦ m future; **no ~** in the future

fuzil [fu'ziw] (pl **-is**) m rifle; **fuzilar** [fuzi'la*] vt to shoot

fuzis [fu'ziʃ] mpl de fuzil

G g

g. abr (= grama) gr.

G7 abr (= Grupo dos Sete) G7

gabar [ga'ba*] vt to praise; **gabar-se** vr: **~-se de** to boast about

gabinete [gabi'netʃi] m (COM) office; (escritório) study; (POL) cabinet

gado ['gadu] m livestock; (bovino) cattle; **~ leiteiro** dairy cattle; **~ suíno** pigs pl

gafanhoto [gafa'ɲotu] m grasshopper

gafe ['gafi] f gaffe, faux pas

gagueira [ga'gejra] f stutter

gaguejar [gage'ʒa*] vi to stammer, stutter

gaiato, -a [ga'jatu, a] adj funny

gaiola [ga'jɔla] f cage; (cadeia) jail ♦ m (barco) riverboat

gaita ['gajta] f harmonica; **~ de foles** bagpipes pl

gaivota [gaj'vɔta] f seagull

gajo ['gaʒu] (PT: col) m guy, fellow

gala ['gala] f: **traje de ~** evening dress; **festa de ~** gala

galão [ga'lãw] (pl **-ões**) m (MIL) stripe; (medida) gallon; (PT: café) white coffee; (passamanaria) braid

Galápagos [ga'lapaguʃ]: **(as) Ilhas ~** fpl (the) Galapagos Islands

galáxia [ga'laksja] m galaxy

galera [ga'lera] f (NÁUT) galley; (col: pessoas, público) crowd

galeria [gale'ria] f gallery; (TEATRO) circle

Gales ['galiʃ] m: **País de ~** Wales

galho ['gaʎu] m (de árvore) branch

galinha [ga'liɲa] f hen; (CULIN) chicken; **galinheiro** [gali'ɲejru] m hen-house

galo ['galu] m cock, rooster; (inchação) bump; **missa do ~** midnight mass

galões [ga'lõjʃ] mpl de galão

galopar [galo'pa*] vi to gallop; **galope** [ga'lɔpi] m gallop

gama ['gama] f (MÚS) scale; (fig) range; (ZOOL) doe

gambá [gã'ba] m (ZOOL) opossum

Gana ['gana] m Ghana

gana ['gana] f craving, desire; (ódio) hate; **ter ~s de (fazer) algo** to feel like (doing) sth; **ter ~ de alguém** to hate sb

ganância [ga'nãsja] f greed; **ganancioso, -a** [gaˈnãˈsjozu, ɔza] adj greedy

gancho ['gãʃu] m hook; (de calça) crotch

gangue ['gãgi] (col) f gang

ganhador, a [gaɲa'do*, a] adj winning ♦ m/f winner

ganha-pão ['gaɲa-] (pl **-ães**) m living, livelihood

ganhar [ga'ɲa*] vt to win; (salário) to earn; (adquirir) to get; (lugar) to reach; (lucrar) to gain ♦ vi to win; **~ de alguém** (num jogo) to beat sb;

ganho, -a ['gaɲu, a] pp de ganhar ♦ m profit, gain; **ganhos** mpl (ao jogo) winnings

ganso, -a ['gãsu, a] m/f gander/goose

garagem [ga'raʒẽ] (*pl* **-ns**) *f* garage

garanhão [gara'nãw] (*pl* **-ões**) *m* stallion

garantia [garã'tʃia] *f* guarantee; (*de dívida*) surety

garantir [garã'tʃi*] *vt* to guarantee; **garantir-se** *vr*: **~-se contra algo** to defend o.s. against sth; **~ que ...** to maintain that ...

garçom [gax'sõ] (*BR*) (*pl* **-ns**) *m* waiter

garçonete [gaxso'netʃi] (*BR*) *f* waitress

garçons [gax'sõʃ] *mpl de* **garçom**

garfo ['gaxfu] *m* fork

gargalhada [gaxga'ʎada] *f* burst of laughter; **rir às ~s** to roar with laughter; **dar** *ou* **soltar uma ~** to burst out laughing

gargalo [gax'galu] *m* (*tb fig*) bottleneck

garganta [gax'gãta] *f* throat; (*GEO*) gorge, ravine

gargarejo [gaxga'reʒu] *m* (*ato*) gargling; (*líquido*) gargle

gari ['gari] *m/f* (*na rua*) roadsweeper (*BRIT*), streetsweeper (*US*); (*lixeiro*) dustman (*BRIT*), garbage man (*US*)

garoa [ga'roa] *f* drizzle; **garoar** [ga'rwa*] *vi* to drizzle

garotada [garo'tada] *f*: **a ~** the kids *pl*

garoto, -a [ga'rotu, a] *m/f* boy/girl; (*namorado*) boyfriend/girlfriend ♦ *m* (*PT*: *café*) coffee with milk

garoupa [ga'ropa] *f* (*peixe*) grouper

garra ['gaxa] *f* claw; (*de ave*) talon; (*fig*: *entusiasmo*) enthusiasm, drive; **~s** *fpl* (*fig*) clutches

garrafa [ga'xafa] *f* bottle

garupa [ga'rupa] *f* (*de cavalo*) hindquarters *pl*; (*de moto*) back seat; **andar na ~** (*de moto*) to ride pillion

gás [gajʃ] *m* gas; **gases** *mpl* (*do intestino*) wind *sg*; **~ natural** natural gas

gasóleo [ga'zɔlju] *m* diesel oil

gasolina [gazo'lina] *f* petrol (*BRIT*), gas(oline) (*US*)

gasosa [ga'zɔza] *f* fizzy drink

gasoso, -a [ga'zozu, ɔza] *adj* (*água*) sparkling; (*bebida*) fizzy

gastador, -deira [gaʃta'do*, 'dejra] *adj, m/f* spendthrift

gastar [gaʃ'ta*] *vt* to spend; (*gasolina, eletricidade*) to use; (*roupa, sapato*) to wear out; (*salto, piso etc*) to wear down; (*saúde*) to damage; (*desperdiçar*) to waste ♦ *vi* to spend; to wear out; to wear down; **gastar-se** *vr* to wear out; to wear down

gasto, -a ['gaʃtu, a] *pp de* **gastar** ♦ *adj* spent; (*frase*) trite; (*sapato etc, fig*: *pessoa*) worn out; (*salto, piso*) worn down ♦ *m* (*despesa*) expense; **~s** *mpl* (*COM*) expenses, expenditure *sg*

gata ['gata] *f* (she-)cat

gatilho [ga'tʃiʎu] *m* trigger

gato ['gatu] *m* cat; **~ montês** wild cat

gatuno, -a [ga'tunu, a] *adj* thieving ♦ *m/f* thief

gaveta [ga'veta] *f* drawer

gaze ['gazi] *f* gauze

geada ['ʒjada] *f* frost

geladeira [ʒela'dejra] (*BR*) *f* refrigerator, icebox (*US*)

gelado, -a [ʒe'ladu, a] *adj* frozen ♦ *m* (*PT*: *sorvete*) ice cream

gelar [ʒe'la*] *vt* to freeze; (*vinho etc*) to chill ♦ *vi* to freeze

gelatina [ʒela'tʃina] *f* gelatine; (*sobremesa*) jelly (*BRIT*), jello (*US*)

geléia [ʒe'lɛja] *f* jam

gélido, -a ['ʒɛlidu, a] *adj* chill, icy

gelo ['ʒelu] *adj inv* light grey (*BRIT*) *ou* gray (*US*) ♦ *m* ice; (*cor*) light grey (*BRIT*) *ou* gray (*US*)

gema ['ʒema] f yolk; (*pedra preciosa*) gem

gêmeo, -a ['ʒemju, a] adj, m/f twin; **G~s** mpl (*ASTROLOGIA*) Gemini sg

gemer [ʒe'me*] vi (*de dor*) to groan, moan; (*lamentar-se*) to wail; (*animal*) to whine; (*vento*) to howl; **gemido** [ʒe'midu] m groan, moan; wail; whine

gene ['ʒeni] m gene

Genebra [ʒe'nɛbra] n Geneva

general [ʒene'raw] (*pl* -**ais**) m general

generalizar [ʒenerali'za*] vt to propagate ♦ vi to generalize; **generalizar-se** vr to become general, spread

gênero ['ʒeneru] m type, kind; (*BIO*) genus; (*LING*) gender; **~s** mpl (*produtos*) goods; **~s alimentícios** foodstuffs; **~ humano** humankind, human race

generosidade [ʒenerozi'dadʒi] f generosity

generoso, -a [ʒene'rozu, ɔza] adj generous

genética [ʒe'nɛtʃika] f genetics sg

gengibre [ʒẽ'ʒibri] m ginger

gengiva [ʒẽ'ʒiva] f (*ANAT*) gum

genial [ʒe'njaw] (*pl* -**ais**) adj inspired, brilliant; (*col*) terrific, fantastic

gênio ['ʒenju] m (*temperamento*) nature; (*irascibilidade*) temper; (*talento, pessoa*) genius; **de bom/mau ~** good-natured/bad-tempered

genital [ʒeni'taw] (*pl* -**ais**) adj: **órgãos genitais** genitals pl

genro ['ʒẽxu] m son-in-law

gente ['ʒẽtʃi] f people pl; (*col*) folks pl, family; (: *alguém*): **tem ~ batendo à porta** there's somebody knocking at the door; **a ~** (*nós: suj*) we; (: *objeto*) us; **a casa da ~** our house; **toda a ~** everybody; **~ grande** grown-ups pl

gentil [ʒẽ'tʃiw] (*pl* -**is**) adj kind;

gentileza [ʒẽtʃi'leza] f kindness; **por gentileza** if you please; **tenha a gentileza de fazer ...?** would you be so kind as to do ...?

genuíno, -a [ʒe'nwinu, a] adj genuine

geografia [ʒeogra'fia] f geography

geometria [ʒeome'tria] f geometry

geração [ʒera'sãw] (*pl* -**ões**) f generation

gerador, a [ʒera'do*, a] m/f (*produtor*) creator ♦ m (*TEC*) generator

geral [ʒe'raw] (*pl* -**ais**) adj general ♦ f (*TEATRO*) gallery; **em ~** in general, generally; **de um modo ~** on the whole; **geralmente** [ʒeraw'mẽtʃi] adv generally, usually

gerânio [ʒe'ranju] m geranium

gerar [ʒe'ra*] vt to produce; (*eletricidade*) to generate

gerência [ʒe'rẽsja] f management; **gerenciar** [ʒerẽ'sja*] vt, vi to manage

gerente [ʒe'rẽtʃi] adj managing ♦ m/f manager

gerir [ʒe'ri*] vt to manage, run

germe ['ʒɛxmi] m (*embrião*) embryo; (*micróbio*) germ

gesso ['ʒesu] m plaster (of Paris)

gestante [ʒeʃ'tãtʃi] f pregnant woman

gesticular [ʒeʃtʃiku'la*] vi to make gestures, gesture

gesto ['ʒɛʃtu] m gesture

Gibraltar [ʒibraw'ta*] f Gibraltar

gigante, -ta [ʒi'gãtʃi, ta] adj gigantic, huge ♦ m giant; **gigantesco, -a** [ʒigã'teʃku, a] adj gigantic

gim [ʒĩ] (*pl* -**ns**) m gin

ginásio [ʒi'nazju] m gymnasium; (*escola*) secondary (*BRIT*) ou high (*US*) school

ginástica [ʒi'naʃtʃika] f gymnastics sg; (*para fortalecer o corpo*) keep-fit

ginecologia [ʒinekolo'ʒia] f

gynaecology (*BRIT*), gynecology (*US*)

ginecologista [ʒinekolo'ʒiʃta] *m/f*
gynaecologist (*BRIT*), gynecologist (*US*)

ginjinha [ʒĩ'ʒiɲa] (*PT*) *f* cherry brandy

gira-discos ['ʒira-] (*PT*) *m inv*
record-player

girafa [ʒi'rafa] *f* giraffe

girar [ʒi'ra*] *vt* to turn, rotate; (*como
pião*) to spin ♦ *vi* to go round; to spin;
(*vaguear*) to wander

girassol [ʒira'sɔw] (*pl* **-óis**) *m*
sunflower

giratório, -a [ʒira'tɔrju, a] *adj*
revolving

gíria ['ʒirja] *f* (*calão*) slang; (*jargão*)
jargon

giro[1] ['ʒiru] *m* turn; **dar um ~** to go
for a wander; (*em veículo*) to go for a
spin; **que ~!** (*PT*) terrific!

giro[2] *etc vb* V **gerir**

giz [ʒiʒ] *m* chalk

glacê [gla'se] *m* icing

glacial [gla'sjaw] (*pl* **-ais**) *adj* icy

glamouroso, -a [glamu'rozu, ɔza] *adj*
glamorous

glândula ['glãdula] *f* gland

global [glo'baw] (*pl* **-ais**) *adj* global;
(*total*) overall; **quantia ~** lump sum

globo ['globu] *m* globe; **~ ocular**
eyeball

glória ['glɔrja] *f* glory; **glorificar**
[glorifi'ka*] *vt* to glorify; **glorioso, -a**
[glo'rjozu, ɔza] *adj* glorious

glossário [glo'sarju] *m* glossary

gnomo ['gnomu] *m* gnome

Goa ['goa] *n* Goa

goiaba [go'jaba] *f* guava; **goiabada**
[goja'bada] *f* guava jelly

gol [gow] (*pl* **~s**) *m* goal

gola ['gɔla] *f* collar

gole ['gɔli] *m* gulp, swallow;
(*pequeno*) sip; **tomar um ~ de** to sip

goleiro [go'lejru] (*BR*) *m* goalkeeper

golfe ['gowfi] *m* golf; **campo de ~** golf
course

golfinho [gow'fiɲu] *m* (*ZOOL*) dolphin

golfo ['gowfu] *m* gulf

golinho [go'liɲu] *m* sip; **beber algo
aos ~s** to sip sth

golo ['golu] (*PT*) *m* = **gol**

golpe ['gɔwpi] *m* (*tb fig*) blow; (*de
mão*) smack; (*de punho*) punch;
(*manobra*) ploy; (*de vento*) gust; **de
um só ~** at a stroke; **dar um ~ em
alguém** to hit sb; (*fig: trapacear*) to
trick sb; **~ (de estado)** coup (d'état); **~
de mestre** masterstroke; **golpear**
[gow'pja*] *vt* to hit; (*com navalha*) to
stab; (*com o punho*) to punch

goma ['gɔma] *f* gum, glue; (*de roupa*)
starch; **~ de mascar** chewing gum

gomo ['gomu] *m* (*de laranja*) slice

gordo, -a ['goxdu, a] *adj* fat;
(*gordurento*) greasy; (*carne*) fatty; (*fig:
quantia*) considerable, ample ♦ *m/f* fat
man/woman

gordura [gox'dura] *f* fat; (*derretida*)
grease; (*obesidade*) fatness;

gorduroso, -a [goxdu'rozu, ɔza] *adj*
(*pele*) greasy; (*comida*) fatty

gorila [go'rila] *m* gorilla

gorjeta [gox'ʒeta] *f* tip, gratuity

gorro ['goxu] *m* cap; (*de lã*) hat

gosma ['gɔʒma] *f* spittle; (*fig*) slime

gostar [goʃ'ta*] *vi*: **~ de** to like; (*férias,
viagem etc*) to enjoy; **gostar-se** *vr* to
like each other; **~ mais de ...** to prefer
..., like ... better

gosto ['goʃtu] *m* taste; (*prazer*)
pleasure; **a seu ~** to your liking; **com ~**
willingly; (*vestir-se*) tastefully; (*comer*)
heartily; **de bom/mau ~** in good/bad
taste; **ter ~ de** to taste of; **gostoso, -a**
[goʃ'tozu, ɔza] *adj* tasty; (*agradável*)
pleasant; (*cheiro*) lovely; (*risada*) good;

a
b
c
d
e
f
g
h
i
j
k
l
m
n
o
p
q
r
s
t
u
v
w
x
z

(*col: pessoa*) gorgeous

gota ['gota] *f* drop; (*de suor*) bead; (*MED*) gout; **~ a ~** drop by drop

goteira [go'tejra] *f* (*cano*) gutter; (*buraco*) leak

gourmet [gux'me] (*pl* ~s) *m/f* gourmet

governador, a [govexnado*, a] *m/f* governor

governamental [govexnamẽ'taw] (*pl* **-ais**) *adj* government *atr*

governanta [govex'nãta] *f* (*de casa*) housekeeper; (*de criança*) governess

governante [govex'nãtʃi] *adj* ruling ♦ *m/f* ruler ♦ *f* governess

governar [govex'na*] *vt* to govern, rule; (*barco*) to steer

governo [go'vexnu] *m* government; (*controle*) control

gozação [goza'sãw] (*pl* **-ões**) *f* enjoyment; (*zombaria*) teasing; (*uma* ~) joke

gozado, -a [go'zadu, a] *adj* funny; (*estranho*) strange, odd

gozar [go'za*] *vt* to enjoy; (*col: rir de*) to make fun of ♦ *vi* to enjoy o.s.; **~ de** to enjoy; to make fun of; **gozo** ['gozu] *m* (*prazer*) pleasure; (*uso*) enjoyment, use; (*orgasmo*) orgasm

Grã-Bretanha [grã-bre'taɲa] *f* Great Britain

graça ['grasa] *f* (*REL*) grace; (*charme*) charm; (*gracejo*) joke; (*JUR*) pardon; **de ~** (*grátis*) for nothing; (*sem motivo*) for no reason; **sem ~** dull, boring; **fazer** *ou* **ter ~** to be funny; **ficar sem ~** to be embarrassed; **~s a** thanks to

gracejar [grase'ʒa*] *vi* to joke; **gracejo** [gra'seʒu] *m* joke

gracioso, -a [gra'sjozu, ɔza] *adj* (*pessoa*) charming; (*gestos*) gracious

grade ['gradʒi] *f* (*no chão*) grating; (*grelha*) grill; (*na janela*) bars *pl*; (*col:*

cadeia) nick, clink

gradear [gra'dʒja*] *vt* (*janela*) to put bars up at; (*jardim*) to fence off

graduação [gradwa'sãw] (*pl* **-ões**) *f* (*classificação*) grading; (*EDUC*) graduation; (*MIL*) rank

gradual [gra'dwaw] (*pl* **-ais**) *adj* gradual

graduar [gra'dwa*] *vt* (*classificar*) to grade; (*luz, fogo*) to regulate; **graduar-se** *vr* to graduate

gráfica ['grafika] *f* graphics *sg*; *V tb* **gráfico**

gráfico, -a ['grafiku, a] *adj* graphic ♦ *m/f* printer ♦ *m* (*MAT*) graph; (*diagrama*) diagram, chart; **~s** *mpl* (*COMPUT*) graphics; **~ de barras** bar chart

grã-fino, -a [grã'finu, a] (*col*) *adj* posh ♦ *m/f* nob, toff

grama ['grama] *m* gramme ♦ *f* (*BR: capim*) grass

gramado [gra'madu] (*BR*) *m* lawn; (*FUTEBOL*) pitch

gramática [gra'matʃika] *f* grammar; **gramatical** [gramatʃi'kaw] (*pl* **-ais**) *adj* grammatical

grampeador [grãpja'do*] *m* stapler

grampear [grã'pja*] *vt* to staple

grampo ['grãpu] *m* staple; (*no cabelo*) hairgrip; (*de carpinteiro*) clamp; (*de chapéu*) hatpin

granada [gra'nada] *f* (*MIL*) shell; **~ de mão** hand grenade

grande ['grãdʒi] *adj* big, large; (*alto*) tall; (*notável, intenso*) great; (*longo*) long; (*adulto*) grown-up; **mulher ~** big woman; **~ mulher** great woman;

grandeza [grã'deza] *f* size; (*fig*) greatness; (*ostentação*) grandeur

grandioso, -a [grã'dʒjozu, ɔza] *adj* magnificent, grand

granito [gra'nitu] *m* granite

granizo [gra'nizu] *m* hailstone; **chover ~** to hail; **chuva de ~** hailstorm

granulado, -a [granu'ladu, a] *adj* grainy; (*açúcar*) granulated

grão ['grãw] (*pl* **~s**) *m* grain; (*semente*) seed; (*de café*) bean; **grão-de-bico** (*pl* **grãos-de-bico**) *m* chickpea

gratidão [gratʃi'dãw] *f* gratitude

gratificação [gratʃifika'sãw] (*pl* **-ões**) *f* gratuity, tip; (*bônus*) bonus; (*recompensa*) reward

gratificar [gratʃifi'ka*] *vt* to tip; (*dar bônus a*) to give a bonus to; (*recompensar*) to reward

grátis ['gratʃiʃ] *adj* free

grato, -a ['gratu, a] *adj* grateful; (*agradável*) pleasant

gratuito, -a [gra'twitu, a] *adj* (*grátis*) free; (*infundado*) gratuitous

grau [graw] *m* degree; (*nível*) level; (*EDUC*) class; **em alto ~** to a high degree; **ensino de primeiro/segundo ~** primary (*BRIT*) *ou* elementary (*US*)/ secondary education

gravação [grava'sãw] *f* (*em madeira*) carving; (*em disco, fita*) recording

gravador [grava'do*] *m* tape recorder

gravar [gra'va*] *vt* to carve; (*metal, pedra*) to engrave; (*na memória*) to fix; (*disco, fita*) to record

gravata [gra'vata] *f* tie; **~ borboleta** bow tie

grave ['gravi] *adj* serious; (*tom*) deep; **gravemente** [grave'mẽtʃi] *adv* (*doente, ferido*) seriously

grávida ['gravida] *adj* pregnant

gravidade [gravi'dadʒi] *f* gravity

gravidez [gravi'deʒ] *f* pregnancy

gravura [gra'vura] *f* (*em madeira*) engraving; (*estampa*) print

graxa ['graʃa] *f* (*para sapatos*) polish; (*lubrificante*) grease

Grécia ['grɛsja] *f*: **a ~** Greece; **grego, -a** ['grɛgu, a] *adj, m/f* Greek ♦ *m* (*LING*) Greek

grelha ['grɛʎa] *f* grill; (*de fornalha*) grate; **bife na ~** grilled steak;

grelhado [gre'ʎadu] *m* (*prato*) grill

grêmio ['gremju] *m* (*associação*) guild; (*clube*) club

grená [gre'na] *adj, m* dark red

greve ['grɛvi] *f* strike; **fazer ~** to go on strike; **~ branca** go-slow; **grevista** [gre'viʃta] *m/f* striker

grilo ['grilu] *m* cricket; (*AUTO*) squeak; (*col: de pessoa*) hang-up; **qual é o ~?** what's the matter?; **não tem ~!** (*col*) (there's) no problem!

gringo, -a ['grĩgu, a] (*col: pej*) *m/f* foreigner

gripado, -a [gri'padu, a] *adj*: **estar/ ficar ~** to have/get a cold

gripe ['gripi] *f* flu, influenza

grisalho, -a [gri'zaʎu, a] *adj* (*cabelo*) grey (*BRIT*), gray (*US*)

gritante [gri'tãtʃi] *adj* (*hipocrisia*) glaring; (*desigualdade*) gross; (*mentira*) blatant; (*cor*) loud, garish

gritar [gri'ta*] *vt* to shout, yell ♦ *vi* to shout; (*de dor, medo*) to scream; **~ com alguém** to shout at sb; **gritaria** [grita'ria] *f* shouting, din; **grito** ['gritu] *m* shout; (*de medo*) scream; (*de dor*) cry; (*de animal*) call; **dar um grito** to cry out; **falar aos gritos** to shout

Groenlândia [grwẽ'lãdʒja] *f*: **a ~** Greenland

grosseiro, -a [gro'sejru, a] *adj* rude; (*piada*) crude; (*modos, tecido*) coarse; **grosseria** [grose'ria] *f* rudeness; (*ato*): **fazer uma grosseria** to be rude; (*dito*): **dizer uma grosseria** to say something rude

grosso, -a ['grosu, 'grɔsa] *adj* thick; (*áspero*) rough; (*voz*) deep; (*col:*

pessoa, piada) rude ◆ *m*: **o ~ de** the bulk of; **grossura** [gro'sura] *f* thickness
grotesco, -a [gro'teʃku, a] *adj* grotesque
grudar [gru'da*] *vt* to glue, stick ◆ *vi* to stick
grude ['grudʒi] *f* glue; **grudento, -a** [gru'dẽtu, a] *adj* sticky
grunhir [gru'ɲi*] *vi* (*porco*) to grunt; (*tigre*) to growl; (*resmungar*) to grumble
grupo ['grupu] *m* group
gruta ['gruta] *f* grotto
guarda ['gwaxda] *m/f* policeman/woman ◆ *f* (*vigilância*) guarding; (*de objeto*) safekeeping ◆ *m* (*MIL*) guard; **estar de ~** to be on guard; **pôr-se em ~** to be on one's guard; **a G~ Civil** the Civil Guard; **guarda-chuva** (*pl* **guarda-chuvas**) *m* umbrella; **guarda-costas** *m inv* (*NÁUT*) coastguard boat; (*capanga*) bodyguard; **guardados** [gwax'daduʃ] *mpl* keepsakes, valuables; **guarda-louça** [gwaxda'losa] (*pl* **guarda-louças**) *m* sideboard; **guardanapo** [gwaxda'napu] *m* napkin; **guarda-noturno** (*pl* **guardas-noturnos**) *m* night watchman; **guardar** [gwax'da*] *vt* to put away; (*zelar por*) to guard; (*lembrança, segredo*) to keep; **guardar-se** *vr* (*defender-se*) to protect o.s.; **guardar-se de** (*acautelar-se*) to guard against; **guarda-redes** (*PT*) *m inv* goalkeeper; **guarda-roupa** (*pl* **guarda-roupas**) *m* wardrobe; **guarda-sol** (*pl* **guarda-sóis**) *m* sunshade, parasol
guardião, -diã [gwax'dʒjãw, 'dʒjã] (*pl* **-ães** *ou* **-ões**, **-s**) *m/f* guardian
guarnição [gwaxni'sãw] (*pl* **-ões**) *f* (*MIL*) garrison; (*NÁUT*) crew; (*CULIN*) garnish
Guatemala [gwate'mala] *f*: **a ~** Guatemala

gude ['gudʒi] *m*: **bola de ~** marble; (*jogo*) **marbles** *pl*
guerra ['gɛxa] *f* war; **em ~** at war; **fazer ~** to wage war; **~ civil** civil war; **~ mundial** world war; **guerreiro, -a** [ge'xejru, a] *adj* (*espírito*) fighting; (*belicoso*) warlike ◆ *m* warrior
guerrilha [ge'xiʎa] *f* (*luta*) guerrilla warfare; (*tropa*) guerrilla band; **guerrilheiro, -a** [gexi'ʎejru, a] *m/f* guerrilla
guia ['gia] *f* guidance; (*COM*) permit, bill of lading; (*formulário*) advice slip ◆ *m* (*livro*) guide(book) ◆ *m/f* (*pessoa*) guide
Guiana ['gjana] *f*: **a ~** Guyana
guiar [gja*] *vt* to guide; (*AUTO*) to drive ◆ *vi* to drive; **guiar-se** *vr*: **~-se por** to go by
guichê [gi'ʃe] *m* ticket window; (*em banco, repartição*) window, counter
guinada [gi'nada] *f*: **dar uma ~** (*com o carro*) to swerve
guincho ['gĩʃu] *m* (*de animal, rodas*) squeal; (*de pessoa*) shriek
guindaste [gĩ'daʃtʃi] *m* hoist, crane
guisado [gi'zadu] *m* stew
guitarra [gi'taxa] *f* (electric) guitar
gula ['gula] *f* gluttony, greed
guloseima [gulo'zejma] *f* delicacy, titbit
guloso, -a [gu'lozu, ɔza] *adj* greedy

H h

há [a] *vb V* **haver**
hábil ['abiw] (*pl* **-eis**) *adj* competent, capable; (*astucioso, esperto*) clever; (*sutil*) diplomatic; **em tempo ~** in

reasonable time; **habilidade**
[abili'dadʒi] f skill, ability; (*astúcia,*
esperteza) shrewdness; (*tato*)
discretion; **habilidoso, -a** [abili'dozu,
ɔza] *adj* skilled, clever

habilitação [abilita'sãw] (*pl* **-ões**) f
competence; (*ato*) qualification;
habilitações *fpl* (*conhecimentos*)
qualifications

habilitar [abili'ta*] *vt* to enable; (*dar*
direito a) to qualify, entitle; (*preparar*)
to prepare

habitação [abita'sãw] (*pl* **-ões**) f
dwelling, residence; (*alojamento*)
housing

habitante [abi'tãtʃi] *m/f* inhabitant
habitar [abi'ta*] *vt* to live in; (*povoar*)
to inhabit ♦ *vi* to live

hábito ['abitu] *m* habit; (*social*)
custom; (*REL: traje*) habit

habituado, -a [abi'twadu, a] *adj*: **~ a**
(fazer) algo used to (doing) sth

habitual [abi'twaw] (*pl* **-ais**) *adj* usual
habituar [abi'twa*] *vt*: **~ alguém a** to
get sb used to, accustom sb to;
habituar-se *vr*: **~-se a** to get used to

hacker ['ake*] (*pl* **~s**) *m* (*COMPUT*)
hacker

Haia ['aja] *n* The Hague
haja *etc* ['aʒa] *vb* V **haver**
hálito ['alitu] *m* breath
hall [xɔw] (*pl* **~s**) *m* hall; (*de teatro,*
hotel) foyer; **~ de entrada** entrance hall

hambúrguer ['ã'buxge*] *m* hamburger
hão [ãw] *vb* V **haver**
hardware ['xadwe*] *m* (*COMPUT*)
hardware

harmonia [axmo'nia] f harmony
harmonioso, -a [axmo'njozu, ɔza] *adj*
harmonious

harmonizar [axmoni'za*] *vt* (*MÚS*) to
harmonize; (*conciliar*): **~ algo (com**

algo) to reconcile sth (with sth);
harmonizar-se *vr*: **~(-se)** (*idéias etc*)
to coincide; (*pessoas*) to be in
agreement

harpa ['axpa] f harp
Havaí [avaj'i] *m*: **o ~** Hawaii

---

haver

PALAVRA CHAVE

[a've*] *vb aux*
1 (*ter*) to have; **ele havia saído/**
comido he had left/eaten
2: **~ de**: **quem ~ia de dizer que ...?**
who would have thought that ...?
♦ *vb impess*
1 (*existência*): **há** (*sg*) there is; (*pl*)
there are; **o que é que há?** what's
the matter?; **o que é que houve?**
what happened?, what was that?;
não há de quê don't mention it,
you're welcome; **haja o que houver**
come what may
2 (*tempo*): **há séculos/cinco dias**
que não o vejo I haven't seen him
for ages/five days; **há um ano que ela**
chegou it's a year since she arrived;
há cinco dias (atrás) five days ago
♦ **haver-se** *vr*: **~-se com alguém**
to sort things out with sb
♦ *m* (*COM*) credit; **~es** *mpl*
(*pertences*) property *sg*, possessions;
(*riqueza*) wealth *sg*

---

haxixe [a'ʃiʃi] *m* hashish
hebraico, -a [e'brajku, a] *adj* Hebrew
♦ *m* (*LING*) Hebrew

Hébridas ['ɛbridaʃ] *fpl*: **as (ilhas) ~**
the Hebrides

hediondo, -a [e'dʒjõdu, a] *adj* vile,
revolting; (*crime*) heinous

hei [ej] *vb* V **haver**
hélice ['ɛlisi] f propeller
helicóptero [eli'kɔpteru] *m* helicopter

a
b
c
d
e
f
g
h
i
j
k
l
m
n
o
p
q
r
s
t
u
v
w
x
z

hematoma [ema'tɔma] *m* bruise

hemorragia [emoxa'ʒia] *f*
haemorrhage (*BRIT*), hemorrhage (*US*);
~ nasal nosebleed

hemorróidas [emo'xɔjdaʃ] *fpl*
haemorrhoids (*BRIT*), hemorrhoids (*US*),
piles

hepatite [epa'tʃitʃi] *f* hepatitis

hera ['ɛra] *f* ivy

herança [e'rãsa] *f* inheritance; (*fig*)
heritage

herdar [ex'da*] *vt:* **~ algo (de)** to
inherit sth (from); **~ a** to bequeath to

herdeiro, -a [ex'dejru, a] *m/f* heir(ess)

herói [e'rɔj] *m* hero

heroína [ero'ina] *f* heroine; (*droga*)
heroin

hesitação [ezita'sãw] *f* (*pl* **-ões**)
hesitation

hesitante [ezi'tãtʃi] *adj* hesitant

hesitar [ezi'ta*] *vi* to hesitate

heterossexual [eterosek'swaw] (*pl*
-ais) *adj, m/f* heterosexual

híbrido, -a ['ibridu, a] *adj* hybrid

hidratante [idra'tãtʃi] *m* moisturizer

hidráulico, -a [i'drawliku, a] *adj*
hydraulic

hidrelétrico, -a [idre'lɛtriku, a] (*PT*
-ct-) *adj* hydroelectric

hidro… [idru] *prefixo* hydro…,
water… *atr*

hidrogênio [idro'ʒenju] *m* hydrogen

hierarquia [jerax'kia] *f* hierarchy

hífen ['ifẽ] (*pl* **~s**) *m* hyphen

higiene [i'ʒjeni] *f* hygiene; **higiênico,
-a** [i'ʒjeniku, a] *adj* hygienic; (*pessoa*)
clean; **papel higiênico** toilet paper

hindu [ĩ'du] *adj, m/f* Hindu

hino ['inu] *m* hymn; **~ nacional**
national anthem

hipermercado [ipexmex'kadu] *m*
hypermarket

hipertensão [ipextẽ'sãw] *f* high blood
pressure

hipismo [i'piʒmu] *m* (*turfe*) horse
racing; (*equitação*) (horse) riding

hipnotizar [ipnotʃi'za*] *vt* to hypnotize

hipocrisia [ipokri'sia] *f* hypocrisy;

hipócrita [i'pɔkrita] *adj* hypocritical
♦ *m/f* hypocrite

hipódromo [i'pɔdromu] *m* racecourse

hipopótamo [ipo'pɔtamu] *m*
hippopotamus

hipoteca [ipo'tɛka] *f* mortgage;

hipotecar [ipote'ka*] *vt* to mortgage

hipótese [i'pɔtezi] *f* hypothesis; **na ~
de** in the event of; **em ~ alguma**
under no circumstances; **na melhor/
pior das ~s** at best/worst

hispânico, -a [iʃ'paniku, a] *adj*
Hispanic

histeria [iʃte'ria] *f* hysteria; **histérico,
-a** [iʃ'teriku, a] *adj* hysterical

história [iʃ'tɔrja] *f* history; (*conto*)
story; **~s** *fpl* (*chateação*) bother *sg*, fuss
sg; **isso é outra ~** that's a different
matter; **que ~ é essa?** what's going
on?; **historiador, a** [iʃtorja'do*, a] *m/f*
historian; **histórico, -a** [iʃ'tɔriku, a] *adj*
historical; (*fig: notável*) historic ♦ *m*
history

hobby ['xɔbi] (*pl* **-bies**) *m* hobby

hoje ['oʒi] *adv* today; (*tb:* **~ em dia**)
now(adays); **~ à noite** tonight

Holanda [o'lãda] *f:* **a ~** Holland;
holandês, -esa [olã'deʃ, eza] *adj* Dutch
♦ *m/f* Dutchman/woman ♦ *m* (*LING*)
Dutch

holocausto [olo'kawʃtu] *m* holocaust

holofote [olo'fɔtʃi] *m* searchlight; (*em
campo de futebol etc*) floodlight

homem ['omẽ] (*pl* **-ns**) *m* man; (*a
humanidade*) mankind; **~ de empresa
ou negócios** businessman; **~ de estado**
statesman

homenagear [omena'ʒja*] vt (*pessoa*) to pay tribute to, honour (*BRIT*), honor (*US*)

homenagem [ome'naʒẽ] f tribute; (*REL*) homage; **prestar ~ a alguém** to pay tribute to sb

homens ['omẽʃ] mpl de **homem**

homeopático, -a [omjo'patʃiku] adj homoeopathic

homicida [omi'sida] adj homicidal ♦ m/f murderer; **homicídio** [omi'sidʒju] m murder; **homicídio involuntário** manslaughter

homologar [omolo'ga*] vt to ratify

homólogo, -a [o'mɔlogu, a] adj homologous; (*fig*) equivalent ♦ m/f opposite number

homossexual [omosek'swal] (*pl* -**ais**) adj, m/f homosexual

Honduras [õ'duraʃ] f Honduras

honestidade [oneʃtʃi'dadʒi] f honesty; (*decência*) decency; (*justeza*) fairness

honesto, -a [o'nɛʃtu, a] adj honest; (*decente*) decent; (*justo*) fair, just

honorário, -a [ono'rarju, a] adj honorary; **honorários** [ono'rarjuʃ] mpl fees

honra ['õxa] f honour (*BRIT*), honor (*US*); **em ~ de** in hono(u)r of

honrado, -a [õ'xadu, a] adj honest; (*respeitado*) honourable (*BRIT*), honorable (*US*)

honrar [õ'xa*] vt to honour (*BRIT*), honor (*US*)

honroso, -a [õ'xozu, ɔza] adj hono(u)rable

hóquei ['ɔkej] m hockey; **~ sobre gelo** ice hockey

hora ['ɔra] f (*60 minutos*) hour; (*momento*) time; **a que ~s?** (at) what time?; **que ~s são?** what time is it?; **são duas ~s** it's two o'clock; **você tem as ~s?** have you got the time?; **fazer ~** to kill time; **de ~ em ~** every hour; **na ~** on the spot; **chegar na ~** to be on time; **de última ~** adj last-minute ♦ adv at the last minute; **meia ~** half an hour; **~s extras** overtime sg;

horário, -a [o'rarju, a] adj: **100 km horários** 100 km an hour ♦ m timetable; (*hora*) time; **horário de expediente** working hours pl; (*de um escritório*) office hours pl

horizontal [orizõ'taw] (*pl* -**ais**) adj horizontal

horizonte [ori'zõtʃi] m horizon

horóscopo [o'rɔʃkopu] m horoscope

horrendo, -a [o'xẽdu, a] adj horrendous, frightful

horripilante [oxipi'lãtʃi] adj horrifying, hair-raising

horrível [o'xivew] (*pl* -**eis**) adj awful, horrible

horror [o'xo*] m horror; **que ~!** how awful!; **ter ~ a algo** to hate sth; **horrorizar** [oxori'za*] vt to horrify, frighten; **horroroso, -a** [oxo'rozu, ɔza] adj horrible, ghastly

horta ['ɔxta] f vegetable garden

hortaliças [oxta'lisaʃ] fpl vegetables

hortelã [oxte'lã] f mint; **~ pimenta** peppermint

horticultor, a [oxtʃikuw'to*, a] m/f market gardener (*BRIT*), truck farmer (*US*)

hortifrutigranjeiros [oxtʃifrutʃigrã'ʒejruʃ] mpl fruit and vegetables

horto ['oxtu] m market garden (*BRIT*), truck farm (*US*)

hospedagem [oʃpe'daʒẽ] f guest house

hospedar [oʃpe'da*] vt to put up; **hospedar-se** vr to stay, lodge; **hospedaria** [oʃpeda'ria] f guest house

hóspede ['ɔʃpedʒi] m (*amigo*) guest;

(*estranho*) lodger

hospedeira [oʃpe'dejra] f landlady; (PT: *de bordo*) stewardess, air hostess (BRIT)

hospício [oʃ'pisju] m mental hospital

hospital [oʃpi'taw] (*pl* **-ais**) m hospital

hospitalidade [oʃpitali'dadʒi] f hospitality

hostil [oʃ'tʃiw] (*pl* **-is**) adj hostile;

hostilizar [oʃtʃili'za*] vt to antagonize; (MIL) to wage war on

hotel [o'tɛw] (*pl* **-éis**) m hotel;

hoteleiro, -a [ote'lejru, a] m/f hotelier

houve etc ['ovi] vb V **haver**

humanidade [umani'dadʒi] f (*os homens*) man(kind); (*compaixão*) humanity

humanitário, -a [umani'tarju, a] adj humane

humano, -a [u'manu, a] adj human; (*bondoso*) humane

humidade [umi'dadə] (PT) f dampness; (*clima*) humidity

húmido, -a ['umidu, a] (PT) adj wet, moist; (*roupa*) damp; (*clima*) humid

humildade [umiw'dadʒi] f humility; (*pobreza*) poverty

humilde [u'miwdʒi] adj humble; (*pobre*) poor

humilhar [umi'ʎa*] vt to humiliate

humor [u'mo*] m mood, temper; (*graça*) humour (BRIT), humor (US); **de bom/mau ~** in a good/bad mood;

humorista [umo'riʃta] m/f comedian;

humorístico, -a [umo'riʃtʃiku, a] adj humorous

húngaro, -a ['ũgaru, a] adj, m/f Hungarian

Hungria [ũ'gria] f: **a ~** Hungary

hurra ['uxa] m cheer ♦ excl hurrah!

I i

ia etc ['ia] vb V **ir**

iate ['jatʃi] m yacht; **~ clube** yacht club

ibérico, -a [i'bɛriku, a] adj, m/f Iberian

ibero-americano, -a [iberu-] adj, m/f Ibero-American

ICM (BR) abr m (= *Imposto sobre Circulação de Mercadorias*) ≈ VAT

ícone [i'kɔni] m (*gen*, COMPUT) icon

icterícia [ikte'risja] f jaundice

ida ['ida] f going, departure; **~ e volta** round trip, return; **a (viagem de) ~** the outward journey; **na ~** on the way there

idade [i'dadʒi] f age; **ter cinco anos de ~** to be five (years old); **de meia ~** middle-aged; **qual é a ~ dele?** how old is he?; **na minha ~** at my age; **ser menor/maior de ~** to be under/of age; **pessoa de ~** elderly person; **I~ Média** Middle Ages *pl*

ideal [ide'jaw] (*pl* **-ais**) adj, m ideal;

idealista [idea'liʃta] adj idealistic ♦ m/f idealist

idéia [i'dɛja] f idea; (*mente*) mind; **mudar de ~** to change one's mind; **não ter a mínima ~** to have no idea; **não faço ~** I can't imagine; **estar com ~ de fazer** to plan to do

idem ['idẽ] pron ditto

idêntico, -a [i'dẽtʃiku, a] adj identical

identidade [idẽtʃi'dadʒi] f identity

identificação [idẽtʃifika'sãw] f identification

identificar [idẽtʃifi'ka*] vt to identify;

identificar-se vr: **~-se com** to identify with

idioma [i'dʒɔma] m language

idiota [i'dʒɔta] adj idiotic ♦ m/f idiot

ido, -a ['idu, a] *adj* past

idolatrar [idola'tra*] *vt* to idolize

ídolo ['idolu] *m* idol

idoso, -a [i'dozu, ɔza] *adj* elderly, old

ignição [igni'sãw] (*pl* **-ões**) *f* ignition

ignorado, -a [igno'radu, a] *adj* unknown

ignorância [igno'rãsja] *f* ignorance;

ignorante [igno'rãtʃi] *adj* ignorant, uneducated ♦ *m/f* ignoramus

ignorar [igno'ra*] *vt* not to know; (*não dar atenção a*) to ignore

igreja [i'greʒa] *f* church

igual [i'gwaw] (*pl* **-ais**) *adj* equal; (*superfície*) even ♦ *m/f* equal

igualar [igwa'la*] *vt* to equal; (*fazer igual*) to make equal; (*nivelar*) to level ♦ *vi*: **~ a** *ou* **com** to be equal to, be the same as; (*ficar no mesmo nível*) to be level with; **igualar-se** *vr*: **~-se a alguém** to be sb's equal

igualdade [igwaw'dadʒi] *f* equality; (*uniformidade*) uniformity

igualmente [igwaw'mẽtʃi] *adv* equally; (*também*) likewise, also; **~!** (*saudação*) the same to you!

ilegal [ile'gaw] (*pl* **-ais**) *adj* illegal

ilegítimo, -a [ile'ʒitʃimu, a] *adj* illegitimate; (*ilegal*) unlawful

ilegível [ile'ʒivew] (*pl* **-eis**) *adj* illegible

ileso, -a [i'lezu, a] *adj* unhurt

iletrado, -a [ile'tradu, a] *adj* illiterate

ilha ['iʎa] *f* island; **ilhéu, ilhoa** [i'ʎew, i'ʎoa] *m/f* islander

ilícito, -a [i'lisitu, a] *adj* illicit

ilimitado, -a [ilimi'tadu, a] *adj* unlimited

iludir [ilu'dʒi*] *vt* to delude; (*enganar*) to deceive; (*a lei*) to evade

iluminação [ilumina'sãw] (*pl* **-ões**) *f* lighting; (*fig*) enlightenment

iluminar [ilumi'na*] *vt* to light up; (*estádio etc*) to floodlight; (*fig*) to enlighten

ilusão [ilu'zãw] (*pl* **-ões**) *f* illusion; (*quimera*) delusion; **ilusório, -a** [ilu'zɔrju, a] *adj* deceptive

ilustração [iluʃtra'sãw] (*pl* **-ões**) *f* illustration

ilustrado, -a [iluʃ'tradu, a] *adj* illustrated; (*erudito*) learned

ilustrar [iluʃ'tra*] *vt* to illustrate; (*instruir*) to instruct

ilustre [i'luʃtri] *adj* illustrious; **um ~ desconhecido** a complete stranger

ímã ['imã] *m* magnet

imagem [i'maʒẽ] (*pl* **-ns**) *f* image; (*semelhança*) likeness; (*TV*) picture; **imagens** *fpl* (*LITERATURA*) imagery *sg*

imaginação [imaʒina'sãw] (*pl* **-ões**) *f* imagination

imaginar [imaʒi'na*] *vt* to imagine; (*supor*) to suppose; **imaginar-se** *vr* to imagine o.s.; **imagine só!** just imagine!; **imaginário, -a** [imaʒi'narju, a] *adj* imaginary

imaturo, -a [ima'turu, a] *adj* immature

imbatível [ība'tʃivew] (*pl* **-eis**) *adj* invincible

imbecil [ībe'siw] (*pl* **-is**) *adj* stupid ♦ *m/f* imbecile; **imbecilidade** [ībesili'dadʒi] *f* stupidity

imediações [imedʒa'sõjʃ] *fpl* vicinity *sg*, neighbourhood *sg* (*BRIT*), neighborhood *sg* (*US*)

imediatamente [imedʒata'mẽtʃi] *adv* immediately, right away

imediato, -a [ime'dʒatu, a] *adj* immediate; (*seguinte*) next; **~ a** next to; **de ~** straight away

imenso, -a [i'mẽsu, a] *adj* immense, huge; (*ódio, amor*) great

imigração [imigra'sãw] (*pl* **-ões**) *f* immigration

a b c d e f g h i j k l m n o p q r s t u v w x z

imigrante [imi'grãtʃi] *adj, m/f* immigrant

iminente [imi'nẽtʃi] *adj* imminent

imitação [imita'sãw] (*pl* -ões) *f* imitation

imitar [imi'ta*] *vt* to imitate; (*assinatura*) to copy

imobiliária [imobi'ljarja] *f* estate agent's (*BRIT*), real estate broker's (*US*)

imobiliário, -a [imobi'ljarju, a] *adj* property *atr*

imobilizar [imobili'za*] *vt* to immobilize; (*fig*) to bring to a standstill

imoral [imo'raw] (*pl* -ais) *adj* immoral

imortal [imox'taw] (*pl* -ais) *adj* immortal

imóvel [i'mɔvew] (*pl* -eis) *adj* motionless, still; (*não movediço*) immovable ♦ *m* property; (*edifício*) building; **imóveis** *mpl* (*propriedade*) real estate *sg*, property *sg*

impaciência [ĩpa'sjẽsja] *f* impatience; **impacientar-se** [ĩpasjẽ'taxsi] *vr* to lose one's patience; **impaciente** [ĩpa'sjẽtʃi] *adj* impatient

impacto [ĩ'paktu] (*PT* -cte) *m* impact

ímpar ['ĩpa*] *adj* (*número*) odd; (*sem igual*) unique, unequalled

imparcial [ĩpax'sjaw] (*pl* -ais) *adj* fair, impartial

impecável [ĩpe'kavew] (*pl* -eis) *adj* perfect, impeccable

impeço *etc* [ĩ'pesu] *vb V* **impedir**

impedido, -a [ĩpe'dʒidu, a] *adj* (*FUTEBOL*) offside; (*PT: TEL*) engaged (*BRIT*), busy (*US*)

impedimento [ĩpedʒi'mẽtu] *m* impediment

impedir [ĩpe'dʒi*] *vt* to obstruct; (*estrada, tráfego*) to block; (*movimento, progresso*) to impede; ~ **alguém de fazer algo** to prevent sb from doing sth; (*proibir*) to forbid sb to do sth; ~

(que aconteça) algo to prevent sth (happening)

impenetrável [ĩpene'travew] (*pl* -eis) *adj* impenetrable

impensado, -a [ĩpẽ'sadu, a] *adj* thoughtless; (*não calculado*) unpremeditated; (*imprevisto*) unforeseen

impensável [ĩpẽ'savew] (*pl* -eis) *adj* unthinkable

imperador [ĩpera'do*] *m* emperor

imperativo, -a [ĩpera'tʃivu, a] *adj* imperative ♦ *m* imperative

imperatriz [ĩpera'triz] *f* empress

imperdoável [ĩpex'dwavew] (*pl* -eis) *adj* unforgivable, inexcusable

imperfeito, -a [ĩpex'fejtu, a] *adj* imperfect ♦ *m* (*LING*) imperfect (tense)

imperial [ĩpe'rjaw] (*pl* -ais) *adj* imperial

imperícia [ĩpe'risja] *f* inability; (*inexperiência*) inexperience

império [ĩ'pɛrju] *m* empire

impermeável [ĩpex'mjavew] (*pl* -eis) *adj*: ~ **a** (*tb fig*) impervious to; (*à água*) waterproof ♦ *m* raincoat

impertinente [ĩpextʃi'nẽtʃi] *adj* irrelevant; (*insolente*) impertinent

impessoal [ĩpe'swaw] (*pl* -ais) *adj* impersonal

ímpeto ['ĩpetu] *m* (*TEC*) impetus; (*movimento súbito*) start; (*de cólera*) fit; (*de emoção*) surge; (*de chamas*) fury; **agir com ~** to act on impulse; **levantar-se num ~** to get up with a start

impetuoso, -a [ĩpe'twozu, ɔza] *adj* (*pessoa*) headstrong, impetuous; (*ato*) rash, hasty

impiedoso, -a [ĩpje'dozu, ɔza] *adj* merciless, cruel

implacável [ĩpla'kavew] (*pl* -eis) *adj* relentless; (*pessoa*) unforgiving

implantação [ĩplãta'sãw] (*pl* -ões) *f*

introduction; (MED) implant
implementar [ĩplemĕ'ta*] vt to implement
implicar [ĩpli'ka*] vt (envolver) to implicate; (pressupor) to imply ♦ vi: ~ **com alguém** (chatear) to tease sb, pick on sb; **implicar-se** vr to get involved; ~ **(em) algo** to involve sth
implícito, -a [ĩ'plisitu, a] adj implicit
implorar [ĩplo'ra*] vt: ~ **(algo a alguém)** to beg ou implore (sb for sth)
imponente [ĩpo'nĕtʃi] adj impressive, imposing
impopular [ĩpopu'la*] adj unpopular; **impopularidade** [ĩpopulari'dadʒi] f unpopularity
impor [ĩ'po*] (irreg: como **pôr**) vt to impose; (respeito) to command; **impor-se** vr to assert o.s.; ~ **algo a alguém** to impose sth on sb
importação [impoxta'sãw] (pl -**ões**) f (ato) importing; (mercadoria) import
importador, a [ĩpoxta'do*, a] adj import atr ♦ m/f importer
importância [ĩpox'tãsja] f importance; (de dinheiro) sum, amount; **não tem ~** it doesn't matter, never mind; **ter ~** to be important; **sem ~** unimportant; **importante** [ĩpox'tãtʃi] adj important ♦ m: **o (mais) importante** the (most) important thing
importar [ĩpox'ta*] vt (COM) to import; (trazer) to bring in; (causar: prejuízos etc) to cause; (implicar) to imply, involve ♦ vi to matter, be important; **importar-se** vr: ~-**se com algo** to mind sth; **não me importo** I don't care
importunar [ĩpoxtu'na*] vt to bother, annoy
importuno, -a [ĩpox'tunu, a] adj

annoying; (inoportuno) inopportune ♦ m/f nuisance
imposição [ĩpozi'sãw] (pl -**ões**) f imposition
impossibilitado, -a [ĩposibili'tadu, a] adj: ~ **de fazer** unable to do
impossibilitar [ĩposibili'ta*] vt: ~ **algo** to make sth impossible; ~ **alguém de fazer, ~ a alguém fazer** to prevent sb doing; ~ **algo a alguém, ~ alguém para algo** to make sth impossible for sb
impossível [ĩpo'sivew] (pl -**eis**) adj impossible; (insuportável: pessoa) insufferable; (incrível) incredible
imposto [ĩ'poʃtu] m tax; **antes/depois de ~s** before/after tax; ~ **de renda** (BR) income tax; ~ **predial** rates pl; **I~ sobre Circulação de Mercadorias (e Serviços)** (BR), ~ **sobre valor acrescentado** (PT) value added tax (BRIT), sales tax (US)
impotente [ĩpo'tĕtʃi] adj powerless; (MED) impotent
impraticável [ĩpratʃi'kavew] (pl -**eis**) adj impracticable; (rua, rio etc) impassable
impreciso, -a [ĩpre'sizu, a] adj vague; (falto de rigor) inaccurate
imprensa [ĩ'prẽsa] f printing; (máquina, jornais) press
imprescindível [ĩpresĩ'dʒivew] (pl -**eis**) adj essential, indispensable
impressão [impre'sãw] (pl -**ões**) f impression; (de livros) printing; (marca) imprint; **causar boa ~** to make a good impression; **ficar com/ter a ~ (de) que** to get/have the impression that
impressionante [ĩpresjo'nãtʃi] adj impressive
impressionar [ĩpresjo'na*] vt to affect ♦ vi to be impressive; (pessoa)

to make an impression;

impressionar-se *vr*: **~-se (com algo)** to be moved (by sth)

impresso, -a [ĩ'presu, a] *pp de* **imprimir ♦** *adj* printed ♦ *m (para preencher)* form; *(folheto)* leaflet; **~s** *mpl (formulário)* printed matter *sg*

impressões [impre'sõjʃ] *fpl de* **impressão**

impressora [ĩpre'sora] *f* printing machine; *(COMPUT)* printer; **~ matricial/ a laser** dot-matrix/laser printer

imprestável [ĩpreʃ'tavew] *(pl* **-eis)** *adj (inútil)* useless; *(pessoa)* unhelpful

imprevisível [ĩprevi'zivew] *(pl* **-eis)** *adj* unforeseeable

imprevisto, -a [ĩpre'viʃtu, a] *adj* unexpected, unforeseen ♦ *m*: **um ~** something unexpected

imprimir [ĩpri'mi*] *vt* to print; *(marca)* to stamp; *(infundir)* to instil *(BRIT)*, instill *(US)*; *(COMPUT)* to print out

impróprio, -a [ĩ'prɔprju, a] *adj* inappropriate; *(indecente)* improper

improvável [ĩpro'vavew] *(pl* **-eis)** *adj* unlikely

improvisar [ĩprovi'za*] *vt, vi* to improvise; *(TEATRO)* to ad-lib

improviso [ĩpro'vizu]: **de ~** *adv (de repente)* suddenly; *(sem preparação)* without preparation

imprudente [ĩpru'dẽtʃi] *adj (irrefletido)* rash; *(motorista)* careless

impulsivo, -a [ĩpuw'sivu, a] *adj* impulsive

impulso [ĩ'puwsu] *m* impulse; *(fig: estímulo)* urge

impune [ĩ'puni] *adj* unpunished;

impunidade [ĩpuni'dadʒi] *f* impunity

imundície [imũ'dʒisji] *f* filth;

imundo, -a [i'mũdu, a] *adj* filthy; *(obsceno)* dirty

imune [i'muni] *adj*: **~ a** immune to;

imunidade [imuni'dadʒi] *f* immunity

inábil [i'nabiw] *(pl* **-eis)** *adj* incapable; *(desajeitado)* clumsy

inabitado, -a [inabi'tadu, a] *adj* uninhabited

inacabado, -a [inaka'badu, a] *adj* unfinished

inacreditável [inakredʒi'tavew] *(pl* **-eis)** *adj* unbelievable, incredible

inactivo, -a *etc* [ina'tivu, a] *(PT)* = **inativo/a** *etc*

inadequado, -a [inade'kwadu, a] *adj* inadequate; *(impróprio)* unsuitable

inadiável [ina'dʒjavew] *(pl* **-eis)** *adj* pressing

inadimplência [inadʒĩ'plẽsja] *f (JUR)* breach of contract, default

inanimado, -a [inani'madu, a] *adj* inanimate

inaptidão [inaptʃi'dãw] *(pl* **-ões)** *f* inability

inatingível [inatʃĩ'ʒivew] *(pl* **-eis)** *adj* unattainable

inativo, -a [ina'tʃivu, a] *adj* inactive; *(aposentado, reformado)* retired

inato, -a [i'natu, a] *adj* innate, inborn

inauguração [inawgura'sãw] *(pl* **-ões)** *f* inauguration; *(de exposição)* opening;

inaugural [inawgu'raw] *(pl* **-ais)** *adj* inaugural; **inaugurar** [inawgu'ra*] *vt* to inaugurate; *(exposição)* to open

incansável [ĩkã'savew] *(pl* **-eis)** *adj* tireless, untiring

incapacidade [ĩkapasi'dadʒi] *f* incapacity; *(incompetência)* incompetence

incapacitado, -a [ĩkapasi'tadu, a] *adj (inválido)* disabled, handicapped ♦ *m/f* handicapped person; **estar ~ de fazer** to be unable to do

incapaz [ĩka'pajʒ] *adj, m/f* incompetent; **~ de fazer** incapable of doing; **~ para** unfit for

incendiar [ĩsẽ'dʒja*] vt to set fire to; (fig) to inflame; **incendiar-se** vr to catch fire

incêndio [ĩ'sẽdʒju] m fire; ~ **criminoso** ou **premeditado** arson

incenso [ĩ'sẽsu] m incense

incentivar [ĩsẽtʃi'va*] vt to stimulate, encourage

incentivo [ĩsẽ'tʃivu] m incentive; ~ **fiscal** tax incentive

incerteza [ĩsex'teza] f uncertainty

incerto, -a [ĩ'sextu, a] adj uncertain

incessante [ĩse'sãtʃi] adj incessant

incesto [ĩ'seʃtu] m incest

inchado, -a [ĩ'ʃadu, a] adj swollen; (fig) conceited

inchar [ĩ'ʃa*] vt, vi to swell

incidência [ĩsi'dẽsja] f incidence, occurrence

incidente [ĩsi'dẽtʃi] m incident

incisivo, -a [ĩsi'zivu, a] adj cutting, sharp; (fig) incisive

incitar [ĩsi'ta*] vt to incite; (pessoa, animal) to drive on

inclinação [ĩklina'sãw] (pl -ões) f inclination; ~ **da cabeça** nod

inclinado, -a [ĩkli'nadu, a] adj (terreno) sloping; (corpo, torre) leaning

inclinar [ĩkli'na*] vt to tilt; (cabeça) to nod ♦ vi to slope; (objeto) to tilt; **inclinar-se** vr to tilt; (dobrar o corpo) to bow, stoop; ~**-se sobre algo** to lean over sth

incluir [ĩ'klwi*] vt to include; (em carta) to enclose; **incluir-se** vr to be included

inclusão [ĩklu'zãw] f inclusion;

inclusive [ĩklu'zivi] prep including ♦ adv inclusive; (até mesmo) even

incoerente [ĩkoe'rẽtʃi] adj incoherent; (contraditório) inconsistent

incógnita [ĩ'kɔgnita] f (MAT)

unknown; (fato incógnito) mystery;

incógnito, -a [ĩ'kɔgnitu, a] adj unknown ♦ adv incognito

incolor [ĩko'lo*] adj colourless (BRIT), colorless (US)

incomodar [ĩkomo'da*] vt to bother, trouble; (aborrecer) to annoy ♦ vi to be bothersome; **incomodar-se** vr to bother, put o.s. out; ~**-se com algo** to be bothered by sth, mind sth; **não se incomode!** don't worry!

incômodo, -a [ĩ'komodu, a] adj uncomfortable; (incomodativo) troublesome; (inoportuno) inconvenient

incompetente [ĩkõpe'tẽtʃi] adj, m/f incompetent

incompleto, -a [ĩkõ'pletu, a] adj incomplete

incompreendido, -a [ĩkõprjẽ'dʒidu, a] adj misunderstood

incomum [ĩko'mũ] adj uncommon

incomunicável [ĩkomuni'kavew] (pl -eis) adj cut off; (privado de comunicação, fig) incommunicado; (preso) in solitary confinement

inconformado, -a [ĩkõfox'madu, a] adj bitter; ~ **com** unreconciled to

inconfundível [ĩkõfũ'dʒivew] (pl -eis) adj unmistakeable

inconsciência [ĩkõ'sjẽsja] f (MED) unconsciousness; (irreflexão) thoughtlessness

inconsciente [ĩkõ'sjẽtʃi] adj unconscious ♦ m unconscious

inconseqüente [ĩkõse'kwẽtʃi] adj inconsistent; (contraditório) illogical; (irresponsável) irresponsible

inconsistente [ĩkõsiʃ'tẽtʃi] adj inconsistent; (sem solidez) runny

inconstante [ĩkõ'tãtʃi] adj fickle; (tempo) changeable

incontável [ĩkõ'tavew] (pl -eis) adj countless

incontestável [ĩkõteʃ'tavew] (*pl* **-eis**) *adj* undeniable

incontrolável [ĩkõtro'lavew] (*pl* **-eis**) *adj* uncontrollable

inconveniência [ĩkõve'njẽsja] *f* inconvenience; (*impropriedade*) inappropriateness

inconveniente [ĩkõve'njẽtʃi] *adj* inconvenient; (*inoportuno*) awkward; (*grosseiro*) rude; (*importuno*) annoying ♦ *m* disadvantage; (*obstáculo*) difficulty, problem

incorporar [ĩkoxpo'ra*] *vt* to incorporate; (*juntar*) to add; (*COM*) to merge; **incorporar-se** *vr*: **~-se a** *ou* **em** to join

incorreto, -a [ĩko'xɛtu, a] (*PT* **-ect-**) *adj* incorrect; (*desonesto*) dishonest

incrédulo, -a [ĩ'kredulu, a] *adj* incredulous; (*cético*) sceptical (*BRIT*), skeptical (*US*) ♦ *m/f* sceptic (*BRIT*), skeptic (*US*)

incrível [ĩ'krivew] (*pl* **-eis**) *adj* incredible

incumbência [ĩkũ'bẽsja] *f* task, duty

incumbir [ĩkũ'bi*] *vt*: **~ alguém de algo** *ou* **algo a alguém** to put sb in charge of sth ♦ *vi*: **~ a alguém** to be sb's duty; **incumbir-se** *vr*: **~-se de** to undertake, take charge of

indagação [ĩdaga'sãw] (*pl* **-ões**) *f* investigation; (*pergunta*) inquiry, question

indagar [ĩda'ga*] *vt* to investigate ♦ *vi* to inquire; **indagar-se** *vr*: **~-se a si mesmo** to ask o.s.; **~ algo de alguém** to ask sb about sth

indecente [ĩde'sẽtʃi] *adj* indecent, improper; (*obsceno*) rude, vulgar

indeciso, -a [ĩde'sizu, a] *adj* undecided; (*indistinto*) vague; (*hesitante*) hesitant, indecisive

indecoroso, -a [ĩdeko'rozu, ɔza] *adj* indecent, improper

indefeso, -a [ĩde'fezu, a] *adj* undefended; (*população*) defenceless (*BRIT*), defenseless (*US*)

indefinido, -a [ĩdefi'nidu, a] *adj* indefinite; (*vago*) vague, undefined; **por tempo ~** indefinitely

indefiro *etc* [ĩde'firu] *vb* V **indeferir**

indelicado, -a [ĩdeli'kadu, a] *adj* impolite, rude

indenização [indeniza'sãw] (*PT* **-mn-**) (*pl* **-ões**) *f* compensation; (*COM*) indemnity

indenizar [ĩdeni'za*] (*PT* **-mn-**) *vt*: **~ alguém por** *ou* **de algo** (*compensar*) to compensate sb for sth; (*por gastos*) to reimburse sb for sth

independência [ĩdepẽ'dẽsja] *f* independence; **independente** [ĩdepẽ'dẽtʃi] *adj* independent

indesejável [ĩdeze'ʒavew] (*pl* **-eis**) *adj* undesirable

indevido, -a [ĩde'vidu, a] *adj* (*imerecido*) unjust; (*impróprio*) inappropriate

Índia [ĩdʒa] *f*: **a ~** India; **as ~s Ocidentais** the West Indies; **indiano, -a** [ĩ'dʒjanu, a] *adj, m/f* Indian

indicação [ĩdʒika'sãw] (*pl* **-ões**) *f* indication; (*de termômetro*) reading; (*para um cargo, prêmio*) nomination; (*recomendação*) recommendation; (*de um caminho*) directions *pl*

indicado, -a [ĩdʒi'kadu, a] *adj* appropriate

indicador, a [ĩdʒika'do*, a] *adj*: **~ de** indicative of ♦ *m* indicator; (*TEC*) gauge; (*dedo*) index finger; (*ponteiro*) pointer

indicar [ĩdʒi'ka*] *vt* to indicate; (*apontar*) to point to; (*temperatura*) to register; (*recomendar*) to recommend; (*para um cargo*) to nominate;

(*determinar*) to determine; **~ o caminho a alguém** to give sb directions

indicativo, -a [ĩdʒika'tʃivu, a] *adj* (*tb*: LING) indicative

índice ['ĩdʒisi] *m* (*de livro*) index; (*taxa*) rate

indício [ĩ'dʒisju] *m* (*sinal*) sign; (*vestígio*) trace; (*JUR*) clue

indiferença [ĩdʒife'rẽsa] *f* indifference; **indiferente** [ĩdʒife'rẽtʃi] *adj* indifferent; **isso me é indiferente** it's all the same to me

indígena [ĩ'dʒiʒena] *adj, m/f* native; (*índio: da América*) Indian

indigência [ĩdʒi'ʒẽsja] *f* poverty; (*fig*) lack, need

indigestão [ĩdʒiʒeʃ'tãw] *f* indigestion

indigesto, -a [ĩdʒi'ʒeʃtu, a] *adj* indigestible

indignação [ĩdʒigna'sãw] *f* indignation; **indignado, -a** [ĩdʒig'nadu, a] *adj* indignant

indignar [ĩdʒig'na*] *vt* to anger, incense; **indignar-se** *vr* to get angry

indigno, -a [ĩ'dʒignu, a] *adj* unworthy; (*desprezível*) disgraceful, despicable

índio, -a ['ĩdʒju, a] *adj, m/f* (*da América*) Indian; **o Oceano Í~** the Indian Ocean

indireto, -a [ĩdʒi'rɛtu, a] (*PT* **-ct-**) *adj* indirect

indiscreto, -a [ĩdʒiʃ'krɛtu, a] *adj* indiscreet

indiscriminado, -a [ĩdʒiʃkrimi'nadu, a] *adj* indiscriminate

indiscutível [ĩdʒiʃku'tʃivew] (*pl* **-eis**) *adj* indisputable

indispensável [ĩdʒiʃpẽ'savew] (*pl* **-eis**) *adj* essential, vital ♦ *m*: **o ~** the essentials *pl*

indispor [ĩdʒiʃ'po*] (*irreg: como* **pôr**) *vt* (*de saúde*) to make ill; (*aborrecer*) to upset; **indisposto, -a** [ĩdʒiʃ'poʃtu, 'pɔʃta] *adj* unwell, poorly; upset

indistinto, -a [ĩdʒiʃ'tʃĩtu, a] *adj* indistinct

individual [ĩdʒivi'dwaw] (*pl* **-ais**) *adj* individual

indivíduo [ĩdʒi'vidwu] *m* individual; (*col: sujeito*) guy

indócil [ĩ'dɔsiw] (*pl* **-eis**) *adj* unruly, wayward; (*impaciente*) restless

índole ['ĩdoli] *f* (*temperamento*) nature; (*tipo*) sort, type

indolor [ĩdo'lo*] *adj* painless

indomável [ĩdo'mavew] (*pl* **-eis**) *adj* (*animal*) untameable; (*coragem*) indomitable

Indonésia [ĩdo'nɛzja] *f*: **a ~** Indonesia

indulgente [ĩduw'ʒẽtʃi] *adj* indulgent; (*atitude*) lenient

indústria [ĩ'duʃtrja] *f* industry; **industrial** [ĩduʃ'trjaw] (*pl* **-ais**) *adj* industrial ♦ *m/f* industrialist; **industrializar** [ĩduʃtrjali'za*] *vt* (*país*) to industrialize; (*aproveitar*) to process

induzir [ĩdu'zi*] *vt* to induce; (*persuadir*) to persuade

inédito, -a [i'nedʒitu, a] *adj* (*livro*) unpublished; (*incomum*) unheard-of, rare

ineficaz [inefi'kaʒ] *adj* (*remédio, medida*) ineffective; (*empregado, máquina*) inefficient

ineficiente [inefi'sjẽtʃi] *adj* inefficient

inegável [ine'gavew] (*pl* **-eis**) *adj* undeniable

inelutável [inelu'tavew] (*pl* **-eis**) *adj* inescapable

inepto, -a [i'nɛptu, a] *adj* inept, incompetent

inequívoco, -a [ine'kivoku, a] *adj* (*evidente*) clear; (*inconfundível*) unmistakeable

a b c d e f g h i j k l m n o p q r s t u v w x z

inércia [i'nɛxsja] f lethargy; (*FÍS*) inertia

inerente [ine'rẽtʃi] *adj*: **~ a** inherent in ou to

inerte [i'nɛxtʃi] *adj* lethargic; (*FÍS*) inert

inescrupuloso, -a [ineʃkrupu'lozu, ɔza] *adj* unscrupulous

inesgotável [inezɡo'tavew] (*pl* -**eis**) *adj* inexhaustible; (*superabundante*) boundless

inesperado, -a [ineʃpe'radu, a] *adj* unexpected, unforeseen ♦ *m*: **o ~** the unexpected

inesquecível [ineʃke'sivew] (*pl* -**eis**) *adj* unforgettable

inestimável [ineʃtʃi'mavew] (*pl* -**eis**) *adj* invaluable

inevitável [inevi'tavew] (*pl* -**eis**) *adj* inevitable

inexato, -a [ine'zatu, a] (*PT* -**ct**-) *adj* inaccurate

inexistência [ineziʃ'tẽsja] f lack

inexistente [ineziʃ'tẽtʃi] *adj* non-existent

inexperiência [ineʃpe'rjẽsja] f inexperience; **inexperiente** [ineʃpe'rjẽtʃi] *adj* inexperienced; (*ingênuo*) naive

inexpressivo, -a [ineʃpre'sivu, a] *adj* expressionless

infalível [ĩfa'livew] (*pl* -**eis**) *adj* infallible; (*sucesso*) guaranteed

infância [ĩ'fãsja] f childhood

infantil [ĩfã'tʃiw] (*pl* -**is**) *adj* (*ingênuo*) childlike; (*pueril*) childish; (*para crianças*) children's

infarto [ĩ'faxtu] *m* heart attack

infecção [ĩfek'sãw] (*pl* -**ões**) f infection; **infeccionar** [ĩfeksjo'na*] *vt* (*ferida*) to infect; **infeccioso, -a** [ĩfek'sjozu, ɔza] *adj* infectious

infectar [ĩfek'ta*] (*PT*) *vt* = **infetar**

infelicidade [ĩfelisi'dadʒi] f unhappiness; (*desgraça*) misfortune

infeliz [ĩfe'liʒ] *adj* unhappy; (*infausto*) unlucky; (*ação, medida*) unfortunate; (*sugestão, idéia*) inappropriate ♦ *m/f* unhappy person; **infelizmente** [ĩfeliʒ'mẽtʃi] *adv* unfortunately

inferior [ĩfe'rjo*] *adj*: **~ (a)** (*em valor, qualidade*) inferior (to); (*mais baixo*) lower (than) ♦ *m/f* inferior, subordinate; **inferioridade** [ĩferjori'dadʒi] f inferiority

infernal [ĩfex'naw] (*pl* -**ais**) *adj* infernal

inferno [ĩ'fɛxnu] *m* hell; **vá pro ~!** (*col*) piss off!

infetar [ĩfe'ta*] *vt* to infect

infiel [ĩ'fjew] (*pl* -**éis**) *adj* disloyal; (*marido, mulher*) unfaithful; (*texto*) inaccurate ♦ *m/f* (*REL*) non-believer

ínfimo, -a ['ĩfimu, a] *adj* lowest; (*qualidade*) poorest

infindável [ĩfĩ'davew] (*pl* -**eis**) *adj* unending, constant

infinidade [ĩfini'dadʒi] f infinity; **uma ~ de** countless

infinitivo [ĩfini'tʃivu] *m* (*LING*) infinitive

infinito, -a [ĩfi'nitu, a] *adj* infinite ♦ *m* infinity

inflação [ĩfla'sãw] f inflation; **inflacionário, -a** [ĩflasjo'narju, a] *adj* inflationary

inflamação [ĩflama'sãw] (*pl* -**ões**) f inflammation; **inflamado, -a** [ĩfla'madu, a] *adj* (*MED*) inflamed; (*discurso*) heated

inflamar [ĩfla'ma*] *vt* (*madeira, pólvora*) to set fire to; (*MED, fig*) to inflame; **inflamar-se** *vr* to catch fire; (*fig*) to get worked up; **~-se de algo** to be consumed with sth

inflamável [ĩfla'mavew] (*pl* -**eis**) *adj* inflammable

inflar [ĩ'fla*] *vt* to inflate, blow up;

inflar-se *vr* to swell (up)

inflexível [Ĩflek'sivew] (*pl* **-eis**) *adj* stiff, rigid; (*fig*) unyielding

influência [Ĩ'flwẽsja] *f* influence; **sob a ~ de** under the influence of;

influenciar [Ĩflwẽ'sja*] *vt* to influence ♦ *vi*: **influenciar em algo** to influence sth, have an influence on sth;

influenciar-se *vr*: **influenciar-se por** to be influenced by; **influente** [Ĩ'flwẽtʃi] *adj* influential; **influir** [Ĩ'flwi*] *vi* to matter, be important; **influir em** *ou* **sobre** to influence, have an influence on

informação [Ĩfoxma'sãw] (*pl* **-ões**) *f* (piece of) information; (*notícia*) news *sg*; **informações** *fpl* (*detalhes*) information *sg*; **Informações** (*TEL*) directory enquiries (*BRIT*), information (*US*); **pedir informações sobre** to ask about, inquire about

informal [Ĩfox'maw] (*pl* **-ais**) *adj* informal; **informalidade** [Ĩfoxmali'dadʒi] *f* informality

informante [Ĩfox'mãtʃi] *m* informant; (*JUR*) informer

informar [Ĩfox'ma*] *vt*: **~ alguém (de/ sobre algo)** to inform sb (of/about sth) ♦ *vi* to inform, be informative; **informar-se** *vr*: **~-se de** to find out about, inquire about; **~ de** to report on

informática [Ĩfox'matʃika] *f* computer science; (*ramo*) computing, computers *pl*

informativo, -a [Ĩfoxma'tʃivu, a] *adj* informative

informatizar [Ĩfoxmatʃi'za*] *vt* to computerize

infortúnio [Ĩfox'tunju] *m* misfortune

infração [Ĩfra'sãw] (*PT* **-cç-**; *pl* **-ões**) *f* breach, infringement; (*ESPORTE*) foul

infractor, a [Ĩfra'to*, a] (*PT*) *m/f* =

infrator, a

infrator, a [Ĩfra'to*, a] *m/f* offender

infringir [Ĩfrĩ'ʒi*] *vt* to infringe, contravene

infrutífero, -a [Ĩfru'tʃiferu, a] *adj* fruitless

infundado, -a [Ĩfũ'dadu, a] *adj* groundless, unfounded

ingênuo, -a [Ĩ'ʒenwu, a] *adj* ingenuous, naïve; (*comentário*) harmless ♦ *m/f* naïve person

ingerir [Ĩʒe'ri*] *vt* to ingest; (*engolir*) to swallow

Inglaterra [Ĩgla'texa] *f*: **a ~** England;

inglês, -esa [Ĩ'gleʃ, eza] *adj* English ♦ *m/f* Englishman/woman ♦ *m* (*LING*) English; **os ingleses** *mpl* the English

ingrato, -a [Ĩ'gratu, a] *adj* ungrateful

ingrediente [Ĩgre'dʒẽtʃi] *m* ingredient

íngreme [Ĩ'gremi] *adj* steep

ingressar [Ĩgre'sa*] *vi*: **~ em** to enter, go into; (*um clube*) to join

ingresso [Ĩ'gresu] *m* (*entrada*) entry; (*admissão*) admission; (*bilhete*) ticket

inibição [inibi'sãw] (*pl* **-ões**) *f* inhibition

inibido, -a [ini'bidu, a] *adj* inhibited

inibir [ini'bi*] *vt* to inhibit

iniciação [inisja'sãw] (*pl* **-ões**) *f* initiation

inicial [ini'sjaw] (*pl* **-ais**) *adj*, *f* initial

iniciar [ini'sja*] *vt*, *vi* (*começar*) to begin, start; **~ alguém em algo** (*arte, seita*) to initiate sb into sth

iniciativa [inisja'tʃiva] *f* initiative; **a ~ privada** (*ECON*) private enterprise

início [i'nisju] *m* beginning, start; **no ~** at the start

inimigo, -a [ini'migu, a] *adj*, *m/f* enemy

inimizade [inimi'zadʒi] *f* enmity,

hatred

ininterrupto, -a [inīte'xuptu, a] *adj*
continuous; (*esforço*) unstinting; (*vôo*)
non-stop; (*serviço*) 24-hour

injeção [inʒe'sãw] (*PT* **-cç-**; *pl* **-ões**) *f*
injection

injetar [iʒe'ta*] (*PT* **-ct-**) *vt* to inject

injúria [i'ʒurja] *f* insult

injustiça [iʒuʃ'tʃisa] *f* injustice

injusto, -a [i'ʒuʃtu, a] *adj* unfair,
unjust

inocência [ino'sẽsja] *f* innocence

inocentar [inosẽ'ta*] *vt*: **~ alguém (de
algo)** to clear sb (of sth)

inocente [ino'sẽtʃi] *adj* innocent
♦ *m/f* innocent man/woman

inócuo, -a [i'nɔkwu, a] *adj* harmless

inofensivo, -a [inofẽ'sivu, a] *adj*
harmless, inoffensive

inoportuno, -a [inopox'tunu, a] *adj*
inconvenient, inopportune

inovação [inova'sãw] (*pl* **-ões**) *f*
innovation

inoxidável [inoksi'davew] (*pl* **-eis**)
adj: **aço ~** stainless steel

INPS (*BR*) *abr m* (= *Instituto Nacional
de Previdência Social*) ≈ DSS (*BRIT*), ≈
Welfare Dept (*US*)

inquérito [i'kɛritu] *m* inquiry; (*JUR*)
inquest

inquietação [ĩkjeta'sãw] *f* anxiety,
uneasiness; (*agitação*) restlessness

inquietante [ĩkje'tãtʃi] *adj* worrying,
disturbing

inquietar [ĩkje'ta*] *vt* to worry,
disturb; **inquietar-se** *vr* to worry,
bother; **inquieto, -a** [i'kjetu, a] *adj*
anxious, worried; (*agitado*) restless

inquilino, -a [ĩki'linu, a] *m/f* tenant

insalubre [isa'lubri] *adj* unhealthy

insanidade [isani'dadʒi] *f* madness,
insanity; **insano, -a** [i'sanu, a] *adj*

insane

insatisfação [isatʃiʃfa'sãw] *f*
dissatisfaction

insatisfatório, -a [isatʃiʃfa'tɔrju, a] *adj*
unsatisfactory

insatisfeito, -a [isatʃiʃ'fejtu, a] *adj*
dissatisfied, unhappy

inscrever [iʃkre've*] *vt* to inscribe;
(*aluno*) to enrol (*BRIT*), enroll (*US*); (*em
registro*) to register

inscrição [iʃkri'sãw] (*pl* **-ões**) *f*
inscription

inscrito, -a [i'ʃkritu, a] *pp de* **inscrever**

insecto *etc* [i'setu] (*PT*) = **inseto** *etc*

insegurança [isegu'rãsa] *f* insecurity;
inseguro, -a [ise'guru, a] *adj* insecure

insensatez [isẽsa'teʒ] *f* folly, madness;
insensato, -a [isẽ'satu, a] *adj*
unreasonable, foolish

insensível [isẽ'sivew] (*pl* **-eis**) *adj*
insensitive; (*dormente*) numb

inserir [ise'ri*] *vt* to insert, put in;
(*COMPUT*: *dados*) to enter

inseticida [isetʃi'sida] *m* insecticide

inseto [i'setu] *m* insect

insignificante [isignifi'kãtʃi] *f*
insignificant

insinuar [isi'nwa*] *vt* to insinuate,
imply

insípido, -a [i'sipidu, a] *adj* insipid

insiro *etc* [i'siru] *vb* V **inserir**

insistência [isiʃ'tẽsja] *f*: **~ (em)**
insistence (on); (*obstinação*)
persistence (in); **insistente** [isiʃ'tẽtʃi]
adj (*pessoa*) insistent; (*apelo*) urgent

insistir [isiʃ'tʃi*] *vi*: **~ (em)** to insist
(on); (*perseverar*) to persist (in); **~ (em)
que** to insist that

insolação [insola'sãw] *f* sunstroke;
pegar uma ~ to get sunstroke

insolente [iso'lẽtʃi] *adj* insolent

insólito, -a [i'sɔlitu, a] *adj* unusual

insônia [ĩ'sonja] f insomnia

insosso, -a [ĩ'sosu, a] adj unsalted; (sem sabor) tasteless; (pessoa) uninteresting, dull

inspeção [ĩʃpe'sãw] (PT -cç-; pl -ões) f inspection, check; **inspecionar** [ĩʃpesjo'na*] (PT -cc-) vt to inspect

inspetor, a [ĩʃpe'to*, a] (PT -ct-) m/f inspector

inspiração [ĩʃpira'sãw] (pl -ões) f inspiration

inspirador, a [ĩʃpira'do*, a] adj inspiring

inspirar [ĩʃpi'ra*] vt to inspire; (MED) to inhale; **inspirar-se** vr to be inspired

instalação [ĩʃtala'sãw] (pl -ões) f installation; ~ **elétrica** (de casa) wiring

instalar [ĩʃta'la*] vt to install; (estabelecer) to set up; **instalar-se** vr (numa cadeira) to settle down

instantâneo, -a [ĩʃta'tanju, a] adj instant, instantaneous ♦ m (FOTO) snap

instante [ĩʃ'tãtʃi] adj urgent ♦ m moment; **num ~** in an instant, quickly; **só um ~!** just a moment!

instável [ĩʃ'tavew] (pl -eis) adj unstable; (tempo) unsettled

instintivo, -a [ĩʃtʃĩ'tʃivu, a] adj instinctive

instinto [ĩʃ'tʃĩtu] m instinct; **por ~** instinctively

instituição [ĩʃtʃitwi'sãw] (pl -ões) f institution

instituto [ĩʃtʃi'tutu] m (escola) institute; (instituição) institution; ~ **de beleza** beauty salon

instrução [ĩʃtru'sãw] (PT -cç-; pl -ões) f education; (erudição) learning; (diretriz) instruction; (MIL) training; **instruções** fpl (para o uso) instructions (for use)

instructor, a [ĩʃtru'tor, a] (PT) m/f = instrutor a

instruído, -a [ĩʃ'trwidu, a] adj educated

instruir [ĩʃ'trwi*] vt to instruct; (MIL) to train; **instruir-se** vr: **~-se em algo** to learn sth; **~ alguém de** ou **sobre algo** to inform sb about sth

instrumento [ĩʃtru'mẽtu] m instrument; (ferramenta) implement; (JUR) deed, document; ~ **de cordas/percussão/sopro** stringed/percussion/wind instrument; ~ **de trabalho** tool

instrutivo, -a [ĩʃtru'tʃivu, a] adj instructive

instrutor, a [ĩʃtru'to*, a] m/f instructor; (ESPORTE) coach

insubordinação [ĩsuboxdʒina'sãw] f rebellion; (MIL) insubordination

insubstituível [ĩsubiʃtʃi'twivew] (pl -eis) adj irreplaceable

insuficiência [ĩsufi'sjẽsja] f inadequacy; (carência) shortage; (MED) deficiency; ~ **cardíaca** heart failure;

insuficiente [ĩsufi'sjẽtʃi] adj insufficient; (EDUC: nota) ≈ fail; (pessoa) incompetent

insulina [ĩsu'lina] f insulin

insultar [ĩsuw'ta*] vt to insult; **insulto** [ĩ'suwtu] m insult

insuperável [ĩsupe'ravew] (pl -eis) adj (dificuldade) insuperable; (qualidade) unsurpassable

insuportável [ĩsupox'tavew] (pl -eis) adj unbearable

insurgir-se [ĩsux'ʒixsi] vr to rebel, revolt

insurreição [ĩsuxej'sãw] (pl -ões) f rebellion, insurrection

intato, -a [ĩ'tatu, a] (PT -act-) adj intact

íntegra ['ĩtegra] f: **na ~** in full

integral [ĩte'grawl] (pl -ais) adj whole ♦ f (MAT) integral; **pão ~** wholemeal (BRIT) ou wholewheat (US) bread;

integralmente [ĩtegraw'mẽtʃi] *adv* in full, fully

integrar [ĩte'gra*] *vt* to unite, combine; (*completar*) to form, make up; (*MAT, raças*) to integrate; **integrar-se** *vr* to become complete; **~-se em** *ou* **a algo** to join sth; (*adaptar-se*) to integrate into sth

integridade [ĩtegri'dadʒi] *f* entirety; (*fig: de pessoa*) integrity

íntegro, -a [ĩtegru, a] *adj* entire; (*honesto*) upright, honest

inteiramente [ĩtejra'mẽtʃi] *adv* completely

inteirar [ĩtej'ra*] *vt* (*completar*) to complete; **inteirar-se** *vr*: **~-se de** to find out about; **~ alguém de** to inform sb of

inteiro, -a [ĩ'tejru, a] *adj* whole, entire; (*ileso*) unharmed; (*não quebrado*) undamaged

intelecto [ĩte'lɛktu] *m* intellect; **intelectual** [ĩtelek'twaw] (*pl* **-ais**) *adj*, *m/f* intellectual

inteligência [ĩteli'ʒẽsja] *f* intelligence; **inteligente** [ĩteli'ʒẽtʃi] *adj* intelligent, clever

inteligível [ĩteli'ʒivew] (*pl* **-eis**) *adj* intelligible

intenção [ĩtẽ'sãw] (*pl* **-ões**) *f* intention; **segundas intenções** ulterior motives; **ter a ~ de** to intend to; **intencionado, -a** [ĩtẽsjo'nadu, a] *adj*: **bem intencionado** well-meaning; **mal intencionado** spiteful; **intencional** [ĩtẽsjo'naw] (*pl* **-ais**) *adj* intentional, deliberate; **intencionar** [ĩtẽsjo'na*] *vt* to intend

intensificar [ĩtẽsifi'ka*] *vt* to intensify; **intensificar-se** *vr* to intensify

intensivo, -a [ĩtẽ'sivu, a] *adj* intensive

intenso, -a [ĩ'tẽsu, a] *adj* intense;

(*emoção*) deep; (*impressão*) vivid; (*vida social*) full

interação [ĩtera'sãw] (*PT* **-cç-**) *f* interaction

interativo, -a [ĩtera'tʃivu, a] (*PT* **-ct-**) *adj* (*COMPUT*) interactive

intercâmbio [ĩtex'kãbju] *m* exchange

interdição [ĩtexdʒi'sãw] (*pl* **-ões**) *f* (*de estrada, porta*) closure; (*JUR*) injunction

interditar [ĩtexdʒi'ta*] *vt* (*importação etc*) to ban; (*estrada, praia*) to close off; (*cinema etc*) to close down

interessado, -a [ĩtere'sadu, a] *adj* interested; (*amizade*) self-seeking

interessante [ĩtere'sãtʃi] *adj* interesting

interessar [ĩtere'sa*] *vt* to interest ♦ *vi* to be interesting; **interessar-se** *vr*: **~-se em** *ou* **por** to take an interest in, be interested in; **a quem possa ~** to whom it may concern

interesse [ĩte'resi] *m* interest; (*próprio*) self-interest; (*proveito*) advantage; **no ~ de** for the sake of; **por ~ (próprio)** for one's own ends; **interesseiro, -a** [ĩtere'sejru, a] *adj* self-seeking

interface [ĩtex'fasi] *f* (*COMPUT*) interface

interferência [ĩtexfe'rẽsja] *f* interference

interferir [ĩtexfe'ri*] *vi*: **~ em** to interfere in

interfone [ĩtex'fɔni] *m* intercom

interior [ĩte'rjo*] *adj* inner, inside; (*COM*) domestic, internal ♦ *m* inside, interior; (*do país*): **no ~** inland; **Ministério do I~** ≈ Home Office (*BRIT*), ≈ Department of the Interior (*US*)

interjeição [ĩtexʒej'sãw] (*pl* **-ões**) *f* interjection

interlocutor, a [ĩtexloku'to*, a] *m/f* speaker; **meu ~** the person I was speaking to

intermediário, -a [ĩtexme'dʒjarju, a] *adj* intermediary ♦ *m/f* (COM) middleman; (*mediador*) intermediary, mediator

intermédio [ĩtex'mɛdʒu] *m*: **por ~ de** through

interminável [ĩtexmi'navew] (*pl* **-eis**) *adj* endless

internação [ĩtexna'sãw] (*pl* **-ões**) *f* (*de doente*) admission

internacional [ĩtexnasjo'naw] (*pl* **-ais**) *adj* international

internações [ĩtexna'sõjʃ] *fpl de* **internação**

internar [ĩtex'na*] *vt* (*aluno*) to put into boarding school; (*doente*) to take into hospital; (MIL, POL) to intern

internauta [ĩtex'nawta] *m/f* Internet user

Internet [ĩtex'netʃi] *f*: **a ~** the Internet

interno, -a [ĩ'texnu, a] *adj* internal; (POL) domestic ♦ *m/f* (*tb: aluno ~*) boarder; (MED: *estudante*) houseman (BRIT), intern (US); **de uso ~** (MED) for internal use

interpretação [ĩtexpreta'sãw] (*pl* **-ões**) *f* interpretation; (TEATRO) performance

interpretar [ĩtexpre'ta*] *vt* to interpret; (*um papel*) to play; **intérprete** [ĩ'texpretʃi] *m/f* interpreter; (TEATRO) performer, artist

interrogação [ĩtexoga'sãw] (*pl* **-ões**) *f* interrogation; **ponto de ~** question mark

interrogar [ĩtexo'ga*] *vt* to question, interrogate; (JUR) to cross-examine

interromper [ĩtexõ'pe*] *vt* to interrupt; (*parar*) to stop; (ELET) to cut off

interrupção [ĩtexup'sãw] (*pl* **-ões**) *f* interruption; (*intervalo*) break

interruptor [ĩtexup'to*] *m* (ELET) switch

interseção [ĩtexse'sãw] (PT **-cç-**; *pl* **-ões**) *f* intersection

interurbano, -a [ĩterux'banu, a] *adj* (TEL) long-distance ♦ *m* long- distance *ou* trunk call

intervalo [ĩtex'valu] *m* interval; (*descanso*) break; **a ~s** every now and then

intervenção [ĩtexvẽ'sãw] (*pl* **-ões**) *f* intervention; **~ cirúrgica** (MED) operation

intervir [ĩtex'vi*] (*irreg: como* **vir**) *vi* to intervene; (*sobrevir*) to come up

intestino [ĩteʃ'tʃinu] *m* intestine

intimação [ĩtʃima'sãw] (*pl* **-ões**) *f* (*ordem*) order; (JUR) summons

intimar [ĩtʃi'ma*] *vt* (JUR) to summon; **~ alguém a fazer** *ou* **a alguém que faça** to order sb to do

intimidade [ĩtʃimi'dadʒi] *f* intimacy; (*vida privada*) private life; (*familiaridade*) familiarity; **ter ~ com alguém** to be close to sb

íntimo, -a ['ĩtʃimu, a] *adj* intimate; (*sentimentos*) innermost; (*amigo*) close; (*vida*) private ♦ *m/f* close friend; **no ~** at heart

intolerante [ĩtole'rãtʃi] *adj* intolerant

intolerável [ĩtole'ravew] (*pl* **-eis**) *adj* intolerable, unbearable

intoxicação [ĩtoksika'sãw] *f* poisoning; **~ alimentar** food poisoning

intoxicar [ĩtoksi'ka*] *vt* to poison

intranet [ĩtra'netʃi] *f* intranet

intransigente [ĩtrãsi'ʒẽtʃi] *adj* uncompromising; (*fig: rígido*) strict

intransitável [ĩtrãsi'tavew] (*pl* **-eis**) *adj* impassable

intransitivo, -a [ĩtrãsi'tʃivu, a] *adj* intransitive

intransponível [ĩtrãʃpo'nivew] (*pl*

a b c d e f g h i j k l m n o p q r s t u v w x z

-eis) *adj* (*rio*) impossible to cross; (*problema*) insurmountable

intratável [ĩtraˈtavew] (*pl* **-eis**) *adj* (*pessoa*) contrary, awkward; (*doença*) untreatable; (*problema*) insurmountable

intriga [ĩˈtriga] *f* intrigue; (*enredo*) plot; (*fofoca*) piece of gossip; **~s** (*fofocas*) gossip *sg*; **~ amorosa** (*PT*) love affair; **intrigante** [ĩtriˈgãtʃi] *m/f* troublemaker ♦ *adj* intriguing; **intrigar** [ĩtriˈga*] *vt* to intrigue ♦ *vi* to be intriguing

introdução [ĩtroduˈsãw] (*pl* **-ões**) *f* introduction

introduzir [ĩtroduˈzi*] *vt* to introduce

intrometer-se [ĩtromeˈtexsi] *vr* to interfere, meddle; **intrometido, -a** [ĩtromeˈtʃidu, a] *adj* interfering; (*col*) nosey ♦ *m/f* busybody

introvertido, -a [ĩtrovexˈtʃidu, a] *adj* introverted ♦ *m/f* introvert

intruso, -a [ĩˈtruzu, a] *m/f* intruder

intuição [ĩtwiˈsãw] (*pl* **-ões**) *f* intuition

intuito [ĩˈtuito] *m* intention, aim

inumano, -a [inuˈmanu, a] *adj* inhuman

inúmero, -a [iˈnumeru, a] *adj* countless, innumerable

inundação [inũdaˈsãw] (*pl* **-ões**) *f* (*enchente*) flood; (*ato*) flooding

inundar [inũˈda*] *vt* to flood; (*fig*) to inundate ♦ *vi* to flood

inusitado, -a [inuziˈtadu, a] *adj* unusual

inútil [iˈnutʃiw] (*pl* **-eis**) *adj* useless; (*esforço*) futile; (*desnecessário*) pointless; **inutilizar** [inutʃiliˈza*] *vt* to make useless, render useless; (*incapacitar*) to put out of action; (*danificar*) to ruin; (*esforços*) to thwart; **inutilmente** [inutʃiwˈmẽtʃi] *adv* in vain

invadir [ĩvaˈdʒi*] *vt* to invade; (*suj*:

água) to overrun; (: *sentimento*) to overcome

inválido, -a [ĩˈvalidu, a] *adj*, *m/f* invalid

invariável [ĩvaˈrjavew] (*pl* **-eis**) *adj* invariable

invasão [ĩvaˈzãw] (*pl* **-ões**) *f* invasion

invasor, a [ĩvaˈzo*, a] *adj* invading ♦ *m/f* invader

inveja [ĩˈveʒa] *f* envy; **invejar** [ĩveˈʒa*] *vt* to envy; (*cobiçar*) to covet ♦ *vi* to be envious; **invejoso, -a** [ĩveˈʒozu, ɔza] *adj* envious

invenção [ĩvẽˈsãw] (*pl* **-ões**) *f* invention

inventar [ĩvẽˈta*] *vt* to invent

inventivo, -a [ĩvẽˈtʃivu, a] *adj* inventive

inventor, a [ĩvẽˈto*, a] *m/f* inventor

inverno [ĩˈvexnu] *m* winter

inverossímil [ĩveroˈsimiw] (*PT* **-osí-**; *pl* **-eis**) *adj* unlikely, improbable; (*inacreditável*) implausible

inverso, -a [ĩˈvexsu, a] *adj* inverse; (*oposto*) opposite; (*ordem*) reverse ♦ *m* opposite, reverse; **ao ~ de** contrary to

inverter [ĩvexˈte*] *vt* to alter; (*ordem*) to invert, reverse; (*colocar às avessas*) to turn upside down, invert

invés [ĩˈvef] *m*: **ao ~ de** instead of

investigação [ĩveftʃigaˈsãw] (*pl* **-ões**) *f* investigation; (*pesquisa*) research

investigar [ĩveftʃiˈga*] *vt* to investigate; (*examinar*) to examine

investimento [ĩveftʃiˈmẽtu] *m* investment

investir [ĩveʃˈtʃi*] *vt* (*dinheiro*) to invest

inviável [ĩˈvjavew] (*pl* **-eis**) *adj* impracticable

invicto, -a [ĩˈviktu, a] *adj* unconquered

invisível [ĩvi'zivew] (pl -**eis**) adj invisible

invisto etc [ĩ'viʃtu] vb V **investir**

invocar [ĩvo'ka*] vt to invoke

invólucro [ĩ'vɔlukru] m (cobertura) covering; (envoltório) wrapping; (caixa) box

involuntário, -a [ĩvolũ'tarju, a] adj involuntary; (ofensa) unintentional

iodo ['jodu] m iodine

ioga ['jɔga] f yoga

iogurte [jo'guxtʃi] m yogurt

IR (BR) abr m = **Imposto de Renda**

ir

PALAVRA CHAVE

[i*] vi

1 to go; (a pé) to walk; (a cavalo) to ride; (viajar) to travel; ~ **caminhando** to walk; **fui de trem** I went ou travelled by train; **vamos!, vamos nessa!** (col), **vamos embora!** let's go!; **já vou!** I'm coming!; ~ **atrás de alguém** (seguir) to follow sb; (confiar) to take sb's word for it

2 (progredir: pessoa, coisa) to go; **o trabalho vai muito bem** work is going very well; **como vão as coisas?** how are things going?; **vou muito bem** I'm very well; (na escola etc) I'm getting on very well

♦ vb aux

1 (+ infin): **vou fazer** I will do, I am going to do

2 (+ gerúndio): ~ **fazendo** to keep on doing

♦ **ir-se** vr to go away, leave

ira ['ira] f anger, rage

Irã [i'rã] m: **o** ~ Iran

irado, -a [i'radu, a] adj angry, irate

iraniano, -a [ira'njanu, a] adj, m/f Iranian

Irão [i'rãw] (PT) m = **Irã**

Iraque [i'raki] m: **o** ~ Iraq; **iraquiano, -a** [ira'kjanu, a] adj, m/f Iraqi

ir-e-vir (pl **ires-e-vires**) m comings and goings pl

Irlanda [ix'lãda] f: **a** ~ Ireland; **a** ~ **do Norte** Northern Ireland; **irlandês, -esa** [ixlã'deʃ, eza] adj Irish ♦ m/f Irishman/woman ♦ m (LING) Irish

irmã [ix'mã] f sister; ~ **de criação** adoptive sister; ~ **gêmea** twin sister

irmão [ix'mãw] (pl ~**s**) m brother; (fig: similar) twin; (col: companheiro) mate; ~ **de criação** adoptive brother; ~ **gêmeo** twin brother

ironia [iro'nia] f irony

irra! ['ixa] (PT) excl damn!

irracional [ixasjo'naw] (pl -**ais**) adj irrational

irreal [ixe'aw] (pl -**ais**) adj unreal

irregular [ixegu'la*] adj irregular; (vida) unconventional; (feições) unusual; (aluno, gênio) erratic

irrelevante [ixele'vãtʃi] adj irrelevant

irremediável [ixeme'dʒjavew] (pl -**eis**) adj irremediable; (sem remédio) incurable

irrequieto, -a [ixe'kjetu, a] adj restless

irresistível [ixezi'ʃtʃivew] (pl -**eis**) adj irresistible

irresponsável [ixeʃpõ'savew] (pl -**eis**) adj irresponsible

irrigar [ixi'ga*] vt to irrigate

irritação [ixita'sãw] (pl -**ões**) f irritation

irritadiço, -a [ixita'dʒisu, a] adj irritable

irritante [ixi'tãtʃi] adj irritating, annoying

irritar [ixi'ta*] vt to irritate; **irritar-se** vr to get angry, get annoyed

irromper [ixõ'pe*] vi (entrar subitamente): ~ **(em)** to burst in(to)

isca [ˈiʃka] f (PESCA) bait; (fig) lure, bait

isenção [izẽˈsãw] (pl **-ões**) f exemption

isentar [izẽˈta*] vt to exempt; (livrar) to free

Islã [iʒˈlã] m Islam

Islândia [iʒˈlãdʒa] f: **a ~** Iceland

isolado, -a [izoˈladu, a] adj isolated; (solitário) lonely

isolamento [izolaˈmẽtu] m isolation; (ELET) insulation

isolar [izoˈla*] vt to isolate; (ELET) to insulate

isqueiro [iʃˈkejru] m (cigarette) lighter

Israel [iʒxaˈɛw] m Israel; **israelense** [iʒxaeˈlẽsi] adj, m/f Israeli

isso [ˈisu] pron that; (col: isto) this; **~ mesmo** exactly; **por ~** therefore, so; **por ~ mesmo** for that very reason; **só ~?** is that all?

isto [ˈiʃtu] pron this; **~ é** that is, namely

Itália [iˈtalja] f: **a ~** Italy; **italiano, -a** [itaˈljanu, a] adj, m/f Italian ♦ m (LING) Italian

Itamarati [Itamaraˈtʃi] m: **o ~** the Brazilian Foreign Ministry; see boxed note

---

ITAMARATI

The Palace of Itamarati was built in 1855 in Rio de Janeiro. It became the seat of government when Brazil became a republic in 1889, and was later the Foreign Ministry. It ceased to be this when the Brazilian capital was transferred to Brasília, but **Itamarati** is still used to refer to the Foreign Ministry.

---

item [ˈitẽ] (pl **-ns**) m item

itinerário [itʃineˈrarju] m itinerary; (caminho) route

Iugoslávia [jugoʒˈlavja] f: **a ~** Yugoslavia; **iugoslavo, -a** [jugoʒˈlavu, a] adj, m/f Yugoslav(ian)

J j

já [ʒa] adv already; (em perguntas) yet; (agora) now; (imediatamente) right away; (agora mesmo) right now ♦ conj on the other hand; **até ~** bye; **desde ~** from now on; **~ não** no longer; **~ que** as, since; **~ se vê** of course; **~ vou** I'm coming; **~ até** even; **~, ~** right away

jabuti [ʒabuˈtʃi] m giant tortoise

jabuticaba [ʒabutʃiˈkaba] f jaboticaba (type of berry)

jaca [ˈʒaka] f jack fruit

jacaré [ʒakaˈrɛ] (BR) m alligator

jacto [ˈʒaktu] (PT) m = **jato**

jaguar [ʒaˈgwa*] m jaguar

jaguatirica [ʒagwatʃiˈrika] f leopard cat

Jamaica [ʒaˈmajka] f: **a ~** Jamaica

jamais [ʒaˈmajʃ] adv never; (com palavra negativa) ever

janeiro [ʒaˈnejru] (PT **J-**) m January

janela [ʒaˈnɛla] f window

jangada [ʒãˈgada] f raft

jantar [ʒãˈta*] m dinner ♦ vt to have for dinner ♦ vi to have dinner

Japão [ʒaˈpãw] m: **o ~** Japan; **japonês, -esa** [ʒapoˈneʃ, eza] adj, m/f Japanese ♦ m (LING) Japanese

jararaca [ʒaraˈraka] f jararaca (snake)

jardim [ʒaxˈdʒĩ] (pl **-ns**) m garden; **~ zoológico** zoo; **jardim-de-infância** (pl **jardins-de-infância**) m kindergarten; **jardinagem** [ʒaxdʒiˈnaʒẽ] f gardening

jardineira [ʒaxdʒiˈnejra] f (caixa)

trough; (*calça*) dungarees *pl*; V *tb*
jardineiro

jardineiro, -a [ʒaxdʒi'nejru, a] *m/f*
gardener

jardins [ʒax'dʒiʃ] *mpl de* jardim

jargão [ʒax'gãw] *m* jargon

jarra ['ʒaxa] *f* pot

jarro ['ʒaxu] *m* jug

jasmim [ʒaʒ'mĩ] *m* jasmine

jato ['ʒatu] *m* jet; (*de luz*) flash; (*de ar*)
blast; **a ~** at top speed

jaula ['ʒawla] *f* cage

javali [ʒava'li] *m* wild boar

jazigo [ʒa'zigu] *m* grave; (*monumento*)
tomb

jazz [dʒez] *m* jazz

jeito ['ʒejtu] *m* (*maneira*) way; (*aspecto*)
appearance; (*habilidade*) skill, knack;
(*modos pessoais*) manner; **ter ~ de** to
look like; **não ter ~** (*pessoa*) to be
awkward; (*situação*) to be hopeless; **dar
um ~ em** (*pé*) to twist; (*quarto, casa,
papéis*) to tidy up; (*consertar*) to fix; **dar
um ~** to find a way; **o ~ é ...** the thing
to do is ...; **é o ~** it's the best way; **ao ~
de** in the style of; **com ~** tactfully;
daquele ~ (in) that way; (*col: em
desordem, mal*) anyhow; **de qualquer ~**
anyway; **de ~ nenhum!** no way!

jejuar [ʒe'ʒwa*] *vi* to fast

jejum [ʒe'ʒũ] (*pl* **-ns**) *m* fast; **em ~**
fasting

Jesus [ʒe'zuʃ] *m* Jesus ♦ *excl* heavens!

jibóia [ʒi'bɔja] *f* boa (constrictor)

jiló [ʒi'lɔ] *m* kind of vegetable

jingle ['dʒĩgew] *m* jingle

joalheria [ʒoaʎe'ria] *f* jeweller's (shop)
(*BRIT*), jewelry store (*US*)

joaninha [ʒwa'niɲa] *f* ladybird (*BRIT*),
ladybug (*US*)

joelho [ʒo'eʎu] *m* knee; **de ~s**
kneeling; **ficar de ~s** to kneel down

jogada [ʒo'gada] *f* move; (*lanço*)
throw; (*negócio*) scheme, move

jogador, a [ʒoga'do*, a] *m/f* player;
(*de jogo de azar*) gambler

jogar [ʒo'ga*] *vt* to play; (*em jogo de
azar*) to gamble; (*atirar*) to throw;
(*indiretas*) to drop ♦ *vi* to play; to
gamble; (*barco*) to pitch; **~ fora** to
throw away

jogging ['ʒɔgĩŋ] *m* jogging; (*roupa*)
track suit; **fazer ~** to go jogging, jog

jogo ['ʒogu] *m* game; (*jogar*) play; (*de
azar*) gambling; (*conjunto*) set;
(*artimanha*) trick; **J~s Olímpicos**
Olympic Games

jóia ['ʒɔja] *f* jewel

Jordânia [ʒox'danja] *f*: **a ~** Jordan;
Jordão [ʒox'dãw] *m*: **o (rio) Jordão** the
Jordan (River)

jornada [ʒox'nada] *f* journey; **~ de
trabalho** working day

jornal [ʒox'naw] (*pl* **-ais**) *m*
newspaper; (*TV, RÁDIO*) news *sg*;

jornaleiro, -a [ʒoxna'lejru, a] *m/f*
newsagent (*BRIT*), newsdealer (*US*)

jornalismo [ʒoxna'liʒmu] *m*
journalism; **jornalista** [ʃoxna'liʃta] *m/f*
journalist

jovem ['ʒɔvẽ] (*pl* **-ns**) *adj* young
♦ *m/f* young person

jovial [ʒo'vjaw] (*pl* **-ais**) *adj* jovial,
cheerful

Jr *abr* = **Júnior**

judaico, -a [ʒu'dajku, a] *adj* Jewish

judeu, judia [ʒu'dew, ʒu'dʒia] *adj*
Jewish ♦ *m/f* Jew

judiação [ʒudʒja'sãw] *f* ill-treatment

judiar [ʒu'dʒja*] *vi*: **~ de** to ill-treat

judicial [ʒudʒi'sjaw] (*pl* **-ais**) *adj*
judicial

judiciário, -a [ʒudʒi'sjarju, a] *adj*
judicial; **o (poder) ~** the judiciary

judô [ʒu'do] *m* judo

juiz, juíza [ʒwiʒ, 'iza] *m/f* judge; (*em jogos*) referee; **~ de paz** justice of the peace; **juizado** [ʒwi'zado] *m* court

juízo ['ʒwizu] *m* judgement; (*parecer*) opinion; (*siso*) common sense; (*foro*) court; **perder o ~** to lose one's mind; **não ter ~** to be foolish; **tomar** *ou* **criar ~** to come to one's senses; **chamar/ levar a ~** to summon/take to court; **~!** behave yourself!

julgamento [ʒuwga'mẽtu] *m* judgement; (*audiência*) trial; (*sentença*) sentence

julgar [ʒuw'ga*] *vt* to judge; (*achar*) to think; (*JUR: sentenciar*) to sentence; **julgar-se** *vr*: **~-se algo** to consider o.s. sth, think of o.s. as sth

julho ['ʒuʎu] (*PT* J-) *m* July

jumento, -a [ʒu'mẽtu, a] *m/f* donkey

junção [ʒũ'sãw] (*pl* -**ões**) *f* (*ato*) joining; (*junta*) join

junco ['ʒũku] *m* reed, rush

junções [ʒũ'sõjʃ] *fpl de* **junção**

junho ['ʒuɲu] (*PT* J-) *m* June

júnior ['ʒunjo*] (*pl* **juniores**) *adj* younger, junior ♦ *m/f* (*ESPORTE*) junior; **Eduardo Autran J~** Eduardo Autran Junior

junta ['ʒũta] *f* board, committee; (*POL*) junta; (*articulação, juntura*) joint

juntar [ʒũ'ta*] *vt* to join; (*reunir*) to bring together; (*aglomerar*) to gather together; (*recolher*) to collect up; (*acrescentar*) to add; (*dinheiro*) to save up ♦ *vi* to gather; **juntar-se** *vr* to gather; (*associar-se*) to join up; **~-se a alguém** to join sb

junto, -a ['ʒũtu, a] *adj* joined; (*chegado*) near; **ir ~s** to go together; **~ a/de** near/next to; **segue ~** (*COM*) please find enclosed

jura ['ʒura] *f* vow

jurado, -a [ʒu'radu, a] *adj* sworn ♦ *m/f* juror

juramento [ʒura'mẽtu] *m* oath

jurar [ʒu'ra*] *vt, vi* to swear; **jura?** really?

júri ['ʒuri] *m* jury

jurídico, -a [ʒu'ridʒiku, a] *adj* legal

juros ['ʒuruʃ] *mpl* (*ECON*) interest *sg*; **~ simples/compostos** simple/ compound interest

justamente [ʒuʃta'mẽtʃi] *adv* fairly, justly; (*precisamente*) exactly

justiça [ʒuʃ'tʃisa] *f* justice; (*poder judiciário*) judiciary; (*eqüidade*) fairness; (*tribunal*) court; **com ~** justly, fairly; **ir à ~** to go to court; **justiceiro, -a** [ʒuʃtʃi'sejru, a] *adj* righteous; (*inflexível*) inflexible

justificação [ʒuʃtʃifika'sãw] (*pl* -**ões**) *f* justification

justificar [ʒuʃtʃifi'ka*] *vt* to justify

justo, -a ['ʒuʃtu, a] *adj* just, fair; (*legítimo: queixa*) legitimate, justified; (*exato*) exact; (*apertado*) tight ♦ *adv* just

juvenil [ʒuve'niw] (*pl* -**is**) *adj* youthful; (*roupa*) young; (*livro*) for young people; (*ESPORTE: equipe, campeonato*) youth *atr*, junior

juventude [ʒuvẽ'tudʒi] *f* youth; (*jovialidade*) youthfulness; (*jovens*) young people *pl*, youth

K k

kg *abr* (= *quilograma*) kg

kit ['kitʃi] (*pl* **~s**) *m* kit

kitchenette [kitʃe'netʃi] *f* studio flat

km *abr* (= *quilômetro*) km

km/h *abr* (= *quilômetros por hora*) km/h

LI

-la [la] *pron* her; (*você*) you; (*coisa*) it

lá [la] *adv* there ♦ *m* (*MÚS*) A; **~ fora** outside; **~ em baixo** down there; **por ~** (*direção*) that way; (*situação*) over there; **até ~** (*no espaço*) there; (*no tempo*) until then

lã [lã] *f* wool

labia [ˈlabja] *f* (*astúcia*) cunning; **ter ~** to have the gift of the gab

lábio [ˈlabju] *m* lip

labirinto [labiˈrĩtu] *m* labyrinth, maze

laboratório [laboraˈtɔrju] *m* laboratory

laca [ˈlaka] *f* lacquer

laçar [laˈsa*] *vt* to bind, tie

laço [ˈlasu] *m* bow; (*de gravata*) knot; (*armadilha*) snare; (*fig*) bond, tie; **dar um ~** to tie a bow

lacrar [laˈkra*] *vt* to seal (with wax);

lacre [ˈlakri] *m* sealing wax

lacuna [laˈkuna] *f* gap; (*omissão*) omission; (*espaço em branco*) blank

ladeira [laˈdejra] *f* slope

lado [ˈladu] *m* side; (*MIL*) flank; (*rumo*) direction; **ao ~** (*perto*) close by; **a casa ao ~** the house next door; **ao ~ de** beside; **deixar de ~** to set aside; (*fig*) to leave out; **de um ~ para outro** back and forth

ladra [ˈladra] *f* thief, robber; (*picareta*) crook

ladrão, -ona [laˈdrãw, ɔna] (*pl* **-ões, ~s**) *adj* thieving ♦ *m/f* thief, robber; (*picareta*) crook

ladrilho [laˈdriʎu] *m* tile; (*chão*) tiled floor, tiles *pl*

ladrões [laˈdrõjʃ] *mpl de* **ladrão**

lagarta [laˈgaxta] *f* caterpillar

lagartixa [lagaxˈtʃiʃa] *f* gecko

lagarto [laˈgaxtu] *m* lizard

lago [ˈlagu] *m* lake; (*de jardim*) pond

lagoa [laˈgoa] *f* pool, pond; (*lago*) lake

lagosta [laˈgoʃta] *f* lobster

lagostim [lagoʃˈtʃĩ] (*pl* **-ns**) *m* crayfish

lágrima [ˈlagrima] *f* tear

laje [ˈlaʒi] *f* paving stone, flagstone

lama [ˈlama] *f* mud

lamaçal [lamaˈsaw] (*pl* **-ais**) *m* quagmire; (*pântano*) bog, marsh

lamber [lãˈbe*] *vt* to lick; **lambida** [lãˈbida] *f*: **dar uma lambida em algo** to lick sth

lambuzar [lãbuˈza*] *vt* to smear

lamentar [lamẽˈta*] *vt* to lament; (*sentir*) to regret; **lamentar-se** *vr*: **~-se (de algo)** to lament (sth); **~ (que)** to be sorry (that); **lamentável** [lamẽˈtavew] (*pl* **-eis**) *adj* regrettable; (*deplorável*) deplorable; **lamento** [laˈmẽtu] *m* lament; (*gemido*) moan

lâmina [ˈlamina] *f* (*chapa*) sheet; (*placa*) plate; (*de faca*) blade; (*de persiana*) slat

lâmpada [ˈlãpada] *f* lamp; (*tb: ~ elétrica*) light bulb; **~ de mesa** table lamp

lança [ˈlãsa] *f* lance, spear

lançamento [lãsaˈmẽtu] *m* throwing; (*de navio, produto, campanha*) launch; (*de disco, filme*) release; (*COM: em livro*) entry

lançar [lãˈsa*] *vt* to throw; (*navio, produto, campanha*) to launch; (*disco, filme*) to release; (*COM: em livro*) to enter; (*em leilão*) to bid

lance [ˈlãsi] *m* (*arremesso*) throw; (*incidente*) incident; (*história*) story; (*situação*) position; (*fato*) fact; (*ESPORTE: jogada*) shot; (*em leilão*) bid; (*de escada*) flight; (*de casas*) row; (*episódio*) moment; (*de muro, estrada*) stretch

a
b
c
d
e
f
g
h
i
j
k
l
m
n
o
p
q
r
s
t
u
v
w
x
z

lancha ['lɑ̃ʃa] f launch; **~ torpedeira** torpedo boat

lanchar [lɑ̃'ʃa*] vi to have a snack ♦ vt to have as a snack; **lanche** ['lɑ̃ʃi] m snack

lanchonete [lɑ̃ʃo'netʃi] (BR) f snack bar

lânguido, -a ['lɑ̃gidu, a] adj languid, listless

lanterna [lɑ̃'texna] f lantern; (portátil) torch (BRIT), flashlight (US)

lápide ['lapidʒi] f (tumular) tombstone; (comemorativa) memorial stone

lápis ['lapiʃ] m inv pencil; **~ de cor** coloured (BRIT) ou colored (US) pencil, crayon; **~ de olho** eyebrow pencil; **lapiseira** [lapi'zejra] f propelling (BRIT) ou mechanical (US) pencil; (caixa) pencil case

Lapônia [la'ponja] f: **a ~** Lapland

lapso ['lapsu] m lapse; (de tempo) interval; (erro) slip

lar [la*] m home

laranja [la'rɑ̃ʒa] adj inv orange ♦ f orange ♦ m (cor) orange; **laranjada** [larɑ̃'ʒada] f orangeade; **laranjeira** [larɑ̃'ʒejra] f orange tree

lareira [la'rejra] f hearth, fireside

larga ['laxga] f: **à ~** lavishly; **dar ~s a** to give free rein to; **viver à ~** to lead a lavish life

largada [lax'gada] f start; **dar a ~** to start; (fig) to make a start

largar [lax'ga*] vt to let go of, release; (deixar) to leave; (deixar cair) to drop; (risada) to let out; (velas) to unfurl; (piada) to tell; (pôr em liberdade) to let go ♦ vi (NÁUT) to set sail; **largar-se** vr (desprender-se) to free o.s.; (ir-se) to go off; (pôr-se) to proceed

largo, -a ['laxgu, a] adj wide, broad; (amplo) extensive; (roupa) loose, baggy; (conversa) long ♦ m (praça) square; (alto-mar) open sea; **ao ~** at a distance, far off; **passar de ~ sobre um assunto** to gloss over a subject; **passar ao ~ de algo** (fig) to sidestep sth; **largura** [lax'gura] f width, breadth

laringite [larĩ'ʒitʃi] f laryngitis

lasanha [la'zaɲa] f lasagna

lasca ['laʃka] f (de madeira, metal) splinter; (de pedra) chip; (fatia) slice

laser ['lejze*] m laser; **raio ~** laser beam

lástima ['laʃtʃima] f pity, compassion; (infortúnio) misfortune; **é uma ~ (que)** it's a shame (that); **lastimar** [laʃtʃi'ma*] vt to lament; **lastimar-se** vr to complain, be sorry for o.s.

lata ['lata] f tin (BRIT), can; (material) tin-plate; **~ de lixo** rubbish bin (BRIT), garbage can (US); **~ velha** (col: carro) old banger (BRIT) ou clunker (US)

latão [la'tɑ̃w] m brass

lataria [lata'ria] f (AUTO) bodywork; (enlatados) canned food

latejar [late'ʒa*] vi to throb

latente [la'tẽtʃi] adj latent

lateral [late'raw] (pl **-ais**) adj side, lateral ♦ f (FUTEBOL) sideline ♦ m (FUTEBOL) throw-in

latido [la'tʃidu] m bark(ing), yelp(ing)

latifundiário, -a [latʃifũ'dʒjarju, a] m/f landowner

latifúndio [latʃi'fũdʒju] m large estate

latim [la'tʃĩ] m (LING) Latin; **gastar o seu ~** to waste one's breath

latino, -a [la'tʃinu, a] adj Latin; **latino-americano, -a** adj, m/f Latin-American

latir [la'tʃi*] vi to bark, yelp

latitude [latʃi'tudʒi] f latitude; (largura) breadth; (fig) scope

latrocínio [latro'sinju] m armed robbery

laudo ['lawdu] m (*JUR*) decision; (*resultados*) findings pl; (*peça escrita*) report

lava ['lava] f lava

lavabo [la'vabu] m toilet

lavadeira [lava'dejra] f washerwoman

lavadora [lava'dora] f washing machine

lavagem [la'vaʒẽ] f washing; **~ a seco** dry cleaning; **~ cerebral** brainwashing

lavanda [la'vãda] f (*BOT*) lavender; (*colônia*) lavender water; (*para lavar os dedos*) fingerbowl

lavar [la'va*] vt to wash; (*culpa*) to wash away; **~ a seco** to dry clean

lavatório [lava'tɔrju] m washbasin; (*aposento*) toilet

lavoura [la'vora] f tilling; (*agricultura*) farming; (*terreno*) plantation

lavrador, a [lavra'do*, a] m/f farmhand

laxativo, -a [laʃa'tʃivu, a] adj laxative ♦ m laxative

lazer [la'ze*] m leisure

leal [le'aw] (pl **-ais**) adj loyal; **lealdade** [leaw'dadʒi] f loyalty

leão [le'ãw] (pl **-ões**) m lion; **L~** (*ASTROLOGIA*) Leo

lebre ['lebri] f hare

lecionar [lesjo'na*] (*PT* **-cc-**) vt, vi to teach

lectivo, -a [lek'tivu, a] (*PT*) adj = **letivo**

legal [le'gaw] (pl **-ais**) adj legal, lawful; (*col*) fine; (: *pessoa*) nice ♦ adv (*col*) well; **(tá) ~!** OK!; **legalidade** [legali'dadʒi] f legality, lawfulness; **legalizar** [legali'za*] vt to legalize; (*documento*) to authenticate

legendário, -a [leʒẽ'darju, a] adj legendary

legislação [leʒiʒla'sãw] f legislation

legislar [leʒiʒ'la*] vi to legislate ♦ vt to pass

legislativo, -a [leʒiʒla'tʃivu, a] adj legislative ♦ m legislature

legitimar [leʒitʃi'ma*] vt to legitimize; (*justificar*) to legitimate

legítimo, -a [le'ʒitʃimu, a] adj legitimate; (*justo*) rightful; (*autêntico*) genuine; **legítima defesa** self-defence (*BRIT*), self-defense (*US*)

legume [le'gumi] m vegetable

lei [lej] f law; (*regra*) rule; (*metal*) standard

leigo, -a ['lejgu, a] adj (*REL*) lay, secular ♦ m layman; **ser ~ em algo** (*fig*) to be no expert at sth, be unversed in sth

leilão [lej'lãw] (pl **-ões**) m auction; **vender em ~** to sell by auction, auction off; **leiloar** [lej'lwa*] vt to auction

leio etc ['leju] vb V **ler**

leitão, -toa [lej'tãw, 'toa] (pl **-ões,~s**) m/f sucking (*BRIT*) ou suckling (*US*) pig

leite ['lejtʃi] m milk; **~ em pó** powdered milk; **~ desnatado** ou **magro** skimmed milk; **~ de magnésia** milk of magnesia; **~ semidesnatado** semi-skimmed milk; **leiteira** [lej'tejra] f (*para ferver*) milk pan; (*para servir*) milk jug; **leiteiro, -a** [lej'tejru, a] adj (*vaca, gado*) dairy ♦ m/f milkman/woman

leito ['lejtu] m bed

leitões [lej'tõjʃ] mpl de **leitão**

leitor, a [lej'to*, a] m/f reader; (*professor*) lector

leitura [lej'tura] f reading; (*livro etc*) reading matter

lema ['lema] m motto; (*POL*) slogan

lembrança [lẽ'brãsa] f recollection, memory; (*presente*) souvenir; **~s** fpl (*recomendações*): **~s a sua mãe!** regards to your mother!

lembrar [lẽ'bra*] vt, vi to remember;

lembrar-se *vr*: **~(-se) de** to remember; **~(-se) (de) que** to remember that; **~ algo a alguém, ~ alguém de algo** to remind sb of sth; **~ alguém de que, ~ alguém que** to remind sb that; **ele lembra meu irmão** he reminds me of my brother, he is like my brother; **lembrete** [lẽ'bretʃi] *m* reminder

leme ['lɛmi] *m* rudder; (*NÁUT*) helm; (*fig*) control

lenço ['lẽsu] *m* handkerchief; (*de pescoço*) scarf; (*de cabeça*) headscarf; **~ de papel** tissue

lençol [lẽ'sɔw] (*pl* **-óis**) *m* sheet; **estar em maus lençóis** to be in a fix

lenda ['lẽda] *f* legend; (*fig: mentira*) lie; **lendário, -a** [lẽ'darju, a] *adj* legendary

lenha ['leɲa] *f* firewood

lente ['lẽtʃi] *f* lens *sg*; **~ de aumento** magnifying glass; **~s de contato** contact lenses

lentidão [lẽtʃi'dãw] *f* slowness

lento, -a ['lẽtu, a] *adj* slow

leoa [le'oa] *f* lioness

leões [le'õjʃ] *mpl de* **leão**

leopardo [ljo'paxdu] *m* leopard

lepra ['lɛpra] *f* leprosy

leque ['lɛki] *m* fan; (*fig*) array

ler [le*] *vt, vi* to read

lesão [le'zãw] (*pl* **-ões**) *f* harm, injury; (*JUR*) violation; (*MED*) lesion; **~ corporal** (*JUR*) bodily harm

lesar [le'za*] *vt* to harm, damage; (*direitos*) to violate

lésbica ['lɛʒbika] *f* lesbian

lesma ['lɛʒma] *f* slug; (*fig: pessoa*) slowcoach

lesões [le'zõjʃ] *fpl de* **lesão**

lesse *etc* ['lɛsi] *vb V* **ler**

leste ['lɛʃtʃi] *m* east

letal [le'taw] (*pl* **-ais**) *adj* lethal

letargia [letax'ʒia] *f* lethargy

letivo, -a [le'tʃivu, a] *adj* school *atr*; **ano ~** academic year

letra ['letra] *f* letter; (*caligrafia*) handwriting; (*de canção*) lyrics *pl*; **L~s** *fpl* (*curso*) language and literature; **à ~** literally; **ao pé da ~** literally, word for word; **~ de câmbio** (*COM*) bill of exchange; **~ de imprensa** print;

letrado, -a [le'tradu, a] *adj* learned, erudite ♦ *m/f* scholar; **letreiro** [le'trejru] *m* sign, notice; (*inscrição*) inscription; (*CINEMA*) subtitle

leu *etc* [lew] *vb V* **ler**

léu [lɛw] *m*: **ao ~** (*à toa*) aimlessly; (*à mostra*) uncovered

leucemia [lewse'mia] *f* leukaemia (*BRIT*), leukemia (*US*)

levado, -a [le'vadu, a] *adj* mischievous; (*criança*) naughty

levantador, a [levãta'do*, a] *adj* lifting ♦ *m/f*: **~ de pesos** weightlifter

levantamento [levãta'mẽtu] *m* lifting, raising; (*revolta*) uprising, rebellion; (*arrolamento*) survey

levantar [levã'ta*] *vt* to lift, raise; (*voz, capital*) to raise; (*apanhar*) to pick up; (*suscitar*) to arouse; (*ambiente*) to brighten up ♦ *vi* to stand up; (*da cama*) to get up; (*dar vida*) to brighten; **levantar-se** *vr* to stand up; (*da cama*) to get up; (*rebelar-se*) to rebel

levar [le'va*] *vt* to take; (*portar*) to carry; (*tempo*) to pass, spend; (*roupa*) to wear; (*lidar com*) to handle; (*induzir*) to lead; (*filme*) to show; (*peça teatral*) to do, put on; (*vida*) to lead ♦ *vi* to get a beating; **~ a** to lead to; **~ a mal** to take amiss

leve ['lɛvi] *adj* light; (*insignificante*) slight; **de ~** lightly, softly

leviandade [levjã'dadʒi] f frivolity

leviano, -a [le'vjanu, a] adj frivolous

lha(s) [ʎa(ʃ)] = **lhe** + a(s)

lhe [ʎi] pron (a ele) to him; (a ela) to her; (a você) to you

lhes [ʎiʃ] pron pl (a eles/elas) to them; (a vocês) to you

lho(s) [ʎu(ʃ)] = **lhe** + o(s)

li etc [li] vb V **ler**

Líbano ['libanu] m: **o ~** (the) Lebanon

libélula [li'belula] f dragonfly

liberação [libera'sãw] f liberation

liberal [libe'raw] (pl -**ais**) adj, m/f liberal

liberar [libe'ra*] vt to release; (libertar) to free

liberdade [libex'dadʒi] f freedom; ~**s** fpl (direitos) liberties; **pôr alguém em ~** to set sb free; ~ **condicional** probation; ~ **de palavra** freedom of speech; ~ **sob palavra** parole

libertação [libexta'sãw] f release

libertar [libex'ta*] vt to free, release

libertino, -a [libex'tʃinu, a] adj loose-living ♦ m/f libertine

liberto, -a [li'bextu, a] pp de **libertar**

Líbia ['libja] f: **a ~** Libya

libidinoso, -a [libidʒi'nozu, ɔza] adj lecherous, lustful

líbio, -a ['libju, a] adj, m/f Libyan

libra ['libra] f pound; **L~** (ASTROLOGIA) Libra

lição [li'sãw] (pl -**ões**) f lesson

licença [li'sẽsa] f licence (BRIT), license (US); (permissão) permission; (do trabalho, MIL) leave; **com ~** excuse me; **estar de ~** to be on leave; **dá ~?** may I?

licenciado, -a [lisẽ'sjadu, a] m/f graduate

licenciar [lisẽ'sja*] vt to license;

licenciar-se vr (EDUC) to graduate;

(ficar de licença) to take leave;

licenciatura [lisẽsja'tura] f (título) degree; (curso) degree course

liceu [li'sew] (PT) m secondary (BRIT) ou high (US) school

lições [li'sõjʃ] fpl de **lição**

licor [li'ko*] m liqueur

lidar [li'da*] vi: ~ **com** (ocupar-se) to deal with; (combater) to struggle against; ~ **em algo** to work in sth

líder ['lide*] m/f leader; **liderança** [lide'rãsa] f leadership; (ESPORTE) lead; **liderar** [lide'ra*] vt to lead

liga ['liga] f league; (de meias) suspender (BRIT), garter (US); (metal) alloy

ligação [liga'sãw] (pl -**ões**) f connection; (fig: de amizade) bond; (TEL) call; (relação amorosa) liaison; **fazer uma ~ para alguém** to call sb; **não consigo completar a ~** (TEL) I can't get through; **caiu a ~** (TEL) I (ou he etc) was cut off

ligado, -a [li'gadu, a] adj (TEC) connected; (luz, rádio etc) on; (metal) alloy

ligadura [liga'dura] f bandage

ligamento [liga'mẽtu] m ligament

ligar [li'ga*] vt to tie, bind; (unir) to join, connect; (luz, TV) to switch on; (afetivamente) to bind together; (carro) to start (up) ♦ vi (telefonar) to ring; **ligar-se** vr to join; ~**-se com alguém** to join with sb; ~**-se a algo** to be connected with sth; ~ **para alguém** to ring sb up; ~ **para** ou **a algo** (dar atenção) to take notice of sth; (dar importância) to care about sth; **eu nem ligo** it doesn't bother me; **não ligo a mínima (para)** I couldn't care less (about)

ligeiro, -a [li'ʒejru, a] adj light; (ferimento) slight; (referência) passing;

a b c d e f g h i j k l m n o p q r s t u v w x z

(*conhecimentos*) scant; (*rápido*) quick, swift; (*ágil*) nimble ♦ *adv* swiftly, nimbly

lilás [li'laʃ] *adj, m* lilac

lima ['lima] *f* (*laranja*) type of (*very sweet*) orange; (*ferramenta*) file; ~ **de unhas** nailfile

limão [li'mãw] (*pl* -**ões**) *m* lime; **limão(-galego)** (*pl* **limões(-galegos)**) *m* lemon

limiar [li'mja*] *m* threshold

limitação [limita'sãw] (*pl* -**ões**) *f* limitation, restriction

limitar [limi'ta*] *vt* to limit, restrict; **limitar-se** *vr*: ~-**se a** to limit o.s. to; ~-**se com** to border on; **limite** [li'mitʃi] *m* limit, boundary; (*fig*) limit; **passar dos limites** to go too far

limo ['limu] *m* (BOT) water weed; (*lodo*) slime

limoeiro [li'mwejru] *m* lemon tree

limões [li'mõjʃ] *mpl de* limão

limonada [limo'nada] *f* lemonade (BRIT), lemon soda (US)

limpar [lĩ'pa*] *vt* to clean; (*lágrimas, suor*) to wipe away; (*polir*) to shine, polish; (*fig*) to clean up; (*roubar*) to rob

limpeza [lĩ'peza] *f* cleanliness; (*esmero*) neatness; (*ato*) cleaning; ~ **pública** rubbish (BRIT) *ou* garbage (US) collection, sanitation

limpo, -a ['lĩpu, a] *pp de* limpar ♦ *adj* clean; (*céu, consciência*) clear; (COM) net; (*fig*) pure; (*col: pronto*) ready; **passar a ~** to make a fair copy; **tirar a ~** to find out the truth about, clear up; **estar ~ com alguém** (*col*) to be in with sb

linchar [lĩ'ʃa*] *vt* to lynch

lindo, -a ['lĩdu, a] *adj* lovely

lingerie [lĩʒe'ri] *m* lingerie

língua ['lĩgwa] *f* tongue; (*linguagem*)

language; **botar a ~ para fora** to stick out one's tongue; **dar com a ~ nos dentes** to let the cat out of the bag; **estar na ponta da ~** to be on the tip of one's tongue

linguado [lĩ'gwadu] *m* (*peixe*) sole

linguagem [lĩ'gwaʒẽ] (*pl* -**ns**) *f* (*tb*: COMPUT) language; (*falada*) speech; ~ **de máquina** (COMPUT) machine language

linguarudo, -a [lĩgwa'rudu, a] *adj* gossiping ♦ *m/f* gossip

lingüiça [lĩ'gwisa] *f* sausage

linha ['liɲa] *f* line; (*para costura*) thread; (*barbante*) string, cord; ~**s** *fpl* (*carta*) letter *sg*; **em ~** in line, in a row; (COMPUT) on line; **fora de ~** (COMPUT) off line; **manter/perder a ~** to keep/lose one's cool; **o telefone não deu ~** the line was dead; ~ **aérea** airline; ~ **de mira** sights *pl*; ~ **de montagem** assembly line; ~ **férrea** railway (BRIT), railroad (US)

linho ['liɲu] *m* linen; (*planta*) flax

liquidação [likida'sãw] (*pl* -**ões**) *f* liquidation; (*em loja*) (clearance) sale; (*de conta*) settlement; **em ~** on sale

liquidar [liki'da*] *vt* to liquidate; (*conta*) to settle; (*mercadoria*) to sell off; (*assunto*) to lay to rest ♦ *vi* (*loja*) to have a sale; **liquidar-se** *vr* (*destruir-se*) to be destroyed; ~ **(com) alguém** (*fig: arrasar*) to destroy sb; (: *matar*) to do away with sb

liqüidificador [likwidʒifika'do*] *m* liquidizer

líquido, -a ['likidu, a] *adj* liquid, fluid; (COM) net ♦ *m* liquid

lira ['lira] *f* lyre; (*moeda*) lira

lírico, -a ['liriku, a] *adj* lyric(al)

lírio ['lirju] *m* lily

Lisboa [liʒ'boa] *n* Lisbon; **lisboeta** [liʒ'bweta] *adj* Lisbon *atr* ♦ *m/f* inhabitant ou native of Lisbon

liso, -a ['lizu, a] adj smooth; (tecido) plain; (cabelo) straight; (col: sem dinheiro) broke

lisonjear [lizõ'ʒja*] vt to flatter

lista ['liʃta] f list; (listra) stripe; (PT: menu) menu; ~ **negra** blacklist; ~ **telefônica** telephone directory; **listar** [liʃ'ta*] vt (COMPUT) to list

listra ['liʃtra] f stripe; **listrado, -a** [liʃ'tradu, a] adj striped

literal [lite'raw] (pl -ais) adj literal

literário, -a [lite'rarju, a] adj literary

literatura [litera'tura] f literature; ~ **de cordel** see boxed note

LITERATURA DE CORDEL

Literatura de cordel is a type of literature typical of the north-east of Brazil, and published in the form of cheaply printed booklets. Their authors hang these booklets from wires attached to walls in the street so that people can look at them. While they do this, the authors sing their stories aloud. **Literatura de cordel** deals both with local events and people, and with everyday public life, almost always in an irreverent manner.

litoral [lito'raw] (pl -ais) adj coastal ♦ m coast, seaboard

litro ['litru] m litre (BRIT), liter (US)

livrar [li'vra*] vt to release, liberate; (salvar) to save; **livrar-se** vr to escape; **~-se de** to get rid of; (compromisso) to get out of; **Deus me livre!** Heaven forbid!

livraria [livra'ria] f bookshop (BRIT), bookstore (US)

livre ['livri] adj free; (lugar) unoccupied; (desimpedido) clear, open;

~ **de impostos** tax-free; **livre-arbítrio** m free will

livro ['livru] m book; ~ **brochado** paperback; ~ **de bolso** pocket-sized book; ~ **de cheques** cheque book (BRIT), check book (US); ~ **de consulta** reference book; ~ **encadernado** ou **de capa dura** hardback

lixa ['liʃa] f sandpaper; (de unhas) nailfile; (peixe) dogfish; **lixar** [li'ʃa*] vt to sand

lixeira [li'ʃejra] f dustbin (BRIT), garbage can (US)

lixeiro [li'ʃejru] m dustman (BRIT), garbage man (US)

lixo ['liʃu] m rubbish, garbage (US); **ser um ~** (col) to be rubbish; ~ **atômico** nuclear waste

-lo [lu] pron him; (você) you; (coisa) it

lobo ['lobu] m wolf

locação [loka'sãw] (pl -ões) f lease; (de vídeo etc) rental

locador, a [loka'do*, a] m/f (de casa) landlord; (de carro, filme) rental agent ♦ f rental company; **~a de vídeo** video rental shop

local [lo'kaw] (pl -ais) adj local ♦ m site, place ♦ f (notícia) story; **localidade** [lokali'dadʒi] f (lugar) locality; (povoação) town; **localização** [lokaliza'sãw] (pl -ões) f location; **localizar** [lokali'za*] vt to locate; (situar) to place; **localizar-se** vr to be located; (orientar-se) to get one's bearings

loção [lo'sãw] (pl -ões) f lotion; ~ **após-barba** aftershave (lotion)

locatário, -a [loka'tarju, a] m/f (de casa) tenant; (de carro, filme) hirer

loções [lo'sõjʃ] fpl de **loção**

locomotiva [lokomo'tʃiva] f railway (BRIT) ou railroad (US) engine, locomotive

locomover-se [lokomo'vexsi] *vr* to move around

locutor, a [loku'to*, a] *m/f* (*TV, RÁDIO*) announcer

lodo ['lodu] *m* (*lama*) mud; (*limo*) slime

lógica ['lɔʒika] *f* logic; **lógico, -a** ['lɔʒiku, a] *adj* logical; (**é) lógico!** of course!

logo ['lɔgu] *adv* (*imediatamente*) right away, at once; (*em breve*) soon; (*justamente*) just, right; (*mais tarde*) later; **~, ~** straightaway, without delay; **~ mais** later; **~ no começo** right at the start; **~ que, tão ~** as soon as; **até ~!** bye!; **~ antes/depois** just before/ shortly afterwards; **~ de saída** *ou* **de cara** straightaway, right away

logotipo [logo'tʃipu] *m* logo

lograr [lo'gra*] *vt* (*alcançar*) to achieve; (*obter*) to get, obtain; (*enganar*) to cheat; **~ fazer** to manage to do

loiro, -a ['lojru, a] *adj* = **louro/a**

loja ['lɔʒa] *f* shop; **lojista** [lo'ʒiʃta] *m/f* shopkeeper

lombo ['lõbu] *m* back; (*carne*) loin

lona ['lɔna] *f* canvas

Londres ['lõdriʃ] *n* London; **londrino, -a** [lõ'drinu, a] *adj* London *atr* ♦ *m/f* Londoner

longa-metragem (*pl* **longas-metragens**) *m*: (**filme de**) **~** feature (film)

longe ['lõʒi] *adv* far, far away ♦ *adj* distant; **ao ~** in the distance; **de ~** from far away; (*sem dúvida*) by a long way; **~ de** a long way *ou* far from; **~ disso** far from it; **ir ~ demais** (*fig*) to go too far

longínquo, -a [lõ'ʒĩkwu, a] *adj* distant, remote

longitude [lõʒi'tudʒi] *f* (*GEO*)

longitude

longo, -a ['lõgu, a] *adj* long ♦ *m* (*vestido*) long dress, evening dress; **ao ~ de** along, alongside

lotação [lota'sãw] *f* capacity; (*de funcionários*) complement; (*BR*: *ônibus*) bus; **~ completa** *ou* **esgotada** (*TEATRO*) sold out

lotado, -a [lo'tadu, a] *adj* (*TEATRO*) full; (*ônibus*) full up; (*bar, praia*) packed, crowded

lotar [lo'ta*] *vt* to fill, pack; (*funcionário*) to place ♦ *vi* to fill up

lote ['lɔtʃi] *m* portion, share; (*em leilão*) lot; (*terreno*) plot; (*de ações*) parcel, batch

loteria [lote'ria] *f* lottery; **~ esportiva** football pools *pl* (*BRIT*), lottery (*US*)

louça ['losa] *f* china; (*conjunto*) crockery; (*tb*: **~ sanitária**) bathroom suite; **de ~** china *atr*; **~ de barro** earthenware; **~ de jantar** dinner service; **lavar a ~** to do the washing up (*BRIT*) *ou* the dishes

louco, -a ['loku, a] *adj* crazy, mad; (*sucesso*) runaway; (*frio*) freezing ♦ *m/f* lunatic; **~ varrido** raving mad; **~ de fome/raiva** ravenous/hopping mad; **~ por** crazy about; **deixar alguém ~** to drive sb crazy; **loucura** [lo'kura] *f* madness; (*ato*) crazy thing; **ser loucura (fazer)** to be crazy (to do); **ser uma loucura** to be crazy; (*col: ser muito bom*) to be fantastic

louro, -a ['loru, a] *adj* blond, fair ♦ *m* laurel; (*CULIN*) bay leaf; (*papagaio*) parrot; **~s** *mpl* (*fig*) laurels

louva-a-deus ['lova-] *m inv* praying mantis

louvar [lo'va*] *vt* to praise ♦ *vi*: **~ a** to praise; **louvável** [lo'vavew] (*pl* -**eis**) *adj* praiseworthy

louvor [lo'vo*] *m* praise

LP abr m LP

Ltda. abr (= Limitada) Ltd (BRIT), Inc. (US)

lua ['lua] f moon; **estar** ou **viver no mundo da ~** to have one's head in the clouds; **estar de ~** (col) to be in a mood; **ser de ~** (col) to be moody; **~ cheia/nova** full/new moon; **lua-de-mel** f honeymoon

luar [lwa*] m moonlight

lubrificante [lubrifi'kãtʃi] m lubricant

lubrificar [lubrifi'ka*] vt to lubricate

lúcido, -a ['lusidu, a] adj lucid

lúcio ['lusju] m (peixe) pike

lucrar [lu'kra*] vt (tirar proveito) to profit from ou by; (dinheiro) to make; (gozar) to enjoy ♦ vi to make a profit; **~ com** ou **em** to profit by

lucrativo, -a [lukra'tʃivu, a] adj lucrative, profitable

lucro ['lukru] m gain; (COM) profit; **~s e perdas** (COM) profit and loss

lugar [lu'ga*] m place; (espaço) space, room; (para sentar) seat; (emprego) job; (ocasião) opportunity; **em ~ de** instead of; **dar ~ a** (causar) to give rise to; **~ comum** commonplace; **em primeiro ~** in the first place; **em algum/nenhum/todo ~** somewhere/nowhere/everywhere; **em outro ~** somewhere else, elsewhere; **ter ~** (acontecer) to take place; **~ de nascimento** place of birth; **lugarejo** [luga'reʒu] m village

lula ['lula] f squid

lume ['lumi] m fire; (luz) light

luminária [lumi'narja] f lamp; **~s** fpl (iluminações) illuminations

luminosidade [luminozi'dadʒi] f brightness

luminoso, -a [lumi'nozu, ɔza] adj luminous; (fig: raciocínio) clear; (: idéia, talento) brilliant; (letreiro) illuminated

lunar [lu'na*] adj lunar ♦ m (na pele) mole

lunático, -a [lu'natʃiku, a] adj mad

lusitano, -a [luzi'tanu, a] adj Portuguese, Lusitanian

luso, -a ['luzu, a] adj Portuguese; **luso-brasileiro, -a** (pl **lusos-brasileiros, -as**) adj Luso-Brazilian

lustre ['luʃtri] m gloss, sheen; (fig) lustre (BRIT), luster (US); (luminária) chandelier

luta ['luta] f fight, struggle; **~ de boxe** boxing; **~ livre** wrestling; **lutador, a** [luta'do*, a] m/f fighter; (atleta) wrestler; **lutar** [lu'ta*] vi to fight, struggle; (luta livre) to wrestle ♦ vt (caratê, judô) to do; **lutar contra/por algo** to fight against/for sth; **lutar para fazer algo** to fight ou struggle to do sth; **lutar com** (dificuldades) to struggle against; (competir) to fight with

luto ['lutu] m mourning; (tristeza) grief; **de ~** in mourning; **pôr ~** to go into mourning

luva ['luva] f glove; **~s** fpl (pagamento) payment sg; (ao locador) fee sg

Luxemburgo [luʃẽ'buxgu] m: **o ~** Luxembourg

luxo ['luʃu] m luxury; **de ~** luxury atr; **dar-se ao ~ de** to allow o.s. to;

luxuoso, -a [lu'ʃwozu, ɔza] adj luxurious

luxúria [lu'ʃurja] f lust

luz [luʒ] f light; (eletricidade) electricity; **à ~ de** by the light of; (fig) in the light of; **a meia ~** with subdued lighting; **dar à ~ (um filho)** to give birth (to a son); **deu-me uma ~** I had an idea

M m

ma [ma] *pron* = me + a

má [ma] *f de* mau

maca ['maka] *f* stretcher

maçã [ma'sã] *f* apple; ~ **do rosto** cheekbone

macabro, -a [ma'kabru, a] *adj* macabre

macacão [maka'kãw] (*pl* **-ões**) *m* (*de trabalhador*) overalls *pl* (*BRIT*), coveralls *pl* (*US*); (*da moda*) jump-suit

macaco, -a [ma'kaku, a] *m/f* monkey ♦ *m* (*MECÂNICA*) jack; (*fato*) ~ (*PT*) overalls *pl* (*BRIT*), coveralls *pl* (*US*); ~ **velho** (*fig*) old hand

macacões [maka'kõjʃ] *mpl de* macacão

maçador, a [masa'do*, a] (*PT*) *adj* boring

maçaneta [masa'neta] *f* knob

maçante [ma'sãtʃi] (*BR*) *adj* boring

macarrão [maka'xãw] *m* pasta; (*em forma de canudo*) spaghetti;

macarronada [makaxo'nada] *f* pasta with cheese and tomato sauce

Macau [ma'kaw] *n* Macao

macete [ma'setʃi] *m* mallet

machado [ma'ʃadu] *m* axe (*BRIT*), ax (*US*)

machista [ma'ʃiʃta] *adj* chauvinistic, macho ♦ *m* male chauvinist

macho ['maʃu] *adj* male; (*fig*) virile, manly; (*valentão*) tough ♦ *m* male; (*TEC*) tap

machucado, -a [maʃu'kadu, a] *adj* hurt; (*pé, braço*) bad ♦ *m* injury; (*área machucada*) sore patch

machucar [maʃu'ka*] *vt* to hurt; (*produzir contusão*) to bruise ♦ *vi* to hurt; **machucar-se** *vr* to hurt o.s.

maciço, -a [ma'sisu, a] *adj* solid; (*espesso*) thick; (*quantidade*) massive

macieira [ma'sjejra] *f* apple tree

macio, -a [ma'siu, a] *adj* soft; (*liso*) smooth

maço ['masu] *m* (*de folhas, notas*) bundle; (*de cigarros*) packet

maçom [ma'sõ] (*pl* **-ns**) *m* (free)mason

maconha [ma'kɔɲa] *f* dope; **cigarro de** ~ joint

maçons [ma'sõʃ] *mpl de* maçom

má-criação (*pl* **-ões**) *f* rudeness; (*ato, dito*) rude thing

mácula ['makula] *f* stain, blemish

macumba [ma'kũba] *f* ≈ voodoo; (*despacho*) macumba offering;

macumbeiro, -a [makũ'bejru, a] *adj* ≈ voodoo *atr* ♦ *m/f* follower of *macumba*

madama [ma'dama] *f* = madame

madame [ma'dami] *f* (*senhora*) lady; (*col: dona-de-casa*) lady of the house

Madeira [ma'dejra] *f*: **a** ~ Madeira

madeira [ma'dejra] *f* wood ♦ *m* Madeira (wine); **de** ~ wooden; **bater na** ~ (*fig*) to touch (*BRIT*) *ou* knock on (*US*) wood; ~ **compensada** plywood

madeirense [madej'rẽsi] *adj, m/f* Madeiran

madeixa [ma'dejʃa] *f* (*de cabelo*) lock

madrasta [ma'draʃta] *f* stepmother

madrepérola [madre'perola] *f* mother of pearl

Madri [ma'dri] *n* Madrid

Madrid [ma'drid] (*PT*) *n* Madrid

madrinha [ma'driɲa] *f* godmother

madrugada [madru'gada] *f* (early) morning; (*alvorada*) dawn, daybreak

madrugar [madru'ga*] *vi* to get up early; (*aparecer cedo*) to be early

maduro, -a [ma'duro, a] *adj* ripe; (*fig*) mature; (: *prudente*) prudent

mãe [mãj] f mother; **~ adotiva** ou **de criação** adoptive mother

maestro, -trina [ma'ɛʃtru, 'trina] m/f conductor

má-fé f malicious intent

magia [ma'ʒia] f magic

mágica ['maʒika] f magic; (truque) magic trick; V tb **mágico**

mágico, -a ['maʒiku, a] adj magic ♦ m/f magician

magistério [maʒiʃ'tɛrju] m (ensino) teaching; (profissão) teaching profession; (professorado) teachers pl

magnata [mag'nata] m magnate, tycoon

magnético, -a [mag'nɛtʃiku, a] adj magnetic

magnífico, -a [mag'nifiku, a] adj splendid, magnificent

magnitude [magni'tudʒi] f magnitude

mago ['magu] m magician; **os reis ~s** the Three Wise Men, the Three Kings

mágoa ['magwa] f (tristeza) sorrow, grief; (fig: desagrado) hurt

magoado, -a [ma'gwadu, a] adj hurt

magoar [ma'gwa*] vt, vi to hurt; **magoar-se** vr: **~-se com algo** to be hurt by sth

magro, -a ['magru, a] adj (pessoa) slim; (carne) lean; (fig: parco) meagre (BRIT), meager (US); (leite) skimmed

maio ['maju] (PT M-) m May

maiô [ma'jo] (BR) m swimsuit

maionese [majo'nɛzi] f mayonnaise

maior [ma'jɔ*] adj (compar: de tamanho) bigger; (: de importância) greater; (superl: de tamanho) biggest; (: de importância) greatest ♦ m/f adult; **~ de idade** of age, adult; **~ de 21 anos** over 21; **maioria** [majo'ria] f majority; **a maioria de** most of; **maioridade** [majori'dadʒi] f adulthood

---

mais

PALAVRA CHAVE

[majʃ] adv

1 (compar): **~ magro/inteligente (do que)** thinner/more intelligent (than); **ele trabalha ~ (do que eu)** he works more (than me)

2 (superl): **o ~ ...** the most ...; **o ~ magro/inteligente** the thinnest/most intelligent

3 (negativo): **ele não trabalha ~ aqui** he doesn't work here any more; **nunca ~** never again

4 (+ adj: valor intensivo): **que livro ~ chato!** what a boring book!

5: **por ~ que** however much; **por ~ que se esforce ...** no matter how hard you try ...; **por ~ que eu quisesse ...** much as I should like to ...

6: **a ~: temos um a ~** we've got one extra

7 (tempo): **~ cedo ou ~ tarde** sooner or later; **a ~ tempo** sooner; **logo ~** later on; **no ~ tardar** at the latest

8 (frases): **~ ou menos** more or less; **~ uma vez** once more; **cada vez ~** more and more; **sem ~ nem menos** out of the blue

♦ adj

1 (compar): **~ (do que)** more (than); **ele tem ~ dinheiro (do que o irmão)** he's got more money (than his brother)

2 (superl): **ele é quem tem ~ dinheiro** he's got most money

3 (+ números): **ela tem ~ de dez bolsas** she's got more than ten bags

4 (negativo): **não tenho ~ dinheiro** I haven't got any more money

5 (adicional) else; **~ alguma coisa?** anything else?; **nada/ninguém ~**

a b c d e f g h i j k l m n o p q r s t u v w x z

nothing/no-one else
♦ *prep*: **2 ~ 2 são 4** 2 and 2 *ou* plus
2 are 4
♦ *m*: **o ~** the rest

maisena [maj'zena] *f* cornflour

maiúscula [ma'juʃkula] *f* capital letter

majestade [maʒeʃ'tadʒi] *f* majesty;

majestoso, -a [maʒeʃ'tozu, ɔza] *adj*
majestic

major [ma'ʒɔ*] *m* (*MIL*) major

majoritário, -a [maʒori'tarju, a] *adj*
majority *atr*

mal [maw] (*pl* **~es**) *m* harm; (*MED*)
illness ♦ *adv* badly; (*quase não*) hardly
♦ *conj* hardly; **~ desliguei o fone, a
campainha tocou** I had hardly put the
phone down when the doorbell rang;
falar ~ de alguém to speak ill of sb,
run sb down; **não faz ~** never mind;
estar ~ (*doente*) to be ill; **passar ~** to
be sick; **estar de ~ com alguém** not to
be speaking to sb

mal- [mal-] *prefixo* badly

mala ['mala] *f* suitcase; (*BR*: *AUTO*)
boot, trunk (*US*); **~s** *fpl* (*bagagem*)
luggage *sg*; **fazer as ~s** to pack

malabarismo [malaba'riʒmu] *m*
juggling; **malabarista** [malab'riʃta] *m/f*
juggler

mal-acabado, -a *adj* badly finished;
(*pessoa*) deformed

malagueta [mala'geta] *f* chilli (*BRIT*) *ou*
chili (*US*) pepper

Malaísia [mala'izja] *f*: **a ~** Malaysia

malandragem [malã'draʒẽ] *f*
(*patifaria*) double-dealing; (*preguiça*)
idleness; (*esperteza*) cunning

malandro, -a [ma'lãdru, a] *adj*
double-dealing; (*preguiçoso*) idle;
(*esperto*) wily, cunning ♦ *m/f* crook;
idler, layabout; streetwise person

malária [ma'larja] *f* malaria

mal-arrumado, -a [-axu'madu, a] *adj*
untidy

malcomportado, -a
[mawkõpox'tadu, a] *adj* badly behaved

malcriado, -a [maw'krjadu, a] *adj*
rude ♦ *m/f* slob

maldade [maw'dadʒi] *f* cruelty;
(*malícia*) malice

maldição [mawdʒi'sãw] (*pl* **-ões**) *f*
curse

maldito, -a [maw'dʒitu, a] *adj* damned

maldizer [mawdʒi'ze*] (*irreg*: *como
dizer*) *vt* to curse

maldoso, -a [maw'dozu, ɔza] *adj*
wicked; (*malicioso*) malicious

maledicência [maledʒi'sẽsja] *f* slander

mal-educado, -a *adj* rude ♦ *m/f*
slob

malefício [male'fisju] *m* harm;

maléfico, -a [ma'lɛfiku, a] *adj* (*pessoa*)
malicious; (*prejudicial*: *efeito*) harmful,
injurious

mal-entendido, -a *adj*
misunderstood ♦ *m* misunderstanding

mal-estar *m* indisposition;
(*embaraço*) uneasiness

malfeito, -a [mal'fejtu, a] *adj* (*roupa*)
poorly made; (*corpo*) misshapen

malfeitor, a [mawfej'to*, a] *m/f*
wrong-doer

malha ['maʎa] *f* (*de rede*) mesh;
(*tecido*) jersey; (*suéter*) sweater; (*de
ginástica*) leotard; **fazer ~** (*PT*) to knit;
artigos de ~ knitwear

malhar [ma'ʎa*] *vt* (*bater*) to beat;
(*cereais*) to thresh; (*col*: *criticar*) to
knock, run down

mal-humorado, -a [-umo'radu, a] *adj*
grumpy, sullen

malícia [ma'lisja] *f* malice; (*astúcia*)
slyness; (*esperteza*) cleverness;

malicioso, -a [mali'sjozu, ɔza] *adj*
malicious; sly; clever; (*mente suja*)

dirty-minded

maligno, -a [ma'lignu, a] *adj* evil, malicious; (*danoso*) harmful; (*MED*) malignant

malograr [malo'gra*] *vt* (*planos*) to upset; (*frustrar*) to thwart, frustrate ♦ *vi* (*planos*) to fall through; (*fracassar*) to fail; **malograr-se** *vr* to fall through; to fail

mal-passado, -a *adj* underdone; (*bife*) rare

malsucedido, -a [mawsuse'dʒidu, a] *adj* unsuccessful

Malta ['mawta] *f* Malta

malta ['mawta] (*PT*) *f* gang, mob

maltrapilho, -a [mawtra'piʎu, a] *adj* in rags, ragged ♦ *m/f* ragamuffin

maltratar [mawtra'ta*] *vt* to ill-treat; (*com palavras*) to abuse; (*estragar*) to ruin, damage

maluco, -a [ma'luku, a] *adj* crazy, daft ♦ *m/f* madman/woman

malvadeza [mawva'deza] *f* wickedness; (*ato*) wicked thing

malvado, -a [maw'vadu, a] *adj* wicked

Malvinas [maw'vinaʃ] *fpl*: **as (ilhas) ~** the Falklands, the Falkland Islands

mama ['mama] *f* breast

mamadeira [mama'dejra] (*BR*) *f* feeding bottle

mamãe [ma'mãj] *f* mum, mummy

mamão [ma'mãw] (*pl* **-ões**) *m* papaya

mamar [ma'ma*] *vt* to suck; (*dinheiro*) to extort ♦ *vi* to be breastfed; **dar de ~ a um bebê** to (breast)feed a baby

mamífero [ma'miferu] *m* mammal

mamilo [ma'milu] *m* nipple

mamões [ma'mõjʃ] *mpl de* **mamão**

manada [ma'nada] *f* herd, drove

mancada [mã'kada] *f* (*erro*) mistake; (*gafe*) blunder; **dar uma ~** to blunder

mancar [mã'ka*] *vt* to cripple ♦ *vi* to

limp; **mancar-se** *vr* (*col*) to get the message, take the hint

Mancha ['mãʃa] *f*: **o canal da ~** the English Channel

mancha ['mãʃa] *f* stain; (*na pele*) mark, spot; **sem ~s** (*reputação*) spotless; **manchado, -a** [mã'ʃadu, a] *adj* soiled; (*malhado*) mottled, spotted; **manchar** [mã'ʃa*] *vt* to stain, mark; (*reputação*) to soil

manchete [mã'ʃetʃi] *f* headline

manco, -a ['mãku, a] *adj* crippled, lame ♦ *m/f* cripple

mandado [mã'dadu] *m* order; (*JUR*) writ; (: *tb*: **~ de segurança**) injunction; **~ de prisão/busca** warrant for sb's arrest/search warrant; **~ de segurança** injunction

mandão, -dona [mã'dãw, 'dɔna] (*pl* **-ões, ~s**) *adj* bossy, domineering

mandar [mã'da*] *vt* (*ordenar*) to order; (*enviar*) to send ♦ *vi* to be in charge; **mandar-se** *vr* (*col: partir*) to make tracks, get going; (*fugir*) to take off; **~ buscar** *ou* **chamar** to send for; **~ fazer um vestido** to have a dress made; **~ que alguém faça, ~ alguém fazer** to tell sb to do; **o que é que você manda?** (*col*) what can I do for you?; **~ em alguém** to boss sb around

mandato [mã'datu] *m* mandate; (*ordem*) order; (*POL*) term of office

mandioca [mã'dʒɔka] *f* cassava, manioc

mandões [mã'dõjʃ] *mpl de* **mandão**

mandona [mã'dɔna] *f de* **mandão**

maneira [ma'nejra] *f* (*modo*) way; (*estilo*) style, manner; **~s** *fpl* (*modas*) manners; **à ~ de** like; **de ~ que** so that; **de ~ alguma** *ou* **nenhuma** not at all; **desta ~** in this way; **de qualquer ~** anyway; **não houve ~ de convencê-lo** it was impossible to convince him

maneiro, -a [ma'nejru, a] *adj* (*ferramenta*) easy to use; (*roupa*) attractive; (*trabalho*) easy; (*pessoa*) capable; (*col: bacana*) great, brilliant

manejar [mane'ʒa*] *vt* (*instrumento*) to handle; (*máquina*) to work;

manejo [ma'neʒu] *m* handling

manequim [mane'kĩ] (*pl* -**ns**) *m* (*boneco*) dummy ♦ *m/f* model

manga ['mãga] *f* sleeve; (*fruta*) mango; **em ~s de camisa** in (one's) shirt sleeves

mangueira [mã'gejra] *f* hose(pipe); (*árvore*) mango tree

manha ['maɲa] *f* guile, craftiness; (*destreza*) skill; (*ardil*) trick; (*birra*) tantrum; **fazer ~** to have a tantrum

manhã [ma'ɲã] *f* morning; **de** *ou* **pela ~** in the morning; **amanhã/hoje de ~** tomorrow/this morning

manhoso, -a [ma'ɲozu, ɔza] *adj* crafty, sly; (*criança*) whining

mania [ma'nia] *f* (*MED*) mania; (*obsessão*) craze; **estar com ~ de ...** to have a thing about ...; **maníaco, -a** [ma'niaku, a] *adj* manic ♦ *m/f* maniac

manicômio [mani'komju] *m* asylum, mental hospital

manifestação [manifeʃta'sãw] (*pl* -**ões**) *f* show, display; (*expressão*) expression, declaration; (*política*) demonstration

manifestar [manifeʃ'ta*] *vt* to show, display; (*declarar*) to express, declare

manifesto, -a [mani'feʃtu, a] *adj* obvious, clear ♦ *m* manifesto

manipulação [manipula'sãw] *f* handling; (*fig*) manipulation

manipular [manipu'la*] *vt* to manipulate; (*manejar*) to handle

manivela [mani'vela] *f* crank

manjericão [mãʒeri'kãw] *m* basil

manobra [ma'nɔbra] *f* manoeuvre

(*BRIT*), maneuver (*US*); (*de mecanismo*) operation; (*de trens*) shunting;

manobrar [mano'bra*] *vt* to manoeuvre *ou* maneuver; (*mecanismo*) to operate, work; (*governar*) to take charge of; (*manipular*) to manipulate ♦ *vi* to manoeuvre *ou* maneuver

manso, -a ['mãsu, a] *adj* gentle; (*mar*) calm; (*animal*) tame

manta ['mãta] *f* blanket; (*xale*) shawl; (*agasalho*) cloak

manteiga [mã'tejga] *f* butter; **~ de cacau** cocoa butter

manter [mã'te*] (*irreg: como* **ter**) *vt* to maintain; (*num lugar*) to keep; (*uma família*) to support; (*a palavra*) to keep; (*princípios*) to abide by; **manter-se** *vr* to support o.s.; (*permanecer*) to remain; **mantimento** [mãtʃi'mẽtu] *m* maintenance; **mantimentos** *mpl* (*alimentos*) provisions

manual [ma'nwaw] (*pl* -**ais**) *adj* manual ♦ *m* handbook, manual

manufatura [manufa'tura] (*PT* -**ct-**) *f* manufacture; **manufaturar** [manufatu'ra*] (*PT* -**ct-**) *vt* to manufacture

manusear [manu'zja*] *vt* to handle; (*livro*) to leaf through

manutenção [manutẽ'sãw] *f* maintenance; (*da casa*) upkeep

mão [mãw] (*pl* ~**s**) *f* hand; (*de animal*) paw; (*de pintura*) coat; (*de direção*) flow of traffic; **à ~** by hand; (*perto*) at hand; **de segunda ~** second-hand; **em ~** by hand; **dar a ~ a alguém** to hold sb's hand; (*cumprimentar*) to shake hands with sb; **dar uma ~ a alguém** to give sb a hand, help sb out; **~ única/ dupla** one-way/two-way traffic; **rua de duas ~s** two-way street; **mão-de-obra** *f* (*trabalhadores*) labour

(*BRIT*), labor (*US*); (*coisa difícil*) tricky thing

mapa ['mapa] *m* map; (*gráfico*) chart

maquiagem [ma'kjaʒē] *f* = **maquilagem**

maquiar [ma'kja*] *vt* to make up; **maquiar-se** *vr* to make o.s. up, put on one's make-up

maquilagem [maki'laʒē] (*PT* **-lha-**) *f* make-up; (*ato*) making up

máquina ['makina] *f* machine; (*de trem*) engine; (*fig*) machinery; **~ de calcular/costura/escrever** calculator/ sewing machine/typewriter; **~ fotográfica** camera; **~ de filmar** camera; (*de vídeo*) camcorder; **~ de lavar (roupa)/pratos** washing machine/dishwasher; **escrito à ~** typewritten

maquinar [maki'na*] *vt* to plot ♦ *vi* to conspire

maquinista [maki'niʃta] *m* (*FERRO*) engine driver; (*NÁUT*) engineer

mar [ma*] *m* sea; **por ~** by sea; **fazer-se ao ~** to set sail; **pleno ~, ~ alto** high sea; **o ~ Morto/Negro/ Vermelho** the Dead/Black/Red Sea

maracujá [maraku'ʒa] *m* passion fruit; **pé de ~** passion flower

maratona [mara'tona] *f* marathon

maravilha [mara'viʎa] *f* marvel, wonder; **maravilhoso, -a** [maravi'ʎozu, ɔza] *adj* marvellous (*BRIT*), marvelous (*US*)

marca ['maxka] *f* mark; (*COM*) make, brand; (*carimbo*) stamp; **~ de fábrica** trademark; **~ registrada** registered trademark

marcação [maxka'sãw] (*pl* **-ões**) *f* marking; (*em jogo*) scoring; (*de instrumento*) reading; (*TEATRO*) action; (*PT: TEL*) dialling

marcador [maxka'do*] *m* marker; (*de livro*) bookmark; (*ESPORTE: quadro*) scoreboard; (: *jogador*) scorer

marcapasso [maxka'pasu] *m* (*MED*) pacemaker

marcar [max'ka*] *vt* to mark; (*hora, data*) to fix, set; (*PT: TEL*) to dial; (*gol, ponto*) to score ♦ *vi* to make one's mark; **~ uma consulta, ~ hora** to make an appointment; **~ um encontro com alguém** to arrange to meet sb

marcha ['maxʃa] *f* march; (*de acontecimentos*) course; (*passo*) pace; (*AUTO*) gear; (*progresso*) progress; **~ à ré** (*BR*), **~ atrás** (*PT*) reverse (gear); **pôr-se em ~** to set off

marchar [max'ʃa*] *vi* to go; (*andar a pé*) to walk; (*MIL*) to march

marco ['maxku] *m* landmark; (*de janela*) frame; (*fig*) frontier; (*moeda*) mark

março ['maxsu] (*PT* **M-**) *m* March

maré [ma'rɛ] *f* tide

marechal [mare'ʃaw] (*pl* **-ais**) *m* marshal

maremoto [mare'mɔtu] *m* tidal wave

marfim [max'fĩ] *m* ivory

margarida [maxga'rida] *f* daisy; (*COMPUT*) daisy wheel

margarina [maxga'rina] *f* margarine

margem ['maxʒē] (*pl* **-ns**) *f* (*borda*) edge; (*de rio*) bank; (*litoral*) shore; (*de impresso*) margin; (*fig: tempo*) time; (: *lugar*) space; **à ~ de** alongside

marginal [maxʒi'naw] (*pl* **-ais**) *adj* marginal ♦ *m/f* delinquent

marido [ma'ridu] *m* husband

marimbondo [marĩ'bõdu] *m* hornet

marinha [ma'rina] *f* (*tb: ~ de guerra*) navy; **~ mercante** merchant navy;

marinheiro [mari'nejru] *m* seaman, sailor

marinho, -a [ma'rinu, a] *adj* sea atr, marine

mariposa [mari'poza] *f* moth

marítimo, -a [ma'ritʃimu, a] *adj*
sea *atr*

marketing ['maxketʃĩŋ] *m* marketing

marmelada [maxme'lada] *f* quince
jam

marmelo [max'mɛlu] *m* quince

marmita [max'mita] *f* (*vasilha*) pot

mármore ['maxmori] *m* marble

marquês, -quesa [max'keʃ, 'keza] *m/f*
marquis/marchioness

marquise [max'kizi] *f* awning, canopy

Marrocos [ma'xɔkuʃ] *m*: **o ~** Morocco

marrom [ma'xõ] (*pl* **-ns**) *adj, m*
brown

martelar [maxte'la*] *vt* to hammer;
(*amolar*) to bother ♦ *vi* to hammer;
(*insistir*): **~ (em algo)** to keep *ou* harp
on (about sth); **martelo** [max'tɛlu] *m*
hammer

mártir ['maxtʃi*] *m/f* martyr; **martírio**
[max'tʃirju] *m* martyrdom; (*fig*) torment

marxista [max'ksiʃta] *adj, m/f* Marxist

mas [ma(j)ʃ] *conj* but ♦ *pron* = **me**
+ as

mascar [maʃ'ka*] *vt* to chew

máscara ['maʃkara] *f* mask; (*para
limpeza de pele*) face pack; **sob a ~ de**
under the guise of; **mascarar**
[maʃka'ra*] *vt* to mask; (*disfarçar*) to
disguise; (*encobrir*) to cover up

mascote [maʃ'kɔtʃi] *f* mascot

masculino, -a [maʃku'linu, a] *adj*
masculine; (*BIO*) male

massa ['masa] *f* (*FÍS, fig*) mass; (*de
tomate*) paste; (*CULIN: de pão*) dough;
(: *macarrão etc*) pasta

massacrar [masa'kra*] *vt* to massacre;
massacre [ma'sakri] *f* massacre

massagear [masa'ʒja*] *vt* to massage;
massagem [ma'saʒẽ] (*pl* **-ns**) *f*
massage

mastigar [maʃtʃi'ga*] *vt* to chew

mastro ['maʃtru] *m* (*NÁUT*) mast; (*para
bandeira*) flagpole

masturbar-se [maʃtux'baxsi*] *vr* to
masturbate

mata ['mata] *f* forest, wood

matadouro [mata'doru] *m*
slaughterhouse

matança [ma'tãsa] *f* massacre; (*de
reses*) slaughter(ing)

matar [ma'ta*] *vt* to kill; (*sede*) to
quench; (*fome*) to satisfy; (*aula*) to
skip; (*trabalho: não aparecer*) to skive
off; (: *fazer rápido*) to dash off;
(*adivinhar*) to guess ♦ *vi* to kill;
matar-se *vr* to kill o.s.; (*esfalfar-se*) to
wear o.s. out; **um calor/uma dor de ~**
stifling heat/excruciating pain

mate ['matʃi] *adj* matt ♦ *m* (*chá*) maté
tea; (*xeque-~*) checkmate

matemática [mate'matʃika] *f*
mathematics *sg*, maths *sg* (*BRIT*), math
(*US*); **matemático, -a** [mate'matʃiku, a]
adj mathematical ♦ *m/f*
mathematician

matéria [ma'tɛrja] *f* matter; (*TEC*)
material; (*EDUC: assunto*) subject;
(*tema*) topic; (*jornalística*) story, article;
em ~ de on the subject of

material [mate'rjaw] (*pl* **-ais**) *adj*
material; (*físico*) physical ♦ *m* material;
(*TEC*) equipment; **materialista**
[materja'liʃta] *adj* materialistic;
materializar [materjali'za*] *vt* to
materialize; **materializar-se** *vr* to
materialize

matéria-prima (*pl*
matérias-primas) *f* raw material

maternal [matex'naw] (*pl* **-ais**) *adj*
motherly, maternal; **escola ~** nursery
(school); **maternidade** [matexni'dadʒi]
f motherhood, maternity; (*hospital*)
maternity hospital

materno, -a [ma'texnu, a] *adj*

motherly, maternal; (*língua*) native

matinê [matʃiˈne] *f* matinée

matiz [maˈtʃiʒ] *m* (*de cor*) shade

mato [ˈmatu] *m* scrubland, bush; (*plantas agrestes*) scrub; (*o campo*) country

matraca [maˈtraka] *f* rattle

matrícula [maˈtrikula] *f* (*lista*) register; (*inscrição*) registration; (*pagamento*) enrolment (*BRIT*) *ou* enrollment (*US*) fee; (*PT: AUTO*) registration number (*BRIT*), license number (*US*); **fazer a ~** to enrol (*BRIT*), enroll (*US*)

matrimonial [matrimoˈnjaw] (*pl* **-ais**) *adj* marriage *atr*, matrimonial

matrimônio [matriˈmonju] *m* marriage

matriz [maˈtriʒ] *f* (*MED*) womb; (*fonte*) source; (*molde*) mould (*BRIT*), mold (*US*); (*COM*) head office

maturidade [maturiˈdadʒi] *f* maturity

mau, má [maw, ma] *adj* bad; (*malvado*) evil, wicked ♦ *m* bad; (*REL*) evil; **os ~s** *mpl* (*pessoas*) bad people; (*num filme*) the baddies

maus-tratos *mpl* ill-treatment *sg*

maxila [makˈsila] *f* jawbone

maxilar [maksiˈla*] *m* jawbone

máxima [ˈmasima] *f* maxim

máximo, -a [ˈmasimu, a] *adj* (*maior que todos*) greatest; (*o maior possível*) maximum ♦ *m* maximum; (*o cúmulo*) peak; (*temperature*) high; **no ~** at most; **ao ~** to the utmost

MCE *abr m* = **Mercado Comum Europeu**

me [mi] *pron* (*direto*) me; (*indireto*) (to) me; (*reflexivo*) (to) myself

meado [ˈmjadu] *m* middle; **em ~s** *ou* **no(s) ~(s) de julho** in mid-July

Meca [ˈmɛka] *n* Mecca

mecânica [meˈkanika] *f* (*ciência*) mechanics *sg*; (*mecanismo*)

mechanism; *V tb* **mecânico**

mecânico, -a [meˈkaniku, a] *adj* mechanical ♦ *m/f* mechanic

mecanismo [mekaˈniʒmu] *m* mechanism

meço *etc* [ˈmesu] *vb V* **medir**

medalha [meˈdaʎa] *f* medal;

medalhão [medaˈʎãw] (*pl* **-ões**) *m* medallion

média [ˈmɛdʒja] *f* average; (*café*) coffee with milk; **em ~** on average

mediano, -a [meˈdʒjanu, a] *adj* medium; (*médio*) average; (*medíocre*) mediocre

mediante [meˈdʒjãtʃi] *prep* by (means of), through; (*a troco de*) in return for

medicação [medʒikaˈsãw] (*pl* **-ões**) *f* treatment; (*medicamentos*) medication

medicamento [medʒikaˈmẽtu] *m* medicine

medicina [medʒiˈsina] *f* medicine

médico, -a [ˈmɛdʒiku, a] *adj* medical ♦ *m/f* doctor; **receita médica** prescription

medida [meˈdʒida] *f* measure; (*providência*) step; (*medição*) measurement; (*moderação*) prudence; **à ~ que** while, as; **na ~ em que** in so far as; **feito sob ~** made to measure; **ir além da ~** to go too far; **tirar as ~s de alguém** to take sb's measurements; **tomar ~s** to take steps; **tomar as ~s de** to measure

medieval [medʒjeˈvaw] (*pl* **-ais**) *adj* medieval

médio, -a [ˈmɛdʒju, a] *adj* (*dedo, classe*) middle; (*tamanho, estatura*) medium; (*mediano*) average; **ensino ~** secondary education

medíocre [meˈdʒiokri] *adj* mediocre

medir [meˈdʒi*] *vt* to measure; (*atos, palavras*) to weigh; (*avaliar: consequências, distâncias*) to weigh up

♦ *vi* to measure; **quanto você mede? – meço 1,60 m** how tall are you? – I'm 1.60 m (tall)

meditar [medʒi'ta*] *vi* to meditate; ~ **sobre algo** to ponder (on) sth

mediterrâneo, -a [medʒite'xanju, a] *adj* Mediterranean ♦ *m*: **o M~** the Mediterranean

medo ['medu] *m* fear; **com ~** afraid; **meter ~ em alguém** to frighten sb; **ter ~ de** to be afraid of

medonho, -a [me'doɲu, a] *adj* terrible, awful

medroso, -a [me'drozu, ɔza] *adj* (*com medo*) frightened; (*tímido*) timid

megabyte [mega'bajtʃi] *m* megabyte

meia ['meja] *f* stocking; (*curta*) sock; (*meia-entrada*) half-price ticket ♦ *num* six; **meia-idade** *f* middle age; **pessoa de meia-idade** middle-aged person; **meia-noite** *f* midnight

meigo, -a ['mejgu, a] *adj* sweet

meio, -a ['meju, a] *adj* half ♦ *adv* a bit, rather ♦ *m* middle; (*social, profissional*) milieu; (*tb*: **~ ambiente**) environment; (*maneira*) way; (*recursos: tb*: **~s**) means *pl*; **~ quilo** half a kilo; **um mês e ~** one and a half months; **cortar ao ~** to cut in half; **dividir algo ~ a ~** to divide sth in half *ou* fifty-fifty; **em ~ a** amid; **no ~ (de)** in the middle (of); **~s de comunicação (de massa)** (mass) media *pl*; **por ~ de** through; **meio-dia** *m* midday, noon; **meio-fio** *m* kerb (*BRIT*), curb (*US*); **meio-termo** (*pl* **meios-termos**) *m* (*fig*) compromise

mel [mɛw] *m* honey

melaço [me'lasu] *m* treacle (*BRIT*), molasses *pl* (*US*)

melancia [melã'sia] *f* watermelon

melancolia [melãko'lia] *f* melancholy, sadness; **melancólico, -a** [melã'kɔliku, a] *adj* melancholy, sad

melão [me'lãw] (*pl* **-ões**) *m* melon

melhor [me'ʎɔ*] *adj, adv* (*compar*) better; (*superl*) best; **~ que nunca** better than ever; **quanto mais ~** the more the better; **seria ~ começarmos** we had better begin; **tanto ~** so much the better; **ou ~ ...** (*ou antes*) or rather ...; **melhora** [me'ʎɔra] *f* improvement; **melhoras!** get well soon!; **melhorar** [meʎo'ra*] *vt* to improve, make better; (*doente*) to cure ♦ *vi* to improve, get better

melindroso, -a [melĩ'drozu, ɔza] *adj* sensitive, touchy; (*problema, situação*) tricky; (*operação*) delicate

melodia [melo'dʒia] *f* melody; (*composição*) tune

melodrama [melo'drama] *m* melodrama

melões [me'lõjʃ] *mpl de* **melão**

melro ['mɛwxu] *m* blackbird

membro ['mẽbru] *m* member; (*ANAT: braço, perna*) limb

memória [me'mɔrja] *f* memory; **~s** *fpl* (*de autor*) memoirs; **de ~** by heart

memorizar [memori'za*] *vt* to memorize

mencionar [mẽsjo'na*] *vt* to mention

mendigar [mẽdʒi'ga*] *vt* to beg for ♦ *vi* to beg; **mendigo, -a** [mẽ'dʒigu, a] *m/f* beggar

menina [me'nina] *f*: **~ do olho** pupil; **ser a ~ dos olhos de alguém** (*fig*) to be the apple of sb's eye; *V tb* **menino**

meninada [meni'nada] *f* kids *pl*

menino, -a [me'ninu, a] *m/f* boy/girl

menopausa [meno'pawza] *f* menopause

menor [me'nɔ*] *adj* (*mais pequeno: compar*) smaller; (: *superl*) smallest; (*mais jovem: compar*) younger; (: *superl*) youngest; (*o mínimo*) least, slightest; (*tb*: **~ de idade**) under age

♦ *m/f* juvenile, young person; (*JUR*) minor; **não tenho a ~ idéia** I haven't the slightest idea

---
menos
PALAVRA CHAVE

['menuʃ] *adj*

1 (*compar*): **~ (do que)** (*quantidade*) less (than); (*número*) fewer (than); **com ~ entusiasmo** with less enthusiasm; **~ gente** fewer people

2 (*superl*) least; **é o que tem ~ culpa** he is the least to blame

♦ *adv*

1 (*compar*): **~ (do que)** less (than); **gostei ~ do que do outro** I liked it less than the other one

2 (*superl*): **é o ~ inteligente da classe** he is the least bright in his class; **de todas elas é a que ~ me agrada** out of all of them she's the one I like least; **pelo ~** at (the very) least

3 (*frases*): **temos sete a ~** we are seven short; **não é para ~** it's no wonder; **isso é o de ~** that's nothing

♦ *prep* (*exceção*) except; (*números*) minus; **todos ~ eu** everyone except (for) me; **5 ~ 2** 5 minus 2

♦ *conj*: **a ~ que** unless; **a ~ que ele venha amanhã** unless he comes tomorrow

♦ *m*: **o ~** the least

menosprezar [menuʃpre'za*] *vt* (*subestimar*) to underrate; (*desprezar*) to despise, scorn

mensageiro, -a [mẽsa'ʒejru, a] *m/f* messenger

mensagem [mẽ'saʒẽ] (*pl* **-ns**) *f* message

mensal [mẽ'saw] (*pl* **-ais**) *adj* monthly; **ele ganha £1000 mensais** he

earns £1000 a month; **mensalidade** [mẽsali'dadʒi] *f* monthly payment; **mensalmente** [mẽsaw'mẽtʃi] *adv* monthly

menstruação [mẽʃtrwa'sãw] *f* period; (*MED*) menstruation

menta ['mẽta] *f* mint

mental [mẽ'taw] (*pl* **-ais**) *adj* mental; **mentalidade** [mẽtali'dadʒi] *f* mentality

mente ['mẽtʃi] *f* mind; **de boa ~** willingly; **ter em ~** to bear in mind

mentir [mẽ'tʃi*] *vi* to lie

mentira [mẽ'tʃira] *f* lie; (*ato*) lying; **parece ~ que** it seems incredible that; **de ~** not for real; **~!** (*acusação*) that's a lie!, you're lying!; (*de surpresa*) you don't say!, no!; **mentiroso, -a** [mẽtʃi'rozu, ɔza] *adj* lying ♦ *m/f* liar

menu [me'nu] *m* (*tb*: *COMPUT*) menu

mercado [mex'kadu] *m* market; **M~ Comum** Common Market; **~ negro** *ou* **paralelo** black market

mercadoria [mexkado'ria] *f* commodity; **~s** *fpl* (*produtos*) goods

mercearia [mexsja'ria] *f* grocer's (shop) (*BRIT*), grocery store

mercúrio [mex'kurju] *m* mercury

merda ['mexda] (*col!*) *f* shit (*!*) ♦ *m/f* (*pessoa*) jerk; **a ~ do carro** the bloody (*BRIT!*) *ou* goddamn (*US!*) car

merecer [mere'se*] *vt* to deserve; (*consideração*) to merit; (*valer*) to be worth ♦ *vi* to be worthy; **merecido, -a** [mere'sidu, a] *adj* deserved; (*castigo, prêmio*) just

merenda [me'rẽda] *f* packed lunch

merengue [me'rẽgi] *m* meringue

mergulhador, a [mexguʎa'do*, a] *m/f* diver

mergulhar [mexgu'ʎa*] *vi* to dive; (*penetrar*) to plunge ♦ *vt*: **~ algo em algo** (*num líquido*) to dip sth into sth; (*na terra etc*) to plunge sth into sth;

mergulho [mexˈguʎu] *m* dip(ping), immersion; (*em natação*) dive; **dar um mergulho** (*na praia*) to go for a dip

mérito [ˈmɛritu] *m* merit

mero, -a [ˈmɛru, a] *adj* mere

mês [meʃ] *m* month

mesa [ˈmeza] *f* table; (*de trabalho*) desk; (*comitê*) board; (*numa reunião*) panel; **pôr/tirar a ~** to lay/clear the table; **à ~** at the table; **~ de toalete** dressing table; **~ telefônica** switchboard

mesada [meˈzada] *f* monthly allowance; (*de criança*) pocket money

mesa-de-cabeceira (*pl* **mesas-de-cabeceira**) *f* bedside table

mesmo, -a [ˈmeʒmu, a] *adj* same; (*enfático*) very ♦ *adv* (*exatamente*) right; (*até*) even; (*realmente*) really ♦ *m/f*: **o ~, a mesma** the same (one); **o ~** (*a mesma coisa*) the same (thing); **este ~ homem** this very man; **ele ~ o fez** he did it himself; **dá no ~ ou na mesma** it's all the same; **aqui/agora/hoje ~** right here/right now/this very day; **~ que** even if; **é ~** it's true; **é ~?** really?; **(é) isso ~!** exactly!; **por isso ~** that's why; **nem ~** not even; **só ~** only; **por si ~** by oneself

mesquinho, -a [meʃˈkiɲu, a] *adj* mean

mesquita [meʃˈkita] *f* mosque

mestiço, -a [meʃˈtʃisu, a] *adj* half-caste, of mixed race; (*animal*) crossbred ♦ *m/f* half-caste; crossbreed

mestre, -a [ˈmɛʃtri, a] *adj* (*chave, viga*) master; (*linha, estrada*) main ♦ *m/f* master/mistress; (*professor*) teacher; **obra mestra** masterpiece

meta [ˈmɛta] *f* (*em corrida*) finishing post; (*gol*) goal; (*objetivo*) aim

metade [meˈtadʒi] *f* half; (*meio*) middle

metáfora [meˈtafora] *f* metaphor

metal [meˈtaw] (*pl* **-ais**) *m* metal; **metais** *mpl* (*MÚS*) brass *sg*; **metálico, -a** [meˈtaliku, a] *adj* metallic; (*de metal*) metal *atr*

metalúrgico, -a [metaˈluxʒiku, a] *m/f* metalworker

meteorologia [meteoroloˈʒia] *f* meteorology; **meteorologista** [meteoroloˈʒiʃta] *m/f* meteorologist; (*TV, RÁDIO*) weather forecaster

meter [meˈte*] *vt* (*colocar*) to put; (*envolver*) to involve; (*introduzir*) to introduce; **meter-se** *vr* (*esconder-se*) to hide; **~-se a fazer algo** to decide to have a go at sth; **~-se com** (*provocar*) to pick a quarrel with; (*associar-se*) to get involved with; **~-se em** to get involved in; (*intrometer-se*) to interfere in

meticuloso, -a [metʃikuˈlozu, ɔza] *adj* meticulous

metido, -a [meˈtʃidu, a] *adj* (*envolvido*) involved; (*intrometido*) meddling; **~ (a besta)** snobbish

metódico, -a [meˈtɔdʒiku, a] *adj* methodical

método [ˈmɛtodu] *m* method

metralhadora [metraʎaˈdora] *f* sub-machine gun

métrico, -a [ˈmɛtriku, a] *adj* metric

metro [ˈmɛtru] *m* metre (*BRIT*), meter (*US*); (*PT*) = **metrô**

metrô [meˈtro] (*BR*) *m* underground (*BRIT*), subway (*US*)

metrópole [meˈtrɔpoli] *f* metropolis; (*capital*) capital

meu, minha [mew, ˈmiɲa] *adj* my ♦ *pron* mine; **os ~s** *mpl* (*minha família*) my family *ou* folks (*col*); **um amigo ~** a friend of mine

mexer [meˈʃe*] *vt* to move; (*cabeça: dizendo sim*) to nod; (: *dizendo não*) to shake; (*misturar*) to stir; (*ovos*) to scramble ♦ *vi* to move; **mexer-se** *vr* to move; (*apressar-se*) to get a move on; **~ em algo** to touch sth; **mexa-se!** get going!, move yourself!

mexerico [meʃeˈriku] *m* piece of gossip; **~s** *mpl* (*fofocas*) gossip *sg*

México [ˈmeʃiku] *m*: **o ~** Mexico

mexido, -a [meˈʃidu, a] *adj* (*papéis*) mixed up; (*ovos*) scrambled

mexilhão [meʃiˈʎãw] (*pl* **-ões**) *m* mussel

mi [mi] *m* (*MÚS*) E

miar [mjaˈ*] *vi* to miaow; (*vento*) to whistle

miau [mjaw] *m* miaow

micro... [mikru] *prefixo* micro...;

micro(computador) [mikru(kõputaˈdo*)] *m* micro(computer);

microfone [mikroˈfɔni] *m* microphone;

microondas [mikroˈõdaʃ] *m inv* (*tb*: **forno de microondas**) microwave (oven); **microprocessador** [mikroprosesaˈdo*] *m* microprocessor;

microscópio [mikroˈʃkɔpju] *m* microscope

mídia [ˈmidʒja] *f* media *pl*

migalha [miˈgaʎa] *f* crumb; **~s** *fpl* (*restos, sobras*) scraps

migrar [miˈgra*] *vi* to migrate

mijar [miˈʒa*] (*col*) *vi* to pee; **mijar-se** *vr* to wet o.s.

mil [miw] *num* thousand; **dois ~** two thousand

milagre [miˈlagri] *m* miracle; **por ~** miraculously; **milagroso, -a** [milaˈgrozu, ɔza] *adj* miraculous

milhão [miˈʎãw] (*pl* **-ões**) *m* million; **um ~ de vezes** hundreds of times

milhar [miˈʎa*] *m* thousand; **turistas aos ~es** tourists in their thousands

milho [ˈmiʎu] *m* maize (*BRIT*), corn (*US*)

milhões [miˈʎõjʃ] *mpl de* **milhão**

miligrama [miliˈgrama] *m* milligram(me)

milionário, -a [miljoˈnarju, a] *m/f* millionaire

militante [miliˈtãtʃi] *adj* militant ♦ *m/f* activist; (*extremista*) militant

militar [miliˈta*] *adj* military ♦ *m* soldier ♦ *vi* to fight; **~ em** (*MIL*: *regimento*) to serve in; (*POL*: *partido*) to belong to, be active in; (*profissão*) to work in

mim [mĩ] *pron* me; (*reflexivo*) myself; **de ~ para ~** to myself

mimar [miˈma*] *vt* to pamper, spoil

mímica [ˈmimika] *f* mime

mimo [ˈmimu] *m* gift; (*pessoa, coisa encantadora*) delight; (*carinho*) tenderness; (*gentileza*) kindness; **cheio de ~s** (*criança*) spoiled, spoilt (*BRIT*);

mimoso, -a [miˈmozu, ɔza] *adj* (*delicado*) delicate; (*carinhoso*) tender, loving; (*encantador*) delightful

mina [ˈmina] *f* mine

mindinho [mĩˈdʒiɲu] *m* (*tb*: **dedo ~**) little finger

mineiro, -a [miˈnejru, a] *adj* mining *atr* ♦ *m/f* miner

mineral [mineˈraw] (*pl* **-ais**) *adj, m* mineral

minério [miˈnɛrju] *m* ore

míngua [ˈmĩgwa] *f* lack; **à ~ de** for want of; **viver à ~** to live in poverty;

minguado, -a [mĩˈgwadu, a] *adj* scant; (*criança*) stunted; **minguado de algo** short of sth

minguar [mĩˈgwa*] *vi* (*diminuir*) to decrease, dwindle; (*faltar*) to run short

minha [ˈmiɲa] *f de* **meu**

minhoca [miˈɲɔka] *f* (earth)worm

mini... [mini] *prefixo* mini...

miniatura [minjaˈtura] *adj, f* miniature

MiniDisc [miniˈdʒiʃki] ® *m* MiniDisc ®

mínima ['minima] f (*temperatura*) low; (*MÚS*) minim

mínimo, -a ['minimu, a] *adj* minimum ♦ *m* minimum; (*tb:* **dedo ~**) little finger; **não dou** *ou* **ligo a mínima para isso** I couldn't care less about it; **a mínima importância/idéia** the slightest importance/idea; **no ~** at least

minissaia [mini'saja] f miniskirt

ministério [mini'fterju] *m* ministry; **~ da Fazenda** ≈ Treasury (*BRIT*), ≈ Treasury Department (*US*); **M~ das Relações Exteriores** ≈ Foreign Office (*BRIT*), ≈ State Department (*US*)

ministro, -a [mi'niftru, a] *m/f* minister

minoria [mino'ria] f minority

minto *etc* ['mĩtu] *vb V* **mentir**

minucioso, -a [minu'sjozu, ɔza] *adj* (*indivíduo, busca*) thorough; (*explicação*) detailed

minúsculo, -a [mi'nufkulu, a] *adj* minute, tiny; **letra minúscula** lower case

minuta [mi'nuta] f rough draft

minuto [mi'nutu] *m* minute

miolo ['mjolu] *m* inside; (*polpa*) pulp; (*de maçã*) core; **~s** *mpl* (*cérebro, inteligência*) brains

míope ['miopi] *adj* short-sighted

mira ['mira] f (*de fuzil*) sight; (*pontaria*) aim; (*fig*) aim, purpose; **à ~ de** on the lookout for; **ter em ~** to have one's eye on

miragem [mi'raʒẽ] (*pl* **-ns**) f mirage

miscelânea [mise'lanja] f miscellany; (*confusão*) muddle

miserável [mize'ravew] (*pl* **-eis**) *adj* (*digno de compaixão*) wretched; (*pobre*) impoverished; (*avaro*) stingy, mean; (*insignificante*) paltry; (*lugar*) squalid; (*infame*) despicable ♦ *m* wretch; (*coitado*) poor thing; (*pessoa infame*) rotter

miséria [mi'zerja] f misery; (*pobreza*) poverty; (*avareza*) stinginess

misericórdia [mizeri'kɔxdʒja] f (*compaixão*) pity, compassion; (*graça*) mercy

missa ['misa] f (*REL*) mass

missão [mi'sãw] (*pl* **-ões**) f mission; (*dever*) duty

míssil ['misiw] (*pl* **-eis**) *m* missile

missionário, -a [misjo'narju, a] *m/f* missionary

missões [mi'sõjʃ] *fpl de* **missão**

mistério [mif'terju] *m* mystery; **misterioso, -a** [mifte'rjozu, ɔza] *adj* mysterious

mistificar [miftfifi'ka*] *vt, vi* to fool

misto, -a ['miftu, a] *adj* mixed; (*confuso*) mixed up ♦ *m* mixture; **misto-quente** (*pl* **mistos-quentes**) *m* toasted cheese and ham sandwich

mistura [mif'tura] f mixture; (*ato*) mixing; **misturar** [miftu'ra*] *vt* to mix; (*confundir*) to mix up; **misturar-se** *vr*: **~r-se com** to mingle with

mitigar [mitfi'ga*] *vt* (*raiva*) to temper; (*dor*) to relieve; (*sede*) to lessen

mito ['mitu] *m* myth

miudezas [mju'dezaʃ] *fpl* minutiae; (*bugigangas*) odds and ends; (*objetos pequenos*) trinkets

miúdo, -a ['mjudu, a] *adj* tiny, minute ♦ *m/f* (*PT: criança*) youngster, kid; **~s** *mpl* (*dinheiro*) change *sg*; (*de aves*) giblets; **dinheiro ~** small change

mm *abr* (= *milímetro*) mm

mo [mu] *pron* = **me** + **o**

moa *etc* ['moa] *vb V* **moer**

móbil ['mɔbiw] (*pl* **-eis**) *adj* = **móvel**

móbile ['mɔbili] *m* mobile

mobília [mo'bilja] f furniture;

mobiliar [mobi'lja*] (*BR*) *vt* to furnish;

mobiliário [mobi'ljarju] *m* furnishings *pl*

moça ['mosa] *f* girl, young woman

Moçambique [mosã'biki] *m* Mozambique

moção [mo'sãw] (*pl* -**ões**) *f* motion

mochila [mo'ʃila] *f* rucksack

mocidade [mosi'dadʒi] *f* youth; (*os moços*) young people *pl*

moço, -a ['mosu, a] *adj* young ♦ *m* young man, lad

moções [mo'sõjʃ] *fpl de* moção

moda ['mɔda] *f* fashion; **estar na ~** to be in fashion, be all the rage; **fora da ~** old-fashioned; **sair da** *ou* **cair de ~** to go out of fashion

modalidade [modali'dadʒi] *f* kind; (*ESPORTE*) event

modelo [mo'delu] *m* model; (*criação de estilista*) design

moderado, -a [mode'radu, a] *adj* moderate; (*clima*) mild

moderar [mode'ra*] *vt* to moderate; (*violência*) to control, restrain; (*velocidade*) to reduce; (*voz*) to lower; (*gastos*) to cut down

modernizar [modexni'za*] *vt* to modernize; **modernizar-se** *vr* to modernize

moderno, -a [mo'dɛxnu, a] *adj* modern; (*atual*) present-day

modéstia [mo'dɛʃtʃja] *f* modesty

modesto, -a [mo'dɛʃtu, a] *adj* modest; (*simples*) simple, plain; (*vida*) frugal

módico, -a ['mɔdʒiku, a] *adj* moderate; (*preço*) reasonable; (*bens*) scant

modificar [modʒifi'ka*] *vt* to modify, alter

modista [mo'dʒiʃta] *f* dressmaker

modo ['mɔdu] *m* (*maneira*) way, manner; (*método*) way; (*MÚS*) mode;

~s *mpl* (*comportamento*) manners; **de (tal) ~ que** so (that); **de ~ nenhum** in no way; **de qualquer ~** anyway, anyhow; **~ de emprego** instructions *pl* for use

módulo ['mɔdulu] *m* module

moeda ['mwɛda] *f* (*uma ~*) coin; (*dinheiro*) currency; **uma ~ de 10p** a 10p piece; **~ corrente** currency; **Casa da M~** ≈ the Mint (*BRIT*), ≈ the (US) Mint

moedor [moe'do*] *m* (*de café*) grinder; (*de carne*) mincer

moer [mwe*] *vt* (*café*) to grind; (*cana*) to crush

mofado, -a [mo'fadu, a] *adj* mouldy (*BRIT*), moldy (*US*)

mofo ['mofu] *m* (*BOT*) mo(u)ld; **cheiro de ~** musty smell

mogno ['mɔgnu] *m* mahogany

mói *etc* [mɔj] *vb V* moer

moía *etc* [mo'ia] *vb V* moer

moído, -a [mo'idu, a] *adj* (*café*) ground; (*carne*) minced; (*cansado*) tired out; (*corpo*) aching

moinho ['mwiɲu] *m* mill; (*de café*) grinder; **~ de vento** windmill

mola ['mɔla] *f* (*TEC*) spring; (*fig*) motive, motivation

moldar [mow'da*] *vt* to mould (*BRIT*), mold (*US*); (*metal*) to cast; **molde** ['mɔwdʒi] *m* mo(u)ld; (*de papel*) pattern; (*fig*) model; **molde de vestido** dress pattern

moldura [mow'dura] *f* (*de pintura*) frame

mole ['mɔli] *adj* soft; (*sem energia*) listless; (*carnes*) flabby; (*col: fácil*) easy; (*lento*) slow; (*preguiçoso*) sluggish ♦ *adv* (*lentamente*) slowly

moleque [mo'lɛki] *m* (*de rua*) urchin; (*menino*) youngster; (*pessoa sem palavra*) unreliable person; (*canalha*)

a b c d e f g h i j k l **m** n o p q r s t u v w x z

scoundrel ♦ adj (*levado*) mischievous; (*brincalhão*) funny

molestar [moleʃ'ta*] vt to upset; (*enfadar*) to annoy; (*importunar*) to bother

moléstia [mo'lɛʃtʃja] f illness

moleza [mo'leza] f softness; (*falta de energia*) listlessness; (*falta de força*) weakness; **ser (uma) ~** (col) to be easy; **na ~** without exerting oneself

molhado, -a [mo'ʎadu, a] adj wet, damp

molhar [mo'ʎa*] vt to wet; (*de leve*) to moisten, dampen; (*mergulhar*) to dip; **molhar-se** vr to get wet

molho[1] ['mɔʎu] m (*de chaves*) bunch; (*de trigo*) sheaf

molho[2] ['moʎu] m (CULIN) sauce; (: *de salada*) dressing; (: *de carne*) gravy; **pôr de ~** to soak; **estar/deixar de ~** (*roupa etc*) to be/leave to soak

momentâneo, -a [mome'tanju, a] adj momentary

momento [mo'mētu] m moment; (TEC) momentum; **a todo ~** constantly; **de um ~ para outro** suddenly; **no ~ em que** just as

Mônaco ['monaku] m Monaco

monarquia [monax'kia] f monarchy

monitor [moni'to*] m monitor

monopólio [mono'pɔlju] m monopoly; **monopolizar** [monopoli'za*] vt to monopolize

monotonia [monoto'nia] f monotony; **monótono, -a** [mo'nɔtonu, a] adj monotonous

monstro, -a ['mõʃtru, a] adj inv giant ♦ m (tb fig) monster; **monstruoso, -a** [mõ'ʃtrwozu, ɔza] adj monstrous; (*enorme*) gigantic, huge

montagem [mõ'taʒẽ] (pl **-ns**) f assembly; (ARQ) erection; (CINEMA) editing; (TEATRO) production

montanha [mõ'taɲa] f mountain; **montanha-russa** f roller coaster

montante [mõ'tãtʃi] m amount, sum; **a ~** (*nadar*) upstream

montar [mõ'ta*] vt (*cavalo*) to mount, get on; (*colocar em*) to put on; (*cavalgar*) to ride; (*peças*) to assemble, put together; (*loja, máquina*) to set up; (*casa*) to put up; (*peça teatral*) to put on ♦ vi to ride; **~ a** ou **em** (*animal*) to get on; (*cavalgar*) to ride; (*despesa*) to come to

monte ['mõtʃi] m hill; (*pilha*) heap, pile; **um ~ de** (*muitos*) a lot of, lots of; **gente aos ~s** loads of people

montra ['mõtra] (PT) f shop window

monumental [monumẽ'taw] (pl **-ais**) adj monumental; (*fig*) magnificent, splendid

monumento [monu'mẽtu] m monument

moqueca [mo'kɛka] f fish or seafood simmered in coconut cream and palm oil; **~ de camarão** prawn *moqueca*

morada [mo'rada] f home, residence; (PT: *endereço*) address; **moradia** [mora'dʒia] f home, dwelling; **morador, a** [mora'do*, a] m/f resident; (*de casa alugada*) tenant

moral [mo'raw] (pl **-ais**) adj moral ♦ f (*ética*) ethics pl; (*conclusão*) moral ♦ m (*de pessoa*) sense of morality; (*ânimo*) morale; **moralidade** [morali'dadʒi] f morality

morango [mo'rãgu] m strawberry

morar [mo'ra*] vi to live, reside

mórbido, -a ['mɔxbidu, a] adj morbid

morcego [mox'segu] m (BIO) bat

mordaça [mox'dasa] f (*de animal*) muzzle; (*fig*) gag

mordaz [mox'daʒ] adj scathing

morder [mox'de*] vt to bite; (*corroer*) to corrode; **mordida** [mox'dʒida] f bite

mordomia [moxdo'mia] f (*de executivos*) perk; (*col: regalia*) luxury, comfort

mordomo [mox'dɔmu] m butler

moreno, -a [mo'renu, a] *adj* dark(-skinned); (*de cabelos*) dark(-haired); (*de tomar sol*) brown ♦ m/f dark person

mormaço [mox'masu] m sultry weather

morno, -a ['mɔxnu, 'mɔxna] *adj* lukewarm, tepid

morrer [mo'xe*] *vi* to die; (*luz, cor*) to fade; (*fogo*) to die down; (*AUTO*) to stall

morro ['moxu] m hill; (*favela*) slum

mortadela [moxta'dɛla] f salami

mortal [mox'taw] (*pl* **-ais**) *adj* mortal; (*letal, insuportável*) deadly ♦ m mortal

mortalidade [moxtali'dadʒi] f mortality

morte ['mɔxtʃi] f death

mortífero, -a [mox'tʃiferu, a] *adj* deadly, lethal

morto, -a ['mɔxtu, 'mɔxta] *pp de* matar ♦ *pp de* morrer ♦ *adj* dead; (*cor*) dull; (*exausto*) exhausted; (*inexpressivo*) lifeless ♦ m/f dead man/woman; **estar/ser ~** to be dead/killed; **estar ~ de inveja** to be green with envy; **estar ~ de vontade de** to be dying to

mos [muʃ] *pron* = me + os

mosca ['moʃka] f fly; **estar às ~s** (*bar etc*) to be deserted

Moscou [moʃ'ku] (*BR*) n Moscow

Moscovo [moʃ'kovu] (*PT*) n Moscow

mosquito [moʃ'kitu] m mosquito

mostarda [moʃ'taxda] f mustard

mosteiro [moʃ'tejru] m monastery; (*de monjas*) convent

mostrador [moʃtra'do*] m (*de relógio*) face, dial

mostrar [moʃ'tra*] *vt* to show; (*mercadorias*) to display; (*provar*) to demonstrate, prove; **mostrar-se** *vr* to show o.s. to be; (*exibir-se*) to show off

motel [mo'tɛw] (*pl* **-éis**) m motel

motivar [motʃi'va*] *vt* (*causar*) to cause, bring about; (*estimular*) to motivate; **motivo** [mo'tʃivu] m (*causa*): **motivo (de** *ou* **para)** cause (of), reason (for); (*fim*) motive; (*ARTE, MÚS*) motif; **por motivo de** because of, owing to

moto ['mɔtu] f motorbike ♦ m (*lema*) motto

motocicleta [motosi'kleta] f motorcycle, motorbike

motociclista [motosi'kliʃta] m/f motorcyclist

motociclo [moto'siklu] (*PT*) m = motocicleta

motor, motriz [mo'to*, mo'triʒ] *adj*: **força motriz** driving force ♦ m motor; (*de carro, avião*) engine; **~ diesel/de explosão** diesel/internal combustion engine

motorista [moto'riʃta] m/f driver

móvel ['mɔvew] (*pl* **-eis**) *adj* movable ♦ m piece of furniture; **móveis** mpl (*mobília*) furniture sg

mover [mo've*] *vt* to move; (*cabeça*) to shake; (*mecanismo*) to drive; (*campanha*) to start (up); **mover-se** *vr* to move

movimentado, -a [movimē'tadu, a] *adj* (*rua, lugar*) busy; (*pessoa*) active; (*show, música*) up-tempo

movimentar [movimē'ta*] *vt* to move; (*animar*) to liven up

movimento [movi'mētu] m movement; (*TEC*) motion; (*na rua*) activity, bustle; **de muito ~** busy

muamba ['mwãba] (*col*) f (*contrabando*) contraband; (*objetos roubados*) loot

muçulmano, -a [musuw'manu, a] *adj, m/f* Moslem

muda ['muda] f (planta) seedling; (vestuário) outfit; **~ de roupa** change of clothes

mudança [mu'dãsa] f change; (de casa) move; (AUTO) gear

mudar [mu'da*] vt to change; (deslocar) to move ♦ vi to change; (ave) to moult (BRIT), molt (US); **mudar-se** vr (de casa) to move (away); **~ de roupa/de assunto** to change clothes/the subject; **~ de casa** to move (house); **~ de idéia** to change one's mind

mudez [mu'deʒ] f muteness; (silêncio) silence

mudo, -a ['mudu, a] adj dumb; (calado, CINEMA) silent; (telefone) dead ♦ m/f mute

---

muito, -a

PALAVRA CHAVE

['mwĩtu, a] adj (quantidade) a lot of; (: em frase negativa ou interrogativa) much; (número) lots of, a lot of; many; **~ esforço** a lot of effort; **faz ~ calor** it's very hot; **~ tempo** a long time; **muitas amigas** lots ou a lot of friends; **muitas vezes** often

♦ pron a lot; (em frase negativa ou interrogativa: sg) much; (: pl) many; **tenho ~ que fazer** I've got a lot to do; **~s dizem que ...** a lot of people say that ...

♦ adv

1 a lot; (+ adj) very; (+ compar): **~ melhor** much ou far ou a lot better; **gosto ~ disto** I like it a lot; **sinto ~** I'm very sorry; **~ interessante** very interesting

2 (resposta) very; **está cansado? – ~** are you tired? – very

3 (tempo): **~ depois** long after; **há ~** a long time ago; **não demorou ~** it didn't take long

---

mula ['mula] f mule

mulato, -a [mu'latu, a] adj, m/f mulatto

muleta [mu'leta] f crutch; (fig) support

mulher [mu'ʎe*] f woman; (esposa) wife

multa ['muwta] f fine; **levar uma ~** to be fined; **multar** [muw'ta*] vt to fine; **multar alguém em $1000** to fine sb $1000

multi... [muwtʃi] prefixo multi...

multidão [muwtʃi'dãw] (pl -ões) f crowd; **uma ~ de** (muitos) lots of

multimídia [muwtʃi'midʒja] adj multimedia

multinacional [muwtʃinasjo'naw] (pl -ais) adj, f multinational

multiplicar [muwtʃipli'ka*] vt to multiply; (aumentar) to increase

múltiplo, -a ['muwtʃiplu, a] adj multiple ♦ m multiple

múmia ['mumja] f mummy

mundial [mũ'dʒjaw] (pl -ais) adj worldwide; (guerra, recorde) world atr ♦ m world championship

mundo ['mũdu] m world; **todo o ~** everybody; **um ~ de** lots of, a great many

munição [muni'sãw] (pl -ões) f (de armas) ammunition; (chumbo) shot; (MIL) munitions pl, supplies pl

municipal [munisi'paw] (pl -ais) adj municipal

município [muni'sipju] m local authority; (cidade) town; (condado) county

munições [muni'sõjʃ] fpl de **munição**

munir [mu'ni*] vt: **~ de** to provide with, supply with; **munir-se** vr: **~-se de** (provisões) to equip o.s. with

muralha [mu'raʎa] f (de fortaleza) rampart; (muro) wall

murchar [mux'ʃa*] vt (BOT) to wither; (sentimentos) to dull; (pessoa) to sadden ♦ vi to wither, wilt; (fig) to fade

murmurar [muxmu'ra*] vi to murmur, whisper; (queixar-se) to mutter, grumble; (água) to ripple; (folhagem) to rustle ♦ vt to murmur; **murmúrio** [mux'murju] m murmuring, whispering; grumbling; rippling; rustling

muro ['muru] m wall

murro ['muxu] m punch; **dar um ~ em alguém** to punch sb

musa ['muza] f muse

musculação [muʃkula'sãw] f body-building

músculo ['muʃkulu] m muscle; **musculoso, -a** [muʃku'lozu, ɔza] adj muscular

museu [mu'zew] m museum; (de pintura) gallery

musgo ['muʒgu] m moss

música ['muzika] f music; (canção) song; **músico, -a** ['muziku, a] adj musical ♦ m/f musician

mutilar [mutʃi'la*] vt to mutilate; (pessoa) to maim; (texto) to cut

mútuo, -a ['mutwu, a] adj mutual

N n

N abr (= norte) N

na [na] = em + a

-na [na] pron her; (coisa) it

nabo ['nabu] m turnip

nação [na'sãw] (pl **-ões**) f nation

nacional [nasjo'naw] (pl **-ais**) adj national; (carro, vinho etc) domestic, home-produced; **nacionalidade** [nasjonali'dadʒi] f nationality; **nacionalismo** [nasjona'liʒmu] m

nationalism; **nacionalista** [nasjona'liʃta] adj, m/f nationalist

nações [na'sõjʃ] fpl de nação

nada ['nada] pron nothing ♦ adv at all; **antes de mais ~** first of all; **não é ~ difícil** it's not at all hard, it's not hard at all; **~ mais** nothing else; **~ de novo** nothing new; **obrigado – de ~** thank you – not at all ou don't mention it

nadador, a [nada'do*, a] m/f swimmer

nadar [na'da*] vi to swim

nádegas ['nadegaʃ] fpl buttocks

nado ['nadu] m: **atravessar a ~** to swim across; **~ borboleta/de costas/ de peito** butterfly (stroke)/backstroke/ breaststroke

naipe ['najpi] m (cartas) suit

namorado, -a [namo'radu, a] m/f boyfriend/girlfriend

namorar [namo'ra*] vt (ser namorado de) to be going out with

namoro [na'moru] m relationship

não [nãw] adv not; (resposta) no ♦ m no; **~ sei** I don't know; **~ muito** not much; **~ só ... mas também** not only ... but also; **agora ~** not now; **~ tem de quê** don't mention it; **~ é?** isn't it?, won't you? (etc, segundo o verbo precedente); **eles são brasileiros, ~ é?** they're Brazilian, aren't they?

não- [nãw-] prefixo non-

naquele(s), -a(s) [na'keli(ʃ), na'kɛla(ʃ)] = em + aquele(s), a(s)

naquilo [na'kilu] = em + aquilo

narcótico, -a [nax'kɔtʃiku, a] adj narcotic ♦ m narcotic

narina [na'rina] f nostril

nariz [na'riʒ] m nose

narração [naxa'sãw] (pl **-ões**) f narration; (relato) account

narrar [na'xa*] vt to narrate

narrativa [naxa'tʃiva] f narrative;

(*história*) story

nas [naʃ] = em + as

-nas [naʃ] *pron* them

nascença [na'sẽsa] *f* birth; **de ~** by birth; **ele é surdo de ~** he was born deaf

nascente [na'sẽtʃi] *m*: **o ~** the East, the Orient ♦ *f* (*fonte*) spring

nascer [na'se*] *vi* to be born; (*plantas*) to sprout; (*o sol*) to rise; (*ave*) to hatch; (*fig: ter origem*) to come into being ♦ *m*: **~ do sol** sunrise; **ele nasceu para médico** *etc* he's a born doctor *etc*; **nascimento** [nasi'mẽtu] *m* birth; (*fig*) origin; (*estirpe*) descent

nata ['nata] *f* cream

natação [nata'sãw] *f* swimming

natais [na'tajʃ] *adj pl de* **natal**

Natal [na'taw] *m* Christmas; **Feliz ~!** Merry Christmas!

natal [na'taw] (*pl* **-ais**) *adj* (*relativo ao nascimento*) natal; (*país*) native; **cidade ~** home town

natalino, -a [nata'linu, a] *adj* Christmas *atr*

nativo, -a [na'tʃivu, a] *adj, m/f* native

natural [natu'raw] (*pl* **-ais**) *adj* natural; (*nativo*) native ♦ *m/f* native; **ao ~** (*CULIN*) fresh, uncooked; **naturalidade** [naturali'dadʒi] *f* naturalness; **de naturalidade paulista** *etc* born in São Paulo *etc*; **naturalizar** [naturali'za*] *vt* to naturalize; **naturalizar-se** *vr* to become naturalized; **naturalmente** [naturaw'mẽtʃi] *adv* naturally; **naturalmente!** of course!

natureza [natu'reza] *f* nature; (*espécie*) kind, type

nau [naw] *f* (*literário*) ship

naufrágio [naw'fraʒu] *m* shipwreck; **náufrago, -a** ['nawfragu, a] *m/f* castaway

náusea ['nawzea] *f* nausea; **dar ~s a alguém** to make sb feel sick; **sentir ~s** to feel sick

náutico, -a ['nawtʃiku, a] *adj* nautical

naval [na'vaw] (*pl* **-ais**) *adj* naval; **construção ~** shipbuilding

navalha [na'vaʎa] *f* (*de barba*) razor; (*faca*) knife

nave ['navi] *f* (*de igreja*) nave

navegação [navega'sãw] *f* navigation, sailing; **~ aérea** air traffic; **companhia de ~** shipping line

navegar [nave'ga*] *vt* to navigate; (*mares*) to sail ♦ *vi* to sail; (*dirigir o rumo*) to navigate

navio [na'viu] *m* ship; **~ aeródromo/ cargueiro/petroleiro** aircraft carrier/ cargo ship/oil tanker; **~ de guerra** (*BR*) battleship

nazi [na'zi] (*PT*) *adj, m/f* = **nazista**

nazista [na'ziʃta] *adj, m/f* Nazi

NB *abr* (= *note bem*) NB

neblina [ne'blina] *f* fog, mist

nebuloso, -a [nebu'lozu, ɔza] *adj* foggy, misty; (*céu*) cloudy; (*fig*) vague

necessário, -a [nese'sarju, a] *adj* necessary ♦ *m*: **o ~** the necessities *pl*

necessidade [nesesi'dadʒi] *f* need, necessity; (*o que se necessita*) need; (*pobreza*) poverty, need; **ter ~ de** to need; **em caso de ~** if need be

necessitado, -a [nesesi'tadu, a] *adj* needy, poor; **~ de** in need of

necessitar [nesesi'ta*] *vt* to need, require ♦ *vi*: **~ de** to need

neerlandês, -esa [neexlã'deʃ, eza] *adj* Dutch ♦ *m/f* Dutchman/woman

Neerlândia [neex'lãdʒa] *f* the Netherlands *pl*

negar [ne'ga*] *vt* to deny; (*recusar*) to refuse; **negar-se** *vr*: **~-se a** to refuse to

negativa [nega'tʃiva] f negative; (recusa) denial

negativo, -a [nega'tʃivu, a] adj negative ♦ m (TEC, FOTO) negative ♦ excl (col) nope!

negligência [negli'ʒẽsja] f negligence, carelessness; **negligente** [negli'ʒẽtʃi] adj negligent, careless

negociação [negosja'sãw] (pl -**ões**) f negotiation

negociante [nego'sjãtʃi] m/f businessman/woman

negociar [nego'sja*] vt to negotiate; (COM) to trade ♦ vi: ~ (**com**) to trade ou deal (in); to negotiate (with)

negócio [ne'gɔsju] m (COM) business; (transação) deal; (questão) matter; (col: troço) thing; (assunto) affair, business; **homem de ~s** businessman; **a ~s** on business; **fechar um ~** to make a deal

negro, -a ['negru, a] adj black; (raça) Black; (fig: lúgubre) black, gloomy ♦ m/f Black man/woman

nele(s), -a(s) ['neli(ʃ), 'nɛla(ʃ)] = **em** + **ele(s), ela(s)**

nem [nẽj] conj nor, neither; ~ (**sequer**) not even; ~ **que** even if; ~ **bem** hardly; ~ **um só** not a single one; ~ **estuda** ~ **trabalha** he neither studies nor works; ~ **eu** nor me; **sem** ~ without even; ~ **todos** not all; ~ **tanto** not so much; ~ **sempre** not always

nenê [ne'ne] m/f baby

neném [ne'nẽj] (pl -**ns**) m/f = **nenê**

nenhum, a [ne'ɲũ, 'ɲuma] adj no, not any ♦ pron (nem um só) none, not one; (de dois) neither; ~ **lugar** nowhere

neozelandês, -esa [neozelã'deʃ, deza] adj New Zealand atr ♦ m/f New Zealander

nervo ['nexvu] m (ANAT) nerve; (fig)

energy, strength; (em carne) sinew;

nervosismo [nexvo'ziʒmu] m (nervosidade) nervousness; (irritabilidade) irritability; **nervoso, -a** [nex'vozu, ɔza] adj nervous; (irritável) touchy, on edge; (exaltado) worked up; **ele me deixa nervoso** he gets on my nerves

nesse(s), -a(s) ['nesi(ʃ), 'nɛsa(ʃ)] = **em** + **esse(s), -a(s)**

neste(s), -a(s) ['neʃtʃi(ʃ), 'nɛʃta(ʃ)] = **em** + **este(s), -a(s)**

neto, -a ['netu, a] m/f grandson/daughter; ~**s** mpl grandchildren

neurose [new'rɔzi] f neurosis;

neurótico, -a [new'rɔtʃiku, a] adj, m/f neurotic

neutralizar [newtrali'za*] vt to neutralize; (anular) to counteract

neutro, -a ['newtru, a] adj (LING) neuter; (imparcial) neutral

nevar [ne'va*] vi to snow; **nevasca** [ne'vaʃka] f snowstorm; **neve** ['nɛvi] f snow

névoa ['nɛvoa] f fog; **nevoeiro** [nevo'ejru] m thick fog

nexo ['nɛksu] m connection, link; **sem** ~ disconnected, incoherent

Nicarágua [nika'ragwa] f: **a** ~ Nicaragua

nicotina [niko'tʃina] f nicotine

Nigéria [ni'ʒɛrja] f: **a** ~ Nigeria

Nilo ['nilu] m: **o** ~ the Nile

ninguém [nĩ'gẽj] pron nobody, no-one

ninho ['niɲu] m nest; (toca) lair; (lar) home

nisso ['nisu] = **em** + **isso**

nisto ['niʃtu] = **em** + **isto**

nitidez [nitʃi'deʒ] f (clareza) clarity; (brilho) brightness; (imagem) sharpness

nítido, -a ['nitʃidu, a] adj clear, distinct; (brilhante) bright; (imagem)

a b c d e f g h i j k l m n o p q r s t u v w x z

sharp, clear

nível ['nivew] (*pl* **-eis**) *m* level; (*fig: padrão*) standard; (: *ponto*) point, pitch; ~ **de vida** standard of living

no [nu] = em + o

-no [nu] *pron* him; (*coisa*) it

n° *abr* (= **número**) no

nó [nɔ] *m* knot; (*de uma questão*) crux; **~s dos dedos** knuckles; **dar um ~** to tie a knot

nobre ['nɔbri] *adj*, *m/f* noble; **horário ~** prime time; **nobreza** [no'breza] *f* nobility

noção [no'sãw] (*pl* **-ões**) *f* notion; **noções** *fpl* (*rudimentos*) rudiments, basics; **~ vaga** inkling; **não ter a menor ~ de algo** not to have the slightest idea about sth

nocaute [no'kawtʃi] *m* knockout ♦ *adv*: **pôr alguém ~** to knock sb out

nocivo, -a [no'sivu, a] *adj* harmful

noções [no'sõjʃ] *fpl de* **noção**

nocturno, -a [no'tuxnu, a] (*PT*) *adj* = **noturno**

nódoa ['nɔdwa] *f* spot; (*mancha*) stain

nogueira [no'gejra] *f* (*árvore*) walnut tree; (*madeira*) walnut

noite ['nojtʃi] *f* night; **à** *ou* **de ~** at night, in the evening; **boa ~** good evening; (*despedida*) good night; **da ~ para o dia** overnight; **tarde da ~** late at night

noivado [noj'vadu] *m* engagement

noivo, -a ['nojvu, a] *m/f* (*prometido*) fiancé(e); (*no casamento*) bridegroom/bride; **os ~s** *mpl* (*prometidos*) the engaged couple; (*no casamento*) the bride and groom; (*recém-casados*) the newly-weds

nojento, -a [no'ʒẽtu, a] *adj* disgusting

nojo ['noʒu] *m* nausea; (*repulsão*) disgust, loathing; **ela é um ~** she's horrible; **este trabalho está um ~** this

work is messy

no-la(s) = **nos** + **a(s)**

no-lo(s) = **nos** + **o(s)**

nome ['nɔmi] *m* name; (*fama*) fame; **de ~** by name; **escritor de ~** famous writer; **um restaurante de ~** a restaurant with a good reputation; **em ~ de** in the name of; **~ de batismo** Christian name

nomeação [nomja'sãw] (*pl* **-ões**) *f* nomination; (*para um cargo*) appointment

nomear [no'mja*] *vt* to nominate; (*conferir um cargo a*) to appoint; (*dar nome a*) to name

nominal [nomi'naw] (*pl* **-ais**) *adj* nominal

nono, -a ['nɔnu, a] *num* ninth

nora ['nɔra] *f* daughter-in-law

nordeste [nox'dɛʃtʃi] *m, adj* northeast

norma ['nɔxma] *f* standard, norm; (*regra*) rule; **como ~** as a rule

normal [nox'maw] (*pl* **-ais**) *adj* normal; (*habitual*) usual; **normalizar** [noxmali'za*] *vt* to bring back to normal; **normalizar-se** *vr* to return to normal

noroeste [nor'wɛʃtʃi] *adj* northwest, northwestern ♦ *m* northwest

norte ['nɔxtʃi] *adj* northern, north; (*vento, direção*) northerly ♦ *m* north; **norte-americano, -a** *adj, m/f* (North) American

Noruega [nor'wega] *f* Norway; **norueguês, -esa** [norwe'geʃ, geza] *adj, m/f* Norwegian ♦ *m* (*LING*) Norwegian

nos [nuʃ] = **em** + **os** *pron* (*direto*) us; (*indireto*) us, to us, for us; (*reflexivo*) (to) ourselves; (*recíproco*) (to) each other

-nos [nuʃ] *pron* them

nós [nɔʃ] *pron* we; (*depois de prep*) us; **~ mesmos** we ourselves

nosso, -a ['nɔsu, a] *adj* our ♦ *pron* ours; **um amigo ~** a friend of ours; **Nossa Senhora** (*REL*) Our Lady

nostalgia [noʃtaw'ʒia] *f* nostalgia; (*saudades da pátria etc*) homesickness;

nostálgico, -a [noʃ'tawʒiku, a] *adj* nostalgic; homesick

nota ['nɔta] *f* note; (*EDUC*) mark; (*conta*) bill; (*cédula*) banknote; **~ de venda** sales receipt; **~ fiscal** receipt

notar [no'ta*] *vt* to notice, note; **notar-se** *vr* to be obvious; **fazer ~** to call attention to; **notável** [no'tavew] (*pl* **-eis**) *adj* notable, remarkable

notícia [no'tʃisja] *f* (*uma ~*) piece of news; (*TV etc*) news item; **~s** *fpl* (*informações*) news *sg*; **pedir ~s de** to inquire about; **ter ~s de** to hear from;

noticiário [notʃi'sjarju] *m* (*de jornal*) news section; (*CINEMA*) newsreel; (*TV, RÁDIO*) news bulletin

notoriedade [notorje'dadʒi] *f* renown, fame

notório, -a [no'tɔrju, a] *adj* well-known

noturno, -a [no'tuxnu, a] *adj* nocturnal, nightly; (*trabalho*) night *atr* ♦ *m* (*trem*) night train

nova ['nɔva] *f* piece of news; **~s** *fpl* (*novidades*) news *sg*

novamente [nova'mẽtʃi] *adv* again

novato, -a [no'vatu, a] *adj* inexperienced, raw ♦ *m/f* beginner, novice; (*EDUC*) fresher

nove ['nɔvi] *num* nine

novela [no'vɛla] *f* short novel, novella; (*RÁDIO, TV*) soap opera

novelo [no'velu] *m* ball of thread

novembro [no'vẽbru] (*PT* **N-**) *m* November

noventa [no'vẽta] *num* ninety

novidade [novi'dadʒi] *f* novelty; (*notícia*) piece of news; **~s** *fpl* (*notícias*)

news *sg*

novilho, -a [no'viʎu, a] *m/f* young bull/heifer

novo, -a ['novu, 'nɔva] *adj* new; (*jovem*) young; (*adicional*) further; **de ~** again

noz [nɔʒ] *f* nut; (*da nogueira*) walnut; **~ moscada** nutmeg

nu, a [nu, 'nua] *adj* naked; (*arvore, sala, parede*) bare ♦ *m* nude

nublado, -a [nu'bladu, a] *adj* cloudy, overcast

nuca ['nuka] *f* nape (of the neck)

nuclear [nu'klja*] *adj* nuclear

núcleo ['nuklju] *m* nucleus *sg*; (*centro*) centre (*BRIT*), center (*US*)

nudez [nu'deʒ] *f* nakedness, nudity; (*de paredes etc*) bareness

nudista [nu'dʒiʃta] *adj, m/f* nudist

nulo, -a ['nulu, a] *adj* (*JUR*) null, void; (*nenhum*) non-existent; (*sem valor*) worthless; (*esforço*) vain, useless

num [nũ] = **em** + **um**

numa(s) ['numa(ʃ)] = **em** + **uma(s)**

numeral [nume'raw] (*pl* **-ais**) *m* numeral

numerar [nume'ra*] *vt* to number

numérico, -a [nu'mɛriku, a] *adj* numerical

número ['numeru] *m* number; (*de jornal*) issue; (*TEATRO etc*) act; (*de sapatos, roupa*) size; **sem ~** countless; **~ de matrícula** registration (*BRIT*) *ou* license plate (*US*) number; **numeroso, -a** [nume'rozu, ɔza] *adj* numerous

nunca ['nũka] *adv* never; **~ mais** never again; **quase ~** hardly ever; **mais que ~** more than ever

nuns [nũʃ] = **em** + **uns**

núpcias ['nupsjaʃ] *fpl* nuptials, wedding *sg*

nutrição [nutri'sãw] *f* nutrition

nutritivo, -a [nutriˈtʃivu, a] *adj* nourishing

nuvem [ˈnuvẽj] (*pl* **-ns**) *f* cloud; (*de insetos*) swarm

O o

o, a

PALAVRA CHAVE

[u, a] *art def*

1 the; **o livro/a mesa/os estudantes** the book/table/students

2 (*com n abstrato: não se traduz*): **o amor/a juventude** love/youth

3 (*posse: traduz-se muitas vezes por adj possessivo*): **quebrar o braço** to break one's arm; **ele levantou a mão** he put his hand up; **ela colocou o chapéu** she put her hat on

4 (*valor descritivo*): **ter a boca grande/os olhos azuis** to have a big mouth/blue eyes

♦ *pron demonstrativo*: **meu livro e o seu** my book and yours; **as de Pedro são melhores** Pedro's are better; **não a(s) branca(s) mas a(s) cinza(s)** not the white one(s) but the grey one(s)

♦ *pron relativo*: **o que** *etc*

1 (*indef*): **o(s) que quiser(em) pode(m) sair** anyone who wants to can leave; **leve o que mais gustar** take the one you like best

2 (*def*): **o que comprei ontem** the one I bought yesterday; **os que saíram** those who left

3: **o que** what; **o que eu acho/mais gosto** what I think/like most

♦ *pron pessoal*

1 (*pessoa: m*): him; (*: f*) her; (*: pl*) them; **não posso vê-lo(s)** I can't see him/them; **vemo-la todas as semanas** we see her every week

2 (*animal, coisa: sg*) it; (*: pl*) them; **não posso vê-lo(s)** I can't see it/them; **acharam-nos na praia** they found us on the beach

obedecer [obedeˈse*] *vi*: **~ a** to obey; **obediência** [obeˈdʒẽsja] *f* obedience; **obediente** [obeˈdʒẽtʃi] *adj* obedient

óbito [ˈɔbitu] *m* death; **atestado de ~** death certificate

objeção [obʒeˈsãw] (*PT* **-cç-**; *pl* **-ões**) *f* objection; **fazer** *ou* **pôr objeções a** to object to

objetivo, -a [obʒeˈtʃivu, a] (*PT* **-ct-**) *adj* objective ♦ *m* objective

objeto [obˈʒɛtu] (*PT* **-ct-**) *m* object

oblíquo, -a [oˈblikwu, a] *adj* oblique; (*olhar*) sidelong

obra [ˈɔbra] *f* work; (*ARQ*) building, construction; (*TEATRO*) play; **em ~s** under repair; **ser ~ de alguém/algo** to be the work of sb/the result of sth; **~ de arte** work of art; **~s públicas** public works; **obra-prima** (*pl* **obras-primas**) *f* masterpiece

obrigação [obrigaˈsãw] (*pl* **-ões**) *f* obligation; (*COM*) bond

obrigado, -a [obriˈgadu, a] *adj* obliged, compelled ♦ *excl* thank you; (*recusa*) no, thank you

obrigar [obriˈga*] *vt* to oblige, compel; **obrigar-se** *vr*: **~-se a fazer algo** to undertake to do sth; **obrigatório, -a** [obrigaˈtɔrju, a] *adj* compulsory, obligatory

obsceno, -a [obiˈsɛnu, a] *adj* obscene

obscurecer [obiʃkureˈse*] *vt* to darken; (*entendimento, verdade etc*) to obscure ♦ *vi* to get dark

obscuro, -a [obiˈʃkuru, a] *adj* dark;

(*fig*) obscure

observação [obisexva'sãw] (*pl* **-ões**) *f* observation; (*comentário*) remark, comment; (*de leis, regras*) observance

observador, a [obisexva'do*, a] *m/f* observer

observar [obisex'va*] *vt* to observe; (*notar*) to notice; ~ **algo a alguém** to point sth out to sb

observatório [obisexva'tɔrju] *m* observatory

obsessão [obise'sãw] (*pl* **-ões**) *f* obsession; **obsessivo, -a** [obise'sivu, a] *adj* obsessive

obsoleto, -a [obiso'lɛtu, a] *adj* obsolete

obstáculo [obi'ʃtakulu] *m* obstacle; (*dificuldade*) hindrance, drawback

obstinado, -a [obiʃtʃi'nadu, a] *adj* obstinate, stubborn

obstrução [obiʃtru'sãw] (*pl* **-ões**) *f* obstruction; (*impedir*) to impede

obstruir [obi'ʃtrwi*] *vt* to obstruct; (*impedir*) to impede

obter [obi'te*] (*irreg: como* **ter**) *vt* to obtain, get; (*alcançar*) to gain

obturação [obitura'sãw] (*pl* **-ões**) *f* (*de dente*) filling

obtuso, -a [obi'tuzu, a] *adj* (*ger*) obtuse; (*fig: pessoa*) thick

óbvio, -a ['ɔbvju, a] *adj* obvious; (**é**) ~! of course!

ocasião [oka'zjãw] (*pl* **-ões**) *f* opportunity, chance; (*momento, tempo*) occasion; **ocasionar** [okazjo'na*] *vt* to cause, bring about

oceano [o'sjanu] *m* ocean

ocidental [oside'taw] (*pl* **-ais**) *adj* western ♦ *m/f* westerner

ocidente [osi'dẽtʃi] *m* west

ócio ['ɔsju] *m* (*lazer*) leisure; (*inação*) idleness; **ocioso, -a** [o'sjozu, ɔza] *adj* idle; (*vaga*) unfilled

oco, -a ['oku, a] *adj* hollow, empty

ocorrência [oko'xẽsja] *f* incident, event; (*circunstância*) circumstance

ocorrer [oko'xe*] *vi* to happen, occur; (*vir ao pensamento*) to come to mind; ~ **a alguém** to happen to sb; to occur to sb

oculista [oku'liʃta] *m/f* optician

óculo ['ɔkulu] *m* spyglass; ~**s** *mpl* (*para ver melhor*) glasses, spectacles; ~**s de proteção** goggles

ocultar [okuw'ta*] *vt* to hide, conceal; **oculto, -a** [o'kuwtu, a] *adj* hidden; (*desconhecido*) unknown; (*secreto*) secret; (*sobrenatural*) occult

ocupação [okupa'sãw] (*pl* **-ões**) *f* occupation

ocupado, -a [oku'padu, a] *adj* (*pessoa*) busy; (*lugar*) taken, occupied; (*BR: telefone*) engaged (*BRIT*), busy (*US*); **sinal de** ~ (*BR: TEL*) engaged tone (*BRIT*), busy signal (*US*)

ocupar [oku'pa*] *vt* to occupy; (*tempo*) to take up; (*pessoa*) to keep busy; **ocupar-se** *vr*: ~**-se com** *ou* **de** *ou* **em algo** (*dedicar-se a*) to deal with sth; (*cuidar de*) to look after sth; (*passar seu tempo com*) to occupy o.s. with sth

odiar [o'dʒja*] *vt* to hate; **ódio** ['ɔdʒju] *m* hate, hatred; **odioso, -a** [o'dʒjozu, ɔza] *adj* hateful

odor [o'do*] *m* smell

oeste ['wɛʃtʃi] *m* west ♦ *adj inv* (*região*) western; (*direção, vento*) westerly

ofegante [ofe'gãtʃi] *adj* breathless, panting

ofender [ofẽ'de*] *vt* to offend; **ofender-se** *vr*: ~**-se (com)** to take offence (*BRIT*) *ou* offense (*US*) (at)

ofensa [o'fẽsa] *f* insult; (*à lei, moral*) offence (*BRIT*), offense (*US*); **ofensiva** [ofẽ'siva] *f* offensive; **ofensivo, -a**

[ofẽ'sivu, a] *adj* offensive

oferecer [ofere'se*] *vt* to offer; (*dar*) to give; (*jantar*) to give; (*propor*) to propose; (*dedicar*) to dedicate; **oferecer-se** *vr* (*pessoa*) to offer o.s., volunteer; (*oportunidade*) to present itself, arise; **~-se para fazer** to offer to do; **oferecimento** [oferesi'mẽtu] *m* offer; **oferta** [o'fɛxta] *f* offer; (*dádiva*) gift; (COM) bid; (*em loja*) special offer

oficial [ofi'sjaw] (*pl* **-ais**) *adj* official ♦ *m/f* official; (MIL) officer; **~ de justiça** bailiff

oficina [ofi'sina] *f* workshop; **~ mecânica** garage

ofício [o'fisju] *m* profession, trade; (REL) service; (*carta*) official letter; (*função*) function; (*encargo*) job, task

oitavo, -a [oj'tavu, a] *num* eighth

oitenta [oj'tẽta] *num* eighty

oito ['ojtu] *num* eight

olá [o'la] *excl* hello!

olaria [ola'ria] *f* (*fábrica: de louças de barro*) pottery; (*: de tijolos*) brickworks *sg*

óleo ['ɔlju] *m* (*lubricante*) oil; **~ diesel/de bronzear** diesel/suntan oil; **oleoso, -a** [o'ljozu, ɔza] *adj* oily; (*gorduroso*) greasy

olfato [ow'fatu] *m* sense of smell

olhada [o'ʎada] *f* glance, look; **dar uma ~** to have a look

olhadela [oʎa'dela] *f* peep

olhar [o'ʎa*] *vt* to look at; (*observar*) to watch; (*ponderar*) to consider; (*cuidar de*) to look after ♦ *vi* to look ♦ *m* look; **olhar-se** *vr* to look at o.s.; (*duas pessoas*) to look at each other; **~ fixamente** to stare at; **~ para** to look at; **~ por** to look after; **~ fixo** stare

olho ['oʎu] *m* (ANAT, *de agulha*) eye; (*vista*) eyesight; **~ nele!** watch him!; **~ vivo!** keep your eyes open!; **a ~** (*medir,*

calcular *etc*) by eye; **~ mágico** (*na porta*) peephole; **~ roxo** black eye; **num abrir e fechar de ~s** in a flash

olimpíada [olĩ'piada] *f*: **as O~s** the Olympics

oliveira [oli'vejra] *f* olive tree

ombro ['õbru] *m* shoulder; **encolher os ~s, dar de ~s** to shrug one's shoulders

omeleta [ome'leta] (*PT*) *f* = **omelete**

omelete [ome'letʃi] (*BR*) *f* omelette (BRIT), omelet (US)

omissão [omi'sãw] (*pl* **-ões**) *f* omission; (*negligência*) negligence

omitir [omi'tʃi*] *vt* to omit

omoplata [omo'plata] *f* shoulder blade

onça ['õsa] *f* ounce; (*animal*) jaguar

onda ['õda] *f* wave; (*moda*) fashion; **~ curta/média/longa** short/medium/long wave; **~ de calor** heat wave

onde ['õdʒi] *adv* where ♦ *conj* where, in which; **de ~ você é?** where are you from?; **por ~** through which; **por ~?** which way?; **~ quer que** wherever

ondulado, -a [õdu'ladu, a] *adj* wavy

ônibus ['onibuʃ] (*BR*) *m inv* bus; **ponto de ~** bus-stop

ontem ['õtẽ] *adv* yesterday; **~ à noite** last night

ONU ['onu] *abr f* (= *Organização das Nações Unidas*) UNO

ônus ['onuʃ] *m inv* onus; (*obrigação*) obligation; (COM) charge; (*encargo desagradável*) burden

onze ['õzi] *num* eleven

opaco, -a [o'paku, a] *adj* opaque; (*obscuro*) dark

opção [op'sãw] (*pl* **-ões**) *f* option, choice; (*preferência*) first claim, right

OPEP [o'pɛpi] *abr f* (= *Organização dos Países Exportadores de Petróleo*) OPEC

ópera ['ɔpera] f opera
operação [opera'sãw] (pl **-ões**) f operation; (COM) transaction
operador, a [opera'do*, a] m/f operator; (cirurgião) surgeon; (num cinema) projectionist
operar [ope'ra*] vt to operate; (produzir) to effect, bring about; (MED) to operate on ♦ vi to operate; (agir) to act, function; **operar-se** vr (suceder) to take place; (MED) to have an operation
operário, -a [ope'rarju, a] adj working ♦ m/f worker; **classe operária** working class
opinar [opi'na*] vt to think ♦ vi to give one's opinion
opinião [opi'njãw] (pl **-ões**) f opinion; **mudar de ~** to change one's mind
oponente [opo'nētʃi] adj opposing ♦ m/f opponent
opor [o'po*] (irreg: como **pôr**) vt to oppose; (resistência) to put up, offer; (objeção, dificuldade) to raise; **opor-se** vr: **~-se a** to object to; (resistir) to oppose
oportunidade [opoxtuni'dadʒi] f opportunity
oportunista [opoxtu'niʃta] adj, m/f opportunist
oportuno, -a [opox'tunu, a] adj (momento) opportune, right; (oferta de ajuda) well-timed; (conveniente) convenient, suitable
oposição [opozi'sãw] f opposition; **em ~ a** against; **fazer ~ a** to oppose
oposto, -a [o'poʃtu, 'pɔʃta] adj opposite; (em frente) facing; (opiniões) opposing ♦ m opposite
opressão [opre'sãw] (pl **-ões**) f oppression; **opressivo, -a** [opre'sivu, a] adj oppressive
oprimir [opri'mi*] vt to oppress;

(comprimir) to press
optar [op'ta*] vi to choose; **~ por** to opt for; **~ por fazer** to opt to do
óptico, -a etc ['ɔtiku, a] (PT) = **ótico** etc
óptimo, -a etc ['ɔtimu, a] (PT) adj = **ótimo** etc
ora ['ɔra] adv now ♦ conj well; **por ~** for the time being; **~ ..., ~ ...** one moment ..., the next ...; **~ bem** now then
oração [ora'sãw] (pl **-ões**) f prayer; (discurso) speech; (LING) clause
oral [o'raw] (pl **-ais**) adj oral ♦ f oral (exam)
orar [o'ra*] vi (REL) to pray
órbita ['ɔxbita] f orbit; (do olho) socket
Órcades ['ɔxkadʒiʃ] fpl: **as ~** the Orkneys
orçamento [oxsa'mētu] m (do estado etc) budget; (avaliação) estimate
orçar [ox'sa*] vt to value, estimate ♦ vi: **~ em** (gastos etc) to be valued at, be put at
ordem ['ɔxdē] (pl **-ns**) f order; **até nova ~** until further notice; **de primeira ~** first-rate; **estar em ~** to be tidy; **por ~** in order, in turn; **~ do dia** agenda; **~ pública** public order, law and order
ordenado, -a [oxde'nadu, a] adj (posto em ordem) in order; (metódico) orderly ♦ m salary, wages pl
ordens ['ɔxdēʃ] fpl de **ordem**
ordinário, -a [oxdʒi'narju, a] adj ordinary; (comum) usual; (medíocre) mediocre; (grosseiro) coarse, vulgar; (de má qualidade) inferior; **de ~** usually
orelha [o'reʎa] f ear; (aba) flap
órfã ['ɔxfã] f de **órfão**
órfão, -fã ['ɔxfãw, fã] (pl **~s**) adj, m/f orphan
orgânico, -a [ox'ganiku, a] adj organic

organismo [oxga'niʒmu] *m* organism; (*entidade*) organization

organização [oxganiza'sãw] (*pl* **-ões**) *f* organization; **organizar** [oxgani'za*] *vt* to organize

órgão ['ɔxgãw] (*pl* **~s**) *m* organ; (*governamental etc*) institution, body

orgasmo [ox'gaʒmu] *m* orgasm

orgia [ox'ʒia] *f* orgy

orgulho [ox'guʎu] *m* pride; (*arrogância*) arrogance; **orgulhoso, -a** [oxgu'ʎozu, ɔza] *adj* proud; haughty

orientação [orjẽta'sãw] *f* direction; (*posição*) position; **~ educacional** training, guidance

oriental [orjẽ'taw] (*pl* **-ais**) *adj* eastern; (*do Extremo Oriente*) oriental

orientar [orjẽ'ta*] *vt* to orientate; (*indicar o rumo*) to direct; (*aconselhar*) to guide; **orientar-se** *vr* to get one's bearings; **~-se por algo** to follow sth

oriente [o'rjẽtʃi] *m*: **o O~** the East; **Extremo O~** Far East; **O~ Médio** Middle East

origem [o'riʒẽ] (*pl* **-ns**) *f* origin; (*ascendência*) lineage, descent; **lugar de ~** birthplace

original [oriʒi'naw] (*pl* **-ais**) *adj* original; (*estranho*) strange, odd ♦ *m* original; **originalidade** [oriʒinali'dadʒi] *f* originality; (*excentricidade*) eccentricity

originar [oriʒi'na*] *vt* to give rise to, start; **originar-se** *vr* to arise; **~-se de** to originate from

oriundo, -a [o'rjũdu, a] *adj*: **~ de** arising from; (*natural*) native of

orla ['ɔxla] *f*: **~ marítima** seafront

ornamento [oxna'mẽtu] *m* adornment, decoration

orquestra [ox'kɛʃtra] (*PT* **-esta**) *f* orchestra

orquídea [ox'kidʒia] *f* orchid

ortodoxo, -a [oxto'dɔksu, a] *adj* orthodox

ortografia [oxtogra'fia] *f* spelling

orvalho [ox'vaʎu] *m* dew

os [uʃ] *art def V* **o**

osso ['osu] *m* bone

ostensivo, -a [oʃtẽ'sivu, a] *adj* ostensible

ostentar [oʃtẽ'ta*] *vt* to show; (*alardear*) to show off, flaunt

ostra ['oʃtra] *f* oyster

OTAN ['otã] *abr f* (= *Organização do Tratado do Atlântico Norte*) NATO

ótica ['ɔtʃika] *f* optics *sg*; (*loja*) optician's; (*fig: ponto de vista*) viewpoint; *V tb* **ótico**

ótico, -a ['ɔtʃiku, a] *adj* optical ♦ *m/f* optician

otimista [otʃi'miʃta] *adj* optimistic ♦ *m/f* optimist

ótimo, -a ['ɔtʃimu, a] *adj* excellent, splendid ♦ *excl* great!, super!

ou [o] *conj* or; **~ este ~ aquele** either this one or that one; **~ seja** in other words

ouço *etc* ['osu] *vb V* **ouvir**

ouriço [o'risu] *m* (*europeu*) hedgehog; (*casca*) shell

ouro ['oru] *m* gold; **~s** *mpl* (*CARTAS*) diamonds

ousadia [oza'dʒia] *f* daring; **ousado, -a** [o'zadu, a] *adj* daring, bold

ousar [o'za*] *vt*, *vi* to dare

outono [o'tonu] *m* autumn

---

outro, -a

PALAVRA CHAVE

['otru, a] *adj*

1 (*distinto: sg*) another; (: *pl*) other; **outra coisa** something else; **de ~ modo, de outra maneira** otherwise; **no ~ dia** the next day;

ela está outra (*mudada*) she's changed
2 (*adicional*): **traga-me ~ café, por favor** can I have another coffee, please?; **outra vez** again
♦ *pron*
1 o ~ the other one; **(os) ~s** (the) others; **de ~** somebody else's
2 (*recíproco*): **odeiam-se uns aos ~s** they hate one another *ou* each other
3: **~ tanto** the same again; **comer ~ tanto** to eat the same *ou* as much again; **ele recebeu uma dezena de telegramas e outras tantas chamadas** he got about ten telegrams and as many calls

outubro [o'tubru] (*PT* **O-**) *m* October
ouvido [o'vidu] *m* (*ANAT*) ear; (*sentido*) hearing; **de ~** by ear; **dar ~s a** to listen to
ouvinte [o'vĩtʃi] *m/f* listener; (*estudante*) auditor
ouvir [o'vi*] *vt* to hear; (*com atenção*) to listen to; (*missa*) to attend ♦ *vi* to hear; to listen; **~ dizer que …** to hear that …; **~ falar de** to hear of
ova ['ɔva] *f* roe
oval [o'vaw] (*pl* **-ais**) *adj, f* oval
ovário [o'varju] *m* ovary
ovelha [o'veʎa] *f* sheep
óvni ['ɔvni] *m* UFO
ovo ['ovu] *m* egg; **~s de granja** free-range eggs; **~ pochê** (*BR*) *ou* **escalfado** (*PT*) poached egg; **~ estrelado** *ou* **frito** fried egg; **~s mexidos** scrambled eggs; **~ quente/ cozido duro** hard-boiled/soft-boiled egg
oxidar [oksi'da*] *vt* to rust; **oxidar-se** *vr* to rust, go rusty
oxigenada, -a [oksiʒe'nadu, a] *adj* (*cabelo*) bleached; **água oxigenada** peroxide

oxigênio [oksi'ʒenju] *m* oxygen
ozônio [o'zonju] *m* ozone; **camada de ~** ozone layer

P p

P. *abr* (= *Praça*) Sq.
p.a. *abr* (= *por ano*) p.a.
pá [pa] *f* shovel; (*de remo, hélice*) blade ♦ *m* (*PT*) pal, mate; **~ de lixo** dustpan
paca ['paka] *f* (*ZOOL*) paca
pacato, -a [pa'katu, a] *adj* (*pessoa*) quiet; (*lugar*) peaceful
paciência [pa'sjẽsja] *f* patience;
paciente [pa'sjẽtʃi] *adj, m/f* patient
pacífico, -a [pa'sifiku, a] *adj* (*pessoa*) peace-loving; (*aceito sem discussão*) undisputed; (*sossegado*) peaceful; **o (Oceano) P~** the Pacific (Ocean)
pacote [pa'kɔtʃi] *m* packet; (*embrulho*) parcel; (*ECON, COMPUT, TURISMO*) package
pacto ['paktu] *m* pact; (*ajuste*) agreement
padaria [pada'ria] *f* bakery, baker's (shop)
padeiro [pa'dejru] *m* baker
padiola [pa'dʒjɔla] *f* stretcher
padrão [pa'drãw] (*pl* **-ões**) *m* standard; (*medida*) gauge; (*desenho*) pattern; (*fig: modelo*) model; **~ de vida** standard of living
padrasto [pa'draʃtu] *m* stepfather
padre ['padri] *m* priest
padrinho [pa'drĩɲu] *m* godfather; (*de noivo*) best man; (*patrono*) sponsor
padroeiro, -a [pa'drwejru, a] *m/f* patron; (*santo*) patron saint
padrões [pa'drõjʃ] *mpl de* **padrão**
pães [pãjʃ] *mpl de* **pão**
pagã [pa'gã] *f de* **pagão**
pagador, a [paga'do*, a] *adj* paying ♦ *m/f* payer; (*de salário*) pay clerk; (*de*

banco) teller

pagamento [paga'mẽtu] *m* payment; **~ a prazo** *ou* **em prestações** payment in instal(l)ments; **~ à vista** cash payment; **~ contra entrega** (*COM*) COD, cash on delivery

pagão, -gã [pa'gãw, gã] (*pl* **~s, ~s**) *adj, m/f* pagan

pagar [pa'ga*] *vt* to pay; (*compras, pecados*) to pay for; (*o que devia*) to pay back; (*retribuir*) to repay ♦ *vi* to pay; **~ por algo** (*tb fig*) to pay for sth; **~ a prestações** to pay in instal(l)ments; **~ de contado** (*PT*) to pay cash

página ['paʒina] *f* page

pago, -a ['pagu, a] *pp de* **pagar** ♦ *adj* paid; (*fig*) even ♦ *m* pay

pai [paj] *m* father; **~s** *mpl* parents

painel [paj'nɛw] (*pl* **-éis**) *m* panel; (*quadro*) picture; (*AUTO*) dashboard; (*de avião*) instrument panel

país [pa'jiʃ] *m* country; (*região*) land; **~ natal** native land

paisagem [paj'zaʒẽ] (*pl* **-ns**) *f* scenery, landscape

paisano, -a [paj'zanu, a] *adj* civilian ♦ *m/f* (*não militar*) civilian; (*compatriota*) fellow countryman

Países Baixos *mpl*: **os ~** the Netherlands

paixão [paj'ʃãw] (*pl* **-ões**) *f* passion

palácio [pa'lasju] *m* palace; **~ da justiça** courthouse; **~ do Planalto** *see boxed note*

PALÁCIO DO PLANALTO

Palácio do Planalto is the seat of the Brazilian government, in Brasília. The name comes from the fact that the Brazilian capital is situated on a plateau. It has come to be a byword for central government.

---

paladar [pala'da*] *m* taste; (*ANAT*) palate

palafita [pala'fita] *f* (*estacaria*) stilts *pl*; (*habitação*) stilt house

palavra [pa'lavra] *f* word; (*fala*) speech; (*promessa*) promise; (*direito de falar*) right to speak; **dar a ~ a alguém** to give sb the chance to speak; **ter ~** (*pessoa*) to be reliable; **~s cruzadas** crossword (puzzle) *sg*; **palavrão** [pala'vrãw] (*pl* **-ões**) *m* swearword

palco ['palku] *m* (*TEATRO*) stage; (*fig: local*) scene

Palestina [paleʃ'tʃina] *f*: **a ~** Palestine;

palestino, -a [paleʃ'tʃinu, a] *adj, m/f* Palestinian

palestra [pa'lɛʃtra] *f* chat, talk; (*conferência*) lecture

paletó [pale'tɔ] *m* jacket

palha ['paʎa] *f* straw

palhaço [pa'ʎasu] *m* clown

pálido, -a ['palidu, a] *adj* pale

palito [pa'litu] *m* stick; (*para os dentes*) toothpick

palma ['pawma] *f* (*folha*) palm leaf; (*da mão*) palm; **bater ~s** to clap;

palmada [paw'mada] *f* slap

palmeira [paw'mejra] *f* palm tree

palmo ['pawmu] *m* span; **~ a ~** inch by inch

palpável [paw'pavew] (*pl* **-eis**) *adj* tangible; (*fig*) obvious

pálpebra ['pawpebra] *f* eyelid

palpitação [pawpita'sãw] (*pl* **-ões**) *f* beating, throbbing; **palpitações** *fpl* (*batimentos cardíacos*) palpitations

palpitante [pawpi'tãtʃi] *adj* beating, throbbing; (*fig: emocionante*) thrilling; (: *de interesse atual*) sensational

palpitar [pawpi'ta*] *vi* (*coração*) to beat

palpite [paw'pitʃi] *m* (*intuição*) hunch; (*JOGO, TURFE*) tip; (*opinião*) opinion

pampa ['pãpa] f pampas

Panamá [pana'ma] m: **o ~** Panama, the Panama Canal

pancada [pã'kada] f (no corpo) blow, hit; (choque) knock; (de relógio) stroke; **dar ~ em alguém** to hit sb;

pancadaria [pãkada'ria] f (surra) beating; (tumulto) fight

pandeiro [pã'dejru] m tambourine

pane ['pani] f breakdown

panela [pa'nela] f (de barro) pot; (de metal) pan; (de cozinha) saucepan; (no dente) hole; **~ de pressão** pressure cooker

panfleto [pã'fletu] m pamphlet

pânico ['paniku] m panic; **entrar em ~** to panic

pano ['panu] m cloth; (TEATRO) curtain; (vela) sheet, sail; **~ de pratos** tea-towel; **~ de pó** duster; **~ de fundo** (tb fig) backdrop

panorama [pano'rama] m view

panqueca [pã'keka] f pancake

pantanal [pãta'naw] (pl **-ais**) m swampland

pântano ['pãtanu] m marsh, swamp

pantera [pã'tera] f panther

pão [pãw] (pl **pães**) m bread; **o P~ de Açúcar** (no Rio) Sugarloaf Mountain; **~ torrado** toast; **pão-duro** (pl **pães-duros**) (col) adj mean, stingy ♦ m/f miser; **pãozinho** [pãw'zinu] m roll

papa ['papa] m Pope; (mingau) porridge

papagaio [papa'gaju] m parrot; (pipa) kite

papai [pa'paj] m dad, daddy; **P~ Noel** Santa Claus, Father Christmas

papel [pa'pɛw] (pl **-éis**) m paper; (TEATRO, função) role; **~ de embrulho/ de escrever/de alumínio** wrapping paper/writing paper/tinfoil; **~ higiênico/usado** toilet/waste paper; **~**

de parede/de seda/transparente wallpaper/tissue paper/tracing paper; **papelada** [pape'lada] f pile of papers; (burocracia) paperwork, red tape; **papelão** [pape'lãw] m cardboard; (fig) fiasco; **papelaria** [papela'ria] f stationer's (shop); **papel-carbono** m carbon paper

papo ['papu] (col) m (conversa) chat; **bater ou levar um ~** (col) to have a chat; **ficar de ~ para o ar** (fig) to laze around

paquerar [pake'ra*] (col) vi to flirt ♦ vt to chat up

paquistanês, -esa [pakiʃta'neʃ, eza] adj, m/f Pakistani

Paquistão [pakiʃ'tãw] m: **o ~** Pakistan

par [pa*] adj (igual) equal; (número) even ♦ m pair; (casal) couple; (pessoa na dança) partner; **~ a ~** side by side, level; **sem ~** incomparable

para ['para] prep for; (direção) to, towards; **~ que** so that, in order that; **~ quê?** what for?, why?; **ir ~ casa** to go home; **~ com** (atitude) towards; **de lá ~ cá** since then; **~ a semana** next week; **estar ~** to be about to; **é ~ nós ficarmos aqui?** should we stay here?

parabéns [para'bẽjʃ] mpl congratulations; (no aniversário) happy birthday; **dar ~ a** to congratulate

pára-brisa ['para-] (pl **~s**) m windscreen (BRIT), windshield (US)

pára-choque ['para-] (pl **~s**) m (AUTO) bumper

parada [pa'rada] f stop; (COM) stoppage; (militar, colegial) parade

parado, -a [pa'radu, a] adj (imóvel) standing still; (sem vida) lifeless; (carro) stationary; (máquina) out of action; (olhar) fixed; (trabalhador, fábrica) idle

paradoxo [para'dɔksu] m paradox

parafuso [para'fuzu] m screw

paragem [pa'raʒẽ] (*pl* **-ns**) *f* stop; **paragens** *fpl* (*lugares*) places, parts; ~ **de eléctrico** (*PT*) tram (*BRIT*) *ou* streetcar (*US*) stop

parágrafo [pa'ragrafu] *m* paragraph

Paraguai [para'gwaj] *m*: **o ~** Paraguay; **paraguaio, -a** [para'gwaju, a] *adj*, *m/f* Paraguayan

paraíso [para'izu] *m* paradise

pára-lama ['para-] (*pl* ~**s**) *m* wing (*BRIT*), fender (*US*); (*de bicicleta*) mudguard

paralelepípedo [paralele'pipedu] *m* paving stone

paralelo, -a [para'lɛlu, a] *adj* parallel

paralisar [parali'za*] *vt* to paralyse; (*trabalho*) to bring to a standstill; **paralisar-se** *vr* to become paralysed; (*fig*) to come to a standstill; **paralisia** [parali'zia] *f* paralysis

paranóico, -a [para'nɔjku, a] *adj*, *m/f* paranoid

parapeito [para'pejtu] *m* wall, parapet; (*da janela*) windowsill

pára-quedas ['para-] *m inv* parachute; **pára-quedista** [parake'dʒiʃta] *m/f* parachutist ♦ *m* (*MIL*) paratrooper

parar [pa'ra*] *vi* to stop; (*ficar*) to stay ♦ *vt* to stop; (*deter*) to stop; ~ **na cadeia** to end up in jail; ~ **de fazer** to stop doing

pára-raios ['para-] *m inv* lightning conductor

parasita [para'zita] *m* parasite

parceiro, -a [pax'sejru, a] *adj* matching ♦ *m/f* partner

parcela [pax'sɛla] *f* piece, bit; (*de pagamento*) instalment (*BRIT*), installment (*US*); (*de terra*) plot; (*do eleitorado etc*) section; (*MAT*) item

parceria [paxse'ria] *f* partnership

parcial [pax'sjaw] (*pl* **-ais**) *adj* partial; (*feito por partes*) in parts; (*pessoa*) bias (s)ed; (*POL*) partisan; **parcialidade** [paxsjali'dadʒi] *f* bias, partiality

pardal [pax'daw] (*pl* **-ais**) *m* sparrow

pardieiro [pax'dʒjejru] *m* ruin, heap

pardo, -a ['paxdu, a] *adj* (*cinzento*) grey (*BRIT*), gray (*US*); (*castanho*) brown; (*mulato*) mulatto

parecer [pare'se*] *m*, *vi* (*ter a aparência de*) to look, seem; **parecer-se** *vr*: ~**-se com alguém** to look like sb; ~ **(com)** (*ter semelhança com*) to look (like); **ao que parece** apparently; **parece-me que** I think that, it seems to me that; **que lhe parece?** what do you think?; **parece que** it looks as if

parecido, -a [pare'sidu, a] *adj* alike, similar; ~ **com** like

parede [pa'redʒi] *f* wall

parente, -a [pa'rẽtʃi] *m/f* relative, relation; **parentesco** [parẽ'teʃku] *m* relationship; (*fig*) connection

parêntese [pa'rẽtezi] *m* parenthesis; (*na escrita*) bracket; (*fig: digressão*) digression

páreo ['parju] *m* race; (*fig*) competition

parir [pa'ri*] *vt* to give birth to ♦ *vi* to give birth; (*mulher*) to have a baby

Paris [pa'riʃ] *n* Paris; **parisiense** [pari'zjẽsi] *adj*, *m/f* Parisian

parlamentar [paxlamẽ'ta*] *adj* parliamentary ♦ *m/f* member of parliament

parlamento [paxla'mẽtu] *m* parliament

paróquia [pa'rɔkja] *f* (*REL*) parish

parque ['paxki] *m* park; ~ **industrial/infantil** industrial estate/ children's playground; ~ **nacional** national park

parte ['paxtʃi] *f* part; (*quinhão*) share; (*lado*) side; (*ponto*) point; (*JUR*) party; (*papel*) role; **a maior ~ de** most of; **à ~**

aside; (*separado*) separate; (*separadamente*) separately; (*além de*) apart from; **da ~ de alguém** on sb's part; **em alguma/qualquer ~** somewhere/anywhere; **em ~ alguma** nowhere; **por toda (a) ~** everywhere; **pôr de ~** to set aside; **tomar ~ em** to take part in; **dar ~ de alguém à polícia** to report sb to the police

participação [paxtʃisipaˈsãw] *f* participation; (*COM*) stake, share; (*comunicação*) announcement, notification

participar [paxtʃisiˈpa*] *vt* to announce, notify of ♦ *vi*: **~ de** *ou* **em** to participate in, take part in; (*compartilhar*) to share in

particípio [paxtʃiˈsipju] *m* participle

particular [paxtʃikuˈla*] *adj* particular, special; (*privativo, pessoal*) private ♦ *m* particular; (*indivíduo*) individual; **~es** *mpl* (*pormenores*) details; **em ~** in private; **particularmente** [paxtʃikulaxˈmẽtʃi] *adv* privately; (*especialmente*) particularly

partida [paxˈtʃida] *f* (*saída*) departure; (*ESPORTE*) game, match

partidário, -a [paxtʃiˈdarju, a] *adj* supporting ♦ *m/f* supporter, follower

partido [paxˈtʃidu] *m* (*POL*) party; **tirar ~ de** to profit from; **tomar o ~ de** to side with

partilhar [paxtʃiˈʎa*] *vt* to share; (*distribuir*) to share out

partir [paxˈtʃi*] *vt* to break; (*dividir*) to divide, split ♦ *vi* (*pôr-se a caminho*) to set off, set out; (*ir-se embora*) to leave, depart; **partir-se** *vr* to break; **a ~ de** (*starting*) from

parto [ˈpaxtu] *m* (child)birth; **estar em trabalho de ~** to be in labour (*BRIT*) *ou* labor (*US*)

Páscoa [ˈpaʃkwa] *f* Easter; (*dos judeus*) Passover

pasmo, -a [ˈpaʒmu, a] *adj* astonished ♦ *m* amazement

passa [ˈpasa] *f* raisin

passadeira [pasaˈdejra] *f* (*tapete*) stair carpet; (*mulher*) ironing lady; (*PT: para peões*) zebra crossing (*BRIT*), crosswalk (*US*)

passado, -a [paˈsadu, a] *adj* past; (*antiquado*) old-fashioned; (*fruta*) bad; (*peixe*) off ♦ *m* past; **o ano ~** last year; **bem/mal passado** (*carne*) well done/ rare

passageiro, -a [pasaˈʒejru, a] *adj* passing ♦ *m/f* passenger

passagem [paˈsaʒẽ] (*pl* **-ns**) *f* passage; (*preço de condução*) fare; (*bilhete*) ticket; **~ de ida e volta** return ticket, round trip ticket (*US*); **~ de nível** level (*BRIT*) *ou* grade (*US*) crossing; **~ de pedestres** pedestrian crossing (*BRIT*), crosswalk (*US*); **~ subterrânea** underpass, subway (*BRIT*)

passaporte [pasaˈpɔxtʃi] *m* passport

passar [paˈsa*] *vt* to pass; (*exceder*) to go beyond, exceed; (*a ferro*) to iron; (*o tempo*) to spend; (*a outra pessoa*) to pass on; (*pomada*) to put on ♦ *vi* to pass; (*na rua*) to go past; (*tempo*) to go by; (*dor*) to wear off; (*terminar*) to be over; **passar-se** *vr* (*acontecer*) to go on, happen; **~ bem** (*de saúde*) to be well; **passava das dez horas** it was past ten o' clock; **~ alguém para trás** to con sb; (*cônjuge*) to cheat on sb; **~ por algo** (*sofrer*) to go through sth; (*transitar: estrada*) to go along sth; (*ser considerado como*) to be thought of as sth; **~ sem** to do without

passarela [pasaˈrɛla] *f* footbridge

pássaro [ˈpasaru] *m* bird

passatempo [pasaˈtẽpu] *m* pastime

passe [ˈpasi] *m* pass

passear [pa'sja*] vt to take for a walk; ♦ vi (a pé) to go for a walk; (sair) to go out; **~ a cavalo** (ou **de carro**) to go for a ride; **passeata** [pa'sjata] f (marcha coletiva) protest march; **passeio** [pa'seju] m walk; (de carro) drive, ride; (excursão) outing; (calçada) pavement (BRIT), sidewalk (US); **dar um passeio** to go for a walk; (de carro) to go for a drive ou ride

passível [pa'sivew] (pl **-eis**) adj: **~ de** (dor etc) susceptible to; (pena, multa) subject to

passivo, -a [pa'sivu, a] adj passive ♦ m (COM) liabilities pl

passo ['pasu] m step; (medida) pace; (modo de andar) walk; (ruído dos passos) footstep; (sinal de pé) footprint; **ao ~ que** while; **ceder o ~ a** to give way to

pasta ['pa∫ta] f paste; (de couro) briefcase; (de cartolina) folder; (de ministro) portfolio; **~ dentifrícia** ou **de dentes** toothpaste

pastar [pa∫'ta*] vt to graze on ♦ vi to graze

pastel [pa∫'tew] (pl **-éis**) adj inv (cor) pastel ♦ m samosa

pastelão [pa∫te'lãw] m slapstick

pastelaria [pa∫tela'ria] f cake shop; (comida) pastry

pasteurizado, -a [pa∫tewri'zadu, a] adj pasteurized

pastilha [pa∫'tiʎa] f (MED) tablet; (doce) pastille; (COMPUT) chip

pastor, a [pa∫'to*, a] m/f shepherd(ess) ♦ m (REL) clergyman, pastor

pata ['pata] f (pé de animal) foot, paw; (ave) duck; (col: pé) foot

patamar [pata'ma*] m (de escada) landing; (fig) level

patente [pa'tẽt∫i] adj obvious, evident ♦ f (COM) patent

paternal [patex'naw] (pl **-ais**) adj paternal, fatherly; **paternidade** [patexni'dadʒi] f paternity; **paterno, -a** [pa'texnu, a] adj paternal, fatherly; **casa paterna** family home

pateta [pa'tɛta] adj stupid, daft ♦ m/f idiot

patético, -a [pa'tɛt∫iku, a] adj pathetic, moving

patife [pa't∫ifi] m scoundrel, rogue

patim [pa't∫ĩ] (pl **-ns**) m skate; **patins em linha** Rollerblades ®; **patins de roda** roller skates; **patinar** [pat∫i'na*] vi to skate; (AUTO: derrapar) to skid

patins [pa't∫ĩ∫] mpl de **patim**

pátio ['pat∫ju] m (de uma casa) patio, backyard; (espaço cercado de edifícios) courtyard; (tb: **~ de recreio**) playground; (MIL) parade ground

pato ['patu] m duck; (macho) drake

patologia [patolo'ʒia] f pathology; **patológico, -a** [pato'lɔʒiku, a] adj pathological

patrão [pa'trãw] (pl **-ões**) m (COM) boss; (dono de casa) master; (proprietário) landlord; (NÁUT) skipper

pátria ['patrja] f homeland

patrimônio [patri'monju] m (herança) inheritance; (fig) heritage; (bens) property

patriota [pa'trjɔta] m/f patriot

patrocinador, a [patrosina'do*, a] m/f sponsor, backer

patrocinar [patrosi'na*] vt to sponsor; (proteger) to support; **patrocínio** [patro'sinju] m sponsorship, backing, support

patrões [pa'trõj∫] mpl de **patrão**

patrulha [pa'truʎa] f patrol;

patrulhar [patru'ʎa*] vt, vi to patrol

pau [paw] m (madeira) wood; (vara) stick; **~s** mpl (CARTAS) clubs; **~ a ~** neck and neck; **~ de bandeira** flagpole

pausa ['pawza] f pause; (*intervalo*) break; (*descanso*) rest

pauta ['pawta] f (*linha*) (guide)line; (*ordem do dia*) agenda; (*indicações*) guidelines pl; **sem ~** (*papel*) plain; **em ~** on the agenda

pavão, -voa [pa'vãw, 'voa] (*pl* **-ões, ~s**) m/f peacock/peahen

pavilhão [pavi'ʎãw] (*pl* **-ões**) m tent; (*de madeira*) hut; (*no jardim*) summerhouse; (*em exposição*) pavilion; (*bandeira*) flag

pavimento [pavi'mẽtu] m (*chão, andar*) floor; (*da rua*) road surface

pavões [pa'võjʃ] mpl de **pavão**

pavor [pa'vo*] m dread, terror; **ter ~ de** to be terrified of; **pavoroso, -a** [pavo'rozu, ɔza] adj dreadful, terrible

paz [pajʒ] f peace; **fazer as ~es** to make up, be friends again

PC abr m = **personal computer**

Pça. abr (= **Praça**) Sq.

pé [pɛ] m foot; (*da mesa*) leg; (*fig: base*) footing; (*de milho, café*) plant; **ir a ~** to walk, go on foot; **ao ~ de** near, by; **ao ~ da letra** literally; **estar de ~** (*festa etc*) to be on; **em** ou **de ~** standing (up); **dar no ~** (*col*) to run away, take off; **não ter ~ nem cabeça** (*fig*) to make no sense

peão [pjãw] (*PT: pl* **-ões**) m pedestrian

peça ['pɛsa] f piece; (*AUTO*) part; (*aposento*) room; (*TEATRO*) play; **~ de reposição** spare part; **~ de roupa** garment

pecado [pe'kadu] m sin

pecar [pe'ka*] vi to sin; **~ por excesso de zelo** to be over-zealous

pechincha [pe'ʃĩʃa] f (*vantagem*) godsend; (*coisa barata*) bargain;

pechinchar [peʃĩ'ʃa*] vi to bargain, haggle

peço etc ['pɛsu] vb V **pedir**

peculiar [peku'lja*] adj special, peculiar; (*particular*) particular;

peculiaridade [pekuljari'dadʒi] f peculiarity

pedaço [pe'dasu] m piece; (*fig: trecho*) bit; **aos ~s** in pieces

pedágio [pe'daʒju] (*BR*) m (*pagamento*) toll

pedal [pe'daw] (*pl* **-ais**) m pedal;

pedalar [peda'la*] vt, vi to pedal

pedante [pe'dãtʃi] adj pretentious ♦ m/f pseud

pedestre [pe'dɛʃtri] (*BR*) m pedestrian

pedicuro, -a [pedʒi'kuru, a] m/f chiropodist (*BRIT*), podiatrist (*US*)

pedido [pe'dʒidu] m request; (*COM*) order; **~ de demissão** resignation; **~ de desculpa** apology

pedinte [pe'dʒĩtʃi] m/f beggar

pedir [pe'dʒi*] vt to ask for; (*COM, comida*) to order; (*exigir*) to demand ♦ vi to ask; (*num restaurante*) to order; **~ algo a alguém** to ask sb for sth; **~ a alguém que faça, ~ para alguém fazer** to ask sb to do

pedra ['pɛdra] f stone; (*rochedo*) rock; (*de granizo*) hailstone; (*de açúcar*) lump; (*quadro-negro*) slate; **~ de gelo** ice cube; **pedreiro** [pe'drejru] m stonemason

pegada [pe'gada] f (*de pé*) footprint; (*FUTEBOL*) save

pegado, -a [pe'gadu, a] adj stuck; (*unido*) together

pegajoso, -a [pega'ʒozu, ɔza] adj sticky

pegar [pe'ga*] vt to catch; (*selos*) to stick (on); (*segurar*) to take hold of; (*hábito, mania*) to get into; (*compreender*) to take in; (*trabalho*) to take on; (*estação de rádio*) to pick up, get ♦ vi to stick; (*planta*) to take; (*moda*) to catch on; (*doença*) to be catching; (*motor*) to start; **~ em**

(*segurar*) to grab, pick up; **ir ~** (*buscar*) to go and get; **~ um emprego** to get a job; **~ fogo a algo** to set fire to sth; **~ no sono** to fall asleep

pego, -a ['pɛgu, a] *pp de* **pegar**

peito ['pejtu] *m* (ANAT) chest; (*de ave, mulher*) breast; (*fig*) courage

peitoril [pejto'riw] (*pl* **-is**) *m* windowsill

peixada [pej'ʃada] *f* fish cooked in a seafood sauce

peixaria [pejʃa'ria] *f* fish shop, fishmonger's (BRIT)

peixe ['pejʃi] *m* fish; **P~s** *mpl* (ASTROLOGIA) Pisces *sg*

pela ['pɛla] = **por + a**

pelada [pe'lada] *f* football game; *see boxed note*

PELADA

Pelada is an improvised, generally short, game of football, which in the past was played with a ball made out of socks, or an inflatable rubber ball. It is still played today on any piece of open land, or even in the street.

---

pelado, -a [pe'ladu, a] *adj* (*sem pele*) skinned; (*sem pêlo, cabelo*) shorn; (*nu*) naked, in the nude; (*sem dinheiro*) broke

pelar [pe'la*] *vt* (*tirar a pele*) to skin; (*tirar o pêlo*) to shear

pelas ['pɛlaʃ] = **por + as**

pele ['pɛli] *f* skin; (*couro*) leather; (*como agasalho*) fur; (*de animal*) hide

película [pe'likula] *f* film

pelo ['pelu] = **por + o**

pêlo ['pelu] *m* hair; (*de animal*) fur, coat; **nu em ~** stark naked

pelos ['pɛluʃ] = **por + os**

peludo, -a [pe'ludu, a] *adj* hairy; (*animal*) furry

pena ['pena] *f* feather; (*de caneta*) nib; (*escrita*) writing; (JUR) penalty, punishment; (*sofrimento*) suffering; (*piedade*) pity; **que ~!** what a shame!; **dar ~** to be upsetting; **ter ~ de** to feel sorry for; **~ capital** capital punishment

penal [pe'naw] (*pl* **-ais**) *adj* penal; **penalidade** [penali'dadʒi] *f* (JUR) penalty; (*castigo*) punishment; **penalizar** [penali'za*] *vt* to trouble; (*castigar*) to penalize

pênalti ['penawtʃi] *m* (FUTEBOL) penalty (kick)

penar [pe'na*] *vt* to grieve ♦ *vi* to suffer

pendência [pẽ'dẽsja] *f* dispute, quarrel

pendente [pẽ'dẽtʃi] *adj* hanging; (*por decidir*) pending; (*inclinado*) sloping; (*dependent*): **~ (de)** dependent (on) ♦ *m* pendant

pêndulo ['pẽdulu] *m* pendulum

pendurar [pẽdu'ra*] *vt* to hang

penedo [pe'nedu] *m* rock, boulder

peneira [pe'nejra] *f* sieve; **peneirar** [penej'ra*] *vt* to sift, sieve ♦ *vi* (*chover*) to drizzle

penetrante [pene'trãtʃi] *adj* (*olhar*) searching; (*ferida*) deep; (*frio*) biting; (*som, análise*) penetrating, piercing; (*dor, arma*) sharp; (*inteligência, idéias*) incisive

penetrar [pene'tra*] *vt* to get into, penetrate; (*compreender*) to understand ♦ *vi*: **~ em** *ou* **por** *ou* **entre** to penetrate ♦ **~ em** (*segredo*) to find out

penhasco [pe'naʃku] *m* cliff, crag

penhorar [peno'ra*] *vt* (*dar em penhor*) to pledge, pawn

penicilina [penisi'lina] *f* penicillin

península [pe'nĩsula] *f* peninsula

pênis [ˈpeniʃ] *m inv* penis

penitência [peniˈtẽsja] *f* penitence; (*expiação*) penance; **penitenciária** [penitẽˈsjarja] *f* prison

penoso, -a [peˈnozu, ɔza] *adj* (*assunto, tratamento*) painful; (*trabalho*) hard

pensamento [pẽsaˈmẽtu] *m* thought; (*mente*) mind; (*opinião*) way of thinking; (*idéia*) idea

pensão [pẽˈsãw] (*pl* -**ões**) *f* (*tb:* **casa de ~**) boarding house; (*comida*) board; **~ completa** full board; **~ de aposentadoria** (retirement) pension

pensar [pẽˈsa*] *vi* to think; (*imaginar*) to imagine; **~ em** to think of *ou* about; **~ fazer** to intend to do; **pensativo, -a** [pẽsaˈtʃivu, a] *adj* thoughtful, pensive

pensionista [pẽsjoˈniʃta] *m/f* pensioner

pensões [pẽˈsõjʃ] *fpl de* **pensão**

pente [ˈpẽtʃi] *m* comb; **penteado, -a** [pẽˈtʃjadu, a] *adj* (*cabelo*) in place; (*pessoa*) smart ♦ *m* hairdo, hairstyle; **pentear** [pẽˈtʃja*] *vt* to comb; (*arranjar o cabelo*) to do, style; **pentear-se** *vr* to comb one's hair; to do one's hair

penúltimo, -a [peˈnuwtʃimu, a] *adj* last but one, penultimate

penumbra [peˈnũbra] *f* twilight, dusk; (*sombra*) shadow; (*meia-luz*) half-light

penúria [peˈnurja] *f* poverty

peões [pjõjʃ] *mpl de* **peão**

pepino [peˈpinu] *m* cucumber

pequeno, -a [peˈkenu, a] *adj* small; (*mesquinho*) petty ♦ *m* boy

pequerrucho [pekeˈxuʃu] *m* thimble

Pequim [peˈkĩ] *n* Peking, Beijing

pêra [ˈpera] *f* pear

perambular [perãbuˈla*] *vi* to wander

perante [peˈrãtʃi] *prep* before, in the presence of

per capita [pexˈkapita] *adv, adj* per capita

perceber [pexseˈbe*] *vt* to realize; (*por meio dos sentidos*) to perceive; (*compreender*) to understand; (*ver*) to see; (*ouvir*) to hear; (*ver ao longe*) to make out; (*dinheiro: receber*) to receive

percentagem [pexsẽˈtaʒẽ] *f* percentage

percepção [pexsepˈsãw] *f* perception; **perceptível** [pexsepˈtʃivew] (*pl* -**eis**) *adj* perceptible, noticeable; (*som*) audible

percevejo [pexseˈveʒu] *m* (*inseto*) bug; (*prego*) drawing pin (*BRIT*), thumbtack (*US*)

perco *etc* [ˈpexku] *vb V* **perder**

percorrer [pexkoˈxe*] *vt* (*viajar por*) to travel (across *ou* over); (*passar por*) to go through, traverse; (*investigar*) to search through

percurso [pexˈkuxsu] *m* (*espaço percorrido*) distance (covered); (*trajeto*) route; (*viagem*) journey

percussão [pexkuˈsãw] *f* (*MÚS*) percussion

perda [ˈpexda] *f* loss; (*desperdício*) waste; **~s e danos** damages, losses

perdão [pexˈdãw] *m* pardon, forgiveness; **~!** sorry!, I beg your pardon!

perder [pexˈde*] *vt* to lose; (*tempo*) to waste; (*trem, show, oportunidade*) to miss ♦ *vi* to lose; **perder-se** *vr* to get lost; (*arruinar-se*) to be ruined; (*desaparecer*) to disappear; **~-se de alguém** to lose sb

perdição [pexdʒiˈsãw] *f* perdition, ruin; (*desonra*) depravity

perdido, -a [pexˈdʒidu, a] *adj* lost; **~s e achados** lost and found, lost property

perdiz [pexˈdʒiʒ] *f* partridge

perdoar [pexˈdwa*] *vt* to forgive

capita

a
b
c
d
e
f
g
h
i
j
k
l
m
n
o
p
q
r
s
t
u
v
w
x
z

perdurar [pexdu'ra*] *vi* to last a long time; (*continuar a existir*) to still exist

perecível [pere'sivew] (*pl* **-eis**) *adj* perishable

peregrinação [peregrina'sãw] (*pl* **-ões**) *f* (*viagem*) travels *pl*; (*REL*) pilgrimage

peregrino, -a [pere'grinu, a] *m/f* pilgrim

peremptório, -a [perẽp'tɔrju, a] *adj* final; (*decisivo*) decisive

perene [pe'reni] *adj* everlasting; (*BOT*) perennial

perfeição [pexfej'sãw] *f* perfection

perfeitamente [pexfejta'mẽtʃi] *adv* perfectly ♦ *excl* exactly!

perfeito, -a [pex'fejtu, a] *adj* perfect ♦ *m* (*LING*) perfect

perfil [pex'fiw] (*pl* **-is**) *m* profile; (*silhueta*) silhouette, outline; (*ARQ*) (cross) section

perfume [pex'fumi] *m* perfume, scent

perfurar [pexfu'ra*] *vt* (*o chão*) to drill a hole in; (*papel*) to punch (a hole in)

pergunta [pex'gũta] *f* question; **fazer uma ~ a alguém** to ask sb a question;

perguntar [pexgũ'ta*] *vt* to ask; (*interrogar*) to question ♦ *vi*:
perguntar por alguém to ask after sb; **perguntar-se** *vr* to wonder; **perguntar algo a alguém** to ask sb sth

perícia [pe'risja] *f* expertise; (*destreza*) skill; (*exame*) investigation

periferia [perife'ria] *f* periphery; (*da cidade*) outskirts *pl*

perigo [pe'rigu] *m* danger; **perigoso, -a** [peri'gozu, ɔza] *adj* dangerous; (*arriscado*) risky

periódico, -a [pe'rjɔdʒiku, a] *adj* periodic ♦ *m* (*revista*) magazine, periodical; (*jornal*) (news)paper

período [pe'riodu] *m* period; (*estação*) season

peripécia [peri'pɛsja] *f* (*aventura*) adventure; (*incidente*) turn of events

periquito [peri'kitu] *m* parakeet

perito, -a [pe'ritu, a] *adj* expert ♦ *m/f* expert; (*quem faz perícia*) investigator

permanecer [pexmane'se*] *vi* to remain; (*num lugar*) to remain, keep; (*continuar a ser*) to remain, keep; **~ parado** to keep still

permanência [pexma'nẽsja] *f* permanence; (*estada*) stay;

permanente [pexma'nẽtʃi] *adj* (*dor*) constant; (*cor*) fast; (*residência, pregas*) permanent ♦ *m* (*cartão*) pass ♦ *f* perm

permissão [pexmi'sãw] *f* permission, consent; **permissivo, -a** [pexmi'sivu, a] *adj* permissive

permitir [pexmi'tʃi*] *vt* to allow, permit

perna ['pɛxna] *f* leg; **~s tortas** bow legs

pernil [pex'niw] (*pl* **-is**) *m* (*de animal*) haunch; (*CULIN*) leg

pernilongo [pexni'lõgu] *m* mosquito

pernis [pex'niʃ] *mpl de* **pernil**

pernoitar [pexnoj'ta*] *vi* to spend the night

pérola ['pɛrola] *f* pearl

perpendicular [pexpẽdʒiku'la*] *adj, f* perpendicular

perpetuar [pexpe'twa*] *vt* to perpetuate; **perpétuo, -a** [pex'pɛtwu, a] *adj* perpetual

perplexo, -a [pex'plɛksu, a] *adj* bewildered, puzzled; (*indeciso*) uncertain; **ficar ~** to be taken aback

persa ['pɛxsa] *adj, m/f* Persian

perseguição [pexsegi'sãw] *f* pursuit; (*REL, POL*) persecution

perseguir [pexse'gi*] *vt* to pursue; (*correr atrás*) to chase (after); (*REL, POL*) to persecute; (*importunar*) to harass, pester

perseverante [pexseve'rãtʃi] *adj*
persistent
perseverar [pexseve'ra*] *vi*: **~ (em)** to
persevere (in), persist (in)
Pérsia ['pɛxsja] *f*: **a ~** Persia
persiana [pex'sjana] *f* blind
Pérsico, -a ['pɛxsiku, a] *adj*: **o golfo ~**
the Persian Gulf
persigo *etc* [pex'sigu] *vb V* **perseguir**
persistente [pexsiʃ'tẽtʃi] *adj*
persistent
persistir [pexsiʃ'tʃi*] *vi*: **~ (em)** to
persist (in)
personagem [pexso'naʒẽ] (*pl* **-ns**)
m/f famous person, celebrity; (*num
livro, filme*) character
personalidade [pexsonali'dadʒi] *f*
personality
perspectiva [pexʃpek'tʃiva] *f*
perspective; (*panorama*) view;
(*probabilidade*) prospect
perspicácia [pexʃpi'kasja] *f* insight,
perceptiveness; **perspicaz** [pexʃpi'kaʒ]
adj observant; (*sagaz*) shrewd
persuadir [pexswa'dʒi*] *vt* to
persuade; **persuadir-se** *vr* to
convince o.s.; **persuasão** [pexswa'zãw]
f persuasion; **persuasivo, -a**
[pexswa'zivu, a] *adj* persuasive
pertencente [pextẽ'sẽtʃi] *adj*: **~ a**
pertaining to
pertencer [pextẽ'se*] *vi*: **~ a** to belong
to; (*referir-se*) to concern
pertences [pex'tẽsiʃ] *mpl* (*de uma
pessoa*) belongings
pertinência [pextʃi'nẽsja] *f* relevance;
pertinente [pextʃi'nẽtʃi] *adj* relevant;
(*apropriado*) appropriate
perto, -a ['pɛxtu, a] *adj* nearby ♦ *adv*
near; **~ de** near to; (*em comparação
com*) next to; **de ~** closely; (*ver*) close
up; (*conhecer*) very well
perturbar [pextux'ba*] *vt* to disturb;

(*abalar*) to upset, trouble; (*atrapalhar*)
to put off; (*andamento, trânsito*) to
disrupt; (*envergonhar*) to embarrass;
(*alterar*) to affect
Peru [pe'ru] *m*: **o ~** Peru
peru, a [pe'ru, a] *m/f* turkey
peruca [pe'ruka] *f* wig
perverso, -a [pex'vɛxsu, a] *adj*
perverse; (*malvado*) wicked
perverter [pexvex'te*] *vt* to corrupt,
pervert; **pervertido, -a** [pexvex'tʃidu, a]
adj perverted ♦ *m/f* pervert
pesadelo [peza'delu] *m* nightmare
pesado, -a [pe'zadu, a] *adj* heavy;
(*ambiente*) tense; (*trabalho*) hard;
(*estilo*) dull, boring; (*andar*) slow;
(*piada*) coarse; (*comida*) stodgy;
(*tempo*) sultry ♦ *adv* heavily
pêsames ['pesamiʃ] *mpl* condolences,
sympathy *sg*
pesar [pe'za*] *vt* to weigh; (*fig*) to
weigh up ♦ *vi* to weigh; (*ser pesado*)
to be heavy; (*influir*) to carry weight;
(*causar mágoa*): **~ a** to hurt, grieve
♦ *m* grief; **~ sobre** (*recair*) to fall upon
pesaroso, -a [peza'rozu, ɔza] *adj*
sorrowful, sad; (*arrependido*) regretful,
sorry
pesca ['pɛʃka] *f* fishing; (*os peixes*)
catch; **ir à ~** to go fishing
pescada [peʃ'kada] *f* whiting
pescado [peʃ'kadu] *m* fish
pescador, a [peʃka'do*, a] *m/f*
fisherman/woman; **~ à linha** angler
pescar [peʃ'ka*] *vt* (*peixe*) to catch;
(*tentar apanhar*) to fish for; (*retirar da
água*) to fish out ♦ *vi* to fish
pescoço [peʃ'kosu] *m* neck
peso ['pezu] *m* weight; (*fig*: ônus)
burden; (*importância*) importance; **~
bruto/líquido** gross/net weight
pesquisa [peʃ'kiza] *f* inquiry,
investigation; (*científica, de mercado*)

research; **pesquisar** [peʃki'za*] *vt*, *vi* to investigate; to research

pêssego ['pesegu] *m* peach

pessimista [pesi'miʃta] *adj* pessimistic ♦ *m/f* pessimist

péssimo, -a ['pɛsimu, a] *adj* very bad, awful

pessoa [pe'soa] *f* person; **~s** *fpl* (*gente*) people; **pessoal** [pe'swaw] (*pl* **~is**) *adj* personal ♦ *m* personnel *pl*, staff *pl*; (*col*) people *pl*, folks *pl*

pestana [peʃ'tana] *f* eyelash

peste ['pɛʃtʃi] *f* epidemic; (*bubônica*) plague; (*fig*) pest, nuisance

pétala ['pɛtala] *f* petal

petição [petʃi'sãw] (*pl* **-ões**) *f* request; (*documento*) petition

petisco [pe'tʃiʃku] *m* savoury (*BRIT*), savory (*US*), titbit (*BRIT*), tidbit (*US*)

petróleo [pe'trɔlju] *m* oil, petroleum; **~ bruto** crude oil

petulância [petu'lãsja] *f* impudence;

petulante [petu'lãtʃi] *adj* impudent

peúga ['pjuga] (*PT*) *f* sock

pevide [pe'vidʒi] (*PT*) *f* (*de melão*) seed; (*de maçã*) pip

p. ex. *abr* (= *por exemplo*) e.g.

pia ['pia] *f* wash basin; (*da cozinha*) sink; **~ batismal** font

piada ['pjada] *f* joke

pianista [pja'niʃta] *m/f* pianist

piano ['pjanu] *m* piano

piar [pja*] *vi* (*pinto*) to cheep; (*coruja*) to hoot

picada [pi'kada] *f* (*de agulha etc*) prick; (*de abelha*) sting; (*de mosquito, cobra*) bite; (*de avião*) dive; (*de navalha*) stab; (*atalho*) path, trail

picante [pi'kãtʃi] *adj* (*tempero*) hot

pica-pau ['pika-] (*pl* **~s**) *m* woodpecker

picar [pi'ka*] *vt* to prick; (*suj: abelha*)

to sting; (*: mosquito*) to bite; (*: pássaro*) to peck; (*um animal*) to goad; (*carne*) to mince; (*papel*) to shred; (*fruta*) to chop up ♦ *vi* (*comichar*) to prickle

picareta [pika'reta] *f* pickaxe (*BRIT*), pickax (*US*) ♦ *m/f* crook

pico ['piku] *m* (*cume*) peak; (*ponta aguda*) sharp point; (*PT: um pouco*) a bit; **mil e ~** just over a thousand

picolé [piko'lɛ] *m* lolly

picotar [piko'ta*] *vt* to perforate; (*bilhete*) to punch

piedade [pje'dadʒi] *f* piety; (*compaixão*) pity; **ter ~ de** to have pity on; **piedoso, -a** [pje'dozu, ɔza] *adj* pious; (*compassivo*) merciful

pifar [pi'fa*] (*col*) *vi* (*carro*) to break down; (*rádio etc*) to go wrong; (*plano, programa*) to fall through

pijama [pi'ʒama] *m ou f* pyjamas *pl* (*BRIT*), pajamas *pl* (*US*)

pilantra [pi'lãtra] (*col*) *m/f* crook

pilar [pi'la*] *vt* to pound, crush ♦ *m* pillar

pilha ['piʎa] *f* (*ELET*) battery; (*monte*) pile, heap

pilhagem [pi'ʎaʒẽ] *f* (*ato*) pillage; (*objetos*) plunder, booty

pilhar [pi'ʎa*] *vt* to plunder, pillage; (*roubar*) to rob; (*surpreender*) to catch

pilotar [pilo'ta*] *vt* (*avião*) to fly

piloto [pi'lotu] *m* pilot; (*motorista*) (racing) driver; (*bico de gás*) pilot light ♦ *adj inv* (*usina, plano*) pilot; (*peça*) sample *atr*

pílula ['pilula] *f* pill; **a ~ (anticoncepcional)** the pill

pimenta [pi'mẽta] *f* (*CULIN*) pepper; **~ de Caiena** cayenne pepper; **pimenta-do-reino** *f* black pepper; **pimenta-malagueta** (*pl* **pimentas-malagueta**) *f* chilli (*BRIT*) ou chili (*US*) pepper; **pimentão** [pimẽ'tãw] (*pl* **-ões**) *m* (*BOT*) pepper

pinça ['pĩsa] *f* (*de sobrancelhas*) tweezers *pl*; (*de casa*) tongs *pl*; (*MED*) callipers *pl* (*BRIT*), calipers *pl* (*US*)

pincel [pĩ'sεw] (*pl* **-éis**) *m* brush; (*para pintar*) paintbrush; **pincelar** [pĩse'la*] *vt* to paint

pinga ['pĩga] *f* (*cachaça*) rum; (*PT: trago*) drink

pingar [pĩ'ga*] *vi* to drip

pingo ['pĩgu] *m* (*gota*) drop

pingue-pongue [pĩgi-'põgi] ® *m* ping-pong ®

pingüim [pĩ'gwĩ] (*pl* **-ns**) *m* penguin

pinheiro [pĩ'nejru] *m* pine (tree)

pinho ['pĩɲu] *m* pine

pino ['pĩnu] *m* (*peça*) pin; (*AUTO: na porta*) lock; **a ~** upright

pinta ['pĩta] *f* (*mancha*) spot

pintar [pĩ'ta*] *vt* to paint; (*cabelo*) to dye; (*rosto*) to make up; (*descrever*) to describe; (*imaginar*) to picture ♦ *vi* to paint; **pintar-se** *vr* to make o.s. up

pintarroxo [pĩta'xoʃu] *m* (*BR*) linnet; (*PT*) robin

pinto ['pĩtu] *m* chick; (*col!*) prick (*!*)

pintor, a [pĩ'to*, a] *m/f* painter

pintura [pĩ'tura] *f* painting; (*maquiagem*) make-up

piolho ['pjoʎu] *m* louse

pioneiro, -a [pjo'nejru, a] *m/f* pioneer

pior ['pjɔ*] *adj, adv* (*compar*) worse; (*superl*) worst ♦ *m:* **o ~** worst of all; **piorar** [pjo'ra*] *vt* to make worse, worsen ♦ *vi* to get worse

pipa ['pipa] *f* barrel, cask; (*de papel*) kite

pipi [pi'pi] (*col*) *m* pee; **fazer ~** to have a pee

pipoca [pi'pɔka] *f* popcorn

pipocar [pipo'ka*] *vi* to go pop, pop

pique *etc vb* V **picar**

piquenique [piki'niki] *m* picnic

pirâmide [pi'ramidʒi] *f* pyramid

piranha [pi'raɲa] *f* piranha (fish)

pirata [pi'rata] *m* pirate

pires ['piriʃ] *m inv* saucer

Pirineus [piri'newʃ] *mpl:* **os ~** the Pyrenees

pirulito [piru'litu] (*BR*) *m* lollipop

pisar [pi'za*] *vt* to tread on; (*esmagar, subjugar*) to crush ♦ *vi* to step, tread

pisca-pisca [piʃka-'piʃka] (*pl* **~s**) *m* (*AUTO*) indicator

piscar [piʃ'ka*] *vt* to blink; (*dar sinal*) to wink; (*estrelas*) to twinkle ♦ *m:* **num ~ de olhos** in a flash

piscina [pi'sina] *f* swimming pool

piso ['pizu] *m* floor

pisotear [pizo'tʃja*] *vt* to trample (on)

pista ['piʃta] *f* (*vestígio*) trace; (*indicação*) clue; (*de corridas*) track; (*AVIAT*) runway; (*de estrada*) lane; (*de dança*) (dance) floor

pistola [piʃ'tɔla] *f* pistol

pitada [pi'tada] *f* (*porção*) pinch

pivete [pi'vetʃi] *m* child thief

pivô [pi'vo] *m* pivot; (*fig*) central figure, prime mover

pizza ['pitsa] *f* pizza

placa ['plaka] *f* plate; (*AUTO*) number plate (*BRIT*), license plate (*US*); (*comemorativa*) plaque; (*na pele*) blotch; **~ de sinalização** roadsign

placar [pla'ka*] *m* scoreboard

plácido, -a ['plasidu, a] *adj* calm; (*manso*) placid

plágio ['plaʒu] *m* plagiarism

planalto [pla'nawtu] *m* tableland, plateau

planar [pla'na*] *vi* to glide

planear [pla'nja*] (*PT*) *vt* = **planejar**

planejamento [planeʒa'mẽtu] *m*

planning; **~ familiar** family planning
planejar [plane'ʒa*] (BR) vt to plan;
(edifício) to design
planeta [pla'neta] m planet
planície [pla'nisi] f plain
plano, -a ['planu, a] adj flat, level;
(liso) smooth ♦ m plan; **em primeiro/
em último ~** in the foreground/
background; **P~ Real** see boxed note

PLANO REAL

The **Plano Real**, launched in 1994,
was a plan for the economic
stabilization of Brazil. In an attempt
to contain inflation without
resorting to measures such as a
price and wage freeze, the
government changed the Brazilian
currency from the *cruzeiro* to the
real. In addition, it speeded up the
privatization of state-owned
companies, reduced public
spending and raised interest rates to
rein in consumer demand.

---

planta ['plãta] f plant; (de pé) sole;
(ARQ) plan
plantação [plãta'sãw] f (ato) planting;
(terreno) planted land; (plantio) crops
pl
plantão [plã'tãw] (pl **-ões**) m duty;
(noturno) night duty; (plantonista)
person on duty; (MIL: serviço) sentry
duty; (: pessoa) sentry; **estar de ~** to
be on duty
plantar [plã'ta*] vt to plant; (estaca)
to drive in; (estabelecer) to set up
plantões [plã'tõjʃ] mpl de **plantão**
plástico, -a ['plaʃtʃiku, a] adj plastic
♦ m plastic
plataforma [plata'fɔxma] f platform;
~ de exploração de petróleo oil rig; **~
de lançamento** launch pad

platéia [pla'teja] f (TEATRO etc) stalls pl
(BRIT), orchestra (US); (espectadores)
audience
platina [pla'tʃina] f platinum
platinados [platʃi'naduʃ] mpl (AUTO)
points
plausível [plaw'zivew] (pl **-eis**) adj
credible, plausible
playground [plej'grãwdʒi] (pl **~s**) m
(children's) playground
plenamente [plena'mẽtʃi] adv fully,
completely
pleno, -a ['plenu, a] adj full;
(completo) complete; **em ~ dia** in
broad daylight; **em ~ inverno** in the
middle ou depths of winter
plural [plu'raw] (pl **-ais**) adj, m plural
pneu ['pnew] m tyre (BRIT), tire (US)
pneumonia [pnewmo'nia] f
pneumonia
pó [pɔ] m powder; (sujeira) dust;
sabão em ~ soap powder; **tirar o ~ (de
algo)** to dust (sth)
pobre ['pɔbri] adj poor ♦ m/f poor
person; **pobreza** [po'breza] f poverty
poça ['posa] f puddle, pool
poção [po'sãw] (pl **-ões**) f potion
poço ['posu] m well; (de mina,
elevador) shaft
poções [po'sõjʃ] fpl de **poção**
pôde etc ['podʒi] vb V **poder**
pó-de-arroz m face powder

---

poder
PALAVRA CHAVE

[po'de*] vi
1 (capacidade) can, be able to; **não
posso fazê-lo** I can't do it, I'm
unable to do it
2 (ter o direito de) can, may, be
allowed to; **posso fumar aqui?** can I
smoke here?; **pode entrar?** (posso?)

can I come in?

3 (*possibilidade*) may, might, could; **pode ser** maybe; **pode ser que** it may be that; **ele ~á vir amanhã** he might come tomorrow

4: **não ~ com**: **não posso com ele** I cannot cope with him

5 (*col: indignação*): **pudera!** no wonder!; **como é que pode?** you're joking!

♦ *m* power; (*autoridade*) authority; **~ aquisitivo** purchasing power; **estar no ~** to be in power; **em ~ de alguém** in sb's hands

poderoso, -a [pode'rozu, ɔza] *adj* mighty, powerful

podre ['podri] *adj* rotten; **podridão** [podri'dãw] *f* decay, rottenness; (*fig*) corruption

põe *etc* [põj] *vb* V **pôr**

poeira ['pwejra] *f* dust; **~ radioativa** fall-out; **poeirento, -a** [pwej'rẽtu, a] *adj* dusty

poema ['pwema] *m* poem

poesia [poe'zia] *f* poetry; (*poema*) poem

poeta ['pweta] *m* poet; **poético, -a** ['pwɛtʃiku, a] *adj* poetic; **poetisa** [pwe'tʃiza] *f* (woman) poet

pois [pojʃ] *adv* (*portanto*) so; (*PT: assentimento*) yes ♦ *conj* as, since; (*mas*) but; **~ bem** well then; **~ é** that's right; **~ não!** (*BR*) of course!; **~ não?** (*BR*: *numa loja*) what can I do for you?; (*PT*) isn't it?, aren't you?, didn't they? *etc*; **~ sim!** certainly not!; **~ (então)** then

polaco, -a [po'laku, a] *adj* Polish ♦ *m/f* Pole ♦ *m* (*LING*) Polish

polar [po'la*] *adj* polar

polegada [pole'gada] *f* inch

polegar [pole'ga*] *m* (*tb*: **dedo ~**)

thumb

polêmica [po'lemika] *f* controversy; **polêmico, -a** [po'lemiku, a] *adj* controversial

pólen ['pɔlẽ] *m* pollen

polícia [po'lisja] *f* police, police force ♦ *m/f* policeman/woman; **policial** [poli'sjaw] (*pl* **-ais**) *adj* police *atr* ♦ *m/f* (*BR*) policeman/woman; **novela** *ou* **romance policial** detective novel; **policiar** [poli'sja*] *vt* to police; (*instintos, modos*) to control, keep in check

polidez [poli'deʒ] *f* good manners *pl*, politeness

polido, -a [po'lidu, a] *adj* polished, shiny; (*cortês*) well-mannered, polite

pólio ['pɔlju] *f* polio

polir [po'li*] *vt* to polish

política [po'litʃika] *f* politics *sg*; (*programa*) policy; **político, -a** [po'litʃiku, a] *adj* political ♦ *m/f* politician

pólo ['pɔlu] *m* pole; (*ESPORTE*) polo; **P~ Norte/Sul** North/South Pole

polonês, -esa [polo'neʃ, eza] *adj* Polish ♦ *m/f* Pole ♦ *m* (*LING*) Polish

Polônia [po'lonja] *f*: **a ~** Poland

polpa ['powpa] *f* pulp

poltrona [pow'trona] *f* armchair

poluição [polwi'sãw] *f* pollution; **poluir** [po'lwi*] *vt* to pollute

polvo ['powvu] *m* octopus

pólvora ['pɔwvora] *f* gunpowder

pomada [po'mada] *f* ointment

pomar [po'ma*] *m* orchard

pomba ['põba] *f* dove

pombo ['põbu] *m* pigeon

pompa ['põpa] *f* pomp

pomposo, -a [põ'pozu, ɔza] *adj* pompous

ponderação [põdera'sãw] *f*

consideration, meditation; (*prudência*)
prudence
ponderado, -a [põde'radu, a] *adj*
prudent
ponderar [põde'ra*] *vt* to consider,
weigh up ♦ *vi* to meditate, muse
ponho *etc* ['poɲu] *vb* V **pôr**
ponta ['põta] *f* tip; (*de faca*) point; (*de
sapato*) toe; (*extremidade*) end;
(*FUTEBOL: posição*) wing; (: *jogador*)
winger; **uma ~ de** (*um pouco*) a touch
of; **~ do dedo** fingertip
pontada [põ'tada] *f* (*dor*) twinge
pontapé [põta'pɛ] *m* kick; **dar ~s em
alguém** to kick sb
pontaria [põta'ria] *f* aim; **fazer ~** to
take aim
ponte ['põtʃi] *f* bridge; **~ aérea** air
shuttle, airlift; **~ de safena** (heart)
bypass operation
ponteiro [põ'tejru] *m* (*indicador*)
pointer; (*de relógio*) hand
pontiagudo, -a [põtʃja'gudu, a] *adj*
sharp, pointed
ponto ['põtu] *m* point; (*MED, COSTURA,
TRICÔ*) stitch; (*pequeno sinal, do i*) dot;
(*na pontuação*) full stop (*BRIT*), period
(*US*); (*na pele*) spot; (*de ônibus*) stop;
(*de táxi*) rank (*BRIT*), stand (*US*);
(*matéria escolar*) subject; **estar a ~ de
fazer** to be on the point of doing; **às
cinco em ~** at five o'clock on the dot;
dois ~s colon *sg*; **~ de admiração** (*PT*)
exclamation mark; **~ de exclamação/
interrogação** exclamation/question
mark; **~ de vista** point of view,
viewpoint; **ponto-e-vírgula** (*pl*
ponto-e-vírgulas) *m* semicolon
pontuação [põtwa'sãw] *f* punctuation
pontual [põ'twaw] (*pl* -**ais**) *adj*
punctual
pontudo, -a [põ'tudu, a] *adj* pointed
popa ['popa] *f* stern

população [popula'sãw] (*pl* -**ões**) *f*
population
popular [popu'la*] *adj* popular;
popularidade [populari'dadʒi] *f*
popularity
pôquer ['poke*] *m* poker

[po*] (*por* + *o(s)*, *a(s)* = *pelo(s)*,
pela(s)) *prep*
1 (*objetivo*) for; **lutar pela pátria** to
fight for one's country
2 (+ *infin*): **está ~ acontecer** it is
about to happen, it is yet to
happen; **está ~ fazer** it is still to be
done
3 (*causa*) out of, because of; **~
falta de fundos** through lack of
funds; **~ hábito/natureza** out of
habit/by nature; **faço isso ~ ela** I do
it for her; **~ isso** therefore; **a razão
pela qual ...** the reason why ...;
pelo amor de Deus! for Heaven's
sake!
4 (*tempo*): **pela manhã** in the
morning; **~ volta das duas horas** at
about two o'clock; **ele vai ficar ~
uma semana** he's staying for a
week
5 (*lugar*): **~ aqui** this way; **viemos
pelo parque** we came through the
park; **passar ~ São Paulo** to pass
through São Paulo; **~ fora/dentro**
outside/inside
6 (*troca, preço*) for; **trocar o velho
pelo novo** to change old for new;
comprei o livro ~ dez libras I
bought the book for ten pounds
7 (*valor proporcional*): **~ cento** per
cent; **~ hora/dia/semana/mês/ano**
hourly/daily/weekly/monthly/yearly;
~ cabeça a *ou* per head; **~ mais**

difícil *etc* **que seja** however difficult *etc* it is

8 (*modo, meio*) by; **~ correio/avião** by post/air; **~ sí** by o.s.; **~ escrito** in writing; **entrar pela entrada principal** to go in through the main entrance

9 : **~ que** (*por causa*) because; why (*BR*); **~ quê?** why?

10 : **~ mim tudo bem** as far as I'm concerned, that's OK

---

pôr

PALAVRA CHAVE

[po*] *vt*

1 (*colocar*) to put; (*roupas*) to put on; (*objeções, dúvidas*) to raise; (*ovos, mesa*) to lay; (*defeito*) to find; **põe mais forte** turn it up; **você põe açúcar?** do you take sugar?; **~ de lado** to set aside

2 (+ *adj*) to make; **você está me pondo nervoso** you're making me nervous

♦ **pôr-se** *vr*

1 (*sol*) to set

2 (*colocar-se*): **~-se de pé** to stand up; **ponha-se no meu lugar** put yourself in my position

3 : **~-se a** to start to; **ela pôs-se a chorar** she started crying

♦ *m* : **o ~ do sol** sunset

---

porão [po'rãw] (*pl* **-ões**) *m* (*de casa*) basement; (: *armazém*) cellar

porca ['pɔxka] *f* (*animal*) sow

porção [pox'sãw] (*pl* **-ões**) *f* portion, piece; **uma ~ de** a lot of

porcaria [poxka'ria] *f* filth; (*dito sujo*) obscenity; (*coisa ruim*) piece of junk

porcelana [poxse'lana] *f* porcelain

porcentagem [poxsẽ'taʒẽ] (*pl* **-ns**) *f* percentage

porco, -a ['poxku, 'pɔxka] *adj* filthy
♦ *m* (*animal*) pig; (*carne*) pork

porções [pox'sõjʃ] *fpl de* **porção**

porém [po'rẽ] *conj* however

pormenor [poxme'no*] *m* detail

pornografia [poxnogra'fia] *f* pornography

poro ['pɔru] *m* pore

porões [po'rõjʃ] *mpl de* **porão**

porque ['poxke] *conj* because; (*interrogativo*: *PT*) why

porquê [pox'ke] *adv* why ♦ *m* reason, motive; **~?** (*PT*) why?

porrete [po'xetʃi] *m* club

porta ['pɔxta] *f* door; (*vão da ~*) doorway; (*de um jardim*) gate

portador, a [poxta'do*, a] *m/f* bearer

portagem [pox'taʒẽ] (*PT*) (*pl* **-ns**) *f* toll

portal [pox'taw] (*pl* **-ais**) *m* doorway

porta-luvas *m inv* (*AUTO*) glove compartment

porta-malas *m inv* (*AUTO*) boot (*BRIT*), trunk (*US*)

porta-níqueis *m inv* purse

portanto [pox'tãtu] *conj* so, therefore

portão [pox'tãw] (*pl* **-ões**) *m* gate

portar [pox'ta*] *vt* to carry; **portar-se** *vr* to behave

portaria [poxta'ria] *f* (*de um edifício*) entrance hall; (*recepção*) reception desk; (*do governo*) edict, decree

portátil [pox'tatʃiw] (*pl* **-eis**) *adj* portable

porta-voz (*pl* **-es**) *m/f* (*pessoa*) spokesman/woman

porte ['pɔxtʃi] *m* transport; (*custo*) freight charge, carriage; **~ pago** post paid; **de grande ~** far-reaching, important

porteiro, -a [pox'tejru, a] *m/f*

caretaker; **~ eletrônico** entryphone

pórtico ['pɔxtʃiku] *m* porch, portico

porto ['poxtu] *m* (*do mar*) port, harbour (*BRIT*), harbor (*US*); (*vinho*) port; **o P~** Oporto

portões [pox'tõjʃ] *mpl de* **portão**

Portugal [poxtu'gaw] *m* Portugal; **português, -guesa** [portu'geʃ, 'geza] *adj* Portuguese ♦ *m/f* Portuguese *inv* ♦ *m* (*LING*) Portuguese

porventura [poxvẽ'tura] *adj* by chance; **se ~ você ...** if you happen to ...

pôs [poʃ] *vb* V **pôr**

posar [po'za*] *vi* (*FOTO*): **~ (para)** to pose (for)

posição [pozi'sãw] (*pl* **-ões**) *f* position; (*social*) standing, status; **posicionar** [pozisjo'na*] *vt* to position

positivo, -a [pozi'tʃivu, a] *adj* positive

possante [po'sãtʃi] *adj* powerful, strong; (*carro*) flashy

posse ['pɔsi] *f* possession, ownership; **~s** *fpl* (*pertences*) possessions, belongings; **tomar ~ de** to take possession of

possessão [pose'sãw] *f* possession; **possessivo, -a** [pose'sivu, a] *adj* possessive

possibilidade [posibili'dadʒi] *f* possibility; **~s** *fpl* (*recursos*) means

possibilitar [posibili'ta*] *vt* to make possible, permit

possível [po'sivew] (*pl* **-eis**) *adj* possible; **fazer todo o ~** to do one's best

posso *etc* ['posu] *vb* V **poder**

possuidor, a [poswi'do*, a] *m/f* owner

possuir [po'swi*] *vt* (*casa, livro etc*) to own; (*dinheiro, talento*) to possess

postal [poʃ'taw] (*pl* **-ais**) *adj* postal ♦ *m* postcard

poste ['pɔʃtʃi] *m* pole, post

posterior [poʃte'rjo*] *adj* (*mais tarde*) subsequent, later; (*traseiro*) rear, back; **posteriormente** [poʃterjox'mẽtʃi] *adv* later, subsequently

postiço, -a [poʃ'tʃisu, a] *adj* false, artificial

posto, -a ['poʃtu, 'pɔʃta] *pp de* **pôr** ♦ *m* post, position; (*emprego*) job; **~ de gasolina** service *ou* petrol station; **~ que** although; **~ de saúde** health centre *ou* center

póstumo, -a ['pɔʃtumu, a] *adj* posthumous

postura [poʃ'tura] *f* posture; (*aspecto físico*) appearance

potável [po'tavew] (*pl* **-eis**) *adj* drinkable; **água ~** drinking water

pote ['pɔtʃi] *m* jug, pitcher; (*de geléia*) jar; (*de creme*) pot; **chover a ~s** (*PT*) to rain cats and dogs

potência [po'tẽsja] *f* power

potencial [potẽ'sjaw] (*pl* **-ais**) *adj, m* potential

potente [po'tẽtʃi] *adj* powerful, potent

---

pouco, -a

PALAVRA CHAVE

['poku, a] *adj*

1 (*sg*) little, not much; **~ tempo** little *ou* not much time; **de ~ interesse** of little interest, not very interesting; **pouca coisa** not much

2 (*pl*) few, not many; **uns ~s** a few, some; **poucas vezes** rarely; **poucas crianças comem o que devem** few children eat what they should

♦ *adv*

1 little, not much; **custa ~** it doesn't cost much; **dentro em ~, daqui a ~** shortly; **~ antes** shortly before

2 (+ *adj*: = *negativo*): **ela é ~**

inteligente/simpática she's not very bright/friendly
3: por ~ eu não morri I almost died
4: ~ a ~ little by little
5: aos ~s gradually
♦ *m:* **um ~** a little, a bit; **nem um ~** not at all

poupador, a [popa'do*, a] *adj* thrifty
poupança [po'pãsa] *f* thrift; (*economias*) savings *pl*; (*tb:* **caderneta de ~**) savings bank
poupar [po'pa*] *vt* to save; (*vida*) to spare
pouquinho [po'kiɲu] *m:* **um ~ (de)** a little
pousada [po'zada] *f* (*hospedagem*) lodging; (*hospedaria*) inn
pousar [po'za*] *vt* to place; (*mão*) to rest ♦ *vi* (*avião, pássaro*) to land; (*pernoitar*) to spend the night
povo ['povu] *m* people; (*raça*) people *pl*, race; (*plebe*) common people *pl*; (*multidão*) crowd
povoação [povwa'sãw] (*pl* **-ões**) *f* (*aldeia*) village, settlement; (*habitantes*) population
povoado [po'vwadu] *m* village
povoar [po'vwa*] *vt* (*de habitantes*) to people, populate; (*de animais etc*) to stock
pra [pra] (*col*) *prep* = **para a**
praça ['prasa] *f* (*largo*) square; (*mercado*) marketplace; (*soldado*) soldier; **~ de touros** bullring
praga ['praga] *f* nuisance; (*maldição*) curse; (*desgraça*) misfortune; (*erva daninha*) weed
pragmático, -a [prag'matʃiku, a] *adj* pragmatic
praia ['praja] *f* beach

prancha ['prãʃa] *f* plank; (*de surfe*) board
prata ['prata] *f* silver; (*col: cruzeiro*) ≈ quid (*BRIT*), ≈ buck (*US*)
prateado, -a [pra'tʃjadu, a] *adj* silver-plated; (*brilhante*) silvery; (*cor*) silver ♦ *m* (*cor*) silver; (*de um objeto*) silver-plating; **papel ~** silver paper
prateleira [prate'lejra] *f* shelf
prática ['pratʃika] *f* practice; (*experiência*) experience, know-how; (*costume*) habit, custom; *V tb* **prático**
praticante [pratʃi'kãtʃi] *adj* practising (*BRIT*), practicing (*US*) ♦ *m/f* apprentice; (*de esporte*) practitioner
praticar [pratʃi'ka*] *vt* to practise (*BRIT*), practice (*US*); (*roubo, operação*) to carry out; **prático, -a** ['pratʃiku, a] *adj* practical ♦ *m/f* expert
prato ['pratu] *m* plate; (*comida*) dish; (*de uma refeição*) course; (*de toca-discos*) turntable; **~s** *mpl* (*MÚS*) cymbals
praxe ['praʃi] *f* custom, usage; **de ~** usually; **ser de ~** to be the norm; **código da ~** *see boxed note*

PRAXE

Student life in Portugal follows the traditions set out in a written set of rules known as the *código da praxe*. It begins in freshers' week, where freshers are jeered at by their seniors, and are subjected to a number of humiliating practical jokes, such as having their hair cut against their will and being made to walk around town in fancy dress.

prazer [pra'ze*] *m* pleasure; **muito ~ em conhecê-lo** pleased to meet you
prazo ['prazu] *m* term, period; (*vencimento*) expiry date, time limit; **a**

curto/médio/longo ~ in the short/ medium/long term; **comprar a ~** to buy on hire purchase (*BRIT*) *ou* on the installment plan (*US*)

precário, -a [pre'karju, a] *adj* precarious; (*escasso*) failing

precaução [prekaw'sãw] (*pl* **-ões**) *f* precaution

precaver-se [preka'vexsi] *vr*: **~ (contra** *ou* **de)** to be on one's guard (against); **precavido, -a** [preka'vidu, a] *adj* cautious

prece ['presi] *f* prayer; (*súplica*) entreaty

precedente [prese'dẽtʃi] *adj* preceding ♦ *m* precedent

preceder [prese'de*] *vt, vi* to precede; **~ a algo** to precede sth; (*ter primazia*) to take precedence over sth

precioso, -a [pre'sjozu, ɔza] *adj* precious

precipício [presi'pisju] *m* precipice; (*fig*) abyss

precipitação [presipita'sãw] *f* haste; (*imprudência*) rashness

precipitado, -a [presipi'tadu, a] *adj* hasty; (*imprudente*) rash

precisamente [presiza'mẽtʃi] *adv* precisely

precisar [presi'za*] *vt* to need; (*especificar*) to specify; **precisar-se** *vr*: **"precisa-se"** "needed"; **~ de** to need; (*uso impess*): **não precisa você se preocupar** you needn't worry

preciso, -a [pre'sizu, a] *adj* precise, accurate; (*necessário*) necessary; (*claro*) concise; **é ~ você ir** you must go

preço ['presu] *m* price; (*custo*) cost; (*valor*) value; **a ~ de banana** (*BR*) *ou* **de chuva** (*PT*) dirt cheap

precoce [pre'kɔsi] *adj* precocious; (*antecipado*) early

preconceito [prekõ'sejtu] *m* prejudice

precursor, a [prekux'so*, a] *m/f* precursor, forerunner; (*mensageiro*) herald

predador [preda'do*] *m* predator

predileto, -a [predʒi'letu, a] (*PT* **-ct-**) *adj* favourite (*BRIT*), favorite (*US*)

prédio ['predʒju] *m* building; **~ de apartamentos** block of flats (*BRIT*), apartment house (*US*)

predispor [predʒiʃ'po*] (*irreg: como* **pôr**) *vt*: **~ alguém contra** to prejudice sb against; **predispor-se** *vr*: **~-se a/ para** to get o.s. in the mood to/for

predominar [predomi'na*] *vi* to predominate, prevail

preencher [preẽ'ʃe*] *vt* (*formulário*) to fill in (*BRIT*) *ou* out, complete; (*requisitos*) to fulfil (*BRIT*), fulfill (*US*), meet, to fill

prefácio [pre'fasju] *m* preface

prefeito, -a [pre'fejtu, a] *m/f* mayor; **prefeitura** [prefej'tura] *f* town hall

preferência [prefe'rẽsja] *f* preference; (*AUTO*) priority; **de ~** preferably; **preferencial** [preferẽ'sjaw] (*pl* **-ais**) *adj* (*rua*) main ♦ *f* main road (*with priority*)

preferido, -a [prefe'ridu, a] *adj* favourite (*BRIT*), favorite (*US*)

preferir [prefe'ri*] *vt* to prefer

prefiro *etc* [pre'firu] *vb* V **preferir**

prefixo [pre'fiksu] *m* (*LING*) prefix; (*TEL*) code

prega ['prega] *f* pleat, fold

pregar[1] ['prega*] *vt, vi* to preach

pregar[2] [pre'ga*] *vt* (*com prego*) to nail; (*fixar*) to pin, fasten; (*cosendo*) to sew on; **~ uma peça** to play a trick; **~ um susto em alguém** to give sb a fright

prego ['pregu] *m* nail; (*col: casa de penhor*) pawn shop

preguiça [pre'gisa] *f* laziness; (*animal*) sloth; **estar com ~** to feel lazy; **preguiçoso, -a** [pregi'sozu, ɔza] *adj* lazy

pré-histórico, -a [prɛ-] *adj*
prehistoric
preia-mar (*PT*) *f* high tide
prejudicar [preʒudʒi'ka*] *vt* to
damage; (*atrapalhar*) to hinder;
prejudicial [preʒudʒi'sjaw] (*pl* **-ais**) *adj*
damaging; (*à saúde*) harmful
prejuízo [pre'ʒwizu] *m* damage,
harm; (*em dinheiro*) loss; **em ~ de** to
the detriment of
prematuro, -a [prema'turu, a] *adj*
premature
premiado, -a [pre'mjadu, a] *adj*
prize-winning; (*bilhete*) winning ♦ *m/f*
prize-winner
premiar [pre'mja*] *vt* to award a prize
to; (*recompensar*) to reward
prêmio ['premju] *m* prize;
(*recompensa*) reward; (*SEGUROS*)
premium
prenda ['prẽda] *f* gift, present; (*em
jogo*) forfeit; **~s domésticas** housework
sg
prendedor [prẽde'do*] *m* fastener;
(*de cabelo, gravata*) clip; **~ de roupa**
clothes peg; **~ de papéis** paper clip
prender [prẽ'de*] *vt* to fasten, fix;
(*roupa*) to pin; (*cabelo*) to put back;
(*capturar*) to arrest; (*atar, ligar*) to tie;
(*atenção*) to catch; (*afetivamente*) to
tie, bind; (*reter: doença, compromisso*)
to keep; (*movimentos*) to restrict;
prender-se *vr* to get caught, stick;
~-se a alguém (*por amizade*) to be
attached to sb
preocupação [preokupa'sãw] (*pl
-ões*) *f* preoccupation; (*inquietação*)
worry, concern
preocupar [preoku'pa*] *vt* to
preoccupy; (*inquietar*) to worry;
preocupar-se *vr*: **~-se com** to worry
about, be worried about
preparação [prepara'sãw] (*pl* **-ões**) *f*
preparation
preparar [prepa'ra*] *vt* to prepare;
preparar-se *vr* to get ready;
preparativos [prepara'tʃivuʃ] *mpl*
preparations, arrangements
preponderante [prepõde'rãtʃi] *adj*
predominant
preposição [prepozi'sãw] (*pl* **-ões**) *f*
preposition
prepotente [prepo'tẽtʃi] *adj*
predominant; (*despótico*) despotic;
(*atitude*) overbearing
presa ['preza] *f* (*na guerra*) spoils *pl*;
(*vítima*) prey; (*dente de animal*) fang
prescrever [preʃkre've*] *vt* to
prescribe; (*prazo*) to set
presença [pre'zẽsa] *f* presence;
(*freqüência*) attendance; **ter boa ~** to
be presentable; **presenciar** [prezẽ'sja*]
vt to be present at; (*testemunhar*) to
witness
presente [pre'zẽtʃi] *adj* present; (*fig:
interessado*) attentive; (: *evidente*)
clear, obvious ♦ *m* present ♦ *f* (*COM:
carta*): **a ~** this letter; **os ~s** *mpl*
(*pessoas*) those present; **presentear**
[prezẽ'tʃja*] *vt*: **presentear alguém
(com algo)** to give sb (sth as) a
present
preservação [prezexva'sãw] *f*
preservation
preservar [prezex'va*] *vt* to preserve,
protect; **preservativo** [prezexva'tʃivu]
m preservative; (*anticoncepcional*)
condom
presidente, -a [prezi'dẽtʃi, ta] *m/f*
president
presidiário, -a [prezi'dʒjarju, a] *m/f*
convict
presídio [pre'zidʒju] *m* prison
presidir [prezi'dʒi*] *vt, vi*: **~ (a)** to
preside over; (*reunião*) to chair; (*suj:
leis, critérios*) to govern

presilha [preˈziʎɐ] f fastener; (*para o cabelo*) slide

preso, -a [ˈprezu, a] adj imprisoned; (*capturado*) under arrest; (*atado*) tied ♦ m/f prisoner; **estar ~ a alguém** to be attached to sb

pressa [ˈprɛsa] f haste, hurry; (*rapidez*) speed; (*urgência*) urgency; **às ~s** hurriedly; **estar com ~** to be in a hurry; **ter ~ de** *ou* **em fazer** to be in a hurry to do

presságio [preˈsaʒu] m omen, sign; (*pressentimento*) premonition

pressão [preˈsãw] (pl -ões) f pressure; **(colchete de) ~** press stud, popper

pressentimento [presẽtʃiˈmẽtu] m premonition

pressentir [presẽˈtʃi*] vt to foresee; (*suspeitar*) to sense

pressionar [presjoˈna*] vt (*botão*) to press; (*coagir*) to pressure ♦ vi to press, put on pressure

pressões [preˈsõjʃ] fpl de **pressão**

pressupor [presuˈpo*] (*irreg: como* **pôr**) vt to presuppose

prestação [preʃtaˈsãw] (pl -ões) f instalment (*BRIT*), installment (*US*); (*por uma casa*) repayment

prestar [preʃˈta*] vt (*cuidados*) to give; (*favores, serviços*) to do; (*contas*) to render; (*informações*) to supply; (*uma qualidade a algo*) to lend ♦ vi: **~ a alguém para algo** to be of use to sb for sth; **prestar-se** vr: **~-se a** to be suitable for; (*admitir*) to lend o.s. to; (*dispor-se*) to be willing to; **~ atenção** to pay attention

prestativo, -a [preʃtaˈtʃivu, a] adj helpful, obliging

prestes [ˈprɛʃtʃiʃ] adj inv ready; (*a ponto de*): **~ a partir** about to leave

prestígio [preʃˈtʃiʒu] m prestige

presunção [prezũˈsãw] (pl -ões) f presumption; (*vaidade*) conceit, self-importance; **presunçoso, -a** [prezũˈsozu, ɔza] adj vain, self-important

presunto [preˈzũtu] m ham

pretendente [pretẽˈdẽtʃi] m/f claimant; (*candidato*) candidate, applicant ♦ m suitor

pretender [pretẽˈde*] vt to claim; (*cargo, emprego*) to go for; **~ fazer** to intend to do

pretensão [pretẽˈsãw] (pl -ões) f claim; (*vaidade*) pretension; (*propósito*) aim; (*aspiração*) aspiration;

pretensioso, -a [pretẽˈsjozu, ɔza] adj pretentious

pretérito [preˈtɛritu] m (*LING*) preterite

pretexto [preˈteʃtu] m pretext

preto, -a [ˈpretu, a] adj black ♦ m/f Black (man/woman)

prevalecer [prevaleˈse*] vi to prevail; **prevalecer-se** vr: **~-se de** (*aproveitar-se*) to take advantage of

prevenção [prevẽˈsãw] (pl -ões) f prevention; (*preconceito*) prejudice; (*cautela*) caution; **estar de ~ com** *ou* **contra alguém** to be bias(s)ed against sb

prevenido, -a [preveˈnidu, a] adj cautious, wary

prevenir [preveˈni*] vt to prevent; (*avisar*) to warn; (*preparar*) to prepare

prever [preˈve*] (*irreg: como* **ver**) vt to predict, foresee; (*pressupor*) to presuppose

previdência [previˈdẽsja] f foresight; (*precaução*) precaution

previdente [previˈdẽtʃi] adj: **ser ~** to show foresight

prévio, -a [ˈprɛvju, a] adj prior; (*preliminar*) preliminary

previsão [previˈzãw] (pl -ões) f foresight; (*prognóstico*) prediction, forecast; **~ do tempo** weather forecast

previsível [previ'zivew] (*pl* **-eis**) *adj* predictable

previsões [previ'zõjʃ] *fpl de* **previsão**

prezado, -a [pre'zadu, a] *adj* esteemed; (*numa carta*) dear

prezar [pre'za*] *vt* (*amigos*) to value highly; (*autoridade*) to respect; (*gostar de*) to appreciate

primário, -a [pri'marju, a] *adj* primary; (*elementar*) basic, rudimentary; (*primitivo*) primitive ♦ *m* (*curso*) elementary education

primavera [prima'vera] *f* spring; (*planta*) primrose

primeira [pri'mejra] *f* (*AUTO*) first (gear)

primeiro, -a [pri'mejru, a] *adj, adv* first; **de primeira** first-class

primitivo, -a [primi'tʃivu, a] *adj* primitive; (*original*) original

primo, -a ['primu, a] *m/f* cousin; ~ **irmão** first cousin

princesa [prī'seza] *f* princess

principal [prĩsi'paw] (*pl* **-ais**) *adj* principal; (*entrada, razão, rua*) main ♦ *m* head, principal; (*essencial, de dívida*) principal

príncipe ['prĩsipi] *m* prince

principiante [prĩsi'pjãtʃi] *m/f* beginner

principiar [prĩsi'pja*] *vt, vi* to begin

princípio [prĩ'sipju] *m* beginning, start; (*origem*) origin; (*legal, moral*) principle; ~**s** *mpl* (*de matéria*) rudiments

prioridade [prjori'dadʒi] *f* priority

prisão [pri'zãw] (*pl* **-ões**) *f* imprisonment; (*cadeia*) prison, jail; (*detenção*) arrest; ~ **de ventre** constipation; **prisioneiro, -a** [prizjo'nejru, a] *m/f* prisoner

privação [priva'sãw] (*pl* **-ões**) *f* deprivation; **privações** *fpl* (*penúria*)

hardship *sg*

privacidade [privasi'dadʒi] *f* privacy

privações [priva'sõjʃ] *fpl de* **privação**

privada [pri'vada] *f* toilet

privado, -a [pri'vadu, a] *adj* private; (*carente*) deprived

privar [pri'va*] *vt* to deprive

privativo, -a [priva'tʃivu, a] *adj* (*particular*) private; ~ **de** peculiar to

privilegiado, -a [privile'ʒjadu, a] *adj* privileged; (*excepcional*) unique, exceptional

privilegiar [privile'ʒja*] *vt* to privilege; (*favorecer*) to favour (*BRIT*), favor (*US*)

privilégio [privi'leʒu] *m* privilege

pró [prɔ] *adv* for, in favour (*BRIT*) ou favor (*US*) ♦ *m* advantage; **os ~s e os contras** the pros and cons; **em ~ de** in favo(u)r of

pró- [prɔ] *prefixo* pro-

proa ['proa] *f* prow, bow

probabilidade [probabili'dadʒi] *f* probability; ~**s** *fpl* (*chances*) odds

problema [prob'lema] *m* problem

procedência [prose'dẽsja] *f* origin, source; (*lugar de saída*) point of departure

proceder [prose'de*] *vi* to proceed; (*comportar-se*) to behave; (*agir*) to act ♦ *m* conduct; **procedimento** [prosedʒi'mẽtu] *m* conduct, behaviour (*BRIT*), behavior (*US*); (*processo*) procedure; (*JUR*) proceedings *pl*

processamento [prosesa'mẽtu] *m* processing; (*JUR*) prosecution; (*verificação*) verification; ~ **de texto** word processing

processar [prose'sa*] *vt* (*JUR*) to take proceedings against, prosecute; (*requerimentos, COMPUT*) to process

processo [pro'sesu] *m* process; (*procedimento*) procedure; (*JUR*) lawsuit, legal proceedings pl; (: autos) record; (conjunto de documentos) documents pl

procissão [prosi'sãw] (pl -ões) f procession

proclamação [proklama'sãw] f proclamation; **P~ da República** (BR) see boxed note

---

PROCLAMAÇÃO DA REPÚBLICA

Commemorated on 15 November, which is a public holiday in Brazil, the proclamation of the republic in 1889 was a military coup, led by Marshal Deodoro da Fonseca. It brought down the empire which had been established after independence, and installed a federal republic in Brazil.

---

proclamar [prokla'ma*] vt to proclaim

procura [pro'kura] f search; (COM) demand

procuração [prokura'sãw] f: **por ~** by proxy

procurador, a [prokura'do*, a] m/f attorney; **P~ Geral da República** Attorney General

procurar [proku'ra*] vt to look for, seek; (emprego) to apply for; (ir visitar) to call on; (contatar) to get in touch with; **~ fazer** to try to do

prodígio [pro'dʒiʒu] m prodigy

produção [produ'sãw] (pl -ões) f production; (volume de produção) output; (produto) product; **~ em massa, ~ em série** mass production

produtivo, -a [produ'tʃivu, a] adj productive; (rendoso) profitable

produto [pro'dutu] m product; (renda) proceeds pl, profit

produtor, a [produ'to*, a] adj producing ♦ m/f producer

produzir [produ'zi*] vt to produce; (ocasionar) to cause, bring about; (render) to bring in

proeminente [proemi'nẽtʃi] adj prominent

proeza [pro'eza] f achievement, feat

profanar [profa'na*] vt to desecrate, profane; **profano, -a** [pro'fanu, a] adj profane ♦ m/f layman/woman

profecia [profe'sia] f prophecy

professor, a [profe'so*, a] m/f teacher; (universitário) lecturer

profeta, -isa [pro'feta, profe'tʃiza] m/f prophet; **profetizar** [profetʃi'za*] vt, vi to prophesy, predict

profissão [profi'sãw] (pl -ões) f profession; **profissional** [profisjo'naw] (pl -ais) adj, m/f professional; **profissionalizante** [profisjonali'zãtʃi] adj (ensino) vocational

profundidade [profũdʒi'dadʒi] f depth

profundo, -a [pro'fũdu, a] adj deep; (fig) profound

profusão [profu'zãw] f profusion, abundance

prognóstico [prog'nɔstʃiku] m prediction, forecast

programa [pro'grama] m programme (BRIT), program (US); (COMPUT) program; (plano) plan; (diversão) thing to do; (de um curso) syllabus; **programação** [programa'sãw] f planning; (TV, RÁDIO, COMPUT) programming; **programador, a** [programa'do*, a] m/f programmer; **programar** [progra'ma*] vt to plan; (COMPUT) to program

progredir [progre'dʒi*] vi to progress; (avançar) to move forward; (infecção) to progress

progressista [progre'siʃta] adj, m/f progressive

progressivo, -a [progre'sivu, a] adj progressive; (gradual) gradual

progresso [pro'grɛsu] m progress

progrido etc [pro'gridu] vb V **progredir**

proibição [proibi'sãw] (pl -ões) f prohibition, ban

proibir [proi'bi*] vt to prohibit; (livro, espetáculo) to ban; **"é proibido fumar"** "no smoking"; **~ alguém de fazer, ~ que alguém faça** to forbid sb to do

projeção [proʒe'sãw] (PT -cç-; pl -ões) f projection

projetar [proʒe'ta*] (PT -ct-) vt to project

projétil [pro'ʒetʃiw] (PT -ct-; pl -eis) m projectile, missile

projeto [pro'ʒetu] (PT -ct-) m project; (plano, ARQ) plan; (TEC) design; **~ de lei** bill

projetor [proʒe'to*] (PT -ct-) m (CINEMA) projector

proliferar [prolife'ra*] vi to proliferate

prolongação [prolõga'sãw] f extension

prolongado, -a [prolõ'gadu, a] adj prolonged; (alongado) extended

prolongar [prolõ'ga*] vt to extend, lengthen; (decisão etc) to postpone; (vida) to prolong; **prolongar-se** vr to extend; (durar) to last

promessa [pro'mɛsa] f promise

prometer [prome'te*] vt, vi to promise

promíscuo, -a [pro'miʃkwu, a] adj disorderly, mixed up; (comportamento sexual) promiscuous

promissor, a [promi'so*, a] adj promising

promoção [promo'sãw] (pl -ões) f promotion; **fazer ~ de alguém/algo** to promote sb/sth

promotor, a [promo'to*, a] m/f promoter; (JUR) prosecutor

promover [promo've*] vt to promote; (causar) to cause, bring about

pronome [pro'nɔmi] m pronoun

pronto, -a [prõtu, a] adj ready; (rápido) quick, speedy; (imediato) prompt ♦ adv promptly; **de ~** promptly; **estar ~ a ...** to be prepared ou willing to ...; **pronto-socorro** (pl **prontos-socorros**) (PT) m towtruck

pronúncia [pro'nũsja] f pronunciation; (JUR) indictment

pronunciar [pronũ'sja*] vt to pronounce; (discurso) to make, deliver; (JUR: réu) to indict; (: sentença) to pass

propaganda [propa'gãda] f (POL) propaganda; (COM) advertising; (: uma ~) advert, advertisement; **fazer ~ de** to advertise

propagar [propa'ga*] vt to propagate; (fig: difundir) to disseminate

propensão [propẽ'sãw] (pl -ões) f inclination, tendency; **propenso, -a** [pro'pẽsu, a] adj: **propenso a** inclined to; **ser propenso a** to be inclined to, have a tendency to

propina [pro'pina] f (gorjeta) tip; (PT: cota) fee

propor [pro'po*] (irreg: como **pôr**) vt to propose; (oferecer) to offer; (um problema) to pose; **propor-se** vr: **~-se (a) fazer** (pretender) to intend to do; (visar) to aim to do; (dispor-se) to decide to do; (oferecer-se) to offer to do

proporção [propox'sãw] (pl -ões) f proportion; **proporções** fpl (dimensões) dimensions; **proporcional** [propoxsjo'naw] (pl -ais) adj proportional; **proporcionar** [propoxsjo'na*] vt to provide, give;

(*adaptar*) to adjust, adapt

proposição [propozi'sãw] (*pl* **-ões**) *f* proposition, proposal

proposital [propozi'taw] (*pl* **-ais**) *adj* intentional

propósito [pro'pɔzitu] *m* (*intenção*) purpose; (*objetivo*) aim; **a ~** by the way; **a ~ de** with regard to; **de ~** on purpose

proposta [pro'pɔʃta] *f* proposal; (*oferecimento*) offer

propriamente [proprja'mẽtʃi] *adv* properly, exactly; **~ falando** *ou* **dito** strictly speaking

propriedade [proprje'dadʒi] *f* property; (*direito de proprietário*) ownership; (*o que é apropriado*) propriety

proprietário, -a [proprje'tarju, a] *m/f* owner, proprietor

próprio, -a ['prɔprju, a] *adj* own, of one's own; (*mesmo*) very, selfsame; (*hora, momento*) opportune, right; (*nome*) proper; (*característico*) characteristic; (*sentido*) proper, true; (*depois de pronome*) -self; **~ (para)** suitable (for); **eu ~** I myself; **por si ~** of one's own accord; **ele é o ~ inglês** he's a typical Englishman; **é o ~** it's him himself

prorrogação [proxoga'sãw] (*pl* **-ões**) *f* extension

prosa ['prɔza] *f* prose; (*conversa*) chatter; (*fanfarrice*) boasting, bragging ♦ *adj* full of oneself

prospecto [proʃ'pektu] *m* leaflet; (*em forma de livro*) brochure

prosperar [proʃpe'ra*] *vi* to prosper, thrive; **prosperidade** [proʃperi'dadʒi] *f* prosperity; (*bom êxito*) success; **próspero, -a** ['prɔʃperu, a] *adj* prosperous; (*bem sucedido*) successful; (*favorável*) favourable (*BRIT*),

favorable (*US*)

prosseguir [prose'gi*] *vt, vi* to continue; **~ em** to continue (with)

prostíbulo [proʃ'tʃibulu] *m* brothel

prostituta [proʃtʃi'tuta] *f* prostitute

prostrado, -a [proʃ'tradu, a] *adj* prostrate

protagonista [protago'niʃta] *m/f* protagonist

proteção [prote'sãw] (*PT* **-cç-**) *f* protection

protector, a [protek'to*, a] (*PT*) = **protetor, a**

proteger [prote'ʒe*] *vt* to protect; **protegido, -a** [prote'ʒidu, a] *m/f* protégé(e)

proteína [prote'ina] *f* protein

protejo *etc* [pro'teʒu] *vb* V **proteger**

protestante [proteʃ'tãtʃi] *adj, m/f* Protestant

protestar [proteʃ'ta*] *vt, vi* to protest; **protesto** [pro'teʃtu] *m* protest

protetor, a [prote'to*, a] *adj* protective ♦ *m/f* protector; **~ solar** sunscreen; **~ de tela** (*COMPUT*) screensaver

protuberância [protube'rãsja] *f* bump; **protuberante** [protube'rãtʃi] *adj* sticking out

prova ['prɔva] *f* proof; (*TEC: teste*) test, trial; (*EDUC: exame*) examination; (*sinal*) sign; (*de comida, bebida*) taste; (*de roupa*) fitting; (*ESPORTE*) competition; (*TIP*) proof; **~(s)** *f(pl)* (*JUR*) evidence *sg*; **à ~ de bala/fogo/água** bulletproof/fireproof/waterproof; **pôr à ~** to put to the test

provar [pro'va*] *vt* to prove; (*comida*) to taste, try; (*roupa*) to try on ♦ *vi* to try

provável [pro'vavew] (*pl* **-eis**) *adj* probable, likely

provedor, a [prove'do*, a] *m/f* supplier; **~ de acesso à Internet**

Internet service provider

proveito [pro'vejtu] *m* advantage; (*ganho*) profit; **em ~ de** for the benefit of; **fazer ~ de** to make use of;

proveitoso, -a [provej'tozu, ɔza] *adj* profitable, advantageous; (*útil*) useful

proveniente [prove'njẽtʃi] *adj*: **proveniente de** originating from; (*que resulta de*) arising from

prover [pro've*] (*irreg: como* **ver**) *vt* to provide, supply; (*vaga*) to fill ♦ *vi*: **~ a** to take care of, see to

provérbio [pro'vɛxbju] *m* proverb

providência [provi'dẽsja] *f* providence; **~s** *fpl* (*medidas*) measures, steps; **providencial** [providẽ'sjaw] (*pl* **-ais**) *adj* opportune; **providenciar** [providẽ'sja*] *vt* to provide; (*tomar providências*) to arrange ♦ *vi* to make arrangements, take steps; **providenciar para que** to see to it that

província [pro'vĩsja] *f* province; **provinciano, -a** [provĩ'sjanu, a] *adj* provincial

provisório, -a [provi'zɔrju, a] *adj* provisional, temporary

provocador, a [provoka'do*, a] *adj* provocative

provocante [provo'kãtʃi] *adj* provocative

provocar [provo'ka*] *vt* to provoke; (*ocasionar*) to cause; (*atrair*) to tempt, attract; (*estimular*) to rouse, stimulate

próximo, -a [prɔsimu, a] *adj* (*no espaço*) near, close; (*no tempo*) close; (*seguinte*) next; (*amigo, parente*) close; (*vizinho*) neighbouring (*BRIT*), neighboring (*US*) ♦ *adv* near ♦ *m* fellow man; **~ a** *ou* **de** near, close to; **até a próxima!** see you again soon!

prudência [pru'dẽsja] *f* care, prudence; **prudente** [pru'dẽtʃi] *adj* prudent

prurido [pru'ridu] *m* itch

psicanálise [psika'nalizi] *f* psychoanalysis

psicologia [psikolo'ʒia] *f* psychology; **psicológico, -a** [psiko'lɔʒiku, a] *adj* psychological; **psicólogo, -a** [psi'kɔlogu, a] *m/f* psychologist

psique ['psiki] *f* psyche

psiquiatra [psi'kjatra] *m/f* psychiatrist

psiquiatria [psikja'tria] *f* psychiatry

psíquico, -a ['psikiku, a] *adj* psychological

puberdade [pubex'dadʒi] *f* puberty

publicação [publika'sãw] *f* publication

publicar [publi'ka*] *vt* to publish; (*divulgar*) to divulge; (*proclamar*) to announce

publicidade [publisi'dadʒi] *f* publicity; (*COM*) advertising; **publicitário, -a** [publisi'tarju, a] *adj* publicity *atr*; advertising *atr*

público, -a ['publiku, a] *adj* public ♦ *m* public; (*CINEMA, TEATRO etc*) audience

pude *etc* ['pudʒi] *vb* V **poder**

pudera *etc* [pu'dera] *vb* V **poder**

pudim [pu'dʒĩ] (*pl* **-ns**) *m* pudding

pudor [pu'do*] *m* bashfulness, modesty; (*moral*) decency

pular [pu'la*] *vi* to jump; (*no Carnaval*) to celebrate ♦ *vt* to jump (over); (*páginas, trechos*) to skip; **~ Carnaval** to celebrate Carnival; **~ corda** to skip

pulga ['puwga] *f* flea

pulmão [puw'mãw] (*pl* **-ões**) *m* lung

pulo¹ ['pulu] *m* jump; **dar um ~ em** to stop off at

pulo² *etc* *vb* V **polir**

pulôver [pu'love*] (*BR*) *m* pullover

pulsação [puwsa'sãw] *f* pulsation, beating; (*MED*) pulse

a
b
c
d
e
f
g
h
i
j
k
l
m
n
o
p
q
r
s
t
u
v
w
x
z

pulseira [puw'sejra] f bracelet; (de sapato) strap

pulso ['puwsu] m (ANAT) wrist; (MED) pulse; (fig) vigour (BRIT), vigor (US), energy

punha etc ['puɲa] vb V **pôr**

punhado [pu'ɲadu] m handful

punhal [pu'ɲaw] (pl -**ais**) m dagger

punho ['puɲu] m fist; (de manga) cuff; (de espada) hilt

punição [puni'sãw] (pl -**ões**) f punishment

punir [pu'ni*] vt to punish

pupila [pu'pila] f (ANAT) pupil

purê [pu're] m purée; ~ **de batatas** mashed potatoes

pureza [pu'reza] f purity

purificar [purifi'ka*] vt to purify

puritano, -a [puri'tanu, a] adj puritanical; (seita) puritan ♦ m/f puritan

puro, -a ['puru, a] adj pure; (uísque etc) neat; (verdade) plain; (intenções) honourable (BRIT), honorable (US); (estilo) clear

pus¹ [puʃ] m pus

pus² [pujʃ] etc (pujʃ] vb V **pôr**

puser etc [pu'ze*] vb V **pôr**

puta ['puta] (col!) f whore; V tb **puto**

puto, -a ['putu, a] (col!) m/f (sem-vergonha) bastard ♦ adj (zangado) furious; (incrível): **um ~ ...** a hell of a ...; **o ~ de ...** the bloody ...

pútrido, -a ['putridu, a] adj putrid, rotten

puxador [puʃa'do*] m handle, knob

puxão [pu'ʃãw] (pl -**ões**) m tug, jerk

puxar [pu'ʃa*] vt to pull; (sacar) to pull out; (assunto) to bring up; (conversa) to strike up; (briga) to pick ♦ vi: ~ **de uma perna** to limp; ~ **a** to take after

puxões [pu'ʃõjʃ] mpl de **puxão**

Q q

QG abr m (= Quartel-General) HQ

QI abr m (= Quociente de Inteligência) IQ

quadra ['kwadra] f (quarteirão) block; (de tênis etc) court; (período) time, period

quadrado, -a [kwa'dradu, a] adj square ♦ m square ♦ m/f (col) square

quadril [kwa'driw] (pl -**is**) m hip

quadrinho [kwa'driɲu] m: **história em ~s** (BR) cartoon, comic strip

quadris [kwa'driʃ] mpl de **quadril**

quadro ['kwadru] m painting; (gravura, foto) picture; (lista) list; (tabela) chart, table; (TEC: painel) panel; (pessoal) staff; (time) team; (TEATRO, fig) scene; **quadro-negro** (pl **quadros-negros**) m blackboard

quadruplicar [kwadrupli'ka*] vt, vi to quadruple

qual [kwaw] (pl -**ais**) pron which ♦ conj as, like ♦ excl what!; **o ~** which; (pessoa: suj) who; (: objeto) whom; **seja ~ for** whatever ou whichever it may be; **cada ~** each one

qualidade [kwali'dadʒi] f quality

qualificação [kwalifika'sãw] (pl -**ões**) f qualification

qualificado, -a [kwalifi'kadu, a] adj qualified

qualificar [kwalifi'ka*] vt to qualify; (avaliar) to evaluate; **qualificar-se** vr to qualify; ~ **de** ou **como** to classify as

qualquer [kwaw'ke*] (pl **quaisquer**) adj, pron any; ~ **pessoa** anyone, anybody; ~ **um dos dois** either; ~ **que seja** whichever it may be; **a ~ momento** at any moment

quando ['kwãdu] adv when ♦ conj when; (interrogativo) when?; (ao passo

que) whilst; **~ muito** at most
quantia [kwã'tʃia] f sum, amount
quantidade [kwãtʃi'dadʒi] f quantity, amount

quanto, -a

PALAVRA CHAVE

['kwãtu, a] adj

1 (interrogativo: sg) how much?;
(: pl) how many?; **~ tempo?** how long?

2 (o (que for) necessário) all that, as much as; **daremos ~s exemplares ele precisar** we'll give him as many copies as ou all the copies he needs

3: **tanto/tantos ... ~** as much/ many ... as
♦ pron

1 how much?; how many?; **~ custa?** how much?; **a ~ está o jogo?** what's the score?

2: **tudo ~** everything that, as much as

3: **tanto/tantos ~ ...** as much/as many as ...

4: **um tanto ~** somewhat, rather
♦ adv

1: **~ a** as regards; **~ a mim** as for me

2: **~ antes** as soon as possible

3: **~ mais** (principalmente) especially; (muito menos) let alone; **~ mais cedo melhor** the sooner the better

4: **tanto ~ possível** as much as possible; **tão ... ~ ...** as ... as ...
♦ conj: **~ mais trabalha, mais ele ganha** the more he works, the more he earns; **~ mais, (tanto) melhor** the more, the better

quarenta [kwa'rẽta] num forty
quarentena [kwarẽ'tena] f quarantine
quaresma [kwa'reʒma] f Lent
quarta ['kwaxta] f (tb: **~-feira**)

Wednesday; (parte) quarter; (AUTO) fourth (gear); **quarta-feira** (pl **quartas-feiras**) f Wednesday; **quarta-feira de cinzas** Ash Wednesday
quarteirão [kwaxtej'rãw] (pl **-ões**) m (de casas) block
quartel [kwax'tɛw] (pl **-éis**) m barracks sg; **quartel-general** m headquarters pl
quarteto [kwax'tetu] m quartet(te)
quarto, -a ['kwaxtu, a] num fourth
♦ m quarter; (aposento) room; **~ de banho/dormir** bathroom/bedroom; **três ~s de hora** three quarters of an hour
quase ['kwazi] adv almost, nearly; **~ nunca** hardly ever
quatorze [kwa'toxzi] num fourteen
quatro ['kwatru] num four

que

PALAVRA CHAVE

[ki] conj

1 (com oração subordinada: muitas vezes não se traduz) that; **ele disse ~ viria** he said (that) he would come; **não há nada ~ fazer** there's nothing to be done; **espero ~ sim/não** I hope so/not; **dizer ~ sim/não** to say yes/no

2 (consecutivo: muitas vezes não se traduz) that; **é tão pesado ~ não consigo levantá-lo** it's so heavy (that) I can't lift it

3 (comparações): **(do) ~** than; V tb **mais**; **menos**; **mesmo**
♦ pron

1 (coisa) which, that; (+ prep) which; **o chapéu ~ você comprou** the hat (that ou which) you bought

2 (pessoa: suj) who, that; (: complemento) whom, that; **o amigo ~ me levou ao museu** the friend

a
b
c
d
e
f
g
h
i
j
k
l
m
n
o
p
q
r
s
t
u
v
w
x
z

who took me to the museum; **a moça ~ eu convidei** the girl (that *ou* whom) I invited

3 (*interrogativo*) what?; **o ~ você disse?** what did you say?

4 (*exclamação*) what!; **~ pena!** what a pity!; **~ lindo!** how lovely!

quê [ke] *m* (*col*) something ♦ *pron* what; **~!** what!; **não tem de ~** don't mention it; **para ~?** what for?; **por ~?** why?

quebra ['kɛbra] *f* break, rupture; (*falência*) bankruptcy; (*de energia elétrica*) cut; **de ~** in addition;

quebra-cabeça (*pl* **quebra-cabeças**) *m* puzzle, problem; (*jogo*) jigsaw puzzle

quebrado, -a [ke'bradu, a] *adj* broken; (*cansado*) exhausted; (*falido*) bankrupt; (*carro, máquina*) broken down; (*telefone*) out of order

quebra-nozes *m inv* nutcrackers *pl* (*BRIT*), nutcracker (*US*)

quebrar [ke'bra*] *vt* to break ♦ *vi* to break; (*carro*) to break down; (*COM*) to go bankrupt; (*ficar sem dinheiro*) to go broke

queda ['kɛda] *f* fall; (*fig*) downfall; **ter ~ para algo** to have a bent for sth; **~ de barreira** landslide; **queda-d'água** (*pl* **quedas-d'água**) *f* waterfall

queijo ['kejʒu] *m* cheese

queimado, -a [kej'madu, a] *adj* burnt; (*de sol: machucado*) sunburnt; (: *bronzeado*) brown, tanned; (*plantas, folhas*) dried up

queimadura [kejma'dura] *f* burn; (*de sol*) sunburn

queimar [kej'ma*] *vt* to burn; (*roupa*) to scorch; (*com líquido*) to scald; (*bronzear a pele*) to tan; (*planta, folha*) to wither ♦ *vi* to burn; **queimar-se** *vr*

(*pessoa*) to burn o.s.; (*de sol*) to tan

queima-roupa *f*: **à ~** point-blank, at point-blank range

queira *etc* ['kejra] *vb V* querer

queixa ['kejʃa] *f* complaint; (*lamentação*) lament; **fazer ~ de alguém** to complain about sb

queixar-se [kej'ʃaxsi] *vr* to complain; **~ de** to complain about; (*dores etc*) to complain of

queixo ['kejʃu] *m* chin; (*maxilar*) jaw; **bater o ~** to shiver

quem [kẽj] *pron* who; (*como objeto*) who(m); **de ~ é isto?** whose is this?; **~ diria!** who would have thought (it)!; **~ sabe** (*talvez*) perhaps

Quênia ['kenja] *m*: **o ~** Kenya

quente ['kẽtʃi] *adj* hot; (*roupa*) warm

quer [ke*] *vb V* querer ♦ *conj*: **~ ... ~ ...** whether ... or ...; **~ chova ~ não** whether it rains or not; **onde/quando/quem ~ que** wherever/whenever/whoever; **o que ~ que seja** whatever it is

---

querer

PALAVRA CHAVE

[ke're*] *vt*

1 (*desejar*) to want; **quero mais dinheiro** I want more money; **queria um chá** I'd like a cup of tea; **quero ajudar/que vá** I want to help/you to go; **você vai ~ sair amanhã?** do you want to go out tomorrow?; **eu vou ~ uma cerveja** (*num bar etc*) I'd like a beer; **por/sem ~** intentionally/unintentionally; **como queira** as you wish

2 (*perguntas para pedir algo*): **você quer fechar a janela?** will you shut the window?; **quer me dar uma mão?** can you give me a hand?

3 (*amar*) to love

4 (*convite*): **quer entrar/sentar** do come in/sit down
5: ~ **dizer** (*significar*) to mean; (*pretender dizer*) to mean to say; **quero dizer** I mean; **quer dizer** (*com outras palavras*) in other words
♦ *vi*: ~ **bem a** to be fond of
♦ **querer-se** *vr* to love one another
♦ *m* (*vontade*) wish; (*afeto*) affection

querido, -a [keˈridu, a] *adj* dear ♦ *m/f* darling; **Q~ João** Dear John
querosene [keroˈzɛni] *m* kerosene
questão [keʃˈtãw] (*pl* **-ões**) *f* question, inquiry; (*problema*) matter, question; (*JUR*: *contenda*) dispute, quarrel; **fazer ~ (de)** to insist (on); **em ~** in question; **há ~ de um ano** about a year ago; **questionar** [keʃtʃioˈnaˈ] *vi* to question ♦ *vt* to question, call into question; **questionário** [keʃtʃioˈnarju] *m* questionnaire; **questionável** [keʃtʃioˈnavew] (*pl* **-eis**) *adj* questionable
quicar [kiˈkaˈ] *vt*, *vi* to bounce
quieto, -a [ˈkjetu, a] *adj* quiet; (*imóvel*) still; **quietude** [kjeˈtudʒi] *f* calm, tranquillity
quilate [kiˈlatʃi] *m* carat
quilo [ˈkilu] *m* kilo; **quilobyte** [kiloˈbajtʃi] *m* kilobyte; **quilograma** [kiloˈgrama] *m* kilogram; **quilometragem** [kilomeˈtraʒẽ] *f* number of kilometres *ou* kilometers travelled, ≈ mileage; **quilômetro** [kiˈlometru] *m* kilometre (*BRIT*), kilometer (*US*); **quilowatt** [kiloˈwatʃi] *m* kilowatt
química [ˈkimika] *f* chemistry
químico, -a [ˈkimiku, a] *adj* chemical ♦ *m/f* chemist
quina [ˈkina] *f* corner; (*de mesa etc*)

edge; **de ~** edgeways (*BRIT*), edgewise (*US*)
quindim [kĩˈdʒĩ] *m* sweet made of egg yolks, coconut and sugar
quinhão [kiˈɲãw] (*pl* **-ões**) *m* share, portion
quinhentos, -as [kiˈɲẽtuʃ, aʃ] *num* five hundred
quinhões [kiˈɲõjʃ] *mpl de* **quinhão**
quinquilharias [kĩkiʎaˈriaʃ] *fpl* odds and ends; (*miudezas*) knick-knacks, trinkets
quinta [ˈkĩta] *f* (*tb*: **~-feira**) Thursday; (*propriedade*) estate; (*PT*) farm; **quinta-feira** [ˈkĩtaˈfejra] (*pl* **quintas-feiras**) *f* Thursday
quintal [kĩˈtaw] (*pl* **-ais**) *m* back yard
quinteto [kĩˈtetu] *m* quintet(te)
quinto, -a [ˈkĩtu, a] *num* fifth
quinze [ˈkĩzi] *num* fifteen; **duas e ~ a** quarter past (*BRIT*) *ou* after (*US*) two; ~ **para as sete** a quarter to (*BRIT*) *ou* of (*US*) seven
quinzena [kĩˈzɛna] *f* two weeks, fortnight (*BRIT*); **quinzenal** [kĩzeˈnaw] (*pl* **-is**) *adj* fortnightly; **quinzenalmente** [kĩzenawˈmẽtʃi] *adv* fortnightly
quiosque [ˈkjɔʃki] *m* kiosk
quis *etc* [kiʒ] *vb V* **querer**
quiser *etc* [kiˈzeˈ] *vb V* **querer**
quisto [ˈkiʃtu] *m* cyst
quitanda [kiˈtãda] *f* grocer's (shop) (*BRIT*), grocery store (*US*)
quitar [kiˈtaˈ] *vt* (*dívida*: *pagar*) to pay off; (: *perdoar*) to cancel; (*devedor*) to release
quite [ˈkitʃi] *adj* (*livre*) free; (*com um credor*) squared up; (*igualado*) even; **estar ~ (com alguém)** to be quits (with sb)
quitute [kiˈtutʃi] *m* titbit (*BRIT*), tidbit (*US*)

a
b
c
d
e
f
g
h
i
j
k
l
m
n
o
p
q
r
s
t
u
v
w
x
z

quota ['kwota] f quota; (*porção*) share, portion

quotidiano, -a [kwotʃi'dʒjanu, a] *adj* everyday

R r

R *abr* (= *rua*) St

R$ *abr* = **real**

rã [xã] f frog

rabanete [xaba'netʃi] m radish

rabiscar [xabiʃ'ka*] vt to scribble; (*papel*) to scribble on ♦ vi to scribble; (*desenhar*) to doodle; **rabisco** [xa'biʃku] m scribble

rabo ['xabu] m tail

rabugento, -a [xabu'ʒẽtu, a] *adj* grumpy

raça ['xasa] f breed; (*grupo étnico*) race; **cão/cavalo de ~** pedigree dog/ thoroughbred horse

racha ['xaʃa] f (*fenda*) split; (*greta*) crack; **rachadura** [xaʃa'dura] f crack; **rachar** [xa'ʃa*] vt to crack; (*objeto, despesas*) to split; (*lenha*) to chop ♦ vi to split; (*cristal*) to crack; **rachar-se** vr to split; to crack

racial [xa'sjaw] (*pl* **-ais**) *adj* racial

raciocínio [xasjo'sinju] m reasoning

racional [xasjo'naw] (*pl* **-ais**) *adj* rational; **racionalizar** [xasjonali'za*] vt to rationalize

racionamento [xasjona'mẽtu] m rationing

racismo [xa'siʒmu] m racism; **racista** [xa'siʃta] *adj, m/f* racist

radar [xa'da*] m radar

radiação [xadʒja'sãw] f radiation

radiador [xadʒja'do*] m radiator

radiante [xa'dʒjãtʃi] *adj* radiant

radical [xadʒi'kaw] (*pl* **-ais**) *adj* radical

radicar-se [xadʒi'kaxsi] vr to take root; (*fixar residência*) to settle

rádio ['xadʒju] m radio; (*QUÍM*) radium;

radioativo, -a [xadʒjua'tʃivu, a] (*PT* **-act-**) *adj* radioactive; **radiodifusão** [xadʒjodʒifu'zãw] f broadcasting;

radiografar [xadʒjogra'fa*] vt to X-ray;

radiografia [xadʒjogra'fia] f X-ray

raia ['xaja] f (*risca*) line; (*fronteira*) boundary; (*limite*) limit; (*de corrida*) lane; (*peixe*) ray

raiar [xa'ja*] vi to shine

rainha [xa'iɲa] f queen

raio ['xaju] m (*de sol*) ray; (*de luz*) beam; (*de roda*) spoke; (*relâmpago*) flash of lightning; (*alcance*) range; (*MAT*) radius; **~s X** X-rays

raiva ['xajva] f rage, fury; (*MED*) rabies sg; **estar/ficar com ~ (de)** to be/get angry (with); **ter ~ de** to hate;

raivoso, -a [xaj'vozu, ɔza] *adj* furious

raiz [xa'iʒ] f root; (*origem*) origin, source; **~ quadrada** square root

rajada [xa'ʒada] f (*vento*) gust

ralado, -a [xa'ladu, a] *adj* grated;

ralador [xala'do*] m grater

ralar [xa'la*] vt to grate

ralhar [xa'ʎa*] vi to scold; **~ com alguém** to tell sb off

rali [xa'li] m rally

ralo, -a ['xalu, a] *adj* (*cabelo*) thinning; (*tecido*) flimsy; (*vegetação*) sparse; (*sopa*) thin, watery; (*café*) weak ♦ m (*de regador*) rose, nozzle; (*de pia, banheiro*) drain

rama ['xama] f branches pl, foliage; **pela ~** superficially; **ramagem** [xa'maʒẽ] f branches pl, foliage; **ramal** [xa'maw] (*pl* **~is**) m (*FERRO*) branch line; (*TEL*) extension; (*AUTO*) side road

ramificar-se [xamifi'kaxsi] vr to branch out

ramo ['xamu] m branch; (*profissão,*

negócios) line; (*de flores*) bunch; **Domingo de R~s** Palm Sunday

rampa ['xãpa] *f* ramp; (*ladeira*) slope

rancor [xã'ko*] *m* bitterness; (*ódio*) hatred; **rancoroso, -a** [xãko'rozu, ɔza] *adj* bitter, resentful; hateful

rançoso, -a [xã'sozu, ɔza] *adj* rancid; (*cheiro*) musty

ranger [xã'ʒe*] *vi* to creak ♦ *vt*: **~ os dentes** to grind one's teeth

ranhura [xa'ɲura] *f* groove; (*para moeda*) slot

rapar [xa'pa*] *vt* to scrape; (*a barba*) to shave; (*o cabelo*) to crop

rapariga [xapa'riga] *f* girl

rapaz [xa'pajʒ] *m* boy; (*col*) lad

rapidez [xapi'deʒ] *f* speed

rápido, -a ['xapidu, a] *adj* fast, quick ♦ *adv* fast, quickly ♦ *m* (*trem*) express

rapina [xa'pina] *f* robbery; **ave de ~** bird of prey

raptar [xap'ta*] *vt* to kidnap; **rapto** ['xaptu] *m* kidnapping; **raptor** [xap'to*] *m* kidnapper

raquete [xa'ketʃi] *f* racquet

raquítico, -a [xa'kitʃiku, a] *adj* (*franzino*) puny; (*vegetação*) poor

raramente [xara'mẽtʃi] *adv* rarely, seldom

rarefeito, -a [xare'fejtu, a] *adj* rarefied; (*multidão, população*) sparse

raro, -a ['xaru, a] *adj* rare ♦ *adv* rarely, seldom

rascunho [xaʃ'kuɲu] *m* draft, rough copy

rasgado, -a [xaʒ'gadu, a] *adj* (*roupa*) torn, ripped

rasgão [xaʒ'gãw] (*pl* **-ões**) *m* tear, rip

rasgar [xaʒ'ga*] *vt* to tear, rip; (*destruir*) to tear up, rip up; **rasgar-se** *vr* to split; **rasgo** ['xaʒgu] *m* tear, rip

rasgões [xaʒ'gõjʃ] *mpl de* **rasgão**

raso, -a ['xazu, a] *adj* (*liso*) flat, level; (*não fundo*) shallow; (*baixo*) low; **soldado ~** private

raspa ['xaʃpa] *f* (*de madeira*) shaving; (*de metal*) filing

raspão [xaʃ'pãw] (*pl* **-ões**) *m* scratch, graze

raspar [xaʃ'pa*] *vt* to scrape; (*alisar*) to file; (*tocar de raspão*) to graze; (*arranhar*) to scratch; (*pêlos, cabeça*) to shave; (*apagar*) to rub out ♦ *vi*: **~ em** to scrape

raspões [xaʃ'põjʃ] *mpl de* **raspão**

rasteira [xaʃ'tejra] *f*: **dar uma ~ em alguém** to trip sb up

rasteiro, -a [xaʃ'tejru, a] *adj* crawling; (*planta*) creeping

rastejar [xaʃte'ʒa*] *vi* to crawl; (*furtivamente*) to creep; (*fig: rebaixar-se*) to grovel ♦ *vt* (*fugitivo etc*) to track

rasto ['xaʃtu] *m* (*pegada*) track; (*de veículo*) trail; (*fig*) sign, trace; **andar de ~s** to crawl

rastro ['xaʃtru] *m* = **rasto**

rata ['xata] *f* rat; (*pequena*) mouse

ratificar [xatʃifi'ka*] *vt* to ratify

rato ['xatu] *m* rat; (*pequeno*) mouse; **~ de hotel/praia** hotel/beach thief; **ratoeira** [xa'twejra] *f* rat trap; mousetrap

ravina [xa'vina] *f* ravine

razão [xa'zãw] (*pl* **-ões**) *f* reason; (*argumento*) reasoning; (*MAT*) ratio ♦ *m* (*COM*) ledger; **à ~ de** at the rate of; **em ~ de** on account of; **dar ~ a alguém** to support sb; **ter/não ter ~** to be right/wrong; **razoável** [xa'zwavew] (*pl* **-eis**) *adj* reasonable

r/c (*PT*) *abr* = **rés-do-chão**

RDSI *abr f* (= *Rede Digital de Serviços Integrados*) ISDN

ré [xɛ] *f* (*AUTO*) reverse (gear); **dar (marcha à) ~** to reverse, back up;

V tb **réu**

reabastecer [xeaba∫te'se*] *vt* (*avião*) to refuel; (*carro*) to fill up; **reabastecer-se** *vr*: **~-se de** to replenish one's supply of

reação [xea'sãw] (*PT* -**cç**-; *pl* -**ões**) *f* reaction

reagir [xea'ʒi*] *vi* to react; (*doente, time perdedor*) to fight back; **~ a** (*resistir*) to resist; (*protestar*) to rebel against

reais [xe'aj∫] *adj pl de* **real**

reaja *etc* [xe'aʒa] *vb V* **reagir; reaver**

reajuste [xea'ʒu∫t∫i] *m* adjustment

real [xe'aw] (*pl* -**ais**) *adj* real; (*relativo à realeza*) royal ♦ *m* (*moeda*) real

realçar [xeaw'sa*] *vt* to highlight; **realce** [xe'awsi] *m* emphasis; (*mais brilho*) highlight; **dar realce a** to enhance

realeza [xea'leza] *f* royalty

realidade [xeali'dadʒi] *f* reality; **na ~** actually, in fact

realista [xea'li∫ta] *adj* realistic ♦ *m/f* realist

realização [xealiza'sãw] *f* fulfilment (*BRIT*), fulfillment (*US*), realization; (*de projeto*) execution, carrying out

realizador, a [xealiza'do*, a] *adj* enterprising

realizar [xeali'za*] *vt* to achieve; (*projeto*) to carry out; (*ambições, sonho*) to fulfil (*BRIT*), fulfill (*US*), realize; (*negócios*) to transact; (*perceber*) to realize; **realizar-se** *vr* to take place; (*ambições*) to be realized; (*sonhos*) to come true

realmente [xeaw'mẽt∫i] *adv* really; (*de fato*) actually

reanimar [xeani'ma*] *vt* to revive; (*encorajar*) to encourage; **reanimar-se** *vr* to cheer up

reatar [xea'ta*] *vt* to resume, take up

again

reaver [xea've*] *vt* to recover, get back

rebaixar [xebaj'∫a*] *vt* to lower; (*mercadorias*) to lower the price of; (*humilhar*) to put down, humiliate ♦ *vi* to drop; **rebaixar-se** *vr* to demean o.s.

rebanho [xe'baɲu] *m* (*de carneiros, fig*) flock; (*de gado, elefantes*) herd

rebelar-se [xebe'laxsi] *vr* to rebel; **rebelde** [xe'bewdʒi] *adj* rebellious; (*indisciplinado*) unruly, wild ♦ *m/f* rebel; **rebeldia** [xebew'dʒia] *f* rebelliousness; (*fig: obstinação*) stubbornness; (: *oposição*) defiance

rebelião [xebe'ljãw] (*pl* -**ões**) *f* rebellion

rebentar [xebẽ'ta*] *vi* (*guerra*) to break out; (*louça*) to smash; (*corda*) to snap; (*represa*) to burst; (*ondas*) to break ♦ *vt* to smash; to snap; (*porta*) to break down

rebocador [xeboka'do*] *m* tug(boat)

rebocar [xebo'ka*] *vt* (*paredes*) to plaster; (*veículo*) to tow

rebolar [xebo'la*] *vt* to swing ♦ *vi* to sway

reboque¹ [xe'bɔki] *m* tow; (*veículo: tb:* **carro ~**) trailer; (*cabo*) towrope; (*BR: de socorro*) towtruck; **a ~** on *ou* in (*US*) tow

reboque² *etc vb V* **rebocar**

rebuçado [xebu'sadu] (*PT*) *m* sweet, candy (*US*)

recado [xe'kadu] *m* message; **deixar ~** to leave a message

recaída [xeka'ida] *f* relapse

recair [xeka'i*] *vi* (*doente*) to relapse

recalcar [xekaw'ka*] *vt* to repress

recalque *etc* [xe'kawki] *vb V* **recalcar**

recanto [xe'kãtu] *m* corner, nook

recapitular [xekapitu'la*] *vt* to sum up, recapitulate; (*fatos*) to review;

(*matéria escolar*) to revise

recatado, -a [xeka'tadu, a] *adj* (*modesto*) modest; (*reservado*) reserved

recauchutado, -a [xekawʃu'tadu, a] *adj*: **pneu ~** (*AUTO*) retread, remould (*BRIT*)

recear [xe'sja*] *vt* to fear ♦ *vi*: **~ por** to fear for; **~ fazer/que** to be afraid to do/that

receber [xese'be*] *vt* to receive; (*ganhar*) to earn, get; (*hóspedes*) to take in; (*convidados*) to entertain; (*acolher bem*) to welcome ♦ *vi* (~ *convidados*) to entertain;

recebimento [xesebi'mētu] (*BR*) *m* reception; (*de uma carta*) receipt; **acusar o recebimento de** to acknowledge receipt of

receio [xe'seju] *m* fear; **ter ~ de que** to fear that

receita [xe'sejta] *f* income; (*do Estado*) revenue; (*MED*) prescription; (*CULIN*) recipe; **R~ Federal** ≈ Inland Revenue (*BRIT*), ≈ IRS (*US*); **receitar** [xesej'ta*] *vt* to prescribe

recém [xe'sē] *adv* recently, newly; **recém-casado, -a** *adj*: **os recém-casados** the newlyweds; **recém-chegado, -a** *m/f* newcomer; **recém-nascido, -a** *m/f* newborn child

recente [xe'sētʃi] *adj* recent; (*novo*) new ♦ *adv* recently; **recentemente** [xesētʃi'mētʃi] *adv* recently

receoso, -a [xe'sjozu, ɔza] *adj* frightened, fearful; **estar ~ de (fazer)** to be afraid of (doing)

recepção [xesep'sãw] (*pl* **-ões**) *f* reception; (*PT: de uma carta*) receipt; **acusar a ~ de** (*PT*) to acknowledge receipt of; **recepcionista** [xesepsjo'niʃta] *m/f* receptionist

receptivo, -a [xesep'tʃivu, a] *adj* receptive; (*acolhedor*) welcoming

receptor [xesep'to*] *m* receiver

recessão [xese'sãw] (*pl* **-ões**) *f* recession

recesso [xe'sesu] *m* recess

recessões [xese'sõjʃ] *fpl de* **recessão**

recheado, -a [xe'ʃjadu, a] *adj* (*ave, carne*) stuffed; (*empada, bolo*) filled; (*cheio*) full, crammed

rechear [xe'ʃja*] *vt* to fill; (*ave, carne*) to stuff; **recheio** [xe'ʃeju] *m* stuffing; (*de empada, de bolo*) filling; (*o conteúdo*) contents *pl*

rechonchudo, -a [xeʃõ'ʃudu, a] *adj* chubby, plump

recibo [xe'sibu] *m* receipt

reciclar [xesi'kla*] *vt* to recycle

recinto [xe'sĩtu] *m* enclosure; (*lugar*) area

recipiente [xesi'pjētʃi] *m* container, receptacle

recíproco, -a [xe'siproku, a] *adj* reciprocal

recitar [xesi'ta*] *vt* to recite

reclamação [xeklama'sãw] (*pl* **-ões**) *f* complaint

reclamar [xekla'ma*] *vt* to demand; (*herança*) to claim ♦ *vi* to complain

reclinar [xekli'na*] *vt* to rest, lean; **reclinar-se** *vr* to lie back; (*deitar-se*) to lie down

recobrar [xeko'bra*] *vt* to recover, get back; **recobrar-se** *vr* to recover

recolher [xeko'ʎe*] *vt* to collect; (*coisas dispersas*) to pick up; (*gado, roupa do varal*) to bring in; (*juntar*) to gather together; **recolhido, -a** [xeko'ʎidu, a] *adj* (*lugar*) secluded; (*pessoa*) withdrawn; **recolhimento** [xekoʎi'mētu] *m* retirement; (*arrecadação*) collection; (*ato de levar*) taking

recomeçar [xekome'sa*] *vt*, *vi* to restart

recomendação [xekoměda'sãw] (*pl* -ões) *f* recommendation;
recomendações *fpl* (*cumprimentos*) regards

recomendar [xekomě'da*] *vt* to recommend; **recomendável** [xekomě'davew] (*pl* -eis) *adj* advisable

recompensa [xekõ'pẽsa] *f* reward;

recompensar [xekõpẽ'sa*] *vt* to reward

recompor [xekõ'po*] (*irreg: como* **pôr**) *vt* to reorganize; (*restabelecer*) to restore

reconciliar [xekõsi'lja*] *vt* to reconcile

reconhecer [xekoɲe'se*] *vt* to recognize; (*MIL*) to reconnoitre (*BRIT*), reconnoiter (*US*); **reconhecido, -a** [xekoɲe'sidu, a] *adj* recognized; (*agradecido*) grateful, thankful; **reconhecimento** [xekoɲesi'mẽtu] *m* recognition; (*admissão*) admission; (*gratidão*) gratitude; (*MIL*) reconnaissance; **reconhecível** [xekoɲe'sivew] (*pl* -eis) *adj* recognizable

reconstruir [xekõʃ'trwi*] *vt* to rebuild

recordação [xekoxda'sãw] (*pl* -ões) *f* (*reminiscência*) memory; (*objeto*) memento

recordar [xekox'da*] *vt* to remember; (*parecer*) to look like; (*recapitular*) to revise; **recordar-se** *vr*: ~-se de to remember; ~ **algo a alguém** to remind sb of sth

recorde [xe'kɔxdʒi] *adj inv* record *atr* ♦ *m* record

recorrer [xeko'xe*] *vi*: ~ a to turn to; (*valer-se de*) to resort to

recortar [xekox'ta*] *vt* to cut out; **recorte** [xe'kɔxtʃi] *m* (*ato*) cutting out; (*de jornal*) cutting, clipping

recreação [xekrja'sãw] *f* recreation

recreativo, -a [xekrja'tʃivu, a] *adj* recreational

recreio [xe'kreju] *m* recreation

recriminar [xekrimi'na*] *vt* to reproach, reprove

recrutamento [xekruta'mẽtu] *m* recruitment

recrutar [xekru'ta*] *vt* to recruit

rectângulo [xek'tãgulu] (*PT*) = **retângulo**

recto, -a *etc* [xekto, a] (*PT*) = **reto** *etc*

recuar [xe'kwa*] *vt* to move back ♦ *vi* to move back; (*exército*) to retreat

recuperação [xekupera'sãw] *f* recovery

recuperar [xekupe'ra*] *vt* to recover; (*tempo perdido*) to make up for; (*reabilitar*) to rehabilitate; **recuperar-se** *vr* to recover

recurso [xe'kuxsu] *m* resource; (*JUR*) appeal; ~s *mpl* (*financeiros*) resources

recusa [xe'kuza] *f* refusal; (*negação*) denial; **recusar** [xeku'za*] *vt* to refuse; to deny; **recusar-se** *vr*: **recusar-se a** to refuse to

redação [xeda'sãw] (*PT* -cç-; *pl* -ões) *f* (*ato*) writing; (*EDUC*) composition, essay; (*redatores*) editorial staff

redator, a [xeda'to*, a] (*PT* -act-) *m/f* journalist; (*editor*) editor; (*quem redige*) writer

rede ['xedʒi] *f* net; (*de dormir*) hammock; (*cilada*) trap; (*FERRO, TEC, fig*) network; **a R~** (*a Internet*) the Net

rédea ['xedʒja] *f* rein

redentor, a [xedě'to*, a] *adj* redeeming

redigir [xedʒi'ʒi*] *vt, vi* to write

redobrar [xedo'bra*] *vt* (*aumentar*) to increase; (*esforços*) to redouble

redondamente [xedõda'mẽtʃi] *adv* (*completamente*) completely

redondezas [xedõ'dezaʃ] *fpl* surroundings

redondo, -a [xe'dõdu, a] *adj* round

redor [xe'do*] *m*: **ao** *ou* **em ~ (de)** around, round about

redução [xedu'sãw] (*pl* **-ões**) *f* reduction

redundância [xedũ'dãsja] *f* redundancy; **redundante** [xedũ'dãtʃi] *adj* redundant

reduzido, -a [xedu'zidu, a] *adj* reduced; (*limitado*) limited; (*pequeno*) small

reduzir [xedu'zi*] *vt* to reduce; **reduzir-se** *vr*: **~-se a** to be reduced to; (*fig: resumir-se em*) to come down to

reembolsar [xeẽbow'sa*] *vt* to recover; (*restituir*) to reimburse; (*depósito*) to refund; **reembolso** [xeẽ'bowsu] *m* (*de depósito*) refund; (*de despesa*) reimbursement

reencontro [xeẽ'kõtru] *m* reunion

refazer [xefa'ze*] (*irreg: como* **fazer**) *vt* to redo; (*consertar*) to repair; **refazer-se** *vr* (*MED etc*) to recover

refeição [xefej'sãw] (*pl* **-ões**) *f* meal; **refeitório** [xefej'tɔrju] *m* refectory

refém [xe'fẽ] (*pl* **-ns**) *m* hostage

referência [xefe'rẽsja] *f* reference; **~s** *fpl* (*informaçoes para emprego*) references; **fazer ~ a** to make reference to, refer to

referente [xefe'rẽtʃi] *adj*: **~ a** concerning, regarding

referir [xefe'ri*] *vt* to relate, tell; **referir-se** *vr*: **~-se a** to refer to

REFESA *f* = **Rede Ferroviária SA**

refinamento [xefina'mẽtu] *m* refinement

refinaria [xefina'ria] *f* refinery

refiro *etc* [xe'firu] *vb V* **referir**

refletir [xefle'tʃi*] (*PT* **-ct-**) *vt* to reflect ♦ *vi*: **~ em** *ou* **sobre** to consider, think about

reflexão [xeflek'sãw] (*pl* **-ões**) *f* reflection

reflexo, -a [xe'flɛksu, a] *adj* (*luz*) reflected; (*ação*) reflex ♦ *m* reflection; (*ANAT*) reflex; (*no cabelo*) highlight

reflexões [xeflek'sõjʃ] *fpl de* **reflexão**

reflito *etc* [xe'flitu] *vb V* **refletir**

reforçado, -a [xefox'sadu, a] *adj* reinforced; (*pessoa*) strong; (*café da manhã, jantar*) hearty

reforçar [xefox'sa*] *vt* to reinforce; (*revigorar*) to invigorate; **reforço** [xe'foxsu] *m* reinforcement

reforma [xe'fɔxma] *f* reform; (*ARQ*) renovation; **reformado, -a** [xefox'madu, a] *adj* reformed; renovated; (*MIL*) retired; **reformar** [xefox'ma*] *vt* to reform; to renovate; **reformar-se** *vr* to reform

refractário, -a [xefra'tarju, a] (*PT*) *adj* = **refratário/a**

refrão [xe'frãw] (*pl* **-ãos** *ou* **-ães**) *m* chorus, refrain; (*provérbio*) saying

refratário, -a [xefra'tarju, a] *adj* (*TEC*) heat-resistant; (*CULIN*) ovenproof

refrear [xefre'a*] *vt* (*cavalo*) to rein in; (*inimigo*) to contain, check; (*paixões, raiva*) to control; **refrear-se** *vr* to restrain o.s.

refrescante [xefreʃ'kãtʃi] *adj* refreshing

refrescar [xefreʃ'ka*] *vt* (*ar, ambiente*) to cool; (*pessoa*) to refresh ♦ *vi* to cool down

refresco [xe'freʃku] *m* cool fruit drink, squash; **~s** *mpl* (*refrigerantes*) refreshments

refrigerador [xefriʒera'do*] *m* refrigerator, fridge (*BRIT*)

refrigerante [xefriʒe'rãtʃi] *m* soft drink

refugiado, -a [xefu'ʒjadu, a] *adj, m/f* refugee

refugiar-se [xefu'ʒjaxsi] *vr* to take refuge; **refúgio** [xe'fuʒju] *m* refuge

refugo [xe'fugu] *m* rubbish, garbage (*US*); (*mercadoria*) reject

refutar [xefu'ta*] *vt* to refute

rega ['xɛga] (*PT*) *f* irrigation

regador [xega'do*] *m* watering can

regalia [xega'lia] *f* privilege

regar [xe'ga*] *vt* (*plantas, jardim*) to water; (*umedecer*) to sprinkle

regatear [xega'tʃja*] *vt* (*o preço*) to haggle over, bargain for ♦ *vi* to haggle

regenerar [xeʒene'ra*] *vt* to regenerate

reger [xe'ʒe*] *vt* to govern; (*orquestra*) to conduct; (*empresa*) to run ♦ *vi* to rule; (*maestro*) to conduct

região [xe'ʒjãw] (*pl* **-ões**) *f* region, area

regime [xe'ʒimi] *m* (*POL*) regime; (*dieta*) diet; (*maneira*) way; **estar de ~** to be on a diet

regimento [xeʒi'mẽtu] *m* regiment

regiões [xe'ʒjõjʃ] *fpl de* **região**

regional [xeʒjo'naw] (*pl* **-ais**) *adj* regional

registrar [xeʒiʃ'tra*] (*PT* **-ista-**) *vt* to register; (*anotar*) to record

registro [xe'ʒiʃtru] (*PT* **-to-**) *m* registration; (*anotação*) recording; (*livro, LING*) register; (*histórico*) record; **~ civil** registry office

regra ['xɛgra] *f* rule; **~s** *fpl* (*MED*) periods

regressar [xegre'sa*] *vi* to come (*ou* go) back, return; **regressivo, -a** [xegre'sivu, a] *adj* regressive; **contagem regressiva** countdown; **regresso** [xe'gresu] *m* return

régua ['xɛgwa] *f* ruler; **~ de calcular** slide rule

regulador [xegula'do*] *m* regulator

regulamento [xegula'mẽtu] *m* rules *pl*, regulations *pl*

regular [xegu'la*] *adj* regular; (*estatura*) average, medium; (*tamanho*) normal; (*razoável*) not bad ♦ *vt* to regulate; (*reger*) to govern; (*máquina*) to adjust; (*carro, motor*) to tune ♦ *vi* to work, function; **regularidade** [xegulari'dadʒi] *f* regularity

rei [xej] *m* king; **Dia de R~s** Epiphany; **R~ Momo** carnival king

reinado [xej'nadu] *m* reign

reinar [xej'na*] *vi* to reign

reino ['xejnu] *m* kingdom; (*fig*) realm; **o R~ Unido** the United Kingdom

reivindicação [xejvĩdʒika'sãw] (*pl* **-ões**) *f* claim, demand

reivindicar [xejvĩdʒi'ka*] *vt* to claim; (*aumento salarial, direitos*) to demand

rejeição [xeʒej'sãw] (*pl* **-ões**) *f* rejection

rejeitar [xeʒej'ta*] *vt* to reject; (*recusar*) to refuse

rejo *etc* ['xeju] *vb* V **reger**

rejuvenescer [xeʒuvene'se*] *vt* to rejuvenate

relação [xela'sãw] (*pl* **-ões**) *f* relation; (*conexão*) connection; (*relacionamento*) relationship; (*MAT*) ratio; (*lista*) list; **com** *ou* **em ~ a** regarding, with reference to; **relações públicas** public relations; **relacionamento** [xelasjona'mẽtu] *m* relationship; **relacionar** [xelasjo'na*] *vt* to make a list of; (*ligar*): **relacionar algo com algo** to connect sth with sth, relate sth to sth; **relacionar-se** *vr* to be connected *ou* related

relâmpago [xe'lãpagu] *m* flash of lightning; **~s** *mpl* (*clarões*) lightning *sg*

relance [xe'lãsi] *m* glance; **olhar de ~** to glance at

relapso, -a [xe'lapsu, a] *adj* (*negligente*) negligent

relatar [xela'ta*] *vt* to give an account of

relativo, -a [xela'tʃivu, a] *adj* relative

relato [xe'latu] *m* account

relatório [xela'tɔrju] *m* report

relaxado, -a [xela'ʃadu, a] *adj* relaxed; (*desleixado*) slovenly, sloppy; (*relapso*) negligent

relaxante [xela'ʃãtʃi] *adj* relaxing

relaxar [xela'ʃa•] *vt, vi* to relax

relegar [xele'ga•] *vt* to relegate

relembrar [xelẽ'bra•] *vt* to recall

relevante [xele'vãtʃi] *adj* relevant

relevo [xe'levu] *m* relief

religião [xeli'ʒãw] (*pl* **-ões**) *f* religion

religioso, -a [xeli'ʒozu, ɔza] *adj* religious ♦ *m/f* religious person; (*frade/freira*) monk/nun

relíquia [xe'likja] *f* relic; **~ de família** family heirloom

relógio [xe'lɔʒu] *m* clock; (*de gás*) meter; **~ (de pulso)** (wrist)watch; **~ de sol** sundial

relutante [xelu'tãtʃi] *adj* reluctant

relva ['xewva] *f* grass; (*terreno gramado*) lawn

relvado [xew'vadu] (*PT*) *m* lawn

remar [xe'ma•] *vt, vi* to row

rematar [xema'ta•] *vt* to finish off;

remate [xe'matʃi] *m* (*fim*) end; (*acabamento*) finishing touch

remediar [xeme'dʒja•] *vt* to put right, remedy

remédio [xe'mɛdʒju] *m* (*medicamento*) medicine; (*recurso, solução*) remedy; (*JUR*) recourse; **não tem ~** there's no way

remendar [xemẽ'da•] *vt* to mend; (*com pano*) to patch; **remendo** [xe'mẽdu] *m* repair; patch

remessa [xe'mesa] *f* shipment; (*de dinheiro*) remittance

remetente [xeme'tẽtʃi] *m/f* sender

remeter [xeme'te•] *vt* to send,

dispatch; (*dinheiro*) to remit

remexer [xeme'ʃe•] *vt* (*papéis*) to shuffle; (*sacudir: braços*) to wave; (*folhas*) to shake; (*revolver: areia, lama*) to stir up ♦ *vi*: **~ em** to rummage through

reminiscência [xemini'sẽsja] *f* reminiscence

remo ['xemu] *m* oar; (*ESPORTE*) rowing

remoção [xemo'sãw] *f* removal

remorso [xe'mɔxsu] *m* remorse

remoto, -a [xe'mɔtu, a] *adj* remote

remover [xemo've•] *vt* to move; (*transferir*) to transfer; (*demitir*) to dismiss; (*retirar, afastar*) to remove; (*terra*) to churn up

renal [xe'naw] (*pl* **-ais**) *adj* renal, kidney *atr*

Renascença [xena'sẽsa] *f*: **a ~** the Renaissance

renascer [xena'se•] *vi* to be reborn; (*fig*) to revive

renascimento [xenasi'mẽtu] *m* rebirth; (*fig*) revival; **o R~** the Renaissance

renda ['xẽda] *f* income; (*nacional*) revenue; (*de aplicação, locação*) yield; (*tecido*) lace

render [xẽ'de•] *vt* (*lucro, dinheiro*) to bring in, yield; (*preço*) to fetch; (*homenagem*) to pay; (*graças*) to give; (*serviços*) to render; (*armas*) to surrender; (*guarda*) to relieve; (*causar*) to bring ♦ *vi* (*dar lucro*) to pay; **render-se** *vr* to surrender; **rendição** [xẽdʒi'sãw] *f* surrender

rendimento [xẽdʒi'mẽtu] *m* income; (*lucro*) profit; (*juro*) yield, interest

renegar [xene'ga•] *vt* (*crença*) to renounce; (*detestar*) to hate; (*trair*) to betray; (*negar*) to deny; (*desprezar*) to reject

renomado, -a [xeno'madu, a] *adj* renowned

renome [xe'nɔmi] *m* renown

renovação [xenova'sãw] (*pl* **-ões**) *f* renewal; (*ARQ*) renovation

renovar [xeno'va*] *vt* to renew; (*ARQ*) to renovate

rentabilidade [xẽtabili'dadʒi] *f* profitability

rentável [xẽ'tavew] (*pl* **-eis**) *adj* profitable

renúncia [xe'nũsja] *f* resignation

renunciar [xenũ'sja*] *vt* to give up, renounce ♦ *vi* to resign; (*abandonar*): **~ a algo** to give sth up

reouve etc [xe'ovi] *vb V* **reaver**

reouver etc [xeo've*] *vb V* **reaver**

reparação [xepara'sãw] (*pl* **-ões**) *f* mending, repairing; (*de mal, erros*) remedying; (*fig*) amends *pl*, reparation

reparar [xepa'ra*] *vt* to repair; (*forças*) to restore; (*mal, erros*) to remedy; (*prejuizo, danos, ofensa*) to make amends for; (*notar*) to notice ♦ *vi*: **~ em** to notice; **reparo** [xe'paru] *m* repair; (*crítica*) criticism; (*observação*) observation

repartição [xepaxtʃi'sãw] (*pl* **-ões**) *f* distribution

repartir [xepax'tʃi*] *vt* (*distribuir*) to distribute; (*dividir entre vários*) to share out; (*dividir em várias porções*) to divide up

repelente [xepe'lẽtʃi] *adj, m* repellent

repelir [xepe'li*] *vt* to repel

repente [xe'pẽtʃi] *m* outburst; **de ~** suddenly; (*col: talvez*) maybe

repentino, -a [xepẽ'tʃinu, a] *adj* sudden

repercussão [xepexku'sãw] (*pl* **-ões**) *f* repercussion

repercutir [xepexku'tʃi*] *vt* to echo ♦ *vi* to reverberate, echo; (*fig*): **~ (em)**

to have repercussions (on)

repertório [xepex'tɔrju] *m* list; (*coleção*) collection; (*MÚS*) repertoire

repetidamente [xepetʃida'mẽtʃi] *adv* repeatedly

repetido, -a [xepe'tʃidu, a] *adj*: **repetidas vezes** repeatedly, again and again

repetir [xepe'tʃi*] *vt* to repeat ♦ *vi* (*ao comer*) to have seconds; **repetir-se** *vr* to happen again; (*pessoa*) to repeat o.s.; **repetitivo, -a** [xepetʃi'tʃivu, a] *adj* repetitive

repilo etc [xe'pilu] *vb V* **repelir**

repito etc [xe'pitu] *vb V* **repetir**

repleto, -a [xe'plɛtu, a] *adj* replete, full up

réplica ['xɛplika] *f* replica; (*contestação*) reply, retort

replicar [xepli'ka*] *vt* to answer, reply to ♦ *vi* to reply, answer back

repolho [xe'poʎu] *m* cabbage

repor [xe'po*] (*irreg: como* **pôr**) *vt* to put back, replace; (*restituir*) to return; **repor-se** *vr* to recover

reportagem [xepox'taʒẽ] (*pl* **-ns**) *f* reporting; (*notícia*) report

repórter [xe'pɔxte*] *m/f* reporter

repousar [xepo'za*] *vi* to rest; **repouso** [xe'pozu] *m* rest

repreender [xeprjẽ'de*] *vt* to reprimand; **repreensão** [xeprjẽ'sãw] (*pl* **-ões**) *f* reprimand

represália [xepre'zalja] *f* reprisal

representação [xeprezẽta'sãw] (*pl* **-ões**) *f* representation; (*TEATRO*) performance; **representante** [xeprezẽ'tãtʃi] *m/f* representative

representar [xeprezẽ'ta*] *vt* to represent; (*TEATRO: papel*) to play; (*: peça*) to put on ♦ *vi* to act; **representativo, -a** [xeprezẽta'tʃivu, a] *adj* representative

repressão [xepre'saw] (*pl* **-ões**) *f* repression

reprimir [xepri'mi*] *vt* to repress

reprodução [xeprodu'sãw] (*pl* **-ões**) *f* reproduction

reproduzir [xeprodu'zi*] *vt* to reproduce; (*repetir*) to repeat; **reproduzir-se** *vr* to breed

reprovar [xepro'va*] *vt* to disapprove of; (*aluno*) to fail

réptil ['xeptʃiw] (*pl* **-eis**) *m* reptile

república [xe'publika] *f* republic;

republicano, -a [xepubli'kanu, a] *adj, m/f* republican

repudiar [xepu'dʒja*] *vt* to repudiate;

repúdio [xe'pudʒju] *m* repudiation

repugnância [xepug'nãsja] *f* repugnance; **repugnante** [xepug'nãtʃi] *adj* repugnant

repulsa [xe'puwsa] *f* (*ato*) rejection; (*sentimento*) repugnance; (*física*) repulsion; **repulsivo, -a** [xepuw'sivu, a] *adj* repulsive

reputação [reputa'sãw] (*pl* **-ões**) *f* reputation

requeijão [xekej'ʒãw] *m* cheese spread

requerer [xeke're*] *vt* (*emprego*) to apply for; (*pedir*) to request; (*exigir*) to require; **requerimento** [xekeri'mẽtu] *m* application; request; (*petição*) petition

requintado, -a [xekĩ'tadu, a] *adj* refined, elegant

requinte [xe'kĩtʃi] *m* refinement, elegance; (*cúmulo*) height

requisito [xeki'zitu] *m* requirement

rés-do-chão [xeʒ-] (*PT*) *m inv* ground floor (*BRIT*), first floor (*US*)

reserva [xe'zɛxva] *f* reserve; (*para hotel, fig*) reservation ♦ *m/f* (*ESPORTE*) reserve

reservado, -a [xezex'vadu, a] *adj* reserved

reservar [xezex'va*] *vt* to reserve;

(*guardar de reserva*) to keep; (*forças*) to conserve; **reservar-se** *vr* to save o.s.

reservatório [xezexva'tɔrju] *m* reservoir

resfriado, -a [xeʃ'frjadu, a] (*BR*) *adj*: **estar/ficar ~** to have a cold/catch (a) cold ♦ *m* cold, chill

resgatar [xeʒga'ta*] *vt* (*salvar*) to rescue; (*prisioneiro*) to ransom; (*retomar*) to get back, recover;

resgate [xeʒ'gatʃi] *m* rescue; ransom; recovery

residência [xezi'dẽsja] *f* residence;

residencial [xezidẽ'sjaw] (*pl* **-ais**) *adj* residential; (*computador, telefone etc*) home *atr*; **residente** [xezi'dẽtʃi] *adj, m/f* resident

residir [xezi'dʒi*] *vi* to live, reside

resíduo [xe'zidwu] *m* residue

resignação [xezigna'sãw] (*pl* **-ões**) *f* resignation

resignar-se [xezig'naxsi] *vr*: **~ com** to resign o.s. to

resina [xe'zina] *f* resin

resistente [xezif'tẽtʃi] *adj* resistant; (*material, objeto*) hard-wearing, strong

resistir [xezif'tʃi*] *vi* to hold; (*pessoa*) to hold out; **~ a** to resist; (*sobreviver*) to survive

resmungar [xeʒmũ'ga*] *vt, vi* to mutter, mumble

resolução [xezolu'sãw] (*pl* **-ões**) *f* resolution; (*de um problema*) solution;

resoluto, -a [xezo'lutu, a] *adj* decisive

resolver [xezow've*] *vt* to sort out; (*problema*) to solve; (*questão*) to resolve; (*decidir*) to decide; **resolver-se** *vr*: **~-se (a fazer)** to make up one's mind (to do), decide (to do)

respectivo, -a [xeʃpek'tʃivu, a] *adj* respective

respeitar [xeʃpej'ta*] *vt* to respect;

respeitável [xeʃpej'tavew] (*pl* **-eis**) *adj*

respectable; (*considerável*) considerable

respeito [xeʃ'pejtu] *m*: ~ **(a** *ou* **por)** respect (for); ~**s** *mpl* (*cumprimentos*) regards; **a** ~ **de**, **com** ~ **a** as to, as regards; (*sobre*) about; **dizer** ~ **a** to concern; **em** ~ **a** with respect to

respiração [xeʃpira'sãw] *f* breathing

respirar [xeʃpi'ra*] *vt*, *vi* to breathe

respiro [xeʃ'piru] *m* breath

resplandecente [xeʃplãde'sẽtʃi] *adj* resplendent

responder [xeʃpõ'de*] *vt* to answer ♦ *vi* to answer; (*ser respondão*) to answer back; ~ **por** to be responsible for, answer for

responsabilidade [xeʃpõsabili'dadʒi] *f* responsibility

responsabilizar [xeʃpõsabili'za*] *vt*: ~ **alguém (por algo)** to hold sb responsible (for sth); **responsabilizar-se** *vr*: ~**-se por** to take responsibility for

responsável [xeʃpõ'savew] (*pl* -**eis**) *adj*: ~ **(por)** responsible (for); ~ **a** answerable to, accountable to

resposta [xeʃ'pɔʃta] *f* answer, reply

resquício [xeʃ'kisju] *m* (*vestígio*) trace

ressabiado, -a [xesa'bjadu, a] *adj* wary; (*ressentido*) resentful

ressaca [xe'saka] *f* undertow; (*mar bravo*) rough sea; (*fig: de quem bebeu*) hangover

ressaltar [xesaw'ta*] *vt* to emphasize ♦ *vi* to stand out

ressalva [xe'sawva] *f* safeguard

ressentido, -a [xesẽ'tʃidu, a] *adj* resentful

ressentimento [xesẽtʃi'mẽtu] *m* resentment

ressentir-se [xesẽ'tʃixsi] *vr*: ~ **de** (*ofender-se*) to resent; (*magoar-se*) to be hurt by; (*sofrer*) to suffer from, feel the effects of

ressurgimento [xesuxʒi'mẽtu] *m* resurgence, revival

ressurreição [xesuxej'sãw] (*pl* -**ões**) *f* resurrection

ressuscitar [xesusi'ta*] *vt*, *vi* to revive

restabelecer [xeʃtabele'se*] *vt* to re-establish, restore; **restabelecer-se** *vr* to recover, recuperate;

restabelecimento [xeʃtabelesi'mẽtu] *m* re-establishment; restoration; recovery

restante [xeʃ'tãtʃi] *adj* remaining ♦ *m* rest

restar [xeʃ'ta*] *vi* to remain, be left

restauração [xeʃtawra'sãw] (*pl* -**ões**) *f* restoration; (*de costumes, usos*) revival

restaurante [xeʃtaw'rãtʃi] *m* restaurant

restaurar [xeʃtaw'ra*] *vt* to restore

restituição [xeʃtʃitwi'sãw] (*pl* -**ões**) *f* restitution, return; (*de dinheiro*) repayment

restituir [xeʃtʃi'twi*] *vt* to return; (*dinheiro*) to repay; (*forças, saúde*) to restore; (*usos*) to revive; (*reempossar*) to reinstate

resto ['xeʃtu] *m* rest; (MAT) remainder; ~**s** *mpl* (*sobras*) remains; (*de comida*) scraps

restrição [xeʃtri'sãw] (*pl* -**ões**) *f* restriction

restringir [xeʃtrĩ'ʒi*] *vt* to restrict

resultado [xezuw'tadu] *m* result

resultante [xezuw'tãtʃi] *adj* resultant; ~ **de** resulting from

resultar [xezuw'ta*] *vi*: ~ **(de/em)** to result (from/in) ♦ *vi* (*vir a ser*) to turn out to be

resumir [xezu'mi*] *vt* to summarize; (*livro*) to abridge; (*reduzir*) to reduce; (*conter em resumo*) to sum up;

resumo [xe'zumu] *m* summary, résumé; **em resumo** in short, briefly

retaguarda [xeta'gwaxda] *f* rearguard; (*posição*) rear

retaliação [xetalja'sãw] (*pl* -**ões**) *f* retaliation

retângulo [xe'tãgulu] *m* rectangle

retardar [xetax'da*] *vt* to hold up, delay; (*adiar*) to postpone

reter [xe'te*] (*irreg: como* **ter**) *vt* (*guardar, manter*) to keep; (*deter*) to stop; (*segurar*) to hold; (*ladrão, suspeito*) to detain; (*na memória*) to retain; (*lágrimas, impulsos*) to hold back; (*impedir de sair*) to keep back

reticente [xetʃi'sẽtʃi] *adj* reticent

retificar [xetʃifi'ka*] *vt* to rectify

retirada [xetʃi'rada] *f* (*MIL*) retreat; (*salário, saque*) withdrawal

retirar [xetʃi'ra*] *vt* to withdraw; (*afastar*) to take away, remove; **retirar-se** *vr* to withdraw; (*de uma festa etc*) to leave; (*MIL*) to retreat

reto, -a ['xɛtu, a] *adj* straight; (*fig: justo*) fair; (*: honesto*) honest, upright ♦ *m* (*ANAT*) rectum

retorcer [xetox'se*] *vt* to twist; **retorcer-se** *vr* to wriggle, writhe

retornar [xetox'na*] *vi* to return, go back; **retorno** [xe'toxnu] *m* return; **dar retorno** to do a U-turn; **retorno (do carro)** (*COMPUT*) (carriage) return

retraído, -a [xetra'idu, a] *adj* (*tímido*) reserved, timid

retrair [xetra'i*] *vt* to withdraw; (*contrair*) to contract; (*pessoa*) to make reserved

retrato [xe'tratu] *m* portrait; (*FOTO*) photo; (*fig: efígie*) likeness; (*: representação*) portrayal; ~ **falado** identikit ® picture

retribuir [xetri'bwi*] *vt* to reward, recompense; (*pagar*) to remunerate; (*hospitalidade, favor, sentimento, visita*) to return

retroceder [xetrose'de*] *vi* to retreat, fall back; **retrocesso** [xetro'sɛsu] *m* retreat; (*ao passado*) return

retrógrado, -a [xe'trɔgradu, a] *adj* retrograde; (*reacionário*) reactionary

retrospecto [xetro'ʃpɛktu] *m*: **em ~** in retrospect

retrovisor [xetrovi'zo*] *adj, m*: **(espelho) ~** (rear-view) mirror

réu, -ré [xɛw, xɛ] *m/f* defendant; (*culpado*) culprit, criminal

reumatismo [xewma'tʃiʒmu] *m* rheumatism

reunião [xeu'njãw] (*pl* **-ões**) *f* meeting; (*ato, reencontro*) reunion; (*festa*) get-together, party; ~ **de cúpula** summit (meeting)

reunir [xeu'ni*] *vt* (*pessoas*) to bring together; (*partes*) to join, unite; (*qualidades*) to combine; **reunir-se** *vr* to meet; **~-se a** to join

revanche [xe'vãʃi] *f* revenge

reveillon [xeve'jõ] *m* New Year's Eve

revelação [xevela'sãw] (*pl* **-ões**) *f* revelation

revelar [xeve'la*] *vt* to reveal; (*FOTO*) to develop; **revelar-se** *vr* to turn out to be

revelia [xeve'lia] *f* default; **à ~** by default; **à ~ de** without the knowledge *ou* consent of

revendedor, a [xevẽde'do*, a] *m/f* dealer

rever [xe've*] (*irreg: como* **ver**) *vt* to see again; (*examinar*) to check; (*revisar*) to revise

reverência [xeve'rẽsja] *f* reverence, respect; (*ato*) bow; (*: de mulher*) curtsey; **fazer uma ~** to bow, to curtsey

reverenciar [xeverẽ'sja*] *vt* to revere

reverso [xe'vɛxsu] *m* reverse

reverter [xevex'te*] *vt* to revert

revés [xe'vɛʃ] *m* reverse; (*infortúnio*) setback, mishap; **ao ~** (*roupa*) inside out; **de ~** (*olhar*) askance

revestir [xeveʃ'tʃi*] *vt* (*paredes etc*) to cover; (*interior de uma caixa etc*) to line

a b c d e f g h i j k l m n o p q r s t u v w x y z

revezar [xeve'za*] vt, vi to alternate; **revezar-se** vr to take turns, alternate

revidar [xevi'da*] vt (soco, insulto) to return; (retrucar) to answer; (crítica) to rise to, respond to ♦ vi to hit back; (retrucar) to respond

revirar [xevi'ra*] vt to turn round; (gaveta) to turn out, go through

revisão [xevi'zãw] (pl -ões) f revision; (de máquina) overhaul; (de carro) service; (JUR) appeal

revisar [xevi'za*] vt to revise

revisões [xevi'zõjʃ] fpl de **revisão**

revista [xe'viʃta] f (busca) search; (MIL, exame) inspection; (publicação) magazine; (: profissional, erudita) journal; (TEATRO) revue

revistar [xeviʃ'ta*] vt to search; (tropa) to review; (examinar) to examine

revisto etc [xe'viʃtu] vb V **revestir**

revogar [xevo'ga*] vt to revoke

revolta [xe'vɔwta] f revolt; (fig: indignação) disgust; **R~ da Vacina** see boxed note

---

REVOLTA DA VACINA

This was a popular movement of opposition to the government, which took place in Rio de Janeiro in 1904 following the passing of a law which made vaccination against smallpox compulsory. It was the culmination of general dissatisfaction with health reforms undertaken at that time by the scientist Osvaldo Cruz, and the relocation programme of the prefect Pereira Passos, as a result of which part of the population of Rio had been moved from the slums and shanty towns of the central region to suburbs much further out.

---

revoltado, -a [xevow'tadu, a] adj in revolt; (indignado) disgusted; (amargo) bitter

revoltante [xevow'tãtʃi] adj disgusting, revolting

revoltar [xevow'ta*] vt to disgust; **revoltar-se** vr to rebel, revolt; (indignar-se) to be disgusted

revolto, -a [xe'vowtu, a] pp de **revolver** ♦ adj (década) turbulent; (mundo) troubled; (cabelo) untidy, unkempt; (mar) rough; (desarrumado) untidy

revolução [xevolu'sãw] (pl -ões) f revolution; **revolucionar** [xevolusjo'na*] vt to revolutionize; **revolucionário, -a** [xevolusjo'narju, a] adj, m/f revolutionary

revolver [xevow've*] vi to revolve, rotate

revólver [xe'vɔwve*] m revolver

reza ['xeza] f prayer; **rezar** [xe'za*] vi to pray

riacho ['xjaʃu] m brook, stream

ribeiro [xi'bejru] m brook, stream

rico, -a ['xiku, a] adj rich; (PT: lindo) beautiful; (: excelente) splendid ♦ m/f rich man/woman

ridicularizar [xidʒikulari'za*] vt to ridicule

ridículo, -a [xi'dʒikulu, a] adj ridiculous

rifa ['xifa] f raffle

rifle ['xifli] m rifle

rigidez [xiʒi'deʒ] f rigidity, stiffness; (austeridade) severity, strictness

rígido, -a ['xiʒidu, a] adj rigid, stiff; (fig) strict

rigor [xi'go*] m rigidity; (meticulosidade) rigour (BRIT), rigor (US); (severidade) harshness, severity; (exatidão) precision; **ser de ~** to be essential ou obligatory; **rigoroso, -a**

[xigoˈrozu, ɔza] *adj* rigorous; (*severo*) strict; (*exigente*) demanding; (*minucioso*) precise, accurate; (*inverno*) hard, harsh

rijo, -a [ˈxiʒu, a] *adj* tough, hard; (*severo*) harsh, severe

rim [xĩ] (*pl* **-ns**) *m* kidney; **rins** *mpl* (*parte inferior das costas*) small *sg* of the back

rima [ˈxima] *f* rhyme; (*poema*) verse, poem; **rimar** [xiˈmaˈ] *vt, vi* to rhyme

rímel [ˈximew] ® (*pl* **-eis**) *m* mascara

ringue [ˈxĩgi] *m* ring

rins [xĩʃ] *mpl de* **rim**

Rio [ˈxiu] *m*: **o ~ (de Janeiro)** Rio (de Janeiro)

rio [ˈxiu] *m* river

riqueza [xiˈkeza] *f* wealth, riches *pl*; (*qualidade*) richness

rir [xiˈ] *vi* to laugh; **~ de** to laugh at

risada [xiˈzada] *f* laughter

risca [ˈxiʃka] *f* stroke; (*listra*) stripe; (*no cabelo*) parting

riscar [xiʃˈkaˈ] *vt* (*marcar*) to mark; (*apagar*) to cross out; (*desenhar*) to outline

risco [ˈxiʃku] *m* (*marca*) mark, scratch; (*traço*) stroke; (*desenho*) drawing, sketch; (*perigo*) risk; **correr o ~ de** to run the risk of

riso [ˈxizu] *m* laughter; **risonho, -a** [xiˈzɔɲu, a] *adj* smiling; (*contente*) cheerful

ríspido, -a [ˈxiʃpidu, a] *adj* brusque; (*áspero*) harsh

ritmo [ˈxitʃmu] *m* rhythm

rito [ˈxitu] *m* rite

ritual [xiˈtwaw] (*pl* **-ais**) *adj, m* ritual

rival [xiˈvaw] (*pl* **-ais**) *adj, m/f* rival; **rivalidade** [xivaliˈdadʒi] *f* rivalry; **rivalizar** [xivaliˈzaˈ] *vt* to rival ♦ *vi*: **rivalizar com** to compete with, vie with

roa *etc* [ˈxoa] *vb V* **roer**

robô [xoˈbo] *m* robot

robusto, -a [xoˈbuʃtu, a] *adj* strong, robust

roça [ˈxɔsa] *f* plantation; (*no mato*) clearing; (*campo*) country

rocha [ˈxɔʃa] *f* rock; (*penedo*) crag

rochedo [xoˈʃedu] *m* crag, cliff

rock-and-roll [-ãˈxɔw] *m* rock and roll

roda [ˈxɔda] *f* wheel; (*círculo*) circle; **~ dentada** cog(wheel); **em** *ou* **à ~ de** round, around

rodada [xoˈdada] *f* (*de bebidas, ESPORTE*) round

rodar [xoˈdaˈ] *vt* to turn, spin; (*viajar por*) to tour, travel round; (*quilômetros*) to do; (*filme*) to make; (*imprimir*) to print; (*COMPUT: programa*) to run ♦ *vi* to turn round; (*AUTO*) to drive around; **~ por** (*a pé*) to wander around; (*de carro*) to drive around

rodeio [xoˈdeju] *m* (*em discurso*) circumlocution; (*subterfúgio*) subterfuge; (*de gado*) round-up; **fazer ~s** to beat about the bush; **sem ~s** plainly, frankly

rodela [xoˈdela] *f* (*pedaço*) slice

rodízio [xoˈdʒizju] *m* rota; **em ~** on a rota basis

rodopiar [xodoˈpjaˈ] *vi* to whirl around, swirl

rodovia [xodoˈvia] *f* highway, ≈ motorway (*BRIT*), ≈ interstate (*US*)

rodoviária [xodoˈvjarja] *f* (*tb*: **estação ~**) bus station; *V tb* **rodoviário**

rodoviário, -a [xodoˈvjarju, a] *adj* road *atr*; (*polícia*) traffic *atr*

roer [xweˈ] *vt* to gnaw, nibble; (*enferrujar*) to corrode; (*afligir*) to eat away

rogar [xoˈgaˈ] *vi* to ask, request; **~ a alguém que faça (algo)** to beg sb to

a
b
c
d
e
f
g
h
i
j
k
l
m
n
o
p
q
r
s
t
u
v
w
x
z

do (sth)

rói [ˈrɔj] vb V **roer**

roía etc [xoˈia] vb V **roer**

rolar [xoˈlaˣ] vt, vi to roll

roleta [xoˈleta] f roulette; (borboleta) turnstile

rolha [ˈxoʎa] f cork

roliço, -a [xoˈlisu, a] adj (pessoa) plump, chubby; (objeto) round, cylindrical

rolo [ˈxolu] m (de papel etc) roll; (para nivelar o solo, para pintura) roller; (para cabelo) curler; (col: briga) brawl, fight; **cortina de ~** roller blind; **~ compressor** steamroller

Roma [ˈxoma] n Rome

romã [xoˈmã] f pomegranate

romance [xoˈmãsi] m novel; (caso amoroso) romance; **~ policial** detective story

romano, -a [xoˈmanu, a] adj, m/f Roman

romântico, -a [xoˈmãtʃiku, a] adj romantic

rombo [ˈxõbu] m (buraco) hole; (fig: desfalque) embezzlement; (: prejuízo) loss, shortfall

Romênia [xoˈmenja] f: **a ~** Romania; **romeno, -a** [xoˈmenu, a] adj, m/f Rumanian ♦ m (LING) Rumanian

romper [xõˈpeˣ] vt to break; (rasgar) to tear; (relações) to break off ♦ vi (sol) to appear, emerge; (: surgir) to break through; (ano, dia) to start, begin; **~ em pranto** ou **lágrimas** to burst into tears; **rompimento** [xõpiˈmẽtu] m breakage; (fenda) break; (de relações) breaking off

roncar [xõˈkaˣ] vi to snore; **ronco** [ˈxõku] m snore

ronda [ˈxõda] f patrol, beat; **fazer a ~ de** to go the rounds of, patrol; **rondar** [xõˈdaˣ] vt to patrol; (espreitar) to prowl ♦ vi to prowl, lurk; (fazer a ronda) to patrol; **a inflação ronda os 30% ao mês** inflation is in the region of 30% a month

rosa [ˈxɔza] adj inv pink ♦ f rose;

rosado, -a [xoˈzadu, a] adj rosy, pink

rosário [xoˈzarju] m rosary

rosbife [xoʒˈbifi] m roast beef

rosca [ˈxoʃka] f spiral, coil; (de parafuso) thread; (pão) ring-shaped loaf

roseira [xoˈzejra] f rosebush

rosnar [xoʒˈnaˣ] vi (cão) to growl, snarl; (murmurar) to mutter, mumble

rosto [ˈxoʃtu] m face

rota [ˈxɔta] f route, course

rotativo, -a [xotaˈtʃivu, a] adj rotary

roteiro [xoˈtejru] m itinerary; (ordem) schedule; (guia) guidebook; (de filme) script

rotina [xoˈtʃina] f routine; **rotineiro, -a** [xotʃiˈnejru, a] adj routine

roto, -a [ˈxotu, a] adj broken; (rasgado) torn

rotular [xotuˈlaˣ] vt to label; **rótulo** [ˈxɔtulu] m label

roubar [xoˈbaˣ] vt to steal; (loja, casa, pessoa) to rob ♦ vi to steal; (em jogo, no preço) to cheat; **~ algo a alguém** to steal sth from sb; **roubo** [ˈxobu] m theft, robbery

rouco, -a [ˈxoku, a] adj hoarse

round [ˈxãwdʒi] (pl **~s**) m (BOXE) round

roupa [ˈxopa] f clothes pl, clothing; **~ de baixo** underwear; **~ de cama** bedclothes pl, bed linen

roupão [xoˈpãw] (pl **-ões**) m dressing gown

rouxinol [xoʃiˈnɔw] (pl **-óis**) m nightingale

roxo, -a [ˈxoʃu, a] adj purple, violet

royalty [ˈxɔjawtʃi] (pl **-ies**) m royalty

rua [ˈxua] f street; **~ principal** main

street; **~ sem saída** no through road, cul-de-sac

rubéola [xuˈbɛola] f (MED) German measles sg

rubi [xuˈbi] m ruby

rubor [xuˈboˀ] m blush; (fig) shyness, bashfulness; **ruborizar-se** [xuboriˈaxsi] vr to blush

rubrica [xuˈbrika] f (signed) initials pl

rubro, -a [ˈxubru, a] adj (faces) rosy, ruddy

ruço, -a [ˈxusu, a] adj grey (BRIT), gray (US), dun; (desbotado) faded

rude [ˈxudʒi] adj (ingênuo) simple; (grosseiro) rude; **rudeza** [xuˈdeza] f simplicity; rudeness

rudimento [xudʒiˈmẽtu] m rudiment

ruela [ˈxwɛla] f lane, alley

ruga [ˈxuga] f (na pele) wrinkle; (na roupa) crease

ruge [ˈxuʒi] m rouge

rugido [xuˈʒidu] m roar

rugir [xuˈʒiˀ] vi to roar

ruído [ˈxwidu] m noise; **ruidoso, -a** [xwiˈdozu, ɔza] adj noisy

ruim [xuˈĩ] (pl **-ns**) adj bad; (defeituoso) defective

ruína [ˈxwina] f ruin; (decadência) downfall

ruins [xuˈĩʃ] pl de **ruim**

ruir [ˈxwiˀ] vi to collapse, go to ruin

ruivo, -a [ˈxwivu, a] adj red-haired ♦ m/f redhead

rum [xũ] m rum

rumo [ˈxumu] m course, bearing; (fig) course; **~ a** bound for; **sem ~** adrift

rumor [xuˈmoˀ] m noise; (notícia) rumour (BRIT), rumor (US), report

ruptura [xupˈtura] f break, rupture

rural [xuˈraw] (pl **-ais**) adj rural

rush [xaʃ] m rush; **(a hora do) ~** rush hour

Rússia [ˈxusja] f: **a ~** Russia; **russo, -a** [ˈxusu, a] adj, m/f Russian ♦ m (LING) Russian

rústico, -a [ˈxuʃtʃiku, a] adj rustic; (pessoa) simple; (utensílio, objeto) crude

S s

S. abr (= Santo, -a ou São) St

SA abr (= Sociedade Anônima) Ltd (BRIT), Inc. (US)

sã [sã] f de **são**

Saara [saˈara] m: **o ~** the Sahara

sábado [ˈsabadu] m Saturday

sabão [saˈbãw] (pl **-ões**) m soap

sabedoria [sabedoˈria] f wisdom; (erudição) learning

saber [saˈbeˀ] vt, vi to know; (descobrir) to find out ♦ m knowledge; **a ~** namely; **~ fazer** to know how to do, be able to do; **que eu saiba** as far as I know

sabiá [saˈbja] m/f thrush

sabido, -a [saˈbidu, a] adj knowledgeable; (esperto) shrewd

sábio, -a [ˈsabju, a] adj wise; (erudito) learned ♦ m/f wise person; (erudito) scholar

sabões [saˈbõjʃ] mpl de **sabão**

sabonete [saboˈnetʃi] m toilet soap

sabor [saˈboˀ] m taste, flavour (BRIT), flavor (US); **saborear** [saboˈrjaˀ] vt to taste, savour (BRIT), savor (US); **saboroso, -a** [saboˈrozu, ɔza] adj tasty, delicious

sabotagem [saboˈtaʒẽ] f sabotage

sabotar [saboˈtaˀ] vt to sabotage

saca [ˈsaka] f sack

sacar [saˈkaˀ] vt to take out; (dinheiro)

a
b
c
d
e
f
g
h
i
j
k
l
m
n
o
p
q
r
s
t
u
v
w
x
z

to withdraw; (*arma, cheque*) to draw; (*ESPORTE*) to serve; (*col: entender*) to understand ♦ *vi* (*col: entender*) to understand; ~ **sobre um devedor** to borrow money from sb

saca-rolhas *m inv* corkscrew

sacerdote [sasex'dɔtʃi] *m* priest

saciar [sa'sja*] *vt* (*fome, curiosidade*) to satisfy; (*sede*) to quench

saco ['saku] *m* bag; (*enseada*) inlet; ~ **de café** coffee filter; ~ **de dormir** sleeping bag

sacode *etc* [sa'kɔdʒi] *vb V* **sacudir**

sacola [sa'kɔla] *f* bag

sacramento [sakra'mẽtu] *m* sacrament

sacrificar [sakrifi'ka*] *vt* to sacrifice;

sacrifício [sakri'fisju] *m* sacrifice

sacrilégio [sakri'lɛʒju] *m* sacrilege

sacro, -a ['sakru, a] *adj* sacred

sacudida [saku'dʒida] *f* shake

sacudir [saku'dʒi*] *vt* to shake; **sacudir-se** *vr* to shake

sádico, -a ['sadʒiku, a] *adj* sadistic

sadio, -a [sa'dʒiu, a] *adj* healthy

safado, -a [sa'fadu, a] *adj* shameless; (*imoral*) dirty; (*travesso*) mischievous ♦ *m* rogue

safira [sa'fira] *f* sapphire

safra ['safra] *f* harvest

Sagitário [saʒi'tarju] *m* Sagittarius

sagrado, -a [sa'gradu, a] *adj* sacred, holy

saia ['saja] *f* skirt

saiba *etc* ['sajba] *vb V* **saber**

saída [sa'ida] *f* exit, way out; (*partida*) departure; (*ato: de pessoa*) going out; (*fig: solução*) way out; (*COMPUT: de programa*) exit; (: *de dados*) output; ~ **de emergência** emergency exit

sair [sa'i*] *vi* to go (*ou* come) out; (*partir*) to leave; (*realizar-se*) to turn out; (*COMPUT*) to exit; **sair-se** *vr*: ~**-se bem/mal de** to be successful/ unsuccessful in

sal [saw] (*pl* **sais**) *m* salt; **sem ~** (*comida*) salt-free; (*pessoa*) lacklustre (*BRIT*), lackluster (*US*)

sala ['sala] *f* room; (*num edifício público*) hall; (*classe, turma*) class; ~ **(de aula)** classroom; ~ **de espera/(de estar)/de jantar** waiting/living/dining room; ~ **de operação** (*MED*) operating theatre (*BRIT*) *ou* theater (*US*)

salada [sa'lada] *f* salad; (*fig*) confusion, jumble

sala-e-quarto (*pl* ~**s** *ou* **salas-e-quarto**) *m* two-room flat (*BRIT*) *ou* apartment (*US*)

salão [sa'lãw] (*pl* **-ões**) *m* large room, hall; (*exposição*) show; ~ **de beleza** beauty salon

salário [sa'larju] *m* wages *pl*, salary

saldo ['sawdu] *m* balance; (*sobra*) surplus

saleiro [sa'lejru] *m* salt cellar

salgadinho [sawga'dʒiɲu] *m* savoury (*BRIT*), savory (*US*), snack

salgado, -a [saw'gadu, a] *adj* salty, salted

salgar [saw'ga*] *vt* to salt

salgueiro [saw'gejru] *m* willow; ~ **chorão** weeping willow

salientar [saljẽ'ta*] *vt* to point out; (*acentuar*) to stress, emphasize;

saliente [sa'ljẽtʃi] *adj* prominent; (*evidente*) clear, conspicuous; (*importante*) outstanding; (*assanhado*) forward

saliva [sa'liva] *f* saliva

salmão [saw'mãw] (*pl* **-ões**) *m* salmon

salmoura [saw'mora] *f* brine

salões [sa'lõjʃ] *mpl de* **salão**

salsa ['sawsa] *f* parsley

salsicha [saw'sifa] *f* sausage;

salsichão [sawsi'ʃãw] (*pl* **-ões**) *m* sausage

saltar [saw'ta*] *vt* to jump (over), leap (over); (*omitir*) to skip ♦ *vi* to jump, leap; (*sangue*) to spurt out; (*de ônibus, cavalo*): **~ de** to get off

salto ['sawtu] *m* jump, leap; (*de calçado*) heel; **~ de vara/em altura/em distância** pole vault/high jump/long jump

salubre [sa'lubri] *adj* healthy, salubrious

salvação [sawva'sãw] *f* salvation

salvador [sawva'do*] *m* saviour (*BRIT*), savior (*US*)

salvamento [sawva'mẽtu] *m* rescue; (*de naufrágio*) salvage

salvar [saw'va*] *vt* to save; (*resgatar*) to rescue; (*objetos, de ruína*) to salvage; (*honra*) to defend; **salvar-se** *vr* to escape

salva-vidas *m inv* (*bóia*) lifebuoy ♦ *m/f inv* (*pessoa*) lifeguard; **barco ~** lifeboat

salvo, -a ['sawvu, a] *adj* safe ♦ *prep* except, save; **a ~** in safety

samba ['sãba] *m* samba; *see boxed note*

SAMBA

The greatest form of musical expression of the Brazilian people, the **samba** is a type of music and dance of African origin. It embraces a number of rhythmic styles, such as *samba de breque*, *samba-enredo*, *samba-canção* and *pagode*, among others. Officially, the first samba, entitled *Pelo telefone*, was written in Rio in 1917.

sanar [sa'na*] *vt* to cure; (*remediar*) to remedy

sanção [sã'sãw] (*pl* **-ões**) *f* sanction;
sancionar [sãsjo'na*] *vt* to sanction

sandália [sã'dalja] *f* sandal

sandes ['sãdəʃ] (*PT*) *f inv* sandwich

sanduíche [sand'wiʃi] (*BR*) *m* sandwich

saneamento [sanja'mẽtu] *m* sanitation

sanear [sa'nja*] *vt* to clean up

sangrar [sã'gra*] *vt, vi* to bleed;
sangrento, -a [sã'grẽtu, a] *adj* bloody; (*CULIN: carne*) rare

sangue ['sãgi] *m* blood

sanguessuga [sãgi'suga] *f* leech

sanguinário, -a [sãgi'narju, a] *adj* bloodthirsty

sanguíneo, -a [sã'ginju, a] *adj*: **grupo ~** blood group; **pressão sanguínea** blood pressure; **vaso ~** blood vessel

sanidade [sani'dadʒi] *f* (*saúde*) health; (*mental*) sanity

sanita [sa'nita] (*PT*) *f* toilet, lavatory

sanitário, -a [sani'tarju, a] *adj* sanitary; **vaso ~** toilet, lavatory (bowl);
sanitários [sani'tarjuʃ] *mpl* toilets

santidade [sãtʃi'dadʒi] *f* holiness, sanctity

santo, -a ['sãtu, a] *adj* holy ♦ *m/f* saint

santuário [sã'twarju] *m* shrine, sanctuary

São [sãw] *m* Saint

são, sã [sãw, sã] (*pl* **~s, ~s**) *adj* healthy; (*conselho*) sound; (*mentalmente*) sane;
~ e salvo safe and sound

São Paulo [-'pawlu] *n* São Paulo

sapataria [sapata'ria] *f* shoe shop

sapateiro [sapa'tejru] *m* shoemaker; (*vendedor*) shoe salesman; (*que conserta*) shoe repairer; (*loja*) shoe repairer's

sapatilha [sapa'tʃiʎa] *f* (*de balé*) shoe; (*sapato*) pump; (*de atleta*) running shoe

sapato [sa'patu] *m* shoe

sapo ['sapu] *m* toad

saque¹ ['saki] *m* (*de dinheiro*) withdrawal; (COM) draft, bill; (ESPORTE) serve; (*pilhagem*) plunder, pillage; **~ a descoberto** (COM) overdraft

saque² *etc vb V* **sacar**

saquear [sa'kja*] *vt* to pillage, plunder

sarampo [sa'rãpu] *m* measles *sg*

sarar [sa'ra*] *vt* to cure; (*ferida*) to heal ♦ *vi* to recover

sarcasmo [sax'kaʒmu] *m* sarcasm

sarda ['saxda] *f* freckle

Sardenha [sax'deɲa] *f*: **a ~** Sardinia

sardinha [sax'dʒiɲa] *f* sardine

sargento [sax'ʒẽtu] *m* sergeant

sarjeta [sax'ʒeta] *f* gutter

Satã [sa'tã] *m* Satan

Satanás [sata'naʃ] *m* Satan

satélite [sa'tɛlitʃi] *m* satellite

sátira ['satʃira] *f* satire

satisfação [satʃiʃfa'sãw] (*pl* **-ões**) *f* satisfaction; (*recompensa*) reparation;

satisfatório, -a [satʃiʃfa'tɔrju, a] *adj* satisfactory

satisfazer [satʃiʃfa'ze*] (*irreg: como* **fazer**) *vt* to satisfy ♦ *vi* to be satisfactory; **satisfazer-se** *vr* to be satisfied; (*saciar-se*) to fill o.s. up; **~ a** to satisfy; **satisfeito, -a** [satʃiʃ'fejtu, a] *adj* satisfied; (*saciado*) full; **dar-se por satisfeito com algo** to be content with sth

saudação [sawda'sãw] (*pl* **-ões**) *f* greeting

saudade [saw'dadʒi] *f* longing, yearning; (*lembrança nostálgica*) nostalgia; **deixar ~s** to be greatly missed; **ter ~(s)** (*desejar*) to long for; (*sentir falta de*) to miss; **~(s) de casa, ~(s) da pátria** homesickness *sg*

saudar [saw'da*] *vt* to greet; (*dar as boas vindas*) to welcome; (*aclamar*) to acclaim

saudável [saw'davew] (*pl* **-eis**) *adj* healthy; (*moralmente*) wholesome

saúde [sa'udʒi] *f* health; (*brinde*) toast; **~!** (*brindando*) cheers!; (*quando se espirra*) bless you!; **beber à ~ de** to drink to, toast; **estar bem/mal de ~** to be well/ill

saudosismo [sawdo'ziʒmu] *m* nostalgia

saudoso, -a [saw'dozu, ɔza] *adj* (*nostálgico*) nostalgic; (*da família ou terra natal*) homesick; (*de uma pessoa*) longing; (*que causa saudades*) much-missed

sauna ['sawna] *f* sauna

saxofone [sakso'fɔni] *m* saxophone

sazonal [sazo'naw] (*pl* **-ais**) *adj* seasonal

scanner ['skane*] *m* scanner

---

se

PALAVRA CHAVE

[si] *pron*

1 (*reflexivo: impess*) oneself; (: *m*) himself; (: *f*) herself; (: *coisa*) itself; (: *você*) yourself; (: *pl*) themselves; (: *vocês*) yourselves; **ela está ~ vestindo** she's getting dressed; (*usos léxicos del pron*) V o *vb* em questão p. ex. **arrepender-se**

2 (*uso recíproco*) each other, one another; **olharam-~** they looked at each other

3 (*impess*): **come-~ bem aqui** you can eat well here; **sabe-~ que ...** it is known that ...; **vende(m)-~ jornais naquela loja** they sell newspapers in that shop ♦ *conj* if; (*em pergunta indireta*) whether; **~ bem que** even though

sê [se] *vb* V **ser**

sebe ['sɛbi] (*PT*) *f* fence; **~ viva** hedge

sebo ['sebu] *m* tallow; **seboso, -a** [se'bozu, ɔza] *adj* greasy; (*sujo*) dirty

seca ['seka] *f* drought

secador [seka'do*] *m*: **~ de cabelo/roupa** hairdryer/clothes horse

seção [se'sãw] (*pl* **-ões**) *f* section; (*em loja, repartição*) department

secar [se'ka*] *vt* to dry; (*planta*) to parch ♦ *vi* to dry; to wither; (*fonte*) to dry up

secção [sek'sãw] (*PT*) = **seção**

seco, -a ['seku, a] *adj* dry; (*ríspido*) curt, brusque; (*magro*) thin; (*pessoa: frio*) cold; (: *sério*) serious

seções [se'sõjʃ] *fpl de* **seção**

secretaria [sekreta'ria] *f* general office; (*de secretário*) secretary's office; (*ministério*) ministry

secretária [sekre'tarja] *f* writing desk; **~ eletrônica** (telephone) answering machine; V *tb* **secretário**

secretário, -a [sekre'tarju, a] *m/f* secretary; **S~ de Estado de ...** Secretary of State for ...

secreto, -a [se'krɛtu, a] *adj* secret

sector [sek'to*] (*PT*) *m* = **setor**

século ['sɛkulu] *m* century; (*época*) age

secundário, -a [sekũ'darju, a] *adj* secondary

seda ['seda] *f* silk

sedativo [seda'tʃivu] *m* sedative

sede[1] ['sɛdʒi] *f* (*de empresa, instituição*) headquarters *sg*; (*de governo*) seat; (*REL*) see, diocese

sede[2] ['sedʒi] *f* thirst; **estar com** *ou* **ter ~** to be thirsty; **sedento, -a** [se'dẽtu, a] *adj* thirsty

sediar [se'dʒja*] *vt* to base

sedimento [sedʒi'mẽtu] *m* sediment

sedução [sedu'sãw] (*pl* **-ões**) *f* seduction

sedutor, a [sedu'to*, a] *adj* seductive; (*oferta etc*) tempting

seduzir [sedu'zi*] *vt* to seduce; (*fascinar*) to fascinate

segmento [seg'mẽtu] *m* segment

segredo [se'gredu] *m* secret; (*sigilo*) secrecy; (*de fechadura*) combination

segregar [segre'ga*] *vt* to segregate

seguidamente [segida'mẽtʃi] *adv* (*sem parar*) continuously; (*logo depois*) soon afterwards

seguido, -a [se'gidu, a] *adj* following; (*contínuo*) continuous, consecutive; **~ de** *ou* **por** followed by; **três dias ~s** three days running; **horas seguidas** for hours on end; **em seguida** next; (*logo depois*) soon afterwards; (*imediatamente*) immediately, right away

seguimento [segi'mẽtu] *m* continuation; **dar ~ a** to proceed with; **em ~ de** after

seguinte [se'gĩtʃi] *adj* following, next; **eu lhe disse o ~** this is what I said to him

seguir [se'gi*] *vt* to follow; (*continuar*) to continue ♦ *vi* to follow; to continue, carry on; (*ir*) to go; **seguir-se** *vr*: **~-se (a)** to follow; **logo a ~** next; **~-se (de)** to result (from)

segunda [se'gũda] *f* (*tb*: **~-feira**) Monday; (*AUTO*) second (gear); **de ~** second-rate; **segunda-feira** (*pl* **segundas-feiras**) *f* Monday

segundo, -a [se'gũdu, a] *adj* second ♦ *prep* according to ♦ *conj* as, from what ♦ *adv* secondly ♦ *m* second; **de segunda mão** second-hand; **de segunda (classe)** second-class; **~ ele disse** according to what he said; **~ dizem** apparently; **~ me consta** as far as I know; **segundas intenções** ulterior motives

seguramente [segura'mētʃi] *adv* certainly; (*muito provavelmente*) surely

segurança [segu'rāsa] *f* security; (*ausência de perigo*) safety; (*confiança*) confidence ♦ *m/f* security guard; **com ~** assuredly

segurar [segu'ra*] *vt* to hold; (*amparar*) to hold up; (*COM: bens*) to insure ♦ *vi*: **~ em** to hold; **segurar-se** *vr*: **~-se em** to hold on to

seguro, -a [se'guru, a] *adj* safe; (*livre de risco, firme*) secure; (*certo*) certain, assured; (*confiável*) reliable; (*de si mesmo*) confident; (*tempo*) settled ♦ *adv* confidently ♦ *m* (*COM*) insurance; **estar ~ de/de que** to be sure of/that; **fazer ~** to take out an insurance policy; **~ contra acidentes/ incêndio** accident/fire insurance; **seguro-saúde** (*pl* **seguros-saúde**) *m* health insurance

sei [sej] *vb V* **saber**

seio ['seju] *m* breast, bosom; (*âmago*) heart; **~ paranasal** sinus

seis [sejʃ] *num* six

seita ['sejta] *f* sect

seixo ['sejʃu] *m* pebble

seja *etc* ['seʒa] *vb V* **ser**

sela ['sela] *f* saddle

selar [se'la*] *vt* (*carta*) to stamp; (*documento oficial, pacto*) to seal; (*cavalo*) to saddle

seleção [sele'sāw] (*PT* **-cç-**) (*pl* **-ões**) *f* selection; (*ESPORTE*) team

selecionar [selesjo'na*] (*PT* **-cc-**) *vt* to select

seleções [sele'sõjʃ] *fpl* de **seleção**

seleto, -a [se'letu, a] (*PT* **-ct-**) *adj* select

selim [se'lĩ] (*pl* **-ns**) *m* saddle

selo ['selu] *m* stamp; (*carimbo, sinete*)

seal

selva ['sewva] *f* jungle

selvagem [sew'vaʒē] (*pl* **-ns**) *adj* wild; (*feroz*) fierce; (*povo*) savage;

selvageria [sewvaʒe'ria] *f* savagery

sem [sē] *prep* without ♦ *conj*: **~ que eu peça** without my asking; **estar/ ficar ~ dinheiro/gasolina** to have no/ have run out of money/petrol

semáforo [se'maforu] *m* (*AUTO*) traffic lights *pl*; (*FERRO*) signal

semana [se'mana] *f* week; **semanal** [sema'naw] (*pl* **~is**) *adj* weekly; **semanário** [sema'narju] *m* weekly (publication)

semear [se'mja*] *vt* to sow

semelhança [seme'ʎāsa] *f* similarity, resemblance; **semelhante** [seme'ʎātʃi] *adj* similar; (*tal*) such ♦ *m* fellow creature

sêmen ['semē] *m* semen

semente [se'mētʃi] *f* seed

semestral [semeʃ'traw] (*pl* **-ais**) *adj* half-yearly, bi-annual

semestre [se'meʃtri] *m* six months; (*EDUC*) semester

semi... [semi] *prefixo* semi..., half...;

semicírculo [semi'sixkulu] *m* semicircle; **semifinal** [semi'finaw] (*pl* **semifinais**) *f* semi-final

seminário [semi'narju] *m* seminar; (*REL*) seminary

sem-número *m*: **um ~ de coisas** loads of things

sempre ['sēpri] *adv* always; **você ~ vai?** (*PT*) are you still going?; **~ que** whenever; **como ~** as usual; **a comida/ hora** *etc* **de ~** the usual food/time *etc*

sem-terra *m/f inv* landless labourer (*BRIT*) ou laborer (*US*)

sem-teto *m/f inv*: **os ~** the homeless

sem-vergonha *adj inv* shameless

♦ *m/f inv* (*pessoa*) rogue

senado [se'nadu] *m* senate; **senador, a** [sena'do*, a] *m/f* senator

senão [se'nãw] (*pl* **-ões**) *conj* otherwise; (*mas sim*) but, but rather ♦ *prep* except ♦ *m* flaw, defect

senha ['seɲa] *f* sign; (*palavra de passe*) password; (*de caixa automático*) PIN number; (*recibo*) receipt; (*passe*) pass

senhor, a [se'ɲo*, a] *m* (*homem*) man; (*formal*) gentleman; (*homem idoso*) elderly man; (*REL*) lord; (*dono*) owner; (*tratamento*) Mr(.); (*tratamento respeitoso*) sir ♦ *f* (*mulher*) lady; (*esposa*) wife; (*mulher idosa*) elderly lady; (*dona*) owner; (*tratamento*) Mrs (.), Ms(.); (*tratamento respeitoso*) madam; **o ~, a ~a** (*você*) you; **nossa ~a!** (*col*) gosh!; **sim, ~(a)!** yes indeed!

senhorita [seɲo'rita] *f* young lady; (*tratamento*) Miss, Ms(.); **a ~** (*você*) you

senil [se'niw] (*pl* **-is**) *adj* senile

senões [se'nõjʃ] *mpl de* senão

sensação [sẽsa'sãw] (*pl* **-ões**) *f* sensation; **sensacional** [sẽsasjo'naw] (*pl* **-ais**) *adj* sensational

sensato, -a [sẽ'satu, a] *adj* sensible

sensível [sẽ'sivew] (*pl* **-eis**) *adj* sensitive; (*visível*) noticeable; (*considerável*) considerable; (*dolorido*) tender

senso ['sẽsu] *m* sense; (*juízo*) judgement

sensual [sẽ'swaw] (*pl* **-ais**) *adj* sensual

sentado, -a [sẽ'tadu, a] *adj* sitting

sentar [sẽ'ta*] *vt* to seat ♦ *vi* to sit; **sentar-se** *vr* to sit down

sentença [sẽ'tẽsa] *f* (*JUR*) sentence; **sentenciar** [sẽtẽ'sja*] *vt* (*julgar*) to pass judgement on; (*condenar por sentença*) to sentence

sentido, -a [sẽ'tʃidu, a] *adj* (*magoado*)

hurt; (*choro, queixa*) heartfelt ♦ *m* sense; (*direção*) direction; (*atenção*) attention; (*aspecto*) respect; **~!** (*MIL*) attention!; **em certo ~** in a sense; (**não**) **ter ~** (not) to be acceptable; **"~ único"** (*PT: sinal*) "one-way"

sentimental [sẽtʃimẽ'taw] (*pl* **-ais**) *adj* sentimental; **vida ~** love life

sentimento [sẽtʃi'mẽtu] *m* feeling; (*senso*) sense; **~s** *mpl* (*pêsames*) condolences

sentinela [sẽtʃi'nɛla] *f* sentry, guard

sentir [sẽ'tʃi*] *vt* to feel; (*perceber, pressentir*) to sense; (*ser afetado por*) to be affected by; (*magoar-se*) to be upset by ♦ *vi* to feel; (*sofrer*) to suffer; **sentir-se** *vr* to feel; (*julgar-se*) to consider o.s. (to be); **~ (a) falta de** to miss; **~ cheiro/gosto (de)** to smell/ taste; **~ vontade de** to feel like; **sinto muito** I am very sorry

separação [separa'sãw] (*pl* **-ões**) *f* separation

separado, -a [sepa'radu, a] *adj* separate; **em ~** separately, apart

separar [sepa'ra*] *vt* to separate; (*dividir*) to divide; (*pôr de lado*) to put aside; **separar-se** *vr* to separate; to be divided

sepultamento [sepuwta'mẽtu] *m* burial

sepultar [sepuw'ta*] *vt* to bury; **sepultura** [sepuw'tura] *f* grave, tomb

seqüência [se'kwẽsja] *f* sequence

sequer [se'ke*] *adv* at least; (**nem**) **~** not even

seqüestrador, a [sekweʃtra'do*, a] *m/f* kidnapper; (*de avião etc*) hijacker

seqüestrar [sekweʃ'tra*] *vt* (*bens*) to seize, confiscate; (*raptar*) to kidnap; (*avião etc*) to hijack; **seqüestro** [se'kwɛʃtru] *m* seizure; abduction, kidnapping; hijack

ser

PALAVRA CHAVE

[se*] vi

1 (descrição) to be; **ela é médica/muito alta** she's a doctor/very tall; **é Ana** (TEL) Ana speaking ou here; **ela é de uma bondade incrível** she's incredibly kind; **ele está é danado** he's really angry; **~ de mentir/briga** to be the sort to lie/fight

2 (horas, datas, números): **é uma hora** it's one o'clock; **são seis e meia** it's half past six; **é dia 1° de junho** it's the first of June; **somos/são seis** there are six of us/them

3 (origem, material): **~ de** to be ou come from; (feito de) to be made of; (pertencer) to belong to; **sua família é da Bahia** his (ou her etc) family is from Bahia; **a mesa é de mármore** the table is made of marble; **é de Pedro** it's Pedro's, it belongs to Pedro

4 (em orações passivas): **já foi descoberto** it had already been discovered

5 (locuções com subjun): **ou seja** that is to say; **seja quem for** whoever it may be; **se eu fosse você** if I were you; **se não fosse você, ...** if it hadn't been for you, ...

6 (locuções): **a não ~** except; **a não ~ que** unless; **é** (resposta afirmativa) yes; **..., não é?...,** isn't it?, ..., don't you? etc; **ah, é?** really?; **que foi?** (o que aconteceu?) what happened?; (qual é o problema?) what's the problem?; **~á que ...?** I wonder if ...?

♦ m being; **~es** mpl (criaturas) creatures

sereia [se'reja] f mermaid

sereno, -a [se'rɛnu, a] adj calm; (tempo) fine, clear

série ['sɛri] f series; (seqüência) sequence, succession; (EDUC) grade; (categoria) category; **fora de ~** out of order; (fig) extraordinary

seriedade [serje'dadʒi] f seriousness; (honestidade) honesty

seringa [se'rĩga] f syringe

sério, -a [ˈsɛrju, a] adj serious; (honesto) honest, decent; (responsável) responsible; (confiável) reliable; (roupa) sober ♦ adv seriously; **a ~** seriously; **~?** really?

sermão [sex'mãw] (pl -ões) m sermon; (fig) telling-off

serpente [sex'pẽtʃi] f snake

serpentina [sexpẽ'tʃina] f streamer

serra ['sɛxa] f (montanhas) mountain range; (TEC) saw

serralheiro, -a [sexa'ʎejru, a] m/f locksmith

serrano, -a [se'xanu, a] adj highland atr ♦ m/f highlander

serrar [se'xa*] vt to saw

sertanejo, -a [sexta'neʒu, a] adj rustic, country ♦ m/f inhabitant of the sertão

sertão [sex'tãw] (pl -ões) m backwoods pl, bush (country)

servente [sex'vẽtʃi] m/f servant; (operário) labourer (BRIT), laborer (US)

serviçal [sexvi'saw] (pl -ais) adj obliging, helpful ♦ m/f servant; (trabalhador) wage earner

serviço [sex'visu] m service; (de chá etc) set; **estar de ~** to be on duty; **prestar ~** to help

servidor, a [sexvi'do*, a] m/f servant; (funcionário) employee; **~ público** civil servant

servil [sex'viw] (pl -is) adj servile

servir [sex'vi*] vt to serve ♦ vi to serve; (ser útil) to be useful; (ajudar)

to help; (*roupa: caber*) to fit; **servir-se**
vr: **~-se (de)** (*comida, café*) to help
o.s. (to); (*meios*): **~-se de** to use, make
use of; **~ de** (*prover*) to supply with,
provide with; **você está servido?** (*num
bar*) are you all right for a drink?; **~ de
algo** to serve as sth; **qualquer ônibus
serve** any bus will do

servis [sexˈviʃ] *adj pl de* servil

sessão [seˈsãw] (*pl* **-ões**) *f* (*do
parlamento etc*) session; (*reunião*)
meeting; (*de cinema*) showing

sessenta [seˈsẽta] *num* sixty

sessões [seˈsõjʃ] *fpl de* sessão

sesta [ˈsɛʃta] *f* siesta, nap

seta [ˈsɛta] *f* arrow

sete [ˈsɛtʃi] *num* seven

setembro [seˈtẽbru] (*PT* **S-**) *m*
September; **7 de setembro** *see boxed
note*

7 DE SETEMBRO

Brazil's independence from Portugal
is commemorated on 7 September.
Independence was declared in 1822
by the Portuguese prince regent,
Dom Pedro, who rebelled against
several orders from the Portuguese
crown, among them the order to
swear loyalty to the Portuguese
constitution. It is a national holiday
and the occasion for processions
and military parades through the
main cities.

setenta [seˈtẽta] *num* seventy

sétimo, -a [ˈsɛtʃimu, a] *num* seventh

setor [seˈto*] *m* sector

seu, sua [sew, ˈsua] *adj* (*dele*) his;
(*dela*) her; (*de coisa*) its; (*deles, delas*)
their; (*de você, vocês*) your ♦ *pron*: **(o)
~, (a) sua** his; hers; its; theirs; yours
♦ *m* (*senhor*) Mr(.)

severidade [severiˈdadʒi] *f* severity

severo, -a [seˈvɛru, a] *adj* severe

sexo [ˈseksu] *m* sex

sexta [ˈseʃta] *f* (*tb*: **~-feira**) Friday;
sexta-feira (*pl* **sextas-feiras**) *f* Friday;
Sexta-feira Santa Good Friday

sexto, -a [ˈseʃtu, a] *num* sixth

sexual [seˈkswaw] (*pl* **-ais**) *adj* sexual;
(*vida, ato*) sex *atr*

sexy [ˈseksi] (*pl* **~s**) *adj* sexy

s.f.f. (*PT*) *abr* = se faz favor

short [ˈʃɔxtʃi] *m* (*pair of*) shorts *pl*

si [si] *pron* oneself; (*ele*) himself; (*ela*)
herself; (*coisa*) itself; (*PT: você*)
yourself, you; (: *vocês*) yourselves;
(*eles, elas*) themselves

SIDA [ˈsida] (*PT*) *abr f* (= *síndrome de
deficiência imunológica adquirida*) **a ~**
AIDS

siderúrgica [sideˈruxʒika] *f* steel
industry

sigilo [siˈʒilu] *m* secrecy

sigla [ˈsigla] *f* acronym; (*abreviação*)
abbreviation

significado [signifiˈkadu] *m* meaning

significar [signifiˈka*] *vt* to mean,
signify; **significativo, -a** [signifikaˈtʃivu,
a] *adj* significant

signo [ˈsignu] *m* sign

sigo *etc* [ˈsigu] *vb* V seguir

sílaba [ˈsilaba] *f* syllable

silenciar [silẽˈsja*] *vt* to silence

silêncio [siˈlẽsju] *m* silence, quiet;
silencioso, -a [silẽˈsjozu, ɔza] *adj* silent,
quiet ♦ *m* (*AUTO*) silencer (*BRIT*), muffler
(*US*)

silhueta [siˈʎweta] *f* silhouette

silvestre [siwˈveʃtri] *adj* wild

sim [sĩ] *adv* yes; **creio que ~** I think so

símbolo [ˈsĩbolu] *m* symbol

simetria [simeˈtria] *f* symmetry

similar [simiˈla*] *adj* similar

simpatia [sĩpa'tʃia] f liking; (*afeto*) affection; (*afinidade, solidariedade*) sympathy; **~s** fpl (*inclinações*) sympathies; **simpático, -a** [sĩ'patʃiku, a] adj (*pessoa, decoração etc*) nice; (*lugar*) pleasant, nice; (*amável*) kind; **simpatizante** [sĩpatʃi'zãtʃi] adj sympathetic ♦ m/f sympathizer; **simpatizar** [sĩpatʃi'za*] vi: **simpatizar com** (*pessoa*) to like; (*causa*) to sympathize with

simples ['sĩpliʃ] adj inv simple; (*único*) single; (*fácil*) easy; (*mero*) mere; (*ingênuo*) naïve ♦ adv simply; **simplicidade** [sĩplisi'dadʒi] f simplicity; **simplificar** [sĩplifi'ka*] vt to simplify

simular [simu'la*] vt to simulate

simultaneamente [simuwtanja'mẽtʃi] adv simultaneously **simultâneo, -a** [simuw'tanju, a] adj simultaneous

sinagoga [sina'gɔga] f synagogue **sinal** [si'naw] (*pl* **-ais**) m sign; (*gesto*, TEL) signal; (*na pele*) mole; (: *de nascença*) birthmark; (*depósito*) deposit; (*tb*: **~ de tráfego, ~ luminoso**) traffic light; **por ~** (*por falar nisso*) by the way; (*aliás*) as a matter of fact; **~ de chamada** (TEL) ringing tone; **~ de discar** (BR) ou **de marcar** (PT) dialling tone (BRIT), dial tone (US); **~ de ocupado** (BR) ou **de impedido** (PT) engaged tone (BRIT), busy signal (US); **sinalização** [sinaliza'sãw] f (*ato*) signalling; (*para motoristas*) traffic signs pl

sinceridade [sĩseri'dadʒi] f sincerity **sincero, -a** [sĩ'seru, a] adj sincere **sindicalista** [sĩdʒika'liʃta] m/f trade unionist

sindicato [sĩdʒi'katu] m trade union; (*financeiro*) syndicate

síndrome ['sĩdromi] f syndrome; **~ de Down** Down's syndrome

sinfonia [sĩfo'nia] f symphony

singular [sĩgu'la*] adj singular; (*extraordinário*) exceptional; (*bizarro*) odd, peculiar

sino ['sinu] m bell

sintaxe [sĩ'tasi] f syntax

síntese ['sĩtezi] f synthesis; **sintético, -a** [sĩ'tɛtʃiku, a] adj synthetic; **sintetizar** [sĩtetʃi'za*] vt to synthesize

sinto etc ['sĩtu] vb V **sentir**

sintoma [sĩ'tɔma] m symptom

sinuca [si'nuka] f snooker

sinuoso, -a [si'nwozu, ɔza] adj (*caminho*) winding; (*linha*) wavy

siri [si'ri] m crab

Síria ['sirja] f: **a ~** Syria; **sírio, -a** ['sirju, a] adj, m/f Syrian

sirvo etc ['sixvu] vb V **servir**

sistema [siʃ'tema] m system; (*método*) method

site ['sajtʃi] m (*na Internet*) website

sitiar [si'tʃja*] vt to besiege

sítio ['sitʃju] m (MIL) siege; (*propriedade rural*) small farm; (PT: *lugar*) place

situação [sitwa'sãw] (*pl* **-ões**) f situation; (*posição*) position

situado, -a [si'twadu, a] adj situated

situar [si'twa*] vt to place, put; (*edifício*) to situate, locate; **situar-se** vr to position o.s.; (*estar situado*) to be situated

slogan [iʃ'lɔgã] (*pl* **~s**) m slogan

SME abr m (= Sistema Monetário Europeu) ERM

smoking [iʒ'mokĩʃ] (*pl* **~s**) m dinner jacket (BRIT), tuxedo (US)

só [sɔ] adj alone; (*único*) single; (*solitário*) solitary ♦ adv only; **a ~s** alone

soar [swa*] vi to sound ♦ vt (horas) to strike; (instrumento) to play; **~ a** to sound like; **~ bem/mal** (fig) to go down well/badly

sob [sob] prep under; **~ juramento** on oath; **~ medida** (roupa) made to measure

sobe etc ['sɔbi] vb V **subir**

soberano, -a [sobe'ranu, a] adj sovereign; (fig: supremo) supreme ♦ m/f sovereign

sobra ['sɔbra] f surplus, remnant; **~s** fpl (restos) remains; (de tecido) remnants; (de comida) leftovers; **ter algo de ~** to have sth extra; (tempo, comida, motivos) to have plenty of sth; **ficar de ~** to be left over

sobrado [so'bradu] m (andar) floor; (casa) house (of two or more storeys)

sobrancelha [sobrã'seʎa] f eyebrow

sobrar [so'bra*] vi to be left; (dúvidas) to remain

sobre ['sobri] prep on; (por cima de) over; (acima de) above; (a respeito de) about

sobrecarregar [sobrikaxe'ga*] vt to overload

sobremesa [sobri'meza] f dessert

sobrenatural [sobrinatu'raw] (pl **-ais**) adj supernatural

sobrenome [sobri'nɔmi] (BR) m surname, family name

sobrepor [sobri'po*] (irreg: como **pôr**) vt: **~ algo a algo** to put sth on top of sth

sobressair [sobrisa'i*] vi to stand out

sobressair-se vr to stand out

sobressalente [sobrisa'lẽtʃi] adj, m spare

sobressalto [sobri'sawtu] m start; (temor) trepidation; **de ~** suddenly

sobretaxa [sobri'taʃa] f surcharge

sobretudo [sobri'tudu] m overcoat ♦ adv above all, especially

sobrevivência [sobrivi'vẽsja] f survival; **sobrevivente** [sobrivi'vẽtʃi] adj surviving ♦ m/f survivor

sobreviver [sobrivi've*] vi: **~ (a)** to survive

sobrinho, -a [so'briɲu, a] m/f nephew/niece

sóbrio, -a ['sɔbrju, a] adj sober; (moderado) moderate, restrained

socar [so'ka*] vt to hit, strike; (calcar) to crush, pound; (massa de pão) to knead

social [so'sjaw] (pl **-ais**) adj social; **socialista** [sosja'liʃta] adj, m/f socialist

sociedade [sosje'dadʒi] f society; (COM: empresa) company; (associação) association; **~ anônima** limited company (BRIT), incorporated company (US)

sócio, -a ['sɔsju, a] m/f (COM) partner; (de clube) member

soco ['soku] m punch; **dar um ~ em** to punch

socorrer [soko'xe*] vt to help, assist; (salvar) to rescue; **socorrer-se** vr: **~-se de** to resort to, have recourse to; **socorro** [so'koxu] m help, assistance; (reboque) breakdown (BRIT) ou tow (US) truck; **socorro!** help!; **primeiros socorros** first aid sg

soda ['sɔda] f soda (water)

sofá [so'fa] m sofa, settee; **sofá-cama** (pl **sofás-camas**) m sofa-bed

sofisticado, -a [sofiʃtʃi'kadu, a] adj sophisticated; (afetado) pretentious

sofrer [so'fre*] vt to suffer; (acidente) to have; (agüentar) to bear, put up with; (experimentar) to undergo ♦ vi to suffer; **sofrido, -a** [so'fridu, a] adj long-suffering; **sofrimento** [sofri'mẽtu] m suffering

software [sof'twe*] m (COMPUT)

software

sogro, -a ['sogru, 'sɔgra] *m/f*
father-in-law/mother-in-law

sóis [sɔjʃ] *mpl de* **sol**

soja ['sɔʒa] *f* soya (*BRIT*), soy (*US*)

sol [sɔw] (*pl* **sóis**) *m* sun; (*luz*)
sunshine, sunlight; **fazer ~** to be
sunny; **tomar ~** to sunbathe

sola ['sɔla] *f* sole

solar [sola*] *adj* solar; **energia/painel
~** solar energy/panel

soldado [sow'dadu] *m* soldier

soldar [sow'da*] *vt* to weld

soleira [so'lejra] *f* doorstep

solene [so'lεni] *adj* solemn;
solenidade [soleni'dadʒi] *f* solemnity;
(*cerimônia*) ceremony

soletrar [sole'tra*] *vt* to spell

solicitar [solisi'ta*] *vt* to ask for;
(*emprego etc*) to apply for; (*amizade,
atenção*) to seek; **~ algo a alguém** to
ask sb for sth

solícito, -a [so'lisitu, a] *adj* helpful

solidão [soli'dãw] *f* solitude;
(*sensação*) loneliness

solidariedade [solidarje'dadʒi] *f*
solidarity

solidário, -a [soli'darju, a] *adj*: **ser ~ a
ou com** (*pessoa*) to stand by; (*causa*)
to be sympathetic to, sympathize with

sólido, -a ['sɔlidu, a] *adj* solid

solitário, -a [soli'tarju, a] *adj* lonely;
(*isolado*) solitary ♦ *m* hermit

solo ['sɔlu] *m* ground, earth; (*MÚS*)
solo

soltar [sow'ta*] *vt* to set free; (*desatar*)
to loosen; (*largar*) to let go of; (*emitir*)
to emit; (*grito*) to let out; (*cabelo*) to
let down; (*freio*) to release; **soltar-se**
vr to come loose; (*desinibir-se*) to let
o.s. go

solteirão, -ona [sowtej'rãw, rɔna] (*pl*
-ões, ~s) *adj* unmarried, single ♦ *m/f*
confirmed bachelor/spinster

solteiro, -a [sow'tejru, a] *adj*
unmarried, single ♦ *m/f* bachelor/
single woman

solteirões [sowtej'rõjʃ] *mpl de*
solteirão

solteirona [sowtej'rɔna] *f de* **solteirão**

solto, -a ['sowtu, a] *pp de* **soltar** ♦ *adj*
loose; (*livre*) free; (*sozinho*) alone

solução [solu'sãw] (*pl* **-ões**) *f* solution

soluçar [solu'sa*] *vi* (*chorar*) to sob;
(*MED*) to hiccup

solucionar [solusjo'na*] *vt* to solve;
(*decidir*) to resolve

soluço [so'lusu] *m* sob; (*MED*) hiccup

soluções [solu'sõjʃ] *fpl de* **solução**

som [sõ] (*pl* **-ns**) *m* sound; **~ cd**
compact disc player

soma ['sɔma] *f* sum; **somar** [so'ma*] *vt*
(*adicionar*) to add (up); (*chegar a*) to
add up to, amount to ♦ *vi* to add up

sombra ['sõbra] *f* shadow; (*proteção*)
shade; (*indício*) trace, sign

sombrinha [sõ'brina] *f* parasol,
sunshade

sombrio, -a [sõ'briu, a] *adj* shady,
dark; (*triste*) gloomy

some *etc* ['sɔmi] *vb V* **sumir**

somente [sɔ'mẽtʃi] *adv* only

somos ['somoʃ] *vb V* **ser**

sonâmbulo, -a [so'nãbulu, a] *m/f*
sleepwalker

sondar [sõ'da*] *vt* to probe; (*opinião
etc*) to sound out

soneca [so'nεka] *f* nap, snooze

sonegar [sone'ga*] *vt* (*dinheiro,
valores*) to conceal, withhold; (*furtar*)
to steal, pilfer; (*impostos*) to dodge,
evade; (*informações, dados*) to
withhold

soneto [so'netu] *m* sonnet

sonhador, a [sona'do*, a] *adj* dreamy
♦ *m/f* dreamer
sonhar [so'na*] *vt, vi* to dream; **~ com**
to dream about; **sonho** ['sonu] *m*
dream; (*CULIN*) doughnut
sono ['sonu] *m* sleep; **estar com** *ou* **ter**
~ to be sleepy
sonolento, -a [sono'lẽtu, a] *adj* sleepy,
drowsy
sonoro, -a [so'noru, a] *adj* resonant
sons [sõʃ] *mpl de* **som**
sonso, -a ['sõsu, a] *adj* sly, artful
sopa ['sopa] *f* soup
soporífero [sopo'riferu], **soporífico**
[sopo'rifiku] *m* sleeping drug
soprar [so'pra*] *vt* to blow; (*balão*) to
blow up; (*vela*) to blow out; (*dizer em
voz baixa*) to whisper ♦ *vi* to blow;
sopro ['sopru] *m* blow, puff; (*de vento*)
gust
sórdido, -a ['sɔxdʒidu, a] *adj* sordid;
(*imundo*) squalid
soro ['soru] *m* (*MED*) serum
sorridente [soxi'dẽtʃi] *adj* smiling
sorrir [so'xi*] *vi* to smile; **sorriso**
[so'xizu] *m* smile
sorte ['sɔxtʃi] *f* luck; (*casualidade*)
chance; (*destino*) fate, destiny;
(*condição*) lot; (*espécie*) sort, kind; **de ~**
que so that; **dar ~** (*trazer sorte*) to
bring good luck; (*ter sorte*) to be
lucky; **estar com** *ou* **ter ~** to be lucky
sortear [sox'tʃia*] *vt* to draw lots for;
(*rifar*) to raffle; (*MIL*) to draft; **sorteio**
[sox'teju] *m* draw; raffle; draft
sortido, -a [sox'tʃidu, a] *adj*
(*abastecido*) supplied, stocked;
(*variado*) assorted; (*loja*) well-stocked
sortudo, -a [sox'tudu, a] (*col*) *adj*
lucky
sorvete [sox'vetʃi] (*BR*) *m* ice cream
SOS *abr* SOS

sossegado, -a [sose'gadu, a] *adj*
peaceful, calm
sossegar [sose'ga*] *vt* to calm,
quieten ♦ *vi* to quieten down
sossego [so'segu] *m* peace (and quiet)
sótão ['sotãw] (*pl* **~s**) *m* attic, loft
sotaque [so'taki] *m* accent
sotavento [sota'vẽtu] *m* (*NÁUT*) lee
soterrar [sote'xa*] *vt* to bury
sou [so] *vb V* **ser**
soube *etc* ['sobi] *vb V* **saber**
soutien [su'tʃjã] (*PT*) *m* = **sutiã**
sova ['sɔva] *f* beating, thrashing
sovaco [so'vaku] *m* armpit
soviético, -a [so'vjetʃiku, a] *adj, m/f*
Soviet
sovina [so'vina] *adj* mean, stingy
♦ *m/f* miser
sozinho, -a [sɔ'ziɲu, a] *adj* (*all*) alone,
by oneself; (*por si mesmo*) by oneself
squash [iʃ'kweʃ] *m* squash
Sr. *abr* (= *senhor*) Mr(.)
Sr.ª *abr* (= *senhora*) Mrs(.)
Sr.ta *abr* (= *senhorita*) Miss
status [iʃ'tatus] *m* status
sua ['sua] *f de* **seu**
suar [swa*] *vt, vi* to sweat
suástica ['swaʃtʃika] *f* swastika
suave ['swavi] *adj* gentle; (*música,
voz*) soft; (*sabor, vinho*) smooth;
(*cheiro*) delicate; (*dor*) mild; (*trabalho*)
light; **suavidade** [suavi'dadʒi] *f*
gentleness; softness
subalterno, -a [subaw'texnu, a] *adj,
m/f* subordinate
subconsciente [subkõ'sjẽtʃi] *adj, m*
subconscious
subdesenvolvido, -a
[subdʒizẽvow'vidu, a] *adj*
underdeveloped
subentender [subẽtẽ'de*] *vt* to
understand, assume; **subentendido,**

-a [subetẽ'dʒidu, a] *adj* implied ♦ *m* implication

subestimar [subeʃtʃi'ma*] *vt* to underestimate

subida [su'bida] *f* ascent, climb; (*ladeira*) slope; (*de preços*) rise

subir [su'bi*] *vi* to go up; (*preço, de posto etc*) to rise ♦ *vt* to raise; (*ladeira, escada, rio*) to climb, go up; **~ em** to climb, go up; (*cadeira, palanque*) to climb onto, get up onto; (*ônibus*) to get on

súbito, -a ['subitu, a] *adj* sudden ♦ *adv* (*tb*: **de ~**) suddenly

subjetivo, -a [subʒe'tʃivu, a] (*PT* **-ct-**) *adj* subjective

subjuntivo, -a [subʒũ'tʃivu, a] *adj* subjunctive ♦ *m* subjunctive

sublime [su'blimi] *adj* sublime

sublinhar [subli'ɲa*] *vt* to underline; (*destacar*) to emphasize, stress

sublocar [sublo'ka*] *vt*, *vi* to sublet

submarino, -a [subma'rinu, a] *adj* underwater ♦ *m* submarine

submergir [submex'ʒi*] *vt* to submerge; **submergir-se** *vr* to submerge

submeter [subme'te*] *vt* to subdue; (*plano*) to submit; (*sujeitar*): **~ a** to subject to; **submeter-se** *vr*: **~-se a** to submit to; (*operação*) to undergo

submirjo *etc* [sub'mixʒu] *vb V* **submergir**

submisso, -a [sub'misu, a] *adj* submissive

subnutrição [subnutri'sãw] *f* malnutrition

subornar [subox'na*] *vt* to bribe; **suborno** [su'boxnu] *m* bribery

subseqüente [subse'kwẽtʃi] *adj* subsequent

subserviente [subsex'vjẽtʃi] *adj* obsequious, servile

subsidiária [subsi'dʒjarja] *f* (*COM*) subsidiary (company)

subsidiário, -a [subsi'dʒjarju, a] *adj* subsidiary

subsídio [sub'sidʒu] *m* subsidy; (*ajuda*) aid

subsistência [subsiʃ'tẽsja] *f* subsistence

subsistir [subsiʃ'tʃi*] *vi* to exist; (*viver*) to subsist

subsolo [sub'sɔlu] *m* (*de prédio*) basement

substância [subʃ'tãsja] *f* substance;

substancial [subʃtã'sjaw] (*pl* **-ais**) *adj* substantial

substantivo [subʃtã'tʃivu] *m* noun

substituir [subʃtʃi'twi*] *vt* to substitute; **substituto, -a** [subʃti'tutu, a] *adj*, *m/f* substitute

subterrâneo, -a [subite'xanju, a] *adj* subterranean, underground

subtil *etc* [sub'tiw] (*PT*) = **sutil** *etc*

subtrair [subtra'i*] *vt* to steal; (*deduzir*) to subtract ♦ *vi* to subtract

subumano, -a [subu'manu, a] *adj* subhuman; (*desumano*) inhuman

suburbano, -a [subux'banu, a] *adj* suburban

subúrbio [su'buxbju] *m* suburb

subvenção [subvẽ'sãw] (*pl* **-ões**) *f* subsidy, grant

subversivo, -a [subvex'sivu, a] *adj*, *m/f* subversive

sucata [su'kata] *f* scrap metal

sucção [suk'sãw] *f* suction

suceder [suse'de*] *vi* to happen ♦ *vt* to succeed; **~ a** (*num cargo*) to succeed; (*seguir*) to follow

sucessão [suse'sãw] (*pl* **-ões**) *f* succession; **sucessivo, -a** [suse'sivu, a] *adj* successive

sucesso [su'sesu] *m* success; (*música,*

filme) hit; **fazer** *ou* **ter ~** to be successful

sucinto, -a [su'sītu, a] *adj* succinct

suco ['suku] (*BR*) *m* juice

suculento, -a [suku'lētu, a] *adj* succulent

sucumbir [sukū'bi*] *vi* to succumb; (*morrer*) to die, perish

sucursal [sukux'saw] (*pl* **-ais**) *f* (*COM*) branch

Sudão [su'dãw] *m*: **o ~** (the) Sudan

sudeste [su'dɛʃtʃi] *m* south-east

súdito ['sudʒitu] *m* (*de rei etc*) subject

sudoeste [sud'wɛʃtʃi] *m* south-west

Suécia ['swɛsja] *f*: **a ~** Sweden; **sueco, -a** ['swɛku, a] *adj* Swedish ♦ *m/f* Swede ♦ *m* (*LING*) Swedish

suéter ['swete*] (*BR*) *m ou f* sweater

suficiente [sufi'sjētʃi] *adj* sufficient, enough

sufixo [su'fiksu] *m* suffix

sufocante [sufo'kãtʃi] *adj* suffocating; (*calor*) sweltering, oppressive

sufocar [sufo'ka*] *vt, vi* to suffocate

sugar [su'ga*] *vt* to suck

sugerir [suʒe'ri*] *vt* to suggest

sugestão [suʒeʃ'tãw] (*pl* **-ões**) *f* suggestion; **dar uma ~** to make a suggestion; **sugestivo, -a** [suʒeʃ'tʃivu, a] *adj* suggestive

sugiro *etc* [su'ʒiru] *vb V* **sugerir**

Suíça ['swisa] *f*: **a ~** Switzerland

suíças ['swisaʃ] *fpl* sideburns; *V tb* **suíço**

suicida [swi'sida] *adj* suicidal ♦ *m/f* suicidal person; (*morto*) suicide; **suicidar-se** [swisi'daxsi] *vr* to commit suicide; **suicídio** [swi'sidʒju] *m* suicide

suíço, -a ['swisu, a] *adj, m/f* Swiss

suíte ['switʃi] *f* (*MÚS, em hotel*) suite

sujar [su'ʒa*] *vt* to dirty ♦ *vi* to make a mess; **sujar-se** *vr* to get dirty

sujeira [su'ʒejra] *f* dirt; (*estado*) dirtiness; (*col*) dirty trick

sujeito, -a [su'ʒejtu, a] *adj*: **~ a** subject to ♦ *m* (*LING*) subject ♦ *m/f* man/woman

sujo, -a ['suʒu, a] *adj* dirty; (*fig: desonesto*) dishonest ♦ *m* dirt

sul [suw] *adj inv* south, southern ♦ *m*: **o ~** the south; **sul-africano, -a** *adj, m/f* South African; **sul-americano, -a** *adj, m/f* South American

sulco [suw'ku] *m* furrow

suma ['suma] *f*: **em ~** in short

sumário, -a [su'marju, a] *adj* (*breve*) brief, concise; (*JUR*) summary; (*biquíni*) skimpy ♦ *m* summary

sumiço [su'misu] *m* disappearance

sumir [su'mi*] *vi* to disappear, vanish

sumo, -a ['sumu, a] *adj* (*importância*) extreme; (*qualidade*) supreme ♦ *m* (*PT*) juice

sunga ['sūga] *f* swimming trunks *pl*

suor [swɔ*] *m* sweat

super- [supe*-] *prefixo* super-

superado, -a [supe'radu, a] *adj* (*idéias*) outmoded

superar [supe'ra*] *vt* (*rival*) to surpass; (*inimigo, dificuldade*) to overcome; (*expectativa*) to exceed

superficial [supexfi'sjaw] (*pl* **-ais**) *adj* superficial

superfície [supex'fisi] *f* surface; (*extensão*) area; (*fig: aparência*) appearance

supérfluo, -a [su'pexflwu, a] *adj* superfluous

superior [supe'rjo*] *adj* superior; (*mais elevado*) higher; (*quantidade*) greater; (*mais acima*) upper ♦ *m* superior; **superioridade** [superjori'dadʒi] *f* superiority

superlotado, -a [supexlo'tadu, a] *adj* crowded; (*excessivamente cheio*) overcrowded

supermercado [supexmex'kadu] *m* supermarket

superpotência [supexpo'tẽsja] *f* superpower

superstição [supexʃtʃi'sãw] (*pl* **-ões**) *f* superstition; **supersticioso, -a** [supexʃtʃi'sjozu, ɔza] *adj* superstitious

supervisão [supexvi'zãw] *f* supervision; **supervisionar** [supexvizjo'na*] *vt* to supervise; **supervisor, a** [supexvi'zo*, a] *m/f* supervisor

suplementar [suplemẽ'ta*] *adj* supplementary ♦ *vt* to supplement

suplemento [suple'mẽtu] *m* supplement

súplica ['suplika] *f* supplication, plea; **suplicar** [supli'ka*] *vt, vi* to plead, beg

suplício [su'plisju] *m* torture

supor [su'po*] (*irreg: como* **pôr**) *vt* to suppose; (*julgar*) to think

suportar [supox'ta*] *vt* to hold up, support; (*tolerar*) to bear, tolerate; **suportável** [supox'tavew] (*pl* **-eis**) *adj* bearable; **suporte** [su'pɔxtʃi] *m* support

suposto, -a [su'poʃtu, 'pɔʃta] *adj* supposed ♦ *m* assumption, supposition

supremo, -a [su'prɛmu, a] *adj* supreme

suprimir [supri'mi*] *vt* to suppress

surdez [sux'deʒ] *f*: **aparelho para a ~** hearing aid

surdo, -a ['suxdu, a] *adj* deaf; (*som*) muffled, dull ♦ *m/f* deaf person; **surdo-mudo, surda-muda** *adj* deaf and dumb ♦ *m/f* deaf-mute

surfe ['suxfi] *m* surfing

surgir [sux'ʒi*] *vi* to appear; (*problema, oportunidade*) to arise

surjo *etc* ['suxʒu] *vb* V **surgir**

surpreendente [suxprjẽ'dẽtʃi] *adj* surprising

surpreender [suxprjẽ'de*] *vt* to surprise; **surpreender-se** *vr*: **~-se (de)** to be surprised (at); **surpresa** [sux'preza] *f* surprise; **surpreso, -a** [sux'prezu, a] *pp de* **surpreender** ♦ *adj* surprised

surra ['suxa] *f* (*ger, ESPORTE*): **dar uma ~ em** to thrash; **levar uma ~ (de)** to get thrashed (by); **surrar** [su'xa*] *vt* to beat, thrash

surtir [sux'tʃi*] *vt* to produce, bring about

surto ['suxtu] *m* outbreak

suscetível [suse'tʃivew] (*pl* **-eis**) *adj* susceptible; **~ de** liable to

suspeita [suʃ'pejta] *f* suspicion; **suspeitar** [suʃpej'ta*] *vt* to suspect ♦ *vi*: **suspeitar de algo** to suspect sth; **suspeito, -a** [suʃ'pejtu, a] *adj, m/f* suspect

suspender [suʃpẽ'de*] *vt* (*levantar*) to lift; (*pendurar*) to hang; (*trabalho, funcionário etc*) to suspend; (*encomenda*) to cancel; (*sessão*) to adjourn, defer; (*viagem*) to put off; **suspensão** [suʃpẽ'sãw] (*pl* **-ões**) *f* (*ger, AUTO*) suspension; (*de trabalho, pagamento*) stoppage; (*de viagem, sessão*) deferment; (*de encomenda*) cancellation; **suspense** [suʃ'pẽsi] *m* suspense; **filme de suspense** thriller; **suspenso, -a** [suʃ'pẽsu, a] *pp de* **suspender**

suspensórios [suʃpẽ'sɔrjuʃ] *mpl* braces (*BRIT*), suspenders (*US*)

suspirar [suʃpi'ra*] *vi* to sigh; **suspiro** [suʃ'piru] *m* sigh; (*doce*) meringue

sussurrar [susu'xa*] *vt, vi* to whisper; **sussurro** [su'suxu] *m* whisper

sustentar [suʃtẽ'ta*] *vt* to sustain; (*prédio*) to hold up; (*padrão*) to maintain; (*financeiramente, acusação*) to support; **sustentável** [suʃtẽ'tavew] (*pl* **-eis**) *adj* sustainable; **sustento** [suʃ'tẽtu] *m* sustenance; (*subsistência*) livelihood; (*amparo*) support

susto ['suʃtu] *m* fright, scare

sutiã [su'tʃjã] *m* bra(ssiere)

sutil [su'tʃiw] (*pl* **-is**) *adj* subtle; **sutileza** [sutʃi'leza] *f* subtlety

T t

ta [ta] = **te** + **a**

tabacaria [tabaka'ria] *f* tobacconist's (shop)

tabaco [ta'baku] *m* tobacco

tabela [ta'bɛla] *f* table, chart; (*lista*) list; **por ~** indirectly

taberna [ta'bɛxna] *f* tavern, bar

tablete [ta'bletʃi] *m* (*de chocolate*) bar

tabu [ta'bu] *adj, m* taboo

tábua ['tabwa] *f* plank, board; (*MAT*) table; **~ de passar roupa** ironing board

tabuleiro [tabu'lejru] *m* tray; (*XADREZ*) board

tabuleta [tabu'leta] *f* (*letreiro*) sign, signboard

taça ['tasa] *f* cup

tacha ['taʃa] *f* tack

tachinha [ta'ʃiɲa] *f* drawing pin (*BRIT*), thumb tack (*US*)

tácito, -a ['tasitu, a] *adj* tacit

taco ['taku] *m* (*BILHAR*) cue; (*GOLFE*) club

táctico, -a *etc* ['tatiku, a] (*PT*) = **tático** *etc*

tacto ['tatu] (*PT*) *m* = **tato**

tagarela [taga'rɛla] *adj* talkative ♦ *m/f* chatterbox; **tagarelar** [tagare'la*] *vi* to chatter

Tailândia [taj'lãdʒja] *f*: **a ~** Thailand

tal [taw] (*pl* **tais**) *adj* such; **~ e coisa** this and that; **um ~ de Sr. X** a certain Mr. X; **que ~?** what do you think?; (*PT*) how are things?; **que ~ um cafezinho?** what about a coffee?; **que ~ nós irmos ao cinema?** what about (us) going to the cinema?; **~ pai, ~ filho** like father, like son; **~ como** such as; (*da maneira que*) just as; **~ qual** just like; **o ~ professor** that teacher; **a ~ ponto** to such an extent; **de ~ maneira** in such a way; **e ~** and so on; **o ~, a ~** (*col*) the greatest; **o Pedro de ~** Peter what's-his-name; **na rua ~** in such and such a street; **foi um ~ de gente ligar lá para casa** there were people ringing home non-stop

tala ['tala] *f* (*MED*) splint

talão [ta'lãw] (*pl* **-ões**) *m* (*de recibo*) stub; **~ de cheques** cheque book (*BRIT*), check book (*US*)

talco ['tawku] *m* talcum powder; **pó de ~** (*PT*) talcum powder

talento [ta'lẽtu] *m* talent; (*aptidão*) ability

talha ['taʎa] *f* carving; (*vaso*) pitcher; (*NÁUT*) tackle

talher [ta'ʎe*] *m* set of cutlery; **~es** *mpl* cutlery *sg*

talho ['taʎu] *m* (*corte*) cutting, slicing; (*PT: açougue*) butcher's (shop)

talo ['talu] *m* stalk, stem

talões [ta'lõjʃ] *mpl* de **talão**

talvez [taw'veʒ] *adv* perhaps, maybe

tamanco [ta'mãku] *m* clog, wooden shoe

tamanduá [tamã'dwa] *m* anteater

tamanho, -a [ta'maɲu, a] *adj* such (a) great ♦ *m* size

tâmara [ta'mara] *f* date

também [tã'bẽj] *adv* also, too, as well; (*além disso*) besides; **~ não** not …

either, nor

tambor [tã'bo*] m drum

tamborim [tãbo'rĩ] (pl **-ns**) m tambourine

Tâmisa ['tamiza] m: **o ~** the Thames

tampa ['tãpa] f lid; (de garrafa) cap

tampão [tã'pãw] (pl **-ões**) m tampon; (de olho) (eye) patch

tampar [tã'pa*] vt (lata, garrafa) to put the lid on; (cobrir) to cover

tampinha [tã'pina] f lid, top

tampo ['tãpu] m lid

tampões [tã'põjʃ] mpl de **tampão**

tampouco [tã'poku] adv nor, neither

tangente [tã'ʒẽtʃi] f tangent

tangerina [tãʒe'rina] f tangerine

tanque ['tãki] m tank; (de lavar roupa) sink

tanto, -a ['tãtu, a] adj, pron (sg) so much; (: + interrogativa/negativa) as much; (pl) so many; (: + interrogativa/ negativa) as many ♦ adv so much; **~ ... como ...** both ... and ...; **~ ... quanto ...** as much ... as ...; **~ tempo** so long; **quarenta e ~s anos** forty-odd years; **~ faz** it's all the same to me, I don't mind; **um ~ (quanto)** (como adv) rather, somewhat; **~ (assim) que** so much so that

tão [tãw] adv so; **~ rico quanto** as rich as; **tão-só** adv only

tapa ['tapa] m ou f slap

tapar [ta'pa*] vt to cover; (garrafa) to cork; (caixa) to put the lid on; (orifício) to block up; (encobrir) to block out

tapear [ta'pja*] vt, vi to cheat

tapeçaria [tapesa'ria] f tapestry

tapete [ta'petʃi] m carpet, rug

tardar [tax'da*] vi to delay; (chegar tarde) to be late ♦ vt to delay; **sem mais ~** without delay; **~ a ou em fazer** to take a long time to do; **o mais ~** at

the latest

tarde ['taxdʒi] f afternoon ♦ adv late; **mais cedo ou mais ~** sooner or later; **antes ~ do que nunca** better late than never; **boa ~!** good afternoon!; **à ou de ~** in the afternoon

tardio, -a [tax'dʒiu, a] adj late

tarefa [ta'rɛfa] f task, job; (faina) chore

tarifa [ta'rifa] f tariff; (para transportes) fare; (lista de preços) price list; **~ alfandegária** customs duty

tartaruga [taxta'ruga] f turtle

tasca ['taʃka] (PT) f cheap eating place

tática ['tatʃika] f tactics pl

tático, -a ['tatʃiku, a] adj tactical

tato ['tatu] m touch; (fig: diplomacia) tact

tatu [ta'tu] m armadillo

tatuagem [ta'twaʒẽ] (pl **-ns**) f tattoo

taxa ['taʃa] f (imposto) tax; (preço) fee; (índice) rate; **~ de câmbio/juros** exchange/interest rate; **taxação** [taʃa'sãw] f taxation; **taxar** [ta'ʃa*] vt (fixar o preço de) to fix the price of; (lançar impostos sobre) to tax

táxi ['taksi] m taxi

tchau [tʃaw] excl bye!

tcheco, -a ['tʃɛku, a] adj, m/f Czech

Tcheco-Eslováquia [tʃɛkuiʒlo'vakja] f = Tchecoslováquia

Tchecoslováquia [tʃekoʒlo'vakja] f: **a ~** Czechoslovakia

te [tʃi] pron you; (para você) (to) you

té [tɛ] prep abr de **até**

tear [tʃja*] m loom

teatral [tʃja'traw] (pl **-ais**) adj theatrical; (grupo) theatre atr (BRIT), theater atr (US); (obra, arte) dramatic

teatro ['tʃjatru] m theatre (BRIT), theater (US); (obras) plays pl, dramatic works pl; (gênero, curso) drama; **peça**

de ~ play

tecer [te'se*] vt, vi to weave; **tecido** [te'sidu] m cloth, material; (ANAT) tissue

tecla ['tɛkla] f key; **teclado** [tek'ladu] m keyboard

técnica ['tɛknika] f technique; V tb **técnico**

técnico, -a ['tɛknika, a] adj technical ♦ m/f technician; (especialista) expert

tecnologia [teknolo'ʒia] f technology; **tecnológico, -a** [tekno'lɔʒiku, a] adj technological

tecto ['tɛktu] (PT) m = **teto**

tédio ['tɛdʒiu] m tedium, boredom; **tedioso, -a** [te'dʒiozu, ɔza] adj tedious, boring

teia ['teja] f web; **~ de aranha** cobweb

teimar [tej'ma*] vi to insist, keep on; **~ em** to insist on

teimosia [tejmo'zia] f stubbornness; **~ em fazer** insistence on doing

teimoso, -a [tej'mozu, ɔza] adj obstinate; (criança) wilful (BRIT), willful (US)

Tejo ['teʒu] m: **o (rio) ~** the (River) Tagus

tela ['tɛla] f fabric, material; (de pintar) canvas; (CINEMA, TV) screen

tele... ['tele] prefixo tele...;

telecomunicações [telekomunika'sõjʃ] fpl telecommunications;

teleconferência [telekõfe'rẽsja] f teleconference

teleférico [tele'fɛriku] m cable car

telefonar [telefo'na*] vi: **~ para alguém** to (tele)phone sb

telefone [tele'fɔni] m phone, telephone; (número) (tele)phone number; (telefonema) phone call; **~ celular** cellphone, mobile phone; **~ de carro** carphone; **telefonema** [telefo'nɛma] m phone call; **dar um telefonema** to make a phone call;

telefônico, -a [tele'foniku, a] adj telephone atr; **telefonista** [telefo'niʃta] m/f telephonist; (na companhia telefônica) operator

telégrafo [te'lɛgrafu] m telegraph

telegrama [tele'grama] m telegram, cable; **passar um ~** to send a telegram

tele...: telejornal [teleʒox'naw] (pl **~jornais**) m television news sg; **telenovela** [teleno'vɛla] f (TV) soap opera; **telescópio** [tele'skɔpju] m telescope; **telespectador, a** [teleʃpekta'do*, a] m/f viewer

teletrabalho [teletra'baʎu] m teleworking

televendas [tele'vẽdaʃ] fpl telesales

televisão [televi'zãw] f television; **~ por assinatura** pay television; **~ a cabo** cable television; **~ a cores** colo(u)r television; **~ digital** digital television; **~ via satélite** satellite television; **aparelho de ~** television set;

televisionar [televizjo'na*] vt to televise; **televisivo, -a** [televi'zivu, a] adj television atr

televisor [televi'zo*] m (aparelho) television (set), TV (set)

telex [te'lɛks] m telex; **enviar por ~** to telex

telha ['teʎa] f tile; (col: cabeça) head; **ter uma ~ de menos** to have a screw loose

telhado [te'ʎadu] m roof

tema ['tema] m theme; (assunto) subject; **temática** [te'matʃika] f theme

temer [te'me*] vt to fear, be afraid of ♦ vi to be afraid

temeroso, -a [teme'rozu, ɔza] adj fearful, afraid; (pavoroso) dreadful

temido, -a [te'midu, a] adj fearsome, frightening

temível [te'mivew] (pl **-eis**) adj = **temido**

a b c d e f g h i j k l m n o p q r s **t** u v w x z

temor [te'mo*] m fear

temperado, -a [tẽpe'radu, a] adj (clima) temperate; (comida) seasoned

temperamento [tẽpera'mẽtu] m temperament, nature

temperar [tẽpe'ra*] vt to season

temperatura [tẽpera'tura] f temperature

tempero [tẽ'peru] m seasoning, flavouring (BRIT), flavoring (US)

tempestade [tẽpeʃ'tadʒi] f storm; **tempestuoso, -a** [tẽpeʃ'twozu, ɔza] adj stormy

templo ['tẽplu] m temple; (igreja) church

tempo ['tẽpu] m time; (meteorológico) weather; (LING) tense; **o ~ todo** the whole time; **a ~** on time; **ao mesmo ~** at the same time; **a um ~** at once; **com ~** in good time; **de ~ em ~** from time to time; **nesse meio ~** in the meantime; **quanto ~?** how long?; **mais ~** longer; **há ~s** for ages; (atrás) ages ago; **~ livre** spare time; **primeiro/segundo ~** (ESPORTE) first/second half

temporada [tẽpo'rada] f season; (tempo) spell

temporal [tẽpo'raw] (pl -ais) m storm, gale

temporário, -a [tẽpo'rarju, a] adj temporary, provisional

tenacidade [tenasi'dadʒi] f tenacity

tenaz [te'najʒ] adj tenacious

tencionar [tẽsjo'na*] vt to intend, plan

tenda ['tẽda] f tent

tendão [tẽ'dãw] (pl -ões) m tendon

tendência [tẽ'dẽsja] f tendency; (da moda etc) trend; **a ~ de** ou **em** ou **a fazer** the tendency to do; **tendencioso, -a** [tẽdẽ'sjozu, ɔza] adj tendentious, bias(s)ed

tendões [tẽ'dõjʃ] mpl de **tendão**

tenebroso, -a [tene'brozu, ɔza] adj dark, gloomy; (fig) horrible

tenho etc ['tẽɲu] vb V **ter**

tênis ['teniʃ] m inv tennis; (sapatos) training shoes pl; (um sapato) training shoe; **~ de mesa** table tennis; **tenista** [te'niʃta] m/f tennis player

tenor [te'no*] m (MÚS) tenor

tenro, -a ['tẽxu, a] adj tender; (macio) soft; (delicado) delicate; (novo) young

tensão [tẽ'sãw] f tension; (pressão) pressure, strain; (rigidez) tightness; (ELET: voltagem) voltage

tenso, -a ['tẽsu, a] adj tense; (sob pressão) under stress, strained

tentação [tẽta'sãw] f temptation

tentáculo [tẽ'takulu] m tentacle

tentador, a [tẽta'do*, a] adj tempting

tentar [tẽ'ta*] vt to try; (seduzir) to tempt ♦ vi to try; **tentativa** [tẽta'tʃiva] f attempt; **tentativa de homicídio/suicídio/roubo** attempted murder/suicide/robbery; **por tentativas** by trial and error

tênue ['tenwi] adj tenuous; (fino) thin; (delicado) delicate; (luz, voz) faint; (pequeníssimo) minute

teor [te'o*] m (conteúdo) tenor; (sentido) meaning, drift

teoria [teo'ria] f theory; **teoricamente** [teorika'mẽtʃi] adv theoretically, in theory; **teórico, -a** [te'ɔriku, a] adj theoretical ♦ m/f theoretician

tépido, -a ['tɛpidu, a] adj tepid

---

ter

PALAVRA CHAVE

[te*] vt

1 (possuir, ger) to have; (na mão) to hold; **você tem uma caneta?** have you got a pen?; **ela vai ~**

neném she is going to have a baby
2 (*idade, medidas, estado*) to be;
ela tem 7 anos she's 7 (years old);
**a mesa tem 1 metro de
comprimento** the table is 1 metre
long; **~ fome/sorte** to be hungry/
lucky; **~ frio/calor** to be cold/hot
3 (*conter*) to hold, contain; **a caixa
tem um quilo de chocolates** the
box holds one kilo of chocolates
4: **~ que** ou **de fazer** to have to do
5: **~ a ver com** to have to do with
6: **~ ir ~ com** to (go and) meet
♦ *vb impess*
1: **tem** (*sg*) there is; (*pl*) there are;
tem 3 dias que não saio de casa I
haven't been out for 3 days
2: **não tem de quê** don't mention it

terapeuta [tera'pewta] *m/f* therapist
terapia [tera'pia] *f* therapy
terça ['texsa] *f* (*tb:* **~-feira**) Tuesday;
terça-feira (*pl* **terças-feiras**) *f*
Tuesday; **terça-feira gorda** Shrove
Tuesday
terceiro, -a [tex'sejru, a] *num* third; **~s**
mpl (*os outros*) outsiders
terço ['texsu] *m* third (part)
termas ['texmaʃ] *fpl* bathhouse *sg*
térmico, -a ['texmiku, a] *adj* thermal;
garrafa térmica (Thermos ®) flask
terminal [texmi'naw] (*pl* **-ais**) *adj*
terminal ♦ *m* (*de rede, ELET, COMPUT*)
terminal ♦ *f* terminal; **~ (de vídeo)**
monitor, visual display unit
terminar [texmi'na*] *vt* to finish ♦ *vi*
(*pessoa*) to finish; (*coisa*) to end; **~ de
fazer** to finish doing; (*ter feito há
pouco*) to have just done; **~ por fazer
algo** to end up doing sth
término ['texminu] *m* end,
termination

termo ['texmu] *m* term; (*fim*) end,
termination; (*limite*) limit, boundary;
(*prazo*) period; (*PT: garrafa*) (Thermos
®) flask; **meio ~** compromise; **em ~s
(de)** in terms (of)
termômetro [tex'mometru] *m*
thermometer
terno, -a ['texnu, a] *adj* gentle, tender
♦ *m* (*BR: roupa*) suit; **ternura** [tex'nura]
f gentleness, tenderness
terra ['texa] *f* earth, world; (*AGR,
propriedade*) land; (*pátria*) country;
(*chão*) ground; (*GEO*) soil; (*pó*) dirt
terraço [te'xasu] *m* terrace
terramoto [texa'mɔtu] (*PT*) *m* =
terremoto
terreiro [te'xejru] *m* yard, square
terremoto [texe'mɔtu] *m* earthquake
terreno, -a [te'xenu, a] *m* ground,
land; (*porção de terra*) plot of land
♦ *adj* earthly
térreo, -a ['texju, a] *adj*: **andar ~** (*BR*)
ground floor (*BRIT*), first floor (*US*)
terrestre [te'xɛʃtri] *adj* land *atr*
terrina [te'xina] *f* tureen
território [texi'tɔrju] *m* territory
terrível [te'xivew] (*pl* **-eis**) *adj* terrible,
dreadful
terror [te'xo*] *m* terror, dread;
terrorista [texo'riʃta] *adj, m/f* terrorist
tese ['tɛzi] *f* proposition, theory; (*EDUC*)
thesis; **em ~** in theory
teso, -a ['tezu, a] *adj* (*cabo*) taut;
(*rígido*) stiff
tesoura [te'zora] *f* scissors *pl*; **uma ~** a
pair of scissors
tesouraria [tezora'ria] *f* treasury
tesouro [te'zoru] *m* treasure; (*erário*)
treasury, exchequer; (*livro*) thesaurus
testa ['tɛʃta] *f* brow, forehead
testamento [teʃta'mẽtu] *m* will,
testament; (*REL*): **Velho/Novo T~** Old/

New Testament
testar [teʃ'ta*] vt to test; (deixar em testamento) to bequeath
teste ['teʃtʃi] m test
testemunha [teʃte'muɲa] f witness;
testemunhar [teʃtemu'ɲa*] vi to testify ♦ vt to give evidence about; (presenciar) to witness; (confirmar) to demonstrate; **testemunho** [teʃte'muɲu] m evidence
testículo [teʃ'tʃikulu] m testicle
teta ['teta] f teat, nipple
tétano ['tetanu] m tetanus
teto ['tetu] m ceiling; (telhado) roof; (habitação) home
teu, tua [tew, 'tua] adj your ♦ pron yours
teve ['tevi] vb V **ter**
têxtil ['teʃtʃiw] (pl -**eis**) m textile
texto ['teʃtu] m text
textura [teʃ'tura] f texture
thriller ['srila*] (pl ~**s**) m thriller
ti [tʃi] pron you
tia ['tʃia] f aunt
Tibete [tʃi'betʃi] m: **o** ~ Tibet
tido, -a ['tʃidu, a] pp de **ter** ♦ adj: ~ **como** ou **por** considered to be
tigela [tʃi'ʒela] f bowl
tigre ['tʃigri] m tiger
tijolo [tʃi'ʒolu] m brick
til [tʃiw] (pl **tis**) m tilde
timbre ['tʃĩbri] m insignia, emblem; (selo) stamp; (MÚS) tone, timbre; (de voz) tone; (em papel de carta) heading
time ['tʃimi] (BR) m team; **de segundo** ~ (fig) second-rate
tímido, -a ['tʃimidu, a] adj shy, timid
tímpano ['tʃĩpanu] m eardrum; (MÚS) kettledrum
tina ['tʃina] f vat
tingir [tʃĩ'ʒi*] vt to dye; (fig) to tinge
tinha etc ['tʃiɲa] vb V **ter**

tinjo etc ['tʃĩʒu] vb V **tingir**
tinta ['tʃĩta] f (de pintar) paint; (de escrever) ink; (para tingir) dye; (fig: vestígio) shade, tinge
tinto, -a ['tʃĩtu, a] adj dyed; (fig) stained; **vinho** ~ red wine
tintura [tʃĩ'tura] f dye; (ato) dyeing; (fig) tinge, hint
tinturaria [tʃĩtura'ria] f dry- cleaner's
tio ['tʃiu] m uncle
típico, -a ['tʃipiku, a] adj typical
tipo ['tʃipu] m type; (de imprensa) print; (de impressora) typeface; (col: sujeito) guy, chap; (pessoa) person
tipografia [tʃipogra'fia] f printing; (estabelecimento) printer's
tíquete ['tʃiketʃi] m ticket
tira ['tʃira] f strip ♦ m (BR: col) cop
tira-gosto (pl ~**s**) m snack, savoury (BRIT); **tirano, -a** [tʃi'ranu, a] adj tyrannical ♦ m/f tyrant
tirar [tʃi'ra*] vt to take away; (de dentro) to take out; (de cima) to take off; (roupa, sapatos) to take off; (arrancar) to pull out; (férias) to take, have; (boas notas) to get; (salário) to earn; (curso) to do, take; (mancha) to remove; (foto, cópia) to take; (mesa) to clear; ~ **algo a alguém** to take sth from sb
tiritar [tʃiri'ta*] vi to shiver
tiro ['tʃiru] m shot; (ato de disparar) shooting; ~ **ao alvo** target practice; **trocar** ~**s** to fire at one another
tiroteio [tʃiro'teju] m shooting, exchange of shots
tis [tʃiʃ] mpl de **til**
titular [tʃitu'la*] adj titular ♦ m/f holder
título ['tʃitulu] m title; (COM) bond; (universitário) degree; ~ **de propriedade** title deed
tive etc ['tʃivi] vb V **ter**

to [tu] = **te** + **o**

toa ['toa] f towrope; **à ~** at random; (sem motivo) for no reason; (inutilmente) in vain, for nothing

toalete [twa'lɛtʃi] m (banheiro) toilet; (traje) outfit ♦ f: **fazer a ~** to have a wash

toalha [to'aʎa] f towel

toca ['tɔka] f burrow, hole

toca-discos (BR) m inv record-player

toca-fitas m inv cassette player

tocaia [to'kaja] f ambush

tocante [to'kãtʃi] adj moving, touching; **no ~ a** regarding, concerning

tocar [to'ka*] vt to touch; (MÚS) to play ♦ vi to touch; to play; (campainha, sino, telefone) to ring; **tocar-se** vr to touch (each other); **~ a** (dizer respeito a) to concern, affect; **~ em** to touch; (assunto) to touch upon; **~ para alguém** (telefonar) to ring sb (up), call sb (up); **pelo que me toca** as far as I am concerned

tocha ['tɔʃa] f torch

todavia [toda'via] adv yet, still, however

todo, -a

PALAVRA CHAVE

['todu, 'tɔda] adj

1 (com artigo sg) all; **toda a carne** all the meat; **toda a noite** all night, the whole night; **~ o Brasil** the whole of Brazil; **a toda (velocidade)** at full speed; **~ o mundo** (BR), **toda a gente** (PT) everybody, everyone; **em toda (a) parte** everywhere

2 (com artigo pl) all; (: cada) every; **~s os livros** all the books; **~s os dias/todas as noites** every day/ night; **~s os que querem sair** all those who want to leave; **~s nós** all

of us

♦ adv: **ao ~** altogether; (no total) in all; **de ~** completely

♦ pron: **~s** mpl everybody sg, everyone sg

todo-poderoso, -a adj all-powerful ♦ m: **o T~** the Almighty

toicinho [toj'siɲu] m bacon fat

toldo ['towdu] m awning, sun blind

tolerância [tole'rãsja] f tolerance;

tolerante [tole'rãtʃi] adj tolerant

tolerar [tole'ra*] vt to tolerate;

tolerável [tole'ravew] (pl -eis) adj tolerable, bearable; (satisfatório) passable; (falta) excusable

tolice [to'lisi] f stupidity, foolishness; (ato, dito) stupid thing

tolo, -a ['tolu, a] adj foolish, silly, stupid ♦ m/f fool

tom [tõ] (pl -ns) m tone; (MÚS: altura) pitch; (: escala) key; (cor) shade

tomada [to'mada] f capture; (ELET) socket

tomar [to'ma*] vt to take; (capturar) to capture, seize; (decisão) to make; (bebida) to drink; **~ café** (de manhã) to have breakfast

tomara [to'mara] excl: **~!** if only!; **~ que venha hoje** I hope he comes today

tomate [to'matʃi] m tomato

tombadilho [tõba'dʒiʎu] m deck

tombar [tõ'ba*] vi to fall down, tumble down ♦ vt to knock down, knock over; **tombo** ['tõbu] m tumble, fall

tomilho [to'miʎu] m thyme

tona ['tɔna] f surface; **vir à ~** to come to the surface; (fig) to emerge; **trazer à ~** to bring up; (recordações) to bring back

tonalidade [tonali'dadʒi] f (de cor)

shade; (*MÚS*: *tom*) key

tonelada [tone'lada] *f* ton

tônica ['tonika] *f* (*água*) tonic (water); (*fig*) keynote

tônico ['toniku] *m* tonic; **acento ~** stress

tons [tõʃ] *mpl de* **tom**

tonteira [tõ'tejra] *f* dizziness

tonto, -a ['tõtu, a] *adj* stupid, silly; (*zonzo*) dizzy, lightheaded; (*atarantado*) flustered

topar [to'pa*] *vt* to agree to ♦ *vi*: ~ **com** to come across; **topar-se** *vr* (*duas pessoas*) to run into one another; ~ **em** (*tropeçar*) to stub one's toe on; (*esbarrar*) to run into; (*tocar*) to touch

tópico, -a ['tɔpiku, a] *adj* topical ♦ *m* topic

topless [tɔp'lɛs] *adj inv* topless

topo ['topu] *m* top; (*extremidade*) end, extremity

toque[1] ['tɔkɪ] *m* touch; (*de instrumento musical*) playing; (*de campainha*) ring; (*retoque*) finishing touch

toque[2] *etc vb V* **tocar**

Tóquio ['tɔkju] *n* Tokyo

tora ['tɔra] *f* (*pedaço*) piece; (*de madeira*) log; (*sesta*) nap

toranja [to'rãʒa] *f* grapefruit

torção [tox'sãw] (*pl* **-ões**) *m* twist; (*MED*) sprain

torcedor, a [toxse'do*, a] *m/f* supporter, fan

torcer [tox'se*] *vt* to twist; (*MED*) to sprain; (*desvirtuar*) to distort, misconstrue; (*roupa: espremer*) to wring; (: *na máquina*) to spin; (*vergar*) to bend ♦ *vi*: ~ **por** (*time*) to support; **torcer-se** *vr* to squirm, writhe

torcicolo [toxsi'kɔlu] *m* stiff neck

torcida [tox'sida] *f* (*pavio*) wick;

(*ESPORTE*: *ato de torcer*) cheering; (: *torcedores*) supporters *pl*

torções [tox'sõjʃ] *mpl de* **torção**

tormenta [tox'mẽta] *f* storm

tormento [tox'mẽtu] *m* torment; (*angústia*) anguish

tornar [tox'na*] *vi* to return, go back ♦ *vt*: ~ **algo em algo** to turn *ou* make sth into sth; **tornar-se** *vr* to become; ~ **a fazer algo** to do sth again

torneio [tox'neju] *m* tournament

torneira [tox'nejra] *f* tap (*BRIT*), faucet (*US*)

torno ['toxnu] *m* lathe; (*CERÂMICA*) wheel; **em ~ de** (*ao redor de*) around; (*sobre*) about

tornozelo [toxno'zelu] *m* ankle

torpe ['toxpi] *adj* vile

torrada [to'xada] *f* toast; **uma ~** a piece of toast; **torradeira** [toxa'dejra] *f* toaster

torrão [to'xãw] (*pl* **-ões**) *m* turf, sod; (*terra*) soil, land; (*de açúcar*) lump

torrar [to'xa*] *vt* to toast; (*café*) to roast

torre ['toxi] *f* tower; (*XADREZ*) castle, rook; (*ELET*) pylon; ~ **de controle** (*AER*) control tower

tórrido, -a ['tɔxidu, a] *adj* torrid

torrões [to'xõjʃ] *mpl de* **torrão**

torso ['toxsu] *m* torso

torta ['tɔxta] *f* pie, tart

torto, -a ['toxtu, 'tɔxta] *adj* twisted, crooked; **a ~ e a direito** indiscriminately

tortuoso, -a [tox'twozu, ɔza] *adj* winding

tortura [tox'tura] *f* torture; (*fig*) anguish; **torturar** [toxtu'ra*] *vt* to torture; to torment

tos [tuʃ] = **te** + **os**

tosco, -a ['toʃku, a] *adj* rough,

unpolished; (*grosseiro*) coarse, crude

tosse ['tɔsi] *f* cough; **~ de cachorro** whooping cough; **tossir** [to'si*] *vi* to cough

tosta ['tɔʃta] (*PT*) *f* toast; **~ mista** toasted cheese and ham sandwich

tostão [toʃ'tãw] *m* cash

tostar [toʃ'ta*] *vt* to toast; (*pele, pessoa*) to tan; **tostar-se** *vr* to get tanned

total [to'taw] (*pl* -**ais**) *adj, m* total

totalitário, -a [totali'tarju, a] *adj* totalitarian

totalmente [totaw'mẽtʃi] *adv* totally

touca ['toka] *f* bonnet; **~ de banho** bathing cap

toupeira [to'pejra] *f* mole; (*fig*) numbskull, idiot

tourada [to'rada] *f* bullfight; **toureiro** [to'rejru] *m* bullfighter

touro ['toru] *m* bull; **T~** (*ASTROLOGIA*) Taurus

tóxico, -a ['tɔksiku, a] *adj* toxic ♦ *m* poison; (*droga*) drug; **toxicômano, -a** [toksi'komanu, a] *m/f* drug addict

TPM *abr f* (= *tensão pré-menstrual*) PMT

trabalhadeira [trabaʎa'dejra] *f*: **ela é ~** she's a hard worker

trabalhador, a [trabaʎa'do*, a] *adj* hard-working, industrious; (*POL: classe*) working ♦ *m/f* worker

trabalhar [trabaʎa'a*] *vi* to work ♦ *vt* (*terra*) to till; (*madeira, metal*) to work; (*texto*) to work on; **~ com** (*comerciar*) to deal in; **~ de** *ou* **como** to work as; **trabalhista** [trabaʎiʃta] *adj* labour *atr* (*BRIT*), labor *atr* (*US*); **trabalho** [tra'baʎu] *m* work; (*emprego, tarefa*) job; (*ECON*) labo(u)r; **trabalho braçal** manual work; **trabalho doméstico** housework; **trabalhoso, -a** [traba'ʎozu, ɔza] *adj* laborious, arduous

traça ['trasa] *f* moth

traçado [tra'sadu] *m* sketch, plan

tração [tra'sãw] *f* traction

traçar [tra'sa*] *vt* to draw; (*determinar*) to set out, outline; (*planos*) to draw up; (*escrever*) to compose

tracção [tra'sãw] (*PT*) *f* = **tração**

traço ['trasu] *m* line, dash; (*vestígio*) trace, vestige; (*aspecto*) feature, trait; **~s** *mpl* (*do rosto*) features; **~ (de união)** hyphen; (*entre frases*) dash

tractor [tra'to*] (*PT*) *m* = **trator**

tradição [tradʒi'sãw] (*pl* -**ões**) *f* tradition; **tradicional** [tradʒisjo'naw] (*pl* -**ais**) *adj* traditional

tradução [tradu'sãw] (*pl* -**ões**) *f* translation

tradutor, a [tradu'to*, a] *m/f* translator

traduzir [tradu'zi*] *vt* to translate

trafegar [trafe'ga*] *vi* to move, go

tráfego ['trafegu] *m* traffic

traficante [trafi'kãtʃi] *m/f* trafficker, dealer

traficar [trafi'ka*] *vi*: **~ (com)** to deal (in)

tráfico ['trafiku] *m* traffic

tragar [tra'ga*] *vt* to swallow; (*fumaça*) to inhale; (*suportar*) to tolerate ♦ *vi* to inhale

tragédia [tra'ʒɛdʒja] *f* tragedy; **trágico, -a** ['traʒiku, a] *adj* tragic

trago[1] ['tragu] *m* mouthful

trago[2] *etc vb* V **trazer**

traição [traj'sãw] (*pl* -**ões**) *f* treason, treachery; (*deslealdade*) disloyalty; (*infidelidade*) infidelity; **traiçoeiro, -a** [traj'swejru, a] *adj* treacherous; disloyal

traidor, a [traj'do*, a] *m/f* traitor

trailer ['trejla*] (*pl* **~s**) *m* trailer; (*tipo casa*) caravan (*BRIT*), trailer (*US*)

traineira [traj'nejra] *f* trawler

trair [tra'i*] *vt* to betray; (*mulher,*

marido) to be unfaithful to;
(*esperanças*) not to live up to; **trair-se**
vr to give o.s. away

trajar [tra'ʒa*] *vt* to wear

traje ['traʒi] *m* dress, clothes *pl*; **~ de banho** swimsuit

trajeto [tra'ʒetu] (*PT* **-ct-**) *m* course, path

trajetória [traʒe'tɔrja] (*PT* **-ct-**) *f* trajectory, path; (*fig*) course

tralha ['traʎa] *f* fishing net

trama ['trama] *f* (*tecido*) weft (*BRIT*), woof (*US*); (*enredo, conspiração*) plot

tramar [tra'ma*] *vt* (*tecer*) to weave; (*maquinar*) to plot ♦ *vi*: **~ contra** to conspire against

trâmites ['tramitʃiʃ] *mpl* procedure *sg*, channels

trampolim [trãpo'lĩ] (*pl* **-ns**) *m* trampoline; (*de piscina*) diving board; (*fig*) springboard

tranca ['trãka] *f* (*de porta*) bolt; (*de carro*) lock

trança ['trãsa] *f* (*cabelo*) plait; (*galão*) braid

trancar [trã'ka*] *vt* to lock

tranqüilidade [trãkwili'dadʒi] *f* tranquillity; (*paz*) peace

tranqüilizante [trãkwili'zãtʃi] *m* (*MED*) tranquillizer

tranqüilizar [trãkwili'za*] *vt* to calm, quieten; (*despreocupar*): **~ alguém** to reassure sb, put sb's mind at rest; **tranqüilizar-se** *vr* to calm down

tranqüilo, -a [trã'kwilu, a] *adj* peaceful; (*mar, pessoa*) calm; (*criança*) quiet; (*consciência*) clear; (*seguro*) sure, certain

transação [trãza'sãw] (*PT* **-cç-**) (*pl* **-ões**) *f* transaction

transbordar [trãzbox'da*] *vi* to overflow

transbordo [trãz'boxdu] *m* (*de*

viajantes) change, transfer

transe ['trãzi] *m* ordeal; (*lance*) plight; (*hipnótico*) trance

transeunte [trã'zjũtʃi] *m/f* passer-by

transferência [trãʃfe'rẽsja] *f* transfer

transferir [trãʃfe'ri*] *vt* to transfer; (*adiar*) to postpone

transformação [trãʃfoxma'sãw] (*pl* **-ões**) *f* transformation

transformador [trãʃfoxma'do*] *m* (*ELET*) transformer

transformar [trãʃfox'ma*] *vt* to transform; **transformar-se** *vr* to turn

transfusão [trãʃfu'zãw] (*pl* **-ões**) *f* transfusion

transição [trãzi'sãw] (*pl* **-ões**) *f* transition

transistor [trãziʃ'to*] *m* transistor

transitar [trãzi'ta*] *vi*: **~ por** to move through; (*rua*) to go along

transitivo, -a [trãzi'tʃivu, a] *adj* (*LING*) transitive

trânsito ['trãzitu] *m* transit, passage; (*na rua: veículos*) traffic; (: *pessoas*) flow; **transitório, -a** [trãzi'tɔrju, a] *adj* transitory; (*período*) transitional

transmissão [trãʒmi'sãw] (*pl* **-ões**) *f* transmission; (*transferência*) transfer; **~ ao vivo** live broadcast

transmissor [trãʒmi'so*] *m* transmitter

transmitir [trãʒmi'tʃi*] *vt* to transmit; (*RÁDIO, TV*) to broadcast; (*transferir*) to transfer; (*recado, notícia*) to pass on

transparência [trãʃpa'rẽsja] *f* transparency; (*de água*) clarity; **transparente** [trãʃpa'rẽtʃi] *adj* transparent; (*roupa*) see-through; (*água*) clear

transpirar [trãʃpi'ra*] *vi* to perspire; (*divulgar-se*) to become known; (*verdade*) to come out ♦ *vt* to exude

transplante [trãʃ'plãtʃi] *m* transplant

transportar [trãʃpox'ta*] *vt* to transport; (*levar*) to carry; (*enlevar*) to entrance, enrapture

transporte [trãʃ'pɔxtʃi] *m* transport; (*COM*) haulage

transtorno [trãʃ'toxnu] *m* upset, disruption

trapaça [tra'pasa] *f* swindle, fraud;

trapacear [trapa'sja*] *vt, vi* to swindle;

trapaceiro, -a [trapa'sejru, a] *adj* crooked, cheating ♦ *m/f* swindler, cheat

trapalhão, -lhona [trapa'ʎãw, 'ʎɔna] (*pl* **-ões**, **~s**) *m/f* bungler, blunderer

trapo ['trapu] *m* rag

traquéia [tra'kɛja] *f* windpipe

trarei *etc* [tra'rej] *vb V* trazer

trás [trajʃ] *prep, adv*: **para ~** backwards; **por ~ de** behind; **de ~** from behind

traseira [tra'zejra] *f* rear; (*ANAT*) bottom

traseiro, -a [tra'zejru, a] *adj* back, rear ♦ *m* (*ANAT*) bottom

traste ['traʃtʃi] *m* thing; (*coisa sem valor*) piece of junk

tratado [tra'tadu] *m* treaty

tratamento [trata'mẽtu] *m* treatment

tratar [tra'ta*] *vt* to treat; (*tema*) to deal with; (*combinar*) to agree ♦ *vi*: **~ com** to deal with; (*combinar*) to agree with; **~ de** to deal with; **de que se trata?** what is it about?

trato ['tratu] *m* treatment; (*contrato*) agreement, contract; **~s** *mpl* (*relações*) dealings

trator [tra'to*] *m* tractor

trauma ['trawma] *m* trauma

travão [tra'vãw] (*PT: pl* **-ões**) *m* brake

travar [tra'va*] *vt* (*roda*) to lock; (*iniciar*) to engage in; (*conversa*) to strike up; (*luta*) to wage; (*carro*) to stop; (*passagem*) to block;

(*movimentos*) to hinder ♦ *vi* (*PT*) to brake

trave ['travi] *f* beam; (*ESPORTE*) crossbar

través [tra'vɛʃ] *m* slant, incline; **de ~** across, sideways

travessa [tra'vesa] *f* crossbeam, crossbar; (*rua*) lane, alley; (*prato*) dish; (*para o cabelo*) comb, slide

travessão [trave'sãw] (*pl* **-ões**) *m* (*de balança*) bar, beam; (*pontuação*) dash

travesseiro [trave'sejru] *m* pillow

travessia [trave'sia] *f* (*viagem*) journey, crossing

travesso, -a [tra'vesu, a] *adj* mischievous, naughty

travessões [trave'sõjʃ] *mpl de* travessão

travessura [trave'sura] *f* mischief, prank

travões [tra'võjʃ] *mpl de* travão

trazer [tra'ze*] *vt* to bring

trecho ['treʃu] *m* passage; (*de rua, caminho*) stretch; (*espaço*) space

trégua ['trɛgwa] *f* truce; (*descanso*) respite

treinador, a [trejna'do*, a] *m/f* trainer

treinamento [trejna'mẽtu] *m* training

treinar [trej'na*] *vt* to train;

treinar-se *vr* to train; **treino** ['trejnu] *m* training

trejeito [tre'ʒejtu] *m* gesture; (*careta*) grimace, face

trela ['trela] *f* lead, leash

trem [trẽj] (*pl* **-ns**) *m* train; **~ de aterrissagem** (*avião*) landing gear

tremendo, -a [tre'mẽdu, a] *adj* tremendous; (*terrível*) terrible, awful

tremer [tre'me*] *vi* to shudder, quake; (*terra*) to shake; (*de frio, medo*) to shiver

tremor [tre'mo*] *m* tremor; **~ de terra** (earth) tremor

a b c d e f g h i j k l m n o p q r s t u v w x z

trêmulo, -a ['tremulu, a] *adj* shaky, trembling

trenó [tre'nɔ] *m* sledge, sleigh (*BRIT*), sled (*US*)

trens [trẽjʃ] *mpl de* **trem**

trepadeira [trepa'dejra] *f* (*BOT*) creeper

trepar [tre'pa*] *vt* to climb ♦ *vi*: **~ em** to climb

trepidar [trepi'da*] *vi* to tremble, shake

três [treʃ] *num* three

trevas ['trɛvaʃ] *fpl* darkness *sg*

trevo ['trevu] *m* clover; (*de vias*) intersection

treze ['trezi] *num* thirteen

triângulo ['trjãgulu] *m* triangle

tribal [tri'baw] (*pl* **-ais**) *adj* tribal

tribo ['tribu] *f* tribe

tribuna [tri'buna] *f* platform, rostrum; (*REL*) pulpit

tribunal [tribu'naw] (*pl* **-ais**) *m* court; (*comissão*) tribunal

tributar [tribu'ta*] *vt* to tax; (*pagar*) to pay

tributo [tri'butu] *m* tribute; (*imposto*) tax

tricô [tri'ko] *m* knitting; **tricotar** [triko'ta*] *vt*, *vi* to knit

trigo ['trigu] *m* wheat

trilha ['triʎa] *f* (*caminho*) path; (*rasto*) track, trail; **~ sonora** soundtrack

trilhão [tri'ʎãw] (*pl* **-ões**) *m* billion (*BRIT*), trillion (*US*)

trilho ['triʎu] *m* (*BR: FERRO*) rail; (*vereda*) path, track

trilhões [tri'ʎõjʃ] *mpl de* **trilhão**

trimestral [trimeʃ'traw] (*pl* **-ais**) *adj* quarterly; **trimestralmente** [trimeʃtraw'mētʃi] *adv* quarterly

trimestre [tri'meʃtri] *m* (*EDUC*) term; (*COM*) quarter

trincar [trĩ'ka*] *vt* to crunch; (*morder*) to bite; (*dentes*) to grit ♦ *vi* to crunch

trinco ['trĩku] *m* latch

trinta ['trĩta] *num* thirty

trio ['triu] *m* trio; **~ elétrico** music float; *see boxed note*

TRIO ELÉTRICO

Trios elétricos are lorries, carrying floats equipped for sound and/or live music, which parade through the streets during *carnaval*, especially in Bahia. Bands and popular performers on the floats draw crowds by giving frenzied performances of various types of music.

---

tripa ['tripa] *f* gut, intestine; **~s** *fpl* (*intestinos*) bowels; (*vísceras*) guts; (*CULIN*) tripe *sg*

tripé [tri'pɛ] *m* tripod

triplicar [tripli'ka*] *vt*, *vi* to treble; **triplicar-se** *vr* to treble

tripulação [tripula'sãw] (*pl* **-ões**) *f* crew

tripulante [tripu'lãtʃi] *m/f* crew member

triste ['triʃtʃi] *adj* sad; (*lugar*) depressing; **tristeza** [triʃ'teza] *f* sadness; gloominess

triturar [tritu'ra*] *vt* to grind

triunfar [trjũ'fa*] *vi* to triumph; **triunfo** ['trjũfu] *m* triumph

trivial [tri'vjaw] (*pl* **-ais**) *adj* common (place), ordinary; (*insignificante*) trivial

triz [triʒ] *m*: **por um ~** by a hair's breadth

troca ['trɔka] *f* exchange, swap

trocadilho [troka'dʒiʎu] *m* pun, play on words

trocado [tro'kadu] *m*: **~(s)** (small) change

trocador, a [troka'do*, a] *m/f* (*em*

ônibus) conductor

trocar [tro'ka*] *vt* to exchange, swap; (*mudar*) to change; (*inverter*) to change *ou* swap round; (*confundir*) to mix up; **trocar-se** *vr* to change; **~ dinheiro** to change money

troco ['troku] *m* (*dinheiro*) change; (*revide*) retort, rejoinder

troféu [tro'fɛw] *m* trophy

tromba ['trõba] *f* (*do elefante*) trunk; (*de outro animal*) snout

trombeta [trõ'beta] *f* trumpet

trombone [trõ'bɔni] *m* trombone

trombose [trõ'bɔzi] *f* thrombosis

tronco ['trõku] *m* trunk; (*ramo*) branch; (*de corpo*) torso, trunk

trono ['trɔnu] *m* throne

tropa ['trɔpa] *f* troop; (*exército*) army; **ir para a ~** (*PT*) to join the army

tropeçar [trope'sa*] *vi* to stumble, trip; (*fig*) to blunder

tropical [tropi'kaw] (*pl* **-ais**) *adj* tropical

trópico ['trɔpiku] *m* tropic

trotar [tro'ta*] *vi* to trot; **trote** ['trɔtʃi] *m* trot; (*por telefone etc*) hoax call

trouxe *etc* ['trosi] *vb* V **trazer**

trovão [tro'vãw] (*pl* **-ões**) *m* clap of thunder; (*trovoada*) thunder; **trovejar** [trove'ʒa*] *vi* to thunder; **trovoada** [tro'vwada] *f* thunderstorm

trunfo ['trũfu] *m* trump (card)

truque ['truki] *m* trick; (*publicitário*) gimmick

truta ['truta] *f* trout

tu [tu] (*PT*) *pron* you

tua ['tua] *f de* **teu**

tuba ['tuba] *f* tuba

tubarão [tuba'rãw] (*pl* **-ões**) *m* shark

tuberculose [tubexku'lɔzi] *f* tuberculosis

tubo ['tubu] *m* tube, pipe; **~ de ensaio** test tube

tucano [tu'kanu] *m* toucan

tudo ['tudu] *pron* everything; **~ quanto** everything that; **antes de ~** first of all; **acima de ~** above all

tufão [tu'fãw] (*pl* **-ões**) *m* typhoon

tulipa [tu'lipa] *f* tulip

tumba ['tũba] *f* tomb; (*lápide*) tombstone

tumor [tu'mo*] *m* tumour (*BRIT*), tumor (*US*)

túmulo ['tumulu] *m* tomb; (*sepultura*) burial

tumulto [tu'muwtu] *m* uproar, trouble; (*grande movimento*) bustle; (*balbúrdia*) hubbub; (*motim*) riot;

tumultuado, -a [tumuw'twadu, a] *adj* riotous, heated; **tumultuar** [tumuw'twa*] *vt* to disrupt; (*amotinar*) to rouse, incite

túnel ['tunew] (*pl* **-eis**) *m* tunnel

túnica ['tunika] *f* tunic

Tunísia [tu'nizja] *f*: **a ~** Tunisia

tupi [tu'pi] *m* Tupi (tribe); (*LING*) Tupi ♦ *m/f* Tupi Indian

tupi-guarani [-gwara'ni] *m* (*LING*) *see boxed note*

TUPI-GUARANI

This is an important branch of indigenous languages from the tropical region of South America. It takes in thirty indigenous peoples and includes Tupi, Guarani, and other languages. Before Brazil was discovered by the Portuguese, it had 1,300 indigenous languages, 87% of which are now extinct due to the extermination of indigenous peoples and the loss of territory.

tupiniquim [tupini'kĩ] (*pej*) (*pl* **-ns**) *adj* Brazilian (Indian)

a b c d e f g h i j k l m n o p q r s t u v w x z

turbilhão [tuxbiˈʎãw] (*pl* -**ões**) *m* (*de vento*) whirlwind; (*de água*) whirlpool
turbulência [tuxbuˈlẽsja] *f* turbulence; **turbulento, -a** [tuxbuˈlẽtu, a] *adj* turbulent
turco, -a [ˈtuxku, a] *adj* Turkish ♦ *m/f* Turk ♦ *m* (*LING*) Turkish
turismo [tuˈriʒmu] *m* tourism; **turista** [tuˈriʃta] *m/f* tourist ♦ *adj* (*classe*) tourist *atr*
turma [ˈtuxma] *f* group; (*EDUC*) class
turno [ˈtuxnu] *m* shift; (*vez*) turn; (*ESPORTE, de eleição*) round; **por ~s** alternately, by turns, in turn
turquesa [tuxˈkeza] *adj inv* turquoise
Turquia [tuxˈkia] *f*: **a ~** Turkey
tusso *etc* [ˈtusu] *vb* V **tossir**
tutela [tuˈtela] *f* protection; (*JUR*) guardianship
tutor, a [tuˈto*, a] *m/f* guardian
tutu [tuˈtu] *m* (*CULIN*) beans, bacon and manioc flour
TV [teˈve] *abr f* (= *televisão*) TV

U u

UE *abr f* (= *União Européia*) EU
UEM *abr f* (= *União Econômica e Monetária*) EMU
Uganda [uˈɡãda] *m* Uganda
uísque [ˈwiʃki] *m* whisky (*BRIT*), whiskey (*US*)
uivar [wiˈva*] *vi* to howl; (*berrar*) to yell; **uivo** [ˈwivu] *m* howl; (*fig*) yell
úlcera [ˈuwsera] *f* ulcer
ultimamente [uwtʃimaˈmẽtʃi] *adv* lately
ultimato [uwtʃiˈmatu] *m* ultimatum
último, -a [ˈuwtʃimu, a] *adj* last; (*mais recente*) latest; (*qualidade*) lowest; (*fig*)

final; **por ~** finally; **nos ~s anos** in recent years; **a última** (*notícia*) the latest (news)
ultra- [uwtra-] *prefixo* ultra-
ultrajar [uwtraˈʒa*] *vt* to outrage; (*insultar*) to insult, offend; **ultraje** [uwˈtraʒi] *m* outrage; (*insulto*) insult, offence (*BRIT*), offense (*US*)
ultramar [uwtraˈma*] *m* overseas
ultrapassado, -a [uwtrapaˈsadu, a] *adj* (*idéias etc*) outmoded
ultrapassar [uwtrapaˈsa*] *vt* (*atravessar*) to cross, go beyond; (*ir além de*) to exceed; (*transgredir*) to overstep; (*AUTO*) to overtake (*BRIT*), pass (*US*); (*ser superior a*) to surpass ♦ *vi* (*AUTO*) to overtake (*BRIT*), pass (*US*)
ultra-som *m* ultrasound
ultravioleta [uwtravjoˈleta] *adj* ultraviolet

---

um, uma
PALAVRA CHAVE

[ũ, ˈuma] (*pl* **uns, umas**) *num* one; **~ e outro** both; **~ a ~** one by one; **à ~a (hora)** at one (o'clock)
♦ *adj*: **uns cinco** about five; **uns poucos** a few
♦ *art indef*
1 (*sg*) a; (: *antes de vogal ou 'h' mudo*) an; (*pl*) some; **ela é de ~a beleza incrível** she's incredibly beautiful
2 (*dando ênfase*): **estou com ~a fome!** I'm so hungry!
3: **~ ao outro** one another; (*entre dois*) each other

---

umbigo [ũˈbigu] *m* navel
umbilical [ũbiliˈkaw] (*pl* -**ais**) *adj*: **cordão ~** umbilical cord
umedecer [umedeˈse*] *vt* to moisten, wet; **umedecer-se** *vr* to get wet

umidade [umi'dadʒi] f dampness; (*clima*) humidity

úmido, -a ['umidu, a] *adj* wet, moist; (*roupa*) damp; (*clima*) humid

unânime [u'nanimi] *adj* unanimous

unha ['uɲa] f nail; (*garra*) claw;

unhada [u'ɲada] f scratch

união [u'njãw] (*pl* **-ões**) f union; (*ato*) joining; (*unidade, solidariedade*) unity; (*casamento*) marriage; (*TEC*) joint; **a U~ Européia** the European Union

unicamente [unika'mẽtʃi] *adv* only

único, -a ['uniku, a] *adj* only; (*sem igual*) unique; (*um só*) single

unidade [uni'dadʒi] f unity; (*TEC, COM*) unit; **~ central de processamento** (*COMPUT*) central processing unit; **~ de disco** (*COMPUT*) disk drive

unido, -a [u'nidu, a] *adj* joined, linked; (*fig*) united

unificar [unifi'ka*] *vt* to unite; **unificar-se** *vr* to join together

uniforme [uni'fɔxmi] *adj* uniform; (*semelhante*) alike, similar; (*superfície*) even ♦ *m* uniform; **uniformizado, -a** [unifoxmi'zadu, a] *adj* uniform, standardized; (*vestido de uniforme*) in uniform; **uniformizar** [unifoxmi'za*] *vt* to standardize

uniões [u'njõjʃ] *fpl* de **união**

unir [u'ni*] *vt* to join together; (*ligar*) to link; (*pessoas, fig*) to unite; (*misturar*) to mix together; **unir-se** *vr* to come together; (*povos etc*) to unite

uníssono [u'nisonu] *m*: **em ~** in unison

universal [univex'saw] (*pl* **-ais**) *adj* universal; (*mundial*) worldwide

universidade [univexsi'dadʒi] f university; **universitário, -a** [univexsi'tarju, a] *adj* university *atr* ♦ *m/f* (*professor*) lecturer; (*aluno*) university student

universo [uni'vɛxsu] *m* universe; (*mundo*) world

uns [ũʃ] *mpl* de **um**

untar [ũ'ta*] *vt* (*esfregar*) to rub; (*com óleo, manteiga*) to grease

urbanismo [uxba'niʒmu] *m* town planning

urbano, -a [ux'banu, a] *adj* (*da cidade*) urban; (*fig*) urbane

urgência [ux'ʒẽsja] f urgency; **com toda ~** as quickly as possible; **urgente** [ux'ʒẽtʃi] *adj* urgent

urina [u'rina] f urine; **urinar** [uri'na*] *vi* to urinate ♦ *vt* (*sangue*) to pass; (*cama*) to wet; **urinar-se** *vr* to wet o.s.; **urinol** [uri'nɔw] (*pl* **-óis**) *m* chamber pot

urna ['uxna] f urn; **~ eleitoral** ballot box

urrar [u'xa*] *vt*, *vi* to roar; (*de dor*) to yell

urso, -a ['uxsu, a] *m/f* bear

URSS *abr f* (= *União das Repúblicas Socialistas Soviéticas*): **a ~** the USSR

urtiga [ux'tʃiga] f nettle

Uruguai [uru'gwaj] *m*: **o ~** Uruguay

urze ['uxzi] *m* heather

usado, -a [u'zadu, a] *adj* used; (*comum*) common; (*roupa*) worn; (*gasto*) worn out; (*de segunda mão*) second-hand

usar [u'za*] *vt* (*servir-se de*) to use; (*vestir*) to wear; (*gastar com o uso*) to wear out; (*barba, cabelo curto*) to have, wear ♦ *vi*: **~ de** to use; **modo de ~** directions *pl*

usina [u'zina] f (*fábrica*) factory; (*de energia*) plant

uso ['uzu] *m* use; (*utilização*) usage; (*prática*) practice

usual [u'zwaw] (*pl* **-ais**) *adj* usual; (*comum*) common

usuário, -a [u'zwarju, a] *m/f* user

usufruir [uzu'frwi*] vt to enjoy ♦ vi: ~
de to enjoy
úteis ['utejʃ] pl de útil
utensílio [utẽ'silju] m utensil
útero ['uteru] m womb, uterus
útil ['utʃiw] (pl **-eis**) adj useful;
(vantajoso) profitable, worthwhile;
utilidade [utʃili'dadʒi] f usefulness;
utilização [utʃiliza'sãw] f use; **utilizar**
[utʃili'za*] vt to use; **utilizar-se** vr:
utilizar-se de to make use of
uva ['uva] f grape

V v

v abr (= volt) v
vá etc [va] vb V **ir**
vã [vã] f de **vão**
vaca ['vaka] f cow; **carne de ~** beef
vacilar [vasi'la*] vi to hesitate;
(balançar) to sway; (cambalear) to
stagger; (luz) to flicker; (col) to slip up
vacina [va'sina] f vaccine; **vacinar**
[vasi'na*] vt to vaccinate
vácuo ['vakwu] m vacuum; (fig) void;
(espaço) space
vadiar [va'dʒia*] vi to lounge about;
(não trabalhar) to idle about;
(perambular) to wander
vadio, -a [va'dʒiu, a] adj (ocioso) idle,
lazy; (vagabundo) vagrant ♦ m/f idler;
vagabond, vagrant
vaga ['vaga] f wave; (em hotel,
trabalho) vacancy
vagabundo, -a [vaga'bũdu, a] adj
vagrant; (vadio) lazy, idle; (de má
qualidade) shoddy ♦ m/f tramp
vagão [va'gãw] m (pl **-ões**) m (de
passageiros) carriage; (de cargas)
wagon; **vagão-leito** (pl

vagões-leitos) (PT) m sleeping car;
vagão-restaurante (pl **vagões-
restaurantes**) m buffet car
vagar [va'ga*] vi to wander about;
(barco) to drift; (ficar vago) to be vacant
vagaroso, -a [vaga'rozu, ɔza] adj slow
vagina [va'ʒina] f vagina
vago, -a ['vagu, a] adj vague;
(desocupado) vacant, free
vagões [va'gõjʃ] mpl de **vagão**
vai etc [vaj] vb V **ir**
vaia ['vaja] f booing; **vaiar** [va'ja*] vt,
vi to boo, hiss
vaidade [vaj'dadʒi] f vanity;
(futilidade) futility
vaidoso, -a [vaj'dozu, ɔza] adj vain
vaivém [vaj'vẽj] m to-ing and fro-ing
vala ['vala] f ditch
vale ['vali] m valley; (escrito) voucher;
~ postal postal order
valente [va'lẽtʃi] adj brave; **valentia**
[valẽ'tʃia] f courage, bravery; (proeza)
feat
valer [va'le*] vi to be worth; (ser
válido) to be valid; (ter influência) to
carry weight; (servir) to serve; (ser
proveitoso) to be useful; **valer-se** vr:
~-se de to use, make use of; **~ a pena**
to be worthwhile; **~ por** (equivaler) to
be worth the same as; **para ~** (muito)
very much, a lot; (realmente) for real,
properly; **vale dizer** in other words;
mais vale ... (do que ...) it would be
better to ... (than ...)
valeta [va'leta] f gutter
valha etc ['vaʎa] vb V **valer**
validade [vali'dadʒi] f validity
validar [vali'da*] vt to validate;
válido, -a ['validu, a] adj valid
valioso, -a [va'ljozu, ɔza] adj valuable
valise [va'lizi] f case, grip
valor [va'lo*] m value; (mérito) merit;

(*coragem*) courage; (*preço*) price;
(*importância*) importance; **~es** *mpl*
(*morais*) values; (*num exame*) marks;
(*COM*) securities; **dar ~ a** to value;
valorizar [valori'za*] *vt* to value
valsa ['vawsa] *f* waltz
válvula ['vawvula] *f* valve
vampiro, -a [vã'piru, a] *m/f* vampire
vandalismo [vãda'liʒmu] *m* vandalism
vândalo, -a ['vãdalu, a] *m/f* vandal
vangloriar-se [vãglo'rjaxsi] *vr*: **~ de**
to boast of *ou* about
vanguarda [vã'gwaxda] *f* vanguard;
(*arte*) avant-garde
vantagem [vã'taʒẽ] (*pl* **-ns**) *f*
advantage; (*ganho*) profit, benefit;
tirar ~ de to take advantage of;
vantajoso, -a [vãta'ʒozu, ɔza] *adj*
advantageous; (*lucrativo*) profitable;
(*proveitoso*) beneficial
vão¹, vã [vãw, vã] (*pl* **~s, ~s**) *adj* vain;
(*fútil*) futile ♦ *m* (*intervalo*) space; (*de
porta etc*) opening
vão² *vb* V **ir**
vapor [va'po*] *m* steam; (*navio*)
steamer; (*de gas*) vapour (*BRIT*), vapor
(*US*); **vaporizador** [vaporiza'do*] *m* (*de
perfume*) spray
vaqueiro [va'kejru] *m* cowboy
vara ['vara] *f* stick; (*TEC*) rod; (*JUR*)
jurisdiction; (*de porcos*) herd; **salto de
~** pole vault; **~ de condão** magic wand
varal [va'raw] (*pl* **-ais**) *m* clothes line
varanda [va'rãda] *f* verandah; (*balcão*)
balcony
varar [va'ra*] *vt* to pierce; (*passar*) to
cross
varejista [vare'ʒiʃta] (*BR*) *m/f* retailer
♦ *adj* (*mercado*) retail
varejo [va'reʒu] (*BR*) *m* (*COM*) retail
trade; **a ~** retail
variação [varja'sãw] (*pl* **-ões**) *f*
variation

variado, -a [va'rjadu, a] *adj* varied;
(*sortido*) assorted
variar [va'rja*] *vt, vi* to vary; **variável**
[va'rjavew] (*pl* **-eis**) *adj* variable;
(*tempo, humor*) changeable
varicela [vari'sela] *f* chickenpox
variedade [varje'dadʒi] *f* variety
varinha [va'riɲa] *f* wand; **~ de condão**
magic wand
vário, -a ['varju, a] *adj* (*diverso*) varied;
(*pl*) various, several; (*COM*) sundry
varíola [va'riola] *f* smallpox
varizes [va'riziʃ] *fpl* varicose veins
varrer [va'xe*] *vt* to sweep; (*fig*) to
sweep away
vasculhar [vaʃku'ʎa*] *vt* (*pesquisar*) to
research; (*remexer*) to rummage
through
vaselina [vaze'lina] ® *f* vaseline ®
vasilha [va'ziʎa] *f* (*para líquidos*) jug;
(*para alimentos*) dish; (*barril*) barrel
vaso ['vazu] *m* pot; (*para flores*) vase
vassoura [va'sora] *f* broom
vasto, -a ['vaʃtu, a] *adj* vast
vatapá [vata'pa] *m* fish or chicken with
coconut milk, shrimps, peanuts, palm oil
and spices
Vaticano [vatʃi'kanu] *m*: **o ~** the Vatican
vazamento [vaza'mẽtu] *m* leak
vazão [va'zãw] (*pl* **-ões**) *f* flow;
(*venda*) sale; **dar ~ a** (*expressar*) to give
vent to; (*atender*) to deal with;
(*resolver*) to attend to
vazar [va'za*] *vt* to empty; (*derramar*)
to spill; (*verter*) to pour out ♦ *vi* to leak
vazio, -a [va'ziu, a] *adj* empty;
(*pessoa*) empty-headed, frivolous;
(*cidade*) deserted ♦ *m* emptiness;
(*deixado por alguém/algo*) void
vazões [va'zõjʃ] *fpl de* **vazão**
vê *etc* [ve] *vb* V **ver**
veado ['vjadua] *m* deer; **carne de ~**

venison

vedado, -a [ve'dadu, a] adj (proibido) forbidden; (fechado) enclosed

vedar [ve'da*] vt to ban, prohibit; (buraco) to stop up; (entrada, passagem) to block; (terreno) to close off

veemente [vje'mẽtʃi] adj vehement

vegetação [veʒeta'sãw] f vegetation

vegetal [veʒe'taw] (pl -ais) adj vegetable atr; (reino, vida) plant atr ♦ m vegetable

vegetalista [veʒeta'liʃta] adj, m/f vegan

vegetariano, -a [veʒeta'rjanu, a] adj, m/f vegetarian

veia ['veja] f vein

veículo [ve'ikulu] m vehicle; (fig: meio) means sg

veio ['veju] vb V vir ♦ m (de rocha) vein; (na mina) seam; (de madeira) grain

vejo etc ['veʒu] vb V ver

vela ['vela] f candle; (AUTO) spark plug; (NÁUT) sail; **barco à ~** sailing boat

velar [ve'la*] vt to veil; (ocultar) to hide; (vigiar) to keep watch over; (um doente) to sit up with ♦ vi (não dormir) to stay up; (vigiar) to keep watch; **~ por** to look after

veleiro [ve'lejru] m sailing boat (BRIT), sailboat (US)

velejar [vele'ʒa*] vi to sail

velhaco, -a [ve'ʎaku, a] adj crooked ♦ m/f crook

velhice [ve'ʎisi] f old age

velho, -a ['vɛʎu, a] adj old ♦ m/f old man/woman

velocidade [velosi'dadʒi] f speed, velocity; (PT: AUTO) gear

velório [ve'lɔrju] m wake

veloz [ve'lɔʒ] adj fast

vem [vẽj] vb V vir

vêm [vẽj] vb V vir

vencedor, a [vẽse'do*, a] adj winning ♦ m/f winner

vencer [vẽ'se*] vt (num jogo) to beat; (competição) to win; (inimigo) to defeat; (exceder) to surpass; (obstáculos) to overcome; (percorrer) to pass ♦ vi (num jogo) to win;

vencido, -a [vẽ'sidu, a] adj: **dar-se por vencido** to give in; **vencimento** [vẽsi'mẽtu] m (COM) expiry; (data) expiry date; (salário) salary; (de gêneros alimentícios etc) sell-by date; **vencimentos** mpl (ganhos) earnings

venda ['vẽda] f sale; (pano) blindfold; (mercearia) general store; **à ~** on sale, for sale

vendaval [vẽda'vaw] (pl -ais) m gale

vendedor, a [vẽde'do*, a] m/f seller; (em loja) sales assistant; **~ ambulante** street vendor

vender [vẽ'de*] vt, vi to sell; **~ por atacado/a varejo** to sell wholesale/ retail

veneno [ve'nɛnu] m poison; **venenoso, -a** [vene'nozu, ɔza] adj poisonous

venerar [vene'ra*] vt to revere; (REL) to worship

venéreo, -a [ve'nɛrju, a] adj: **doença venérea** venereal disease

Venezuela [vene'zwɛla] f: **a ~** Venezuela

venha etc ['vɛɲa] vb V vir

ventania [vẽta'nia] f gale

ventar [vẽ'ta*] vi: **está ventando** it is windy

ventilação [vẽtʃila'sãw] f ventilation

ventilador [vẽtʃila'do*] m ventilator; (elétrico) fan

ventilar [vẽtʃi'la*] vt to ventilate; (roupa, sala) to air

vento ['vẽtu] m wind; (brisa) breeze; **ventoinha** [vẽ'twiɲa] f weathercock, weather vane; (PT: AUTO) fan

ventre ['vẽtri] m belly

ver [ve*] vt to see; (olhar para, examinar) to look at; (televisão) to watch ♦ vi to see ♦ m: **a meu ~** in my opinion; **vai ~ que ...** maybe ...; **não tem nada a ~ (com)** it has nothing to do (with)

veracidade [verasi'dadʒi] f truthfulness

veraneio [vera'neju] m summer holidays pl (BRIT) ou vacation (US)

verão [ve'rãw] (pl **-ões**) m summer

verba ['vexba] f allowance; **~(s)** f(pl) (recursos) funds pl

verbal [vex'baw] (pl **-ais**) adj verbal

verbete [vex'betʃi] m (num dicionário) entry

verbo ['vexbu] m verb

verdade [vex'dadʒi] f truth; **de ~** (falar) truthfully; (ameaçar etc) really; **na ~** in fact; **para falar a ~** to tell the truth; **verdadeiro, -a** [vexda'dejru, a] adj true; (genuíno) real; (pessoa) truthful

verde ['vexdʒi] adj green; (fruta) unripe ♦ m green; (plantas etc) greenery

verdura [vex'dura] f (hortaliça) greens pl; (BOT) greenery; (cor verde) greenness

verdureiro, -a [vexdu'rejru, a] m/f greengrocer (BRIT), produce dealer (US)

vereador, a [verja'do*, a] m/f councillor (BRIT), councilor (US)

veredicto [vere'dʒiktu] m verdict

verga ['vexga] f (vara) stick; (de metal) rod

vergonha [vex'goɲa] f shame; (timidez) embarrassment; (humilhação) humiliation; (ato indecoroso) indecency; (brio) self-respect; **ter ~** to be ashamed; (tímido) to be shy;

vergonhoso, -a [vexgo'ɲozu, ɔza] adj shameful; (indecoroso) disgraceful

verídico, -a [ve'ridʒiku, a] adj true, truthful

verificar [verifi'ka*] vt to check; (confirmar) to verify

verme ['vexmi] m worm

vermelho, -a [vex'meʎu, a] adj red ♦ m red

vermute [vex'mutʃi] m vermouth

verniz [vex'niʒ] m varnish; (couro) patent leather

verões [ve'rõjʃ] mpl de **verão**

verossímil [vero'simiw] (PT **-ósi-**) (pl **-eis**) adj likely, probable; (crível) credible

verruga [ve'xuga] f wart

versão [vex'sãw] (pl **-ões**) f version; (tradução) translation

versátil [vex'satʃiw] (pl **-eis**) adj versatile

verso ['vexsu] m verse; (linha) line of poetry

versões [vex'sõjʃ] fpl de **versão**

verter [vex'te*] vt to pour; (por acaso) to spill; (traduzir) to translate; (lágrimas, sangue) to shed ♦ vi: **~ de** to spring from; **~ em** (rio) to flow into

vertical [vextʃi'kaw] (pl **-ais**) adj vertical; (de pé) upright, standing ♦ f vertical

vertigem [vex'tʃiʒẽ] f (medo de altura) vertigo; (tonteira) dizziness;

vertiginoso, -a [vextʃiʒi'nozu, ɔza] adj dizzy, giddy; (velocidade) frenetic

vesgo, -a ['veʒgu, a] adj cross-eyed

vesícula [ve'zikula] f: **~ (biliar)** gall bladder

vespa ['veʃpa] f wasp

véspera ['vɛʃpera] f: **a ~ de** the day before; **a ~ de Natal** Christmas Eve

vestiário [veʃ'tʃjarju] m (em casa,

teatro) cloakroom; (*ESPORTE*) changing room; (*de ator*) dressing room

vestíbulo [veʃˈtʃibulu] *m* hall(way), vestibule; (*TEATRO*) foyer

vestido, -a [veʃˈtʃidu, a] *adj*: **~ de branco** *etc* dressed in white *etc* ♦ *m* dress

vestígio [veʃˈtʃiʒju] *m* (*rastro*) track; (*fig*) sign, trace

vestimenta [veʃtʃiˈmēta] *f* garment

vestir [veʃˈtʃi*] *vt* (*uma criança*) to dress; (*pôr sobre si*) to put on; (*trajar*) to wear; (*comprar, dar roupa para*) to clothe; (*fazer roupa para*) to make clothes for; **vestir-se** *vr* to get dressed

vestuário [veʃˈtwarju] *m* clothing

vetar [veˈta*] *vt* to veto

veterano, -a [veteˈranu, a] *adj, m/f* veteran

veterinário, -a [veteriˈnarju, a] *m/f* vet (erinary surgeon)

veto [ˈvetu] *m* veto

véu [vɛw] *m* veil

vexame [veˈʃami] *f* shame, disgrace; (*tormento*) affliction; (*humilhação*) humiliation; (*afronta*) insult

vez [veʒ] *f* time; (*turno*) turn; **uma ~** once; **algumas ~es, às ~es** sometimes; **~ por outra** sometimes; **cada ~ (que)** every time; **de ~ em quando** from time to time; **em ~ de** instead of; **uma ~ que** since; **3 ~es 6** 3 times 6; **de uma ~ por todas** once and for all; **muitas ~es** many times; (*freqüentemente*) often; **toda ~ que** every time; **um de cada ~** one at a time; **uma ~ ou outra** once in a while

vi [vi] *vb* V **ver**

via[1] [ˈvia] *f* road, route; (*meio*) way; (*documento*) copy; (*conduto*) channel ♦ *prep* via, by way of; **em ~s de** about to; **por ~ terrestre/marítima** by land/sea

via[2] *etc vb* V **ver**

viaduto [vjaˈdutu] *m* viaduct

viagem [ˈvjaʒẽ] (*pl* **-ns**) *f* journey, trip; (*o viajar*) travel; (*NÁUT*) voyage; **viagens** *fpl* (*jornadas*) travels; **~ de ida e volta** return trip, round trip

viajante [vjaˈʒãtʃi] *adj* travelling (*BRIT*), traveling (*US*) ♦ *m* traveller (*BRIT*), traveler (*US*)

viajar [vjaˈʒa*] *vi* to travel

viável [ˈvjavew] (*pl* **-eis**) *adj* feasible, viable

víbora [ˈvibora] *f* viper

vibração [vibraˈsãw] (*pl* **-ões**) *f* vibration; (*fig*) thrill

vibrante [viˈbrãtʃi] *adj* vibrant; (*discurso*) stirring

vibrar [viˈbra*] *vt* to brandish; (*fazer estremecer*) to vibrate; (*cordas*) to strike ♦ *vi* to vibrate; (*som*) to echo

vice [ˈvisi] *m/f* deputy

vice- [visi-] *prefixo* vice-;

vice-presidente, -a *m/f* vice president; **vice-versa** [-ˈvɛxsa] *adv* vice-versa

viciado, -a [viˈsjadu, a] *adj* addicted; (*ar*) foul ♦ *m/f* addict; **~ em algo** addicted to sth

viciar [viˈsja*] *vt* (*falsificar*) to falsify; **viciar-se** *vr*: **~-se em algo** to become addicted to sth

vício [ˈvisju] *m* vice; (*defeito*) failing; (*costume*) bad habit; (*em entorpecentes*) addiction

viço [ˈvisu] *m* vigour (*BRIT*), vigor (*US*); (*da pele*) freshness

vida [ˈvida] *f* life; (*duração*) lifetime; (*fig*) vitality; **com ~** alive; **ganhar a ~** to earn one's living; **modo de ~** way of life; **dar a ~ por algo/por fazer algo** to give one's right arm for sth/to do sth; **estar bem de ~** to be well off

vide [ˈvidʒi] *vt* see; **~ verso** see over

videira [viˈdejra] *f* grapevine

vidente [vi'dẽtʃi] *m/f* clairvoyant

vídeo ['vidʒju] *m* video;

videocassete [vidʒjuka'setʃi] *m* video cassette *ou* tape; (*aparelho*) video (recorder); **videoteipe** [vidʒju'tejpi] *m* video tape

vidraça [vi'drasa] *f* window pane

vidrado, -a [vi'dradu, a] *adj* glazed; (*porta*) glass *atr*; (*olhos*) glassy

vidro ['vidru] *m* glass; (*frasco*) bottle; **fibra de ~** fibreglass (*BRIT*), fiberglass (*US*); **~ de aumento** magnifying glass

vier *etc* [vje*] *vb V* **vir**

viés [vjeʃ] *m* slant; **ao** *ou* **de ~** diagonally

vieste ['vjeʃtʃi] *vb V* **vir**

Vietnã [vjet'nã] *m*: **o ~** Vietnam;
vietnamita [vjetna'mita] *adj, m/f* Vietnamese

viga ['viga] *f* beam; (*de ferro*) girder

viger [vi'ʒe*] *vi* to be in force

vigia [vi'ʒia] *f* watching; (*NÁUT*) porthole ♦ *m* night watchman; **vigiar** [vi'ʒja*] *vt* to watch; (*ocultamente*) to spy on; (*presos, fronteira*) to guard ♦ *vi* to be on the lookout

vigilância [viʒi'lãsja] *f* vigilance; **vigilante** [viʒi'lãtʃi] *adj* vigilant; (*atento*) alert

vigor [vi'go*] *m* energy, vigour (*BRIT*), vigor (*US*); **em ~** in force; **entrar/pôr em ~** to take effect/put into effect; **vigoroso, -a** [vigo'rozu, ɔza] *adj* vigorous

vil [viw] (*pl* **vis**) *adj* vile

vila ['vila] *f* town; (*casa*) villa

vilão, -lã [vi'lãw, 'lã] (*pl* **~s, ~s**) *m/f* villain

vilarejo [vila'reʒu] *m* village

vim [vĩ] *vb V* **vir**

vime ['vimi] *m* wicker

vinagre [vi'nagri] *m* vinegar

vinco ['vĩku] *m* crease; (*sulco*) furrow; (*no rosto*) line

vincular [vĩku'la*] *vt* to link, tie;
vínculo ['vĩkulu] *m* bond, tie; (*relação*) link

vinda ['vĩda] *f* arrival; (*regresso*) return; **dar as boas ~s a** to welcome

vingança [vĩ'gãsa] *f* vengeance, revenge; **vingar** [vĩ'ga*] *vt* to avenge;
vingar-se *vr*: **vingar-se de** to take revenge on; **vingativo, -a** [vĩga'tʃivu, a] *adj* vindictive

vinha¹ ['viɲa] *f* vineyard; (*planta*) vine

vinha² *etc vb V* **vir**

vinho ['viɲu] *m* wine; **~ branco/ rosado/tinto** white/rosé/red wine; **~ seco/doce** dry/sweet wine; **~ do Porto** port

vinte ['vĩtʃi] *num* twenty

viola ['vjɔla] *f* viola

violação [vjola'sãw] (*pl* **-ões**) *f* violation; **~ de domicílio** housebreaking

violão [vjo'lãw] (*pl* **-ões**) *m* guitar

violar [vjo'la*] *vt* to violate; (*a lei*) to break

violência [vjo'lẽsja] *f* violence;
violentar [vjolẽ'ta*] *vt* to force; (*mulher*) to rape; **violento, -a** [vjo'lẽtu, a] *adj* violent

violeta [vjo'leta] *f* violet

violino [vjo'linu] *m* violin

violões [vjo'lõjʃ] *mpl de* **violão**

violoncelo [vjolõ'selu] *m* cello

vir¹ [vi*] *vi* to come; **~ a ser** to turn out to be; **a semana que vem** next week

vir² *etc vb V* **ver**

vira-lata ['vira-] (*pl* **~s**) *m* (*cão*) mongrel

virar [vi'ra*] *vt* to turn; (*página, disco, barco*) to turn over; (*copo*) to empty; (*transformar-se em*) to become ♦ *vi* to turn; (*barco*) to capsize; (*mudar*) to change; **virar-se** *vr* to turn; (*voltar-se*) to turn round; (*defender-se*) to fend for o.s.

virgem ['vixʒẽ] (pl **-ns**) f virgin; **V~** (ASTROLOGIA) Virgo

vírgula ['vixgula] f comma; (decimal) point

viril [vi'riw] (pl **-is**) adj virile

virilha [vi'riʎa] f groin

viris [vi'riʃ] adj pl de **viril**

virtual [vix'twaw] (pl **-ais**) adj virtual; (potencial) potential

virtude [vix'tudʒi] f virtue; **em ~ de** owing to, because of; **virtuoso, -a** [vix'twozu, ɔza] adj virtuous

virulento, -a [viru'lẽtu, a] adj virulent

vírus ['viruʃ] m inv virus

vis [viʃ] adj pl de **vil**

visão [vi'zãw] (pl **-ões**) f vision; (ANAT) eyesight; (vista) sight; (maneira de perceber) view

visar [vi'za*] vt (alvo) to aim at; (ter em vista) to have in view; (ter como objetivo) to aim for

vísceras ['viseraʃ] fpl innards, bowels

viseira [vi'zejra] f visor

visita [vi'zita] f visit, call; (pessoa) visitor; **fazer uma ~ a** to visit;

visitante [vizi'tãtʃi] adj visiting ♦ m/f visitor; **visitar** [vizi'ta*] vt to visit

visível [vi'zivew] (pl **-eis**) adj visible

vislumbrar [viʒlũ'bra*] vt to glimpse, catch a glimpse of; **vislumbre** [viʒ'lũbri] m glimpse

visões [vi'zõjʃ] fpl de **visão**

visor [vi'zo*] m (FOTO) viewfinder

visse etc ['visi] vb V **ver**

vista ['viʃta] f sight; (MED) eyesight; (panorama) view; **à** ou **em ~ de** in view of; **dar na ~** to attract attention; **dar uma ~ de olhos em** to glance at; **fazer ~ grossa (a)** to turn a blind eye (to); **ter em ~** to have in mind; **à ~** visible, showing; (COM) in cash; **até a ~!** see you!

visto, -a ['viʃtu, a] pp de **ver** ♦ adj seen ♦ m (em passaporte) visa; (em documento) stamp; **pelo ~** by the looks of things

visto etc vb V **vestir**

vistoria [viʃto'ria] f inspection

vistoso, -a [viʃ'tozu, ɔza] adj eye-catching

visual [vi'zwaw] (pl **-ais**) adj visual;

visualizar [vizwali'za*] vt to visualize

vital [vi'taw] (pl **-ais**) adj vital; **vitalício, -a** [vita'lisju, a] adj for life

vitamina [vita'mina] f vitamin; (para beber) fruit crush

vitela [vi'tɛla] f calf; (carne) veal

vítima ['vitʃima] f victim

vitória [vi'tɔrja] f victory; **vitorioso, -a** [vito'rjozu, ɔza] adj victorious

vitrina [vi'trina] f = **vitrine**

vitrine [vi'trini] f shop window; (armário) display case

viúvo, -a ['vjuvu, a] m/f widower/widow

viva ['viva] m cheer; **~!** hurray!

vivaz [vi'vaj3] adj lively

viveiro [vi'vejru] m nursery

vivência [vi'vẽsja] f existence; (experiência) experience

vivenda [vi'vẽda] f (casa) residence

viver [vi've*] vt, vi to live ♦ m life; **~ de** to live on

víveres ['viverеʃ] mpl provisions

vívido, -a ['vividu, a] adj vivid

vivo, -a ['vivu, a] adj living; (esperto) clever; (cor) bright; (criança, debate) lively ♦ m: **os ~s** the living

vizinhança [vizi'ɲãsa] f neighbourhood (BRIT), neighborhood (US)

vizinho, -a [vi'ziɲu, a] adj neighbouring (BRIT), neighboring (US); (perto) nearby ♦ m/f neighbour (BRIT), neighbor (US)

voar [vo'a*] vi to fly; (explodir) to blow up, explode

vocabulário [vokabu'larju] m vocabulary

vocábulo [vo'kabulu] m word

vocação [voka'sãw] (pl -ões) f vocation; **vocacional** [vokasjo'naw] (pl -ais) adj vocational; (orientação) careers atr

vocal [vo'kaw] (pl -ais) adj vocal

você, s [vo'se(ʃ)] pron (pl) you

vodca ['vɔdʒka] f vodka

vogal [vo'gaw] (pl -ais) f (LING) vowel

vol. abr (= volume) vol.

volante [vo'lãtʃi] m steering wheel

vôlei ['volej] m volleyball

voleibol [volej'bɔw] m = **vôlei**

volt ['vɔwtʃi] (pl ~s) m volt

volta ['vɔwta] f turn; (regresso) return; (curva) bend, curve; (circuito) lap; (resposta) retort; **dar uma ~** (a pé) to go for a walk; (de carro) to go for a drive; **estar de ~** to be back; **na ~ do correio** by return (post); **por ~ de** about, around; **à** ou **em ~ de** around; **na ~** (no caminho de ~) on the way back

voltagem [vowl'taʒẽ] f voltage

voltar [vow'ta*] vt to turn ♦ vi to return, go (ou come) back; **voltar-se** vr to turn round; **~ a fazer** to do again; **~ a si** to come to; **~-se para** to turn to; **~-se contra** to turn against

volume [vo'lumi] m volume; (pacote) package; **volumoso, -a** [volu'mozu, ɔza] adj bulky, big

voluntário, -a [volũ'tarju, a] adj voluntary ♦ m/f volunteer

volúpia [vo'lupja] f pleasure, ecstasy

volúvel [vo'luvew] (pl -eis) adj fickle

vomitar [vomi'ta*] vt, vi to vomit; **vômito** ['vomitu] m (ato) vomiting; (efeito) vomit

vontade [võ'tadʒi] f will; (desejo) wish;

com ~ (com prazer) with pleasure; (com gana) with gusto; **estar com** ou **ter ~ de fazer** to feel like doing

vôo ['vou] (PT **voo**) m flight; **levantar ~** to take off; **~ livre** (ESPORTE) hang-gliding

voraz [vo'rajʒ] adj voracious

vos [vuʃ] pron you; (indireto) to you

vós [vɔʃ] pron you

vosso, -a ['vɔsu, a] adj your ♦ pron: **(o) ~** yours

votação [vota'sãw] (pl -ões) f vote, ballot; (ato) voting

votar [vo'ta*] vt (eleger) to vote for; (aprovar) to pass; (submeter a votação) to vote on ♦ vi to vote; **voto** ['vɔtu] m vote; (promessa) vow; **votos** mpl (desejos) wishes

vou [vo] vb V ir

vovó [vo'vɔ] f grandma

vovô [vo'vo] m grandad

voz [vɔʒ] f voice; (clamor) cry; **a meia ~** in a whisper; **de viva ~** orally; **ter ~ ativa** to have a say; **em ~ alta/baixa** aloud/in a low voice; **~ de comando** command

vulcão [vuw'kãw] (pl ~s ou ~ões) m volcano

vulgar [vuw'ga*] adj common; (pej: pessoa etc) vulgar; **vulgaridade** [vuwgari'dadʒi] f commonness, vulgarity

vulgo ['vuwgu] m common people pl ♦ adv commonly known as

vulnerável [vuwne'ravew] (pl -eis) adj vulnerable

vulto ['vuwtu] m figure; (volume) mass; (fig) importance; (pessoa importante) important person

W w

walkie-talkie [wɔkiˈtɔki] (*pl* **~s**) *m* walkie-talkie

watt [ˈwɔtʃi] (*pl* **~s**) *m* watt

X x

xadrez [ʃaˈdreʒ] *m* chess; (*tabuleiro*) chessboard; (*tecido*) checked cloth

xampu [ʃãˈpu] *m* shampoo

xarope [ʃaˈrɔpi] *m* syrup; (*para a tosse*) cough syrup

xeque [ˈʃɛki] *m* (*soberano*) sheikh; **pôr em ~** (*fig*) to call into question; **xeque-mate** (*pl* **xeques-mate**) *m* checkmate

xerife [ʃeˈrifi] *m* sheriff

xerocar [ʃeroˈka*] *vt* to photocopy, Xerox ®

xerox [ʃeˈrɔks] ® *m* (*cópia*) photocopy; (*máquina*) photocopier

xícara [ˈʃikara] (*BR*) *f* cup

xingar [ʃĩˈga*] *vt* to swear at ♦ *vi* to swear

Xingu [ʃĩˈgu] *m*: **Parque Indígena do ~** *see boxed note*

XINGU

The **Xingu** National Park was created in 1961 by the federal government and directed by the brothers Orlando and Cláudio Vilasboas, who were known internationally for their efforts to preserve Brazil's indigenous people. Situated in the north of the state of Mato Grosso, it aims to preserve indigenous culture. It brings together sixteen communities, a total of two thousand Indians.

Z z

zagueiro [zaˈgejru] *m* (*FUTEBOL*) fullback

Zâmbia [ˈzãbja] *f* Zambia

zangado, -a [zãˈgadu, a] *adj* angry; annoyed; (*irritadiço*) bad-tempered

zangar [zãˈga*] *vt* to annoy, irritate ♦ *vi* to get angry; **zangar-se** *vr* (*aborrecer-se*) to get annoyed; **~-se com** to get cross with

zarpar [zaxˈpa*] *vi* (*navio*) to set sail; (*ir-se*) to set off; (*fugir*) to run away

zebra [ˈzebra] *f* zebra

zelador, a [zelaˈdo*, a] *m/f* caretaker

zelar [zeˈla*] *vt*, *vi*: **~ (por)** to look after

zelo [ˈzelu] *m* devotion, zeal; **zeloso, -a** [zeˈlozu, ɔza] *adj* zealous; (*diligente*) hard-working

zerar [zeˈra*] *vt* (*conta, inflação*) to reduce to zero; (*déficit*) to pay off, wipe out

zero [ˈzɛru] *m* zero; (*ESPORTE*) nil; **zero-quilômetro** *adj inv* brand new

ziguezague [zigiˈzagi] *m* zigzag

Zimbábue [zĩˈbabwi] *m*: **o ~** Zimbabwe

zinco [ˈzĩku] *m* zinc

-zinho, -a [-ˈzi ɲu, a] *sufixo* little; **florzinha** little flower

zíper [ˈzipe*] *m* zip (*BRIT*), zipper (*US*)

zodíaco [zoˈdʒiaku] *m* zodiac

zoeira [ˈzwejra] *f* din

zombar [zõˈba*] *vi* to mock; **~ de** to make fun of; **zombaria** [zõbaˈria] *f* mockery, ridicule

zona [ˈzɔna] *f* area; (*de cidade*) district; (*GEO*) zone; (*col: local de meretrício*) red-light district; (*: confusão*) mess; (*: tumulto*) free-for-all; **~ eleitoral**

electoral district, constituency

zonzo, -a ['zõzu, a] *adj* dizzy

zôo ['zou] *m* zoo

zoológico, -a [zo'lɔʒiku, a] *adj* zoological; **jardim ~** zoo

zumbido [zũ'bidu] *m* buzz(ing); (*de tráfego*) hum

zumbir [zũ'bi*] *vi* to buzz; (*ouvido*) to ring ♦ *m* buzzing; ringing

zunzum [zũ'zũ] *m* buzz(ing)

zurrar [zu'xa*] *vi* to bray

a
b
c
d
e
f
g
h
i
j
k
l
m
n
o
p
q
r
s
t
u
v
w
x
z